Um estudo incrível, fascinante [...]. Pastores devem comprometer-se a gastar um ano com este livro — em diálogo com outros, se possível. Será edificante!

Presbyterian Outlook

Antes de chegarmos à gloriosa ressurreição, devemos estar totalmente conscientes da trágica necessidade da cruz. [...] Penetrante e inabalável em sua insistência em Jesus Cristo — condenado, crucificado, morto e sepultado —, este livro demonstra, de forma poderosa, que a crucificação do Filho de Deus é uma boa notícia em nível cósmico e abrangente.

Leanne Van Dyk, Columbia Theological Seminary

Nesta obra incrivelmente complexa, mas, ao mesmo tempo, muito clara, Fleming Rutledge caminha habilmente por uma estrada que muitos evitam: a da diversidade de imaginações que modelam as explorações dos primeiros cristãos sobre a importância da morte de Jesus. Fleming é uma das poucas teólogas que não apenas prega a inclusão, mas também a pratica ao conclamar *todos* os pontos de vista ao debate.

Scot McKnight, autor de *The Jesus creed* [O credo de Jesus]

Embora eu já reflita a respeito da cruz de Cristo por cerca de cinquenta anos, Flemming Rutledge me ensinou muitas coisas novas neste livro maravilhoso; e, nos trechos em que ela aborda assuntos que aprecio há tempos, inspirou-me a contemplar novas perspectivas. Este livro é um presente a todos nós que oramos por um avivamento genuíno — um avivamento que tem em seu cerne a pregação centrada na cruz e o discipulado cruciforme!

Richard J. Mouw, Fuller Theological Seminary

Fleming Rutledge expõe neste livro o horror da cruz com uma honestidade inabalável e uma completa e paciente exposição de ricos temas relacionados à morte redentora de Cristo. Rutledge não se intimida com as exigências de sua visão teológica, abordando temas como satisfação, substituição, retificação e ira divina. Ao longo de toda a obra, a autora extrai seus recursos do rico depósito de um pregador. O mundo inteiro jaz sob seu olhar — exemplos literários, tolice e crueldade política, terríveis malefícios da guerra, tormento, tortura, acanhamento religioso, autoengano, infidelidade humana e pecado. Todavia, o evangelho se destaca em meio a tudo isso. A cruz de Cristo conquistou a vitória, e isso veio de Deus. Este livro é um testemunho comovente de coragem, inteligência e fidelidade de uma das principais pregadoras da igreja. Todo aluno das Escrituras precisa deste livro.

Katherine Sonderegger, Virginia Theologica Seminary

Demonstrando um impressionante repertório de leitura, observações incisivas e preocupação voltada a um pensamento claro e uma pregação fiel, este livro é extenso, mas digno de qualquer esforço — especialmente para os ministros, mas também para o membro perspicaz.

Larry W. Hurtado, University of Edinburgh

Àqueles que pensam que desejamos um Deus complacente, que faz vistas grossas às nossas falhas e nos aceita como somos, o desafio de Rutledge é fazer o leitor "cair na real". As atrocidades do século 20 testificam a esse respeito: há algo drasticamente errado com a condição humana, um problema que somente Deus pode resolver. Para que as coisas sejam colocadas em seu devido lugar outra vez, a crucificação se faz necessária — não só a de Cristo, mas também a nossa. Rutledge nos deu um livro bastante paulino, cheio de informações e observações que estimulam o ministro a pregar a cruz à sua congregação.

Marilyn McCord Adams, Rutgers University

Aqui está um tipo de forte teologia que reforçará uma pregação robusta. Os pregadores que colocarem este livro no coração serão capazes de revitalizar a igreja.

George Hunsinger, Princeton Theological Seminary

Uma exploração profundamente investigativa do mistério central da fé cristã. Este é um livro digno de ser contemplado, saboreado, relido [...]. É fácil repetir levianamente a afirmação de Paulo de que a morte de Jesus é escândalo e pedra de tropeço, mas algo bem diferente é deixar que essa reivindicação transforme sua maneira de perceber o mundo e o Deus trino e uno que o criou. Este livro confronta meias-ideias, evocando essa fonte de vida transformadora.

John D. Witvliet, Calvin Institute of Christian Worship

Ler este livro é compartilhar uma obra jubilosa e honesta de reflexão evangélica, realizada aos pés do púlpito, por amor a algo que realmente importa à igreja: ouvir e proclamar a palavra da cruz em todo o seu escandaloso poder.

Philip G. Ziegler, University of Aberdeen

Não consigo imaginar um livro mais necessário para nossa época. Muitas tentativas bem-intencionadas de resumir a boa-nova mal aludem à cruz, de modo que somos apresentados a um evangelho anêmico, se não falso. Leia, destaque e assimile interiormente este livro se quiser aprender sobre a cruz que realmente endireita o ímpio, incluindo você e a mim.

Mark Galli, editor do *Christianity Today*

Brilhante [...]. Leitores perseverantes descobrirão que seu coração foi transformado. Pregadores serão encorajados a falar com mais frequência sobre a cruz, contribuindo, assim, para a renovação da igreja pelo evangelho.

Paul Scott Wilson, University of Toronto

A palavra que me vinha à mente enquanto eu lia *A crucificação*, de Flemming Rutledge, era "estimulante": o livro é estimulante em sua afirmação vigorosa da centralidade da crucificação de Cristo na proclamação cristã; estimulante em sua descrição do horror e da vergonha indizíveis da crucificação; estimulante em sua afirmação de que somos todos pecadores; estimulante em sua identificação e rejeição das muitas formas de tolice teológica que agora habitam a igreja. Embora concebido para pastores e leigos, este livro também beneficiará os acadêmicos. A obra manifesta um profundo conhecimento, com eloquência e graça. Sem dúvida, eu a lerei novamente.

Nicholas Wolterstorff, Yale University

Na crucificação de Jesus, sentimos de forma renovada a interseção entre *dogma* e *drama* cristãos, com declarações que são enfaticamente universais e nada menos do que cósmicas. Na interseção desses dois elementos, somos realmente privilegiados de ouvir a voz de Fleming Rutledge, uma das pregadoras mais teologicamente talentosas de nossa época. Nos escritos de Rutledge, encontramos a confluência de elevado drama com dogma arrebatador, na medida em que trabalham juntos para fortalecer o pregador e prover-lhe uma dieta cheia da proteína necessária para nutrir a congregação com vigorosa saúde.

J. Louis Martyn, Union Theological Seminary

Ricamente ilustrado com exemplos extraídos da literatura e de eventos atuais, este livro fornecerá uma mina de ouro para pregadores e, ao mesmo tempo, convidará o leitor a uma cuidadosa reflexão sobre o mistério da salvação.

Stephen Westerholm, McMaster University

A obra de Rutledge sobre a crucificação não apenas é ampla, mas também profunda. Instigante e muitas vezes comovente, este livro oferece uma abordagem genuinamente inovadora sobre um tópico em que, aparentemente, nada de novo pode ser dito.

David Bentley Hart, autor de *The beauty of the infinite*
[A beleza do infinito] e *Atheist delusions* [Ilusões ateístas]

Esta pregadora, merecidamente celebrada, tem investigado a doutrina da expiação por anos a fio. Neste livro, encontramos a rica colheita do seu trabalho — um recurso especialmente útil para pregadores como ela.

Robert W. Jenson, Center for Catholic and Evangelical Theology

Nesta obra ousada, intransigente, abrangente e repleta de nuances, Rutledge nos conduz pelas teorias da expiação, e para além delas, evitando reduções meramente individualistas, espiritualizadas, religiosas, moralistas ou terapêuticas do significado da crucificação. Rutledge proclama, com firmeza, a verdade do Cristo crucificado. Para todos os ministros, pregadores e mestres: se vocês se importam com a igreja e com sua missão na história, leiam este livro!

Douglas Harink, The King's University, Edmonton, Canadá

"Quem pôs rosas sobre a cruz?", perguntou Goethe, que, de fato, preferia que a cruz brutal de Jesus fosse coberta por rosas. Fleming Rutledge afasta as rosas e nos pede para *olhar* para a cruz — ou melhor, para Jesus, que nela foi cravado por amor a nós. Este é um livro distinto por sua exegese, teologia e sensibilidade pastoral impressionantes — um livro para cristãos ou mesmo para incrédulos que gostam de refletir.

Joseph Mangina, University of Toronto

Neste livro de fácil e agradável leitura, a pregadora-teóloga Fleming Rutledge demonstra também ser uma exegeta de primeira categoria. Por meio de um cuidadoso estudo exegético da Bíblia, dialogando com diversos intérpretes, Rutledge produziu um livro que merece ampla aceitação entre os teólogos, estudiosos da Bíblia e pregadores.

Martinus C. de Boer, VU University Amsterdam

Seguindo a rica tradição de pregadores-teólogos, Fleming Rutledge, com sua voz incisiva, dá um testemunho minucioso da importância retificadora da crucificação de Jesus, expondo-a de maneira profundamente reflexiva e com convicção plena. A partir de um conteúdo rico em referências acadêmicas e observações que percorrem as Escrituras, com o imaginário da história da igreja e de seus críticos, da literatura, da teologia moderna e de notícias cotidianas, os leitores descobrirão muito sobre o que ponderar neste tratado acadêmico, porém primordialmente proclamatório, do evangelho.

Christopher Morse, Union Theological Seminary

Neste notável estudo sobre a cruz, Flemming Rutledge tece metáforas, padrões e temas em uma síntese elaborada. A autora dominou uma quantidade incrível de material, incluindo o academicismo bíblica, a história da teologia e a teologia sistemática contemporânea. Além disso, Flemming é uma excelente comunicadora. Este é um grande livro!

Arne Rasmusson, Universidade de Gotemburgo, Suécia

A reputação de Fleming Rutledge como pregadora é amplamente conhecida, e suas habilidades retóricas — de logos, *ethos* e *pathos*; de conteúdo, engajamento e paixão —, altamente respeitáveis. Este tratado da crucificação, fruto de quase duas décadas (ou melhor, de uma jornada inteira de vida), poderia ser lido como um longo sermão [...]. O que significa dizer que Jesus Cristo morreu por nós? Lidando honestamente com sua resistência a como muitas perspectivas tradicionais e contemporâneas respondem a essa pergunta, Rutledge faz uma consulta ampla e profunda a materiais bíblicos, históricos e interpretativos em busca das próprias respostas. Segundo ela, não escutamos muito sobre a obra de Deus, limitando-nos a lidar com nossa obra humana, especialmente com nossa imaginação e a obra religiosa. Rutledge nos fala da rica e surpreendente história da obra de *Deus*, tecendo sua importância na história de nossa vida, por se refletir no academicismo, na literatura, em filmes, nos noticiários [...]. Informando, relembrando, criticando, ilustrando, desmascarando, desafiando, reassegurando, encorajando e inspirando, Rutledge escreve tanto para pregadores como para todos os que estão dispostos a ouvir. A pergunta: "O leitor será edificado?" é, de fato, sua principal preocupação. A resposta só pode ser um grato e retumbante "Sim!".

Dirk Smit, Stellenbosch University, África do Sul

A CRUCIFICAÇÃO

ENTENDENDO A MORTE DE JESUS CRISTO

A CRUCIFICAÇÃO

ENTENDENDO A MORTE DE JESUS CRISTO

FLEMING RUTLEDGE

Tradução
ELISSAMAI BAULEO

Título original: *The crucifixion: understanding the death of Jesus Christ.*
Copyright ©2015, de Fleming Rutledge.
Edição original por Wm. B. Eerdmans Publishing Co. Todos os direitos reservados.
Copyright da tradução ©2023, de Vida Melhor Editora LTDA.

Todos os direitos desta publicação são reservados por Vida Melhor Editora LTDA.

As citações bíblicas foram traduzidas da New Revised Standard Version (NRSV) ou
King James Version (KJV), ou extraídas da Nova Versão Internacional (NVI), da Bíblica, Inc.,
a menos que seja especificada outra versão da Bíblia Sagrada.

Os pontos de vista desta obra são de responsabilidade de seus autores e colaboradores
diretos, não refletindo necessariamente a posição da Thomas Nelson Brasil,
da HarperCollins Christian Publishing ou de sua equipe editorial.

Publisher	*Samuel Coto*
Editor	*André Lodos*
Produção editorial	*Fabiano Silveira Medeiros*
Preparação	*Shirley Lima*
Revisão	*Guilherme Guimarães e Gabriel Braz*
Diagramação	*Sonia Peticov*
Capa	*Jonatas Belan*

Dados Internacionais de Catalogação na Publicação (CIP)
(BENITEZ Catalogação Ass. Editorial, MS, Brasil)

R587c Rutledge, Fleming
1.ed.   A crucificação : entendendo a morte de Jesus Cristo / Fleming Rutledge ; tradução
         Elissamai Bauleo. – 1.ed. – Rio de Janeiro : Thomas Nelson Brasil, 2023.
         720 p.; 15,5 x 23 cm.

         Título original: The crucifixion: understanding the death of Jesus Christ.
         Bibliografia.
         ISBN 978-65-5689-556-7

         1. Jesus Cristo – Crucificação. I. Bauleo, Elissamai. II. Título.

06-2023/128   CDD 232.963

Índice para catálogo sistemático

1. Jesus Cristo : Crucificação : Cristianismo   232.963

Bibliotecária responsável: Aline Graziele Benitez CRB-1/3129

Thomas Nelson Brasil é uma marca licenciada à Vida Melhor Editora LTDA.
Todos os direitos reservados à Vida Melhor Editora LTDA.
Rua da Quitanda, 86, sala 218 — Centro
Rio de Janeiro — RJ — CEP 20091-005
Tel.: (21) 3175-1030
www.thomasnelson.com.br

> E assim ele foi erguido em uma cruz, e um título a ela afixado indicou quem estava sendo executado. Machuca-me dizer, mas é ainda mais terrível não o dizer [...]. Aquele que suspendeu a terra foi suspenso, aquele que afixou os céus foi afixado, aquele que ligou todas as coisas foi ligado ao madeiro; o Mestre foi ultrajado; Deus foi assassinado.
>
> Melito de Sardes (c. 180 d.C.)

Este livro é dedicado
àqueles que fizeram o máximo para trazê-lo à existência:

REGINALD E. RUTLEDGE,

servo de Cristo
e meu marido há cinquenta e seis anos,

e

WALLACE M. ALSTON JR.,

que elaborou e dirigiu, de 1996 a 2007, o programa
pastoral-teológico do Centro de Pesquisas Teológicas
de Princeton (CPT), e coordenou, em 1997-1998 e 2002,
os acadêmicos participantes do CPT.

SOBRE A CAPA

O GRANDE VITRAL retratado na capa deste livro é, em geral, conhecido como *Janela do País de Gales*, presenteado à igreja 16th Street Baptist Church, em Birmingham, Alabama, pelo povo do País de Gales, em resposta ao histórico bombardeiro terrorista que acabou se tornando um ponto de virada no movimento pelos direitos civis. Em uma manhã de domingo, no dia 15 de setembro de 1963, um mês após a Marcha sobre Washington, quatro pequenas meninas negras, vestidas em seus melhores trajes brancos, foram mortas no prédio de sua igreja por uma bomba ali colocada pela organização Ku Klux Klan (uma reconstituição desse evento foi a cena de abertura do aclamado filme *Selma: uma luta pela igualdade*, produzido em 2014).

O povo de Gales arrecadou fundos para encomendar um vitral para a igreja. Seu designer, John Petts, produziu uma imagem singular da crucificação. A imagem retrata um Cristo de pele negra e em uma posição incomum: seu corpo está em formato cruciforme — movendo-se na cruz, como se não estivesse preso a ela, como se estivesse livremente presente em todas as trágicas situações humanas. Sua cabeça pende para o mesmo ângulo e com a mesma expressão facial que a de um ícone bizantino impressionante intitulado *Humilhação suprema*. Tal expressão transmite não apenas seus sofrimento e angústia, mas também a indescritível tristeza experimentada em favor do mundo pecador.

Petts declara que um poderoso braço do Jesus crucificado se volta contra os poderes demoníacos que o levaram para a cruz, enquanto o outro se estende para abraçar toda a criação. Petts não explica a vestimenta incomum usada pelo Senhor, porém ela me sugere uma roupa prisional ou um uniforme utilizado por prisioneiros que, alinhados, trabalhavam acorrentados. Sujas, suas botas trazem marcas como se ele tivesse marchado pela lama, mas seu corpo aparece transfigurado em uma luz branca. A composição transmite total desamparo e vitimização; contudo, na mesma imagem, parece que vemos uma dimensão de poder e transcendência.

A CRUCIFICAÇÃO

A inscrição "A mim o fizeram" é extraída da Parábola do Grande Julgamento, encontrada em Mateus 25:40. A escolha de palavras na janela é impressionante, visto que o dizer de Jesus assume um significado diferente no contexto de sua crucificação. Os atos de misericórdia elogiados pelo Senhor em Mateus 25 como se fossem feitos a ele nas pessoas de "alguns dos meus menores irmãos" são, no vitral, retratados ao contrário: a plena força da depravação humana universal recai sobre Jesus. Toda a humanidade é envolvida nesse "você".

Essa imagem engloba boa parte do que procurei expor neste livro, e muito mais.

> *Quando um visitante conclui seu trajeto pelas exposições profundamente emocionantes do museu do Instituto de Direitos Civis de Birmingham (Alabama), a última coisa que verá, através de uma grande janela transparente, é a igreja 16th Street Baptist Church, do outro lado da rua e de um parque, restaurada e ativa. Trata-se de uma visão deslumbrante e de uma conclusão perfeita para a peregrinação.*

SUMÁRIO

Prefácio   19
Agradecimentos   25

Introdução   31

PRIMEIRA PARTE: A CRUCIFICAÇÃO

1. A primazia da cruz   71
2. A impiedade da cruz   102
3. A questão da justiça   137

CAPÍTULO DE TRANSIÇÃO: Reconsiderando Anselmo para a nossa época   177

4. A gravidade do pecado   198

SEGUNDA PARTE: TEMAS BÍBLICOS

INTRODUÇÃO À SEGUNDA PARTE: Temas da crucificação   241

5. Páscoa e Êxodo   248
6. Sacrifício de sangue   266
7. Resgate e redenção   318
8. O grande veredicto   337
9. A guerra apocalíptica: *Christus victor*   382
10. A descida ao inferno   429
11. A substituição   496
12. Recapitulação   570

CONCLUSÃO: Condenado à redenção: a retificação do ímpio   605

Bibliografia   647
Índice de passagens bíblicas e obras literárias antigas   673
Índice remissivo   685

PREFÁCIO

> Boso: Gostaria que você fosse ainda mais longe comigo e me permitisse compreender [...] aquilo sobre o qual nossa fé usufrui a respeito de Cristo, se esperamos ser salvos; e como isso é útil para a salvação da humanidade, resgatada pela compaixão de Deus...
> Anselmo: Que Deus me ajude, então, pois o que você me pede não leva em consideração minha débil habilidade! Ainda assim, vou tentar [...] não confiando em mim mesmo, mas em Deus, fazendo o possível e com a sua ajuda.
>
> Anselmo de Cantuária, *Cur Deus homo?*
> [Por que Deus se fez homem?]

AO SER QUESTIONADA sobre em que momento comecei a trabalhar neste livro, costumo responder que o iniciei quando, após 21 anos, aposentei-me do ministério pastoral — em outras palavras, cerca de 18 anos atrás. Na verdade, porém, este livro é fruto de toda uma vida de trabalho. Quando eu tinha cerca de 13 anos — o ano era 1950 —, já começava a questionar o que significava dizer que Jesus morreu pelos pecados do mundo. Conhecia o apaixonado dizer de Paulo, "decidi nada saber entre vocês, exceto Jesus Cristo, e este, crucificado" (1Coríntios 2:2), mas não estava certa sobre o significado disso. Paulo realmente tencionava posicionar a cruz exclusivamente no centro de sua mensagem? E, quanto à encarnação, ao ministério de Jesus e à ressurreição? Se "Cristo crucificado" é, de fato, o coração do evangelho, o que isso significa?

Outra questão me atribulava. Por volta dos 15 anos de idade, escrevi uma carta a uma espécie de coluna de aconselhamento no periódico *Episcopalian*, enviado regularmente à casa de meus pais. "Cara Dora Chaplin: se Deus é bom, por que existe tanta maldade no mundo?"[1] Tamanha é a ingenuidade da juventude que, na época, eu pensava ter sido a primeira a formular essa pergunta. Dora Chaplin foi suficientemente bondosa para tratar minha pergunta com o máximo de seriedade. Se bem me recordo, sua resposta foi uma versão da defesa do livre-arbítrio, o suficiente para me satisfazer por alguns meses — até que o questionamento teve início outra vez, perdurando até os anos universitários e além. O que a fé cristã diz sobre a maldade no mundo?

Durante os primeiros anos de casamento e criação de filhos, a urgência dessas questões persistia em minha mente, embora somente *após* três anos no Union Theological Seminary e no General Theological Seminary, na cidade de Nova York, a necessidade de entender muito mais a respeito da cruz de Cristo se tornou persistente e inevitável.

Durante meu ministério ativo, tive o grande privilégio de pregar sobre a Sexta-Feira da Paixão por um período ininterrupto de trinta anos, em diversas regiões dos Estados Unidos. Isso tornou necessário o desenvolvimento de uma teologia da cruz, pondo em ação minha resolução de escrever um livro que pudesse auxiliar os pregadores. Na virada do século 20, entretanto, os cultos de três horas de duração dedicados à Sexta-Feira da Paixão, e que eram muito frequentados e cuidadosamente preparados, estavam desaparecendo. Na Igreja Episcopal, mensagens e meditações sobre o tema, antes elementos centrais desses cultos, agora estavam sendo substituídas por orações e ladainhas, interlúdios substanciais de música, pequenas homilias (opcionais) e práticas litúrgicas, como a reverência à cruz e a recepção do sacramento. Essa desvalorização da pregação da cruz é, creio eu, uma séria privação para aqueles que buscam seguir Jesus. Em tese, o Domingo de Ramos apresenta uma oportunidade para a pregação da cruz, visto que a narrativa da Paixão é lida nas igrejas litúrgicas. No entanto, atualmente tem ocorrido tanta coisa nos cultos que sobra pouco tempo para um sermão substancial. Assim, é bem possível a um pastor passar um ano inteiro e não pregar, em nenhum domingo sequer, sobre o Cristo crucificado, pelo menos não de forma mais ampla. O *skandalon* (ofensa) de que o apóstolo Paulo falou, e as difíceis e controvertidas questões em torno da interpretação da cruz, desapareceram do coração e do cerne de nossa fé. Tal privação afeta gravemente não apenas o evangelismo, mas também os contornos da fé cristã.

---

[1] Dora P. Chaplin foi a primeira professora (de educação cristã) no General Theological Seminary, uma líder amplamente respeitada durante as décadas de 1940 e 1950.

Prefácio

Apesar dos obstáculos, ou justamente por causa deles, minha intenção, durante todo esse tempo, tem sido ajudar não apenas aqueles que pregam sermões, mas também aqueles que os escutam. Se há falta de pregação sobre a cruz nas igrejas de hoje, talvez isso não seja culpa unicamente dos pregadores e preparadores de liturgia. Talvez isso esteja acontecendo, em parte, porque os membros da igreja não pedem por ela. Deve haver uma urgência sobre o assunto: a fé cristã é vazia em sua essência se as congregações habitualmente pularem a Sexta-Feira da Paixão como se não tivesse ocorrido. Este volume é uma tentativa de restabelecer o equilíbrio.

É um desafio abordar um tema tão profundo em termos facilmente acessíveis e ainda levar em consideração o amplo espectro de ensino da igreja sobre a crucificação de Cristo. Estas páginas tentam servir de ponte entre, de um lado, o academicismo e, de outro, as igrejas locais. Ao longo destas linhas, asseguro os leitores de que, apesar de todo o aparato de notas de rodapé e referências bibliográficas, este livro não pretende ser uma história da doutrina. Deixo alegremente esse território para aqueles que são qualificados. O que tento fazer — como pastora e pregadora — é uma série de *reflexões teológicas* sobre as Escrituras e a tradição, e espero contribuir com um relato coerente da morte de Jesus Cristo pela igreja — pelo povo de Deus, visível e invisível.

É a *importância viva* da morte de Jesus, e não os detalhes factuais a ela relacionados como evento histórico, que importa. Livros sobre a crucificação de Jesus em seu tempo, o método da crucificação e sua história, teorias atuais acerca da execução de Jesus e temas similares são de potencial interesse para o leitor em geral; tais assuntos, no entanto, por mais interessantes que sejam, têm importância periférica. O evento histórico sempre será o fato indubitável e inabalável, mas a declaração de Paulo de que a palavra da cruz é o poder de Deus para a salvação (1Coríntios 1:18) não é uma declaração sobre um mero acontecimento histórico. A pregação da cruz é a declaração de uma realidade vívida que continua a transformar a existência humana e o destino humano mais de dois mil anos após ter ocorrido originalmente.

Parto do pressuposto fundamental, portanto, de que a mensagem da cruz não é acessível sem o acontecimento vivo. Para aqueles que não se preocupam com seu significado interior, a cruz continuará a ser uma "pedra de tropeço" e uma "loucura", como escreveu Paulo. A cruz revela seu significado ao tomar forma na experiência dos cristãos. Em última análise, então, este livro é escrito "de fé em fé".[2]

---

[2] 1Coríntios 1:18,21-25; Romanos 1:16,17.

Pela graça de Deus, entretanto, pode haver leitores que pensam não ter fé, ou acreditam ter uma fé inadequada. A própria existência de tais dúvidas são, em si, sinal da ação divina, a qual provoca o clamor: "Ajuda-me na minha falta de fé!" (Marcos 9:24) — palavras que o próprio Senhor responde com favor imediato e soberano. São leitores assim que tenho particularmente em vista.

AGORA, ALGUNS COMENTÁRIOS PRÁTICOS SOBRE INTERPRETAÇÃO

Alguns podem se perguntar sobre a tendência denominacional neste livro. Sou uma episcopal — na verdade, sou descendente de uma geração de episcopais. Algumas partes do livro refletem inevitavelmente a ênfase e as preocupações particulares da Igreja Episcopal americana. Durante todo o processo de escrita, porém, mantive os olhos na igreja como um todo. Minha experiência em denominações protestantes é ampla e profunda, e também tenho muitos contatos importantes com católicos romanos. Tenho atuado como pregadora e professora convidada em igrejas e universidades teológicas no Canadá e no Reino Unido. Quanto às regiões fora da América do Norte e da Europa — o "sul global", onde o cristianismo parece ser especialmente vibrante —, embora me falte experiência prática nessas nações, confio que o Espírito Santo vivificará estas páginas, fazendo a mensagem universal do sofrimento e da morte do Senhor acertar em cheio o coração de alguns daqueles a quem ele ama e que vivem em outras partes do mundo.

Em meu anseio de apresentar um livro cuja utilidade servirá ao grande público e a pastores com formação acadêmica, tive de tomar algumas decisões difíceis sobre a quantidade de discussão acadêmica a ser incluída. Uma das razões pelas quais este projeto durou tanto tempo é que passei muitos anos buscando todos os tipos de controvérsias interpretativas, apenas para descobrir tardiamente que nunca serei capaz de fazê-lo como uma pesquisadora "de verdade". Meu bom amigo Will Willimon contou-me recentemente uma história engraçada (o que mais poderia ser?) sobre como Stanley Hauerwas lhe disse para que deixasse de usar as notas de rodapé, já que Will nunca convenceria os acadêmicos de que ele era um deles (a história foi mais ou menos essa). De qualquer maneira, a versão dessa história de meu amigo me ajudou, em grande medida, a prosseguir na escrita. Embora minhas notas de rodapé ocupem bastante espaço, o livro pode ser lido por pastores e leigos sem quaisquer referências a elas.

Ao fim da minha bibliografia seleta, listei diversos comentários *teológicos* mais ou menos representativos dos livros da Bíblia para o uso de pregadores e outros estudantes das Escrituras. Há diversos comentários excelentes sobre textos bíblicos, porém mais raros são os comentários com uma explícita inclinação teológica. No auge do método histórico-crítico, muitos estudiosos com interesse teológico se viram constrangidos a mantê-los "debaixo do tapete", mas o cenário acadêmico começou a mudar nas décadas de 1960 e 1970; agora, há novamente inúmeros "teólogos bíblicos" — bem como alguns teólogos sistemáticos notáveis que também são exegetas talentosos. Muitos deles sempre foram talentosos, porém, recentemente, tornaram-se mais ousados, para o grande benefício da igreja. São esses os acadêmicos que eu, como pregadora, considero mais úteis.

De todos os capítulos deste livro, o mais importante para mim pessoalmente é "A descida ao inferno". Ocasiões como a Sexta-Feira da Paixão, que davam ensejo à pregação sobre a cruz, transformaram-se cada vez mais em um tempo de reflexão a respeito do relacionamento entre o problema do mal e a crucificação de Cristo. Ao final, dediquei mais de dois anos à escrita de um único capítulo. Escrevi-o em protesto aos horrores, em memória das vítimas e em solidariedade àqueles que choram inconsolavelmente. Enquanto faço os últimos retoques neste prefácio durante as primeiras semanas de 2015, sinais de um mal aparentemente invencível se destacam ao redor do mundo. Passar de relance pelas notícias traz menos diversão e mais alvoroço. Qualquer um que ocupe o púlpito nestes dias precisa de muito fortalecimento. Se a nossa pregação não tem uma convergência com os tempos nos quais vivemos, estamos abandonando nosso chamado de tomar a cruz. Podemos aprender com o exemplo de Dostoiévski, que, em *Os irmãos Karamázov*, usou material que lia nos jornais para dar uma face humana ao problema do mal.

F. R.

AGRADECIMENTOS

EXISTEM DUAS INFLUÊNCIAS poderosas por trás deste livro: uma diz respeito à academia; a outra, à igreja. No Union Theological Seminary, na Nova York da década de 1970, os relacionamentos pessoais calorosos e o respeito mútuo entre diversos professores e alunos de doutorado em dois campos distintos — estudos bíblicos e teologia sistemática — resultaram em um solo fértil no qual estudantes de mestrado em teologia, como eu, podiam desenvolver-se. Em meados daquela década, após a minha graduação, continuei envolvida por muitos anos em um grupo de discussão de professores e estudantes de doutorado de ambos os campos de estudo, encontrando-me com eles no Union para discutir as cartas do apóstolo Paulo. Após observar o funcionamento dessa dinâmica entre as duas disciplinas, nunca mais fiquei satisfeita com algo menor que isso.

A segunda influência foi o ministério de 14 anos que tive na igreja Grace Episcopal Church, na cidade de Nova York. Ao chegar como membro da equipe ministerial em 1981, a próspera e jovem congregação era dominada por uma renovação ocorrida especificamente em decorrência da pregação da cruz durante a década de 1970.[1] Longe de ser uma noção cultural ligada particularmente a homens brancos e mortos, a mensagem de "Jesus Cristo e este crucificado" (1Coríntios 2:2) era, para muitos jovens nova-iorquinos de vários contextos socioeconômicos, uma fonte de vida. A experiência de ministrar por 14 anos em uma congregação do povo de Deus moldada por esse evangelho convenceu-me mais do que nunca de que há nele um poder único, não apenas para a conversão, mas também para um novo estilo de vida.

No intervalo de cerca de vinte anos em que este livro estava sendo produzido, muitas pessoas me ajudaram de maneiras que nunca poderei retribuir

---

[1]Os pregadores nesses anos de renovação (1975-1981) na igreja Grace Church foram FitzSimons Allison, Paul F. M. Zahl e James G. Munroe.

ou reconhecer à altura. Fico aturdida quando reconheço a mão de Deus nessa comunhão de servos mutuamente encorajadores da Palavra. Se os listo aqui sem um reconhecimento detalhado de sua generosidade, conhecimento e apoio — de uns para com os outros e também para comigo —, é apenas porque não sei como expressar quão profundamente grata sou de tê-los conhecido.

Dos dias de seminário, diversos professores posteriormente se tornaram não apenas mentores, mas também amigos. Sua influência permeia todo o livro. São eles: Paul L. Lehmann, J. Louis Martyn, Raymond E. Brown e Christopher Morse. Richard A. Norris, Cyril C. Richardson e Samuel Terrien também desempenharam papel significativo em minha educação teológica. Após a minha graduação, o grupo há pouco mencionado, que se encontrou por muitos anos no Union Theological Seminary para estudar as cartas do apóstolo Paulo, levou-me a dialogar com diversos estudantes de doutorado que acabaram se tornando professores respeitados, entre os quais se encontram Martinus C. de Boer, Nancy J. Duff e James F. Kay.

Durante minhas duas residências no Center of Theological Inquiry (CTI) de Princeton (1997-1998 e 2002), muitos acadêmicos de destaque se interessaram por meu projeto e leram partes dele, acrescentando comentários úteis: Patrick Miller, Mark Reasoner, George Lindbeck, David Tracy e os dois sul--africanos Etienne de Villiers e Dirk Smit, entre outros. Joseph Mangina, em particular, há anos tem sido um parceiro. Seu academicismo, imaginação literária e amizade têm sido uma constante fonte de alegria para mim, bem como sua querida família.

Agradeço em especial àqueles que leram capítulos ou porções de capítulos deste livro, demonstrando sua dedicação ao reservarem um tempo para esboçar comentários longos e construtivos. Entre aqueles que o fizeram, destacam-se particularmente J. Louis Martyn, George Hunsinger, Jim Kay, Kate Sonderregger, Susan Eastman e Jordan Hylden. Devo uma menção especial a Adam Linton, pároco da igreja Church of the Holy Spirit em Orleans, Massachusetts. Adam é único entre meus colegas, combinando uma graduação no Gordon-Conwell Theological Seminary, a experiência como capelão da marinha, seus vinte anos na Igreja Ortodoxa Russa, a ordenação como ministro episcopal, a fluência em línguas e um profundo conhecimento da *Dogmática eclesiástica*, de Karl Barth. Linton tem sido um encorajador e um companheiro por muitos anos. A ele e a Lori, sua esposa, bem como à sua excepcionalmente interessante e vibrante congregação em Cape Cod, minha sincera gratidão e calorosa admiração.

Três seminários teológicos foram muito importantes para mim, desde que deixei o ministério da igreja local, em 1997. O *primeiro* é a Duke Divinity School, onde tive o privilégio de pregar, ensinar e ministrar muitas vezes. Ellen

Agradecimentos

Davis, Susan Eastman, Richard Hays, Richard Lischer e Joel Marcus foram parceiros nessa empreitada de uma maneira tal que ficariam surpresos em saber. O *segundo* é o Princeton Theological Seminary, onde o encorajamento de Beverly Gaventa, Pat e Mary Ann Miller, Paul Rorem, George e Deborah Hunsinger, Ellen Charry, Iain Torrance e Dan Migliore, entre outros, foi-me de grande importância — sem mencionar minha forte amizade com Wentzel van Huyssteen. Jacquie Lapsley e Pat Miller me ajudaram com a língua hebraica, e Nancy Lammers Gross, com Paul Ricoeur. Imagino que Kate Skrebutenas, a habilidosa bibliotecária de Princeton por muitos anos, tenha recebido agradecimentos de mais gente do que qualquer outra pessoa no mundo da pesquisa teológica nos Estados Unidos, e sinto-me honrada em adicionar meu nome à lista. Quanto ao *terceiro*, fiz três visitas — como palestrante, pregadora e professora — à Wycliffe College, na University of Toronto School of Theology. Sempre serei grata ao seu diretor, George Sumner, por me convidar a uma residência e a ensinar homilética por um semestre, um dos períodos mais desafiadores e recompensadores da minha vida. Por meio do Wycliffe e de outros canais, fui convidada a pregar, lecionar e ensinar em quatro outras províncias canadenses, e o apoio dos santos no Canadá tem sido uma alegria para mim. Entre os colegas do Wycliffe, saúdo especialmente David Demson. Sua esposa, Leslie, e eu partilhamos o mesmo entusiasmo pela expressão bíblica, que, segundo acreditamos, deve ser sempre traduzida como "Eis que...".

Algumas testemunhas que já cruzaram o Jordão estão, de um modo que jamais teriam imaginado, presentes neste livro. Algumas deram contribuições importantes com seus escritos e são devidamente referenciadas no livro, porém o mais importante foi o impacto que me causaram por sua vida. Para mim, é importante mencionar seus nomes. Seguindo uma ordem mais ou menos cronológica de sua influência em minha vida, desde a minha adolescência, encontram-se os seguintes santos que já partiram: John M. Gessell, Albert T. Mollegen, Samuel J. Wylie, Dean Hosken, Lawrence G. Nelson, Richard R. Baker, Charles Perry, Paul L. Lehmann, Raymond E. Brown, Cyril C. Richardson, Richard A. Norris Jr., Reginald H. Fuller, Will D. Campbell, J. Christiaan Beker, Furman Stought e Arthur Hertzberg. (Se todos são nomes de homens, exceto um, isso é um comentário de quão longe avançamos desde a minha juventude.)

Durante os últimos estágios da escrita, afastei-me de todas as atividades por diversas vezes. Sem esses rompimentos decorrentes de distrações, eu jamais teria concluído. Kathy e Nat Goddard, devotos membros da igreja Episcopal Church of the Holy Spirit em Orleans, Massachusetts, permitiram-me usar sua casa de hóspedes no Cape Cod National Seashore por duas semanas. Sempre me regozijarei em lembrar-me desse tempo agradável de escrita, interrompido apenas por passeios nas dunas e pela observação de aves marinhas. No ano seguinte, quando o livro se aproximava de sua finalização, dediquei dois períodos trabalhando na nova biblioteca do Princeton Seminary. Sou grata a Ellen Charry, por sua hospitalidade em sua elegante e bem mobiliada casa na Mercer Street e por sua companhia. Sou grata ao já falecido Dana Charry, cujas contribuições também aparecem nestas páginas.

Já se haviam passado quarenta anos desde que eu frequentara uma biblioteca teológica, tendo eu mesma acumulado uma pequena biblioteca teológica em casa. Obviamente, era muito difícil a uma não acadêmica como eu, nascida em 1937, lidar com as novas tecnologias de uma só vez. No último minuto, eu me vi enviando e-mails de hora em hora, em todas as direções, tentando obter ajuda com as notas de rodapé e a bibliografia. Dividi esses pedidos de pânico entre Jim Kay, George Hunsinger, Richard Hays, Ellen Davis, Susan Eastman, Joel Marcus, Pat Miller, Christopher Morse e, em especial, Joe Mangina, cuja paciência e cujos amplos recursos intelectuais pareciam inesgotáveis. (Susan Eastman e Joel Marcus se recordarão das referências feitas há pouco à igreja Grace Church, em Nova York. Ambos se encontram entre os "ex-alunos" destacados das décadas de 1970 e 1980.)

Acredito sempre haver agido com base no princípio de Atanásio: "Explicamos o mesmo sentido de mais de uma forma, para que não pareça estarmos deixando algo de fora — pois é melhor submeter-nos à culpa da repetição do que omitirmos qualquer coisa que deveria ser exposta" (*De incarnatione*, 20). Com todo o devido respeito ao grande Atanásio, trata-se de um erro da minha parte. No último estágio da escrita deste livro, recebi um conselho crucial. Robert "Jens" Jenson, que me tem encorajado desde a minha primeira residência no CTI, generosamente leu o manuscrito inteiro, cuja extensão abrangia cerca de 150 páginas a mais do que contém agora, colocando o temor de Deus no meu coração para que eu não enviasse o livro ao mundo com tantas repetições e digressões.

Nesse momento crucial, quando eu me encontrava à beira do desespero, a providência divina na forma de Jason Byassee conduziu-me a um jovem e talentoso editor, Adam Joyce, que demonstrou ser exatamente a pessoa certa para me ajudar não só a reduzir o manuscrito, mas também a reorganizá-lo em uma ordem melhor. Robert Dean, um aluno brilhante em minha classe de homilética avançada em Wycliffe e Ph.D. recém-formado, também leu o manuscrito todo, com especial atenção às nuances teológicas. Palavras simplesmente não podem expressar minha gratidão a esses dois jovens senhores, não apenas por fazerem o trabalho entediante e suportarem minhas resistências, mas também, e o que é mais importante, por acreditarem no projeto e encorajarem-me durante seu desenvolvimento. Foi uma lição de humildade — eu tive de excluir muitas das minhas passagens favoritas —, mas meus leitores ficarão gratos pela simplificação (por mais incrível que pareça) da obra.

Outros contribuíram para este empreendimento de formas menos definidas. Alguns estão fora da comunidade da fé, mas são curiosos em relação ao evangelho. Tive esses leitores em potencial em minha mente ao longo do livro — pessoas que consideram a si mesmas incrédulas, mas se sentem atraídas pela fé cristã. Alguns amigos que se encaixam nessa descrição foram meus companheiros neste empreendimento desde o início. Até certo ponto, o livro é um diálogo com esses parceiros desconhecidos, porém muito reais.

De um modo vergonhoso, negligenciei amigos chegados e outros relacionamentos próximos nesses últimos meses, não retornando ligações, não me comunicando, não me mostrando disponível. Todos eles foram muito compreensivos. Há uma amiga em particular que é muito querida por todos da nossa família, Pennie Curry — uma testemunha cristã formidável e exemplar. Seu amor pelo Senhor, seu cuidado com a igreja e seus esforços incansáveis em favor da comunidade hispânica e dos jovens necessitados de direcionamento dão testemunho daquele que foi Crucificado e Ressurreto por onde quer que ela vá.

Há ainda outra pessoa e outro programa que eu gostaria de destacar. Ao deixar meu último posto ministerial, já estava começando a esboçar este livro. O grande salto em direção a ele, no entanto, ocorreu apenas em 1997, quando recebi uma oferta que talvez tenha caído do céu. Wallace Alston, a quem conhecia vagamente como um estudante orientado por Paul Lehmann, telefonou-me inesperadamente e me convidou a ser a primeira pastora-teóloga residente no Center of Theological Inquiry de Princeton — programa que ele próprio havia projetado, imaginado e viabilizado. O projeto envolveu não apenas estudiosos residentes em Princeton, mas também muitos pastores reunidos em grupos locais de todas as partes dos Estados Unidos. Este livro teria sido um empreendimento pobre se não fosse por minha participação na comunidade internacional de teólogos bíblicos e sistemáticos que participaram do CTI em meus dois períodos de residência (1997-1998 e 2002). Muitos deles se tornaram amigos de uma vida inteira. Simplesmente não se trata de superestimar a importância dessas dádivas de tempo, espaço e amizade. Esse tempo, essas pessoas, mais do que qualquer outra coisa, possibilitaram, pela graça de Deus, a produção deste livro.

A editora Eerdmans publicou todos os meus sete livros anteriores; até enviar o manuscrito deste, porém, eu não tinha ideia do trabalho envolvido na preparação de um volume com mais de mil e quinhentas notas de rodapé e centenas de referências bíblicas, com todas demandando verificação. Quando, 18 anos atrás, comecei a trabalhar neste livro, nem sempre fui suficientemente cautelosa com as citações, como deveria ser. O processo de polimento do meu manuscrito tem sido um trabalho extremamente entediante; por isso, admiro-me com o trabalho de Tom Raabe, meu revisor, cujas paciência e habilidade durante os três meses de preparação, durante os quais ele teve de trabalhar junto comigo (sem contar os meses anteriores, nos quais ele trabalhou no manuscrito sozinho), foram impressionantes. Também agradeço a Mary Hietbrink e Laura Bardolph-Hubers, pelo apoio essencial. Orgulho-me do fato de Willem Mineur ter feito o *design* de todas as oito capas dos meus livros; ele é um mestre, além de alguém com quem é extremamente prazeroso trabalhar. Por último, menciono Jon Pott, editor sênior de longa data, cuja aposentadoria saiu assim que o manuscrito foi completado, e William B. (Bill) Eerdmans Jr., que continuou a me animar quando o trabalho todo parecia não ter fim.

É comum agradecer ao cônjuge e dizer como um livro não poderia ter sido produzido sem ele. Todavia, neste caso, para mim, é quase impossível relatar em que medida Dick Rutledge contribuiu para a realização desta obra. De fato, o livro simplesmente não poderia ter sido escrito sem ele. Para começar, escrever um livro como este custa muito dinheiro. Sem apoio institucional, fiquei praticamente sem recursos durante muitos anos de produção, exceto pelos abençoados doze meses que passei no CTI e o semestre recompensador em Wycliffe. Dez anos após ter começado a escrever, foi-me de grande ajuda receber um subsídio da Louisville Foundation, verba que serviu para eu pagar dois anos de aluguel de um escritório. Quase todo o crédito a esse respeito, porém, pertence a Dick, que não apenas pagou meus três anos de educação teológica, mas que também, por iniciativa própria e sem o meu conhecimento, procurou um escritório no qual poderia trabalhar livre de distrações. Ele encontrou o lugar perfeito, e pagou o aluguel por mais nove anos após a quantia do subsídio ter sido gasta. Todavia, seu apoio financeiro foi o menor benefício de todos. Quem pode contar os jantares preparados e consumidos apenas por ele, especialmente durante os últimos seis meses? Quem pode imaginar a perda do companheirismo quando eu praticamente saí de cena? Quem pode avaliar o tanto de irritabilidade suportada enquanto eu lutava com o manuscrito? Quem é capaz de calcular a administração de problemas como um refrigerador quebrado e uma garagem inundada, sem nenhuma ajuda de minha parte, durante esses últimos meses críticos? Mas nada disso se compara ao dom precioso de um companheiro por toda a vida, que realmente conhece e ama o Senhor, servindo à igreja de Cristo com devoção plena. Simplesmente não sei como sequer começar a dizer em que medida essa parceria significou para este livro e para nosso casamento. Que Deus seja louvado por todas as suas dádivas abundantes!

FLEMING RUTLEDGE
Alford, Massachusetts, 15 de janeiro de 2015

INTRODUÇÃO

O CRISTIANISMO é único. As religiões do mundo têm certas características em comum; contudo, até que o evangelho de Jesus Cristo irrompesse no mundo mediterrâneo, ninguém na história da imaginação humana havia concebido algo como a adoração de um homem crucificado. A pregação dos primeiros cristãos anunciou a entrada de Deus no palco da História na pessoa de um mestre judeu itinerante, ingloriosamente afixado ao lado de dois rejeitados da sociedade para morrer de uma forma horrível, sendo renegado e condenado por autoridades religiosas e seculares, descartado no monturo da humanidade, desdenhosamente abandonado pelas elites e pelo povo, deixando para trás apenas um punhado de discípulos desalentados e desmoralizados, os quais não tinham qualquer status aos olhos das pessoas. A peculiaridade desses primórdios para uma fé transformadora não é suficientemente reconhecida. Com frequência, os cristãos de hoje são induzidos a pensar em sua fé como uma religião, sem se dar conta de que a reivindicação central do cristianismo é estranhamente *irreligiosa* em sua essência.[1] Dietrich Bonhoeffer escreveu que a fraqueza e o sofrimento de Cristo eram e continuam a ser "uma inversão do

---

[1] Os testemunhos a esse respeito são inúmeros. Martin Hengel escreve a respeito do "acontecimento completamente único da Paixão e da crucificação do Messias de Israel, o qual não encontra paralelo na história da religião" (*The atonement: the origins of the doctrine in the New Testament* [Philadelphia: Fortress, 1981], p. 41). Roy A. Harrisville é ainda mais específico em relação ao impulso religioso universal, observando que os "judeus e pagãos estavam prontos a afirmar a ressurreição ou a imortalidade. Isso estava no cerne de sua concepção; o que eles não acreditavam era que um messias ou *kurios* poderia morrer" (*Fracture: the cross as irreconcilable in the language and thought of the biblical writers* [Grand Rapids: Eerdmans, 2006] p. 276-7). Não foram apenas os acadêmicos que perceberam isso. Em uma de suas imagens fantasiosas peculiares e alusivas, Donald Barthelme coloca Cortés e Montezuma conversando sobre religião. Montezuma está aprendendo sobre o cristianismo: "Gosto especialmente do Espírito Santo", diz ele, e o Pai também dá para aceitar, mas "que o Filho deveria ser sacrificado me parece errado. Ao que me parece, deveriam sacrificar para *ele*, e não ele mesmo ser o sacrifício" ("Cortés e Montezuma", *New Yorker*, 22 de agosto de 1977).

que o homem religioso espera de Deus".² O uso dos termos "religioso" e "religião" permeará boa parte das discussões neste livro.³ Conforme definido nestas páginas, "religião" é um conjunto de crenças projetadas a partir das necessidades e dos desejos, anseios e temores da humanidade. A imaginação religiosa busca a elevação, e não a tortura, a humilhação e a morte. Portanto, o propósito principal deste livro sobre a crucificação será fortalecer o pressuposto do leitor de que a cruz de Jesus é um evento irrepetível, o qual questiona todas as religiões e estabelece um fundamento totalmente novo para a fé, a vida e o futuro da humanidade.⁴

O apóstolo Paulo, escrevendo uma carta aos cristãos de Roma, leva sua introdução ressoante ao ápice com estas palavras: *não me envergonho do evangelho*. Em relação a isso, podemos questionar: mas por que ele se envergonharia? Por que a necessidade de emitir esse aviso? Aquele que abre a Bíblia em busca de orientação espiritual, inspiração ou instrução pode ficar confuso ao encontrar uma referência tão direta à vergonha. Poderíamos pesquisar a literatura religiosa por um longo tempo sem jamais encontrar qualquer linguagem semelhante a essa.

Na carta aos Romanos, Paulo parece partir do pressuposto de que seus ouvintes saberão o que ele quer dizer ao afirmar não sentir "vergonha". Ao escrever aos coríntios, porém, parece que ele não tem tanta certeza, de modo que entra em mais detalhes. É a crucificação como meio de execução, diz Paulo,

---

²Dietrich Bonhoeffer, *Letters and papers from prison*, ed. ampl. Eberhard Bethge (New York: Macmillan, 1972), p. 360. Quanto mais a situação de Bonhoeffer sob o domínio dos nazistas se tornava gradualmente perigosa, mais ele se aproximava do Crucificado. Ainda aguardamos por um exame teológico completo das reflexões de Bonhoeffer na prisão, mas, ao mencionar algumas ideias sobre um "cristianismo irreligioso" (p. 280-2), ele estava resistindo à ideia de que o cristianismo poderia ser aliciado por algum propósito humano. Por isso Bonhoeffer afirmava falar abertamente sobre Deus aos incrédulos, porém sentia-se um pouco apreensivo ao dialogar com "pessoas religiosas". Se a humanidade "atingiu a maioridade" — noção que Bonhoeffer alimentou provisoriamente —, foi por haver, após o Iluminismo, percebido que a "religião" não atendia mais às suas necessidades. Hoje, essa é a posição assumida por boa parte da liderança intelectual do Ocidente. Portanto, quanto mais os cristãos reconhecem a natureza irreligiosa de sua fé no sentido aqui mencionado, mais recomendam o *skandalon* do evangelho, o qual subverte totalmente as noções de necessidade por meio da irreligiosa "palavra da cruz" (1Coríntios 1:18).

³Quando João Calvino escreveu *Institutas da religião cristã*, as questões pós-Iluminismo que pesavam sobre Bonhoeffer ainda levariam alguns anos para vir à tona. Entretanto, Calvino teria concordado com a definição de religião trazida neste livro, pois ele próprio escreveu que "a mente humana é uma perpétua fábrica de ídolos" (*Institutas* 1.11.8).

⁴No decorrer deste livro, o uso dos termos "religião" e "religioso" é orientado pelas críticas de Ludwig Feuerbach (*The essence of Christianity*, 1841) e Sigmund Freud (*The future of an illusion*, 1927), em que ambos, de diferentes perspectivas, definiam religião como uma construção puramente humana. Robert Jenson considera essa ideia em seu capítulo "The identification of God": "O verdadeiro Deus sabe que projetamos nossos valores nele e, portanto, o concebemos de forma idólatra, não se comovendo com nossa infantilidade. Sua intenção é nos oferecer novos valores e infringir nossa identidade" (*Systematic theology* [New York: Oxford University Press, 1997], vol. 1: *The triune God*, p. 53).

que normalmente causaria vergonha a qualquer um que estivesse associado à vítima. Paulo é bem específico a esse respeito em sua primeira carta aos Coríntios: "[...] agradou a Deus salvar aqueles que creem por meio da *loucura* da pregação"; "[...] pregamos a Cristo crucificado, o qual, de fato, é *escândalo* para os judeus e *loucura* para os gentios [...] Porque a *loucura* de Deus é mais sábia que a sabedoria humana, e a *fraqueza* de Deus é mais forte que a força do homem" (1Coríntios 1:21,23,25). As palavras aqui em itálico são citadas por Paulo para lembrar os cristãos de Corinto da natureza escandalosa da fé que eles reivindicam. Os cristãos de Corinto formavam um grupo arrogante, cheio de orgulho por sua suposta superioridade espiritual. Sua presunção não tinha razão de ser, assegura-lhes Paulo, pois a "palavra da cruz", com todo o seu escândalo, é a única base legítima para a confiança cristã. Assim, Paulo, certamente alguém que, em sua existência anterior como o fariseu Saulo, tinha pouca tolerância com os tolos, declara, de forma robusta, que ele e seus companheiros apóstolos são "loucos por causa de Cristo" (1Coríntios 4:10).

A singularidade da crucificação de Cristo

Agora, certamente, o tema da loucura divina expresso por Paulo é encontrado em algumas religiões. Isso em si não é peculiar à mensagem do apóstolo. A absoluta singularidade do evangelho anunciado no Novo Testamento não é a tolice em si, mas a conexão entre tolice sagrada e um evento historicamente real, de tortura e execução pública, patrocinado pelo governo — um evento, devo enfatizar, *sem nenhuma conotação espiritual ou características religiosas redentoras*. Não é fácil conseguirmos uma audiência sobre esse ponto crucial, já que, hoje em dia, boa parte do cristianismo americano vem embalada com toda a sorte de mensagens inspiradoras e calorosas. Além do mais, estamos tão acostumados a ver a cruz funcionando como uma decoração que mal podemos imaginá-la como objeto de vergonha e escândalo — a não ser que a vejamos sendo queimada no quintal de alguém. Entrar no mundo do Império Romano, o mundo do primeiro século d.C., com o propósito de entender o nível de ofensividade atrelado à crucificação como método de execução, exige considerável esforço de imaginação.

Podemos começar com a estranheza do significante reconhecido universalmente como "a crucificação". Ele nos ajudará a compreender a singularidade da morte de Jesus se conseguirmos captar algo peculiar nessa forma de falar. A história mundial está repleta de mortes famosas: pensamos em alguém como John F. Kennedy, Maria Antonieta ou Cleópatra. Contudo, não nos referimos à morte dessas pessoas como "o assassinato", "o guilhotinamento" ou "o envenenamento". Tais referências seriam incompreensíveis. O uso da expressão "a crucificação" como referência à execução de Jesus mostra que ela continua ocupando *status* privilegiado. Ao falarmos "da crucificação", mesmo nesta época secular, muitas pessoas sabem a que a expressão se refere. Há algo estranho na morte do homem identificado como Filho de Deus que continua a exigir atenção especial. *Essa* morte, *essa* execução, acima e além de todas as demais, continua a ter reverberação universal. Não podemos dizer isso a respeito de nenhuma outra morte na história humana. A cruz de Jesus é única nesse aspecto; ela é *sui generis*. Houve milhares de crucificações na época romana, mas apenas a crucificação de Jesus é lembrada como tendo não apenas significado, mas também um significado mundialmente transformador.[5]

Refletir sobre a morte de outras pessoas famosas iluminará ainda mais esse ponto. Mártires genuínos, como Bonhoeffer, são elevados após a morte a um nível de santidade e fama que jamais teriam durante a vida. De modo semelhante, as mortes prematuras de figuras célebres, como Eva Peron, John Lennon e Diana Spencer, lhes conferiram uma aura permanente de estrelato místico. A morte de Jesus, entretanto, não se assemelha em nada à deles. Mesmo pessoas que não creem em Jesus, ou aquelas cujo conhecimento do cristianismo é tênue, terão alguma impressão residual de que a morte de Jesus, de forma diferente da morte de outros mártires e vítimas, apresenta um nível extra de significado. Por mais atenuado que nosso conhecimento da teologia cristã se tenha tornado, ainda retemos uma memória de que sua morte por crucificação parece ter tido algum tipo de importância que não mais se repetirá. Desse acontecimento único, as mortes de seus seguidores extraíram, por extensão, seu resultado.

Um apelo ao leitor

É impressionante que não haja um estudo aprofundado da crucificação, especialmente voltado a pastores ou estudantes de fora da teologia, desde *The cross of Christ*,[6] de John Stott, publicado em 1986. Desde então, muita coisa aconteceu no âmbito interpretativo. A escrita deste volume começou dezoito anos atrás, quando o conceito da morte de Cristo como substituição expiatória já

---

[5]Há registros de que milhares de escravos foram crucificados após a rebelião fracassada de Espártaco, porém não sabemos o nome de uma única vítima sequer.
[6]Edição em português: *A cruz de Cristo* (São Paulo: Vida, 1991).

INTRODUÇÃO

estava havia algum tempo sob ataque.[7] Desde essa época, a atmosfera em torno do tema ficou cada vez mais acalorada. Uma oposição ativa e muitas vezes beligerante foi provavelmente o fator predominante na perda generalizada em pregações e ensinos sobre a cruz. Diversos livros e ensaios importantes sobre o tópico da expiação[8] apareceram nos anos recentes, e muitos deles são altamente críticos da "expiação substitutiva" e da "substituição penal".[9] Alguém familiarizado com essa perspectiva pode muito bem olhar de relance para o presente volume e decidir não prosseguir com a leitura, crendo que ele não passa de mais uma defesa do tema da substituição. No entanto, esse seria um equívoco sério em relação às intenções da autora, a qual lida seriamente com todo o espectro do imaginário bíblico e da interpretação teológica.

Assim, pedimos ao leitor que considere este volume em sua totalidade e que não tire conclusões prematuras sobre sua inclinação teológica. Os objetivos mais importantes deste livro são expandir a discussão do que aconteceu na cruz de Cristo e encorajar o retorno ao assunto para o centro da proclamação cristã.

Este volume se destina a potenciais leitores leigos e ordenados, católicos e protestantes, de todas as denominações. O assunto em si transcende todas as fronteiras. De forma particular, talvez o livro seja direcionado a pastores ocupados, afadigados com as responsabilidades ministeriais, mas sérios quanto à pregação do evangelho e em busca de ajuda para formular suas mensagens. Também é voltado a leigos questionadores, os quais desejam compreender melhor sua fé e podem ler porções deste livro de forma individual ou em grupos de estudo. Pode ser útil para alunos de seminário teológico matriculados em disciplinas

---

[7]Em alguns círculos protestantes, segundo destacado por Green e Baker, o modelo da substituição penal foi consagrado por seu uso prolongado, razão pela qual não há qualquer competição séria (Joel B. Green e Mark D. Baker, *Recovering the scandal of the cross: atonement in New Testament and contemporary contexts* [Downers Grove: InterVarsity, 2000], p. 23-6). Entretanto, esse consenso está se rompendo até mesmo nos círculos em que por muito tempo reinou, em parte por causa da pressão advinda do academicismo e, em parte (e infelizmente), por causa da falta de interesse geral nas questões doutrinárias. Mas talvez a causa principal — e correta — seja o fato de as críticas do uso *exclusivo* e *rigidamente esquemático* desse modelo começarem a fazer efeito.

[8]Para manter a importante distinção feita pela autora, traduzimos *atonement* sempre por "expiação" (como o termo ficou conhecido em português) e *expiation* por "expiação purificadora". *Atonement* foi um termo cunhado em língua inglesa a partir de *at one* ("à uma") + *-ment* ("-mento"), para traduzir os termos hebraico e grego que se referem tanto à "expiação purificadora" (purificação do pecado) quanto à "propiciação" (ato de aplacar a ira de Deus) realizadas por Cristo em sua morte sacrificial, e que promovem a reconciliação do pecador redimido com Deus por meio do sacrifício de Jesus. Apesar de existir em português o termo *adunamento* ou *adunação* com o mesmo sentido, e em uso na teologia católica romana, preferimos usar o termo que ficou mais conhecido em língua portuguesa. (N. E.)

[9]Uma análise útil das publicações recentes sobre o assunto é trazida por Michael Hardin em "Out of the fog: new horizons for atonement theory", in: Brad Jersak; Michael Hardin, orgs., *Stricken by God? Nonviolent identification and the victory of Christ* (Grand Rapids: Eerdmans, 2007), p. 54-77.

introdutórias. Acima de tudo, a intenção é falar ao leitor cuja atenção é despertada por aquele que foi crucificado, sem saber ao certo como interpretá-lo.

O cristianismo mundial enfrenta uma série de gigantescos desafios. Muitas vozes dentro da igreja estão clamando por uma reformulação completa dos fundamentos, com o fim de se adequar aos novos tempos. Diversas vezes, tal pedido é acompanhado por expressões de desdém por aqueles que ainda consideram as formas tradicionais uma fonte de vitalidade. Por outro lado, com frequência os tradicionalistas são vistos como fazendo variações de sua antiga manobra circular. Na esquerda eclesiástica, a justiça própria e a predisposição de seguir de forma acrítica algumas tendências culturais constituem perigos constantes; na direita, a reação e o medo são, em geral, os principais motivadores. Desse modo, linhas divisórias são desenhadas quando, na verdade, o engajamento seria mais proveitoso.

Na atual luta teológica, muitas pessoas estão sendo feridas. Muito dano é causado por estereótipos, rótulos e classificações. Isso é observado e lamentado em geral, mas existem poucos antídotos eficazes. Todas as partes devem esforçar-se seriamente para entender as nuances do posicionamento alheio. Lutar para compreender a perspectiva do outro, a fim de se engajar com ela de modo compreensivo e acurado, é uma atitude cristã. É certo que o argumento deste livro será polêmico em diversos pontos, mas seu propósito é dar uma contribuição ao diálogo e à sua continuidade, e não repelir aqueles que pensam de modo diferente ou que ainda não têm sua posição muito clara.

O PAPEL DA IMAGINAÇÃO COMPREENSÍVEL

Um dos teólogos mais respeitados de sua geração, William C. Placher, escreveu sobre as complicações envolvidas na interpretação da crucificação. Em um artigo sobre o tema da cruz como substituição ou troca, Placher apresenta uma anedota a partir da sua experiência que espera ilustrar o que Cristo realizou e, em seguida, escreve com certa frustração: "Não sei como fazer esta história, ou qualquer outra história puramente humana, funcionar".[10]

Como Placher bem sabia, não há qualquer analogia deste lado da criação caída que "funcione". Nenhum dos símbolos, imagens ou temas "funciona" de maneira lógica, seja como analogia, seja como teoria para explicar o que Deus em Cristo está fazendo na cruz. São figuras de linguagem e, como tais, exigem

---

[10] William C. Placher, "Christ takes our place: rethinking atonement", *Interpretation* 53, n. 1, Jan. 1999, p. 13.

imaginação e participação. Como pessoas de fé, não *interpretamos* as imagens tanto quanto as *habitamos* — e, de fato, como destaca Scot McKnight, elas nos habitam.[11] A forma mais verdadeira de recebermos o evangelho do Cristo crucificado é cultivando uma profunda apreciação da forma que os temas bíblicos interagem e expandem uns aos outros.

Em última análise, o conhecimento teológico especializado pode levar-nos apenas até certo ponto; é preciso conhecermos a *história*. O reverenciado escritor americano Joseph Mitchell foi educado na igreja do sul dos Estados Unidos e conhecia bem sua linguagem. Nas últimas décadas de vida, Mitchell passou a frequentar assiduamente os cultos da igreja Grace Church em Nova York. Ele contou a um grupo de ministros sobre uma conversa que tivera na Carolina do Norte com sua irmã, que estava prestes a morrer.[12] Assentado ao lado de sua cama, sua irmã lhe perguntou: "Querido, o que a morte de Jesus na cruz, ocorrida há tanto tempo, diz respeito a meus pecados agora?". Mitchell, que era um teólogo nato, não tendo recebido treinamento teológico formal, lutou para encontrar as palavras certas, como se esperaria de qualquer escritor meticuloso, e finalmente disse, com sua gagueira eventual: "D-d-e alguma forma, ele foi nosso representante". Pesquisadores acadêmicos devem parar e ponderar por um instante na lacuna entre essa pergunta e essa resposta.

Joseph Mitchell e sua irmã eram, em certo sentido, melhores leitores da Bíblia do que muitos acadêmicos treinados, visto que a pergunta dela e a resposta dele foram arrancadas do fundo do coração, e não de uma consideração fria em sala de aula. Todavia, o trabalho de acadêmicos também é necessário, já que a análise se impõe. Joseph Mitchell tinha de falar alguma coisa à sua irmã. A história da salvação, por sua vez, não está "além de palavras". Do início ao fim, o Novo Testamento é o testemunho vivo da pregação apostólica. A cruz deve ser pregada. Em cada nova geração, as diversas teorias serão reexaminadas à medida que cada vez mais pessoas deparam, sozinhas, com a seguinte pergunta: *em que a morte de Jesus na cruz, ocorrida há tanto tempo, se relaciona com meus pecados agora?*

Muito depende de nossa resposta às imagens verbais encontradas nas Escrituras. Alguns escritores criativos como Mitchell dedicaram toda a sua vida ao mundo de metáforas abertas e fluidas.[13] O Antigo e o Novo Testamento

---

[11]Scot McKnight, *A community called atonement* (Nashville: Abingdon, 2007), p. 37. Sou grata a Robert Dean por me colocar em contato com essa referência.

[12]Um ano antes de sua morte, Joseph Mitchell deu-me permissão para contar essa história.

[13]Mitchell não ficou nem um pouco infeliz quando os críticos interpretaram suas descrições do fundo dos rios e de quartos abandonados e vazios de hotéis como descidas às profundezas do inconsciente.

nos oferecem diversas imagens — extraídas de diversas fontes — que resultam em um reservatório caleidoscópico e inesgotavelmente rico a partir do qual depreendemos significado e sustentação para todas as épocas e gerações. Isoladamente, uma única imagem não pode fazer justiça ao todo; todas elas são parte do grande drama da salvação. O Cordeiro pascal, o bode enviado para o deserto, o resgate, o substituto, o vitorioso no campo de batalha, o homem representativo — cada um desses e de outros atributos tem seu lugar, e a cruz é diminuída se algum deles é omitido. Temos de acolher *todas* as imagens bíblicas. Seremos mais enriquecidos pelo significado da crucificação em *todos* os seus aspectos multiformes — ou seja, não apenas como constructo intelectual, mas também como uma verdade dinâmica e vívida que nos fortalece para viver nestes dias.

A necessidade de interpretação

A ação de Deus na cruz de Cristo suscitou diversas teorias, já que o Novo Testamento fala a respeito dela de diversas maneiras. Veja, por exemplo, uma frase aparentemente simples como: "Vivam em amor, como também Cristo nos amou e se entregou por nós como oferta e sacrifício de aroma agradável a Deus" (Efésios 5:2). Esse versículo é conhecido de muitos membros de igrejas por ser normalmente falado na hora da oferta. Suas palavras e seu ritmo são tão próximos de alguns de nós que não paramos realmente para pensar a seu respeito. No contexto da busca de uma explicação para a morte de Jesus, entretanto, tal versículo convida a um exame mais aprofundado. Por que Jesus "se entregou por nós"? A quem essa "oferta" foi feita? O que esse "sacrifício" cumpre — se é que cumpre alguma coisa? Ao contemplarmos Jesus na cruz, na Sexta-Feira da Paixão, o que vemos? Não há uma cena de resgate dramático em vista. Jesus não parece estar tomando o lugar de ninguém. Não há uma razão óbvia para que ele esteja lá. Tudo indica que Jesus sofre uma penalidade por algo que *ele não fez*; isso está claro. Mas o que nos levaria a concluir que ele estava sendo punido em favor de alguém? Para início de conversa, por que Jesus tinha de ser sacrificado, e por que ele, nas palavras do famoso versículo de Efésios, está sendo sacrificado *por nós*?

Muitos cristãos diriam, repetindo palavras que normalmente escutam, que a morte de Jesus na cruz mostra em que medida Deus nos ama. Isso é afirmado claramente em Efésios 5:2 e em muitas outras passagens do Novo Testamento. O próprio Jesus afirma no evangelho de João: "Ninguém tem maior amor do que aquele que dá sua vida pelos seus amigos" (João 15:13). No entanto, por que seria necessário ao Filho de Deus morrer *de modo tão peculiarmente horrível* para nos mostrar esse grande amor? Trata-se de uma pergunta de suprema importância, de modo que não deve ser posta de lado.

FÉ EM BUSCA DE ENTENDIMENTO

Desde Anselmo de Cantuária, no fim do primeiro milênio, e especialmente desde a Reforma, a história da igreja foi marcada por disputas sobre a mensagem da crucificação. Esse estado de coisas nos indica que algo está errado. Houve um tempo em que grupos de cristãos — especialmente protestantes de confissão evangélica — se autoavaliaram como genuínos ou falsos por sua adesão a — ou rejeição de — determinada "teoria" do que aconteceu na morte de Cristo. Trata-se de uma posição difícil de ser mantida, visto que grandes concílios eclesiásticos que foram bem-sucedidos em definir a natureza de Cristo e da Santa Trindade não nos deixaram qualquer definição conciliar equivalente da cruz.[14] Tal fato é em si sugestivo. Alguém acredita que as grandes mentes da igreja apostólica e pós-apostólica não estariam à altura desse desafio? Parece mais sábio postular que há uma razão para o silêncio das fontes a esse respeito, e que a razão favorece uma compreensão multifacetada, e não uma teoria específica em detrimento de todas as outras.

Nesse caso, nossa principal testemunha é a própria Bíblia. De modo irônico, é precisamente por causa da rica variedade de testemunhos bíblicos que diversas "teorias" e "modelos" exegéticos cresceram ao redor da cruz. Muitos cristãos evangélicos ainda insistem em uma ou outra versão da teoria da "substituição penal". A "teoria da satisfação", de Anselmo de Cantuária, é bem conhecida e frequentemente atacada; ela será discutida em detalhes na transição entre os capítulos 3 e 4. Gustav Aulén, em sua clássica obra sobre a teoria da expiação, intitulada *Christus victor*, rejeita a palavra "teoria", por sua conotação pretensamente racionalista, preferindo empregar termos como "tema" ou "ideia".[15]

De fato, "teoria" é uma palavra pobre para escolher quando buscamos entender o testemunho da Bíblia.[16] O Novo e o Antigo Testamento não apresentam teorias em momento algum.[17] Em vez disso, encontramos histórias,

---

[14] Jaroslav Pelikan, *The Christian tradition: a history of the development of doctrine* (Chicago: University of Chicago Press, 1971), vol. 1: *The emergence of the Catholic tradition (100-600)*, p. 141.

[15] Esses tópicos serão discutidos nos capítulos 11, 3-4 e 9, respectivamente.

[16] Hans Urs von Balthasar escreve: "Nosso objetivo não é erigir um sistema, pois a Cruz explode todos os sistemas" (*Theo-Drama: theological dramatic theory* [San Francisco: Ignatius, 1994], 4:319). Seu título "*theo-drama*" abrange o que estamos dizendo aqui.

[17] Referências aos "princípios" bíblicos, feitas normalmente nos círculos evangélicos conservadores, são igualmente inadequadas.

imagens, metáforas, símbolos, sagas, sermões, cânticos, cartas e poemas. Seria difícil encontrar um escrito menos teórico. Até mesmo Paulo, talvez o mais intelectualmente dotado dos escritores bíblicos, é altamente contextual e assistemático em sua apresentação do evangelho cristão. Isso não quer dizer que não devemos refletir. Ao contrário, o que buscamos aqui é um equilíbrio criativo entre doutrina e composição artística, respondendo não apenas a problemas apresentados pelo texto bíblico, mas também por sua estrutura narrativa, poesia e linguagem. A expressão de Anselmo *fides quaerens intellectum* (fé em busca de entendimento) continua a nos falar hoje.[18] O trabalho da teologia é o processo pelo qual a igreja continuamente repensa sua mensagem.[19]

Termos como "assunto", "tema" e "imagem" serão, portanto, usados de modo um tanto intercambiável, com o fim de enfatizarem o poder metafórico da linguagem bíblica em vez de a forçarem uma abordagem racionalista e reducionista. Stephen Sykes, em sua abordagem da expiação, mostra-nos como analisar sem perder a poesia: "Teorias surgem porque há perguntas a serem feitas", escreve, de modo que as teorias têm "valor explicativo". Em um eufemismo encantador, Sykes escreve: "O que Deus fez pelo pecado humano é [...] extremamente surpreendente", e, portanto, exige explicação. Sykes procura fazê-lo, entretanto, enfatizando um amplo imaginário, não uma teoria. O autor se refere a passagens bíblicas correlatas como "dicas e sugestões", usando o exemplo de canções com seus "refrãos". Além do mais, Sykes escolhe moldar seu argumento de forma narrativa, chamando seu livro de *The story of atonement* [A história da expiação].[20]

Deus

A cristologia é uma reflexão do passado, do presente e do futuro de Jesus, o Messias (em grego, *Christos*). Tal reflexão é necessária para a discussão de sua crucificação. Seria um erro, porém, se este livro fosse construído exclusivamente como uma cristologia. É uma *teologia* da cruz (*theos*, "Deus"; *logos*, "palavra" ou "fala"). Ao falarmos sobre a cruz, não estamos nos referindo exclusivamente a Jesus, mas a *Deus*.

---

[18]Uma introdução amplamente adotada para a teologia sistemática por Daniel L. Migliore é intitulada *Faith seeking understanding* (Grand Rapids: Eerdmans, 1991).
[19]"Teologia sistemática é o esforço comunal e contínuo da igreja de *articular* sua missão de pregar o evangelho" (Jenson, *Systematic theology*, 1:22, grifo na citação).
[20]Stephen Sykes, *The story of atonement*. Trinity and Truth Series (London: Darton, Longman e Todd, 1997), p. 50 e *passim*. Entre as abordagens recentes, Bruce Longenecker esboça a estrutura narrativa das cartas de Paulo em *Narrative dynamics in Paul*, bem como A. Katharine Grieb em *The story of Romans*.

INTRODUÇÃO

Um problema fundamental é que não está muito claro quem Deus é. Não nos tornamos uma sociedade secular tanto quanto nos tornamos uma sociedade genericamente religiosa. Objetos espirituais, terapias e programas indiferenciados são amplamente comercializados. Nos Estados Unidos, a religião popular tende a ser um amálgama de tudo o que se apresenta. Observadores com discernimento notaram que essas novas formas de espiritualidade são tipicamente americanas: bastante individualistas, autorreferentes, buscando a satisfação das pessoas, elas se relacionam apenas de forma tênue com a história ou a tradição de qualquer das grandes religiões do mundo.[21] Não há chamado mais importante para a igreja do nosso tempo do que reivindicar a autoidentificação de Deus, que é o Pai do nosso Senhor Jesus Cristo.

Quem, então, é esse Deus de quem falamos? Os três pontos a seguir são listados em ordem cronológica da história bíblica de Israel e da igreja.

Primeiro: Deus é o Deus de Abraão, Isaque e Jacó.[22] Trata-se da própria autoidentificação de Deus: é assim que Deus escolhe ser conhecido. "Disse [Deus] ainda [a Moisés]: 'Eu sou o Deus de seu pai, o Deus de Abraão, o Deus de Isaque, o Deus de Jacó'" (Êxodo 3:6). Conforme escrito de forma memorável por Robert Jenson: "Deus é quem ressuscitou Jesus dentre os mortos, tendo, antes disso, ressuscitado Israel do Egito".[23] Esse é o Deus que estabeleceu sua aliança no monte Sinai, que enviou profetas para anunciar o apocalíptico Dia do Senhor, que preservou seu povo no decorrer do Exílio com a promessa de uma nova aliança (Jeremias 31:31). A particularidade desse Deus é surpreendente: o Deus de Israel se alinha com mortais específicos, com nomes individuais, que vivem em lugares identificáveis do mapa. Eles têm histórias

---

[21]As cidades do norte da Índia, onde os refugiados tibetanos se estabeleceram, devem suportar um fluxo de "turistas espirituais" do Ocidente. Um líder tibetano budista reclamou: "Ao escutar essas pessoas, tenho de rir. Para elas, o budismo não passa de uma moda passageira" (Stephen Kinzer, "As the world heals, Tibet's exiles feel forsaken", *New York Times*, June 24,1999).

[22]Tenho pensado muito na tendência atual de chamar Deus do Deus de "Abraão e Sara [Isaque e Rebeca, Jacó e Raquel]". Existem inúmeros problemas em relação a isso. E quanto a Hagar? Como encaixamos Lia? A propósito: as doze tribos de Israel também são descendentes de Bila e Zilpa (Gênesis 35:25,26). Ao refletirmos sobre essas complicações, a simplicidade de "Abraão, Isaque e Jacó" pode vir como um alívio. Há muitas passagens nas Escrituras em que as mulheres recebem um lugar de surpreendente proeminência em todos os sentidos, ultrapassando até mesmo os padrões daquela cultura e daquela época. Não é necessário forçá-las artificialmente no nome com o qual Deus se autorrefere; há outras maneiras de enfatizarmos a igualdade entre homens e mulheres na história da salvação (precisamos de mais mensagens e ensinamentos sobre Débora, Miriã, Abigail, Rute, Ester e inúmeras mulheres menos conhecidas no Novo Testamento). O próprio Jesus, com seu respeito pelas mulheres devidamente documentado, repete o nome de Deus encontrado no Antigo Testamento sem nenhuma qualificação: "Vocês não leram o que Deus lhes disse: 'Eu sou o Deus de Abraão, o Deus de Isaque e o Deus de Jacó'?" (Mateus 22:31). Sinto muito se desapontei alguém, mas não quero ir além do nome dado por Jesus ao seu Pai.

[23]Jenson, *Systematic theology*, 1:63.

de vida únicas, embora nem sempre edificantes. Esse Deus, ao contrário dos deuses das religiões, escolheu, a partir de seu livre-arbítrio soberano, eleger um grupo definido de pessoas apenas por desejar fazê-lo. A *irreligiosidade* dessa eleição é que ela em nada se relaciona com qualquer conquista espiritual por parte dos escolhidos. O oposto é verdadeiro: eles foram eleitos, podemos dizer, apesar de si mesmos, pois, se existe algo certo acerca dos filhos de Israel, é o fato de que eles não mereciam sua eleição. Esse fator de *eleição imerecida* está em vista sempre que Deus é chamado de "o Deus de Abraão, Isaque e Jacó".

Segundo: Deus é o Deus que se revelou de modo mais pleno e definitivo na crucificação e na ressurreição de Jesus de Nazaré. A natureza dupla e interligada desse evento definitivo mostra a singularidade do Deus proclamado na Bíblia. A ideia de ressurreição não era, em si mesma, desconhecida; afinal, deuses que morrem e ressuscitam eram abundantes no antigo Oriente Próximo.[24] A característica única da proclamação cristã é a reivindicação chocante de que Deus age de forma plena, não apenas na vida ressurreta de Jesus, mas *especialmente na morte de Jesus na cruz*. Em outras palavras, a morte de Jesus não seria nada impressionante em si. O impressionante é *o Criador do universo ser apresentado nessa morte horrível*.

Terceiro: Deus é o Deus trino e uno. Ele é um Deus em três pessoas: Pai, Filho e Espírito Santo. Jesus de Nazaré não era um santo homem em forma de espírito flutuante. Se ele não fosse a segunda pessoa da Divindade Trinitária e o Filho unigênito, conforme atestado no Credo de Niceia, então o ser de Deus não estaria diretamente envolvido no Gólgota. Nesse caso, Jesus estaria desvinculado do plano eterno de Deus demonstrado na história de Israel, e a cruz seria um acontecimento aleatório e nada além de um interesse passageiro.[25] Muitas pessoas são atraídas por tentativas contemporâneas de falar do ser humano Jesus sem se darem conta do preço que pagamos por cortá-lo da cristologia dos primeiros concílios da igreja. A Definição de Calcedônia continua a ser a medida pela qual testamos nossas propostas: Jesus era *tanto* plenamente

---

[24] O mito do deus que morre e ressuscita sob vários nomes — Átis, Tamuz, Osíris — era uma das características mais proeminentes das inúmeras religiões de mistério da antiguidade. A diferença fundamental entre essas mortes e a morte de Jesus é que ela aconteceu como um acontecimento certificável na história. Os deuses das religiões do Oriente Próximo "morriam" e "ressuscitavam" repetidas vezes, como parte do ciclo natural das estações. A morte do deus nunca era apresentada como um acontecimento histórico. Esse é um fenômeno amplamente pesquisado nos estudos do antigo Oriente Próximo. Para um estudo recente, cf. Tryggve N. D. Mettinger, *The riddle of resurrection: "dying and rising gods" in the Ancient Near East* (Stockholm: Almqvist & Wiksell, 2001).

[25] Os livros do tipo cultura de curto prazo foram escritos em décadas recentes propondo enredos da Páscoa, mortes fingidas, substituições de último minuto, conspirações centralizadas em Judas, maquinações zelotes que deram errado etc. Esses são bons exemplos de "interesse passageiro".

divino *como* plenamente humano; contudo, se o Jesus plenamente humano não é o Deus encarnado, então, no final das contas, a salvação não procede de Deus. É certo que a doutrina da Trindade constitui um assunto extremamente complexo, e a igreja não ajuda ao encorajar seus ministros e seu povo a descartá-la como se fosse uma abstração inútil. Uma das tendências teológicas mais felizes do nosso tempo é o atual reavivamento do interesse de falarmos sobre o Deus trino e uno, e de o adorarmos como tal.[26] O acontecimento centralizado em Cristo deriva seu significado do fato de que o Deus manifesto em três pessoas está agindo diretamente como um só ao longo de toda a sequência — da encarnação e da ascensão ao Juízo Final.

A palavra da cruz como poder

Foi o apóstolo Paulo que, de forma mais explícita, insistiu na cruz como o conteúdo central do evangelho. Os dois primeiros capítulos de 1Coríntios estão na essência do assunto que tratamos. Paulo está preocupado porque o comportamento dos coríntios não correspondia à fé da qual eles tanto se orgulhavam. Ele busca relembrá-los do seu fundamento no evangelho do Cristo crucificado (1:17; 2:2). O apóstolo declara, categoricamente, que a cruz é, de fato, uma ofensa (*skandalon*) e uma tolice para aqueles que desejam escapar dela, como é o caso dos coríntios. Ele estabelece um contraste entre as duas formas como o evangelho é recebido: "*A mensagem [palavra] da cruz* é loucura para os que estão perecendo, mas para nós, que estamos sendo salvos, é o poder de Deus" (1:18). Posteriormente, examinaremos esse versículo importante de modo mais detalhado; por ora, isolaremos a expressão "palavra (*logos*) da cruz". Trata-se de uma

---

[26]Não nos é possível, por sair dos propósitos deste livro, entrar em detalhes sobre o debate reavivado sobre a Trindade econômica *versus* a Trindade imanente. Entretanto, a doutrina das três pessoas está indissoluvelmente relacionada à soteriologia (de *soteria*, "salvação"). É realmente *Deus* quem nos salva em Jesus Cristo? A forma de falarmos da Trindade imanente e econômica é dizer, ao mesmo tempo, "Pai, Filho e Espírito Santo". O nome da Trindade incorpora ambos. Abrange como Deus é em si (imanente) e como é para conosco (econômica). Um dos substitutos populares para o nome da Trindade, como "Criador, Redentor, Sustentador", não pode servir a essa função porque Deus não cria, não redime nem sustenta a si mesmo. Tais termos descrevem Deus em relação a nós, mas não em relação a si mesmo; assim, o ser (*ousia*) de Deus não é afirmado. Ao dizermos "Pai, Filho e Espírito Santo", porém, estamos dizendo que o que Deus é em si mesmo também o é para nós. A doutrina da Trindade é, portanto, uma elaboração do que significa dizer que Deus é amor. Ela nos mostra que Deus é amor em seu ser tríplice e que ele é amor em relação a nós, conforme vemos sua ação na encarnação, na crucificação e na ressurreição de seu Filho. Segundo escreve Catherine LaCugna: "A ideia toda por trás da doutrina original da Trindade era mostrar que Deus (o *ousia* de Deus) simplesmente não existe a não ser em três pessoas. Igualmente, as pessoas divinas não são outras do que o *ousia* divino: elas *são* o *ousia*" (*God for us: the Trinity and Christian life* [San Francisco: HarperSanFrancisco, 1993], p. 369). A essência ou o ser (*ousia*) de Deus é inter-relacional, intradinâmico, interpessoal. Em outras palavras, "Deus é amor" (1João 4:16).

expressão construída de forma estranha. Por que Paulo não diz apenas "a cruz"? Talvez seja mais claro traduzirmos a expressão como "a pregação da cruz". São diversos os problemas enfrentados pela igreja de Corinto, mas Paulo acredita que a dificuldade subjacente consiste em negligenciar a pregação da cruz. Há um pressuposto por trás do uso que Paulo faz da expressão "palavra da cruz" que deve ser elucidado.

Quando o poder da pregação apostólica explodiu pela primeira vez no cenário mundial, estava ancorado em um evento que já havia passado, embora seu significado não estivesse confinado ao passado. Quando Paulo escreve que "a palavra da cruz é o poder de Deus", quer dizer que Deus está presente de forma poderosa especificamente *na mensagem*. Mais tarde, o apóstolo escreve na mesma carta: "Assim como tivemos a imagem do homem terreno, teremos também a imagem do homem celestial" (15:49). Com isso, Paulo mostra que, na cruz e na ressurreição, a morte de Adão, o homem do pó que nos representa a todos, é assimilada ao futuro de Jesus, o homem celestial que nos representa a todos *muito mais*, garantindo, assim, nosso futuro com Deus. Essa dialética *passado-futuro* está totalmente relacionada com a vida ética *no presente*, de modo que Paulo conclui sua carta com as seguintes palavras: "*Portanto*, meus amados irmãos, mantenham-se firmes, e que nada os abale. Sejam sempre dedicados à obra do Senhor, pois vocês sabem que, no Senhor, o trabalho de vocês não será inútil" (15:58).

Aqui está uma distinção de relevo que apresenta vastas implicações para o comportamento cristão. Os feitos dos cristãos na época presente — por mais insignificantes que pareçam, por mais "vãos" que soem para aqueles que valorizam o sucesso mundano — já estão tendo parte na edificação do reino implementado por Deus. Em outras palavras, os cristãos não apenas olham para a cruz de Cristo em oração reverente. Somos postos em ação por seu poder, energizados por ela, sustentados por ela, assegurados por ela para o futuro prometido, visto que a cruz constitui o poder da Palavra criativa que "dá vida aos mortos e chama à existência as coisas que não existem" (Romanos 4:17). Não apenas nosso trabalho "não é vão", mas também tem relevância eterna, por estar sendo acoplado ao futuro de Deus de maneiras que, no presente, vemos "como em espelho", mas que, na plenitude do tempo, veremos "face a face" (1Coríntios 13:12, ARA).

A PALAVRA DA CRUZ COMO *SKANDALON*

Há escassez de pregação e ensino sobre a cruz, tanto nas igrejas tradicionais como nas evangélicas, e a igreja emergente do século 21, em suas várias manifestações, também tende a se afastar da cruz.²⁷ Em vista da importância única da crucificação na essência da fé cristã, não está inteiramente claro o porquê dessa situação. Sem dúvida, porém, uma das razões está relacionada a controvérsias sobre sua interpretação, que minam a confiança daqueles que a proclamariam.

Paulo também era afetado pelo desconforto, quando não pela hostilidade aberta, daqueles que escutavam sua pregação. Conforme já observado, ele se sentiu compelido a dizer: "Não me envergonho do evangelho, porque é o poder de Deus para a salvação de todo aquele que crê" (Romanos 1:16, NVI). Tais palavras refletem a posição proativa de Paulo perante seus críticos. Segundo a correspondência do apóstolo aos cristãos de Corinto, havia algo sobre a cruz de um Messias crucificado que atraía o escárnio de pessoas mundanas e sofisticadas. Isso era verdadeiro não apenas em relação a indivíduos de fora da igreja, mas também aos de *dentro*, conforme observamos na congregação de Corinto. Portanto, é para a igreja de Corinto que ele escreve a fim de defender sua pregação centralizada na cruz, expressando-se, para tal, com as seguintes palavras fundamentais:

> Pois a mensagem da cruz é loucura para os que estão perecendo, mas para nós, que estamos sendo salvos, é o poder de Deus. Pois está escrito: "Destruirei a

---

²⁷Os termos "principal" ou "tradicional" serão usados ao longo deste livro para denotar denominações protestantes cuja predominância nos Estados Unidos perdurou até meados de 1950. As principais são: a Igreja Presbiteriana, a Igreja Unida de Cristo, a Igreja Metodista Unida, a Igreja Evangélica Luterana dos Estados Unidos e a Igreja Episcopal dos Estados Unidos. Outros grupos seriam formados pelas igrejas batistas dos Estados Unidos, a Aliança Evangélica, a Igreja Reformada dos Estados Unidos e a Igreja Reformada Cristã; neste livro, as primeiras cinco denominações listadas são aquelas a que normalmente me refiro. O termo "evangélico", segundo aplicado a igrejas, é muito mais difícil de ser definido. Enquanto o termo significa apenas "protestante" na Europa, ele traz conotações mais políticas nos Estados Unidos, podendo às vezes (nem sempre) pender para o fundamentalismo. Nem todos os evangélicos nos Estados Unidos, porém, são "conservadores"; um número significativo é "liberal" ou mesmo "radical", identificando-se como inclinado a políticas de esquerda, mas comprometido com a Bíblia e com o cristianismo clássico. Neste volume, "evangélico" será um termo usado com conotações sociopolíticas para identificar um grupo em meio à ampla igreja dos Estados Unidos. As igrejas afro-americanas, conforme teremos a oportunidade de observar, constituem, até certo ponto, uma categoria à parte, de modo que não se encaixam em nenhum dos grupos mencionados. De modo semelhante, a presença e o poder das igrejas pentecostais devem ser reconhecidos; tais igrejas dão uma contribuição cada vez maior à teologia bíblica (Gordon Fee e Amos Young, em particular). Por último, ainda é cedo demais para discernirmos que tipo de impacto terá a confederação livre, denominada "igreja emergente".

Esse é o panorama protestante. A Igreja Católica Apostólica Romana, embora certamente rodeada de controvérsias, ainda pode ser identificada e discutida *per se* sem referências às suas facções (fator que é digno de inveja). O mesmo se dá com a Igreja Ortodoxa, seguramente em comparação com o protestantismo. Tais ramos da cristandade não serão ignorados nas páginas que se seguem, embora a influência protestante predomine. Uma vez que os três ramos herdaram as mesmas tradições apostólicas e patrísticas, estamos interligados, independentemente de nós mesmos, algo pelo qual devemos ser gratos em meio às nossas "infelizes divisões" (*Livro de oração comum* [1928], p. 37).

sabedoria dos sábios e rejeitarei a inteligência dos inteligentes". Onde está o sábio? Onde está o acadêmico? Onde está o questionador desta era? Acaso não tornou Deus louca a sabedoria deste mundo? Visto que, na sabedoria de Deus, o mundo não o conheceu por meio da sabedoria humana, agradou a Deus salvar aqueles que creem por meio da loucura da pregação. Os judeus pedem sinais miraculosos, e os gregos procuram sabedoria; nós, porém, pregamos a Cristo crucificado, o qual, de fato, é escândalo para os judeus e loucura para os gentios, mas para os que foram chamados, tanto judeus como gregos, Cristo é o poder de Deus e a sabedoria de Deus. Porque a loucura de Deus é mais sábia que a sabedoria humana, e a fraqueza de Deus é mais forte que a força do homem (1Coríntios 1:18-25).

Há algo de irônico em sua declaração, visto que o próprio Paulo era um acadêmico treinado, totalmente competente para discernir a estupidez. Entretanto, ele fala muito sério em sua afirmação sobre sabedoria e loucura, e isso deve aumentar nossa admiração por sua coragem. Para se tornar apóstolo dos gentios, Paulo teve de voltar as costas para sua existência rarefeita como líder em meio à elite religiosa e aceitar uma vida de perigos e aflições quase inimagináveis, viajando mundo afora e pregando o Cristo crucificado a pessoas de todos os tipos, incluindo escravos e indivíduos que se encontravam no ponto mais baixo da escala socioeconômica.[28]

Esse aspecto extraordinário do apostolado de Paulo nem sempre é suficientemente apreciado. Conforme o próprio Paulo reconhece, ele não apenas era "verdadeiro hebreu" (Filipenses 3:5), mas também um intelectual do mais alto nível; assim, não foi fácil para ele sair de sua zona de conforto. Paulo não apenas colocou sua vida em risco repetidas vezes, mas também, segundo o que desejamos enfatizar, cortou vínculos com a *intelligentsia* judaica para se tornar um evangelista do Cristo crucificado em meio a um grupo desordenado de convertidos, muitos deles, aliás, provenientes das camadas mais desprivilegiadas da sociedade. Ao pensarmos na Roma antiga, nossa imaginação é automaticamente levada aos membros da classe alta, ou seja, aos imperadores e senadores. Não fomos ensinados a imaginar as misérias dos *capite censi*, das massas sem-terra do Império Romano, consideradas menos do que nada para

---

[28]Veja, em especial, 1Coríntios 4:8-13; 2Coríntios 1:8-10; 4:8-12; 6:4-10; 11:23-29. Era a congregação de Corinto, com sua inclinação elitista e escapista, que tinha de escutar sobre o que Paulo e seus companheiros apóstolos tinham de suportar por amor a ela.

os governantes nobres daquela sociedade.[29] O leitor moderno deve ter isso em mente ao ler estas palavras de Paulo: "Irmãos, pensem no que vocês eram quando foram chamados. Poucos eram sábios segundo os padrões humanos; poucos eram poderosos; poucos eram de nobre nascimento. Mas Deus escolheu o que para o mundo é loucura para envergonhar os sábios, e escolheu o que para o mundo é fraqueza para envergonhar o que é forte" (1Coríntios 1:26,27).

Temos de levar em conta o peso do que Paulo alega. Ele próprio ostentava a grande distinção de ser um cidadão romano, e nós sabemos, pela carta de Filipenses, que o apóstolo poderia vangloriar-se de sua posição: "Se alguém pensa que tem razões para confiar na carne, eu ainda mais" (Filipenses 3:4). No Espírito do Senhor crucificado, porém, ele lutou para sair dessa posição de superioridade: "Mas o que para mim era lucro, passei a considerar como perda, por causa de Cristo. Mais do que isso, considero tudo como perda, comparado com a suprema grandeza do conhecimento de Cristo Jesus, meu Senhor, por quem perdi todas as coisas. Eu as considero como esterco para poder ganhar Cristo e ser encontrado nele" (3:7-9).

Hoje, qualquer pessoa que busque entender e expor o significado da cruz deve submeter-se a uma destituição semelhante. Os "padrões humanos" a que Paulo se refere não são mais úteis na nova criação, sujeita ao senhorio de Cristo. Algo aconteceu e, consequentemente, tudo mudou. Nas palavras da celebrada passagem cristológica de Paulo em Filipenses 2:7,8: "[Jesus] se esvaziou, assumindo a forma de escravo (*doulos*), tornando-se em semelhança de homens; e, reconhecido em figura humana, humilhou-se, tornando-se obediente até a morte e morte de cruz".

O segmento de frase final, "e morte de cruz", provavelmente foi inserido por Paulo em uma confissão que já estava em circulação. O apóstolo queria enfatizar o *skandalon* da crucificação. Não se tratava de um tópico popular na época de Paulo, assim como não é um tópico popular hoje. É difícil compreender a ideia, especialmente em vista das declarações de Paulo: "decidi nada saber entre vocês, exceto Jesus Cristo e este crucificado" (1Coríntios 2:2) e "quanto a mim, que eu jamais me glorie, a não ser na cruz de nosso Senhor Jesus Cristo,

---

[29] *Capite censi* (lit., "contados por cabeça") é o equivalente romano do grego *hoi polloi* [as massas]. O grande orador e escritor Cícero era dono de uma *insula* (moradias comunitárias) precária. Nossa tendência é pensar em Cícero como nosso contemporâneo em sua valorização da humanidade, mas ele e seu contemporâneo Crasso, que possuía diversas *insulae*, podiam merecer a designação de "senhores de favelas". Isso nos oferece uma vaga ideia do notável apelo do cristianismo apostólico para aqueles que eram invisíveis às classes superiores. Cf. Neil Elliott, *The arrogance of nations: reading Romans in the shadow of empire* (Minneapolis: Fortress, 2008), p. 36-40.

por meio do qual o mundo foi crucificado para mim, e eu para o mundo" (Gálatas 6:14). Às vezes, parece que a igreja decidiu ignorar conscientemente o conteúdo radical de passagens desse tipo, concentrando-se em uma interpretação mais genérica, menos ofensiva, da morte de Jesus — em segmentos de frase como, por exemplo, "Jesus morreu para mostrar o quanto nos ama". Isso é verdade, sem dúvida, porém a declaração tem um ar insípido e não dá conta da natureza particularmente horrível da crucificação. A questão levantada é a seguinte: na cruz, Jesus estava simplesmente nos "mostrando" algo, ou algo estava de fato *acontecendo*? Essa pergunta será fator-chave em nossa discussão.

A NECESSIDADE DE INTERPRETAÇÃO

O argumento de Paulo é que a pregação e o ensino da "palavra da cruz" não podem ser feitos sem ofensa. Os quatro Evangelhos, cada qual a seu modo, estabelecem a mesma ideia ao retratarem a hostilidade que Jesus evoca a caminho de seu julgamento e de sua execução. O desafio consiste em compreendermos *o porquê* de sua morte ser ofensiva e o que ela significa. O acontecimento exige uma explicação. Em poucas frases, Joel B. Green e Mark D. Baker declaram que a morte de Cristo foi tão dissonante que não podia ser simplesmente captada de forma instantânea. Ambos citam a história dos dois discípulos no caminho de Emaús para mostrar que *a crucificação não se autoexplica facilmente e exige interpretação*: "A morte de Jesus em uma cruz romana foi um evento sem uma interpretação autoevidente ou deprovida de ambiguidade. [Os dois discípulos] dramatizam e comunicam para nós o suposto conflito entre a natureza do ministério de Jesus e a forma em que ele termina. [...] Nas primeiras décadas do movimento cristão, o *escândalo* da cruz seria muito mais autoevidente do que seu *significado*".[30]

Qual é a importância universal e mundialmente transformadora da crucificação? Ela não é autoevidente. Qualquer pessoa que visite um museu ou escute os comentários de visitantes olhando para pinturas de Jesus na cruz perceberá que tais descrições visuais do evento são ambíguas. Em uma cultura secular, não há como pessoas compreenderem o que está acontecendo com aquele personagem histórico em uma pintura, cruelmente afixado em vigas de madeira. Basta, por exemplo, olharmos para a pintura da crucificação do apóstolo André para que isso fique claro. Exceto pelo fato de a cruz de André estar em forma

---

[30] Green e Baker, *Recovering the scandal*, p. 11, 15, grifo na citação.

de "X", o espectador não observa qualquer diferença significativa entre a crucificação de André e a crucificação de Jesus. Por que os retratos da morte de Jesus devem ressoar mais do que as representações das mortes de outros? Em última análise, nenhum quadro, filme ou programa de televisão pode explicar seu significado salvador para nós; é preciso que escutemos as palavras da Bíblia com fé. Esse é, ou deveria ser, o principal objetivo da pregação e do ensino cristão.[31] A cruz de Cristo não se autointerpreta. De fato, conforme algumas tradições protestantes reconhecem, o símbolo da cruz *em si* pode tornar-se um amuleto que conduz à superstição e ao pensamento mágico. Pior do que isso: quando isolada de seu significado, a cruz pode transformar-se em um sinal que denota lealdade a uma causa que zomba daquele que morreu crucificado — a cruz de Constantino, dos cruzados e da Ku Klux Klan, por exemplo.

A Trindade, a cruz e a palavra de Deus

A escandalosa "palavra da cruz" é a própria palavra de Deus. A ligação entre escândalo e Deus é, por si só, irreligiosa; trata-se de outro aspecto da natureza exclusiva da mensagem cristã. Ademais, a palavra da cruz é a Palavra de Deus em três pessoas — uma noção tão ofensiva ao intelecto destreinado quanto o espetáculo de um Deus crucificado o é para a sensibilidade religiosa. Nada menos do que a Santa Trindade — Pai, Filho e Espírito Santo — trabalha na expressão da "palavra da cruz", trazendo o acontecimento passado da crucificação ao presente (como em Gálatas 3:1) com o mesmo poder cósmico que trouxe a própria criação à existência *ex nihilo* — do nada. A palavra do Pai (Gênesis 1:3); o Filho como Palavra e agente da criação (João 1:3; Hebreus 1:2); a descida do Filho ao mundo em forma de escravo (Filipenses 2:7); o Espírito como doador da vida (Ezequiel 37:9,10; João 3:5-7; Atos 4:31) — tudo isso está acontecendo na cruz e na ressurreição de Jesus. Esse é o novo ato criativo de Deus, seu grande projeto de reivindicação, maior ainda que a própria criação; afinal, ao passo que fomos formados "de modo especial e admirável" [cf. Salmos 139:14], somos "ainda mais maravilhosamente restaurados".[32]

---

[31] Não desejo retirar esse ponto, porém reconheço (e repudio), ao mesmo tempo, qualquer sugestão de pelagianismo. Karl Barth está inteiramente certo ao escrever: "Ele [Cristo] fala por si só quando falamos a seu respeito e contamos sua história. *Não é ele quem precisa de proclamação, mas a proclamação é que precisa dele.* Ele [...] a possibilita. Jesus faz de si mesmo a origem e o objeto da proclamação. Ele é seu fundamento, sua verdade e seu poder" (*Church dogmatics* IV/1. [Edimburgh: T. & T. Clark, 1956], p. 227, grifo na citação). Em outras palavras, embora a cruz exija interpretação, é o Espírito que faz a interpretação por meio do agente humano.

[32] *Livro de oração comum* (1979), Segundo Domingo após o Natal. Extraído do *Sacramentário de Verona*, sétimo século d.C.

Entender a cruz e a ressurreição como um *acontecimento singular*, realizado e trazido à tona pela própria Trindade, é de suma importância e norteará nossa análise até o fim.[33] A escandalosa "palavra da cruz" não é uma palavra humana. É a presença de Deus, no poder do Espírito, contida na pregação do Crucificado. O Espírito Santo, tão central a escritores como Paulo, João e o autor de Atos, habita na mensagem e fortalece quem a prega, de modo que a proclamação da ação de Deus em Cristo passa a ser a nova ocasião da criação, advinda do poder Trinitário e da própria Palavra originadora.

Um comprometimento com a Palavra criativa de Deus baseia-se em uma visão "elevada" da tríplice Palavra. Em *primeiro lugar* e acima de tudo, o próprio Jesus Cristo é a Palavra encarnada; em *segundo lugar*, a Palavra de Deus, escrita como Escritura Sagrada, é a testemunha confiável, dinâmica e explosiva de Deus em Jesus Cristo; em *terceiro lugar*, a pregação do evangelho é o evento criado pelo Espírito no qual a Palavra atua no presente.[34]

"PALAVRA DA CRUZ": NÃO PASSIVA, MAS ATIVA

A "palavra da cruz" foi inicialmente ouvida na pregação dos apóstolos. A pregação cristã apostólica não guardava nenhuma semelhança com qualquer discurso humano ouvido até então.[35] Para entendermos a natureza da pregação do evangelho, temos de compreender a natureza da própria Escritura.[36] Há uma distinção sintática fundamental entre dizer que "nós questionamos a Bíblia" e que "a Bíblia nos questiona". É comum, nas congregações, ouvirmos palavras como "usar a Bíblia em pequenos grupos". Todavia, não "usamos" a Bíblia; se

---

[33]F. W. Dillistone chama belamente o acontecimento cruz-ressurreição como o "ato salvador de dois lados" (*The Christian understanding of atonement* [Philadelphia: Westminster, 1968], p. 88).

[34]Seria uma leitura equivocada da intenção do autor pensar que a ênfase na Palavra significa diminuição dos sacramentos: na verdade, a Ceia do Senhor ocupa uma parte importante no primeiro capítulo, e o batismo está no cerne dos dois últimos capítulos. Antes, o que propomos aqui é que a Palavra de Deus e os sacramentos têm igual poder em uma época na qual a pregação se tornou menos central em muitas igrejas. Na Igreja Episcopal, por exemplo, o movimento litúrgico, com sua ênfase em ritual eucarístico, foi tão bem-sucedido que a pregação bíblica tem sido desvalorizada, sendo substituída por breves homilias. Isso encoraja as congregações a pensarem que a Escritura pode ser lida de um modo quase mecânico, como se o mero recitar das palavras fosse suficiente, sem interpretação. Nessa perspectiva encantatória da Palavra, há uma compreensão insuficiente da Palavra como *acontecimento*, recorrendo com um novo poder sempre que exposta e ouvida a cada nova situação.

[35]Amos N. Wilder, *Early Christian rhetoric: the language of the gospel* (Peabody: Hendrickson, 1999). Uma tese central do livro de Wilder é que "a fala de Jesus e dos primeiros seguidores irrompeu no mundo do discurso e da escrita da época [...] em uma expressão nova e poderosa" (p. 9). Seu primeiro capítulo é intitulado "The new utterance". Wilder enfatiza a natureza da pregação cristã apostólica como um "acontecimento da fala".

[36]Em uma resenha crítica do apreciado *The great code*, de Northrop Frye, a escritora e crítica Naomi Bliven, que, por acaso, é judia, escreve: "A Bíblia é querigma [...] suas pretensões literárias são secundárias em relação à convicção de seus autores de que *se trata de uma revelação*" (*New Yorker*, May 31,1982, grifo na citação).

tentarmos fazê-lo, ela escapará de nós, deixando algo opaco e muito menos dinâmico em seu lugar. Ao contrário do enredo encontrado em muitas revistas "espirituais" de estudo bíblico, a narrativa bíblica não fala de nossa jornada em direção a Deus; na verdade, é o contrário. A abordagem correta não é: "Quais perguntas devo fazer à Bíblia?", e sim: "*Quais perguntas a Bíblia quer fazer a mim?*". Deus não espera até que Adão saia à sua procura; o próprio Deus vai ao encontro de Adão com a seguinte pergunta: "Onde está você?" [cf. Gênesis 3:9] — as primeiras palavras direcionadas à humanidade caída. Deus diz a Jó: "*Eu* te perguntarei, e *tu* me farás saber" [cf. Jó 38:3, ARA]. É Deus quem diz: "Anunciar-te-ei coisas grandes e ocultas, *que não sabes*" (Jeremias 33:3, ARA).

Em outras palavras, o novo entendimento transmitido pela Bíblia vem *de uma fonte que está além de nossa capacidade de formular perguntas*. Jesus demonstrava constantemente essa qualidade "além da capacidade humana" em seu ministério, de modo que as pessoas falavam entre si: "O que é isso? Um novo ensino!" (Marcos 1:27). A mensagem é que essa Palavra está além da capacidade humana e deve ser recebida de seu Autor. Em nenhum lugar isso é mais verdadeiro que na interpretação daquele evento impensável, a crucificação do Filho de Deus por agentes humanos.

Desse modo, ao interpretarmos a Escritura, esforçamo-nos para deixar de lado pressupostos pessoais, na medida em que somos capazes de nos colocar diante do texto para ouvi-lo falar conosco — e não o contrário. Maravilhas acontecem em grupos que estudam a Bíblia juntos, visto que a Palavra tem o poder de criar uma comunidade de descobertas que é muito mais do que a mera soma de suas partes individuais. Em última análise, a Bíblia foi concebida para ser lida com fé — ou pelo menos com uma abertura à ideia de que a fé acontecerá, visto que a fé não é uma conquista humana, mas um dom de Deus. Uma das maiores contribuições de William Stringfellow à igreja foi sua compreensão excepcional do poder que a Palavra tem de efetuar o que exige de nós — como em suas aulas de Romanos, que formaram um líder bíblico tirado de uma das gangues de rua de Nova York.[37] O evangelho não é inerte; ele tem o poder de evocar tanto a fé como a ação. Assim, em Colossenses 1:5,6, a Palavra

---

[37]Stringfellow escreveu sobre sua experiência de liderar um grupo de jovens hispânicos metropolitanos em um estudo da carta aos Romanos. Em primeiro lugar, embora seja difícil imaginar, ele diz que simplesmente os fez ler diversas vezes as passagens. Por fim, fez apenas a seguinte pergunta: "O que o texto diz?", e não: "Você concorda com isso?", "O que isso significa para você?" ou "Como você se sente sobre isso?". Tudo o que fez foi perguntar: "*O que o texto diz?*". (Stringfellow, *Count it all joy: reflections on faith, doubt, and temptation* [Grand Rapids: Eerdmans, 1967], p. 62-72). Poucos são tão confiantes no poder da Palavra de falar por si só do que o altamente seguro Stringfellow, mas o caráter incomum de seus melhores escritos se baseia em sua radical confiança na Palavra. Sua obra é diferenciada por sua insistência na Escritura como revelação e poder.

é descrita não como o *conteúdo* da proclamação e da missão dos apóstolos, mas como o *agente ativo*, o *sujeito* dos verbos: "[A] palavra da verdade, o evangelho que chegou até vocês. Por todo o mundo, esse evangelho vai frutificando e crescendo".

Pelas razões apresentadas, a cruz não pode ser interpretada como se fosse um evento histórico comum ou até mesmo extraordinário. O caso de Jesus é uma categoria à parte. Podemos estudar os fatos históricos, ponderar os motivos de Pilatos, debater o papel dos "judeus" e propor interpretações alternativas até o quarto milênio, e mesmo assim não estaremos mais próximos das razões pelas quais a morte de Jesus representa um evento único. Em Romanos 1:17, Paulo escreve que o evangelho é "revelado de fé em fé". Esse nunca foi um pressuposto fácil de defender. Assim como a própria "palavra da cruz", a natureza intransigente das Escrituras é uma pedra no caminho, um *skandalon* (1Coríntios 1:23). No entanto, não podemos apenas resmungar algo como: "Temos apenas de aceitar isso pela fé". Há evidências nas próprias Escrituras de que o academicismo, a reflexão e a luta com o texto fazem parte do nosso chamado como povo de Deus; o profundo envolvimento dos evangelistas e apóstolos com suas Escrituras hebraicas nos serve de testemunho a esse respeito.

Ainda é verdade, porém, que as próprias Escrituras são um escândalo. Como podemos levar a sério esse livro humano (como, de fato, ele é) como Palavra de Deus? É nesse ponto que nos apropriamos da doutrina da revelação. O significado da vida, da morte e do futuro de Jesus Cristo foi confiado a testemunhas humanas. Todo empreendimento da pregação está erigido sobre a confiança nessas testemunhas. Nem sempre se compreende o fato de que a confiança do pregador, mestre e testemunha da Bíblia não diz respeito a uma arrogância pessoal. Tal confiança surge da fé paradoxal na suficiência de Deus de superar a insuficiência do ser humano. Conforme Paulo escreveu: "Quem está capacitado para tanto? [...] antes, em Cristo falamos diante de Deus com sinceridade, como homens enviados por Deus" (2Coríntios 2:16,17). Em um estilo menos elaborado, o pregador afro-americano Johnny Ray Youngblood, cujos lapsos e deficiências eram bem conhecidos por sua congregação, declara: "Isto aqui [a Palavra de Deus] é uma espada de dois gumes. Ela me chicoteia com força e afugenta o inferno de mim, e depois chicoteia vocês. A verdade da Palavra de Deus não depende do meu estilo de vida, mas do próprio Deus. Ele envia homens pecadores para pregarem a homens pecadores. Sou apenas um mendigo que fala a outros mendigos onde encontrar pão".[38]

---

[38] Samuel G. Freedman, *Upon this rock: the miracles of a black church* (New York: HarperPerennial, 1994), p. 13.

Introdução

Interpretando a "palavra da cruz" pelo Espírito

Este livro está sendo escrito em um momento promissor da história da interpretação bíblica. Todos nós temos uma profunda dívida de gratidão para com as gerações de homens e mulheres talentosos, dedicados e piedosos que trabalharam na escola da interpretação histórico-crítica. Nunca mais seremos capazes de trabalhar sem seus *insights* e ferramentas. Entretanto, esse método de explicar textos provavelmente já nos levou tão longe quanto possível.[39] Houve uma mudança notória nos estudos acadêmicos, pouco notada pelo cristão comum, mas oferecendo muita esperança ao cristão leigo ou ao pastor que está realmente interessado em cavar a Escritura em busca de uma fé que passará pelo teste da nossa época. Nas décadas recentes, assistimos a uma mudança para um estilo mais literário de interpretação e que dá maior importância ao texto da forma que ele se apresenta, bem como ao cânon da Escritura como um todo, tornando-se, assim, mais responsivo ao "sentido claro" do texto e levando em consideração suas qualidades metafóricas e retóricas.[40] Tal mudança deve muito ao que é chamado de "pós-modernismo", um fenômeno reconhecidamente inflexível, mas importante; pois, embora temido e resistido por muitos, o pós-modernismo realmente nos ajudou ao levar estudiosos profissionais a se afastarem da análise textual "científica" para uma apreciação muito mais produtiva da narrativa, da metáfora, das imagens e da forma canônica do texto. Tais contribuições do pós-modernismo nos interligaram outra vez com nossos antepassados pré-modernos na fé, de modo que os pastores de hoje, ao contrário dos ministros de um passado recente, podem ser vistos lendo comentários bíblicos escritos há mil e quinhentos anos.

Um dos principais propósitos deste livro de "teologia bíblica na prática", portanto, é fortalecer a resolução de pregadores e mestres da igreja,

---

[39] Passei pelo seminário precisamente no momento (meados da década de 1970) em que essa mudança sísmica estava em curso. Alguns dos acadêmicos histórico-críticos conseguiram ver quão importante era esse novo movimento, embora isso significasse que eles teriam de abandonar boa parte daquilo que havia sido o fundamento de seu trabalho. Um exemplo particularmente impressionante é Raymond E. Brown, o qual foi, sem dúvida, um dos gigantes da era histórico-crítica, treinado na escola do grande W. F. Albright. Em sua grande e última obra, *The death of the Messiah*, Brown demonstrou sua amplitude e liberdade como acadêmico ao fazer uma mudança definitiva para a abordagem mais literária de hoje. Refletindo a esse respeito em uma palestra em Fordham, Brown declara: "Comecei a duvidar das minhas ferramentas de trabalho" (extraído de minhas notas pessoais, Fordham, 8 de março de 1984). Muitos acadêmicos dessa geração, talvez a maioria, não conseguiram (ou não quiseram) fazer essa mudança. Brown sentia-se orgulhoso por tê-la feito, acreditando que ela beneficiaria a igreja e o cristão comum; e Brown ficou irritado com o fato de muitos dos resenhistas críticos de *The death of the Messiah* não notarem a mudança em sua abordagem (carta para o autor, 1998).

[40] Não faz muito tempo que os ministros se sentiam obrigados a instruir suas congregações nos mistérios de "J", "E" e "P"; o editor de Deuteronômio; "Q"; proto-Lucas etc. — como se essas hipóteses acadêmicas fossem mais interessantes e importantes que o texto bíblico em si.

especialmente em relação à pregação da "palavra da cruz". Este volume tem por objetivo honrar a complexidade da testemunha do Novo Testamento e, ao mesmo tempo, encorajar o leitor a confiar no fato de que a mensagem do Senhor crucificado é direcionada a cada coração pelo poder capacitador e libertador do Espírito Santo. O significado da cruz não está escondido dos simples. Não se trata de um assunto arcano, útil apenas a acadêmicos. Ninguém tem de sentir que está excluído do sentido do texto, pois é o Espírito, dado a todos os que creem, que o interpreta. Aqui está outro aspecto da natureza *trinitária* da palavra da cruz.[41]

O relacionamento dos quatro Evangelhos entre si

É certo que interpretar a história da crucificação de maneira responsável sempre será uma tarefa desafiadora e sutil. Cada um dos evangelistas a apresenta de maneira diferente, com variações significativas e até mesmo contradições entre si. Quando adicionamos as vozes de Paulo e do autor de Hebreus, temos um quadro complexo; Martin Hengel o chama de "multiplicidade de abordagens".[42] Em relação às diferenças, Raymond Brown oferece o seguinte resumo:

> Nas narrativas da Paixão de João e Lucas, não temos a turbulência emocional extrema, as orações não respondidas e o abandono de Deus encontrados em Marcos e Mateus. Jesus permanece unido ao seu Pai. Se colocássemos as cristologias dos Evangelhos em um espectro, mostrando em que extensão permitem que a fraqueza humana ou o poder divino de Jesus se tornem aparentes, Marcos estaria posicionado em uma extremidade, e João, na outra; e, no meio dos dois, Mateus se aproximaria de Marcos; e Lucas, de João. Contudo, o retrato de Jesus em João e em Lucas não é o mesmo. O Jesus joanino não manifesta o perdão

---

[41]Em nenhum outro lugar o trabalho do Espírito na interpretação é delineado de forma mais clara do que no evangelho de João. Jesus diz aos discípulos: "Mas o Conselheiro [*parakletos*], o Espírito Santo, que o Pai enviará em meu nome, lhes ensinará todas as coisas e lhes fará lembrar tudo o que eu lhes disse; [...] Mas, quando o Espírito da verdade vier, ele os guiará a toda a verdade. Não falará de si mesmo; falará apenas o que ouvir, e lhes anunciará o que está por vir" (João 14:26; 16:13). Assim, este volume sobre a cruz é produzido com esperança e confiança na promessa do Senhor de que o Espírito interpretará tudo o que diz respeito a Jesus. Esse projeto de interpretação e confirmação é feito pela tríplice pessoa de Deus, e a importância disso é ressaltada pela repetição de Jesus, dois versículos depois: "Tudo o que pertence ao Pai é meu. Por isso eu [o Filho] disse que o Espírito receberá do que é meu e o tornará conhecido a vocês" (João 16:15). Acima de tudo, o Espírito do Deus Trino e Uno é poder — poder para criar intérpretes com uma nova compreensão, a qual transcende todas as autoridades humanas estabelecidas (3:1-8; 14:26; 16:13,14).

[42]Hengel, *The atonement*, p. 53.

e a cura concedidos pelo Jesus lucano; o Jesus lucano não exibe a exaltação e o poder evidentes no Jesus joanino.[43]

Tais variações apresentam desafios e oportunidades interessantes aos intérpretes e pregadores.[44] Muitos dos grandes pregadores, cujos sermões sobre a Bíblia inteira foram coletados, conseguiram dar plena atenção aos diferentes testemunhos de maneiras que continuam válidas ainda hoje.[45] Ao fundo, porém, há sempre uma perspectiva geral que sobrepuja a outra, algo que levou Alexander McLaren, por exemplo, a pular toda a seção de Romanos 9—11. Todo intérprete sério deve, mais cedo ou mais tarde, de maneira consciente ou inconsciente, decidir se lê Lucas-Atos pelo olhar de Paulo, ou Paulo pelas lentes de Lucas-Atos. Nas páginas a seguir, o propósito central será expor a mensagem sobre a cruz conforme mais radicalmente definida por Paulo, refletida, porém, pelos quatro Evangelhos e por outras cartas, como se por um prisma. Como o Quarto Evangelho, João tem uma perspectiva singular da cruz e de praticamente tudo o mais. Ele enfatiza a completude da obra de Cristo ao morrer ("Está consumado!" [João 19:30], traduzida de forma excelente pelo latim *consummatum est*). A perspectiva deste livro é que, ao mesmo tempo que João é compatível, em diversos níveis, com Paulo e Lucas-Atos, ele detém uma autoridade cristológica especial, a qual lhe é única.

O suposto problema do apóstolo Paulo

É correto atribuir a Paulo a influência sobre a "teologia da cruz" (*theologia crucis*). De um modo estranho, essa pode ser uma das razões para ela ser negligenciada hoje. O grande apóstolo dos gentios é amplamente mal compreendido, resistido ou ignorado.[46] Muitos membros não apenas carecem de compreensão de suas cartas, mas também, em geral, manifestam uma espécie

---

[43]Raymond E. Brown, *The death of the Messiah: from Gethsemane to the grave: a commentary on the Passion narratives in the four Gospels* (Garden City: Doubleday, 1994), p. 90-1, 2 vols.

[44]Uma apresentação impressionante da crucificação sob as diferentes perspectivas de cada Evangelista foi feita por Joel Macus, acadêmico do Novo Testamento cuja exposição foi feita do púlpito da St. Mary's Cathedral, em Glasgow, em uma Sexta-Feira da Paixão, publicado como *Jesus and the Holocaust: reflections of suffering and hope* (New York: Doubleday, 1997).

[45]Recorro regularmente a coletâneas e volumes de Calvino, Spurgeon e Alexander McLaren ao me preparar para pregar.

[46]Isso é verdade não apenas nas igrejas tradicionais (com certas exceções), mas também nos círculos conservadores evangélicos dos Estados Unidos, nos quais Paulo é normalmente citado, em especial da forma que é apresentado em Atos, mas raramente é levado a falar com sua voz distinta.

de animosidade direta, distinta e pessoal contra Paulo, lendo suas cartas com lentes hostis (quando nem sequer as leem). Suas peculiaridades e características pessoais foram ampliadas na mente popular a ponto de o apóstolo ficar totalmente descaracterizado. Sua confiança é considerada arrogância; sua paixão pelo evangelho, intolerância; sua atitude diante dos judeus, antissemita; suas perspectivas sobre a mulher, misóginas; seu ensino sobre sexualidade, ignorante; sua pregação de Cristo, obsessiva. Exige-se algum esforço para começarmos a compreender que boa parte dessas caracterizações é tanto injusta como imprecisa.[47] Sem dúvida, Paulo não era benquisto, e era até mesmo temido, por muitos na igreja primitiva. Isso está claro em suas cartas, especialmente em Gálatas e 2Coríntios. Entretanto, Paulo também era grandemente amado e respeitado em sua época (o que também está claro nas cartas e em Atos).[48]

Um problema adicional é que as cartas são uma leitura exigente, fato reconhecido por outro escritor do Novo Testamento: "Suas cartas [as cartas de Paulo] contêm algumas coisas difíceis de compreender" (2Pedro 3:16). Os Evangelhos, expostos em forma narrativa, são mais acessíveis do que a complicada comunicação de Paulo. Muitos cristãos não percebem que a voz autêntica de Paulo não é encontrada no livro de Atos e, por conseguinte, o discurso atípico sobre o Deus desconhecido, pronunciado em Atenas (Atos 17:22-31), recebe destaque demasiado.[49] Para muitos, a própria voz do apóstolo em suas cartas genuínas também é conhecida apenas por algumas passagens populares — o capítulo *agape* de 1Coríntios 13 e a porção final de Romanos 8. Esses versículos são devidamente amados, mas, em geral, por motivos errados. Quando algumas porções das cartas de Paulo são isoladas de seu contexto polêmico, também são

---

[47]Ainda deparo com essas reclamações em todos as igrejas que visito. A única das objeções contra Paulo com algum fundamento é seu ensino sobre o amor sexual, no qual ele parece ter pouco interesse. Para uma plena exposição do ensino bíblico sobre sexualidade, devemos olhar para outras porções das Escrituras — como Cântico dos Cânticos, Marcos 10:2-9 e Efésios 5:22,23.

[48]Um testemunho notável do poder persistente da mensagem de Paulo é o de Fay Weldon, a grande novelista, dramaturga e ensaísta britânica. Em um artigo recente, "Converted by St. Paul", Fay descreve como a leitura de Paulo a levou de volta para a igreja, após descobrir que o apóstolo em nada se assemelhava à caricatura que lhe fora feita. "Pensava que Paulo era inimigo das mulheres [...] mas, ao ler [suas cartas], descobri essa pessoa extraordinária, esse visionário inteligente, com uma história incrível que Deus lhe deu para contar; e eu acreditei nele" (Weldon, "Converted by St. Paul: unconvinced by the modern Church of England", in: Caroline Chartres, org., *Why I am still an Anglican* [London: Continuum, 2006], p. 134).

[49]Muitos pregadores e teólogos treinados agem como se não houvesse alguma tensão entre Atos e as cartas de Paulo. Podemos argumentar que esse é um exemplo da falta de diálogo mutuamente construtivo entre teólogos e estudiosos bíblicos. A pregação atribuída a Paulo em Atos em nada se assemelha à pregação do próprio Paulo, a qual conhecemos em primeira mão a partir de suas cartas. Todos temos de escolher qual dos livros enfatizar, Atos ou as cartas paulinas. Devemos, quer gostemos quer não, ler uma com as lentes da outra, e vice-versa. A propensão da igreja como um todo é ler Paulo pelas lentes de Atos, com o infeliz resultado da drástica flexibilização de Paulo.

facilmente sentimentalizadas e domesticadas. Hoje, muitos cristãos se sentem mais atraídos a uma figura simplificada do apóstolo Simão Pedro. É curioso notar como estamos mais inclinados a fazer vista grossa às falhas de caráter de Pedro — de fato, amá-lo por essas mesmas falhas — e, mesmo assim, ser duros com Paulo.[50]

Assim, sejam quais forem as razões, as cartas de Paulo, bem como sua teologia da cruz, são pouco compreendidas em muitas das congregações de hoje. O foco nos quatro Evangelhos e na negligência das cartas é um empobrecimento tão sério que ameaça os fundamentos teológicos da igreja.[51] Isso soa como uma declaração exagerada, porém não é, por razões que se tornarão aparentes à medida que formos prosseguindo. Nos próximos capítulos, abordaremos algumas das acusações contra Paulo, mas o presente contexto conclama a uma defesa vigorosa da pregação do apóstolo, com particular atenção à cruz.[52]

Paulo como intérprete dos Evangelhos

Muitos que frequentam a igreja não percebem que as cartas de Paulo foram escritas apenas vinte ou trinta anos após a ressurreição, quando muitos que conheceram Jesus "segundo a carne" ainda estavam vivos e ativos. Os cristãos que creem que os Evangelhos estão mais próximos de Jesus sobrevalorizam o que veem como maior proximidade cronológica e física de Cristo. O autor do evangelho de João se esforça para corrigir essa confusão. Por exemplo, na terceira porção da oração sacerdotal de Jesus, o Senhor ora especificamente por "aqueles que crerão em mim por meio da mensagem deles [dos apóstolos]" (João 17:20). Os cristãos do futuro serão levados à presença de Jesus, não apenas no sentido de que as histórias de sua vida serão recontadas, mas também

---

[50]Algumas vezes, nos discursos direcionados a grupos religiosos, a popular autora Phyllis Tickle faz seu apelo por uma "Igreja emergente", baseada em um Pedro caloroso e receptivo (em oposição a um Paulo intolerante e ditatorial). Sua aparente ignorância do evangelho universal de Paulo é impressionante; ela parece desconhecer o relato de Paulo sobre o debate em Antioquia, no qual Paulo, e não Pedro, foi "inclusivo" (Gálatas 2:11-16).

[51]A prática nas igrejas litúrgicas de carregar o evangelho em uma procissão, às vezes com tochas, e de proceder à leitura de uma passagem por um membro do clero (nunca um leigo) envia uma mensagem distorcida sobre a relativa importância dos Evangelhos e das cartas. Além do mais, em muitas igrejas, a leitura do evangelho é geralmente o texto-mensagem de escolha, ocupando também posições privilegiadas nos boletins distribuídos às crianças — como se o Antigo Testamento e as cartas mal existissem.

[52]É inegável que alguns lutem com o material exigido. Em termos gerais, levamos muitos anos de estudo, quer em grupos bíblicos de estudo locais, quer em um contexto acadêmico, até que os pressupostos básicos de Paulo comecem a ser familiarizados pelo povo cristão. A razão para isso é que nossa posição automática é *antropo*cêntrica; em outras palavras, estamos tão acostumados a pensar da perspectiva da capacidade humana que nos exige tempo aceitar a postura radicalmente *teo*cêntrica de Paulo (e da Bíblia como um todo).

porque *a pregação apostólica, pela ação do Espírito, torna Jesus presente*.[53] Paulo, o apóstolo *por excelência*, faz isso diretamente em suas cartas.

Dessa forma, as cartas paulinas não contêm praticamente nenhuma menção aos ensinamentos de Jesus. É a "palavra da cruz" que transmite o *dunamis* de Cristo. "Jesus Cristo e este crucificado", esse era o conteúdo da poderosa mensagem que flamejava ao longo do mundo dos gentios (1Coríntios 2:2). Nosso conhecimento do evangelho não seria o mesmo sem a forma em que Paulo o destilou. Outra declaração, portanto, pode ser feita a respeito do ensino de Paulo: sem as suas cartas, não saberíamos como interpretar os quatro Evangelhos. Paulo não é alguém enxerido que tomou as lições simples de Jesus e as transformou em um mal-entendido intelectual, abstrato e opaco. Se tudo o que tivéssemos de Jesus fossem suas parábolas que lidam com o juízo, todos nos voltaríamos alegremente para Paulo. De fato, se não fosse por Paulo, não saberíamos como avaliar o ministério de Jesus; havia uma séria disputa entre os próprios discípulos mais chegados de Cristo acerca de questões centrais, conforme sabemos da descrição vívida de Paulo em sua discussão com ninguém menos que Pedro, o principal dos apóstolos (mais uma vez, Gálatas 2:11-14).

Considere, por exemplo, a bem conhecida prática de Jesus de comer com pessoas de má reputação. No ambiente cultural de hoje, trata-se de um dos feitos mais admirados, citados e menos questionados de Jesus; todavia, ele está aberto a diversas interpretações. O que essa prática significa? Nos últimos capítulos, examinaremos o *problema da impunidade* — pessoas sendo absolvidas de crimes hediondos sem sofrer suas consequências. É isso que Jesus está fazendo? Nos Evangelhos, aprendemos que Jesus não veio "chamar justos, mas pecadores" (Mateus 9:13 e textos paralelos),[54] e que o último será o primeiro, e o primeiro, o último (Mateus 19:30; etc.). É Paulo, entretanto, quem nos dá a expressão "justificação do ímpio". É Paulo quem fala claramente do Pecado como um Poder, e não como um acúmulo de más ações. É Paulo quem mostra que "tanto judeus como gentios estão debaixo do pecado. Como está escrito:

---

[53]"Jesus Cristo está [...] presente na ocasião querigmática [...] não como um objeto empírico, mas como o poder salvador do evangelho conhecido apenas na fé que tem origem na humanidade e na temporalidade da pregação. Ele está presente, não apenas como uma figura proclamada, mas também como um agente que habita na proclamação cristã" (James F. Kay, *Christus praesens* [Grand Rapids: Eerdmans, 1994], p. 61, grifo na citação).

[54]Lucas, particularmente, parece querer proteger o leitor de qualquer sugestão de impunidade ou anistia geral. O dizer em Mateus foi alterado em Lucas 5:32, no qual lemos: "mas pecadores ao arrependimento". Essa é uma característica de Lucas que nos serve de corretivo importante, embora, posteriormente, vejamos que a preferência do Evangelista pelo tema do arrependimento é muito diferente da omissão aparentemente deliberada de Paulo.

Introdução

'Não há nenhum justo, nem um sequer'" (Romanos 3:9,10). É Paulo quem transfere a atenção do arrependimento para a justificação como uma forma mais radical de proclamar a graça incondicional de Deus em Cristo. É Paulo quem nos oferece, em Romanos 11, a perspectiva mais abrangente do futuro planejado por Deus, permitindo-nos lançar as referências dos Evangelhos ao fogo do inferno e à condenação sob uma nova perspectiva. Também é Paulo quem nos oferece a melhor porção bíblica do tratamento da questão judaica, a qual resiste ao escrutínio pós-Holocausto. Os líderes da igreja pós-apostólica sabiam o que estavam fazendo ao coletarem as cartas de Paulo e atribuírem maior espaço a elas que a qualquer outro escritor do Novo Testamento. A experiência de ser capturado pela mensagem de Paulo sobre a *justificação do ímpio* é tal que ninguém jamais esquece.

O "Jesus histórico" e o "Cristo da fé"

Estreitamente atrelado à questão Jesus-Paulo, está o problema moderno do relacionamento entre o Jesus histórico e o Cristo da fé. A exploração do que alguns estudiosos em busca de publicidade enxergam como uma discrepância atingiu proporções sem precedentes nas décadas de 1980 e 1990. Tem havido um fluxo incessante de impressões e conversas sobre a falta de confiabilidade do testemunho neotestamentário a respeito de Jesus. Nunca na história do cristianismo houve tamanho ataque à fé da igreja em Jesus como Messias divino e Senhor ressurreto. Muitos líderes de igrejas tradicionais se reuniram nessa campanha de persuadir os próprios membros a renunciarem à sua confiança supostamente desatualizada e pouco iluminada nas Escrituras e nos credos históricos. A sugestão é que os textos sejam suplantados pelo trabalho de estudiosos do Seminário Jesus e pelo de muitos outros que têm suas desavenças com a igreja.[55]

Poucos fora dos círculos de pesquisa saberiam que as incongruências amplamente citadas hoje como prova da inconfiabilidade da Bíblia foram observadas, muitos séculos atrás, por homens como Orígenes e Calvino. Parece-me um pouco desonesto quando os acadêmicos de hoje agem como se fossem

---

[55] O Seminário Jesus, grupo de acadêmicos bíblicos cujo sucesso em atrair a atenção ao seu plano ideológico só pode ser invejado pelos acadêmicos mais contidos, começou a propagar suas ideias tipicamente em épocas de Natal e Páscoa, nas décadas de 1980 e 1990. O seminário foi bem-sucedido ao se expor por meio de capas de revista, programas de televisão e manchetes de jornal de todo o país. Tais manchetes incluem: "Estudiosos dizem que as palavras de Jesus foram inventadas pelos Evangelistas"; "'Jesus nunca predisse seu retorno', afirmam os estudiosos"; "pesquisadores lançam dúvidas sobre a ressurreição"; "acadêmicos especulam que o corpo de Jesus foi comido por cães".

os originadores de *insights* recém-produzidos, possibilitados apenas por suas supostas descobertas e pela ousadia intelectual.[56] Nunca podemos enfatizar o suficiente que os escritores cujo propósito é diminuir a figura de Jesus estão criando um Jesus que se encaixe em suas preferências, da mesma forma que Thomas Jefferson fez ao recortar e colar algumas porções dos Evangelhos.

A chave para Jesus é, como sempre foi, sua crucificação e sua ressurreição. Nada se sabe acerca das fontes extrabíblicas do primeiro século d.C. sobre Jesus como figura histórica. O Novo Testamento é o único testemunho que temos. Qualquer reconstrução moderna do "Jesus histórico" é, portanto, resultado do ambiente cultural que a produziu, enquanto o Jesus proclamado como Senhor no Novo Testamento se aproxima mais do que qualquer outra figura conhecida na história humana de um personagem universal, transcendendo tempo e localização histórica, e pertencendo a todas as culturas e a todas as pessoas em todos os lugares, para sempre. Trata-se de uma grande reivindicação, mas o cristão não deve envergonhar-se de defendê-la. Essa proclamação de Jesus como Senhor, conforme esperamos deixar claro no capítulo 1, surge não do *ministério de Jesus* — o qual pode, afinal, ser comparado ao ministério de outros homens santos —, mas do querigma, da proclamação apostólica, uma proclamação sem precedentes daquele que foi crucificado e ressurreto. Conforme escreve Luke Timothy Johnson:

> A fé cristã nunca se baseou — nem no início nem agora — em reconstruções históricas de Jesus, ainda que sempre tenha envolvido reivindicações históricas concernentes a Jesus. Antes, a fé cristã (antes e agora) se baseia em reivindicações religiosas relacionadas a*o poder presente de Jesus*. [...] Ela não está direcionada a uma construção humana do passado; essa seria uma forma de idolatria. A fé cristã autêntica é uma resposta ao Deus vivo, a quem os cristãos declaram operar poderosamente entre eles por intermédio do Jesus ressurreto.[57]

---

[56]Um comentário revelador sobre o Seminário Jesus foi feito por Dorothy Scherer, viúva de Paul Scherer, notável pastor e pregador luterano e, posteriormente, membro do corpo docente dos seminários teológicos Union (New York) e Princeton. Ao falar de Marcus Borg, um dos membros do Seminário, a senhora Scherer murmurou: "Ele parece querer tirar Jesus de nós".

[57]Luke Timothy Johnson, *The real Jesus: the misguided quest of the historical Jesus and the truth of the traditional Gospels* (New York: HarperCollins, 1996), p. 133, 142-3. Qualquer um que busque uma descrição do Seminário Jesus será recompensado pela análise do professor Johnson em *The real Jesus*. Conforme indica o subtítulo, seu tratamento é altamente polêmico, mas sempre divertido e informado por um academicismo sério. Sob a minha perspectiva, o defeito mais sério em sua obra é a falta de apreciação pela escola de Tübingen dos estudos do Novo Testamento (e do projeto protestante em geral). Em geral, porém, o livro ainda é uma das melhores críticas ao Seminário Jesus e aos seus aliados.

Introdução

Existe, de fato, um elemento de mistério e complexidade em torno da pessoa de Jesus. Seria irresponsável proceder como se essa dificuldade não existisse. Os retratos de Jesus no Novo Testamento foram modelados pela ressurreição. O inquiridor honesto da fé cristã pode ser assegurado, entretanto, de que não há um resquício sequer de evidência de que os homens e mulheres mais próximos dos eventos descritos no Novo Testamento alguma vez tenham percebido qualquer discrepância entre o ser humano que caminhou ao seu lado nas estradas da Galileia e o Ressuscitado, a quem proclamavam como *Kurios* (Senhor). De acordo com o testemunho apostólico, o Jesus de Nazaré que pregou o reino de Deus na Palestina do primeiro século d.C. é o Filho preexistente e Messias que agora reina à direita de Deus.

Assim, em vista de todo o barulho feito pelos negacionistas, torna-se ainda mais vital que mestres e pregadores cristãos exponham as Escrituras, dia após dia, "de fé em fé" (Romanos 1:17, ARA). Nenhum outro antídoto será eficaz contra aqueles que, conforme Jesus disse, "não conhecem as Escrituras nem o poder de Deus" (Mateus 22:29; Marcos 12:24). O afastamento da Bíblia enfraqueceu a igreja. Muitos estão prontos para acreditar, mas se sentiram intimidados a pensar que nenhuma pessoa educada, com qualquer pretensão de sofisticação cultural, poderia realmente levar a sério o testemunho da Bíblia. O único antídoto para isso é uma exposição robusta do evangelho apostólico.

A posição deste livro é, portanto, confessional. O Jesus crucificado de Nazaré foi revelado em sua ressurreição como o Senhor vivo da igreja no presente, Aquele que está por vir (*ho erchomenos*, Apocalipse 1:8) no futuro para ser o juiz de todo o *kosmos*. A confissão não exclui as dúvidas mais sérias. Muitos cristãos têm crises regulares de fé; a cada crise, porém, continuam a construir a vida sobre a confissão de fé em Jesus Cristo, da forma que foi encontrada nas Sagradas Escrituras. Podemos confiar que Paulo e outras testemunhas não eram tolos enganadores, e podemos reivindicar para nós as palavras escritas pelo apóstolo: "Quanto a mim, que eu jamais me glorie, a não ser na cruz de nosso Senhor Jesus Cristo [...] Sem mais, que ninguém me perturbe, pois trago em meu corpo as marcas de Jesus" (Gálatas 6:14,17).

Localizando a correta tensão dinâmica

Algumas questões devem ser abordadas de forma breve, porém enfática, antes de prosseguirmos com uma análise mais completa da crucificação:

- Qual é a relação entre nosso tema e a ressurreição?
- E quanto à vida e ao ministério de Jesus?
- Onde se encaixa a doutrina da encarnação?

1. Em relação à *ressurreição*, 1Coríntios 15 constitui uma fonte crucial. Quando Paulo fala da cruz, pressupõe a ressurreição como parte do mesmo evento. Conforme já observamos, na mesma carta que se inicia com o anúncio: "nós, porém, pregamos a Cristo crucificado, o qual, de fato, é escândalo para os judeus e loucura para os gentios" (1Coríntios 1:23), encontramos a seguinte declaração: "Se não há ressurreição dos mortos, nem Cristo ressuscitou; e, se Cristo não ressuscitou, é inútil a nossa pregação, como também é inútil a fé que vocês têm" (15:13,14), seguida por esta: "E, se Cristo não ressuscitou, a fé que vocês têm é inútil, e vocês ainda permanecem nos seus pecados" (15:17). Sem dúvida, declarações tão poderosas devem afastar qualquer suspeita de que a concentração na cruz diminui a imprescindibilidade da ressurreição. Talvez esta seja a declaração mais forte que podemos fazer sobre a ressurreição em um livro sobre a crucificação: *se Jesus não tivesse ressuscitado dos mortos, nunca teríamos ouvido falar dele.*

2. E quanto à *vida*, ao *ministério* e ao *ensino* de Jesus? Ao focarmos na cruz, deixamos de honrá-lo? Não, pois a vida de Jesus está exclusivamente dedicada a um aspecto: a oferta que ele fez de si mesmo. Conforme escreveu John Donne: "Toda a sua vida foi uma contínua paixão".[58] Uma das características que continuam a nos compelir a esse homem Jesus é que, diferentemente de qualquer um que já tenha vivido, sua vida foi inteiramente dedicada aos outros, a cada momento. Calvino pergunta: "Como Cristo aboliu o pecado [e] baniu a separação entre nós e Deus...?", ao que retruca: "Podemos responder à pergunta ao dizer que ele alcançou tal feito em nosso favor por meio de todo o curso de sua obediência [...] [Pois] assim que assumiu a forma de servo, Jesus começou a pagar o preço da libertação com o objetivo de nos redimir".[59] Vida e morte eram duas faces de uma mesma moeda. Sua morte, longe de ser um erro infeliz ou uma frustração do seu propósito, foi o ápice consciente e voluntário de toda uma vida de entrega para o nosso bem.

3. A *encarnação* é outro polo essencial da confissão cristã.[60] O próprio ser de Deus é investido de modo pleno, sem reservas e incondicional na auto-oferta

---

[58] John Donne, *Death's duel*, 25 de fevereiro de 1631.
[59] Calvino, *Institutas* 2.16.5. T. F. Torrance usa as mesmas palavras ("por todo o curso de sua obediência") em *The mediation of Christ*, ed. rev. (Colorado Springs: Helmers and Howard, 1992; orig. 1983), p. 79.
[60] Joseph Mangina chamou minha atenção para o fato de que John Behr e Khaled Anatolios, estudiosos da patrística oriental, têm recentemente insistido que, para os Pais da igreja, não existe encarnação que não seja orientada para a cruz. (Na iconografia oriental, é comum apresentar o Jesus recém-nascido já vestido com um lençol ondulante.) O Filho se tornando carne e seu movimento em direção à morte são dois aspectos do mesmo *telos* divino. Esse ponto sobre a inseparabilidade da cruz e da encarnação é um corretivo à tendência (proeminente em alguns círculos anglicanos) de falar da encarnação como uma santificação da criação, sem reconhecer o corte sangrento que a crucificação faz em relação a essa imagem. Isso é especialmente notável nos movimentos celtas contemporâneos.

INTRODUÇÃO

"[de] morte e morte de cruz" do homem Jesus. Se Deus não estivesse verdadeiramente encarnado em Jesus ao cumprir sua obra na cruz, então nada realmente teria acontecido do lado de Deus, de modo que seríamos lançados outra vez à própria sorte. Se não há encarnação da Divindade no sacrifício de Jesus, então não há salvação além da contribuição da natureza humana.

Na cristologia, o circuito é fechado. O Encarnado é, ao mesmo tempo, plenamente Deus e plenamente humano. O Concílio de Niceia concluiu que Jesus tem a mesma substância (*homoousia*) do Pai, não apenas uma substância semelhante (*homoiousia*),[61] enquanto o Concílio de Calcedônia declarou, em sua Definição, que "nosso Senhor Jesus Cristo [...] é reconhecido em duas naturezas, sem confusão, sem mudança, sem divisão, sem separação [...] não como divididos ou separados em duas pessoas, mas como um e único Filho".

Eis, então, os principais pontos de equilíbrio subjacentes neste livro:

- Cada um dos grandes temas bíblicos concernentes à morte de Cristo — e, até certo ponto, alguns dos temas menores — será exposto.
- A encarnação, o ministério, a cruz e a ressurreição de Jesus são tópicos pressupostos e aspectos plenamente integrados à mensagem cristã como um todo.
- A confissão ortodoxa de Cristo como completamente divino e completamente humano é afirmada.

Muitos desses pontos de equilíbrio emergirão à medida que prosseguirmos. Talvez, porém, "equilíbrio" não seja a palavra certa. Por exemplo: a afirmação

---

É comum a afirmação de que a ênfase na encarnação é algo tradicionalmente anglicano. Isso não é estritamente preciso; não data das origens da igreja Anglicana durante a Reforma. É certo que o *Livro de oração comum* (1549 e 1552), de Thomas Cranmer, baseou-se amplamente em fontes "católicas", pré-Reforma, para suas orações e liturgias, porém sua trajetória teológica geral foi agostiniana e reformada, muito influenciada pelo reformador Martin Bucer, cujo movimento da Europa Continental para a Inglaterra ocorreu em 1549. O livro de 1559 foi restabelecido sob a protestante Elizabeth I. No século 17, duas posições teológicas/eclesiásticas distintas podiam ser identificadas na igreja Anglicana: (1) a Reformada/Protestante e (2) a Católica/Laudiana. William Laud, que se tornou arcebispo da Cantuária em 1633, foi um dos que se opuseram à então prevalecente teologia calvinista e buscou, vigorosamente, reter as práticas litúrgicas pré-Reforma e o direito divino dos reis. Em 1645, ele foi executado por ordem do Parlamento — tais eram os tempos —, mas hoje Laud e seus confrades aparecem como vencedores na batalha pelo coração da Igreja Episcopal dos Estados Unidos. O latitudinarianismo também desempenhou papel-chave no grande sucesso do movimento anglo-católico do século 19 e nas amplas reformas do final do século 20. Tudo isso resultou em uma redução da ênfase na expiação — tema protestante de importância primária na Igreja Anglicana — e em uma ênfase muito maior na encarnação na Igreja Episcopal (para uma breve sinopse, cf. Paul F. M. Zahl, *The protestant face of Anglicanism* [Grand Rapids: Eerdmans, 1998], p. 1-8).

[61] Como o teólogo e especialista em ética Paul L. Lehmann costumava dizer aos seus alunos, a salvação da raça humana dependia de um *iota*.

cristológica sobre a natureza humano-divina de Jesus não é um "equilíbrio", mas um paradoxo. E não há meio-termo entre afirmações paradoxais; o caminho adiante encontra *tensão em si mesmo*. Isso não é a mesma coisa que "ter uma postura contraditória", uma posição branda e segura no centro, entre dois polos.[62] Teologia e vida cristãs se encontram melhor nas fronteiras, onde nosso pensar e nosso fazer são envolvidos pela tensão dinâmica entre duas verdades aparentemente contraditórias. Em todos os momentos, nossa tendência de querer suavizar essa tensão é minada pela confissão autocorretiva do apóstolo ao declarar: "Decidi nada saber entre vocês, exceto Jesus Cristo, e este, crucificado" (1Coríntios 2:2).

Duas categorias principais de pensamento

Em relação à tensão dinâmica, existem duas categorias subjacentes propostas neste volume para a interpretação da cruz de Cristo. No testemunho bíblico, ambas se sobrepõem. Contudo, por uma questão de clareza, propomos distingui-las desde o início. Esses dois complexos de pensamento são os seguintes:

1. Expiação pelo pecado (tópico abordado especialmente nos capítulos 4, 6, 7, 8 e 11).
2. A invasão apocalíptica de Deus e a conquista dos Poderes (prefigurados nos capítulos 3 e 5, desenvolvidos completamente nos capítulos 9 e 10 como *Christus victor*).

Neste livro, proponho que todas as demais preocupações doutrinárias e éticas encontrem seu lugar nessas duas categorias. Em especial, isso inclui o tripé particularmente apreciado por muitas igrejas tradicionais de hoje: (1) criação, (2) encarnação e (3) o reino (governo) de Deus. A ênfase nesses tópicos tende a deslocar a *theologia crucis* do cerne de boa parte do ensino cristão de hoje, quando, na verdade, fazem parte dela. Já começamos a abordar

---

[62]Em um contexto diferente, Arthur Schlesinger Jr. observa: "O meio da estrada não é, definitivamente, o centro vital; antes, é um centro morto". A citação original data de 1949 e pode ser encontrada no livro *The vital center: the politics of freedom*, porém tem vida longa e variada. Schlesinger protesta contra a apropriação indevida da expressão "centro vital" com o significado de "meio-termo" em sua introdução à segunda edição ([Cambridge, Massachusetts: Da Capo Press, 1988], p. xiii]). Em um artigo na *Slate* (Jan. 10, 1997), o autor também protesta contra o uso indevido da expressão como significando "meio-termo". A reclamação também poderia ser direcionada ao uso do termo *via mídia*, normalmente empregado por anglicanos/episcopais para designar sua tradição.

as doutrinas centrais da criação e da encarnação. O tema indiscutivelmente importante do reino de Deus, tão proeminente nos Evangelhos Sinóticos, não é trabalhado (e nem deve) de maneira independente da cristologia, como fica especificamente claro no evangelho de Mateus quando lido *in toto*.[63] O anúncio de Jesus de que "o reino de Deus está próximo" pressupõe uma escatologia apocalíptica que será plenamente revelada na crucificação e na ressurreição. Veremos como a proclamação do reino corre o risco de ser compreendida como outro projeto humano — embora maior e melhor — quando não vinculado essencialmente à justiça (*dikaiosyne*) de Deus, revelada de maneira conclusiva na cruz de Cristo.

Esses dois complexos de pensamento não serão mencionados em cada página, porém serão pressupostos durante todo o tempo, à medida que formos avançando.

Um breve guia ao leitor

O sumário

Conforme é indicado pelo sumário, o presente volume é construído da seguinte forma:

- *Primeira parte: A crucificação* é uma seção de quatro capítulos destinada a fornecer uma ampla perspectiva (1) da natureza da crucificação como um modo de execução e de seu lugar único na história cristã e (2) de algumas das principais questões levantadas pelo fato de que Jesus morreu especificamente dessa maneira. Um capítulo especial sobre Anselmo unifica os capítulos 3 e 4.

  Já os capítulos 3 e 4 ressaltam a injustiça e a categoria abrangente do Pecado. Há uma razão específica para mover o tema do Pecado para a primeira seção principal em vez de adiá-lo para a segunda parte. O Pecado, compreendido como um Poder, reside no âmago do significado subjacente à cruz; e essa é a razão para abordá-lo logo no início.

- *Segunda parte: Temas bíblicos* é uma seção que estabelece a riqueza e a variedade do material bíblico. A introdução à segunda parte esboça como

---

[63] Dale Allison nos mostra que Mateus, quando lido do início ao fim, revela a alta cristologia do Evangelista quando conectada à proclamação do reino de Deus (chamado de "reino dos céus" em Mateus). Em *Matthew: structure, Christology, kingdom*, Jack Dean Kingsbury faz uma abordagem ampliada da alta cristologia de Mateus.

os escritores do Novo Testamento empregam diversos tópicos de grande profundidade e riqueza para expor o significado da cruz. Os oito capítulos seguintes, por sua vez, examinam cada um dos temas principais.

Cada um dos quatro capítulos é parcialmente independente; ao lado do capítulo de "transição" sobre Anselmo, devem ser lidos como um todo semi-independente. Por isso os quatro capítulos são agrupados, formando a Primeira Parte. Talvez os capítulos 1 e 4 sejam os mais importantes quanto a estabelecerem o argumento integral do livro.

O capítulo de transição sobre Anselmo é particularmente recomendado a alunos de teologia e ministros que foram encorajados a desconsiderar a obra desse teólogo controvertido, embora indispensável.

A Segunda Parte é de interesse especial àqueles que desejam aprofundar-se no material bíblico. Até certo ponto, cada capítulo é independente. Essa seção é muito importante, porém, se o leitor não estiver inclinado a ler cada palavra, os capítulos podem ser usados, individualmente, como referências por tópico (cf. Sumário). *Se o leitor decidir ler apenas alguns capítulos da Parte 2, que sejam os capítulos 8 a 12*, visto que eles contêm a porção mais importante e original deste trabalho.

Algumas tecnicidades

Uso de maiúsculas

O leitor observará, de imediato, que "Pecado" e "Morte" são termos ora iniciados por maiúsculas, ora não. Quando o são, as palavras sinalizam ao leitor que o contexto exige que Pecado e Morte sejam compreendidos como Poderes (palavra também iniciada em maiúsculas) sobre os quais o ser humano não tem controle. A palavra "Poder" (ou "Poderes") é iniciada por letra maiúscula para indicar a existência de uma agência única e semiautônoma cujo status como Inimigo de Deus significa que ela opera a partir de uma esfera que jaz fora e além do controle humano. Algumas vezes, a palavra "Lei" também vem iniciada em maiúsculas, indicando seu status como serva dos Poderes. É assim que Paulo usa a palavra "Lei" em Romanos 7 e, de modo especial, em praticamente toda a carta aos gálatas. O uso das maiúsculas para "Pecado", "Morte", "Lei" e "Poderes" tornou-se mais ou menos padronizado entre os acadêmicos paulinos.[64]

---

[64] O uso de maiúsculas é uma prática comum especialmente entre os teólogos bíblicos da linha de Ernst Käsemann (J. Louis Martyn, Beverly Gaventa, Douglas Campbell, Susan Eastman e muitos outros).

Introdução

Quando a palavra "pecado" aparece iniciada em minúsculas, está sendo mais comumente usada no sentido de transgressão, a qual prevaleceu até a recuperação da Apocalíptica do Novo Testamento, no século 20. O termo nunca será iniciado em maiúsculas nas citações da Bíblia ou de comentaristas que não o capitalizam. De modo semelhante, a palavra "Poderes" será iniciada em maiúsculas quando os autores citados a capitalizam. Apesar da grande ênfase do livro sobre a presença do mal, não adoto a inicial em maiúscula da palavra "mal", visto que, diferentemente de Pecado e Morte, o mal não é especificamente personificado no Novo Testamento, como se pertencesse a um dos Poderes. Embora "mal" se tenha tornado a palavra predileta hoje, Pecado e Morte, ao lado de sua Lei cativa, são, para o apóstolo Paulo, a soma de todo o mal.

Linguagem inclusiva

Evitar "ele" e "homem", sempre que possível, é algo natural para a maioria de nós hoje em dia; e isso não é diferente em meus escritos. No entanto, não sou cativa dessa prática. Ao citar um poeta, romancista ou acadêmico pré-1960, ou quando desejo preservar a cadência do inglês de algum autor (em segmentos de frase como, por exemplo, "para nós, homens, e para a nossa salvação"), uso o genérico "homem" como referência à humanidade sem nenhuma desculpa.

Traduções bíblicas

Usei a Revised Standard Version [Versão padrão revisada] do início ao fim, com algumas exceções. Do meu ponto de vista, dois fatores que a destacam de qualquer outra tradução são sua qualidade literária e sua poderosa estrutura frasal.[65]

OLHANDO PARA A FRENTE

A cruz de Cristo é a pedra angular de nossa fé. Ela causa ofensa desde o início, conforme vimos na declaração de Paulo, no sentido de que a cruz é escândalo para os judeus e loucura para os gentios. É típico do cristianismo americano, assim como da cultura americana em geral, empurrar a cruz para as margens, já que preferimos uma forma mais otimista e triunfalista de proclamação e

---

[65] A maior parte dos textos bíblicos neste livro é pautada por traduções diretas da RSV americana, versão primada pela autora; em algumas passagens, Rutledge adota a versão King James. Nos casos em que as traduções bíblicas já consagradas em português não comprometem a estrutura literária da RSV, optou-se pelo emprego da NVI (Nova Versão Internacional), da ARA (Almeida Revista e Atualizada) ou da ARC (Almeida Revista e Corrigida). (N. E.)

prática. A Grande Recessão restringiu nosso estilo por um breve período, mas não cancelou as tendências perturbadoras de nossa cultura em relação a vidas egocêntricas, baseadas em consumo, sensações imediatas e gratificação instantânea — tudo isso coincidindo com o crescimento exponencial do abismo entre os muito ricos e a esforçada classe média, sem mencionar o abismo entre aqueles que mal conseguem manter-se e os verdadeiramente pobres. A "palavra da cruz" (1Coríntios 1:18), em contrapartida, chama a comunidade cristã a aceitar a luta em favor de outros como o caminho do discipulado.

Não se trata de uma vocação sombria e desprovida de alegria. Mesmo em meio ao sofrimento, os peregrinos cristãos que trilham o caminho cruciforme se verão atraídos ao próprio coração de Deus. O próprio Jesus, em seu mais famoso sermão, prometeu felicidade eterna àqueles que tomam a cruz: "Felizes são vocês quando, por minha causa, os insultam, os perseguem e proferem todo o tipo de calúnia contra vocês. Alegrem-se, regozijem-se, porque grande é a sua recompensa nos céus" (Mateus 5:11,12). "Pois quem quiser salvar a sua vida a perderá; e quem perder a sua vida por minha causa e por causa do evangelho a salvará" (Marcos 8:35).

Que este livro, uma tentativa de desvendar algumas das incomparáveis riquezas do Cristo crucificado, seja fonte presente de fortalecimento e encorajamento para aqueles que desejam compreender e receber os dons do Senhor. Que ele sirva ao evangelho daquele que sofreu e morreu para libertar o cosmos de sua escravidão à morte e para que cada um de nós receba sua plena, verdadeira e eterna humanidade!

PRIMEIRA PARTE

A CRUCIFICAÇÃO

CAPÍTULO 1

A PRIMAZIA DA CRUZ

> O critério interno quanto ao fato de a teologia ser ou
> não cristã jaz no Cristo crucificado [...] voltamos à declaração
> lapidar de Lutero segundo a qual a cruz é o teste de tudo:
> *Crux probat omnia.*
>
> JÜRGEN MOLTMANN, *The crucified God*[1]

A PREEMINÊNCIA DA NARRATIVA DA PAIXÃO NOS QUATRO EVANGELHOS

Muito antes do surgimento do academicismo bíblico como o conhecemos hoje, observou-se que os quatro Evangelistas contam a história da vida de Jesus de quatro maneiras bastante diferentes. As quatro narrativas da Paixão variam, de forma significativa, em detalhes e ênfase teológica. Por exemplo: as "sete palavras da cruz", tão amadas por gerações de pregadores da Sexta-Feira da Paixão, são notavelmente distintas de um relato para o outro, com apenas Mateus e Marcos concordando.

O ponto no qual os quatro Evangelistas concordam, porém, é a atenção gigantesca que dão à narrativa da Paixão e à forma de direcionarem seus Evangelhos para a cruz como o ponto culminante da história de Jesus.[2] Nos quatro relatos, os eventos anteriores à Paixão são estruturados como um prólogo à

---

[1] Jürgen Moltmann, *The crucified God: the cross of Christ as the foundation and criticism of Christian theology* (New York: Harper and Row, 1973), p. 7. *Crux probat omnia:* A cruz é o teste de tudo.
[2] De fato, Martin Kähler foi tão longe que definiu o gênero "evangelho" como uma narrativa da Paixão com introdução estendida. *The so-called historical Jesus and the historic, biblical Christ* (Philadelphia: Fortress, 1964), p. 80, n. 11.

Paixão e encontram seu ápice nela — com a ressurreição como vindicação e vitória. Os quatro Evangelhos incluem três previsões solenes da Paixão, feitas pelo próprio Jesus. Nesse aspecto, eles se assemelham um pouco ao drama musical de Wagner, *O anel de Nibelungo*: um *leitmotif* (tema musical) particular, geralmente conhecido como "redenção por meio do amor", é plantado desde cedo na história, de modo que, ao recorrer no fim, respondemos a ele com nossas emoções amplamente preparadas. Sem querer esticar demais a analogia, as predições da Paixão feitas por Jesus funcionam de forma um tanto semelhante.

Vistos de uma perspectiva oposta, cada um dos quatro Evangelhos apresenta a narrativa da Paixão como o desfecho, a revelação culminante que modela a natureza de tudo o que aconteceu antes dela. Os Evangelhos são desenvolvidos, cada qual de acordo com a própria perspectiva, com o fim de mostrar, mais tarde, como a vida sacrificial de Jesus levou à sua morte sacrificial. A cura de Jesus em dia de sábado serve de advertência prévia de que os fariseus cumpridores da lei se voltarão contra ele (Marcos 2:1-4). Sua libertação de um menino possesso por espírito imundo deixa os espectadores estonteados, mas, logo em seguida, ele diz: "Que estas palavras ressoem nos ouvidos de vocês: o Filho do homem será entregue nas mãos dos homens" (Lucas 9:44). As parábolas prometendo as riquezas do reino provocam intensa hostilidade dos líderes religiosos, que questionavam: "'De onde lhe vêm esta sabedoria e estes poderes miraculosos?' [...] E ficavam ofendidos com ele" (Mateus 13:54,57). A cura realizada por Jesus a um cego de nascença lança-o diretamente em conflito com aqueles que conspirarão contra ele (João 9). Poderíamos continuar. Conforme expresso pelo hino:

> O que fez meu Senhor? O que gera tanta raiva e tanto rancor?
> Fez o paralítico correr, deu vista ao cego.
> Doces injúrias! Pois há aqueles que de suas obras não se agradam;
> seus feitos contra ele se levantam.[3]

Os trechos dos quatro Evangelhos que tratam da vida e dos ensinamentos de Jesus foram divididos em unidades curtas e separadas (perícopes), adequadas à leitura e à exposição no contexto de adoração na igreja apostólica. Quando, porém, a Última Ceia se inicia, o método muda. Porções descrevendo o aprisionamento, o julgamento, o sofrimento e a execução de Jesus são diferentes de

---

[3] Hino de Samuel Crossman (1624-1683), *My song is love unknown*.

todo o restante dos Evangelhos. Essas sequências são encenadas como longas narrativas dramáticas, diferindo notoriamente da divisão do material anterior, escrito em breves perícopes. As histórias da Paixão ocupam de um quarto a um terço do conteúdo total dos quatro Evangelhos, e os intérpretes bíblicos geralmente concordam que o material foi moldado pelas tradições orais da igreja antes de ser colocado em forma escrita. Isso, por si só, remete, de uma vez por todas, à importância do sofrimento de Cristo para a vida das primeiras comunidades cristãs.

As três predições de Jesus, feitas em cada um dos quatro Evangelhos, oferecem uma ilustração do método. As passagens recaem sobre os ouvidos de um modo extremamente grave: "Desde aquele momento, Jesus começou a explicar aos seus discípulos que era necessário que ele fosse para Jerusalém e sofresse muitas coisas nas mãos dos líderes religiosos, dos chefes dos sacerdotes e dos mestres da lei, e fosse morto e ressuscitasse no terceiro dia" (Mateus 16:21, NVI). Tais predições, deliberadamente espaçadas em intervalos pelos quatro Evangelistas, juntam força e *momentum* à medida que as narrativas evoluem de modo inevitável para seu ponto culminante. Marcos e João, em particular, organizaram seus Evangelhos para não deixar dúvidas de que a Paixão é seu evento principal. Por essa razão, a declaração cristológica culminante no Evangelho de Marcos ("De fato, este homem era o Filho de Deus!", 15:39) não é pronunciada até o momento da morte de Jesus na cruz. Quanto ao Quarto Evangelho, referências reiteradas de Jesus à sua *hora de glória* significam o "levantar" na cruz, uma nota-chave sobre seu ensino a respeito de si mesmo.[4] O evangelho inteiro gira em torno do momento em que, no capítulo 12, Jesus para de dizer: "A minha hora ainda não chegou" e começa a dizer: "Chegou a hora". Desse momento em diante, ele dá início ao seu retorno para o Pai, o qual é cumprido quando ele é "levantado" na cruz.[5] O Evangelista torna isso claro de outras formas também, como, por exemplo, em 7:30: "Ninguém lhe pôs as mãos, pois sua hora ainda não havia chegado". Quando a hora da glória chega, Jesus se entrega de forma voluntária e deliberada: "Jesus, sabendo tudo o que lhe ia acontecer, adiantou-se e lhes perguntou: 'A quem procuram?' 'A Jesus de Nazaré', responderam eles. 'Sou eu', disse Jesus" (João 18:4,5).

---

[4] "Jesus disse: 'Quando vocês levantarem o Filho do homem, então saberão que Eu Sou'" (João 8:28; tb. 3:14; 12:32-34).

[5] Não estou sugerindo que João tenha uma teologia da cruz *per se*, como Paulo (e Marcos). A literatura joanina tem uma perspectiva própria. Estou destacando que o Quarto Evangelho, como os outros três, é estruturado em relação à Paixão e à morte de Jesus, começando com "Vejam! É o Cordeiro de Deus" e culminando com as palavras "Está consumado (*tetelestai*, 'completado')" (João 1:29,36; 19:30).

A CRUZ COMO CENTRO DA COMPREENSÃO CRISTÃ

O lugar da cruz na teologia cristã está em jogo desde os primeiros dias da nova fé. Sabemos disso porque as cartas de Paulo aos coríntios e aos gálatas foram escritas vinte ou vinte e cinco anos após a ressurreição — e essas cartas articulam o significado singular da morte do Senhor. Paulo teve um trabalho difícil, visto que, segundo escreve Jürgen Moltmann na primeira frase de *The crucified God* [O Deus crucificado], "A cruz não é amada e não pode ser". Como regra geral, a *theologia gloriae* (teologia da glória) sempre afugentará a *theologia crucis* (teologia da cruz) em uma sociedade confortável. Às vezes, observamos que isso é particularmente verdadeiro nos Estados Unidos, onde o otimismo e o pensamento positivo reinam lado a lado.[6]

Ensinar sobre a cruz é uma tarefa árdua. Vemos isso na segunda carta de Paulo aos cristãos em Corinto, na qual Paulo esgota todos os recursos mentais e emocionais na esperança de que a confiança da igreja no evangelho seja renovada. Tomar a cruz, como o próprio Jesus nos chamou a fazer, significa uma reorientação total de si para o caminho de Cristo. Muito antes de enfrentar seu destino, Dietrich Bonhoeffer escreveu de maneira memorável: "Ao chamar um homem, Cristo o convida a morrer".[7]

A crucificação é a marca da autenticidade cristã, a característica única segundo a qual tudo mais, incluindo a ressurreição, recebe seu verdadeiro significado. A ressurreição não é uma peça definida. Não é uma demonstração isolada de embelezamento divino. Não deve ser separada de seu abominável primeiro ato. A ressurreição é precisamente a vindicação de um homem que foi crucificado. Sem a cruz no centro da proclamação cristã, a história de Jesus pode ser tratada como apenas mais uma história sobre uma figura espiritual carismática. É a crucificação que marca o cristianismo como algo definitivamente diferente na história da religião. *É na crucificação que a natureza de Deus é verdadeiramente revelada.* Uma vez que a ressurreição constitui o poderoso "Sim" trans-histórico ao Filho historicamente crucificado, podemos afirmar que *a crucificação é o*

---

[6]Houve inúmeros estudos sobre o otimismo como uma característica americana, mas há uma exceção significativa para essas generalizações sobre o cristianismo americano. Os escravos negros produziram uma música comovente sobre o sofrimento e a morte do Senhor. De uma forma legítima, podemos questionar se "Were you there when they crucified my Lord?", cantado todos os anos durante a Semana Santa em muitas congregações ricas, não foi, em certa medida, um hino mal utilizado, exceto nas circunstâncias em que havia sido originalmente cantado.

[7]Dietrich Bonhoeffer, *The cost of discipleship* (New York: Macmillan, 1963), p. 7 [edição em português: *Discipulado* (São Paulo: Mundo Cristão, 2016). Em traduções mais recentes, a sintaxe dessa declaração celebrada não é tão poderosa.

evento histórico mais importante que já aconteceu. A ressurreição, por se tratar de um acontecimento trans-histórico plantado na história, não cancela a contradição e a vergonha da cruz nesta vida presente; antes, a ressurreição ratifica a cruz como *o* caminho "até que ele venha".

A igreja de Corinto nos serve de importante estudo de caso, por ser uma congregação aparentemente incapaz de se posicionar corretamente em relação à crucificação. Os cristãos coríntios se posicionavam *além* da cruz, como se já tivessem ressuscitado dos mortos (como os *pneumatikoi*, os superespirituais de 1Coríntios 2:15 e 14:37), ou *acima* da cruz, como se o sofrimento não lhes coubesse (considere os "superapóstolos" de 2Coríntios 12:11), e não *na* cruz. Para Paulo, tais problemas eram a causa subjacente das deficiências dos coríntios a respeito do amor. Por isso ele escreveu o famoso capítulo 13 de 1Coríntios ("o amor [*agape*] tudo sofre, tudo crê, tudo espera, tudo suporta" — 13:7). O amor sentimental, excessivamente "espiritualizado", não é capaz do *agape* incondicional de Cristo demonstrado na cruz. Somente da perspectiva da crucificação, a verdadeira natureza do amor cristão pode ser vista, em oposição a tudo o que o mundo chama de "amor". A única coisa necessária, segundo Paulo, é que a comunidade cristã se posicione corretamente, na conjuntura em que a cruz nos leva a questionar a natureza de todas as coisas e nos chama à perseverança e à fé.

O fato de "testemunha" e "mártir" serem a mesma palavra em grego é uma indicação semântica de quão rapidamente as testemunhas-mártires apostólicas vieram a compreender que seu testemunho seria custoso. Paulo chama as igrejas que fundou a "interpretar os sinais dos tempos" (a própria expressão de Jesus em Mateus 16:3). Os cristãos aguardam oportunidades geradas por Deus para enfrentar as "obras das trevas" usando a "armadura da luz" (Romanos 13:12). De um modo surpreendente, é o tempo litúrgico do Advento, e não o período que antecede a Páscoa, que melhor posiciona a comunidade cristã. O Advento, um tempo de preparação, com seus temas de crise e juízo, agora e ainda não, nos coloca não em algum tipo de santuário espiritual privilegiado, mas na fronteira em que o reino prometido de Deus exerce pressão máxima no presente, com correspondentes sinais de sofrimento e luta. Como se fosse encerrar o assunto, Paulo escreve, bem no centro de seu capítulo sobre a ressurreição, que está em perigo a cada momento: "protesto, irmãos, pelo orgulho que tenho de vocês em Cristo Jesus, nosso Senhor: morro todos os dias!" (1Coríntios 15:30,31). Paulo quer que os coríntios compreendam que a vida da ressurreição neste mundo, embora livre e confiante "na esperança certeira da vida eterna", deve ser sempre marcada pelos sinais da cruz.

O DESAFIO DO GNOSTICISMO À TEOLOGIA DA CRUZ

O gnosticismo, de formas diversas e variadas, sempre foi, de longe, o rival mais difundido e popular do cristianismo — particularmente em conexão com a *theologia crucis*.[8] Foi assim na época do Novo Testamento; ainda é assim nos dias de hoje.[9] Definir essa filosofia não é uma tarefa fácil, já que o gnosticismo é, por natureza, difuso e inconstante; breves descrições serão necessariamente simplificadas demais. Entretanto, alguns conceitos básicos podem ser apresentados.

Na verdade, o primeiro passo para compreendermos as complexidades do gnosticismo é bastante simples. Começamos com a palavra grega *gnosis*, cujo significado é "conhecimento". Todas as diversas formas de gnosticismo se baseiam na crença de que o conhecimento *espiritual privilegiado é o caminho para a salvação*. Trata-se de uma ideia religiosa tão batida que, aparentemente, nenhum alarme soa aos ouvidos.[10] Afinal (muitos diriam), o próprio Jesus juntou um grupo privilegiado e o ensinou em particular.

A dificuldade começa a aparecer com a sugestão de que os privilégios não são para todos. Considere, por exemplo, um dizer de Buda, falando de seu ensino: "Esta doutrina é profunda, recôndita, difícil de compreender, rara, excelente, transcende a dialética, é sutil e *apenas compreendida pelos sábios*".[11] O ensino de Jesus aos Doze, mesmo quando "em parábolas" que outros não conseguiam compreender, era o oposto da doutrina esotérica: seu objetivo era prepará-los para seu papel pós-Pentecostes de pregar um evangelho de nivelamento radical. O que Jesus ensinou-lhes, especificamente, deveria tornar-se conhecido no mundo inteiro, como ele próprio disse: "Não há nada coberto que não venha a ser revelado, nem oculto que não venha a se tornar conhecido. O que eu lhes digo na escuridão, falem em plena luz; o que é sussurrado em seus ouvidos, proclamem dos telhados" (Mateus 10:26,27).

---

[8]"O gnosticismo moderno é a religião natural dos americanos, incluindo os cristãos americanos [...] religião que leva outros a se 'sentirem bem' consigo e pílulas espirituais que elevam nossa consciência e aumentam nosso senso de conforto com nosso suposto 'eu verdadeiro' — tudo isso é, há muito, uma especialidade americana." Richard John Neuhaus, *Death on a Friday afternoon: meditations on the last words of Jesus from the cross* (New York: Basic Books, 2000), p. 117.

[9]O gnosticismo é a alternativa mais *difundida* e *popular* em relação ao cristianismo. O estoicismo é a alternativa mais nobre, mas aqueles que aceitam os princípios nobres e austeros do estoicismo sempre estão em menor número.

[10]Muitos palestrantes cristãos e escritores populares minam o tema. Richard Rohr, por exemplo, refere-se, habitualmente, ao "ensino de sabedoria mais profunda" de Jesus, o qual constitui o "objetivo da religião", a "visão contemplativa" que é "tão importante para o indivíduo em sua jornada espiritual séria". Essa é uma linguagem tipicamente gnóstica, citada do próprio material de Rohr.

[11]Cit. Huston Smith, *The religions of man* (New York: Harper, 1958), p. 115.

Em contrapartida, os gnósticos são criadores de mistérios; eles afirmam saber coisas que outras pessoas não sabem.[12] Elaine Pagels, celebrada autora de *The gnostic gospels* [Os evangelhos gnósticos], disse, talvez mais do que tencionava afirmar em uma entrevista, que pecado, arrependimento e o Juízo Final apelam às massas, enquanto a iluminação gnóstica é para a elite.[13] Como Paulo adverte os coríntios, "não há esse conhecimento [*gnosis*] em todos" (1Coríntios 8:7 [ARA]). As referências sarcásticas de Paulo à suposta "sabedoria" dos coríntios (3:18; 4:10; 6:5) são parte de sua tentativa de corrigir o esnobismo gnóstico naquela congregação. O apóstolo deseja reconquistá-los à sua mensagem do plano subversivo de Deus de *tornar louca a sabedoria do mundo*. Em particular, Paulo redefine *gnosis*. Aparentemente, os coríntios enviaram uma mensagem ao apóstolo de que "todos temos *gnosis*". Sim, responde Paulo, mas existem limites à *gnosis* (conhecimento). "O conhecimento torna alguém orgulhoso, mas o amor edifica. Quem imagina conhecer alguma coisa não sabe ainda como deveria saber. Mas quem ama a Deus, este é conhecido por ele" (8:1-3). Em apenas três segmentos de frase, Paulo faz duas coisas: (1) desloca a ênfase de *conhecimento* para *agape* e (2) inverte a direção do conhecimento. É *Deus* quem *nos* conhece, por meio do amor. Paulo unifica tudo isso em 1Coríntios 13:

> Ainda que eu tenha poderes proféticos e saiba todos os mistérios e todo a *gnosis*, e tenha uma fé capaz de mover montanhas, se não tiver amor (*agape*), não sou nada. [...] O amor nunca acaba; mas as profecias desaparecerão, as línguas cessarão, a *gnosis* passará. Pois nossa *gnosis* é imperfeita e nossa profecia é imperfeita; quando, porém, vier o que é perfeito, o que é imperfeito desaparecerá. [...] Pois agora vemos apenas de forma obscura, como em espelho; então, veremos face a face. Agora *conheço* em parte; então, *conhecerei* plenamente, da mesma forma que sou plenamente *conhecido* [*gnosis* é a raiz das três palavras em itálico]. Assim, permanecem agora estes três: a fé, a esperança e o amor. O maior deles, porém, é o amor (v. 2,8-10,12,13).

---

[12] Observação de uma aula dada por R. A. Norris no General Theological Seminary, 1974.

[13] Entrevista com Joseph Roddy para a revista *Rockefeller Foundation Illustrated* (abril de 1980). Não desejo soar desrespeitosa, mas, trinta anos depois, enquanto este livro está sendo escrito, Elaine Pagels ainda recomenda o gnosticismo e deprecia a ortodoxia — apesar de negá-lo. A autora continua a encorajar a percepção, amplamente difundida, de que pouco se sabia sobre as divisões na igreja até as descobertas de Nag Hammadi na década de 1940. Na verdade, sabemos acerca dessas divisões e disputas pelo próprio Novo Testamento. Isso não significa negar a importância dos textos de Nag Hammadi, que são realmente extraordinários, mas eles não acrescentam tantas informações realmente novas sobre o cristianismo primitivo, como muitas vezes se pensa.

Uma leitura cuidadosa de 1Coríntios 13 *em seu contexto* revela que se trata de um texto antignóstico, especificamente por meio de fundamentos éticos. O conceito todo de *gnosis* espiritual privilegiada é questionado pelo Dia de Deus, que se aproxima; os pares usados por Paulo ("agora/ então") remetem à segunda vinda de Cristo, quando a *gnosis* humana será absorvida pela perfeita *gnosis* de Deus, Aquele cujo conhecimento *a nosso respeito* é encarnado no amor *agape* de Jesus Cristo.

A ênfase gnóstica no conhecimento esotérico tem inúmeras ramificações. Onde há gnosticismo, há hierarquia espiritual. Nem sempre isso é óbvio logo de pronto, visto que os caminhos espirituais gentis que caracterizam muitos programas gnósticos prometem bem-estar, enriquecimento pessoal e acesso ao divino a todos, normalmente com ênfase especial para mulheres, homossexuais, pessoas com alguma deficiência física e outros que possam sentir-se marginalizados. Cedo ou tarde, porém, a hierarquia se tornará conhecida, pois, no gnosticismo, a realidade mais elevada é "espiritual", de modo que o avanço religioso depende do alcance de níveis mais elevados de iluminação espiritual. Mestres (ou mestras) conduzem seus discípulos a vários estágios de evolução da consciência. Naturalmente, isso resulta em estratificação, com os adeptos posicionados no topo. Aqueles que não se adaptam à meditação, aos exercícios espirituais ou à elevação da consciência ficam para trás.[14]

A igreja de Corinto nos serve de exemplo especialmente notável dessas gradações facciosas. Em 1Coríntios 12, Paulo mostra como a virtuosidade espiritual pode trazer ruptura a uma congregação quando maior honra é dada àqueles que são considerados especialmente dotados. Nas congregações "carismáticas" de hoje, aqueles cujos dons são mais comuns (administração, limpeza, supervisão financeira, ação social) podem ser levados a se sentir inferiores àqueles que oram extemporaneamente, impondo as mãos, falando em línguas e exercitando outros dons "espirituais" chamativos. Mesmo nas congregações tradicionais não carismáticas de hoje, não é difícil encontrarmos pessoas que

---

[14] Em 1916, o bispo episcopal da Pensilvânia, Philip J. Rhinelander, ministrou os Paddock Lectures no General Theological Seminary, de Nova York, sob o título *The faith of the cross*. Suas palavras não seriam incomuns cem anos atrás, na Igreja Episcopal, quando a noção de espiritualidade ainda não se havia transformado em uma preocupação central. Suas reflexões estão em sintonia com boa parte do que está sendo discutido neste capítulo. Eis, por exemplo, sua resposta à tendência gnóstica de tornar a fé cristã uma questão de conhecimento privilegiado: "O segredo da Cruz não é obscuro nem difícil, o desespero de muitos e o privilégio de poucos. Uma chave é necessária, mas presume-se que a chave esteja pronta em cada mão. A leitura do mistério do Calvário está [...] facilmente ao alcance de cada filho que não jogou fora seu direito de primogenitura" (Philip J. Rhinelander, *The faith of the cross*, Paddock Lectures, General Theological Seminary, 1914 [New York: Longmans, Green and Co., 1916], p. 15).

se sentem espiritualmente inferiores àquelas que defendem e praticam disciplinas contemplativas. Para combater esse comportamento, Paulo escreve que "Deus estruturou o corpo dando maior honra aos membros que dela tinham falta, a fim de que não haja divisão no corpo, mas, sim, que todos os membros tenham igual cuidado uns pelos outros" (1Coríntios 12:24,25 [NVI]).[15] Segundo expresso por J. Louis Martyn, a nova criação de Deus é "a igreja que abandona todas as marcas de distinção religiosa".[16]

Quando Paulo diz "inferior" no versículo citado, não está expressando sua opinião de fato; está apenas refletindo o ponto de vista dos gnósticos de Corinto de volta para eles. Segundo pensavam tais gnósticos, a ação adotada no mundo era uma questão de indiferença, visto que aqueles que possuíam *gnosis* eram tidos como pessoas que já viviam em um plano de existência superior. O conceito de *sofrimento redentor no mundo*, tão central à *theologia crucis*, é estranho ao gnosticismo, que, embora, com frequência, recomende atos de misericórdia ao longo da jornada espiritual, atribui pouco valor ao sofrimento por amor do mundo. Uma vez que o gnosticismo considera não espiritual a realidade material, a conduta no mundo não pode ser posicionada no centro ético, como é no cristianismo.[17] A carta de 1João é antignóstica em sua totalidade, com ênfase na materialidade da encarnação de Cristo (1João 1:1,2) e no guardar o mandamento de amar como o verdadeiro teste de "conhecer" Cristo. "Aquele que diz: 'eu o conheço' [palavra do grupo cuja raiz é *gnosis*], mas não obedece aos seus mandamentos, é mentiroso, e a verdade não está nele. Mas, se alguém obedece à sua palavra, nele verdadeiramente o amor de Deus está aperfeiçoado" (2:4,5 [NVI]). "Aquele que diz estar na luz, mas odeia o seu irmão, continua nas trevas" (2:9). A carta de 1Timóteo é explícita: "Timóteo, guarde o que lhe foi confiado. Evite as conversas ímpias e profanas e as contradições do que é falsamente chamado conhecimento [*gnosis*]" (1Timóteo 6:20).

Praticamente toda religião humana é gnóstica. A religiosidade eclética dos Estados Unidos de hoje enfatiza experiências espirituais individuais com uma

---

[15]Alguns dos gnósticos cristãos do período pós-apostólico, em especial os adeptos do valentianismo, tinham grande estima por Paulo. Eles o liam engenhosamente, como se o próprio Paulo fosse um gnóstico. Na interpretação desse grupo, Paulo recomendava um nível inferior de conhecimento escrito (esotérico) para as massas, porém um ensino oral esotérico a ser comunicado em particular aos iniciados de elite. Não é incomum ouvir Paulo descrito em termos gnósticos hoje, com ênfase no suposto "misticismo" de sua concepção de estar "em Cristo"; mas isso é interpretar de forma equivocada como ele nivela radicalmente todas essas distinções.

[16]J. Louis Martyn, *Galatians*, Anchor Bible 33A (New York: Doubleday, 1997), p. 27.

[17]Essa mesma indiferença gnóstica para o corpo terreno e material levou os coríntios a desvalorizarem a proclamação cristã da ressurreição do corpo em favor de uma noção mais popular de imortalidade da alma. Esse erro subjaz o que Paulo ensina em 1Coríntios 11.

correspondente falta de interesse na luta humana por justiça e dignidade.[18] As grandes religiões orientais apresentam muitas tendências gnósticas, com disciplinas espirituais rigorosas para a elite e rituais populares pouco exigentes — como rodas de oração, amuletos e ídolos — para as massas.[19] É provável que as versões do budismo, tão populares nos Estados Unidos de hoje, sejam, na verdade, uma espécie de espiritualidade gnóstica.[20] O Dalai Lama continua a atrair multidões exuberantes aonde quer que vá, mas existem muitos pontos de diferença entre o que ele tem a dizer e a teologia da cruz. Em uma entrevista com Gustav Niebuhr, do *New York Times*, ele busca explicar o apelo de sua mensagem com a seguinte observação: "Todos desejamos ter felicidade e desejamos evitar o sofrimento".[21] Quantos cristãos americanos, ouvindo algo assim, perceberiam quão diferente é essa mensagem daquela, por exemplo, de Martin Luther King, que várias vezes conclamava ao "sofrimento redentor"? Sejamos claros, porém: o cristianismo não recomenda o sofrimento pelo sofrimento em si, e é parte da tarefa de um cristão no mundo aliviar o sofrimento alheio. Em hipótese alguma, no entanto, o cristianismo poderia recomendar que se evite o sofrimento por causa do amor e da justiça. Talvez a forma mais clara de resumir a ideia seja dizendo que a fé cristã, quando ancorada na pregação da cruz, reconhece e aceita o lugar do sofrimento no mundo por causa do reino de Deus. "Felizes os perseguidos por amor à justiça" (Mateus 5:10), declara Jesus ao ensinar no Monte.

Em suma, três características do gnosticismo refletidas no Novo Testamento são:

1. ênfase no conhecimento (*gnosis*) espiritual;
2. hierarquia de conquistas espirituais;
3. desvalorização da vida material/ física e, de forma correspondente, um esquivar-se da luta ética neste mundo material.

---

[18] Diversos judeus americanos seculares, por mais afastados que estejam da linguagem divina empregada em suas Escrituras, continuam a guardar a tradição profética em seu apoio ativo à justiça e à paz. Isso inclui uma forte minoria de vozes judaicas que criticam a posição israelense de anos recentes, na medida em que o impasse palestino-israelense se torna cada vez mais perigoso e eticamente desafiador. Esse ímpeto de crítica da própria etnia e da própria nação é uma característica notável da fé bíblica.

[19] Isso não é peculiar à fé oriental. A prática se tornou, obviamente, um grande foco do conflito entre protestantes e católicos durante e após a Reforma. Ninguém, incluindo os cristãos, está imune à superstição e à transferência de devoção religiosa a ídolos de todos os tipos. Uma das características mais admiráveis do islamismo está em sua recusa a imagens e outras distrações do seu estrito monoteísmo.

[20] O budista Thich Nhat Hanh, amplamente considerado um líder espiritual, certa vez disse ao editor de conteúdo religioso da *Newsweek* que a crucificação "é uma imagem muito dolorosa para mim. Ela não contém alegria nem paz, tampouco faz justiça a Jesus" (*Newsweek*, Mar. 27, 2000).

[21] Gustav Niebuhr, "For the discontented, a message of hope", *New York Times*, Aug. 14, 1999.

O gnosticismo difere do cristianismo de diversas outras maneiras. Por exemplo, os vários sistemas gnósticos que existem não manifestam uma distinção muito clara entre Deus e a humanidade, ou entre Deus e a criação. Assim, para um gnóstico, Jesus é um filho de Deus, mas todos nós, potencial ou factualmente, também somos filhos de Deus. Essa ideia parece, na superfície, ser muito mais atraente do que o ensino cristão ortodoxo de que Deus é o Criador e que nós somos as criaturas, feitas à imagem de Deus, mas não da mesma essência de Deus.[22]

A declaração que Jesus faz no evangelho de João de que "Ninguém pode ver o Reino de Deus se não nascer de novo" [João 3:3, NVI] pode ser interpretada no sentido gnóstico (significando que *o corpo em si* não é espiritual), mas o quarto Evangelista tem em mente que a declaração seja *anti*gnóstica, significando que o ser humano não tem qualquer potencial "natural" ou inato para o conhecimento espiritual, podendo-o receber apenas como um dom imerecido de Deus. As palavras de Jesus a Nicodemos: "O que nasce da carne é carne; o que nasce do Espírito é espírito" (João 3:6) pode ser facilmente interpretada, em estilo gnóstico, como se a "carne" material fosse má (ou insignificante) e como se o mundo "espiritual" fosse o caminho para Deus. Entretanto, a palavra "carne" (*sarx*) nunca é usada dessa maneira no Novo Testamento, nem por João nem por Paulo. Em João, "carne" carrega a conotação de *incapacidade*, mas não de maldade ("É o Espírito que dá vida; a carne de nada aproveita" — 6:63). De fato, é precisamente sua carne (*sarx*) que, em um ensinamento profundamente antignóstico, Jesus nos dá de comer: "Pois a minha carne é verdadeira comida, e o meu sangue, verdadeira bebida. Todo o que come a minha carne e bebe o meu sangue permanece em mim e eu nele" (João 6:55,56). É notável que, "após isso, muitos dos seus discípulos voltaram atrás e não mais o seguiam", em parte por acharem o aspecto material do seu ensino ofensivo e irreligioso (6:66).

Muitos cristãos "voltaram atrás" em relação ao ensino cristão clássico e "não seguem mais" a fé da igreja, incluindo diversos líderes e mestres.[23] Existem

---

[22]Uma maneira fácil de ilustrar o efeito corrosivo do gnosticismo é apontar para a desvalorização da essência teológica do batismo pela perspectiva amplamente difundida de que somos todos filhos de Deus por natureza. Esse ensino penetrou profundamente na igreja. A posição cristã clássica, de que somos filhos de Deus por adoção e graça, tornada eficaz no batismo, agora é tida como suspeita em muitos lugares. De forma irônica, a posição da Igreja Episcopal de dessacralizar o batismo — o batismo não é mais exigido para a participação na Ceia do Senhor em muitas igrejas — coincide com uma nova ênfase na aliança batismal.

[23]O apelo da espiritualidade gnóstica permeia grande parte da educação teológica de hoje. Durante o final dos anos 1960 e 1970, a vida nos seminários liberais — especialmente interdenominacionais — era dominada pelo apelo à ação social. Não era incomum escutar ministros gabando-se de quão pouco tempo haviam dedicado à oração e à preparação de mensagens, por estarem ocupados demais nas barricadas. Com uma velocidade

diversas razões para o grande apelo popular do gnosticismo. Boa parte do que ele ensina está em sintonia com as atitudes americanas de hoje e, aparentemente, oferece uma abertura e uma flexibilidade maiores àqueles que julgam rígida demais a experiência cristã ortodoxa. Promete "uma forma de desatar os impulsos religiosos e criativos de qualquer credo arraigado".[24] É algo compreendido como mais receptivo a mulheres, artistas, livres pensadores e espíritos livres. É atraente àqueles que se julgam excêntricos, *antiestablishment*, aventureiros ou iconoclastas. Certamente parece ser mais "espiritual" e oferece uma seleção de caminhos a seguir, de técnicas a dominar e de conhecimentos a adquirir — mas sem nenhum dogma restritivo. Por exemplo, a desvalorização gnóstica do mundo material oferece duas perspectivas de nossa natureza sexual, ambas conduzindo a um estilo de vida libertino. Ou o ato sexual é considerado intensamente espiritual, oferecendo acesso ao divino, ou é uma questão sem importância, já que a carne não é espiritual. De qualquer forma, o gnóstico está livre das restrições sexuais. Paulo parece ter um ensino semelhante em mente ao escrever aos coríntios: "Vocês não sabem que os seus corpos são membros de Cristo? [...] Fujam da imoralidade sexual. Todos os outros pecados que alguém comete, fora do corpo os comete; mas quem peca sexualmente peca contra o seu corpo. Acaso não sabem que o corpo de vocês é santuário do Espírito Santo que habita em vocês, que lhes foi dado por Deus, e que vocês não são de si mesmos?" (1Coríntios 6:15-19, NVI). A perspectiva bíblica sobre a relação sexual é terrena e "carnal" de uma maneira que é completamente estranha ao que é tido como "espiritual". De modo paradoxal, as atitudes sexuais descontroladas que vemos nas diversas formas de gnosticismo surgem da indiferença à importância duradoura do corpo. A ideia de que a habitação do Espírito Santo, o dom de Deus no batismo, avalia o corpo (entendido literalmente) de uma forma diferente, com consequências para o comportamento sexual, é cristã, e não gnóstica. Portanto, não é difícil compreendermos por que algumas variações da cosmovisão gnóstica teriam tanto apelo à nossa sociedade permissiva.

Em última análise, porém, a incompatibilidade mais séria entre o gnosticismo e a fé apostólica jaz na reivindicação gnóstica da capacidade religiosa

---

surpreendente, a ênfase nos anos 1980 e 1990, que continua até hoje, mudou para "espiritualidade", uma palavra e um conceito praticamente desconhecidos do protestantismo até bem recentemente. A rapidez dessa mudança de ação social e teologia da libertação para a espiritualidade tem sido motivo de grande confusão para os cristãos fiéis, aos quais é servida uma miscelânea de eneagramas, labirintos e todo o tipo de misticismo, incluindo uma grande dose de Seminário Jesus nessa mistura. O cristianismo clássico e bíblico está perdido nesse ambiente desancorado.

[24]Frederick Crews, "The consolation of theosophy", *New York Review of Books*, Sep. 19, 1996.

humana. É impressionante o fato de o cristianismo ser tido de forma tão ampla como um sistema gnóstico. Um professor de psicologia da Universidade Brown declara de forma um tanto ingênua: "Todas as religiões pressupõem que certos indivíduos têm acesso especial *ao conhecimento divino, esotérico ou transcendental* [...] acreditando que ele é parte da perspectiva religiosa em si. [...] A ideia de *acesso privilegiado entre pessoas seletas* está entre as últimas a morrerem quando as pessoas abandonam a tradição religiosa".[25]

Apesar de todas as variedades de gnosticismo, em suma podemos afirmar com segurança: no retrato da salvação promovido pelo gnosticismo, o poder de redimir (poder exclusivo de Deus) é absorvido por nossa *capacidade de redenção própria*.[26] Portanto, a crucificação se torna desnecessária.

Gnosticismo religioso em comparação com o vento renovado da irreligião

Dietrich Bonhoeffer escreveu de sua cela, enquanto esteve aprisionado pelos nazistas: "Quando uso a expressão *neste mundo*, quero dizer viver sem reservas nos deveres da vida, nos problemas, sucessos e fracassos, nas experiências e perplexidades. Ao fazê-lo, lançamo-nos completamente nos braços de Deus, levando a sério não nosso sofrimento, mas o sofrimento de Deus e do mundo".[27] Assim, o elevado valor depositado nas dimensões terrena, mundana, material e física da vida é uma das características mais marcantes da tradição judaico-cristã, diferenciando-a do gnosticismo religioso. Na verdade, argumentou-se, de forma convincente, que o próprio cristianismo possibilitou o secularismo.[28] Sem dúvida, Bonhoeffer estava trabalhando com esse conceito quando começou a escrever sobre o "cristianismo irreligioso" e o evangelho em um mundo secular. Uma das passagens mais poderosas em suas cartas é a seguinte: "Como hipótese plausível na moral, na política ou na ciência, Deus foi superado e abolido; e a mesma coisa aconteceu na filosofia *e na religião*. [...] Deus deseja que saibamos que devemos viver como homens que administram a vida sem ele. [...] O Deus que nos permite viver no mundo sem

---

[25] Joachim I. Krueger, "Holy Celebrity", *Psychology Today*, Sept./Oct. 2013, p. 33 (grifo na citação).
[26] Roy A. Harrisville, *Fracture: the cross as irreconcilable in the language and thought of the biblical writers* (Grand Rapids: Eerdmans, 2006), p. 276.
[27] Dietrich Bonhoeffer, *Letters and papers from prison*, ed. ampl. Eberhard Bethge (New York: Macmillan, 1972), p. 369-70 (grifo na citação).
[28] "Na essência do evangelho cristão [...] há uma tendência em direção à secularidade radical". Richard K. Fenn, *Beyond idols: the shape of a secular society* (New York: Oxford University Press, 2001).

considerá-lo uma hipótese plausível é o Deus diante do qual nos encontramos continuamente".[29]

Bonhoeffer não viveu o suficiente para desenvolver de forma plena essas ideias; na passagem citada, porém, ele argumenta contra o fato de Deus haver sido "sequestrado e colocado em um lugar secreto", como se fosse irrelevante para qualquer coisa além do desespero religioso. Bonhoeffer também deseja comunicar que Deus não é uma "hipótese plausível". Deus é o Deus vivo, o qual já está adiante de nós em nossa modernidade, em nosso senso de maestria, em nossa vida mundana no aspecto mais elevado. Sua exortação é que a mensagem bíblica não seja algo a que recorremos nos momentos de fraqueza; "não devemos criticar o homem por seu mundanismo, mas, sim, confrontá-lo com Deus em seu ponto mais forte".[30] Isso é de máxima importância para a teologia cristã se, um dia, quisermos conquistar o respeito, e até mesmo a aprovação, daquele que não é cristão. É precisamente essa passagem de Bonhoeffer que termina com sua famosa citação: "Deus deixa que as pessoas o empurrem para fora do mundo em direção à cruz". Estamos em um terreno sólido ao argumentar que a crucificação de Jesus foi o acontecimento mais secular e irreligioso jamais trazido para a arena da fé.

Assim, o espaço franqueado para a irreligião, bem no cerne da mensagem cristã, abre o caminho para todas as pessoas de uma maneira que as várias formas de gnosticismo simplesmente não conseguem fazer. No gnosticismo (incluindo o gnosticismo cristão, como aquele encontrado em Corinto), sempre há um grupo privilegiado, sempre há uma elite espiritual.[31] O gnosticismo promete mistérios que apenas os iluminados são capazes de compreender.[32] De modo

---

[29] Bonhoeffer, *Letters and papers*, p. 360 (grifo na citação).

[30] Bonhoeffer, *Letters and papers*, p. 346. Essa seção é, em parte, um ataque à psicanálise. É justo dizermos que Bonhoeffer não viveu o suficiente, nem teve o temperamento adequado, para aceitar o novo fenômeno (embora seu pai fosse acadêmico na área de psiquiatria e neurologia na Universidade de Berlim — ou talvez precisamente por isso!). Sua preocupação era que toda a ênfase fosse colocada na "vida interior" e, portanto, fosse um inimigo da "integralidade do ser humano em relação a Deus", incluindo a vida ética e a responsabilidade comunitária. A passagem é citada aqui por condizer com o que afirmamos sobre a irreligiosidade da crucificação.

[31] O problema se manifesta de diferentes maneiras. Por exemplo, em alguns círculos, aqueles que conseguem praticar a meditação de forma sistemática são considerados mais avançados ao longo de sua jornada espiritual do que aqueles que repetem poucas vezes um mantra qualquer e, então, como o Ursinho Pooh, se veem pensando no próximo lanche. Em um contexto diferente, certa vez fui desconvidada a pregar em uma congregação carismática por ter sido considerada insuficientemente cheia do Espírito.

[32] Em *Love in the ruins*, de Walker Percy, o dr. Tom Moore adverte: "Cuidado com as mulheres episcopais que se relacionam com Ayn Rand, o Buda e o dr. Rhine [o parapsicólogo], que trabalhava na Duke University [...]. Elas são vítimas do orgulho gnóstico [...] e desenvolvem certo anseio pelas doutrinas esotéricas". Walker Percy, *Love in the ruins* (New York: Farrar, Straus and Giroux, 1971), p. 94.

súbito ou não tão súbito assim, sugere que "a capacidade de ser redimido" é condição para a redenção. Em contrapartida, o evangelho cristão — quando proclamado em sua forma radical neotestamentária — é mais verdadeiramente "inclusivo" de todo ser humano, espiritualmente proficiente ou não, do que qualquer sistema religioso do mundo jamais foi, *exatamente por causa da forma impiedosa como ocorreu a morte de Jesus*. De fato, a "palavra da cruz" é muito mais abrangente em sua anulação de distinções do que muitos cristãos conservadores estão dispostos a admitir. O evangelho cristão, ao desfazer todas as distinções entre "justo" e "ímpio" (Romanos 4:5), espiritual e não espiritual, oferece uma visão do propósito de Deus para toda a raça humana. A visão, que abrange cristãos e não cristãos, é tão estonteante que até mesmo o apóstolo Paulo fica temporariamente sem palavras (Romanos 11:36). Retornaremos a esse tema com mais detalhes nesta obra, quando examinarmos o conceito paulino de justificação, ou de retificação (*dikaiosis*), e a retidão de Deus (*dikaiosyne*).

O GNOSTICISMO E A CRUZ

Por que estamos dedicando tanto tempo ao gnosticismo? Eis a razão: o gnosticismo, em todas as suas formas, impede-nos de compreender o testemunho bíblico da crucificação. De todas as características do gnosticismo que analisamos, nenhuma é mais importante para nosso estudo que o desinteresse do gnosticismo cristão na cruz. Luke Timothy Johnson nos serve de guia adequado quanto a essa questão. Ao comentar sobre os evangelhos gnósticos, Johnson aponta que, diferentemente dos Evangelhos canônicos, falta-lhes uma estrutura narrativa, e então prossegue: "De modo ainda mais impressionante, os evangelhos gnósticos não têm narrativas da Paixão. A morte de Jesus é omitida ou mencionada de forma superficial. Sua ênfase consiste na revelação do divino. Nos Evangelhos canônicos [em contrapartida], o relato da Paixão desempenha papel central e decisivo. A ênfase nos Evangelhos canônicos jaz no sofrimento do Messias".

Johnson, então, estabelece exatamente o ponto que está sendo enfatizado aqui sobre o ensino religioso, cuja recomendação é a satisfação pessoal "espiritual", sem o custo da luta e do conflito: "No cristianismo gnóstico, *a iluminação da mente permite que o sofrimento seja evitado*". E prossegue: "Os Evangelhos canônicos veem Jesus sob a perspectiva da Ressurreição. [...] [Mas], em um nítido contraste com os evangelhos gnósticos, que têm *apenas uma* perspectiva, os Evangelhos canônicos sustentam a visão do poder em tensão com a realidade do sofrimento e da morte de Jesus. [...] Em nenhum dos Evangelhos canônicos o escândalo da Cruz é removido em favor da glória divina. Em cada um deles, o caminho para a glória passa pelo sofrimento real".[33]

Essa ausência de narrativa da Paixão dos evangelhos gnósticos expõe em alto e bom som as diferenças entre o cristianismo gnóstico e o cristianismo apostólico. Isso, porém, é compreendido de forma insuficiente nas igrejas; uma boa dose da carta aos coríntios seria um antídoto saudável. Nas cartas à igreja de Corinto, especialmente aquelas que, combinadas, formam 2Coríntios, Paulo descreve, de modo um tanto extenso e detalhado, seus sofrimentos apostólicos não para se gabar — muito pelo contrário —, mas em uma última tentativa de auxiliar os rebeldes cristãos coríntios a compreender que a vida da ressurreição, embora vivificante, tem uma dimensão "ainda não" que não pode manifestar-se neste mundo presente, exceto ao tomarmos a cruz de Cristo.[34] O líderes cristãos, em especial, devem estar atentos à descrição de Paulo sobre a vida cruciforme: "De todos os lados somos [nós, os apóstolos] pressionados, mas não desanimados; ficamos perplexos, mas não desesperados; somos perseguidos, mas não abandonados; abatidos, mas não destruídos. Trazemos sempre em nosso corpo o morrer de Jesus, para que a vida de Jesus também seja revelada em nosso corpo. Pois nós, quando estamos vivos, somos sempre entregues à morte por amor a Jesus, para que sua vida também se manifeste em nosso corpo mortal. De modo que, em nós [apóstolos], atua a morte; mas, em vocês [cristãos], a vida" (2Coríntios 4:8-12, NVI).

A CENTRALIDADE DAS NARRATIVAS DA PAIXÃO

Hoje, o debate sobre Jesus parece concentrar-se prioritariamente na questão de ele ser divino ou não. As igrejas tradicionais tendem a se posicionar na defensiva sobre a reivindicação de fé de que Jesus é o Filho unigênito de Deus. Na igreja apostólica, a situação era contrária. A negação da humanidade plena de Jesus (heresia chamada de "docetismo") foi o principal inimigo da ortodoxia nos primeiros séculos. Nesses primeiros dias, em um ambiente religioso cheio de redentores e salvadores divinos, era muito mais fácil reivindicar Jesus como mais uma divindade do que defender sua humanidade concreta e sofredora. O oposto é verdadeiro hoje. É como se a humanidade praticamente tomasse como

---

[33]Luke Timothy Johnson, *The real Jesus: the misguided quest of the historical Jesus and the truth of the traditional Gospels* (New York: HarperCollins, 1996), p. 150-1.

[34]William Stringfellow, escrevendo na década de 1970, oferece uma defesa convincente do "movimento carismático" quando não isolado de contextos sociopolíticos, mas trazido para tais questões e lutas (*An ethic for Christians and other aliens in a strange land* [Eugene: Wipf and Stock, 1973], p. 143-51).

certo que Jesus não era divino (pelo menos essa é a posição dos círculos teologicamente liberais). Contudo, nem sempre foi assim. Nos primeiros séculos, foi necessária a militância contra poderosas correntes que ameaçavam tirar completamente Jesus do mundo. Os membros das igrejas que recitam regularmente o Credo dos Apóstolos e o Credo de Niceia estão tão acostumados a citar o nome de Pôncio Pilatos que nem percebem como é estranho tê-lo em um manifesto teológico. O nome desse governador provincial obscuro foi preservado para sempre no cerne da confissão cristã por restringir a natureza histórica e surpreendentemente específica da aparição encarnada de Deus entre nós — um movimento antignóstico, por assim dizer. Essa "figura profana na história da salvação" está presente no credo com o fim de selar o argumento sobre a particularidade geográfica, cronológica e histórica da vida e da morte humana.[35]

No Credo dos Apóstolos e no Credo de Niceia, a única palavra usada em conexão com toda a extensão da vida de Jesus é "sofreu". "Nascido da virgem Maria, sofreu sob Pôncio Pilatos, foi crucificado, morto e sepultado." Quem, hoje, repara em quão extraordinária é essa declaração? Que forma inusitada de falar da vida e do ministério de um homem tão famoso por seus ensinos, suas curas, suas parábolas, seus atos de libertação e outras obras! Nenhuma dessas coisas sequer é mencionada nos credos, e muito pouco nos é dito nas cartas do Novo Testamento a seu respeito. A forma em que os credos foram construídos representa uma elaboração vívida da convicção dos primeiros cristãos de que a Paixão foi o ápice e a consumação de tudo o que Jesus conquistou, englobando tudo o mais na grandeza de sua importância. Entretanto, várias versões de um cristianismo sem sofrimento e sem crucificação são mais comuns do que nunca na abastada nação americana.

Um teólogo canadense cujas contribuições à teologia da cruz foram importantes é Douglas John Hall.[36] O autor fala da crucificação como uma "conquista de dentro" da condição humana, enfatizando, em especial, a condição humana de dor, limitação, abandono e desespero. Hall insiste que a comunidade cristã é identificada mais pela *theologia crucis* do que por qualquer outra coisa. Se desejamos reivindicar nossa verdadeira identidade, temos de renunciar à nossa orientação implacavelmente otimista.[37] Ele chama a igreja para enxergar a si

---

[35]Jan Lochman, *The faith we confess: an ecumenical dogmatics* (Philadelphia: Fortress, 1984), p. 118.
[36]Douglas John Hall, *God and human suffering: an exercise in the theology of the cross* (Minneapolis: Augsburg, 1989). O trabalho mais recente de Hall segue outro caminho, mas essa monografia em particular tem muito a oferecer sobre o tema da cruz.
[37]Devemos sempre nos lembrar que declarações dessa natureza descrevem mais a condição das igrejas de brancos do que de negros. A igreja negra nos ensinou muito mais sobre como integrar sofrimento e fé.

própria como a comunidade da cruz, a comunidade que *sofre-com* (*com*-paixão), a comunidade que, voluntariamente, carrega o estigma da Paixão a serviço de outros. Hall também declara que "a distinção básica entre religião e fé [cristã] é a propensão das religiões de evitar justamente o sofrimento: de ter luz sem trevas, visão sem confiança e risco, esperança sem um diálogo contínuo com o desespero — em suma, Ressurreição sem Crucificação".[38] Neste ponto, Hall estabelece a mesma distinção entre o cristianismo e a religião que abordamos na introdução. Feuerbach e Freud disseram, de modo distinto mas com grande coragem intelectual, que "teologia é antropologia" (Feuerbach) e que a religião não passa de um pensamento otimista, "que nasce da necessidade humana de tornar seu desamparo mais tolerável" (Freud).[39] Se evitar o sofrimento é o objetivo da religião, não causa admiração que tantos se sintam atraídos às suas várias manifestações e repelidos pela cruz.[40]

Jürgen Moltmann é ainda mais inclusivo que Hall. A teologia da cruz, escreve ele, "não é um único capítulo na teologia, mas a assinatura-chave de toda a teologia".[41] Os nomes tradicionalmente associados a essa *theologia crucis* são o apóstolo Paulo e Martinho Lutero. Em nosso tempo, não é possível negar ou ignorar as vozes do túmulo que dão testemunho do poder da teologia da cruz. Assim, Bonhoeffer, Moltmann, J. Christiaan Beker e muitos outros que falaram das profundezas subumanas da Segunda Guerra Mundial nos guiaram

---

[38]Hall, *God and human suffering*, p. 126. Como canadense, Hall fala da "América do Norte", mas, depois de haver passado algum tempo em diversas partes do Canadá, o autor parece retratar, em grande medida, os Estados Unidos.

[39]Nunca houve um argumento mais incisivo contra a religião do que o de Freud em *The future of an illusion*, o qual deve ser leitura obrigatória para qualquer cristão intelectualmente curioso. Ao discutir "as origens físicas das ideias religiosas", Freud escreve que "elas são ilusões, concretizações dos desejos mais antigos, fortes e urgentes da humanidade. O segredo de sua força está na força desses desejos" (Peter Gay, org., *The Freud reader* [New York: Norton, 1989], p. 695, 703). De fato, o argumento desse livro é que nenhum desejo humano poderia ter concebido um Deus crucificado.

[40]O acontecimento central do cristianismo é ofensivo demais e vai, em grande medida, contra a essência do pensamento religioso, de modo que não teria surgido da imaginação religiosa humana, a despeito de quão filosoficamente sutil ou humanamente comovente ela possa ser. Pessoalmente, considero algumas partes do Alcorão e do Bagavadeguitá emotivas, mas ninguém conseguiu me persuadir de que há algo neles que se pareça com a "palavra da cruz". O islamismo ensina que Jesus não foi realmente crucificado (4:157). John Stott escreveu: "Entrei em muitos templos budistas diferentes em diferentes países asiáticos, permanecendo de pé, respeitosamente, perante a estátua de Buda, com seus pés cruzados, seus braços dobrados, seus olhos fechados, o fantasma de um sorriso ao redor da sua boca. [...] No entanto, vez após vez, após um tempo, eu tinha de virar o rosto. Em minha imaginação, voltava-me, antes, para a figura solitária, contorcida e torturada na cruz [...] afundada nas trevas do abandono de Deus. Esse é o Deus que age por mim! Ele pôs de lado sua imunidade à dor. Entrou em nosso mundo de carne e sangue, lágrimas e morte [...]. Ainda há uma interrogação que paira sobre todo o sofrimento humano; sobre ele, porém, estampamos ousadamente outra marca, a cruz que simboliza o sofrimento divino" (*The cross of Christ* [Downers Grove: InterVarsity, 1986], p. 335-6) [edição em português: *A cruz de Cristo* (São Paulo: Vida, 2006)].

[41]Moltmann, *The crucified God*, p. 72.

adiante, rumo a um novo entendimento da cruz como *crux probat omnia* (o teste que prova tudo). Quando Moltmann, por exemplo, chama a atenção para a Sexta-Feira da Paixão por seu "horror profano", fala como alguém que observou eventos profanos, horríveis e ímpios em primeira mão e decidiu não voltar as costas a eles, para uma *theologia gloriae* (teologia da glória). Moltmann descreve sua experiência de retornar à sua classe teológica em Göttingen após a Segunda Guerra Mundial, juntamente com outros sobreviventes "devastados e quebrados", sendo, por fim, restaurado à vida pelas aulas sobre a crucificação: "Uma teologia que não fala de Deus à luz daquele que foi abandonado e crucificado não teria nada a lhes dizer".[42] Ernst Käsemann, talvez o mais importante acadêmico do Novo Testamento da geração pós-Rudolf Bultmann, perdeu uma filha na Argentina durante a "Guerra Suja", na década de 1970; após o incidente, sua teologia da cruz surgiu de uma dor aguda.[43] O teólogo nipo-americano Kosuke Koyama observou: "Jesus Cristo não é uma resposta rápida. Se Jesus Cristo é a resposta, é a resposta da forma que foi retratado na crucificação".[44] Citamos Moltmann como forma de resumir essas observações: "Os cristãos que não têm a sensação de que devem fugir do Cristo crucificado provavelmente ainda não o compreenderam de forma suficientemente radical".[45]

O "VERDADEIRO" JESUS É O JESUS CRUCIFICADO

Já faz alguns anos que a "terceira busca pelo Jesus histórico", impulsionada pelo Seminário Jesus e por grupos satélites ávidos por autopromoção, dominou a cobertura da mídia sobre religião.[46] As declarações ressoantes do apóstolo Paulo sobre a importância transformadora e universal da cruz/ressurreição são descartadas pelos reconstrucionistas como acréscimos teológicos. Paulo é interpretado como o criador de mitos, alguém cujos escritos teológicos não

---

[42] Moltmann, *The crucified God*, p. 1.
[43] O livro *Crucifixion*, de Martin Hengel, é dedicado à memória de Elisabeth Käsemann. A horrível história de seu aprisionamento e dos últimos dias pode ser lida online em: http://memoryinlatinamerica.blogspot.com/2011/07/argentina-elisabeth-kaesemann.html
[44] Kosuke Koyama, *Mount Fuji and Mount Sinai: a critique of idols* (London: SCM, 1984), p. 241.
[45] Moltmann, *The crucified God*, p. 38.
[46] A primeira "busca" ocorreu no século 19 e foi efetivamente interrompida pelo clássico monumental (embora peculiar) de Albert Schweitzer, *The quest of the historical Jesus* (1906). A chamada segunda busca, durante a década de 1960, esteve associada a um grupo de alunos de Rudolf Bultmann, incluindo Günther Bornkamm, cujo livro *Jesus of Nazareth* (1956) foi influente na época, embora a "segunda busca" se tenha esvaecido na década de 1970. O Seminário Jesus e movimentos semelhantes têm sido chamados de "terceira busca". Figuras associadas à terceira busca incluem Robert Funk, Marcus Borg, John Shelby Spong, John Dominic Crossan, James M. Robinson e muitos outros. Um desenvolvimento paralelo é o trabalho de E. P. Sanders, que aumentou o interesse no judaísmo do Segundo Templo.

têm relação verdadeira com Jesus, pelo menos não conforme tais estudiosos o apresentam — ou seja, como um mestre do misticismo essênio, um galileu hassídico, um operador de maravilhas carismático, um curandeiro, um sábio, um revolucionário político, um cínico camponês e um mestre de espiritualidade alternativa.[47] Nenhuma dessas interpretações de Jesus atribui qualquer significado transcendente à sua crucificação. Sua execução é interpretada, em geral, da perspectiva do destino inevitável que aguardava qualquer um que representasse uma ameaça à ordem e à autoridade do imperador divino — uma ênfase que deve realmente desempenhar papel importante em qualquer relato da morte de Jesus, mas sem explicar por completo a mensagem do Novo Testamento, a qual, como um todo, apresenta a crucificação de Jesus, validada pela ressurreição, como *a* característica definidora de toda a sua vida e missão.

É essencial nos lembrarmos que foi a pregação (*kerygma*) dos apóstolos e dos primeiros cristãos que criou a igreja em primeiro lugar. Homens e mulheres não abandonaram seu antigo estilo de vida porque receberam orientação espiritual ou foram instruídos a levar uma vida justa; eles se converteram por causa da notícia explosiva que ouviram. A pregação apostólica constitui boa parte do Novo Testamento.[48] A proclamação da nova fé, impulsionada pelo Espírito, girava em torno da cruz e da ressurreição.[49] A impressão avassaladora trazida pelo *kerygma* apostólico é a de uma revolução nos assuntos humanos. A carta de 1Pedro fala dessa nova pregação como "coisas que *agora* lhes foram anunciadas por meio daqueles que lhes pregaram a boa-nova [...] coisas que até mesmo os anjos anseiam sondar" (1Pedro 1:12). A palavra "agora" é frequentemente usada nas cartas para indicar o novo estado das coisas em decorrência da crucificação e da ressurreição de Cristo. Essa novidade alarmante, essa

---

[47]Resumido em Johnson, *The real Jesus*, cap. 2.

[48]As Cartas Pastorais e Tiago exibem apenas de forma intermitente a nota querigmática ressoante (uma passagem notável a esse respeito é 2Timóteo 4:6-8, que soa como a voz autêntica de Paulo), mas seu valor deve ser interpretado de uma forma diferente, ou seja, como um comentário sobre o querigma. A carta de Tiago se encontra em uma categoria à parte, embora não inteiramente desprovida de características querigmáticas. Esse tipo de distinção no Novo Testamento pode parecer ilegítimo sob uma perspectiva canônica, mas todos devem tomar algum tipo de decisão — consciente ou inconscientemente — sobre quais vertentes da Bíblia são escolhidas para interpretar e medir as demais.

[49]Ascensão e Pentecostes, embora liturgicamente separadas da Páscoa, são, na verdade, partes contínuas da cruz/ ressurreição como um todo. A separação cronológica observada no calendário da igreja se baseia no relato de Lucas-Atos, mas a versão de João mostra o Pentecostes ocorrendo no Dia de Páscoa (João 20:22). Em ambos os casos, está claro que o dom do Espírito torna presente o poder da morte e da ressurreição e, por isso, é, em um sentido real, parte inseparável do acontecimento total. Algumas passagens sobre o batismo em Romanos 8 e em Efésios 1 e 2 (entre outras) também estabelecem a mesma ideia. Embora esse não seja o lugar para defendermos maior atenção litúrgica e homilética à Ascensão e ao Pentecostes, o argumento deste livro pende naturalmente nessa direção.

transformação, é resumida pelo aparecimento frequente nas cartas de Paulo e de Pedro das palavras "mas agora" (*nuni de*). Paulo a emprega seis vezes em Romanos. Por exemplo: "*Mas agora* a justiça de Deus se manifestou, independente de lei [...] a justiça de Deus por meio da fé em Jesus Cristo para todos os que creem" (Romanos 3:21,22). Vemos ocorrências impressionantes de *nuni de* em 1Pedro 2:10,25. Uma passagem de Efésios, expressa na linguagem abrangente e típica dessa grande carta, diz isso da seguinte forma: "Portanto, lembrem-se de que houve um tempo em que vocês eram gentios na carne [...] estavam [...] separados de Cristo, alheios à comunidade de Israel e estrangeiros quanto às alianças da promessa, sem esperança e sem Deus no mundo. *Mas agora*, em Cristo Jesus, vocês, que antes estavam longe, foram aproximados pelo sangue de Cristo" (Efésios 2:11-13).

Essas passagens selecionadas e dezenas de outras passagens tornam claro que a nova situação propagada pelo "mas agora" não resulta do ensino de Jesus em si. Sem dúvida, o ensino e o ministério de Cristo foram os acontecimentos inaugurais da nova obra de Deus, conforme evidenciado pelo próprio anúncio de Jesus: "O tempo está cumprido, o reino de Deus está próximo" (Marcos 1:15). A natureza e a importância messiânica dos feitos de Jesus são inesquecivelmente descritas por ele em sua primeira pregação, em Lucas 4:16-21. O testemunho dos Evangelhos, porém, tomados como um todo, é que a obra de Jesus foi apenas provisória até sua crucificação. É a cruz, e somente ela, que sela sua missão e, em retrospecto, ilumina e explica tudo o que ocorreu antes dela. Por isso os quatro Evangelhos incluem três predições solenes da Paixão. O evangelho de João adiciona sua observação distintiva quando Jesus fala de sua "hora" da crucificação como definitiva, dizendo, pouco antes de morrer: "Está consumado [*tetelestai*, "acabado, completo"]!" (João 19:30).

A cruz, incomparavelmente vindicada pela ressurreição, é o *novum*, o novo fator na experiência humana, o ato divino definitivo e universalmente transformador, o qual torna a proclamação do Novo Testamento única em todo o mundo. A reivindicação da igreja apostólica era que a morte histórica de Jesus "sob Pôncio Pilatos", acompanhada pelo acontecimento meta-histórico da ressurreição, teria mudado todas as coisas para sempre.

Encarnação e crucificação

Boa parte do que é ensinado e celebrado na vida eclesiástica de hoje — criação, encarnação, espiritualidade — nem sempre é ancorada na pregação do Cristo crucificado (1Coríntios 1:23). Observamos que isso pode resultar em uma forma triunfalista de vida congregacional que está desconectada da dor, da privação e da desumanização que Jesus sofreu.[50] Não se trata apenas de um desafio para a ética; trata-se também de um desafio teológico. Qual é o antídoto eficaz para a mensagem gnóstica, desconectada deste mundo? Sozinha, a encarnação, sem a crucificação, não fará bem sua tarefa. A cruz nunca pode ser meramente pressuposta, e sim interpretada e reposicionada no centro. Há uma força centrífuga que opera na natureza humana; queremos alterar ou fugir da ofensa da cruz. Uma tendência atual é interpretar a encarnação com o significado de aceitar o mundo *como ele é*, visto que o Filho de Deus santificou o mundo ao se tornar carne — *incarnatus est*. Isso, entretanto, pode facilmente transformar-se em uma evasão sentimental da tensão entre o mundo como ele é e o mundo como deveria ser — a vida do mundo vindouro, o mundo que Deus trará à existência. O foco obstinado na encarnação produz uma tendência, muitas vezes compartilhada com o movimento ambientalista, de considerar a criação livre dos efeitos da queda.[51]

É apenas o *foco obstinado* na encarnação que apresenta problema. Não queremos, de modo algum, minimizar a encarnação; o significado da cruz depende dela. O Natal tem sido descrito como "a festa do dogma niceno"; a criança que vem ao mundo é "Deus de Deus, Luz de Luz, da mesma essência de Deus/ gerado, não criado".[52] Se o Crucificado não é "gerado do Pai, antes de todos os mundos", a mensagem da cruz perde seu poder.[53] Uma ênfase quase exclusiva na encarnação diminui a cruz como se ela fosse um tema de menor importância quando, na verdade, é o contrário: ambas apoiam uma à outra ou caem juntas. Nenhum anglicano escreveu de modo mais eloquente a esse respeito do

---

[50]A ênfase na ressurreição é típica do cristianismo ortodoxo oriental, uma tradição que, por toda a sua beleza, riqueza e poder, não exibe muito dinamismo ético ou político em nosso tempo — diferentemente do catolicismo romano e do protestantismo em certos países e situações (a ortodoxia na Rússia tem cooperado, em muitos aspectos, com o regime de Putin). Entretanto, o mistério e a transcendência da liturgia oriental têm a grande virtude de preservar um senso da ressurreição como um acontecimento capacitado por algo que vai além do reino que nos é conhecido — um *insight* que, hoje, falta em muitas das pregações da ressurreição nos Estados Unidos. E, mesmo na Igreja Ortodoxa, com sua centralidade na ressurreição, existem algumas influências contrárias: os escritos de Dostoiévski revelam profunda afinidade com o Cristo crucificado.

[51]Esse efeito tem-se multiplicado pelo entusiasmo acrítico das versões romantizadas de práticas celtas e nativo-americanas.

[52]Tais palavras do hino *Adeste fideles* são amplamente cantadas no mundo ocidental. John Francis Wade (1711-1786), acadêmico especializado em música da igreja primitiva, recebe o crédito pelas palavras em latim e pelo arranjo de uma melodia anterior. O amplamente celebrado hino de Natal composto por Charles Wesley *Hark! the herald angels sing* [Ouçam! Os anjos mensageiros cantam; mais conhecido no Brasil sob o título Eis dos anjos a harmonia] inclui as palavras: "Velada na carne, a divindade é vista/ Saudai a divindade encarnada!".

[53]Encontrado no Metropolitan Museum of Art de New York, o célebre Retábulo de Mérode (Robert Campin, sul da Holanda, c. 1427-1432), retratando a *Anunciação*, mostra o menino Jesus *já carregando a cruz* (a reprodução on-line da Art Resource destaca praticamente todos os detalhes da pintura, exceto esse).

que Kenneth Leech, um encarnacionalista radical. Em seu livro *The eye of the storm* [O olho da tempestade], Leech nos conta como aprendeu que a "religião encarnacional, sacramental e centralizada na criação", sozinha, não apenas é insuficiente, mas também absolutamente perigosa, já que não abre espaço para juízo, profecia, luta ou redenção. Foi precisamente tal religião que forneceu o solo espiritual para Mussolini, Franco e Stalin, provendo-o também aos regimes opressores de hoje.[54] Outro livro de Leech, *We preach Christ crucified* [Pregamos a Cristo crucificado], tem uma seção que, habilmente, ele chama de "The scandal of incarnation and passion" [O escândalo da encarnação e da Paixão], na qual escreve: "Belém e Calvário, berço e cruz, são inseparáveis".[55]

Em uma de suas mensagens sobre a cruz, Theodore Parker Ferris, por muitos anos o poderoso pregador do púlpito da igreja Trinity Church em Boston, estabeleceu a ligação entre a plenitude da humanidade de Jesus e seu sofrimento na cruz — entre a encarnação e a crucificação. Refletindo sobre o clamor de abandono de Jesus (Mateus 27:46; Marcos 15:34), Ferris diz: "Para mim, parece quase inevitável que Jesus tivesse de passar por esse tipo de escuridão [...]. Se você pensa em Jesus como Deus disfarçado de homem, seu clamor de abandono não terá significado algum para você. Mas, se você pensar nele como um homem real, o qual, nas profundezas de sua humanidade, revelou a própria natureza da divindade, então esse [sofrimento] é inevitável [...] é parte intrínseca da existência humana".[56] A miséria humana em toda a sua profundidade foi experimentada pelo Senhor encarnado. O envolvimento pessoal com a cruz é difícil e doloroso, porém os líderes congregacionais terão um buraco bem no centro de seu ministério sem ele. Leech escreve:

> É tarefa do pregador exaltar o Cristo [crucificado] como um símbolo de loucura e escândalo, um sinal de contradição, e assim provocar uma *krisis*, aquela turbulência e aquela sublevação da alma que a abrem para a palavra, que é o poder da salvação. [...] A proclamação da morte de Cristo envolve comprometimento com o Cristo ferido, o Cristo que sofre, que "leva em seu coração todas as feridas" [Edith Sitwell]. Se esse envolvimento não acontecer, o pregador estará em

---

[54] Kenneth Leech, *The eye of the storm: spiritual resources for the pursuit of justice* (London: Darton, Longman, and Todd, 1992), p. 153.
[55] Kenneth Leech, *We preach Christ crucified* (New York: Church Publishing, 1994), p. 13.
[56] Theodore Parker Ferris, *What Jesus did* (Cincinnati: Forward Movement Miniature Book, 1969), p. 83. Escutei Ferris pregar em uma programação da Sexta-feira da Paixão apenas uma vez, mas foi inesquecível. Ele era um pregador de três horas de mensagem, extremamente eficaz, já que parecia participar do sofrimento do qual falava.

sério apuro; suas palavras não terão qualquer poder real e ele terá um falso senso de conquista, insultando o sofredor e banalizando o sofrimento.[57]

Leech argumenta que a única forma de confrontarmos a presunção e a autossatisfação que tantas vezes paralisam uma nação cristã é pregando a participação na cruz, um tema de grande importância e ao qual retornaremos mais adiante.

Liturgias eucarísticas: Sexta-Feira da Paixão ou Páscoa?

Nas décadas recentes, uma mudança na ênfase teológica resultou na ressurreição sendo posta contra a crucificação durante o planejamento ou a interpretação das liturgias eucarísticas. É discutível se isso se deve, em grande parte, a uma reforma litúrgica ou ao nosso humor cultural contemporâneo, porém a ideia do momento parece ser que a Eucaristia é uma liturgia pascal, de modo que não é adequado depositar uma ênfase indevida em temas como pecado, morte e expiação. Esse ponto de vista desempenhou papel relevante na revisão do *Livro episcopal de oração comum*. A oração eucarística de Cranmer foi considerada penitencial demais e insuficientemente comemorativa; ela é retida no *Livro de oração* como Rito I, mas, na prática, quase desapareceu.[58] Em qualquer estudo da crucificação de Cristo, esse desenvolvimento tem de ser examinado. Existe alguma justificativa bíblica para isso?

Esse cenário da Páscoa em oposição à cruz e ao seu significado está em conflito com a pregação apostólica. Não se pensou em separar cruz e ressurreição,

---

[57]Leech, *We preach Christ crucified*, p. 14, 21. Repare no uso que Leech faz da palavra *krisis*: trata-se de uma importante palavra grega, encontrada no evangelho de João. Significa "julgamento" ou "divisão", porém a palavra em nosso idioma também transmite algo semelhante. A ideia é que a chegada de Jesus em cena precipita uma crise. Às vezes, João conecta a crise especificamente à abordagem da Paixão: "Chegou a hora de ser julgado [*krisis*] este mundo; agora será expulso o príncipe deste mundo" (João 12:31). Em passagens anteriores do evangelho, o termo se refere de forma mais genérica à encarnação: "Este é o julgamento [*krisis*]: a luz veio ao mundo, mas os homens amaram as trevas, e não a luz, porque as suas obras eram más" (João 3:19). De qualquer maneira, o ponto é que a missão de Jesus chama a julgamento todo ser humano e todo arranjo humano.

[58]Tornou-se quase um artigo de fé na Igreja Episcopal que a ênfase na morte de Cristo na oração eucarística de Thomas Cranmer (1549 e 1552) estava fora de lugar, visto que a Ceia do Senhor agora é apresentada como uma liturgia da ressurreição. Tal perspectiva sobre Cranmer e a Reforma Inglesa teve um efeito abrangente, o que tornou mais difícil posicionar a congregação adoradora aos pés da cruz. Não desejo ser mal interpretada a esse respeito; o Livro de Oração Episcopal precisava de revisão. O resultado da revisão, no entanto, foi uma excisão mais completa da "morte e do sacrifício preciosos" e do tema da expiação "pelos pecados do mundo inteiro" do que muitos episcopais, na década de 1970, desejaram. A nova ênfase foi tão influente que apenas os episcopais idosos se lembram de como era a ênfase litúrgica na "lembrança de sua bendita Paixão e preciosa morte". (Ao mesmo tempo, Cranmer incluiu "sua poderosa ressurreição e gloriosa ascensão" em igual medida nessa lembrança.)

nem em elevar uma coisa sobre a outra. Ao fazer um sanduíche de presunto e queijo, não faz sentido perguntar o que é mais importante, o presunto ou o queijo — se os dois não estiverem presentes, não se trata mais de um sanduíche de presunto e queijo. Mudando do trivial para o sublime, você não pode ter a crucificação sem a ressurreição — e vice-versa. A ressurreição não é apenas o reaparecimento de uma pessoa morta; é o ato poderoso de Deus para vindicar aquele cujo próprio direito de existir foi negligenciado pelos poderes que o encravaram na cruz. Ao mesmo tempo, porém, aquele que foi gloriosamente ressurreto é o mesmo que sofreu a crucificação. Não se trata de um detalhe insignificante o fato de "Tomé, o incrédulo" pedir para ver as marcas dos pregos e a marca da lança no corpo ressuscitado de Jesus (João 20:25). O livro de Apocalipse é um hino estendido em homenagem ao Cristo ressurreto; mesmo assim, Jesus é o "Cordeiro [...] que parecia ter sido morto", aquele cujas feridas ainda são perceptíveis, aquele por cujo sangue as vestimentas dos redimidos foram purificadas por toda a eternidade (Apocalipse 5:6,7).[59]

Não foi por considerar a ressurreição algo de menor importância que Paulo disse aos coríntios: "Decidi nada saber entre vocês, exceto Jesus Cristo e este crucificado" (1Coríntios 2:2). A razão pela qual Paulo insistiu na centralidade da cruz em termos polêmicos era que os cristãos de Corinto queriam colocá--la de lado. Essa tendência persiste na igreja americana de hoje. H. Richard Niebuhr disse isso de forma inesquecível em *The kingdom of God in America* [O reino de Deus nos Estados Unidos]: "Um Deus sem ira conduziu homens sem pecado a um reino sem julgamento pelas ministrações de um Cristo sem uma cruz".[60] Quando isso acontece, podemos ter religiosidade, otimismo e espiritualidade, porém não temos cristianismo.

A Paixão e a ressurreição são interligadas em uma única narrativa. Robert Jenson nos lembra do "antigo culto do *Triduum* [Tríduo Pascal]", datado do terceiro século d.C. — a observância de três dias, começando na Quinta-feira santa e se estendendo até o Sábado santo.[61] Os adoradores de hoje, que passaram por uma imersão total nas versões modernas do *Triduum*, podem testificar que essa forma de observar os eventos cristãos centrais realmente atrai a comunidade para a totalidade do drama, e isso de uma forma que não pode ser

---

[59]Charles Wesley, em um de seus maiores hinos, escreve sobre as "gloriosas cicatrizes" que evocam a exultação dos adoradores de Cristo quando ele vier novamente ("Eis que vem com as nuvens").
[60]H. Richard Niebuhr, *The kingdom of God in America* (New York: Harper Torchbooks, 1959), p. 193.
[61]Robert Jenson, *Systematic theology* (New York: Oxford University Press, 1997), vol. 1: *The Triune God*, p. 181.

simplesmente igualada por qualquer liturgia abreviada ou seletiva. A influência do movimento litúrgico em várias denominações protestantes apresentou mais cristãos americanos a alguma forma do *Triduum*. Qualquer coisa que possa corrigir nossa tendência atual de esperar um salto fácil e não ameaçador do Domingo de Ramos para o Dia da Páscoa é bem-vinda.[62]

A CEIA DO SENHOR SOB O SINAL DA CRUZ

Assim, a Ceia do Senhor é um sacramento da morte de Cristo, de sua ressurreição ou de ambas? Um dos ensinamentos mais enfáticos do Novo Testamento sobre a Ceia ocorre em uma discussão sobre a insensibilidade demonstrada pelos mais ricos em relação aos pobres da igreja de Corinto.[63] Havia sérios abusos quando a comunidade se reunia para a refeição *agape* e para a Ceia do Senhor. Naquela congregação, a ocasião aparentemente dava oportunidade para que os mais ricos chegassem cedo, trazendo seus alimentos e vinhos, de modo que aqueles que chegavam tarde do trabalho e não tinham bens materiais eram humilhados. Em 1Coríntios 11, Paulo aborda a situação diretamente e de modo um tanto extenso: "Ao se reunirem, não é para melhor, e sim para pior [...] não é para comer a Ceia do Senhor [...] Acaso vocês [...] desprezam a igreja de Deus e humilham os que não têm nada?" (11:17,20,22). Paulo estava triste porque o rito em Corinto se deteriorara e se transformara em zombaria. Corrigindo-os, o apóstolo escreve: "Pois sempre que comem deste pão e bebem deste cálice, vocês proclamam a *morte do Senhor* até que ele venha" (11:26).[64] Parece que, para Paulo, a ênfase exagerada dos coríntios na imortalidade espiritual já consumada (15:50-56) causava certo desequilíbrio à Ceia, levando-os a uma falha em "discernir o corpo" (11:29) de Cristo em sua nova realidade reconstituída,

---

[62]Um contrapeso a essa tendência de afastamento da cruz é a leitura dramática, agora comum, da narrativa da Paixão no Domingo de Ramos em algumas denominações. Isso tem sido uma grande contribuição para a compreensão e a participação. Contudo, o caminho ainda é difícil, já que a liturgia do Domingo de Ramos é tão longa que a mensagem passa a receber pouca atenção. Atualmente, poucos protestantes frequentam os cultos durante a Semana Santa. Clifton Black, professor de teologia bíblica do Princeton Seminary, escreve: "O fato de muitos cristãos evitarem a Sexta-feira da Paixão é uma heresia de longa data. Sua justificativa tática parece ser que o domingo de Páscoa sinaliza uma vitória tão completa que Deus efetivamente aniquilou o Gólgota. Essa confusão cria uma teologia que não apenas é má, mas também cruel e até mesmo perigosa. Ela [...] ousa tentar o que até mesmo Deus recusou: obliterar as feridas do Cristo Crucificado" (Black, "The persistence of the wounds", in: Sally A. Brown; Patrick D. Miller, orgs., *Lament: reclaiming practices in pulpit, pew, and public square* [Louisville: Westminster John Knox, 2005], p. 57).

[63]"Ceia do Senhor" é o termo menos divisivo, visto que é usado na era apostólica (*kuriakon deipnon*, 1Coríntios 11:20). Muitos luteranos ainda resistem ao termo *eucaristia* (ação de graças) por, aparentemente, fazer da congregação, e não do Senhor, a parte ativa no sacramento.

[64]Rudolf Schnackenburg, *The church in the New Testament* (New York: Herder and Herder, 1965), p. 42-5. Cf. tb. Günther Bornkamm, *Early Christian experience* (New York: Harper and Row, 1969), p. 123-30.

na qual, como nos ensinamentos do Senhor, "os últimos serão os primeiros, e os primeiros, os últimos" (Mateus 20:16).⁶⁵ Paulo chama a atenção ao que ele diz na primeira parte da carta: "Não muitos [dentre vocês] eram poderosos [ou] de nobre nascimento; [...] Mas Deus escolheu o que é fraco no mundo para envergonhar o forte, Deus escolheu o que é insignificante e desprezível no mundo [essa também é uma referência dupla aos membros 'insignificantes e desprezíveis' da congregação, *porém é uma referência especial* a um homem crucificado] e as coisas que não são para envergonhar as que são" (1Coríntios 1:26-28).⁶⁶

É importante compreendermos as razões adicionais para a reação alarmante de Paulo. O versículo-chave para os propósitos desta seção é 11:26: "Pois sempre que comem deste pão e bebem deste cálice, vocês proclamam a morte do Senhor até que ele venha". Além da preocupação com a estratificação na congregação, Paulo aborda duas falhas subjacentes em Corinto, falhas que, ainda hoje, são comuns na igreja. Segundo expresso por Gordon Fee: "A nova espiritualidade [dos coríntios] parece ter-lhes feito perder ambos os pontos que Paulo procura transmitir [...] (1) a *morte de Cristo* e (2) *até que ele venha*".⁶⁷ Os coríntios parecem ter pouca compreensão do aspecto "ainda não" da vida cristã. Eles querem o "já". Os coríntios pensam já estar vivendo na ressurreição, o tempo todo. Isso, conforme diz Paulo, tem ramificações para o padrão cruciforme de vida entre o povo de Deus.

A cruz e a ressurreição formam uma única entidade, conforme já enfatizamos. Nessa passagem, porém, Paulo enfatiza especificamente a *morte* do Senhor, já que seu propósito na carta aos coríntios é recapturar a cruz, em todo o seu escândalo e paradoxo, como pedra angular fundamental da proclamação cristã.⁶⁸ Desse modo, "discernir o corpo" provavelmente tem um duplo significado: (1) o corpo do Cristo crucificado, dado "em favor de vocês" (11:24), e (2) o corpo do Cristo, que é a igreja em si, nesse caso a congregação local e específica de Corinto e a conexão orgânica que interliga os membros ao seu Senhor.⁶⁹ Se os membros

---

⁶⁵Mateus 20:16 localiza esse dizer conhecido em um contexto particularmente surpreendente: a parábola dos trabalhadores que recebem o mesmo salário no final do dia, pela generosidade do Senhor, embora alguns não trabalhassem — para a indignação de quem trabalhou — o dia todo debaixo do sol quente. Sua relevância para a Ceia do Senhor, com seu amplo cancelamento de distinções, é óbvia.

⁶⁶Essa é uma das referências mais claras na Escritura à *creatio ex nihilo*, criação a partir do nada.

⁶⁷Gordon D. Fee, *The First Epistle to the Corinthians*, New International Commentary of the New Testament (Grand Rapids: Eerdmans, 1987), numerais adicionados [edição em português: *1Coríntios: comentário exegético* (São Paulo: Vida Nova, 2019)].

⁶⁸"Pedra angular" parece ser a expressão correta, em vista das referências impressionantes do Novo Testamento a Cristo como "pedra de tropeço" (*skandalon*; cf. tb. *proskomma*: Romanos 9:33; 1Pedro 2:8).

⁶⁹Essa ligação orgânica é definida por João como vinha e ramos (João 15:5). Seria difícil defendermos a referência de Paulo como um comentário sobre "o corpo" como o pão literal, conforme acontecerá em diversos

ricos negligenciam os membros da classe trabalhadora, o corpo de Cristo não está sendo discernido em *ambos* os sentidos. Pelas razões apresentadas, podemos concluir que Paulo adia seu capítulo culminante sobre a ressurreição para o fim da carta, com o objetivo de firmar primeiro a cruz em seu devido lugar, ou seja, como o sinal determinante da existência cristã no mundo "até que ele venha".[70] Uma Ceia exclusivamente celebratória encoraja a noção de uma imortalidade já alcançada dos fiéis, justamente aquilo que 1Coríntios 15 contesta.

Quanto aos Evangelhos, a ligação entre a Última Ceia e a morte na cruz é explícita. Em cada um dos quatro Evangelhos, Jesus vai diretamente da mesa da Ceia para o jardim do Getsêmani, sabendo que está prestes a ser traído e preso. No Evangelho de João, a ação dramática de Jesus ao lavar os pés dos discípulos acontece especialmente no contexto da Última Ceia, "sabendo Jesus que havia chegado o tempo em que deixaria este mundo e iria para o Pai" (João 13:1). Assim, o testemunho bíblico enfatiza, de diversas maneiras, a ligação ininterrupta entre a Ceia e a morte. Repare, por exemplo, como Lucas constrói o capítulo 22, começando pelos (1) principais sacerdotes e escribas conspirando para matar Jesus e (2) Satanás entrando "em Judas, chamado Iscariotes" (Lucas 22:2-6).[71] Em seguida, o Evangelista se move, sem interrupção (a referência à Páscoa em 22:1 e 22:7 fornece a conexão), às diretrizes de Jesus para que os discípulos encontrem o cenáculo, o qual já havia sido claramente escolhido por Deus (22:9-13).

Prosseguindo com o tema da Ceia, pensemos um pouco mais a respeito do próprio Jesus. O que ele desejava comunicar aos seus discípulos — e, portanto, à igreja — sobre toda a obra de sua vida? A oração tradicional começa assim:

---

debates posteriores sobre a natureza da hóstia eucarística. Paulo não teria o menor interesse nisso. Aquilo com que ele se importava era o nivelamento radical de todos aqueles que participam da Ceia. Sempre que ocorre a celebração da Ceia em um contexto multiétnico de ampla disparidade socioeconômica, deve haver uma admiração geral no milagre da unidade que ocorre pela graça de Deus. Um hino eucarístico do início da igreja (c. 110 d.C.) expressa isso da seguinte forma:

> Como o grão antes espalhado nas encostas
> Fez-se um neste pão partido,
> Assim também, de todas as terras, foi tua igreja reunida
> No teu reino por teu Filho.

(*Father, we thank thee who hast planted* [Pai, a ti agradecemos por teu plantio], *Hinário da Igreja Episcopal*, # 302-23, trad. para o inglês do grego por F. Bland Tucker [1895-1984].)

[70] Beverly R. Gaventa, "You proclaim the Lord's death: I Corinthians 11:26 and Paul's understanding of worship", *Review and Expositor* 80 (1983): 380.

[71] Apenas Lucas e João mencionam o Diabo em relação à decisão de Judas; Mateus e Marcos, não. Assim, os dois Evangelhos, que são, em geral, considerados menos apocalípticos do que Mateus e Marcos, são aqueles que identificam explicitamente Satanás (não o próprio Judas) como o agente da traição de Jesus. A postura adotada neste livro é a de respeitar as diferenças significativas entre os quatro Evangelhos e não tentar misturá--los. Ao mesmo tempo, porém, nem sempre é uma boa ideia isolar um ou dois deles em oposição aos demais.

"Na noite em que ele foi traído...". Tais palavras são extraídas não apenas dos relatos da Última Ceia nos Evangelhos, mas também explicitamente da recapitulação de Paulo em 1Coríntios 11:23-26:

> Pois eu [Paulo] recebi do Senhor o que também lhes entreguei: Que o Senhor Jesus, na noite em que foi traído, tomou o pão e, depois de dar graças, partiu-o e disse: "Isto é o meu corpo, que é dado em favor de vocês. Façam isto em memória de mim". Da mesma maneira, depois da ceia ele tomou o cálice e disse: "Este cálice é a nova aliança no meu sangue. Façam isso sempre que o beberem em memória de mim". Porque, sempre que comem deste pão e bebem deste cálice, vocês proclamam a morte do Senhor até que ele venha.

A impressão esmagadora dada pelos quatro Evangelhos e por 1Coríntios 11 é que o Senhor, sabendo que, em breve, seria traído, falou, de forma deliberada e solene, de *meu corpo* e *meu sangue* dado *em favor de vocês* (Mateus adiciona: "derramado em favor de muitos, para perdão de pecados"). Essa fala específica sobre um corpo dado e um sangue derramado só pode ser interpretada da perspectiva da *morte* de Jesus.[72] A "nova aliança no meu sangue" é estabelecida não por uma assunção ao céu ou pela morte heroica de um mártir, mas pela morte mais estranha em relação a uma figura divina.

Assim, o apóstolo Paulo exorta os rebeldes coríntios: "Pelo fato de haver somente um pão, nós, que somos muitos, somos um só corpo; pois todos participamos de um único pão" (1Coríntios 10:17). Da mesma forma que o Senhor recebia os pecadores e comia com eles, também a celebração da Ceia exclui "classes e condições" e conecta todos os seres humanos.[73]

Acaso nos encontramos com o Senhor ressurreto na Ceia do Senhor? Absolutamente. O sacramento da Ceia do Senhor é uma liturgia de ressurreição? Absolutamente. Mas a ressurreição não aconteceu de modo independente da crucificação. As pessoas que recebem o pão e o vinho não são um grupo luminoso de santos perfeitos — *ainda não*. Portanto, é de grande importância, em termos éticos e teológicos, que reconheçamos que não há lugar seguro de descanso permanente neste mundo para o povo peregrino de Deus, cujo chamado é "[proclamar] a *morte* do Senhor *até que ele venha*" (1Coríntios 11:26).

---

[72] A versão de João sobre o pão e o cálice é distintiva, como sempre: "Todo aquele que come a minha carne e bebe o meu sangue permanece em mim e eu nele" (João 6:56). Seria fácil interpretar equivocadamente a fala de Jesus como se ele se referisse a uma refeição gnóstica misteriosa. No entanto, os escritos de João são vigorosamente antignósticos, e o grego de João 6:56 é surpreendentemente terreno e materialista.

[73] *Livro de oração comum* (1979), p. 814.

Resumindo a primazia da cruz

As testemunhas do Novo Testamento tiveram de lutar com toda a sua força para manter a morte do Senhor na linha de frente da pregação, da adoração e da ética da nova fé. O termo *skandalon* ("pedra de tropeço", "armadilha"), empregado por Paulo, transmite bem a natureza perversa da cruz. Forças de dentro e de fora da igreja apostólica exploraram todas as oportunidades de minimizar ou pôr de lado a reivindicação absurdamente irreligiosa de que uma execução degradante e patrocinada pelo Estado havia assegurado a salvação de todo o cosmo. Entretanto, os quatro Evangelistas resistiram às pressões de se mover na direção de algo mais batido espiritualmente falando, e transformaram, antes, a longa e contínua narrativa da crucificação no ápice de sua obra.

De todos os inimigos da "palavra da cruz", é o gnosticismo, em particular, que oferece paralelo à vida religiosa americana. Nossa especialidade é o "pensamento positivo" com seu parceiro, o escapismo, evitando questões difíceis e dolorosas. A negação gnóstica da vida física de Cristo e de sua morte extraordinariamente horrível sempre encontrou adeptos voluntariosos. No entanto, uma cultura consumista é particularmente suscetível, já que muitos têm o tempo livre, os recursos econômicos e a inclinação de experimentar sensações cada vez mais exóticas, incluindo as sensações "espirituais". Em oposição a esse tipo de religião, o evangelho cristão posiciona a cruz. As cartas de Paulo à igreja de Corinto são especialmente notáveis em sua insistência no sofrimento redentor neste mundo material como a forma mais verdadeira de participação em Cristo. Paulo contrasta seu ministério com o da autossuficiente congregação de Corinto; o diagnóstico de seus sintomas é que a igreja não está fundamentada na "palavra da cruz".[74]

As testemunhas do Novo Testamento, especialmente o autor de 1João, lutam em uma frente semelhante para assegurar a atualidade humana e física de Jesus no centro da fé. Jesus é a realidade "que ouvimos [...] vimos com os próprios olhos [...] contemplamos e tocamos com nossas mãos [...] a palavra da vida" (1João 1:1). Sua vida foi uma vida humana real, e sua morte, uma morte humana real; Jesus não foi um deus coberto de pele humana, e sua morte não foi uma assunção à glória espiritual. Sua existência na esfera física

---

[74]Paulo está irritado com os coríntios ao escrever, sarcasticamente: "Vocês já têm tudo o que querem! Já se tornaram ricos! Chegaram a ser reis — e sem nós! Como eu gostaria que vocês realmente fossem reis, para que nós também reinássemos com vocês! Porque me parece que Deus nos colocou a nós, os apóstolos, em último lugar, como condenados à morte" (1Coríntios 4:8,9).

é a marca da fé cristã autêntica: "É desse modo que vocês perceberão o Espírito de Deus: todo espírito que confessa que Jesus Cristo veio *em carne* procede de Deus" (1João 4:2). Os escritores do Novo Testamento não veem qualquer conflito entre a encarnação e a cruz. Contudo, a igreja deve ser vigilante, percebendo que o apelo imediato da encarnação não pode sobrepujar as dificuldades angustiantes da pregação e da vida ofensiva (*skandalon*) da crucificação.

Este capítulo abordou a primazia da cruz. Ainda não falamos o suficiente da natureza *impiedosa* da cruz; esse será o assunto do capítulo seguinte. O bispo episcopal Philip Rhinelander, em *The faith of the cross* [A fé da cruz], resume para nós o fato espantoso, mas insuficientemente observado, de que os primeiros cristãos estavam determinados a destacar o caráter *impiedoso* da crucificação:

> Se algum dia os homens mortais depararam com um verdadeiro herói nesta terra, esses homens foram os discípulos. De fato, eles adoravam um herói. Pense, no entanto, no choque e na vergonha horríveis que se apoderaram deles quando o viram na cruz. Não se tratava de um martírio esplêndido em prol de uma grande causa; de uma conquista gloriosa, ganha à custa de sangue; de um épico a ser cantado ou celebrado. Não. A cruz era simplesmente uma derrota total, um fracasso sem palavras. O processo todo foi sórdido, cruel, criminoso, uma grande injustiça, uma derrota intolerável do bem pelo mal, de Deus pelos demônios [...]. Ele, seu herói, seu líder destacado, foi contado com os transgressores, lançado fora com uma maldição sobre si. Pense em como o senso de lealdade arderia no coração daqueles homens para consertar esse erro, limpar a memória de Cristo, salvar sua reputação, provar que um ultraje grosseiro fora cometido contra ele, engrandecendo a vida do Mestre, para que sua morte fosse esquecida [...]. Mas nada do tipo parece haver ocorrido aos Evangelistas. Eles literalmente se gloriam na Cruz [...]. Os Evangelistas são claros, com absoluta convicção, de que a melhor e mais bela coisa que Jesus fez foi [...] morrer a morte de um criminoso, entre dois ladrões. Para eles, o ato mais heroico realizado por Cristo foi sua execução como um simples criminoso.[75]

Resumindo, então: *a crucificação é a pedra angular da autenticidade cristã, a característica exclusiva pela qual tudo o mais, incluindo a ressurreição, recebe seu verdadeiro significado.*

---

[75]Rhinelander, *Faith of the cross*, p. 81-2.

CAPÍTULO 2

A IMPIEDADE DA CRUZ

> A fim de falarmos do Deus crucificado, precisamos de uma teologia de abandono, de uma alienação tão profunda que só possa ser expressa em uma linguagem marcada pelo paradoxo e por sua grande ousadia e risco. A crucificação do Filho de Deus por uma das civilizações mais avançadas do mundo antigo não parece ser um método aceitável ou razoável de redimir o mundo. Há algo tão ultrajante e obsceno nisso que a agonia do Getsêmani se torna a única parte compreensível de toda a saga.
>
> KENNETH LEECH, *We preach Christ crucified*
> [Pregamos a Cristo crucificado][1]

COMO COMEÇAMOS a ver na introdução, precisamos de algum esforço de imaginação para compreender o nível singular de desgosto público causado pela crucificação como método de execução. Todavia, temos de fazer esse esforço para que possamos compreender, de forma mais profunda, o significado do termo grego *skandalon* ("pedra de tropeço", "armadilha") empregado por Paulo, como em "o *skandalon* da cruz" (Gálatas 5:11). A maioria de nós está condicionada a pensar na *morte* de Jesus como o escândalo quando, na verdade, não é a *morte em si*, mas *como* ele morreu que constitui a ofensa.

O MÉTODO COMO A MENSAGEM

No verão de 1998, a Abadia de Westminster revelou dez novas estátuas posicionadas na porta de sua entrada principal. Alguns espaços, que estavam abertos

---

[1]Kenneth Leech, *We preach Christ crucified* (New York: Church Publishing, 1994), p. 69-70.

havia mais de quinhentos anos, foram preenchidos, de uma só vez, por figuras de mártires cristãos do século 20. As mais reconhecíveis para os americanos são de Martin Luther King, Dietrich Bonhoeffer, Oscar Romero e Janani Luwum, arcebispo anglicano de Uganda durante o governo de Idi Amin. Os dez homens e mulheres homenageados perderam a vida dando testemunho de seu Senhor. Não há indicação, no entanto, de como eles morreram. Não há armas, laços feitos por carrascos ou facões. A questão não é *como* morreram, mas, sim, o fato de que eles *morreram*.[2]

A morte de Jesus é diferente, visto que o "como" tem importância única. No capítulo 1, observamos a primazia atribuída ao sofrimento e à morte de Jesus nas narrativas da Paixão e nas cartas de Paulo. Ainda mais notório, porém, é como os cristãos falam, de forma típica, não apenas da "morte" ou da "execução" de Jesus, mas também, de modo específico, da "crucificação", como se a *forma* pela qual Jesus morreu tivesse especial importância. De fato, ela tem. Muitos acadêmicos acreditam que a assinatura distintiva de Paulo é encontrada no acréscimo que ele parece fazer à confissão cristã primitiva encontrada em Filipenses 2:8: "humilhou-se a si mesmo e foi obediente até a morte, *e morte de cruz!*". O *modo* pelo qual Jesus morreu foi estampado à essência da fé, de uma vez por todas. O próprio Jesus fez da cruz algo central ao dizer que seus discípulos deveriam tomar sua cruz e segui-lo [cf. Mateus 16:24]. Outros líderes poderiam convocar seus seguidores a morrer heroicamente, mas não chamando a atenção para o método de sua morte de forma tão deliberada.

Muitas das grandes figuras da história morreram de forma prematura e violenta em decorrência de suas atividades. Nesse aspecto, mais uma vez, a morte de Jesus é singular. Ele não foi enforcado por nazistas (Bonhoeffer), executado por um ditador louco (Luwum), assassinado por bandidos de extrema-direita (Romero) ou morto por um fanático racista desconhecido (King). A morte desses homens varia em graus de aberração, sendo ilegais ou clandestinas; no entanto, como Paulo fala de Cristo em Atos dos Apóstolos, "nada se passou em um canto obscuro" (Atos 26:26). Jesus foi executado pública e deliberadamente, e *com impunidade* (palavra que retomaremos mais adiante). Sua execução foi levada a cabo pelas melhores pessoas, pessoas que representavam as autoridades

---

[2] É verdade que, por muitos séculos, os mártires cristãos foram retratados segurando os instrumentos de sua tortura — Bartolomeu com uma faca de esfolar, Catarina com uma roda, Lourenço com uma grelha etc. Penso ser justo dizer que esses símbolos foram derivados da cruz de Cristo, usados para mostrar como os mártires participaram da morte do Senhor. Mesmo no caso deles, a ênfase não está em *como* morreram, mas no fato de que eles *morreram*.

religiosas e governamentais mais elevadas. Podemos pensar em outras figuras históricas ilustres que foram condenadas à morte por seus governantes, porém reitero: as analogias falham. Sócrates obteve permissão para receber uma morte extraordinariamente digna; Joana d'Arc estava em processo de se tornar uma personificação sagrada da França, já durante sua execução; Thomas More teve permissão para um elegante suplício antes de ser decapitado. O empalamento público, o esquartejamento e o enforcamento na Inglaterra dos Tudor provavelmente ofereçam os paralelos mais próximos; mesmo assim, as execuções eram administradas a todas as classes da sociedade, até mesmo à aristocracia — enquanto a crucificação era quase inteiramente destinada à escória da humanidade, e nunca aos cidadãos romanos.

A execução de João Batista a pedido da esposa de Herodes é retratada nos Evangelhos de Mateus e Marcos como um presságio do próprio destino de Jesus. João era inocente de crime capital — ou, de fato, de qualquer crime —, exceto por haver confrontado o governante em sua má conduta; mas João deparou com um destino cruel por ordem daquele governante e de sua esposa. A morte de João foi memoravelmente horrível; quem é capaz de se esquecer de sua cabeça apresentada em um prato? Todavia, até mesmo essa imagem horrível não carrega consigo o mesmo estigma da crucificação. É o *estigma em si* que deve ser enfatizado se desejarmos compreender a extrema peculiaridade de uma cruz como símbolo de fé.

A IRRELIGIOSIDADE ÚNICA DA CRUZ COMO MODO DE EXECUÇÃO

Em 1995, um artigo do *New York Times* descreveu um episódio em uma disputa cívica nacional que se tornou, vinte anos depois, ainda mais acalorada. Em relação à exibição de símbolos religiosos em parques americanos e outras áreas públicas, o Capitol Square Review Board de Columbus, Ohio, argumentou que a cruz não deve ser exibida, por ser o "principal símbolo da fé cristã". As autoridades civis permitiam árvores de Natal e menorás, mas, de acordo com o artigo, a comissão recusava o hasteamento de uma cruz em propriedade pública, alegando que, "*diferentemente de outros* [símbolos], a cruz era um símbolo exclusivamente religioso".[3]

Podemos aplaudir a comissão de revisão de Columbus por estabelecer essa distinção. Algumas vezes, o debate contínuo sobre decorações de Natal

---

[3] *New York Times*, Jan. 14, 1995.

é divertido e sempre desafiador, visto que envolve todo o tipo de emoção profunda e, em geral, acaba não agradando a ninguém. Mencionamos esse episódio particular por duas razões. A primeira, por ser digno de menção o fato de uma agência secular reconhecer o status único da cruz e expressá-lo de forma inequívoca. A segunda, entretanto, é que a avaliação da comissão de revisão nos oferece a oportunidade de enfatizar a descrição da cruz como um "símbolo religioso". A maioria das pessoas não pensaria duas vezes a respeito dessa definição; nem sequer passaria pela mente da maioria dos cristãos questioná-la. Contudo, no nível mais fundamental — e isso não pode ser suficientemente enfatizado — *a cruz não é, de forma alguma, "religiosa"*. Na verdade, a cruz é, de longe, o objeto mais irreligioso que jamais encontrou lugar no coração da fé. J. Christiaan Beker se refere a isso como "a característica mais irreligiosa e horrenda do evangelho".[4]

A crucificação marca a distinção essencial entre o cristianismo e a "religião". A religião, conforme definida nestas páginas, é um sistema organizado de crenças ou, alternativamente, uma coletânea solta de ideias e práticas, *projetadas a partir das necessidades e dos anseios da humanidade*. A cruz é "irreligiosa" porque nenhum ser humano, individual ou coletivamente, teria projetado suas esperanças, desejos, anseios e necessidades em um homem crucificado.[5] Em uma série televisiva da PBS, *The Christians* [Os cristãos] (1981), um narrador cuidadosamente imparcial declara o seguinte: "O cristianismo é a única grande religião *a ter como seu foco central o sofrimento e a degradação do seu Deus*. A crucificação é tão conhecida de todos nós, e tão comovente, que é difícil percebermos *quão incomum ela é como uma imagem de Deus*" (grifo na citação). A descrição da cruz como "comovente" é digna de nota, mas não constitui o ponto central.[6] Concentramo-nos na percepção do narrador (ou do roteirista) de *quão inadequada é uma crucificação como objeto de fé*. O profissional em questão chegou mais perto do que muitos cristãos de compreender não apenas a

---

[4]J. Christiaan Beker, *Paul the apostle: the triumph of God in life and thought* (Philadelphia: Fortress, 1980), p. 207.

[5]"É a crucificação que distingue a nova mensagem das mitologias de todos os outros povos [...] O cerne da mensagem cristã, que Paulo descreve como 'a palavra da cruz', ia na contramão não apenas do pensamento político romano, mas de todo o *ethos* da religião em tempos antigos — e, em particular, na contramão de ideias sobre Deus alimentadas por pessoas educadas. [...] Um Messias, filho de Deus ou deus crucificado é uma contradição em termos para qualquer um — judeu ou grego, romano ou bárbaro — a quem se pedisse para crer em uma declaração assim; e certamente foi considerada ofensiva e tola". Martin Hengel, *Crucifixion* (Philadelphia: Fortress, 1977), p. 1,5-6. O trecho original é parte de um *Festschrift* em homenagem a Ernst Käsemann.

[6]A cruz nunca é apenas "comovente", embora muitos tenham enfatizado isso, como nos empréstimos populares do modelo exemplar de influência moral associado ao nome de Abelardo.

natureza horrível e irreligiosa da crucificação como método de execução, mas também a improbabilidade de ela surgir a partir da imaginação religiosa.[7]

Às vezes, as igrejas oferecem aulas de educação cristã sob o título "Por que Jesus tinha de morrer?". Essa não é realmente a pergunta certa. Uma pergunta melhor seria: "Por que Jesus foi *crucificado*?". A ênfase não deve estar apenas na morte, mas também no *método* da morte. Falar da crucificação é falar da morte de um escravo.[8] Podemos pensar em todos os escravos em colônias americanas que foram mortos pelos caprichos de um feitor ou proprietário, sem mencionar aqueles que morreram na infame travessia do Atlântico. Ninguém se recorda de seus nomes ou de suas histórias individuais; suas histórias foram lançadas fora, juntamente com seus corpos. Esse foi o destino escolhido pelo Criador e Senhor do universo: *a morte de um ninguém*.

> Foi desprezado e rejeitado pelos homens...
> Como alguém de quem os homens escondem o rosto,
> foi desprezado, e nós não o estimamos (Isaías 53:3).

Assim, o Filho de Deus se solidarizou com os menores e mais desprezados de toda a sua criação, com os sem-nome e os esquecidos, com "a escória de todas as coisas" (1Coríntios 4:13). Não há nada remotamente "religioso" nisso.[9] De particular interesse nesse contexto é Deuteronômio 21:23, uma proibição contra a exposição de um corpo em um "madeiro", sinal da maldição de Deus, algo que

---

[7] Robert L. Wilken cita Lactâncio, apologeta cristão do quarto século d.C.: "[Os pagãos] nos reprimem" por conta do sofrimento de Jesus por dizerem que "adoramos um homem e, como se não bastasse, um homem que foi visitado e atormentado por enorme sofrimento" (*The Christians as the Romans saw them*, 2. ed. [New Haven: Yale University Press, 2003], p. 155).

[8] O distinto acadêmico Peter Brown me advertiu contra referir-me à crucificação dessa forma, uma vez que não era reservada especificamente a escravos, mas a todo cidadão que não fosse romano. Ele está, naturalmente, correto. Entretanto, é legítimo enfatizarmos a crucificação como método administrado às classes inferiores. Os membros da alta classe conseguiam, em grande parte, evitá-la. Nos Estados Unidos, a cadeira elétrica não está reservada, estritamente falando, a negros e pobres; na prática, porém, funciona dessa forma. Em um de seus discursos, Cícero se refere à crucificação como *servitutis extremo summoque supplicio*, a forma mais extrema de tortura infligida aos escravos. Diversos escritores romanos se referem a ela como *servile supplicium*, a morte de um escravo. Plauto, dramaturgo cômico conhecido por sua descrição solidária (se não distorcida) de escravos, mostra, em vários comentários breves feitos por seus personagens, que a crucificação era considerada o método que aguardaria os escravos se causassem problemas. De fato, de acordo com Hengel, a crucificação era usada "acima de tudo como "forma de desencorajar problemas entre os escravos" (Hengel, *Crucifixion*, p. 51-52, 54; cf. tb. Raymond E. Brown, *The death of the Messiah: from Gethsemane to the grave; a commentary on the Passion narratives in the four Gospels* [Garden City: Doubleday, 1994], p. 947, 2 vols.).

[9] Walter Benjamin, influente filósofo judaico, guardava uma cópia do horrível retábulo de Grünewald (a crucificação) em seu escritório (assim como Karl Barth). Benjamin dizia que representava a *Ausdrucklose*, "algo além do que pode ser expresso, fora do alcance de palavras" (contado por Roy A. Harrisville, *Fracture: the cross as irreconcilable in the language and thought of the biblical writers* [Grand Rapids: Eerdmans, 2006], p. 279).

chamou a atenção de um fariseu chamado Saulo de Tarso. Nem empalamento, nem enforcamento, nem qualquer outro método de execução de uma pessoa, nada foi *especificamente identificado em seu contexto religioso como um sinal de que o indivíduo foi desamparado por Deus*. Devemos enfatizar ao máximo esse fato. Jürgen Moltmann escreve:

> Desde o início, a fé cristã se distinguiu das religiões ao seu redor por sua adoração do Cristo crucificado. Na interpretação israelita, alguém executado dessa maneira teria sido rejeitado por seu povo, amaldiçoado entre o povo de Deus e pelo Deus da lei, excluído da vida da aliança: "Maldito todo aquele que for pendurado em um madeiro" (Gálatas 3:13; Deuteronômio 21:23). Qualquer um que, condenado pela lei como um blasfemo, sofrer tal morte é amaldiçoado e excluído do círculo dos vivos e da comunhão com Deus.[10]

Essa é a descrição de Moltmann de como a crucificação teria sido considerada entre os judeus. Eis um trecho de sua análise sobre como a crucificação teria sido considerada pela *intelligentsia* dos gentios no mundo helenista: "Para o humanismo da antiguidade, o Cristo crucificado [era] motivo de vergonha. A crucificação [...] era considerada o tipo mais degradante de punição. Assim, o humanismo romano sempre sentia que 'a religião da cruz' não tinha qualquer estética, respeitabilidade ou bondade. Considerava-se uma ofensa aos bons modos falar desse tipo de morte horrenda, destinada a escravos, na presença de pessoas respeitosas".[11]

A morte sofrida por Jesus não pertence à lista de morte dos mártires. Ela é única, e tem um significado único. Os quatro evangelhos nada têm a dizer sobre o sofrimento físico de Jesus durante a Paixão. Essa omissão é extraordinária, pois é muito diferente do que esperaríamos. Os Evangelistas querem que nos concentremos em outra coisa.

Crucificação como degradação e vergonha

Nós, filhos da era tecnológica e dos antibióticos, somos muito diferentes daqueles que nos precederam. Não é necessário remontarmos aos tempos romanos para nos lembrarmos de um período em que assistir à morte de outras

---

[10]Jürgen Moltmann, *The crucified God: the cross of Christ as the foundation and criticism of Christian theology* (New York: Harper and Row, 1973), p. 33.
[11]Moltmann, *The crucified God*, p. 33.

pessoas era uma experiência comum e universal. Todas as famílias do fim do século 19 e do início do século 20 experimentaram essa realidade em primeira mão. Costuma-se dizer que, enquanto o sexo era o grande tópico não mencionado na época vitoriana, a morte é o grande tópico não mencionado de hoje. A indústria de cartões comemorativos, um espelho de nossa cultura, decretou o banimento da palavra "morte" em cartões que contêm mensagens solidárias. Tais escrúpulos sobre a morte não afligiam nossos ancestrais; para eles, a morte era um negócio diário, experimentado de perto. A crucificação, porém, era diferente. Como teria sido, na Palestina e no Império Romano em geral, assistir a uma crucificação ou ouvi-la sendo discutida? Para nós, como é difícil compreender isso! Não há nada hoje nos Estados Unidos a que possamos comparar isso. Se nem sequer vemos os membros de nossa família falecendo de forma natural em casa, muito menos corpos atormentados sendo exibidos pela cidade! Sabemos que, na época da dinastia Tudor, a população saía de suas casas para ver as pessoas sendo torturadas até a morte — algo inconcebível como política pública hoje — e sabemos que enforcamentos e linchamentos ocorriam em ocasiões sociais nos Estados Unidos. A maioria de nós, no entanto, não tem conexão com essas coisas; além do mais, nenhuma delas nos serve de exemplo como análogas à crucificação.

Em um artigo denso e perspicaz de Philip Gourevitch e Errol Morris sobre as atrocidades cometidas pelos americanos no Iraque, encontramos as seguintes palavras: "Evidentemente, o símbolo dominante da civilização ocidental é a figura de um homem seminu, torturado até a morte — ou, de modo mais simples, a implementação da tortura em si: a cruz. Mas nossas imagens da morte brutal de Jesus são produto de imaginação e idealização religiosas. Na verdade, deve ter sido horrível vê-lo naquela situação. Se houvesse câmeras no Calvário, os cristãos do século 20 teriam sido levados a pendurar fotografias da cena nos altares de suas igrejas ou em suas casas?".[12] De fato, "imaginação e idealização religiosas" estão por trás das descrições artísticas da crucificação, e elas são necessárias. Nem mesmo a pintura de Grünewald pode retratar de forma plena o horror dessa cena. O que precisamos fazer para ter uma compreensão teológica não é exercitar a imaginação "religiosa", mas nos desvincular dela.

Susan Sontag, que sofreu por anos a fio de um câncer que acabou matando-a, escreveu o seguinte: "Não é o sofrimento em si o que mais tememos, mas, sim,

---

[12] Philip Gourevitch; Errol Morris, "Exposure: the woman behind the camera at Abu Ghraib", *New Yorker*, Mar. 24, 2008.

o *sofrimento que degrada*".¹³ Aqui está, em poucas palavras, um *insight* fundamental com o qual podemos enxergar a crucificação. Se a morte de Jesus for apenas interpretada dessa forma, como uma morte — até mesmo uma morte dolorosa, torturante —, o ponto crucial será perdido. A crucificação destinava-se, especificamente, a funcionar como o nível máximo de insulto à dignidade pessoal, a última palavra em tratamento humilhante e desumanizante. *A questão toda por trás da crucificação era a degradação.*¹⁴ Conforme Joel Green a descreve: "Executadas publicamente, posicionadas em cruzamentos e estradas bem trafegadas, sem vestimentas e abandonadas para serem comidas por pássaros e animais selvagens, as vítimas da crucificação eram sujeitas a um nível absoluto e cruel de ridicularização".¹⁵

Assim, o significado da cruz, como escreveu Dietrich Bonhoeffer, consiste não apenas no sofrimento físico, mas especificamente na rejeição e na vergonha.¹⁶ Para entendermos o significado da crucificação, devemos olhar sem pestanejar para suas terríveis características. No contexto de uma fé que proclama "graça surpreendente", a cruz parece ser o evento de des*graça* definitivo, completamente desprovido de qualquer coisa atraente, vitoriosa ou redentora. Faça um contraste, por exemplo, com Deuteronômio 25:3 [ARA], que diz que quarenta açoites são o máximo aplicado a um ofensor,"não mais; para que, porventura, se lhe fizer dar mais do que estes, teu irmão não fique [humilhado] aos teus olhos". Essa provisão na Torá mostra que a misericórdia de Deus se reflete até mesmo na dura lei do deserto. A Palavra de Deus protege o malfeitor ao se referir a ele como "teu irmão" e, mesmo no caso de ele ser culpado, não deverá ser humilhado de forma permanente "aos olhos" daquele que administra a punição; a relação de humanidade comum entre o ofensor e o que administra o castigo deve ser mantida. Diversas ideias podem ser exploradas aqui. A própria lei de Deus proíbe a

---

¹³Susan Sontag, *AIDS and its metaphors* (New York: Penguin Books, 1989), p. 37.

¹⁴Em *Cur Deus homo?*, de Anselmo, a cruz é mencionada como *tam indecentia*, e a questão é a seguinte: por que Deus morreria de forma tão indecente e indigna (1.6.185)?

¹⁵Joel Green, "Crucifixion", in: Markus Bockmuehl, org., *The Cambridge companion to Jesus* (Cambridge: Cambridge University Press, 2001), p. 91. Morna Hooker faz um relato particularmente incisivo sobre a vergonha da nudez pública "como parte integral da crucificação", em especial para um judeu. Ela cita Melito de Sardes, segundo século d.C.: "O Soberano se tornou irreconhecível por seu corpo nu, e não lhe é permitido sequer usar uma vestimenta para mantê-lo menos exposto. Por isso as luzes do céu viraram o rosto, e o dia ficou escurecido" (*Not ashamed of the gospel: New Testament interpretations of the death of Christ* [Grand Rapids: Eerdmans, 1994], p. 9-10).

¹⁶Dietrich Bonhoeffer, *The cost of discipleship* (New York: Macmillan, 1963), p. 98. Na época de publicação deste livro, um aumento expressivo pelo interesse no tópico da vergonha torna esse tema teológico ainda mais urgente. A história de capa do *Christianity Today* (março de 2015) é "The return of shame" [O retorno da vergonha], de Andy Crouch. A importância do "rosto" nas culturas asiáticas está relacionada à vergonha e, portanto, ao evangelismo nesses países.

degradação de um "irmão" — um conterrâneo israelita —, mas o próprio Filho de Deus morreu por um método designado precisamente para negar ao condenado qualquer vestígio de humanidade comum, quanto mais de irmandade![17]

Já vimos as palavras de Bonhoeffer: "Deus deixa que as pessoas o empurrem para fora do mundo em direção à cruz". Ele escreveu essa passagem oito meses antes de sua execução, por isso ela tem um poder excepcional. O prisioneiro de Adolf Hitler continua: "[Cristo] é fraco e necessitado no mundo, e essa é precisamente a forma, a única forma, como ele está conosco e nos ajuda. Mateus 8:17 deixa claro que Cristo nos ajuda não por causa de sua onipotência, mas por causa de sua fraqueza e de seu sofrimento [...]. Esse é o inverso do que os homens religiosos esperam de Deus. O homem é convocado a participar dos sofrimentos de Deus nas mãos de um mundo ímpio".[18]

É precisamente essa "inversão do que o homem religioso espera", essa impiedade, que enfatizaremos vez após vez.

Talvez possamos obter uma compreensão mais profunda ao examinarmos um incidente horrível que ocorreu em Laramie, Wyoming, em 1998, tornando-se emblemático da luta contra a agressão cometida contra os homossexuais. Um jovem gay, Matthew Shepard, foi espancado quase até a morte por dois outros homens e, em seguida, amarrado a uma cerca e abandonado. Dezoito horas depois, em um clima quase congelante, um transeunte descobriu aquela pessoa em coma e, por um momento, confundiu-a com um espantalho. Matthew Shepard morreu no hospital, cinco dias depois, sem recuperar a consciência.

A crueldade singular dessa morte alarmou as pessoas. O rapaz foi amarrado e pendurado "como um animal", disse um porta-voz do incidente, relembrando a prática do Velho Oeste de pregar um coiote morto na cerca de um rancho como um aviso a intrusos. A ênfase aqui está na desumanização da vítima: declarar outra pessoa como alguém menos que um ser humano é

---

[17]Marilyn McCord Adams enfatiza o "código de honra, com seu cálculo de honra e vergonha". Ela argumenta que a categoria *vergonha* é mais útil do que as categorias *moralidade* em nossa compreensão do que Deus fez para derrotar o mal (*Horrendous evils and the goodness of God* [Ithaca: Cornell University Press, 1999], p. 107, 124-28). A categoria *vergonha* funciona de modo que até mesmo as categorias *maldade* e *impiedade* não funcionam, visto que — conforme se tem observado — certo *glamour* perverso persiste em torno da maldade, ao passo que não existe *glamour* algum na vergonha. A vergonha pertence às profundezas do mal, por lidar com desonra, degradação e, por fim, desumanização. Envergonhar outra pessoa é parte de um processo que a declara indigna, sem nem mesmo a dignidade devotada a um animal — algo mais próximo de um inseto a ser esmagado. A crucificação era um método de execução que empilhava vergonha sobre vergonha em uma vítima julgada inadequada para a partilha do companheirismo humano em qualquer nível.

[18]Dietrich Bonhoeffer, *Letters and papers from prison*, ed. ampl. Eberhard Bethge (New York: Macmillan, 1972), p. 360. Mateus 8:17 nos diz: "E assim se cumpriu o que fora dito pelo profeta Isaías: 'Ele tomou sobre si as nossas enfermidades, e sobre si levou as nossas doenças'".

comprovadamente o primeiro passo para sua eliminação, ou o primeiro passo para a eliminação de um grupo de pessoas. A expressão "como um animal" é, portanto, precisa.[19] A mais forte das declarações, no entanto, foi esta: "Há um simbolismo incrível em ser amarrado a uma cerca. As pessoas o compararam a um espantalho. Soou mais como uma crucificação".[20]

Aqueles que compararam a morte de Shepard a uma crucificação estavam em busca da imagem mais poderosa que podiam encontrar. A segunda da lista provavelmente seria "linchamento" e, de fato, o termo evoca reações fortes por suas conotação associada à ódio racial. Observe, contudo, que o termo "crucificação" se destaca, por si só, no topo da lista de "fortes simbolismos". Nenhuma outra palavra em nosso vocabulário evoca tantas respostas ressoantes e complexas. "Execução", "assassinato", "homicídio" — esses termos não chegam nem perto de "crucificação". Com essa única palavra, o tormento peculiar de Matthew Shepard é evocado, não apenas por ele ter sido brutalmente agredido por causa de sua orientação sexual, mas também por não merecer o que lhe fizeram. O termo também sugere outros níveis de significado: é uma única morte que representa muitas mortes; uma morte inocente que resulta da maldade de outras pessoas; uma morte icônica que assume um significado universal. Essas são algumas das implicações do uso do termo "crucificação", mas talvez o mais importante para nosso argumento aqui é que ele sugere desumanização extrema e, portanto, extrema impiedade.[21]

Observamos o *insight* de Susan Sontag a respeito do "sofrimento que degrada". Em *AIDS and its metaphors* [AIDS e suas metáforas], a autora explora ainda mais o "status privilegiado da face". Ela observa que doenças que nunca deformam a face, como a gripe ou um ataque cardíaco, nunca despertam o mais profundo pavor. Na ortodoxia oriental, há um ícone que, traduzido do grego, é chamado de "humilhação suprema". Retrata a cabeça de Cristo sofrendo e morrendo na cruz.[22] O impacto emocional desse ícone, que é considerável, é

---

[19] Na semana anterior ao genocídio de 1994 em Ruanda, a palavra usada pelos genocidas hútus a fim de incitar ao ódio e ao assassinato de suas vítimas *tútsi* foi *inyenzi*, "baratas".

[20] James Brooke, "Gay Man Dies from Attack", *New York Times*, Oct. 13, 1998.

[21] Marilyn McCord Adams escreve: "Na cruz, Jesus toma nossa profanação a um nível muito maior. Afinal, a crucificação não é (como um corte direto na garganta) uma morte *limpa*. O retábulo de Isenheim [de Grünewald] traça um quadro vívido e realista de como, ao matar, a crucificação caricatura a humanidade, torce o corpo, destrói o equilíbrio psicoespiritual e faz seu melhor não apenas para macular, mas também para degradar" (*Horrendous evils*, p. 98).

[22] Esse tema iconográfico é uma exceção à regra geral de que, nos primeiros séculos, Cristo é sempre retratado como vitorioso na cruz. O ícone é impressionante por sua ênfase no sofrimento e na humilhação, e não na vitória. Entretanto, nem mesmo essa face sofredora transmite algo que nem sequer se aproxime de como realmente deve ter ficado o rosto de Jesus.

produzido pelo retrato do artista de uma expressão facial; Cristo demonstra "sofrimento em sua face".²³ A observação sugestiva de Sontag pode ser conectada com uma passagem de Isaías que a igreja sempre associou ao seu Senhor:

> Sua aparência estava tão desfigurada, além da aparência humana,
> e sua forma, além da dos filhos dos homens...
> Não tinha nenhuma beleza ou majestade que nos atraísse,
> nada em sua aparência para que o desejássemos...
> Foi desprezado e rejeitado pelos homens...
> Como alguém de quem os homens escondem o rosto,
> foi desprezado, e nós não o estimamos (Isaías 52:14; 53:2,3).

Ainda "escondemos o rosto" da cruz e "não a estimamos". Sempre foi difícil para a igreja manter a cruz no centro de sua vida.²⁴ Uma razão é que a cruz constitui um sério insulto à estética. Martin Hengel escreve que "o mundo romano era praticamente unânime em concordar que a crucificação era um negócio horrível e nojento [...] A relativa escassez de referências à crucificação na antiguidade [...] é menos um problema *histórico* do que *estético* [...] a crucificação era ampla e frequentemente praticada, principalmente nos tempos romanos, mas o mundo literário culto não queria nenhuma associação com ela, de modo que, em geral, se mantinha silencioso sobre o assunto".²⁵

De modo mais sério, a igreja apostólica e pós-apostólica era ameaçada por consequências muito piores do que o desprezo dos mais exigentes. Nos três primeiros séculos, a cruz não era o sinal pelo qual o imperador conquistava; não adornava medalhas ou símbolos de honra; não era usada como joia, esmaltada nem trabalhada com metais preciosos. A cruz era um sinal de contradição e escândalo, um sinal que, em geral, resultava em Exílio ou morte para aqueles

---

²³A separação entre face e corpo, prossegue Sontag, é "uma das ideias mais importantes das principais tradições iconográficas da cultura europeia: a representação do martírio cristão, com sua surpreendente divisão do que está inscrito no rosto e o que está acontecendo com o corpo. Vemos isso nas inúmeras imagens de São Sebastião, Santa Ágata, São Lourenço (*mas não do próprio Cristo*), com o rosto demonstrando sua superioridade às coisas atrozes que lhes estão sendo feitas do pescoço para baixo. Abaixo, a ruína do corpo; acima, uma pessoa, representada pela face, que desvia o olhar — em geral, olhando para cima, sem registrar dor ou medo, como se já estivesse em outro lugar. Só Cristo, Filho do Homem e Filho de Deus, demonstra sofrimento em sua face; só o rosto dele demonstra sua Paixão" (*AIDS and its metaphors*, p. 40, grifo na citação).

²⁴Isso sempre foi verdade, desde o início. O cristianismo judaico parece ter minimizado a cruz, concentrando-se na versão inversa da cruz pela ressurreição. Esse padrão é observável nas mensagens de Atos e constitui um ponto de divergência entre o Paulo de Atos e o Paulo das cartas. Cf. Beker, *Paul the apostle*, p. 202.

²⁵Hengel, *Crucifixion*, p. 38, grifo na citação. Nós, os episcopais, com nossa propensão para o bom gosto em todas as coisas, talvez reconheçamos esse estilo de desdém estético. Quem desejaria uma pessoa crucificada como centro da adoração?

que aderiam ao estilo de vida do Crucificado.²⁶ Após o estabelecimento do cristianismo como religião oficial do Império sob Constantino, a situação se inverteu. Um dos pontos mais perspicazes levantados por Martin Hengel é que, após Constantino, a palavra *crux* foi santificada. Caiu em desuso no discurso comum; em seu lugar, passou-se a usar a palavra *furca*, cujo significado é "forca". Isso é revelador, pois mostra como o movimento sempre se afasta da miséria da cruz para algo que, por mais terrível que seja, não está tão associado ao indizível, como no caso da crucificação. Também ilustra como a piedade superficial se conecta à cruz e, precisamente no processo de reverenciá-la, rouba-a de sua vergonha.

Até mesmo as artes e a música, geralmente tão honestas em comparação à piedade popular, não podem transmitir totalmente o terror da crucificação. Nem pinturas, esculturas ou filmes podem fazê-lo.²⁷ As *Paixões*, de J. S. Bach, nos levam para mais perto da cruz do que a maioria das obras artísticas, embora a beleza arrebatadora da música afaste o horror. Jaroslav Pelikan ilustra a importância definidora da cruz no pensamento de Bach ao mostrar como o compositor combina Natal com Sexta-Feira da Paixão: "A centralidade da história da crucificação e da ressurreição sugere que a 'música quaresmal' sempre foi relevante", mesmo nas *cantatas* cheias de respostas extasiadas à natividade.²⁸

Deslocando sua atenção para Georg Friedrich Händel, prossegue Pelikan: "As audiências modernas podem considerar incômodas as porções quaresmais de *Messias* em comparação com o nascimento do menino Jesus, e os regentes modernos podem sentir-se justificados em ceder a esse sentimentalismo, extirpando essas porções [do sofrimento e da morte do Messias] e transformando, assim, o oratório em uma *cantata* de Natal, e "Aleluia" em uma canção de Natal — quando, na verdade, é uma celebração da vitória da ressurreição

---

²⁶Os acadêmicos do período clássico ressaltam que boa parte dos escritos de martírio da igreja primitiva foi exagerada com o objetivo de encorajar os cristãos a aceitarem a coragem e a virtude de seus predecessores na fé. As perseguições de cristãos no Império Romano durante os primeiros duzentos anos após Cristo não foram tão constantes e implacáveis quanto sugere a imaginação popular; houve períodos em que o cristianismo era tolerado. A abrangência das perseguições de Nero foi inflada pela tradição cristã posterior, embora seja bem atestado o fato de que Nero responsabilizou os cristãos pelo grande incêndio de 64 d.C., e que Pedro e Paulo foram executados durante seu reinado. As perseguições posteriores, porém, foram bastante reais e severas. Os imperadores que promoveram as perseguições mais intensas foram Décio (249-251) e Diocleciano, cuja Grande Perseguição teve início em 303 d.C. e terminou com Constantino, em 312 d.C.

²⁷Mel Gibson tentou e falhou, em seu filme *A Paixão de Cristo*. Ele certamente deu ênfase ao flagelo e à crucificação, mas agora estamos acostumados à violência gráfica, e nossa sensibilidade está embotada. Empilhar detalhes e efeitos cinematográficos não é suficiente. O verdadeiro horror da crucificação não estava em seu "valor de choque", mas em sua natureza horrível e repugnante, que envolve muito mais aspectos olfativos e sonoros do que é possível transmitir em uma tela de cinema.

²⁸Jaroslav Pelikan, *Bach among the theologians* (Philadelphia: Fortress, 1986), p. 11.

de Cristo".²⁹ Desse modo, o desgosto da cruz alcança até mesmo as salas de concerto. Quando *Messias* é executado em sua totalidade, no entanto, ressalta não apenas o único versículo de Isaías 53 ("Foi desprezado e rejeitado pelos homens"), mas também um versículo mais explícito do profeta: "não escondi o rosto da vergonha e dos cuspes" (Isaías 50:6).³⁰

Não há nada mais extraordinário na literatura mundial do que a voz de Primo Levi das profundezas de Auschwitz: "Os justos [os retos] entre nós [...] sentiam remorso, vergonha e dor pelos crimes que outros, e não eles, cometeram, crimes nos quais se sentiam envolvidos".³¹

Isso é muito mais doloroso do que parece à primeira vista. O que Levi descreve é uma vergonha que vai além da vergonha. À luz de sua experiência, o autor reflete sobre como as vítimas de um tratamento vergonhoso são envoltas em vergonha, mesmo quando não fizeram nada para merecê-la.

A hediondez dos atos humanos é infectante. Para os cristãos, ouvimos na passagem um eco da vergonha sofrida pelo Crucificado. Devemos ter muita cautela ao conectarmos dessa forma as vítimas do Holocausto e a cruz, para que não pareçamos alheios à fúria que algo assim provocaria em muitos judeus. Entretanto, temos de continuar enfatizando que a *vergonha* da crucificação é mais importante para a determinação de seu significado do que o sofrimento físico.

O livro do profeta Naum retrata a vergonha de Nínive, cidade para a qual a ira de Deus é direcionada:

> "Eu estou contra você",
>   declara o S<small>ENHOR</small> dos Exércitos;
> "vou levantar o seu vestido até a altura do seu rosto.
> Mostrarei às nações a sua nudez
>   e aos reinos, as suas vergonhas.
> Eu jogarei imundície sobre você,
>   e a tratarei com desprezo;
>   farei de você um exemplo.
> Todos os que a virem fugirão... (Naum 3:5-7, NVI).

---

²⁹Pelikan, *Bach among the theologians*, p. 11.
³⁰O historiador de música Michael Marissen lançou um ataque ao *Messias* como antissemita (*Tainted glory in Handel's* Messiah: *the unsettling history of the world's most beloved choral work* [New Haven: Yale University Press, 2014]). Sua crítica foi recebida com estupefação, quando não com total repúdio. A maioria dos críticos pensa que a imagem ("Por que se enfurecem as nações?" [cf. Salmos 2:1]) é universal, de modo que não teria sido compreendida por ninguém na audiência de Handel como um coro triunfante sobre a queda de Jerusalém, em 70 d.C. A obra de Marissen sobre os textos problemáticos da *Paixão segundo São João* em Bach teve maior aceitação.
³¹Primo Levi, *The drowned and the saved* (New York: Vintage Books, 1988), p. 86.

Quando uma passagem como essa é lida sob a perspectiva da fé cristã, não é impossível ver uma referência velada à vergonha e ao ultraje sofridos por Jesus. O juízo de Deus contra "Nínive" se torna o juízo de Deus contra a vergonha do mundo inteiro, vergonha essa suportada por seu Filho, em todos os detalhes.[32] Quando dizemos que Jesus Cristo tomou sobre si o pecado do mundo inteiro, isso significa especificamente que ele sofreu a vergonha e a degradação que os seres humanos infligiram uns aos outros e que ele, mais do que qualquer um, não fez por merecer.

A luta de Paulo com os coríntios:
religião e secularidade

Podemos pensar que era mais fácil para os primeiros cristãos entender a cruz do que nós, e talvez isso seja verdade; ao mesmo tempo, porém, eles tinham ainda mais razões para esconder o rosto da cruz do que nós, visto que entendiam suas implicações. Eles tinham de suportar, diferentemente de nós hoje, o desprezo de seus contemporâneos, que conheciam muito bem o objeto de desgosto que a crucificação era. A coisa mais lógica para os primeiros cristãos seria abordar a Paixão o mais rapidamente possível, retratando-a como um episódio infeliz, mas acidental, no caminho para a ressurreição. Era isso que os cristãos em Corinto queriam fazer, mas Paulo não permitiu que isso acontecesse.

O trecho de 1Coríntios 1:18-25 nos leva para a essência da dificuldade que os cristãos do terceiro milênio partilham com aqueles que viveram no primeiro milênio. É útil lembrarmos que a igreja de Corinto não era diferente de muitas congregações americanas hoje em expansão. O estacionamento da igreja está sempre cheio; novos cultos são acrescentados; sinais e maravilhas abundam; há testemunhos sobre vidas transformadas. Parece não haver limite para o entusiasmo da congregação. Paulo, entretanto, vê um grande perigo à frente, visto que a vida dos coríntios gravita em torno do centro errado. Assim, ele escreve:

> Pois a palavra da cruz é loucura para os que estão perecendo, mas para nós, que estamos sendo salvos, é o poder de Deus. Porque está escrito:

---

[32]Naum, com seu juízo implacável contra Nínive, pode ser lido canonicamente ao lado de Jonas, o livro mais universalista do Antigo Testamento (excetuando-se Isaías 40—55). Em Jonas, a compaixão de Deus pela Nínive pagã se encontra em oposição dialética com seu juízo contra a cidade assíria em Naum.

"Destruirei a sabedoria dos sábios
Frustrarei a inteligência dos inteligentes".

Onde está o sábio? Onde está o escriba? Onde está o debatedor desta era? Acaso não tornou Deus louca a sabedoria do mundo? Visto que, na sabedoria de Deus, o mundo não conheceu a Deus por meio da sabedoria, foi do agrado de Deus salvar, pela loucura do que pregamos, aqueles que creem. [...] Para os que foram chamados, tanto judeus como gregos, Cristo é o poder de Deus e a sabedoria de Deus. Porque a loucura de Deus é mais sábia que os homens, e a fraqueza de Deus é mais forte que os homens (1:18-25).

Nessa passagem, Paulo defende sua pregação da cruz. O apóstolo contende contra dois fatores: a forte religiosidade dos cristãos coríntios e a sofisticação urbana da cidade ao redor. "Os judeus pedem sinais miraculosos", diz ele, e "os gregos procuram sabedoria". Em termos modernos, a declaração pode ser interpretada — com ressalvas — se reformularmos "judeus" como simplesmente pessoas religiosas e "gregos" denotando pessoas seculares.[33] A crucificação é um "escândalo" para as pessoas religiosas em geral, não especificamente para os judeus da época de Paulo, por ser ofensivamente irreligiosa; é "loucura" para as pessoas seculares não apenas por sua natureza intrínseca, mas também por sua afronta a uma mente educada, sofisticada.[34] A maioria dos membros de igrejas é composta por "judeus" no domingo de manhã e por "gregos" no restante do tempo. Pessoas religiosas querem ter experiências visionárias e elevação espiritual; pessoas seculares querem ter provas, argumentos, demonstrações, filosofia e ciência. O fato surpreendente é que *tanto um grupo como o outro* não querem ouvir sobre a cruz. Ela é "escândalo para os judeus e loucura para os gentios" (1:23). A cruz não é um objeto adequado de devoção para as pessoas religiosas, e as reivindicações feitas por ela são extremas demais para que venham a ser aceitas por pessoas seculares. Este é o paradoxo da cultura americana atual: ser religiosa e irreligiosa. Somos seculares e materialistas durante a maior parte do tempo, mas também tão piedosos que os candidatos à presidência da República devem encenar fotografias de si mesmos saindo de alguma

---

[33]Essa reformulação foi feita com muita sofisticação por Karl Barth em seu comentário de Romanos: *The Epistle to the Romans*, 6. ed. (Oxford: Oxford University Press, 1968), p. 382-407.

[34]Aqui, o contraste entre "religioso" e "secular" não tem conotação histórica, mas impressionista. Havia muitas religiões entre os romanos e por todo o mundo helenístico (Wilken, *The Christians as the Romans saw them*, p. 48-62; Neil Elliott, *The arrogance of nations: reading Romans in the shadow of empire* [Minneapolis: Fortress, 2008], p. 121-8). A ideia é expor e atualizar o uso que Paulo faz dos termos "judeu" e "grego".

igreja. Paulo se opõe a tudo isso, em ambas as extremidades do espectro, com o escândalo (*skandalon*) e a loucura que é a cruz.

Paulo desenvolve ainda mais seu argumento, lembrando à congregação de Corinto que a maioria dos cristãos de lá não se encontrava em uma escala social tão elevada quando foi chamada à fé: "Irmãos, pensem no que vocês eram quando foram chamados. Poucos eram sábios segundo os padrões humanos; poucos eram poderosos; poucos eram de nobre nascimento" (1:26). Em seguida, conforme seu estilo vívido e característico, o apóstolo reúne uma série de paradoxos:

> *Mas Deus* escolheu o que é loucura no mundo para envergonhar os sábios, escolheu o que é fraco no mundo para envergonhar o que é forte. Deus escolheu o que para o mundo é insignificante e desprezado, aquilo que nada é, para reduzir a nada o que é, a fim de que ninguém se vanglorie na presença de Deus. Ele é a fonte da vida de vocês em Cristo Jesus, a quem Deus tornou nossa sabedoria, nossa justiça, nossa santificação e nossa redenção; portanto, como está escrito: "Aquele que se gloria, glorie-se no Senhor" (1:27-31).

Paulo toma o termo "gloriar-se" a partir das próprias atitudes dos coríntios. Aparentemente, os coríntios reclamavam da falta de *glamour* espiritual de Paulo. O apóstolo aceita essa acusação e se apropria dela para defender o evangelho do Crucificado:

> Quando fui até vocês, irmãos, não lhes proclamei o testemunho de Deus com palavras sublimes e de sabedoria. Pois decidi nada saber entre vocês, exceto Jesus Cristo e este crucificado. E foi com fraqueza, temor e muito tremor que estive entre vocês. Minha mensagem e minha pregação não consistiram em palavras plausíveis de sabedoria, mas em demonstração do Espírito e de poder, para que a fé de vocês não se baseasse na sabedoria humana, mas no poder de Deus (2:1-5).

Paulo está disposto a aceitar a acusação de seus opositores sobre sua fraqueza pessoal e monotonia retórica para estabelecer sua ideia principal. Podemos ver situações análogas na igreja de hoje. Pregadores e mestres que são corajosos e fiéis em expor a cruz de Cristo, mas carecem de um estilo chamativo e ostentoso, tão favorecido nesta era de frases de efeito, encontram dificuldade para ser ouvidos. É provável que eles sejam aconselhados a melhorar sua imagem e cultivar um apelo mais popular, até mesmo comercial. As críticas feitas pelos coríntios contra Paulo devem ser lidas nesse sentido. Os coríntios queriam ouvir "sabedoria" — significando, nesse contexto, um discurso inspirado, que deslumbrasse seus sentidos.

Paulo é inflexível. A aparência de grandiosidade não serve ao *kerygma* da cruz. O apóstolo declara estar determinado a pôr de lado qualquer coisa, exceto *Jesus Cristo e este crucificado* (2:2). Os cristãos de Corinto tinham uma noção individualista e autocentralizada da vida cristã, a qual produzia efeitos perniciosos na comunidade como um todo. Paulo coloca a cruz em oposição a essas tendências. Sua carta aborda o problema de uma "espiritualidade" agressiva e que se autopromove na congregação. Como no ambiente de hoje, a religião e a espiritualidade estão "dentro"; a cruz, entretanto, permanece sempre "fora". Conforme lemos na epístola aos hebreus: "Jesus também sofreu *fora* da porta a fim de santificar o povo pelo seu sangue. Portanto, saiamos até ele, fora do acampamento, *suportando o abuso que ele suportou*" (Hebreus 13:12,13).[35]

O PAPEL DO ESPÍRITO

Paulo está seriamente preocupado — na verdade, ele está perto do limite, como comprovam algumas passagens de 2Coríntios — com os abusos na igreja de Corinto. Embora o próprio Paulo tenha recebido uma abundância de *charismata* (1Coríntios 14:18; 2Coríntios 12:1-4), a congregação que surgiu por meio de sua pregação cheia do Espírito está fazendo mau uso de seus dons. Ainda vemos isso quando evangelistas pentecostais se encontram em manifestações extravagantes e chamativas, como o falar em línguas e a prática de curas instantâneas.[36]

---

[35] O chamado para "suportar a desonra" não deve ser interpretado como sujeição a um cônjuge, pai, empregador etc. abusivos. Suportar a desonra por Cristo ocorre em consequência de dar testemunho sobre ele contra os principados e poderes, um assunto que examinaremos no capítulo 10.

[36] "Pentecostal" com *P* em caixa-alta se refere a cristãos que se autodesignam mais ou menos oficialmente por esse nome. O termo "pentecostal" com *p* em caixa baixa é geralmente empregado para denotar qualquer ênfase na obra do Espírito, geralmente incluindo manifestações mais visíveis e dramáticas. Em algumas igrejas tradicionais dos Estados Unidos, o "movimento carismático" — movimento quase pentecostal, encontrado amplamente em congregações de classes média e alta — perdeu boa parte de sua força desde a década de 1970. Nesses círculos, a ênfase passou a pender para a espiritualidade eclética. Alguns ministérios que beiram o pentecostal, entre pessoas de classe média, apresentam versões do "evangelho da prosperidade". O pentecostalismo mais autêntico, especialmente entre afro-americanos e imigrantes latinos, e aquele presente no mundo em desenvolvimento, onde sua ascensão é notável, apresenta algumas semelhanças com o movimento carismático, porém não é idêntico. Embora seja típico do pentecostalismo colocar grande ênfase no falar em línguas, em transes, milagres de cura e outras manifestações semelhantes, isso não evidencia, necessariamente, o elitismo espiritual que Paulo repreende em Corinto; além do mais, essa forma de pentecostalismo tem grande apelo entre os pobres — ao contrário da situação em Corinto e das ricas congregações americanas. Para um livro acerca do Pentecostalismo em sua melhor versão, cf. a obra amplamente aclamada de Mark Richard, *House of prayer n. 2: A writer's journey home* (New York: Nan A. Talese, 2011). "Se você perguntar ao pastor Ricks

Paulo adverte especificamente contra isso em 1Coríntios 12—14. No decorrer deste livro, vamos nos referir à mentalidade "de Corinto" na igreja. Sempre que houver ênfase na virtuosidade espiritual e falta de ênfase na expiação do pecado e no serviço autossacrificial, depararemos, mais uma vez, com os coríntios.

Thomas A. Smail, que escreveu muito sobre o Espírito Santo sob uma perspectiva Pentecostal, é admiravelmente claro quanto ao relacionamento do Espírito com a cruz: "Um Espírito capaz de depreciar a glória do Cristo crucificado para promover uma glória sua, mais deslumbrante, que passa pelos sofrimentos de Cristo com o fim de nos oferecer participação e triunfo sem dor e sem custo, certamente não é o Espírito Santo do Novo Testamento, [aquele] que glorifica, não a si mesmo, mas a Cristo e, portanto, sua missão é revelar a plena glória do Calvário e nos levar à posse de todas as bênçãos que, por sua morte, Cristo conquistou por nós".[37]

Smail conta uma história comovente sobre sua primeira experiência de falar em línguas durante um culto. Enquanto ele falava, vagamente consciente do que estava fazendo, uma jovem a quem não conhecia e que nunca mais viu deu à congregação reunida a interpretação das estranhas sílabas que ele falava: "Não há caminho para o Pentecoste exceto no Calvário; o Espírito é dado a partir da cruz".[38] Convencido, Smail fez dessa interpretação a pedra angular de todo o seu ensinamento posterior.[39]

A preocupação pastoral de Smail é com os leitores que se sentiram tentados a acatar, por causa de seus líderes, uma versão triunfalista do cristianismo, sem sacrifício ou sofrimento. É precisamente o que Paulo encontra na congregação de Corinto, conforme vemos nos primeiros dois capítulos de 1Coríntios. É quase certo que o apóstolo se referia à cruz ao enfatizar o que é "desprezado e o que nada é" (1Coríntios 1:28). Para judeus e gregos, a crucificação correspondia ao que era mais "desprezível" e "insignificante", pois enviava um sinal inconfundível: "Este indivíduo não serve para viver;

[pastor afro-americano da congregação pentecostal retratada no livro] o que acontece quando ele impõe as mãos sobre alguém e a pessoa cai no Espírito, sua explicação é que, quando o natural é destruído pelo sobrenatural, o indivíduo — dominado por algo maior que ele — adormece, da mesma forma que aconteceu com Adão quando Deus removeu sua costela. Nesse estado, há uma transmissão espiritual; algo muda na pessoa, permitindo que ela conheça a realidade de Deus" (p. 187).

[37] Thomas A. Smail, *Reflected glory: the Spirit in Christ and Christians* (Grand Rapids: Eerdmans, 1975), p. 105.

[38] Paulo proíbe explicitamente as línguas sem interpretação em 1Coríntios 14:13-18.

[39] Smail, *Reflected glory*, p. 105. O autor também declara: "A função do Espírito Santo é refletir em nós a semelhança de Cristo — de sua verdade, amor e poder. Contudo, como o Espírito faria isso de modo autêntico e completo se também não nos levasse para a semelhança dos sofrimentos de Jesus? Não pode haver um reflexo real de Cristo quando não carregamos sua cruz" (p. 112).

ele nem mesmo é humano" (*damnatio ad bestias*, na expressão dos romanos: "condenado à morte de um animal"). Trata-se de algo difícil para qualquer congregação, quer do primeiro século d.C., quer do presente século 21, assimilar. Foi difícil na época de Paulo; ainda é difícil hoje. Todavia, o apóstolo insiste que o aspecto de insignificância e impiedade no Filho encarnado — somente isso — é o "poder de Deus". Sem a cruz, não há evangelho. Sem a cruz, tudo o que existe é religiosidade difusa. Sem a cruz, somos apenas "gregos" e "judeus", sem nada de novo ou revolucionário para oferecer ao mundo. A dimensão pentecostal é clara por todo o Novo Testamento; como Paulo e João nos ensinam, e Lucas nos ilustra por meio de Atos, é no Espírito eterno, na Terceira Pessoa, que o Cristo crucificado e ressurreto é para sempre presença vívida de poder.

O PARADOXO DA CRUCIFICAÇÃO

Moltmann nos mostra como "o sofrimento de Jesus, impotente e sem murmuração, foi uma demonstração visível a qualquer um do poder e da força da lei e de seus guardiões. Por conseguinte, os discípulos o abandonaram na hora de sua traição e 'todos fugiram' (Marcos 14:50)".[40] Ademais, Moltmann destaca que a fuga dos discípulos é historicamente incontestável, visto que um herói autêntico não é abandonado por seus seguidores. Para Marcos, essa é mais uma indicação de que a morte de Jesus foi de um tipo tal que poderíamos considerá-lo esquecido por Deus. Os discípulos não podiam ver sua morte humilhante e ingloriosa como uma obediência a Deus, uma vindicação de sua missão, um martírio heroico. Pelo contrário: precisamente *por se tratar de uma crucificação*, eles não podiam enxergá-la senão como descrédito total de suas reivindicações perante Deus e os homens. Ele foi julgado como uma ameaça pelo Estado e pelas autoridades seculares; aos olhos dos discípulos, porém, algo muito pior foi o fato de ele haver sido condenado pelas autoridades religiosas, os guardiões da fé e da moral, como um blasfemo merecedor de morte ímpia. Seria difícil exagerar o horror de um resultado tão pouco edificante e irreligioso para um ministério em nome de Deus.

A mais radical de todas as perspectivas sobre a cruz se tornará clara para nós se refletirmos sobre a relação entre o Antigo e o Novo Testamento a esse respeito. Dito da forma mais honesta possível, *ninguém* esperava um Messias

---

[40] Moltmann, *The crucified God*, p. 132.

crucificado. Isaías 53 nos fornece apenas uma pista, uma sugestão, os contornos de uma profecia ("Foi desprezado e rejeitado pelos homens [...] o Senhor pôs sobre ele a iniquidade de todos nós", v. 3,6), mas praticamente ninguém entendeu a passagem como uma referência ao Messias de Israel até ocorrer a ressurreição. A "coisa nova" profetizada por Isaías era — e ainda é — interpretada de diversas maneiras, porém a coisa realmente nova é o que Paulo chama de "palavra da cruz".⁴¹ Quem seria capaz de discernir o que Deus estava anunciando por meio de Isaías?

> Vejam, estou fazendo algo novo!
> Já está surgindo; acaso não o reconhecem?
> Abrirei um caminho no deserto... (Isaías 43:19).

Quem poderia saber que o caminho pelo deserto para a redenção envolveria o caminho de humilhação trilhado pelo Filho de Deus? Qual versão religiosa ou secular teria levado alguém a prever uma morte horrível, exposta e insultante pelo "Deus feito carne"? O profeta desconhecido do Exílio conclama de sua terra distante: "Cantem ao Senhor um novo cântico" (Isaías 42:10), mas quem poderia saber que o conteúdo desse cântico seria o louvor devotado a um homem condenado? A última coisa que alguém teria imaginado, *mesmo com Isaías 53 diante de si*, era um Filho de Deus crucificado.

A CRUZ E A CADEIRA ELÉTRICA

Jürgen Moltmann cunhou a seguinte expressão: "a resistência da cruz a interpretações".⁴² Hoje, é absolutamente difícil compreendermos a cruz em seu contexto original, após dois mil anos em que ela foi domesticada, romantizada, idealizada e apropriada de forma indevida. De vez em quando, o intérprete moderno, lutando para encontrar algo que corresponda ao que as pessoas conseguem compreender hoje, comparará a cruz dos tempos romanos com a cadeira elétrica. Trata-se de uma analogia inadequada por diversas razões, conforme veremos, mas podemos aprender algumas coisas com ela. Imagine-se reverenciando uma cadeira elétrica. Imagine-se usando-a como o ponto focal

---

⁴¹Tomo como certo que Isaías 40—55 foi escrito por um profeta desconhecido durante o Exílio; por conveniência, porém, refiro-me a ele como "Isaías". De forma ainda mais importante, sigo Brevard Childs, ao acreditar que o livro de Isaías forma um todo canônico que tem fins teológicos; cf. seu livro *The struggle to understand Isaiah as Christian Scripture* (Grand Rapids: Eerdmans, 2004).

⁴²Título do segundo capítulo de *The crucified God*.

nas igrejas, pendurando pequenas réplicas no pescoço, carregando-a no alto em alguma procissão e inclinando a cabeça ao vê-la passar. O absurdo desse cenário pode ser prontamente compreendido.

Entretanto, outras características da comparação também podem vir em nosso auxílio. Por exemplo, a cadeira elétrica, quando ainda usada, era empregada quase exclusivamente para a execução da classe mais vil de criminosos, a maioria deles negros, sem conexões poderosas ou outros recursos.[43] De modo semelhante, os romanos praticamente nunca usavam a cruz para executar ocupantes de altas posições ou um cidadão romano.[44] Outro ponto de contato é a resposta contraditória de repulsa e atração tão conhecida de qualquer pessoa que já tenha desacelerado o carro para olhar para algum destroço na estrada. Até mesmo a pessoa mais entediada, quando confrontada com a fotografia de uma cadeira elétrica (para não falar da cadeira real), experimentará uma espécie de fascínio perturbador.[45] Sempre houve aqueles que se especializaram em torcer por — e aplaudir — execuções quando elas aconteciam, fossem linchamentos, enforcamentos ou eletrocussões. Sem dúvida, foi isso que aconteceu no Calvário, quando Jesus foi pregado em uma cruz e abandonado para morrer. Multidões de pessoas, naquela época e agora, sentiam prazer em insultar aquele que estava sendo executado. Ao se cansarem desse passatempo, voltavam em segurança para casa, para seu conforto, e não pensavam mais na vítima. "Vocês não se comovem, todos vocês que passam por aqui?" (Lamentações 1:12, NVI).

Todavia, existem algumas diferenças importantes. Eletrocussões deveriam ser, pelo menos em tese, uma forma humana e rápida de execução, ao passo que a crucificação como método de morte era especificamente designada para intensificar e prolongar a agonia. Nesse sentido, a cruz seria infinitamente mais terrível que a cadeira elétrica, por mais odiosa que a cadeira seja. Outra diferença é que a pessoa a ser eletrocutada tem a dignidade de usar uma máscara ou um capuz, supostamente para que o "privilégio da face", observado por Susan Sontag, seja preservado. Acima de tudo, porém, eletrocussões acontecem a portas fechadas, longe do olhar público, com apenas um grupo seleto e autorizado a assistir. A crucificação, por outro lado, foi concebida para ser vista pelo

---

[43] Observou-se, na época do julgamento de O. J. Simpson, em 1995, que, ainda que fosse condenado, ele nunca seria executado. Sua fama, seus fãs e suas conexões poderosas impossibilitariam essa execução.

[44] Martin Hengel examina algumas exceções à regra (*Crucifixion*, p. 39-40).

[45] O eufemismo *old sparky* surgiu para mascarar tanto o mal-estar como o senso de atração. Pessoas são atraídas para exposições de instrumentos de tortura da mesma forma; a máscara de ferro e outros dispositivos provocam um senso lúgubre de estremecimento e fascínio. A cadeira elétrica está em amplo desuso atualmente, com o surgimento da injeção letal e de um método supostamente mais "humano" de execução. Mesmo assim, recentemente houve uma eletrocussão no estado da Virgínia (2010).

maior número possível de pessoas. A degradação resultante da execução pública era uma das principais características do método, ao lado do prolongamento da agonia. Era uma forma de advertência ou de anúncio público: essa pessoa é a escória da terra, alguém indigno de viver, mais um inseto que um ser humano.[46] O miserável preso era crucificado como uma espécie de animal. A cruz não era colocada em locais abertos por ser mais conveniente ou por se tratar de um procedimento mais higiênico, mas para garantir a máxima exposição pública.

A TORTURA PSICOLÓGICA DA CRUCIFICAÇÃO

Em 1996, a Georgetown University contratou vinte e cinco artistas para a criação de crucifixos a serem exibidos no *campus* no lugar dos crucifixos mais antigos e tradicionais. O escultor Charles McCullough, ministro ordenado pela Igreja Unida de Cristo, fez um crucifixo retorcido de madeira como representação de Cristo em extrema agonia. McCullough falou com eloquência sobre o desafio de fazer esse trabalho: "Desenhar, pintar ou esculpir a crucificação é uma experiência aterrorizante, visto que o artista deve sentir um pouco da dor horrível e da *humilhação* de ficar pendurado em uma cruz até morrer. É difícil enfatizar demais a verdadeira brutalidade de sua morte por tortura. É importante, acredito, representar a crucificação como um homicídio patrocinado pelo Estado, e não como uma noção abstrata da morte em geral".[47]

A crucificação como meio de execução no Império Romano tinha como *propósito expresso* a desconsideração de vítimas como membros da raça humana. Nunca é possível enfatizar o bastante: o objetivo da cruz era a desumanização. Seu propósito era mostrar a todos que brincassem com ideias subversivas que as pessoas crucificadas não pertenciam *à mesma espécie que os executores ou os espectadores*, sendo, portanto, não apenas dispensáveis, mas também merecedoras de extermínio sistemático.

Portanto, escárnios e zombarias que acompanhavam a crucificação não apenas eram permitidos, mas também faziam parte do espetáculo e eram programados para ele. Em certo sentido, a crucificação era uma forma de entretenimento. Todos compreendiam que o papel específico dos que passavam por

---

[46]Obviamente, a contenção também era um motivo. Para todos aqueles que contemplassem uma sedição, a crucificação servia de advertência: "Isso pode acontecer com você". O método de execução seria especialmente importante para impedir a revolta de escravos. De forma irônica, as palavras "lei" e "ordem" estão sendo definidas aqui.

[47]Cit. Peter Steinfels, "Beliefs", *New York Times*, Mar. 1999 (grifo na citação).

alguém sendo crucificado era o de agravar a desumanização daquele que era designado a ser o espetáculo. A crucificação foi habilmente projetada — podemos dizer *diabolicamente* projetada — para ser uma representação quase teatral dos impulsos sádicos e desumanos que residem no coração humano. De acordo com o evangelho cristão, o Filho de Deus, de maneira voluntária e proposital, absorveu tudo isso, atraindo a cruz para si mesmo.

MORS TURPISSIMA CRUCIS

Qualquer um que busque interpretar a crucificação de Jesus deve decidir se inclui ou não uma descrição clínica. Uma vez que os escritores do Novo Testamento são conspicuamente silenciosos quanto aos detalhes físicos, é legítimo perguntarmos se é adequado ou útil apresentá-los.[48] Por outro lado, a maioria das pessoas que viveram na época do Novo Testamento presenciou crucificações, de modo que não precisava de uma descrição. Os Evangelistas e escritores do Novo Testamento podiam pressupor uma familiaridade com o método que, para nós, hoje, é impensável; a maioria de nós nem sequer chegou perto de ver alguém torturado até a morte. Por essa razão, como escreve Martin Hengel: "Refletir sobre a excruciante realidade da crucificação na antiguidade pode ajudar-nos a superar a perda aguda de realidade que pode ser encontrada com tanta frequência na teologia e na pregação atuais".[49] O antigo teólogo Orígenes chamou a morte de Jesus de *mors turpissima crucis*, a morte completamente vil de cruz. Cícero, grande estadista e escritor romano, referia-se à crucificação como *summum supplicium*, a penalidade suprema, ainda pior do que *crematio* (fogueira) e *decollatio* (decapitação), em seu aspecto horroroso.[50] Algum conhecimento rudimentar do que estava acontecendo nos ajudará a compreender esses termos.[51]

---

[48]Eu mesma lutei por muito tempo com essa questão. Vi pessoalmente grupos de adolescentes inquietos extasiados quando um palestrante do Young Life ministrou o que costumava ser descrito como "conversa da cruz". Os detalhes horríveis da crucificação pareciam evocar neles o mesmo fascínio que um filme de terror, mostrando-se, nesse aspecto, eficazes. Contudo, apresenta um contraste marcante com a reticência dos Evangelistas, de modo que eu me pergunto se, no fim das contas, não se afigura como uma forma de manipulação.

[49]Hengel, *Crucifixion*, p. 90.

[50]Hengel, *Crucifixion*, p. 33, 51. O próprio Cícero foi decapitado, um método relativamente misericordioso comparado com a crucificação. O aspecto horrível da decapitação era a exibição da cabeça arrancada (e das mãos, no caso de Cícero). Uma vítima crucificada era exposta *enquanto ainda se encontrava viva*.

[51]Alguns detalhes foram extraídos de um artigo amplamente divulgado por William D. Edwards et al., "On the physical death of Jesus Christ", *Journal of the American Medical Association* 255, n. 1 (Mar. 21, 1986). O artigo do *JAMA* foi criticado e até mesmo ridicularizado, com certa justificativa, por se afastar de considerações estritamente médicas e confiar em detalhes bíblico-teológicos, não científicos — fazendo referência até mesmo ao Sudário de Turim! Para nós, o valor particular e limitado do artigo em questão é que ele nos oferece um relato persuasivo da *mecânica do método*. Raymond E. Brown prefere um artigo mais recente, o qual propõe

A primeira fase de uma execução romana era o açoitamento. Os lictores (legionários romanos designados para essa tarefa) usavam um chicote feito de couro, ao qual eram amarrados pequenos pedaços de metal ou de osso. Pinturas retratando o açoitamento de Jesus sempre o mostram com uma tanga quando, na verdade, a vítima estaria nua, amarrada a um poste em posição de expor as costas e as nádegas, para causar o maior impacto possível. Com os primeiros golpes de flagelo, a pele seria arrancada e o tecido subcutâneo, exposto. À medida que o processo prosseguia, as lacerações começariam a expor alguns músculos esqueléticos subjacentes. Isso resultaria não apenas em grande dor, mas também em perda considerável de sangue. A ideia era enfraquecer a vítima a um estado próximo do colapso ou da morte. Zombarias e escárnios eram comuns durante o procedimento. No caso de Jesus, o Novo Testamento nos diz que uma coroa de espinhos, um manto de púrpura e um cetro foram acrescentados para intensificar a ridicularização.

As condições de um prisioneiro após o açoite, pouco antes da crucificação, dependeriam de vários fatores: condição física anterior, o entusiasmo dos lictores e a extensão da perda de sangue. No caso de Jesus, esses elementos não podem ser conhecidos; o fato, porém, de ele aparentemente não ter sido capaz de carregar o *patibulum* (trave) sozinho nos serve de indicação de que ele se encontrava em um estado gravemente enfraquecido, talvez à beira da hipovolemia (choque circulatório).

Os que estavam sendo crucificados eram exibidos nas ruas, expostos ao desprezo da população. Ao final da procissão, a vítima chegava ao lugar da crucificação e via diante de si pesados postes verticais de madeira (estipes), permanentemente no lugar, aos quais o *patibulum* seria preso por um encaixe tipo espiga. O indivíduo a ser crucificado era jogado de costas, o que exacerbava a dor das feridas do açoite, acrescentando-lhes sujeira. Suas mãos seriam amarradas ou pregadas à barra; pregar as mãos da vítima parecia ser a prática preferida pelo romanos. Achados de ossuários nos dão uma ideia mais clara de como isso era feito: apesar de dois mil anos de iconografia cristã, os pregos não eram atravessados pelas palmas das mãos, que não poderiam suportar o peso do corpo de um homem, mas, sim, pelos pulsos. Em seguida, o *patibulum* era alçado com a vítima presa a ele, e os pés eram amarrados ou pregados. Nesse ponto, o processo de crucificação propriamente dito tinha início.

---

o choque como a causa de uma pessoa crucificada. Cf. Brown, *Death of the Messiah*, p. 1.088-92, para um resumo detalhado do debate. (Em uma entrevista de 2012 com Terry Gross na NPR, Colm Tóibín, autor de *The testament of Mary* [O testamento de Maria], declarou, em tom autoritativo, que vítimas da crucificação morriam por insolação. De onde ele tirou essa informação, eu não sei.)

Vítimas de crucificação permaneciam vivas em sua cruz por períodos que variavam de três a quatro horas ou de três a quatro dias. Já se observou que a tribulação de Jesus foi relativamente breve. Talvez ele tenha ficado debilitado pelo açoite, perdido mais sangue do que o normal ou sofrido uma ruptura da aorta. Não há como saber. De qualquer modo, presume-se que "o principal efeito fisiopatológico da crucificação, além de uma dor excruciante (do latim, *excruciatus*, 'fora da cruz'), era uma interferência acentuada na respiração normal, particularmente na exalação".[52] A exalação passiva, que todos nós fazemos milhares de vezes por dia e sem nos darmos conta, é algo que se torna impossível para alguém pendurado em uma cruz. O peso de um corpo pendurado pelos pulsos deprimia os músculos necessários à expiração. Portanto, cada respiração exalada só poderia ser alcançada com um grande esforço. A única maneira de ganhar fôlego seria empurrando-se para cima, pelas pernas e pelos pés, ou puxando-se pelos braços, o que causaria intensa agonia.[53] Adicione a esse fator primário os seguintes fatores secundários: funções corporais descontroladas; insetos se alimentando de feridas e orifícios; sede indescritível; câimbras musculares; dores súbitas nos nervos por causa dos pulsos cortados; *estacas* de madeira arranhando as costas açoitadas. É mais do que qualquer um de nós é capaz de imaginar por completo. O abuso verbal e outras ações de espectadores, soldados romanos e transeuntes, como cuspir e jogar lixo na vítima, dariam o toque final.

O Novo Testamento nos mostra a vida entre dois mundos: o mundo romano e o mundo do Oriente (Médio) Próximo. A crucificação era suficientemente nociva aos olhos romanos; atitudes palestinas a teriam julgado de forma semelhante. Até hoje, as culturas do Oriente Médio têm "um forte senso de honra pessoal alojada no corpo".[54] Uma amputação administrada como punição, por exemplo, seria vista como muito mais do que crueldade física ou deficiência permanente: significaria que o amputado carregaria marcas visíveis de desonra e vergonha pelo resto da vida. Qualquer coisa feita ao corpo seria entendida como excepcionalmente cruel — não apenas por infligir dor, mas muito mais porque, visivelmente, causaria desonra. Além do mais, os relatos da Paixão

---

[52] Do artigo do *JAMA* (cf. nota 51).

[53] Seria ainda mais difícil dizer qualquer coisa, já que a fala só é possível durante a expiração.

[54] O historiador Peter Brown e sua esposa, Betsy, têm laços pessoais e acadêmicos com as culturas do Mediterrâneo Oriental, do passado e do presente. Eles têm várias observações distintas sobre a crucificação, incluindo aquela sobre a vítima ser seu carrasco. Boa parte desse parágrafo e a primeira metade do parágrafo seguinte, incluindo as quatro citações verbais, foram extraídas de uma entrevista com Peter e Betsy Brown no dia 3 de fevereiro de 1999.

refletem, em parte, "um ritual muito antigo de humilhação".⁵⁵ A zombaria de Jesus, os cuspes e o escárnio, a "inversão do seu reinado" e sua "destronização" com a coroa de espinhos e o manto de púrpura teriam sido vistos como parte central de um rito completo de infâmia, do qual a crucificação consistia em seu ápice.⁵⁶

Outro aspecto da crucificação, não amplamente notado, é que uma pessoa crucificada, ofegando e se apoiando contra a cruz para poder respirar, é forçada a ser sua executora. Não lhe é permitida sequer a perversa dignidade de que outro ser humano, seu semelhante, o enforque ou o decapite. Na cruz, o homem morre verdadeira e completamente sozinho, com o peso de seu corpo matando-o enquanto ele está pendurado, fazendo seu diafragma sufocá-lo. Alexsandr Solzhenitsyn descreve como, no *gulag* de Stalin, os prisioneiros eram forçados a dormir com as mãos para fora dos cobertores, para que os simples gestos usados universalmente por seres humanos para aquecerem os próprios corpos (acariciando-os, massageando-os, apertando-os) fossem impossíveis.⁵⁷ De fato, há algo particularmente horrível quanto a lançar o corpo de alguém contra si mesmo e, no caso da crucificação, realmente se transformar no *instrumento* de sua asfixia.

Todavia, tendo dito tudo isso, devemos, em certa medida, pôr todas essas coisas de lado. Não compreendemos o porquê do silêncio dos escritores neotestamentários em relação aos detalhes da crucificação, porém uma das razões deve ser que eles quisessem direcionar nossa atenção para outra coisa.

REJEIÇÃO E ABANDONO

Jesus tomou sobre si o papel de ser o definitivamente Outro. Ele se permitiu ser tratado como escória, como menos que um ser humano. Todos os impulsos

---

⁵⁵Temos de exercitar nossa imaginação para entendermos como a nudez, em particular, envergonhava a vítima. Thomas Cahill, em seu pequeno livro sobre Jesus, *Desire of the everlasting hills* [Anseio pelos montes eternos], estabelece o incontroverso ponto de que a vergonha associada à humilhação sexual certamente teria sido parte do ritual conduzindo à crucificação, tão certamente quanto foi nos escândalos atrelados à prisão de Abu Ghraib na Guerra do Iraque. Nua, a vítima de açoites e zombarias não seria capaz de cobrir seus genitais com as mãos, mas seria totalmente exposta ao escrutínio, ao escárnio e a qualquer obscenidade que os espectadores desejassem lançar em sua direção — e, como Cahill aponta, as provocações sexuais do tipo mais rude certamente teriam feito parte desse "entretenimento". As descrições vívidas de Cahill de uma pessoa crucificada vão direto ao ponto: "um verme de homem lamentável", uma "aberração cômica". O autor também faz um comentário particularmente perspicaz a respeito da identidade de Jesus precisamente *como judeu* em sua morte. Ele evoca o aspecto especificamente judaico da vergonha de Jesus, com seu "pênis circuncidado" à mostra para a zombaria de incircuncisos soldados romanos e transeuntes. Thomas Cahill, *Desire of the everlasting hills* (New York: Nan A. Talese, 1999), p. 107-8.

⁵⁶Em seu comentário de Isaías 40—66, Clauss Westermann escreve: "Conforme vemos em Salmos, no antigo Israel, sofrimento e vergonha caminhavam juntos de uma forma que nós, hoje, não conseguimos entender" (Westermann, *Isaiah 40—66* [Philadelphia: Westminster, 1977; 1. ed. 1966], p. 214).

⁵⁷Alexandr I. Solzhenitsyn, *The Gulag Archipelago* (New York: Harper and Row, 1973), p. 184, n. 5.

malignos da raça humana foram concentrados nele.⁵⁸ Sem dúvida, a crucificação não passa, em certo sentido, de apenas mais uma cena bárbara dentre as muitas atrocidades humanas. Entretanto, há uma característica da crucificação que a distingue de tudo o mais. Muitos creem que o critério definitivo para a interpretação da cruz de Cristo é o "clamor de abandono": "Meu Deus! Meu Deus! Por que me abandonaste?". Não pode haver uma interpretação honesta desse acontecimento sem incluir essa fala desesperadora da cruz, *a única fala* a ser registrada não apenas por um, mas por *dois* Evangelistas.⁵⁹

O clamor assombra nossa imaginação coletiva de maneira reveladora e surge em lugares inesperados. O acadêmico e crítico literário inglês John Weightman, ao examinar o tema do absurdo, escreve: "Existem expressões diretas ou indiretas do Absurdo no Antigo Testamento, nas literaturas grega e latina e nas obras de muitos escritores de séculos posteriores, alguns dos quais se consideravam cristãos em um nível ou em outro. Podemos reivindicar que o clamor *Eli, Eli, lamá sabactâni* prova que, por um breve instante, o próprio Jesus se tornou o Absurdo".⁶⁰

Trata-se de uma declaração impressionante, já que ressalta a irreligiosidade da cruz e nos mostra quão importante é o clamor de abandono como forma de demonstrar a completa identificação de Jesus com nossa condição humana comprometida, até mesmo absurda, passando do "mau cheiro da fralda para o mau cheiro da mortalha".⁶¹ Jesus, quando se encontra na cruz, incorpora em seu tormento todas as lutas e tentativas fúteis da humanidade de fazer amizade com o silêncio caçoador e indiferente do espaço⁶² — *especialmente as tentativas religiosas*.

Uma característica de *A Paixão segundo São Mateus*, de Bach, aparentemente uma invenção do próprio compositor, não é apenas cativante em termos musicais, mas também de grande importância teológica. Jaroslav Pelikan a descreve da seguinte forma:

---

⁵⁸Morna Hooker nos lembra, em um segmento de dar arrepios, que, após a descrição feita por Lucas da negação de Pedro, "somos informados de que Jesus foi zombado pelos guardas; a cena ocupa o restante da noite" (*Not ashamed*, p. 87, grifo na citação). Reflita sobre a experiência do nosso Senhor, suportando a brutalidade sádica por muitas horas ao longo da escuridão da noite, até que o nascer do sol do dia seguinte levasse à sua morte por tortura pública. Supondo que, além dos açoites, Jesus tenha sido submetido a uma quantidade incomum de ataques, conforme sugerem os relatos dos Evangelhos, não é de admirar que ele tenha morrido de forma relativamente rápida.

⁵⁹Apenas Mateus e Marcos registram o clamor de abandono. Segundo observaremos posteriormente, Lucas e João têm uma ênfase diferente.

⁶⁰John Weightman, "The outsider", *New York Review of Books*, Jan. 15, 1998. A citação é da resenha de uma biografia revisionista de Albert Camus.

⁶¹Robert Penn Warren, *All the king's men*.

⁶²"O silêncio eterno desses espaços infinitos me apavora." Blaise Pascal, *Pensamentos* III, 206 (XIV, 201).

[Bach utiliza] o "halo", o quarteto de cordas que toca vários acordes, para acompanhar cada uma das palavras de Jesus e, segundo expresso por um autor, "flutua ao redor das declarações de Cristo como uma glória" [citando Philipp Spitta, historiador de música e biógrafo de Bach]. [...] Aparentemente, Bach foi o único [dentre os compositores da sua época] a ver o lugar completamente adequado de suspender o "halo" durante o clamor de abandono: *Eli, Eli, lamá sabactâni*. [...] A glória do Pai foi retirada da figura solitária da cruz [...] *agora ele está abandonado, sozinho*.[63]

GÁLATAS 3:10-14: A MORTE AMALDIÇOADA DE CRISTO

Como ponto culminante deste capítulo, retornamos à extraordinária passagem de Gálatas 3.[64] É um tanto difícil compreender por que ela cita quatro passagens distintas do Antigo Testamento; o texto também contém alguns dos padrões de pensamento mais exigentes de Paulo. A tradução de Gálatas 3:10-14 feita por J. Louis Martyn ajuda o leitor a seguir a linha de raciocínio do apóstolo:

> Aqueles cuja identidade deriva da observância da Lei estão sob o poder de uma maldição, visto que está escrito: "Maldito todo aquele que não perseverar na observância de todas as coisas que estão escritas no livro da Lei, para as cumprir" [Deuteronômio 27:26]. Que perante Deus ninguém é retificado pela *Lei* está claro pelo fato de que "aquele que é retificado pela *fé* viverá" [Habacuque 2:4]! Além do mais, a Lei não tem sua origem na fé; do contrário, ela não diria: "Aquele que pratica os mandamentos viverá por eles" [Levítico 18:5].
>
> Cristo nos redimiu da maldição da Lei, tornando-se maldição por nós, pois está escrito: "Maldito todo aquele que é pendurado em um madeiro"

---

[63]Pelikan, *Bach among the theologians*, p. 79-80, grifo na citação. Jesus foi realmente abandonado por Deus na cruz? Pode ser que Lucas omita o clamor de abandono por não querer dar a impressão de que Deus estava realmente ausente. Nesse ponto, Raymond E. Brown oferece um *insight* surpreendente. Brown sugere que, no clamor de abandono, Jesus experimenta o silêncio de Deus, mesmo que Deus esteja presente e "falando" no sinal das trevas ao meio-dia; "*Jesus, porém, não o escuta*" (extraído de notas pessoais de uma aula com Brown em Fordham, 8 de março de 1994, grifo na citação). Não encontrei um comentário melhor do que o de Clifton Black: "Parece-me suspeito correr em defesa do Todo-Poderoso em Mateus e Marcos, protestando que o ambiente apocalíptico de seus relatos da crucificação demonstra que o amado Filho de Deus realmente não foi abandonado às três horas daquela tarde [...] *sub specie aeternitatis*, da perspectiva da eternidade (Spinoza), isso é verdade. *Sub specie cruciatus*, da perspectiva de sua execução tortuosa, não é menos verdade, sob a perspectiva dos Evangelistas, que Jesus, em última análise, tenha orado fielmente a um Deus cuja presença não podia mais perceber" ("The persistence of the wounds", in: Sally A. Brown; Patrick D. Miller, orgs., *Lament: reclaiming practices in pulpit, pew, and public square* [Louisville: Westminster John Knox, 2005], p. 51, grifo na citação). Ambas as citações sugerem que a percepção de Jesus era que o Pai se afastara dele.

[64]A cena do Getsêmani diz respeito à discussão do grito de abandono, mas o comentário principal sobre essa cena virá no capítulo 9.

[Deuteronômio 21:23b]. Cristo fez isso para que a bênção de Abraão chegasse até os gentios em Jesus Cristo — a fim de que, em outras palavras, recebêssemos a promessa, a qual é o Espírito, pela fé (Gálatas 3:10-14).[65]

Com frequência, essa passagem crucial é esquecida pela igreja. De modo incompreensível, ela não se encontra no Lecionário Comum Revisado, nem como opção para a Sexta-Feira da Paixão.[66] A passagem é intrincada até mesmo para os padrões paulinos; no entanto, essa não é uma razão suficientemente boa para a negligenciarmos. É como se a mensagem simplesmente fosse intensa demais para o consumo público. Paulo sempre representou uma dose forte demais para a igreja, mas foi a ele que, dentre os escritores do Novo Testamento, foi dada a compreensão mais profunda em relação à natureza universal da obra do Messias.[67]

Reduzindo o argumento de Paulo aos seus componentes mais simples, aprendemos que:

- *O mundo inteiro* vive sob o poder da maldição de Deus, visto que a Lei (ou Torá) profere uma maldição sobre todos aqueles que não cumprem suas exigências (Deuteronômio 27:26).[68]
- A retificação (*dikaiosis*, traduzida tradicionalmente como "justificação")[69] — cujo significado é "corrigir" — pela Lei é impossível, visto que a Lei não tem origem na fé. A fé, diferentemente da Lei, é capaz de dar vida (Levítico 18:5; Habacuque 2:4).
- Portanto, o próprio Deus deve fazer a retificação. Foi isso que ele fez por meio de Jesus Cristo, que, na cruz, realmente tomou sobre si a plena força da maldição da Lei (Deuteronômio 21:23).
- Nossa identidade não é mais derivada da observância da Lei, mas do dom do Espírito pela fé em Cristo.

---

[65] Texto baseado na tradução de J. Louis Martyn, *Galatians*, Anchor Bible 33A (New York: Doubleday, 1997), p. 307, grifo na citação. Martyn traz a palavra "Lei" em maiúsculas por duas razões. Seu primeiro significado é, essencialmente, "Torá". Para Paulo, tem um segundo significado: como o Pecado e a Morte, a Lei se tornou um dos Poderes — não de forma intrínseca, mas por ter sido usada como arma pelo Pecado (como em Romanos 7:11).

[66] Após uma vida inteira participando de cultos na Sexta-feira da Paixão em igrejas tradicionais, nunca ouvi o texto sendo pregado, exceto quando eu mesma o fiz.

[67] Gálatas 3:10-14 será examinado de forma mais detalhada no capítulo 10.

[68] "Se alguém quiser praticar as obras da lei, será a própria lei que demonstrará a impossibilidade de tal prática" (Herman N. Ridderbos, *The Epistle of Paul to the churches of Galatia* [Grand Rapids: Eerdmans, 1953], p. 125).

[69] O contraste é entre a justiça da Lei e a justiça da fé — Romanos 9:30,31; 10:5,6 (ou, dito de outra forma, nossa justiça *versus* a justiça que vem de Deus — Romanos 10:3).

O aspecto mais importante para nossa discussão é o anúncio de Paulo (*kerygma*) de que Deus, na pessoa de seu Filho, que nunca pecou, colocou-se de forma voluntária e deliberada nas piores condições de maldição — em nosso benefício e em nosso lugar. Esse paradoxo esmagador está no cerne da mensagem cristã.

Nos Evangelhos, a ligação mais próxima de Gálatas 3:10-14 é o clamor de abandono. Nesse ponto crucial, há o rompimento com a tradição de pregação da Sexta-Feira da Paixão. É prática comum em alguns círculos evangélicos conectar o clamor de abandono com Gálatas 3:13 ("quando se tornou maldição em nosso lugar"); mesmo assim, muitos pregadores lutam com o significado de *Eli, Eli, lamá sabactâni*, sem observar essa conexão. Sem dúvida, há muito ensejo para mal-entendidos. Às vezes, objeta-se que um pai que permite a maldição e o abandono de seu filho deve ser monstruoso. Nesse contexto, porém, o pensamento trinitário é essencial. Filho e Pai estão agindo por meio de um pacto que fizeram, pelo poder do Espírito. Essa interposição do Filho entre seres humanos e a maldição de Deus sobre o Pecado é um projeto que envolve as Três Pessoas. A sentença de maldição recaiu sobre Jesus em nosso nome e em nosso lugar, *por seu decreto* como a segunda pessoa.[70]

Uma passagem estreitamente relacionada é o texto notável de 2Coríntios, cuja seção se inicia da seguinte forma: "*Tudo procede de Deus*, que *por meio de Cristo* nos reconciliou consigo" [5:18], estabelecendo, assim, a afirmação indispensável de que o Pai não age *em oposição* ao Filho, mas *no* Filho e *por meio* dele, cuja vontade é igual à do Pai. Tal transação incrível ocorre *entre as Pessoas da Trindade*.[71] A passagem se encerra com mais uma das frases sintaticamente complicadas, mas teologicamente extraordinárias, de Paulo: "Aquele que não conheceu pecado, ele o fez pecado por nós; para que, nele, fôssemos feitos justiça [*dikaiosyne*] de Deus" (2Coríntios 5:18,21).

Ninguém entende exatamente o que o apóstolo quer dizer com "[Deus] o fez pecado". Como o Filho de Deus pode "ser pecado"? Visto que Paulo entende Pecado não como um acúmulo de más ações, mas como um Poder que

---

[70] *Opera Trinitatis ad extra indivisa sunt* — "as obras da Trindade são indivisíveis". Frase de Agostinho, *Sobre a Trindade* 1.5, cit. por Christopher Morse. Cf. Morse, *Not every spirit: a dogmatics of Christian disbelief* (New York: Trinity, 1994), p. 207.

[71] "Esse relacionamento trino e uno entre Pai, Filho e Espírito Santo se aplica a todas as atividades, incluindo o movimento de propiciação e expiação purificadora por meio do qual todos os que se achegam ao Pai por meio do Filho e no Espírito Santo são redimidos e salvos do pecado, da morte e do juízo. Assim, a fé na Santa Trindade não diz respeito apenas ao nosso conhecimento de Deus conforme ele é em sua vida e em seu ser interior, mas ao próprio núcleo do Evangelho da salvação [...] De fato, é a entrega tríplice de Deus a nós, como Pai, Filho e Espírito Santo, que constitui a nossa salvação". T. F. Torrance, *The mediation of Christ*, ed. rev. (Colorado Springs: Helmers and Howard, 1992; orig. 1983), p. 126.

tem domínio mortal sobre toda a raça humana, certamente parece que Jesus foi, de alguma forma, dominado pelo terrível Poder do Pecado, assimilado a ele ou por ele retido *in extremis* — por ele aprisionado de forma compatível com suas intenções aniquiladoras. Paulo coloca a impecabilidade de Jesus ("aquele que não conheceu pecado") em oposição a "fez pecado", aproximando os dois segmentos de frase com o fim de aumentar o efeito alarmante do que está sendo dito. Jesus não conheceu pecado; foi feito pecado. Repare que Paulo não diz que "Jesus nunca pecou" ou que "Jesus não cometeu pecado". Isso porque o Pecado, para Paulo, não é algo que alguém comete, mas um Poder pelo qual alguém é mantido indefeso e escravizado. A conexão com Gálatas é, de fato, complexa, e não pode ser plenamente compreendida se não tivermos Romanos 7:5-25 em vista. Nessa passagem, Paulo mostra que o Pecado e a Lei são parceiros em uma conspiração que envolve uma terceira parte: a Morte: "Mas o pecado, aproveitando a oportunidade dada pelo mandamento [Torá ou Lei], produziu em mim todo tipo de desejo cobiçoso. Pois, sem a Lei, o pecado está morto. [Mas] [...] o pecado, aproveitando a oportunidade dada pelo mandamento, enganou-me e por meio do mandamento me matou".[72] Nesse texto, o apóstolo personifica o Pecado, visto que não se trata apenas de "errar o alvo", como tantas vezes é ensinado; trata-se, antes, de um Poder ativo e hostil contra o ser humano.[73] Em Romanos 7:11, Paulo retrata o Pecado usando a Lei como instrumento para dar a Morte à humanidade, quase como se o Pecado utilizasse a Lei como arma letal. De fato, é mais ou menos isso que Paulo está dizendo.

Richard A. Norris explica de forma mais detalhada o papel da Lei: "A morte, afinal, era a penalidade designada pela Lei de Moisés para 'o profeta que ousar falar em meu nome alguma coisa que eu não lhe ordenei, ou falar em nome de outros deuses' (Deuteronômio 18:20). Jesus, aparentemente, era assim. Em consequência, ele foi tratado de forma automática como alguém amaldiçoado [...]. Pois está escrito: 'qualquer que for pendurado em um madeiro está debaixo da maldição de Deus' (Deuteronômio 21:23)".[74]

Paulo se move de um modo tipicamente audacioso ao citar Deuteronômio 21:23. O que nos chama a atenção é o fato de ele omitir as palavras "de Deus".[75]

---

[72]A ideia de que a Torá poderia ser agente do Pecado seria profundamente ofensiva e alarmante para os judeus. Esse é um dos pontos em que o cristianismo e o judaísmo se separam.

[73]*Hamartia* realmente quer dizer "errar o alvo". Contudo, interligar teologia bíblica com etimologia apresenta sérias limitações. As palavras assumem significados mais amplos nas Escrituras, significados que não podem ser captados por definições básicas.

[74]Richard A. Norris, *Understanding the faith of the church* (New York: Seabury Press, 1979), p. 133-4.

[75]Conforme Martyn argumenta em *Galatians*, a "maldição" não é precisamente a maldição de Deus, e sim a maldição da Lei. Isso resolve alguns problemas, mas apresenta outros. Em termos exegéticos, no contexto de Gálatas, Paulo tem claramente a Lei em vista. Em particular, essa leitura tem o grande mérito de garantir

Para Paulo, não é Deus quem condena Jesus, mas a *maldição da Lei*.[76] Paulo nos declara que, em sua morte, Jesus se entregou ao Inimigo — ao Pecado; à Lei, aliada do Pecado; e à Morte, o salário do Pecado (Romanos 6:23; 7:8-11). Essa foi a guerra que ele travou. Essa é uma das razões mais importantes — talvez a mais importante — para Jesus ter sido crucificado: *nenhum outro modo de execução teria sido compatível com a condição extrema da humanidade sob o poder do Pecado.*

A situação de Jesus sob o severo julgamento de Roma foi análoga à nossa situação sob o Pecado. Jesus foi condenado; ficou desamparado e incapacitado; foi despojado de sua humanidade; foi reduzido à condição de um animal (*damnatio ad bestias*), declarado indigno de viver e merecedor de uma morte própria de escravos — e o que, segundo Paulo, éramos nós senão escravos? Nesse ponto, a passagem-chave é Romanos 6:16-18: "[Vocês se tornam] escravos daquele a quem obedecem: do pecado, que leva à morte, ou da obediência, que leva à justiça [...] Graças a Deus, porém [...] tendo sido libertos do pecado, vocês se tornaram escravos da justiça".[77] Foi isso que aconteceu na cruz. O Filho de Deus se entregou para ser escravizado pelo Pecado e condenado pela Lei, sujeitando-se à Morte.

---

a prioridade (cronológica e teológica) do evangelho sobre a Lei, da bênção sobre a maldição, da misericórdia sobre a condenação. Em Gálatas, Paulo certamente está colocando o máximo de distância entre Deus e a Lei. (Martinus C. de Boer enfatiza a ideia em *Galatians: a commentary* [Louisville: Westminster John Knox, 2011], p. 213.) Sem Gálatas, não saberíamos quão radical é o evangelho. Por outro lado, ainda que Deus não seja o autor *direto* da maldição da Lei, Deus, sendo Deus, dificilmente pode ser absolvido de qualquer responsabilidade quanto a qualquer coisa que ocorra em relação a ela. Não podemos eliminar Deus da equação por completo. A conexão entre "a maldição" e o clamor de abandono não pode ser exegeticamente provada. É o tipo de salto teológico-homilético que os pregadores fazem instintivamente (e Paulo era, acima de tudo, um pregador).

Ao fim da Segunda Guerra Mundial, enquanto começavam os julgamentos de Nuremberg, E. B. White escreveu algo no *New Yorker* que é de extrema relevância para a morte de Cristo sob a Lei: "Os chamados tribunais de guerra [...] serão extremamente valiosos como precedentes se forem apresentados como *uma prévia da justiça que pode existir um dia,* e não como um exemplo da justiça que temos disponível [...] Ninguém — nem mesmo os vencedores — deve esquecer-se de que, quando um homem é pendurado em um madeiro, isso não significa justiça — *a não ser que ele ajude a redigir a lei que o enforcou* (cit. Max Frankel, "The war and the law", *New York Times Magazine*, 7 de maio de 1995, grifo na citação).

[76]Conforme expresso por Calvino, foi por uma "exação rígida, sem perder nem sequer um 'I' ou 'til' das exigências [da Lei]", que o Filho nasceu sob a Lei, foi condenado pela Lei e crucificado sob a maldição da Lei — redimindo-nos, assim, dela: "como o Apóstolo declara: 'Cristo nos resgatou da maldição da Lei, fazendo-se ele próprio maldição em nosso lugar'" (Gálatas 3:13). Calvino, *Institutes of Christian religion*, ed. John T. McNeill, baseado na tradução de Ford Lewis Battles, Library of Christian Classics (Philadelphia: Westminster, 1960), 2.7.15 e 2.16.6 [edição em português: *Institutas da religião cristã* (São Paulo: Cultura Cristã, s.d.)].

[77]Cf. tb. a importante passagem correlata de João 8:31-36: "Disse Jesus aos judeus que haviam crido nele: 'Se vocês permanecerem na minha palavra, verdadeiramente serão meus discípulos. E conhecerão a verdade, e a verdade os libertará'. Eles lhe responderam: 'Somos descendentes de Abraão e nunca fomos escravos de ninguém. Como você pode dizer que seremos livres?'. Jesus respondeu: 'Digo-lhes a verdade: Todo aquele que vive pecando é escravo do pecado. O escravo não tem lugar permanente na família, mas o filho pertence a ela para sempre. Portanto, se o Filho os libertar, vocês de fato serão livres'".

Interligando todas essas passagens, então, vemos que Jesus trocou Deus pela Ausência de Deus. Jesus subsistia em forma de Deus, mas assumiu a forma de servo (Filipenses 2:7). Esvaziou-se de cada prerrogativa, incluindo a prerrogativa da ausência de pecado. Na cruz, ele, literalmente, assumiu a forma de um escravo, mas devemos dizer mais: a morte de um escravo experimentada por Jesus, a qual ocorreu em um nível *literal*, torna-se algo totalmente diferente no *campo de batalha apocalíptico*, no qual o Senhor dos Exércitos sai para a guerra contra as forças do Inimigo. Nesse campo de batalha, conforme veremos no capítulo 9, Cristo é o vencedor, ainda que, no presente, trate-se de uma vitória escondida de todos, exceto dos olhares da fé. O que vemos acontecer na cruz é que Jesus, que morre a morte de um escravo, "foi feito pecado". Isso significa que Jesus se tornou seu Inimigo? Parece que sim.[78] Da mesma forma que seu corpo humano se voltou contra ele na cruz, sufocando-o e matando-o, assim também sua natureza humana absorveu a maldição da Lei, a sentença que confere morte ao ser humano (Romanos 7:11).[79] Ao se tornar "pecado", Jesus se aliou conosco da forma mais extrema, o que é descrito à perfeição em Efésios: "Houve um tempo em que vocês eram gentios na carne [...] separados de Cristo, alheios à comunidade de Israel e estrangeiros quanto às alianças da promessa, sem esperança e sem Deus no mundo" (Efésios 2:12). Assim, Jesus entrou em nossa condição desesperadora. Não é de admirar que ele tenha clamado na cruz: "Meu Deus! Meu Deus! Por que me abandonaste?".[80] O importante aqui é o anúncio (*kerygma*) extraordinário de Paulo em Gálatas 3:13: que Deus, na

---

[78]Se meu leitor protestar que isso não faz sentido lógico, devo admitir que provavelmente isso é verdade. As imagens nem sempre se encaixam harmoniosamente entre si. Como Jesus pode tornar-se, na cruz, um *escravo* do Pecado e também *ser Pecado* ao mesmo tempo? No Evangelho de João, porém, no espaço de apenas alguns versículos, Jesus refere-se a si mesmo como "a porta das ovelhas" e o "bom pastor". Como ele pode ser um pastor e uma porta ao mesmo tempo? Nosso anseio por ordem e lógica não se encaixa necessariamente na natureza ampla e diversificada dos textos bíblicos.

[79]Repare, contudo, no seguinte: um acadêmico católico estabelece bem o ponto de que "uma lei capaz de amaldiçoar Jesus, o Filho de Deus, em seu ato de morrer por nós, não pode ser absoluta. De fato, ao amaldiçoar Jesus, a lei ocasionou sua ruína" (Peter F. Ellis, *Seven Pauline letters* (Collegeville, Minn.: Liturgical Press, 1982]).

[80]Alguns alegam que o clamor de abandono não é um clamor desesperador, mas apenas o primeiro versículo de um salmo que termina em vitória. Em seu comentário sobre essa fala do Senhor, Calvino oferece uma interpretação belamente equilibrada: "Jesus toma Deus como o seu Deus e, assim, com o escudo da fé, repele corajosamente a flecha que lhe fora lançada pelo abandono" (*Harmonia dos Evangelhos*, comentando sobre Mateus 27:46). De modo semelhante, Martyn escreve que, "como alguém crucificado, Jesus não estava debaixo da maldição da Lei. Agora, porém, Paulo [em Gálatas 3:13] diz que, naquele acontecimento, Deus estava do lado de seu Cristo, e não do lado da voz amaldiçoadora da Lei" (*Galatians*, p. 320).

Há consideráveis desavenças entre os teólogos quanto a Deus realmente ter abandonado Jesus ou não. Moltmann diz que sim, que Deus foi abandonado por Deus — embora ele se esforce ao máximo para evitar separar a Trindade ou sugerir que Deus negue sua natureza. Barth diz um vigoroso *Nein* à ideia de "Deus contra Deus", insistindo que Deus não pode negar sua natureza; todavia, ele afirma que faz parte da natureza de Deus abrir mão de suas prerrogativas (*Church dogmatics* IV/1 [Edimburgh: T. & T. Clark, 1956], p. 184-5).

pessoa de seu Filho, colocou-se de forma voluntária e deliberada no lugar de maior acusação e abandono — e isso por nós.[81]

O SIGNIFICADO DA IMPIEDADE

O objetivo deste capítulo foi mostrar que o propósito de Deus é revelado não apenas no *fato* da morte do Messias, mas também na *forma* que ele morreu. Procuramos dizer algo sobre as profundezas da vergonha e da impiedade atreladas à crucificação como um método, bem como explicar a audácia e a coragem exigidas dos primeiros cristãos ao proclamarem um Messias crucificado a um mundo cuja reação à mensagem, tanto naquela época como agora, seria insuportável. Martin Hengel descreve sua pesquisa sobre "as formas constantemente variáveis de aversão ao novo ensino religioso", demonstrando-nos por que alguém altamente educado e de origem nobre como Paulo se sentiria constrangido a dizer: "Não me envergonho do evangelho":

> A essência da mensagem cristã, descrita por Paulo como "a palavra da cruz", ia não apenas na contramão do pensamento político romano, mas contra todo o *ethos* da religião nos tempos antigos e, em particular, contra as ideias sobre Deus alimentadas por pessoas bem-formadas. [...] Acreditar que o filho preexistente do único e verdadeiro Deus, o mediador da criação e o redentor do mundo, apareceu em tempos recentes em um vilarejo afastado da Galileia, como membro do obscuro povo judeu e (o que é pior) morreu a morte de um criminoso comum em uma cruz, só pode ser considerado um sinal de loucura. Os verdadeiros deuses da Grécia e de Roma podiam distinguir-se dos homens mortais pelo

---

O argumento de Moltmann é sutil e busca evitar as armadilhas óbvias. De qualquer maneira, os dois grandes teólogos da cruz querem dizer que, no abandono de Jesus, *Deus estava envolvido*.

[81] Alguns leitores podem opor objeção à forte ênfase dada ao clamor de abandono em vista da serenidade contrastante das palavras de Jesus na cruz registradas por Lucas (o Quarto Evangelho, pertencendo a uma categoria própria, será discutido em outros contextos). Neste livro, uma razão convincente é que estamos analisando a *crucificação*, e não outra forma particular de morte. Nessa questão particular, Lucas, que, aparentemente, omitiu, de forma deliberada, o clamor de abandono (embora ele tenha sua tradição de dizeres da cruz), não lança muita luz como Marcos, Mateus, Paulo e até mesmo a carta aos Hebreus, visto que o Evangelista deseja apresentar Jesus cumprindo seu destino em fiel submissão ao Pai ("Pai, nas tuas mãos entrego o meu espírito", Lucas 23:46).

Estaremos em terreno firme ao adotarmos o *aperçu* de Paul Lehmann. Após a trágica morte de Peter, seu filho único, Lehman continua, como sempre, a lutar abertamente com as questões mais profundas e angustiantes da alma. Questionado sobre como buscar orientação após uma perda dolorosa, Lehmann aconselha: "A orientação é encontrada na tensão dialética entre 'Meu Deus! Meu Deus! Por que me abandonaste?' [em Marcos/Mateus] e 'Pai, nas tuas mãos entrego o meu espírito'" (Lucas 23:46).

próprio fato de serem *imortais*; eles não tinham absolutamente nada em comum com a cruz como sinal de vergonha.[82]

A partir de passagens das cartas de Paulo aos cristãos de Corinto, mostramos o que acontece com uma igreja quando ela perde a visão da cruz. A insistência de Paulo na "palavra da cruz", tanto naquela época como agora, causa ofensa, visto que os "cristãos coríntios" são acomodados e seguros de suas conquistas espirituais, enquanto a cruz de Cristo mostra o nivelamento que Deus faz de todas as distinções ao se sujeitar a uma morte ímpia.[83]

A crucificação em si, um método "completamente vil", era algo pior do que qualquer um de nós é capaz de imaginar de forma plena neste momento. Refletir sobre ela pode ajudar-nos, no entanto, sob a direção do Espírito, a nos aproximar desse ato inimaginável de amor da parte de Deus, em favor de toda a humanidade, por meio da *mors turpissima crucis*. A cruz é ofensiva a *qualquer um*, tanto a pessoas religiosas ("judeus") como a pessoas seculares ("gregos"). É essa anulação radical de quem "faz parte" e de quem "fica de fora" que faz da cruz algo profundamente ameaçador para muitos. Toda conquista humana, em especial as conquistas religiosas, é questionada pela impiedade da morte de Jesus. Se o Deus trino e uno é mais plenamente revelado para nós pela morte amaldiçoada do Filho *do lado de fora* da comunidade dos piedosos, isso significa que devemos repensar por completo o que, em geral, é chamado de "religião". À medida que vamos avançando com este projeto, antecipando o capítulo 3, podemos falar não apenas de "cristãos coríntios", mas também de "cristãos gálatas", visto que a cruz nos insta a analisar diversos aspectos.

---

[82]Hengel, *Crucifixion*, p. 5.
[83]Os coríntios se congratulavam com suas (supostas) conquistas *espirituais* e pendiam para o antinomismo (*nomos*, "lei"). Conforme veremos, as igrejas da Galácia seguiam na direção oposta, sendo conduzidas a uma nova forma de legalismo.

CAPÍTULO 3

A QUESTÃO DA JUSTIÇA

> Ó vilão! Serás condenado à redenção eterna.
>
> SHAKESPEARE, *Muito barulho por nada*

POR QUE UMA CRUCIFICAÇÃO? Essa é a pergunta que estamos fazendo. Por que especificamente esse método horrível de morte foi escolhido pelo Deus Trino e Uno para demonstrar seu amor pelas criaturas humanas? Não poderia ter sido algum outro tipo de morte?

Neste capítulo, investigaremos a conexão entre retidão e justiça, conforme sugerido pela epígrafe acima. O lapso linguístico de Dogberry na peça de Shakespeare tem o objetivo de provocar riso, mas, na verdade, mostra, de forma precisa, a ideia que desejo transmitir.[1] A *condenação* de Jesus significa *redenção* para o mundo e, por extensão, a condenação de Deus do pecado de seu povo é parte do seu propósito redentor. Isaías diz isso claramente: "A destruição foi decretada, transbordando de justiça" (Isaías 10:22). A cruz de Cristo é o lugar no qual vemos mais claramente o relacionamento entre o juízo (condenação, destruição) e a retidão de Deus (experimentada *tanto* como juízo *quanto* como redenção). A palavra grega traduzida por retidão de Deus é *dikaiosyne*, também traduzida como "justiça". Portanto, devotaremos um capítulo inteiro ao assunto.

A conexão essencial entre o *método* adotado para a execução de Jesus e o *significado* de sua morte não pode ser compreendida se não investigarmos profundamente o que se entende por *injustiça*. Há muita ironia aqui, pois o

---

[1] Os que acreditam que Shakespeare era cristão e abordou diversos temas cristãos em suas peças estão em menor número hoje do que antigamente. Sou da opinião, no entanto, de que o significado subjacente à piada é levado muito a sério pelo dramaturgo e que ele sabe exatamente o que está sugerindo pela justaposição das palavras "condenado" e "redenção".

tema da injustiça é ameaçador para as classes dominantes, as quais têm tempo e inclinação suficientes para lerem livros como este. Aqueles que mais sofrem de injustiça são os precariamente instruídos, os empobrecidos, os invisíveis. Justiça é um tema que envolve a lei e os juízes; pessoas com maior probabilidade de sofrer injustiça não podem pagar bons advogados (nem mesmo elas conhecem advogados), enquanto os advogados e juízes são aqueles que têm dinheiro para comprar livros. Em outras palavras, aqueles cuja probabilidade é maior de se verem afetados pelas questões levantadas neste capítulo são aqueles cuja probabilidade é menor de lê-lo. Isso deposita um fardo extra sobre o leitor privilegiado; tais desafios, porém, não são alheios ao ensino de Jesus de que aquele que não pega sua cruz e o segue não é digno dele (Mateus 10:38). Tentar entender a situação de outra pessoa está no cerne do que significa ser cristão.

Justiça no Antigo Testamento

Um pregador no rádio observou que o Novo Testamento não nos fala quase nada sobre o que se passava na mente de Jesus; então, concluiu: "Se você deseja conhecer o que se passava na mente de Jesus, leia o Antigo Testamento".[2] Essa é uma forma bela e simples de declarar o que todo acadêmico bíblico sabe, mas raramente diz. Tendemos a nos esquecer de que o que chamamos de "Antigo Testamento" era a única Bíblia que Jesus, Paulo e os primeiros cristãos tinham. Não apenas isso: porções da Torá, dos Profetas e dos Salmos eram conhecidos por eles de cor de um modo que hoje mal conseguimos imaginar. Existem muitas coisas que não sabemos sobre Jesus, mas, de uma delas, podemos ter certeza: sua mente e seu coração foram moldados pela interação íntima e contínua com as Escrituras.[3] Se quisermos ter "a mente de Cristo" (1Coríntios 2:16), temos de conhecer o Antigo Testamento.

Nos Estados Unidos, se você pedir a alguém que frequenta cultos para descrever Deus, essa pessoa quase certamente dirá que Deus é "amor". Com frequência, Deus também é descrito como compassivo, misericordioso, acolhedor, receptivo e inclusivo. Pouquíssimos americanos se arriscarão a dizer que Deus é justo. Contudo, a revelação de Deus como reto ou justo (a mesma palavra é usada no hebraico e no grego) forma boa parte da literatura profética do Antigo Testamento, característica que o antigo Israel contaria como pedra angular da fé. Mesmo quando a palavra "justiça" não é especificamente empregada, a ideia está presente de forma palpável.

---

[2] Infelizmente, esqueci o nome do pregador.
[3] Não é exagero comparar a total imersão de Jesus nas Escrituras com um jovem de hoje que está continuamente conectado à mídia eletrônica.

A QUESTÃO DA JUSTIÇA

A Torá está repleta da justiça de Deus. Para dar apenas um exemplo bastante comum, em Deuteronômio lemos que o Senhor disse a Moisés:

> Vocês já caminharam bastante tempo ao redor destas montanhas; agora vão para o norte. E diga ao povo: vocês estão passando pelo território de seus irmãos, os descendentes de Esaú, que vivem em Seir. Eles terão medo de vocês, mas tenham muito cuidado. Não os provoquem, pois não darei a vocês parte alguma da terra deles, nem mesmo o espaço de um pé. Já dei a Esaú a posse dos montes de Seir. Vocês lhes pagarão com prata a comida que comerem e a água que beberem (Deuteronômio 2:3-6, NVI).

Essa é uma pequena ilustração, nem sequer digna de menção diante da grande escala da justiça de Deus, porém mostra como, até mesmo nos pequenos detalhes, Deus cuida *não apenas* dos filhos "piedosos" e "escolhidos" de Israel (Jacó), *mas também* dos interesses dos filhos "ímpios" e "rejeitados" de Esaú.[4]

O "Santo de Israel" (termo favorito de Isaías) é continuamente descrito no Antigo Testamento como um Deus de justiça. "Reto", "justo", "santo": essas são palavras praticamente sinônimas ao nome de Deus.

> O Senhor dos Exércitos é exaltado em justiça;
> o Santo Deus se mostra santo em retidão (Isaías 5:16).

Sempre que a justiça é administrada, o próprio Senhor está presente: "Josafá [...] nomeou juízes em cada uma das cidades fortificadas de Judá, dizendo-lhes: 'Considerem atentamente aquilo que fazem, pois vocês não estão julgando para o homem, mas para o Senhor, *que estará com vocês sempre que derem um veredicto*. Agora, que o temor do Senhor esteja sobre vocês. Julguem com cuidado, pois o Senhor, o nosso Deus, não tolera nem injustiça nem parcialidade nem suborno'" (2Crônicas 19:4-7, NVI).

Qual é o conteúdo da justiça de Deus? Uma passagem de Isaías 1:11-27 é representativa de muitas outras passagens dos profetas do oitavo século a.C. e declara a questão sem ambiguidade.[5] O Senhor, falando por meio do seu

---

[4] "Como está escrito: 'Amei Jacó, mas rejeitei Esaú'" (Romanos 9:13). Esse será um tema poderoso nas mãos do apóstolo Paulo. Retornaremos a Jacó e Esaú no último capítulo deste livro.

[5] Normalmente, é indisputável que boa parte do livro de Isaías pode ser dividida entre o profeta Isaías do oitavo século a.C. e o profeta sem nome do Eexílio, do quinto século a.C. (Isaías 40—55). (Também existe um material pós-exílico que alguns chamam de "Terceiro Isaías".) Neste estudo, consideramos o livro de Isaías uma unidade na maioria dos casos.

profeta, declara, com veemência, que não se agrada mais da observância religiosa do povo, mesmo que, aparentemente, ela seja meticulosa e extravagante:

> "De que me serve a multidão dos sacrifícios que vocês me oferecem?",
> pergunta o Senhor.
> "Estou farto de holocaustos...
> Não me tragam mais ofertas inúteis;
> O incenso de vocês é uma abominação para mim...
> Não suporto suas assembleias solenes, cheias de iniquidade" (v. 11-13).

Como nas comunidades de hoje, a boa classe média que frequenta a igreja não é assassina propriamente dita, nem tem sangue nas mãos em qualquer sentido direto ou literal; no entanto, a acusação é implacável, e o chamado ao arrependimento e à reforma, inequívoco:

> "Lavem-se e limpem-se!
> Removam suas más obras
> para longe dos meus olhos!
> Parem de fazer o mal
> e aprendam a fazer o bem!
> Busquem a justiça, acabem com a opressão.
> Defendam os direitos do órfão,
> lutem pela causa da viúva" (v. 16,17).

A justiça de Deus não é vaga nem amorfa; não é genérica nem indeterminada. A justiça de Deus é específica e particular, mostrando que Deus está atento aos detalhes materiais da necessidade humana. Repare nos exemplos a seguir, que poderiam ser aplicados às práticas monetárias de hoje:

> Não perverta o direito do pobre em seu processo (Êxodo 23:6).

> Não tome [...] o manto de uma viúva como penhor (Deuteronômio 24:17).

> Assim diz o SENHOR Deus: "Basta, ó príncipes de Israel! [...] Parem de se apossar do que pertence ao meu povo" (Ezequiel 45:9).

"Perverter o direito" é algo que Deus odeia. Para o indefeso, a justiça é obra do próprio Deus; ela dá testemunho de quem Deus é: "Pois o SENHOR, o seu

Deus, é Deus dos deuses e o Soberano dos soberanos [...] que não age com parcialidade nem aceita suborno. Ele defende a causa da viúva e ama o estrangeiro, dando-lhe alimento e roupa. Amem os estrangeiros, pois vocês mesmos foram estrangeiros no Egito" (Deuteronômio 10:17-19, NVI).

Esse último versículo contém uma ideia-chave: o cuidado demonstrado pela comunidade aos seus membros mais fracos, e até mesmo àqueles que não são membros, é ser um espelho do próprio cuidado de Deus para com os israelitas quando eles estavam escravizados. As atividades da comunidade não são realizadas com base em princípios gerais; elas surgem da lembrança vívida das iniciativas justas e misericordiosas de Deus com os israelitas ("O meu pai era um arameu errante", Deuteronômio 26:5, NVI).

Porque a justiça é parte central da natureza de Deus, ele declarou inimizade contra toda forma de injustiça. Sua ira será derramada contra aqueles que exploraram o pobre e o fraco; ele não permitirá que seu propósito seja subvertido:

> Ai daqueles que planejam impiedade,
>> dos que tramam a maldade em suas camas!
>> [...] Cobiçam campos e se apoderam deles;
>> cobiçam casas e as tomam.
> Oprimem o homem e a sua família,
>> o homem e sua herança.
> [...] Ouçam isto, vocês, chefes da casa de Jacó
>> e governantes da casa de Israel [...]
> Por causa de vocês,
>> Sião será arada como um campo,
> Jerusalém se tornará em um monte de ruínas (Miqueias 2:1-3; 3:9-12).

No Dia do Senhor, quando os justos juízos de Deus forem executados, os mais certos de serem julgados são os privilegiados, os ricos, os indiferentes:

> E assim eles se tornaram poderosos e ricos,
>> estão gordos e bem alimentados.
> Não há limites para as suas obras más.
>> Não se empenham pela causa do órfão,
> nem defendem os direitos do pobre.
>> Não devo eu castigá-los?", pergunta o Senhor (Jeremias 5:27-29, NVI).

Conforme vimos na passagem de Isaías, a adoração é odiosa para Deus quando não está associada à justiça. Em uma das passagens mais impressionantes da literatura profética, Deus declara sua oposição não apenas ao rico, mas também ao frequentador de igreja que se mostra alheio à desigualdade. A passagem era uma das favoritas de Martin Luther King: "Aborreço, desprezo as vossas festas, e as vossas assembleias solenes não me dão nenhum prazer [...] Afasta de mim o estrépito dos teus cânticos; porque não ouvirei as melodias dos teus instrumentos. Corra, porém, o juízo como as águas; e a justiça, como o ribeiro impetuoso" (Amós 5:21-24, ARC).

Sempre que a justiça corre como um rio, temos um sinal de que Deus está em movimento.[6] Além disso, as vitórias provisórias da justiça no mundo presente, grandes ou pequenas, são um prenúncio do Dia de YAHWEH. O advento do Dia de Deus, quando toda injustiça for retificada para sempre, é tema central da literatura profético-apocalíptica do Antigo Testamento. A promessa de um reino vindouro de perfeita justiça traz alegria até mesmo agora, enquanto a antecipamos, conforme é evidenciado por este salmo de louvor:

> Feliz é aquele cujo auxílio é o Deus de Jacó,
>   cuja esperança está no SENHOR, o seu Deus...
>   que executa justiça em favor dos oprimidos,
>   e dá alimento aos famintos...
> O SENHOR cuida do estrangeiro
>   e sustém a viúva e o órfão,
>   mas arruína o propósito dos ímpios.
> O SENHOR reinará para sempre!
>   O teu Deus, ó Sião, reinará de geração em geração.
> Louvado seja o SENHOR! (Salmos 146:5,7,9,10)

Assim, um grande tema relacionado a passagens messiânicas do Antigo Testamento é a vinda do reino de Deus, um reino de perfeita justiça.[7]

---

[6]O memorial de Maya Lin ao Movimento pelos Direitos Civis em Montgomery, Alabama, apresenta uma cachoeira caindo sobre uma pedra. Amós 5:24b está inscrito na pedra sob a cachoeira. Em torno da água transbordante, em frente à cascata, temos os nomes dos mártires do Movimento pelos Direitos Civis que morreram injustamente: Jonathan Daniel, Andrew Goodman, Michael Schwerner, James Chaney, Medgar Evers, Viola Liuzzo e muitos outros. Sua morte autossacrificial dá testemunho do Dia do Senhor, o Dia que se aproxima, quando a justiça perfeita reinará para sempre.

[7]O reino vindouro inclui o juízo contra "os ímpios". Isso será inteiramente reinterpretado no evangelho do Novo Testamento (cf. capítulo de conclusão).

O MESSIAS VEM, TRAZENDO JUSTIÇA

Quando Jesus vem anunciar o reino de Deus, o panorama apresentado no Antigo Testamento forma uma parte inseparável de sua proclamação. A expectativa desse reino é o contexto para sua pregação ("O tempo está cumprido", dizia ele, "o reino de Deus está próximo. Arrependam-se e creiam no evangelho!", Marcos 1:15). De acordo com o testemunho de profetas hebreus por centenas de anos, a chegada do Messias seria um sinal de que o governo de Deus estava próximo:

> Eis que dias estão chegando, declara o Senhor, "em que levantarei para Davi um Renovo justo; e ele reinará com sabedoria e executará justiça e retidão na terra" (Jeremias 23:5).

> Pois para nós um menino nasceu,
>   um filho nos foi dado;
> e o governo estará sobre os seus ombros...
> Do aumento do seu governo,
>   haverá paz sem-fim
> sobre o trono de Davi, e sobre o seu reino,
>   para estabelecê-lo e mantê-lo
> com justiça e retidão,
> desde agora e para sempre.
>   O zelo do Senhor dos Exércitos fará isso (Isaías 9:6,7).

Jesus assume esse papel messiânico de uma forma deliberada quando faz sua mensagem inaugural na sinagoga de Nazaré:

> Ele foi a Nazaré, onde havia sido criado, e no dia de sábado entrou na sinagoga, como era seu costume. E levantou-se para ler. Foi-lhe entregue o livro do profeta Isaías. Abriu-o e encontrou o lugar onde está escrito:
>
> "O Espírito do Senhor está sobre mim, porque ele me ungiu para pregar boas-novas aos pobres. Ele me enviou para proclamar liberdade aos presos e recuperação de vista aos cegos, para libertar os oprimidos e proclamar o ano da graça do Senhor".
>
> Então ele fechou o livro [...] [e] começou a dizer-lhes: "Hoje se cumpriu a Escritura que vocês acabaram de ouvir" (Lucas 4:16-21, NVI).

Ao falar dessa forma sobre o cumprimento da profecia, Jesus está praticamente anunciando a si mesmo como o Messias. Os sinais do reino já estão presentes em seu ministério, com ênfase especial na intervenção de Deus em favor daqueles que não conseguem ajudar a si mesmos. Essa é a figura da justiça de Deus que reconhecemos a partir dos profetas.

Outro lugar no qual a mensagem profética do Antigo Testamento penetra de forma mais óbvia a história de Jesus é no cântico de sua mãe, o *Magnificat*. Compreenderemos melhor se lembrarmos que Maria se encontra no degrau mais baixo da sociedade em que vive, sem nenhum destaque, pertencendo ao grupo *Anawin*, que anseia por justiça:[8]

> Minha alma exalta ao Senhor
> e o meu espírito se regozija em Deus, meu Salvador,
> pois considerou o estado humilde da sua serva...
> [Deus] dispersou os que são soberbos no mais íntimo do coração.
> Derrubou os poderosos de seus tronos,
> e exaltou os de condição humilde;
> encheu os famintos de coisas boas,
> mas despediu com fome os ricos (Lucas 1:46-48a,51b-53).

A familiaridade excessiva fez com que o *Magnificat* perdesse boa parte de sua mensagem. Entretanto, quando ele é posto lado a lado com seu protótipo, o cântico de Ana em 1Samuel 2:1-10, o tema da justiça para os que se encontram na parte mais baixa da escala econômica salta das páginas para nós. Ambos os cânticos são arrebatadores em sua expressão; ambos são explosões de alegria. A justiça de Deus envolverá uma reversão dramática, a qual, no entanto, não será necessariamente recebida como boas notícias por aqueles que se encontram atualmente no cume do monte (eu e você, leitor). Ana se alegra nos mesmos termos que Maria:

> Meu coração exulta no SENHOR [...]
> Ele levanta o necessitado do pó,
>   ergue o pobre do monte de cinzas,
> para o fazer assentar com os príncipes
>   e herdar um lugar de honra (1Samuel 2:1,8).

---

[8]*Anawin* é a palavra hebraica para o pobre que depende do Senhor para sua libertação.

À luz de tudo isso, podemos ver que a vinda do Senhor não foi projetada como um evento totalmente confortável. Aqueles que se consideram seguros descobrirão haver construído sobre o alicerce errado. Aqueles que contam com suas realizações encontrarão gente de má reputação ocupando seu espaço. Aqueles que se limitaram a observar a religião por toda a vida descobrirão que Deus procurava por outra coisa. A vinda do Messias, de fato, não traz necessariamente paz, "mas espada" (Mateus 10:34).

PERDOAR E ESQUECER?

A passagem conhecida de Miqueias 6:8 ("O que o SENHOR exige de você...?") declara que justiça e misericórdia são dois aspectos fundamentais do caráter de Deus. Trabalhar a relação entre ambos é a tarefa essencial da teologia cristã, da pregação e do cuidado pastoral. Em nossa época, tornou-se uma questão particularmente urgente. Há uma impressão generalizada de que o perdão cristão pode ser interpretado separadamente da questão da justiça — que, de fato, o perdão pode ser oferecido sem fazer referência à justiça. No entanto, o perdão não é tão simples ou imediato quanto muitas vezes se sugere; trata-se de um assunto complexo e exigente. A questão de perdão e compensação realmente não deve ser discutida de modo isolado da questão da justiça. Quando um erro terrível é cometido e um pedido de desculpas é oferecido, talvez faça sentido que a pessoa ou as pessoas que foram ofendidas sintam que está sendo exigido muito delas. Se houver a impressão de que as partes injustiçadas devem simplesmente "perdoar e esquecer", o mal permanecerá sob a superfície e causará danos ainda maiores.

Na história recente dos Estados Unidos, vários tiroteios em massa nas escolas americanas e em outros locais públicos continuam a paralisar a nação e desencadear uma enxurrada de autoexames espirituais. Também tem havido um importante debate correlato sobre o perdão. Boa parte dos tiroteios ocorreu em algumas partes do país nas quais o cristianismo é forte. Caso após caso, de Jonesboro a Paducah e Columbine — três cenas de tiroteios de crianças e *efetuados por crianças* —, a conclamação ao perdão foi emitida pouco tempo antes de os corpos esfriarem. Jovens ainda trêmulos e em estado de choque foram questionados por líderes cristãos que trabalham com jovens e se mostravam bem-intencionados: "Você perdoa Eric e Dylan?".[9] Muitas pessoas

---

[9] Eric Harris e Dylan Klebold, atiradores da Columbine High School.

preocupadas, incluindo cristãos e judeus, levantaram sérias objeções a esse respeito.[10] Uma psicóloga escreveu: "Perdoar é um trabalho árduo. Leva tempo e envolve dor. Não é uma simples declaração ou ação automática e reflexiva. O falso perdão envolve uma reação mecânica, mas sem nenhuma mudança no interior. É da boca para fora e interfere, de fato, na resolução autêntica das pessoas, afastando-as de seus verdadeiros sentimentos".[11]

O argumento da autora é forte e se relaciona com o assunto deste capítulo. Ainda mais pertinente, porém, é a questão teológica que ela levanta. *O perdão, por si só, não é a essência do cristianismo, embora muitos acreditem que sim. Se desejarmos abranger todo o evangelho cristão, o perdão deve ser compreendido em sua relação com a justiça.* Conforme expresso por Desmond Tutu, arcebispo da África do Sul: "O perdão não é barato, não é fácil. É custoso. A reconciliação não é uma opção fácil. Custou a Deus a morte do seu Filho".[12]

Durante a Guerra do Kosovo, um jornalista fez uma reportagem sobre os deportados de etnia albanesa na Macedônia, descrevendo a raiva experimentada por professores, escritores e outros intelectuais de Kosovo que foram roubados não apenas em relação às suas casas, mas também aos seus livros, escritos, arquivos — o trabalho insubstituível da vida deles. "Será que uma dor tão profunda pode ser curada?", indagou um repórter. Um editor de jornal de etnia albanesa, Ardian Arifaj, contou-lhe uma história que ouvira em sua infância:

> Ardian Arifaj começou: "Havia um menino travesso cujo pai martelava um prego em um pedaço de madeira todas as vezes que o seu filho fazia algo errado. Um dia, o menino questionou o porquê e, ao receber a explicação, decidiu melhorar seu comportamento. Cada vez que o menino fazia algo bom, seu pai removia um prego da tábua. Com o tempo, todos os pregos foram retirados".

---

[10]Por exemplo: em um artigo do *Wall Street Journal* (15 de dezembro de 1997) sobre o tiroteio de Paducah intitulado "The sin of forgiveness" [O pecado do perdão], o locutor de rádio Dennis Prager registra sua objeção à "doutrina piegas do perdão automático". O perdão é custoso e deve ser visto como tal. Outro artigo, intitulado "What is missing at Jonesboro" [O que falta em Jonesboro], escrito por Paul Greenberg, contesta: "Sim, houve palavras de consolo na noite de terça-feira [na cerimônia fúnebre em homenagem aos jovens mortos — 24 de março de 1998], palavras de misericórdia, graça e perdão, mas não me lembro de ter ouvido nada sobre justiça. E *que significado podem ter misericórdia, graça e perdão se estiverem separados da justiça?* (*Greenville [S.C.] News*, Apr. 6, 1998, grifo na citação).

[11]Jeanne Safer, "Must You Forgive?", *Psychology Today*, julho/agosto de 1999.

[12]Desmond Tutu, em palestra ministrada em Mollegen, 1998 [*Virginia Seminary Journal*, Jan. 1999]. Enquanto este livro está para ser impresso, a nação americana ficou fascinada pela graça e a misericórdia oferecidas a um jovem que matou nove membros importantes da Igreja Emanuel A. M. E. em Charleston, Carolina do Sul, enquanto eles se reuniam para estudar a Bíblia. Foi um exemplo notável em nosso meio de que o perdão não é nem barato nem fácil. O perdão surgiu espontaneamente da fé cristã profunda e bem-nutrida dos membros da Igreja Emanuel.

O sr. Arifaj fez uma pausa de alguns segundos, permitindo que o suspense precedesse a moral da história: "Sim, os pregos se foram", acrescentou. "Mas os buracos permanecem para sempre."[13]

Passando agora para os "buracos que permanecem", em Ruanda, país onde, em 1994, cerca de oitocentas mil[14] pessoas foram mortas em um intervalo de poucas semanas, em uma das ações genocidas mais brutais do século (século que, por sinal, foi genocida), eis o depoimento de David Birney, bispo episcopal que viajou para lá após todo aquele horror e passou quatro semanas ouvindo as pessoas. Ao retornar, ele foi entrevistado por um jornalista.

"Estar em um país no qual um cristão pegaria em armas contra um irmão ou uma irmã e os espancaria até a morte", disse ele, balançando a cabeça, "quando, dia após dia, por um mês inteiro, você contempla o olhar de centenas e centenas de viúvas [...] quem cuidará delas? Eu ensinei [como professor em Uganda, alguns anos antes] a muitos ministros que foram assassinados. Foi difícil processar com a mente e o coração tudo o que aconteceu. Não tenho resposta alguma; não tenho muitas recomendações. O ódio, a raiva e o luto são muito grandes. Se há uma coisa que acredito com todo o meu ser que deve acontecer *é que, para haver reconciliação, um sistema de justiça deve ser implementado*".[15]

Essa é a declaração mais clara possível quanto ao assunto que estamos discutindo. "Sem justiça, não há paz", diz o refrão tão usado nas ruas, mas o lamento do bispo Birney cristaliza para nós de uma forma bastante pessoal a necessidade de justiça no cerne do problema humano.

Nessas histórias, sentimos o poder e a atração da evasão, da negação, da fuga — as mesmas coisas que nos levam ao afastamento da cruz. A síndrome do "perdoar e esquecer" é motivo de preocupação em âmbito tanto pessoal como político. A constante substituição do argumento político na vida pública pela branda retórica da cura é perturbadora", escreve Ian Buruma.[16] A natureza dolorosamente

---

[13] *New York Times*, Apr. 26, 1999.
[14] Nunca saberemos o número exato. Algumas estimativas sérias variam de 500 mil a 1 milhão. Acredita-se que sete em cada dez tútsis tenham sido mortos. Mais de uma década depois, os detalhes desse genocídio são pouco compreendidos pelo público americano, que o conhece apenas em termos gerais, se é que já ouviu falar dele. Chegou ao conhecimento de poucos a prática generalizada, durante a prática do genocídio, de estupro violento, repetido e sádico, além da mutilação genital como arma contra as mulheres tútsis — muitas vezes com a cooperação das mulheres hútus.
[15] David Birney, entrevista com James H. Thrall, *Episcopal Life*, Jul./Aug. 1996, grifo na citação.
[16] "The joys and perils of victimhood", *New York Review of Books*, Apr. 8, 1999.

incompleta das investigações e a falta de justiça ao redor do mundo, de El Salvador ao Camboja, continuam a ser analisadas e lamentadas até os dias de hoje.

O EXEMPLO DA ÁFRICA DO SUL

Em nossa época, a tarefa mais difícil de lidar com uma história de atrocidades terríveis foi realizada pela Comissão para Verdade e Reconciliação da África do Sul (CVR). Quando a Constituição pós-*apartheid* estava sendo negociada, em 1993, o regime branco, prestes a ser substituído, queria uma anistia geral, ao estilo das juntas latino-americanas. Nelson Mandela e o Congresso Nacional Africano (CNA) não aceitaram. Chegou-se a um acordo, com o objetivo de evitar uma guerra civil e possibilitar uma transição pacífica. O acordo era que a anistia fosse concedida caso a caso, em troca de uma delação completa.[17] Em decorrência desse acordo, a CVR foi nomeada por Mandela, em 1995, sendo presidida pelo arcebispo anglicano Desmond Tutu. Em novembro de 1998, após três anos de intensas audiências públicas, a comissão divulgou o relatório de suas investigações, gerando, então, uma enxurrada de críticas de ambas as extremidades do espectro político, bem como uma recepção fria de Mandela, com o próprio CNA irritado com os depoimentos prejudiciais relacionados a algumas de suas atividades durante os piores dias do conflito. Entretanto, hoje se reconhece amplamente que a imparcialidade da CVR foi um dos aspectos mais marcantes do seu trabalho, pois detalhou não apenas os extensos crimes do governo branco, mas também os delitos do Inkatha Freedom Party, do CNA e da própria ex-esposa do presidente Mandela, Winnie. A coragem moral e a tenacidade necessárias para manter um curso constante sob tais pressões foram extraordinárias, especialmente porque nunca algo assim já fora feito.

O modelo de uma comissão da verdade foi inicialmente desenvolvido na América Latina, mas nenhuma comissão antes daquela realizada na África do Sul foi tão profunda e exigiu tanto esforço. O especialista chileno em direitos humanos, José Zalaquett, afirmou que tais comissões devem ser criadas para que o máximo de verdade possível sobre as atrocidades seja descoberto, mas também para que essa verdade seja "oficialmente proclamada e publicamente exposta". O reconhecimento, afirma Zalaquett, é o objetivo.[18] A Comissão para o Esclare-

---

[17]Michael Ignatieff, "Digging Up the Dead", *New Yorker*, Nov. 10, 1997. Ignatieff explica ainda que os veteranos que se opuseram ao *apartheid*, sem contar as vítimas das famílias, não gostavam muito da ideia de anistia, "mas ela demonstrou ser a única isca capaz de atrair os perpetradores para o anzol".

[18]Timothy Garton Ash, "The truth about dictatorship", *New York Review of Books*, Feb. 19, 1998.

cimento Histórico da Guatemala, para dar um exemplo, falhou nesse sentido, por não ter um mandato adequado. Por ter sido paralisada pelos militares, a comissão manteve as mesmas políticas de encobrimento e negação nos elevados níveis que haviam dado à guerra civil da Guatemala seu caráter sinistro. Nenhum nome foi citado e nenhum perpetrador teve de enfrentar as vítimas.[19] Verdade e reconhecimento, ao que tudo indica, não são necessariamente a mesma coisa. Sem o reconhecimento, até mesmo uma injustiça imperfeita permanece indefinida.

Os procedimentos sul-africanos, em contrapartida, mostraram-se notáveis por sua insistência no pleno reconhecimento. O relatório de três mil páginas foi chamado de "o exame mais abrangente e implacável do passado de uma nação que qualquer comissão desse tipo jamais produziu".[20] As próprias audiências eram angustiantes ao extremo. Os oficiais brancos declaravam, em depoimento, às vezes com detalhes horríveis — muitas vezes com um gesto desafiador e totalmente desprovido de remorso —, as torturas e mortes que haviam causado. Muitas vezes, durante os testemunhos, as famílias das vítimas estavam presentes. Os sobreviventes também davam seu testemunho, na presença de seus algozes, dos sofrimentos por eles enfrentados. Em troca de divulgação plena, os perpetradores recebiam anistia — o que significa que ficavam livres de acusação.[21] E, embora se mostrasse imperfeito, o método lembrava a todos os habitantes do país que, enquanto a África do Sul estava determinada a buscar reconciliação e caminhar em direção ao futuro, *a justiça não havia sido abandonada*.[22]

A CVR teve de lutar intensamente por um longo período para lidar com toda a pressão de interesses conflitantes, sem mencionar a dor de ouvir os testemunhos horripilantes de muitas vítimas e de suas famílias. Todavia, com o tempo, o processo ganhou força, e o mundo espectador testemunhou a sabedoria da comissão. Ninguém argumentou que o procedimento não apresentava falhas graves, já que muitos torturadores e assassinos nunca pagariam por seus

---

[19]Larry Rohter, "Guatemala digs up its army's secret cemeteries", *New York Times*, June 7, 1999. Enterrado nesse artigo longo e detalhado sobre a exumação de vítimas na guerra civil, encontra-se a seguinte informação: "Em alguns locais na selva de Péton, eles [os escavadores] encontraram esqueletos com as mãos e os pés amarrados nas costas, a corda também esticada ao redor do pescoço — evidência de uma forma de morte por tortura que os cientistas chamam de 'autoestrangulamento forçado'". Lendo isso, minha mente se volta imediatamente para a descrição de crucificação feita por Peter Brown, citada no capítulo 2 — "forçado a ser o seu executor". Assim, quando nos aproximamos daqueles que sofreram os tormentos mais horríveis, descobrimos que o Filho de Deus esteve lá.

[20]Editorial, *New York Times*, Nov. 1, 1998.

[21]Nem todos receberam anistia. Ela foi recusada a quatro homens envolvidos na morte do herói *antiapartheid* Stephen Biko, pois a CVR não acreditou em seu testemunho.

[22]Bill Keller, "A glimpse of apartheid's dying sting", *New York Times*, 19 de fevereiro de 1993, grifo na citação.

crimes. No entanto, a natureza libertadora das audiências foi amplamente reconhecida (embora, algumas vezes, a contragosto). Apesar das óbvias lacunas no procedimento, a maioria dos analistas concluiu que a coisa toda foi conduzida em uma atmosfera de dignidade, justiça e respeito para com todos, incluindo aqueles que haviam cometido crimes. Nesse aspecto em particular, a comissão nos serviu de ilustração da justiça no reino de Deus.[23]

Tal imparcialidade extraordinária tinha início no topo. Desmond Tutu se destaca por muitas coisas, mas talvez, acima de tudo, por sua vigilância, ao longo de muitas décadas, de evitar que seu povo oprimido se tornasse opressor. Isso explica a disposição da comissão de incluir críticas ao CNA em suas descobertas.[24] Ainda que Tutu se tenha engajado em questões políticas, sempre preservou a necessidade de a igreja ser independente de qualquer partido político, a fim de estar na posição de desafiar qualquer abuso humano no futuro democrático. Segundo suas palavras: "Queremos ser politicamente ousados ao máximo, mas não determinados de forma partidária por nossa filiação a um grupo político". Como arcebispo, posicionou a igreja para ser capaz de "se dirigir a todos os grupos. A igreja não pertence a nenhum partido, de sorte que podemos dizer a todos: 'Assim diz o SENHOR'. Os oprimidos de hoje [podem] transformar-se nos opressores de amanhã. Às vezes, isso acontece. Vemos pessoas que passaram por experiências terríveis, que nunca imaginamos ser capazes de tratar os outros da forma terrível que foram tratadas — mas então é exatamente isso que acontece".[25]

Muitos escritores de destaque e analistas políticos ficaram impressionados com a Comissão para Verdade e Reconciliação da África do Sul. Com certa admiração, Timothy Garton Ash escreve: "As audiências são uma espécie de teatro político, uma espécie de jogo de moralidade pública. O bispo Tutu se mostra bem ciente disso. Ele é o primeiro a chorar quando os sobreviventes contam suas histórias de sofrimento, e os membros da polícia secreta confessam sua brutalidade".[26]

---

[23] Alguns observadores admitirão, porém, que, embora a Comissão para Verdade e Reconciliação tenha *abordado* o problema da justiça da melhor maneira possível, ela própria não pôde *oferecer* justiça. Esse fato sublinha a inadequação da justiça humana.

[24] Tutu disse ao seu amigo Mandela que deixaria o cargo de presidente da Comissão para Verdade e Reconciliação se o Congresso Nacional Africano não se responsabilizasse por suas atrocidades (reportado no *New York Times*, 13 de maio de 1997).

[25] Entrevista com Desmond Tutu, *The Living Church*, Apr. 121992. Fiz pequenas alterações na ordem das palavras e na pontuação para obter maior clareza. O relato completo de Tutu sobre a Comissão para Verdade e Reconciliação pode ser encontrado em seu livro *No future without forgiveness* (New York: Image Books, 1999).

[26] Ash, "The truth about dictatorship". O próprio Tutu, porém, se distanciaria dessa avaliação, visto que, em seu livro sobre a Comissão para Verdade e Reconciliação, afirma haver implorado a Deus que não o deixasse irromper em lágrimas outra vez, pois "a mídia se concentrou em mim e desviou a atenção daquelas pessoas que deveriam tê-la: as testemunhas" (*No future without forgiveness*, p. 144).

Os cristãos perceberão prontamente que há mais do que um mero teatro aqui. Na capacidade de Tutu de se identificar totalmente com aqueles que enfrentaram tamanho tormento, é possível ver a imagem do Crucificado. O compromisso inabalável do arcebispo com a justiça política, refinado ao longo de muitos julgamentos durante a longa luta *antiapartheid*, estava enraizado na justiça mais elevada de Deus e em sua misericórdia radical.[27]

Em janeiro de 1998, Tutu estava em Nova York para se tratar de um câncer de próstata. Na ocasião, ele deu apenas uma entrevista.[28] Tutu tentou explicar o trabalho da CVR da seguinte forma: "Não basta dizer: 'Deixe o passado para trás' [...] a reconciliação nunca é fácil. Acreditar nisso é garantir que a reconciliação nunca acontecerá. Temos de encarar o animal nos olhos, com firmeza". Ao mesmo tempo, segundo ele, "buscamos fazer justiça ao sofrimento, mas sem perpetuar o ódio que despertou". Em seguida, Tutu acrescenta:

> Reconhecemos que o passado não pode ser refeito por meio de punição. Em vez disso — visto sabermos que as memórias persistirão por muito tempo —, desejamos reconhecer essas memórias. Isso é fundamental quando desejamos construir uma democracia de cidadãos que respeitem uns aos outros. Como vítima de injustiça e opressão, você perde seu senso de valor como pessoa, sua dignidade. A justiça restaurativa se concentra em reparar a personalidade danificada ou perdida. Mas restaurar esse senso de dignidade significa restaurar a memória — o reconhecimento de que aquilo que aconteceu com você *realmente aconteceu*. Você não está louco. Algo seriamente maligno aconteceu com você; e a nação acredita em você.[29]

Michael Ignatieff é um escritor secular, não um pensador religioso, mas sua análise da CVR faz interseção com a de Tutu em alguns pontos, iluminando, assim, o contexto teológico — quer ele saiba, quer não.

---

[27] Miroslav Volf poderia estar referindo-se a Tutu na seguinte passagem: "A cruz de Cristo deve ensinar-nos que a única alternativa para a violência está [...] na disposição de absorvermos a violência para que possamos aceitar o outro, sabendo que a verdade e a justiça foram e continuarão a ser sustentadas por Deus" (*Exclusion and embrace: a theological exploration of identity, otherness, and reconciliation* [Nashville: Abingdon, 1996], p. 295) [edição em português: *Exclusão e abraço* (São Paulo: Mundo Cristão, 2021)].

[28] O bispo Tutu atuou de forma heroica, não apenas nas próprias audiências, mas também em sua batalha pessoal contra o câncer, alternando viagens para os Estados Unidos para tratamento e sessões de testemunhos emocionantes e exaustivos na África do Sul. A maioria dos membros da CVR mostrou sinais de trauma físico ou emocional durante ou após essa longa e árdua tarefa.

[29] Entrevista com Desmond Tutu, revista *Parade*, 11 de janeiro de 1998. Nessa mesma linha, um sul-africano de etnia branca, Albie Sachs, que agora é juiz na nova África do Sul, declarou: "A CVR deu uma grande contribuição. [...] Mexeu com a emoção de muitas pessoas, e ninguém pode negar os horrores do passado. *Talvez uma das piores coisas sobre os horrores seja a negação, a ideia de que nem mesmo aconteceram* [...] [agora] ninguém pode dizer que o *apartheid* nunca aconteceu" (cit. L. Gregory Jones, "Truth and consequences in South Africa", *Christianity Today*, Apr. 5, 1999, grifo na citação).

Assistir a uma sociedade lutando com o dilema da anistia muda a forma de se pensar a *justiça*. *Justiça está associada a punição*, a colocar as pessoas atrás das grades. *Mas* também pode significar outra coisa: verdade e reparação moral, *o restabelecimento conjunto de um mundo moral*, um mundo no qual filhos e filhas não desapareçam à noite [...]. As audiências no Centenary Hall mostram quanto o ser humano tem de acreditar que pertence a uma ordem moral. O que impulsiona [as famílias das vítimas] de negros e brancos a comparecerem perante a Comissão para Verdade e Reconciliação é o impulso de criar uma *esfera* pública na qual verdade é verdade e mentira é mentira, na qual as ações são responsabilizadas e o Estado é impedido de praticar determinadas ações. Na África do Sul, talvez seja esse o anseio mais profundo de todos, após décadas de infâmia.[30]

Nessa passagem, Ignatieff contrasta dois tipos de justiça: uma que simplesmente *pune* e outra que é inseparável de uma *esfera* — ou seja, em termos bíblicos, de um reino, de uma nova criação de Deus. Foi isso que o bispo Tutu encarnou entre nós.[31] Dia após dia, por mais de quarenta anos, sob uma pressão que os americanos de etnia branca não podem sequer imaginar, Tutu tem sido a personificação constante de alguém que vive neste mundo segundo a verdadeira realidade — realidade que é determinada, em última análise, pela esfera de Deus. Primeiro como líder na igreja, depois como presidente da CVR, Tutu mostrou, por meio de palavras e obras, que não está interessado em punição. Seu interesse está em uma nova criação.

O propósito dessa longa análise foi duplo: (1) começar a mostrar quão arraigada a resistência humana pode ser em relação à verdade e à justiça; e (2) ilustrar um pensamento-chave com o qual já deparamos e tornaremos a deparar, a saber, *a impossibilidade de administrar uma justiça humana que se mostre proporcional à ofensa*. Exemplos de injustiça coletiva, e não individual, foram enfatizados porque é fácil ignorarmos o envolvimento ou a cumplicidade em larga escala em todo o tipo concebível de maldade, tanto em nível local como em nível mundial — o abuso explorador de trabalhadores pouco qualificados e

---

[30]Ignatieff, "Digging up the dead", grifo na citação.
[31]Os grandes dons do bispo Tutu não se encontram necessariamente nas áreas de teologia sistemática ou exegese bíblica. De vez em quando, ele vagueia por doutrinas estranhas. É bom lembrar que não cabe a ninguém, sozinho, fazer ou ser tudo. O presente de Tutu para nós é sua combinação única de exuberância, humor e alegria com um realismo político verdadeiramente surpreendente — especialmente em vista de sua personalidade impetuosa, sua falta de sentimentalismo e sua capacidade de sofrer, tudo no contexto de uma fé bíblica invencível. Mais uma vez, ele é uma ilustração viva das palavras de Miroslav Volf: "Somente aqueles que são perdoados e estão dispostos a perdoar são capazes de buscar, de forma implacável, a justiça sem cair na tentação de pervertê-la em injustiça" (*Exclusion and embrace*, p. 123).

imigrantes ilegais; o governo de ditadores; a morte de civis inocentes; o abuso endêmico de mulheres; as condições terríveis em nossas prisões; "rendição" e "interrogatório intensificado"; estupro coletivo e fome como políticas públicas; empreiteiros privados que estipulam suas regras em zonas de guerra etc. O fluxo de malefícios é interminável.

Vencendo a negação

Dedicamos bastante espaço a examinar alguns exemplos de injustiça em larga escala e algumas respostas humanas — ou falta de respostas — a isso. É preciso haver esforço para nos importarmos com algo quando não nos vemos diretamente envolvidos. Os tabloides fazem festa com homicídios e escândalos locais porque é lá que se encontram os leitores; apenas os consumidores mais sérios e profundos de notícias ouvem os gritos das vítimas de injustiça em massa.[32] Na Bíblia, porém, idolatria e negligência de grupos *en masse* recebem a maior parte da atenção, desde a descrição fulminante que Amós faz de ricas donas de casa suburbanas (Amós 4:1) até o lamento de Jesus sobre Jerusalém (Lucas 13:34) e à repreensão feita por Tiago a uma congregação local insensível (Tiago 2:2-8). Juan Luis Segundo, o jesuíta uruguaio, tem sido frequentemente citado para nos lembrar que "o mundo que nos satisfaz [os ricos] é totalmente devastador para eles [os pobres e incapacitados]".[33] Essa foi precisamente a descoberta que transformou o antes conservador arcebispo salvadorenho Oscar Romero, custando-lhe a vida.

Grandes injustiças demonstram uma premissa básica: *em nosso mundo, algo está terrivelmente errado e clama para ser corrigido.* Talvez isso soe tão óbvio para o leitor que temos a impressão de que não vale a pena afirmar; mas não é esse o caso. O erro não é tão prontamente reconhecido quanto imaginamos. "Apesar de todas as evidências", escreveu um observador, "o americano moderno continua tentando se convencer de que a felicidade é o estado natural de nossa espécie".[34] Em geral, somos ingênuos quanto ao aspecto obscuro da

---

[32]Um *cartum* político retrata uma mulher sentada em frente ao seu aparelho de TV chorando o destino de uma mãe e de um bebê assassinados em um subúrbio americano rico (era o caso sensacionalista do momento), enquanto, no chão, ao seu lado, havia um jornal descartado com manchetes sobre o genocídio em Darfur.

[33]Juan Luis Segundo, *The liberation of theology*, parafraseado por Robert McAfee Brown, *Making peace in the global village* (Philadelphia: Westminster, 1981), p. 12; também o médico amplamente respeitado Paul Farmer, *Pathologies of power: health, human rights, and the new war on the poor* (Berkeley e Los Angeles: University of California Press, 2005), p. 157.

[34]Jeffey Smith, citado em uma resenha que o *Wall Street Journal* fez de seu livro sobre depressão: *Where the roots reach for water*, 13 de setembro de 1999, grifo na citação.

vida humana, e somos conhecidos como Polianas ao redor do mundo.³⁵ Nosso otimismo ilimitado, nossa "fuga acelerada do trágico", tudo isso faz parte de quem somos: é o componente central do motor que impulsiona nossa energia e nosso sucesso.³⁶ Não queremos que nada interfira no bom funcionamento do motor. No entanto, há uma desvantagem: essa tendência contribui para uma perspectiva distorcida e sentimental da realidade. Em suas narrativas, Walker Percy protesta contra isso ao criar toda uma galeria de personagens que se destacam de todos ao seu redor por não aceitarem as coisas como realmente são. Eles não são "ajustados". Um deles protesta: "Não consigo tolerar esta era!".³⁷ Pessoas assim costumam trabalhar sozinhas, já que poucos de nós estamos dispostos a compartilhar seu fardo.

Não podemos, ao que tudo indica, aceitar pensamentos negativos. Nossa mentalidade escapista opera o tempo todo, reajustando a realidade para bloquear aspectos efêmeros da vida. É muito importante para nós, americanos, acreditar que, apesar das evidências, o mundo e a natureza humana são essencialmente benignos.³⁸ O caminho americano da negação serve de boa opção para a mensagem do Dalai Lama, o que explica, em grande medida, sua surpreendente

---

³⁵ É difícil lembrar agora, mas, quando houve o atentado na cidade de Oklahoma, o episódio foi amplamente visto como um divisor de águas na vida americana, uma perda de sua suposta inocência. Até mesmo uma nota de escárnio foi expressa em alguns jornais europeus, como se cidadãos de outros países, que sofreram a Segunda Guerra Mundial e experimentaram frequentes ataques terroristas em seu solo, estivessem dizendo: "Já era tempo de os americanos experimentarem uma boa dose de realidade". Os ataques do 11 de Setembro, contudo, foram diferentes: mostraram-se tão extravagantes e terríveis que até mesmo os observadores estrangeiros mais cínicos foram temporariamente silenciados. Doze anos depois, porém, as reações ao atentado à Maratona de Boston de 2013 mostrou que nosso espírito positivo não foi nem um pouco abalado. Não se trata aqui de criticar nossa cultura americana de otimismo *per se*. O problema é que o otimismo não é equilibrado por uma compreensão sóbria dos aspectos trágicos da vida humana.

³⁶Peter Steinfels, "Fordham Center on religion and culture", *New York Times*, Sep. 10, 2005.

³⁷Walker Percy, *Lancelot* (New York: Farrer, Straus and Giroux, 1977), p. 157.

³⁸Muitas pessoas conhecem o diário de Anne Frank principalmente por causa da famosa frase: "Apesar de tudo, ainda acredito que as pessoas são realmente boas de coração". A frase foi retirada, anos atrás, de seu contexto original (no qual soa de forma mais ambivalente), sendo, então, polida em um *slogan* inspirador, o que causou, conforme sustentado por Cynthia Ozick, um grande dano ao encorajar uma perspectiva sentimental da humanidade, perspectiva que muitos confundem com uma verdade religiosa fundamental. Muitas críticas surgiram a essa versão domesticada e higienizada de Anne Frank nos últimos anos. Ozick, em um artigo influente, observa que o sucesso internacional da peça original a respeito de Anne influenciou, de forma permanente, a maneira em que seu diário é lido — e não para melhor. Ozick cita Alvin Rosenfeld, da Universidade de Indiana, cuja premissa é que "Anne Frank se tornou uma fórmula disponível para o perdão fácil". O artigo de Ozick é um protesto vigoroso contra o sequestro da imagem de Anne por aqueles que insistem em vê-la como uma "idealista inocente e firme", uma "Anne engraçada, esperançosa e feliz", quando, na verdade, seu fim foi extremamente angustiante — fato que pode ser validado pelo testemunho de quem conheceu Anne no campo em que ela morreu (Ozick, "Who owns Anne Frank?", *New Yorker*, Oct. 6, 1997). Em 2013, o Museu Anne Frank, em Amsterdã, revelou uma apresentação revisada da história. Alguns observadores perspicazes objetaram que as novas amostras simplesmente mantiveram a tendência de higienização (p. ex., Edward Rothstein, em "Playing cat and mouse with searing history", *New York Times*, Oct. 13, 2013).

popularidade em nosso país. Richard Gere, ator que também é budista praticante, conhece bem o Dalai Lama e disse o seguinte a seu respeito: "Em sua presença, sentimo-nos como se esse homem não desejasse nada além da nossa felicidade [...] Ele nos reduz à simplicidade de uma criança que só quer que as coisas deem certo no universo".[39] Embora as pessoas se sintam abençoadas na presença de um homem santo que deseja que o mundo seja corrigido e que a humanidade seja feliz, *o homem santo não pode fazer isso acontecer*.[40]

A mensagem da cruz de Jesus Cristo é que o Criador do universo pode ocasionar justiça perfeita no mundo que ele criou, que ele fez isso no corpo de seu Filho e que o fará no futuro, no Dia do Senhor: "Não agirá com justiça o Juiz de toda a terra?" (Gênesis 18:25).

A RELAÇÃO ENTRE JUSTIÇA E MISERICÓRDIA

O desafio para os cristãos americanos é, portanto, duplo. *Em primeiro lugar*, como, em meio a uma cultura de bem-estar, recebemos de forma responsável a avaliação bíblica da natureza humana caída?

> O coração dos homens está cheio de maldade e loucura durante toda a sua vida; e por fim eles se juntam aos mortos (Eclesiastes 9:3).

> [O meu povo] é habilidoso em fazer o mal [diz o SENHOR], mas não sabe fazer o bem (Jeremias 4:22).

> O coração é mais enganoso que qualquer outra coisa e sua doença é incurável. Quem é capaz de compreendê-lo? (Jeremias 17:9, NVI)

---

[39] Citado no livro de Orville Schell, *Virtual Tibet: searching for Shangri-La from the Himalayas to Hollywood* (New York: Metropolitan Books, 2000), p. 56.

[40] O Dalai Lama tem sido um símbolo admirável de coragem em todo o mundo e continua a perturbar o regime comunista chinês com sua presença inabalável e seu controle sobre o povo e suas aspirações. Sua incapacidade, ou falta de vontade, no entanto, de integrar a injustiça e o sofrimento à sua cosmovisão o limita. É interessante contrastá-lo com seu amigo Desmond Tutu. Ambos têm risadas famosas. Conforme notado por vários observadores, porém, o Dalai Lama costuma usar sua risada para desviar a atenção de alguns assuntos desagradáveis. Ele e Tutu são amigos, mas Tutu nunca ri dessa maneira. Sua risada é um sinal escatológico do triunfo de Deus sobre o mal. Ele sentiu a intensidade da luta em seus ossos de uma forma que não aparece nem no comportamento nem nos escritos do Dalai Lama. Para o Dalai Lama, o sofrimento é o caminho para a compaixão — e a compaixão é o caminho para a felicidade e a cessação do sofrimento. Com frequência, seus ensinamentos soam como se o sofrimento e a compaixão não estivessem ligados ao sofrimento real de seres humanos, sendo apenas etapas ao longo do caminho para a felicidade pessoal e até mesmo para que alguém "alcance seus objetivos". Dalai Lama, com Howard C. Cutler, *The art of happiness: a handbook for living* (New York: Riverhead Books, 1998), p. 128-30, 228, 310 e diversas outras passagens em todo o livro.

Tais declarações duras podem ser rejeitadas como relíquias do "Deus colérico do Antigo Testamento" ou desprezadas como fontes da pregação ao estilo "fogo e enxofre" de séculos anteriores, até mesmo rejeitadas como uma ameaça à nossa "autoestima"; entretanto, se considerarmos o século 20 como um todo — sem mencionarmos as atrocidades crescentes do século 21 —, os textos bíblicos soam bastante realistas.

Em segundo lugar, o desafio consiste em ajudar os cristãos a compreender que até mesmo a justiça secular pode (e deve) ser administrada a partir de um profundo senso de solidariedade entre os seres humanos, de modo que nunca deixamos de nos lembrar que "só pela graça de Deus eu avanço".[41] É algo paradoxal, mas, se pensarmos em *todos* os seres humanos como igualmente necessitados de justiça e misericórdia, estaremos muito mais aptos a apoiar um sistema jurídico que pode ser severo sem sentimentalismo, mas que se opõe, de forma infalível, a qualquer tipo de desumanidade — incluindo a desumanidade perpetrada por guardas em prisões de segurança máxima.

Não podemos, todavia, negar a extrema dificuldade de determinarmos qual deve ser a resposta cristã em certos casos de barbarismo. A relação entre justiça e misericórdia nem sempre é clara. Todos já ouvimos falar de casos comoventes e dramáticos de pais ou cônjuges que perdoaram o assassino de seus entes queridos, muitas vezes motivados, em parte, pelo conhecimento de que é o que a vítima também faria. Com frequência, Tutu menciona o caso da família Biehl, da Califórnia, cuja filha, Amy, uma jovem ativista branca *antiapartheid*, foi cruelmente assassinada, em 1993, por militantes negros na Cidade do Cabo. Seus pais viajaram várias vezes para a África do Sul para oferecer seu perdão e para trabalhar com a Fundação Amy Biehl, cujo propósito é ajudar jovens negros. Por outro lado, o bispo também menciona o exemplo da família de Stephen Biko, que afirma que não pode e não perdoará os assassinos do líder negro. Sua postura, explica Tutu, demonstra que o perdão é "um processo longo e exigente", e nunca deve ser barateado.[42] Trata-se de dois exemplos opostos que ilustram a dialética entre justiça e misericórdia.

---

[41]De acordo com *Bartlett's familiar quotations*, o dizer famoso foi inicialmente expresso por um dos reformadores protestantes ingleses, John Bradford (1510-1555), que observava alguns dos prisioneiros sendo levados para o local de execução. Posteriormente, Bradford foi aprisionado na Torre de London durante as perseguições do reino de Mary Tudor, ao lado de Thomas Cranmer, Nicholas Ridley e Hugh Latimer, com quem ele estudava o Novo Testamento na cela que partilhavam. Bradford foi queimado na fogueira em 1555. O dito a ele atribuído lhe é cabível, quer ele o tenha realmente proferido, quer não. O reformador morreu pedindo perdão e oferecendo perdão aos outros. Disponível em: www.britannia.com/bios.

[42]Palestra ministrada em 1998 (Mollegen Lectures).

Além do perdão

O acadêmico do Novo Testamento Reginald Fuller escreveu que "perdão é uma palavra muito fraca" para abarcar a amplitude do que Cristo fez por nós e nos chama a fazer.[43] Como podemos sequer começar a falar de perdão, quanto mais de transformação, nas piores e mais extremas situações? O extermínio de milhões de pessoas não clama por perdão. Esqueça os milhões: o que dizer de um bebê queimado em um micro-ondas por seu pai? "Após sabê-lo, que perdão?".[44] O perdão não é suficiente. Também deve haver justiça.

Vince Gilligan, criador e produtor executivo do celebrado drama *Breaking Bad*, da AMC, foi entrevistado no programa *Fresh Air*, da NPR, em relação ao seu personagem Walter White, um professor de química do ensino médio que se transforma em um traficante de drogas e assassino impiedoso.[45] O entrevistador questiona Gilligan sobre a seguinte declaração que ele havia feito: "O ateísmo é tão difícil de aceitar quanto o fundamentalismo cristão". Gilligan, que se autodenomina católico agnóstico, ainda quer acreditar que "há algo mais no universo além do ser humano". Se não há uma "justiça cósmica", pondera ele, "então qual é o significado de tudo isso?". Esse homem inteligente, que, ultimamente, tem refletido bastante sobre pessoas que "deixam o mal rolar" (*breaking bad*), anseia por "esperança cósmica". O perdão não é o bastante. *Algo está errado e tem de ser consertado*. Miroslav Volf concorda: "A cruz não é pura e simplesmente um perdão, mas *Deus corrigindo* o mundo da injustiça e do engano".[46] Essa correção é chamada de retificação (em grego, *dikaiosis*, termo também traduzido por "justificação") pelo apóstolo Paulo, uma palavra e um conceito que exploraremos com mais profundidade.

Ao falarmos de correção, não nos referimos a pequenos arranjos aqui e a pequenas melhoras ali. Na perspectiva do Antigo e do Novo Testamento, toda a criação sofreu um desequilíbrio drástico. A encarnação do Filho de Deus não deve ser compreendida como a bênção divina sobre tudo o que existe: foi uma *encarnação para culminar na cruz* e, portanto, uma encarnação que coloca um

---

[43] Reginald Fuller, *Interpreting the miracles* (London: SCM, 1963), 51 n. Escutei pessoalmente o professor Fuller falar a mesma coisa.
[44] T. S. Eliot, "Gerontion".
[45] A entrevista pode ser encontrada em: https://www.npr.org/2019/10/11/769312766/breaking-bad-creator-vince-gilligan-reflects-on-meth-and-morals.
[46] Volf, *Exclusion and embrace*, p. 298, grifo na citação. Isso nem sempre é compreendido na igreja. As denúncias contínuas sobre o abuso sexual de ministros revelam uma profunda falha em compreendermos a maneira pela qual a justiça de Deus (*dikaiosyne*) atua para reparar o que está errado, ao mesmo tempo que o perdão é oferecido de forma incondicional.

ponto de interrogação *em relação ao modo* que as coisas são. Walker Percy não é o único romancista incapaz de tolerar o mundo da forma que está. Romancistas como Flannery O'Connor, Graham Greene, Cormac McCarthy e outros nos dão personagens que não conseguem encaixar-se nesta "presente era perversa" (Gálatas 1:4). O Messias não veio a um mundo purificado e espiritualmente iluminado, preparado para sua chegada, mas a uma humanidade que não estava mais próxima de sua bondade original do que no dia em que Caim assassinou Abel, seu irmão. Na verdade, a barbárie da crucificação revela exatamente esse diagnóstico. Do começo ao fim, as Sagradas Escrituras testificam que a situação da humanidade caída é tão séria, tão grave e tão irremediável por dentro que nada menos que a intervenção divina é capaz de retificá-la.[47]

Proporção e sua relação com a justiça

Em abril de 1994, dois caças da Força Aérea dos Estados Unidos, em um terrível infortúnio de "fogo amigo", abateram dois helicópteros do Exército dos Estados Unidos em uma zona de exclusão aérea no norte do Iraque, matando vinte e seis pessoas. Apenas um oficial da Força Aérea, Jim Wang, foi submetido à corte marcial, dos seis originalmente acusados. Em junho de 1995, um júri militar considerou Wang inocente. Não é nosso propósito aqui debater se o veredicto foi correto ou não. O que nos interessa, neste capítulo sobre justiça, é que o sofrimento das famílias das vítimas foi exacerbado pelo que consideraram uma falha de justiça. Os pais de um dos pilotos do Exército relataram amargamente o caso como um "encobrimento em massa" efetuado pela Força Aérea.

Angustiadas, as famílias não pareciam ser particularmente vingativas; elas não estavam clamando por penalidades extremas. Só queriam saber se alguém levava a sério sua dor. As reprimendas e advertências emitidas pela Força Aérea não pareciam proporcionais às perdas. "Ainda estou perplexa", disse a jovem viúva Kaye Mounsey: "Como vinte e seis pessoas puderam ser brutalmente mortas sem que *ninguém* tenha sido responsabilizado?".[48] Há muito aqui para refletirmos em relação à morte de Cristo. Repare quão prontamente o conceito de *responsabilidade* e a linguagem de *dívida* entram em ação quando há sérias questões em jogo. Algo se deve às vítimas de tamanha atrocidade. Ninguém precisa explicar-lhes o

---

[47]No livro *No country for old men* [Onde os fracos não têm vez], de Cormac McCarthy, o xerife Bell diz: "Às vezes, acordo no meio da noite e tenho tanta certeza quanto tenho da morte de que só a segunda vinda de Cristo pode dar um jeito nessa situação".

[48]Bob Pool, "Military briefing fails to ease widow's mind", *Los Angeles Times*, Jul. 14, 1994.

que significa essa linguagem. É comum a expectativa humana de que haja justiça, e que essa justiça esteja, de alguma forma, relacionada à magnitude da perda.

Observe também a insinuação de que até mesmo uma única pessoa, ao aceitar realmente uma pena que porventura lhe fosse imposta, teria sido um consolo em relação aos vinte e seis — e para muitos outros. Essa noção é dramatizada no Evangelho de João: "Caifás, que era sumo sacerdote naquele ano, disse: ' [...] é necessário que um único homem morra pelo povo'. [...] Sendo sumo sacerdote naquele ano, profetizou que Jesus morreria pela nação — e não somente pela nação, mas para reunir, em um único povo, os filhos de Deus" (João 11:49-52).

Duas ideias, então, estão em jogo nesta seção. O que acabamos de mencionar é a noção de uma só pessoa responsável por muitas. A segunda é que uma resolução justa ou "apropriada" a uma grande ofensa deve ter alguma relação com sua gravidade. Essa é a noção de justiça proporcional: algo de valor é necessário para indicar a magnitude da transgressão. Se a oferta é o Filho de Deus, isso não sugere uma ordem de magnitude suprema?

ONDE ESTÁ A INDIGNAÇÃO?

Em um artigo da *Newsweek* sobre o céu, Kenneth L. Woodward observa: "O que falta na maior parte das reflexões contemporâneas sobre o céu é a noção de justiça divina".[49] Quando americanos brancos e ricos pensam no céu, tendemos a pensar na serenidade celestial, em sua beleza natural e em reuniões familiares. Os negros americanos e outros grupos desfavorecidos estariam muito mais propensos a pensar na promessa de Deus de que, ao final, a justiça será feita. Para qualquer um que sofreu uma grande injustiça, é importante saber, como promete o livro de Apocalipse de forma tão maravilhosa, que todos os erros serão corrigidos (Apocalipse 21:3-4).

Sem dúvida, a maioria das pessoas, a despeito de sua etnia, tende a se interessar intensamente por justiça quando ela será administrada *em seu benefício*. É a noção de *justiça para todos* que falta em boa parte do nosso discurso público. Procuramos justiça quando o problema é algo que nos afeta diretamente, mas é difícil gerar entusiasmo público para apoiar a justiça em prol de outra pessoa ou de algum grupo que não seja o seu. O movimento pelos direitos civis foi um autêntico milagre da justiça de Deus, pois conseguiu mobilizar um número significativo de pessoas, de vários círculos eleitorais. Infelizmente, isso é raro. A apatia

---

[49] Kenneth L. Woodward, "Heaven", *Newsweek*, Mar. 27, 1989.

e a falta de interesse pelos outros têm alguma relação com isso; a determinação de não perder os próprios privilégios pode ser um grande elemento motivador. Há uma dimensão teológica aqui. Justiça para todos é um pensamento alarmante por sugerir a possibilidade de que *algum de nós pode sofrer em consequência de sua aplicação*. Conforme expresso pelo autor de Efésios, éramos, "por natureza", *todos* "filhos da ira, como o restante da humanidade" (Efésios 2:3).

Hoje em dia, muitas pessoas se sentem desconfortáveis ao falarem da ira de Deus, mas não há como fugir desse proeminente tema bíblico. Em todo o mundo, os povos oprimidos se sentem fortalecidos pela imagem bíblica de um Deus que se ira diante da desonestidade e da injustiça. O humor e a exuberância de um lutador pela liberdade como Desmond Tutu são evocados, alimentados e sustentados pela convicção de que Deus está do lado dos indefesos e dos que não têm voz, daqueles que não têm amigos poderosos e são abusados e oprimidos pelo sistema. Um *slogan* do nosso tempo é: "Onde está a indignação?". Ele tem sido aplicado a tudo, desde a manipulação do mercado por grandes empresas farmacêuticas, passando pela riqueza astronômica de líderes empresariais, até a proteção de policiais abusivos. "Onde está a indignação?", perguntam muitos analistas, questionando-se por que congressistas, funcionários e eleitores comuns parecem tão indiferentes. Por que a distância entre ricos e pobres se tornou tão grande? Por que tantas pessoas com doença mental têm passado despercebidas? Por que a violência armada ainda é uma marca registrada da cultura americana? Por que existem tantas pessoas inocentes no corredor da morte? Por que nossas prisões se encontram tão cheias de homens negros e de origem hispânica? *Onde está a indignação?* Por todo o ciberespaço, vemos pessoas indignadas pelas coisas mais diversas que as incomodam pessoalmente — a síndrome do tipo "na minha porta, não!". Todavia, os ultrajes do coração de Deus passam despercebidos e não recebem muita atenção.

A mensagem bíblica é que o ultraje está, antes de tudo, no coração de Deus.[50] Se resistirmos à ideia da ira de Deus, podemos fazer uma pausa para

---

[50] Lesslie Newbigin, que expõe esses assuntos com uma clareza excepcional, escreve sobre a ira de Deus: "Vemos que o mundo inteiro está debaixo do poder do pecado e, portanto, em um estado de inimizade contra Deus. Mesmo assim, Deus amou o mundo e ainda o ama. Essa é a razão pela qual ele aplicou seu poder para salvá-lo, um fato que nunca devemos esquecer. Às vezes, os cristãos, ao tentarem explicar a cruz de Cristo, sugerem que o amor e o autossacrifício de Jesus afastam a ira de Deus e asseguram nossa salvação. É verdade que [...] a ira de Deus é revelada contra o pecado do mundo. A ira de Deus é uma realidade. Para entendermos a cruz, devemos compreender isso. Mas o amor que garantiu nossa salvação também vem de Deus. Ira e amor se encontram nele. A ira é o inverso do seu amor. *Mas a ira de Deus não é desviada por nada que esteja fora do próprio Deus.* Foi porque Deus amou o mundo que deu o seu Filho para ser o seu Salvador". (*Sin and salvation* [London: SCM, 1956], p. 56, grifo na citação.)

refletir na próxima vez que nos indignarmos com algo — algo relacionado à nossa propriedade ser desvalorizada, às oportunidades educacionais de nossos filhos serem limitadas e aos nossos incentivos fiscais serem eliminados. Todos somos capazes de nos irar a respeito de alguma coisa. A ira de Deus, entretanto, é autêntica. Ela não tem por objetivo a manutenção de privilégios, mas é direcionada em favor daqueles que não têm privilégios. A ira de Deus não é uma emoção que se extravasa de vez em quando, como se Deus sofresse de crises temperamentais. Antes, é uma forma de traduzir sua inimizade absoluta contra tudo o que é errado e sua intervenção para corrigir as coisas.[51]

Em 2 de setembro de 1990, houve um assassinato na cidade de Nova York que horrorizou a nação. A família Watkins, da cidade de Provo, estado americano de Utah — pai, mãe e seus dois filhos —, veio alegremente à cidade para uma viagem havia muito programada, a fim de assistirem às partidas de tênis do US Open. Enquanto se encontrava na plataforma de metrô, à espera do trem para Flushing Meadows, a família foi atacada por um grupo de quatro jovens. O mais velho dos dois filhos saiu em defesa de sua mãe enquanto ela levava um chute no rosto e acabou sendo morto. O juiz, Edwin Torres, condenou os quatro agressores à prisão perpétua, sem liberdade condicional — na época, a sentença mais dura possível em Nova York —, e, ao fazê-lo, emitiu uma declaração impressionante expressando estar gravemente alarmado diante de uma sociedade em que "um grupo de bandidos pode cercar, atacar e matar um menino na frente de seus pais [e depois] subir o quarteirão até Roseland e dançar até as quatro horas da manhã, como se eles tivessem pisado em um inseto. Levar uma mãe a segurar um filho morto nos braços, assassinado diante de seus olhos, é o tipo de coisa que até mesmo o Diabo hesitaria em fazer. *O crime não pode ficar impune*".[52]

Sem dúvida, as palavras desse juiz sobre *impunidade*, conceito que desenvolveremos com certa profundidade, deve evocar uma resposta amigável até mesmo de pessoas que não apreciam o conceito de julgamento.

Em 1989, a irmã Dianna Ortiz, uma jovem freira americana, pouco sofisticada politicamente, foi sequestrada e torturada por membros das Forças Armadas da Guatemala, sob o comando de um americano chamado Alejandro. Em seu depoimento detalhado e excepcionalmente angustiante, Ortiz declara:

---

[51]C. F. D. Moule resume a posição que eu favoreço: a ira de Deus (do grego, *orge*) não é um sentimento (do latim, *affectus*) que Deus tem; é sua ação (*effectus*) contra o que está errado. "Punishment and retribution: delimiting their scope in New Testament interpretation", in: Brad Jersak; Michael Hardin, orgs., *Stricken by God? Nonviolent identification and the victory of Christ* (Grand Rapids, Eerdmans, 2007), p. 256.

[52]*New York Times*, Jan. 4, 1992, grifo na citação.

Não fui questionada por amigos e estranhos se estava recebendo justiça do meu governo, mas se havia perdoado meus torturadores. Eu queria a verdade; queria justiça. Os outros desejavam que eu perdoasse, para que, então, eu pudesse seguir em frente. Suponho que, uma vez que eu perdoasse, tudo acabaria bem — para eles. O cristianismo, aparentemente, se preocupava com o perdão individual, e não com a justiça social.

Deixe-me introduzir uma palavra na discussão sobre os Estados Unidos deverem ou não torturar ou se envolver em formas de tratamento cruéis, desumanas ou degradantes: a palavra é *impunidade*. É uma palavra de considerável importância para os sobreviventes. Sobreviventes [...] buscam justiça, ou seja, a responsabilização pelo ato praticado. Não recebemos justiça nem de nosso governo nem de qualquer outro. Portanto, esse é um dos objetivos de nossa organização.[53]

Tais exemplos ilustram (1) a relação complexa entre justiça e misericórdia e (2) as consequências desastrosas da impunidade. Percorremos um vasto território para mostrar como o perdão não é algo assim tão simples. Se pensarmos na teologia e na ética cristã somente da perspectiva do perdão, acabaremos negligenciando um aspecto central do próprio caráter de Deus e não estaremos em posição de compreender a cruz em sua dimensão mais plena. A nova criação de Deus deve ser justa; caso contrário, as promessas de Deus soarão como zombaria àqueles cuja falta de defesa foi explorada pelos poderosos. Além do mais, se deixarmos de levar em consideração a justiça de Deus, perderemos a forma extraordinária na qual ela é reformulada no *kerygma* do Novo Testamento.

No deserto, João Batista pregava uma mensagem de fogo: "Raça de víboras! Quem lhes deu a ideia de fugir da ira que se aproxima?". Em nossos dias, em nossa pressa de fugir da ira de Deus, podemos nos perguntar se pensamos nas consequências da crença em um deus que não se opõe ao mal em todas as suas

---

[53]Dianna Ortiz, O.S.U., "Theology, international law, and torture: a survivor's view", *Theology Today* 63, n. 3 (Out. 2006): 344-48 (o grifo na palavra "impunidade" é do original; o demais é grifo na citação). O relato da jovem freira sobre sua tortura, seu estupro e as respectivas consequências foi investigado e amplamente corroborado. Os detalhes são terríveis. A história da irmã Dianna pode ser encontrada em seu livro *The blindfold's eyes: a journey from torture to truth* (Maryknoll: Orbis, 2002). Um relato convincente pode ser encontrado on-line em: http://www.salon.com/2002/11/19/ortiz/. Apesar de anos de protesto e, em 1996, de uma vigília e um jejum de cinco semanas em frente à Casa Branca, Ortiz não recebeu nenhum reconhecimento dos presidentes Bill Clinton e George H. W. Bush. Por fim, o presidente Clinton ordenou a liberação dos documentos relacionados aos Estados Unidos e à Guatemala. Ortiz ajudou a fundar a Torture Abolition and Survivors Support Coalition International [Coalisão Internacional de Abolição da Tortura e de Apoio aos Sobreviventes] (TASSC).

formas. Miroslav Volf escreve: "Um Deus não indignado seria cúmplice da injustiça, do engano e da violência".[54] Talvez a razão pela qual temos problemas com isso é que nós mesmos somos cúmplices. Ainda assim, a maioria das pessoas, em algum momento, dirá que seu "sangue ferve"; a pergunta, então, é a seguinte: a que temperatura ocorre a ebulição?[55] Se nosso sangue não ferve diante da injustiça, não podemos servir ao Deus que disse o seguinte por intermédio do profeta Isaías:

> Ai daqueles que fazem leis injustas,
> que escrevem decretos opressores,
> para privar os pobres dos seus direitos
> e da justiça os oprimidos do meu povo... (Isaías 10:1,2, NVI).

Onde está a indignação? É propriedade de Deus. É a ira de Deus contra tudo o que se opõe aos seus propósitos redentores. Não se trata de uma *emoção*; é a *ação* justa de Deus em corrigir o que está errado. É a intervenção de Deus em favor daqueles que não conseguem ajudar a si mesmos.

Ninguém poderia imaginar, porém, que Deus interviria de forma definitiva ao *se interpor*. Ao se tornar um homem pobre e destituído de seus direitos, ao morrer como alguém que foi privado de sua justiça, o Filho de Deus se submeteu aos extremos da humilhação, entrando em total solidariedade com aqueles que não têm ajuda. Ele, o Rei dos reis e Senhor dos senhores, submeteu-se voluntariamente à zombaria das multidões e, no momento mais extremo de sofrimento, não pôde fazer nada para ajudar a si mesmo (Marcos 15:31).[56]

Algo ainda mais impressionante, porém, é o fato de ele se sujeitar à incapacidade e à humilhação *não apenas por amor às vítimas, mas também aos perpetradores*. Essa versão da dupla indenização do Senhor será um dos temas principais a serem desenvolvidos ao longo deste livro. Quem teria pensado que o mesmo Deus que fez o julgamento, invocando "ais" contra o *establishment* religioso (Mateus 23; Lucas 11), sofreria seu juízo e seus "ais"? Essa é uma ideia estranhamente imoral e irreligiosa; como veremos repetidas vezes, no entanto, a crucificação revela Deus colocando-se sob sua sentença. A ira de Deus se

---

[54] Volf, *Exclusion and embrace*, p. 297.

[55] Na década de 1970, tive uma conversa com o representante de uma organização missionária evangélica conservadora no auge da repressão dos governos militares sul-americanos. Perguntei a ele sobre a posição de seu grupo em vista das condições políticas. Suas palavras foram: "Não recrutamos nenhum trabalhador cujo sangue irá ferver ao presenciar injustiças".

[56] Martin Hengel, *Crucifixion* (Philadelphia: Fortress, 1977), p. 31.

alojou no próprio Deus.⁵⁷ A justiça perfeita é efetuada na autoentrega do Filho, o único perfeitamente justo entre os seres humanos. Portanto, ninguém, *nem a vítima nem o vitimizador*, pode reivindicar qualquer isenção de julgamento por seus méritos, mas apenas pelos méritos do Filho.

DIKAIOSYNE: A JUSTIÇA E A RETIDÃO DE DEUS

Em 2012, Charles Taylor, ex-presidente da Libéria e criminoso de guerra, foi sentenciado pelo tribunal internacional a cinquenta anos de prisão (primeira condenação de um chefe de Estado desde os julgamentos de Nuremberg, logo após a Segunda Guerra Mundial). Taylor foi culpado de "ajudar, encorajar e planejar alguns dos crimes mais hediondos e brutais já registrados na história humana", e havia a sensação de que a justiça fora feita. Entretanto, após o julgamento, o promotor-chefe declarou em uma entrevista coletiva: "A sentença de hoje não substitui membros amputados; não traz de volta aqueles que foram assassinados. Não cura as feridas de mulheres estupradas ou forçadas a se tornarem escravas sexuais".⁵⁸

Sistemas humanos de justiça são cruciais para o funcionamento da sociedade, mas não podem fazer muita coisa. A justiça humana não pode consertar o erro passado. Portanto, temos de ampliar nossa definição de justiça. Estamos prestes a dar um grande salto em nossa compreensão bíblica. A noção crucial de amor como *agape* é bem conhecida, até mesmo em congregações que desconhecem totalmente as línguas bíblicas; no entanto, outra palavra igualmente vital, *dikaiosyne*, quase não é conhecida. Quando as Escrituras hebraicas foram traduzidas para o grego no segundo século a.C. (tradução conhecida como Septuaginta, também abreviada como LXX), o grupo de palavras hebraicas normalmente traduzidas por "retidão" (*tsedaqa*), porém intimamente atrelada e quase sinônima de *mishpat* (justiça), foi transportada para um único grupo de palavras gregas (*dikaios, dikaiosyne, dikaiosis, dikaioo*). Por isso, aqui está o problema para os falantes de outras línguas: nossas traduções da Bíblia empregam várias palavras em nossa língua local — "justo", "justiça", "reto", "retidão", "justificação", "justificar"— para traduzir um único grupo de palavras grego. Se nos esforçarmos para entender as conexões semânticas e teológicas entre várias

---

⁵⁷Nunca podemos enfatizar o suficiente que essa ação não é do Pai contra o Filho. Ela é realizada pelas três pessoas da Trindade.

⁵⁸Brenda Hollis, procuradora-chefe do Tribunal Internacional em Leidschendam, Holanda, citada no *New York Times*, May 31, 2012.

passagens em nossa língua e o único grupo das palavras gregas em questão, estaremos de posse de uma ferramenta crucial. Não se trata de um exercício fácil, visto que as palavras "justiça" e "retidão" não soam em nada uma com a outra. Entretanto, *essas duas palavras, "justiça" e "retidão", não conectadas semanticamente na língua inglesa [e portuguesa], fazem parte do mesmo grupo semântico no hebraico do Antigo Testamento e no grego do Novo Testamento.*[59] De fato, se olharmos a palavra "justiça" em algum dicionário bíblico, seremos direcionados também à entrada "retidão". Grandes avanços podem ser feitos em nossa compreensão teológica e em nossa motivação ética quando essa conexão é levada em conta.[60]

Trabalhando no nível mais fundamental, então, primeiro temos de saber que a *justiça* e a *retidão* de Deus são a mesma coisa. Isso não vai nos ajudar, no entanto, até que façamos mais alguns saltos. Retidão, como na expressão "retidão de Deus", não significa aquilo que normalmente pensamos, e há um pouco de luta para deixarmos para trás nossas más concepções. Para nossos ouvidos contemporâneos, "retidão" é uma palavra sufocante que denota adesão a um conjunto de códigos morais ou estritos. Não é provável que sejamos atraídos por um Deus "reto" (a não ser que estejamos em busca de justiça!). O significado da palavra "retidão" em hebraico, porém, está muito longe da ideia que temos de legalismo ou de moralismo. Quando lemos no Antigo Testamento que Deus é justo e reto, isso não se refere a uma qualidade abstrata e ameaçadora de Deus contra nós. Trata-se muito mais de um verbo do que de um substantivo, pois se refere ao *poder de Deus para corrigir o que está errado.*[61] Isso, em si, soa inofensivo o bastante, mas a mensagem radical subjacente a essa ideia, uma mensagem a

---

[59] Poderia ser acusada de imprecisão ao usar *tsedaqa* (retidão) e *mishpat* (justiça) como se fossem precisamente do mesmo grupo. Entretanto, como Jacqueline Lapsley me mostrou, a expressão "retidão e justiça" aparecem de forma tão frequente em Salmos e nos Profetas que o princípio da *hendíadis* (uma única ideia expressa por duas palavras, interligadas entre si pelo conectivo "e") nos permite falar delas como se fosse a mesma palavra [veja, p. ex., Salmos 89:14].

[60] Uma discussão mais completa desse conceito vital será encontrada nos capítulos 8 e 12.

[61] Gerhard von Rad obteve amplo reconhecimento no século 20 com sua ênfase em retidão como "relacionamento correto" no contexto da aliança feita por Deus com Israel; a retidão de Deus é sua *chesed*, sua fidelidade à aliança. A ideia foi transportada para o século 21; muitos ministros e mestres da Bíblia ainda falam de retidão como um "relacionamento correto". Contudo, isso foi contestado por estudiosos que (corretamente, na minha opinião) expandiram o conceito da retidão para além do contexto da aliança com Israel, abrangendo toda a ordem cósmica. Sem dúvida, essa é a intenção do apóstolo Paulo e de Segundo Isaías (Isaías 40—55) — talvez também de Apocalipse (21:24-26). Provavelmente a coisa mais sucinta que podemos dizer contra "relacionamento correto" como definição adequada de justiça é que não se trata de um verbo! A coisa mais importante que podemos lembrar sobre a retidão de Deus é que se trata de uma *ação poderosa* para corrigir o erro. "No Antigo Testamento, justiça não é um estado ontológico de harmonia cósmica, mas um acontecimento inaugurado pela intervenção de Deus no mundo e para o bem da humanidade, trabalhado segundo a vontade divina". (Brevard Childs, *Biblical theology of the Old and New Testaments: theological reflection on the Christian Bible* [Minneapolis: Fortress, 1993], p. 490).

que costumamos resistir, é que essa correção acontece a despeito de nossa resistência. Esse é o verdadeiro significado do uso que Paulo faz da palavra *dikaiosis*, traduzida tradicionalmente como "justificação", mas cuja melhor tradução seria "retificação" ("retificar", do latim *rectus* [reto] e *ficare* [fazer]).[62] "Retificação" é a única palavra em nossa língua que cobre essas bases. É melhor do que "justificar", visto que o verbo "retificar" — corrigir — está mais próximo da palavra "retidão" do que o verbo "justificar". Por ser relativamente incomum no uso diário, não é o ideal, mas é o melhor equivalente que temos. De agora em diante, o termo "retificação" será usado ao longo deste livro.

Dikaiosyne como busca; *dikaiosyne* como agressão

O movimento de Deus em direção a nós, mesmo quando lhe damos as costas, é descrito de diversas maneiras nas Escrituras. Algumas dessas descrições são mais adequadas à nossa sensibilidade contemporânea do que outras. Oseias, por exemplo, fala da atuação de Deus da perspectiva do pai e do filho. A retidão de Deus é um aspecto de seu amor paternal. Ele vai em busca de seu povo pactual apesar da determinação de Israel de lhe voltar as costas:

> Quando Israel era menino, eu o amei...
> Quanto mais eu o chamava,
>   mais eles se afastavam de mim.
> Eles ofereceram sacrifícios aos baalins
>   e queimaram incenso para os ídolos esculpidos.
> Mas fui eu quem ensinou Efraim [os filhos de Israel] a andar,
>   tomando-o nos braços;
>   mas eles não perceberam que fui eu quem os curou.
> Eu os conduzi com laços de bondade humana
>   e de amor...
> O meu povo está decidido em desviar-se de mim.
>   Embora sejam conclamados a servir ao Altíssimo,
>   de modo algum o exaltam.
> Como posso desistir de você, Efraim?
>   Como posso entregá-lo nas mãos de outros, Israel?

---

[62] Aparentemente, J. Louis Martyn foi o primeiro acadêmico bíblico a convencer um número significativo de outros estudiosos a usar "retificação" (substantivo) e "retificar" (verbo) como uma tradução para o grupo de palavras *dikaiosis*. (Cf. *Galatians,* Anchor Bible 33A [New York: Doubleday, 1997], p. 239-50.)

> [...] Meu coração está enternecido,
>   despertou-se toda a minha compaixão.
> Não executarei a minha ira impetuosa,
>   não tornarei a destruir Efraim.
> Pois sou Deus, e não homem,
>   o Santo no meio de vocês.
> Não virei com ira (Oseias 11:1-9, NVI).[63]

A imagem de Oseias em relação a um pai e um filho inclui a "ira impetuosa" do pai. É tido por certo que Deus estaria em seu direito de entregar seu povo às consequências de suas más ações. Mas a justiça de Deus não é como a de um juiz remoto, um juiz que profere sentenças severas. É da própria natureza de Deus, "o Santo no meio de vocês", descer até nós e se derramar em uma compaixão inextinguível.

Ao mesmo tempo, Oseias não diz tudo o que deve ser dito. Buscar e atrair, perdoar e restaurar, não são as únicas coisas que Deus faz para redimir sua criação. A retidão de Deus o leva a se opor ao que destruirá aquilo que ele ama, e isso significa declarar inimizade contra tudo o que resiste ao seu propósito redentor. Esse é o princípio agressivo da justiça de Deus.

Deus não possui sua justiça (retidão, mesma palavra) em um empíreo remoto. A retidão de Deus não é um atributo estático e implacável contra o qual seres humanos vulneráveis se lançam em vão. Tampouco é como a de um juiz que distribui julgamentos impessoais em consonância com as normas jurídicas. A justiça de Deus, como insiste Desmond Tutu, não é retributiva, mas restaurativa.[64] É natural que muitos não compreendam isso, pois "o amor de Deus, resistido, é sentido como ira".[65] É por isso que deve existir um tipo diferente de linguagem para expô-la em todas as suas dimensões. Tudo o que ameaça a comunidade (chamada de "Efraim" por Oseias) deve ser exposto, rejeitado, eliminado.[66] É aqui que consideramos necessário falar, não apenas da busca amorosa de Deus, mas também de sua ação agressiva. A mensagem de Oseias sobre o amor que não abrirá mão de seu objeto deve ser complementada pela linguagem dura, por exemplo, de Isaías:

---

[63] Jeremias também faz uso do tema: "Não é Efraim o meu filho querido? O filho em quem tenho prazer? Cada vez que falo sobre Efraim, mais intensamente me lembro dele. Por isso, com ansiedade o tenho em meu coração; tenho por ele grande compaixão", declara o Senhor (Jeremias 31:20, NVI).

[64] Tutu, *No future without forgiveness*, p. 54.

[65] James D. Smart, *Doorway to a new age* (Philadelphia: Westminster, 1972), p. 50.

[66] Christopher Morse escreve: "Ao escolher ter um mundo e amar sua liberdade, Deus rejeita tudo o que se interpõe no caminho desse destino" (*Not every spirit: a dogmatics of Christian disbelief* [New York: Trinity, 1994], p. 248).

Por isso o Soberano,
> o Senhor do Exércitos,
> o Poderoso de Israel, anuncia:
> [...] *Voltarei a minha mão contra você;*
> *tirarei toda a sua escória*
> *e removerei todas as suas impurezas.*
> Restaurarei os seus juízes como no passado,
> os seus conselheiros, como no princípio.
> Depois disso você será chamada
> cidade de *retidão*, cidade fiel.
> Sião será redimida com *justiça,*
> Com *retidão* os que se arrependerem (Isaías 1:24-27, NVI).

Repare, no último segmento de frase, que "retidão" não se refere a uma virtude humana ou a um comportamento correto, mas à *ação de Deus* em restaurar a justiça e a retidão a Israel. Mais uma vez, o termo "retidão" tem as características de um verbo, e não as de um substantivo; não corresponde tanto ao fato de Deus *ser* reto, mas de *fazer* reto.[67] É verdade que Deus voltará sua mão contra Israel em juízo, mas (lembre-se de que a palavra "juiz" faz parte do mesmo grupo semântico de "justiça") o juízo não é para destruição; é para derreter as impurezas e remover a escória. Fica claro que isso acontecerá *apesar da resistência de Israel*; será, o tempo todo, a ação de Deus. O objetivo é a restauração e a renovação. Na plenitude do tempo, o povo da aliança se tornará um espelho da fidelidade da própria aliança pactual de Deus; entretanto, isso não acontecerá por causa da competência humana. Isso deve ocorrer, e ocorrerá, como algo da parte de Deus em direção a nós.

O surgimento da teologia apocalíptica

Com Jesus, a ideia toda de justiça passa por uma reformulação radical, implicitamente em seu ministério e explicitamente nas cartas de Paulo. A preparação para essa mudança, porém, já estava lá, em alguns dos escritos posteriores do

---

[67]Käsemann chama a retidão de Deus de "poder ativo e criador de salvação". Richard Hays, citando Käsemann, oferece uma extensão útil desse conceito central por meio de uma leitura cuidadosa de Salmos 143, citado por Paulo em Romanos 3. A palavra *dikaiosyne* (LXX) é usada no salmo de forma que "significa, de maneira clara, a própria justiça de Deus" (em contraste com a retidão "imputada"): "A justiça de Deus é concebida como poder que alcança o salmista e o salva" (Hays, *The conversion of the imagination: Paul as interpreter of Israel's Scripture* [Grand Rapids: Eerdmans, 2005], p. 58-60).

A QUESTÃO DA JUSTIÇA

Antigo Testamento, visto que o Exílio, que parecia assinalar o fim da aliança da forma que fora compreendida, provocou uma "emergência teológica" para os filhos de Israel.[68] Não era mais possível pensar em justiça nos termos da distinção comum nos Salmos entre "o reto" e "o ímpio" (p. ex., Salmos 34:21). Enquanto antes Israel se considerava seguro, a nação não tinha mais nenhum terreno firme no qual se apoiar. Se a aliança tivesse sido amplamente compreendida como um caso cooperativo entre Deus e a comunidade, não poderia mais ser compreendida dessa forma. Se a distinção entre ser abençoado e amaldiçoado por Deus (Deuteronômio 12:26-28) se encerrou com o Exílio, então toda a configuração parecia ser uma mensagem terminal de desesperança. A justiça de Deus foi lançada sobre Israel com força total. O trono de Davi havia caído; Jerusalém não era mais Sião. Deus, ao que parece, havia anulado a aliança: "Nossos ossos se secaram e a nossa esperança desvaneceu-se; fomos exterminados" (Ezequiel 37:11).

Os livros posteriores de Ezequiel, Zacarias e Daniel expressam essa ideia de diferentes maneiras, assim como alguns dos salmos da literatura de Sabedoria.[69] Mesmo antes da conquista babilônica, estava óbvio que as coisas não funcionavam da forma devida. Ao que parece, os propósitos de Deus não eram imutáveis, afinal. Na época de Habacuque, os babilônios estavam prestes a destruir os fundamentos de Israel, literal e figurativamente:

> Ó Senhor, até quando gritarei por socorro,
>   sem que tu escutes? [...]
> Por que me fazes ver injustiças,
>   e contemplar tribulação? [...]
> A lei é negligenciada,
>   e a justiça nunca prevalece.
> Os ímpios cercam os justos,
>   E assim a justiça é pervertida (Habacuque 1:2-4).

Habacuque apresenta não apenas o problema da aparente ausência de Deus, mas também o enigma de o mal ser recompensado e a fidelidade,

---

[68] John Bright usa essa expressão marcante quando descreve como a queda de Jerusalém pelos babilônios mergulhou a nação em uma "emergência teológica". Com a chegada do fim, "a teologia oficial não conseguia explicá-la" (*A history of Israel* [Philadelphia: Westminster, 1972], p. 331-2).

[69] A famosa literatura de Sabedoria não se refere uma única vez à aliança. Eclesiastes oferece uma cosmovisão do Exílio em que parece não haver "nada novo debaixo do sol" (Eclesiastes 1:9). Isso é importante para compreendermos as pouquíssimas referências do apóstolo Paulo à aliança, o que será discutido em outras seções deste livro.

perseguida — "a justiça é pervertida". Tais dilemas não encontraram expressão plena senão após o Exílio. As antigas fórmulas serviram bem em seu tempo ("O Senhor ama a justiça/ [...] os ímpios serão excluídos./ Os justos possuirão a terra,/ e habitarão nela para sempre" — Salmos 37:28,29), mas foram ultrapassadas pelos acontecimentos e não mais funcionavam. Por volta da época de Daniel, cronologicamente o último livro do Antigo Testamento, Israel estava totalmente familiarizado com a tendência iniciada em Dêutero-Isaías, o qual profetizara um tipo totalmente diferente de intervenção. A nova teologia apocalíptica prepara o terreno para a pregação de João Batista; estabelece a estrutura para o ministério de Jesus e o *kerygma* do apóstolo Paulo, que reformula todo o conceito de retidão e justiça à luz da cruz.

Foi nessa atmosfera de extremismo teológico durante o Exílio que uma nova mensagem apareceu como se surgisse dos próprios portões do céu — e, de fato, é exatamente assim que o profeta isaiânico a reivindica: "Consolai, consolai o meu povo, diz o vosso Deus. Falai ao coração de Jerusalém, bradai-lhe que já é findo o tempo da sua milícia, que a sua iniquidade está perdoada [...]. Não sabes, não ouviste que o eterno Deus, o Senhor, o Criador dos fins da terra, nem se cansa, nem se fatiga?" (Isaías 40:1,2,28, ARA). Ernst Käsemann inaugurou um novo movimento no mundo da teologia bíblica com o frequentemente citado anúncio: "A Apocalíptica era a mãe de toda a teologia cristã".[70] Fortes correntes estão se levantando nos rios teológicos, canalizados, mais uma vez, para a corrente principal a que pertencem. Um argumento poderoso pode ser sustentado, no sentido de que o movimento mais importante na teologia neotestamentária do século 20 foi o que Klaus Koch chamou de "a recuperação da Apocalíptica".[71] Essa redescoberta da teologia apocalíptica em nossa época está em processo de reformular nossa compreensão da cruz.

Em grego, *apokalipsis* significa "revelação" ou "divulgação". Levando o termo adiante, fica claro que a única maneira de recebermos essa esperança é se a *mensagem em si* vier de fora de nossa esfera natural; é daí que se origina o conceito de "apocalipse" ou "revelação". O novo *kerygma*, ou anúncio, é uma

---

[70] Ernst Käsemann, *New Testament questions of today*, trad. para o inglês W. J. Montague (London: SCM, 1969), p. 102. Käsemann, de Tubinga, foi o acadêmico cujo ensaio espetacular de 1960, intitulado "The beginnings of Christian theology" [As origens da teologia cristã], pôs alguns ingredientes nos estudos do Novo Testamento que estão sendo testados até hoje.

[71] "De modo repentino, Käsemann declara que a corrente secundária era, na verdade, a principal." Klaus Koch, *The rediscovery of apocalyptic: a polemical work on a neglected area of biblical studies and its damaging effects on theology and philosophy* (London: SCM, 1972), p. 14.

notícia eletrizante de outro lugar, uma notícia diferente e independente de qualquer coisa, seja ela religiosa ou não — uma notícia com que nós, seres humanos, jamais poderíamos ter sonhado segundo nossos desejos.[72] A humilhação e a crucificação irreligiosa e inimaginável do Filho de Deus consistem, portanto, em um evento apocalíptico; de fato, é *o* evento apocalíptico. Como tal, só podia ter sido inaugurado por Deus. A ideia fundamental que sustenta a teologia apocalíptica é que a *atuação divina* desempenha papel proeminente. Após o Exílio, qualquer ilusão de alguma forma de cooperação mútua entre a humanidade e Deus na edificação de um reino justo e reto foi abandonada. A nota soada pelo Dêutero-Isaías, das profundezas do Exílio, é realmente algo *novum*:

> De agora em diante, faço-lhe escutar coisas novas,
> coisas escondidas, que você desconhece.
> Elas foram criadas agora, há pouco tempo;
> antes de hoje, você nunca tinha ouvido falar a seu respeito (Isaías 48:6,7).

Não há como exagerarmos a qualidade revolucionária de Isaías 40—55.[73] No que se refere à pura exaltação, não há nada que se iguale a essa passagem em todas as Escrituras. Lê-las é como sentir-se transportado para outro universo; e, de fato, é exatamente isso que acontece. O próprio profeta é levado à sala do conselho celestial, onde ouve o anúncio divino: o próprio Deus descerá de sua esfera de poder transcendente para libertar seu povo da servidão e restaurá-lo a uma pátria transformada. O tema central não é "justiça" no sentido mais antigo de recompensa do justo e punição do ímpio; é o triunfo vindouro de Deus, *independentemente* de qualquer coisa que o ser humano possa fazer, "qualquer coisa boa ou má" (Romanos 9:11).[74] O Isaías pós-exílico faz uma repreensão surpreendente à distinção tradicional entre justo e ímpio com as seguintes

---

[72]Essa declaração deve servir como paralela ao argumento de Freud em *The future of an illusion* [O futuro de uma ilusão].

[73]Hoje, é amplamente aceita a ideia de que Isaías 40—55 foi escrito na Babilônia, duzentos anos após o Isaías original, por um profeta cujo nome não sabemos. Sua obra foi acoplada à de seu predecessor por motivos canônicos convincentes. Cf. espec. Christopher Seitz, "How is the prophet Isaiah present in the latter half of the book?", in: Seitz, *Word without end: the Old Testament as abiding theological witness* (Grand Rapids: Eerdmans, 1998), p. 168-93.

[74]A declaração é parte da passagem mais cósmico-universal de Paulo, Romanos 9—11, na qual ele cita Malaquias 1:2,3: "Amei Jacó, mas rejeitei Esaú" (Romanos 9:13). A citação é empregada para destacar "o propósito de Deus, quanto à eleição [...] não por obras, mas por aquele que chama" (Romanos 9:11, ARA). Nenhuma fórmula abreviada como "fé *versus* obras" chega perto da radicalidade da visão de Paulo nesses capítulos. Isso será discutido em mais detalhes no capítulo de conclusão deste livro.

palavras: "Todos nós somos como o imundo, e todas as nossas justiças, como trapo da imundícia" (Isaías 64:6, ARA).

Resumindo esse breve panorama, a teologia "apocalíptica" pode ser definida no nível mais simples como universo de pensamento que surgiu em meio ao povo hebreu após o Exílio, no qual a situação humana é vista como tão trágica e insolúvel que a única esperança de libertação vem completamente de fora dessa esfera.

"Condenado à redenção"

A ideia de introduzir uma teologia apocalíptica neste capítulo sobre justiça é começar a construir uma figura do *cosmo* do Novo Testamento que mostrará quão radicalmente ela muda nossa forma comum de compreender a justiça e a retidão como *possibilidades humanas*. E os escritos do Novo Testamento pressupõem que a raça humana caída e a igualmente ordem criada caída estão doentes a ponto de morrer, encontrando-se para além de qualquer intervenção humana.[75] Aqui, o fator crucial é precisamente identificado na parábola de Jesus sobre o trigo e o joio (Mateus 13:24-30). A parábola conta como ervas daninhas nocivas são semeadas nos campos de um fazendeiro, e quando os trabalhadores lhe perguntam sobre o incidente, o dono lhes diz: "Um inimigo fez isso". A interpretação que será seguida neste livro é que o joio não representa algumas pessoas individuais, destinadas ao fogo, enquanto outras se destinam a ser guardadas no celeiro, mas que cada um de nós, segundo as palavras de Shakespeare, é "um fio mesclado que põe juntos o bem e o mal".[76] O Inimigo plantador de joio, apresentado nos Evangelhos como Satanás e nas cartas de Paulo como os Poderes, escraviza toda a ordem criada e toda a humanidade, um tema que será desenvolvido no capítulo 10.

Esse reinado do Pecado e da Morte sobre o *cosmo* é inseparável da pergunta que fazemos neste livro: por que Deus, em três pessoas, concorda com tal *maneira* particularmente horrível de morte para a segunda pessoa? O que o *método em si* nos fala sobre o significado da morte? Não existe uma resposta rápida e fácil a essa pergunta. O relato bíblico oferece dicas e sugestões, mas não soluções prontas.

---

[75]Isso não quer dizer que o ser humano ou a ordem criada não retenham nenhum traço do Criador. A criação, embora chacoalhada em seus fundamentos pela Queda, ainda louva a Deus. Muitos pensadores cristãos durante o Iluminismo tinham essa perspectiva. Estrelas e planetas, "quando brilham", proclamam que "a mão que nos fez é divina" (Joseph Addison [1672-1719], paráfrase de Salmos 19:1-6). Christopher Smart, escrevendo enquanto esteve aprisionado por sua suposta instabilidade mental, retratou a criação louvando a Deus tão bem quanto qualquer um, em seu caro poema sobre seu gato Jeoffry (*Jubilate agno*, fragmento B).

[76]William Shakespeare, *Bem está o que bem acaba*, 4.3.84.

A QUESTÃO DA JUSTIÇA

Empurrando essa linha de pensamento à sua aplicação mais radical, entretanto, chegamos a um ponto que raramente é reconhecido. Em última análise, a crucificação de Cristo pelos pecados do mundo revela que não são apenas as *vítimas* da opressão e da injustiça que precisam da libertação de Deus, mas também os *vitimizadores*. Cada um de nós, em certas circunstâncias, é capaz de se tornar um vitimizador.[77] Václav Havel, presidente da Tchecoslováquia (a então República Tcheca), foi aprisionado diversas vezes sob o regime comunista por causa de suas atividades dissidentes, sendo o período mais longo de 1979 a 1983. Ele escreveu extensivamente sobre a vida no universo stalinista. Eis aqui uma de suas reflexões: "A linha divisória [entre o bem e o mal] não delimitava claramente entre 'eles' e 'nós', mas *passava por cada pessoa. Ninguém era simplesmente uma vítima*; todos eram, em certa medida, corresponsáveis [...] Muitas pessoas se encontravam de ambos os lados".[78]

Aqueles de nós que nunca viveram sob um regime assim devem tomar cuidado para não negar a verdade de que *todos* estão debaixo do Poder do Pecado. À vista de Deus, *todas as pessoas* necessitam libertar-se das forças que são capazes de sugar cada indivíduo a uma órbita de ações desumanas. Isso foi extremamente bem ilustrado por Havel em suas observações mais amplas sobre viver em circunstâncias nas quais ninguém é capaz de escapar da necessidade diária de pequenas traições.[79]

---

[77] A perspectiva de René Girard e de seu intérprete, James Alison, falha precisamente nesse ponto. Analisaremos a questão de forma mais detalhada mais adiante.

[78] Cit. Ash, "The truth about dictatorship", p. 36-7, grifo na citação. Muitos outros escritores que conheceram os piores regimes cruéis disseram praticamente a mesma coisa. Adam Michnik escreveu na mesma linha sua carta de 1985 da prisão de Gdansk. Primo Levi escreveu: "Compaixão e brutalidade podem coexistir no mesmo indivíduo e no mesmo instante, apesar de desafiar toda a lógica" (*The drowned and the saved* [New York: Vintage Books, 1988], p. 56). Uma passagem sobre o assunto, extraída de *Gulag Archipelago* [Arquipélago Gulag], de Alexandr Solzhenitsyn, é citada com tanta frequência que pode ser até mesmo ser encontrada no romance jurídico *The divide* (2014). Eis aqui uma citação menos conhecida do autor: "Se fosse tão simples assim! Se ao menos existissem pessoas más em algum lugar, cometendo más ações insidiosamente, e se apenas fosse necessário separá-las do restante de nós e destruí-las! Mas a linha que divide o bem e o mal atravessa o coração de cada ser humano. E quem está disposto a destruir um pedaço do seu coração?" (*The Gulag Archipelago* [New York: Harper and Row, 1976], parte I, p. 168). Essa linha ocorre cedo no livro; Solzhenitsyn escreve imediatamente, antes que qualquer um que não esteja disposto a entendê-la "feche as capas" do seu livro.

[79] Em nenhum lugar essas circunstâncias são mais inesquecíveis e terrivelmente ilustradas do que no relato de Heda Margolius Kovály sobre a vida na cidade de Praga sob o domínio de Stalin: *Under a cruel star: a life in Prague, 1941-1968* (New York: Holmes and Meier, 1997). As memórias de seu filho também são quase tão angustiantes (Ivan Margolius, *Reflections of Prague: journeys through the 20th century* [Chichester: John Wiley and Sons, 2006]). O filme alemão e ganhador do Óscar sobre a era stalinista na Alemanha Oriental, *As vidas dos outros*, impressionou, de forma significativa, sua audiência em 2006, mas os detalhes diários só podem ser compreendidos a partir de memórias dessa natureza. De certa forma, a era stalinista foi pior que a era nazista: algumas vezes, era difícil discernir entre as linhas do bem e do mal, e não havia um inimigo óbvio — não havia uniformes ou botas de cano alto, braceletes com suástica, estrelas amarelas ou emblemas de identificação. Cada pessoa era arrastada para uma teia de enganos e mentiras. Em casos assim, é mais fácil entender como ninguém permanecia incólume.

A natureza abrangente e monstruosa da injustiça em todo o mundo nos força a reconhecer que o perdão, por si só, não dá uma imagem verdadeira do propósito de Deus. A reação de muitos que refletiram profundamente sobre os horríveis males ressalta a sensação de que, embora muitos acreditem que o perdão em si é a essência do cristianismo, na verdade não é esse o caso. Uma política ao estilo de "perdoar e esquecer" pode produzir danos duradouros, tanto em nível político como em nível pessoal. Paz sem justiça é paz ilusória, preparando o terreno para um comportamento vingativo mais tarde. A força para perseverar na luta reside em saber que as feridas remanescentes na sociedade humana após a ocorrência de grandes atrocidades são as feridas do próprio Cristo, agora ressuscitado e reinando, mas, ainda assim, retratado como o *Cordeiro que foi morto* (Apocalipse 5:6).

A ira de Deus, que desempenha papel tão grandioso no Antigo e no Novo Testamento, pode ser aceita porque vem embrulhada na misericórdia de Deus.[80] Ao nos apropriar da ironia inspirada de Dogberry, personagem de Shakespeare, somos "condenados à redenção".[81] Assim como nós, no batismo, somos incorporados à sua morte solitária e ímpia (condenação), também somos elevados à sua ressurreição (redenção). Como Paulo escreve: "Se fomos unidos com ele em uma morte como a sua, certamente seremos unidos com ele em uma ressurreição como a sua" (Romanos 6:5). Podemos estar certos de que, quando Paulo fala da "semelhança da sua morte", ele quer dizer crucificação, com toda a sua maldição e com todo o seu caráter ímpio. A ira de Deus recai sobre o próprio Deus, a partir da própria escolha de Deus, a partir do próprio amor de Deus. A "conexão de justiça" pode não estar clara àqueles que estão acostumados ao privilégio, mas, para os cristãos oprimidos e sofredores dos lugares atribulados da terra, não há necessidade de elucidação. Deus em Cristo na cruz tornou-se um com aqueles que são desprezados e rejeitados no mundo. *Nenhum outro método de execução que o mundo já conheceu poderia ter estabelecido isso de forma tão conclusiva.*

Resumindo

Reitero: a seguinte premissa fundamental é subjacente a todo o capítulo: *em nosso mundo, algo está terrivelmente errado e deve ser corrigido.* Se, ao assistirmos a uma

---

[80] Colin Gunton expressa isso da seguinte forma: "A salvação está ligada ao juízo". Assim, ignorar o juízo leva a uma "conversa cristã de reconciliação" que descamba para "um sentimentalismo que ignora o certo e o errado" (*The actuality of atonement: a study of metaphor, rationality, and the Christian tradition* [Grand Rapids: Eerdmans, 1989], p. 108). Retornaremos a esse ponto quando falarmos posteriormente de reconciliação.

[81] *Muito barulho por nada*, 4.2.50.

injustiça, nosso sangue não ferve nem um pouco, é porque ainda não compreendemos as profundezas de Deus. Tudo depende, no entanto, daquilo que nos ultraja. Ficar indignado em nome de si mesmo ou de seu grupo é uma atitude humana, mas não é o mesmo que participar de Cristo. Ficar indignado e agir em nome daqueles que não têm voz e são oprimidos, porém, é fazer a obra de Deus.

Há um grande desafio aqui. Sempre que assumimos a causa da justiça, podemos facilmente ser levados a uma ideia exagerada de nós mesmos e de nosso trabalho. Para compreendermos a radicalidade do evangelho, é necessário percebermos que Deus está do lado do indefeso, *seja ele quem for*. Se um revolucionário poderoso se transformar em opressor, então o antigo opressor se terá transformado em indefeso, e é do indefeso que Deus tomará partido. Embora alguns sempre compreendam passagens bíblicas sobre divisão e juízo como uma referência a *indivíduos* justos e injustos, a tendência humana de separar entre "nós" e "eles" não corresponde ao nível mais profundo de interpretação. Antes, "a linha divisória passa por cada pessoa". Portanto, enquanto vivermos neste mundo caído, seremos *simul iustus et peccator* (santos e pecadores ao mesmo tempo), até que a destruição do "velho Adão" seja completada e Deus refaça todas as coisas (Apocalipse 21:5; Isaías 42:9; 43:19; Gálatas 6:15).[82]

Vimos como, nas línguas originais, "justiça", "retidão" e "justificação" fazem parte do mesmo grupo de palavras em grego — *dikaiosyne*. Ao lermos sobre a retidão de Deus, o termo remete à justiça de Deus e, o que é ainda mais importante, significa *a ação de Deus em corrigir as condições e os relacionamentos*. "Retidão" tem a força de um verbo, não de um substantivo; não se trata de uma qualidade estática, mas de um poder que emana de Deus continuamente para levar a cabo seu propósito. Tampouco se trata de uma abstração: só pode ser compreendida no contexto da comunidade chamada à existência por Deus, comunidade essa que é a imagem, ainda que imperfeita, da nova humanidade. Essa compreensão da retidão de Deus oferece uma perspectiva muito mais ampla sobre a cruz e a ressurreição.

Quando Israel ainda estava na Terra Prometida e era governado por um rei, boa parte da população — como os Estados Unidos de hoje — estava segura de seus privilégios como sinal da bênção de Deus. Quando Jerusalém caiu na invasão dos babilônios, porém, não era mais possível o povo ficar acomodado. As opções humanas se esgotaram. Uma esperança apocalíptica começou a substituir a confiança na marcha rumo ao progresso da história. Nos profetas

---

[82] O "velho Adão", um aspecto central do tema da recapitulação, será discutido no capítulo 12.

pós-exílicos, o anúncio de uma intervenção divina — a chave para o pensamento apocalíptico — acompanhava a expectativa cada vez maior de um Messias que inauguraria o reino de Deus, um reino de justiça e retidão. A grande originalidade do apóstolo Paulo foi mostrar como esse acontecimento apocalíptico e messiânico podia ser localizado precisamente *na cruz*, de modo que o triunfo de Deus estava escondido no sofrimento de Jesus.

O sofrimento terreno da igreja, e não as armadilhas da vitória, continua a ser o sinal da vida autêntica em Cristo até que ele retorne outra vez, administrando pessoalmente o juízo de Deus (1Pedro 4:12-19). Esse sofrimento não é apenas para a purificação e a preservação da igreja, mas também por amor ao mundo inteiro (Mateus 28:18,19). Para que não houvesse nenhum mal-entendido a esse respeito, Paulo emite uma nota cósmico-universal de maneira inequívoca: "Deus consignou todos os homens à desobediência a fim de exercer misericórdia para com todos" (Romanos 11:32). Assim, a arena toda da justiça e da retidão de Deus foi transferida do esquema comum de crime e punição para uma esfera completamente nova, na qual a retidão de Deus (*dikaiosyne*), compreendida como *o poder de conceder o que ela mesma exige*, desmantela o antigo sistema de "justiça pela lei", incorporando-nos à justiça criativa e restauradora de Deus. Quando, pela fé, essa justiça é aplicada em nosso mundo, embora de maneira imperfeita — como na Comissão para Verdade e Reconciliação da África do Sul —, podemos enxergar o mover de Deus.

CAPÍTULO DE TRANSIÇÃO

RECONSIDERANDO ANSELMO PARA A NOSSA ÉPOCA

DE TODOS AQUELES que escreveram a respeito da justiça de Deus, nenhum é mais renomado ou mais controvertido que Anselmo, abade do mosteiro de Bec e arcebispo da Cantuária na virada do primeiro milênio. Anselmo tem um capítulo que funciona como ponte entre "a questão da justiça" e "a gravidade do pecado", visto que ambas estão no cerne do que Anselmo elabora. É difícil exagerar sua influência e seu impacto sobre a interpretação da morte de Jesus, por duas razões contraditórias:

1. O importante trabalho de Anselmo, *Cur Deus homo?* [Por que Deus se fez homem?], tem sido tão influente que é impossível estudarmos a história da doutrina cristã sem ele.[1]
2. A fama e a influência dessa obra foram equiparadas ao grau de desprezo que se amontoou sobre ela. Anselmo foi culpado por tudo, desde as Cruzadas até a Guerra do Iraque. Sua "teoria" da "satisfação" foi considerada jurídica, feudal, rígida, absolutista, vingativa, sádica, imoral e violenta.

---

[1] Algumas vezes, Anselmo é descrito como tendo introduzido sozinho uma perspectiva ilegítima no cristianismo (na data portentosa e suspeitamente precisa da virada do primeiro milênio). Isso não é verdade. As percepções de Anselmo são antecipadas por Ambrósio, Hilário de Poitiers e Vitorino, entre outros (cf. J. N. D. Kelly, *Early Christian doctrines* [New York: Harper and Row, 1959] [edição em português: *Patrística* (São Paulo: Vida Nova, 1994)], p. 388 — sem contar Isaías 53:4-6; Romanos 5:12-21; 8:3,4; 2Coríntios 5:21; Gálatas 3:10-14; 1Pedro 2:24; 3:18 etc.).

O argumento deste capítulo é que esses pontos de vista surgem de leituras excessivamente literais, desprovidas de imaginação, tendenciosas e antipáticas de Anselmo. Em um aspecto importante, a Bíblia é arte, não ciência ou filosofia, e a teologia também é uma espécie de arte, visto ser amplamente baseada na forma narrativa das Escrituras. É preciso ler Anselmo inicialmente como um artista, até mesmo um contador de histórias, e só depois disso como um pensador.[2] Teologia, para ele, não é um exercício intelectual. Não foi à toa que ele cunhou a expressão *fides quaerens intellectum* (fé em busca de entendimento). A fé precede a compreensão, e a fé se fundamenta na história de Cristo.

Para muitos na virada do terceiro milênio, Anselmo parece mais remoto do que Jeremias ou Paulo. Alguns gostariam de relegá-lo ao esquecimento.[3] Esta seção de transição ou de "ponte" (para usar um termo musical) tem o objetivo de mostrar que algumas características do ensino de Anselmo sobre a libertação que nos foi conquistada por Cristo ainda são de importância fundamental para nós hoje, particularmente em relação à justiça. Esse é um caso para a relevância moderna de Anselmo ao refletirmos sobre a situação humana e o remédio que Deus apresentou na cruz. A reação atual contra a palavra "desfecho" sugere que Anselmo ainda é relevante em seu protesto contra ideias superficiais de recuperação, evidenciadas em expressões como "perdoar e esquecer", "seguir em frente" e "deixar isso para trás".[4] Talvez alguns leitores, ignorando

---

[2] Sem dúvida, o treinamento escolástico de Anselmo ia contra a forma narrativa. A forma esquemática de seus argumentos lhe custou apoio no meio pós-moderno.

[3] Três perspectivas contra Anselmo são apresentadas, respectivamente, por Anthony W. Bartlett (*Cross purposes: the violent grammar of Christian atonement* [Harrisburg: Trinity, 2001]), Douglas Campbell (*The deliverance of God: an apocalyptic rereading of justification in Paul* [Grand Rapids: Eerdmans, 2009]) e James Carroll, em sua história "popular" amplamente lida: *Constantine's sword: the church and the Jews* (New York: Houghton Mifflin, 2001). Bartlett chama *Cur Deus homo?* "o texto-mestre da violência divina" e afirma que "a violência é seu coração pulsante" (76, 84). Isso é realmente muito estranho, visto que a única violência evidenciada na vida e na morte de Jesus foi aquela que ele sofreu da humanidade. Campbell, com alguma razão, considera o argumento de Anselmo literal demais, não suficientemente sintonizado com a dinâmica fluida do Novo Testamento, especialmente Paulo (p. 50-5). Quanto à avaliação de Carroll sobre Anselmo, Eamon Duffy, professor de história do cristianismo da Universidade de Cambridge, chama-a de "incrivelmente irresponsável [...] No relato de Anselmo, não há o caso, como Carroll parece pensar, de um Pai sádico torturando seu Filho inocente, mas a alegre cooperação de toda a Trindade para retificar o desastre humano" ("A deadly misunderstanding", *New York Review of Books*, 5 de julho de 2001). Repare no uso de "retificar", que, conforme argumentaremos no decorrer do livro, traduz melhor a palavra *dikaiosyne* (justificação).

[4] O termo "desfecho" tornou-se profundamente ofensivo para muitos, pelas mesmas razões que temos discutido. Muitas pessoas que sofreram perdas protestam contra a pressão exercida por outros que esperam que elas alcancem um "desfecho" cedo demais, sem uma avaliação suficiente de quanto a perda custou. O comentarista de televisão Cokie Roberts, nove anos após a morte, por câncer, de sua amada irmã, confidenciou: "Detesto a palavra 'desfecho', e odeio a ideia de 'seguir em frente' (ci. *Good Housekeeping*, outubro de 1999). Um diálogo em *The whites*, do aclamado romancista policial Richard Price (escrevendo sob o pseudônimo de Harry Brandt), se desdobra entre dois policiais que conversam sobre os detalhes de um homicídio. Um pergunta para o outro: "Qual é a palavra mais idiota que você conhece?". A resposta do outro é: "Desfecho".

parte desse desdém acumulado, estejam dispostos a reavaliar *Cur Deus homo?*, de Anselmo.[5]

A JUSTIÇA DEVE SER VISTA PARA SER EXECUTADA

Algo está terrivelmente errado e precisa ser corrigido. Como vimos no capítulo anterior em relação à história dos jovens assassinos no metrô, certas coisas não podem ficar sem punição. Não se trata de uma proposição filosófica abstrata. Para haver ordem moral, a justiça deve ser feita, e deve ser vista como sendo feita. Na cruz de Cristo, podemos ver a justiça sendo feita, mas se trata de uma justiça tão estranha que a interpretação tem ficado emaranhada em nós ao tentar explicar como ela funciona. Podemos começar dizendo o seguinte: ao contrário do que nos foi ensinado ao longo dos anos, Deus não declara anistia geral na crucificação. A ênfase cristã no perdão e na redenção deve ser contextualizada, pois Deus não é a favor da impunidade. Ninguém, exceto um criminoso, ficará satisfeito com uma anistia geral. Mesmo sem referência à justiça de Deus, nosso senso humano de justiça exige que algumas reparações sejam feitas; sentenças, cumpridas; e restituições, oferecidas no caso de grandes ofensas.

Muitas das tentativas feitas ao longo dos anos para explicar a cruz surgiram da intuição de que, na cruz, vemos algum tipo de justiça sendo feita. Se eu ou você fôssemos Deus, teríamos providenciado para que os perpetradores da injustiça sofressem essa sentença, alguém que imaginássemos ser o condenado; mas Deus não fez o que você ou eu faríamos. Deus providenciou para que o próprio Deus ocupasse o lugar do condenado. Jesus, a única pessoa que não merecia condenação, inclinou-se a uma sentença injusta e se submeteu a uma pena injusta: "Pois Cristo também morreu pelos pecados, de uma vez por todas, *o justo pelos injustos*" (1Pedro 3:18).

Na cruz, vemos a resposta de Deus para as injustiças do mundo. Também ouvimos a voz do juiz antes citado dizendo que algumas coisas "não podem ficar sem punição"? Na crucificação, vemos alguém não apenas cumprindo a pena, mas também sofrendo punição? Em anos recentes, inúmeras vozes têm-se levantado contra a ideia de uma interpretação "punitiva" da cruz. Todavia, se aceitarmos a ideia de que algumas coisas "não podem ficar sem punição", temos de considerar a possibilidade de que até mesmo o Gólgota está, de alguma

---

[5] Até mesmo o título da obra de Anselmo, *Por que Deus se fez homem?*, foi motivo de irritação para alguns. Anselmo foi acusado de contrabandear a morte sacrifical e "jurídica" de Jesus sob a rubrica da encarnação. Contudo, como vimos na introdução, a encarnação foi uma encarnação para a morte.

forma, relacionado à sentença final de Deus contra um mundo mal? Examinaremos essas questões à medida que avançarmos, sempre insistindo em que tais conceitos devem ser considerados em uma perspectiva trinitária, nunca separando Pai do Filho ou do Espírito.

Se lermos Anselmo apenas como um pensador escolástico frio, nunca o compreenderemos. Há considerável calor e ternura em seu trabalho, algo que nem sempre é reconhecido. Aqueles que leem e fazem suas orações o reconhecem como um homem de preocupação compassiva com o rebanho de Cristo.[6] Apesar de sua ênfase em *ratio*, Anselmo é essencialmente um cristão cuja paixão por explicação extrai sua forma e seu significado do amor que tem por Deus. Uma pequena declaração colocada na boca do interlocutor de Anselmo, Boso, dará uma boa ideia: "Não venho com o propósito de você remover as dúvidas da minha fé, mas para que você me mostre as razões em que devo fundamentar minha confiança" (1:15).[7]

Boso já é um cristão; sua fé busca compreensão. Hoje, sua declaração poderia ser uma afirmação para os cristãos do terceiro milênio, os quais sabem que continuarão a ter muitas dúvidas, embora a tradição ofereça amplo apoio intelectual à sua fé.[8]

O PROBLEMA HUMANO UNIVERSAL

Em primeiro lugar, Anselmo nos apresenta as dimensões do problema humano e a necessidade da ação de Deus para libertar a humanidade para além de nossa esfera de comando ou de controle.[9] "Considere que a raça humana, uma obra tão preciosa de Deus, estava totalmente arruinada. Não convinha que o propósito divino para a humanidade caísse por terra e fosse anulado. Além do mais, para que seu propósito fosse realizado, a raça humana tinha de ser libertada pelo próprio Criador" (1.4).

---

[6]*The prayers and meditations of Saint Anselm with the proslogion* (London: Penguin Books, 1973).

[7]Todas as citações foram extraídas de Anselm, *Basic writings*, baseadas na tradução de S. N. Deane (La Salle: Open Court, 1974). Em alguns casos, alterei ligeiramente a ordem de palavras na tradução, por razões de simplicidade sintática.

[8]Stanley Hauerwas adora contar a história de Barth, de que, quando questionado por um "estudante imaturo" sobre o papel que a razão desempenhava em sua teologia, respondeu: "Continuo usando-a!". Hauerwas, *With the grain of the universe: the church's witness and natural theology* (Grand Rapids: Brazos, 2001), 167, n. 58.

[9]À medida que prosseguirmos, veremos que tal ação de libertação é devidamente chamada de "apocalíptica". Não estou sugerindo que Anselmo, na virada do primeiro milênio d.C., retrate o pensamento apocalíptico do Novo Testamento. No entanto, em alguns casos, podemos ver pontos de interseção entre Anselmo e a perspectiva apocalíptica.

Como nosso relacionamento "totalmente arruinado" com Deus pode ser restaurado em Cristo? Essa é a questão que Anselmo discute com Boso, seu interlocutor. Anselmo estabelece dois pontos. Primeiro: se um homem deseja restaurar o que deve a Deus por causa do pecado e é *incapaz* de fazê-lo, então ele é um ser *necessitado*. Segundo: se o homem não *deseja* fazê-lo, então ele é *injusto*:

> Boso: Nada poderia ser mais claro.
> Anselmo: Mas, quer necessitado, quer injusto, o ser humano não será feliz.
> Boso: Isso também está claro.
> Anselmo: Enquanto a humanidade não restituir [o que deve a Deus], não será feliz (1.24).

Esse pequeno colóquio parece estranho para nós hoje, quando, na verdade, relata o dilema humano contemporâneo com a mesma precisão que apresenta as preocupações de Anselmo, mil anos atrás. Ainda ansiamos por felicidade, embora seu significado para nós seja vago. A felicidade é definida pelo próprio Jesus como o bem humano mais elevado, desde que alguém aceite o uso de "felicidade" como tradução de *makarios* nas bem-aventuranças: "Felizes são os pacificadores..." (Mateus 5:9). Em nossa cultura atual de consumismo, a obsessão americana pela "busca da felicidade" tem origem mais nos textos publicitários do que na Declaração de Independência.[10] Contudo, para Anselmo, a felicidade é definida como "desfrutar o bem supremo, que é Deus" (2.1).

A descrição que Anselmo faz do ser humano como *necessitado* ou *injusto* não deve soar estranha para nós. Costumamos nos apropriar de tais termos dividindo a humanidade em necessitados e opulentos, delimitando, assim, um grupo na parte inferior e um grupo no topo. Na base, os necessitados não têm a oportunidade de ser injustos no nível macrossocial; em vez disso, acabam sofrendo a injustiça daqueles que estão no topo. No topo, os injustos não podem imaginar-se como necessitados; eles se orgulham de sua suposta autossuficiência: "Deus ajuda aqueles que ajudam a si mesmos". Sob a perspectiva do evangelho, porém, cada um de nós, rico ou pobre, é uma mistura complexa; a todo instante, somos todos capazes de injustiça e vivemos à beira

---

[10] A busca cada vez mais frenética por felicidade — status? Riquezas? Satisfação sexual? — destaca a grande lacuna entre os extremamente ricos e o restante da população dos Estados Unidos, uma vez que os bens e serviços comercializados como trazendo felicidade estão disponíveis apenas aos abastados.

da necessidade: "A linha divisória passa por cada pessoa".[11] Levando em conta algumas nuances entre a época de Anselmo e a nossa, podemos lê-lo dizendo que foi para salvar esse ser humano universal, *tanto* necessitado *como* injusto, que Cristo morreu, pois, "a fim de que o ser humano obtenha felicidade [bem-aventurança], é necessária a remissão de pecados" (1.10).[12]

O argumento de Anselmo prossegue à medida que ele continua a refletir sobre aquilo que se exige para a verdadeira felicidade: "A felicidade não pode ser concedida a ninguém cujos pecados não foram totalmente perdoados, e [...] essa remissão não deve acontecer senão pelo pagamento de uma dívida imposta pelo pecado e na proporção do pecado" (1.24).

Hoje, muitas pessoas não se esforçarão para compreender essa maneira de pensar — e isso porque, para começar, não adianta falarmos sobre pecado a alguém que ainda não se compreende como sendo sustentado pela graça; elaboraremos esse ponto de vista mais adiante. Uma vez que Anselmo está ciente disso, sua conversa sobre pecado, que nos parece um raciocínio árido, está, na verdade, fundamentada na fé. Entretanto, os pressupostos na passagem que acabamos de observar também ilustram a dificuldade de dar a Anselmo o benefício da dúvida, visto que não pensamos como ele. Não vemos razão para os pecadores não serem felizes — desde que sejam *o nosso tipo* de pecadores, claro; se forem libertinos estilosos e canalhas charmosos, então está tudo bem. Todavia, movemo-nos para mais próximo de Anselmo se pensarmos em pecadores cujas ações não aprovamos — terroristas neonazistas, por exemplo, ou estupradores de crianças. Sem dúvida, não queremos que *eles* sejam felizes. Em casos assim, estamos prontos para concordar com Anselmo, no sentido de que deve haver algum tipo de pagamento: a justiça de Deus deve ser satisfeita. A crise vem quando percebemos que Anselmo quer dizer *todos* os tipos de seres humanos atolados em pecado — incluídos ele mesmo, você e eu.

DÍVIDA E PAGAMENTO DE DANOS

Retornando à ideia de Anselmo sobre "pagamento de uma dívida imposta pelo pecado e na proporção do pecado", não deveríamos resistir a Anselmo

---

[11] A citação de Václav Havel é mencionada em notas de rodapé do capítulo 3 e aparecerá diversas vezes ao longo deste livro.

[12] A palavra "necessário" é complicada. O conceito é mais racionalista e filosófico do que bíblico. A Bíblia é essencialmente uma narrativa e não negocia com uma necessidade lógica, visto que Deus não necessita de nada. Falaremos mais sobre isso adiante.

nesse ponto, desde que não o forçássemos à abstração. Estamos familiarizados com exigências por reparações "na proporção do pecado" em nosso mundo. Os judeus têm buscado a restituição do que lhes é devido em decorrência do roubo em massa de suas propriedades nas décadas de 1930 e 1940. "Mulheres de conforto" [escravas sexuais] coreanas — forçadas à prostituição pelos japoneses durante a Segunda Guerra Mundial — finalmente receberam uma espécie de indenização em 1997. Trabalhadores locais do World Trade Center ajuizaram uma ação por danos causados em seus pulmões. Todos os dias, em nossa sociedade litigiosa, os americanos buscam restituição por danos. Assim, podemos apreciar as palavras de Anselmo.[13] Seguindo uma linha que hoje remeteria ao conceito de litígio por "dor e sofrimento", Anselmo prossegue:

> Enquanto ele [o ofensor ou pecador] não restaurar o que foi roubado, permanecerá culpado; e não será suficiente apenas restaurar o que foi tirado, mas, considerando o desprezo demonstrado pelo ofensor, ele deve restaurar *mais* do que roubou. Afinal, como alguém que põe em perigo a segurança de outro, não basta meramente restaurar sua segurança, sem fazer alguma compensação pela angústia incorrida; da mesma forma, aquele que viola a honra de outra pessoa não faz o suficiente ao apenas homenagear, porém deve, segundo a extensão do dano causado, fazer a restituição, de alguma forma *satisfatória*, para a pessoa desonrada [daí o termo "satisfação" usado por Anselmo] (1:11).[14]

Quem não compreende isso? Anselmo é nosso contemporâneo nesse aspecto e deve ser lido com um novo olhar. Prosseguindo em seu argumento, Anselmo questiona se é justo "deixar o passado para trás": "Vamos dar um passo atrás para considerarmos se é apropriado que Deus elimine os pecados somente por sua compaixão, sem nenhum pagamento pela honra que lhe foi tirada [...] perdoar o pecado dessa maneira nada mais é do que deixar de punir; e, visto não ser correto cancelar o pecado sem uma compensação ou punição, perdoar dessa forma é o mesmo que ignorar o erro" (1.12).

---

[13] Durante a década de 1970, no Union Seminary, em New York, onde fui aluna, particularmente alguns alunos afro-americanos apreciavam essa parte do argumento de Anselmo. Reparações significavam algo mais para eles do que para o restante de nós.

[14] Quando a palavra "satisfação" é compreendida dessa forma, não soa tão esquemática. Hugo Grócio (1583-1645) partilhava a crítica contra Anselmo feita hoje pelos liberais, mas afirmava o conceito de "satisfação", apesar de sua origem não bíblica, por ser "sugestiva" da linguagem bíblica (cf. Jaroslav Pelikan, *The Christian tradition: a history of the development of doctrine* [Chicago: University of Chicago Press, 1984], vol. 4, *Reformation of church and dogma* [1300-1700], p. 360).

Podemos protestar quanto ao fato de "apropriado" não ser a palavra adequada para designar a atividade de Deus — tampouco nos cabe determinar o que é "adequado" para Deus ou não! Mais uma vez, não pensamos dessa forma simples e esquemática, nem o estilo narrativo da Bíblia parece apoiá-la. Entretanto, o ponto de vista de Anselmo, por mais forçado que soe para nós, é o mesmo que às vezes observamos até aqui neste livro: uma sociedade impune é intolerável.[15] Se o pecado não for exposto e renunciado, então não há justiça e Deus é desonrado. Vimos isso no capítulo 3, no comentário do bispo Tutu sobre a Comissão para Verdade e Reconciliação Sul-Africana. Os crimes investigados não serão punidos no sentido comum, conforme ele observou, porém serão expostos para que o mundo veja e rotulados pelo que são. Eles foram desmascarados. Não foram colocados debaixo do tapete. O exemplo sul-africano, como Desmond Tutu e outros apontam, foi muito diferente do que aconteceu no Chile. O general Pinochet teve permissão para fugir para a Inglaterra e apreciar coquetéis com a baronesa Thatcher.[16] (As famílias dos *desaparecidos* chilenos podem questionar se algum tipo de justiça de fato existe, divina ou humana.) Mais uma vez, Anselmo declara:

> Assim, embora o homem [...] se recuse a se sujeitar à vontade e aos desígnios de Deus, mesmo assim não consegue escapar deles; pois, tentando fugir de uma vontade que ordena, o homem cai sob o poder de uma vontade que pune (1.15).
>
> *Compaixão* [sem expiação ou "satisfação"] *por parte de Deus é totalmente contrária à justiça divina*, que não permite nada além de castigo como recompensa do pecado. Portanto, Deus não pode ser incongruente consigo mesmo. Sua compaixão deve estar em consonância com sua natureza (1.24).

Sozinha, a compaixão não consertará o que está errado. Não retificará (do latim *rectitudo*, cujo significado é "certo") os horrores perpetuados no decorrer das épocas. A ênfase em *retificação* é a preocupação central neste livro. No entanto, a linguagem punitiva de Anselmo causa problemas para muitos cristãos de inclinação liberal e deve ser examinada.

---

[15]Em 2011, o ano da "Primavera Árabe", a palavra "impunidade" reapareceu, vez após vez, nos relatos dos regimes repressivos de Tunísia, Egito, Líbia, Síria e Bahrein.

[16]Isso não era permitido na África do Sul. O bispo Tutu explica que o desmascarar dos crimes do regime *apartheid* foi, em si, um tipo de punição, pois as atrocidades cometidas contra bons homens de família, que eram maridos e pais, foram postas à luz e expostas à vista de todos: "Assim, não é inteiramente verdadeiro que o autor do crime está sendo autorizado a sair impune" (Tutu, *No future without forgiveness* [New York: Image Books, 1999], p. 51). Também essa é uma ilustração da preocupação central de Anselmo.

Punição como "necessidade inconsolável"

O que Anselmo queria dizer com "punição"? Uma leitura cuidadosa não mostra referências ao fogo do inferno; Anselmo não é tão rústico assim. É possível que o uso que ele faz da palavra "punição" seja algo parecido com a concepção de Paulo em Romanos 1:24-28, texto no qual o apóstolo declara três vezes que "Deus entregou" a humanidade às consequências de suas ações. A verdadeira "punição" pelo pecado, segundo sugerido pelo apóstolo (e Paulo, expressamente, nunca usa a palavra "punição"), é o Pecado em si. A consequência da Queda (Gênesis 2 e 3) foi a escravização da raça humana ao Pecado (e aos seus aliados, a Morte e a Lei) e sua separação de Deus, sem esperança de restituição do lado humano. A pergunta, então, passa a ser: Deus tenciona que essa escravidão persista? Anselmo, segundo sugerimos, está unido a Paulo nesse aspecto, não apenas em sua compreensão de que o mundo inteiro está encarcerado pelo poder do Pecado e necessitando de um libertador, mas também em sua descrição da determinação de Deus de libertar esse mundo.[17]

No segmento de frase "uma vontade que pune", a palavra "vontade" é *construtiva* e *restaurativa*.[18] A retidão de Deus, conforme vimos, é uma retidão de amor, a qual resiste e, por fim, elimina tudo o que tenta destruir seu propósito divino para a redenção do mundo. Cabe aqui uma observação feita por Paul Ricoeur: "A própria ideia de vingança [divina, não humana] esconde algo mais: vingar não é apenas destruir, mas destruir para restabelecer [...] Pela negação, a ordem se reafirma. Assim, no momento negativo da punição, a afirmação soberana de integridade primordial é antecipada".[19]

Se isso não basta para mostrar que a ideia de punição expressa por Anselmo não é a mesma exposta por seus detratores, Anselmo define "punição eterna" como uma "necessidade inconsolável" em seu *Monologium* (71).[20] Não há como enfatizarmos o suficiente: Anselmo compreende punição com o coração de um pastor. Ele demonstra tristeza diante da precariedade de

---

[17] "Então, quando chegar a última e terrível hora/ e o show desta vida for cancelado/ A trombeta será ouvida do alto/ os mortos viverão, e os vivos morrerão/ e a Música destoará o céu". John Dryden, *A song for St. Cecilia's Day*, 1687.

[18] Certa vez, um psicanalista me explicou que "o momento negativo [na terapia] está a serviço do momento positivo". Essa convicção subjaz boa parte do que acontece nestas páginas em relação à justiça e à misericórdia de Deus. A justiça de Deus está sempre a serviço de sua misericórdia.

[19] Paul Ricoeur, *The symbolism of evil* (Boston: Beacon Press, 1967), p. 43. Temos de enfatizar que as palavras de Ricoeur são verdadeiras somente em relação à vingança *de Deus*, não à nossa (Romanos 12:19).

[20] Adam Linton me mostrou que isso está em harmonia com as reflexões sobre o inferno em *Os irmãos Karamazov*, de Dostoiévski, as quais foram, por sua vez, extraídas de Santo Isaque, o Sírio, cujo pensamento é importante para o romance como um todo.

nossa situação. Anselmo não se regozija com a ideia de punição; antes, como o apóstolo Paulo, simplesmente observa que colhemos o que semeamos ("Deus os entregou" ao poder do Pecado — repetido três vezes em Romanos 1 [v. 24,26,28]). O "castigo" final seria o Exílio do *desfrutar* as bênçãos de Deus. Nesse aspecto, vemos novamente a preocupação pastoral de Anselmo borbulhando sob a lógica. Na seguinte passagem, ele apenas "expõe com suas palavras os pensamentos de Deus":

> ANSELMO: Deus não fez nada mais valioso do que a existência racional [para Anselmo, isso significa apenas existência *humana*], capaz de usufruí-lo. Está completamente fora de seu caráter supor que ele permitiria uma existência racional apenas para perecer.
> Boso: Nenhum ser razoável discordaria disso.
> ANSELMO: Portanto, é necessário que ele aperfeiçoe na natureza humana aquilo que começou; mas isso, como já dissemos, não pode ser realizado senão por uma expiação purificadora completa do pecado, *a qual nenhum pecador pode efetuar por si mesmo* (2.4, grifo na citação).

Esse diálogo mostra que o pensamento de Anselmo não é incompatível com uma interpretação apocalíptica, revelando que a graça de Deus não é uma invasão *irresistível* (assunto a ser amplamente discutido nos capítulos 8 e 9). Deus não permitirá que sua vontade para sua criação seja frustrada por nossa resistência; "está completamente fora do seu caráter supor que ele permitiria uma existência racional apenas para perecer". Conforme esperamos mostrar, esse ponto contém mais elementos em comum com o tema patrístico *Christus victor* do que com a arena forense/jurídica na qual alguns intérpretes hostis desejam aprisionar Anselmo para sempre.

"NECESSIDADE" É A PALAVRA CERTA?

Para aqueles que se perguntam se Anselmo criou Boso para fazer o papel de um prodigioso estúpido, a próxima objeção do monge ao argumento apresentado pelo abade pode soar como uma surpresa bem-vinda:

> Boso: Se é assim, então Deus parece *compelido*, a fim de evitar o que lhe é impróprio [estranho à sua natureza], a assegurar a salvação do homem. Como, então, podemos negar que ele salva mais por amor a si mesmo do que por amor a nós? Além disso, se for esse o caso, que agradecimento devemos

a ele pelo que fez para si mesmo? Como devemos atribuir nossa salvação à sua graça, se ele nos salva por *necessidade*? (2.5, grifo na citação)

Falando por intermédio de Boso, o próprio Anselmo antecipa duas acusações que muitos fazem contra ele até hoje (e não sem motivo): primeiro, soa como se Deus estivesse preocupado apenas com a própria honra; segundo, a coisa toda é apresentada como uma necessidade racional, de modo que qualquer elemento de amor e graciosidade deve estar ausente. Anselmo, para seu crédito, não permite que essas objeções fiquem sem resposta.

> ANSELMO: Quando alguém se beneficia de uma necessidade à qual está sujeito contra sua vontade, menos agradecimentos lhe são devidos, se é que algum lhe é devido. Mas, quando esse alguém *se coloca livremente sob* a necessidade de beneficiar outra pessoa, sustentando essa necessidade sem alguma relutância, então certamente merece um agradecimento maior pelo favor. *Por isso, sua ação não deve ser chamada de necessidade, mas de graça* (2.5, grifo na citação).

Anselmo não fala de necessidade como pensamos. Nada é "necessário" para Deus no sentido de passos lógicos que ele está fadado a tomar para que alguma força externa acompanhe. Antes, é uma necessidade *ontológica* — uma necessidade que surge da própria natureza graciosa de Deus, a qual ela não pode negar. Nesse aspecto, o escrito de Anselmo é tanto doxologia como lógica; ele glorifica Deus a cada passo de seu argumento. "Necessidade", para Anselmo, não significa nada mecânico; significa, antes, que a história de nossa libertação obedece a uma lógica interna, trazendo alegria àquele que crê.

HONRA SIGNIFICA RETIDÃO

O que Anselmo quer dizer com "honra" de Deus? O uso do termo por Anselmo é muitas vezes caricaturado, como se Deus fosse um déspota mesquinho que não pensa em nada além de suas prerrogativas. O abade foi acusado de colocar Deus no papel de um senhor feudal.[21] Sem dúvida, teria sido mais compreensível, e

---

[21] O contexto do feudalismo tem sido frequentemente usado contra Anselmo, e aqueles que não simpatizam com sua abordagem o culpam por sua ênfase na "honra" de Deus. A preocupação de Anselmo, porém, é bem diferente daquela que lhe é atribuída por esses críticos. Para Anselmo, toda a concepção gira em torno de nossa necessidade de honrar a Deus, e não da necessidade de Deus ser honrado.

certamente mais bíblico, se Anselmo falasse da "retidão" de Deus, e não de sua "honra". Podemos substituir a palavra "retidão" por "honra", sem macular o argumento de Anselmo.[22] Continuaremos a enfatizar que a retidão de Deus é mais bem compreendida como um verbo, e não como um substantivo, e que ela representa a ação graciosa e voluntária de Deus de corrigir o que está errado. Nas palavras de Anselmo: "Não há nada mais justo do que a justiça [retidão] suprema, a qual preserva a honra [retidão] de Deus na organização das coisas, e que não é nada menos do que o próprio Deus" (1.13).

Nesse último segmento de frase, Anselmo afirma o argumento levantado no capítulo 3, segundo o qual a retidão de Deus é parte de quem ele é; ao manifestar sua retidão, Deus manifesta a si mesmo. Além do mais, "ninguém pode [...] desonrar a Deus no sentido de *alterar sua natureza*; *sob a perspectiva da criatura*, contudo, o ser humano parece fazer isso ao [...] posicionar sua vontade contra a vontade de Deus" (1.15, grifo na citação).

Esse segmento é de primordial importância para a compreensão de Anselmo e, por extensão, da retidão de Deus. Não apenas Anselmo, mas também o Antigo Testamento, pode ser lido de forma equivocada, como se um Deus "zeloso" estivesse preocupado em defender sua honra. No segmento de frase que acabamos de citar, Anselmo afirma que Deus não precisa defender sua honra. É *com a criatura* que ele se preocupa — com o ser humano infeliz, aquele que não tem nem vontade nem capacidade de endireitar seu relacionamento com Deus.

Anselmo quer dizer algo muito diferente com "honra" do que estamos prontamente equipados a compreender sem esforço algum. Deus não é um ditador sórdido, obcecado por privilégios. Pelo contrário: o mover trinitário que Anselmo sempre teve em mente é descrito em Filipenses 2:5-7: "Cristo Jesus, que, embora sendo Deus, não considerou que o ser igual a Deus era algo a que devia apegar-se; mas esvaziou-se (do grego, *kenosis*) a si mesmo, vindo a

---

[22]Eamon Duffy, prosseguindo em sua crítica do relato de James Carroll sobre Anselmo em *Constantine's sword* [A espada de Constantino], escreve: "*Cur Deus homo?* foi, na verdade, dirigido a críticas especificamente judaicas ao cristianismo, feitas por acadêmicos judeus de Mainz, recém-chegados a London. Para esses intelectuais judeus, o cristianismo era repelente por desonrar Deus, alegando que o impassível e eterno havia entrado no tempo e descido ao ventre de uma mulher, sofrendo humilhação de fome e sede, sofrimento e morte. O propósito de Anselmo, portanto, era mostrar que a Encarnação, longe de desonrar a Deus, revelou as profundezas de sua vontade amorosa de salvar a humanidade sofredora. A insistência de Anselmo na "honra", portanto, não é produto da fixação com a hierarquia feudal, mas um *argumentum ad hominem* dirigido a judeus inteligentes que sentiam que a história cristã rebaixava Deus. No pensamento de Anselmo, 'honra' não representa alguma hipersensibilidade imaginária do Criador à sua dignidade, tratando-se de uma metáfora para a lógica profunda da realidade, na qual o equilíbrio de um universo é rompido pelo fato da morte e pela alienação humana de Deus e de outros seres humanos, uma situação que só poderia ser retificada pela ação divina" (Duffy, "A deadly misunderstanding").

ser servo, tornando-se semelhante aos homens". A honra de Deus é a retidão de Deus, sua santidade, sua perfeição — mas também seu amor e sua liberdade, os quais foram exibidos no autoesvaziamento (*kenosis*) do Filho.

SOMENTE DEUS PODE SALVAR DE UM FARDO TÃO GRANDE DE PECADO

Podemos identificar o cerne da lógica de Anselmo em 2.6. No texto, o abade insiste que tamanha é a gravidade do pecado (*nondum considerasti quanti ponderis peccatum sit*) que não há possibilidade de expiação ou satisfação sem um preço pago, cujo valor é "maior do que todo o universo, exceto Deus".

> Boso: Parece que sim...
> ANSELMO: Portanto, ninguém além de Deus *é capaz* de dar essa satisfação.
> Boso: Não posso negar isso.
> ANSELMO: Contudo, ninguém, exceto um homem, deve fazê-lo [Anselmo já estabeleceu que é a parte culpada, e ninguém mais, que deve fazer a restituição].
> Boso: Nada poderia ser mais justo.
> ANSELMO: Se, portanto [...], para que [a salvação] aconteça, deve haver o tipo de satisfação que mencionamos — *algo que somente Deus pode fazer, e não o homem* —, é necessário que o Deus-homem a realize.
> Boso: Bendito seja Deus! Fizemos uma grande descoberta![23]

Anselmo foi difamado em alguns círculos por tanto tempo que a elegância simples dessa série de etapas nem sempre recebe o crédito devido. Sem dúvida, os argumentos de Anselmo em *Cur Deus homo?* são tão racionais que soam involuntariamente engraçados para nós; por isso, precisamos nos acostumar com seu estilo. Sua confiança na "razão infalível", conforme ele a chama (2.21), parece ingênua nos dias de hoje. Como ele nos conduz de forma metódica em cada passo lógico! De um ponto de vista puramente bíblico, tal procedimento deve ser considerado suspeito, pois não há nada remotamente parecido nas Escrituras. Entretanto, quando, ao final de uma longa exposição sobre a necessidade de um Deus-homem, Boso irrompe com: "Bendito seja Deus!", sorrimos por uma razão diferente, pois, tomando

---
[23] *Cur Deus homo?* 2.6, grifo na citação.

emprestadas as belas palavras de Anselmo, ficamos "alegres ao adquirirmos compreensão" (1.1).[24]

ANSELMO SOB UMA PERSPECTIVA ORTODOXA ORIENTAL

Recentemente, David Bentley Hart ofereceu uma análise de Anselmo a partir de sua perspectiva ortodoxa oriental.[25] Hart culpa a tradição ortodoxa oriental por simplificar demais Anselmo e interpretá-lo mal. Segundo sua explicação, muitos teólogos ortodoxos acreditam que "as narrativas ocidentais de salvação reduziram a expiação realizada por Cristo ao *status* de uma simples transação [...] cuja intenção se resume a um apaziguamento da ira do Pai contra o pecado",[26] acusando Anselmo de ser o responsável por esse suposto estado das coisas. Hart observa ainda que Anselmo é mal interpretado de várias outras maneiras. Muitos o consideram, por exemplo, um representante entusiasta do "sofrimento penal", quando o próprio texto de *Cur Deus homo?* se perdeu na "confusão de julgamentos adversos".[27] Esse é precisamente o ponto enfatizado neste capítulo.[28]

Hart admite que o estilo de apresentação de Anselmo se presta a um "modelo econômico simples de expiação".[29] No entanto, ele prossegue, dizendo que "o argumento de Anselmo, portanto, despojado de todas as nuances [...] é suscetível a todo equívoco casual que a mente teológica possa conceber: torna-se, de fato, uma 'teoria' teológica, removida de qualquer narrativa teológica mais

---

[24] Ellen Charry observou que as preocupações pastorais de Anselmo substituem o seu racionalismo em vários pontos, e que Anselmo "queria que seus leitores acreditassem que realmente podem confiar na misericórdia divina" (*By the renewing of your minds: the pastoral function of Christian doctrine* [New York: Oxford University Press, 1997], p. 168).

[25] Bentley Hart, "A gift exceeding every debt: an Eastern Orthodox appreciation of Anselm's *Cur Deus homo?*", *Pro Ecclesia* 7, n. 3 (verão de 1998): 330-49.

[26] Hart, "Gift exceeding every debt", p. 334.

[27] Hart, "Gift exceeding every debt", p. 340.

[28] Robert Dean me conta que muitos de seus alunos evangélicos remetem a ideia de "sofrimento penal" a Anselmo. Dean observa que, pelo contrário, o próprio Anselmo declara: "É necessário, portanto, que a honra roubada seja retribuída ou que a punição seja infligida". Em outras palavras, Deus escolheu a satisfação em lugar do castigo (*Cur Deus homo?* 1.13).

[29] Daniel Bell, do Lutheran Southern Theological Seminary, observou como não podemos deixar de interpretar equivocadamente Anselmo quando trazemos nossas suposições capitalistas modernas como forma de apoio ao seu texto: "Em particular", escreve Bell, "Anselmo revela como a obra de Cristo na cruz não pode ser correlacionada à lógica capitalista, que gira em torno da escassez, com seus cálculos de dívida, patrimônio e morte, mas, em vez disso, ilumina uma economia divina de plenitude e generosidade, excedendo as restrições do capitalismo tão certamente quanto Cristo rompeu os laços da morte" (*The economy of desire: Christianity and capitalism in a postmodern world* [Grand Rapids: Baker Academic, 2012], p. 149). Sou grata a Robert Dean pela excelente citação.

ampla". A conclusão de Hart expressa, de forma bastante clara, a preocupação deste livro: evitar a teoria a favor da riqueza temática e do poder narrativo.

Hart cita o teólogo ortodoxo Vladimir Lossky como representativo da posição contrária a Anselmo:[30]

> Tudo que os teólogos orientais imaginam ser constitutivo da soteriologia ocidental — o legalismo de suas categorias "jurídicas", a crueldade do Deus que retrata, a simplicidade mecânica do seu modelo de expiação — Lossky encontra exemplarmente expresso em *Cur Deus homo?* [...] Lossky fica especialmente ofendido [...] na aparente redução que Anselmo faz da Ressurreição e da Ascensão a um simples final feliz e a uma mudança, não da natureza humana, mas da atitude divina para com a humanidade. Assim concebida, a salvação é pouco mais do que um drama encenado entre um Deus infinitamente ofendido e uma humanidade incapaz de atender às demandas de sua ira vingativa.[31]

Trata-se de um resumo hábil das objeções a Anselmo que ouvimos continuamente, e não apenas na ortodoxia oriental.[32] Hart argumenta que a "teoria" de Anselmo está profundamente enraizada na fé e na oração (e, podemos acrescentar, em uma familiaridade com a Bíblia muito maior do que lhe é creditada), bem como na preocupação pastoral com os cristãos, sendo, portanto, injustamente caracterizada como puramente esquemática. Mais importante ainda: a perspectiva de Anselmo sobre a ação de Deus em nosso favor se aproxima muito, na verdade, da narrativa patrística, que ele é acusado de haver abandonado. Hart explica:

> O pecado perturbou a ordem da boa criação de Deus, e a humanidade foi entregue à morte e ao Diabo; assim, Deus se expõe a uma condição de alienação e escravidão para libertar a humanidade [...] Apesar das formidáveis mudanças linguísticas, a narrativa de Anselmo não é uma nova narrativa da salvação. Na verdade, essa distinção fácil entre uma soteriologia patrística, preocupada

---

[30]Cf. Vladimir Lossky, "Redemption and dedication", in: John H. Erickson; Thomas E. Bird, orgs., *In the image and likeness of God* (Crestwood: St. Vladimir's Seminary Press, 1974), p. 97-110.

[31]Hart, "Gift exceeding every debt", p. 340.

[32]O livro de Anthony W. Bartlett criticando Anselmo à luz de uma perspectiva girardiana (*Cross purposes* [Objetivos cruzados]) é desse tipo. Há algo estranho na leitura de Anselmo feita por Bartlett. O autor parece surdo aos ecos da narrativa bíblica encontrada em *Cur Deus homo?*, por se concentrar demais na "antropologia mimética" — uma "teoria", se é que alguma vez ela existiu. Quase poderíamos acusar Bartlett de falta de imaginação poética, uma reclamação que pode ser feita de muitas leituras bíblicas nos círculos acadêmicos do nosso tempo.

exclusivamente com o *resgate humano da morte*, e uma teoria posterior da expiação, preocupada exclusivamente com a *remissão da culpa* [...] talvez seja suportável, mas apenas em relação à ênfase e às imagens empregadas. Atanásio, Gregório de Nissa e João Damasceno (para citar apenas alguns) não estavam menos conscientes do que Anselmo de que *a culpa que expõe a humanidade à escravidão da morte* foi superada na cruz; tampouco ele está menos preocupado que os demais com *a campanha do Filho contra o domínio da morte* sobre aqueles [todo ser humano] que se afastaram de Deus em um ato de desobediência. De fato, em *Cur Deus homo?*, a questão da culpa é um tanto posta de lado; a culpa é revogada, anulada pela graça de Cristo, para que a morte seja superada, mas sem violação da justiça divina (grifo na citação).[33]

Esse notável resumo não apenas coloca Anselmo no foco adequado, mas também apresenta o programa de grande parte deste livro. Faremos alguns ajustes à descrição de Hart, notadamente trazendo Pecado e Lei para o quadro de uma forma muito mais vívida (seguindo Romanos 7:7-25), mas seu argumento de que Anselmo e os teólogos patrísticos compartilhavam uma compreensão comum da situação humana como *culpa exigindo remissão* e *cativeiro exigindo libertação* é fundamental ao argumento deste volume.

Hart destaca outro ponto, firmando Anselmo ainda mais no esquema deste livro:

> Anselmo já está situado na tradição teológica cristã; ele já sabe que Cristo recapitulou a natureza humana em si mesmo e conquistou o mal em nosso lugar; é a partir dessa narrativa que Anselmo empreende uma redução (de forma alguma final ou exclusiva) da história, a fim de melhor compreender a necessidade interna de sua lógica sacrificial. [...] Se o relato de Anselmo parece relegar a ressurreição e a ascensão a um nível secundário [...] também corrige certa *hesitação* ocasional no pensamento patrístico, pois os Pais da igreja muitas vezes falham em dizer como a ressurreição vindica, em vez de apenas reverter, a doação de Cristo.[34]

Hart alega, portanto, quase a mesma coisa que J. L. Martyn, mas de uma perspectiva diferente: a ressurreição é a *validação* de Deus quanto à morte de seu Filho, e não sua *substituição*. "A ressurreição do Filho não obscurece a cruz do Filho."[35]

---

[33] Hart, "Gift exceeding every debt", p. 340.
[34] Hart, "Gift exceeding every debt", p. 344.
[35] J. Louis Martyn, *Galatians*, Anchor Bible 33A (New York: Doubleday, 1997), p. 166.

CRÍTICAS FEMINISTAS A ANSELMO

Nos últimos anos, Anselmo sofreu ataques específicos de algumas teólogas feministas, que veem seu argumento em *Cur Deus homo?* como um excelente exemplo de modelos deploráveis de expiação. Segundo elas, Anselmo posiciona o Pai contra o Filho, de forma que a cruz se assemelha a uma forma de abuso infantil, com o Filho inocente sofrendo a ira de um Pai vingativo.[36] Anselmo, porém, antecipou essas críticas. Ele leva Boso a dizer:

> Como pode ser justo ou razoável que um Deus trate [...] de uma forma tão terrível [...] seu Filho amado, em quem depositava sua alegria...? Que justiça há em sua morte sofredora pelo pecador, ele que era o mais justo entre os homens? Que homem, ao condenar o inocente para libertar o culpado, não seria ele próprio julgado digno de condenação? (1.8).

> Seria estranho se Deus se deleitasse no sangue do inocente, ou então o exigisse, de forma que não pudesse — nem fosse capaz de — escolher poupar o culpado sem o sacrifício do inocente (1.10).

Anselmo não deixou de observar essas objeções importantes, que, mil anos depois, seriam reconsideradas pela igreja. Anselmo enfatiza que o "Deus-homem" vai para sua morte *com pleno conhecimento* do que está fazendo. A crucificação "é um acontecimento na vida Trina e Una de Deus".[37] Ela nunca deve ser interpretada como uma ação praticada por um Pai contra seu Filho ingênuo.[38]

Anselmo se esforça para mostrar que o Filho deu sua vida por vontade própria (João 10:18): "O Pai não o obrigou a morrer, nem mesmo permitiu que fosse morto contra a sua vontade. De um modo voluntário, Jesus suportou a morte para a salvação de todos os homens" (1.8).

---

[36] Leanne Van Dyk lida com essa perspectiva em "Do theories of atonement foster abuse?", *Dialog* 35, n. 1 (inverno de 1996): 22-25.

[37] Robert Jenson, *Systematic theology*, vol. 1: *The Triune God* (New York: Oxford University Press, 1997), p. 189. Jenson observa que uma das críticas mais importantes a Anselmo é que a obra da expiação é feita pala natureza humana de Cristo, ao passo que devemos atribuir a reconciliação com Cristo, não de acordo com a natureza humana ou divina separadamente, mas segundo ambas, de forma interligada e simultânea. Essa acusação de que Anselmo divide a natureza humana da divina realmente contaria contra ele, mas muitos teólogos acreditam tratar-se de uma leitura injusta.

[38] As orações de Anselmo são distinguidas, entre outras coisas, por um interesse verdadeiramente excepcional (principalmente para sua época) nas imagens *maternais* de Deus. Isso é ainda mais impressionante pelo fato de ele não ter sido forçado a fazer isso por considerações ideológicas ou políticas.

À objeção de que o Filho não teve escolha, visto que o Pai lhe ordenou que obedecesse, Anselmo responde que a história não é bem essa:

> A vida preciosa do Filho [...] foi entregue livremente ao seu Pai. Pois falamos claramente que, *ao nos referirmos a uma Pessoa, afirmamos toda a Deidade*, para a qual o Filho, como homem, se ofereceu. Pelos nomes do Pai e do Filho, uma profundidade maravilhosa de devoção é despertada no coração dos ouvintes quando é dito que o Filho suplicou ao Pai em nosso favor (2.18, grifo na citação).

> O Filho havia concordado com o Pai e com o Espírito Santo no sentido de que não haveria outro meio de revelar ao mundo o cume de sua onipotência senão por sua morte (1.9).

Nessa última frase, aparentemente simples, há um mundo de boas-novas e verdades nicenas. Seria difícil imaginar de que forma Anselmo poderia ser mais explícito: a doação do Filho na cruz procedeu do ser interior eterno, trino e uno de Deus. Em nossa pregação, em nosso ensino e em nossa aprendizagem, devemos rejeitar enfaticamente qualquer interpretação que separe a vontade do Pai da vontade do Filho, ou que sugira que algo está acontecendo cuja procedência não seja o amor. Como veremos repetidas vezes, a justiça e a misericórdia de Deus resultam de uma vontade única, que tem origem em seu amor eterno.

Quem é reconciliado: Deus ou nós?

Uma das objeções levantadas contra Anselmo é que ele faz parecer que uma mudança deve ocorrer dentro de Deus — como se a crucificação alterasse a atitude de Deus para com suas criaturas rebeldes.[39] Todavia, o Novo Testamento nunca menciona Deus sendo reconciliado conosco; fala apenas de nós sendo reconciliados com ele. Esse fator se tornou chave para a maior parte das discussões atuais sobre reconciliação. Como podemos falar sobre a ira de Deus a não ser que concluamos que, de alguma forma, o sacrifício de Jesus fez com que o Pai mudasse de ideia? Isso realmente colocaria o Pai em uma posição ruim. Não é essa, porém, a ideia expressa por Anselmo; antes, trata-se de uma distorção que infelizmente ganhou vida própria. Hart corrige, de pronto, esse mal-entendido:

---

[39] Tais objeções foram influentes em modelar as teorias "subjetivas" da expiação que se concentram nos efeitos da crucificação sobre as afeições humanas. Associada originalmente a Abelardo (1079-1142), a perspectiva subjetiva ou "exemplar" é defendida hoje em uma versão revisada por René Girard e seus discípulos.

"A morte de Cristo não [...] efetua uma mudança na atitude de Deus para com a humanidade; a atitude de Deus nunca muda. Seu desejo é a salvação de suas criaturas, de modo que ele não as abandonará às próprias crueldades".[40]

Se desejamos analisar — se não adotar por completo — a linguagem de Anselmo sobre satisfação, devemos, portanto, estar cientes de que *a mudança efetivada* pela doação de Cristo *não ocorre no ser interno de Deus*. Essa declaração tem importância primordial. Se enfatizarmos o contrário, acabaremos com um Deus caprichosamente perigoso, o qual, de fato, está aberto às críticas levantadas contra ele por aqueles que pensam na ira de Deus como uma emoção que deve ser apaziguada. Em todas as nossas análises acerca de reconciliação, esse ponto subjacente é fundamental. Não é Deus que é mudado; é o relacionamento do ser humano e da criação *para com* Deus que é mudado. Como no caso de tantos outros aspectos da doutrina cristã, há uma qualidade "já, mas ainda não" a esse respeito. Nosso relacionamento com Deus *já* mudou com nossa incorporação batismal à morte de Cristo (Romanos 6:3,4), mas nós "gememos" com o cosmo, pois *aguardamos* nossa redenção plena na segunda vinda (Romanos 8:22), quando, então, "*seremos* transformados" de acordo com o corpo glorioso de sua ressurreição (1Coríntios 15:52). Isso deve esclarecer, de uma vez por todas, a discussão acirrada sobre a ira de Deus, varrendo os mal-entendidos que ocorrem quando o juízo de Deus não é compreendido como subserviente ao seu amor. Encontramos a mesma ideia em toda a Bíblia. Isaías, por exemplo, diz:

> "Em transbordante ira, por um instante,
>   escondi de você o meu rosto,
> mas com amor eterno terei compaixão de você",
>   diz o SENHOR, o seu Redentor (Isaías 54:8).

O juízo de Deus está encerrado em seu amor.

Após estabelecermos firmemente essa questão, podemos concluir nossa análise de Anselmo. No capítulo 3, examinamos a relação interligada entre justiça e misericórdia. De fato, podemos dizer mais, como Hart; o autor demonstra que a cruz não efetua uma "mera reconciliação posterior de justiça e misericórdia", mas é — em uma expressão adorável — a "entonação filial" do amor divino preexistente. Hart resume: "No Deus-homem [*Deus homo*], na história

---
[40] Hart, "Gift exceeding every debt", p. 348.

humana, a justiça e a misericórdia de Deus são demonstradas como uma coisa só, como uma única ação, vida e ser [...] a justiça que condena também é o amor que restaura".[41]

E eis aqui o próprio Anselmo, falando por meio de Boso e resumindo a realização de Cristo, um resumo que dificilmente poderia ser melhorado: "Ele nos libertou de nossos pecados, e de sua ira, do inferno e do poder do Diabo, a quem veio derrotar por nós, visto que não fomos capazes de fazê-lo; e ele adquiriu para nós o reino dos céus. Ao fazer todas essas coisas, o Filho manifestou a grandeza de seu amor por nós" (1.5).

Esse pequeno resumo feito por Anselmo é congruente em muitos aspectos com o que o livro tenciona mostrar. É surpreendentemente abrangente. Tem a forma essencial de *narrativa* e de *kerygma*, não de uma formulação escolástica. Muitos temas bíblicos e doutrinários centrais são identificados aqui, de forma explícita ou implícita.

É verdade, como muitos observaram, que, em última análise, o método de Anselmo — sua forma de trabalhar por meio de Boso para produzir uma conclusão racionalista — não é congruente com o modo narrativo das Escrituras. Não apenas isso, mas sua forma "se 'x', então 'y'" de demonstrar as coisas parece estranha aos métodos bíblicos (e contemporâneos) de pensamento. Mesmo assim, a genialidade de Anselmo em incorporar a narrativa bíblica em seu argumento não é observada por muitos — se não pela maioria dos leitores de hoje —, nem mesmo a doçura essencial de sua fé. Em cada faceta da ação de Deus na cruz, segundo nos ensina Anselmo, o amor divino está trabalhando. As várias imagens e os diversos temas encontrados nas Escrituras nos guiam em nossa compreensão.

Outro tema em Anselmo será evocado na conclusão deste livro. Para antecipar: aqueles que estão tão certos do que julgam ser os impulsos estreitos e punitivos de Anselmo podem tomar nota de suas pistas acerca de um significado universal para a morte do Senhor. Colin Gunton expressa isso da seguinte maneira: "Anselmo frequentemente afirma, por exemplo, que a salvação conquistada por Cristo é tão monumental que serve para aqueles que estão fora dos limites espaciais e temporais da instituição [a igreja], e nada nos impede de buscar e encontrar a obra do Espírito em outras formas de vida que não a conscientemente cristã".[42]

---

[41]Hart, "Gift exceeding every debt", p. 344.
[42]Colin Gunton, *The actuality of atonement: a study of metaphor, rationality, and the Christian tradition* (Grand Rapids: Eerdmans, 1989), p. 171.

Resumo

Este capítulo de transição é um comentário à contribuição de Anselmo para nossa compreensão de justiça, assunto do capítulo anterior, e leva ao nosso próximo capítulo, que retoma a ênfase de Anselmo sobre a gravidade do Pecado. Nestas páginas dedicadas à apresentação de Anselmo da auto-oferta de Cristo, tentamos demonstrar que alguns aspectos muito mal compreendidos do seu ensinamento ainda são valiosos e merecem uma audiência muito mais ampla do que recebem hoje.[43] Rejeitamos, de forma resoluta, a compreensão popular de Anselmo como proponente do sofrimento penal. Destacamos sua fé, suas orações, suas preocupações pastorais e sua sensibilidade à narrativa bíblica, apesar de sua abordagem racionalista. Enfatizamos sua teologia trinitária e o papel indispensável da "fé em busca de entendimento" (*fides quaerens intellectum*), porém ressaltamos de forma especial sua insistência de que a relação rompida entre Deus e suas criaturas não pode ser simplesmente "lançada para baixo do tapete". A palavra de Anselmo para o que Cristo fez é "satisfação"; nós pensamos em outras, como "reparação", "restituição" ou "retificação" — a palavra que preferimos utilizar neste livro.

A tragédia da existência humana, de fato, exige uma *retificação*. Portanto, terminamos o capítulo da mesma forma que começamos: *algo está errado e precisa ser consertado*.[44] Quando sentimos o problema pessoalmente, quando admitimos que algo está errado, não apenas com a situação humana em geral, mas também conosco em particular, então Deus está operando em nós para nos levar mais para perto da cruz de Cristo.

---

[43]Há um ponto no qual as suposições de Anselmo devem ser repudiadas de forma categórica, e esse ponto é quando ele pergunta, de forma retórica, a Boso: "Por que os judeus o perseguiram até a morte?" (1.9). Aqui, Anselmo demonstra ser um homem de seu tempo, não fazendo distinção entre o judeu étnico e os inimigos religiosos de Cristo no Novo Testamento. Em outros pontos, porém, Anselmo demonstra saber que *todos* os seres humanos o "perseguiram até a morte".

[44]Cristãos afro-americanos afirmam de modo frequente, ainda que implícito, as ideias de Anselmo em sua preocupação insistente de que não pode haver reconciliação sem justiça. Os julgamentos de Howard Beach, em 1987, na cidade de New York, foram uma demonstração desse fato. Quando sentenças de prisão foram proferidas aos condenados por ataques abertamente racistas a um pequeno grupo de jovens negros que, ingenuamente, se perderam em um bairro branco, algumas vozes de agradecimento da comunidade negra ressoaram pelo tribunal ("Obrigado!", "Glória a Deus!"). Estava claro que a gravidade do pecado é uma consideração vital na administração da justiça.

CAPÍTULO 4

A GRAVIDADE DO PECADO

> Quer ver o que o Pecado faz?
> Vá para o Monte das Oliveiras.
> Lá, você encontrará um homem repleto de dores,
>   a ponto de o seu cabelo,
>   sua pele e suas vestes transbordarem de sangue.
> O Pecado é uma prensa, um torno, que força dor;
> Caça o seu alimento cruel por cada veia do corpo.
>
> GEORGE HERBERT, *The agonie*[1] [A agonia]

> *Nondum considerasti quanti ponderis peccatum sit.*[2]
> Anselmo de Cantuária

QUEM É CAPAZ DE LER um capítulo inteiro sobre o pecado? Sem dúvida, não se trata do tópico mais agradável. Em nosso tempo, a categoria de pecado foi substituída por outras categorias, tais como doença, desajustamento, neurose, deficiência, vício. Nos Estados Unidos, por influência de Reinhold Niebuhr, houve um tempo em que era comum levar a sério o pecado como uma dor coletiva, porém a cultura se moveu mais para longe e de forma mais rápida

---

[1] George Herbert, "The agonie", in: John Tobin, org., George Herbert, *The complete English poems* (London: Penguin Books, 1991), p. 33.
[2] "Você ainda não considerou a gravidade do pecado!" (N.T.)

em direção ao amor-próprio e à autoafirmação, tudo isso em um ritmo que nem mesmo Niebuhr imaginava.³ Hoje, é muito difícil falarmos sobre pecado sem perder público. Mais especificamente, porém, pode ser que o pecado sempre tenha sido mal interpretado pela maioria dos cristãos. Douglas John Hall propõe essa ideia em termos surpreendentes: "Se o conceito bíblico de pecado já foi compreendido pela maioria dos cristãos, essa é uma boa questão. Qualquer um que passe dos Evangelhos para as cartas do Novo Testamento e depois para os escritos cristãos dos séculos 2 e 3 perceberá que o processo de redução do pecado já teve início. Nessa época, 'pecado' (no singular) já começou a se transformar em 'pecados' (plural)". "Os reformadores", continua Hall, "reivindicavam um sentido radical de pecado: eles perceberam que pecado significava desobediência, rebelião, recusa, afastamento. Em suma, eles o viam como um termo relacional [...] a relação fundamental da vida humana — nossa relação com Deus — está quebrada; e essa ruptura aparece em todas as nossas outras relações. [...] Se devemos falar de 'pecados' (plural), isso é algo questionável; mas, se o fizermos, devemos entender que são *consequências* do que está errado, e não as suas *causas*".⁴

Não há como levar a Bíblia a sério se não estivermos dispostos a compreender seus pressupostos acerca do pecado, especialmente o Pecado no singular. Trata-se de uma espécie de dilema, por assim dizer, porque não é possível termos uma compreensão de nosso envolvimento no pecado sem a consciência prévia ou simultânea do amor preveniente (do latim, *pre-venere*, "anteceder, ato de adiantar-se") de Deus. Devemos recuperar a palavra "preveniente" porque nenhum outro termo ou expressão capta tão bem o fato essencial sobre a graça: ela *previne* (chega antes), ou *precede*, o reconhecimento do pecado, *precede* a confissão do pecado, *precede* o arrependimento do pecado e *precede* o abandono do pecado. Os leitores deste livro já foram agarrados pela intenção graciosa de Deus para com eles, quer se autoconsiderem pecadores, quer não.

---

³Niebuhr, em *The nature and destiny of man* [A natureza e o destino do homem] (1941), desejava perturbar "a consciência fácil do homem moderno", que "continua a se considerar essencialmente inofensivo e virtuoso", apesar das evidências históricas (1:93-96). Em seu prefácio de 1964 à segunda edição do livro, Niebuhr escreve com tristeza: "Empreguei os símbolos religiosos tradicionais de "Queda" e "pecado original" [...] Só lamento não ter percebido que o caráter lendário de um e as conotações dúbias do outro se provariam tão ofensivos para a mente moderna". No final do prefácio, Niebuhr parece duvidar se "os símbolos históricos contribuirão muito para a compreensão do homem moderno de sua história trágica e irônica". Ele está certo sobre a resistência da "mente moderna" à perspectiva bíblica, mas não previu a persistência do poder dos "símbolos históricos" da Queda e do pecado original, a despeito do "homem moderno". Reinhold Niebuhr, *The nature and destiny of man: a Christian interpretation*, 2. ed. (New York: Scribner, 1964), 2 vols.

⁴Douglas John Hall, "The political consequences of misconceiving sin", *Witness*, março de 1995, grifo na citação.

Por essa razão, o capítulo sobre justiça foi posicionado antes deste capítulo sobre pecado, com Anselmo entre eles, como uma ponte. A justiça de Deus não compete com sua misericórdia; *ambas* são manifestações de seu propósito redentor.[5] Se pudermos compreender a retidão de Deus (*dikaiosynē*, a mesma palavra grega traduzida por "justiça") como libertadora e restauradora, não como incapacitante e retributiva, então poderemos discutir o pecado com a mente e o coração mais abertos.

PARADOXO: O CONHECIMENTO DO PECADO COMO BOAS-NOVAS DE ALEGRIA

Há um fenômeno curioso no cristianismo. No passado, muitas pessoas se regozijavam em confessar seus pecados e até mesmo em chamarem a si mesmos de "infratores miseráveis". Essa expressão, porém, foi removida do *Livro de oração comum* de 1979 da Igreja Episcopal, por ser considerada desagradável; e, sem dúvida, é verdade que muitos frequentadores de igreja de hoje, desacostumados com expressões assim, ficariam perplexos, e até mesmo repeliriam esse tipo de linguagem se a ouvissem imediatamente após saírem do culto. A dinâmica subjacente aqui é que não podemos nos regozijar em pensar acerca de nós mesmos como pecadores, muito menos como "infratores miseráveis", a não ser que *já* tenhamos sido apreendidos pela luz divina do evangelho. Não há como ajudar as pessoas a reconhecerem o pecado senão oferecendo a notícia do propósito "preveniente" de Deus ao vencer o pecado na cruz de Cristo. É com esse senso de alívio que o ser humano se aproxima do trono da graça de Deus,

---

[5]Em algumas obras menonitas, defende-se que justiça e misericórdia estão em guerra no ser de Deus — "a violência de duas naturezas que lutam por supremacia" —, o que sugere que a violência tem origem em Deus, uma posição que é incondicionalmente rejeitada neste livro (p. ex., David Eagle, "Anthony Bartlett's concept of abyssal compassion and the possibility of a truly nonviolent atonement", *Conrad Grebel Review* 24 [2006]: 67). Walter Brueggemann parece adotar uma perspectiva quase junguiana sobre Deus em uma resenha do livro *Violence in sScripture*, de Jerome F. D. Creach. Brueggemann se "incomoda" com o apoio de Creach a uma leitura figurativa da violência no Antigo Testamento. Ele pergunta: "E se esse Deus tiver propensão para a violência com a qual luta, como em Oseias 11:1-9? E se a própria vida de Deus for instável e passível de contestação?". Parece uma leitura estranha da bela passagem de Oseias (citada no capítulo 3). É uma das inúmeras imagens antropomórficas de Deus no Antigo Testamento, claramente não destinadas a uma leitura literal, como se Deus realmente fosse um pai tentando decidir se destruiria seu filho ou não! Em 1Samuel 15:11, Deus diz: "Arrependo-me de ter posto Saul como rei" e, no *mesmo capítulo* (15:29), Samuel diz que Deus "não mente nem se arrepende, pois não é homem para se arrepender". De modo evidente, espera-se que o leitor das Escrituras tenha duas coisas em mente ao mesmo tempo em relação a Deus: uma em sentido *literário* e a outra em sentido *doutrinário*. A tradição rejeita qualquer tipo de definição doutrinária sobre Deus como "instável" em sua vida: "Esta é a mensagem que dele ouvimos e transmitimos a vocês: Deus é luz; nele não há treva alguma" (1João 1:5).

mas ninguém pode compreender sua situação de pecador se a luz da graça não irradiar sobre ele. A luz de Cristo revela o pecado pelo brilho da redenção já realizada. J. M. Coetzee, romancista sul-africano e ganhador do prêmio Nobel, escreve: "Há sempre um elemento desmotivador nas experiências de conversão: é de sua essência que o pecador esteja tão cego pela cobiça, ganância ou orgulho que a lógica psíquica que conduz ao ponto de inflexão em sua vida se torna visível para ele *apenas em retrospecto, quando seus olhos foram abertos*".[6]

Apenas aqueles cujos "olhos foram abertos" à luz de Cristo se regozijam de suas obras serem expostas. É desconcertante constatar que nossa sociedade conheça e, aparentemente, ame o hino *Amazing grace* [Graça surpreendente]. O que se passa pela mente das pessoas ao cantarem: "Graça surpreendente, quão doce o som/ que salvou um miserável como eu"?[7] O homem que escreveu o hino era um mercador de escravos que passou a enxergar a impiedade de suas ações. Hoje, a maioria dos que cantam o hino nada sabe sobre esse passado. É surpreendente ouvi-lo cantado com vigor por aqueles que estão tão imbuídos da conversa atual sobre autoestima que não podemos imaginá-los se identificando como miseráveis.[8] Um abismo de incompreensão se abriu entre o senso de perplexidade do velho mercador de escravos, que sabia haver sido redimido por Cristo a despeito de si mesmo, e a noção contemporânea de um tipo generalizado de autoaperfeiçoamento espiritual. A alegria do escritor do hino é especificamente a de ser libertado do fardo do pecado. Sua gratidão é "pelos meios de graça e esperança da glória".[9] A associação entre confissão de pecado e um estado *preveniente* de bem-aventurança, embora mal compreendida hoje, permanece indissolúvel.

Bach celebra o Senhor da Dança

Para o bem dos leitores não convencidos e que, apesar das dúvidas, estão dispostos a desbravar este capítulo, aqui estão alguns pensamentos encorajadores que se baseiam na música de J. S. Bach e em sua capacidade de inspirar alegria. Na música de Bach, o conhecimento do pecado é abarcado por uma alegria

---

[6]J. M. Coetzee, resenha de *Memories of my melancholy whores*, por Gabriel Garcia Márquez, *New York Review of Books*, 23 fev. 2006, grifo na citação.
[7]Tradução literal do trecho original de *Amazing grace*. (N. T.)
[8]Um exemplo de como o significado original das palavras "graça surpreendente" se perdeu para nós é o uso que o senador Edward M. Kennedy faz delas para referir-se a John F. Kennedy Jr. em um tributo na missa em memória de seu sobrinho: "Ele tinha graça surpreendente".
[9]*Livro de oração comum*, Ação de Graças Geral, p. 58.

arrebatadora. A contribuição única de Bach para a adoração da igreja é como ele frequentemente combina passagens de angústia profunda com formas de dança, bem como sua capacidade de inspirar deleite. Jaroslav Pelikan, em seus escritos sobre Bach como teólogo, chama isso de "confissão e celebração".[10] Parte da eficácia da música nesses pontos reside na afinidade de Bach com a experiência de Martinho Lutero, chamada de *Anfechtung* — um ataque amedrontador à alma. Isso nos ajudará a compreender como um conhecimento de pecado, um senso de estranheza e todas as demais manifestações de *Anfechtung*, quando vistos *no contexto da graça salvadora*, trazem alegria irrestrita ao coração humano. Nenhum grande artista, escritor ou compositor superou Bach nessa compreensão, nem na capacidade de levá-la à vida e à alegria. De maneira extasiante, Bach celebra a vitória conquistada na cruz, insistindo, ao mesmo tempo (como Paulo), na vergonha e na degradação da cruz e, portanto, em seu apelo para aqueles que sofrem hoje.[11]

A experiência de escutar uma cantata ou Paixão de Bach, com seu movimento intercalado de lamentação profunda e comovente e as formas de dança exuberantes e vívidas, sugere a experiência de termos nossos medos e as vergonhas mais profundas compreendidos por outra pessoa, mas em um contexto de promessa e esperança. Bach transmite a alegria do cristão que passa a compreender que não somos deixados por conta própria por toda a eternidade: Deus "é poderoso para [...] apresentá-los diante da sua glória, sem mácula e com grande alegria" (Judas 24).

A analogia com as cantatas de Bach, com suas combinações de lamentos angustiados e formas exuberantes de dança, é esta: a participação em Cristo significa abandonarmos nossas pretensões, reconhecermos abertamente nossa identidade como pecadores cativos e, *ao mesmo tempo*, percebermos, com uma alegria indizível, a vitória que já é nossa em Cristo, conquistada por aquele que morreu por nós. A ação da graça de Deus *precede* nossa consciência de pecado, de modo que percebemos a profundidade de nossa participação na escravidão do pecado, simultaneamente ao reconhecimento do amor incondicional de Cristo, que é perfeita liberdade. Além disso, reconhecemos esse amor não das profundezas do inferno que pretendíamos criar para nós mesmos, mas da perspectiva do céu que Deus está preparando para nós. Na presença vitoriosa do Crucificado e Ressuscitado, todos os remidos se desfarão de todas as correntes

---

[10] Jaroslav Pelikan, *Bach among the theologians* (Philadelphia: Fortress, 1986), p. 21-2.
[11] Victor Austin escreveu recentemente sobre a autoridade de Bach: "Authority in Bach's passion and Anglican-Catholic dialogue", *Living Church*, Oct. 17, 2010.

e se unirão em uma celebração de amor mútuo e de alegria — uma celebração em que ninguém ficará acanhado e todos dançarão como Fred Astaire e Michael Jackson, combinados! Assim, "Senhor da Dança" é realmente um título adequado para o Cristo ressuscitado e para o reino de Deus: "A Grande Dança [...] teve início desde antes de sempre [...] A dança que dançamos está no centro, e todas as coisas foram feitas para a dança. Bendito seja ele!".[12]

Antes da culpa, a graça

A igreja sempre foi tentada a reformular a história cristã em termos de falhas e culpas individuais que podem ser superadas por uma decisão de arrependimento. Isso mina o evangelho em seu âmago. A liturgia para a grande festa judaica, o *Yom Kippur* [Dia da Expiação], contém estas palavras: "O arrependimento desviará o decreto severo". Não tenho a intenção de ser desrespeitosa ao apontar que talvez essa seja a maior diferença entre o cristianismo e o judaísmo.[13] O cerne da proclamação cristã já se faz presente nas últimas seções apocalípticas do Antigo Testamento, quando os escritores bíblicos começam a perceber que o arrependimento humano não é poderoso o suficiente, nem completo ou confiável o bastante para livrar a raça humana do erro. Apenas a incursão da graça irresistível de Deus será suficiente para nos impedir de nos autodestruir. Conforme escrito por Austin Farrer: "Cristo [...] nos tomou e nos associou à sua vida divina, *mesmo quando lutávamos contra ele. Ele trabalhou em nós todo o nosso arrependimento*".[14]

Karl Barth pregava regularmente aos presidiários em sua cidade natal de Basileia, na Suíça. O conhecimento do contexto torna a mensagem ainda mais contundente. Aqui estava uma audiência de pessoas oficialmente julgadas e condenadas, ou seja, reconhecidas como culpadas. Uma das mensagens se baseia em Efésios 2:8: "Pois vocês são salvos pela graça, por meio da fé, e isto não vem de vocês, é dom de Deus". Barth ilustrou a ideia do versículo ao recontar uma lenda suíça:

---

[12]C. S. Lewis, *Perelandra*, trad. Carlos Caldas (Rio de Janeiro: Thomas Nelson Brasil, 2019), p. 302-3.

[13]Isso é afirmado, de modo um tanto diferente, por Ephraim Radner (aliás, um judeu convertido ao cristianismo) em seu comentário sobre Levítico: "A exegese judaica se separa da exegese cristã de forma decisiva neste ponto. Após a destruição do templo, o Dia da Expiação passa a ser infundido por um espírito radicalmente penitencial no judaísmo, exigindo o arrependimento como o fundamento efetivo para o Dia da Expiação [...] Mas Jesus, por meio das próprias aflições de sua carne, torna-se o verdadeiro ou perfeito penitente" (*Leviticus*, Brazos Theological Commentary on the Bible [Grand Rapids: Brazos, 2008], p. 169).

[14]Austin Farrer, *Saving belief* (New York: Morehouse-Barlow, 1965), p. 105.

A CRUCIFICAÇÃO

É provável que todos vocês conheçam a lenda do cavaleiro que cruzou o lago congelado de Constança à noite, sem o saber. Ao alcançar a margem oposta e ter sido informado de onde tinha vindo, o cavaleiro começou a chorar, horrorizado. Essa é a situação humana quando o céu se abre e a terra brilha, momento em que, então, podemos ouvir: "Pela graça você foi salvo!". Nesse momento, somos como aquele cavaleiro apavorado. Quando ouvimos essas palavras, olhamos para trás involuntariamente, perguntando-nos: onde estive? A resposta é: sobre um abismo, em perigo mortal! O que fiz? A coisa mais tola que já tentei! O que aconteceu? Eu estava condenado, escapei milagrosamente e agora me encontro seguro! Você pergunta: nós realmente vivemos em tal perigo? Sim, vivemos à beira da morte. Mas fomos salvos. Olhe para o nosso Salvador, e para a nossa salvação! Olhe para Jesus Cristo na cruz [...] Você sabe por amor a quem ele está lá? Por amor a *nós* — por causa do *nosso* pecado —, partilhando o *nosso* cativeiro — sobrecarregado com o *nosso* sofrimento! Ele crava a *nossa* vida na cruz. Foi assim que Deus teve de lidar *conosco*. Dessas trevas, ele *nos* salvou. Aquele que não é movido por essa notícia ainda não compreendeu a palavra de Deus: "Vocês são salvos pela graça".[15]

A história do cavaleiro ilustra bem o fenômeno central da vida cristã: "Não o homem perdido, e sim o homem salvo, é capaz de compreender que é pecador".[16] Gary Anderson escreve: "A noção de pecado humano e de seu estado caído não é nada além de uma reflexão ponderada sobre o momento imerecido e insondável da salvação".[17] Devidamente compreendido, o conhecimento de nossa condição pecaminosa chega até nós como um conhecimento bom e até mesmo alegre.[18]

A caricatura mais comum do avivamento da tenda evangelística retrata o pregador tentando instigar um senso de pecaminosidade na audiência para que ela "venha até Jesus" por misericórdia e perdão. A análise aqui estabelece exatamente o contrário. Se uma congregação é levada ao entendimento da salvação,

---

[15]Karl Barth, *Deliverance to the captives*, 1. ed. em brochura (New York: Harper and Row, 1978), p. 38, grifo original. É típico de Barth o uso de grifos tipográficos.

[16]Samuel Terrien, *The Psalms and their meaning for today: their original purpose, contents, religious truth, poetic beauty, and significance* (Indianapolis: Bobbs-Merrill, 1952), p. 170.

[17]Gary A. Anderson, "*Necessarium adae peccatum: the problem of original sin*", in: Carl E. Braaten; Robert W. Jenson, orgs., *Sin, death, and the Devil* (Grand Rapids: Eerdmans, 2000), p. 39.

[18]Uma ilustração interessante de um indivíduo secular buscando a palavra "pecado" quando não consegue pensar em outra que transmita um julgamento suficientemente forte ocorre em um documentário sobre o famoso filme de Gilles Pontecorvo, *A batalha de Argel*. Um admirador observa, com certo grau de emoção, que a falha de Pontecorvo em produzir mais obras-primas foi "um pecado".

o sentimento de pecado virá em *consequência* — e, então, o conhecimento de que o perigo *já passou* resultará em arrependimento profundo e sincero. Essa é a hora certa para começar a falar sobre pecado.

Nesse ponto, o intérprete se vê em uma encruzilhada. Não pode haver uma representação adequada do significado da crucificação sem uma resposta profundamente pessoal ao problema do pecado. A resposta humana à graça preveniente de Deus é o reconhecimento de sua condição pecaminosa e a confiança em sua misericórdia infalível. É por isso que temos a Quarta-feira de Cinzas, com sua lista alarmante de "crimes e contravenções" e sua recitação solene do salmo 51:

> Lava-me de toda a minha culpa
>   e purifica-me do meu pecado.
> Pois eu mesmo reconheço as minhas transgressões,
>   e o meu pecado sempre me persegue.
> Contra ti, só contra ti, pequei
>   e fiz o que tu reprovas,
> de modo que justa é a tua sentença
>   e tens razão em condenar-me. [...]
> Esconde o rosto dos meus pecados
>   e apaga toadas as minhas iniquidades (Salmos 51:2-4,9).

Esse salmo, particularmente apreciado por seu uso na Quarta-feira de Cinzas, exemplifica como surge o "senso de pecado", não de culpa intimidante, mas de anseio por Deus e por sua bondade. Deus se move no coração do indivíduo antes mesmo de ele se dar conta do que está acontecendo. Ao apresentar o evangelho, então, não começamos tentando convencer as pessoas de pecado. O movimento da misericórdia preveniente de Deus acontece primeiro, no desvelamento da presença de Deus, que, então, desperta o senso de pecado ao expor o abismo entre nós e a santidade de Deus. Quando esse reconhecimento surge em nós, *já estamos experimentando* a graça de Deus ("esta graça na qual agora estamos firmes", Romanos 5:2). Essa é outra forma de explicar a razão pela qual a confissão do pecado surge como um alívio.

O pecado, então, é um conceito exclusivamente bíblico. A palavra é usada, naturalmente, em vários contextos seculares por pessoas que não conhecem nada da Bíblia; todavia, fora de sua matriz bíblica, significa apenas algum tipo de transgressão, definido por seja lá quem empregue o termo — quase sempre como referência a alguma outra pessoa além de si mesma. Estar "em pecado", biblicamente falando, significa algo com muito mais implicações do que apenas cometer erros: significa estar catastroficamente separado do eterno amor de Deus. Significa estar do outro lado de uma barreira intransponível de exclusão do banquete celestial de Deus. Significa estar impotente, preso em sua pior versão pessoal, miseravelmente ciente do abismo entre como somos e como Deus deseja que sejamos. Significa a continuação do reino de ganância, crueldade, roubo e violência em todo o mundo. Em vista da natureza de Deus, seria impossível que esse estado de coisas continuasse para sempre. Uma vez que conhecemos Deus em Jesus Cristo, não podemos mais imaginar o banquete alegre do Pai continuando por toda a eternidade com o irmão mais velho ainda parado do lado de fora, olhando para dentro, aprisionado para sempre em sua inveja e em seu ressentimento (Lucas 15:25-32). Toda essa linha de pensamento exemplifica o que já dissemos ao longo das últimas páginas, a saber, que não podemos falar sobre pecado por muito tempo sem sermos levados à doxologia. Se não fosse pela misericórdia de Deus nos cercando, não teríamos qualquer perspectiva pela qual ver o pecado, pois estaríamos inteiramente sujeitos a ele. Essa é a razão pela qual afirmamos que, sempre que o pecado é desmascarado e confessado, *o poder redentor de Deus já se faz presente e em ação.*

Uma proclamação central: Cristo morreu pelo pecado

A partir daqui, começamos a usar a inicial maiúscula na palavra "Pecado", pelas razões inicialmente expostas na introdução. Sempre que falamos da perspectiva do apóstolo Paulo, "Pecado" e "Morte" são palavras usadas com letras maiúsculas, pois são Poderes — um tópico a ser discutido em capítulos posteriores. Pecado não é tanto um conjunto acumulado de más ações individuais, mas um agente ativo e malévolo, empenhado em arruinar, aprisionar e matar, destruindo totalmente os propósitos de Deus. Más obras são sinais desse agente em ação, e não a coisa em si. É essa "coisa em si" que constitui nosso Inimigo cósmico.[19]

O Novo Testamento usa repetidas vezes uma fórmula para explicar a morte de Cristo que se tornou tão conhecida dos frequentadores de igrejas que nem sequer paramos para pensar no que significa: Cristo morreu *pelo pecado.*[20]

---

[19] Uma exposição completa do Inimigo acontecerá no capítulo 9.
[20] Argumentos relacionados às palavras *huper*, *peri* e *anti*, cada qual podendo ser traduzida como "por", serão abordados de forma extensiva no capítulo 11.

A declaração mais antiga e mais bem atestada é encontrada no capítulo de Paulo sobre a ressurreição em sua primeira carta aos Coríntios: "Pois o que primeiramente lhes transmiti foi o que recebi: que *Cristo morreu pelos nossos pecados*, segundo as Escrituras, foi sepultado e ressuscitou no terceiro dia, segundo as Escrituras" (1Coríntios 15:3-4).[21]

Nessa passagem, Paulo delimita um pedaço de território inviolável, "segundo as Escrituras". As igrejas americanas tradicionais erram ao tentar ignorar, desacreditar ou rejeitar *a declaração inequívoca do Novo Testamento* de que **Jesus morreu pelo pecado**.[22] A conexão entre crucificação e Pecado é fixada de modo permanente e enfático no texto bíblico. Tendo mostrado que o reconhecimento do pecado vem como boa-nova para aqueles que escutam e recebem o evangelho, passaremos a analisar o problema da disseminação do Pecado.

Pecado: individual ou coletivo?

Se o reconhecimento da culpa é difícil para indivíduos — talvez especialmente para os homens, que foram condicionados a não demonstrar fraqueza —, quanto mais o é para grupos! Uma nação, tribo, corporação ou organização humana normalmente se define como superior a seus inimigos, concorrentes ou antagonistas. Pense em como é difícil a qualquer país ou grupo étnico, *incluindo o nosso*, admitir que fez algo de errado. As guerras do Vietnã, Afeganistão e Iraque continuarão a assombrar os Estados Unidos. Mesmo depois de toda a dor e de todo o remorso, nossa tendência ainda é caçar fatores que servem como justificativa. Continuamos a pensar quase inteiramente da perspectiva de baixas *americanas*, como se as mortes de camponeses vietnamitas e civis árabes fossem de menor importância.[23]

Para compreendermos melhor todas as dimensões do quadro bíblico, temos de reconhecer e resistir às nossas tendências a esse respeito. A Bíblia está cheia de histórias sobre transgressão individual (em um ou outro momento, todos

---

[21]O fato de que o plural ("pecados") foi utilizado na passagem é evidência da data antiga dessa confissão. Quando Paulo não cita uma fórmula antiga, ele usa o singular ("pecado").

[22]Há uma forte resistência a essa proclamação bíblica fundamental em alguns círculos. Em particular, observamos o trabalho de algumas teólogas feministas. Delores Williams acredita que conectar a conquista do pecado à *morte* de Jesus (em oposição à sua *vida*) glorifica a morte e o sofrimento, e assim prejudicar as pessoas negras. Pode haver alguma verdade nesse último ponto, mas rejeitar a conexão entre a cruz e a superação do pecado é rejeitar toda a mensagem cristã. O antídoto para o mau uso do evangelho não é renunciá-lo totalmente, mas apresentá-lo de uma maneira nova.

[23]O Iraq Body Count (IBC) estima de 125 a 140 mil mortes de civis até junho de 2014, com base de relatórios em necrotérios, registros hospitalares, ONGs e números oficiais.

os patriarcas e matriarcas são mostrados de uma forma ruim), mas também contém acusações abrangentes que incluem sociedades inteiras, conforme vimos no capítulo anterior. Estamos tão acostumados a pensar em indivíduos que transpomos inconscientemente o "você" bíblico para o singular, quando, na verdade, a Bíblia quer que o leiamos no plural. Para ilustrar esse ponto, selecionamos aleatoriamente um versículo:

> "Mesmo que você se lave com soda
> e com muito sabão,
> a mancha da sua iniquidade permanecerá diante de mim",
> diz o Soberano Senhor (Jeremias 2:22).

Os americanos que leem esse versículo fora de contexto em nossa cultura individualista pensarão que se refere a uma única pessoa, porém o texto é dirigido a todo o povo, coletivamente. Assim, Paul Ricoeur escreve: "Se a culpa for definida apenas como um sentimento de indignidade, então, obviamente, apenas uma minoria se qualificaria; mas o pecado inclui a situação real de todos os seres humanos diante de Deus, quer eles saibam disso, quer não".[24]

Nesse ponto, aproximamo-nos do âmago da natureza do Pecado. A conexão incontestável do indivíduo com o todo pode ser facilmente ilustrada. Por exemplo, o reverendo Niall O'Brien descreve sua transformação de ministro convencional a ativista nas Filipinas em decorrência de seu encontro com os sofrimentos das pessoas carentes. O'Brien começou a refletir sobre o "mistério do mal que as pessoas boas cometem". Como exemplo, ele escreve a respeito de uma mulher "que administrava uma fazenda perto de San Ramon, preocupada até às lágrimas por não poder participar da Ceia, mas despreocupada com as crianças que estavam morrendo em sua fazenda".[25] O exemplo mostra a facilidade com que um indivíduo pode concentrar-se em sua pureza moral e ignorar reivindicações maiores sobre sua consciência. Esse é um dos aspectos da gravidade do pecado a respeito do qual todo cristão deve ponderar.[26] Não precisamos ir às Filipinas para ver contradições desse tipo, já que a abastada sociedade americana se concentra em sua segurança e conforto, mas coexiste

---

[24]Paul Ricoeur, *The symbolism of evil* (Boston: Beacon Press, 1967), p. 7.
[25]Niall O'Brien, *Revolution from the heart* (New York: Oxford University Press, 1987), p. 188.
[26]"As pessoas não querem olhar para os trabalhadores agrícolas", disse um porta-voz do grupo. "Não querem ver esses homenzinhos queimados pelo sol em suas comunidades. Querem que esses trabalhadores cheguem às seis da manhã, lutem entre si para oferecer seu trabalho pelo menor preço e, às 18 horas, desapareçam." "As economy booms, migrant workers' housing worsens", *New York Times*, 31 de maio de 1998.

com condições péssimas para trabalhadores agrícolas, imigrantes e prisioneiros. Algumas corporações se autoconsideram benevolentes se tão somente fornecerem fundos para a educação ou às artes, ao mesmo tempo que poluem rios, exploram trabalhadores, comercializam produtos nocivos e mentem a esse respeito.[27] Trata-se de Pecado coletivo em grande escala. No mundo inteiro, pessoas carentes e pessoas negras se encontram sem recursos quando marginalizadas, ignoradas e desprezadas.

Nos primeiros dias do terceiro milênio, a lacuna entre os muito ricos e o restante da população americana cresceu exponencialmente, uma situação que começou a atribular muitas consciências. Tal abismo e o sofrimento que ele causa resultam do Pecado, do qual toda a sociedade participa. O profeta Amós, em uma passagem que soa surpreendentemente atual, dirige-se de modo severo às mulheres ricas da cidade, as quais se sentam ao redor de suas piscinas — por assim dizer — e fazem as unhas, tomando coquetéis e vivendo bem acima das lutas enfrentadas pelos pobres:

> Ouçam esta palavra, vocês, vacas de Basã
>   que estão no monte de Samaria,
> vocês, que oprimem os pobres e esmagam os necessitados
> e dizem aos senhores deles: "Tragam bebidas e vamos beber!" (Amós 4:1).

É quase certo que essas mulheres não sabem que estão pessoalmente esmagando os necessitados; elas nem sequer pensam neles. Isso não é desculpa para um Deus justo, que pronuncia juízo severo sobre a pequena nobreza:

> "Derrubarei a casa de inverno junto com a casa de verão;
>   as casas enfeitadas de marfim serão destruídas,
> e as mansões desaparecerão", declara o SENHOR" (Amós 3:15).

---

[27] Uma boa ilustração é a empresa McWane de Birmingham, Alabama, uma das maiores fabricantes mundiais de ferro fundido. "Dangerous business" [Negócios perigosos], uma reportagem investigativa do *New York Times*, em parceria com a PBS Frontline e a Canadian Broadcast Company, estendeu-se por muitas páginas, ocupando três edições (9-11 de janeiro de 2003). A família McWane é conhecida por sua filantropia tranquila e em prol do bem público, mas o registro das condições em suas fábricas fazia da empresa "um dos negócios mais perigosos dos Estados Unidos". Os artigos longos e bem-fundamentados de David Barstow e Lowell Bergman (pelos quais ganharam o prêmio Goldsmith de 2004) detalham exemplos horríveis de negligência, *bullying*, intimidação, encobrimento de fatos e negação, enquanto os trabalhadores sofreram ferimentos terríveis por anos a fio, e alguns até mesmo chegaram a morrer. A atitude secreta e punitiva da corporação para com aqueles que tentaram protestar não poderia estar em maior desacordo com a imagem que a família McWane pretendia projetar.

Por causa da complexa interconexão do indivíduo com sua sociedade, vemos a ubiquidade e a inevitabilidade do pecado.[28] Estamos nos preparando para falar sobre o tema da libertação no cerne da teologia da cruz. Tal *theologia crucis* será seriamente diminuída se a comunidade cristã não compreender a natureza coletiva do pecado, e se os indivíduos cristãos não tiverem uma resposta pessoal profunda a esse problema. Paul Ricoeur nos lembra que o conceito de pecado é "pessoal *e* comunal ao mesmo tempo". Ele argumenta contra a compreensão do pecado como algo puramente individual, como se não passasse de uma lista de erros pessoais. A grande narrativa javista[29] de Adão e Eva (Gênesis 2 e 3) mostra como a escravidão coletiva ao Pecado é transmitida de geração a geração. Ricoeur explica que o "pecado original" é mais bem compreendido não como um constructo teológico, mas como uma *metáfora* que descreve o "vínculo enigmático reconhecido [...] no "nós" da confissão [litúrgica] de pecados".[30] O "nós" remete à nossa solidariedade na desobediência de Adão. A exposição mais clara desse "vínculo enigmático" é encontrada em Romanos 5:12-21. Paulo dá a toda a humanidade o nome de "Adão". A fraternidade de Adão é a comunidade mais abrangente de todas, visto que é universal. "Da mesma forma que o pecado entrou no mundo por um homem, e pelo pecado a morte, assim também a morte veio a todos os homens, porque todos pecaram" (Romanos 5:12). Essa concepção universal de "Adão" também é empregada em 1Coríntios: "Em Adão todos morrem" (1Coríntios 15:22). *A solidariedade humana em escravidão ao poder do Pecado* é um dos conceitos mais importantes que o cristão deve compreender.[31]

Todavia, não é suficiente dizer que estamos escravizados pelo Pecado. O resultado dessa escravidão é que nos tornamos *agentes ativos*, recrutados pelo Pecado. Philip Ziegler, em uma análise perspicaz de Ernst Käsemann sobre o assunto, escreve:

> Ser comandado pelo Pecado é ter sido contratado para ser seu representante, "membro, extensão e ferramenta...". [...] Em nossa existência, "somos

---

[28]Nem sempre lembramos que os fundadores dos Estados Unidos tinham uma percepção sobre o pecado original, embora não se referissem a ele dessa maneira. James Madison, por exemplo, declara: "As causas latentes das facções são [...] semeadas na natureza humana" (*The federalist papers* [New York: Penguin, 1987], p. 124).

[29]Tradição relativa à composição, à edição e à transmissão do texto do Pentateuco, caracterizada pelo uso do nome "Javé" como referência a Deus.

[30]Ricoeur, *The symbolism of evil*, p. 83-4.

[31]Quando o oficial Moorhead (Mike) Kennedy — um membro da Igreja Episcopal — foi libertado de sua longa provação como refém em Teerã e convidado a dar palestras nas igrejas sobre sua experiência, ao se dirigir ao seu público, ele começava não como "companheiros episcopais", mas como "companheiros reféns". Isso não era apenas divertido, mas também correto. De modo consciente ou não, ele estava ecoando a declaração de Paulo de que todos estão sob o Poder do Pecado.

representantes de um poder que transforma o cosmo em um caos", e nossa vida "legitima" o poder que nos possui e em cujo serviço estamos inscritos. Por isso Paulo não caracteriza a culpa do Pecado da perspectiva da ignorância, mas da "revolta contra o Senhor".[32]

Assim, a condição humana não é apenas de escravidão, mas também de "cumplicidade ativa".[33]

O DUPLO ASPECTO DO PECADO: UMA TESE DESTE CAPÍTULO

O Pecado é uma categoria sem significado, exceto em referência a Deus. Uma história em quadrinhos de Calvin e Hobbes ilustra essa ideia de forma cativante. Calvin, um garotinho, está descendo uma encosta cheia de neve em um trenó com seu amigo Hobbes, um tigre, e conduz um diálogo sobre o pecado (a natureza altamente improvável dessa cena é parte de seu charme). Eis o diálogo:

> CALVIN: Estou ficando ansioso em relação ao Natal.
> HOBBES: Você está preocupado de não ter sido bom o suficiente?
> CALVIN: Aí está o problema. É tudo relativo. Qual é a definição de "bom" para o Papai Noel? Quão bom você precisa ser para se qualificar como "bom"? Não matei ninguém. Isso é bom, não é? Não cometi nenhum crime. Não comecei guerras [...] Você não diria que isso é algo muito bom? Não diria que devo ganhar um monte de presentes?
> HOBBES: Mas talvez o bem seja mais do que a ausência do mal...
> CALVIN: Tá vendo? É isso que me preocupa.[34]

De forma hábil e bem-humorada, esse pequeno diálogo levanta quatro questões importantes: (1) Qual é a definição de Papai Noel em relação ao que é bom e mau? (Qual é a definição de *Deus*?); (2) Quão bom você precisa ser para se qualificar como bom? (E quem determina isso?); (3) Talvez o bem seja mais do que a ausência do mal (levantando a questão do mal como ausência do bem — *privatio boni*);[35] por último, concluímos que (4) esses dilemas,

---

[32] Philip Ziegler, "Christ must reign: Ernst Käsemann and soteriology in an apocalyptic key", in: Joshua B. Davis; Douglas Harink, orgs., *Apocalyptic and the future of theology: with and beyond J. Louis Martyn* (Eugene: Cascade, 2012), p. 206. As citações são de Käsemann.
[33] Ziegler, "Christ must reign", p. 208.
[34] Tira em quadrinhos de *Calvin e Hobbes*, Bill Watterson, 23 de dezembro de 1990.
[35] A definição de mal como ausência do bem será abordada no capítulo 10.

entendidos *filosoficamente*, levam à preocupação. Apenas uma resposta *teológica* pode livrar-nos da ansiedade definitiva.

Como sugere o tigre na história em quadrinhos, o "mal" pode ser, de alguma forma, mais do que apenas errar o alvo. A história de Adão e Eva nos mostra que há algo mais obstinado, mais deliberado e mais ativo do que apenas "errar o alvo" (conforme *hamartia* é literalmente definida) ou "ausência do mal". Diante de Deus, não basta recorrer a expressões como "ninguém é perfeito", "falei sem querer" ou "todos nós cometemos erros". C. S. Lewis escreveu: "O homem decaído não é simplesmente uma criatura imperfeita que necessita de aperfeiçoamento, e sim um rebelde que está precisando abandonar suas armas".[36]

Menos ainda o pecado é definido por nos compararmos favoravelmente com outras pessoas, como o fariseu na história de Jesus: "Deus, eu te agradeço porque não sou como os outros homens: ladrões, corruptos, adúlteros; nem mesmo como este publicano" (Lucas 18:11). O fariseu não entende que o pecado não é definido pela comparação de uma pessoa a outra, mas pela compreensão de quão profundamente ele, como indivíduo, está enredado em um mundo atolado de impiedade. O pecado é a condição humana universal, mas isso não é algo totalmente óbvio, a não ser que alguém seja dirigido por *Deus*, saturado por *Deus* e intoxicado por *Deus*. O conceito de pecado não é *antropo*lógico, e sim *teo*lógico.[37] Conforme Deus se faz conhecido a nós, reconhecemos que não somos "vítimas meramente insuladas do 'mundo do pecado', mas seus habitantes, ativamente habituados com seus caminhos e meios, como súditos a serviço de falsos deuses".[38]

O conhecido hino *Rock of ages* [Rocha eterna] tem algumas linhas de real significado teológico. Eis aqui a estrofe-chave:

> Se as minhas lágrimas se derramassem para sempre,
> Se o meu zelo fosse tal que nunca esmorecesse,
> Ainda assim, meu pecado não seria expiado.
> Tu somente salvas, tu somente.

---

[36]C. S. Lewis, *Cristianismo puro e simples*, trad. Gabriele Greggersen (Rio de Janeiro: Thomas Nelson Brasil, 2017), p. 91.

[37]A definição de Northrop Frye tem mérito: "Pecado é [...] uma questão de tentar bloquear a atividade de Deus, e sempre resulta na restrição de alguma liberdade humana, quer seja nossa, quer seja do nosso próximo" (*The great code: the Bible and literature* [New York: Harcourt Brace Jovanovich, 1982], p. 130). O valor especial dessa definição jaz em sua identificação da liberdade humana com os propósitos — ou a "atividade" — de Deus.

[38]Ziegler, "Christ must reign", p. 209.

> Seja do pecado a *dupla cura*;
> De sua *culpa e poder*, salva-me.[39]

Na estrofe, de forma bem sucinta, encontramos duas afirmações cruciais:

- "Meu pecado, ainda assim, não seria expiado." Como Anselmo de Cantuária se esforçou para demonstrar, *somente Deus* pode fornecer o remédio para o pecado. Nenhum esforço religioso de nossa parte pode efetuar uma mudança significativa. A libertação e a expiação devem vir de fora de nossa esfera de influência, pois somos impotentes para nos salvar da esfera e do poder do Pecado.
- "Seja do pecado a *dupla cura*; salva-me de sua *culpa e poder*." O pecado tem dois componentes, ambos de igual gravidade. O pecado é *tanto* uma culpa *como* um poder. Ricoeur demonstra seus dois aspectos como *"peso subjetivo"* e *"maleficência objetiva"*.[40]

O pecado tem, então, aspecto duplo:

1. Pecado é uma *culpa* para a qual a expiação deve ser feita. A crucificação é compreendida como um sacrifício pelo pecado.[41]
2. Pecado é um *poder estranho, de outro mundo*, que deve ser expulso. Todo ser humano é escravizado por seu poder (Rm 3:9; Jo 8:34) e deve ser libertado por um poder maior. A crucificação é, portanto, compreendida como a vitória de Cristo (*Christus victor*) contra os Poderes do Pecado e da Morte.[42]

Muitos intérpretes escolheram enfatizar um desses dois aspectos, porém *ambas* as categorias são de extrema importância para os apóstolos e evangelistas — e, portanto, para nós.[43]

---

[39]Augustus Montague Toplady, 1773. Existem controvérsias quanto aos versos citados; o original traz uma ideia mais wesleyana, com o verso "salva-me da ira e purifica-me". Contudo, os versos citados neste livro seguem o hino original de Toplady, de 1776.

[40]Ricoeur, *The symbolism of evil*, p. 95.

[41]Anselmo, de acordo com a forma de pensar de sua época, oferece o termo alternativo "satisfação".

[42]Tomo por empréstimo, aqui, não apenas de Ricoeur, mas também de J. Christiaan Beker, *Paul the apostle: the triumph of God in life and thought* (Philadelphia: Fortress, 1980), p. 209.

[43]A mesma posição é adotada por Nancy J. Duff: "A humanidade não só precisa ser perdoada pela culpa incorrida pelo pecado, mas também libertada do poder do pecado, que mantém a vontade humana cativa e faz com que algumas pessoas sejam vítimas nas mãos de outras" ("Atonement and the Christian life: Reformed doctrine from a feminist perspective", *Interpretation* 53, n. 1 [janeiro de 1999]).

O TESTEMUNHO DO SALMO 51

Não chegamos a uma compreensão teológica do pecado, ou de qualquer outro aspecto do *kerygma* cristão, em decorrência de sermos religiosamente perspicazes por natureza. Na verdade, a "religião" (antropologicamente definida) pode servir de forte barreira para tal compreensão. A maneira mais rápida de sair da antropologia e entrar na teologia é indo direto para a Bíblia.

O livro de Salmos sempre é uma fonte confiável. Vamos dar outra olhada no grande salmo designado para a Quarta-feira de Cinzas, o Salmo 51. Esse salmo tem sido tradicionalmente atribuído ao rei Davi na época em que seu adultério com Bate-Seba foi exposto. Mesmo que essa não seja sua proveniência, podemos considerá-la uma atribuição inspirada. Podemos facilmente imaginar o salmo surgindo de uma situação particular em que o ser humano é forçado a enfrentar sua pecaminosidade. O salmo começa assim:

> Tem misericórdia de mim, ó Deus, por teu amor;
> por tua grande compaixão apaga as minhas transgressões.

Observe como o apelo do salmista por misericórdia baseia-se no conhecimento de Deus. As palavras "por teu amor" e "grande compaixão" não são projeções de um pensamento fruto do anseio humano ("religião", conforme antropologicamente definida); antes, são parte da revelação de Deus sobre si mesmo na história de Israel. A experiência de Israel com Deus no deserto e na Terra Prometida prova que Deus é fiel e confiável. Portanto, embora o espírito do salmista esteja perto de ser esmagado pelo conhecimento de sua pecaminosidade, mais forte ainda é sua confiança em Deus — especificamente, em duas coisas *sobre* Deus. Primeiro: Deus *é capaz* de purificar do pecado. Segundo: Deus *providencia* a lavagem do pecado. Assim, Davi implora ao Senhor, em grande angústia, mas também com uma confiança inconfundível:

> Lava-me de toda a minha culpa
> e purifica-me do meu pecado.

Davi prossegue:

> Contra ti, só contra ti, pequei
> e fiz o que tu reprovas,
> de modo que justa é a tua sentença
> e tens razão em condenar-me.

Na passagem, novamente encontramos uma ilustração de como o pecado só pode ser compreendido do ponto de vista fornecido por Deus. O versículo é surpreendente, pois o pecado prejudica outros seres humanos. Contudo, a afirmação é: "Contra ti, *só contra ti*, pequei". O trecho quase poderia ser descartado como uma hipérbole levantina, exceto por um aspecto: a retórica apaixonada é compatível com a profunda compreensão do salmista em relação à justiça de Deus — contra a qual nossos fracassos, intencionais e inconscientes, aparecem como manchas de sujeira em uma paisagem de neve pura.[44] Mais uma vez, então, vemos que o problema não é uma transgressão específica, mas a ruptura violenta de nosso relacionamento com Deus. O teólogo holandês G. C. Berkouwer escreve:

> Apesar de seus aspectos multiformes, o pecado é sempre *contra Deus*. Jamais chegaremos à essência do pecado enquanto ignorarmos essa relação de pecado contra Deus e considerarmos o nosso pecado um mero "fenômeno" da vida humana. Tal fato é aparente quando o pecado é descrito como inimizade e rebelião, desobediência e alienação de Deus. Esse tipo de terminologia está muito longe da perspectiva humana comum, que não deixa espaço para o caráter relacionado do pecado e sugere que o pecado não passa de uma "deficiência" incômoda.[45]

Quando o salmista diz, portanto, "contra ti, só contra ti, pequei", trata-se de um reconhecimento impressionante do relacionamento entre *compreender o pecado* e *conhecer a Deus*. A confissão do pecado é até mesmo combinada com pensamentos de alegria, em uma justaposição surpreendente e reminiscente do que estávamos dizendo sobre Bach:

> Faze-me ouvir de novo júbilo e alegria,
> e os ossos que esmagaste exultarão.

Mais uma vez, fere a sensibilidade moderna sugerir que Deus tenha quebrado nossos ossos. O "velho Adão" em nós não quer a dor do autoconhecimento, mesmo que faça parte da trajetória de Deus para nossa eterna herança de

---

[44]Tanto Isaías como Paulo falam não só do pecado como esterco, mas também, de maneira mais alarmante, de "atos de justiça" como "trapo imundo" (Isaías 64:6) e de "justiça que há na Lei" como excremento (Filipenses 3:6-8).
[45]G. C. Berkouwer, *Sin* (Grand Rapids: Eerdmans, 1971), p. 242.

inculpabilidade (1Tessalonicenses 3:13). Dado o clima cultural em que vivemos hoje, isso é compreensível. Não são muitas as mensagens que chegam até nós sobre a expressão única do propósito de Deus, tanto na *condenação* como na *redenção*. Talvez o reconhecimento dessa conexão seja apenas um dom pelo qual podemos ser gratos. É um reconhecimento dado pela graça de Deus; apenas quando ele abre nossos olhos é que podemos exaltar seus louvores (Salmos 51:15). No decorrer desse salmo penitente, observamos uma nota de alegria presente: "Devolve-me a alegria da tua salvação". O salmista ora:

> Sustenta-me com um espírito pronto a obedecer.
> Então ensinarei os teus caminhos aos transgressores,
> para que os pecadores se voltem para ti.

A MORTE DE JESUS PELO PECADO NO NOVO TESTAMENTO

Ao falarmos da grande Narrativa, devemos ter certos pressupostos em seus devidos lugares para compreender a libertação do pecado ocasionada por Cristo. Há três premissas fundamentais na figura bíblica do Pecado:

1. a Queda — a história de Adão e Eva nos fala, em termos mitológicos, de uma catástrofe primitiva, envolvendo todos os seres humanos em uma vasta rebelião contra aquilo que era nosso destino em Deus;[46]
2. a posterior solidariedade de toda a humanidade aprisionada pelo poder do Pecado;
3. uma luta cósmica entre as forças do Pecado, da maldade e da Morte ("o mundo, a carne e o Diabo", como costumamos ouvir no culto batismal) e o propósito inexpugnável de Deus.

---

[46]Ronald Goetz está errado ao escrever: "Nunca houve um Adão e uma Eva históricos. Por toda a alardeada preocupação da teologia dominante em ser relevante hoje, ao falar do pecado, ela se recusa a enfrentar as implicações do colapso da historicidade da Queda" (*Christian Century*, 11 de março de 1992, p. 275). Mas a verdade da história de Adão não depende de historicidade; não há nem como provarmos se Paulo acreditava na narrativa como "histórica". Seu poder de nos contar algo crucial a respeito de Deus e de nós mesmos não é diminuído. Adão e Eva parecem ser pessoas reais na narrativa — é parte do brilhantismo de Iavé —, porém o ponto mais importante é que ambos representam todos nós. Assim, Paulo pode referir-se a "Adão" e significar toda a triste história da raça humana. F. F. Bruce escreve que, em Romanos 7, Paulo "reconta a história da Queda registrada em Gênesis na primeira pessoa do singular" (*Paul: apostle of the heart set free* [Grand Rapids: Eerdmans, 1997], p. 194), a qual foi definitivamente revertida por nossa incorporação no Segundo Adão: Jesus Cristo. Isso será analisado de maneira detalhada no capítulo 12.

Não podemos compreender a imagem bíblica do Pecado sem esses elementos básicos.[47] O primeiro vem de Gênesis, porém já vimos como recebe proeminência na história do Crucificado contada por Paulo, em Romanos 5:12-21. A segunda imagem bíblica é esboçada nas passagens de Salmos e Isaías, citadas por Paulo em Romanos 3:10-18. A terceira premissa bíblica emerge da estrutura apocalíptica pós-exílica que forma o universo doutrinário de grandes seções do Novo Testamento. Faremos referência constante a essas afirmações fundamentais à medida que prosseguirmos.

O Novo Testamento declara, de maneira inequívoca e variada, que Jesus Cristo veio e morreu para vencer o(s) pecado(s).[48] Entretanto, visto que o Novo Testamento recorre a muitas imagens e temas para interpretar a cruz, esses temas foram, algumas vezes, enquadrados em categorias rigidamente esquemáticas, em torno das quais vários grupos eclesiásticos se aglomeraram, mas com suspeita mútua. Essa tendência tem sido prejudicial à igreja. A menos que abandonemos por completo o testemunho do Novo Testamento, devemos reconhecer que *a vitória sobre o pecado* está no cerne do significado da crucificação. Algumas tentativas modernas de interpretar a cruz sem fazer referência ao pecado não têm significado algum do ponto de vista da Escritura ou da evidência esmagadora de nossa época, no sentido de que toda a raça humana teria herdado o que John Henry Newman chama de "ampla catástrofe primordial", e que apenas um poder mais forte e exterior a nós pode reparar tal brecha.[49] A missão de Jesus é compreendida nesses termos, em um ou outro nível, por todos os escritores do Novo Testamento.

Eis alguns exemplos de cada um dos Evangelhos:

---

[47] Estou ciente de que nem todas as porções das Escrituras enfatizam igualmente a solidariedade no pecado, nem se referem, de forma explícita, à Queda. Os autores da literatura de Sabedoria não falam com a mesma voz que os javistas de Gênesis 2 e 3. Entretanto, quando Paulo faz de Adão o líder homônimo de um desenvolvimento que caracteriza toda a vida humana, claramente espera que todos em suas congregações saibam o que ele quis dizer (Romanos 5; 1Coríntios 15).

[48] Segue uma lista parcial de referências: Mateus 1:21; 26:28; Marcos 2:10; Lucas 1:77; 7:47-49; João 1:29; 8:24; Atos 2:38; 3:19; 5:31; 10:43; 13:38; 26:18; Romanos 4:25; 5:16; 6:1-10; 8:2-4; 1Coríntios 15:3; 2Coríntios 5:21; Gálatas 1:4; Colossenses 1:14; 2:13-15; Hebreus 1:3; 2:17; 9:26-28; 10:12; 13:11-12; 1Pedro 2:24; 3:18; 1João 1:7; 2:1-2; 3:5; 4:10; Apocalipse 1:5.

[49] A expressão "ampla catástrofe primordial" é citada por Brendan Gill em uma resenha da peça de Edward Albee, *Who's afraid of Virginia Woolf?* [Quem tem medo de Virginia Woolf?] (quatorze anos após a primeira produção). O contexto é pertinente. Gill escreve que, ao contrário da opinião de alguns, a peça não diz respeito a casamento, "nem a qualquer outra forma de relacionamento sexual, mas, antes, ao relacionamento do qual o cardeal Newman falava indiretamente, ao dizer que a raça humana está envolvida em uma vasta catástrofe primordial" (Gill, "In vino veritas", *New Yorker*, 12 de abril de 1976).

Mateus

Logo no primeiro capítulo do primeiro livro do Novo Testamento, encontramos o anjo dizendo: "José, filho de Davi, não tema receber Maria como sua esposa [...]. Ela dará à luz um filho, e você deverá dar-lhe o nome de Jesus, *porque ele salvará o seu povo dos seus pecados*" (Mateus 1:20,21). O Evangelista não explica a razão pela qual as pessoas precisam ser salvas; a ideia é pressuposta. O nome de Jesus, *Yeshua*, significa *Deus salva*; a referência de Mateus torna explícita a conexão entre o nome do Messias e a salvação do pecado.

Marcos

Logo no início do evangelho, quando um homem paralítico é baixado pela abertura do teto aos pés de Jesus, o próprio Jesus se anuncia publicamente (ainda que de forma oblíqua) e com grande drama como "o Filho do homem [que] *tem na terra autoridade para perdoar pecados*" (Marcos 2:10). Não nos é dito quais eram os pecados do homem paralítico ou por que precisavam ser perdoados; a condição humana geral de pecaminosidade é pressuposta. O foco dessa perícope de Marcos é a afirmação de Jesus de perdoar pecados; e, imediatamente, ela é reconhecida como messiânica, pois "Quem pode perdoar pecados, a não ser somente Deus?".

Lucas

Geralmente se pensa que o Terceiro Evangelista não tem interesse na crucificação como sacrifício expiatório; entretanto, o tema da vitória contra o pecado está presente desde o início do evangelho de Lucas, encontrado na bela narrativa do nascimento de Jesus. O cântico de Zacarias inclui as seguintes palavras a respeito de seu filho, João:

> E você, menino, será chamado profeta do Altíssimo,
>   pois irá adiante do Senhor, para lhe preparar o caminho,
> para dar ao seu povo o conhecimento da salvação
>   mediante o *perdão dos seus pecados* (Lucas 1:76,77).

O tema reemerge também nas últimas palavras do Jesus ressurreto, com as quais ele o torna parte constituinte do *kerygma*: "Está escrito que o Cristo haveria de sofrer e ressuscitar dos mortos no terceiro dia, e que em seu nome seria pregado o arrependimento para *perdão de pecados* a todas as nações, começando por Jerusalém" (Lucas 24:46,47). Nada se diz sobre o porquê de as nações precisarem de perdão; mais uma vez, a ideia é pressuposta. Lucas inicia o segundo livro de sua obra de dois volumes, Atos, com a ascensão de Jesus e a descida do Espírito Santo, após a qual Pedro anuncia prontamente ao povo: "Arrependam-se, e cada um de vocês seja batizado em nome de Jesus Cristo para *perdão dos seus pecados*, e receberão o dom do Espírito Santo" (Atos 2:38). Ninguém protesta quanto a ter pecado; esse fato é pressuposto.

João

A narrativa da Paixão no Evangelho de João não é conhecida por sua ênfase na morte de Jesus como expiação, porém o Evangelista faz de tudo para retratá-lo como o cordeiro pascal, mudando a cronologia de seus últimos dias na terra para fazê-lo. Além disso, uma das primeiras cenas do evangelho mostra João Batista anunciando: "Vejam! É o Cordeiro de Deus, que *tira o pecado do mundo*!" (João 1:29). O próprio Jesus, falando com os fariseus no capítulo 8, estabelece a conexão mais próxima possível entre libertação do pecado e fé em sua pessoa: "Se vocês não crerem que Eu Sou, de fato *morrerão em seus pecados*" (João 8:24).[50]

Em nenhum desses casos o Evangelista indica a necessidade de explicar o que quer dizer. Pecado, no contexto do Antigo Testamento, é tido por certo, como uma condição humana básica, a qual apenas Deus, o Criador, pode restaurar à perfeição original.

A seguir, temos breves exemplos de outras seções do Novo Testamento sobre a vitória contra o pecado como o propósito central da vida e da morte de Cristo:

Epístola aos Hebreus

Seu tema é declarado logo no início da carta: Cristo fez "a purificação *dos pecados*" (1:2). No capítulo 6, mostraremos com mais profundidade como

---

[50]Neste ponto, os especialistas podem protestar de que não levo em consideração o fato de que Lucas e João não associam especificamente a remissão de pecados à crucificação. Entretanto, falo aqui da premissa fundamental que percorre todo o Novo Testamento, certamente incluindo Lucas e João: o pecado aflige a condição humana de morte, e Jesus veio para nos redimir dessa condição. Todos os Evangelhos concordam com isso e, conforme expliquei no capítulo 1, a predominância das narrativas da Paixão nos quatro Evangelhos atesta sua importância central.

ele se tornou "semelhante a seus irmãos em todos os aspectos, para se tornar sumo sacerdote misericordioso e fiel com relação a Deus, e fazer propiciação [expiação purificadora] *pelos pecados* do povo" (2:17).

Primeira Epístola de Pedro

Essa carta apostólica declara, com uma clareza penetrante, que "ele mesmo levou em seu corpo *os nossos pecados* sobre o madeiro" (2:24).

Primeira Epístola de João

A carta é particularmente forte no estabelecimento dessa conexão: "o sangue de Jesus, seu Filho, nos purifica de *todo pecado*" (1:7); "Ele é a propiciação [expiação purificadora] pelos nossos pecados, e não somente pelos nossos, mas também *pelos pecados* de todo o mundo" (2:2); "Deus [...] enviou seu Filho como propiciação [expiação purificadora] *pelos nossos pecados*" (4:10).

Apocalipse

A saudação de abertura às sete igrejas define Jesus Cristo com expressões arrebatadoras, seguida por uma atribuição que parece pressupor um consentimento universal entre os cristãos. Ela nomeia "Jesus Cristo, a fiel testemunha, o primogênito dentre os mortos e o soberano dos reis da terra", atribuindo-lhe glória com as seguintes palavras: "Àquele que nos ama, e, pelo seu sangue, nos libertou dos nossos pecados, e nos constituiu reino, sacerdotes para o seu Deus e Pai, a ele a glória e o domínio pelos séculos dos séculos. Amém!" (1:5,6).

O PECADO COMO PODER NAS CARTAS DO APÓSTOLO PAULO

Paulo, mais do que qualquer outro escritor apostólico, torna *explícito* o que está *implícito* nos Evangelhos sobre a natureza e a universalidade do Pecado. Em Romanos, o apóstolo explica a maneira pela qual toda a humanidade não apenas caiu na escravidão do pecado, mas também colaborou com ela. Como já mencionado, ele se baseia na história da Queda em Gênesis, referindo-se a Adão como o primeiro homem representativo da humanidade e a Cristo como o homem final e determinante. Eis aqui uma parte dessa seção importantíssima de Romanos:

> Portanto, da mesma forma que o pecado entrou no mundo por um homem, e pelo pecado a morte, assim também a morte veio a todos os homens, porque todos pecaram. [...] Todavia, a morte reinou desde o tempo de Adão até o de Moisés, mesmo sobre aqueles que não cometeram pecado semelhante à transgressão de Adão, o qual era um tipo daquele que haveria de vir. [...] Se muitos morreram por causa da transgressão de um só, muito mais a graça de [...] um só homem, Jesus Cristo, transbordou para muitos! [...] Consequentemente, assim como uma só transgressão resultou na condenação de todos os homens, assim também um só ato de justiça resultou na justificação que traz vida a todos os homens. Logo, assim como por meio da desobediência de um só homem muitos foram feitos pecadores, assim também, por meio da obediência de um único homem, muitos serão feitos justos (Romanos 5:12-19).

Retornaremos a essa passagem-chave mais de uma vez, particularmente nos capítulos finais. No entanto, o ponto central é este: a Morte e o Pecado igualmente governam a condição humana, uma consequência do que John Milton memoravelmente chama de "primeira desobediência" de Adão.[51] Apenas pela "primeira obediência" do Filho de Deus essa situação pode ser corrigida. Adão "prefigurava aquele que havia de vir";[52] na história de Jesus Cristo, toda a história de "Adão" (a raça humana) é recontada da forma correta. Nessa *recapitulação*, os poderes do pecado e da morte são derrotados.[53]

Neste ponto, introduzimos explicitamente o ensino primário de Paulo, segundo o qual o Pecado é um Poder. É uma força maligna contra a qual os seres humanos não têm controle. Charles Cousar nos mostra como, em Romanos 3, Paulo consegue expor duas concepções de pecado ao mesmo tempo, embora a segunda predomine:

- Pecado é um *verbo*, algo que as pessoas fazem e no qual se envolvem (Romanos 3:23).
- Pecado é um *domínio* sob o qual a humanidade existe (Romanos 3:9).[54]

Essa é outra maneira de definirmos o duplo aspecto do pecado, apontado algumas páginas atrás, segundo Ricoeur. O *verbo* sugere a "culpa responsável

---

[51]Milton, *Paraíso perdido*, 1.1.
[52]Romanos 5:14, ARA.
[53]"Recapitulação" é uma palavra associada a Ireneu (segundo século d.C.). O tema da recapitulação será examinado no capítulo 12.
[54]Charles B. Cousar, *A theology of the cross: the death of Jesus in the Pauline letters*, Overtures to biblical theology (Minneapolis: Augsburg Fortress, 1990), p. 57.

pela qual a expiação deve ser feita", e a ideia de *domínio* sugere um "poder de outro mundo que deve ser superado". Em Romanos 1—3, o Pecado é tão inclusivo que "não há nenhum justo, nem um sequer"; portanto, não há nada neste mundo do qual devemos esperar libertação. Isso vai contra a natureza da concepção judaica de pessoas como justas e injustas, com a qual o fariseu Paulo havia crescido; também vai contra a nossa tendência comum de classificar pessoas em grupos de "más" e "boas". Paulo personifica o Pecado em seus escritos como um rei exercendo domínio; "o pecado adquiriu domínio", diz o apóstolo em Romanos 5:21.[55] Ele retrata o Pecado com suas armas favoritas e características, a Morte e a Lei (Romanos 7:10,11), avançando com força pelo mundo como um exército aniquilador: "O pecado entrou no mundo [...] e pelo pecado a morte, assim também a morte veio a todos os homens, porque todos pecaram" (Romanos 5:12). Assim, Pecado e Morte "têm o caráter de forças universais das quais ninguém escapa".[56]

Isso é pouco compreendido nas igrejas; às vezes, porém, fontes improváveis lançarão luz sobre o assunto. Uma leitora da revista *New York* escreveu uma carta cativante em resposta a um artigo sobre cirurgia estética: "Ao ler seu artigo de capa, comecei a me perguntar como seria nossa sociedade se corações bondosos e mentes fortes fossem respeitados, reverenciados e inspirassem admiração. Obsessão por beleza e magreza é um luxo que só os países ricos podem ter. Adoramos a mídia e os falsos ídolos que a mídia nos fornece, enquanto, em nossas cidades e em outras partes do mundo, pessoas passam fome. No entanto, nós somos os escravos. A vaidade é uma doença, e nós, os americanos, estamos infectados".[57]

A escritora da carta compreende instintivamente o que muitos membros de igrejas não sabem mais: que o pecado não diz respeito a ações perversas, nem mesmo a transgressões flagrantes, e sim a uma doença infecciosa.[58] O que ainda é mais relevante no contexto da exposição feita por Paulo: trata-se de um poder escravizador cujas garras se estendem a todos nós.[59] Repare a linguagem

---

[55] Texto baseado na tradução de Ernst Käsemann, *Commentary on Romans* (Grand Rapids: Eerdmans, 1980).

[56] Käsemann, *Commentary on Romans*, p. 149.

[57] *New York*, 5 de agosto de 1996. Desde que esse artigo foi escrito, nossa escravidão ao Botox e a outros procedimentos cosméticos aumentou exponencialmente.

[58] Isso pode ser facilmente relacionado ao conceito de pecado como impureza. Boa parte do livro de Levítico aborda o assunto da purificação. Não se trata de um tópico irrelevante, mas não será central aos propósitos deste livro, por desempenhar papel pequeno no Novo Testamento.

[59] William Stringfellow é particularmente bom em abordar o assunto. Stringfellow prefere falar de Morte a Pecado, mas o ponto é o mesmo: "Pecado não significa que os homens sejam maus, que tenham tendência

usada na carta: "adoramos", "falsos ídolos", "escravos". São categorias que Paulo reconheceria, quer a escritora estivesse ciente, quer não. De fato, os paralelos com Romanos 6:16-18 são impressionantes: "Não sabem que, quando vocês se oferecem a alguém para lhe obedecer como escravos (*douloi*), tornam-se escravos daquele a quem obedecem: escravos do pecado que leva à morte, ou da obediência que leva à justiça? Mas, graças a Deus, porque, embora vocês tenham sido escravos do pecado, passaram a obedecer de coração à forma de ensino que lhes foi transmitida. Vocês foram libertados do pecado e tornaram-se escravos da justiça".

Os americanos são *escravos* do marketing e das aparências, coisas que obedecemos ao investir nelas de forma literal e figurada (*adoração*). Isso leva à *morte* (enquanto os ricos buscam luxo, pessoas passam fome). Embora nos consideremos abençoados por termos uma variedade enorme de escolhas, não somos livres, e sim *escravos do pecado*. Com melancolia, a autora da carta deseja que "corações bondosos e mentes fortes" sejam reverenciados, mas ela sente que estamos presos a obsessões culturais. O Evangelho de Paulo nos diz que apenas o mover da justiça de Deus sobre o coração humano pode reorientá-lo à vontade divina e produzir a *obediência que leva à justiça* (uma sociedade na qual corações bondosos e mentes fortes são respeitados). Então, seremos *escravos da justiça*. Essa expressão um tanto alarmante é ilustrativa da convicção de Paulo de que, na linha citada por Bob Dylan, "você tem de servir a alguém". Viveremos sob um ou outro domínio, o domínio intermediário do Pecado ou o domínio definitivo de Cristo.[60]

Reposicionando o arrependimento

Referimo-nos anteriormente à distinção entre o judaísmo e o cristianismo ilustrada pela afirmação na liturgia do *Yom Kippur*: "O arrependimento

---

para a maldade ou que sejam orgulhosos e egoístas. Antes, o pecado é a possessão dos homens pelo poder da morte, e a escravidão e a servidão dos homens até a morte, a usurpação do ofício de Deus pela arrogância da morte" (*Count it all joy: reflections on faith, doubt, and temptation* [Grand Rapids: Eerdmans, 1967], p. 90-1). Em sua coletânea final de escritos, ao saber que estava morrendo, Christopher Hitchens, que famosa e extravagantemente divulgou seu ateísmo, refere-se continuamente à morte como "o alienígena" (*Mortality* [New York: Twelve, 2012], *passim*). O escritor, comentarista e personalidade televisiva Andrew A. (Andy) Rooney odiava a morte e suas depredações, e isso ficava claro em suas conversas. Nesse aspecto, ambos os ateus estavam mais próximos do Novo Testamento do que pensavam. Em 1Coríntios 15:26, Paulo se refere à morte como "o último inimigo" a ser vencido por Cristo.

[60]Nos escritos joaninos, as metáforas para os dois domínios são trevas e luz (João 11:9-10; 1João 1:5-7). Nunca podemos enfatizar o bastante que os dois domínios não são iguais, tanto em seu poder presente como em sua existência definitiva.

desviará o decreto severo".⁶¹ A psicanalista Dorothy Martyn escreve que o Pecado é "uma força poderosa que nos agarra *além da soberania da nossa vontade*", de modo que não se trata apenas de uma questão de "más ações" (muito menos "más escolhas", em nossa forma atual de falar).⁶² O Quarto Evangelho também compreende isso: "Jesus respondeu: 'Digo-lhes a verdade: Todo aquele que vive pecando é escravo do pecado'" (João 8:34).⁶³ Isso significa que *nem mesmo o arrependimento* pode vencer o pecado e nos restaurar a Deus. Observamos dois pontos:

1. *Existe, sim,* um decreto severo. Isso é análogo ao *ponderis peccatum* de Anselmo. Toda a tradição do Antigo Testamento atesta ao grande peso (*ponderis*) do pecado (*peccatum*) na vida humana, e as tentativas cristãs de moderá-lo ou minimizá-lo são anti-hebraicas.
2. Porém, em *segundo lugar* — e é neste ponto que o cristianismo realmente se difere do judaísmo rabínico —, o *arrependimento não é o suficiente*.⁶⁴ Algo precisa acontecer *primeiro* do lado de Deus para remediar a situação. Toda a esfera do poder deve ser invadida de fora, de outra esfera, em que Pecado e Morte não têm controle.

Sem dúvida, não é por acaso que Paulo, o fariseu, evita toda a conversa sobre arrependimento em suas cartas. O apóstolo se distancia de qualquer conceito de arrependimento precedendo ou sendo necessário para a anulação (ou "enfraquecimento", em algumas versões) do "decreto severo" de Deus.⁶⁵ Corro o risco de simplificar demais a questão, porém sugiro que, para Paulo, a sequência não é pecado-arrependimento-graça-perdão, e sim

---

⁶¹Estou em dívida com o dr. Dana Charry, filho de um rabino, por seus *insights* neste ponto. Ele me disse que não se teria convertido do judaísmo para o cristianismo se não tivesse detectado uma insuficiência na liturgia do *Yom Kippur*. Nosso diálogo ocorreu em Princeton, no outono de 1997.

⁶²Dorothy Martyn, "Compulsion and liberation: a theological view", *Union Seminary Quarterly Review* 36, n. 2-3 (inverno/primavera de 1981), p. 128, grifo na citação. Martyn elabora essa perspectiva bíblica em seu livro *Beyond deserving: children, parents, and responsibility revisited* (Grand Rapids: Eerdmans, 2007).

⁶³A história da cura do paralítico em Marcos 2:1-12, Mateus 9:1-8 e Lucas 5:17-26 estabelece dramaticamente a ideia de que a libertação da deficiência física é secundária à libertação do pecado.

⁶⁴O Antigo Testamento contém essa verdade em primeiro lugar na eleição incondicional e no chamado de Abraão, conforme visto por Paulo em Romanos 4:1-25.

⁶⁵Ellen Charry me acautelou sobre falar de judaísmo "rabínico" na época de Paulo. O judaísmo farisaico é um protorrabinismo, porém o livro de orações contendo a liturgia do *Yom Kippur* não existia nos dias de Paulo. Paulo rejeita a ideia de arrependimento como uma obra humana precedente, a qual está não apenas presente no judaísmo do Segundo Templo, mas também é sugerida em trechos de Lucas-Atos. Da perspectiva de Paulo, Lucas não foi tão cauteloso quanto poderia ter sido ao mostrar que o arrependimento é evocado pela justificação graciosa de Deus, e não o contrário.

graça-pecado-libertação-arrependimento-graça. A graça conduz a sequência do início ao fim.⁶⁶

A vitória do domínio de Deus (ou do reino de Deus, na terminologia dos Evangelhos) é inevitável. É isso que Paulo aborda ao dizer: "Pois sabemos que, tendo sido ressuscitado dos mortos, Cristo não pode morrer outra vez; *a morte não tem mais domínio sobre ele*. [...] Da mesma forma, considerem-se mortos para o pecado, mas vivos para Deus em Cristo Jesus" (Romanos 6:9-11). O acontecimento cruz-ressurreição marca uma reviravolta decisiva no *kosmos*. Não é o arrependimento que a possibilita; o próprio Deus trabalha em todas as coisas, mesmo em nosso arrependimento. Há uma "nova criação" (2Coríntios 5). A situação na qual nos encontrávamos foi radical e decisivamente revertida. Já estamos em uma nova situação, como o texto batismal deuteropaulino de Colossenses 1:13 afirma de um modo maravilhoso: "Ele nos resgatou do domínio das trevas e nos transportou para o Reino do seu Filho amado". Igualmente significativo, no entanto, é o aspecto "ainda não" dessa reversão, pois aguardamos a redenção do *kosmos* que ainda está por vir, quando, então, "a própria natureza caída será libertada da escravidão da decadência em que se encontra, recebendo a gloriosa liberdade dos filhos de Deus" (Romanos 8:21).

Essa breve análise do material bíblico tem o objetivo de esclarecer a amplitude e a profundidade do testemunho do Novo Testamento em relação à morte de Jesus *pelo pecado*. "O Cordeiro de Deus, que tira o pecado do mundo" entregou-se com o fim de nos libertar de todo espectro de falhas individuais e de maldades sistêmicas.

Não só más obras e más escolhas

Douglas John Hall escreveu sobre a gravidade do pecado. Hall começa citando o profeta Isaías, que diz que até mesmo as obras de *justiça* — sem contar nossas obras de injustiça — são como "trapo imundo" (Isaías 64:6).⁶⁷ Hall prossegue:

---

⁶⁶Em apenas uma de duas menções sobre arrependimento em todas as suas cartas, Paulo é explícito sobre a origem do arrependimento: "Ou será que você despreza as riquezas da sua bondade, tolerância e paciência, não reconhecendo que a bondade de Deus o leva ao arrependimento?" (Romanos 2:4). A única outra menção é no contexto altamente pessoal e atípico da atitude antagonista dos coríntios para com o próprio Paulo (2Coríntios 7:10). A ausência de outras menções ao arrependimento é digna de nota, em vista da formação de Paulo no judaísmo farisaico, o que não pode ser algo acidental.

⁶⁷A tradução do texto hebraico sempre foi um desafio. Orígenes e o sírio Sahdona de Halmon se aproximam do hebraico ao se referirem a um "trapo menstrual" (cit. Robert L. Wilken, *Isaiah: interpreted by early Christian and Medieval commentators*, Church's Bible Series [Grand Rapids: Eerdmans, 2007], p. 505-6). Traduções mais eufemísticas oferecem "trapos da imundícia" (ARC) e "trapos sujos" (NTLH). Seja qual for a tradução, a imagem é extrema.

Até mesmo a associação do pecado com as supostas "maiores" realizações e sucessos da humanidade, e com o que os indivíduos tendem a considerar seus melhores e mais honrados feitos — até mesmo essa associação, embora tão antiga quanto os profetas de Israel, parece difícil de ser apreendida por nossos contemporâneos. Quando se trata dessa categoria profunda de fé bíblica, a maioria de nós parece avançar pouco além do estado mental do personagem fictício de Anselmo, Boso, em *Cur Deus homo?*, o qual, evidentemente, era incapaz de ir além da ideia de que pecados são más ações, propondo que uma mera declaração de perdão por parte da divindade poderia remediar a situação. Em resposta, Anselmo profere o que pode ser o *insight* mais penetrante já declarado [a respeito da doutrina do pecado]: "Você ainda não considerou a gravidade (*ponderis*) do pecado".[68]

De fato, essa "profunda categoria de fé bíblica" é amplamente mal compreendida. Pensamos que pecados são "más ações". Certa vez, a revista *People* realizou, entre seus leitores, uma pesquisa sobre o tema do pecado, uma pesquisa em parte séria, em parte irônica. Os resultados foram publicados em um "Índice de Pecados", com cada pecado avaliado segundo um coeficiente específico. O resultado foi tanto divertido como instrutivo. Assassinato, estupro, incesto, abuso infantil e espionagem contra o próprio país foram avaliados como os piores pecados, em ordem ascendente; já fumo, xingamento, masturbação e pirataria ficaram no fim da lista. Estacionar em uma vaga para deficientes recebeu uma classificação surpreendentemente elevada, enquanto solteiros que moram juntos se safaram sem muitos problemas. Passar na frente de alguém em uma fila foi considerado pior do que divórcio ou pena de morte. Como já era de esperar, o pecado coletivo não foi sequer mencionado, embora esteja no topo da lista dos profetas hebreus. Muito reveladora para nossos propósitos aqui é a conclusão da pesquisa: "Em geral, os leitores disseram que cometem cerca de 4,64 pecados por mês".[69] Podemos rir dessa pesquisa, mas está claro que nosso senso de pecado como ações específicas é profundamente arraigado. Houve um tempo em que havia oportunidades litúrgicas e disciplinares para corrigir essa perspectiva equivocada; contudo, elas foram amplamente eliminadas. Por exemplo, os episcopais costumavam dizer: "Não há bem algum em nós", durante a Confissão Geral. Questões

---

[68]Douglas John Hall, *God and human suffering: an exercise in the theology of the cross* (Minneapolis: Augsburg, 1989), p. 78.
[69]*People*, 10 de fevereiro de 1986.

levantadas por esse segmento de frase abriram o caminho para a igreja ensinar que o pecado não é uma transgressão individual, mas uma doença universal. Conforme expresso por Dorothy Sayers, é "um deslocamento profundo no cerne da personalidade humana".[70] W. H. Auden chamou isso de "o erro que nasce nos ossos".[71]

Poetas e romancistas costumam compreender o que passa despercebido a frequentadores de igrejas. "O salário da vida é o pecado", conforme a poetisa Rita Dove escreveu, parafraseando Paulo: "O salário do pecado é a morte" (Romanos 6:23).[72] Particularmente apta é a percepção de Haze Motes no romance *Wise blood* [Sangue sábio], de Flannery O'Connor. Haze é abordado por um cego enlouquecido que o convoca a se arrepender de seus pecados. Ele é convidado a renunciar a todos pelo nome, começando por fornicação e blasfêmia: "Não são nada além de palavras", protesta Haze. "*Se eu estava em pecado, estava em pecado antes mesmo de ter cometido qualquer um*" (grifo na citação).

Nos últimos três parágrafos, afastamo-nos um pouco de nosso tema principal (Pecado como Poder) para mostrar que o pecado também pode ser compreendido como um "profundo deslocamento interior".[73] Todas essas formas metafóricas de dizer que estamos "em pecado" são úteis por contradizer a noção de pecado como más ações individuais. Paulo está ciente dessas várias definições de pecado. Ao explicar, por exemplo, que "a morte veio a todos os homens, porque todos pecaram" (Romanos 5:12), o apóstolo sugere a ideia de contágio

---

[70]Dorothy L. Sayers, *Letters to a diminished church: passionate arguments for the relevance of Christian doctrine* (Nashville: Nelson, W Publishing Group, 2004), p. 59. Nessa coletânea divertida, mas muito séria, Sayers cria uma lista de "pecados" (p. 18) semelhante à da revista *People*.

[71]Auden, "September 1939" [Setembro de 1939].

[72]Rita Dove, "Black on a Saturday Night", em *On the bus with Rosa Parks: poems* (New York: Norton, 1999). É triste que um grande estudo da obra de Dove nem se preocupe em identificar a citação de Romanos (Therese Steffen em *Crossing color* [New York: Oxford University Press, 2001], p. 148-9). O poema tornou-se música nas mãos de John Williams.

[73]Não falarei muito neste livro sobre o tema de contaminação, infecção ou impureza. Tais preocupações estão relacionadas aos rituais de purificação, que desempenhavam papel relevante na adoração de Israel (Números 8:21; 19:12; Levítico 15 etc.). A purificação da impureza ritual desempenha um papel pequeno no Novo Testamento, exceto como um contraste ao ensino de Jesus, o qual, em seu conflito com os fariseus, ensinou que "o que entra pela boca não torna o homem 'impuro', mas o que sai da sua boca, isto o torna 'impuro'" (Mateus 15:11) e não hesitou em tocar em leprosos (Mateus 8:3). De modo semelhante, Pedro diz: "Não chame impuro o que Deus purificou" (Atos 10:15). Em seu estudo abrangente sobre o que deu errado na criação, Paul Ricoeur considera o tema da contaminação em meio ao quadro bíblico. Sua análise da contaminação ou da impureza é, de certa forma, congruente com o conceito de Pecado como Poder (as iniciais maiúsculas são minhas); ele escreve que uma "concepção mais arcaica de falha é a noção de contaminação [...] [uma] mancha ou defeito que infecta *de fora para dentro*". Repare na expressão "de fora para dentro", que corrobora a noção de que um Inimigo opera como um contaminador, muito além da esfera da força de vontade humana. Ricoeur, *The symbolism of evil*, p. 8 (grifo na citação), p. 12, 50.

e a ideia de conquista por um Poder.[74] Seguindo essa linha, Pecado não é uma coisa que nós *cometemos*; é algo *no qual* nós, como afirma Haze Motes, *estamos*. No entanto, a preocupação primordial de Paulo é mostrar que o pecado é um poder que mantém escravizada nossa vida. O pecado, teologicamente falando, é análogo aos impulsos e às orientações que modelam nossa personalidade de forma prejudicial, tornando-nos perfeccionistas, procrastinadores, enganadores, abusadores, viciados, golpistas, intimidadores, fanáticos, adúlteros e todas as outras manifestações que afligem o ser humano a partir de fontes que fogem ao nosso controle. Não compreendemos o Pecado da perspectiva das ações específicas e discretas, cometidas voluntariamente, e sim como compulsões sobre as quais temos pouco ou nenhum controle. Claro que isso não é a mesma coisa que definir tudo como neurose para ser um pretexto para o Pecado. Por ora, deve estar aparente que a última coisa que recomendamos é qualquer rebaixamento eufemístico do status do Pecado. O que queremos enfatizar é o *poder do Pecado de escravizar*.

Sentimentalismo: sacrifício de tolos

Mesmo com o embrutecimento conspícuo de nossa vida pública e o medo cada vez maior que temos dos perigos que nos obrigam a trancar portas, obter alarmes contra roubo e manter nossos filhos fora das ruas, nós, os americanos, ainda somos um povo sentimental. Flannery O'Connor define o sentimentalismo como uma "distorção [...] na direção de uma ênfase exagerada na inocência". Após discutir a queda de Adão e Eva, a autora escreve: "O sentimentalismo é uma omissão desse processo [de queda e redenção] em sua realidade concreta e uma conclusão precoce de um falso estado de inocência".[75] Essa "conclusão precoce" é a chave para a compreensão do sentimentalismo. Trata-se da forma preguiçosa de alguém receber dados sobre a vida, sem nenhuma luta. Aparentemente, é muito importante para nós acreditarmos na inocência. Tal crença é um estratagema para mantermos afastadas as verdades desagradáveis; é uma forma de negação.

À luz dessas tendências, é bom lembrar como a Bíblia é totalmente intocada por manipulações sentimentais de qualquer tipo; isso foi universalmente

---

[74] O velho e sábio pregador de *Gilead* [Gileade], de Marilynne Robinson, reflete com frequência sobre a universalidade do reinado do Pecado. Ele não gosta da palavra "transgressão". O pregador pondera: "Nunca há apenas uma transgressão. Há uma ferida na carne da vida humana que cicatriza após a cura, e muitas vezes parece nunca cicatrizar" (*Gilead* [New York: Farrar, Straus and Giroux, Picador, 2004], p. 122, grifo na citação).

[75] O'Connor, "The church and the fiction writer", extraído de *Mystery and manners* (New York: Farrar, Straus and Giroux, 1969).

reconhecido por um amplo espectro de críticos descrentes que a leem como literatura. Começando pelo assassinato de Abel por Caim, seu irmão, temos um quadro completo da falta de inocência humana. Na escola dominical, vimos tantas imagens em revistas bíblicas de crianças zelosas em trajes orientais que nos esquecemos como as Escrituras são absolutamente imperturbáveis a respeito da natureza humana. Longe de ser uma coletânea de histórias inspiradoras, o Antigo Testamento está repleto de contos "não recomendados para menores", nada edificantes, de todos os tipos concebíveis de crime e vilania, muitos deles cometidos por homens e mulheres escolhidos pelo próprio Deus.

Há alguns anos, o escritor israelense Avishai Margalit criticou severamente seu país pelo que considerava sentimentalismo. Ele o define da seguinte maneira: "O sentimentalismo distorce a realidade ao transformar o objeto (ou acontecimento) representado em um objeto de completa inocência". Está intimamente ligado à justiça própria, acredita ele; é "acompanhado de cegueira total sobre os próprios defeitos de alguém".[76] A ideia é esta: se alguém consegue crer na inocência, basta apenas um passo para *acreditar em sua inocência*.[77] Qualquer um que acredite em sua inocência oferece "sacrifício sem saber que [está] agindo mal" (Eclesiastes 5:1). Quem acredita na inocência se faz imune à mensagem bíblica sobre o pecado. Trata-se de um fenômeno estranho sobre nós. Quanto mais cínica e irredutível se torna nossa cultura em um sentido superficial, mais sentimentalismo parece emanar; quanto mais crus são o sexo e a violência na televisão e no cinema, maior a demanda, ao que parece, por um *kitsch* nostálgico, encorajando a pretensão de que podemos escapar para um mundo de Norman Rockwell, um mundo que nunca existiu.

Em alguns aspectos, porém, está ficando cada vez mais difícil fechar os olhos para a realidade. Agora estamos começando a ver com mais clareza que pessoas que estupram e assassinam parecem pertencer a um grupo cada vez mais jovem; que nenhuma escola, ou igreja, parece estar protegida de tiros; que a Internet aumentou, de forma significativa, nossa capacidade de compartilhar informações letais. Muitos ministros foram presos por abuso sexual infantil,

---

[76]Avishai Margalit, "The kitsch of Israel", *New York Review of Books*, 24 de novembro de 1988.

[77]Durante o movimento para os direitos civis, Will Campbell escreveu: "Não havia inocentes [no movimento pelos direitos civis]. Todos eram culpados, todos eram pecadores e necessitavam desesperadamente da mensagem de juízo e redenção [...]. Os novos e dramáticos movimentos de protesto [...] [também] devem ouvir o evangelho do Senhor que queima e cura [...]. Entramos na ação social cristã do ponto de partida errado [o autor se refere ao sofrimento das vítimas, que não é diferente da visão secular da ação social] e com uma compreensão superficial da profundidade do envolvimento da humanidade no pecado" (*Race and the renewal of the church* [Philadelphia: Westminster, 1962], p. 48).

muitos professores foram flagrados abusando sexualmente de alunos, muitos cidadãos supostamente íntegros fizeram uso de pornografia infantil. Há algo doentio na natureza humana, e esse algo corresponde precisamente aos aspectos doentios da crucificação. A hediondez da crucificação nos chama a abandonar o sentimentalismo e a enfrentar a feiura que jaz logo abaixo da superfície. O escândalo, o ultraje da cruz, é compatível com a ofensa e a universalidade do pecado. Perspectivas da expiação realizada por Cristo que não reconhecem a gravidade do pecado são falsas em dois aspectos: são falsas em relação à condição humana e falsas acerca do testemunho da Escritura Sagrada, tanto em relação ao Antigo como ao Novo Testamento. O pecado é o "fator x" colossal da vida humana. Não é algo que fazemos, mas algo que nos é feito por nosso inimigo mortal: o Poder estranho e de outro mundo que nos atrai para nos tornarmos seus agentes. Não há espaço para sentimentalismo; há muita coisa em jogo. A cruz se eleva sobre toda a vida humana por ser o cenário da batalha culminante de Deus contra o poder de um Inimigo maligno e implacável.

"A NOÇÃO DESCARTADA DA DEPRAVAÇÃO INERENTE DO SER HUMANO"

O cristianismo americano otimista resiste à noção de que a raça humana, abandonada à própria sorte, se autodestruirá. Embora o espírito americano positivo tenha sofrido alguns golpes duros no século 21, e embora o futuro de nossa nação não seja tão brilhante quanto antes, nossa política continua a exibir uma justiça própria que se associa bem à justiça própria religiosa tanto da esquerda como da direita. Há pouco do sentido trágico que Abraham Lincoln levou ao seu ofício e incorporou tão bem em sua liderança.[78] Compreender o pecado exige que reconheçamos seu poder alojado em nós mesmos. O romancista William Golding escreveu sobre esses assuntos com a mesma eficácia que qualquer outro autor. O desfecho de *Senhor das Moscas* vem na forma de um oráculo proferido por uma cabeça de porco abatida: "Até parece que o Monstro seria uma coisa que vocês podiam caçar e matar! [...] Você sabe, não é? Que sou parte de vocês?".[79] Após o ponto culminante, no qual feitos terríveis são

---

[78] O Segundo Discurso Inaugural demonstra isso da forma mais clara, porém Lincoln o exibe em muitas de suas cartas.

[79] Em um trecho reconhecidamente mais leve, o imortal Pogo observa: "Sim, filho, encontramos o inimigo, e ele somos nós". História em quadrinhos de Walt Kelly. Para uma apreciação da história em quadrinhos de Pogo, cf. Brad Leithauser, "Lyrics in the swamp", *New York Review of Books*, 25 de abril de 2002.

praticados pelos meninos abandonados e "inocentes", a narrativa acaba com uma observação explícita das "trevas do coração humano".[80] Em comentários feitos posteriormente sobre sua conclusão devastadora, Golding observa que a equipe naval dos adultos que resgatam as crianças parece decente e digna, mas logo estará em sua missão de caçar homens. "E quem", indaga Golding em seu pós-escrito, "resgatará o adulto e seu navio?".

O romancista Harry Crews escreve sobre a comunidade caída em suas memórias. Desesperadamente pobre e privado no condado rural de Bacon, Geórgia, ele e Willalee, seu amigo negro, sonhavam acordados com as modelos do catálogo da Sears como uma forma de escape. "Quase todo mundo que eu conhecia tinha algo faltando: um dedo cortado, um dedão do pé partido, uma orelha um pouco mastigada, um olho turvo de cegueira por causa de um grampo de cerca [...] mas as pessoas do catálogo pareciam não sofrer tanto. Elas não apenas estavam inteiras, mas também [...] eram lindas". Bem cedo, porém, Crews sabia que as fotos estavam mentindo: "Debaixo daquelas roupas elegantes, devia haver cicatrizes, devia haver inchaços e infecções de um tipo ou de outro, *pois não há outra maneira de viver neste mundo*. E [...] eu tinha concluído que todas as pessoas no catálogo estavam, de alguma forma, interligadas — não necessariamente por algum tipo de parentesco, mas por se conhecerem; por isso, devia haver entre elas ressentimentos, problemas intermitentes, violência e ódio, mas também amor".[81]

Essa é uma boa descrição da condição humana sob o poder do Pecado. *Não há outra maneira de viver neste mundo.*

O magnata escocês-americano Andrew Carnegie (1835-1919), um homem implacavelmente otimista, escreveu, em suas memórias, sobre um ponto em seu desenvolvimento que considerou crucial:

> Quando [eu me encontrava] em um estado de dúvida sobre a teologia, mesmo sobre o elemento do sobrenatural — e, de fato, todo o esquema de salvação por meio da expiação vicária e toda a estrutura construída em torno dela —, cheguei, felizmente, aos trabalhos de Darwin e Spencer, "The data of ethics" [Os dados da ética], "First principles" [Primeiros princípios], "The descent of man" [A origem do homem]. Ao chegar às páginas que explicam como o homem

---

[80] O que significa que este livro foi atribuído a alunos americanos do ensino médio desde a sua primeira publicação, em 1955, que estamos mais sentimentais do que nunca?

[81] Harry Crews, *Childhood: the biography of a place* (Athens: University of Georgia Press, 1995), p. 58, grifo na citação.

absorveu alimentos mentais que lhe eram favoráveis, retendo o que lhe era salutar e rejeitando o que lhe era deletério, lembro que a luz veio como uma inundação e tudo ficou claro. Não apenas me livrei da teologia e do sobrenatural, mas também descobri a verdade da evolução: "Está tudo bem porque tudo melhora", esse passou a ser meu lema, minha verdadeira fonte de consolo. O homem não foi criado com o instinto de sua degradação, mas, de um estado inferior, ascendeu às formas superiores. Tampouco há um fim concebível para sua marcha rumo à perfeição.

Hoje, alguém pode levar a sério o que Carnegie escreveu? Mas essa não é sua última palavra, ao que parece. O último parágrafo de sua autobiografia, que nunca foi concluída, traz, em parte, o seguinte:

> Ao ler isso [o que ele escreveu anteriormente] hoje, quanta mudança! O mundo se convulsionou com a guerra, como nunca! Homens matando uns aos outros como animais selvagens! Não ouso renunciar à esperança.

O manuscrito é interrompido de forma abrupta.[82]

Os horrores da Grande Guerra, que abalaram os alicerces do otimismo de Carnegie, foram, desde então, esquecidos, pois o Holocausto e os genocídios do fim do século 20 passaram a dominar nossas atenções.[83] Entretanto, muitas pessoas continuam iludidas quanto ao potencial humano, apesar de tantas evidências contrárias. Nenhum ser humano se provou capaz de quebrar o domínio do Pecado e da Morte sobre a humanidade. Apenas Deus pode fazer isso. A evidência da ação de Deus, porém, está amplamente escondida de nós. A esperança cristã nos é conhecida *apenas em forma de promessa*; não há como provar empiricamente que a promessa de Deus é confiável.[84] Só pode

---

[82]Trechos das memórias de Carnegie citados em "The talk of the town", *New Yorker*, 22 de novembro de 1982.

[83]De modo notável, no entanto, o centésimo aniversário do início da Primeira Guerra Mundial, em 2014, gerou um número significativo de artigos e ensaios que citaram a guerra como um ponto de flexão colossal na civilização ocidental e em sua perspectiva de si mesma (um exemplo particularmente bom é o artigo de A. O Scott: "A war to end all innocence: the enduring impact of World War I", *New York Times*, 20 de junho de 2014).

[84]Sou grata pelos diálogos que tive com David Tracy. Citando Simone Weil e Walter Benjamin, Tracy sugere que a existência alarmante do mal, em suas palavras, "destrói" o otimismo e abre caminho para a esperança. Ele é mais atraído por "sugestões e suposições" — (T. S. Eliot: "a sugestão meio adivinhada, o dom meio compreendido") — do que pela apologética baseada em tentativas racionais de persuasão. "Em termos teológicos cristãos, isso pode ser lido como uma preferência pelo evangelho apocalíptico fragmentário e descontínuo de Marcos, expresso em fragmentos de memórias de sofrimento em oposição à perspectiva apresentada por

ser apreendida pela fé. Portanto, é uma traição contra o evangelho sucumbir ao sentimentalismo — o "sacrifício de tolos" —, como se a obra salvadora de Deus se manifestasse de maneira pura e imaculada por seres humanos "inocentes". Os acontecimentos mostram que o progresso humano é uma ilusão e que vivemos à beira do precipício o tempo todo. Os ataques terroristas do 11 de Setembro, particularmente o atentado à bomba na Maratona de Boston, em 2013, abalaram nossa tendência americana de nos considerarmos relativamente imunes a convulsões que acontecem em outros lugares.

Carnegie estava certo sobre uma coisa: "O homem não foi *criado* com o instinto de sua degradação". Pelo contrário: a humanidade foi criada à imagem de Deus e declarada como boa (Gênesis 1:31). De modo catastrófico, contudo, a imagem de Deus foi fraturada na natureza humana por causa da "desobediência de Adão", e o resultado foi a escravidão dos impulsos humanos, descritos de forma assustadora em Gênesis 4—11. A história de Adão e Cristo, como o apóstolo Paulo recupera e reelabora em Romanos 5, é de importância central para a compreensão plena da obra de Cristo na cruz, de modo que retornaremos a essa passagem muitas vezes. Na verdade, em muitos aspectos, essa será a pedra angular deste livro.

"Trevas irredimíveis" e o preço da expiação

Na introdução, perguntamos: em que tipo de situação nos encontramos a ponto de exigir a crucificação do Filho de Deus? A grandeza do que Deus fez em Cristo na cruz exige grandeza correspondente de interpretação. A morte degradante do Filho de Deus exige uma explicação mais do que comum. Já nos referimos duas vezes às advertências ao aviso estrondoso de Anselmo a Boso, um aviso ainda mais impressionante em latim: *Nondum considerasti quanti ponderis peccatum sit* (Você ainda não considerou a gravidade do pecado!).

Stephen Westerholm escreve em relação à crucificação: "Um remédio catastrófico só pode ter surgido de um dilema catastrófico".[85] A crucificação de Jesus é de tamanha magnitude que deve suscitar um conceito de pecado grande o suficiente para corresponder a ela. Em Levítico, as instruções dadas

---

Lucas/Atos da história como uma narrativa essencialmente estruturada, contínua e realista". Eu mesma colocaria essa posição em termos mais *teo*cêntricos, mas as percepções de Tracy sobre Marcos e Lucas/Atos, e sua afinidade com o universo apocalíptico, são impressionantes. (Extraído de minhas notas a partir dos diálogos que tive com David Tracy em Princeton, 1998.)

[85]Stephen Westerholm, "Righteousness, cosmic and microcosmic", in: Beverly R. Gaventa, org., *Apocalyptic Paul: cosmos and anthropos in Romans 5—8* (Waco: Baylor University Press, 2013), p. 33.

para fazer oferta pelo pecado e pela culpa indicam que um *valor* é atribuído às ofertas (Levítico 5:14—6:7). É apenas implícito, mas há uma sugestão de que deveria existir algum tipo de equivalência entre o valor da oferta e a magnitude da ofensa. Olhando para Jesus na cruz, vemos seu abandono e sua degradação — vemos a gravidade correspondente, o fardo do pecado. Esse conjunto de ideias está relacionado à concepção de crucificação como *satisfação*. Sem forçar demais a sugestão de Levítico, o livro sugere correspondência entre o valor do sacrifício e o peso da culpa ou do pecado. Se transferirmos essa noção de valor para a cruz, observando sua extrema desumanização e humilhação, concluiremos que a gravidade do pecado foi tal que nenhuma correspondência no céu ou na terra era suficientemente pesada, exceto a oferta voluntária do Filho de Deus — não pela lâmina rápida da guilhotina, mas sujeitando-se à humilhação da crucificação.

O editor da revista *New Yorker*, David Remnick, escreveu o seguinte sobre os romances de Aharon Appelfeld: "Em todos os livros de Appelfeld, o assunto é invariavelmente a queda apocalíptica da inocência que o Holocausto representa, tanto para o povo judeu como para a humanidade — o senso de relativa inocência anterior ao acontecimento e a terrível e *irredimível* escuridão após sua conflagração".[86] Essa é a conclusão de David Remnick, não diferente da de Anselmo, em relação à situação humana: ela é "irredimível". Nas palavras do hino: "Ainda assim, meu pecado não seria expiado".

O conceito de mal irredimível aparece em lugares que jamais imaginaríamos. Eis um trecho de *The autobiography of Malcolm X* [A autobiografia de Malcolm X]:

> Acredito que Deus esteja dando à chamada sociedade branca "cristã" do mundo a última oportunidade de se arrepender e expiar os crimes de exploração e escravidão dos povos não brancos do mundo. [...] A população branca dos Estados Unidos tem a capacidade de se arrepender — e de fazer expiação?
>
> Muitos homens negros, as vítimas — na verdade, a maioria dos homens negros —, gostariam de poder perdoar, de esquecer os crimes. Mas a maioria dos americanos brancos parece não ter condições de fazer uma expiação séria [...]. Na verdade, como a sociedade branca *pode* expiar a escravidão, o estupro, a desumanização e a brutalização de milhões de seres humanos durante muitos séculos? Que expiação o Deus da Justiça exigiria pelo roubo do trabalho de

---

[86]David Remnick, em "Book currents", *New Yorker*, 22-29 de junho de 1998.

negros, de sua vida, de suas verdadeiras identidades, de sua cultura, de sua história — até mesmo de sua dignidade humana? Uma xícara de café sem segregação, um teatro, banheiros públicos — toda essa gama de "integração" hipócrita? Nada disso é expiação.[87]

Tem havido certa tendência nas igrejas tradicionais de se afastar do conceito de expiação, porém Malcolm simplesmente parte do pressuposto de sua necessidade e emprega a palavra sem remorso, como se tivesse um significado claro. De modo mais especial, devemos observar sua sugestão de que a expiação *não é possível*: "Como a sociedade branca *pode* expiar?", "Que expiação o Deus da Justiça exigiria?". Seu uso da palavra "expiação" destaca tanto a gravidade da ofensa como a impossibilidade de qualquer tentativa humana de retificação.

Esse testemunho acumulado deve sugerir para nós que nada menos que uma transformação que revolucionará o mundo será suficiente para reverter os efeitos do Pecado.[88]

Resumo e conclusão: o reinado do Pecado e da Morte

O pecado não pode ser vencido por determinação humana, pela capacidade humana ou por uma resolução moral humana. Tal sugestão é falsa e enganosa, e não condiz com a natureza humana, pois é uma forma de pensarmos no Pecado como atos individuais evitáveis ou falhas de ação. O Pecado e sua comparsa, a Morte, governam o *kosmos* como Poderes semiautônomos — apesar de não ser assim que os americanos normalmente pensam. Acreditamos poder resistir ao Pecado (sem chamá-lo por esse nome, claro!) "se fizermos boas escolhas" e mantivermos a morte ao longe, simplesmente não pensando nela ou tentando domesticá-la. A história bíblica nos posiciona de forma correta em uma cosmovisão completamente diferente.

Nenhum romancista do nosso tempo retratou essa cosmovisão com mais autoridade do que Cormac McCarthy. Em *The crossing* [A travessia], deparamos

---

[87]Alex Haley and Malcolm X, *The autobiography of Malcolm X* (New York: Grove Press, 1965), p. 376. Nunca saberemos quanto custou aos Estados Unidos a perda de Malcolm X. O trecho citado é um exemplo de sua retórica anticristã, mas, embutido nele, encontramos a sugestão de que o perdão é possível e até mesmo desejável.

[88]Paul Minear explora o tema em seu livro *The Golgotha earthquake: three witnesses* (Cleveland: Pilgrim Press, 1995). Cf. espec. p. 89, 122-5.

com um de seus sábios enigmáticos: "O velho [disse que] o lobo [...] sabe o que os homens desconhecem: *que não há ordem no mundo, salvo aquela que foi posta pela morte*".[89] A maioria dos romances de McCarthy apresenta essa imagem da Morte como um Poder que percorre o mundo inteiro, reivindicando suas vítimas por meio da violência. Em sua obra-prima, *Blood meridian* [Meridiano de sangue], McCarthy ilustra o relato feito por Paulo da natureza criada sob a "escravidão da decadência", gemendo "como em dores de parto" (Romanos 8:21,22). O autor descreve a paisagem hostil através da qual cavalgam invasores assassinos, na qual até mesmo sua implacável poeira soprada, "o próprio sedimento das coisas", é energizada pela Morte: "Como se, no trânsito daqueles cavaleiros, houvesse uma coisa tão profundamente terrível a ponto de registrar até mesmo a mais extrema granulação da realidade". Logo em seguida, McCarthy faz menção à crucificação nesse universo de terror: "Em uma elevação, no extremo oeste da *playa*, passaram por uma cruz de madeira rústica, onde maricopas haviam crucificado um apache [...]. Seguiram em frente".[90] A justaposição de horror inexplicável e imagem cruciforme é claramente intencional, e a passagem dos cavaleiros evoca a figura bíblica: "Vocês não se comovem, vocês que passam por aqui?" (Lamentações 1:12).[91]

McCarthy menciona a Morte em lugar do Pecado, porém nunca podemos enfatizar o bastante que, desde Adão, os dois Poderes caminham de mãos dadas. Romanos 7 o estabelece e, nos versículos 23 e 24, Paulo associa explicitamente "a lei do pecado" ao "corpo sujeito a essa morte". Assim, a gangue assassina

---

[89]Cormac McCarthy, *The border trilogy: the crossing* (New York: Knopf, Everyman's Library, 1999), p. 45, grifo na citação.

[90]Cormac McCarthy, *Blood meridian* (New York: Vintage International, 1992), p. 247. O refrão repetido de McCarthy, "e seguiam em frente", dá a impressão de um destino inelutável, como se o "trajeto profundamente terrível daqueles cavaleiros" fosse uma marcha forçada, conduzida pela própria Morte — o que, de fato, era. (McCarthy construiu sua obra-prima como uma expansão sinfônica e uma meditação prolongada sobre a carreira histórica da gangue de Glanton, cujas práticas de escalpe deram notoriedade ao bando. O grupo atuou na fronteira com o México [1849-1850]).

[91]O texto do livro de Lamentações continua, em palavras associadas à crucificação de Cristo:

> Olhem ao redor e vejam
> se há sofrimento maior do que
>   o que me foi imposto,
> e que o Senhor trouxe sobre mim
> no dia em que se acendeu a sua ira.
> Do alto ele fez cair fogo
>   sobre os meus ossos.
> Armou uma rede para os meus pés (Lamentações 1:12,13).

A ligação entre o juízo de Deus e a cruz é de longa data, conforme já discutimos, embora devamos sempre compreendê-la à luz de uma perspectiva trinitária (não levando a imagem a ponto de separar o Pai do Filho de qualquer maneira essencial).

de *Blood meridian* "cavalgava como homens investidos de um propósito cujas origens os precediam, como legatários de sangue de uma ordem imperativa e remota".⁹² Seu tenebroso personagem central, o juiz Holden, pergunta:

> "O que acha que é a morte, homem? [...] O que é a morte senão um agente?" Holden aponta para um homem na cantina para servir de exemplo: "Aquele sujeito ali. Olhe para ele, para o homem sem chapéu. [...] Pode ele afirmar, um homem como esse, que não existe nada de maligno voltado contra si — nenhum poder, nenhuma força, nenhuma causa? Que tipo de herege poderia duvidar tanto do agente como do poder que o reivindica? [...] A quem ele dirige suas palavras, homem? Consegue vê-lo?".⁹³

Dessa maneira, McCarthy constrói uma imagem abrangente da Morte como um *agente* aniquilador, capaz de comandar *agentes* humanos para fazerem seu trabalho (o juiz é um personagem arquetípico e arrepiante de tal agente). Se é difícil nos imaginarmos como agentes do Pecado e da Morte na escala do juiz retratado por McCarthy, temos de desenvolver nossas antenas bíblicas para que possamos enxergar como as agências do Pecado e da Morte infectam estruturas inteiras, as quais se transformam em Poderes malignos próprios — algo que talvez nos seja mais compreensível em termos concretos, como o famoso alerta de Dwight D. Eisenhower sobre um "complexo militar-industrial". Isso foi ilustrado em nossa época pela interconexão perniciosa do Pentágono com a empresa Blackwater de empreiteiros independentes durante a Guerra do Iraque.⁹⁴ Não há escapatória, humanamente falando, da orbe hermeticamente selada desses poderes. Só podemos esperar a libertação de outra esfera de poder. "Até quando, Senhor?"⁹⁵

Apesar de tudo, este capítulo sobre o Pecado termina da mesma forma que começou, com uma nota de alegria. A graça de Deus se manifesta de modo insuspeito, invadindo a esfera circunscrita que criamos inutilmente para nos exonerar. O conhecimento de que estamos aprisionados pelo Pecado não é *condição prévia* para a restauração. Tal conhecimento *surge a partir de* — e é, portanto, é *superado por* — boas-novas de redenção e libertação. Nessa alegre

---

⁹²McCarthy, *Blood meridian*, p. 152.
⁹³McCarthy, *Blood meridian*, p. 329-30.
⁹⁴A Blackwater operava no âmbito de uma cultura de impunidade, a qual sempre desencadeia o pior da natureza humana.
⁹⁵O clamor de angústia é encontrado em diversas passagens. Por exemplo: Salmos 13:1; 35:17; 79:5; 94:3; Isaías 6:11; Jeremias 12:4; Habacuque 1:2; Apocalipse 6:10.

convicção de uma nova vida, o povo de Deus se ajoelha para reconhecer sua necessidade de libertação do Pecado, *uma libertação que ele já recebeu*.

Assim, terminamos este capítulo com a mesma nota que começamos. A graça de Deus *prepara o caminho* para a confissão do pecado, *está presente* na confissão e, antes mesmo de a confissão ser feita, já trabalha a restauração da qual a confissão *não é a causa, e sim o sinal*.

SEGUNDA PARTE

TEMAS BÍBLICOS

INTRODUÇÃO À SEGUNDA PARTE

TEMAS DA CRUCIFICAÇÃO

Faz sentido pregá-lo?

Após estabelecermos os fundamentos na primeira parte, analisaremos, na segunda parte, grandes imagens e temas empregados nas Escrituras, para que, assim, possamos interpretar a cruz de Cristo. Tal abordagem tem seus problemas. Este livro, entretanto, foi escrito apenas parcialmente para os acadêmicos e eruditos; sua preocupação maior jaz no desafio clássico: "Faz sentido pregá-lo?" — e, por extensão, "as pessoas aprenderão alguma coisa com o que está sendo escrito?". Em outras palavras, o livro oferecerá iluminação e encorajamento a cristãos não treinados em teologia, mas que, ao mesmo tempo, buscam aprofundar seu conhecimento? A esperança é que leitores que tenham sido intimidados por debates acadêmicos encontrem algum encorajamento aqui para sua pregação, para seu ensino, para o estudo bíblico, para a ação social e para sua fé pessoal.

Discernir exatamente o que queremos dizer por "Jesus Cristo e este crucificado", porém, é um grande desafio. Se o universo de cristãos autoidentificados fizesse a seguinte pergunta: "O que aconteceu quando Jesus foi crucificado?", há uma boa chance de que, mesmo neste tempo de altas suspeitas sobre o pecado, muitos respondessem à pergunta de forma automática e utilizando a linguagem bíblica tradicional, dizendo: "Jesus morreu pelos nossos pecados". Outra resposta, representando as influências discutidas na introdução, provavelmente seria: "Para nos mostrar como Deus nos ama". Muitos evangélicos responderiam de forma típica: "Jesus tomou o nosso lugar na cruz". No entanto, se questionados com mais detalhes, mesmo aqueles que há muitos anos frequentam a igreja sentiriam alguma dificuldade em dizer mais. Todos reconhecem a cruz como um símbolo do cristianismo, mas há uma perplexidade generalizada sobre sua interpretação. Nesta segunda parte, então, ressaltaremos as várias maneiras de a Bíblia proclamar e interpretar a crucificação.

Como agrupar os temas

De fato, o propósito desta segunda parte resume a preocupação de todo este livro: identificar os temas principais usados pelo Novo Testamento para expor a crucificação de Cristo *e localizá-los no âmbito da narrativa bíblica, para, assim, evitar forçar a narrativa através de um túnel teórico estreito*.[1] Os físicos usam o termo "unitário" para denotar uma consistência subjacente a um conjunto de dados aparentemente contraditório; minha proposta é que há uma realidade unitária subjacente aos vários relatos bíblicos da crucificação (e, obviamente, da ressurreição), e que a multiplicidade de temas atestam a mesma verdade.[2]

Imagens e conceitos bíblicos foram divididos em oito capítulos. Há dificuldades inerentes a essa estrutura. Para começar, o fato de existirem oito capítulos não significa que existam oito imagens. Também a divisão de temas bíblicos em capítulos separados pode minar a preocupação central deste livro em mostrar como as imagens normalmente se sobrepõem umas às outras. Um terceiro problema é que os próprios títulos dos capítulos parecem arbitrários. No passado, estudiosos e acadêmicos costumavam agrupar os temas em três categorias convenientes.[3] A divisão em oito é mais do que aquilo que encontramos em projetos dessa natureza. Isso porque *as próprias imagens bíblicas* são evocadas, e não determinadas posições teológicas (ou o que Stephen Sykes chama de "complexos de ideias").[4] Há, na verdade, mais de oito temas, e é impossível adicioná-los (ou até mesmo concordar a respeito de todos eles). Nenhum agrupamento do tipo será definitivo, e é claro que este estudo, como todos os demais, estará aberto à crítica de que as imagens bíblicas em si são definidas neste livro

---

[1] É um pouco decepcionante o fato de, até 2014, o modelo da substituição penal ainda ser defendido como o único que temos (Donald MacLeod, *Christ crucified: understanding the atonement* [Downers Grove: InterVarsity, 2014]).

[2] Stuart Crampton, professor de física e reitor (aposentado) da Williams College, foi quem me expôs o conceito unitário.

[3] Diversos acadêmicos propuseram diferentes agrupamentos. O agrupamento de Gustav Aulén era conhecido das gerações de alunos teológicos: (1) Perspectiva "objetiva" ou latina (Anselmo); (2) Perspectiva "subjetiva" (Abelardo); (3) Perspectiva "clássica": *Christus victor* (Pais da igreja, Martinho Lutero). A classificação de Aulén de três baseia-se na história da interpretação. Em meu ensino no decorrer dos anos, agrupei temas baseados nas próprias imagens bíblicas: (1) *Christus victor*: Jesus identificado como conquistador dos poderes demoníacos; (2) *Sacrifício*: Jesus identificado como o cordeiro sem mácula pelo pecado; (3) *Substituição*: Jesus identificado como o juiz e como aquele que foi julgado em nosso lugar. Com o tempo, fiquei insatisfeita com essa divisão tríplice e agora prefiro a ênfase dupla estabelecida nesta seção.

[4] Stephen W. Sykes, *The story of atonement*, Trinity and Truth Series (London: Darton, Longman, and Todd, 1997), p. 88.

como complexos de ideias teológicas. Todavia, esta segunda parte deve dar aos leitores alguma ideia da profundidade e das riquezas do testemunho bíblico.

Quaisquer decisões polêmicas que tenham sido tomadas serão explicadas no lugar em que ocorrerem. Controvérsias contínuas sobre a interpretação da cruz sugerem que uma *combinação* dinâmica e flexível dos vários temas encontrados no Antigo e no Novo Testamento configura a melhor forma de procedermos.

Uma abordagem de duas partes: expiação e libertação

Como um exercício preliminar, pensemos em *duas* categorias gerais, e não em três (ou de oito). Ambas são mais ou menos aplicáveis a cada um dos temas examinados, e já foram antecipadas nos capítulos precedentes. Ambas as categorias, tomadas em conjunto, abrangem, de uma forma ou de outra, a multiplicidade de temas bíblicos da forma mais adequada que qualquer categoria é capaz de fazer. Tomando as Escrituras como um todo, considerando o Antigo Testamento e os quatro Evangelhos, com cartas e Apocalipse, vemos duas coisas acontecendo na cruz de Cristo:

> *A ação definitiva de Deus em fazer expiação vicária pelo pecado:* a cruz é compreendida como um sacrifício, uma oferta pelo pecado, uma oferta pela culpa, como expiação purificadora e substituição. Temas correlatos estão atrelados ao bode expiatório, ao Cordeiro de Deus e ao Servo Sofredor de Isaías 53.
>
> *A vitória decisiva de Deus contra os Poderes estranhos, de outro mundo, do Pecado e da Morte:* a cruz é compreendida como a vitória contra os Poderes e a libertação da escravidão, do cativeiro e da opressão. Temas correlatos são o novo êxodo, as angústias do inferno e *Christus victor*. Essa categoria é particularmente ligada ao reino de Deus e, como tal, é fortemente orientada ao futuro.

Ambas as categorias são paralelas aos dois pontos cruciais estabelecidos no capítulo 4: *expiação pelo* pecado como culpa responsável e *libertação do* pecado como um poder estranho, de outro mundo. Devemos, claro, ter cautela quanto a manter uma perspectiva estrita em relação a essas duas categorias; afinal, elas envolvem sobreposições e mesclas. Entretanto, há boas razões para as destacarmos e as diferenciarmos, insistindo na importância de cada uma. À medida que formos prosseguindo, referir-nos-emos ao pecado ora como culpa, ora como Poder, pois *ambos* são fiéis ao testemunho bíblico. Seguindo Paulo, porém, nossa ênfase principal será no Pecado como um Poder.

Desde a Reforma, tristes divisões na igreja foram geralmente marcadas por disputas amargas sobre a natureza da expiação, com alguns grupos insistindo que apenas uma explicação é correta e as demais estão erradas. Trata-se de uma posição difícil de ser mantida, visto que nunca existiu um Concílio de Nicéia ou de Calcedônia para determinar uma posição ortodoxa com relação à crucificação, da mesma forma que ocorreu a respeito da natureza de Cristo e da Santa Trindade. Em décadas recentes, a forte reação contra "teorias" da expiação foram, na verdade, úteis. "Teorias" surgem da capacidade mental humana, porém, aqui, lidamos com um evento que vai muito além da capacidade mental do ser humano.

Leanne Van Dyk expressa bem essa ideia, de uma perspectiva reformada:

> Teorias da expiação não reivindicam definir ou explicar a mecânica interna da salvação. Antes, procuram expressar, em linguagem limitada e analógica, a realidade do ato decisivo de Deus em nome de um mundo quebrado. Algum tipo de vitória ocorreu, algum tipo de mudança de poder no universo, algum tipo de resgate pago, algum tipo de cura iniciada, algum tipo final de amor demonstrado, algum tipo de resgate dramático realizado. Naturalmente, o paradoxo terrível da fé cristã é que esse resgate, essa vitória e essa cura aconteceram por causa de uma morte — uma execução pública notória. Esse é o mistério obscuro da Expiação. Nenhuma teoria da expiação pode explicar por completo tal paradoxo central. Antes, a gama de teorias de expiação tenta concentrar nossa atenção, iluminar a verdade e apontar para além de si mesmas, na direção de Deus.[5]

O PAPEL DA IMAGINAÇÃO E O PAPEL DA HISTÓRIA

Hoje, a interpretação bíblica é atormentada por uma mentalidade literal. Não se trata de um problema restrito a "fundamentalistas" (um termo mais preciso e útil seria "inerrantistas", ou seja, aqueles que defendem a inerrância das Escrituras). A mentalidade literal é difundida nas igrejas tradicionais e no contexto secular. Alguém que se considera um leitor bíblico iluminado reclamará do conceito ingênuo de "subir" e "descer" na história da ascensão de Cristo, porém dirá, quase no mesmo instante, que está "subindo" no elevador ou que um amigo está "subindo" de cargo na empresa em que trabalha.[6]

---

[5]Leanne Van Dyk, "Do theories of atonement foster abuse?", *Dialog* 35, n. 1 (inverno de 1996).
[6]Raymond Brown nos fornece uma ilustração divertida da mentalidade literal em uma de suas notas de rodapé: "Todos os anos, antes do Natal, sou contatado por algum jornalista que teve a brilhante ideia

A mentalidade literal de hoje é, sem dúvida, fruto do fato de que cada vez menos pessoas leem narrativas e poemas.⁷ Boa parte da reclamação que ouvimos sobre a linguagem da expiação, por exemplo, se deve a uma compreensão equivocada sobre como a linguagem funciona. Sallie McFague é muito boa nesse ponto: "O poeta amontoa muitas metáforas, muitas formas de ver 'isso' como 'aquilo', muitas tentativas de 'dizer' o que não pode ser dito diretamente. O poeta contrapõe uma metáfora a outra, esperando que as faíscas acesas por essa justaposição iluminem algo novo na mente do leitor".⁸

Isso é particularmente valioso por sua descrição de como uma imagem interage com a outra, gerando "faíscas"; este livro procura apresentar as imagens dessa forma.

"Teorias" excessivamente racionalistas forçam estruturas pictóricas, poéticas e narrativas da Bíblia a categorias restritivas. Mesmo os escritos de Paulo, normalmente interpretados como pura doutrina em comparação com as histórias mais acessíveis encontradas nos Evangelhos, são, em sua maioria, essencialmente contextuais. Paulo é um homem em um campo de batalha. O apóstolo é alguém que foi cativado pela história do evangelho, ou, mais acuradamente, pelo Senhor da história. O fato de que Paulo fez da história uma espada da Palavra a ser empunhada contra os inimigos do evangelho em situações específicas (em vez de recontar histórias sobre a vida de Jesus) não torna sua pregação menos firmada na História.⁹ Nesse aspecto, até mesmo Anselmo, cujo racionalismo é tão criticado, será visto pelo leitor amigável como alguém que não é indiferente à trama bíblica. Segundo ele: "Também muitas outras coisas,

---

de escrever uma coluna natalina sobre as histórias do nascimento de Jesus e descobriu que escrevi um longo comentário a respeito delas. Quase invariavelmente, eles [afirmam] que o único foco do artigo será: "O que realmente aconteceu?" [...]. Com pouco sucesso, tento convencê-los de que eles poderiam promover a compreensão das histórias da natividade ao se concentrarem na mensagem transmitida por essas histórias, não em um assunto cuja preocupação estava longe da mente dos Evangelistas. Em geral, esse esforço convence os jornalistas de que foram mal direcionados a um pregador piedoso que nada entende sobre questões relevantes" (Raymond E. Brown, *The death of the Messiah: from Gethsemane to the grave: a commentary on the Passion narratives in the four Gospels* [Garden City: Doubleday, 1994], 1:24n), 2 vols.

⁷Eugene Peterson disse que gostaria de ministrar um ano inteiro de literatura aos alunos do seminário.

⁸Sallie McFague, *Speaking in parables: a study in metaphor and theology* (Philadelphia: Fortress, 1975), p. 39. Cousar também cita essa passagem extraída de McFague, em uma seção que aborda a linguagem alusiva de Paulo (Charles B. Cousar, *A theology of the cross: the death of Jesus in the Pauline letters*, Overtures to biblical theology [Minneapolis: Augsburg Fortress, 1990], p. 86).

⁹"Embora a crucificação de Cristo tenha sido um acontecimento histórico, perfura outros tempos e outras histórias — não apenas como um evento passado relembrado, mas também como um evento presente que, em um sentido importante, acontece de novo para aqueles que a ouvem [como ocorreu com Paulo] em uma "revelação de Jesus Cristo" [Gálatas 1:12]. John M. G. Barclay, "Paul's story: theology as testimony", in: Bruce Longenecker, org., *Narrative dynamics in Paul: a critical assessment* (Louisville: Westminster John Knox, 2002).

se examinadas com cuidado, darão beleza certeira e indescritível à redenção obtida em nosso favor".[10]

Não sugerimos, entretanto, que sentimentos sejam mais importantes que compreensão. Paul Ricoeur escreveu: "O símbolo origina o *pensamento*, não a emoção.[11] Gustav Aulén escreveu que as imagens bíblicas serviam apenas de "auxílio popular" ao leitor na compreensão da ideia, ao passo que Charles Cousar atribui, corretamente, falhas a esse pensamento de Aulén, acusando-o de não reconhecer o "poder generativo da metáfora".[12] É precisamente esse *poder generativo* que buscaremos ao analisarmos diversas imagens que o Novo Testamento emprega ao falar da crucificação.

Todavia, nunca podemos perder de vista o fato de que *a própria cruz é uma metáfora*. O propósito de metáforas e imagens usadas no Novo Testamento é nos ajudar a compreender o *acontecimento histórico* — e, acima de tudo, responder a ele. É nesse ponto, acima de tudo, que nos separamos daqueles que leem a Bíblia exclusivamente como literatura. No periódico literário *New York Review of Books*, o acadêmico inglês J. M. Cameron empunha um bisturi para separar metáfora de história, referindo-se à mensagem bíblica em relação

> àquilo que jaz *do lado de fora* do mito poético ou do aspecto literário [...]. Há muitos exemplos assim. Escolho um: a insistência de Paulo *no caráter literal, histórico, brutalmente factual da crucificação*. Ao escrever que "pregamos a Cristo crucificado, o qual, de fato, é escândalo para os judeus e loucura para os gentios", podemos ilustrar o que ele quer dizer da seguinte forma: aos gentios, a pregação é loucura, pois o mundo grego está cheio de histórias sobre deuses que sofrem, morrem e ressuscitam; mas essas coisas acontecem *in illo tempore* ["naquele tempo", expressão usada para significar um tempo passado indeterminado] [...], não "sob Pôncio Pilatos". Quanto aos judeus, eis aqui o Messias da promessa, essa figura de espantalho em uma forca; e para que isso seja uma pedra de tropeço, tem de ser um acontecimento tão histórico quanto o procurador romano sob o qual a crucificação aconteceu.[13]

---

[10] *Cur Deus homo?*, 1.3. As orações de Anselmo têm uma beleza própria. Não nego, porém, que *Cur Deus homo?* sofre de uma escolasticismo esquemático rigoroso.

[11] Paul Ricoeur, *The symbolism of evil* (Boston: Beacon Press, 1967), p. 19, 237.

[12] Cousar, *Theology of the cross*, p. 86.

[13] J. M. (James Monro) Cameron, "A good read", *New York Review of Books*, 15 de abril de 1982, grifo na citação. Cameron, graduado em filosofia por Oxford, foi um palestrante respeitado no Reino Unido e um professor na Universidade de Toronto. Foi ele o palestrante das *Terry Lectures* em Yale nos anos de 1964 e 1965. Como católico romano, Cameron escrevia com grande sensibilidade acerca de questões teológicas.

A ousadia de Cameron em trazer esse assunto à tona em um periódico definitivamente secular é, para nós, motivo de gratidão. Esse é o ponto crucial (literalmente) no qual "religião" e o evangelho de Jesus Cristo se separam entre si. O "ato de fala" que veio a existir quando a mensagem de Cristo entrou em cena não foi evocado pela imaginação literária.[14] Antes, foi trazido à existência pela ressurreição dos mortos.

Adiantando-nos à seção

O objetivo da segunda parte é apresentar, de forma um tanto detalhada, a multiplicidade de temas usados no Novo Testamento para transmitir a relevância atemporal da cruz de Cristo. O objetivo é permitir que cada tema fale em termos literários, metafóricos e históricos, de acordo com o contexto, servindo de suporte a um compromisso profundo com a pregação, o ensino, a oração e o trabalho no âmbito total dessa rica trama — não selecionando alguns tópicos em detrimento de outros, mas permitindo que todos interajam entre si.

---

[14]"Ato de fala" é uma expressão de Amos Wilder. Cf. Amos Wilder, *Early Christian rhetoric* (Cambridge: Harvard University Press, 1971), p. 18.

CAPÍTULO 5

PÁSCOA E ÊXODO

Antigo e Novo Testamentos

O que devemos aprender do Antigo Testamento sobre a cruz de Cristo? A relação do Novo Testamento com o Antigo é um tópico de vasta amplitude e que continua a gerar muita discussão. Apesar disso, o Antigo Testamento é a Palavra viva de Deus para a comunidade cristã.[1] O estado atual de negligência do Antigo Testamento nas igrejas é motivo de grande preocupação. Ao tentar compreender o que a Bíblia nos diz sobre a crucificação do Filho de Deus, é essencial que escutemos cuidadosamente, com entendimento, as muitas vozes que falam conosco a partir da história de Israel.[2]

A importância do que os cristãos conhecem como o Antigo Testamento dificilmente pode ser exagerada. As Escrituras judaicas foram minuciosamente analisadas pelos autores apostólicos em sua proclamação do evangelho da cruz e da ressurreição. O Antigo Testamento não é apenas fonte de informações extras para o Novo Testamento, nem um espetáculo secundário a ele anexado. Tampouco é um prelúdio indispensável para o Novo Testamento. Na verdade, o Novo Testamento nem *sequer funcionará* sem o Antigo. Jesus de Nazaré não

---

[1] Tornou-se moda em muitas igrejas tradicionais a referência ao Antigo Testamento como "as Escrituras judaicas". Muitos, ao se referirem ao Antigo Testamento dessa forma, fazem-no com boas intenções, desejando honrar a primazia dos judeus no plano de Deus para a salvação. Entretanto, conforme inúmeros especialistas no Antigo Testamento destacaram recentemente, tal porção bíblica não é a mesma coisa que as Escrituras hebraicas; os livros são organizados em uma ordem diferente e dão uma impressão diferenciada, precisamente por essa razão. É quase uma presunção para os cristãos se aproximarem do Tanakh (Bíblia hebraica) chamando o Antigo Testamento de Escrituras judaicas, mesmo com as melhores intenções. Pode ser mais respeitoso reconhecermos as diferenças e levarmos em conta a distinção. O verdadeiro desafio para a igreja não está na terminologia; antes, está na recuperação — por meio da pregação, do ensino e da adoração — do lugar de honra que o Antigo Testamento deveria ter. Se o Antigo Testamento não for intencional e constantemente pregado e ensinado, a prática atual de ler trechos dele na adoração, juntamente com outras duas leituras do Novo Testamento, não nos levará muito longe.

[2] O relacionamento entre os Testamentos é analisado de modo detalhado na introdução à minha coletânea de mensagens do Antigo Testamento: *And God spoke to Abraham* (Grand Rapids: Eerdmans, 2011).

conhecia nenhuma Escritura além da Lei e dos Profetas. Os apóstolos também não conheciam nenhuma outra Escritura. O Novo Testamento é inconcebível sem o Primeiro Testamento. Não se trata apenas de um livro histórico, mas da fonte viva a partir da qual descobrimos o significado do que o Deus de Israel fez entre seu povo.[3]

Ao enfatizarmos, porém, o caráter necessário do Antigo Testamento e sua relação com a história de Jesus Cristo, devemos compreender que há também certa descontinuidade entre a antiga e a nova aliança. Quanta descontinuidade existe, e como exatamente se manifesta, isso ainda é motivo de debates acalorados e será um assunto desenvolvido posteriormente neste livro. No momento, afirmamos, com Roy A. Harrisville, que o *novum* (a coisa nova) do evangelho é "escatologicamente" novo. Em outras palavras, o evangelho do Novo Testamento "apresenta uma dinâmica que torna possível a continuidade com o antigo, apenas sob a condição de que o antigo retenha seu *status* como servo do novo".[4] As análises sobre descontinuidade continuarão no decorrer deste livro; o ponto essencial aqui é que qualquer um que busque compreender a cruz ou qualquer outra coisa sobre Deus em Jesus Cristo em sua plenitude deve conhecer bem o Primeiro Testamento. Por todo o Novo Testamento, um conhecimento profundo das Escrituras Hebraicas, particularmente a Lei e os Profetas, bem como um comprometimento com sua autoridade como Palavra de Deus, é algo simplesmente pressuposto.

O TEMA DA LIBERTAÇÃO

Na introdução à segunda parte, *duas categorias amplas* foram propostas para a compreensão dos temas relacionados à crucificação:

1. Há *pecado* e *culpa*, para os quais a *expiação* deve ser feita.
2. Há *cativeiro*, *escravidão* e *opressão*, dos quais a humanidade deve ser *liberta*.

---

[3] Três livros com perspectivas distintas nos são úteis na reflexão dos dois Testamentos: *The character of Christian Scripture: the significance of a two-Testament Bible*, por Christopher R. Seitz (Grand Rapids: Baker Academic, 2011), *The God of Israel and Christian theology*, por Kendall Soulen (Minneapolis: Augsburg Fortress, 1996), e *The conversion of the imagination: Paul as interpreter of Israel's Scripture*, por Richard Hays (Grand Rapids: Eerdmans, 2005).

[4] Roy A. Harrisville, *Fracture: the cross as irreconcilable in the language and thought of the biblical writers* (Grand Rapids: Eerdmans, 2006), p. 60. Harrisville intitula seu livro de "Fratura" com o fim de mostrar, da forma mais incisiva possível, a mudança de tempo que ocorreu com a vinda de Cristo. Em jogo está a radicalidade do evangelho. Na cruz e ressurreição de Jesus Cristo, vemos algo totalmente novo? Essa pergunta nos confrontará em cada estágio deste livro.

Ambas as categorias funcionarão de modo inter-relacionado no decorrer deste livro. Neste capítulo, a segunda categoria, *libertação do pecado*, vem à tona. A narrativa original de libertação é a história de Ur, a história dos israelitas, o acontecimento fundamental do Êxodo do Egito, que, desde então, define para sempre a identidade do povo hebreu, conforme mostrado no credo antigo acoplado ao livro de Deuteronômio:

> Então vocês declararão perante o Senhor, o seu Deus: "O meu pai era um arameu errante. Ele desceu ao Egito com pouca gente e ali viveu e se tornou uma grande nação, poderosa e numerosa. Mas os egípcios nos maltrataram e nos oprimiram, sujeitando-nos a trabalhos forçados. Então clamamos ao Senhor, o Deus dos nossos antepassados, e o Senhor ouviu a nossa voz e viu o nosso sofrimento, a nossa fadiga e a opressão que sofríamos. Por isso o Senhor nos tirou do Egito com mão poderosa e braço forte, com feitos temíveis e com sinais e maravilhas. Ele nos trouxe a este lugar e nos deu esta terra, terra onde manam leite e mel. E agora trago os primeiros frutos do solo que tu, ó Senhor, me deste" (Deuteronômio 26:5-10).

Patrick Miller escreve que o Grande Credo é "o paradigma dos caminhos de Deus com seu povo [...] atestados desde o primeiro clamor da dor humana, quando o sangue de Abel clamou desde o solo, passando pelos clamores das vítimas de Sodoma e Gomorra, pelo povo sob opressão na época dos juízes, um povo exilado na Babilônia e todos os demais sofredores cujas vozes são ouvidas em salmos de lamento e chegam ao clamor de abandono do Deus justo e sofredor na cruz".[5]

Páscoa e Ceia do Senhor

Até hoje, os judeus continuam a dizer "nós" em lugar de "eles" ao contarem a história do Êxodo durante o jantar cerimonial da Páscoa. Isso é de grande relevância, derivando da forma condizente com que a Bíblia retrata o Êxodo como um acontecimento vivo. Por exemplo: centenas de anos após os acontecimentos no mar Vermelho, o profeta Amós escreve:

> Assim diz o Senhor: [...]
> "Também vos fiz subir da terra do Egito

---

[5]Patrick D. Miller, *Deuteronomy*, Interpretation Series (Louisville: John Knox, 1990), p. 182.

e quarenta anos vos conduzi no deserto,
para que possuísseis a terra do amorreu" (Amós 2:6,10, ARA).

A velha história de pais e mães se torna a nova história da geração que emerge, cujos filhos se tornam atores na narrativa, da mesma forma que os pais e avós antes deles. Se o conto permanece apenas como uma narrativa comovente a respeito de um episódio passado, por mais "inspirador" que seja, então não é a história transformadora de vida que os antigos israelitas conheciam. Para citar uma fonte judaica: "A tradição propriamente dita nos permite contar nossa história comunal [...] em cada uma de nossas histórias individuais, de modo que somos transformados nesse processo. Pois então não estudamos ou apenas recitamos a história; antes, *tornamo-nos* a história".[6] A gratidão pelos atos salvadores de Deus resulta, como no credo deuteronômico, no experimentar da história pela apresentação das primícias, uma ideia essencialmente *teológica* que deixou marca duradoura até mesmo entre os judeus seculares e assimilados, cujos instintos filantrópicos e cuja preocupação com os estrangeiros e peregrinos permanecem notórios até hoje.[7]

O jantar cerimonial da Páscoa é ordenado na Torá: "Este dia será um memorial que vocês e todos os seus descendentes celebrarão como festa ao Senhor [...] Celebrem a festa dos pães sem fermento, porque foi nesse mesmo dia que eu tirei os exércitos de vocês do Egito. Celebrem esse dia como decreto perpétuo por todas as suas gerações" (Êxodo 12:14,17, NVI). A Páscoa deve ser observada como "dia memorial". Compreendida biblicamente, diz respeito a um mundo removido do que, em geral, queremos dizer por "memorial". Memória (lembrança) no pensamento bíblico não significa "trazer à mente". "Lembrar-se" significa algo *presente e ativo*. Essa é a razão subjacente à declaração no Hagadá da Páscoa, de que não foram nossos ancestrais que foram trazidos por Deus da escravidão para a liberdade, mas nós mesmos. A ceia cerimonial da Páscoa não é um memorial da ação salvadora de Deus no passado, mas uma apropriação desse mesmo poder salvífico no presente.[8]

---

[6]Michael Goldberg, *Jews and Christians: getting our stories straight* (Philadelphia: Trinity, 1991), p. 99, vírgula e grifo nas citações.

[7]Frederick P. Rose, filantrópico de New York, foi abordado (dois meses antes de sua morte) por um amigo propondo que ambos levantassem um milhão de dólares para os refugiados muçulmanos do Kosovo durante a "purificação étnica" de 1999. De pronto, Rose concordou, mas exigiu que o dinheiro fosse coletado por meio do comitê judeu americano, "já que queremos mostrar ao mundo que o povo judeu está ajudando os muçulmanos". Dois dias depois, ambos tinham $1,4 milhão de dólares nas mãos (obituário de Frederik P. Rose, *New York Times*, 16 de setembro de 1999).

[8]As imitações do jantar cerimonial da Páscoa durante a Semana Santa nas igrejas cristãs foram populares por algum tempo, já que os cristãos bem-intencionados tentavam entrar em contato com suas raízes judaicas; agora, porém, esse experimento está caindo em desuso. O verdadeiro jantar cerimonial é realizado em casa,

Essa questão toda de lembrança é muito importante para nossa compreensão bíblica. A história do Êxodo começa da seguinte forma: "Os israelitas gemiam e clamavam debaixo da escravidão; e o seu clamor subiu até Deus. Ouviu Deus o lamento deles e lembrou-se da aliança que fizera com Abraão, Isaque e Jacó. Deus olhou para os israelitas e viu a situação deles" (Êxodo 2:23-25, NVI).[9]

Algumas vezes, essa passagem era ridicularizada, como se desse a entender que Deus se esquecera — os israelitas simplesmente desapareceram da mente divina, de alguma forma — e que, então, repentinamente, se lembrara deles. De modo semelhante, orações rogando a Deus para que se "lembre" foram mal compreendidas — como se Deus precisasse ser lembrado de algo do qual, de outra forma, se esqueceria! Esse nunca foi o significado de *lembrança* nas orações da igreja. Nas Escrituras, o ato da lembrança se refere a uma ação presente. Se uma mulher ora para que Deus se *lembre* de sua mãe, isso não significa: "Por favor, pense na minha mãe de vez em quando". Antes, significa: "Aja em favor da minha mãe". De modo semelhante, quando dizemos que a Ceia do Senhor é um "memorial", não queremos dizer que estamos apenas *pensando na* Última Ceia de Jesus. Ao repetirmos, no culto da Ceia, as palavras de Jesus: "fazei isto em memória de mim", não apenas nos lembramos de Jesus; Jesus está *ativamente presente, com poder*, na comunhão e no ato de cear do povo. Controvérsias sobre a Ceia do Senhor dividiram a igreja cristã, mas compreender o conceito bíblico de lembrança pode nos ajudar. Não estamos apenas *pensando nas* ações de Jesus no Cenáculo; reconhecemos que *ele está presente e ativo* na comunidade reunida à Mesa, no tempo presente. Dessa forma, a doutrina da presença real de Jesus na Ceia do Senhor pode ser compreendida por qualquer um, da pessoa mais sofisticada à mais simples.

A Páscoa e o Êxodo se refletem na Ceia do Senhor de diversas maneiras — e todas essas maneiras ressaltam a presença ativa de Deus em fazer algo completamente novo, ainda que o antigo acontecimento salvador seja relembrado como o evento prototípico. O *algo-completamente-novo* é que, agora, em vez de

---

no seio da família e dos amigos, e isso não pode ser reproduzido em um salão de igreja. A imitação de jantares cerimoniais não funciona como ritos litúrgicos ou como reuniões de família.

[9] É comum lermos ou ouvirmos na mídia popular que a arqueologia moderna prova que os eventos descritos em Gênesis e Êxodo nunca aconteceram. Isso é muito perturbador para os cristãos, que não têm contexto para compreender tais pronunciamentos. F. W. Dillistone é útil nesse ponto: "Quaisquer que sejam as conclusões a respeito das histórias patriarcais — até que ponto contêm relatos confiáveis do que realmente aconteceu no período antes do Êxodo —, restam poucas dúvidas de que o grupo de hebreus escravizado no Egito foi levado a um novo tipo de liberdade sob a liderança de Moisés, e que o padrão geral dessa redenção nunca foi apagado da memória nacional. Embora Moisés fosse o agente humano, o verdadeiro Salvador e Redentor havia sido o próprio Iavé" (*The Christian understanding of atonement* [Philadelphia: Westminster, 1968], p. 81).

intervir das alturas (como no Êxodo), *a intervenção ocorre a partir da própria vida de Deus, na forma da auto-oferta do Filho*. Esse sacrifício é descrito em termos que se baseiam na própria travessia do mar Vermelho, segundo expresso pela oração eucarística da liturgia episcopal: "Ele nos resgatou da escravidão para a liberdade, do pecado para a justiça, da morte para a vida". A passagem do Filho de Deus da morte para a vida é recapitulada na oração e se transforma, com esse "nos [resgatou]", em nossa história, da mesma forma que o Hagadá da Páscoa. O imaginário do Êxodo está bem diante daqueles que aprenderam a procurá-lo.

A morte de Jesus foi interpretada, desde os primórdios da igreja cristã, como a nova Páscoa, e sua ressurreição, como o novo êxodo. Em termos cronológicos, no Novo Testamento, a conexão explícita mais antiga é feita em 1Coríntios 5:7,8 [NVI], datada não mais do que vinte e cinco anos após a ressurreição — "Cristo, nosso Cordeiro pascal [*pascha*, cujo significado em grego remete à ideia de "passagem"], foi sacrificado. Por isso, celebremos a festa, não com o fermento velho, nem com o fermento da maldade e da perversidade, mas com os pães sem fermento, os pães da sinceridade e da verdade". Os quatro Evangelhos — com João, como de costume, oferecendo uma figura um pouco diferente, mas nos mesmos moldes — posicionam a narrativa da Paixão especificamente em um contexto pascal. A ênfase reside em dois temas:

1. *Resgate da morte*, como na noite em que o anjo destruidor "passa" pelos lares dos israelitas.
2. *Libertação da escravidão*, como na passagem culminante dos israelitas pelo mar Vermelho.[10]

O sangue do "Cordeiro pascal" não era, nesse contexto, oferta pelo pecado, mas o próprio meio ordenado por Deus de preservar seu povo da morte. Antecipando por uma noite, porém, a Última Ceia, fazendo a morte de Jesus coincidir com a morte dos cordeiros pascais, o Quarto Evangelista dá um passo ousado, combinando, em um único evangelho, a identificação concreta de Jesus como uma oferta pelo pecado ("Vejam! É o Cordeiro de Deus, que tira o pecado do mundo!", João 1:29, NVI), mas também como o Cordeiro pascal, cujo sangue salva da morte. No entanto, outro passo de tirar o fôlego é dado por

---

[10]Muitos comentários hoje se referem ao "mar de juncos" ou ao Mar de Junco. Sem dúvida, o corpo de água original que foi cruzado — supondo que ele existiu — era consideravelmente menos atraente do que o verdadeiro mar Vermelho. Entretanto, para mim, quando uma expressão bíblica é homenageada em canções e histórias por tanto tempo, com um grande significado para tantas pessoas, deve permanecer em sua forma tradicional.

1Pedro, quando o Cordeiro pascal (1:19) é posto em proximidade com o Servo Sofredor de Isaías 53 (1Pedro 2:23,24). Trata-se de saltos de imaginação que fazem do testemunho bíblico uma fonte inesgotável.

O Êxodo de uma perspectiva escatológica

De uma perspectiva neotestamentária, vemos o ímpeto para a projeção do Êxodo no futuro como um acontecimento escatológico, já presente no Antigo Testamento. No grego, *eschaton* significa "último". Falar de escatologia, portanto, é falar do Juízo Final, da segunda vinda, dos novos céus e terra — tradicionalmente agrupados sob o título de "últimas coisas". Entretanto, escatologia não é tanto um agrupamento de tópicos, mas um mundo de pensamentos. Uma boa definição básica é dada por C. K. Barrett: "No pensamento tipicamente escatológico, o significado de uma série de acontecimentos no tempo é definido quanto ao último do seu número. O último acontecimento não é apenas parte de uma série: é a parte determinante, que revela o significado do todo".[11]

Há prenúncios de um novo êxodo escatológico em algumas porções pós-exílicas do Antigo Testamento: "Tão certo como eu vivo, diz o Senhor Deus, com mão poderosa, com braço estendido e derramado furor [...] tirar-vos-ei dentre os povos e vos congregarei das terras nas quais andais espalhados [...] Como entrei em juízo com vossos pais, no deserto da terra do Egito, assim entrarei em juízo convosco, diz o Senhor Deus" (Ezequiel 20:33-36).

Não precisamos ficar confusos diante dessa profecia de ira e juízo, visto que, em outras porções de Ezequiel, o profeta mostra como esse *juízo* escatológico é um componente da *salvação* de Deus. O profeta desconhecido do Exílio também emprega o imaginário do Êxodo para retratar as *futuras* ações de Deus para redimir seu povo:

> Não foste tu [...] que fizeste uma estrada nas profundezas do mar
>   para que os redimidos pudessem passar?
> Os resgatados do Senhor voltarão.
>   Entrarão em Sião com cântico;
>   alegria eterna coroará sua cabeça.

---

[11] K. Barrett, "New Testament eschatology", *Scottish Journal of Theology* 6 (1953): p. 136-55, 225-43. No capítulo 9, faremos um exame para além da definição escatológica de Barrett, já que, como ele mesmo parece reconhecer, ela não explica de modo suficiente a qualidade radical da escatologia *apocalíptica*.

> Júbilo e alegria se apossarão deles,
> tristeza e suspiro deles fugirão (Isaías 51:10,11).[12]

A ideia de um êxodo futuro não é estranha ao Antigo Testamento em seu período final. A experiência do Exílio, nesse e em outros aspectos, levou alguns pensadores hebreus a anteciparem um tempo em que haveria *não apenas uma extensão do acontecimento salvador passado*, mas também um *novo êxodo*, uma *nova criação*. O grande profeta isaiânico do Exílio ressoou essa nota também em outras passagens:

> Vejam, estou fazendo algo novo!
> Já está surgindo! Vocês não o reconhecem?
> Até no deserto vou abrir um caminho
> e riachos no ermo (Isaías 43:19, NVI).

Desenvolveu-se, em meio ao povo judeu, uma ênfase cada vez maior em uma intervenção futura de Deus, não com base na justiça do povo, mas na grande misericórdia divina. A própria justiça se tornou mais claramente um conceito escatológico, visto que os acontecimentos demonstraram que não existiria nenhum tipo de justiça verdadeira e duradoura na terra senão aquela ocasionada por Deus.[13]

Por conseguinte, houve uma mudança entre os pensadores de Israel após a catástrofe da destruição do templo e o colapso do trono de Davi. De certa forma, muitos desses pensadores desistiram da história. A literatura sapiencial pós-exílica (Eclesiastes, Cântico dos Cânticos, Provérbios, Jó) jamais menciona a história, enquanto os escritos apocalípticos (Zacarias, Daniel) antecipam a

---

[12]Repare no uso dos termos "resgatado" e "redimido" na passagem. Retornaremos ao uso que Isaías faz desse conceito no capítulo 7. Raramente vemos temas apresentados de forma única, sem fazer referência a outros temas. Em Isaías 40—55, o termo "libertação" (um novo êxodo) é combinado com criação e redenção de uma forma extraordinária.

[13]Markus Barth escreve: "O Antigo Testamento mostra que, muito antes da época de Paulo, até mesmo os melhores e mais fortes instrumentos da aliança (p. ex., a aparição de Deus e sua promessa; o dom da lei, da terra, do templo; as instituições de sacrifício, dinastias sacerdotais, épocas santas e guerras santas) não oferecem, em si, garantia de que Israel terá paz e viverá. Deve haver um verdadeiro servo de Deus, "um 'mediador da aliança' trabalhando e exercendo sua função" (*Justification* [Grand Rapids: Eerdmans, 1971], p. 35-36n). Essa última frase seria uma boa maneira, entre outras, de lermos Isaías 52:13—53:12. Analogicamente, certa vez gastei quase um ano inteiro explorando as interpretações multifacetadas desse texto famoso — talvez a grande passagem mais disputada da Bíblia — a partir de várias perspectivas judaicas e cristãs. Ao final, não fiquei satisfeita com nenhuma delas, que provaram significar muitas coisas diferentes para judeus e para cristãos. Concluí, então, que essa passagem tem o objetivo de significar um tipo de revelação divina misteriosa, de natureza singular, apreendida pelo Espírito, pela fé, até que os judeus e os cristãos sejam plenamente reconciliados no *escathon* (Romanos 11).

libertação divina d'além da história. Isso não quer dizer que a história não tenha qualquer direcionamento ou objetivo, ou que os seres humanos não façam parte dela. Pelo contrário: a história continua sendo a arena da atividade de Deus e o plano no qual o povo de Deus vive seu testemunho. A diferença está na forma de enxergarmos os eventos históricos. O apocalíptico é apenas isto: *uma forma pela qual enxergamos*. Trata-se de uma forma de discernirmos o poder invasor de Deus *agora*, em acontecimentos humanos, como sinais do que está por vir. O acadêmico judaico Nahum Sarna sugere isso ao escrever: "O Êxodo [...] tornou-se o paradigma de uma redenção futura; ele oferece um *padrão para a intervenção de Deus* na história em épocas vindouras".[14]

Esteja Sarna ciente ou não, ele toca no tema apocalíptico do poder intervencionista de Deus. As palavras "escatologia" e "apocalíptico", embora orientadas para o futuro, não são intercambiáveis. A ideia-chave apocalíptica, a qual desenvolveremos em capítulos posteriores, está na *intervenção soberana de Deus*, correspondendo ao deslocamento da capacidade do ser humano de ocasionar tal intervenção. Devemos afirmar nos termos mais enfáticos possíveis: de modo algum essa ênfase na ação divina significa que não nos resta mais nada a fazer, ou que nossa ação seja insignificante. Antes, significa que a atividade humana *aponta* para o futuro reinado de Deus e *participa* desse reinado de forma proléptica (*prolepsis*, "antecipar"). Todavia, a atividade humana não concretiza a nova criação de Deus; apenas Deus pode cumprir seu propósito. A Bíblia jamais sugere, em lugar algum, que somos, para usar uma expressão popular, "cocriadores com Deus"; antes, somos graciosamente chamados e movidos a *participar* do que apenas Deus pode criar.[15] A palavra "escatologia" não torna necessariamente essa distinção clara; é possível fazermos referência às "últimas coisas" e falarmos em termos escatológicos, sem termos o cuidado de mostrar que *apenas Deus* ocasionará as últimas coisas — uma ênfase que é a marca da Apocalíptica. O papel do povo de Deus é a *participação naquilo que Deus já está fazendo*.

Cristãos e judeus interpretando o Êxodo

O rabino Michael Goldberg mostra sua compreensão do relacionamento entre as duas histórias — o Êxodo e a Paixão/ressurreição — em seu livro criativo e enfático *Jews and Christians: getting our stories straight* [Judeus e cristãos:

---

[14]Nahum Sarna, *Exploring Eexodus: the origins of biblical Israel* (New York: Schocken Books, 1986), p. 3, grifo na citação.

[15]A palavra *bara*, "criar", é usada exclusivamente com Deus como seu sujeito por todo o Antigo Testamento.

esclarecendo nossas histórias].¹⁶ O termo que ele usa para as duas narrativas é "histórias mestras. Ele escreve, de modo poderoso, que ambas funcionam como fontes fundamentais "para nos orientarmos através da Escritura e, portanto, ao longo da história em si". Goldberg continua:

> Assim, para os cristãos, a narrativa dos acontecimentos em torno da crucificação de Jesus é o relato bíblico que mais plenamente ilumina as demais posições da Bíblia — incluindo a saga da libertação de Israel do Egito. A igreja toma parte da história de Cristo como sua história mestra formativa, vendo-a como algo que segue o Êxodo como sua continuação natural, seu auge decisivo e seu cumprimento definitivo. E, quanto aos judeus, o que declaram a esse respeito? "Não! Essa não é, de forma alguma, a maneira que devemos compreender o Êxodo, nossa história mestra judaica". O que a história cristã representa, dizem os judeus, não corresponde a uma verdadeira interpretação ou elaboração da narrativa do Êxodo, e sim a uma leitura errada e uma profunda distorção dessa história.¹⁷

Eventual compreensão cristã do Êxodo como um acontecimento antecipatório cumprido pela cruz e pela ressurreição é mais ofensiva para os judeus do que a apropriação judaica da história é para os cristãos, particularmente em vista da persistência do antissemitismo ao redor do mundo. Assim como o rabino Goldberg expôs o ponto de vista cristão de maneira séria e respeitosa, mesmo que dele não partilhe, os cristãos podem buscar engajar-se no ponto de vista judaico com empatia semelhante. De fato, a perspectiva cristã do Êxodo pode acomodar a perspectiva judaica mais prontamente do que vice-versa. Brevard Childs identifica o problema a partir do ponto de vista judaico: "A morte, a ressurreição e o reino messiânico de Jesus Cristo foram logo compreendidos como o *verdadeiro conteúdo* da Páscoa veterotestamentária, *sendo contrastados*, consequentemente, com a Páscoa judaica".¹⁸

O rabino Goldberg dá uma grande contribuição ao lançar luz nessa dificuldade, sem pedir para que qualquer dos lados abandone sua interpretação.¹⁹

---

¹⁶De fato, o rabino Goldberg reconta a narrativa da Paixão de Mateus de um modo tão amigável que é difícil imaginarmos como ele permanece não convencido de sua veracidade.
¹⁷Goldberg, *Jews and Christians,* p. 14. A questão dolorosamente disputada sobre a realidade teológica para a nação de Israel é algo à parte.
¹⁸Brevard Childs, *The Book of Exodus: a critical, theological commentary*, Old Testament Library (Philadelphia: Westminster, 1974), p. 209, grifo na citação.
¹⁹A parte mais atraente do livro de Goldberg é o final, quando ele pede a cristãos e judeus que demonstrem o significado mais profundo de suas "histórias mestras" *em sua vida*.

Do ponto de vista do evangelho neotestamentário, o Êxodo não é apenas um acontecimento histórico que define o povo eleito (e isso, em si, é verdadeiro tanto para cristãos como para judeus), mas também uma incursão proléptica (ou seja, "antecipatória") do poder salvador de Deus, visando ao futuro acontecimento apocalíptico e definitivo da cruz, em que os Poderes são engajados no primeiro e mais decisivo estágio da batalha final de Deus.[20] Certamente, o perigo aqui está no fato de os cristãos serem tentados, como já foram várias vezes, a pensar que a constituição de Israel como "povo peculiar" de Deus (cf. Êxodo 19:5; Deuteronômio 14:2, KJV) foi invalidada pela vinda de Cristo. Essa ideia deve ser decisivamente repudiada (Romanos 9:4). É de suma importância que os cristãos reconheçam o Êxodo histórico como um acontecimento completo em relação não apenas à realidade teológica do povo escolhido de Deus, mas também à sua preservação material. Brevard Childs escreve: "O livro de Ester nos dá a garantia canônica mais intensa em todo o Antigo Testamento quanto à importância religiosa do povo judaico *em um sentido étnico*".[21]

O ÊXODO COMO LITURGIA PASCAL

As igrejas tradicionais nos Estados Unidos têm-se esforçado para não se mostrar ofensivas; ao mesmo tempo, porém, corremos o risco de permitir que o Antigo Testamento se afaste de nós. Se realmente queremos combater o antissemitismo, que forma melhor de fazê-lo senão alimentando amor pelas Escrituras hebraicas? Hoje, há uma lacuna na estrutura mental dos cristãos americanos brancos. A história emocionante do Êxodo dos filhos de Israel do Egito deve causar-nos arrepios de empolgação, porém sua menção provavelmente deparará com olhares vazios. Precisamos de mais sermões sobre essa história central e formativa. Nós, cristãos, devemos ser capazes de delinear um esboço básico desse evento central do Antigo Testamento e do povo judaico; de compreender a razão pela qual a passagem do Êxodo é sempre lida no auge da vigília pascal; ouvir esses textos centrais sendo ensinados em nossas congregações. Essa história de poder insuperável deve ser parte indispensável de qualquer sistema operacional cristão.[22]

---

[20]Isso será elaborado com mais detalhes no capítulo 10.

[21]Brevard Childs, *Introduction to the Old Testament as Scripture* (Philadelphia: Fortress, 1979), p. 606-7, grifo na citação.

[22]Os octogenários terão algumas lembranças de Charlton Heston como Moisés no filme *The Ten Commandments* [Os Dez Mandamentos], um sucesso de bilheteria. No entanto, um produto comercial dificilmente pode funcionar como história formativa para uma comunidade adoradora!

PÁSCOA E ÊXODO

A história hebraica de libertação é a fonte de boa parte do imaginário pascal da igreja. Em nenhum lugar é mais evidente que a narrativa do Êxodo é o protótipo da cruz e da ressurreição do que no grito de vitória destes dois hinos de Páscoa:

> Venham, fiéis, e aumentem o som
> De alegria triunfante;
> Deus trouxe seu Israel
> Da tristeza para a alegria.
> Livres do amargo jugo do faraó,
> Foram os filhos e filhas de Jacó;
> Deus os conduziu a pé seco
> Pelas águas do mar Vermelho.[23]

> Na grande festa do Cordeiro, cantamos
> Louvado seja o nosso Rei vitorioso...
> [...] Onde o sangue pascal é derramado
> O anjo negro da morte embainha sua espada.
> Os exércitos de Israel triunfantes saem
> Através das ondas que afogam o inimigo.[24]

Esses hinos nos remetem às próprias margens do mar no qual Miriã e suas companheiras exultam com tamborins e danças:

> E Miriã lhes respondia:
> "Cantai ao SENHOR, porque sumamente se exaltou
> e lançou no mar o cavalo com o seu cavaleiro" (Êxodo 15:21).[25]

---

[23]Hino de João Damasceno, oitavo século. Texto baseado na trad. para o inglês de John Mason Neale. *Hinário episcopal* #199.
[24]*Hino latino*, 1632. Texto baseado na trad. para o inglês de Robert Campbell, *Hinário episcopal* #174.
[25]No que diz respeito à mentalidade literal, tem havido muitas reclamações ao longo dos séculos sobre a celebração às margens do mar, com os egípcios se afogando. Várias tentativas foram feitas, até mesmo no próprio Talmud, para melhorar a história do Êxodo. Com todo o respeito, este não é o lugar para nos preocuparmos com o inimigo morto. Às margens do mar Vermelho figurado, devemos entregar-nos ao imediatismo da história, não nos concentrando em nossas reflexões posteriores. Será que as tropas que desembarcaram na praia de Omaha, no Dia D, teriam parado a caminho de suas posições para se preocupar com os alemães mortos? Esse tipo de coisa cega o impacto da história, pois desloca o autêntico poder do milagre e substitui nossos sentimentos supostamente mais refinados. O brilho rabínico na história do mar Vermelho não é bíblico, visto que nos distrai da mensagem principal de triunfo e libertação. Evidentemente, Miriã e suas companheiras não estavam preocupadas com o afogamento dos egípcios. O momento certo para prestar atenção ao inimigo é mais tarde na história de Israel, quando os israelitas são ensinados a mostrar misericórdia pelo estrangeiro, "porque fostes peregrinos na terra do Egito" — e, finalmente, na segunda Páscoa, quando Jesus diz: "Pai, perdoa-lhes, porque não sabem o que fazem" e quando Paulo declara: "Cristo morreu pelos *ímpios*".

Esse versículo deve causar-nos arrepios, pois mesmo os acadêmicos mais céticos concordarão que ele remonta ao próprio acontecimento, independentemente de como se tenha passado. Trata-se, portanto, de um dos fragmentos mais antigos escritos na Bíblia. Ele estabelece conexão direta com o imaginário do Novo Testamento, pois, como Stephen Sykes escreve: "A escravidão é uma metáfora para as consequências do pecado [...]. Aqueles que estão escravizados por ele precisam ser libertados. Somos escravizados por Satanás, o que cobre todas as bases — maldade sistêmica, bem como pecado e erro individuais".[26] A referência à "maldade sistêmica" se mantém vital; não podemos espiritualizar, desistoricizar ou individualizar demais o Êxodo, pois, do contrário, ele perderá seu contorno. Comunidades abastadas precisam entender que são escravizadas pela busca de riquezas, conforto e *status*, muitas vezes obtidos à custa do pobre.[27]

Algumas comunidades reencenam liturgicamente a história do Êxodo, observando toda a vigília pascal. Apenas a versão completa na profunda escuridão da noite pode sugerir adequadamente o poder aterrador, divisor de águas e restaurador da ressurreição — precisamente nos termos do Êxodo do Egito, o partir das águas e a libertação às margens do mar.[28] O antigo cântico *Exsultet* ("Regozijai-vos agora!") é entoado na vigília pascal.[29] Repare como diversos temas — oferta pelo pecado, pagamento da dívida (satisfação), sacrifício de sangue e *Christus victor* — são combinados no recital emocionante de libertação que Cristo efetuou por nós no novo êxodo:

> É verdadeiramente justo e bom, sempre e em todos os lugares, com todo o nosso coração, mente e voz, louvar-te a ti, ó invisível, Todo-Poderoso e eterno Deus, e o teu único filho gerado, Jesus Cristo, nosso Senhor; pois ele é o verdadeiro Cordeiro Pascal, que, na festa da Páscoa, pagou por nós a dívida pelo pecado de Adão e, por seu sangue, libertou teu povo fiel.

---

[26]Sykes, *The story of atonement*, p. 16.

[27]Diversos artigos relacionados às atitudes de ricos e pobres foram publicados em 2013. O tema, baseado em estudos recentes, era que o rico não tem empatia pelo pobre e pelo indefeso, ou mesmo por aqueles que não são pobres porém se encontram, de uma forma ou de outra, em uma escala socioeconômica menor (p. ex., Daniel Goldman, "Rich people just care less", *New York Times*, 25 de outubro de 2013).

[28]A vigília pascal, com o batismo em seu centro, pode ser datada de forma confiável, remontando ao segundo século d.C. Nossa época não pode ser plenamente responsável pela observância de uma vigília abreviada à luz do dia, pois um culto semelhante era realizado no rito de Sarum, já no século 12 d.C. Todavia, podemos concordar com o liturgista Marion Hatchett: "Por causa do seu conteúdo, o rito deve começar nas trevas, como nos séculos iniciais [...] Para o efeito mais dramático, pode ser combinado que a congregação se reúna antes do amanhecer do sol, antes que a luz penetre na igreja no início da Eucaristia" (*Commentary on the American prayer book* [New York: Seabury Press, 1981], p. 243). As primeiras igrejas (titulares) de Roma ainda são celebradas por suas antigas liturgias de acender o fogo da Páscoa no meio da noite.

[29]Na Igreja Católica Romana, o *Exsultet* é chamado de *Praeconium*. É impossível datá-lo com exatidão, mas parece ter-se originado em Roma, já com o papa Zósimo (m. 418 d.C.).

Esta é a noite em que tiraste os nossos antepassados, os filhos de Israel, para fora da escravidão do Egito, conduzindo-os pelo mar Vermelho e em terra seca.

Esta é a noite em que todos os que creem em Cristo são libertos das trevas do pecado, restaurados à graça e à santidade de vida.

Esta é a noite em que Cristo, ao romper os laços da morte e do inferno, ressuscitou vitoriosamente do túmulo.

No culto completo, nove lições são tradicionalmente lidas seguindo esse cântico, *todas do Antigo Testamento*. Quando o culto tem de ser encurtado, uma lição é *sempre lida*: a passagem do Êxodo (14:10—15:1), a história da libertação no mar Vermelho. O texto descreve o grupo de escravos cruelmente oprimidos reunindo-se no meio da noite, empacotando seus poucos bens terrenos, já vestidos para partir, fazendo sua refeição antecipatória final às pressas, preparando-se para se aventurar no desconhecido, apenas com a Palavra de Deus — por meio de Moisés como líder — para confiar, prontos para seguir a Palavra desse Deus que os tirou da terra da escravidão para o caminho da liberdade. Essa é a atmosfera duplicada na vigília pascal, quando realizada de forma adequada: no meio da noite, a igreja no escuro, a história do Êxodo lida enquanto os adoradores tremem às vésperas da libertação final e conclusiva: a ressurreição dos mortos.

O Êxodo na vida

Essa história pode e deve ter o mesmo poder para nós hoje que teve para os primeiros cristãos. Eles viam o Êxodo como o acontecimento veterotestamentário *par excellence*, o evento a partir do qual deveriam compreender a morte e a ressurreição de Jesus, o Messias. Em sua adoração, não era necessário explicar que a Ceia do Senhor é a nova Páscoa, e a ressurreição, o novo êxodo. A comunidade adoradora já havia compreendido, sem ter sido ensinada, que a passagem de Jesus pela morte desdobra o *significado* escatológico da passagem dos israelitas da opressão para a liberdade. A liturgia pascal da Igreja Ortodoxa é particularmente rica nessas associações. A narrativa do Êxodo tem sido central à comunidade afro-americana, visto que ela também experimentou a libertação da escravidão.[30]

---

[30]Em seu valioso livro *The preacher king*, sobre a *pregação* real de Martin Luther King (em contraste com as obras escritas que foram publicadas), Richard Lischer mostra como King, de forma poderosa e sistemática, entrelaça os dois temas principais do êxodo e do amor sofredor de Jesus. O tema da morte substitutiva de Jesus como expiação pelo pecado, Lischer nos lembra, desempenha papel discreto no púlpito afro-americano, ao passo que a cruz é central, visto que, nela, a igreja negra vê seu Senhor suportando seu sofrimento e vencendo-o na vitória que eles também partilham. King se preocupava com o fato de uma *theologia crucis* aprendida no seminário "ter forte ênfase além e estar fora da realidade", em vez de chamar a igreja à ação. Apesar das reservas,

No gênero Spiritual, músicas como *Go down, Moses* [Desça, Moisés], os cantores se identificam com os escravos hebreus da antiguidade. Eles não têm necessidade de interpretação, pois conhecem a história israelita como sua história.[31]

A narrativa do Êxodo funciona poderosamente na comunidade cristã sitiada. Robert Spike, um homem branco, era líder da Comissão de Religião e Raça do Conselho Nacional de igrejas, no auge do movimento pelos direitos civis. No verão de 1963, ele fez uma viagem a Savannah, Georgia, onde os jovens líderes negros Hosea Williams e Andrew Young lideravam reuniões em massa em preparação para perigosas marchas noturnas, com o objetivo de ganhar a votação. Mais de quinhentos negros da cidade já haviam ido para a cadeia. Poucas pessoas brancas haviam testemunhado qualquer coisa relacionada a essas supostas reuniões em massa, as quais, na verdade, eram, em muitos aspectos, cultos de adoração cristã. A pregação era apaixonada, e os cânticos, trovejantes. Spike — que tinha formação teológica — escreveu aos colegas relatando o que via: "Tive uma fortíssima sensação de estar no Egito na noite da Páscoa [...] ou no gueto de Varsóvia, há vinte e cinco anos, ou em Sharpeville, África do Sul, não muito tempo atrás".[32] Assim, a velha história,

---

Lischer continua: "O caráter público de King passou a ser cada vez mais moldado por ressonâncias com o Crucificado [...] o Salvador crucificado [era] o princípio organizador da depressão, das falhas, das rejeições e da morte iminente de King" (*The preacher king: Martin Luther King, Jr., and the word that moved America* [Oxford: Oxford University Press, 1995], p.188-9). Esse é um exemplo poderoso da maneira em que a cruz atua de uma forma em uma comunidade em determinado momento e de outra forma em um momento diferente.

[31] Uma peça em New York no início dos anos 90 chamada *Beau Jest* continha uma cena polêmica. Mostrava um jantar cerimonial de Páscoa na casa de uma família judia secular, assimilada. Seguindo o antigo costume, a família convidara um gentio — nesse caso, um homem negro — que, como muitos afro-americanos que cresceram na igreja, conhece bem a Bíblia. Os membros da família anfitriã executam todos os movimentos consagrados pelo tempo que acompanham a leitura da Hagadá da Páscoa, realizando ações tradicionais e fazendo perguntas tradicionais (p. ex., "Por que esta noite é diferente de todas as demais noites?"); no decorrer da cerimônia, porém, fica óbvio que a família realmente não entende nem se preocupa muito com o significado de tudo aquilo. O visitante negro toma a cópia da Hagadá e lê a história do Êxodo para revelar à família, pela primeira vez, o poder de sua tradição judaica. (Devemos observar, no entanto, que alguns judeus na vida real têm-se ressentido, talvez justificadamente, com essa universalização da narrativa do Êxodo.)

[32] Taylor Branch, *Pillar of fire: America in the king years, 1963-1965* (New York: Simon and Schuster, 1998), p. 127. Senti-me tentada a omitir a referência ao gueto de Varsóvia por não considerá-la adequada, uma vez que todos os que estavam na revolta do gueto judaico morreram; todavia, creio entender o que Spike queria dizer. A insurreição do gueto de Varsóvia (abril-maio de 1943, a qual não deve ser confundida com a insurreição de Varsóvia promovida pelo Exército Nacional Polonês de agosto-setembro de 1944 — o maior movimento de resistência europeu durante a Segunda Guerra Mundial, mas igualmente sem resultado) ocorreu durante a Páscoa. Vista sob a perspectiva do tempo do fim, a insurreição foi um sucesso, pois foi um sinal implantado na história de que as agitações da liberdade não podem ser reprimidas para sempre. A luta por liberdade deve operar sob uma sombra neste "presente século mal", porém não deixa de ser um sinal de que Deus está presente, mesmo quando se encontra escondido. A insurreição do gueto (bem como a triste insurreição de 1944) será honrada na memória como um sinal de que Deus estava presente, mesmo nessas situações extremas. Uma ação que parece fútil aos olhos do mundo incrédulo pode, ainda assim, fazer parte do plano misterioso de Deus.

mais uma vez, volta a ter vida quando o poder do Espírito passado e futuro se move entre o povo:

> Sobre a minha cabeça, vejo liberdade no ar;
> Sobre a minha cabeça, ó Senhor, vejo liberdade no ar;
> Deve existir um Deus em algum lugar.[33]

Em seu livro sobre o movimento de direitos civis, Andrew Young reconta o partir das águas em Birmingham, Alabama, em 1964: "O domingo de Páscoa amanheceu com Martin [Luther King] na cadeia [...]. Planejamos uma marcha da igreja New Pilgrim Baptist Church para a prisão da cidade na tarde de domingo da Páscoa [...]. Por volta do fim do culto, cerca de cinco mil pessoas estavam presentes [...] vestidas com seus melhores trajes de domingo".

Os manifestantes partiram em clima de festa. De repente, avistaram a polícia, carros de bombeiros e bombeiros com mangueiras diante deles, bloqueando o caminho. "Bull", berrou Connor, "pare este grupo e dê meia-volta!". Cinco mil pessoas pararam e aguardaram as instruções de seus líderes.

> Wyatt Walker e eu liderávamos a manifestação. Não posso dizer que sabíamos o que fazer. Eu sabia que não queria dar meia-volta [...]. Pedi às pessoas que se ajoelhassem e fizessem uma oração [...]. De repente, o reverendo Charles Billups, um dos líderes mais fiéis e destemidos do antigo Alabama Christian Movement for Human Rights, deu um salto e gritou: *"O Senhor está com este movimento! Fiquem de pé! Vamos prosseguir!"* [...]. A princípio atordoado, Bull Connor clamou: "Detenham-nos, detenham-nos!", mas nenhum dos policiais moveu um músculo sequer. Até mesmo os cães policiais, que rosnavam e pareciam agitados, ficaram perfeitamente calmos [...]. Vi um dos bombeiros, em lágrimas, soltar a mangueira que estava em sua mão. Nosso povo marchou bem na frente dos caminhões dos bombeiros, cantando: "Quero que Jesus ande comigo". [...] Os policiais [de Bull Connor] recusaram-se a nos prender, seus bombeiros se recusaram a jogar água em nós e seus cães se recusaram a nos morder. Testemunhamos uma cena e tanto! Nunca me esquecerei de uma mulher que ficou extasiada ao marchar pelas barricadas. Ao passar, ela gritava: "O Grande Deus Todo-Poderoso partiu as águas mais uma vez!".[34]

---

[33] Disponível em: http://ctl.du.edu/spirituals/freedom/civil.cfm.
[34] Andrew Young, *An easy burden: the civil rights movement and the transformation of America* (New York: HarperCollins, 1996), p. 223.

A CRUCIFICAÇÃO

Ninguém comunicou mais poderosamente as histórias do Êxodo e do movimento pelos direitos civis em linguagem apocalíptica do que Paul L. Lehmann. Eis aqui seu resumo em *The transfiguration of politics* [A transfiguração da política]:

> Ler o "Dream Speech" [o discurso "Eu tenho um sonho"] agora é reviver o dia em que ele foi falado aos ouvidos de todos, no Washington Mall ou pela mídia. Ao fazer isso, podemos afirmar, mais uma vez, o relato da senhora King, de acordo com o qual, "para todos os que estavam presentes, suas palavras pareciam fluir de um lugar mais elevado, por meio de Martin, ao povo exausto diante dele. Sim: o próprio céu se abriu e todos nós parecíamos transformados". "Transfigurados" talvez seja uma palavra melhor — e isso não apenas porque outro Êxodo estava a caminho, mas também porque um momento de verdade se havia irrompido, do qual não haveria retorno. Moisés e Elias vinham ao nosso encontro; justiça e ressurreição estavam a caminho. Ainda assim, tínhamos muito de sofrer.[35]

O fragmento inclui quase todos os elementos que temos enfatizado. Deus está se movendo. Sua atividade assume a forma de um irromper a partir de outra esfera de poder. É sua iniciativa, do início ao fim. De um lugar mais elevado, Deus envia sua Palavra ao povo cansado. Outro Êxodo está a caminho. Nosso envolvimento com o que Deus já está fazendo é "transfigurador": é a descoberta de que pertencemos a uma ordem diferente de existência, da qual não há como retroceder. Ainda assim, temos de enfrentar muito sofrimento. Em *The preacher king* [O pregador rei], Richard Lischer mostra como King entrelaçou, de forma poderosa e sistemática, dois temas-chave do Êxodo e do amor sofredor de Jesus.

A história do Êxodo funciona de uma forma para uma comunidade em uma época e de outra forma para outra comunidade em outra época. Durante a repressão do povo do Timor-Leste, em 1999, o bispo católico romano Belo se colocou em perigo por seu rebanho, obtendo, posteriormente, o Prêmio Nobel da Paz. Durante o conflito, o repórter Seth Mydans escreveu de Dili, Timor-Leste: "Aqui, no coração partido desta pequena cidade, [um padre católico romano] tentou persuadir seus ouvintes abatidos de que o sofrimento é recompensado e que a ressurreição existe, mesmo para eles. 'Vocês são como o povo de Israel, que sofreu pela paz, sofreu pela liberdade, sofreu para ter sua terra',

---

[35] Paul L. Lehmann, *The transfiguration of politics* (New York: Harper and Row, 1975), p. 182-3.

disse o padre, o rev. João Feligueras [...] que trabalha no Timor-Leste desde muito antes da invasão da Indonésia, ocorrida em 1975".[36]

Assim, a narrativa do Êxodo continua a reter a promessa de vida ao redor do mundo, ao longo dos séculos, com as pessoas oprimidas se apegando à promessa de que Deus age em meio a elas. O padre abatido estabelece, nas ruínas, uma conexão entre a história dos israelitas escravizados e o sofrimento redentor no presente. Retrata tanto a cruz como a ressurreição nos termos da história sagrada.

> Ao aproximar-se o faraó, os israelitas olharam e avistaram os egípcios que marchavam na direção deles. E, aterrorizados, clamaram ao Senhor. Disseram a Moisés: "Foi por falta de túmulos no Egito que você nos trouxe para morrermos no deserto?" [...] Moisés respondeu ao povo: "Não tenham medo. Fiquem firmes e vejam o livramento que o Senhor lhes trará hoje, porque vocês nunca mais verão os egípcios que hoje veem. O Senhor luta por vocês; tão somente acalmem-se" (Êxodo 14:10-14, NVI).

---

[36]Seth Mydans, "At last, Timorese can pray and count the costs", *New York Times*, 4 de outubro de 1999.

CAPÍTULO 6

SACRIFÍCIO DE SANGUE

> Quem não conhece o Amor, que o tal avalie e prove
> Da justiça daquele que, na cruz, foi pendurado
> E abandonado; e que o tal diga
> Se jamais provou algo remotamente parecido.
> O amor é esse licor doce e divino
> Que o meu Deus sente como sangue; mas eu, como vinho.
>
> GEORGE HERBERT, *The agonie*[1] [A agonia]

NO PERÍODO MODERNO, houve uma reação negativa nas igrejas tradicionais ao conceito da cruz de Cristo como sacrifício. O desdém pela imagem do "sangue" no Novo Testamento se tornou comum, ainda que o tema se tenha tornado proeminente nos hinos e nas práticas piedosas da história cristã.[2] Este capítulo defende a importância duradoura do tema. O teólogo George Hunsinger escreveu: "O tema do sangue de Cristo, conforme extraído do Novo Testamento, é insuperável em sua amplitude metafórica, em sua complexidade e em sua riqueza", e então ele cita o poema de George Herbert que serve de epígrafe a este capítulo.[3]

---

[1] George Herbert, "The agonie", in: John Tobin, org., George Herbert, *The complete English poems* (London: Penguin Books, 1991), p. 33.

[2] Logo no início do meu ministério, fui convidada a pregar em um culto de Sexta-feira da Paixão em uma igreja proeminente. O ministro sênior era um bom amigo e um bom líder; entretanto, quando cheguei para o culto, ele me instruiu a não pregar sobre "o sangue". A injunção foi repetida alguns anos depois, quando um professor respeitado de um importante seminário episcopal me disse que era inaceitável fazê-lo. Acatei sua orientação na época, pois queria estar na vanguarda da moda acadêmica, mas, olhando para trás, agora percebo quanto fiquei profundamente perplexa e angustiada diante dessas restrições. A ideia de Jesus se sacrificar por mim e por toda a raça humana me serviu de esteio por toda a vida. Teria eu entendido tudo errado? Mais especificamente, não deveria pregar mais sobre o sangue?

[3] George Hunsinger, *Disruptive grace: studies in the theology of Karl Barth* (Grand Rapids: Eerdmans, 2000), p. 361.

Sacrifício de sangue

O tema do sacrifício, especificamente o sacrifício de *sangue*, é central à história de nossa salvação por meio de Jesus Cristo; sem esse tema, a proclamação cristã perde boa parte do poder, tornando-se tanto teológica como *eticamente* subnutrida.

Eis algumas das muitas referências do Novo Testamento ao sangue de Cristo:

> Cuidem de vocês mesmos e de todo o rebanho sobre o qual o Espírito Santo os colocou como bispos, para pastorearem a igreja de Deus, que ele comprou *com o seu sangue* (Atos 20:28, NVI).[4]

> Porque aprouve a Deus que, nele [em Cristo], residisse toda a plenitude e que havendo feito a paz *pelo sangue da sua cruz*, por meio dele, reconciliasse consigo mesmo todas as coisas (Colossenses 1:19,20, ARA).

> Porquanto vós sabeis que não fostes redimidos com coisas corruptíveis, como prata ou ouro, de vossa vã maneira de viver, a qual recebestes dos vossos pais, mas com o *precioso sangue* de Cristo, como de um cordeiro sem defeito e sem mancha (1Pedro 1:18,19, KJV).

> Porque os corpos de animais cujo sangue é, pelo pecado, trazido pelo sumo sacerdote para o Santuário, são queimados fora do acampamento. Por isso, também Jesus, para santificar o povo *pelo seu sangue*, padeceu fora da porta (Hebreus 13:11,12).

Olhando essas quatro passagens como representativas de muitas outras, podemos prontamente compreender que o tema do sangue não é opcional. Se passássemos por toda a Bíblia e pela liturgia eucarística, e removêssemos todas as referências a sangue e sacrifício, rasgaríamos boa parte de sua essência. Mesmo assim, não é fácil conseguirmos uma audiência disposta a ouvir sobre o "sangue de Cristo" nas igrejas tradicionais de hoje. Há muitas razões para isso — algumas superficiais (p. ex., o desdém em relação à fé "primitiva") e outras, sérias. Abordaremos as razões mais sérias neste capítulo.

---

[4] Algumas traduções trazem "com o sangue do seu Filho", mas o grego simplesmente diz "o seu sangue" (*dia tou haimatos tou idiou*), o que, em termos teológicos, sugere mais a participação do Pai. Fitzmyer oferece o útil comentário de que "Lucas pode estar pensando na ação de Deus Pai e de Deus Filho de forma tão interligada que essa forma de falar desliza de um para o outro; se sim, assemelha-se aos padrões de fala do evangelho de João" (*The Acts of the Apostles*, Anchor Bible 31 [New York: Doubleday, 1998], p. 680). A expressão "sangue do seu Filho" é atípica de Lucas. Isso sugere que talvez faça parte de uma confissão anterior da igreja, a qual é apropriada por Lucas (como a linguagem de Romanos 3:24b-25a, a qual também não é típica de Paulo). É bem provável que Paulo tenha citado uma expressão que já circulava em Roma.

"Sangue de Cristo" como metáfora

Uma razão para a reação contra o tema sacrificial é certamente a mentalidade literal de uma cultura desacostumada a ler poemas. Trata-se de uma das peculiaridades de nossa época o fato de apoiarmos uma vasta indústria de entretenimento, especializada cada vez mais em filmes e jogos explicitamente violentos, cobrindo-nos, ao mesmo tempo, com um manto "politicamente correto" de altivez fastidiosa. Em uma época anterior e talvez, em alguns aspectos, mais sofisticada, os cristãos realmente cantavam as palavras do poeta William Cowper: "Há uma fonte cheia de sangue, que jorra das veias de Emanuel", sem nenhum senso de desgosto. Os cristãos de antigamente estavam acostumados com imagens literárias extravagantes. Não lhes teria ocorrido tomar tal figura literalmente, da mesma forma que as congregações evangélicas de hoje não tomam literalmente segmentos de frase como "há poder no sangue" ao cantá-las. Analisando a questão de um ângulo diferente, muitos protestantes não apreciam as esculturas barrocas de um Jesus ensanguentado, mas não é possível dizer se isso ocorre por escrúpulo teológico ou por causa de um conceito norte-europeu típico do mau gosto mediterrâneo.[5]

A mentalidade literal é inimiga da interpretação bíblica vital (uma preocupação semelhante foi levantada anteriormente, a respeito de Anselmo). Qualquer um que se concentre no "sangue" de forma exclusivamente literal perderá por completo a ideia central. Quando John Donne disse à sua congregação que Deus "escreveu o seu nome com o sangue do Cordeiro, morto em vosso favor", falou como poeta e pregador. Até mesmo o mais ousado dos ilustradores hesitaria em retratar artisticamente uma frase como essa de modo literal, por exemplo, pintando com um tinteiro cheio do sangue de Jesus! A poesia de George Herbert é plena de imagens que nos incitam a responder ao evangelho de forma imaginativa. Infelizmente, muitos hoje estão tão acostumados a

---

[5] Nem sempre é fácil discernirmos entre uma coisa e outra. Quando o artista Barry Moser revelou seu projeto ambicioso de ilustrar a Bíblia inteira, o *New York Times* o publicou (26 de maio de 1999). Alguns editores reproduziram apenas uma imagem dentre as várias contidas na coleção. Foi chocante, para dizer o mínimo. Exibida na primeira página de uma das seções internas populares do *Times*, estava uma ilustração mostrando os pés do Cristo crucificado enquanto ele jazia pendurado na cruz, sendo beijado por uma mulher não identificada (provavelmente Maria Madalena). O sangue escorre de seus pés para a face da mulher, que parece bebê-lo. O efeito é revoltante e erótico, fascinante e, ao mesmo tempo, chocante. É tentador suspeitarmos de que a razão pela qual o *Times* escolheu essa figura em particular foi para fazer a fé cristã soar ridícula. Por outro lado, ninguém rejeitaria a imagem por mero escrúpulo ou pudor. A única coisa que podemos dizer ao certo é que, qualquer que seja o significado de "o sangue de Cristo", ele não corresponde em nada à ilustração de Moser.

escutar apenas a linguagem das ciências sociais que são incapazes de reconhecer e ser tomados pelo poder da linguagem metafórica.⁶

O teólogo britânico Kenneth Leech, alguém que não se enquadraria na categoria de reacionário, fala de nossa "necessidade de confiança no sangue, na realização de Jesus".⁷ Não é o caso de a simplicidade dessa declaração desfazer todas as objeções constantemente feitas sobre "o sangue" — sua barbaridade, vulgaridade e crueza? Acaso não podemos aprender a falar metaforicamente? Não há nada no Novo Testamento que nos faça pensar no sangue como algo caótico e horrível. As narrativas da Paixão são notáveis por sua reticência em relação a detalhes físicos. Isso é significativo em diversos aspectos. Em vez de evocados em termos visuais ou olfativos, "o sangue" de Jesus é compreendido quanto a seus efeitos, de sua importância implícita — "a realização de Jesus". Em retórica clássica, isso é chamado de *metonímia*, agora mais comumente chamada de *metáfora*.⁸

A carta aos Hebreus é um bom exemplo disso. O autor, conhecido por seu tratamento preciso do tema do sacrifício, não estava nem um pouco preocupado em acertar em todos os detalhes minuciosos dos sacrifícios do Antigo Testamento.⁹ Uma imaginação abrangente e fluida está em curso aqui. Nessa carta (mais adequadamente chamada de "tratado"), alguns temas do Antigo Testamento são combinados de forma completamente nova, com uma observação apenas passageira dos detalhes históricos de como os israelitas de fato realizavam sacrifícios no deserto. A ideia geral era suficiente. O ponto relevante era que Deus, sabendo que os israelitas não podiam aproximar-se dele da forma que estavam (ou seja, imersos em culpa), providenciou-lhes um meio para que eles vivessem em sua presença. Outra vida, sem defeito ou mácula, era oferecida

---

⁶Uma professora proeminente de um grande seminário fez um comentário, na conferência presbiteriana "Re-imagining" [Reimaginando], em novembro de 1993, que foi amplamente citado nos relatórios do evento. Ela disse que a igreja precisava deixar de se concentrar na cruz "com sangue escorrendo e todos os tipos de coisas esquisitas". Na verdade, isso é precisamente o que o Novo Testamento não menciona. Não há "coisas estranhas" em lugar algum. Sem dúvida, a observação foi feita em tom casual, e não havia a intenção de ser uma representação justa do que a falante realmente pensava; entretanto, ela esconde uma perspectiva deliberadamente redutora ou alarmantemente pouco sofisticada do imaginário bíblico. Evito mencionar o nome da professora por ter certeza de que ela não desejaria ser lembrada por essa declaração improvisada.

⁷Kenneth Leech, *We preach Christ crucified* (New York: Church Publishing, 1994), p. 29.

⁸ Receio ser mal compreendida nesse ponto. Não sugiro, como muitos acadêmicos "textuais", que tudo o que temos são metáforas. Não estou dizendo que não importa se qualquer coisa jaz por trás do texto. Fui instruída por Joel Marcus que um princípio da exegese judaica é que, em muitos casos, "o sentido literal é mais contundente que a metáfora". Estou dizendo, no entanto, que, quando os escritores bíblicos escolhem falar em imagens e "figuras", devemos deixar nossa imaginação segui-las, sem forçar passagens a um canal estreito, onde não se encaixam devidamente.

⁹Alguns propuseram a ideia de que Hebreus foi escrito por uma mulher. A menos que surjam evidências mais robustas, essa conjectura tendenciosa deve permanecer suspeita.

no lugar. O sangue borrifado do animal, oferecido pelo sacerdote, era a forma de obter a remissão de pecados.

De modo um tanto justificável, pensamos no apóstolo Paulo como o pensador intelectual mais puro do Novo Testamento; as figuras de linguagem, porém, ocorriam-lhe com facilidade. Em Romanos 5:9,10, o apóstolo usa "por seu sangue" como sinônimo da morte de Jesus.[10] Em 1Coríntios 5:7, ele diz: "Cristo, nosso cordeiro pascal, foi sacrificado". O texto de 1Coríntios 10:16 fala de "participação no sangue de Cristo". No Novo Testamento como um todo, as referências ao "sangue" de Cristo são três vezes mais frequentes do que aquelas relacionadas à "morte" de Cristo — uma estatística convincente. Por muitos séculos, o sistema sacrificial de Israel havia preparado o povo de Deus para compreender que, "sem derramamento de sangue, não há remissão" (Hebreus 9:22, ARA). As próprias "palavras de instrução" proferidas por Jesus na Última Ceia mencionam claramente a ideia de sacrifício: "Este é o meu sangue da aliança, derramado em favor de muitos" (Marcos 14:24). Reitero: o testemunho bíblico consiste em muitos temas e variações; não restam dúvidas, porém, de que a morte de Jesus, interpretada como sacrifício, especialmente sacrifício *pelo pecado*, é uma das ideias predominantes no Novo Testamento.[11]

Sem dúvida, há um problema aqui. Alguns se perguntam se as imagens associadas a sangue não se tornaram letra morta para a classe média de cristãos americanos, que vivem em uma sociedade *high-tech*, muito distante de sangue e morte reais, quanto mais de conceitos como morte sacrificial![12] Podemos questionar, entretanto, se o poder do sangue derramado se perdeu para nós. Certamente, Jacqueline Kennedy — mestre em manipular símbolos — estava ciente disso ao se recusar veementemente a permitir que o sangue de seu marido fosse limpo de suas meias ou, então, de mudar seu traje cor-de-rosa, afirmando: "Quero que eles vejam o que fizeram". Por outro lado, as narrativas da Paixão do Novo Testamento não estão absolutamente preocupadas em despertar em nós esse tipo de reação. Não querem que "vejamos" o sangue.

---

[10]Cousar nos remete ao paralelismo em "por seu sangue" com "pela morte do seu filho" (Charles B. Cousar, *A theology of the cross: the death of Jesus in the Pauline letters*, Overtures to Biblical Theology [Minneapolis: Augsburg Fortress, 1990], p. 63).

[11]Uma fonte confiável me contou uma história relacionada a um candidato ao doutorado cuja dissertação era o tema do perdão de pecados na teologia do processo. Um acadêmico judeu estava entre os membros da banca, escutando a defesa oral. Depois de o candidato ter feito sua apresentação e haver discussão por um tempo, o professor judeu tomou a palavra e manifestou-se perplexo. Ele, como judeu, sabia que não havia perdão sem sacrifício: como, então, o candidato escrevera toda uma tese sobre o assunto sem a menor menção a sacrifício? Não registrarei a resposta; a pergunta em si estabelece a ideia central que quero transmitir.

[12]Cf., p. ex., David L. Wheeler, "The cross and the blood: living or dead images?", *Dialog* 35, n. 1 (inverno de 1996): p. 7-13.

Quando o evangelho de João nos fala de "sangue e água" que fluíram do lado de Jesus, a relevância é claramente teológica, não literal. De fato, no quadro da crucificação considerado por muitos o maior de todos (e certamente o mais arrepiante), o Retábulo de Issenheim, pintado por Matthias Grünewald, não vemos sangue. No Novo Testamento, o "sangue de Cristo" não é uma descrição de um acontecimento físico no Gólgota. Mais uma vez, trata-se de uma *metonímia* ou de uma *sinédoque* — o uso de uma ideia por outra, ou de uma parte pelo todo, com o propósito de aumentar ou dar ênfase ao seu significado. Por que tantas pessoas insistem na interpretação literal do termo? Parece teimosia, como se os objetores se recusassem a ver "o sangue de Jesus" como uma imagem — uma imagem, por sinal, extremamente poderosa. Quando uma congregação afro-americana entoa o refrão evangélico "Ao meu coração, o sangue foi aplicado/ Glórias ao seu Nome!", não está pensando de forma literal, e soa até perverso sugerir que isso esteja acontecendo. Antes, a congregação está pensando no poder do Jesus crucificado na vida dos cristãos. Encontramo-nos, mais uma vez, na esfera da poesia.[13]

Sangue: vida ou morte?

Há grandes debates quanto a "sangue" representar vida ou morte. Diversos exegetas de peso se basearam em Levítico 17:11: "Pois a vida da carne está no sangue; e eu o tenho dado a vós sobre o altar, para fazer expiação pela vossa alma: é o sangue que faz expiação pela alma" — ou outras passagens que denotam que a vida de cada criatura está no sangue (cf. Gênesis 9:4 e Deuteronômio 12:23). O argumento é que "sangue" significa o derramar da vida.[14] Isso se tornou quase um artigo de fé para muitos acadêmicos de religiões comparadas e de ritualística nos tempos do Antigo Testamento. Nessa perspectiva, o

---

[13] Tendo estabelecido tudo isso, entretanto, devemos dizer que, se o objetivo fosse apenas um sacrifício *sangrento*, Deus teria planejado uma morte mais sangrenta do que a crucificação de seu Messias. Os açoites e os pregos extraíram sangue, mas o único sangue que é especificamente *mencionado* nos Evangelhos é aquele que sai da ferida da lança, ocorrido quando Jesus já estava morto. Decapitação ou estripação teriam sido procedimentos muito mais sangrentos. Para um significado ainda mais profundo da cruz, não podemos nos concentrar apenas no derramamento do sangue em si.

[14] Trata-se de um ponto de vista influente, associado especialmente a Vincent Taylor e B. F. Westcott em gerações anteriores, perspectiva amplamente aceita nos dias de hoje. Nahum Sarna, por exemplo, escreve: "O sangue é a essência da vida, ponto explicitado na Bíblia diversas vezes" (*Exploring Exodus: the origins of biblical Israel* [New York: Schocken Books, 1986], p. 92-3). A perspectiva no contexto da auto-oferta de Jesus de que sangue *sempre* significa vida e não morte é um artigo de fé para os acadêmicos que se consideram progressistas, cuja recomendação de seu uso exclusivo é para aqueles que "não toleram violência em hipótese alguma" (James Rowe Adams, org., *The essential reference book for biblical metaphors: from literal to literary*, 2. ed. [Dallas: Word, 2008], p. 255-7). Esse ponto de vista priva a morte por crucificação de seu significado único.

elemento essencial na morte sacrificial é o derramamento da vida. A morte é quase secundária nesse processo, como se não passasse de uma necessidade desagradável a fim de chegar ao sangue. A questão aqui é de suma importância. Se toda a ênfase está sobre a *vida* de Jesus ter sido entregue, não nos resta explicação para Deus tê-lo abandonado ou para qualquer tipo de maldição — conforme argumentamos no capítulo 2 —, de modo que negligenciamos um dos aspectos mais profundos da crucificação de Cristo. Sem dúvida, é correto dizer que a essência do sacrifício de Cristo é a entrega de sua vida, porém a insistência desses acadêmicos em dissociar a vida da morte significa que não podemos falar de representação, substituição, propiciação, sofrimento vicário ou mesmo de uma troca acontecendo na cruz, uma vez que a ideia toda de Deus experimentando seu juízo é eliminada. Tal interpretação continuaria a nos deixar no escuro quanto ao porquê da barbaridade da cruz; afinal, uma vez que se trata apenas da obtenção de sangue, a essência da vida, certamente ele poderia ser obtido de uma forma mais limpa e estética.

Em última análise, essa controvérsia entre sangue como vida e sangue como morte é desnecessária. O ensino franco sobre o assunto pelo intérprete James Denney (século 19) é, para nós, de grande valia. Com uma indignação em nome do evangelho digna de Paulo, Denney ataca B. F. Westcott por seu "estranho capricho" em dividir a vida da morte, o sangue oferecido do sangue derramado, a vida liberada e disponibilizada a nós e a vida entregue na morte:

> Arrisco dizer que uma falácia mais infundada nunca assombrou ou perturbou a interpretação de qualquer parte da Escritura do que aquela que é introduzida por essa distinção na carta aos Hebreus [...]. Não faz sentido dizer que [pela morte de Jesus] sua vida é "liberada" e "disponibilizada" ao ser humano, como se uma coisa pudesse ser separada da outra. Pelo contrário: o que torna sua vida ressurreta relevante e poderosa para salvar os pecadores não é nada mais nada menos que isto: *o envolvimento de sua morte*.[15]

Stephen Skyes enfatiza a ideia de sacrifício como algo que concede vida no sentido de comprometimento total, a oferta de alguém por completo. Imagine uma pessoa totalmente comprometida com seus melhores interesses, dedicada a vê-lo florescer, lutando por você contra todos os inimigos, determinada a eliminar tudo o que é destrutivo em sua vida, atenta a cada detalhe de quem você

---

[15] James Denney, *The death of Christ*, ed. R. V. Tasker (London: Tyndale Press, 1951; orig. 1902), p. 149.

é, nunca pensando em si mesma, mas tão somente em você. Esse é Jesus em relação a todos nós — sacrificial em sua vida, sacrificial em sua morte. É difícil discernirmos qualquer razão útil para sermos forçados a escolher entre a oferta da vida e a aceitação de uma morte ímpia em nossa compreensão do que Jesus realizou ao entregar *a si mesmo*.

O CONCEITO DE SACRIFÍCIO

Há diversas ideias básicas presentes no conceito de sacrifício. Pense, por exemplo, em um *bunt* de sacrifício no beisebol, em que alguém renuncia à sua chance de uma rebatida para promover outra. Um uso bastante comum da palavra faz referência a soldados que "fizeram o sacrifício supremo" de dar a vida. Jogadores de xadrez "sacrificam" peões para obter vantagem no jogo posteriormente. Uma profissional pode dizer que não se casará nem terá filhos porque não quer "sacrificar" sua carreira. Na outra extremidade da questão, certamente estamos familiarizados com o uso frequente da palavra "sacrifício" para designar aquilo de que os pais abrem mão para ver seus filhos serem bem-sucedidos. A seriedade da ideia depende do contexto. Martin Luther King falava muito sobre sacrifício: "Todos no movimento devem levar uma vida sacrificial".[16]

Em todos esses exemplos, pelo menos duas ideias estão presentes:

- Renuncia-se a algo de valor.
- O propósito é a obtenção de um bem maior.

A palavra "sacrifício" é um substantivo, mas também temos o verbo "sacrificar". Importantes camadas de significado podem ser discernidas a partir de nossa perspectiva de como a palavra é empregada. No contexto em que é um verbo, geralmente vemos uma pessoa *se sacrificando*, ou seja, renunciando a alguma coisa. No contexto em que sacrifício é um substantivo, o *ato* de abrir mão pode estar em vista ("sacrifício" no beisebol, por exemplo) ou — guarde isso bem — a coisa renunciada ou oferecida constitui o sacrifício *em si*, como, por exemplo, no caso do peão no xadrez ou do animal abatido em um ritual religioso.

Com Jesus, vemos todos esses significados se entrelaçando. Jesus assume o papel sacerdotal, oferecendo um sacrifício ao *ir* (um verbo ativo) deliberadamente a Jerusalém, onde sabe que a morte o aguarda; ele, então, *deixa-se ser*

---

[16]Cit. Taylor Branch, *Parting the waters: America in the king years, 1954-1963* (New York: Simon and Schuster, 1988), p. 727.

sacrificado (forma passiva do verbo), recusando-se a resistir; e, ao se entregar, ele próprio *se transforma no sacrifício* (substantivo). Certamente, Jesus não foi o único a combinar todos esses significados em uma única pessoa; contudo, a reivindicação feita pela pregação apostólica permanece única na história mundial, e muito mais na história da religião, no seguinte sentido: ela proclama esse único sacrifício como *eficaz para toda a humanidade e para todo o cosmo, de uma vez por todas*.[17]

Isso nos leva ao propósito dos sacrifícios, biblicamente compreendidos.

A OFERTA PELO PECADO EM LEVÍTICO

O tema bíblico do sacrifício oferecido por Deus é proeminente no Antigo e no Novo Testamento. Não nos cabe fazer uma análise profunda do tema neste livro. De todos os temas que examinamos, esse é o mais intimidador para aqueles que não estão versados em história da religião. Tentar desvendar as complexidades dos sistemas sacrificiais das culturas antigas em geral e da religião do Antigo Testamento em particular pode levar à distração o cristão comum interessado no tema. Pense também na pobre ministra, treinada no método histórico-crítico, tentando pregar sobre o sacrifício de Cristo. Como ela lidaria com distinções entre oferta pelo pecado, oferta pela culpa, oferta de ação de graças, oferta de alimentos, bode expiatório, ofertas substitutivas, holocaustos, sacrifícios expiatórios, sacrifícios propiciatórios, sacrifícios pactuais etc.?[18] No entanto, a educação do seminário mudou tanto nos últimos quarenta anos que, agora, corremos o risco de pregadores fazerem *pouquíssimo* esforço para estudar o contexto histórico. Ainda assim, cabe uma ressalva: o pregador, ou ministro, que deseja dizer algo teológico não precisa tornar-se refém do significado de cada detalhe do que foi descoberto nas pesquisas do antigo Oriente Próximo. Cedo ou tarde, o intérprete deve chegar a uma *teologia do sacrifício expiatório de Cristo* que leve em consideração as descobertas da pesquisa histórica, sem ser tiranizada por elas. O conceito de sacrifício tem um significado universal que vai mais direto ao ponto.

---

[17] *Ephapax*, "uma vez por todas", é exclusivo de Hebreus, sendo repetido quatro vezes em relação à auto-oferta de Jesus: "Ele apareceu *ephapax*, no fim dos tempos, para aniquilar o pecado pelo sacrifício de si mesmo" (Hebreus 9:26; tb. 7:27; 9:12; 10:10).

[18] No início, ao dar os primeiros passos nos refinamentos técnicos da pesquisa crítica moderna atrelada a essas práticas, eu temia falar sobre o sacrifício de Jesus e ser interrompida por algum *expert* em Oriente Próximo que, por acaso, estivesse presente no culto. Felizmente, não somos mais cativos desse tipo de coisa; hoje, os alunos de teologia não precisam experimentar o mesmo tipo de temor que eu experimentei no início.

Levítico, com suas proibições e rituais elaborados, é considerado estranho e até mesmo apresentado como risível em alguns círculos de hoje; no entanto, o livro contém um grande e fértil solo para aqueles que sabem onde e como vasculhá-lo.[19] A primeira coisa que devemos lembrar é que esses códigos foram dados ao povo de Deus que vivia em território estrangeiro. Isso foi verdade acerca dos israelitas por boa parte de sua história bíblica: eles "peregrinaram" em Canaã, na Babilônia ou no Império Romano. O período no qual o povo de Israel permaneceu em sua terra foi muito breve. Isso ainda é verdade acerca dos cristãos, ou pelo menos deveria ser, visto que o povo de Deus sempre estará acomodado de forma desconfortável. Vivemos como exilados em um território cercado ou ocupado por deuses estranhos.[20] A igreja sempre deve ter a percepção de estar em uma terra estranha; se não sentirmos essa tensão, não estaremos realmente sendo igreja: "Ai dos que andam à vontade em Sião" (Amós 6:1, ARA).

O Código de Santidade em Levítico começa no capítulo 18 e lança uma luz retrospectiva sobre o livro inteiro. Geralmente datado do início do período exílico, o código se destina a *diferenciar* o povo de Deus do povo babilônico e, posteriormente, de outras terras da Diáspora. Essa diferenciação, essa separação, tem um propósito elevado: a comunidade santa deve ser testemunha perpétua do Deus que é diferente e distinto dos supostos deuses das nações. "*Eu sou o teu Deus*" não é uma declaração simples e leve, visto que havia e ainda há "os que são chamados deuses, quer no céu ou na terra (como há muitos deuses e muitos senhores)" (1Coríntios 8:5, KJV). Hoje, para nós, a pertinência dessa declaração deve ser óbvia. Deuses canaanitas e babilônicos eram honrados com nomes, estátuas e altares, mas os Baals de hoje não são menos

---

[19] O comentário teológico de Levítico produzido por Ephraim Radner defende um significado "histórico-mundial", global ou até mesmo "cósmico" para esse livro tão desprezado, tanto para cristãos como para judeus. Radner nos acautela sobre nos concentrarmos exclusivamente no tema do sacrifício ao lermos o livro em termos cristológicos, pois sacrifício é um "elemento reflexivo [...] em meio à demonstração mais ampla [de Levítico] do caráter de *toda* a criação [...] em suas variadas relações com Deus pela realidade do autossacrifício" (*Leviticus*, Brazos Theological Commentary on the Bible [Grand Rapids: Brazos, 2008], p. 174). Não temos de concordar inteiramente com as leituras imaginativas de Radner para apreciar sua reelaboração de Levítico em diálogos com intérpretes pré-modernos como Orígenes, Rashi e Pascal. Levítico não tem como foco exclusivo a expiação, a purificação ritual, o sacrifício de sangue e coisas do tipo. No capítulo sobre o Jubileu (cap. 25), os temas de justiça econômica e libertação da escravidão estão poderosamente presentes. Cf. F. D. Dillistone, *The Christian understanding of atonement* (Philadelphia: Westminster, 1968), p. 183-4.

[20] O tema de ser forasteiro ou estrangeiro foi desenvolvido de forma superlativa nos romances de Walker Percy — razão pela qual a coletânea de seus ensaios é intitulada *Signposts in a strange land* [Indicadores em uma terra estranha]. De modo semelhante, o livro excelente, embora peculiar, de William Stringfellow sobre o Apocalipse é chamado de *An ethic for Christians and other aliens in a strange land* [Uma ética para cristãos e outros forasteiros em uma terra estranha]. *Resident aliens* [Estrangeiros residentes] é o título de uma conhecida colaboração entre Stanley Hauerwas e Will Willimon.

do que ídolos.²¹ As celebridades de hoje são chamadas de "ícones", um termo outrora reservado a objetos de veneração religiosa. Atualmente, referimo-nos a "construir riquezas", como se construíssemos uma catedral. Posses de luxo, sensação erótica, buscas egoístas e autoengrandecimentos de todos os tipos — esses são alguns dos nossos deuses de hoje, e nós sacrificamos grandes somas de dinheiro, atenção, tempo e energia a eles. Na verdade, se formos honestos, sacrificamos boa parte de nossa vida a eles. Embora Levítico nos pareça estranho hoje, o fundamento teológico do Código de Santidade nunca soou tão relevante quanto agora:

> Disse o SENHOR a Moisés: "Diga o seguinte aos israelitas: Eu sou o SENHOR, o Deus de vocês. Não procedam como se procede no Egito, onde vocês moraram, nem como se procede na terra de Canaã, para onde os estou levando. Não sigam as suas práticas. Pratiquem as minhas ordenanças, obedeçam aos meus decretos e sigam-nos. Eu sou o SENHOR, o Deus de vocês. Obedeçam aos meus decretos e ordenanças, pois o homem que os praticar viverá por eles. Eu sou o SENHOR" (Levítico 18:1-5).

Repare na asseveração solene, repetida por todo o livro: "Eu sou o SENHOR". Não há nada prescrito em Levítico que não tenha o objetivo de remeter para além de si mesmo e apontar para o único Deus. Boa parte das ordenanças de Levítico é inconcebível para nós hoje; com um pequeno esforço adicional, porém, podemos captar um pouco do significado da "santidade" a que o povo de Deus é chamado. "Santidade" é parte de um grupo fundamental de palavras em hebraico (*qadhosh*, *qodhesh*) e grego (*hagios*) que, na tradução, inclui "sagrado", "santo", "santificação"; a raiz da palavra significa "ser separado de, ser distinto de". O propósito de alguém viver uma vida "separada" é glorificar o Deus de Israel em meio a uma cultura completamente pagã.²² E a única forma de isso ser feito é por um estilo de vida distinto. O povo de Deus adere a um modo de existência diferente no mundo, um estilo de vida que proclama o verdadeiro Deus em comparação com os "muitos deuses e muitos senhores" de quem Paulo fala à igreja de Corinto — pois, em última análise, olhando para

---

²¹Levítico não foi posto em sua presente forma senão até a queda de Jerusalém pelos babilônios. Apesar disso, o livro se baseia em um material tão mais antigo que opto por referências a "canaanitas". Quero dizer que canaanitas e baalins representam a idolatria em geral, desde a antiguidade até os dias atuais.

²²Até hoje, as narrativas de Daniel 1—3 concernentes ao comportamento de Sadraque, Mesaque, Abede--Nego e Daniel na Babilônia exercem grande poder.

longe de Levítico, a distinção é entre os deuses da cultura circunvizinha e o Messias crucificado, único em todo o mundo e completamente distinto do que vemos em uma "religião".[23]

A distinção não significa que Israel possa desprezar o povo ao seu redor. Em uma passagem particularmente importante, Levítico instrui: "O estrangeiro residente que viver com vocês deverá ser tratado como natural da terra. Amem-no como a si mesmos, pois vocês foram estrangeiros no Egito" (Levítico 19:34, NVI). Ellen F. Davies o chama de um "fator desestabilizador em Levítico": mesmo em meio a um contexto estrito de Código de Santidade, um caminho futuro já é aberto. "A visão de Levítico contém a semente de mostarda que crescerá e expandirá os limites dessa visão [...] e é isso que acontece com Jesus e com seus seguidores".[24] Separação não significa encorajar um senso de superioridade por parte do povo de Deus: *Deus* é superior, não seus servos.[25] Membros da comunidade não devem desprezar de forma coletiva os canaanitas que se afundam em sua idolatria. Se levarmos em conta o Antigo Testamento como um todo, o propósito definitivo de Israel é abençoar *todas* as nações da terra. Olhando para frente, para Romanos 4, em relação à promessa feita a Abraão, não há ninguém, a despeito de quão afundado na injustiça, que esteja além do alcance do Crucificado, o qual morreu pelos *ímpios* (Romanos 5:6). Portanto, o povo de Deus se mantém separado e, ao mesmo tempo, junto com as demais culturas e os outros povos.

Os primeiros cristãos não tinham o Novo Testamento. Sua única fonte para a descoberta do significado da estranha morte de seu Senhor eram as Escrituras que sempre conheceram. Imagine a atenção com a qual os líderes cristãos analisavam cada sílaba da Bíblia hebraica, buscando compreender como a morte terrível do Filho de Deus estivera na mente e no plano de Deus desde

---

[23]"Porque, ainda que haja os que são chamados deuses, quer no céu ou na terra (como há muitos deuses e muitos senhores), todavia, para nós há um só Deus, o Pai, de quem são todas as coisas, e nós nele; e um Senhor, Jesus Cristo, pelo qual são todas as coisas, e nós por ele" (1Coríntios 8:5,6, KJV).

[24]Ellen F. Davis, "Reading Leviticus in the church", *Virginia Seminary Journal* (inverno de 1996-1997).

[25]Philip Hughes, em seu comentário de Hebreus, traça uma bela distinção entre "separação de" e "separação para", removendo alguns dos problemas associados à ideia de "distinção". O autor fundamentou seu argumento em Hebreus 13:12-13, texto no qual os cristãos são chamados para longe de recintos sagrados para irem "fora da porta", onde Jesus "suportou a cruz, desprezando a vergonha" (12:2): "Ao sofrer fora da porta, Jesus se identifica com o mundo em sua falta de santidade [...]. Em nosso solo profano, Jesus disponibiliza sua santidade a nós em troca do nosso pecado, o qual ele leva consigo e expia na cruz [...]. Seguir Cristo dessa forma inevitavelmente envolve ir para fora do arraial, onde a cruz, vergonhosa demais para ser posicionada nele, é localizada". Em seguida, Hughes cita F. F. Bruce de um modo extremamente eficaz: "O que antes era sagrado se torna profano, visto que Jesus foi expelido dele, e o que antes era profano se torna sagrado, já que Jesus esteve ali" (Philip Edgcumbe Hughes, *A commentary on the Epistle to the Hebrews* [Grand Rapids: Eerdmans, 1977], p. 580-2).

o início. Deve ter sido um processo muito empolgante. Qualquer um que lê Levítico e, ao mesmo tempo, pensa em Jesus dificilmente deixará de notar a expressão "macho sem defeito" na lista de estipulações. Esse tipo de detalhe saltaria das páginas das Escrituras hebraicas naqueles primeiros anos após a ressurreição. Se nos esforçarmos para ler o Antigo Testamento de forma semelhante, em busca de pistas, poderemos nos aproximar ainda mais da mente de Deus ao preparar seu povo para a vinda do Messias.[26]

Em Levítico 1:3, lemos que o adorador deve fazer sua oferta "à porta da tenda do encontro, para que seja aceita perante o SENHOR". O pressuposto básico aqui é que não somos aceitos perante o Senhor "como estamos", conforme se diz com muita leviandade hoje em dia. Algo precisa acontecer para que sejamos considerados aceitáveis. Tampouco podemos pensar que, por sermos aceitáveis esta semana, também o seremos na semana seguinte. Em Levítico, pressupõe-se que a lacuna entre a santidade de Deus e a pecaminosidade do ser humano é tão grande que a oferta sacrificial deve ser feita regularmente.

As provisões do sistema sacrificial hebreu visam, em parte, à purificação da impureza ritualística (nesse aspecto, eles não são muito diferentes dos sacrifícios em outros contextos religiosos) como um aspecto da expiação pelo pecado. Assim, aprendemos que *o próprio Deus forneceu o meio* para a restauração contínua do povo, em vista de sua pecaminosidade. O sistema sacrificial do Antigo Testamento tem uma gentileza a seu respeito que é difícil para nós o observarmos a distância, mas talvez possamos compreender a ideia geral da paciência e da bondade de Deus ao dar ao seu povo perpetuamente desviante os meios pelos quais deveria permanecer diante dele. Sua justiça é ativa em tornar seu povo justo.

As instruções no início de Levítico são as seguintes: o adorador "[oferecerá] um macho sem defeito; ele o oferecerá de iniciativa própria à porta do tabernáculo da congregação, perante o SENHOR. E ele colocará a mão sobre a cabeça da oferta queimada, para que seja aceita por ele, para fazer expiação por ele" (Levítico 1:3,4). "Por ele" pode significar "em favor dele" ou "em lugar dele". A imposição de mãos tem o efeito de declarar o animal como um representante vicário do adorador.[27] Há certamente uma sugestão de substituição no texto:

---

[26]Não desejamos ser imperialistas quanto à leitura do Antigo Testamento; é muito importante para os cristãos lembrar-se de que ele não é nosso livro exclusivo. Entretanto, se permitirmos que nosso medo de ofender o povo judeu diminua nossa apreciação pelas coisas maravilhosas que a igreja apostólica via nas Escrituras judaicas sobre Jesus, a igreja continuará a sofrer de desnutrição.

[27]Essa é, em parte, a ideia que Joseph Mitchell buscava na história sobre a pergunta que sua irmã lhe fez no leito de morte (cf. Introdução).

em algum sentido, o animal sacrifical *toma o lugar* da pessoa que precisa de perdão e restituição. O sangue do animal substituído é recebido como expiação ou "cobertura" pelo pecado (cf. tb. Êxodo 29:35-37).

As provisões para a oferta pelo pecado têm início no capítulo 4: "O Senhor falou a Moisés, dizendo [...] se uma alma pecar por ignorância contra algumas das coisas que o Senhor ordenou que não fossem feitas [...] se o sacerdote ungido pecar [...] se toda a congregação de Israel pecar [...] quando um governante pecar [...] se uma pessoa comum pecar...". Há provisões extensas para cada indivíduo e cada grupo. O resultado dos sacrifícios de sangue é que o sacerdote fará expiação por eles e os pecados serão perdoados. O pressuposto fundamental aqui é que deve haver *expiação* pelo pecado, uma ideia enfatizada no capítulo 3. O pecado não pode ser apenas perdoado e esquecido, como se nada tivesse acontecido. Se alguém comete um mal terrível, os cristãos sabem que devemos perdoar setenta vezes sete; mesmo assim, porém, algo em nós clama por justiça. O Antigo e o Novo Testamento falam profundamente desse problema. Não basta dizer: "erros foram cometidos", ou "não tinha a intenção"; o sistema todo em Levítico é estabelecido para impedir que qualquer um pense que os pecados "involuntários" não contam.[28]

Algo fundamental ao ritual é a ideia de que a expiação do pecado *custa algo*. Algo de valor deve ser oferecido como forma de restituição. A vida do animal sacrificado, juntamente com o senso de temor associado ao derramamento do sangue, representa esse pagamento. "Sem derramamento de sangue, não há perdão de pecados" (Hebreus 9:22). O sangue representa o custo definitivo para o adorador. Há algo poderoso aqui que nos captura a despeito de nós mesmos. No Novo Testamento, o uso da expressão "sangue de Cristo" carrega consigo essa ideia sacrificial e expiatória em um sentido primordial; não podemos desarraigar essas conexões, ainda que quiséssemos.

Levítico 5:15 sustenta que aquele que pecar deverá trazer ao Senhor uma oferta pela culpa "avaliada em siclos de prata". Observe a ênfase na atribuição de *valor* à oferta. A sugestão é que deve haver certa correlação entre o valor da oferta e a gravidade da ofensa. Se o suposto sacrifício é apenas algo de que estamos nos livrando, como aquelas roupas velhas no fundo do nosso guarda-roupa

---

[28]De modo significativo, não há provisão feita no código sacerdotal para o pecado deliberado. Cf. a passagem um tanto chocante em Números 15:30,31: "Mas todo aquele que pecar com atitude desafiadora [...] será eliminado do meio do seu povo. Por ter desprezado a palavra do Senhor e quebrado os seus mandamentos, terá que ser eliminado; sua culpa estará sobre ele". Há muitas possibilidades para a reinterpretação em torno da declaração de que *Cristo morreu pelos ímpios*, um tema central que será proeminente nos capítulos finais deste livro.

ou que há anos não usamos, então a restituição não é feita. A palavra de Anselmo "satisfação" parece correta aqui, com sua sugestão de um custo comparável. Estamos familiarizados com essa noção; ficamos furiosos quando as pessoas que cometeram crimes monstruosos se safam com sentenças leves. O problema é que não há punição adequada para um crime verdadeiramente grande. Como poderia existir qualquer oferta suficientemente valiosa para compensar as vítimas de um atentado à bomba? O que dizer dos genocídios de milhões? Mais uma vez, a posição de Anselmo é elucidante: "Você ainda não considerou a gravidade do pecado". A conclusão óbvia, extraída explicitamente de Hebreus, é que o sacrifício de animais não é suficiente. Uma das formas mais simples de compreendermos a morte de Jesus é percebendo que, ao olhar para a cruz, vemos o que custou a Deus para assegurar nossa libertação do pecado.

Nada disso será persuasivo a qualquer um que já não enxergue a si mesmo dentro da esfera da graça de Deus. Em vista da noção difundida de que o Antigo Testamento diz respeito a pecado e juízo, há uma necessidade premente na igreja para um ensino mais intencional sobre a graça envolvida no Primeiro Testamento. O propósito redentor de Deus em eleger um povo (Gênesis 12:1-3; 17:1-27) foi posto em efeito muito antes da entrega de mandamentos e ordenanças.[29] Essa segurança pactual é o fundamento que nos permite chegar diante de Deus em pleno conhecimento de nossa condição pecaminosa. Não podemos permanecer diante dele "como estamos". O sistema sacrificial do Antigo Testamento, por mais proibitivo que nos pareça hoje, mostra-nos que o povo de Deus *já* está em graça, *mesmo antes* dos sacrifícios oferecidos. Deus já lhes disse: *Vocês são o meu povo*.[30] O próprio Deus ordenou os meios pelos quais podemos aproximar-nos dele. As ordenanças da Torá não são um catálogo de costumes tribais; são as dádivas do Deus vivo.

O surgimento da Apocalíptica nos anos que antecederam o nascimento de Cristo influencia nossa leitura de Levítico. Essa forma pós-exílica de ver, com sua ênfase na intervenção de Deus, muito além da capacidade humana, não

---

[29] Podemos ver como isso funciona no dia a dia. Se uma criança é repreendida, a repreensão deve ser dada por alguém cujo amor é incondicional, de modo que a criança pode receber a mensagem com segurança. É assim que a graça funciona. Conforme dissemos no capítulo 4, é o conhecimento de que *já estamos seguros* que nos permite receber a palavra de reprovação com gratidão.

[30] Mesmo no fim de Levítico, em que há inúmeras advertências duras, encontramos as seguintes palavras: "Apesar disso, quando eles estiverem na terra de seus inimigos, não os rejeitarei, nem os detestarei, para destruí-los completamente e romper a minha aliança com eles; pois eu sou o Senhor, o seu Deus. Por amor a eles, me lembrarei da aliança com seus antepassados, que eu trouxe da terra do Egito perante os olhos das nações, para ser o seu Deus" (Levítico 26:44,45).

era simplesmente uma adaptação religiosa a uma série de acontecimentos calamitosos.[31] Tais acontecimentos calamitosos eram, eles próprios, um aspecto do desvendar do propósito de Deus. Chegou o momento de declarar ineficazes os antigos sacrifícios. Isso não significa que Deus tenha tentado o sistema sacrifical por um tempo e, então, o tenha abandonado, ao perceber que não funcionava. As inadequações do sistema não residiam em eventual falha na sua elaboração; antes, eram parte do propósito de Deus, desde o início: "Se a perfeição viesse pelo sacerdócio levítico [...], que necessidade haveria ainda de que se levantasse outro sacerdote?" (Hebreus 7:11). A ineficácia evidente dos sacrifícios em manter Israel na linha era parte da preparação de Deus *para o sacrifício que não falharia*, a saber, a auto-oferta do Filho. Trata-se de um ponto teológico importante: o sacrifício de Cristo não foi uma reação de Deus ao pecado humano, e sim um movimento inerente ao — e originário do — próprio ser de Deus. É da própria natureza de Deus oferecer a si mesmo de modo sacrificial.

O bode expiatório e o Dia da Expiação em Levítico

Levítico 16 traz duas descrições do Dia da Expiação. Há uma versão curta (16:6-10) e uma versão longa (16:11-28). A versão mais longa traz detalhes mais interessantes. Há dois bodes em vista aqui: um é morto e o outro é enviado para longe.

> Então [Arão] matará o bode da oferta pelo pecado em favor do povo, e trará o seu sangue para dentro do véu [...] e o aspergirá sobre o propiciatório, e perante o propiciatório. Fará expiação pelo lugar santo por causa da impureza dos filhos de Israel, por causa de suas transgressões e de todos os seus pecados (v. 15,16).

> Quando Arão acabar de expiar o santo lugar, o tabernáculo da congregação e o altar, trará o bode vivo; e colocará as mãos sobre a cabeça do bode vivo, confessando sobre ele todas as iniquidades dos filhos de Israel, suas transgressões e os seus pecados. Arão os colocará sobre a cabeça do bode e o enviará, pela mão de um homem apto, para o deserto. O bode levará sobre si todas as iniquidades deles para uma zona não habitada; e Arão enviará o bode ao deserto (v. 20-22).

---

[31]Isso nunca pode ser demonstrado para a satisfação de historiadores de religião, antropólogos, sociólogos, críticos literários etc. Trata-se de uma reivindicação de fé, baseada nas próprias reivindicações bíblicas. Sempre haverá contra-argumentos de que o apocalíptico não passa de um movimento de desespero; cf., p. ex., Jasper Griffin, "New Heaven, New Earth", *New York Review of Books*, 22 de dezembro de 1994.

> O novilho para a oferta pelo pecado, e o bode para a oferta pelo pecado, cujo sangue foi trazido para fazer expiação no lugar santo, serão levados para fora do acampamento; e eles queimarão no fogo as suas peles, a sua carne e o seu esterco (v. 27).

Nessa passagem de Levítico 16, existem dois tipos de animais: a oferta pelo pecado e o bode expiatório. Encontraremos todo o tipo de problemas se tentarmos estabelecer à força conexões literais entre Jesus e esses dois animais. Para começar, nenhum dos dois é um cordeiro; Jesus nunca foi chamado de "bode de Deus"! Mesmo o autor de Hebreus, que não era especialista em detalhes dos sacrifícios, sabia que era o sangue de "touros e de bodes" — e não o sangue de cordeiros — o que costumava ser empregado para a oferta pelo pecado. Assim, há uma considerável fusão de símbolos no Novo Testamento, e podemos ser gratos pela liberdade que essa fusão nos proporciona hoje.

Acontece que a imagem do bode expiatório deixa poucas impressões diretas no Novo Testamento.[32] Morna Hooker e E. G. Selwyn sugerem que ela está presente em 1Pedro 2:24 ("ele mesmo carregou no madeiro os nossos pecados"), mas isso está longe de ser conclusivo.[33] Não podemos fazer uma defesa explícita de Jesus como bode expiatório a partir do Novo Testamento. Os teólogos, porém, perceberam o seguinte: visto que o fenômeno da transferência de culpa é praticamente universal na natureza humana, faz sentido pensar que Jesus, ao tomar sobre si nosso pecado, torna-se tanto o bode expiatório como a oferta pelo pecado. T. F. Torrance certamente pensa dessa maneira: "Esse aspecto do ritual [o envio do bode], que, desde então, tem assombrado a memória de Israel ao longo das gerações, torna claro o fato de que *ambos os tipos* de sacrifício são necessários para ajudar as pessoas a compreenderem a intenção de Deus ao fazer expiação pelo pecado".[34] Miroslav Volf também desenvolve esse tema; Volf escreve que "a cruz expõe o mecanismo da transferência de culpa".[35] Ao dizer que Jesus era o antítipo do bode expiatório, reconhecemos que ele era a pessoa inocente sobre quem projetamos todas as nossas ansiedades e

---

[32] Além de mim, não encontrei ninguém que tenha visto uma referência passageira ao imaginário do bode expiatório em Marcos 1:12 ("O Espírito imediatamente levou [Jesus] ao deserto", onde contendeu com Satanás) ou em Hebreus 13:13 ("Saiamos até ele, fora do acampamento, levando a sua vergonha").

[33] E. G. Selwyn, *The First Epistle of St. Peter* (London: Macmillan, 1964), p. 94; Morna Hooker, *Not ashamed of the gospel: New Testament interpretations of the death of Christ* (Grand Rapids: Eerdmans, 1994), p. 127.

[34] Thomas F. Torrance, *The mediation of Christ*, ed. rev. (Colorado Springs: Helmers and Howard, 1992; orig. 1983), p. 36.

[35] Miroslav Volf, *Exclusion and embrace: a theological exploration of identity, otherness, and reconciliation* (Nashville: Abingdon, 1996), p. 292.

temores. Jesus realmente participou das consequências do nosso pecado, como várias passagens do Novo Testamento afirmam; sem dúvida, podemos concordar que ele funcionou como um bode expiatório, "levado ao deserto" ou "para fora do acampamento", carregando o fardo do nosso pecado, sendo atacado pelos poderes demoníacos com força total.

O fenômeno do bode expiatório ganhou tração recentemente por causa do trabalho do crítico literário e antropólogo cultural René Girard e de seu discípulo, James Alison, o qual interpretou seu trabalho para a igreja.[36] Há muito em Girard que podemos endossar. O ato de transferir a culpa do pecado de alguém a uma vítima inocente (o termo deriva de Levítico 16:20-22) é um fenômeno humano universal, uma das manifestações mais virulentas da eficácia do Inimigo (apesar de Girard não o expressar dessa forma). Em particular, podemos afirmar categoricamente a ênfase de Girard e Alison na identificação de Jesus com o desprezível, o vitimizado, o oprimido — com os *abandonados*, conforme são chamados na América Latina. Sem dúvida, essa identificação nos ajuda a compreender a razão pela qual Jesus foi *crucificado* e não morto por algum método mais decente. Mesmo assim, a ênfase implacável de Girard nas vítimas não nos deixa quase nada para dizer sobre os perpetradores, e essa será uma de nossas preocupações centrais à medida que avançarmos em nosso exame do significado da retidão de Deus (*dikaiosyne theou*). Outra falha na apresentação de Girard-Alison está em sua falta de qualquer percepção de que os Poderes se apropriaram de toda a humanidade.[37] De fato, a noção de pecado nem sequer aparece na análise de ambos. A ênfase nas vítimas, portanto, ameaça descambar para um tipo de "vitimologia" sentimental.[38]

---

[36] A obra de Girard é difícil para o leitor não acadêmico. James Alison escreveu diversos livros interpretando as ideias de Girard para religiosos e para o público leitor em geral. Um número significativo de cristãos captou as ideias de Girard por meio de Alison, e há alguma correlação entre a teologia da cruz que leva as pessoas a fundirem Girard/Alison com as ideias apresentadas neste livro. Por essa razão, eu mesma li Alison (mas não Girard) e me vejo em concordância geral com a avaliação de Miroslav Volf e William Placher, teólogos acadêmicos familiarizados com a obra do próprio Girard. Placher, como muitos outros, reclama que Girard parece pensar que, se as pessoas apenas vissem o mito universal do bode expiatório com seus olhos, o problema da transferência de culpa se desvaneceria (Placher, "Christ takes our place: rethinking atonement", *Interpretation* 53, n. 1 [janeiro de 1999]: 7-9). George Hunsinger examinou Girard de forma detalhada e extraiu alguns de seus *insights* — com importantes ressalvas — para a teologia cristã em *Disruptive grace*, p. 21-41.

[37] Miroslav Volf afirma Girard em sua ênfase na preocupação de Deus com as vítimas, mas vai muito além em sua abordagem do problema. Volf observa (1) a inabilidade de Girard em perceber a retificação (*dikaiosyne*) dos perpetradores e (2) sua ingenuidade em relação à persistência da transferência de culpa, mesmo depois de ela ter sido "desmascarada" (*Exclusion and embrace*, p. 93, 118, 292-3). Para outras críticas à posição de Girard, cf. Placher, "Christ takes our place".

[38] Reencaminhamos outra vez o leitor para a seção sobre sentimentalismo, no capítulo 4. Gerhard Forde começa seu tratamento sobre a *theologia crucis* de Lutero com uma crítica à sentimentalidade e em sua ênfase nas vítimas. Não devemos "nos precipitar em algum tipo de identificação confortável com" Cristo como uma vítima crucificada. "Deus e o seu Cristo [...] são os operadores da questão, não os operados" (*On being a theologian of the cross: reflections on Luther's Heidelberg disputation, 1518* [Grand Rapids: Eerdmans, 1997], p. viii-ix).

Não há como encontrarmos mais apoio ao conceito de bode expiatório no Novo Testamento. Entretanto, a carta aos Hebreus tem muito a dizer sobre o outro animal: o animal morto como oferta pelo pecado, cujos restos são queimados "fora do acampamento". Voltamo-nos agora para esse livro único do Novo Testamento.

O TEMA DO SACRIFÍCIO NA CARTA AOS HEBREUS

A carta aos Hebreus é peculiar entre os escritos do Novo Testamento por diversas razões, entre as quais o mistério de sua origem. Para nós, o aspecto mais importante desse livro é que ele constitui o único escrito do Novo Testamento cujo foco é quase exclusivamente a morte de Cristo como sacrifício pelo pecado. Em contrapartida, Paulo não enfatiza o tema, embora certamente o empregue de vez em quando — como em Romanos 3:25; 5:9 e 1Coríntios 5:7. Paulo explora um território mais amplo em sua perspectiva da cruz do que qualquer outro escritor do Novo Testamento, razão pela qual prestamos tanta atenção em suas cartas. Todavia, com vistas a apresentar a perspectiva mais abrangente possível, devemos examinar a genialidade particular e característica de Hebreus como parte do quadro geral.[39]

No século 19, Hebreus era um dos livros mais populares entre os pregadores protestantes. Em nossa época, porém, esse livro recebe atenção bem menor.[40]

---

[39] Uma das muitas decisões que tomamos ao compreender a cruz é em relação nossa forma de tratar os diversos livros da Bíblia e as diversas vozes em meio a esses livros. Por exemplo: acertaremos ao estabelecermos uma distinção entre como Paulo fala do sangue e como Hebreus o faz. Especialistas paulinos destacam que Paulo não se interessa muito pelo ritual sacrificial; a expressão "por seu sangue" não é "uma alusão direta ao sistema sacrificial" (Cousar, *Theology of the cross*, p. 63). Sem dúvida, nenhum livro do Novo Testamento se compara a Hebreus por sua ênfase no rito sacrificial veterotestamentário, mas um pregador/exegeta, trabalhando a partir de um contexto canônico, não se dará o luxo de deixar Hebreus de fora. Não é uma boa ideia fundir Paulo e Hebreus de forma descuidada, já que tal movimento desfocará a radicalidade de Paulo; mas o fato de Paulo, em geral, não usar "sangue" com conotações ritualísticas não significa que aqueles que valorizam Paulo não possam pregar a partir de Hebreus com convicção e gratidão. Em Romanos 3:25, Paulo combina imagens ao se referir a "Cristo Jesus, a quem Deus propôs como propiciação [expiação purificadora] (*hilasterion*) por seu sangue", o que é uma linguagem ritualística. Paulo se sente confortável em se apropriar de tal linguagem, que provavelmente era de propriedade comum à igreja do Novo Testamento, mas isso não lhe é típico.

[40] Às vezes, na verdade, diz-se que Hebreus é tão incompatível com as sensibilidades modernas que não pode ser ensinado nas igrejas de hoje. Tendo ensinado o livro muitas vezes, oponho-me vigorosamente a essa ideia. Temos de dedicar tempo e esforço para aprender a linguagem especial e a perspectiva de Hebreus, com o fim de compreender a carta, mas ela não é, em hipótese alguma, tão difícil quanto compreender a cosmovisão de Paulo. Na verdade, segundo descobri (para meu espanto), muitas pessoas amam ouvir sobre o tabernáculo no deserto e sobre o sacerdócio de Arão; muitas gostam até mesmo de Melquisedeque, visto que as informações são todas "históricas" e, portanto, menos desafiadoras do que a mensagem radical de Paulo. O ensino sobre anjos, em Hebreus 1, tornou-se relevante por causa do súbito aumento no interesse por anjos na cultura popular. Portanto, em suma, Hebreus não é, de forma alguma, indesejável de ser ensinado.

Isso é uma pena, visto que Hebreus combina uma das mais altas cristologias do Novo Testamento com algumas das descrições mais dolorosas de sua natureza humana sofredora. Só por esses fatos, a carta deveria ser valorizada. O escrito começa com a seguinte proclamação de Jesus Cristo: ele é o Filho "a quem [Deus] constituiu herdeiro de todas as coisas, pelo qual também fez o universo. Ele, que é o resplendor da glória e a expressão exata do seu Ser, sustentando todas as coisas pela palavra do seu poder, depois de ter feito a purificação de pecados, assentou-se à direita da Majestade, nas alturas" (Hebreus 1:2,3, ARA).

De modo espantoso, foi esse ser unicamente divino que "em todas as coisas [se tornou] semelhante aos irmãos, para ser misericordioso e fiel sumo sacerdote nas coisas referentes a Deus e para fazer propiciação [expiação purificadora] pelos pecados do povo. Pois, naquilo que ele mesmo sofreu, tendo sido tentado, é poderoso para socorrer os que são tentados" (2:17,18, ARA).

Como essa expiação purificadora (*hilasterion*) foi realizada? Hebreus elabora isso de um modo fascinante e detalhado, que não deve ser menosprezado como um ensinamento esotérico ou inacessível.

O papel atribuído a Cristo pelo desconhecido escritor de Hebreus é o de sumo sacerdote; nenhuma outra porção da Escritura faz isso com uma ênfase tão elaborada. A morte de Cristo é identificada como um sacrifício em total harmonia com os sacrifícios do Antigo Testamento, mas com diferenças tão grandes a ponto de tornar ambos incomparáveis. O autor começa contrastando o sumo sacerdócio de Jesus com o sacerdócio no período levítico e, em seguida, faz inúmeras outras comparações com o fim de ensinar a completa superioridade do sacrifício do Senhor; trata-se, segundo um acadêmico de destaque, do "argumento mais longo sustentado em qualquer livro da Bíblia".[41] O argumento é longo demais para ser citado aqui, mas eis um esboço. Observe especialmente os *contrastes*:

- Cristo, *diferentemente dos sacerdotes anteriores*, foi tentado e se identifica com as nossas fraquezas, mas continua *sem pecado* (4:15).
- Cristo se tornou nosso Sumo Sacerdote, não segundo uma ancestralidade terrena, mas — em uma bela frase — "pelo poder de uma vida indestrutível" (7:16).
- Os sacerdotes anteriores morreram, mas Cristo retém seu sacerdócio *permanentemente*, e "vive sempre para interceder" por nós (7:23-25).

---

[41] Bruce Metzger, Introdução a Hebreus, em *New Oxford annotated Bible* (Oxford: Oxford University Press, 1973).

- A obra de Cristo e a aliança que ele medeia são superiores, fundamentadas em *promessas superiores* àquelas encontradas no sacerdócio antigo (8:6-7). O autor ilustra a "promessa melhor" ao citar a celebrada passagem veterotestamentária sobre a "nova aliança" (Jeremias 31:31-34).
- "Cristo não entrou em santuário feito por mãos, uma cópia do verdadeiro, mas no próprio céu" (9:24). Ele é "ministro na [...] verdadeira tenda, estabelecida *não por homens*, mas *pelo Senhor*" (8:2). "A [lei levítica] tem a *sombra* dos bens vindouros, não a *verdadeira forma* dessas realidades" (10:1).[42]
- Cristo "não precisa [...] oferecer sacrifícios diários; isso ele fez, *de uma vez por todas*, ao se entregar" (7:27; cf. 9:25,26). "Nesses sacrifícios [levíticos] se faz recordação de *pecados ano após ano* [...] [Mas Cristo] se ofereceu *de uma vez por todas como sacrifício* pelos pecados" (10:3,4,12).
- "Todo sacerdote [levítico] *fica em pé* diariamente ao realizar seu serviço, oferecendo repetidamente os mesmos sacrifícios, que jamais podem remover pecados. Mas [Cristo] *se assentou* [sinal de poder] à direita de Deus" (10:11,12); a imagem transmite a eficácia e a finalidade de seu sacrifício.
- "Cristo não entrou por meio do *sangue de bodes e novilhos*; ele entrou no Lugar Santíssimo, de uma vez por todas, *por seu sangue*, tendo obtido eterna redenção" (9:12-14).[43]

Esses contrastes cuidadosamente delimitados não são tão técnicos ou obscuros quanto parecem. Se os abordarmos com um espírito receptivo, veremos que o propósito do autor é profundamente pastoral. A mensagem tem o objetivo de atacar nossos medos e inseguranças, conforme os versículos a seguir demonstrarão. O autor enfatiza que, antes de Cristo, não havia acesso ao propiciatório por trás da cortina (o "véu do templo"), exceto pelo sumo sacerdote, e isso apenas uma vez por ano. A palavra *ephapax*, cujo significado é "de uma vez por todas", era muito importante para o autor de Hebreus e deve ser muito importante para nós. Ela é repetida quatro vezes (Hebreus 7:27; 9:12,26; 10:10). O acontecimento único da crucificação é plenamente suficiente. Nada mais pode ou precisa ser feito. Tudo mudou, agora que Cristo

---

[42]B. F. Westcott escreve belamente a esse respeito: "A diferença entre a 'sombra' e a 'imagem' é bem ilustrada pela diferença entre um 'tipo' e um 'sacramento', em que as diferenças típicas das alianças do Antigo e Novo Testamentos são resumidas. Enquanto o Antigo Testamento testifica de graça e verdade além de si mesmos, o Novo contém a promessa e os meios pelos quais essa graça e essa verdade chegam até nós" (*The Epistle to the Hebrews* [1889; reimpressão, Grand Rapids: Eerdmans, 1967], p. 304, grifo na citação).

[43]NVI americana, corrigindo erros da RSV.

realizou o sacrifício definitivo de seu sangue, substituindo o sangue de animais sacrificados que jamais poderiam remover o pecado. Diferentemente de animais mudos, que não tinham qualquer escolha no assunto, Jesus é um ser humano consciente e se entregou por nós da maneira mais plena e intencional. A ação tomada pelo Filho de Deus alterou de forma dramática nossa situação diante de Deus; agora, não há qualquer barreira (cortina) entre nós e ele, visto que o próprio Jesus é nosso Sumo Sacerdote para sempre. Observe as bondosas garantias pastorais oferecidas pelo escritor de Hebreus:

> Temos essa esperança como uma âncora segura e firme para a alma, uma esperança que entra no interior do santuário, por trás da cortina, onde Jesus entrou por nós como nosso precursor, tendo se tornado sumo sacerdote para sempre (6:19,20).

> Portanto, irmãos, visto que temos confiança para entrar no santuário pelo sangue de Jesus [...] aproximemo-nos, com um coração verdadeiro e em plena certeza de fé, tendo o coração purificado de uma má consciência e o corpo lavado com água pura (10:19-22).

Essas são passagens maravilhosas, cheias de confiança nas conquistas de Cristo e repletas de promessas aos pecadores. Hebreus nos oferece um quadro do ser humano Jesus que é, em alguns aspectos, tão rico quanto o apresentado em qualquer um dos Evangelhos.[44] O autor tenciona despertar nosso amor, afeto e gratidão pelo Salvador, que se ofereceu para nossa eterna salvação, o "pioneiro e aperfeiçoador da nossa fé, o qual, em troca da alegria que lhe estava proposta, suportou a cruz, desprezando a vergonha; e agora está assentado à direita do trono de Deus" (12:2). Esse último versículo nos é de particular relevância, pois destaca a "vergonha" da cruz. Ademais, Hebreus tem sua versão da cena do Jardim do Getsêmani, a qual nos leva para perto da angústia do nosso Senhor ao tomar nosso pecado sobre si:[45] "Nos dias de sua carne, Jesus ofereceu

---

[44] Vemo-lo entrando na esfera da nossa "escravidão por toda a vida" (2:15); lutando contra a tentação (2:18; 4:15; sofrendo no decorrer da vida para ser obediente (5:8); suportando a hostilidade de nós, pecadores (12:3); conformando-se à vontade de Deus em todas as coisas (10:6-10); aperfeiçoando sua auto-oferta por meio do sofrimento (2:10), para que, "pela graça de Deus, provasse a morte *por todos*" (2:9).

[45] Ao dizer que Jesus tomou sobre si nosso pecado, ilustro a forma pela qual creio que podemos extrair os vários significados. Conforme veremos com relação à imagem do Cordeiro de Deus, podemos compreender a cruz como removendo ("tirando") o pecado, suportando o pecado (2Coríntios 5:21), como uma expiação purificadora pelo pecado (Hebreus 2:17) e como vitória sobre o pecado. Cada elemento não é mutuamente exclusivo; cada qual tem um papel a desempenhar.

orações e súplicas, com forte clamor e lágrimas, àquele que podia livrá-lo da morte; e Jesus foi ouvido por causa do seu temor piedoso. Embora sendo Filho, ele aprendeu a obediência pelo que sofreu e, tendo sido aperfeiçoado, tornou-se fonte de salvação eterna para todos os que lhe obedecem" (5:7,8).

Em sua obediência e em seu autossacrifício, Cristo põe um fim às primeiras ofertas pelo pecado, aquelas nas quais Deus "não tem prazer" (10:6). O tema do desprazer de Deus em sacrifícios ritualísticos maculados por injustiça e idolatria é conspícuo nos profetas hebreus, de Isaías 1 a Malaquias 1. Cristo remediou isso ao substituí-los por sua oferta, ou seja, a oferta de si mesmo. A ordem anterior é anulada, cancelada; foi suplantada pela nova ordem, forjada no *corpo que foi preparado* para o Filho em sua encarnação. Assim, vemos, mais uma vez, que o propósito da encarnação foi a oferta de toda a sua vida encarnada na cruz: "'Vim para fazer a tua vontade'" (Hebreus 10:6) é um segmento de frase escrito por todo o registro da vida do Senhor; essa foi sua atitude do início ao fim".[46]

O milagre da morte sacrificial de Cristo é que sacerdote e vítima se tornaram um só. Em vez de um animal irracional involuntariamente morto, o Filho de Deus se entregou de forma consciente. Em vez da repetição sem-fim de sacrifícios por seres humanos pecadores, sem proveito definitivo, a morte de Jesus é *de uma vez por todas*, visto ter sido realizada por aquele que *vive para sempre* (7:4). Em vez de um mero animal sem mácula física, essa Vítima, embora "menor do que os anjos" por um tempo a fim de se oferecer como sacrifício por nós, é, na verdade, o Filho encarnado, a quem Deus "designou herdeiro de todas as coisas, pelo qual também criou o mundo. Ele reflete a glória de Deus e carrega consigo o próprio selo de sua natureza, sustentando o universo por sua palavra poderosa" (1:2,3). Nenhum livro da Bíblia, nem mesmo Colossenses ou o Evangelho de João, combina os dois polos da divindade exaltada de Cristo e sua humanidade sofredora de um modo tão explícito quanto a carta aos Hebreus. O *resultado* desse empreendimento — a salvação da humanidade —, oriundo do próprio interior da Santa Trindade, é, de forma incrível, que os corações e as mentes de seres humanos pecadores sejam eternamente aperfeiçoados e tenham paz na presença íntima do Pai celestial. Portanto, "temos confiança para entrar no santuário pelo sangue de Jesus" (10:19), pois ele conduziu muitos filhos e filhas à glória (2:10).

Em seu capítulo intitulado "A expiação e a Santa Trindade", T. F. Torrance escolhe a linguagem de Hebreus para proclamar a unidade da vida e da morte de

---

[46] F. F. Bruce, *The Epistle to the Hebrews*, 2. ed., New International Commentary on the New Testament (Grand Rapids: Eerdmans, 1997), p. 236.

Cristo. Torrance adverte contra uma distinção aguçada demais entre a cruz e a totalidade da vida encarnada de Jesus, uma característica da igreja ocidental que sempre incomodou a Igreja Ortodoxa. "Não somos salvos pela morte expiatória de Cristo", escreve Torrance, "mas *pelo próprio Cristo*".[47] Há inúmeros empréstimos de Hebreus neste trecho de *The mediation of Christ* [A mediação de Cristo]:

> A unidade do ser e da ação de Deus na encarnação e na expiação, realizada de uma vez por todas, reata a relação entre homem e Deus, história e eternidade. O próprio Jesus Cristo, Deus e homem em uma só pessoa, é o caminho, a verdade e a vida; não há outro caminho para o Pai. Nele, sacerdote e sacrifício, oferta e ofertante, são um só, de modo que ele constitui em si mesmo o novo e vivo caminho que Deus nos abriu para sua presença imediata. Jesus é nosso Precursor, nosso Sumo Sacerdote, em quem nossa esperança é depositada como âncora segura e firme [...]. Nele, Deus se aproximou de nós; por isso, podemos aproximar-nos de Deus com plena confiança, como aqueles que são incluídos em sua apresentação expiatória, pelo Espírito eterno, ao Pai. Sem dúvida, é isso que significa que nós, pecadores, temos acesso ao Pai pelo sangue de Cristo.[48]

Hebreus é um livro curioso entre os livros do Novo Testamento. Seria um erro encobrir sua singularidade e os problemas expostos por causa de sua origem completamente desconhecida e por sua abordagem única. Entretanto, quando um importante teólogo como Torrance (conhecido por seu interesse no diálogo judaico-cristão, bem como nos desenvolvimentos atuais das ciências físicas) considera a linguagem de Hebreus adequada para uma atualização precisa de seu livro anterior, podemos ter plena certeza de que ainda há vida a ser descoberta na imagem do sacrifício de Cristo. "Ele apareceu de uma vez por todas, no fim dos tempos, para eliminar o pecado pelo sacrifício de si mesmo" (Hebreus 9:26).

O Cordeiro de Deus

A imagem de *Agnus Dei*, proeminente na iconografia da igreja desde os tempos mais remotos, tem lugar adequado em um capítulo sobre sacrifício de sangue. Entretanto, só nos será possível explorar brevemente o contexto de Cordeiro de Deus antes de afirmarmos o mistério de um símbolo cujo resplendor figurou

---

[47] Extraído de um artigo não publicado de Torrance, cit. George Hunsinger, *Disruptive grace*, 32 n. 33, grifo na citação.
[48] Torrance, *The mediation of Christ*, p. 114-5.

de forma tão poderosa na imaginação da igreja. A expressão aparece nas Escrituras apenas duas vezes, no início do evangelho de João: "No dia seguinte, [João Batista] viu Jesus, que vinha a seu encontro, e disse: 'Vejam! É o Cordeiro de Deus, que tira o pecado do mundo!'" (1:29), e "No dia seguinte, João estava mais uma vez na companhia de dois de seus discípulos; e ele viu Jesus andando, e disse: 'Vejam! É o Cordeiro de Deus!'" (1:35). Não deparamos outra vez com esse "Cordeiro" no evangelho, mas João faz uma alteração significativa na narrativa da Paixão (algo que já observamos no capítulo 5); ele muda a cronologia, de modo que Jesus é morto no mesmo dia em que os cordeiros pascais estão sendo abatidos. Assim, dois cordeiros distintos do Antigo Testamento — (1) a oferta pelo pecado e (2) o cordeiro da Páscoa, cujo sangue era um sinal de libertação da morte — são combinados em um; esse mover da imaginação deve libertar-nos da adesão servil à consistência por amor de si mesma.

Seria uma pena, porém, omitir por completo o contexto por trás da expressão, pois ele é pleno de significado. A expressão "Cordeiro de Deus" carrega consigo pelo menos quatro tradições distintas, cada qual com complexidade e riqueza próprias.[49]

O Cordeiro apocalíptico

Na literatura apocalíptica judaica, aparece — por mais improvável que seja — a figura de um cordeiro militante que destrói o mal. Em 1Enoque 90:21, uma figura messiânica é representada como um cordeiro, que, então, cresce para se tornar um carneiro. Seus inimigos "tentaram quebrar o seu chifre, mas não prevaleceram contra ele", e uma grande vitória foi alcançada. Em Testamento de José 19:8, um cordeiro messiânico aparece entre doze touros com grandes chifres, símbolos de poder e domínio, e pisoteia seus inimigos. Se a pessoa histórica referida como João Batista realmente chamou Jesus de Cordeiro de Deus, este quase certamente seria o cordeiro que ele tinha em mente. Pelo que sabemos, João Batista não tinha qualquer concepção de um Messias sofredor e morto.[50] Entretanto, a oração adjetiva "que tira o pecado do mundo" não se encaixa no cordeiro destruidor, algo que levanta um questionamento interes-

---

[49]Em prol da clareza, sigo vagamente o livro *Interpretation of the Fourth Gospel* (Cambridge: Cambridge University Press, 1965), de C. H. Dodd, nessa análise das quatro tradições, porém adiciono um material derivado de Raymond E. Brown, Rudolf Schnackenburg e Rudolf Bultmann. Para simplificar, passei por cima de muitas de suas desavenças, de um modo que acredito não ser irresponsável.

[50]Há muitas boas razões para pensarmos que o Evangelista tinha acesso a uma tradição autêntica atrelada a João Batista, incluindo o fato de o título "Cordeiro de Deus" não ser usado outra vez no evangelho. Até mesmo Bultmann pensa assim (*The Gospel of John* [Philadelphia: Westminster, 1971], p. 95).

sante sobre o que João, o Evangelista, tinha em mente. No livro de Apocalipse, o Cordeiro de sete chifres e vencedor, uma obra da escola joanina, claramente tem ligação com o Cordeiro apocalíptico ("O cordeiro os conquistará, pois ele é Senhor de senhores e Rei de reis", Apocalipse 17:14), mas, como ele foi "imolado", também está intimamente ligado ao cordeiro pascal e, evidentemente, com o Cristo crucificado. Portanto, esse aspecto da imagem não deve ser descartado.

O Cordeiro como Servo Sofredor de Isaías 53

Em Isaías 53:7, o Servo inocente e vicariamente sofredor é descrito como um cordeiro:

> Ele foi oprimido, foi afligido,
> > mas não abriu a sua boca;
> como um cordeiro levado ao matadouro,
> > e como uma ovelha perante os seus tosquiadores,
> ficou mudo e não abriu a sua boca.

A imagem certamente subjaz 1Pedro 2:23,24: "Pois, quando maltratado, não revidava com maus-tratos; ao sofrer, não ameaçava, mas se entregava àquele que julga justamente. Ele mesmo carregou os nossos pecados no madeiro". Não temos qualquer evidência de que essa conexão particular foi feita antes da era cristã, de modo que provavelmente não estava na mente do João Batista histórico; no entanto, é bem provável que João, o Evangelista, tenha pensado nela ao escrever. A porção da passagem do Servo que ressoa da forma mais profunda com os cristãos é o versículo 5:

> Ele foi ferido pelas nossas transgressões,
> > machucado por nossas iniquidades;
> o castigo que nos cura estava sobre ele,
> > e por suas feridas fomos sarados.

Não se trata de uma conexão específica com a imagem do cordeiro; contudo, na imaginação daqueles que amam Jesus por sua auto-oferta vicária, a identificação com o cordeiro não está distante.[51]

O Cordeiro pascal

Essa imagem teria sido prontamente reconhecida pela audiência cristã apostólica. A maioria das pessoas, incluindo muitos gentios, sabia que o *cordeiro imolado* era uma característica central do rito da Páscoa (enquanto o cordeiro de Isaías 53 não configura o centro da passagem do Servo Sofredor). Sabemos, a partir de 1Coríntios 5:7 ("Cristo, nosso cordeiro pascal, foi sacrificado [por nós]"), que a identificação de Jesus com o cordeiro pascal deve ter sido feita desde cedo — logo nos primeiros vinte ou trinta anos após a ressurreição, no máximo. Além disso, o Evangelho de João é repleto de imagens pascais, incluindo a referência a "nenhum de seus ossos será quebrado" (João 19:36; cf. Êxodo 12:46). Embora a remoção do pecado não configurasse a função do cordeiro pascal, conforme expresso por Raymond Brown, os primeiros cristãos dificilmente teriam estabelecido a tênue distinção entre o sangue do cordeiro no batente da porta como sinal de libertação da escravidão e o sangue do cordeiro oferecido como sinal de libertação do pecado. Na referência de 1Coríntios 5:7, o cordeiro pascal é chamado de um sacrifício; "em tal aprofundamento cristão do conceito do cordeiro pascal, a função de tirar o pecado do mundo poderia ser facilmente encaixada".[52]

O Cordeiro como oferta pelo pecado de Levítico 14

Embora a oferta pelo pecado fosse, em geral, um touro ou um bode, não havia distinções rígidas entre os vários temas na mente dos escritores do Novo Testamento. Evidentemente, eles mesclavam a ideia do cordeiro sacrificado de Levítico 14 e 23:12 com vários outros significados. Mas não podemos insistir demais nas referências a Levítico, uma vez que os cordeiros prescritos no livro às vezes são fêmeas; a ênfase reside em outro lugar. Conforme observado por Brevard Childs, no Novo Testamento, "o Cordeiro imolado se torna o símbolo

---

[51]Nas palavras de Elisabeth Schüssler-Fiorenza: "As funções expiatórias do Cordeiro de Deus no presente contexto do evangelho [de João] e sua interpretação à luz de Isaías 53 e do Cordeiro Pascal são tidas como certas" (*The Book of Revelation: justice and judgment* [Philadelphia: Fortress, 1985], p. 96).

[52]Raymond E. Brown, *The Gospel according to John* (New York: Doubleday, 1966), p. 62. A passagem ilustra como Brown, um acadêmico da tradição histórico-crítica *par excellence*, foi capaz de trabalhar com imagens desde cedo em seus escritos, antes da mudança nos círculos acadêmicos a uma crítica mais conscientemente literária.

do quanto custou para Deus a redenção de Israel — de fato, da redenção de todo o mundo. A carta de 1Pedro [unifica] o cordeiro pascal com o Servo sofredor, que se torna um modelo para a teologia cristã posterior".[53]

Tomando-se em consideração isoladamente, nenhuma dessas quatro "categorias de cordeiro" é o suficiente para carregar todo o peso do que disse João Batista no Evangelho de João: "Vejam! É o Cordeiro de Deus, que tira o pecado do mundo!". É a *combinação* de todas essas tradições — cordeiro apocalíptico, o *ebed Yahweh* (servo do Senhor) de Isaías, cordeiro pascal e oferta pelo pecado de Levítico — que torna a imagem tão carregada de significados. Segundo assinalado por C. H. Dodd em sua excelente discussão, embora polêmica, sobre o assunto: "O 'Cordeiro' [apocalíptico] é o Messias, e sobretudo o Messias militante e conquistador; mas nos escritos cristãos, que têm em mente o Messias histórico crucificado, o Cordeiro-líder [apocalíptico] do rebanho de Deus é *mesclado com* o cordeiro do sacrifício".[54]

Debates sobre essas questões importantes continuarão a ocorrer. Controvérsias à parte, porém, a aura numinosa do *Agnus Dei* permanecerá conosco enquanto as grandes peças musicais de Bach, Haydn, Mozart, Stravinsky e outros forem cantadas.[55]

Isaque é amarrado: uma interpretação teológica

A história do sacrifício de Isaque no monte Moriá (Gênesis 22:1-14), com a intervenção culminante de Deus ao prover um carneiro como substituto da vítima, é uma das leituras designadas à igreja para a Sexta-Feira da Paixão.[56] Não por acaso, é a mais refinada e polida das narrativas patriarcais, posicionada para servir de ponto culminante da saga de Abraão. A história conta sua

---

[53]Brevard Childs, *The Book of Exodus: a critical, theological commentary*, Old Testament Library (Philadelphia: Westminster, 1974), p. 213.
[54]Dodd, *Interpretation*, p. 232, grifo na citação. De modo semelhante, Schnackenburg escreve: "Assim que Jesus foi identificado como cordeiro pascal [...] o pensamento de sua morte expiatória foi necessariamente envolvido [...] o Cordeiro triunfante de Apocalipse ainda carrega consigo as marcas identificáveis de sua morte, de modo que a mesma tipologia está em funcionamento". Em outras palavras, o cristianismo apostólico não hesitou em combinar os temas. Schnackenburg, *The Gospel according to St. John* (New York: Crossroad, 1982), 1:299-300, 3 vols.
[55]O grande hino *Ah, holy Jesus* [Ah, santo Jesus], cantado durante a Semana Santa, evoca Jesus como "Cordeiro de Deus que tira o pecado do mundo", ao usar as imagens correlatas de pastor e ovelha em João 10:1-8: "Eis que o Bom Pastor pelas ovelhas é oferecido/ O escravo pecou, mas o Filho sofreu; / Por nossa expiação, enquanto nem dávamos atenção, / Deus intercedeu". Johann Heermann, 1585-1647, texto baseado na trad. para o inglês de Robert Seymour Bridges. *Hinário episcopal* # 158.
[56]Na tradição judaica, a história é chamada de *Akedah* ("amarração" de Isaque).

viagem, sob a ordem de Deus, para oferecer seu único filho legítimo, Isaque, o herdeiro da promessa, em sacrifício. Na tradição, a narrativa foi vista como uma ligação entre o Antigo Testamento e a morte do Filho de Deus.

Há muito essa história do Antigo Testamento tem sido reconhecida como particularmente desafiadora. Søren Kierkegaard, em sua meditação peculiar e (às vezes) perspicaz, intitulada *Fear and trembling* [Temor e tremor], questiona se a história não revela, em última análise, um Deus caprichoso, arbitrário e em quem não se pode confiar.[57] Na ordem para que Abraão matasse o próprio filho, a promessa da salvação do mundo inteiro, a qual Abraão havia seguido tão fielmente e por tantas décadas, parecia revelar-se como nada mais que uma promessa oca e passageira da divindade. Deus abandonara sua promessa e, com crueldade consumada, ordenaria a Abraão que destruísse aquilo com que ele (Deus) estava brincando desde o início — rejeitando tanto pai como filho, como se ambos não tivessem valor algum, como se todos esses anos de obediência e confiança não representassem nada além de uma piada celestial medonha. Kierkegaard satiriza o pregador que não entra no "temor e tremor" da história: "O pregador pode dormir sossegado até quinze minutos antes de sua pregação, e o auditório pode tirar um cochilo escutando-o, visto que tudo ocorre tranquilamente [...]. Tudo se resume em um momento; espere apenas um minuto, e você verá o carneiro e o teste terá terminado". Kierkegaard nos conclama, antes, a "relegar Abraão à obscuridade ou a compreender o espantoso paradoxo que dá sentido à sua vida". Uma das conclusões de Kierkegaard nos é particularmente útil. Ele compara seu herói Abraão a Agamenon, que sacrificou sua filha Ifigênia por um bem maior e evidente, tornando-se, assim, um herói trágico; Abraão, por sua vez, é ordenado a cometer o assassinato de uma criança sem nenhum propósito aparente. Parece ser o absurdo definitivo. Nesse ponto, Kierkegaard ironiza: "O herói trágico necessita de lágrimas e as reivindica; e onde está o olhar invejoso que, de tão encerrado, não choraria com Agamenon? Por outro lado, onde está o homem de alma tão desnorteada a ponto de chorar por Abraão? [...] Não se pode chorar por ele. Aproximamo-nos de Abraão com *horror religiosus*, da mesma forma que Israel se aproximou do monte Sinai".[58]

---

[57]Na época em que escreveu *Fear and trembling*, Søren Kierkegaard sofria uma grande crise pessoal em relação à sua ex-noiva Regina, que estava em processo de noivado com outro homem.

[58]Søren Kierkegaard, *Fear and trembling* e *The sickness unto death* (Garden City: Doubleday Anchor Book, 1941, 1954), p. 71. A famosa expressão de Kierkegaard descrevendo a trajetória da história é "suspensão teológica do ético", o que certamente soa como algo sofisticado, mas não nos leva ao cerne da questão: a confiança depositada em Deus, mesmo quando não há um futuro humanamente discernível. Trata-se de um pensamento

Além desse ponto no livro de Kierkegaard, sua abordagem não nos é muito útil, mas essa ideia em particular está perfeitamente correta. Hoje, é comum ouvirmos versões impressionistas da história, versões que assumem o ponto de vista de Sara. A intenção feminista dessas apresentações é que devemos chorar por Sara, personagem que, por sinal, nem mesmo recebe a dignidade de uma menção na narrativa.[59] Isso, porém, é desviar a história para fins não teológicos. Chorar por Sara — ou, então, por Abraão ou Isaque — é colocar uma reviravolta psicológica moderna demais na narrativa. "Desde a antiguidade, a passagem [...] não nos mostra quaisquer características sentimentais".[60] As crianças, ao ouvirem a história sem demonstrações de afeto por parte do contador, não têm reações sentimentais. Elas podem fazer perguntas difíceis, mas nunca as perguntas difíceis que os adultos *imaginam* que elas farão. As crianças tendem a receber a história como algo que se assemelha muito mais ao *horror religiosus* de Kierkegaard do que com lágrimas por Abraão e Sara.[61] Há mais de uma maneira de absorver o terror da história.[62]

O fato de Kierkegaard assemelhar Abraão ao monte Sinai não é diferente da evocação abraâmica feita por Paulo em Romanos, na qual o patriarca se torna muito mais que um ser humano específico por incorporar toda a ação incondicional de Deus na eleição e na promessa recebida pela fé: "Portanto, a promessa vem pela fé, para que seja de acordo com a graça e seja assim garantida a toda a descendência de Abraão; não apenas aos que estão sob o regime da Lei, mas também aos que têm a fé que Abraão teve. Ele é o pai de todos nós. Como está escrito: 'Eu o constituí pai de muitas nações'. Ele é nosso pai

---

não tão desconectado da possibilidade de que a humanidade possa autodestruir-se em uma catástrofe provocada por si mesma.

[59] Não quero me distanciar do feminismo, mas das leituras sentimentais e tendenciosas. Na minha opinião, não faz bem algum à causa feminista deslocar o eixo da história desse modo. Atrai a atenção para o assunto errado. Sara é interessante e tem seu lugar na saga, mas esse lugar não é aqui. Se insistirmos em uma leitura literal da história, poderíamos dizer que Abraão provavelmente não contou à sua esposa a razão pela qual ele e o menino estavam fazendo a viagem. (Embora uma tradição judaica tardia conte que Sara, após o retorno dos dois em segurança, deu seis gritos e, logo em seguida, caiu morta.)

[60] Otto Procksch, acadêmico do Antigo Testamento, cit. Gerhard von Rad, *Biblical interpretations in preaching*, com base na trad. para o inglês de John E. Steely (Nashville: Abingdon, 1977), p. 38.

[61] O conceito de "segunda lágrima", de Milan Kundera, pode ser-nos útil aqui. Segunda lágrima é aquela que é derramada juntamente com os que já estão chorando, demonstrando-lhes solidariedade. É vicária, mas não vem de um envolvimento emocional direto e, portanto, em certo sentido é falsa. "O que Kundera não leva em conta é a reviravolta do *kitsch*, quando a segunda lágrima acontece sem que a primeira sequer tenha ocorrido" (Avishai Margalit, "The Kitsch of Israel", *New York Review of Books*, 24 de novembro de 1988).

[62] É um imperativo moral de nossa época combater o abuso infantil, a marginalização da mulher e os deuses masculinos cruéis, mas essas preocupações tornaram difícil a leitura da história com uma confiança abraâmica.

aos olhos de Deus, em quem creu, o Deus que dá vida aos mortos e chama à existência coisas que não existem como se existissem" (Romanos 4:16,17, NVI).

Seria impossível ampliar a figura de Abraão mais do que ela já foi ampliada em Gênesis, mas Paulo põe o patriarca em destaque pelo fato de a morte e a ressurreição de Cristo terem revelado sua verdadeira importância apocalíptica como "pai de todos os que creem" (Romanos 4:20-25). A passagem é conectada por Paulo à fé de Abraão enquanto esperava que Sara concebesse, mas o apóstolo parece sugerir especificamente a *Akedah* ao escrever, quatro capítulos depois: "Que diremos, pois, diante dessas coisas? Se Deus é por nós, quem será contra nós? Aquele que não poupou seu Filho, mas o entregou por todos nós, como não nos dará juntamente com ele, e de graça, todas as coisas?" (Romanos 8:31,32, NVI).

O versículo influenciou a igreja ao selecionar Gênesis 22:1-14 como leitura da Sexta-Feira da Paixão. Cabe-nos, porém, outra ressalva: a tendência hoje é tratarmos a história da *Akedah* de forma *literal demais*, mas isso não significa sugerir que devemos tratá-la *de forma leviana*. Entretanto, levá-la a sério pode significar lê-la com uma confiança mais simples do que estamos acostumados nestes tempos complexos e carregados de ironia.[63]

Com essas ressalvas em mente, podemos abordar a história da *Akedah*. Em primeiro lugar, devemos vê-la em seu contexto. A saga de Abraão tem início no capítulo 12; seu ponto culminante ocorre com o mandamento para sacrificar Isaque, dez capítulos e muitas décadas depois. A última história é contada deliberadamente da mesma forma que a primeira:

Sai da tua terra,	Toma teu filho,
do teu povo,	teu único filho, Isaque,
e da casa de teu paia	quem amas,
e vá para a terra	e vá para um monte
que te mostrarei (12:1).	que te mostrarei (22:2).

No capítulo 12, Abraão é chamado a se desvincular do passado; no capítulo 22, do futuro.[64] Esse é o significado mais profundo da história. O cami-

---

[63]Há muitos anos, Gretchen Wolff Pritchard defende a prática de contarmos histórias às crianças sem fazer comentários de adultos. Quando minha avó me fez a leitura da história de Abraão e Isaque, não a moralizou nem tentou interpretá-la. Na verdade, ela nunca fez comentários a respeito dessa história. Apenas a leu, a fim de me transmitir segurança e confiança. A recuperação adulta de uma confiança infantil na própria história está relacionada ao que Paul Ricoeur chama de "a segunda ingenuidade" (*The symbolism of evil* [Boston: Beacon Press, 1967], p. 351).

[64]Gerhard von Rad, *Genesis*, ed. rev., Old Testament Library (Philadelphia: Westminster, 1972), p. 239. Boa parte do que se segue é extraída de seu capítulo sobre Gênesis 22, em *Biblical interpretations in preaching*

nho proposto a Abraão não é apenas o do sacrifício de uma criança, por mais inexprimível que seja a ação;⁶⁵ antes, é o "caminho do abandono divino".⁶⁶ Exige-se que Abraão queime o estatuto da salvação, "deixando para si nada além da morte e do inferno".⁶⁷

Temos de nos lembrar do que aconteceu com Abraão e Sara nos anos entre Gênesis 12:1 e 22:2, a primeira e a última vez que "Deus falou com Abraão". Por muitos anos, esse homem idoso e sua mulher estéril viveram com base em uma promessa. Deus aparecia, se retirava, aparecia outra vez, se retirava outra vez. Sara só podia rir do absurdo de tudo isso, e não é de admirar.⁶⁸ Mas Paulo afirma que, apesar dessas provações, Abraão continuou esperando contra toda a esperança, *por causa do Deus em quem creu*. Assim, temos diante de nós um homem que havia muito vivia com base em uma confiança radical. Sua resposta à aparição de Deus no capítulo 22 fala muito: "Depois dessas coisas, Deus provou Abraão e lhe disse: 'Abraão!'. E ele respondeu: 'Eis-me aqui'. E ele disse: 'Toma agora o teu filho, teu único filho Isaque, a quem tu amas, e [...] oferece-o [...] como holocausto sobre um dos montes que eu te direi'. E Abraão levantou-se cedo de manhã" (Gênesis 22:1-3).

A narrativa é extraordinariamente compacta, como todas as narrativas bíblicas. O texto nos conta exatamente o que precisamos saber, e nada mais. Abraão tem seguido e confiado em Deus por tanto tempo que se tornou um hábito. Ele não invade os portões dos céus com suas orações, como Jó. O patriarca está pronto a se submeter, mesmo antes de ouvir o mandamento, *por causa do Deus em quem creu*. Abraão parece crer que Deus está no direito de fazer esse pedido. No dia seguinte, em vez de permanecer prostrado na cama, Abraão levanta-se logo cedo para fazer a vontade de Deus.⁶⁹

---

e em sua *Old Testament theology*, 2 vols. Também me baseei em Nahum Sarna, *Understanding Genesis: the heritage of biblical Israel* (New York: Schocken Books, 1970), bem como no comentário de Calvino sobre Gênesis — outro recurso superlativo para pregadores.

⁶⁵Não estou tentando descartar o horror da história. Martinho Lutero é especialmente bom nisso: ele escreve que não poderia ter sido nem mesmo um espectador do que aconteceu, muito menos um participante. Lutero nos diz que ele e todos nós não somos melhores do que os animais de carga deixados no sopé da montanha enquanto pai e filho sobem ao altar terrível. A resposta de Lutero, no entanto, é uma boa ilustração de *horror religiosus*, não das lágrimas de Agamenon.

⁶⁶Von Rad, *Genesis*, p. 244.

⁶⁷João Calvino, *Genesis* 22.2, Calvin's Commentaries, ed. David W. Torrance; Thomas F. Torrance, baseado na trad. para o inglês de William B. Johnston (Grand Rapids: Eerdmans, 1963).

⁶⁸O relato da risada vulgar e zombeteira de Sara (Gênesis 18:9-15) foi muito comentado na literatura cristã e rabínica. Por anos, citei o seguinte: "O riso de Sara é o companheiro constante da fé" (Ernst Käsemann, *Perspectives on Paul* [Philadelphia: Fortress, 1971], p. 69).

⁶⁹Calvino, *Genesis*, 22.3.

O objetivo bíblico é vermos o consentimento aparentemente incompreensível de Abraão em uma ação impensável como uma demonstração de toda a amplitude da fé, das alturas às profundezas, do que nenhuma outra pessoa, exceto Uma, jamais foi requisitada por Deus a entrar. O fato de Abraão ter de praticar a ação ele mesmo não está *teologicamente* relacionado à barbárie da situação. Antes, está *teologicamente* relacionado a outra coisa: Deus pede uma demonstração de fé tão extrema que Abraão deve ser o participante ativo dela, e não apenas aquele que fica de lado enquanto Deus fere Isaque até a morte. A prova de Abraão é um acontecimento definitivo, mostrando-nos que Deus é confiável, até mesmo em meio a trevas inimagináveis. Muitos tiraram força dessa história, aprendendo o que significa confiar em Deus, mesmo quando, aparentemente, ele se volta contra suas obras, em uma "contradição incompreensível".[70]

A profundidade da fé de Abraão é sugerida pela narrativa nos termos mais sutis. Em primeiro lugar, há a repetição contínua de:

> teu filho,
> teu único filho,
> Isaque,
> a quem amas...

É uma batida de dor. Depois, a afirmação, duas vezes repetida, também de dor:

> E os dois
> prosseguiram.

Muitas conjecturas foram levantadas quanto ao que um disse para o outro enquanto se puseram a caminho, mas a arte singular de nosso contador de histórias antecipa todas essas especulações:

> À medida que caminhavam juntos,
> Isaque perguntou a Abraão:
> "Pai?"
>
> "Sim, meu filho?", respondeu Abraão.
>
> "As brasas e a lenha estão aqui",
> disse Isaque,

---

[70] Von Rad, *Old Testament theology*, 1:171.

"mas onde está o cordeiro para o holocausto?".

Abraão respondeu:
"O próprio Deus proverá o cordeiro
para o holocausto,
meu filho".

E os dois
prosseguiram.

Isso está além de comentários. A história afunda em seu peso. O ritmo da narrativa, tão reticente, tão controlado, agora diminui para um rastejamento excruciante:

> Lá, Abraão construiu um altar
>   e organizou sobre ele a lenha.
> Ele amarrou o seu filho Isaque
>   e o pôs sobre o altar,
>   sobre a lenha.
> Então, estendeu a mão
>   e pegou a faca
>   para sacrificar seu filho.

Isaque, aparentemente, não resiste, fator que impressionou profundamente os intérpretes judeus. Pode não ser exagero dizer que sua confiança nesse momento excruciante reflete a confiança de seu pai em Deus. Mas isso não significa apenas o fim das esperanças pessoais de Abraão, pois Isaque não é um filho qualquer: é o único portador da promessa para o futuro. O fim de Isaque significa o fim da esperança, da bênção e da salvação para o mundo. O narrador detém o momento:

> Abraão estendeu a mão
>   e pegou a faca
>   para sacrificar seu filho...

E, de repente, a situação se reverte:

> Mas o anjo do Senhor o chamou do céu e disse:
> "Abraão, Abraão! Não estenda a mão contra o menino, nem faça alguma coisa com ele: agora eu sei que você teme a Deus,

> pois não me negou o teu filho, teu único filho".
> E Abraão levantou os olhos, e eis
> detrás dele um carneiro, preso pelos chifres em um arbusto;
> e Abraão foi e tomou o carneiro,
> e o ofereceu em holocausto em lugar de seu filho.
> Assim, Abraão chamou aquele lugar de "o SENHOR proverá".

Neste ponto, façamos uma pausa em silêncio, por um momento, em homenagem à gravidade do que acabamos de ler. Repare que não há clamor de alegria. Juntos, pai e filho viram a face de algo indizível. Talvez eles não tenham dito nada em sua jornada de três dias de volta para casa. Talvez esse acontecimento possa ser entendido como englobando todos os silêncios incompreensíveis de Deus, daquele dia em diante.

Desse modo, Abraão recebeu seu filho de volta dentre os mortos. Recebeu-o nos limites extremos da experiência humana, e por isso percebemos que os dons de Deus vêm de um reino que se encontra muito além de nossa manipulação, de nossa imaginação, de nossa expectativa, de nosso mérito. Ter fé em Deus, "temer" a Deus como Abraão, significa confiar totalmente nele e colocar a si mesmo e toda a nossa vida em suas mãos, mesmo quando o cumprimento das promessas parece ter caído na esfera da impossibilidade.

Em conclusão a esta seção, eis uma leitura de uma passagem reservada para a Sexta-Feira da Paixão. Observamos particularmente dois versículos: "O próprio Deus proverá o cordeiro para o holocausto" e "não me negou o teu filho, teu único filho". Para nós, Abraão é um exemplo inigualável de confiança em circunstâncias inimagináveis. Deus nunca pediu a mesma coisa de mais ninguém; foi um acontecimento único, que nunca mais se repetiu — nunca, ou seja, até o dia do "contra-ataque" definitivo (Calvino), Deus aparentemente lutando contra Deus, quando o próprio Filho divino clama na cruz: "Meu Deus! Meu Deus! Por que me abandonaste?".

Para Isaque, providenciou-se um substituto: Abraão viu um carneiro preso nos arbustos: "O próprio Deus proverá o cordeiro para o holocausto, meu filho". Quando Jesus veio à cruz para levar o pecado do mundo em trevas insondáveis, não houve substituto para ele. Ele próprio era o Cordeiro.[71] Deus não poupou seu filho, seu único filho. O próprio Filho se tornou o substituto — por nós. Mas

---

[71] Nesse ponto, sou contrária a von Rad, entre outros que dizem que o carneiro não é um tipo de Cristo. No entanto, creio que o uso da palavra "cordeiro" em Gênesis 22:7 nos fornece essa abertura interpretativa, consagrado tanto pelo uso cristão como pela sugestão em Romanos 8:31,32.

a diferença crucial entre a *Akedah* e a cruz, por fim, é que o Pai não sacrifica o Filho. Deus Pai e Deus Filho, *juntos, com uma única vontade*, efetuam o propósito divino de que a segunda pessoa da bendita Trindade se tornasse, "de uma vez por todas", o holocausto perfeito para nós, seres humanos, e para nossa salvação.

O véu do templo e o propiciatório

No auge da narrativa da Paixão, os Evangelhos de Marcos, Mateus e Lucas dão uma posição de destaque, cada qual a seu modo, ao "véu do templo". Eis como Marcos expressa isso: "Jesus clamou em alta voz e deu seu último suspiro. A cortina [ou véu] do templo [ou santuário] foi rasgada em duas, de cima para baixo" (Marcos 15:37,38). Repare na voz passiva ("foi rasgada"), significando que Deus é o agente. Mateus e Lucas o expressam de forma muito parecida, e os três Evangelistas associam o sinal ao momento da morte de Jesus, embora Lucas o posicione antes da morte, e não em seu exato instante. Muita imaginação homilética e expositiva foi aplicada ao sinal do véu rasgado; R. E. Brown se refere com humor a essa profusão interpretativa como "abundância exuberante".[72] Resulta de um exemplo clássico de fusão, já que a discussão singular do véu em Hebreus tem sido combinada, em termos homiléticos, com a imagem bem diferente trazida pelos Evangelhos.[73] Sobre o véu nas narrativas da Paixão sinóticas, citamos diversos pontos. *Primeiro*: Jesus predisse a destruição do templo de Jerusalém, de modo que o rasgar do véu reivindica a predição de Jesus a respeito da destruição do santuário. *Segundo*: o texto de Marcos sugere um ato da ira de Deus contra a corrupção do templo e de seus sacerdotes (como, p. ex., em Malaquias 1:6—3:4). *Terceiro*: visto que rasgar as vestes significava luto, o rasgar do véu pode sugerir esse elemento também. *Quarto*: o rasgar da cortina é incluído por Mateus em sua lista cuidadosamente elaborada de quatro sinais, indicando que a virada apocalíptica das eras ocorre com a morte do Messias.[74]

---

[72] Raymond E. Brown, *The death of the Messiah: from Gethsemane to the grave; a commentary on the Passion narratives in the four Gospels* (Garden City: Doubleday, 1994), 2:1098, 2 vols.

[73] Pelo menos não estou disposta a restringir as interpretações amplas desse símbolo ricamente sugestivo — na verdade, tenho uma a propor —, desde que cada voz individual do Novo Testamento ocupe seu devido lugar distintivo. Não podemos perder de vista o significado estratificado do símbolo nos Evangelhos (em comparação com Hebreus), de modo que o menciono aqui, embora ele não se encaixe especificamente no tema do sacrifício.

[74] O poder da cristologia de Mateus normalmente é ignorado por causa da tendência generalizada entre os pregadores de enfatizar trechos dos ensinos de Jesus, ignorando, ao mesmo tempo, a estrutura narrativa de Mateus, cujo desígnio claramente é revelar Jesus como Messias e Filho de Deus (conforme descrito por Jack Dean Kingsbury e Dale Allison, entre outros).

A imagem do véu e de seu corolário, o propiciatório, aparece em Hebreus com um significado distinto daquele dos Evangelhos Sinóticos. Na carta, o véu aparece como um detalhe extra ao retrato geral, exclusivo de Hebreus, de Cristo como Sumo Sacerdote que se ofereceu como sacrifício pelo pecado. Sem dúvida, essa perspectiva do véu, peculiar a Hebreus, não pode ser descrita como um grande tema neotestamentário. Além do mais, a questão toda do véu está fadada à perseguição por historiadores que, repetidas vezes, apontam que o autor de Hebreus não entendia a configuração real do tabernáculo e do templo. Por mais controvertido que o tema do véu possa ser do ponto de vista do historiador escrupuloso da religião, é excepcionalmente útil como meio de transmitir, mesmo para crianças, um aspecto do significado da morte de Jesus. As duas interpretações principais — a ênfase dos Evangelhos no "rasgar" como sinal apocalíptico da destruição do templo e a imagem em Hebreus da abertura de um caminho para a presença de Deus — podem ser combinadas de maneira criativa por pregadores e mestres. Adultos e crianças ficam fascinados pelos elementos do templo e, portanto, são atraídos por essa abordagem.

Em Hebreus, há três referências explícitas ao véu e ao Santo dos Santos. O autor recorre à tenda no deserto, ou ao tabernáculo, e não ao templo em Jerusalém, mas essa distinção não tem de ser rigorosamente observada em ambientes não acadêmicos, nos quais o objetivo principal é despertar a fé nos benefícios do sacrifício que Cristo fez de uma vez por todas. Eis a descrição em Hebreus: "Pois uma tenda foi preparada, a exterior, na qual havia o candelabro, a mesa e os pães da Presença; a tenda é chamada de Lugar Santo. Por trás do *segundo véu* [o "véu do templo"] estava uma tenda chamada Santo dos Santos, tendo um altar de ouro de incenso e a arca da aliança [...] Acima dela, estavam os querubins da glória, cobrindo com sua sombra o *propiciatório* (em hebraico, *kapporet*; em grego, *hilasterion*)" (Hebreus 9:2-5).

O próprio templo de Jerusalém, onde Jesus ensinou todos os dias na semana em que foi crucificado, era organizado segundo uma hierarquia de privilégios religiosos. Uma ideia geral dessa organização parece relevante para nossa compreensão do rasgar do véu, mesmo que não haja referências explícitas em Hebreus. O templo era uma série de pátios dentro de pátios. O primeiro no qual alguém entrava era o Pátio dos Gentios, aberto a qualquer um. Essa era a única parte do templo acessível a turistas, visitantes e peregrinos de outras confissões religiosas. O "ímpio", a despeito de quão elevado na sociedade helenística ou romana, não podia ir adiante. O próximo era o Pátio das Mulheres, aberto a todos os judeus. Entretanto, era somente até esse ponto que uma mulher judia podia ir; não lhe era permitido subir os quinze degraus que elevavam o Pátio dos Homens acima do Pátio das Mulheres. Em meio ao Pátio dos Homens, ficavam os recintos sagrados. Apenas os sacerdotes podiam ir além do Pátio dos Sacerdotes e, assim, chegar ao Lugar Santo. O santuário mais exclusivo da fé dos hebreus, o próprio Santo dos Santos (chamado de Lugar Santíssimo em algumas tradições), era inteiramente proibido a todos, exceto ao sumo sacerdote, a quem a entrada era permitida apenas uma vez ao ano, no Dia da Expiação, conforme descrito em Levítico 16.

Todas essas distinções eram levadas a sério. Uma inscrição de advertência do templo de Jerusalém foi descoberta e trazia o seguinte aviso: "Nenhum estrangeiro deve entrar no átrio e no recinto em torno do Templo, e quem for pego fazendo-o terá de culpar a si mesmo por sua morte". Filo de Alexandria registra que qualquer judeu ou sacerdote além do sumo sacerdote que entrasse no Santo dos Santos sofreria morte sem direito a apelo.[75] Essa hierarquia de pessoas de acordo com os níveis de piedade é fundamental às religiões em geral e continua a ser relevante a todas as sociedades de hoje. A configuração toda baseava-se em distinções que separavam os grupos uns dos outros, restringindo o acesso ao propiciatório. Essa ideia não é estranha; qualquer adolescente consegue compreendê-la. Estão familiarizados com a corda nos clubes que separa o santo dos santos.

Estudiosos destacam que havia pelo menos duas cortinas no templo, talvez até mais. Uma delas vetava o Lugar Santo aos seres humanos comuns, porém esse não é o véu mencionado em Hebreus. A barreira final era a cortina que separava o Santo dos Santos de *todas as pessoas*, exceto do sumo sacerdote. Em Hebreus, a importância do propiciatório é aguçada tremendamente pelos contrastes repetidos, já observados, que o autor faz entre os antigos sacrifícios e o sacrifício de Cristo. O efeito sobre o leitor, uma vez que a ideia fundamental é compreendida, é de grande anseio por acesso direto. De todas as muitas superioridades atribuídas ao sacrifício de Cristo, aquela com que mais nos preocupamos é *a abertura do caminho para todos*. Nenhum sacerdote da antiga aliança pôde abrir esse caminho. O sumo sacerdote da linhagem de Arão ia sozinho até o propiciatório e voltava sozinho. Jesus, entretanto, desempenhou uma ação radicalmente nova. Eis aqui duas passagens explicando a abertura do caminho:

> Temos esta segura e firme âncora da alma, uma esperança que entra além do véu, *onde Jesus, como precursor, entrou por nós*, tendo se tornado sumo sacerdote para sempre (6:19,20).

---

[75]Brown, *Death of the Messiah*, 1:366-67.

> Portanto, irmãos, visto que temos confiança para entrar no santuário pelo sangue de Jesus, *pelo novo e vivo caminho que ele abriu para nós através do véu*, isto é, pela sua carne, e visto que temos um grande sacerdote sobre a casa de Deus, aproximemo-nos com um coração verdadeiro e em plena certeza de fé, tendo o coração purificado (10:19-22).

Em um ato de imaginação marcante e original, o autor de Hebreus reinterpreta o véu do templo como a carne humana de Jesus. O Senhor foi adiante de nós em seu corpo encarnado, como nosso precursor, trazendo consigo nossa natureza humana.[76] Foi-se para sempre o véu que era um constante lembrete de que a humanidade pecadora estava excluída da presença de Deus. O templo foi figurativamente destruído e "reconstruído em três dias" no corpo de Cristo (João 2:19-21). O santuário não é mais proibido; não é mais necessário haver um intermediário; não há mais restrições ao acesso ao propiciatório e à remissão de pecados. Agora — ampliando a imagem do tabernáculo para incluir o templo —, não há mais qualquer hierarquia. O caminho está aberto aos gentios, às mulheres, aos leigos, aos pecadores de todos os tipos e condições.

Estamos em condições de juntar as imagens dos Evangelhos com a de Hebreus. Na morte de Jesus na cruz, as distinções proibindo o acesso à presença de Deus chegaram ao fim, visto que o velho santuário terreno chegou ao fim. O próprio Deus o destruiu ("o véu do santuário *foi rasgado*", diz Mateus 27:51, mais uma vez na voz passiva, indicando a ação de Deus). Com a morte do Filho de Deus, Hebreus alega que seu sangue foi aspergido, figurativamente falando, no propiciatório celestial de uma vez por todas e, com a remoção do véu, aquele benefício celestial se tornou nosso, sem distinções ou condições. Não há mais separação entre piedosos e ímpios — tema ao qual retornaremos muitas vezes. "O caminho outrora fechado agora está aberto. No momento de sua morte na cruz [...] o véu ameaçador e obstrutor foi rasgado de cima para baixo, indicando uma ação de Deus e que o caminho para a sua presença estava finalmente aberto."[77]

Por fim, expressando tudo nos termos apocalípticos de Paulo, o arranjo pelo qual o arrependimento garantia o perdão, vez após vez — o velho *kosmos* de "obras

---

[76]"Velada na carne, a divindade é vista", escreve Charles Wesley em seu grande hino doutrinário *Hark! the herald angels sing* [Ouçam! Os anjos mensageiros cantam].

[77]Philip Edgcumbe Hughes, *A commentary on the Epistle to the Hebrews* (Grand Rapids: Eerdmans, 1977), p. 407.

mortas" —, foi condenado à morte de uma vez por todas (*ephapax*). O rasgar do véu sinaliza o fim dessa velha ordem mundial. Os sacrifícios antigos provaram-se temporários, como o "tutor" de Gálatas 3:23-26. Existiram para preparar o caminho para a nova criação no "sangue de Cristo". De agora em diante, a auto-oferta do Filho de Deus, que *precede* o arrependimento e a fé, demonstra seu poder de gerar tanto um como o outro, e isso de uma maneira que condiz com a nova ordem mundial procedente de Deus, na qual não há necessidade de qualquer outro sacrifício. "Não vi templo algum na cidade, pois o seu templo é o Senhor Deus, o Todo-poderoso, e o Cordeiro" (Apocalipse 21:22).

A IMPOPULARIDADE DO AUTOSSACRIFÍCIO NA CULTURA DE HOJE

Parece estranho passarmos da visão da Nova Jerusalém para a influência da publicidade na cultura de hoje, mas esse é o tipo de mudança de foco que os intérpretes do evangelho devem fazer para ensinar a fé bíblica em nossa época. Um dos desenvolvimentos mais influentes da história da indústria publicitária, talvez até mesmo da cultura global como um todo, foi a mudança do simples lançamento de produtos para a venda de "estilos de vida". Em algum sentido, não há nada realmente novo nessa ideia; o ser humano sempre foi fascinado por moda e novidade. Em outro sentido, porém, a sociedade de consumo que existe hoje é diferente de tudo o que o mundo já viu. O poder das imagens visuais, a atração das celebridades, a entrega instantânea de serviços, o imediatismo dos mundos virtuais e a demanda por mais e mais estímulos — além de muitos outros fatores — oferecem falsas possibilidades aos jovens, minando a capacidade de adiar a gratificação a serviço de objetivos mais elevados. O enfraquecimento de laços familiares, clubes escolares e associações comunitárias, sem falar nas igrejas e em outras influências contraculturais fortes, tornou muito difícil a transmissão de qualquer outro conjunto de valores aos jovens. Tudo isso é bem conhecido e frequentemente lamentado. Mencionamos, no entanto, para destacar a ausência de qualquer senso de *valor de sacrifício* na vida comum.

Ao mesmo tempo, durante as guerras do início do século 21, no Iraque e no Afeganistão, a palavra "sacrifício" era usada em tom solene, quase religioso, reservado àqueles que morriam em combate.[78] Parece que o sacrifício

---

[78]Um exemplo extremo da linguagem sacrificial enlouquecida é o uso inflamado de Hitler da expressão alemã "morte sacrificial" (*Obfer-tod*), tornando-a inutilizável na teologia alemã de hoje. Stephen W. Sykes, *The story of atonement*, Trinity and Truth Series (London: Darton, Longman, and Todd, 1997), p. 123-4.

é honrado apenas nessa área da vida e desdenhado em outras. Analistas conscientes têm reclamado há anos que não houve um chamado ao sacrifício para os Estados Unidos como um todo no período desses conflitos, especialmente em comparação à Segunda Guerra Mundial, quando toda a sociedade sofreu privações. Também se observou muitas vezes que, na ausência de recrutamento, o fardo do sacrifício na guerra é suportado quase inteiramente por soldados muito jovens, com nível educacional baixo, com poucos prospectos econômicos e, em sua maioria, provenientes de áreas rurais e pequenas cidades — enquanto outros americanos são aconselhados a ir às compras, máxima que ganhou força ainda maior durante a Grande Recessão de 2008 e 2009. As objeções a jovens e desprivilegiados que fazem todo o sacrifício foram amplamente ignoradas. Há muito sentimentalismo no serviço militar, mas pouco entusiasmo em honrá-lo de qualquer forma que nos custe mais do que exibir bandeiras americanas e adesivos de para-choque do tipo "Apoie as nossas tropas".

Repensando as objeções das mulheres: sacrifício como empoderamento

Atualmente, há uma reação intensa, enraizada na experiência da mulher, contra todo o conceito de sacrifício. Trata-se de um dos desafios mais importantes para a teologia do sacrifício e, em alguns setores, o assunto está sendo levado muito a sério. Argumenta-se que, tradicionalmente, as mulheres é que assumem uma quantidade desproporcional de sacrifícios. Muitas foram condicionadas a pensar que não têm escolha, exceto serem ignoradas, subordinadas, exploradas e abusadas. Isso tem sido incapacitante para as mulheres, em muitos casos até mesmo de modo profundo; assim, faz parte do trabalho da igreja de nossa época repensar o assunto todo.

Um célebre livro lançado há 75 anos, pouco lido nas últimas décadas, voltou às listas de leitura obrigatória por razões geopolíticas na virada do Terceiro Milênio. A publicação de *Black lamb and grey falcon* [Cordeiro negro e falcão cinza], de Rebecca West, é supostamente um livro sobre os Balcãs; na verdade, porém, diz respeito às opiniões de Rebecca West sobre os mais diversos assuntos. Relevante para nosso tema, o livro tem muito a dizer sobre a "pretensão repulsiva de que a dor é o preço justo para qualquer coisa boa".[79] Sua aversão quase obsessiva à ideia de sacrifício está consagrada na brilhante descrição de

---

[79] Rebecca West, *Black lamb and grey falcon* (New York: Viking, 1941), p. 827.

um ritual de fertilidade muçulmano, o qual ela viu ser realizado em uma rocha sagrada na Macedônia; o ritual envolvia o abate de muitos animais, incluindo um cordeiro negro. Rejeitando toda a concepção de sacrifício, West conclui que a crucificação de Jesus não poderia ter sido de forma alguma o plano de Deus, mas tão somente a demonstração suprema da vileza do ser humano em oposição ao bem. Ela está absolutamente certa quanto ao segundo ponto. No entanto, suas objeções ao que ela vê como nossa paixão pela ideia de sacrifício são, penso, mais estéticas do que qualquer outra coisa. A autora é muito literal sobre o sacrifício (compreensivelmente, talvez, em vista da cena na rocha, no Campo das Ovelhas, descrita por ela em detalhes de embrulhar o estômago); ela se concentra quase exclusivamente no prazer com que os abatedores realizavam seu trabalho.[80] Se você ou eu realmente tivéssemos assistido a isso, poderíamos muito bem ter a mesma reação. Todavia, o ângulo oferecido por West sobre esse espetáculo como um comentário sobre a noção toda de sacrifício ilustra bem a ideia de falta de imaginação, uma coisa estranha de dizer sobre uma escritora tão talentosa. O que, de fato, está em jogo é a compreensão autêntica do sacrifício. Por toda a sua vida, West investiu contra "o pecado do autossacrifício", em particular conforme recomendado a mulheres que deveriam ser protegidas em suas casas para que "a chama tranquila de [suas] almas intocadas irradiasse pureza e nobreza sobre uma família indefinidamente extensa".[81] A questão é se essa perspectiva apaixonantemente negativa do sacrifício é a única possível.[82]

Esse tipo de objeção feminista, feita por West mais de setenta anos atrás, passou a ser comum em nossa época, com diversas teólogas e estudiosas da Bíblia fornecendo análises críticas.[83] A objeção central é que o conceito de

---

[80]Esse prazer, por sinal, era de fato parte da "vileza do ser humano", que, na crucificação, foi totalmente desencadeada sobre o Filho de Deus.

[81]Citação de Brian Hall, "Rebecca West's war", *New Yorker*, 15 de abril de 1996.

[82]West revela certa confusão (sem dúvida, algum romantismo) quando, na narrativa do cordeiro negro na rocha, insere uma avaliação favorável de outra cena que havia testemunhado na noite anterior, o que parece contradizer sua veemente antipatia pelos sacrifícios na rocha. É particularmente notável em vista de sua ferrenha postura feminista. West se recorda, em termos altamente favoráveis, de um rito para mulheres em um santuário muçulmano que exigia o abraço a uma pedra que se pensava ter propriedades espirituais: "Mulheres muçulmanas [...] estendem os braços para abraçar a pedra negra e abaixam a cabeça para beijá-la [...] Tal gesto é uma imitação pelo corpo do gesto feito pela alma no amor. Pois diz: 'Hei de me dedicar a você em devoção, esvaziando-me sem esperar algo em troca" (*Black lamb and grey falcon*, p. 825). Mas o que é isso senão sacrifício? Em termos literais, não se trata de derramamento de sangue, mas soa poderosamente como a antiga reiteração de um credo feminino.

[83]As críticas serão abordadas no capítulo 11, na seção relacionada às objeções ao modelo de substituição penal. O conceito de sacrifício não é, em hipótese alguma, o único aspecto da expiação a ser alvo da crítica feminista. Não apenas o tema da substituição é deplorado, mas também a ideia de Anselmo sobre satisfação. Parte da culpa está no descuidado do ensino da igreja, especialmente nos círculos evangélicos, dividindo o Pai

sacrifício funcionou, e tem sido valorizado, como um meio de negar satisfação à mulher. Sempre que é feito tal uso repressivo do tema do sacrifício, deve-se resistir e opor-se a ele. Não há nada na vida ou nos ensinamentos de Jesus que sugira que devemos estabelecer qualquer distinção entre homem e mulher em seu chamado a uma vida sacrificial. O problema reside na definição de sacrifício. A objeção feminista tem sido que um estilo sacrificial de vida deixou muitas mulheres em um estado enfraquecido, incapazes de sair das posições subordinadas e sobrecarregadas nas quais se encontram. Isso é inadmissível à luz do que o Espírito nos mostra hoje, de modo que não podemos retroceder dos avanços que sua revelação nos deu. Contudo, ao mesmo tempo, precisamos de uma nova concepção de sacrifício. Jamais superaremos esse obstáculo se o sacrifício for considerado uma forma de fraqueza e de autossupressão desprezível. A forma correta de repensarmos o sacrifício é da perspectiva do poder.

O poder surge de duas formas: boa e má. Uma vida de serviço sacrificial, conforme definida pela vida e morte de Jesus Cristo, não é fraqueza, mas *um modo alternativo de poder*.[84] Essa verdade serve de sustentação a toda a mensagem do Novo Testamento sobre autoentrega. Ninguém entendia isso melhor que o apóstolo Paulo. Já vimos que ele não mostrava, em suas cartas, tanto interesse na linguagem cúltica que predomina (por exemplo) em Hebreus — muito menos em Levítico. Isso, em parte, é porque Paulo não entendia a crucificação de Cristo acima de tudo como um sacrifício, no sentido cúltico da palavra, mas como o confronto apocalíptico definitivo contra as forças do inimigo, na fronteira dos tempos, sendo a autoentrega de Jesus sua maior arma. Era a forma definitiva de "resistência passiva" que subjuga e vence o inimigo — muito em sintonia com a "Guerra do Cordeiro" imaginada por Yoder. A propósito, o tema não está de modo algum ausente de Hebreus. Em 2:14,15, o autor da carta combina, em uma única frase, a encarnação, a oferta de vida, a conquista da morte e a libertação da escravidão: "Visto, portanto, que filhos partilham de carne e sangue, ele [Cristo] igualmente partilhou da mesma natureza, para que, por sua morte, destruísse aquele que tem o poder da morte, a saber, o Diabo,

---

do Filho, levando o Pai a parecer sacrificar brutalmente o seu filho indefeso — daí o tropo do abuso infantil. Essa crítica de teólogas feministas tem sido útil para a correção de erros.

[84]"Subordinação revolucionária", uma expressão que carrega as mesmas implicações, é o título do capítulo 9 do celebrado livro *The politics of Jesus*, de John Howard Yoder. A queda magistral de Yoder em desgraça, em decorrência de acusações incontestáveis contra ele por abuso sexual — o qual ele, sem demonstrar arrependimento, buscou conectar com seu projeto teológico —, maculou permanentemente sua reputação. No entanto, a força do argumento do livro e a influência que teve não podem ser negadas.

e livrasse todos aqueles que, pelo pavor da morte, estavam sujeitos a uma vida inteira de escravidão".

O poder verdadeiro é mais bem-visto na vida voluntariamente oferecida em sacrifício por amor a outras pessoas. Há uma força insuperável em um sacrifício dessa natureza quando ele é aceito — não simplesmente imposto ou infligido — como forma de alinhamento com o bom tipo de poder. Quem, olhando o exemplo de Nelson Mandela, pode duvidar disso? Outro exemplo é o de Daw Aung San Suu Kyi, laureada com o Prêmio Nobel da Paz, uma bela senhora, de ossos pequenos, que parece tão delicada quanto a respiração de um bebê. O governo opressor de Mianmar morria de medo dela, e a manteve em prisão domiciliar por décadas a fio. Ela sabia o uso correto do sacrifício a serviço do Poder que está além da tirania. Ofereceram-lhe liberdade, não por ser oprimida e intimidada, mas por ser resoluta e forte.[85]

A verdadeira carta de liberdade das mulheres reside no poder destruidor da cruz, um poder que destrói a antiga ordem mundial e cria um novo mundo — não em alguma nova versão da antiga religião, com suas gradações de legalismo (igrejas da Galácia) ou de espiritualidade (igreja de Corinto). De fato, o significado real de sacrifício na vida cristã é morrer para o velho mundo: "Todos nós que fomos batizados em Cristo Jesus fomos batizados em sua morte" (Romanos 6:3); "O mundo foi crucificado para mim, e eu para o mundo" (Gálatas 6:14).

A guerra apocalíptica de Deus é travada com armas de amor abnegado e com a identificação total com aquele que sofre "fora do acampamento" (Hebreus 13:13), seja ele quem for. A resistência demoníaca ao reino vindouro de Deus é intensa e determinada, de modo que deve ser continuamente combatida. A armadura de Deus, entretanto, é o oposto daquela utilizada no presente século:

> Não com o estrondo da espada, nem com o rufar de tambores agitados,
> vem o Reino celestial, mas com obras de amor e misericórdia.[86]

Dorothy Day escreveu: "Paciência, paciência — o que significa sofrimento".[87] Sua vida de serviço sacrificial ao pobre foi poderosa, elevando-a à primeira categoria dos cristãos que serão lembrados. Esse tipo de testemunho sacrificial

---

[85] Enquanto este livro está prestes a ser publicado, há um desapontamento considerável em relação à forma em que Aung San Suu Kyi, desde sua libertação da prisão domiciliar, aceitou o exército de Mianmar. O ponto, porém, permanece o mesmo.

[86] Hino *Go forward, Christian soldier*, de Ernest Warburton Shurtleff.

[87] Robert Ellsberg, org., *The duty of delight: the diaries of Dorothy Day* (Milwaukee: Marquette University Press, 2008), p. 279.

é bem diferente daquele caricaturizado pela esposa submissa e espancada; um não tem nenhuma relação com o outro. A distinção importante é que o comprometimento de Dorothy Day com uma vida sacrificial surgiu de uma postura de força, e não de fraqueza. Tal vida, quando corretamente interpretada, é inspiradora de uma forma única, visto estar alinhada com a autoentrega de Deus em Jesus Cristo. Sempre que há ações graciosas na direção contrária do que seria egoísmo, vemos sinais do reino de Deus, resultando em relacionamentos refeitos, com base em autoentrega mútua. Mesmo neste mundo governado pelo Pecado e pela Morte, quem gostaria de viver uma vida de completo egoísmo? Para mostrar qualquer tipo de preocupação com os outros, algum tipo de sacrifício é necessário todos os dias — ser gracioso e não vingativo, recuar e deixar outra pessoa ganhar o crédito, absorver a raiva de um adolescente a fim de mostrar uma orientação firme, ser paciente com um pai ou uma mãe que tem Alzheimer, evitar prejudicar um colega, doar o dinheiro que gostaríamos de gastar em itens luxuosos, parar de fumar, suportar aqueles que não conseguem parar de fumar — todos esses tipos de coisas, grandes e pequenas, exigem sacrifício. O que seria da vida sem sacrifício?

SACRIFÍCIO EM FAVOR DO ÍMPIO

Entretanto, a vida sacrificial cristã é ainda mais radical do que pensávamos: "Pois Cristo também morreu pelos pecados, de uma vez por todas, o justo pelos injustos" (1Pedro 3:18). *O justo pelos injustos?* Humanamente falando, isso não faz sentido algum. Não se espera que nos sacrifiquemos pelos *in*justos. Devemos estar prontos para morrer por nossas famílias e conterrâneos, por nossa tribo e por nosso grupo; mas falar de um justo morrer por injustos é como pedir a um refugiado em Darfur que morra pela milícia *janjaweed*; como pedir a um camponês sul-americano que morra pelo comandante de um esquadrão da morte; como esperar que uma vítima de tortura morra por seus torturadores. Paulo diz isso da seguinte maneira: "É raro vermos uma pessoa morrendo por um *justo*, quanto mais por um *in*justo — embora alguém talvez até ouse morrer por uma pessoa *justa*" (Romanos 5:6-8, paráfrase da autora).

Na cruz de Cristo, vemos algo revolucionário, algo que enfraquece não apenas a moralidade convencional, mas também as distinções religiosas de todos os tipos. Cristo morreu pelo *im*piedoso, pelo *in*justo. Eu e você, diz-nos Paulo, não faríamos isso. Talvez morrêssemos pelo "bonzinho", mas jamais o faríamos por alguém tido como um "cara mau". Jesus, entretanto, "morreu pelos ímpios" (Romanos 5:6). Esse pronunciamento radical é frequentemente mal compreendido em seu sentido pleno. Na Última Ceia, Jesus diz: "Ninguém tem maior amor do que este, o de dar a vida em favor de seus amigos" (João 15:13). Esse dizer familiar tem sido utilizado para honrar os soldados mortos em ação, de forma que é facilmente mal compreendido como significando que o sacrifício cristão se destina aos que estão do nosso lado. É difícil abandonar essa ideia, em especial no caso dos homens. Veteranos de guerra falam com admiração religiosa dos vínculos que criaram com seus companheiros de guerra. Isso exclui, de modo enfático, o inimigo, claro. Assim, se pensarmos no sacrifício de Jesus da mesma forma que pensamos em soldados na guerra, deixaremos de assimilar a lição. Jesus está falando com um grupo de pessoas que não estarão ao seu lado no campo de batalha. Na verdade, ocorre o exato oposto: eles nunca o compreenderam da forma correta e estão prestes a negá-lo e abandoná-lo. Os doze discípulos são péssimos exemplos de amigos. Somente no sacrifício de Jesus eles são transformados de inimigos em amigos.[88]

Paulo pregou a boa-nova para os ímpios da forma mais inequívoca que qualquer outro apóstolo. Ao fazer isso, ele deixa claro que a morte de Cristo pelos injustos significa uma identificação constante com aquela morte por parte de seus seguidores. Paulo recomenda seu estilo de vida apostólica diversas vezes na carta aos coríntios, não como forma de autodefesa, mas porque a atitude da igreja era triunfalista, e não autossacrificial:

> Nós [apóstolos] somos afligidos de todas as maneiras, mas não esmagados; perplexos, mas não levados ao desespero; perseguidos, mas não abandonados; abatidos, mas não destruídos; carregando sempre no corpo a morte de Jesus, para que a vida de Jesus também se manifeste em nosso corpo. Pois nós, enquanto vivemos, somos sempre entregues à morte por amor de Jesus, para que a vida de Jesus seja manifesta em nosso corpo mortal. Assim, a morte opera em nós [apóstolos, mas a vida opera em vocês [a comunidade cristã] (2Coríntios 4:8-12).

---

[88]Uma exegese escrupulosa me leva a observar que, no evangelho de João, diferentemente dos outros três, não há uma ênfase particular depositada na falha dos discípulos em geral. A exceção notável é Pedro. Na versão de João sobre a Última Ceia, Jesus fala para os Onze (Judas já não está mais presente): "Vocês já estão limpos, pela palavra que lhes tenho falado" (João 15:3, NVI). É típico desse evangelho enfatizar o *já* da palavra de Jesus. A negação de Jesus por Pedro, porém, poucas horas após a Última Ceia, desempenha papel importante no Quarto Evangelho, e é apenas ele que inclui a "cena de restituição", quando Jesus restaura o discípulo que o negara três vezes (João 21:15-19). Para um esclarecimento maior da relação entre a Palavra (como no prólogo de João), a "palavra que lhes tenho falado" e a restauração de Pedro, podemos observar o grande termo *logizomai* (traduzido por "imputado"— a "palavra" que evoca "já" torna real aquilo que ela descreve) empregado por Paulo, o qual será discutido no capítulo 8. Dessa e de outras muitas maneiras, Paulo elucida continuamente o que lemos nos Evangelhos.

O fator importante aqui é a *combinação do viver sacrificial com o poder*. Paulo não está esmagado, nem desesperado, nem destruído. O apóstolo segue de força em força, sabendo que sua missão transmite vida. Ele sabe que não é determinado pela morte: "Doravante, que ninguém me atribule" (Gálatas 6:17), esse pode ser um bom versículo para as feministas cristãs, e essa é uma sugestão que não é feita com ironia. O contexto da conclusão paulina, uma conclusão supreendentemente confiante e quase despreocupada, é notável: "Longe de mim me gabar, exceto na cruz de nosso Senhor Jesus Cristo, pela qual o mundo foi crucificado para mim, e eu para o mundo. Pois nem a circuncisão conta para alguma coisa, nem a incircuncisão, mas uma nova criação [...] Doravante, que ninguém me atribula; pois eu levo em meu corpo as marcas de Jesus" (Gálatas 6:14-17).

Embora Paulo não se refira aqui a sacrifício cúltico, o apóstolo se entregara de modo sacrificial às igrejas da Galácia. Agora, encerra sua carta mais combativa da forma mais intensa, com sua arma mais poderosa: a cruz de Cristo, na qual o mundo das velhas distinções, divisões e hierarquias foi levado à morte. Lembre-se: trata-se de uma carta que contém o seguinte versículo: "De modo que não há mais judeu ou grego, não há mais escravo ou livre, não há mais homem ou mulher; pois todos vocês são um em Cristo Jesus" (Gálatas 3:28).[89]

HILASTERION: PROPICIAÇÃO OU EXPIAÇÃO PURIFICADORA?

Em Romanos 3:25, em um ponto culminante do seu argumento, Paulo proclama: "Cristo Jesus, a quem Deus propôs como *hilasterion* por seu sangue".[90]

---

[89] Tradução de J. Louis Martyn. Observe o uso de "não há mais", como em "não há mais homem ou mulher" em contraste com as traduções mais tradicionais: "Não pode haver [...] nem homem nem mulher" (ARA). A tradução de Martyn enfatiza a ideia central de Paulo de que todo um universo (do grego, *kosmos*) de distinções e classificações, especialmente entre sagrado (circuncisão) e profano (incircuncisão), deixou de existir e foi substituído por outro. "Não pode haver" não contém o senso urgente de uma transferência apocalíptica de mundos.

[90] O texto de Romanos 3:25 parece vir de uma confissão judaico-cristã preexistente (e, assim, muito antiga). Tem havido muito debate sobre o papel de tais empréstimos de linguagem "tradicional" nas cartas de Paulo. Ao citar material que recebeu de fontes preexistentes, até que ponto ele concorda com esse material ou o reinterpreta? Romanos 3:25 é um exemplo crucial, onde Paulo fala da "fé no sangue [de Cristo]" e usa a palavra *hilasterion*, traduzida de várias formas, como "expiação" (RSV), "propiciação" (KJV) e "sacrifício para propiciação" (NVI). Essas expressões cúlticas não são típicas de Paulo (posição contrária à de James D. G. Dunn, *The theology of Paul the apostle* [Grand Rapids: Eerdmans, 1998]). Paulo desejava estabelecer conexão com a igreja de Roma com base no que ela já sabia? Queria mostrar aos cristãos judeus que podia falar na linguagem deles? T. W. Manson resume bem a mensagem essencial da passagem: "Cristo crucificado, como o propiciatório no Santo dos Santos [...] foi o lugar no qual a misericórdia de Deus se manifestou de forma suprema" ("Hilasterion", in: G. Kittel; G. Friedrich, orgs., *Theological dictionary of the New Testament*, baseado na trad. para o inglês de G. W. Bromiley [Grand Rapids: Eerdmans, 1964-1976], p. 3), 10 vols.

Como devemos entender essa palavra?[91] As duas palavras usadas em traduções são "propiciação" e "expiação purificadora", e o debate para o uso de uma ou de outra é de longa data. A tradução de *hilasterion* e de seu grupo morfológico parece depender do viés teológico dos tradutores; até certo ponto, isso é verdade em relação a todas as traduções. Nesse caso, porém, o problema está mais evidente. Uma análise completa do debate está além do escopo deste volume.[92] Em vez disso, nesta seção, refletiremos sobre algumas das implicações teológicas, homiléticas e pastorais da tradução de *hilasterion*.[93]

Ambas as palavras pressupõem uma barreira que existe e deve ser removida para que o pecado seja vencido. O seguinte contraste, em geral, tem sido feito, embora seja altamente duvidoso haver qualquer distinção aguda na mente bíblica:[94]

Lendo a carta como um todo, reparamos que as expressões não parecem encaixar-se no argumento geral, e Paulo não as utiliza outra vez. Todavia, no decorrer dos anos, muitos evangélicos tomaram Romanos 3:25 como a ideia-chave sobre a propiciação no Novo Testamento. Na outra extremidade do espectro, encontra-se o grupo influenciado por Käsemann, desejando desassociar Paulo de tal linguagem cúltica. A posição adotada neste livro é que Paulo usa *hilasterion* em seu contexto por desejar incorporar esse imaginário sacrificial do culto judaico em seu plano geral, mesmo que essa imagem não seja o foco de sua teologia da cruz. O ritual do templo de Jerusalém não estava na centralidade do pensamento de Paulo, à medida que ele se voltava para Roma. A imagem de libertação dos Poderes predomina fortemente em Romanos, conforme será demonstrado no capítulo *Christus victor*.

[91]O grupo de palavras aparece no Novo Testamento como *hilasterion* (Romanos 3:25), *hilasmos* (1João 2:20; 40:10) e *hilaschomai* (Hebreus 2:17). Um desses versículos era bem conhecido dos episcopais antes da revisão do *Livro de oração comum*. As "palavras consoladoras" no culto de Ceia incluíam o seguinte: "Se alguém pecar, temos advogado junto ao Pai: Jesus Cristo, o justo. Ele é a *propiciação* pelos nossos pecados". Essa é a versão King James usada no *Livro de Oração* de 1928. O livro revisado de 1979 usa a RSV, que traduz *hilasmos* como "expiação purificadora" (e, em adição, os revisores do *Livro de Oração* sabiamente acrescentaram a última parte do versículo de 1João 2:2: "e não apenas pelos nossos, mas também pelos pecados do mundo inteiro"). Para deixar as coisas mais interessantes, *hilasterion* aparece também em Hebreus 9:5, passagem na qual, em geral, o termo é traduzido como "trono da graça", com referência ao Santo dos Santos, onde o sumo sacerdote oferecia um sacrifício pelo pecado no Dia da Expiação.

[92]Muitos artigos nos dicionários bíblicos dão uma visão geral do território. Um artigo recente, que mostra a profunda familiaridade com obras ainda não traduzidas do alemão, é Judith Gundry-Volf, "Expiation, propitiation, mercy seat" in: Gerald F. Hawthorne; Ralph P. Martin; Daniel G. Reid, orgs., *Dictionary of Paul and his letters: a compendium of contemporary biblical scholarship* (Downers Grove: IVP, 1993), p. 279-84.

[93]Seria possível argumentar que uma análise sobre a propiciação caberia no capítulo sobre substituição, mas não aqui. Escolhi não fazer isso porque ofereço uma crítica da propensão dos evangélicos de língua inglesa a fazer cada parte do Novo Testamento servir à causa da expiação substitutiva de uma forma doutrinária específica, apelando a Romanos 3:25 para desempenhar papel mais controlador do que Paulo provavelmente pretendia. A discussão sobre propiciação/ expiação purificadora também não se encaixa inteiramente neste capítulo, mas, como *hilasterion* está intimamente ligado ao propiciatório e aos sacrifícios do templo, posicionei-o aqui.

[94]A exposição de *hilasterion* feita por Martin Hengel é útil. Hengel argumenta que a ideia de um sacrifício de sangue *expiatório*, *propiciatório* e voluntariamente oferecido era conhecido de todo o mundo greco-romano, especialmente pelas peças popularmente encenadas de Eurípides (*The atonement: the origins of the doctrine in the New Testament* [Philadelphia: Fortress, 1981], p. 19-21). Hengel cita o acadêmico clássico P. Roussel, que, escrevendo em francês sobre Eurípides, usa as palavras "expiatório" (*expiatoire*) e "propiciatório" (*propitiatoire*) juntas, como se a ligação entre elas fosse óbvia e incontroversa.

- "Expiação purificadora" significa que a barreira levantada pelo pecado jaz fora de Deus, na humanidade; em geral, é um termo interpretado como uma ação que visa à remoção do pecado.
- "Propiciação" significa que a barreira jaz no próprio Deus; assim, ela é normalmente interpretada como uma ação que objetiva a satisfação da ira divina.

A reação contra o conceito de propiciação tem sido intensa em alguns círculos. Os intérpretes evangélicos devem estar preparados para levar parte da culpa, visto que a insistência na propiciação tem — de forma talvez inadvertida, mas, mesmo assim, equivocada — separado o Pai do Filho. Tal ensino fez a propiciação soar como se Deus tivesse de mudar de ideia por causa de algum sacrifício. Para nós, é crucial manter a agência das três pessoas, a fim de lembrarmos que o empreendimento todo é uma transação ocorrida entre as três pessoas da Trindade.[95] O Filho não intervém para alterar a disposição do Pai a nosso respeito. Sua disposição para conosco permanece a mesma de sempre — determinado, de modo infalível, em nossa redenção. T. F. Torrance, plenamente ciente dos riscos de interpretarmos mal a propiciação, escreve: "É precisamente nesse movimento propiciatório de reconciliação e retificação por meio do seu Filho que Deus, o Pai, abre o seu coração e a sua mente para nós na autorrevelação de seu amor".[96]

O distanciamento da propiciação foi um processo necessário. Mesmo um "propicionalista" ferrenho como Leon Morris, líder evangélico de destaque, admite que seus predecessores deviam ter tido mais cuidado na interpretação correta desse conceito.[97] Ele presta homenagem a C. H. Dodd, o padrinho da expiação purificadora, reconhecendo que não há volta com relação a muitos dos pontos que Dodd levantou contra a propiciação. Morris admite que, equivocadamente compreendida, a propiciação faz da morte de Jesus um sacrifício primitivo de apaziguamento: "É um alívio saber", reconhece, "que o Deus da

---

[95]Robert W. Jenson, *Systematic theology*, vol. 1: *The Triune God* (New York: Oxford University Press, 1997), p. 135.
[96]Torrance, *The mediation of Christ*, p. 111.
[97]De fato, segundo os padrões de hoje, nem mesmo Morris fez isso. Ele está longe de ser suficientemente cauteloso para mostrar que a ira de Deus é precedida e envolvida pela misericórdia de Deus; tampouco ele vê qualquer problema com a palavra "penal". Se tivesse escrito seu clássico *The apostolic preaching of the cross* [A pregação apostólica da cruz] trinta anos depois, estaria sob pressão para repensar essas questões. No entanto, seu estudo de 1955 permanece valioso, por sua exposição cuidadosa da abrangência do tema bíblico da ira de Deus contra tudo o que fere e destrói seus propósitos de amor.

Bíblia não é um Ser que pode ser propiciado como uma divindade pagã".[98] Essa incompreensão pode, espera-se, ser encerrada com firmeza; agora, devemos aceitar que qualquer conceito de *hilasterion* no sentido de apaziguar, acalmar, desviar a raiva ou satisfazer a ira é inadmissível.

A razão mais importante — e, de fato, a mais radical — para rejeitarmos firmemente essa compreensão de propiciação é que ela enxerga *Deus como objeto* quando, nas Escrituras, *Deus é o sujeito, o agente*.[99] Isso é particularmente notável em Romanos 3, contexto no qual Paulo usa uma única vez a palavra *hilasterion*. Ele escreve:

> Pois não há distinção; visto que todos pecaram e carecem da glória de Deus, são justificados por sua graça como um dom, pela redenção que há em Cristo Jesus — a quem Deus apresentou como uma *expiação purificadora/ propiciação* por seu sangue, a ser recebida pela fé. Isso foi para mostrar a justiça de Deus, porque, em sua tolerância, Deus deixara de lado os pecados antes cometidos, a fim de provar, no momento presente, que ele mesmo é justo e justificador daquele que tem fé em Jesus (Romanos 3:22-26).[100]

Trata-se de uma passagem intrincada, mas podemos ter alguma noção da direção para a qual Paulo caminha. "Não há distinção", essa expressão se refere à morte do velho *kosmos*, em que classificações religiosas ditavam quem era reto e quem não era, ainda que a justiça não reinasse — nem pudesse reinar — por causa do Poder do Pecado. O novo *kosmos*, um dom da retidão de Deus, por pura graça, nasceu por meio da cruz ("por seu sangue"). *Anteriormente*, Deus "deixara de lado" os pecados, *mas agora* tem revelado sua retidão em Jesus, o Messias, a ser recebida não por observâncias externas, e sim pela fé. O crucial aqui, embora nem sempre seja observado, é que Paulo traça um forte contraste entre "deixar de lado" os pecados no passado e *a revelação da retidão de Deus* "no tempo presente", que (conforme Paulo diz no capítulo 4) justifica — retifica — mesmo as pessoas até então inaceitavelmente injustas.

---

[98]Leon Morris, *The apostolic preaching of the cross* (Grand Rapids: Eerdmans, 1955), p. 148.

[99]"*Hilasmos* não sugere a propiciação de Deus. Refere-se ao propósito que o próprio Deus cumpriu ao enviar seu Filho." Büchsel, em *Theological dictionary of the New Testament*, 3:317.

[100]Repare como Paulo usa a palavra "pecados" no plural no segmento de frase "deixara de lado os pecados cometidos anteriormente", o que não é típico dele. Paulo fala da antiga dispensação. Isso contrasta com a seguinte frase paulina: "[Deus] condenou o pecado [singular]" em Romanos 8:3, passagem em que aproxima seu argumento de um de seus pontos culminantes: a proclamação da derrota da *sarx* (a "carne") pela nova vida no Espírito.

Esse é um dos lugares em que há uma notável descontinuidade entre a antiga e a nova aliança. Já vimos — e continuaremos a ver — que "justificação" e "retificação" são a mesma palavra no grego (*dikaiosyne*), e que ambas têm a força de um verbo. A ação justificadora e retificadora em Cristo traz à existência uma nova ordem mundial. O pecado não é mais "deixado de lado". É esse contraste entre *deixar pecados de lado* e *a revelação da retidão de Deus* que nos ajudará a compreender a propiciação. Deus "condenou o pecado", diz Paulo em Romanos 8:3; isso é muito diferente de "deixá-lo de lado". Uma tradução útil da "retificação de Deus" é usada na *New English Bible*: "A forma de Deus corrigir o erro".[101] A retificação dos pecadores feita por Deus não diz respeito a um esquecimento, nem a um simples perdão. Trata-se de um ataque divino e de derrota definitiva e indiscriminada do Pecado, entendido como um Poder, e da criação de uma nova humanidade.

C. K. Barrett é um intérprete equilibrado e prudente que pensa que a ideia de propiciação desempenha importante papel por sua associação com a ira de Deus, mesmo que (conforme ele recomenda) a expressão "expiação purificadora" seja usada em traduções. Em uma passagem frequentemente citada de seu comentário de Romanos, Barrett diz: "Dificilmente podemos duvidar que a expiação purificadora, e não a propiciação, está [na mente de Paulo]", porque não há nenhum traço sugestivo de que Deus seja o objeto, e não o sujeito. Entretanto, prossegue Barrett: "Seria errado negligenciar o fato de que a expiação purificadora tem, por assim dizer, *o efeito da propiciação*: o pecado que poderia ter justamente provocado a ira de Deus é expiado (segundo a vontade de Deus) e, portanto, não mais o faz".[102] Cousar resume o argumento de Barrett: "A propiciação é um *resultado secundário*, e não a *causa primeira* da expiação".[103] Em uma única frase, temos o que precisamos saber na conclusão do debate.

Deus não está dividido contra si mesmo. Ao vermos Jesus, vemos o Pai (João 14:7). O Pai não olhou para Jesus na cruz e, de repente, mudou de ideia. O propósito da expiação não era ocasionar uma mudança na atitude de Deus em relação às suas criaturas rebeldes. A atitude de Deus em relação a nós sempre foi — e sempre será — a mesma. O juízo contra o pecado é precedido, acompanhado e seguido pela misericórdia de Deus. Nunca houve um tempo no qual Deus estivesse contra nós. Mesmo em sua ira, ele é por nós. Todavia, ao

---

[101] J. L. Martyn e Markus Barth elogiam essa tradução.
[102] C. K. Barrett, *A commentary on the Epistle to the Romans*, Harper's New Testament Commentaries (New York: Harper and Row, 1957), p. 77-8, grifo na citação.
[103] Cousar, *Theology of the cross*, p. 64, grifo na citação.

mesmo tempo, ele não é por nós *sem* ira, porque sua vontade é destruir tudo o que é hostil ao aperfeiçoamento do seu mundo. O paradoxo da cruz demonstra o amor vitorioso de Deus por nós, ao mesmo tempo que mostra seu juízo contra o pecado.

Resumo

O conceito principal que precisamos ter em mente para este capítulo é que o *próprio* Deus ordenou como sua justiça e sua misericórdia seriam, simultaneamente, atuadas na "*hilasmos* [expiação purificadora/ propiciação] dos pecados do mundo" (1João 2:2). *O próprio Deus seria o hilasmos*. Vimos anteriormente que temos o verbo "sacrificar" e o substantivo "sacrifício". Jesus, o Filho de Deus, não apenas *oferece* um sacrifício; ele próprio *se sacrifica*, visto que oferece a si mesmo — conforme é claramente indicado na "oração sacerdotal" de João 17 ("Por amor deles, consagro a mim mesmo, para que também eles sejam consagrados na verdade").

Uma conclusão adequada para este capítulo é o trecho que segue, encontrado em "Meditation on the blood of Christ" [Meditação sobre o sangue de Cristo], de George Hunsinger:

> O tema do sangue de Cristo realmente abrange todo o domínio da soteriologia [teologia da salvação] cristã. Diz respeito à salvação em sua estrutura básica geral de *extra nos — pro nobis — in nobis* [além de nós, para nós e em nós]. Estende-se, por assim dizer, da cruz à Eucaristia [...].
>
> O sangue de Cristo é uma metáfora cujo significado principal se baseia no amor sofredor de Deus. Sugere que não há tristeza que Deus não tenha experimentado, nenhuma dor que não tenha suportado, nenhum preço que não tenha desejado pagar para reconciliar o mundo consigo mesmo em Cristo [...] é um amor que suportou as realidades mais amargas do sofrimento e da morte para que seus propósitos prevalecessem [...] o tema do sangue de Cristo remete principalmente à profundidade do compromisso divino em resgatar, proteger e sustentar aqueles que, de outra forma, estariam perdidos.[104]

---

[104]Hunsinger, *Disruptive grace*, p. 361-2.

CAPÍTULO 7

RESGATE E REDENÇÃO

> Verdadeiramente, nenhum homem pode redimir a si,
>   ou dar a Deus o preço por sua vida.
> O resgate de sua alma é caríssimo,
>   e nunca cobre o custo
> para que ele continue a viver para sempre
>   e não veja a Sepultura.
>
>   Salmos 49:7,8
>
> O Senhor redimiu a Jacó e o resgatou das mãos
>   dos que eram mais fortes do que ele.
>
>   Jeremias 31:11

O CONCEITO DE REDENÇÃO é comum até mesmo para nossa sociedade secular. Com frequência, livros e filmes são descritos como abordando temas "redentores".[1] A palavra é usada com frequente surpresa por alguns escritores seculares, pelo menos de forma tão comum quanto "libertação" ou "emancipação", e muito mais vezes do que "salvação".[2] De fato, a redenção é, sem dúvida, um dos temas mais populares de nossa cultura, pois sugere resoluções sentimentais prontamente disponíveis e relativamente baratas. Costuma-se argumentar que os criminosos e canalhas, especialmente das classes política e coletiva de Wall Street, poderiam receber uma chance de "redenção", mesmo

---

[1] Mesmo Clint Eastwood dirigiu filmes com temas agora considerados redentores (notadamente *Gran Torino*), por mais que uma afirmação assim pudesse parecer estranha nos dias de *Dirty Harry*.

[2] Trata-se, sem dúvida, de um palpite com embasamento. Não fiz uma pesquisa da frequência de uso da palavra!

antes de demonstrarem qualquer arrependimento ou o desejo de pagar suas dívidas à sociedade. Quando o tema é aplicado à obra de Cristo, porém, toda a sentimentalidade se desintegra ao contemplarmos seu custo.

O desafio para este capítulo é interpretar as referências bíblicas à redenção. Conforme vimos, muitos termos bíblicos empregados na interpretação da cruz de Cristo são energicamente disputados. A ligação entre "redenção" e "resgate" complicou o assunto de modo considerável. Neste capítulo, analisaremos "redenção" pelo uso do grupo de palavras gregas que incluem *lutron* (resgate) como um ponto focal útil. O termo aparece em uma famosa passagem de Marcos: "O Filho do homem também não veio para ser servido, mas para servir e dar a sua vida como resgate (*lutron*) de muitos" (Marcos 10:45; também Mateus 20:28).

Deparamos imediatamente com a mesma pergunta de antes: as ideias relacionadas a esse tema devem ser tomadas literalmente ou não? Talvez seja um exagero, porque nem mesmo os fundamentalistas imaginam Jesus realmente entregando pagamento a um sequestrador. A questão deveria ser reformulada da seguinte maneira: as ideias de resgate e redenção se referem a algum tipo de preço pago, ou a redenção se refere simplesmente à libertação em geral?

Durante os primeiros séculos da igreja, o tema do resgate era proeminente nos escritos dos Pais da igreja.[3] Propunha-se que o resgate teria sido pago ao próprio diabo. A popularidade dessa noção permaneceu apenas durante a Idade Média, mas surgiu um consenso de que Satanás não tinha o direito de reivindicar nada, muito menos a vida do Filho de Deus; por isso, essa interpretação quase literal do tema do resgate caiu permanentemente em desgraça. Contudo, tem havido uma luta contínua pelo coração e pela alma da imagem, uma luta para a qual nos voltamos.

Pagando o preço: lançando fora a metáfora?

Durante a revisão do hinário episcopal na década de 1970, surgiu a tentativa de remover um hino conhecido da Semana Santa: *There is a green hill far away* [Há um monte verdejante bem distante]:

> Ninguém era bom o suficiente para o preço do pecado pagar;
> Ele destrancou os portões do céu e nos deixou entrar.[4]

---

[3]Para um resumo, cf. J. N. D. Kelly, *Early Christian doctrines* (New York: Harper and Row, 1959), p. 382-3, 396 [edição em português: *Patrística* (São Paulo: Vida Nova, 1994)].
[4]Hino composto por Cecil Francis Alexander (1818-1895), *Hinário episcopal* # 167.

Alguns membros da denominação que questionaram a tentativa de mudança foram informados de que a comissão de revisão desejava "tirar a ênfase" do tema de um "preço" pago. Poucos pensaram em citar o texto: "Vocês foram comprados por alto preço", usado duas vezes, em rápida sucessão, pelo apóstolo Paulo (1Coríntios 6:19,20 e 7:23). Com o tempo, os versos ofensivos do hino foram reinstaurados, mas sob coação.[5] Essa luta em relação ao hino é um dos exemplos da antipatia generalizada, em nossa época, quanto à interpretação da cruz como o pagamento de um preço, assim como vimos anteriormente a antipatia em relação ao "sangue" e observaremos, posteriormente, um antagonismo semelhante em relação ao tema da substituição. Fica claro que as palavras dos hinos realmente têm ressonância perpétua.

As objeções relacionadas à redenção na igreja claramente giram em torno do conceito de *preço*. A noção mais geral de redenção costuma ser empregada na liturgia e nos hinos, e não foi submetida às mesmas críticas direcionadas às palavras "preço", "sangue" e "substituição". "Redenção" é um termo natural para os membros de igrejas litúrgicas, visto que aparece em trechos bíblicos incontestáveis, como o *Benedictus*, encontrado na narrativa da infância de Jesus em Lucas: "Bendito seja o Senhor, o Deus de Israel, pois visitou e *redimiu* o seu povo". Outras referências conhecidas dos cristãos comuns incluem:

> Que as palavras da minha boca e a meditação do meu coração
> sejam aceitáveis à tua vista,
> ó Senhor, minha força e meu *Redentor* (Salmos 19:14)

e (referência encontrada no *Messias*, de Handel): "Eu sei que o meu *Redentor* vive" (Jó 19:25).[6] Em algumas liturgias tradicionais, muitos episcopais incluem a leitura de Salmos 31:5: "Pois tu me *redimiste*, ó Deus da verdade".

---

[5] A natureza relutante da restauração é evidenciada pelo asterisco no hinário, indicando que o versículo ofensivo "pode ser omitido". Houve — e ainda há — falta de sensibilidade em relação a essas questões. Durante a controvérsia dos anos 70 sobre o hino e sua imagem de "pagar o preço", quando eu ainda era leiga, perguntei a um proeminente professor de teologia por que ele se opunha a essas palavras. Ele disse, de um modo altivo: "Estamos nos afastando dessa ideia de expiação". Senti-me ferida; não entendi quem era esse "nós" e ele não parecia importar-se com o fato de que "essa ideia de expiação" tinha sido uma palavra de vida para muitos. Atualmente essa atitude para com os cristãos que acalentam a ideia de que Cristo pagou o preço por nós ainda é comum.

[6] Em um impressionante comentário sobre Jó 19:25, Otto Procksch nos lembra que o Deus que se envolve na situação em favor de Jó é o mesmo Deus que o fere: "Como vingador do sangue [de Jó], Deus se envolve contra Si mesmo ao permitir que Jó o veja" (G. Kittel; G. Friedrich, orgs., *Theological dictionary of the New Testament*, trad. para o inglês de G. W. Bromiley [Grand Rapids: Eerdmans, 1964-1976], 4:330), 10 vols.

Flannery O'Connor, em suas narrativas, lida insistentemente com esses tópicos impopulares. Em seu ensaio: "The grotesque in Southern fiction" [O grotesco na ficção sulista], O'Connor escreve que o "leitor de hoje" realmente busca por redenção, "e corretamente; só que o que ele esqueceu foi o *custo da redenção*. Seu senso de maldade está diluído ou totalmente ausente, de modo que *ele se esqueceu do preço da restauração*".[7]

A autora identifica a essência do argumento. A situação humana é tão desesperadora que não pode ser remediada de uma forma comum. Se deixamos de vê-la, é porque ainda não consideramos "a gravidade do pecado".[8] Redimir (ou seja, comprar de volta), portanto, não é uma ação barata. Na morte de Jesus, vemos o próprio Deus sofrendo as consequências do Pecado. Esse é o "preço". Quando o ensino cristão fica aquém dessa proclamação, a obra de Cristo na cruz é diminuída a ponto de quase desaparecer, tornando-se nada mais do que uma morte exemplar a ser admirada, venerada, talvez até mesmo imitada, mas certamente não um evento que chacoalha os fundamentos dessa ordem mundial.

Surge a seguinte pergunta: trata-se do nosso bicho-papão de antes, ou seja, a mentalidade literal? Austin Farrer tem um modo muito bom de falar sobre como as imagens bíblicas funcionam. Seu termo para metáforas e temas bíblicos, tais como "resgate" e "preço", é "parábola". Farrer cita o mesmo verso encontrado no hino "monte verdejante": "Ninguém era bom o suficiente para o preço do pecado pagar" (o autor também cita os versos antes mencionados de *Rock of ages* [Rocha eterna]), perguntando, em seguida, se as imagens neles contidas são literalmente verdadeiras. Eis a sua resposta: "Se você [...] exige um Sim ou um Não como resposta, sou forçado a votar pelo "não": não se trata de imagens literalmente verdadeiras. Contudo, votarei com certa relutância, pois a parábola do devedor sem esperança, o qual é redimido pela infinita misericórdia de Cristo, é excelente".[9] Farrer explica que as "parábolas" têm "vislumbres de verdade" e que "o grande mérito da parábola é *transmitir paixão ou definir uma coloração moral*; ao reduzirmos a parábola a uma declaração literal, a cor se dissipa e a paixão evapora". No entanto, devemos reduzi-la, afirma ele, se quisermos fazer teologia sistemática. Assim, a questão passa a ser se a verdade da parábola é transmitida de forma precisa nas posições teológicas oferecidas. De uma forma astuta, Farrer

---

[7] Flannery O'Connor, *Mystery and manners* (New York: Farrar, Straus and Giroux, 1969), p. 48, grifo na citação.

[8] Anselmo, *Cur Deus homo?*, 1.21.

[9] Farrer prefere interpretar as imagens de "preço" no sentido de dívida paga, e não de resgate. A distinção não é importante para a ideia central que desejamos estabelecer neste capítulo.

conduz o leitor por várias etapas, levando-o, em primeiro lugar, a objeções às imagens e concluindo firmemente que a ação de Deus em Cristo, embora "não tão formal ou ineficaz quanto a quitação de um pagamento feito por um terceiro", mesmo assim "constitui o plano pelo qual Deus oferece perdão ao mundo inteiro [...] E *o custo subjacente a esse processo foi o sangue de Cristo*".[10]

Dessa maneira, Farrer mostra como podemos refletir de forma sistemática e teológica sobre as "parábolas" (metáforas) sem abrir mão da "paixão" e da "coloração moral" que transmitem. A seguir, tentarei defender a compreensão da redenção tanto de forma geral como libertação ou de forma específica como *libertação a um custo* — ou, em uma expressão usada por Vincent Taylor e adotada por muitos outros acadêmicos, *libertação pela compra*.[11]

Pregando a imagem

Até recentemente, a maioria dos graduados de seminários convencionais estava condicionada a torcer o nariz para os comentários evangélicos conservadores sobre passagens relacionadas à morte expiatória de Cristo. Entretanto, parte dessa exposição revelou-se mais profundamente sincera *e ministrável* do que boa parte do que está sendo feito na outra extremidade do espectro. Quando o Evangelista Marcos registra este segmento de frase de Jesus: "O Filho do homem veio [...] [para] dar a sua vida como resgate de muitos",[12] não tem em vista qualquer "teoria da expiação": o que podemos dizer, sem sombra de dúvida, é que Marcos desejava que todos os ouvintes fossem tocados no coração, *enxergando-se como presentes entre aqueles muitos*.

Uma passagem que exemplifica esse apelo à congregação de forma ainda mais direta é 1Pedro 1:18,19: "Vocês foram resgatados [...] não com coisas perecíveis, como prata e ouro, mas com o sangue precioso de Cristo, como o de um cordeiro sem mancha e defeito".[13]

---

[10]Austin Farrer, *Saving belief* (New York: Morehouse-Barlow, 1964), p. 102-7, grifo na citação.

[11]Vincent Taylor, *The Gospel according to St. Mark* (London: Macmillan, 1952; reimp. 1966), p. 444. Cf. tb. Leon Morris, *The apostolic preaching of the cross* (Grand Rapids: Eerdmans, 1955), p. 27, e William L. Lane, *The Gospel of Mark*, New International Commentary on the New Testament (Grand Rapids: Eerdmans, 1974), p. 383.

[12]A questão relacionada ao Jesus "histórico" ter "realmente" dito isso ou não é irrelevante. Apóstolos e Evangelistas foram guiados pelo Espírito para compreender coisas que Jesus disse e fez antes da ressurreição, à luz de uma "nova epistemologia" (expressão de J. Louis Martyn). O Senhor ressurreto foi ativo na escolha de suas palavras e em sua recepção pela igreja hoje. Isso é parte do que significa dizer que ele ressuscitou e está reinando.

[13]Em 1Pedro 1:18,19, o termo "resgatados" serve como uma *metonímia* (uma coisa usada em lugar de outra), visto que o "sangue" figurativo é contrastado com "prata e ouro" literais. Termos como "resgate", "preço" e "sangue" são figuras de linguagem para a morte de Cristo.

Repare como Pedro profere a palavra "vocês"; o trecho certamente é evangelístico. O autor apostólico deseja que a igreja reunida veja que, "com o seu sangue, Cristo a comprou e, em troca da vida da igreja, entregou sua vida"[14] — em outras palavras, o preço foi pago por aqueles que estavam escutando o evangelho proclamado naquele exato momento e para aqueles que escutam a "palavra da cruz" com fé em cada tempo e em cada lugar, mesmo os que estão lendo estas palavras neste exato momento.

O que não ousamos perder de vista no "dizer do resgate" é o sentido que nos é transmitido de que *o próprio Jesus* é o preço de nossa redenção. A igreja precisa escutar a verdade apostólica de que a morte de Jesus foi uma oferta de valor incomparável. Essa é a ideia básica no resgate e na redenção; não apenas libertação, mas *libertação a um custo*. Podemos reter o sentido mais geral e o sentido mais literal ao mesmo tempo, desde que os mantenhamos em equilíbrio. Redenção pode significar "soltar" ou "libertar" em sentido muito amplo; mas, se quisermos explicar os horrores particulares da crucificação, devemos reter a ideia de custo.

A MENSAGEM DO EVANGELHO EM *LUTRON*

O objetivo do parágrafo anterior foi mostrar que o debate sobre "resgate" e "redenção", conforme transferido do Antigo Testamento para o Novo Testamento, diz respeito ao conceito de *preço* ou *pagamento*. No Antigo Testamento, a transação conhecida como "redenção" ocorria na esfera do intercâmbio por vias legais. Israel transpôs a terminologia para a esfera teológica, usando o termo para designar o que Deus fez entre seu povo. Quando a Bíblia hebraica foi traduzida para o grego na Septuaginta (LXX), diversas palavras e conceitos hebraicos foram traduzidos por um único grupo de palavras gregas.[15] A maior parte dos estudantes da Bíblia aprende que a palavra *go'el*, cujo significado original era simplesmente "parente", evoluiu para significar "parente com uma

---

[14] Outro hino:

> O único fundamento da igreja
> é Jesus Cristo, seu Senhor...
> Do céu desceu e a buscou
>   Sua amada noiva a tornou;

> · Com seu *sangue* a *comprou*;
>   Por sua vida se entregou (hino de Samuel John Stone, *Hinário episcopal* # 525).

Desconheço qualquer objeção ao versículo grifado, apesar da dupla referência a "sangue" e "compra".

[15] Diversas obras-padrão de referência descrevem as complexidades em detalhes; basta-nos dizer que as variantes de *lutron* (com o propósito de simplificar, ainda que de forma imprecisa, estou usando para denotar o grupo todo de palavras — *lutron, lutroo, lutrosis* e *apolutrosis*) foram usadas para traduzir as palavras *go'el*, *kopher* e *padha*.

obrigação", especialmente a obrigação de ampliação pessoal ou financeira.¹⁶ Como exemplo da forma pela qual o conceito evoluiu teologicamente, Deus é chamado de *go'el* (traduzido por "redentor") treze vezes no Isaías pós-exílico (40—66), e o retorno da Babilônia é reiteradamente identificado como uma *redenção*. Em geral, Isaías usa *go'el* para enfatizar a relação familiar de Deus com Israel e o senso de obrigação pessoal que Deus mostra em relação ao seu povo eleito. *Kopher* significava "cobrir", quando usado como um verbo. Empregado como substantivo, denotava especificamente um preço de resgate pago para comprar de volta (redimir) uma vida que, por alguma razão, fora perdida. Alguns acadêmicos enfatizam que *kopher*, em particular, dá a ideia de substituição: uma coisa oferecida em troca de outra como forma de compensação ou cobertura.¹⁷ A raiz de *padha* também significa preço pago em resgate, mas, quando Deus é o sujeito da forma verbal, o significado parece mudar para a ideia de soltar ou libertar em geral, sem necessariamente sugerir pagamento.

A redenção (*apolutrosis*) envolve pagamento ou resgate? Não seria o caso de a palavra ter-se tornado uma forma figurada de Deus dizer que liberta seu povo? Quando Israel foi conduzido para fora do Egito, e então, mais uma vez, para fora da Babilônia no retorno do Exílio, a ação foi chamada de redenção; todavia, não há uma ideia clara de algum preço pago por Deus. Alguns intérpretes destacam, porém, que Deus está ativamente envolvido na libertação de Israel, de uma forma que envolve esforço ("com mão forte e braço estendido") e compromisso pessoal. Os salmos que recontam a narrativa do Êxodo dão um forte senso do envolvimento *pessoal* de Deus naqueles eventos.¹⁸ Retroativamente, após a morte e a ressurreição de Jesus, esse parece ter sido o preço pago pela libertação de um grupo muito maior e mais diversificado de pessoas escravizadas do que os israelitas da antiguidade. Judeu *e* grego, escravo *e* livre,

---

¹⁶No Antigo Testamento, a melhor figura de um parente-redentor é Boaz, no livro de Rute; cf. Rute 2:19-29; 3:12,13; 4:1-10.

¹⁷Quando *lutron* traduz *kopher*, sempre sugere uma dádiva vicária ou substituta que oferece em compensação pela dívida; a dívida não é simplesmente cancelada. Otto Procksch, "The *lutron* word-group in the Old Testament", em *Theological dictionary of the New Testament*, 4:329.

¹⁸Em Salmos 77:15, Deus redime seu povo com seu braço; em Salmos 78:52-54, guia seu povo como um rebanho de ovelhas; leva-o em segurança; conduz-lhe ao seu santuário, o qual *sua mão direita comprou* (repare na combinação de libertação e compra por um preço). Particularmente impressionante a esse respeito é Oseias 7:13,14, texto em que Deus fala sobre seu povo amado, mas desobediente, dizendo:

Ainda que eu os tenha redimido,
    eles falam mentiras contra mim.
Não clamam a mim de coração.

Essa passagem expressa a dor de Deus na redenção que está por vir. O custo para Deus será imenso, visto que sua redenção ocorrerá sem a gratidão, a cooperação ou o reconhecimento do seu povo.

homem *e* mulher (Gálatas 3:28) — essa é a nova criação redimida em Cristo. Assim, mais uma vez, vemos uma fusão: redenção com Êxodo, Êxodo com batismo, batismo com Páscoa, Páscoa com sacrifício, sacrifício com o pagamento de um preço. Espelhando a fluidez do próprio Antigo Testamento, os pastores descobrem que, quanto mais pregam a partir desses textos e temas, mais os textos em si se fundem e jorram uns para os outros. Tirar de cena a ideia de preço para atender aos interesses de uma ou de outra ideologia teológica é um erro grave, visto que nos priva do cerne da mensagem do evangelho, a saber, que *Deus está envolvido* em nossa libertação. Ele não ficou de longe, apenas "mexendo os pauzinhos". Pelo contrário: ele veio se envolver pessoalmente em nossa situação. É isso, em grande medida, que a figura do *resgate* significa na literatura bíblica. A ideia principal é a de um *custo para Deus*.[19]

Voltando-nos, agora, para o Novo Testamento, encontramos o grupo de palavras *lutron* usado para denotar a obra redentora de Cristo. Mais uma vez, questionamos se o conceito de libertação em geral não contém a ideia de um preço pago. A única aparição de *lutron* nos quatro Evangelhos é Marcos 10:45 e seu texto paralelo, Mateus 20:28: "O Filho do homem também não veio para ser servido, mas para servir e dar a sua vida como resgate (*lutron*) de muitos". Livros foram escritos sobre esse título complexo, "Filho do Homem" (*ho huios tou anthropou*), mas nós podemos dizer, com algum grau de certeza, que, na época de Jesus, o título passou a designar uma figura celestial que estava por vir, um personagem messiânico aguardado, que, como o Filho do Homem de Daniel 7:13,14, seria investido dos privilégios e do poder do próprio Deus. Desse modo, quando Jesus diz: "O Filho do Homem veio", está dizendo a mesma coisa que "O Messias veio". Obviamente, Jesus não quer dizer que veio da Galileia, mas *de Deus*; estamos na esfera do numinoso. O Filho do Homem, segundo confessamos no Credo de Niceia, "veio do céu". Existem dois contrastes implícitos que conferem poder ao dizer de Marcos. O primeiro reside na contradição entre a figura messiânica celestial e aquela que veio ("que desceu") para ser um resgate. O segundo reside no contraste implícito de "poucos" com os que são explicitamente identificados como "muitos". Essa é uma declaração surpreendente, especialmente no contexto do evangelho de Marcos. A ocasião é uma demonstração vergonhosa e infantil de inveja entre os discípulos, dois

---

[19] Segundo B. F. Westcott: "Fica óbvio, a partir da linguagem da LXX, que a ideia de um resgate recebido pelo poder do qual o cativo é liberto é praticamente perdida [...]. Por outro lado, *a ideia do exercício de uma força poderosa, a ideia de que 'redenção' custa muito, está presente por toda a parte*" (*The Epistle to the Hebrews* [1889; reimp., Grand Rapids: Eerdmans, 1967], p. 296, grifo na citação).

dos quais (Tiago e João) buscam privilégios especiais para si e, consequentemente, tornam-se alvo para a compreensível indignação dos demais discípulos. É algo altamente irônico: aqui, Jesus se prepara para ir a Jerusalém a fim de se entregar para ser crucificado, e os discípulos, que, em breve, o abandonarão, pensam tratar-se de uma coroação. Jesus diz a Tiago e João, com um eufemismo insuperável: "Vocês não sabem o que estão pedindo".

> Ao ouvirem isso, os dez começaram a se indignar com Tiago e João. Jesus os chamou para perto de si e lhes disse: "Vocês sabem que aqueles que deveriam governar os gentios dominam sobre eles, e seus grandes exercem autoridade sobre eles. Mas não será assim entre vocês; antes, qualquer que entre vocês quiser se tornar grande, torne-se servo, e qualquer que entre vocês quiser ser o primeiro, seja servo de todos. Porque o Filho do homem também não veio para ser servido, mas para servir e dar a sua vida como resgate (*lutron*) de muitos".

Quão mais impressionante e penetrante é o dizer em seu contexto! A fala nasce da luta intensa de Jesus de Nazaré, o Filho de Deus encarnado, para absorver e seguir seu curso de perfeita obediência; nasce do esforço de se comunicar com seus discípulos imaturos e de difícil compreensão acerca do estilo de vida e morte que será deles; nasce da generosidade e da constância ilimitadas do Mestre, o qual compartilha com eles a natureza de sua futura auto-oblação pela comunidade que algum dia eles vão liderar. O simples relato de Jesus, chamando-os "para perto de si", diz muita coisa: sua disposição paciente para com os doze e suas fraquezas; sua correção amorosa da tolice dos discípulos; sua reorientação paciente do caminho deles para o seu caminho; seu compromisso total com o futuro eterno deles. A cena expressa tudo isso e muito mais.

Analisando o contexto de forma mais profunda, vemos a menção a resgate ocorrendo apenas em Marcos e Mateus, os dois Evangelhos que traduzem o clamor do abandono como sua única "palavra da cruz". Isso sugere que esses dois Evangelistas podem ver a conexão entre o tema do resgate e a natureza do abandono de Deus na morte de Cristo. Referimo-nos diversas vezes à associação entre os horrores particulares da crucificação e a ideia de custo. Apenas a morte do Filho, na extremidade da depravação humana e do autoabandono divino, é comensurável com a gravidade e o poder do Pecado. Esse é o preço da *redenção* que está sendo realizada. A habilidade narrativa de Marcos traz perante nós o início da luta terrena de "Jesus Cristo, o Filho de Deus" (Marcos 1:1), em um estilo tipicamente áspero e intransigente, mas consegue, ao mesmo tempo, evocar admiração à imolação que se aproxima. A imagem do Filho do homem se entregando aos seus inimigos à vista daqueles mesmos discípulos, cheios de vanglória antes da noite da crucificação — mas, em seguida, abandonando-o e fugindo (Marcos 14:50), tornando-se assim, em essência, inimigos dele também —, comove nosso coração de uma maneira que em nada se relaciona com discussões sobre preços. Em Marcos, toda a riqueza e toda a profundidade associadas ao *lutron*, quando permitido seu pleno escopo na proclamação da igreja, exercem profundo efeito sobre os "muitos" por quem ele morreu. O uso do tema do resgate exposto por Jesus abre muitos caminhos para si mesmo.

A palavra "redenção" (*apolutrosin*) aparece três vezes nas cartas incontestáveis de Paulo. Cada ocorrência é importante. Discutimos, no capítulo anterior, o uso paulino de uma fórmula de adoração já em circulação na igreja primitiva: "Visto que todos pecaram [...] são justificados por sua graça como um dom, pela *redenção* que há em Cristo Jesus — a quem Deus apresentou como uma expiação [purificadora] pelo seu sangue" (Romanos 3:23-35). O segundo e o terceiro usos do termo são do próprio Paulo: "Aguardamos a adoção como filhos, a *redenção* do nosso corpo" (Romanos 8:23); e "Cristo Jesus, a quem Deus tornou nossa sabedoria, nossa justiça, nossa santificação e *redenção*" (1Coríntios 1:30). Palavras equivalentes a *lutron* também aparecem em Efésios 1:7; 4:30; Colossenses 1:14; 1Timóteo 2:6.[20] É um tanto surpreendente que essas passagens não façam uso específico da imagem da libertação da escravidão por meio de um resgate da forma que esperaríamos, dada a história de *lutron*. Entretanto, Cousar, em sua abordagem da *theologia crucis* de Paulo, afirma, de modo convincente, que "a forma de Paulo compreender o Pecado, como um Poder controlador (Romanos 3:9), do qual a humanidade deve libertar-se, e a combinação de Pecado com a palavra redenção [alguns versos a seguir] prestam-se ao uso ampliado das imagens de resgate/redenção, sem problema algum".[21] A ideia pode ser estabelecida de um modo ainda mais certeiro em vista dos textos que tratam de "preço" em 1Coríntios. Vimos como, em 1Coríntios, Paulo combina uma forte ênfase na cruz com a dupla repetição da frase: "Vocês foram comprados por alto preço". Dos escritores do Novo Testamento, Paulo, mais do que qualquer outro, enfatiza a obra de Cristo como libertação da escravidão ao Pecado, à Morte e à Lei. Portanto, é lógico que, se a libertação foi alcançada "por preço", esse preço deve ter sido a cruz. No contexto de 1Coríntios, para

---

[20] 1Timóteo 2:5,6 emprega *antilutron*, traduzido como "resgate" — "Pois há um só Deus, e há um só mediador entre Deus e os homens: o homem Jesus Cristo, o qual se entregou como resgate por todos. Esse testemunho foi dado em seu devido tempo".

[21] Charles B. Cousar, *A theology of the cross: the death of Jesus in the Pauline letters,* Overtures to biblical theology (Minneapolis: Augsburg Fortress, 1990), p. 62.

não mencionar Romanos 3:24,25 e Gálatas 3:13, dificilmente significaria outra coisa. A crucificação foi o preço pago pelo Messias de Deus.

Assim, a proclamação neotestamentária da redenção em Jesus Cristo e por meio dele carrega consigo dois grandes temas do Antigo Testamento. Redenção continua a significar libertação por um grande poder, como em algumas porções pós-exílicas do Antigo Testamento. Em segundo lugar, também continua a carregar seu sentido veterotestamentário original de um preço pago. Dessa maneira, mais uma vez, o significado é *libertação por compra, por preço*, possibilitando uma fluidez considerável entre os dois.[22] Esse é o equilíbrio que buscamos e, a despeito do uso pouco frequente de Paulo da palavra "redenção" (*apolutrosis*), é em suas cartas que os dois significados se conectam de maneira mais óbvia. Nenhum pregador ou leitor da Bíblia precisa ter medo de acreditar e proclamar que "ninguém era bom o suficiente para o preço do pecado pagar", contanto que o tema da libertação de outra esfera de poder também seja levado em consideração.

Mas e quanto a esse resgate? Qual é o propósito de um resgate? Sem dúvida, libertar alguém. Em uma analogia moderna, podemos pensar em pessoas feitas como reféns, incapazes de se libertar. Só podem ser libertas se algum tipo de "time da SWAT"[23] aparecer. Às vezes, porém, os sequestradores exigem algum tipo de troca — um prisioneiro nosso por um dos seus. Podemos pensar nisso como um resgate de valor equivalente. Como muitas analogias, essa também passa a se demonstrar imperfeita após uma análise mais minuciosa (é literal demais para ser útil), mas as ideias centrais permanecem: a perda da liberdade, a intervenção de fora, a troca equivalente. Jesus diz que o Filho do Homem dá sua vida como resgate para muitos. O contraste é entre *um* e *muitos*. Sua única vida como equivalente à de muitas pessoas. Distanciando-nos da analogia, podemos dizer muito mais. A morte horrível de Jesus foi, de forma um tanto incompreensível, comensurável com a enormidade do Pecado e da Morte. Ao se submeter a esses Poderes, Jesus os venceu. Nele, um poder suficientemente forte para libertar toda a raça humana apareceu, como a carta aos Hebreus diz repetidas vezes, de *uma vez por todas*. Certamente, isso está na essência do evangelho.

---

[22]Cousar, *Theology of the cross*, p. 61. De modo semelhante, C. K. Barrett escreve: "A palavra (*apolutrosis*) pode significar apenas 'libertação', 'emancipação' [...] mas a conexão entre sangue e morte sugere que ela não perdeu completamente seu significado original de 'resgate', *emancipação pelo pagamento de um preço*" (*A commentary on the Epistle to the Romans*, Harper's New Testament Commentaries [New York: Harper and Row, 1957], p. 76, grifo na citação).

[23]Sigla de uma série de TV chamada *Special Weapons and Tatics* [Armas e Táticas Especiais]. (N.E.)

RESGATE E REDENÇÃO

Quem paga? Algumas considerações trinitárias

A dádiva da vida humana em prol de uma grande causa é sempre heroica e comovente. Mas a mensagem cristã, devidamente compreendida, é algo qualitativamente diferente. Tudo depende de quem pensamos ser Jesus. Uma coisa é pensarmos nele, por exemplo, como um mártir humano semelhante ao tunisiano cujo suicídio desencadeou a "Primavera Árabe", em 2011. Contudo, a sugestão fulgurante feita por Jesus em sua declaração de resgate é outra, bem diferente. *Em Jesus*, foi *o próprio Deus Trino e Uno* que interveio para reivindicar — recomprar, por assim dizer — sua criação perdida, e o preço por ele pago é seu ser na pessoa do divino Filho do Homem. O preço é inimaginavelmente grande porque o Adversário é inimaginavelmente grande. O Adversário poderia ser visto como um tipo de trindade diabólica também, pois o Pecado, a Morte e o Diabo são os três mencionados pelos escritores do Novo Testamento — uma "trindade profana".[24] O custo da libertação é a vida do Filho de Deus. Sem insistir demais na analogia dos reféns, ainda assim podemos apreciar a noção de uma troca: Jesus se entregou por nós, tomando o nosso lugar.[25] Mais uma vez, o texto de 1Pedro é pertinente: "Cristo também morreu pelos pecados, de uma vez por todas, o justo pelos injustos" (1Pedro 3:18).

Observamos o peso extremo e a gravidade do pecado (*ponderis peccatum* — Anselmo) que correspondem à natureza extrema da crucificação. Esses extremos clamam por reparação no mundo inteiro, o tempo todo. Durante a "Guerra Suja" na Argentina (1976-1983), milhares de prisioneiros políticos foram lançados para fora de aviões no oceano Atlântico. Uma jovem lamentou: "A última vez que vi minha mãe foi quando tinha apenas sete anos; nunca mais a verei outra vez. Alguém deve pagar pela minha dor".[26] Esse protesto, prontamente

---

[24] Repare em Carl E. Braaten e Robert W. Jenson, orgs., *Sin, death, and the Devil* (Grand Rapids: Eerdmans, 2000). A combinação entre a morte e o Diabo, encontrada em Hebreus 2:14,15, também é impressionante: "Visto, portanto, que filhos partilham de carne e sangue, ele [Cristo] igualmente partilhou da mesma natureza, para que, por sua morte, destruísse aquele que tem o poder da *morte*, a saber, o *Diabo*, e livrasse todos aqueles que, pelo pavor da morte, estavam sujeitos a uma vida inteira de escravidão". Quanto ao pecado, ele é central em muitas passagens de Hebreus.

[25] Reconheço que essa analogia pode ser redutora. Em geral, ao falarmos do tema de resgate/redenção, talvez seja melhor evitarmos palavras como "refém", "sequestro", "extorsão" e talvez "pagamento", concentrando-nos mais em termos como "custo", "valor" e "preço".

[26] "Argentines are reliving a nightmare", *New York Times*, 5 de abril de 1999. Preciso contextualizar melhor essa ilustração. Na década de 1990, houve um esforço conjunto do governo argentino para encerrar a questão do "desaparecimento" de milhares de presos políticos durante a Guerra Suja. (Como observado anteriormente, um dentre *los desaparecidos* era Elisabeth Käsemann, filha do grande acadêmico do Novo Testamento.) Muita coisa pode ser dita sobre o papel da igreja nas crises de direitos humanos na América Latina. Há questões persistentes sobre a conduta de Jorge Mario Bergoglio — agora Papa Francisco — que, quando era superior jesuíta

compreensível, mostra que a necessidade de reparação corre de forma profunda em nossa *psyche*. Às vezes, as reparações assumem a forma de pagamento literal, como dinheiro (p. ex., as reparações feitas a familiares de civis mortos por engano no Iraque e no Afeganistão — como se isso fosse uma compensação adequada!), ou pagamentos figurados, como as sentenças de prisão — ou, como na África do Sul, confissões públicas perante um tribunal. Quanto a um grande crime ocorrido, é universal o anseio por algum tipo de pagamento.

Em vista desses e de muitos outros exemplos, é parte da boa notícia o fato de Deus se haver oferecido como "pagamento". A palavra está entre aspas para mostrar que se trata de uma figura de linguagem, mas isso realmente não seria necessário.[27] Se deixarmos que a fala sobre o resgate em Marcos 10:45 siga seu rumo natural e fluido, tomando-a como uma metáfora sugestiva, e não como uma transação rigidamente esquemática, estaremos livres para ver com os olhos da fé que, de alguma forma, na cruz, *o próprio Deus* faz o pagamento. Isso condiz com o ponto enfatizado desde o início: *algo está errado e precisa ser consertado*. O conceito todo de redenção é outra forma de identificarmos a maneira de Deus consertar o que está errado. Esse é o sentido da palavra "retificação", usada por Paulo — *dikaiosyne*, no grego do Novo Testamento.

A imagem do resgate, porém, apresenta dois problemas sérios. Aludimos à crítica frequente de que um deus que sacrifica o próprio filho não é digno

---

nos primeiros anos da guerra, não se posicionou publicamente, mesmo quando seus padres eram o alvo. Para saber mais sobre o assunto, cf. o artigo de "Pope Francis and the dirty war", *The New Yorker*, 14 de março de 2013. Em contrapartida, o arcebispo chileno Raul Silva Henriquez encorajou ativamente seus padres, durante os anos Pinochet, a falarem contra as atrocidades cometidas, e hoje é considerado um grande defensor dos direitos humanos e do povo chileno.

[27]Um exemplo do emaranhado infeliz no qual os intérpretes podem envolver-se se encontra nesta declaração de I. Howard Marshall, referindo-se às imagens de "preço" e "resgate": "Se estivermos certos em ver a noção de 'preço' aqui [em Gálatas 3:13], o problema do destinatário persiste, e não pode haver dúvida de que, se alguém recebe o resgate, esse alguém é o próprio Deus" ("The development of the concept of revelation in the New Testament", in: Robert Banks, org., *Reconciliation and hope: New Testament essays on atonement and eschatology* [Grand Rapids: Eerdmans, 1974], p. 156; de modo semelhante, cf. Büchsel, "God is the recipient of the ransom", em *Theological dictionary of the New Testament*, 4:344). Marshall e Büchsel entram nesse território proibido por tentarem se distanciar da ideia de que o "resgate" é "pago" ao Diabo, uma ideia associada a Orígenes e a outros pais gregos, sepultada séculos atrás por Anselmo e outros. (Cf., porém, a excelente reformulação da noção de "resgate pago ao Diabo" em Christopher Morse, *Not every spirit: a dogmatics of Christian disbelief* [New York: Trinity, 1994], p. 246. Hoje, muitos intérpretes concordam que a melhor maneira de entendermos a imagem do resgate é pensando nela da perspectiva do custo, sem seguirmos a noção de que o preço deve ser literalmente pago a alguém. Um dos editores de Ireneu, Edward Rochie Hardy, escreve: "Ireneu [ao contrário dos gnósticos, com seus sistemas complexos] apega-se à simplicidade da fé, evocando também emoções que nos levam a classificar o Credo como um épico, e o dogma como um drama. O Filho de Deus derrotou o antigo inimigo em uma luta justa, redimindo, assim, a humanidade de sua escravidão" ("An exposition of the faith: selections from the work *against heresies* by Irenaeus, Bishop of Lyons", in: Cyril C. Richardson, org., *Early Christian fathers* [New York: Simon and Schuster, Touchstone, 1995], p. 351). Hardy acrescenta que "é injusto ler na palavra 'redimido' a ideia de resgate pago ao Diabo", como, p. ex., Hastings Rashdall fez em *The idea of the atonement in Christian theology* (London: Macmillan, 1919), p. 233-48.

de adoração. Dessa perspectiva, a cruz foi descrita como uma forma de abuso infantil.[28] Também ouvimos dizer que há certa barbaridade em Deus "exigir" a morte de seu Filho. É importante e necessário que os críticos exponham as *distorções* da doutrina, mas também é necessário que se trace uma distinção entre a distorção e a doutrina em si. Fundamental à teologia trinitária, conforme já vimos, é a convicção de que *Deus estava em Cristo* (2Coríntios 5). A linguagem de um "Deus crucificado" não se confina a Jürgen Moltmann; ela é tão velha quanto Inácio, de Antioquia ("o sangue de Deus"), e tão recente quanto Jon Sobrino ("Deus estava na cruz de Jesus").[29] Os críticos dessa linguagem estão errados nesse ponto: a tradição como um todo está solidamente por trás da ideia de que a cruz de Cristo é um acontecimento promovido pelas Três Pessoas unidas.[30]

O segundo problema com a imagem do resgate é mais sutil e ainda mais crucial. Ao dizermos que "algo está errado e *precisa* ser consertado", isso soa como se Deus fosse forçado a agir em consequência de nossa escravidão ao Pecado. Isso, por sua vez, torna a ação amorosa de Deus em Cristo como algo dependente de, reativo a ou mesmo coagido pelo Pecado. É como se Deus tivesse falhado em ver o que aconteceria no Jardim do Éden e, uma vez surpreendido pelos acontecimentos, elaborou um plano alternativo. Se a vida encarnada e a morte sacrificial do Filho de Deus foram uma ação emergencial de Deus a um desvio inesperado de seu plano original, não temos, então, o Deus Criador da Bíblia, mas uma criatura como o restante de nós, vulnerável a surpresas e, portanto, dependente, em certa medida, dos acontecimentos da ordem criada.[31]

É difícil discutir isso, visto que usamos ideias da ordem criada para expressar aquilo que não foi criado; mas essa é a única linguagem que temos. A ideia básica, relacionada de perto com a doutrina da Trindade, é que faz parte da própria natureza de Deus emanar de si mesmo em amor. O amor que emana

---

[28]Uma coletânea de ensaios sobre essa perspectiva pode ser encontrada em Joanna Carlson Brown e Carole R. Bohn, orgs., *Christianity, patriarchy, and abuse: a feminist critique* (New York: Pilgrim Press, 1989).

[29]Inácio, *To the Ephesians* 1. Jon Sobrino, *Jesus in Latin America* (Maryknoll: Orbis, 1987), p. 153.

[30]Deus pode sofrer? Não devemos separar a divindade da humanidade? Nestório tentou fazê-lo, e foi severamente denunciado por Cirilo de Alexandria. Essa questão era particularmente central aos reformadores, que se apropriaram das discussões patrísticas com um zelo renovado. Os luteranos, em particular, consideram mais fácil falar de um Deus que sofre na cruz do que os calvinistas; por isso, Moltmann pode dizer que Deus desampara Deus, por assim dizer, no momento do clamor de abandono (*The crucified God: the cross of Christ as the foundation and criticism of Christian theology* [New York: Harper and Row, 1973], p. 243-4). A exposição de Moltmann ultrapassa os limites da teologia trinitária, mas tem algum poder de persuasão. O enigma aguarda uma exploração teológica mais profunda.

[31]Scotus (c. 1265-1308), principal teólogo franciscano da Idade Média, afirmou, contra os tomistas, que a encarnação teria ocorrido mesmo sem a Queda.

A CRUCIFICAÇÃO

de Deus é expresso, inicialmente, por toda a eternidade, em meio à própria *triunidade*; Deus não precisa de uma criação para amar.[32] A emanação de Deus e sua autoentrega já aconteciam antes do tempo, e não dependem de nada exterior. O amor autossacrificial que vemos na cruz está presente na Divindade desde antes da criação; não se tratou de uma inovação incitada pela queda da humanidade. Milton, em *Paraíso perdido*, parece não captar corretamente esse ponto; ele mostra o Pai e o Filho em conselho para determinar o que deve ser feito após a Queda. Dante, por outro lado, escreveu sobre a Trindade de forma mais sublime que qualquer outro.[33] O *Paraíso* é uma sinfonia, uma dança giratória de "amor ardente" (*Paraíso* 28.45), que vem acontecendo entre as pessoas de Deus desde antes do tempo e do espaço. A visão dantesca do amor e da luz de Deus, que estão além da criação, forma o ponto culminante de sua poderosa *Divina comédia* (infelizmente, a tradução consiste em meras aproximações):

> O Poder inefável e incriado [o Pai],
> Contemplando seu Unigênito [Filho] com Amor sublime,
> Soprando a si mesmo [o Espírito] um ao outro, eternamente (*Paraíso* 10:1-3,
>   baseado na trad. para o inglês de Dorothy L. Sayers).

> ... Na profunda e brilhante
> Essência daquela exaltada Luz, três círculos
> me apareceram; cada qual tinha três cores diferentes,
> mas todos, a mesma dimensão;
>   um círculo [o Pai] parecia refletido pelo segundo [o Filho],
> como um arco-íris refletido por outro; o terceiro [o Espírito]
> se assemelhava a um fogo soprado por esses dois círculos.

> [...]

> Luz Eterna, habitas somente em ti mesma;
> Apenas tu conheces a ti mesmo; autoconhecendo-te,
> Autoconhecido, tu te amas e sorris para ti (*Paraíso* 33. 118-226, baseado na
>   trad. para o inglês de Allen Mandelbaum).

---

[32]Na popular peça de Marc Connelly, *Green pastures* [Pastos verdejantes], baseada no capítulo 1 de Gênesis, "de Lawd", diz: Estou só; vou criar para mim um mundo". A ideia é cativante, mas está bem distante da perspectiva doutrinária cristã. Deus não pode estar só; ele é Amor entre Três Pessoas, antes ou além do tempo e da eternidade (Dante, *A divina comédia*, Paraíso, canto 23).

[33]T. S. Eliot, que lia em italiano, escreveu que o último canto de *Paraíso* era "o ponto mais elevado que a poesia havia alcançado ou poderia alcançar" ("Dante" em *Selected essays* [London: Faber and Faber, 1972], p. 251).

Nada pode ser acrescentado a esses versos inefáveis em louvor à Trindade; citamo-los para reforçar a ideia central de que Deus já é um amor perfeito *em si mesmo*; e qualquer coisa que emane desse Ser constitui um aspecto original e inalienável da natureza de Deus. Essa natureza é o fundamento sobre o qual o mundo e sua redenção são construídos. O amor que há em Deus desde o início — de fato, o amor que é Deus — não pode mudar de forma repentina para algo diferente, pois o surgimento inesperado do Pecado e da Morte exige uma nova estratégia. Muito pelo contrário: faz parte da natureza primordial e imutável de Deus entregar-se em amor.[34] A imagem que melhor expressa essa autoentrega eterna se encontra em Apocalipse, na referência ao "Cordeiro, morto desde a fundação do mundo" (13:8, KJV).[35] Alguns versículos complementares incluem: "Um cordeiro sem defeito e sem mancha [...] destinado antes da fundação do mundo" (1Pedro 1:19,20) e "entregue segundo o plano definitivo e o pré-conhecimento de Deus" (Atos 2:23).

Imagens bíblicas diversificadas da redenção

A ideia de resgate e redenção é encontrada por toda a Escritura, normalmente de forma sugestiva e expansiva. Provérbios contém um versículo interessante que sugere diversas conotações à palavra *go'el*:

> Não remova limites antigos,
>   nem entre nos campos dos órfãos;
> pois o *Redentor* deles é forte;
>   ele pleiteará a sua causa contra você (Provérbios 23:10,11).

Na passagem, encontramos a sugestão de uma ideia forense, a ideia de um *advogado* que pleiteia uma causa, bem como noções mais conhecidas de obrigação às tradições comuns (o *go'el* como protetor da propriedade) e aos membros

---

[34] Assim, o canto final de *Paraíso* termina com um trio de imagens culminantes, formando a Visão Beatífica: na primeira, três luzes em uma única luz (a Trindade); na segunda, a visão da natureza humana elevada à Trindade (a vida encarnada e a morte do Filho); na terceira, todo o cosmo envolvido pelo "amor que move o sol e as estrelas", fundindo, na grande dança celestial, a vontade e o desejo humano à vontade divina.

[35] A tradução de Apocalipse 13:8 é controvertida. G. B. Caird faz uma forte defesa da versão King James em *A commentary on the Revelation of St. John the divine* (New York: Harper and Row, 1966), p. 168. Cf. tb. Paulo Minear, que traduz "o Cordeiro morto desde que o mundo começou" (*I saw a new earth: an introduction to the visions of the apocalypse* [Washington, D.C.: Corpus Publications, 1968], p. 335-6). Também Robert H. Mounce, *The Book of Revelation*, New International Commentary on the New Testament (Grand Rapids: Eerdmans, 1977), p. 256. Mounce acrescenta: "A morte de Cristo foi um sacrifício redentor *decretado nos concílios da eternidade*" (grifo na citação).

mais vulneráveis da comunidade (o *go'el* como "redentor" nos relacionamentos pessoais ou familiares). Os vários temas interagem entre si e se enriquecem.

Em uma passagem de Lamentações, as ideias também são unificadas; o advogado que "pleiteia a causa" se torna o juiz que dispensará justiça e retificará o erro:

> Senhor, pleiteaste a minha causa,
>   *redimiste* a minha vida.
> Viste o mal que me foi feito, Senhor;
>   julga tu a minha causa (Lamentações 3:58,59).

Outras ideias estão associadas à redenção. Um exemplo de seu conteúdo ético aparece, por exemplo, em Deuteronômio 24:17,18, passagem em que há uma associação entre a redenção que Deus faz da escravidão e as transações cotidianas dos membros da comunidade: "Não [...] tomarás a vestimenta de uma viúva como penhor; mas te lembrarás de que foste escravo no Egito, de onde o Senhor, o teu Deus, te *resgatou*; portanto, eu te ordeno que faças isso".

O texto, em outro exemplo da gama de imagens e da amplitude de ideias associadas à redenção, conecta o envolvimento pessoal de Deus na libertação de Israel às dificuldades financeiras de uma viúva, a qual precisa que alguém pague sua dívida. A justaposição de grande e pequeno é característica do Deus de Israel, cujos feitos poderosos às margens do mar Vermelho são apenas parte de quem ele é. Sua preocupação com o incapacitado em cada detalhe de sua existência é parte do que significa chamar Deus de "Redentor".

Uma passagem em Isaías designa Deus como o redentor que traz dádivas preciosas para reivindicar Israel para si. Certamente, soa como um "resgate", um "resgate de rei" — exceto que o rei não é aquele que está *sendo* resgatado; em vez disso, em uma verdadeira inversão do evangelho, o resgate é *feito* pelo rei. A passagem é tão linda que vale a pena citá-la de forma um pouco mais extensa; faz parte de uma leitura associada à Epifania e, segundo o significado da época, é uma manifestação particularmente resplandecente da glória do Senhor. O profeta pós-exílico, arrebatado no Espírito, antevê a invasão divina de uma ordem mundial capaz de refazer o futuro. Em especial, observe a ênfase no valor definido pelo Redentor para a reivindicação de Israel (em itálico):

> Em vez de esquecida e odiada,
>   sem que ninguém transitasse por ti,
> farei de ti uma excelência eterna,
>   uma alegria de geração em geração...

E saberás que eu, o Senhor, sou teu Salvador
  e o teu *Redentor*, o Poderoso de Jacó.
Em vez de bronze, trarei ouro;
  em vez de ferro, prata.
  Em vez de madeira, trarei bronze;
  em vez de pedras, ferro...
Violência não se ouvirá mais em tua terra,
  nem devastação ou destruição em tuas fronteiras...
De dia, o sol não será mais a tua luz,
  nem por brilho a lua te dará luz à noite;
mas o Senhor será tua luz eterna,
  e o teu Deus será a tua glória (Isaías 60:15-19).[36]

Não foi mero acidente o fato de essa passagem radiante ter sido acompanhada quase imediatamente em Isaías pela leitura oferecida pelo próprio Redentor na narrativa de Lucas, quando Jesus de Nazaré começa seu ministério público na sinagoga de Nazaré. Ao ler a passagem, Jesus anuncia a si mesmo como o Libertador escatológico. Há um senso palpável de que o momento decisivo é chegado. A nova criação já foi colocada em movimento:

O Espírito do Senhor está sobre mim,
  pois me ungiu para pregar a boa notícia aos pobres.
Enviou-me a proclamar libertação aos cativos
  recuperação da vista aos cegos,
  liberdade aos oprimidos,
  e a anunciar o ano aceitável do Senhor (Lucas 4:18,19; cf. Isaías 61:1,2).

Essa leitura feita por Jesus, com sua conclusão ("Hoje se cumpriu essa escritura que vocês acabaram de ouvir"), é tão conscientemente messiânica quanto qualquer declaração que ele pudesse ter feito. Em sua aparição, a hora do reino de Deus já chegou.

Terminamos este capítulo, então, em tom de exaltação. A redenção realizada por Deus em Cristo foi realmente uma libertação poderosa e aponta para adiante, para o glorioso futuro do reinado de Deus. A imagem do resgate nos

---

[36]Para uma compreensão plena, é importante percebermos que a comunidade pós-exílica teve de aprender a ler essa profecia em termos escatológicos, ou seja, sob a perspectiva do Fim. O retorno à terra após o Exílio babilônico foi uma decepção amarga, não se assemelhando nem um pouco às profecias arrebatadoras de Isaías.

lembra que essa grande libertação envolveu *não apenas* a libertação da escravidão, *mas também* uma expiação pelo pecado; *não apenas* uma vitória cósmica, *mas também* um preço final. O custo de nossa redenção foi a crucificação do Filho de Deus; do contrário, não conseguiríamos assimilar em nossa compreensão o puro horror e a pura impiedade de tal morte.

CAPÍTULO 8

O GRANDE VEREDICTO

TODOS SABEM dos dramas envolvidos em um julgamento. Por causa do cinema e da televisão, nenhum momento é mais conhecido de todos nós do que o júri proferindo seu veredicto. Os resultados na vida real podem desencadear conflitos raciais, protestos generalizados e desintegração cultural, como nos julgamentos de O. J. Simpson, em 1994-1995, e de George Zimmermann, em 2013. O drama do veredicto "culpado!" reteve seu senso de urgência na cultura americana, apesar da perspectiva, em alguns setores da comunidade acadêmica, de que "culpa" não constitui mais uma preocupação cultural central. Neste capítulo, à medida que vamos iniciando o assunto do Dia de Yahweh, tão frequentemente profetizado no Antigo Testamento — e seu equivalente neotestamentário, o Juízo Final —, devemos observar essa perspectiva divergente entre muitos comentaristas culturais e teólogos. Paul Tillich, de forma célebre, propôs três estágios no desenvolvimento cultural: enquanto outrora éramos assombrados pelo temor da morte, e então pela culpa, a principal forma de ansiedade existencial do atual século é o espectro da falta de sentido.[1] Comentaristas mais recentes argumentam que não sofremos mais de um forte senso de culpa, algo muito presente durante a Reforma, de modo que, hoje, imagens da morte de Cristo abordando essa preocupação nos são de pouca utilidade.

Essa condição deve ser levada a sério. Vivemos em uma cultura irônica, "pós-*Seinfeld*", que leva a sério a ansiedade, mas tem pouco espaço para a culpa. "Não que haja qualquer coisa errada com isso", essa se tornou a palavra de ordem aplicável a quase tudo. Tal fator foi comumente apresentado na igreja para explicar uma mudança generalizada da culpa e do pecado na liturgia e na pregação. Pode ser que a consciência culpada tenha realmente seguido o caminho de todas as outras bagagens burguesas que se tornaram tão

---

[1] Paul Tillich, *The courage to be*, 2. ed. (New Haven: Yale University Press, Yale Nota Bene, 2000), p. 40n.

constrangedoras para nós desde o fim da década de 1960. A alma torturada de Arthur Dimmesdale, personagem do livro *The scarlet letter* [A letra escarlate], de Hawthorne, é incompreensível para as gerações mais recentes. Entretanto, é impressionante ver quantas referências à culpa ainda encontramos. Podemos dar vários exemplos: em uma entrevista ao programa *60 Minutes*, da CBS, o único sobrevivente do acidente que matou Diana, princesa de Gales, foi questionado quanto a sentir culpa. Trevor Rees-Jones, o guarda-costas, respondeu: "Faz parte da natureza humana".[2] Uma observação particularmente notável é feita por um destacado montanhista americano em sua autobiografia. Ao discutir a dissolução de seu casamento, ele escreveu: "Sentia falta dela e me sentia *culpado* [...] meu *pecado* foi a covardia".[3] Os exemplos servem para ilustrar que a categoria da culpa não está morta para nós.[4]

Quando falamos *teologicamente* de culpa, estamos falando de nós mesmos à vista de Deus. Culpa, no sentido teológico, está relacionada a pecado, e pecado, em sentido bíblico, é pecado *contra Deus*. Isso é verdade, quer falemos do Pecado como um Poder, quer falemos em pecado(s) como transgressão. Sem o conhecimento de Deus, o conceito de pecado não faz sentido algum, dificultando-nos a compreensão exclusivamente *teológica* dos códigos de ética encontrados em Levítico, livro em que, conforme já vimos, as provisões são feitas para a restauração de pessoas culpadas cujo pecado é resultado de negligência e descuido, não de intenção consciente. Falta de intenção não serve como desculpa: "quando o souber depois, então será culpado" (Levítico 5:2-4). De fato, a remissão de pecado "involuntário" é o propósito principal das ofertas descritas nos códigos de Levítico. Pecado e culpa são reais, quer os reconheçamos, quer não, porque Deus é real. Assim, Ricoeur faz a seguinte observação sobre o pecado e a culpa nos profetas: "O verdadeiro mal [é] revelado e denunciado pela convicção profética, e não medido pela consciência do pecador. Por isso a 'realidade' do pecado — pode-se até dizer a dimensão ontológica do pecado — deve ser contrastada com a 'subjetividade' da consciência culpada [...] A Vista [de Deus] preserva a realidade da minha existência além da consciência que tenho dela, mais particularmente a realidade do pecado além do sentimento de culpa".[5]

---

[2]*60 Minutes*, 12 de março de 2000.
[3]David Brashears, *High exposure: an enduring passion for Everest and unforgiving places* (New York: Simon and Schuster, 1999), p. 223, grifo na citação.
[4]Nem todas as culturas experimentam esse fenômeno da mesma forma. Por exemplo: no Japão, a vergonha tem natureza *corporativa*, enquanto os americanos enfatizam a culpa *individual*. Um cálculo de honra e vergonha é mais importante no Oriente Médio.
[5]Paul Ricoeur, *The symbolism of evil* (Boston: Beacon Press, 1967), p. 82, 86.

O TIRANO QUE NOS GOVERNA: A ANSIEDADE

A culpa, então, continua a ser uma das principais aflições humanas. Em nossa época, porém, uma ênfase maior tem sido dada à ansiedade (uma ideia que ficou famosa por meio de W. H. Auden, quando cunhou a expressão "era da ansiedade"). Mas que forma assume essa ansiedade?

Por pelo menos três décadas, o termo mais empregado pelas igrejas tradicionais como forma de se autocaracterizarem é "inclusivo". "Sem párias", essa foi a promessa feita pelos bispos que presidiam a Igreja Episcopal, a palavra de ordem da década de 1990, sugerindo que, para muitos, o senso de exclusão é sua principal preocupação — o que nos sugere o tipo de ansiedade que caracteriza nossa época. Ou as pessoas têm medo de não ser "boas o suficiente", ou — aqui fica mais complicado — de não ser suficientemente inclusivas com as outras. Podemos não ser tão atormentados por uma consciência culpada quanto nossos antepassados, mas somos, mesmo assim, movidos e dilacerados por ansiedades de vários tipos, sendo uma delas o medo de não estar do lado certo de alguma linha divisória invisível. Por que outro motivo os recém-chegados dos Hamptons e de Long Island iriam a extremos extraordinários, até mesmo absurdos e históricos, para obter um código de área "estabelecido" e não um "novo"? Esse seria apenas um dentre mil exemplos possíveis desse satirizado microcosmo à beira-mar de nossas ansiedades.

A insegurança está relacionada ao medo de ser julgado. O principal personagem do romance *The fall* [A queda], de Albert Camus, é um homem sofisticado do mundo, Jean-Baptiste. Em uma noite fatídica, ele avista uma jovem se preparando para cometer suicídio. Ele passa por perto, ouve o barulho da movimentação da água e não reporta o incidente a ninguém.[6] Depois disso, sua vida assume a qualidade de fugitivo. "Acima de tudo", diz ele, "a questão é evitar o julgamento". No entanto, esquivar-se de julgamento, descobre ele, leva à futilidade: "Vou lhe contar um grande segredo, *mon cher*. Não espere pelo Juízo Final. Ele acontece todos os dias".

---

[6]Camus, *The fall*, trad. para o inglês Justin O'Brien (New York: Knopf, 1956). Uma resenha sobre Camus no *New York Review of Books* indica que, em *The fall* [A queda], ele tenta trabalhar sua culpa com respeito ao suicídio de sua segunda esposa. Por toda a sua vida, Camus tratou as mulheres de maneira arrogante e egoísta. O escritor afirma, no entanto, que, ao contrário de outro estúpido famoso, Jean-Paul Sartre, Camus era um humanista comprometido, o que ilustra a diferença moral entre uma pessoa capaz de discernimento e remorso e aquela que continua a se sentir no direito de se comportar de maneira repreensível. A estrela de Camus perdeu um pouco do brilho nos anos 1970 e 1980, mas tendências mais recentes mostram uma apreciação renovada por ele. Cf., p. ex., John Weightman, "The outsider", *New York Review of Books*, 15 de janeiro de 1998.

Jean-Baptiste analisa ainda mais sua situação em termos universais humanos: "Desejamos ter a compaixão e o encorajamento das pessoas no curso de vida que escolhemos. Em suma, gostaríamos, ao mesmo tempo, de não sentir culpa e de não fazer o esforço necessário para nos purificar". Falando da perspectiva da teologia da cruz, sabemos que não podemos "deixar de sentir culpa" nem "fazer o esforço necessário para nos purificar". Isso só pode ser feito por alguém que está no ponto arquimediano, *fora* desta ordem mundial atual, na qual estamos aprisionados em nossa natureza.[7]

A perspectiva de que somos inocentes remonta à história de Adão e Eva, na qual o homem diz:

> "A mulher que me deste para estar comigo, ela me deu do fruto da árvore, e eu comi". Então o Senhor Deus disse à mulher: "O que você fez?". A mulher respondeu: "A serpente me enganou, e eu comi" (Gênesis 3:12,13).

Sempre que possível, culpe alguém. A primeira consequência dessa primeira desobediência pelo primeiro casal é que o ser humano habitualmente passa a implicar outra pessoa como forma de "se esquivar do julgamento". Não se trata apenas de um sentimento de culpa, e sim de um terror existencial profundo. A cena da corte, uma cena que jaz no inconsciente coletivo ocidental, ainda é capaz de agitar nossa emoção nos níveis mais profundos. O prospecto de um veredicto fica à espreita, como um ogro: Insuficiente! Pária! "Apartem-se de mim!" (Mateus 7:2; 25:41; Lucas 5:8; 13:27).

Assim, na peça profundamente cristã de T. S. Eliot, *The cocktail party* [O coquetel], o personagem principal, Sir Henry Harcourt-Reilly, um psiquiatra, comenta:

> Metade do mal que é feito neste mundo
> Deve-se a pessoas que querem sentir-se importantes.
> Sua intenção não é causar danos — mas o dano não lhes interessa.
> Elas não o veem, ou o justificam

---

[7]Arquimedes (m. 212 a.C.), matemático e inventor grego da antiguidade, teria dito, com relação à sua alavanca, que, se tão somente se posicionasse no lugar certo, poderia mover o mundo. Ninguém aprisionado na cadeia de Satanás tem acesso a esse ponto arquimediano, fora do mundo; o território ocupado pelo Diabo só pode ser acessado por um poder advindo de outro domínio. Foi isso que aconteceu em Cristo. Só ele tem acesso ao ponto arquimediano, de onde é capaz de mover o cosmo, pois ele vem de e pertence a outra esfera suprema de poder. Portanto, ele é capaz de dizer: "O príncipe deste mundo [...] não tem poder sobre mim" (João 14:30; cf. tb. 12:31 e 16:11). Essa é uma metáfora útil para indicar a esfera totalmente diferente de poder da qual Deus opera, e depararemos com ela outra vez. Ouvi essa figura de linguagem usada teologicamente pela primeira vez por Paul Lehmann, mas pode ter-se originado em Karl Barth (*Church dogmatics* IV/1 [Edimburgh: T. & T. Clark, 1956], p. 258).

> Já que são absorvidas *na luta interminável*
> *De pensar bem de si mesmas.*[8]

Philip Roth, um judeu resolutamente secular, deu-nos um catálogo completo das lutas de seus personagens masculinos. São "curvados por uma perspectiva moral embaçada, por culpabilidade real e imaginária, lealdades conflitantes, desejos urgentes, anseios incontroláveis, amor impraticável, paixão culpada, transe erótico, raiva, ânimo dobre, traição, perdas drásticas, vestígios de inocência, convulsões de amargura, envolvimentos malucos, falta de juízo e suas consequências, compreensão oprimida, dor prolongada, falsa acusação, contendas incessantes, enfermidades, exaustão, alienação, desordem, envelhecimento, morte [...] homens *atordoados pela vida, contra a qual estão indefesos*".[9] Esta é a condição identificada por Paulo: "O próprio mandamento, que me prometera vida, demonstrou ser morte para mim. Pois o pecado, vendo uma oportunidade no mandamento, me enganou e, por ele, me matou" (Romanos 7:10-11).

Essa é a esfera da Lei, em seu papel de serva cativa do Pecado. Tudo isso acentua a ansiedade universal de julgamento, de um tipo ou de outro.[10] A natureza implacável, inevitável e inescapável dessa situação leva Paulo a clamar, como se falasse em nome de todos nós: "Miserável homem que sou! Quem me livrará deste corpo de morte?" (Romanos 7:24). O "corpo de morte" é toda a existência humana sob o domínio dos Poderes: abrange o medo da exclusão, o pavor da condenação, o temor do julgamento, a escravidão pelo Pecado e o conhecimento de que, de acordo com a Lei, estamos em terreno arenoso.

Mas alguns leitores podem não estar convencidos do argumento de que todos nós, de alguma forma, sofremos ansiedade por "exclusão" ou condenação. Tudo bem; partamos do ponto de vista de que não se trata de um estado de espírito universal. Apresento, então, uma proposta alternativa. Há outro traço cuja universalidade é absoluta, abrangendo todas as culturas e raças do planeta: a *obsessão humana em condenar outra pessoa por qualquer coisa*, às vezes a ponto de desejar eliminá-la. Essa é uma manifestação do pecado original, precisamente o oposto da inocência e da inclusão. Um artigo no *New Yorker* sobre uma

---

[8] T. S. Eliot, *The cocktail party*, in: *The complete poems and plays* (New York: Harcourt, Brace, 1952), p. 348, grifo na citação.
[9] Entrevista com Philip Roth, *New York Times Book Review*, 16 de março de 2014. John Updike, em suas "Rabbit series", fornece-nos um ângulo semelhante de um homem à mercê do Pecado e da Morte.
[10] O fenômeno que descrevo não se limita a protestantes brancos de origem anglo-saxã, nem a judeus, com suas consciências (supostamente) hiperativas. O jovem urbano sem educação formal, ao pensar que está sendo "desprezado" ou "desrespeitado", pode reagir com violência.

menina rica de oito anos de idade mostra como alguns de nossos programas de "tolerância", atualmente populares, são ingênuos. Durante uma entrevista, a jornalista arranca algumas opiniões apimentadas de Sofia, enquanto as duas brincam de balanço em um parquinho. A menina reclama que sua escola proíbe a atribuição de características negativas a qualquer grupo, promove reuniões entre pessoas que não gostam umas das outras e baniu a palavra "ódio". Com honestidade, Sofia consegue enxergar a hipocrisia disso tudo: "Se você odeia alguém, de que adianta fingir? De verdade: você se importaria se alguma coisa ruim acontecesse com ela? Você ficaria triste se essa pessoa se mudasse para o Alasca ou para o outro lado do planeta?".[11] Escrita em nossa história recente, essa realidade se traduz em militantes palestinos, *janjaweed* sudaneses e extremistas muçulmanos que querem que colonos israelenses, refugiados de Darfur e cristãos coptas se mudem para "o outro lado do planeta" — ou, melhor ainda, que sejam mortos. Uma criança de oito anos pode ver mais claramente do que muitos de nós: programas bem-intencionados, destinados a melhorar a espécie humana, não servem de nada além de levar os planejadores desses programas a se sentirem bem consigo mesmos.[12] Não precisamos de um *programa*; precisamos de *libertação* de todo esse ciclo de violência e vingança. A humanidade precisa ser salva de si mesma.[13]

Ação coletiva: a sociedade sob julgamento

Durante boa parte do século 20, a noção bíblica de uma segunda vinda de Cristo e de um Juízo Final causou certa apreensão nas denominações tradicionais. Mesmo assim, a ideia de um acerto final de contas persiste. Em 1997, vários homens foram mantidos reféns por rebeldes durante 126 dias na cidade

---

[11]Rebecca Mead, "Sophie's world", *New Yorker*, 18 e 25 de outubro, 1999.

[12]Andrew Sullivan, um dos blogueiros mais originais, destemidos e iconoclastas de nossa época, sempre atento à sentimentalidade, escreve: "É loucura esperar que o ódio, em toda a sua variedade, possa ser erradicado [...] o ódio nunca desaparecerá da consciência humana. Na verdade, talvez ele, em algum nível, a defina" ("The fight against hate", *New York Times Magazine*, 26 de setembro de 1999).

[13]Steven Pinker, em seu livro *The better angels of our nature: why violence has declined* (New York: Penguin Books, 2011), defende que a civilização fez grandes conquistas. Usando estatísticas normalmente reconhecidas, Pinker mostra que muito mais pessoas morreram violentamente nos séculos anteriores do que agora, apesar de figuras como Hitler, Stalin e Mao. Talvez isso seja verdade, mas a perspectiva pressuposta aqui é que, embora realmente seja possível organizar *sociedades* melhores, o projeto de criação de um *ser humano* melhor está além da capacidade humana. O verniz da civilização continua muito sutil, como sempre foi. Onde e quando houver impunidade, não haverá falta de pessoas dispostas a infligir o pior tipo de tratamento a seus semelhantes; testemunhe o uso da tortura na Síria, até mesmo de crianças, pelo regime de Bashar Al-Assad, em meados de 2010. Além do mais, o fantasma de uma catástrofe nuclear paira sempre no ar, caso em que toda a estatística sobre a melhoria da civilização perderia sentido. Para uma resenha do livro de Pinker, cf. Jeremy Waldron, "A cheerful view of mass violence", *New York Review of Books*, 12 de janeiro de 2012.

peruana de Lima. Durante seu longo encarceramento, eles não tinham ideia se um dia sairiam vivos. Muitos deles, relatou um jornalista, começaram a pensar em como se esquivariam do juízo, elaborando um "balanço de sua vida". Segundo o artigo, alguns dos reféns "se voltaram para a religião".[14] Isso levanta questões importantes: qual seria o melhor argumento de defesa no juízo final? Quanto alguém deve ter do lado positivo da balança para cancelar débitos? Que tipo de religião poderia realizar essa tarefa?

O Antigo Testamento está repleto, do começo ao fim, da ideia de que Deus tem uma ação contra seu povo.[15] Profetas pré-exílicos e pós-exílicos advertiram quanto ao Dia do Senhor, um momento futuro decisivo no qual o povo escolhido de Deus, bem como o mundo inteiro, seria chamado a uma prestação de contas: "Eis que se aproxima o dia do Senhor" (Zacarias 14:1). O direito de Deus em julgar é pressuposto:

> O Senhor sai do seu lugar
>> a fim de punir os habitantes da terra por sua iniquidade (Isaías 26:21).

Seu poder para destruir o mal é tema central:

> O dia do Senhor é grande e terrível;
>> quem pode suportá-lo? (Joel 2:11)

Sempre que os israelitas ficavam acomodados diante da crise que se aproximava, os profetas os criticavam e instigavam com imagens assustadoras:

> Ai de vocês que desejam o dia do Senhor!
>> Por que ansiariam pelo dia do Senhor?
>
> É dia de trevas, não de luz,
>> como se um homem fugisse de um leão
>> e deparasse com um urso;
>> ou entrasse para dentro de casa e apoiasse a mão contra a parede,
>> e uma serpente o mordesse.
>
> Não será o dia do Senhor trevas, e não luz?
>> Escuridão sem resplendor? (Amós 5:18-20)

---

[14] *New York Times*, 26 de abril de 1997.

[15] A ideia passa despercebida na literatura de Sabedoria, mas mesmo lá está presente — ainda que, como é típico desse estilo literário introspectivo, menos como um julgamento de pessoas e mais como uma medida de indivíduos (Eclesiastes 12:14; Provérbios 2:22; 3:33 etc.).

O Dia do Senhor é retratado como uma cena de julgamento, com juízo especial reservado aos que agiram injustamente ou negligenciaram o pobre:[16]

> O SENHOR tomou seu lugar no tribunal,
>   pronto para julgar o seu povo.
> O SENHOR entra em juízo
>   com os anciãos e príncipes do seu povo:
> "Vocês têm devorado a vinha,
>   o despojo do pobre está nas suas casas.
> O que vocês pretendem ao esmagar o meu povo,
>   ao moerem o rosto do pobre?", pergunta o SENHOR dos exércitos (Isaías 3:13-15).

O *povo inteiro* é convocado perante o tribunal de Deus.[17] É típico, porém, de nossa maneira de pensar que o medo *individual* de juízo é mais fácil de ser compreendido do que a *culpa coletiva*. É típico dos cristãos americanos querer escolher entre essas duas opções como se elas fossem mutuamente exclusivas, com a chamada direita cristã dando ênfase aos crimes individuais e a esquerda liberal enfatizando a injustiça social. A ideia de juízo sobre o indivíduo pecador e a sociedade ímpia ao *mesmo tempo* é resumida na explosão do profeta Isaías ao ser confrontado com a presença do Senhor: "Ai de mim! [...] Pois sou *um homem* de lábios impuros, e habito *no meio de um povo* de lábios impuros" (Isaías 6:5).

Os profetas do Antigo Testamento são bem conhecidos por sua acusação contra grupos inteiros de pessoas. Haverá um dia de prestação de contas para os ricos desatentos, juízes que aceitam suborno, comerciantes que enganam os pobres.[18] Contudo, o mais chocante é que o povo escolhido, supondo-se dispensado do julgamento, estará, na verdade, ocupando a primeira fila.

---

[16] A palavra hebraica *riv* ou *rib* — cujo significado é controvérsia, acusação, disputa pessoal ou legal (p. ex., Miqueias 6:2f.) — é usada para transmitir a ideia de que Deus tem uma ação contra seu povo, razão subjacente à ideia de um tribunal.

[17] Quando ainda éramos jovens ativistas na Virgínia, da década de 1960, eu e meus colegas amávamos as passagens duras dos profetas hebreus. Nós as imaginávamos como o juízo de Deus contra todos os conservadores do sul que ainda estavam em trevas em relação aos direitos civis e à Guerra do Vietnã. Como muitos jovens idealistas, pensávamos em nós mesmos como portadores de luz. Mais tarde, descobri que estamos todos no mesmo barco. Também estou implicada na acusação de "moer o rosto do pobre".

[18] Pessoas necessitadas têm uma perspectiva desobstruída a esse respeito. Uma construção no Cairo, apelidada de Torre do Poder, contém apartamentos à venda a preços que começam com 2 milhões de dólares e chegam a 15 milhões. Um mecânico que mora em uma favela próxima à construção disse a um repórter: "As únicas pessoas que ganham essa quantia no Egito são comerciantes de pó [cocaína]". Na superlotada Cairo, a renda *per capita* média é de 600 dólares, e a moradia é escassa: "Este [prédio] não é para o nosso tipo de gente", diz um taxista de 38 anos, morador de uma favela próxima com sua esposa e seis filhos. "Acho que você tem que roubar para morar lá. Não tenho inveja, mas acredito que essas pessoas terão que prestar contas no Dia do

"De todas as famílias da terra,
  só a vocês tenho conhecido" [diz o Senhor];
"portanto, hei de castigá-los
  por todas as suas iniquidades" (Amós 3:2).

A primeira carta de Pedro expõe o tema diretamente à igreja: "O tempo chegou para que o juízo comece pela casa de Deus" (1Pedro 4:17). Nos Estados Unidos, nas décadas iniciais do terceiro milênio, com o aumento dramático na lacuna entre a pequena porcentagem de pessoas excepcionalmente ricas e a classe média e trabalhista perdendo terreno, é difícil escaparmos da conclusão de que a ação de Deus contra toda a nossa sociedade talvez seja tão forte hoje quanto nos dias dos profetas Isaías e Amós.

Os profetas do Antigo Testamento acusam todo o povo de Deus por protestar por sua inocência. Depois de relatar toda a apostasia dos israelitas, Deus, falando por intermédio de Jeremias, declara:

"Em tuas saias se achou
  o sangue de pobres inocentes...
Todavia, apesar disso,
você diz: 'Sou inocente;
  certamente a sua ira
se desviou de mim'. Eis que o levarei a julgamento
  por dizer: 'Não pequei'" (Jeremias 2:34,35).

Em suma, o juízo de Deus sobre os indivíduos recai também sobre entidades coletivas. Na vida moderna, as responsabilidades modernas e coletivas se fundem umas com as outras, de modo que mal conseguimos separá-las. Podemos ter certeza de que aquele homem simpático, sentado no banco da igreja perto de seus filhos educados, não é responsável pelas políticas da empresa de tabaco que buscam fisgar adolescentes no exterior com seu produto? Grandes corporações de tecnologia estão cheias de homens e mulheres que vivem bem e contribuem para a economia nacional; como podem ser culpadas se seus sistemas foram usados para manter arquivos de gente suspeita de subversão?[19]

Juízo." Sem dúvida, o taxista é muçulmano, porém expressa algo que ressoa com os cristãos. Youssef M. Ibrahim, "Cairo journal: the 'tower of power'; something to babble about", *New York Times*, 17 de agosto de 1995.

[19] A conta de e-mail de Shi Tao, jornalista e poeta chinês dissidente, foi entregue ao governo de Pequim pela empresa Yahoo, em 2005, resultando em seu cruel encarceramento por mais de oito anos. Uma audiência no Congresso sobre o assunto trouxe Jerry Yang, CEO da Yahoo, para o olhar público. Ele parecia não ter noção do mal que sua empresa havia causado. O congressista Thomas P. Lantos, democrata da Califórnia,

Empresas de tênis estão fazendo sua parte na contribuição do PIB; se o preço disso é operar fábricas exploradoras em países pobres, esse é o preço a ser pago.[20] O pensamento é esse. O testemunho esmagador do Antigo e do Novo Testamentos juntos, no entanto, é que o juízo de Deus recairá sobre grupos, bem como sobre indivíduos, e que os ricos e privilegiados, em particular, serão responsabilizados por suas presunções de imunidade. Como Maria canta quando o anjo anuncia o nascimento de Jesus:

> Derrubou os poderosos de seus tronos,
> e exaltou os de condição humilde;
> encheu os famintos de coisas boas,
> mas despediu com fome os ricos (Lucas 1:52,53).

Desse modo, será de grande ajuda para nós entender que o grande veredicto não é apenas um acontecimento em termos individuais. Em grande medida, a Bíblia pensa de modo coletivo, comunitário e, em última instância — conforme a estrutura apocalíptica começa a tomar forma no fim do Antigo Testamento —, cosmológico. Os Poderes que hão de ser desmascarados e condenados pelo Juiz que está por vir são os poderes e principados deste mundo e, finalmente, o próprio Satanás.

O juízo na Bíblia e na igreja

Para tudo o que está errado no mundo, é necessária uma prestação de contas em nível cósmico. As Escrituras antecipam o que Markus Barth chama, em uma expressão poderosa, de "o grande litígio final".[21] Mesmo assim, muitos líderes de igrejas desejaram, por uma ou outra razão, ignorar ou tirar a ênfase da imagem do juízo vindouro ao falarem sobre a morte de Jesus. Essa tendência teve consequências, pois, nos lecionários agora amplamente adotados, as passagens sobre julgamento ou juízo foram, em grande parte, arrancadas ou omitidas. Até mesmo os leigos não treinados aceitaram a ideia de que "não

---

disse que, "embora tecnológica e financeiramente [a Yahoo] seja uma gigante, moralmente ela não passa de um pigmeu" (Neil Gough, "Chinese democracy advocate is freed after 8 years in prison", *New York Times*, 7 de setembro de 2013). Lantos, que dedicou a vida à defesa de direitos humanos, foi o único sobrevivente do Holocausto a servir no Congresso.

[20]Na década de 2000, a Nike resistiu fortemente a investigações independentes sobre as condições de suas fábricas no exterior. A polêmica durou vários anos e, em muitos aspectos, permanece (o desastroso incêndio na fábrica de roupas em Bangladesh, em novembro de 2012, gerou outra tempestade de críticas às empresas americanas e europeias, com poucos resultados concretos).

[21]Markus Barth, *Justification* (Grand Rapids: Eerdmans, 1971), p. 18.

acreditamos mais nessas coisas". O conjunto todo de ideias associadas à ideia de julgamento tornou-se anátema. Em nossa cultura, "julgar" passou a ser uma das piores coisas que alguém poderia fazer. Parece que perdemos a capacidade de entender "julgamento" como tendo qualquer conotação positiva.[22]

A despeito de nossas tendências culturais, é incontroverso o fato de que a imagem de condenação no tribunal se encontra por toda a Bíblia. Demos uma olhada breve em alguns exemplos representativos do Antigo Testamento. Muitas pessoas falam com desdém do "Deus do Antigo Testamento", não reconhecendo quantas vezes Jesus se fundamenta nas mesmas imagens. Apenas uma ilustração dentre muitas é suficiente para estabelecermos essa ideia: "*Naquele dia*, muitos me dirão: 'Senhor, Senhor...'. Então eu lhes declararei abertamente: 'Nunca os conheci; apartem-se de mim, vocês que praticam a maldade'" (Mateus 7:22,23).

Não apenas nas parábolas de juízo encontradas nos Sinóticos, mas também no evangelho de João, em inúmeras ocasiões, Jesus fala diretamente sobre um dia de juízo. Não há como fugir da tradição sem eviscerá-la por completo.[23] Ela se encontra acoplada nos credos: "Ele voltará outra vez, em glória, para julgar vivos e mortos". No *Te Deum*, cantamos: "Cremos que tu virás para ser o nosso Juiz". Na música de Henry Purcell e G. F. Handel, a petição a Cristo é: "Digníssimo Juiz eterno, que nenhum castigo teu recaia sobre nós". Nem mesmo as tentativas atuais de sufocarem o tema do juízo na vida dos cristãos conseguiram bani-lo. O mesmo velho medo de condenação espreita logo abaixo da superfície, pronto para saltar a qualquer instante — sem falar da tendência onipresente há pouco mencionada de desviar o julgamento e a condenação para os outros.[24]

Nas igrejas de hoje, que usam o Lecionário Comum Revisado, o tema do juízo foi, até certo ponto, retido. Começando com Todos os Santos e se estendendo até o Advento III, as leituras do Novo Testamento preservam algumas passagens sobre o assunto, fornecendo aos pregadores a oportunidade de expor

---

[22]Talvez precisemos de um pouco de perspectiva sobre o assunto, pois se trata de um desenvolvimento recente. A edição de 1971 do *Oxford English dictionary* [Dicionário Oxford da língua inglesa] nem *sequer* contém a entrada "judgmental" [crítico, julgador]; o termo mais próximo é "judgmatical" [judicioso], palavra raramente usada e com o significado positivo de "prudente, perspicaz". A edição seguinte do dicionário indica que sua primeira aparição significativa com conotação negativa ocorreu em *1965*!

[23]T. F. Torrance escreve, por exemplo, que não encontramos em lugar algum da Bíblia "qualquer sugestão de que Deus perdoará ou redimirá sem juízo [...] Deus não perdoará sem um juízo e sem sacrifício de expiação purificadora". No entanto, "em última análise, somente Deus remove o pecado e salva". Citação de um manuscrito não publicado, cit. George Hunsinger, *Disruptive grace: studies in the theology of Karl Barth* (Grand Rapids: Eerdmans, 2000), p. 34.

[24]Um exemplo marcante ocorreu na madrugada do Natal de 2011, quando um incêndio catastrófico em Stanford, Connecticut, tirou a vida de três crianças e de seus avós, enquanto a mãe das crianças e um homem com quem ela estava envolvida escaparam. Em poucas horas, o ciberespaço estava cheio de mensagens virulentas de dois tipos: aquelas que condenavam a mãe por haver escapado sem seus filhos e aquelas que condenavam os condenadores.

a ira de Deus e o Juízo Final em um contexto de esperança e promessa.²⁵ Nos domingos que precedem imediatamente o Advento, os textos bíblicos designados são especialmente carregados do tema de juízo: as virgens prudentes e tolas; a parábola dos lavradores na vinha; a parábola dos talentos; e, de modo mais perceptível — no domingo de Cristo Rei, a cada três anos —, o trecho do Juízo Final encontrado em Mateus 25, a partir do v. 31: "Quando o Filho do homem vier em sua glória, e todos os anjos com ele, assentar-se-á em seu glorioso trono. Todas as nações serão reunidas perante ele, e ele separará umas das outras, como um pastor separa as ovelhas dos bodes, e colocará as ovelhas à sua direita e os bodes à sua esquerda".

Embora a passagem se refira a "todas as nações" reunidas perante o Juiz, nossa tendência imediata é pensar em indivíduos. Imaginamo-nos pessoalmente perante o tribunal, sentindo certo nível de desconforto. De fato, ninguém deixará de estar lá e, se não nos sentirmos ameaçados por isso em um nível ou em outro, é sinal de que estamos perigosamente dessensibilizados. No entanto, reitero: se pensarmos exclusivamente da perspectiva do julgamento *individual*, acabaremos não compreendendo a natureza *coletiva* da mensagem bíblica.

O livro de Apocalipse é essencial nesse ponto. Em Apocalipse, o tema não é o perdão da culpa individual; o último livro do Novo Testamento retrata os últimos dias da perspectiva de *tribos*, *igrejas*, *povos*, *cidades* e *nações*, não de indivíduos. Hoje, nós, herdeiros de uma impiedade em escala global produzida por sistemas totalitários, estamos redescobrindo o significado social e global desse último livro do cânon. Todos os melhores comentários modernos sobre o Apocalipse — e há um bom número deles — enfatizam sua relevância para as lutas políticas do nosso tempo.²⁶ A linguagem bíblica de tribunal e julgamento corresponde tanto (se não ainda mais) a estruturas e sistemas (os principados e Poderes) como a indivíduos.²⁷

---

²⁵O Apocalipse Sinótico é sempre lido no Advento I, enquanto o restante da cultura se agita em preparação para o Natal. João Batista, com sua mensagem intransigente, é o foco dos Adventos II e III. Na década de 1990, na igreja Grace Church de New York, a tradição do Advento da igreja medieval foi revivida, com cultos bem frequentados dedicados às quatro últimas coisas: morte, juízo, céu e inferno. Os temas são preservados em sua ordem tradicional, sugerindo boa vontade para um olhar mais profundo para os lugares mais ameaçadores de todos como preparação para o Natal. Apesar disso, talvez tenhamos de rever essa avaliação positiva do Advento no lecionário e na Igreja Episcopal. O Lecionário Comum Revisado atenuou o tema do juízo em duas das leituras do Antigo Testamento para o Advento, substituindo passagens bíblicas por um tom mais confortável.

²⁶Comentários excelentes de Apocalipse incluem (em ordem cronológica) os títulos produzidos por G. B. Caird, Paul Minear, Elisabeth Schüssler-Fiorenza, Allan Boesak, William Stringfellow, Bruce Vawter e Joseph Mangina. Boesak caiu em descrédito pessoal por uma série de indiscrições e improbidades, mas seu comentário, a partir de sua experiência na resistência sul-africana, é digno de nota.

²⁷Não é difícil discernirmos a operação dos principados e potestades nos noticiários. Por exemplo: um experiente inspetor-chefe de prisão da Austrália, ao falar sobre empresas multinacionais de segurança, frequentemente associadas ao abuso de direitos humanos, declarou: "Essas grandes empresas globais [...] são mais

A IMAGEM FORENSE

Richard A. Norris tem uma forma imaginativa de analisar o tema do "grande litígio final":

> É totalmente adequado [...] que a história do sofrimento da morte de Jesus seja retratada pelos Evangelhos como uma cena de juízo prolongado. Uma sala de tribunal é, ao mesmo tempo, uma *arena de conflito*, na qual reivindicações e causas divergentes lutam para fazer valer seus direitos, e um *lugar de julgamento*, onde um veredicto é proferido com o objetivo de declarar a verdade da questão em disputa. Os últimos dias de Jesus representam exatamente essa situação: uma luta de interesses conflitantes e valores diferentes, na qual um veredicto de algum tipo deve ser dado. Os Evangelhos contam a história com um toque de ironia solene. A sala do tribunal que podemos ver é a de Pilatos ou a do Sinédrio. O tempo todo, porém, somos alertados de que essa cena humana está apenas em primeiro plano. O caso que está sendo julgado envolve uma questão de verdade definitiva — a questão de que é Deus e onde ele está; e, por essa razão, *é Deus quem, inevitavelmente, fará o julgamento*. A decisão declarada será dele, não de Pilatos. Pela forma que as coisas acontecem, *Deus dará o seu veredicto e, assim, será revelado e identificado*. Mostrará se é ou não o Deus e Pai anunciado por Jesus.[28]

Norris retrata o juízo terreno de Jesus como o Juízo Final acontecendo de forma antecipada. No julgamento de Cristo, todos os julgamentos convergem. Na superfície, parece que juízes humanos estão trabalhando na narrativa da Paixão. Apenas a fé discerne o significado mais profundo: o de que há apenas um Juiz. Os verdadeiros caráter e poder desse Juiz serão revelados na cruz. Há muitos níveis a serem considerados no tema do grande veredicto. Um relato persuasivo acerca da importância psicológica da imagem forense nos é dado por Stephen Sykes:

> A importância da justificação pela graça e recebida por meio da fé, como no caso de todo o conjunto de ideias jurídicas aplicadas à expiação, reside na *finalidade*

---

poderosas do que os governos com os quais lidam" (Nina Bernstein, "Getting tough on immigrants to turn a profit", *New York Times*, 29 de fevereiro de 2011). Uma dessas empresas mais notórias foi a Blackwater (mais tarde autodenominada "Academi"), que operou com relativa impunidade durante a Guerra do Iraque.

[28]Richard A. Norris, *Understanding the faith of the church* (New York: Seabury Press, 1979), p. 132-3, grifo na citação.

do veredicto de absolvição. Algo foi concluído. Por mais que continuemos a lutar contra pecados, perplexidades e ambiguidades, sabemos que, em nosso trato com Deus, nosso redentor, vingança, ressentimento e obrigações escravizadoras não constituem o que nos aguarda. Graças a Deus, há, em Cristo, uma nova criação [2Coríntios 5:17].[29]

Assim, a questão é: o que foi concluído, e como podemos ter certeza disso? Como podemos saber que o veredicto de absolvição dado por Deus é definitivo? E como podemos sabê-lo sem presunção? Heinrich Heine é famoso por suas últimas palavras: *"Bien sûr, il me padronnera; c'est son métier"* (traduzido livremente: "É claro que Deus me perdoará; é o trabalho dele").[30] Podemos pensar na distinção controversa, mas desafiadora, de Bonhoeffer entre graça preciosa e graça barata.[31] O problema abordado por Bonhoeffer permanece: como nos apropriarmos da obra consumada de Deus na cruz de Cristo, mas sem uma atitude presunçosa?

TENTANDO LIVRAR-SE DO JULGAMENTO

Se a linguagem de julgamento, veredicto e sentença é um tema humano profundamente arraigado, por que tem havido tanta resistência à imagem do tribunal na interpretação da expiação? É verdade que muitos pregadores ressaltam o tópico da perdição com um prazer desnecessário; apesar disso, porém — ou até mesmo por causa disso —, esse tipo de pregação tem estado em declínio há muito tempo. Nos Estados Unidos, a reação contra pregações de juízo coincide com o sentimentalismo popular emergente da cultura americana do fim do século 19, com resultados teológicos interessantes: Deus não estava mais expressando juízo contra o pecado no sacrifício de seu Filho, mas apenas amor pelos pecadores; a atividade de Deus não era mais retratada como um ataque violento contra o mal, mas como uma infiltração. Em vez de uma invasão

---

[29]Stephen W. Sykes, *The story of atonement*, Trinity and Truth Series (London: Darton, Longman and Todd, 1997), p. 62, grifo na citação.

[30]Nenhuma ansiedade existencial aqui! Heine, um judeu alemão (que se submeteu ao batismo cristão, mas nunca levou o cristianismo a sério), passou as últimas duas décadas de sua vida em Paris; eis o porquê da frase em francês.

[31]Dietrich Bonhoeffer, *The cost of discipleship* (New York: Macmillan, 1963), p. 45-60. A distinção entre graça barata e custosa tem sido controversa porque pode ser interpretada como impondo condições à graça de Deus, um movimento em direção à justificação pelas obras. Em suas *Letters and papers from prison*, ed. ampl. Eberhard Bethge (New York: Macmillan, 1972), Bonhoeffer observou que realmente existia esse problema, que não havia notado quando era mais jovem: "Hoje, vejo os perigos naquele livro, embora eu ainda permaneça fiel ao que escrevi". Carta a Eberhard Bethge, 21 de julho de 1944.

apocalíptica, passamos a ter uma "persuasão gentil". Assim, a ênfase extenuante na justiça de Deus e na oposição ao pecado, típica dos primeiros pregadores calvinistas, transformou-se em algo muito mais parecido com a pregação terapêutica que temos hoje, com uma doutrina enfraquecida sobre o pecado e a expiação.[32]

Essa mudança de prioridades culturalmente infligida ignora o tema bíblico do julgamento de Deus sobre o pecado como um *aspecto* de sua misericórdia, *não o oposto dela*.[33] A imagem de um teólogo calvinista do século 19 pode ser útil aqui. Ele nos pede para imaginar a agulha magnética de uma bússola. A extremidade superior da agulha *busca de forma sistemática* o Polo Norte. Ao mesmo tempo, a mesma extremidade magnética superior *é repelida* do Polo Sul. Não há duas forças magnéticas funcionando, mas uma só; o mesmo magnetismo que leva a ponta da agulha a apontar para o norte é aquele que, *na outra extremidade*, a faz apontar para o sul.[34] Da mesma maneira, para ser "*por* nós e por nossa salvação", Deus deve estar *contra* tudo o que ameaça ou destrói esse propósito.

Afinal, então, tudo se resume a quem queremos ter como nosso juiz. Não queremos ser julgados por outras pessoas, e não queremos ser julgados por Deus; só temos a nós mesmos. Em essência, nas coisas que realmente importam, queremos ser nossos próprios juízes. Queremos ter a responsabilidade de nos autoavaliar. Queremos poder cantar, com Frank Sinatra, "I did it my way" [Fiz do meu jeito]. A explosão de livros de autoajuda como *Self-creation* [Autocriação], *Looking out for number one* [Tornando-se o número um] e *How to take charge of your life* [Como assumir o controle de sua vida] afetou profundamente nossa forma de pensar.[35] Esse tipo de linguagem se tornou corrente, mesmo entre os cristãos. Vida e morte "nos meus termos", essa é uma ideia que soa atrativa o bastante para muita gente. Fomos encorajados a acreditar que o caminho para a iluminação é por meio de várias formas de autopromoção, autorrealização ou qualquer outra combinação de "auto" com outra palavra,

---

[32] Cf. Ann Douglas, *The feminization of American culture* (New York: Knopf, 1977), p. 121-64.

[33] Colin Gunton escreve que os temas forenses, embora muito criticados, são cheios de graça: "Muito depende de uma apreciação sensível das possibilidades da metáfora jurídica" (*The actuality of atonement: a study of metaphor, rationality, and the Christian tradition* [Grand Rapids: Eerdmans, 1989], p. 87).

[34] Robert L. Dabney, *Christ our penal substitute* (Richmond, Va.: Presbyterian Committee of Publication, 1898), p. 50.

[35] Mary Calderone, honrada por seu trabalho na "nova sexualidade" (expressão adotada por ela), declarou, na década de 1970, que estava orgulhosa de sua organização, Sexuality information and education council of the United States (SIECUS) [Conselho de informação e educação sobre sexualidade dos Estados Unidos], por "seguir na mesma direção das igrejas", ou seja, a direção da "ética autoescolhida" (Citação extraída de minhas anotações pessoais de meados de 1970, sem data exata). Seria difícil exagerar a influência de pontos de vista desse tipo.

sendo algumas dessas técnicas explicitamente religiosas. Desse modo, os conflitos profundos e as ansiedades inconscientes que nos assolam interiormente não são apenas encobertos, mas também parecem administráveis e até mesmo dispensáveis. O resultado? Mais ansiedade e insegurança.

A grande comoção do evangelho nos liberta dessa confusão de egocentrismo. Em *Paraíso*, à medida que Dante vai subindo cada vez mais alto, aproximando-se da Visão Beatífica da Trindade, percebe que deixa de pensar completamente em si mesmo. A ansiedade se dissolve em uma grande dança giratória de "amor ardente". Essa é a experiência de todos os cristãos ao perceberem que, nas hábeis palavras de Paul Zahl, "a questão da dignidade não está em nossas mãos" e foi decidida em nosso favor.[36] É nesse ponto que deparamos com uma questão de suma importância: acaso aceitamos que Deus, e somente Deus, tem supremacia sobre sua obra de redenção? É isso que significa reconhecê-lo como Juiz. Receber o evangelho significa ser apreendido pela notícia de que Deus, em Cristo, "[cancelou] o escrito de dívida que estava contra nós, com suas exigências legais [...] e [removeu-o], pregando-o na cruz" (Colossenses 2:14).

Não podemos compreendê-lo senão pela fé; não se trata nem de conhecimento comum nem de senso comum. Se todo o sistema de mérito possível foi cancelado por Cristo e sepultado com ele em sua morte (Romanos 6:4), então não temos nada em nós mesmos sobre o que nos apoiar. Se a "folha do balanço financeiro" foi rasgada e descartada para sempre, estamos na posição dos trabalhadores da vinha, irados porque alguém que trabalhou menos horas foi tão bem pago quanto nós. Isso é o que não gostamos a respeito de Deus como Juiz. Se a natureza humana arbitrasse nessa situação, pagaríamos de acordo com as horas e a produtividade. Mas com Deus não funciona assim, pois, como o proprietário da parábola pergunta: "Você se ressente da minha generosidade?" (Mateus 20:15). Portanto, a ação de Deus como Juiz é uma espada de dois gumes: por um lado, corta da maneira que gostamos, porque Deus é por nós; por outro lado, corta de uma forma que não gostamos, porque ele também é por todos os outros, sem as distinções comuns que fazemos, de modo que não há mais uma lista A ou B. Portanto, a possibilidade de construirmos nosso ego à custa de qualquer outra pessoa é cancelada.

Passemos, agora, ao assunto do julgamento na cultura popular e nas igrejas, analisando um conjunto de objeções levantadas por alguns acadêmicos. A análise lançará maior luz à antipatia geral em relação a tudo o que soa "julgador".

---

[36]Paul F. M. Zahl, *The protestant face of Anglicanism* (Grand Rapids: Eerdmans, 1998), p. 78.

Forense ou cosmológico?
Algumas preocupações pastorais

Os acadêmicos do Novo Testamento J. Louis Martyn e Martinus C. de Boer representam, respectivamente, uma segunda e uma terceira geração de acadêmicos influenciados por Ernst Käsemann. Ambos traçaram uma nítida distinção entre a abordagem apocalíptico-cosmológica de Paulo, que eles defendem, e uma interpretação forense da obra de Cristo.[37] Suas objeções merecem a mais ampla audiência possível, pois seu ponto de partida não é apenas diferente, mas muito mais radical do que o das vozes mais comumente ouvidas nas igrejas em oposição ao tema forense. Na opinião de ambos, o tema do tribunal é insuficiente, não por envolver *julgamento* — a questão não é essa —, mas porque não retrata uma *guerra* cósmica, como o apóstolo faz em suas cartas. Examinaremos as imagens de batalha no Novo Testamento no próximo capítulo, mas, por enquanto, argumentaremos que precisamos tanto do tema forense como do tema apocalíptico, *visto que ambos são proeminentes, até mesmo determinantes, nas Escrituras*.[38]

O problema surge, conforme indicado por Martyn e Boer, quando o imaginário forense recebe lugar de proeminência. Se o tema do tribunal é nossa principal imagem, então afasta-se a possibilidade de uma perspectiva apocalíptica aprofundada. É verdade que séculos de interpretação se passaram sem praticamente nenhuma menção ao fundamento apocalíptico da teologia do Novo Testamento; agora, porém, que ele foi recuperado e demonstrado como a principal imagem do Novo Testamento, não podemos optar por ignorá-lo.[39] Se o fizermos, as perdas serão incalculáveis neste Novo Milênio. A perspectiva apocalíptica transcende uma "espiritualidade" individualista, pietista e introspectiva, abrindo um horizonte de implicações políticas, sociais e cósmicas que está totalmente relacionado com o estado do nosso mundo hoje e com nosso papel como

---

[37]Martinus C. de Boer, "Paul and Jewish apocalyptic eschatology", in: Joel Marcus; M. L. Soards, orgs., *Apocalyptic and the New Testament: essays in honor of J. Louis Martyn* (Sheffield: JSOT, 1989), p. 169-90. Douglas Campbell representa uma geração ainda mais recente nessa linha de pensamento (*The deliverance of God: an apocalyptic rereading of justification in Paul* [Grand Rapids: Eerdmans, 2009]). Sob a minha perspectiva, a crítica mais importante de um modelo forense (ele a chama de "teoria da justificação") na obra de Campbell (uma obra de novecentas páginas) é que o modelo é "eticamente anêmico". Um desenvolvimento posterior do pensamento desenvolvido por de Boer, o qual está mais próximo do meu, aparece em seu comentário de Gálatas, no qual ele argumenta que o tema forense deve ser mantido no cenário apocalíptico.

[38]Em um dos parágrafos anteriores, no qual cito Norris, o cenário forense elaborado pelo autor também sugere uma batalha, embora Norris a expresse da perspectiva do *conflito*.

[39]Há uma linha persistente de interpretação do Novo Testamento, atualmente representada pela obra de Troels Engberg-Pedersen, entre outros, que admite a presença generalizada do apocalíptico, mas recomenda colocá-la de lado. Por razões que espero se tornarem claras nos próximos capítulos, argumento que essa é uma jogada desastrosa, tanto em nível teológico como em níveis ético e político.

cristãos neste mundo. Vejamos se podemos fazer da perspectiva apocalíptica a concepção controladora, enxergando, por essa lente, as imagens forenses.

Permitir que imagens do tribunal predominem nos coloca no reino dos padrões jurídicos — certo e errado, culpa e inocência. Isso, de imediato, leva quase todos a pensarem que há pessoas culpadas e inocentes, enquanto nos esforçamos para demonstrar que "a linha divisória passa por cada pessoa". Se formos fiéis ao evangelho como "a justificação do ímpio" (cf. Romanos 4:5), não falaremos sobre sermos *moralmente corretos* segundo um conjunto de mandamentos legais, mas sobre sermos *libertos dos* Poderes hostis e escravizadores que travam uma guerra contra os propósitos de Deus. Se *começarmos* falando sobre absolvição no tribunal, trabalharemos sob uma perspectiva reduzida. Se a linguagem forense for introduzida desde o início, os intérpretes bíblicos terão problemas, por operarem na esfera da moralidade, e não da cosmologia, tornando a igreja impotente em nosso mundo geopoliticamente interligado.

Uma preocupação pastoral e homilética, assim, se torna evidente. Se o pastor ou o pregador ficar preso à esfera da imagem judicial, é provável que a apresentação do evangelho fique à deriva do quadro de referência moralista. Por isso, Martyn, em seu comentário de Gálatas, explica que os mestres opositores de Paulo tinham uma ideia forense da situação humana — o que significa que resumiam as escolhas entre certo e errado —, enquanto Paulo, renunciando a essa esfera, proclama, por meio da cruz de Cristo, a inauguração do governo vitorioso de Deus.[40] J. C. Beker reforça a ideia ao chamar a metáfora forense de "meritória-jurídica", em contraste com o chamado da trombeta da libertação divina contra o reino do Pecado, da Morte e da Lei.[41] Dessa maneira, a questão do que fazer com as imagens de um tribunal de justiça culmina não em uma disputa acadêmica confusa, mas em uma preocupação pastoral.

Uma ilustração pode ser feita, como, em geral, é o caso na teologia cristã, de uma fonte improvável. Em um artigo intitulado "Thirteen ways of looking

---

[40] J. Louis Martyn, *Galatians,* Anchor Bible 33A (New York: Doubleday, 1997), p. 597 e *passim.* É surpreendente constatar que, nos Evangelhos Sinóticos, a pregação de Jesus que anuncia o governo de Deus — ou seja, seu governo — opere mais no domínio apocalíptico do que no quadro de referências forenses. O reino de Deus, tão importante para a compreensão da missão de Jesus, é essencialmente uma concepção apocalíptica, não moralista. É um anúncio, não uma exortação. Se falarmos de seres humanos "edificando o reino", trata-se de uma ideia moralista (e também presunçosa), pois Deus é quem constrói o reino. Portanto, "participação" é a melhor palavra para nosso papel como discípulos.

[41] J. Christiaan Beker, *Paul the apostle: the triumph of God in life and thought* (Philadelphia: Fortress, 1980), p. 209. O próprio Beker é bem-sucedido, até certo ponto, em sua combinação de termos forenses e apocalípticos, o que configura também a intenção deste capítulo. Cf. tb. Alexandra Brown, citada em J. Louis Martyn, *Theological issues in the letters of Paul* (Nashville: Abingdon, 1997), p. 109, n. 56.

at a black man" [Treze maneiras de olhar para um homem negro], sobre os resultados do julgamento de O. J. Simpson, o estudioso afro-americano Henry Louis Gates escreveu o seguinte:

> Continuamos presos a um *discurso binário* de acusação e contra-acusação, denúncia e contradenúncia, vítimas e vitimizadores [...] um discurso em que todos falam de um acerto de contas que nunca acontece. O resultado é que a política racial se transforma em um tribunal da imaginação, no qual negros procuram punir os brancos por seus crimes e os brancos procuram punir os negros pelos seus, resultando em uma regressão infinita do acerto de contas [...] Sem dúvida, é muito mais fácil atribuir culpa do que fazer justiça. *Mas, se as imagens de tribunal continuarem confinando o diálogo, isso realmente será um crime.*[42]

Com uma descrição de tirar o fôlego, Gates nos mostra o que pode acontecer quando se permite que a imagem do tribunal "confine o diálogo" no debate público. A objeção de Gates à influência predominante da linguagem forense é paralela à de Martyn e de Boer. Em um mundo de "discursos binários" e de "acerto de contas", o corpo político é mantido "cativo". Trata-se de um discernimento incrível, provavelmente originado da familiaridade de Gates com a literatura bíblica, quer ele o reconheça quer não. A mensagem do evangelho é que fomos totalmente libertos desse cativeiro pela cruz de Cristo, na qual "não há escravo nem livre" (Gálatas 3:28). Aplicando a imagem da "zebra", é um mundo que não se resume apenas a preto ou a branco.

Se *consideradas isoladamente*, as imagens forenses são inimigas do evangelho — mas não pelas razões que muitos críticos pensam. O problema não é que devemos livrar-nos do conceito de julgamento, um tema importante do Antigo e do Novo Testamento. O problema é entender o julgamento exclusivamente da perspectiva da metáfora de julgamento, veredicto e sentença em um tribunal.[43]

Às vezes, versículos como "Portanto, agora, não há mais condenação para aqueles que estão em Cristo Jesus" (Romanos 8:1) são interpretados como se

---

[42]"Thirteen ways of looking at a black man", *New Yorker*, 23 de outubro de 1995, grifo na citação.

[43]A psicanalista Dorothy Martyn relatou-me que nunca é nomeada para compor o júri pelo fato de os advogados descobrirem que ela não acredita em culpa e inocência. Talvez isso seja motivo de riso, ou de raiva; mas não se trata de uma técnica empregada por ela para escapar ao dever de servir em um júri, nem mais um exemplo do declínio da moralidade pública. Se sua posição fosse tomada literalmente (como os advogados, sem dúvida, fazem), jamais teríamos um sistema judicial. Partindo, porém, de um quadro teológico, entendemos que o "tribunal" de Deus não opera com base nos pressupostos de um tribunal humano. A observação da Dra. Martyn é, portanto, mais ocular do que analítica (e não é de admirar que confunda o sistema, apontando para uma ordem diferente de realidade). Conversa com Dorothy Martyn em Bethany, Connecticut (2004).

o tribunal fosse a principal referência. Contudo, para Paulo, em Romanos, o drama apocalíptico é o centro controlador do evangelho. Uma advertência a respeito deste capítulo, portanto, é que a estrutura apocalíptica de libertação deve ser *o ponto de partida* para pensarmos teologicamente na mensagem da crucificação e da ressurreição de Cristo. É nesse quadro que a imagem forense encontra seu lugar inestimável no todo.

A IRA DE DEUS PASTORALMENTE COMPREENDIDA

Neste ponto, retornamos à ira de Deus por ela estar atrelada à imagem do tribunal (o Senhor tem uma ação contra seu povo) e por ser parte integrante da estrutura apocalíptica que começamos a introduzir nos capítulos anteriores. Hoje, a maioria dos pregadores tenta ficar o mais longe possível desse tema, mas ele está fortemente arraigado nas Escrituras. Eis uma passagem representativa sobre a ira do Senhor, extraída do profeta Isaías:

> Punirei o mundo por sua maldade
> >e o ímpio por sua iniquidade;
> darei fim ao orgulho do arrogante
> >e abaterei a altivez do impiedoso...
> farei os céus tremerem;
> >a terra será sacudida do seu lugar
> pela indignação do SENHOR dos exércitos,
> >no dia de sua grande ira (Isaías 13:11-13).

Esse e outros textos semelhantes são lidos e interpretados tão raramente nas igrejas tradicionais de hoje que muitos cristãos de mentalidade liberal têm a impressão de que os descartamos. Entretanto, é precisamente a combinação de ira e promessa que faz do evangelho algo tão surpreendente. Temos de nos esforçar e correr riscos para gastar tempo com esses versículos, estudando-os ou ensinando-os; contudo, se não o fizermos, ficaremos com o sentimentalismo em lugar da transformação. O "dia da ira do Senhor", também conhecido pelos profetas do Antigo Testamento como o Dia de Yahweh, é o tempo no qual a criação será finalmente corrigida. Isso não poderá acontecer se não houver um julgamento conclusivo contra tudo o que ameaça o plano eterno de Deus. Usando uma analogia ambiental, se a contaminação venenosa foi liberada no ar e na água, ela deve ser eliminada permanentemente para que as novas criaturas de Deus respirem e tenham vida eterna.

O desafio que se apresenta aos pastores e pregadores é mostrar que, dada a natureza de Deus, pode-se afirmar, sem qualificação, que a ira de Deus é sempre exercida a serviço de seu bom propósito. Ela consiste no amor incondicional de Deus que se manifesta contra tudo o que busca frustrar ou destruir os desígnios desse amor.

Uma passagem de Romanos contém a chave para essa ideia: "Cristo morreu por nós. Uma vez que, portanto, agora somos justificados por seu sangue, muito mais seremos salvos por ele da ira de Deus. Se quando éramos inimigos fomos reconciliados com Deus pela morte do seu Filho, muito mais agora, já reconciliados, seremos salvos pela sua vida" (Romanos 5:8-10).

À primeira vista, parece um relato *cronológico* da ira de Deus. "Primeiro, éramos inimigos de Deus", parece que Paulo explica, "necessitando de salvação de sua ira; então, justificados pelo seu sangue, fomos reconciliados, o que significa que a ira de Deus foi dissipada". Mas essa é uma leitura errada da passagem. Deus não mudou de ideia em relação a nós por causa da cruz ou por qualquer outra razão. Ele não precisou mudar de ideia. Deus nunca foi nosso opositor. Não foi *sua oposição contra nós*, e sim *nossa oposição contra ele*, que teve de ser vencida; e a única forma de ela ser vencida era do lado de Deus, pela iniciativa de Deus, a partir da carne humana — a carne humana de seu Filho.[44] A hostilidade divina, ou a ira de Deus, sempre foi um aspecto do seu amor. Não é distinta do amor de Deus, não é oposta ao amor de Deus, não é algo em Deus que deve ser superado. O teólogo Bruce L. McCormack expressa bem isso ao dizer:

> Deus não permitirá que nada se interponha no caminho de seu amor. A santidade do amor divino é sua irresistibilidade. A vontade de Deus de amar a criatura não será interrompida pela vontade da criatura de resistir a esse amor. O amor de Deus alcançará seu objetivo, ainda que o caminho para esse fim passe por condenação, exclusão e aniquilação de toda resistência a ele. O amor de Deus se transforma em ira quando é resistido, mas nem por um minuto sequer deixa de ser amor, mesmo quando se expressa como ira.[45]

---

[44]Ricoeur, de forma característica, consegue elucidar a aparente inconsistência das narrativas bíblicas: "O perdão [...] muitas vezes assume a forma figurada de um 'arrependimento da parte de Deus' (Êxodo 32:14), como se Deus mudasse o seu curso, o seu plano [...] Essa mudança imaginada em Deus é cheia de significado: *significa que a nova direção impressa na relação do homem com Deus tem sua origem em Deus, ou seja, é de iniciativa divina*. Essa origem ou iniciativa é representada como um acontecimento na esfera divina" (*The symbolism of evil*, p. 78, grifo na citação).

[45]Bruce L. McCormack, "For us and our salvation", in: *Studies in Reformed theology and history* (Princeton: Princeton Theological Seminary, 1993), p. 28-9.

Há um paralelo com a ira de Deus na esfera humana. Uma passagem em *Perelandra*, de C. S. Lewis, pode ajudar-nos a entendê-lo. No planeta Vênus, que ainda não experimentou a Queda, um homem da Terra chamado Ransom foi escolhido para enfrentar Satanás, o grande antagonista, que também busca a queda desse planeta:

> O que estava diante dele [Ransom] não parecia mais ser uma criatura de vontade corrompida. Era a própria corrupção, para a qual a vontade foi ligada apenas como um instrumento. Em eras anteriores, aquilo tinha sido uma Pessoa; mas as ruínas da personalidade sobreviveram apenas como armas à disposição de uma negação furiosa autoexilada. Talvez seja difícil entender por que aquilo encheu Ransom não de horror, mas de uma espécie de alegria. *A alegria veio de descobrir finalmente com que propósito o ódio foi criado*.[46]

O brilhantismo dessa percepção reside não apenas na prosa imaginativa de Lewis. A questão é que a ira de Satanás não é "ira" como em geral empregamos o termo, pois aquele que é objeto de ira recebe algo que só pode resultar em uma coisa boa. A ira de Deus é assim. Se a ira de Deus se volta contra nós, só pode resultar em ouro purificado, como a imagem do fogo refinador encontrada no profeta Malaquias:

> "De repente, o Senhor, a quem vocês buscam, virá ao seu templo; virá o mensageiro da aliança, em quem vocês se deleitam", diz o Senhor dos Exércitos. Mas quem pode suportar o dia da sua vinda? Quem ficará em pé quando ele aparecer? Porque ele é como o fogo refinador [...] Ele purificará os filhos de Levi e os refinará como ouro e prata, até que eles tragam ao Senhor ofertas justas. Então as ofertas de Judá e de Jerusalém serão agradáveis ao Senhor, como nos dias passados, como antigamente (Malaquias 3:1-4).

Essa passagem tem um contexto musical famoso (o *Messias*, de Handel), cujo efeito é a proclamação do evangelho. A ira de Deus contra a incredulidade

---

[46] C. S. Lewis, *Perelandra*, trad. Carlos Caldas (Rio de Janeiro: Thomas Nelson Brasil, 2019), p. 218, grifo na citação. Da mesma forma, quando Gonville Ffrench-Beytagh, um ministro anglicano e apoiador ativo do movimento *antiapartheid* na África do Sul, foi preso e submetido a abusos psicológicos na prisão, sentiu que havia aprendido a finalidade do ódio: "Ódio é uma palavra teológica; é a antítese e o complemento do amor. Se você ama muito algo ou alguém, deve odiar aquilo que destrói o amado, e a Bíblia é muito clara sobre as muitas coisas que Deus odeia. (Acho que os cristãos são muito aptos a tentar escapar da necessidade de odiar verdadeiramente o mal, de modo que seu amor também é insosso e fraco.)". French-Beytagh, *Encountering darkness* (London: William Collins Sons and Co., 1973), p. 162.

de seu povo, descrita de modo extenso em Malaquias, é claramente um aspecto da *atividade poderosa de Deus em tornar o seu povo justo*. Para que qualquer pessoa sobreviva ("suporte") à aparição do Senhor, é necessário haver uma intervenção ativa. Sem tal ação, não haverá "ofertas justas" ao Senhor. "Quem ficará de pé quando ele aparecer?" O efeito cumulativo de versículos dessa natureza evoca uma admissão da incapacidade humana: esperamos contra a esperança (Romanos 4:18) que o Senhor levará Israel a ficar de pé mais uma vez, da mesma forma que fez no passado. A passagem de Malaquias é, portanto, uma proclamação poderosa precisamente disto: da forma em que Deus entrará em cena para consertar as coisas, exercitando sua justiça "como nos dias passados". "O Senhor, a quem vocês buscam, virá ao seu templo." Até então, ninguém poderia imaginar que o Senhor viria ao seu templo para *apresentar a si mesmo* como "oferta justa", porém Malaquias é claro ao declarar que os filhos notoriamente impuros de Levi serão purificados pela ação de Deus, e não por alguma coisa com que eles mesmos porventura contribuam. Será uma realização de Deus, do início ao fim.

A palavra bíblica *dikaiosyne* e seu segredo

Como, exatamente, Deus lida com o problema do pecado? Ou, de modo mais abrangente, como Deus "torna alguém reto"? Como Deus corrige o que está errado? C. F. D. Moule define pecado de duas maneiras complementares:

1. Pecado é uma força maligna que deturpa a natureza humana.
2. Pecado é um peso morto que deve ser carregado.[47]

Até aqui, tudo bem. Indicamos dois tópicos que podem ser distinguidos no testemunho bíblico: um enfatizando a libertação dos Poderes, o outro enfatizando expiação [em sentido amplo] ou expiação purificadora. No entanto, quando Moule, continuando sua definição, diz que o pecado "é um peso morto [...] aliviado pelo *perdão*", sentimos que ele usou uma palavra muito fraca. Analisamos essa questão de modo considerável no capítulo 3, em que examinamos o problema do perdão quando não há justiça.

---

[47]C. F. D. Moule, "The energy of God: rethinking New Testament atonement doctrines" (Sprigg Lectures, Virginia Theological Seminary, Alexandria, Virginia, 1-2 de março de 1983). Tenho as transcrições completas dessas palestras, digitadas a partir de áudios de 1983, mas não fui capaz de determinar, por qualquer fonte, se foram oficialmente publicadas.

A CRUCIFICAÇÃO

Perdão é um tema proeminente nos Evangelhos Sinóticos, mas não tanto quanto pensamos. A palavra aparece apenas uma vez no Quarto Evangelho. O que é realmente impressionante e sugestivo é o fato de o tema do perdão quase não aparecer nas cartas incontestáveis do apóstolo Paulo. Uma rara referência é a citação de um salmo (Romanos 4:7); em outra carta, o apóstolo usa o conceito de maneira sarcástica (2Coríntios 12:13). Sem dúvida, o silêncio sobre o tema é intencional. Isso significa que Paulo era implacável ou que, para ele, o perdão não era importante? Claro que não. É digno de nota que sua única referência significativa ao perdão seja uma seção de 2Coríntios (2:4-11), sua carta mais dolorosa, na qual exorta a comunidade cristã de Corinto a perdoar — observe isso — *uma pessoa que o havia ofendido*.[48] De fato, isso é impressionante: a única vez que ele fala extensamente sobre o perdão é em uma situação na qual ele mesmo foi ferido. Podemos concluir, a partir da escassez do termo "perdão", que Paulo dá menos ênfase ao perdão para se concentrar em algo ainda mais radical, a saber, a reformulação completa da *justiça de Deus* à luz de sua intervenção messiânica.

Conforme começamos a argumentar no capítulo sobre justiça, o perdão é parte da história, mas não a história toda. Há muitos dizeres e histórias de Jesus nos quais o perdão de pecados desempenha papel de destaque.[49] Entretanto, o perdão não satisfaz, por si só, o anseio humano por justiça; mais importante ainda: não expressa plenamente nem o poder de Deus nem seu amor.[50] Não podemos ignorar o testemunho maciço do Antigo Testamento de que Yahweh é um Deus de justiça.

---

[48] De fato, nesta seção particular de 2Coríntios, aprendemos algo sobre Paulo em nível pessoal, já que ele dá instruções para que o ofensor não apenas seja perdoado, mas também consolado: "*Devem perdoar-lhe e consolá-lo; do contrário, ele será dominado por uma tristeza excessiva.* Por isso, peço que vocês reafirmem o amor que têm por ele [...] *Se vocês perdoam alguém, também eu perdoo*" (2Coríntios 2:7,8,10). Esse é o verdadeiro santo e amoroso Paulo, pronto a estender a mão de maneira especial àquele que o feriu pessoalmente. A atitude do apóstolo lembra Cristo na cruz, embora Paulo não tenha a pretensão de dizê-lo. Quantas vezes esse apóstolo foi julgado por aqueles que o conhecem apenas por sua reputação ou leitura seletiva!

[49] Os Sinóticos (particularmente Lucas) dizem muitas vezes que Jesus veio para o perdão de pecados e, em um exemplo notório, na cura do paralítico que é descido pelo telhado (Marcos 2:5-12; Mateus 9:1-8; Lucas 5:22-25), Cristo usa a cura como uma forma de se identificar como aquele que tem autoridade messiânica para perdoar pecados.

[50] Em Lucas-Atos, o perdão é enfatizado, ao contrário do conceito apocalíptico mais radical de retificação/justificação (*dikaiosis*). A maioria prefere Lucas e o perdão a Paulo e a justificação. Em parte, talvez isso se deva a uma perspectiva amplamente aceita de que o perdão é a característica central do cristianismo. Essa proeminência do perdão pode ser uma forma de evitar uma dificuldade — ou seja, o reconhecimento de que há a necessidade de uma reformulação completa *tanto* do perdoador *como* do recipiente do perdão. O evangelho de João, à sua maneira, apresenta a situação humana tão radicalmente quanto Paulo (a palavra "perdoar/perdão" aparece apenas uma vez em todo o Quarto Evangelho). Dar proeminência ao perdão, sem uma ênfase correspondente (ou, na verdade, predominante) *dikaiosis*, é, portanto, uma atitude que deve ser desafiada à luz da teologia do Novo Testamento.

Em Salmos, e particularmente na literatura profética, a justiça de Deus é um tema importantíssimo, inseparável da fidelidade pactual de Yahweh. De modo significativo, James Luther Mays, acadêmico do Antigo Testamento, observa que *tsedaqa* (traduzido, geral, como "retidão") é um "conceito relacional" baseado na aliança, não uma "norma ética absoluta". Mays também argumenta que *mishpat* (normalmente traduzido por "justiça") é o fruto da *tsedaqa*; em outras palavras, a justiça humana tem origem na justiça de Deus.[51] Assim, retidão e justiça não são virtudes humanas a serem cultivadas, mas sempre elementos relacionados ao caráter e à ação de Yahweh. Essa ideia fundamental do Antigo Testamento chega ao Novo Testamento com poder explosivo na pregação de Paulo, na qual *tsedaqa* e *mishpat* não se tornam apenas *dikaiosyne*, uma retidão genérica, mas, em quatro versículos-chave, *dikaiosyne theou* — a retidão *de Deus* (Romanos 1:17; 3:21,22 [duas vezes]; 2Coríntios 5:21).

Em qualquer língua, há poucas palavras capazes de igualar *dikaiosis* no que se refere a profundidade e ressonância teológica.[52] Ela tem estado no cerne dos debates acadêmicos há séculos. Conhecida amplamente como "justificação", ainda é uma palavra-chave nas discussões ecumênicas. Todavia, há uma grande dificuldade em traduzi-la para nosso idioma. Temos de absorver o ensino de Austin Farrer, que escreveu: "Deus não tem atitudes que não sejam ações; as duas coisas são uma só".[53] Por essa razão é que temos usado "retificação" no decorrer deste livro para traduzir o grupo de palavras *dikaios*. É esse poder de retificação (e não apenas de perdão) que constitui a esperança cristã escatológica.

---

[51] James Luther Mays, *Amos: a commentary*, Old Testament Library (Philadelphia: Westminster, 1969), p. 92.

[52] No capítulo 3, observamos o desafio de traduzir o grupo de palavras hebraicas *tsedaqa* para nosso idioma. Nas traduções em inglês do Antigo Testamento, a palavra "retidão" é mais usada do que "justiça". Quando chegamos ao grupo de palavras gregas *dikaios* como um equivalente para *tsedaqa* no Novo Testamento, somos confrontados com uma dificuldade de tradução ainda maior. No famoso texto de Amós 5:24, as duas palavras hebraicas (*mishpat* [justiça] e *tsedaqa* [retidão]) são usadas praticamente como sinônimas ou hendíadis (cf. cap. 3, nota 58), assim como em outras porções do Antigo Testamento. Por causa da predileção de Martin Luther King por esse versículo, a tradução em inglês mais conhecida hoje é: "Que a justiça corra como águas, e a retidão, como um riacho poderoso", uma combinação de RSV com a versão King James. Seguindo uma abordagem peculiar, a Bíblia de Jerusalém traduz *tsedaqa* não só como "justiça", mas também como "virtude", "bondade" e "integridade". Outra tradução católica romana, a New American Bible [Nova Bíblia Americana], traduz o versículo como "que a justiça flua como água, e a bondade, como um riacho infalível". A Anchor Bible (comentário de Andersen e Freedman) usa as palavras "justiça" e "equidade". J. L. Mays (Westminster Old Testament Library [Biblioteca do Antigo Testamento]), seguindo a RSV e a NRSV, traz "justiça" e "retidão", as traduções mais típicas. As dificuldades são evidentes. Entender *dikaiosyne* sob a perspectiva de Paulo exige que as palavras "virtude" e "bondade" não sejam usadas por sugerirem características humanas, mas ações poderosas de Deus. Além do mais, o uso de duas palavras diferentes em nosso idioma ("justiça", "retidão") para uma única palavra grega (*dikaiosyne*) dá a impressão errada.

[53] Austin Farrer, *Saving belief* (New York: Morehouse-Barlow, 1964), p. 106.

A CRUCIFICAÇÃO

Quando um leitor da Bíblia descobre que o *verbo* traduzido por "justificar" e os substantivos "justificação", "retidão" e "justiça" são *a mesma palavra*, o efeito sobre a compreensão do leitor pode ser revolucionário.[54] Ernst Käsemann abriu as portas para uma nova compreensão do termo *dikaiosis*, traduzido tradicionalmente como "justificação", que continua a frutificar no século 21.[55] Em seu ensaio seminal, "The righteousness of God in Paul" [A retidão de Deus nos escritos de Paulo], Käsemann demonstra que a *dikaiosyne* de Deus não é um atributo, mas um poder, a saber, "um poder que traz a salvação".[56] Assim, "retidão" não significa perfeição moral. Não corresponde a uma característica distante e intimidadora de Deus, que nós, seres humanos, devemos tentar emular, imitar; não há qualquer boa notícia nisso. Antes, *a retidão de Deus é a ação poderosa de Deus em corrigir o que está errado no mundo*. Ao lermos, no Antigo e no Novo Testamento, que Deus é reto, devemos entender que Deus está trabalhando em sua criação para consertá-la. Ele está vencendo o mal, libertando o oprimido, erguendo do pó o pobre, vindicando as vítimas sem voz, que não tinham ninguém para defendê-las.[57]

O que é ainda mais notável, no entanto, é que Deus não só derrubará os poderosos de seus tronos (Lucas 1:52), mas também refará os corações, para que mesmo os poderosos, os arrogantes e os egoístas sejam conformados a Cristo (Romanos 12:2), tornando-se humildes, amorosos e altruístas. Em outras

---

[54]Estritamente falando, talvez eu diria que "justiça" e "retidão" têm, em grego, "a mesma raiz", em vez de constituírem "a mesma palavra"; contudo, para o leitor não especialista, não é errado dizer que ambas correspondem à mesma palavra. Em grego, o termo aparece de diversas formas. *Dikaiosyne* é "justiça", como em "a justiça de Deus" (*dikaiosyne theou*). *Dikaiosis* é "justificação" ou (melhor ainda) "retificação". *Dikaios* é "reto" (como em "ser reto" ou "tornar reto"). Especialistas no grego *koine* do Novo Testamento podem achar que o grupo de palavras usado neste livro não traz uma definição tão precisa. Para leitores gerais, porém, não há dúvida quanto à ideia central: o grupo de palavras carrega consigo uma força que não pode ser traduzida para nosso idioma, a menos que o leitor compreenda a correspondência direta entre os substantivos "retidão" e "justiça" (ambos usados para traduzir *dikaiosyne*) e a construção verbal "tornar reto" ou retificar.

[55]Um desenvolvimento correspondente em estudos do Antigo Testamento é bem descrito por Elizabeth Achtemeier, "Righteousness in the Old Testament", em *The interpreter's dictionary of the Bible* (New York: Abingdon, 1962).

[56]Ernst Käsemann, *New Testament questions of today*, trad. para o inglês W. J. Montague (London: SCM, 1969), p. 181.

[57] Mais uma vez, o *Magnificat* de Lucas 1:46-55 nos serve de testemunho poderoso à ação justa de Deus, que trabalha repetidamente para tornar real, no presente, o que foi prometido para o futuro escatológico. Assim, o mero anúncio do anjo, antes de qualquer coisa demonstrável realmente acontecer com Maria, põe em movimento coisas futuras como se elas já se tivessem cumprido:

> "Derrubou os poderosos de seus tronos,
> e exaltou os de condição humilde;
> encheu os famintos de coisas boas,
> mas despediu com fome os ricos".

(O cântico de Ana, em 1Samuel 2:1-10, no qual o *Magnificat* parece basear-se, também trata acontecimentos futuros como se já tivessem acontecido.)

palavras, a retidão de Deus envolve não apenas a grande inversão ("o primeiro será o último"), mas também uma transformação real, uma recriação. Quando radicalizada nos termos expressos por Václav Havel, de acordo com quem a linha que divide o bem e o mal atravessa cada coração humano, a *dikaiosyne* de Deus significa que nenhum ser humano estará isento de sua ação justificadora ou imune a essa ação. Dando um passo adiante, começamos a ver que, ao dizermos que Deus "justificará" em vez de apenas "absolverá", a ação tem uma *força* reconstituinte — daí a insuficiência da metáfora do tribunal de "absolver". A retidão de Deus e sua justiça são uma coisa só, e sua justiça atua poderosamente na *justificação* — que não é a mesma coisa que desculpar ou ignorar, ou mesmo "perdoar e esquecer", mas *corrigir ativamente o que está errado*.[58]

A reclamação geralmente feita é de que justificação/retificação soa como se a ação de Deus na crucificação e suas consequências passassem por cima de nós, por assim dizer, sem o nosso envolvimento. No sentido de que nossa libertação dos Poderes do Pecado e da Morte é realizada do início ao fim pelo poder gracioso de Deus, sim, é como se passasse por cima de nós. Jesus realizou tudo sozinho. Tão logo começamos a nos inserir na imagem, passamos a invadir mais uma vez a retidão de Deus, tentando apropriar-nos dela para nós. Isso é recair nos braços dos mestres gálatas, com sua insistência de que devemos adicionar nossa observância à Lei à obra consumada de Cristo na cruz. Essa é outra forma de má notícia. Se há algo com que eu e você temos de contribuir para a equação a fim de sermos justificados, então retornamos outra vez ao pensamento "jurídico-meritório", que oprime e escraviza. Perguntas características dessa forma de pensar são: o que preciso fazer? Quantas vezes? Como sei se fiz o bastante?

Nesse ponto, o desafio para a interpretação é mantermos um foco firme na ação de Deus, uma ação que tem a primazia, sem parecer roubar do ser humano qualquer incentivo para fazer o bem. Essa é uma questão crucial. É comum nas igrejas escutarmos o assunto sendo formulado da perspectiva de uma resposta humana ao convite de Deus, ao chamado de Deus. O problema é que falar

---

[58]Um dos exemplos mais notáveis de como a palavra *dikaiosyne* funciona de forma composta, bem como de sua importância para o evangelho, pode ser visto prontamente no grego de Romanos 3, texto em que *dikaiosyne* ocorre nove vezes em dez versículos — quatro vezes como um substantivo, cinco como um verbo. Infelizmente, nas traduções em nosso idioma, não podemos ver todas as implicações disso. Particularmente ilustrativo é o modo em que *dikaiosyne* é usado em 3:25,26, passagem na qual vemos que Deus é duas coisas ao mesmo tempo: Deus é Justo (reto) e, ao mesmo tempo, Justificador (torna justo). Não há como realmente transmitir essa ideia por completo em nosso idioma: "para provar que ele mesmo é justo e justificador daquele que tem fé em Jesus" não é uma tradução que dá conta do recado, e não existe uma forma substantiva adequada de "retificação" para substituir "justo". A razão pela qual isto é tão importante é a seguinte: Paulo quer que entendamos que existe um movimento poderoso e contínuo procedendo da própria justiça de Deus para nos tornar retos (retificar).

de uma *resposta* humana sugere que a ação de Deus é transferida para o ser humano. Dito de outra forma, o uso da palavra "resposta" nos encoraja a pensar que, enquanto Deus inicia o processo, estamos por nossa conta quando temos de dar os próximos passos. Pelo contrário: conforme expresso pelo *Livro de oração comum*, todas as nossas boas obras são "iniciadas, continuadas e concluídas em ti".[59] Isso está no cerne do evangelho. A retidão de Deus não é *apenas* ativa no chamado, *mas também* na resposta humana, até mesmo na resposta de fé. Aqui, a palavra-chave para nós é "participação". A ideia nos dá o equilíbrio correto sobre a relação entre a ação de Deus e a atividade humana.

Fé não é uma obra

Se a retidão de Deus é o único agente na vida da comunidade por ele criada, o que dizer da fé em si? Se a fé não é uma "obra" e, conforme dissemos há pouco, não é nem mesmo uma resposta, então o que é? Paulo aborda essa questão em uma passagem que descreve a relação entre Lei e fé: "Antes que a fé viesse, estávamos confinados sob a lei, mantidos sob restrição até que a fé fosse revelada. Assim, a lei nos serviu de guardiã até que Cristo viesse, para que fôssemos justificados pela fé. Agora, porém, que a fé veio, não estamos mais sob os cuidados de um guardião; pois, em Cristo Jesus, todos vocês são filhos de Deus pela fé" (Gálatas 3:23-26).

Paulo usou "fé" como sujeito do verbo "vir". Sem dúvida, é sinônimo para a vinda do próprio Cristo. O nome de Cristo pode ser substituído pela palavra "fé" do início ao fim da passagem e, ainda assim, ela fará total sentido.[60] Isso nos revela que fé, para Paulo, é o poder do próprio Cristo ao fazer que a fé aconteça em nós. "A fé se constitui no fato de que, com a pregação do evangelho, o Senhor, que é a base do evangelho, entra em cena e assume o domínio sobre nós."[61] Podemos dizer, portanto, que Cristo evoca a fé, concebe a fé, dá luz à fé, suscita a fé, com a compreensão de que ela nunca se torna uma propriedade nossa, pela qual podemos levar o crédito, mas é sempre uma obra *sua*.[62] De modo inesquecível, isso é ilustrado na história do menino possesso

---

[59]Coleta para Direção, *Livro de oração comum* (1979), p. 832. Cresci ouvindo essa oração todos os domingos de manhã. É uma bênção recordá-la agora, quando realmente preciso.

[60]A mesma substituição pode ser feita para a palavra *agape*, em 1Coríntios 13.

[61]Ernst Käsemann, *Commentary on Romans* (Grand Rapids: Eerdmans, 1980), p. 108.

[62]Em uma influente monografia, Richard Hays demonstra que "fé em Jesus Cristo" (Gálatas 3:22) é, na verdade, "a fé de Jesus Cristo". Isso significa que a fidelidade de Cristo ao dar sua vida é o que constitui a existência cristã, não uma obra nossa, mesmo que sejam obras de fé e confiança (*The faith of Jesus Christ: the narrative substructure of Galatians 3:1—4:11*, 2. ed. [Grand Rapids: Eerdmans, 2002]). Martyn cita

por um espírito maligno, em Marcos 9. Enquanto o menino se contorcia no chão, "Jesus perguntou ao pai do menino: 'Há quanto tempo ele está assim?'. Ele respondeu: 'Desde a infância. E muitas vezes o tem lançado no fogo e na água, para destruí-lo; mas, se você pode fazer qualquer coisa, tenha piedade de nós e nos ajude'. Jesus lhe disse. 'Se você pode? Tudo é possível àquele que crê'. Imediatamente o pai do menino clamou, dizendo: 'Eu creio! Ajuda-me na *minha incredulidade*'" (Marcos 9:21-24).

Nessa história excepcional, vemos o poder de Jesus trabalhando para trazer à luz a fé. O clamor do pai, considerado por alguns a maior declaração de fé em toda a Bíblia, estabelece a realidade toda em termos explícitos. Em *primeiro* lugar, a fé é evocada pela palavra capacitadora de Jesus: "Tudo é possível àquele que crê". A declaração dá luz à "terrível ousadia de um momento de rendição"[63] — ao súbito e arriscado clamor: "Eu creio!". Em *segundo* lugar, a fé que é assim evocada permanece para sempre como uma dádiva, e não como uma conquista humana. Nesta vida, nunca haverá um tempo em que não precisaremos dizer ao Senhor: "Ajuda-me na minha incredulidade".[64] Não podemos "escolher" ter fé; só podemos recebê-la com alegria e gratidão. A razão pela qual podemos falar de justificação/retificação pela fé, não por obras, é que a fé não é uma obra. É nossa única companheira necessária no tribunal de julgamento apenas na proporção em que constitui um presente da graça de Deus, sendo o próprio Cristo o nosso Advogado.[65]

LOGIZOMAI: RETIDÃO ORDENADA ("CHAMADA À EXISTÊNCIA")

Como esse dom poderoso de justificação (cuja melhor tradução talvez seja "retificação") pela graça por meio da fé vem à existência?[66] Outra palavra grega relacionada a essa análise, *logizomai*, tem origem no domínio do comércio e significa "creditar como", "calcular como". Seu significado secundário

---

J. Haussleiter: "Cristo concede fé quandoe se comunica [...] Então, permanece ativo por trás da nossa fé, de modo que o poder redentor da fé reside no fato de que o Cristo vivo é tanto o que a origina como aquele que a conduz" (J. Louis Martyn, *Galatians*, p. 270n).

[63]T. S. Eliot, "The waste land", in: *The complete poems and plays*, p. 49.

[64]Flannery O'Connor, "It [faith] comes and it goes" [Ela [a fé] vai e vem]. Carta endereçada a "A", depois de ela ter deixado a igreja. Extraído de *The habit of being* (New York Farrar, Straus and Giroux, 1979), p. 452.

[65]A palavra "advogado" (também "ajudador", "intercessor" ou "consolador") é uma tradução de *parakletos*, referindo-se ao Espírito Santo. Aparece na literatura joanina cinco vezes (como o Espírito Santo em João 14:16, 26; 15:26; 16:7; e como a segunda Pessoa em 1João 2:1).

[66]Hoje, muitos preferem dizer, como aqui, "pela graça por meio da fé", e não apenas "pela fé", para enfatizar o ponto de que fé não é uma "obra". Assim, *sola gratia* e *sola fide* se combinam, mas com ênfase em *gratia*.

é "considerar" ou "classificar como". Em suas cartas, Paulo emprega o termo muitas vezes, com uma ampla gama de significados; em Romanos 4, porém, o apóstolo o utiliza com um novo e audacioso significado, apropriando-se do vocábulo em sua conotação comercial ("calcular como", "creditar como") para seus devidos propósitos teológicos. Nessa seção de Romanos, a palavra *logizomai* torna-se não apenas uma atividade mental, mas também o próprio coração do evangelho, a saber, a Palavra salvadora de Deus. Podemos traduzi-la como "ordenar" ou, de forma menos estranha, "chamar à existência" (como, por exemplo, "Deus chama a fé à existência em nós"). A ideia subjacente a essas interpretações um tanto desajeitadas é a transformação de *logos* (palavra) no verbo *logizomai* — processo semelhante ao que aconteceu com a palavra *dikaiosyne*. A aparição-chave de *logizomai* está em Romanos 4:3-8, um texto indiscutivelmente central. Citando Gênesis 15:6 e Salmos 32:1,2 em um contexto totalmente novo, Paulo escreve:

> O que diz a Escritura? "Abraão creu em Deus, e isso lhe foi *creditado* como *justiça*". Ora, ao que trabalha, seu salário não é *creditado* como uma dádiva, mas como uma dívida. Mas, a qualquer um que não trabalha, mas crê naquele que justifica o ímpio, sua fé lhe é *creditada* como *justiça*. É assim que também Davi pronuncia uma bênção sobre o homem a quem Deus *credita justiça*, independentemente de obras: "Bem-aventurado é aquele cujas iniquidades são perdoadas e cujos pecados são cobertos; bem-aventurado é o homem contra quem o Senhor jamais *creditará* o seu pecado".[67]

A ligação entre *logizomai* e *dikaiosyne*, e a importância central das duas palavras, tornam-se óbvias nesses versículos (3-8). O grupo de palavras *logizomai* aparece cinco vezes (mais três vezes nos v. 9-11), enquanto *dikaiosyne*, quatro vezes (mais três vezes nos v. 9-11). Sem dúvida, essa combinação está na essência do que Paulo quer nos dizer. A citação de Salmos 32:1,2 é trazida para a carta como uma tradução exata da Septuaginta, mas Paulo a levará la em uma direção radicalmente nova, a qual, conforme devemos entender, não seria possível da perspectiva da presente era, mas apenas da perspectiva apocalíptica, possibilitada pela ação definitiva de Deus em Cristo.

O argumento de Paulo é um pouco complicado, mas pode ser compreendido da seguinte maneira: sob a perspectiva desta era, que está "passando"

---

[67] Esse é um dos textos raros em que Paulo usa a palavra "perdão". Ele praticamente nunca a usa, exceto quando faz uma citação — nesse caso, de Salmos 32.

(1Coríntios 7:31), a fé de Abraão seria considerada um trabalho meritório, de modo que sua justificação/retificação seria "seu direito". Da perspectiva da nova criação, porém, a justificação é inteiramente um dom, visto que Abraão não "trabalhou", mas "confiou" naquele que justifica o ímpio. Por enquanto, o ponto é este: o fato de Deus "ordenar" (*logizomai*) ou "creditar" o pecador como justo (*dikaiosyne*) não é uma "ficção jurídica", como às vezes a ação foi chamada. Tampouco se trata de uma declaração de anistia, como se Deus "ignorasse" o pecado — uma solução inaceitável, contra a qual temos protestado em diversos capítulos. Antes, trata-se de uma fala, como se Deus "chamasse à existência" (*logizomai*) a retidão. É isso que a Palavra de Deus (*logos*) é capaz de fazer. No Antigo Testamento, a Palavra de Deus é performativa; ela cria aquilo que nomeia. Os primeiros versículos das Escrituras mostram Deus criando *ex nihilo* (do nada) por sua palavra: "E disse Deus: 'Haja luz!', e houve luz" (Gênesis 1:3). Somente a Palavra de Deus traz à existência a criação. Da mesma forma, Deus chama à existência, por seu *logizomai*, pessoas transformadas. É isso que significa *dikaiosis*, retificação (justificação).

Assim, Paulo interliga um termo comercial ("creditar", "calcular") com o conceito judaico único do *logos* criador de Deus. A doutrina cristã clássica nos ensina que o próprio Jesus Cristo é a Palavra viva em nosso meio: "Portanto, se alguém está em Cristo, é uma nova criação; o velho se passou, e eis que o novo chegou. Tudo isso vem de Deus" (2Coríntios 5:17,18). O segmento de frase "tudo isso vem de Deus" está relacionado à discussão que Paulo estava tendo com os coríntios, cuja tendência era pensar que sua "espiritualidade" suscitava e promovia a retidão. Não, diz Paulo: *tudo* vem de Deus.[68]

A forma segundo a qual se dá esse "chamado à existência" pode ser facilmente ilustrada. Tendemos a nos tornar aquilo que os outros nos "consideram". Vejamos duas situações ilustrativas. A primeira se passa em uma sala de ensino fundamental de uma escola recém-integrada em East Tennessee, em meados da década de 1960. Três meninos negros, com trajes paupérrimos, são separados dos demais alunos (todos brancos) para receber atenção especial da professora

---

[68] Para protestantes e luteranos das tradições reformadas, a tradução "lhe foi imputada" tem grande ressonância, com sua sugestão de que a justiça "ordenada" a nós é sempre uma "justiça de fora" (termo de Martinho Lutero), que nunca se torna possessão nossa, mas que é sempre recebida com gratidão como um dom de Deus. "Justiça imputada" e "justiça de fora para dentro" ainda são conceitos de grande importância, por protegerem o tema central de Paulo nas cartas aos coríntios (*panta ek tou theou* ("tudo [procede] de Deus") — 2Coríntios 5:18) e por nos protegerem contra a justiça pautada nas obras —, desde que as expressões sejam entendidas como uma referência a algo que está realmente acontecendo, e não a uma ideia teórica de "crédito". A justiça de Deus é um dom recebido todos os dias por nós pelo Doador, mas é realmente um dom. É por esse dom que aquele que o recebe *participa* da justiça por meio de Cristo.

branca. Depois de trabalhar com eles por um tempo, a professora se levanta da mesa e diz a um observador, em um sussurro teatral que as crianças escutam: "Como algum desses meninos pensa que pode aprender alguma coisa?". A expressão "profecia autorrealizável" foi inventada para situações desse tipo. A segunda cena ocorre duas décadas depois, em um supermercado de uma região suburbana de Nova York. Uma mãe está debruçada sobre um carrinho com seu filho, uma criança com menos de dois anos de idade. Com grande intensidade, ela grita, sem parar: "Você é mau! Você é mau!". O que a criança pode ter feito nessa idade? Que pecado grave teria cometido? Acaso derramou alguma bebida? Pegou doces da prateleira? Chorou de frustração? Quem duvida que a criança crescerá com essas palavras arraigadas em sua psique? "Você é mau!" As palavras têm grande poder. Imagine, então, o poder da Palavra de Deus dizendo: *"Vergonha! Condenado! Rejeitado!"*.

Mas essas não são as palavras ditas a nós pela Palavra; pois, de fato, a Palavra não fala contra nós, mas em nosso favor. Parafraseando Paulo: "Deus não *ordenou* os nossos pecados contra nós" (2Coríntios 5:19). A passagem foi traduzida por "não contabilizou" (RSV) nossos pecados contra nós, uma interpretação que, feita de maneira descuidada, pode ser compreendida como se Deus "ignorasse" nosso pecado. Contudo, ao entendermos que as locuções "não ordenou" ou "não contabilizou" têm a mesma raiz em *logizomai*, podemos interpretar o trecho corretamente. "Não ordenou" é a outra face de "ordenou à retidão". Reitero: a Palavra de Deus é *performativa*; ela tem o poder de criar aquilo que exige. Quando Deus considera alguém reto, uma verdadeira metamorfose está acontecendo.[69]

O poder e a eficácia do "chamado à existência" de Deus podem ser ilustrados por inúmeros exemplos da Bíblia, como, por exemplo na história de Gideão: "O anjo do SENHOR [...] se assentou debaixo de um carvalho [...] [enquanto] Gideão debulhava o trigo no lagar, para escondê-lo dos midianitas. O anjo do SENHOR apareceu para ele e lhe disse: 'O SENHOR é contigo, homem poderoso e valente'" (Juízes 6:11,12).

Soa até engraçado. Até então, Gideão não é nem de longe um "homem poderoso e valente". Tampouco faz algum esforço ou assume seu papel como um "macho alfa"; na verdade, seu comportamento, logo após o aparecimento do anjo, é tímido e cauteloso. O Senhor, no entanto, continua "chamando-o":

---

[69] Filipenses 2:5-8 é importante aqui. Assim como Cristo passou por uma mudança de *morphe* (forma), também em Cristo aquele a quem a Palavra é dirigida está sendo *metamorfoseado* em retidão. É isso que significa ter "em vocês a forma de pensar que houve em Cristo Jesus" (v. 5). Portanto, Paulo pode dizer, como se já fosse um fato consumado: "Nós temos a mente de Cristo" (1Coríntios 2:16).

"O Senhor se voltou para ele e lhe disse: 'Vai neste teu poder e salva Israel das mãos dos midianitas; não te enviei eu?'" (v. 14). Mais uma vez, a cena nos faz sorrir; o Senhor até mesmo sugere que o poder seria do próprio Gideão. Mas o lembrete vem logo em seguida: "Não te enviei eu?". Gideão continua a protestar: "Ó meu Senhor, como posso eu salvar Israel? Eis que o meu clã é o mais fraco em Manassés, e eu sou o menor da minha família" (v. 15). Seus protestos são postos de lado pela Palavra capacitadora: "O Senhor lhe disse: *Mas eu estarei contigo*, e você esmagará os midianitas [como se fossem] um só homem'" (v. 16). Assim, Deus cria coragem onde não há coragem.

No Novo Testamento, talvez a melhor ilustração de como Deus "chama à existência" se encontre na cena da reconciliação de Cristo com Pedro, após a ressurreição. Três vezes Jesus pergunta a Pedro: "Você me ama?". A repetição tríplice da pergunta reflete as três negações do apóstolo enquanto o Senhor estava sendo acusado. Lemos que "Pedro se entristeceu porque [Jesus] lhe perguntou pela terceira vez: 'Você me ama?' E lhe disse: 'Senhor, tu sabes todas as coisas; tu sabes que eu te amo'. Jesus lhe replicou: 'Apascente as minhas ovelhas'" (João 21:17). Jesus "contabiliza" Pedro como pastor-chefe; não apenas "considera-o" como tal, mas realmente "chama à existência" seu apostolado. Assim, na formulação muitas vezes usada mas nunca exaustiva, Jesus capacita Pedro a se tornar aquilo que, pela graça de Deus, ele já é. Isso é *logizomai*.[70]

Outra referência às contribuições de Käsemann nos ajudará a resumir essa seção sobre *logizomai* e *dikaiosyne* ("creditado" e "retificado"). Os tradutores que usam segmentos de frase como "a forma que Deus corrige o que há de errado" (New English Bible [Nova Bíblia Inglesa]) põem em prática as formulações de Käsemann. A contribuição particular do acadêmico bíblico é mostrar que a retidão de Deus não é tanto um *dom* quanto um *poder*.[71] Deus não nos "cria" apenas ao nos dizer: "Vou tratá-lo *como se* você fosse reto" (razão pela qual traduções como "imputar" ou "considerar" são inadequadas). Pelo contrário: Paulo anuncia que o poder de Deus já está presente em termos apocalípticos, restabelecendo seu domínio sobre todo ser humano, tornando-o uma nova criação. Por isso, Käsemann escreve:

> Interpretações seguindo a linha do "como se" já foram descartadas [pela ação poderosa de Deus] [...] Deus faz do ímpio uma nova criatura; *Deus realmente*

---

[70] Na década de 1970, enquanto FitzSimons Allison era reitor da igreja Grace Church em New York, suas exposições de *logizomai* foram tão poderosas e memoráveis que, quando ele partiu para se tornar bispo da Carolina do Sul, a congregação lhe deu uma cruz peitoral com a inscrição da palavra grega.

[71] Ernst Käsemann, "The righteousness of God in Paul", em Käsemann, *New Testament questions of today* (Philadelphia: Fortress, 1969), p. 174.

o torna reto [...]. O poder criativo da Palavra divina é pressuposto, e a conexão entre retificação [*dikaiosyne*] e essa Palavra [*logizomai*] não é rompida. A nova criatura vem à existência pela Palavra e será preservada apenas sob a Palavra [...]. Como discurso escatológico, então, a justificação corresponde à absolvição do Juiz, libertando-nos para uma nova criação; somente *nos capacita a ser nova criação*.⁷² [...] Para o apóstolo, salvação [...] *não se trata primeiramente em deixar de lado a culpa do passado, mas da libertação do poder do pecado.* Um horizonte teológico diferente resulta em um conjunto de termos diferentes.⁷³

Essa passagem crucial merece uma análise mais atenta. Justificação (retificação) é "discurso escatológico". Isso é vital. A palavra "escatológico" indica que estamos falando das *últimas coisas*, daquilo que corresponde ao tempo do fim. Käsemann explica mais detalhadamente: *logizomai* e *dikaiosyne* ("crédito" e "justificação"), tomados em conjunto, extraem sua força e eficácia precisamente *do futuro de Deus*. Ambos são, portanto, inseparáveis, visto que apenas Deus controla o futuro. Podemos, portanto, chamar tal ação divina de graça irresistível! Pronunciar como reto (justificar/retificar) é um "ato escatológico do Juiz no último dia, que ocorre propleticamente no presente".⁷⁴ Isso explica como podemos afirmar que uma pessoa é "feita reta", embora possamos achar que não é esse o caso. Na verdade, porém, é esse o caso, sim; o fato é verdadeiro *em termos escatológicos*. O veredicto de "justo" que Deus pronunciará no último dia já se tornou um fato presente. Assim, novamente, podemos dizer: "transforme-se no que você já é", o único uso do imperativo que carrega a plena força do evangelho. Isso se relaciona diretamente à descrição do Espírito Santo em Efésios 1:14 como um *arrabon* — penhor, pagamento inicial, garantia. O Espírito é o poder escatológico *par excellence*, sendo a terceira pessoa da Trindade e, portanto, totalmente independente de quaisquer limitações criadas, continuamente ativo no exercício do poder que chama à existência a nova criação *ex nihilo*.

Onde se encaixa o tema da reconciliação?

Reconciliação (*katallage*) é um dos conceitos mais importantes do Novo Testamento. Tive problemas em encontrar o lugar adequado para encaixá-lo neste

---

⁷²A declaração, com palavras diferentes, repete o grande *insight* de Agostinho: "Ó Senhor, conceda-nos o que tu ordenas; então, ordena-nos a tua vontade" (*Da quod jubes, et jube quod vis*). Agostinho, *Confissões* 10.29.
⁷³Käsemann, *Commentary on Romans*, p. 112-3, grifo e colchetes meus.
⁷⁴Käsemann, *Commentary on Romans*, p. 112.

livro. A reconciliação deveria ter uma categoria própria?[75] Deveria ser um subconjunto de outra categoria? O problema de onde encaixar o tema da reconciliação é de extrema relevância.

O argumento aqui é que justificação/ retificação corresponde a uma categoria mais ampla, uma categoria que *inclui* a reconciliação. Reconciliação é o *resultado* da ação justificadora e retificadora de Deus.[76] Essa grande categoria deve, portanto, ser tratada neste livro sob diferentes títulos e em diferentes capítulos. Mencionamos a reconciliação de Pedro alguns parágrafos antes, e citamos diversas vezes textos de 2Coríntios 5, o *locus classicus* para o ensino de Paulo sobre reconciliação.

Dois teólogos-ativistas americanos conhecidos por seus pontos de vista radicais, Will Campbell e James Y. Holloway, consideravam o poder da reconciliação como retificação ao nomearem seu jornal como *Katallagete*! (Sejam reconciliados!).[77] Ambos tiraram essa palavra da passagem que já citamos diversas vezes, aqui reproduzida em seu contexto mais amplo:

> Portanto, se alguém está em Cristo — nova criação! O velho se passou, e eis que o novo surgiu.[78] Tudo isso vem de Deus, que por meio de Cristo nos *reconciliou* consigo e nos deu o ministério da *reconciliação*. Ou seja: em Cristo, Deus estava *reconciliando* consigo o mundo, não levando em conta suas transgressões, confiando-nos a mensagem da *reconciliação*. Assim, somos embaixadores de Cristo, com Deus fazendo seu apelo por meio de nós. Em nome de Cristo, rogamos a

---

[75] O quarto volume inteiro do maciço *Church dogmatics* [Dogmática eclesiástica], de Karl Barth, é intitulado *The doctrine of reconciliation* [A doutrina da reconciliação].

[76] Há uma conexão entre reconciliação e retificação que pode ser ilustrada por uma analogia. No campo da engenharia elétrica, "retificação" significa fazer com que correntes alternadas fluam na mesma direção. (Alguém deve ter-me sugerido essa ideia, mas não me lembro quem.) A história de Adão e Eva conta, em termos mitológicos, como a harmonia original entre Deus e sua criação foi perdida, de modo que ambos se tornaram correntes alternadas em direções opostas. Nessa imagem, a reconciliação seria como voltar nossa corrente humana na direção da corrente de Deus, para que nossa vontade se torne congruente com a vontade dele. Quando isso acontece, também vivemos em harmonia uns com os outros. Como todas as analogias, essa também é imperfeita, mas o vínculo que sugere entre reconciliação e retificação pode ser um indicador de como a ação de Deus na justificação é, ao mesmo tempo, retificadora (porque nos leva da direção errada para a direção correta) e reconciliadora (porque estamos todos agora seguindo na mesma direção).

[77] "*Katallagete!*" é um imperativo; esse fato não nega o que temos dito sobre a fraqueza dos imperativos? Isso exige uma resposta cuidadosa. O imperativo não cessa de existir no *kerygma*. Ele ainda está lá, especialmente nas passagens exortativas (hortativas, instrutivas) de Paulo. Entretanto, a exortação (*paraenesis*) de Paulo é tão firmada no indicativo que nunca deixa de ser querigmática. Campbell e Holloway (cujos ensaios são reunidos em *Up to our steeples in politics* [Escalando o campanário da nossa política]) são bons exemplos de escritores teológicos que, embora erráticos em alguns aspectos, sempre conseguem estabelecer sempre a diferença entre proclamação e exortação.

[78] Tradução favorecida por Richard Hays, mais próxima do grego. Uma inscrição na entrada da Duke Divinity School não é tão boa, mas chega perto: "Se alguém está em Cristo, há uma nova criação".

vocês: *sejam reconciliados* (*katallagete*) com Deus. Por amor de nós, aquele que não conheceu pecado, Deus o fez pecado, para que nele nos tornássemos justiça de Deus (2Coríntios 5:17-21).

O contexto dessa passagem é importante. Boa parte de 2Coríntios é agonizante, quase tão dolorosa de ler quanto deve ter sido de escrever. Havia pouquíssima reconciliação em curso na congregação de Corinto. Os membros estavam em conflito uns com os outros e, de modo mais particular, em conflito com Paulo. Em quase todas as palavras da carta (diversas cartas, na verdade), o apóstolo luta para voltar a fidelidade dos coríntios à mensagem apostólica. Humanamente falando, a tarefa é impossível. Ao falar de reconciliação em Romanos e 2Coríntios, Paulo usa os termos mais radicais ao seu dispor para evocar a era vindoura de Deus — a única fonte possível de poder no presente para efetuar a reconciliação na igreja de Corinto: "O velho se passou, eis que o novo surgiu" (2Coríntios 5:17). Imediatamente a seguir, Paulo afirma: "Tudo isso vem de Deus". A natureza paradoxal da passagem é mostrada na dialética entre a *realidade presente* (uma congregação fragmentada) e o *dom escatológico* (reconciliação), que permite a Paulo exclamar: "Reconciliem-se!", ou seja, "tornem-se em quem vocês já são!".

Outra passagem central que expõe a reconciliação é encontrada em Efésios. A passagem é celebrada, e com justiça, mas, como o resto da carta, carece da qualidade paradoxal, ou dialética, das cartas incontestáveis de Paulo, razão pela qual a maioria dos estudiosos a considera deuteropaulina.[79] Efésios 2:11-16 descreve a reconciliação como uma realidade consumada, sem qualificação:

> Portanto, lembrem-se disto: vocês, gentios [...] estavam naquele tempo separados de Cristo, alienados da comunidade de Israel, estranhos às alianças da promessa, sem esperança e sem Deus no mundo. Mas agora, em Cristo Jesus, vocês, que antes estavam longe, foram *aproximados pelo sangue de Cristo*. Porque ele é a nossa paz, aquele que nos fez um — quebrando a parede divisória da hostilidade ao abolir, em sua carne, a lei de mandamentos e ordenanças a fim de criar, em si mesmo, um (e não dois) novo homem, estabelecendo a paz, *reconciliando-nos, assim, em um só corpo com Deus por meio da cruz*, pondo um fim à hostilidade.

Nesse trecho, a ênfase na ação consumada é coerente com o estilo de Paulo, mesmo que falte a tensão que sentimos na passagem de Coríntios. De qualquer

---

[79] Markus Barth é uma notável exceção (*Ephesians: introduction, translation, and commentary on chapters 1—3*, Anchor Bible 34 [Garden City: Doubleday, 1974]).

maneira, não devemos enfatizar demais o aspecto "realizado" ou "cumprido" de Efésios, pois a carta também contém a famosa passagem: "revistam-se de toda a armadura de Deus"; está claro que a igreja é chamada a batalhar "contra os principados, contra os poderes, contra os governantes mundiais das trevas presentes, contra as hostes espirituais da maldade nas regiões celestiais" (Efésios 6:12).

Ambas as passagens associam a reconciliação à cruz — Efésios faz isso de forma explícita, e 2Coríntios, de forma implícita ("Aquele que não conheceu pecado, Deus o fez pecado"). É óbvio, portanto, que a reconciliação deve desempenhar papel significativo em qualquer discussão sobre a crucificação.[80] O desafio ao discutirmos o tema da reconciliação é, por um lado, não falarmos demais a respeito do assunto, e por outro, não falarmos de menos. Käsemann, por razões polêmicas, tira a ênfase do tema a ponto de quase fazê-lo desaparecer. Do outro lado do espectro, como destaca Charles Cousar, reconciliação é um tema que evoca tantas respostas na cultura fragmentada de hoje que talvez ele seja demasiadamente enfatizado.[81] A chave reside em encontrarmos o equilíbrio certo. A reconciliação certamente será o resultado final do grande projeto divino de retificação, mas a correção do mundo envolverá mais do que reconciliação.

Reconciliação como luta

Kenneth Leech, em um importante trecho do livro *We preach Christ crucified* [Pregamos a Cristo crucificado], desafia-nos a refletir de modo mais profundo sobre o tema da reconciliação:

> Uma das imagens mais difundidas e persistentes de Jesus é aquela do grande reconciliador, aquele que promove a tolerância e a harmonia aonde quer que vá.

---

[80]R. P. Martin e C. F. D. Moule estão entre os acadêmicos do Novo Testamento que defendem a reconciliação como a categoria mais abrangente. Moule se opõe à metáfora da justificação do tribunal em termos que são relevantes para este capítulo (consulte a seção anterior sobre interpretações forenses *versus* apocalípticas). Sua perspectiva é que a reconciliação é maior do que a justificação e a inclui, e não o contrário, visto que a experiência de reconciliação é aquela que reconhecemos por experiência pessoal, sem a necessidade de recorrermos à metáfora. Essa distinção entre realidade metafórica e realidade literal é importante para Moule. O autor parece sentir como se as metáforas fossem "impessoais" (Mole está pensando especificamente em *dikaiosyne*) e, portanto, "acessórias" à "realidade" pessoal e prontamente apreendida da reconciliação. Ao acreditar que o tema da reconciliação tem grande apelo, Moule está certo: hoje, sem dúvida, trata-se de uma maneira muito mais popular de falarmos sobre a obra de Cristo. No entanto, levantamos as seguintes objeções. *Primeiro*: metáforas são realmente tão distantes da realidade? Se sim, o que fazer com as metáforas do Novo Testamento? *Segundo*: a categoria da reconciliação, se feita para ser o centro teológico, leva suficientemente em conta a realidade da luta e do conflito que ainda enfrentamos nesta vida, que faz fronteira entre a era antiga e a era vindoura? (Cf. Moule, "The energy of God").

[81]Charles B. Cousar, *A theology of the cross: the death of Jesus in the Pauline letters*, Overtures to biblical theology (Minneapolis: Augsburg Fortress, 1990), p. 82.

Os não cristãos normalmente prestam homenagem ao "espírito de Jesus" como um espírito de boa vontade, tolerância e bondade. Fazê-lo é ignorar grande parte dos relatos dos Evangelhos, cuja sugestão é que, longe de produzir harmonia, Jesus produzia divisão, trazendo não paz, mas espada, colocando membros da família uns contra os outros e levando à ira e à agitação social. Contudo, nós também enfatizamos facilmente a reconciliação sem levar em consideração esses outros aspectos. Em um estudo da igreja Metodista [do Reino Unido], 42% dos ministros responderam que reconciliação é a tarefa primordial da igreja. Mas o que isso significa? Certamente, não há qualquer ideia no Novo Testamento de uma reconciliação com os poderes das trevas, razão pela qual a expulsão de demônios exerce tamanha centralidade no ministério de Jesus. Forças malignas devem ser expulsas, não reconciliadas. A reconciliação é *resultado* da luta e acontece apenas por meio de conflito e, dependendo do caso, da própria morte. [82]

"A reconciliação é *resultado* da *luta*." Há momentos em que uma ênfase prematura na reconciliação pode ser tão sentimentalista quanto a insistência na inocência que já examinamos. A reconciliação neste mundo nunca pode ser qualquer outra coisa senão algo provisório. Na África do Sul, um pastor holandês, branco e reformado, Jaco Coatzee, que, contra suas inclinações, acabou conduzindo sua igreja na luta contra o *apartheid*, foi posteriormente chamado para presidir reuniões intensamente emocionais e difíceis, voltadas a fomentar a reconciliação entre membros brancos e negros da igreja. Ele falou das dificuldades em lidar com pessoas que queriam o que ele chamava de "reconciliação barata". Coatzee deu como exemplo um ministro branco que "não entendia que o momento só estava começando [...] ele queria que tudo fosse esquecido e abandonado. O ministro queria que tudo fosse fácil; queria que fôssemos com ele mais adiante do que estávamos preparados para ir", desabafou. De forma ponderada, Coatzee continua: "A reconciliação só acontece por meio da dor, da cruz" — longa pausa — "e da morte".[83]

Reconciliação como dom escatológico

Em uma passagem conhecida por sua dificuldade interpretativa, Jesus diz aos Doze que não veio para trazer paz, "mas espada" (Mateus 10:34). Nesse

---

[82]Kenneth Leech, *We preach Christ crucified* (New York: Church Publishing, 1994), p. 49-50, grifo na citação.
[83]Conversa com Jaco Coatzee, Princeton, Nova Jersey, 31 de julho de 2002.

contexto, de modo um tanto surpreendente, "tomar a cruz" não significa reconciliação, mas divisão. Isso ilustra a observação feita por Leech, no sentido de que a reconciliação só ocorre por meio da luta. Por se tratar de um dom *escatológico*, pertence ao futuro prometido de Deus, mas as vitórias recebidas nesta vida são sempre provisórias. Essa é a razão pela qual os membros dos Alcoólicos Anônimos nunca se referem a seu respeito como alcoólatras "recuperados", mas "em recuperação". Ao dizerem: "um dia de cada vez", testificam a luta diária de permanecerem sóbrios, especialmente porque sempre haverá pessoas que apostarão em sua continuação na bebida.[84] Jesus, em suas palavras para os discípulos, adverte-os de que a proclamação do reino iminente causará divisão. Embora o trabalho de reconciliação seja realmente um imperativo para os discípulos cristãos, nunca podemos esperar muito da reconciliação neste mundo. Sempre que ela acontece, nós a saudamos com alegria e louvor como um sinal da era vindoura; mas a reconciliação continua a ser apenas um *sinal*, e não uma obra consumada em si.

Diversas passagens do Antigo Testamento retratam a reconciliação sob a perspectiva da intervenção apocalíptica de Deus no fim dos tempos. Aqui estão algumas palavras impressionantes que dão fim ao Antigo Testamento: "Eis que vos enviarei o profeta Elias, antes que venha o grande e terrível Dia do SENHOR. Ele converterá o coração dos pais a seus filhos e o coração dos filhos a seus pais, para que eu não venha e fira a terra com maldição" (Malaquias 4:5,6, ARA).

Nem sempre se aprecia quão extraordinário é esse final.[85] O contexto para esses versículos é "o grande e terrível Dia do SENHOR", quando, então, nas palavras do *Livro de oração comum* mais antigo, "os segredos de todos os corações serão revelados".[86] "Pois eis que o dia se aproxima, ardendo como um forno" (Malaquias 4:1). Esse dia de prestação de contas é normalmente imaginado com detalhes meteorológicos extravagantes em escala cósmica, mas aqui, de modo repentino, o holofote profético encolhe e passa a se concentrar na menor unidade humana possível: o microcosmo da família, pai e filho separados, cujo

---

[84]Portanto, uma ruptura entre o alcoólatra e esses "facilitadores" ou "codependentes" pode ser necessária. Cada um de nós é, de uma forma ou de outra, um facilitador do *status quo*, o que significa que a vinda do Messias será perturbadora para *todos*.

[85]As Escrituras hebraicas (o *Tanakh*) terminam com os Escritos, ou com a hagiografia. O *Tanakh*, portanto, fecha com Esdras, Neemias e Crônicas. O Antigo Testamento cristão, embora contendo o mesmo material, é organizado de maneira diferente, terminando com o profeta Malaquias. Esse posicionamento dá um forte ímpeto escatológico e cristológico a todo o cânon do Antigo Testamento e serve como importante introdução ao Novo Testamento.

[86]Do Santo Matrimônio, *Livro de oração comum* de 1928, oração 300. Algumas pessoas, ainda vivas, lamentam o fato de o trecho haver desaparecido da liturgia matrimonial.

relacionamento rompido representa todo um cosmo de separação do Criador. A inimizade entre filho e pai é um fenômeno de partir o coração, uma ofensa contra tudo o que é humano, tudo o que é piedoso, evocando angústias profundas a qualquer um que, de fato, o experimente ou o imagine de forma empática. Aqui, nesses versículos culminantes, a reunificação de pais e filhos representa todo um mundo de reconciliações, em cada nível da vida humana. Essa restauração maravilhosa de relacionamentos, causada pela intervenção divina, é vista aqui como o sinal intermediário da reordenação soberana dos relacionamentos humanos pelo Senhor, no padrão do reino de Deus.

Participantes ou não? Já ou ainda não?

Somos participantes ou não do trabalho divino de reconciliação? Boa parte depende de como respondemos a essa pergunta. Evidentemente, somos recipientes não participantes em um primeiro momento, visto que *"Deus estava em Cristo* reconciliando consigo o mundo". A reconciliação não é feita por nós; é feita por Deus. Em nenhum outro lugar da Escritura essa ideia é declarada de maneira mais evidente do que em Efésios: em apenas alguns versículos, o autor apostólico estabelece a relação entre fé e obras: "Pois pela graça vocês são salvos, por meio da fé; e isso não é obra de vocês, mas dom de Deus. Não por obras, para que ninguém se glorie. Pois somos feitura dele, criados em Cristo Jesus para as boas obras, que Deus preparou antecipadamente para que andássemos nelas" (Efésios 2:8-10).

Essa passagem, que tem recebido lugar especial na pregação, estabelece os dois elementos que todo cristão deve compreender sobre a vida em Cristo.[87] O alicerce do evangelho é que toda a questão da reconciliação (estabelecida em Efésios 1:7—2:7) é obra de Deus, do início ao fim; recebemos a graça justificadora de Deus *passivamente*, como pura dádiva. A *ação ocorre* em nós por obra de Deus. Mas essa é só parte da história. Mesmo que recebamos passivamente a ação graciosa de Deus, somos *ativados* e motivados a levar uma vida de serviço. O versículo 10 é extremamente iluminador, esplêndido para o ensino da relação entre atividade humana e atividade divina. Essa passagem excepcional deve pôr um fim a todas as reclamações de que a ênfase na ação de Deus nos deixa sem nada para fazer.[88]

---

[87]Observe, em particular, a mensagem "Saved by grace!", de Karl Barth, baseada em Efésios 2:5. Barth, *Deliverance to the captives*, 1. ed. brochura (New York: Harper and Row, 1978), p. 36-42.

[88]A Oração Eucarística Pós-Comunhão do *Livro de oração comum* roga ao "Pai celestial [...] que nos ajudes com tua graça, para que façamos [...] todas as boas obras que de antemão nos preparaste" — citando Efésios 2:10 quase palavra por palavra. A mesma ideia é reformulada no rito mais recente, com menos grandeza

Tornamo-nos "embaixadores de Cristo" (2Coríntios 5:20) pela creditação divina (*logizomai*), que nos põe em movimento. Em suas cartas incontestáveis,[89] Paulo enfatiza a esperança *futura*, ainda não consumada, que capacita para o *diakonia tes katallages* (serviço, ou ministério, da reconciliação) no *presente*. Somos ativados pelo Espírito para "sermos reconciliados" com nossos semelhantes pelo fato de já estarmos reconciliados com Deus — o padrão "já, mas ainda não", que caracteriza o Novo Testamento. Efésios posiciona tudo isso de forma explícita na esfera da cruz (2:13-16), indicando a natureza da vida cristã, que deve ser vivida em tensão, luta e sofrimento. Porque a ressurreição validou essa luta, a tensão entre os aspectos "já, mas ainda não" da reconciliação galvanizam, em vez de paralisar, os cristãos.

O brilhante estrategista do boicote ao ônibus de Montgomery e da marcha em Washington, Bayard Rustin, foi um teólogo instintivo, se não consciente. Ele lança muita luz sobre essa dinâmica presente-futuro em uma entrevista: "O dr. [Martin Luther] King tinha essa tremenda facilidade de dar às pessoas a sensação de que poderiam ser maiores, mais fortes e mais corajosas do que imaginavam [...] Ele tinha a capacidade de comunicar a vitória e fazer com que todos soubessem que ele estava preparado para pagar o preço da vitória".[90]

Aqui, nessa descrição de uma situação real, vemos três dinâmicas cruciais operando: (1) *logizomai* (ser creditado ou contabilizado como); (2) *dikaios* (retificação/ justificação); e (3) a dialética do "já, mas ainda não", unificada em um único pacote como o *diakonia tes katallages* (ministério da reconciliação). É muita informação de uma vez, mas uma análise mais cuidadosa nos será recompensadora.

Primeiro, na pregação de King, *logizomai* estava acontecendo. King não ignorava, "desconsiderava" ou "ignorava" as várias manifestações de Pecado que continuamente ameaçavam o movimento, como mesquinhez, rivalidade, ego, vingança e medo. O ministério de "chamar à existência" de King não era o de ignorar esses problemas entre seu povo, nem o de exortar a um comportamento melhor. Pela graça que Deus lhe deu, King gerou algo a partir de uma ordem mundial completamente diferente. Ele foi um canal para que a Palavra criasse algo que antes não existia, e seus seguidores sentiram esse poder operando

---

retórica e menos ênfase na atuação de Deus: "Nós te suplicamos, ó Deus, que, pela tua graça, possamos [...] fazer todas as boas obras que para nós preparaste" (*Livro de oração comum* [1979], p. 339, 366).

[89]Referência às cartas cuja autoria paulina não é questionada. (N.E.)

[90]Howell Raines, *My soul is rested: movement days in the deep south remembered* (New York: Putnam, 1977), p. 56.

entre eles.⁹¹ Rustin, ainda pensando nisso após alguns anos, contou como viu a reação do Ku Klux Klan: "Eles não conseguiam compreender a novidade do que estava acontecendo", concluiu. "Não eram mais capazes de gerar medo."⁹²

Em seguida, vemos, em *segundo* lugar, que o chamado à existência (*logizomai*) que ocorreu sob a liderança do dr. King realmente trouxe retidão (*dikaiosyne*). As pessoas não apenas se sentiam diferentes; elas estavam diferentes. Qualquer um que leia a história do Movimento pelos Direitos Civis ficará surpreso com o fato de que tantos seres humanos profundamente imperfeitos ainda possam ser usados de forma tão transformadora. Tentações e fracassos, quando contados sobriamente, foram tão grandes que nos perguntamos como o movimento durou semanas, quanto mais anos; vez após vez, porém, a retificação continuou acontecendo. A ação justificadora e retificadora de Deus estava avançando.

Em *terceiro* lugar, Rustin nos faz vislumbrar a dinâmica presente-futuro que recomendamos ao longo deste livro. Na pregação de Martin Luther King, a vitória já é um fato, como no *Magnificat*, observado anteriormente ("derrubou os poderosos de seus tronos"). Ao mesmo tempo, porém, Rustin, em apenas uma frase, combina a vitória presente com o aspecto "ainda não", o qual exige entrega total: "Ele tinha a capacidade de comunicar a vitória" *e, ao mesmo tempo*, "de fazer com que todos soubessem que estava preparado para pagar o preço da vitória".

Eis um exemplo de como o ministério da reconciliação funciona na vida real. A maioria das pessoas não sabe disso, mas, em certo sentido, o Movimento pelos Direitos Civis foi concebido na década de 1940, vinte anos antes do boicote ao ônibus de Montgomery, quando James Farmer era secretário de relações raciais da "Fellowship of Reconciliation" [Sociedade da Reconciliação] em Chicago. A sociedade patrocinou aquilo que seria o precursor das "Freedom Rides" [Viagens da Liberdade] de 1961: a Journey of Reconciliation [Jornada da Reconciliação], na qual várias pessoas acabaram viajando em ônibus sucessivos, por trinta dias, até chegarem à Carolina do Norte; ao pegarem um ônibus, elas se recusavam a sair.⁹³ Hoje, poucos membros de igrejas que falam sobre reconciliação estão dispostos a pagar um preço assim. Não é incomum, dentro e fora da igreja, que aqueles que mais falam em reconciliação sejam os que consideram mais fácil suavizar as coisas do que lutar por elas. Por isso Kenneth Leech insiste: "As forças malignas devem ser expulsas, não reconciliadas. A

---

[91] A análise de Richard Lischer das mensagens do dr. King mostra isso claramente: *The preacher king: Martin Luther King, Jr., and the word that moved America* (Oxford: Oxford University Press, 1995), p. 212 e *passim*.

[92] Raines, *My soul is rested*, p. 56.

[93] Raines, *My soul is rested*, p. 34.

reconciliação é resultado da luta e acontece apenas por meio do conflito e, dependendo do caso, por meio da própria morte".[94]

Resumindo e adiantando-se ao que está por vir

No Novo Testamento, a imagem do tribunal é subordinada ao tema da vitória apocalíptica na cruz e na ressurreição de Cristo. Todavia, ela desempenha papel importantíssimo no quadro bíblico como um todo. A proeminência de um dia de prestação de contas ("o Dia do Senhor"), tanto no Antigo como no Novo Testamento, não pode ser simplesmente ignorada, especialmente em vista da tendência nas liturgias e nos lecionários de hoje de eliminar o tema do julgamento. O Senhor tem uma ação contra seu povo, como os profetas do Antigo Testamento pregaram incansavelmente, e o Novo Testamento não se afasta desse tema; um tempo de prestação de contas perante Deus é certo, tão poderosamente evocado — para dar apenas um exemplo — em Mateus 25, com suas parábolas das dez virgens, dos talentos e do juízo final.

O discernimento do *kerygma*, porém, em sua forma mais radical nos permite ver que as distinções entre "inocente" e "culpado", embora provisoriamente necessárias neste mundo caído, perdem o poder quando são vistas da perspectiva do tempo do fim. Categorias de mais e menos culpa e declarações de anistia, tão inadequadas nesta era de Pecado e Morte, tornam-se sem sentido à luz do novo dia de Deus, quando, então, passamos a entender que, aos olhos do Senhor, "não há um justo, nem um sequer" (Salmos 14:3; Romanos 3:10). Esse é o cerne de como a Bíblia retrata toda a raça humana. À luz do que se permitiu fazer ao Filho de Deus por maquinações, duplicidades e pela colaboração entre as "melhores pessoas", passamos a nos ver como escravos de poderes muito mais fortes do que nós.

A ascensão da Apocalíptica no final do Antigo Testamento e nos períodos intertestamentários estabelece o cenário não apenas para a pregação de Jesus sobre a chegada do reino de Deus em sua pessoa, mas também para seu anúncio da era vindoura, quando, então, o Senhor julgará, final e decisivamente, o mundo (Marcos 13:26,27; Mateus 25; Lucas 21:25-28; também João 12:47,48). À luz dessa promessa de consumação final, a declaração do salmista, de que "as ordenanças do Senhor são verdadeiras, e todas igualmente justas"

---

[94]Kenneth Leech, *We preach Christ crucified* (Cambridge, Mass.: Cowley, 1994), p. 50.

(Salmos 19:9), será testificada como tendo sido sempre verdadeira, operando poderosamente em nossas lutas diárias.[95] Assim, a imagem do Dia do Senhor encontra seu lugar nos conflitos do tempo presente, "pois, embora vivamos no mundo, não travamos uma guerra mundana; porque as armas da nossa guerra não são mundanas, mas têm poder divino para destruir fortalezas" (2Coríntios 10:3,4). É dessa perspectiva que concluímos o seguinte: por mais impressionante que seja a analogia forense do tribunal, não podemos usá-la para excluir outros temas do cenário apocalíptico do *kerygma* do Novo Testamento.[96] A declaração no tribunal ("inocente!") é devidamente apreendida apenas quando reconhecemos que as categorias de culpa e inocência simplesmente não existem como tais na era vindoura de Deus, mas são esvaziadas de sentido pelo evangelho apocalíptico *da justificação do ímpio* (Romanos 4:5; 5:6).

No tempo presente, o "chamado à existência" (*logizomai*) que Deus faz à sua nova criação acontece, em grande medida, de forma oculta. O invencível poder transformador do futuro de Deus está agindo em meio às realidades profundamente falhas da presente condição humana. Isso significa que, no "presente século mal" (Gálatas 1:4), os discípulos de Cristo estão constantemente cientes de que se agarram ao que muitas vezes pode parecer uma posição desesperadora entre o "já, mas ainda não". Somos aqueles "a quem o fim dos tempos é chegado" (1Coríntios 10:11), fortalecidos pelo Espírito para viver, como nos convém, entre a era presente e a era vindoura. É isso que Paulo quer dizer quando escreve: "O tempo designado se encurtou; de agora em diante, que aqueles que [...] lidam com o mundo, [vivam] como se não lidassem. Porque a aparência deste mundo está passando" (1Coríntios 7:29,31).

Em diversas passagens, as Escrituras identificam a reconciliação como um sinal primordial do tempo do fim (p. ex., Malaquias 4:5,6; 2Coríntios 5:18,19;

---

[95] Não foi à toa que Abraham Lincoln citou Salmos 19:9 em seu Discurso Inaugural de reeleição, exatamente quando a Guerra Civil chegava ao fim.

[96] Em sintonia com o que acabamos de expressar, Dillistone escreve a respeito de Romanos 3:25: "[Embora a passagem tenha sido] contextualizada da perspectiva da lei, da transgressão e da condenação", não deve ser interpretada "como um pagamento estrito por atos de impiedade" (*The Christian understanding of atonement* [Philadelphia: Westminster, 1968], p. 183). Em uma passagem particularmente relevante, Dillistone continua: "A atmosfera de Romanos 5—8 não é a de um tribunal de justiça, nem a de um julgamento de penalidades. Antes, corresponde a um começo totalmente novo no que diz respeito aos assuntos humanos, um começo possibilitado por uma recusa em se sujeitar às injunções estritas de qualquer sistema jurídico [...] A atmosfera é de uma *grande libertação, uma inversão dramática, uma vindicação gloriosa — não de penalidades sendo avaliadas, medidas*" (182). (A obra de Dillistone sobre a morte de Cristo é repleta de percepções brilhantes. No entanto, seus interesses literários o afastam para longe, resultando em um quadro teologicamente incongruente e muitas vezes confuso. O capítulo "A Redenção Única", porém — sobre *Christus victor* —, é totalmente claro e confiável. É um trecho desse capítulo que cito aqui.)

Efésios 2:13-16). Neste capítulo, conforme explicamos, o tema da reconciliação foi incluído na categoria geral de *dikaiosis* (retificação/ justificação). Embora os sinais de reconciliação nesta vida sejam sempre parábolas antecipadas do que Deus fará — de modo que devemos, portanto, trabalhar pela reconciliação —, seu cumprimento será uma obra do fim dos tempos, recebido como uma dádiva do Juiz em seu grande veredicto.

C. F. D. Moule cita a terminologia bíblica envolvendo "o uso da força principal", como em uma conquista, um resgate ou uma libertação, de "um grande ataque ao território inimigo". Quando o perdão e a reconciliação são descritos nesses termos, assumem os contornos de uma luta apocalíptica: "Se fôssemos privados da linguagem da vitória, faltar-nos-ia uma ferramenta muito importante. A linguagem da vitória nos diz que Deus não tolerará a alienação e a desordem que o pecado traz, que ele acabará por nos reivindicar para si, que ele é forte o suficiente para nos arrebatar das garras do inimigo".[97]

Essa, por fim, é uma afirmação poderosa. A imagem do resgate e da vitória coloca os temas da reconciliação e do perdão em outro contexto, no qual são trazidos sob o título de Deus *agindo para consertar o que estava errado* (retificação). Então, e somente então, todo o complexo de ideias e imagens pode ser devidamente localizado: no campo de batalha entre Cristo e os Poderes. É nesse contexto abrangente que devemos posicionar as imagens do Grande Veredicto ou do Juízo Final.

---

[97]Moule, "The energy of God". É interessante, em vista do objetivo declarado de Moule em tirar a ênfase da linguagem pictórica ou metafórica (em favor da experiência real e literal), que a linguagem pictórica se reafirme poderosamente neste ponto. Minha leitura das conclusões de Moule sobre a linguagem da expiação é apreciativa, embora crítica. Citei trechos em que ele parece argumentar contra suas posições quanto à natureza individual e pessoal do arrependimento, do perdão e da reconciliação.

CAPÍTULO 9

A GUERRA APOCALÍPTICA: *CHRISTUS VICTOR*

> O estilo [da Bíblia] é caracterizado pelo campo de batalha, não pelo claustro.
>
> NORTHROP FRYE, *The great code*[1] [O grande código]

INTITULAR UM CAPÍTULO de "Guerra apocalíptica" apresenta problemas imediatos. Além da metáfora militar, existe uma mistificação generalizada atrelada à estranha palavra "apocalíptico(a)". Ao abordar a questão da metáfora, admito francamente que, se a comunidade cristã for autêntica, desconfiará profundamente de imagens de batalha. A história do militarismo cristão não foi edificante. Ao longo dos séculos, nações e grupos "cristãos" pensaram que Deus estava do seu lado e se comportaram como se isso fosse verdade. É doloroso ouvir, no século 21, que "cristãos" e "muçulmanos" se atacam de forma assassina em várias nações africanas. Coisas assim deveriam deixar os cristãos de todos os lugares profundamente envergonhados. Em um mundo que, em grande medida, glorifica ações militares, nem sempre nos lembramos de que as imagens cristãs de batalha são paradoxais; termos militares — como "espada", "escudo", "carruagem", "exército" — são usados em um sentido metafórico para evocar uma guerra que se desenrola no reino invisível. Na Bíblia,

---

[1]Northrop Frye, *The great code: the Bible and literature* (New York: Harcourt Brace Jovanovich, 1982), p. 213.

o termo "apocalíptico" (*apokalypsis*) abrange uma cosmovisão em que a batalha verdadeiramente significativa é o conflito contínuo entre o Senhor Deus dos *Sabaoth*² (do hebraico, "exércitos") e o Inimigo, que movimenta principados e poderes (Efésios 2:2). Essa competição em termos celestiais é encenada em nível terrestre por grandes e pequenas lutas nos assuntos humanos — batalhas travadas não com armas mundanas, mas com a armadura espiritual de Deus (Efésios 6:11-17).³

Uma revisão da interpretação apocalíptica

Este capítulo repassa e expande alguns dos pontos principais relacionados à interpretação apocalíptica que já iniciamos em capítulos anteriores. No capítulo sobre justiça, prestamos atenção especial a Isaías 40—55, passagem em que a voz sublime do profeta emerge do poço do Exílio para marcar a transição para o elemento apocalíptico na teologia de Israel. Na linha vocal sustentada desses dezesseis capítulos, ouvimos o Santo de Israel dizendo: "Vejam, estou fazendo algo novo!". O anúncio, vindo de outra esfera de realidade e poder, é, em si, um "apocalipse" ou uma "revelação". A proclamação, advinda das profundezas da vergonha de Israel, carrega consigo a mesma capacidade criativa de um novo mundo que aquela encontrada na palavra de Deus durante a criação original.⁴ Isaías anuncia o triunfo vindouro de Deus independentemente da cooperação humana. O advento de um mundo

---

²Forma grega da palavra hebraica *tsebaoth*, "exércitos". Eis o porquê de "Senhor dos Exércitos" na RSV (Romanos 9:29; Tiago 5:4) e no *Te Deum*. A versão King James traz *Sabaoth*.

³Muitos tesouros podem ser encontrados no "velho" *Livro de oração comum* (1928) da Igreja Episcopal, praticamente abandonado e esquecido em nosso tempo. Eis aqui, por exemplo, uma oração pela Convenção Geral da igreja, na qual a estrutura apocalíptica é implícita na referência à "destruição" do "reino" do Pecado, da Morte e de Satanás: "Suplicamos-te que nos direcione, santifique e governe em nossa obra, pelo grande poder do Espírito Santo, para que o evangelho consolador de Cristo seja verdadeiramente pregado, verdadeiramente recebido e verdadeiramente seguido [...] para a destruição [do] reino do pecado, de Satanás e da morte — até que, por fim, todas as tuas ovelhas dispersas, reunidas em um único rebanho, tornem-se participantes da vida eterna, pelos méritos e pela morte de Jesus Cristo, nosso Salvador. Amém". Essa sensação de um reino opositor e de um Inimigo a ser destronado está ausente de muitas versões do evangelho.

⁴No livro de Isaías, o termo para a Palavra reveladora e performativa de Deus é *semu'a*. Na LXX (tradução grega do hebraico, usada pelos escritores do Novo Testamento), a palavra é traduzida como *akoe*. Isso é importante, visto que, nas cartas de Paulo (p. ex., em Romanos 10), o termo é normalmente traduzido como "ouvir", com ênfase para a ação humana de escutar. Em Isaías, entretanto, significa claramente *a mensagem em si*. A New English Bible está certa em sua tradução de Romanos 10:16,17 (a KJV e a RSV estão erradas nesse trecho): "Isaías diz, 'Senhor, quem creu na nossa pregação?'. Concluímos [continua Paulo] que *a fé é despertada pela mensagem*". Esse é um ponto importante na tradução, já que a teologia apocalíptica se baseia na ação proposital da Palavra de Deus, e não na recepção da Palavra por seres humanos, uma recepção distorcida pelo pecado.

recriado e redimido é anunciado e trazido à existência pelo poder irresistível daquele que virá.⁵ Desse profeta desconhecido do Exílio, ouvimos, pela primeira vez e de uma forma inconfundível, a nota cósmica de um estilo que se tornará típico da Apocalíptica. Após, a ideia de uma redenção de dentro da história começa a desaparecer dos escritos proféticos. Em vez disso, começamos a ouvir profecias como as de Zacarias 9—14, descrevendo o dia da vitória do Senhor como um campo de batalha apocalíptico, quando "o Senhor se tornará rei de toda a terra; naquele dia, haverá um só Senhor [...] [e] a maldição não mais existirá" (14:9,11).

A seção transicional em Anselmo pode parecer ter pouca ou nenhuma conexão com a teologia apocalíptica, mas sua insistência na grandeza do problema humano (*ponderis peccatum*) condiz com a perspectiva apocalíptica. Seu projeto se baseia na convicção de que Deus, em Cristo, o Deus-homem, agiu *de fora da esfera humana* para destronar o Pecado, a Morte e o Diabo. "Cristo conquistou o Diabo da mesma forma que o homem fora conquistado pelo Diabo."⁶ Assim, não é inconcebível dizermos que Anselmo, mesmo a partir de seu mundo discursivo escolástico, compreendeu parte da ideia básica da literatura apocalíptica: a maneira irresistível que Deus invadiu essa esfera de Pecado a partir de sua esfera mais poderosa. Anselmo não pensa que fomos apenas absolvidos, nem apenas moralmente restabelecidos, mas, sim, que, acima de tudo, fomos libertados de forças poderosas demais para nós: "para que o seu propósito fosse realizado, a raça humana tinha de ser libertada pelo próprio Criador".⁷

No capítulo 6 ("Sacrifício de sangue"), vimos que, nas provisões expiatórias em Levítico, Deus ensinou Israel a colocar sua esperança no *arrependimento* como uma solução para o problema da impiedade. Esse arranjo perdurou até a crise teológica precipitada pelo Exílio.⁸ Tal situação extrema forçou Israel a abandonar toda a esperança por uma solução humana. A literatura apocalíptica que floresceu no período pós-exílico caracteriza-se, portanto, por certa

---

⁵Conforme observado na introdução, o grego do livro de Apocalipse dá "Àquele que virá" um título fatal: *ho erchomenos* (Apocalipse 1:8).

⁶Paráfrase de Anselmo, *Cur Deus homo?*, 2.19.

⁷Anselmo, *Cur Deus homo?*, 1.4.

⁸O papel do arrependimento continua a ser um ponto de divergência entre o cristianismo e o judaísmo, visto que a crise teológica do eExílio não se traduziu no judaísmo rabínico da mesma forma que ocorreu no Novo Testamento. No capítulo 4, observamos as palavras da liturgia do *Yom Kippur*: "o arrependimento desviará o decreto severo". No evangelho cristão — em particular na cruz —, revela-se que nada que o ser humano faça pode desviar a ira de Deus. O arrependimento é a *resposta* adequada, iniciada pelo próprio Deus, à obra consumada de Cristo na cruz, cujo autossacrifício vicário desviou o "decreto severo", de uma vez por todas (embora *não*, conforme não nos cansamos em enfatizar, no sentido de o Pai se voltar contra o Filho).

descontinuidade. Marcos e Mateus entenderam que o rasgar do véu no templo, por ocasião da crucificação, constituía um sinal apocalíptico de Deus: havia um golpe decisivo contra a velha ordem, pois "eis aqui alguém maior do que o templo" (Mateus 12:6). As visões dos profetas apocalípticos — a visão de Ezequiel sobre os ossos secos, a visão de Zacarias sobre a vindicação de Jerusalém, o sonho de Daniel sobre a vinda do Filho do Homem —, todas essas visões revelam *um Deus que age independentemente da resposta de seu povo*. Mais uma vez, ouvimos uma nota cósmico-universal: a salvação de Deus abrangerá *toda a ordem criada*.

O capítulo sobre o Êxodo e a Páscoa introduziu uma discussão sobre as importantes semelhanças e diferenças entre os termos "escatológico" e "apocalíptico". No capítulo 7, vimos que a metáfora do resgate sugere pessoas mantidas em cativeiro contra a sua vontade, por sequestradores fortes demais para elas. A libertação tem de vir, portanto, de outra esfera de poder. Jesus anuncia a si mesmo como o libertador escatológico em sua primeira mensagem em Nazaré (Lucas 4:18,19). Nos capítulos 5 e 8, enfatizamos a atividade humana como algo que não *ocasiona* os propósitos de Deus, e sim que *aponta* para a ação de Deus já em operação no mundo. Enxergar o mundo pelas lentes apocalípticas da Bíblia representa *uma forma transformadora de visão*. É uma forma de discernir e participar das ações de Deus no mundo como garantia de seu futuro prometido.

O capítulo 8 enfatizou os aspectos coletivos e cosmológicos da ação de Deus, não contra seu povo escolhido, tampouco contra "as nações", mas, acima de tudo, contra os sabotadores de sua ordem criada — os Poderes identificados no Novo Testamento. Se o juízo vindouro deve ser parcialmente imaginado como a avaliação forense do povo de Deus, quanto mais será a sentença justa de Deus sobre um *kosmos* inteiro de estruturas pervertidas e sistemas desumanos. Tudo isso acontece, conforme vimos, porque a retidão de Deus (*dikaiosyne*) não é simplesmente um atributo (substantivo) de Deus; ela é capaz de conceder (verbo) aquilo que exige. Essa é a ideia central do conceito de retificação (*dikaios*). A retidão de Deus é o mesmo que *seu poder de tornar reto — ou seja, de retificar o que está errado*.

Neste capítulo, introduzimos dois tipos de gênero apocalíptico: forense e cosmológico. Ambos estão presentes nas Escrituras, porém a imagem de tribunal não deve ser a metáfora controladora: a imagem é individualista demais e, por isso, redutora; lida demais com as categorias de culpa e inocência; não vislumbra um Inimigo contra o qual uma guerra deva ser travada. Agora que a perspectiva cósmica, universal, do elemento apocalíptico foi redescoberta pelos intérpretes do Novo Testamento, é de vital importância que não a percamos de vista em nossa era de interdependência global.

Tendo revisado o argumento até aqui, movemo-nos agora para uma análise mais extensiva da perspectiva apocalíptica e de sua relação com a proclamação do Novo Testamento de que *Jesus é Senhor* (*Kurios Iesous*).

Compreensão certa e errada do elemento apocalíptico

A palavra "apocalipse" tornou-se bem conhecida de quase todas as pessoas, mas raramente em sua forma bíblica. Para a maioria, significa apenas um evento extremo — um cataclismo —, especialmente aquele acompanhado por sinais reais ou imaginários do fim do mundo de alguém, ou do mundo em sentido literal. Na cultura secular, o significado bíblico do termo "apocalíptico" acabou, como não é de estranhar, se perdendo. Essa é mais uma razão para a igreja reivindicá-lo outra vez — não para fins cúlticos ou exclusivos, mas por amor à sua autocompreensão como igreja. A orientação apocalíptica do judaísmo pós-exílico, a qual chegou ao Novo Testamento, não é uma fixação bizarra em eventos catastróficos imaginários. Pelo contrário: trata-se de uma cosmovisão abrangente e com uma dimensão especificamente ética. Além disso, a perspectiva apocalíptica também constitui uma teoria da história.[9] Embora os pensadores de Israel tenham desistido da história (em seu sentido comum) após o Exílio, a história ainda é a arena da atividade de Deus. A diferença está na *forma de ver* os acontecimentos históricos. Questões humanas assumem um significado diferente quando vistas de uma perspectiva teológico-apocalíptica da Bíblia.

Em sua raiz, a palavra *apocalypsis* significa "descoberta", "desvelamento" ou "revelação". Ela passou a denotar um tipo de literatura que floresceu na Judeia no período intertestamentário. O melhor do gênero é conhecido por nós como o livro veterotestamentário de Daniel; o livro de Apocalipse descende diretamente dele.[10] A maneira de ver o mundo que surgiu dessa literatura apocalíptica era tão difundida na época de Jesus que nos é razoável supor que ele partilhava dessa cosmovisão; gerações anteriores de estudiosos tentaram separá-lo da literatura apocalíptica, mas o aumento na compreensão da cosmovisão apocalíptica levou muitos a reconsiderarem essa

---

[9] O marxismo também é uma teoria da história com suas dimensões "apocalípticas". *Vive la différence!*
[10] Mantém-se uma distinção entre o *gênero* chamado "apocalíptico" e a *cosmovisão* apocalíptica. Aqui, vamos nos concentrar na *cosmovisão* (lit., *cosmo*visão), a qual é encontrada de forma mais completa nas cartas do apóstolo Paulo.

posição menos sustentável. Agora, parece provável que pelo menos algumas partes do "apocalipse sinótico" remontam ao próprio Jesus (Mateus 24; Marcos 13; Lucas 21).[11]

Não precisamos nos deter em uma análise especializada de "apocalipses" específicos, por exemplo, no período intertestamentário.[12] Em vez disso, procuraremos nos concentrar mais especificamente nas maneiras pelas quais a cruz em si é o *apocalypsis* definitivo de Deus, e de quais formas ela revela — ou não revela — algo que já estava aqui, embora se encontrasse oculto. O que o leitor não especialista deve apreender é o lugar da cruz nos moldes apocalípticos. Aqui está o cerne vital do evangelho cristão, acessível a qualquer um que busque conhecer Cristo. O propósito deste capítulo é apresentar a imagem neotestamentária do Senhor crucificado e ressuscitado à frente de seu exército celestial e, assim, sugerir a confiança e a esperança que essa perspectiva oferece.

Revolução nos estudos do Novo Testamento

Não é possível analisarmos o tema *Christus victor* sem tomar uma posição quanto à perspectiva apocalíptica ser ou não a chave para o universo simbólico do Novo Testamento. O academicismo subjacente a este capítulo ainda não é muito conhecida das igrejas, porém está se tornando cada vez mais proeminente nos círculos acadêmicos e, em breve, começará a chegar às igrejas. Uma compreensão do que está envolvido na teologia apocalíptica fortalecerá grandemente os fundamentos de uma compreensão abrangente do tema *Christus victor*. Alguns teólogos bíblicos, influenciados pelo trabalho de Ernst Käsemann, definiram os fundamentos da teologia apocalíptica do Novo Testamento de maneiras variáveis, porém essencialmente unificadas.[13] Partiremos do

---

[11]Raymond E. Brown figura entre os acadêmicos bíblicos mais importantes da década de 1970 que, ao contrário da opinião prevalecente da época, atribuía a Jesus a cosmovisão apocalíptica. Em 1973, no Union Theological Seminary, Brown elaborou e ensinou um curso inteiro sobre o gênero apocalíptico, demonstrando como o gênero aparece nos Evangelhos, e convidou Norman Perrin, que representava a visão predominante da época, a discutir e debater o assunto.

[12]Os leitores interessados no assunto são direcionados aos muitos estudos da literatura apocalíptica e aos estudos bíblicos disponíveis; por exemplo: John J. Collins, *The apocalyptic imagination: an introduction to Jewish apocalyptic literature*, 2. ed. (Grand Rapids: Eerdmans, 1998); P. D. Hanson, "Apocalypticism", in: K. Crim, org., *Interpreter's dictionary of the Bible: supplementary volume* (Nashville: Abingdon, 1976); Joel Marcus; M. L. Soards, orgs., *Apocalyptic and the New Testament: essays in honour of J. Louis Martyn* (Sheffield: JSOT Press, 1989).

[13]Há muita confusão na mídia popular sobre a expressão "teólogo bíblico", cuja definição é precisa e difere da categoria "acadêmico bíblico", embora o inclua. Quando uma acadêmica é identificada neste livro como "teóloga bíblica", significa que é uma estudiosa do texto *em si*, mas que também dialoga com os teólogos sistemáticos e — o que é ainda mais importante — tem dons e inclinações que lhe permitem pôr em ação o

A CRUCIFICAÇÃO

trabalho de dois dos mais importantes desses acadêmicos: J. Christiaan Beker e J. Louis Martyn.[14]

Beker nos dá um vislumbre do que está em jogo: "A descontinuidade entre esta era e a era vindoura remete a uma transformação radical da ordem mundial atual, visto que, hoje, o mundo é governado por Satanás, pela morte e pelas forças do mal. Essa dialética de negação e afirmação é acompanhada por uma sensação de expectativa iminente do reino universal de Deus".[15]

Em sua análise de Paulo, Beker nos dá a conhecer que tem um interesse pessoal nessa forma de pensar. Sua notável ênfase na dimensão ética do evangelho está em nítido contraste com a concepção popular da literatura apocalíptica como exclusivamente focada em escapar dos problemas do presente na esperança do futuro. Pelo contrário, afirma Beker: o apocalíptico é um antídoto poderoso contra "o cativeiro terapêutico do evangelho". A mensagem de Paulo, segundo ele, não se resume a indivíduos que serão curados caso a caso, como se enfatiza em boa parte do cristianismo americano. Em vez disso, Beker pensa da perspectiva da visão do apóstolo de escravidão global dos Poderes que ameaçam, a cada passo, desfazer o propósito libertador de Deus. A preocupação permanente de Beker é com aqueles que necessitam de esperança em meio a um sofrimento extremo. Beker conclui o prefácio de *Paul the Apostle* [Paulo, o apóstolo] com as seguintes palavras: "Em uma época como a nossa, em que

---

testemunho bíblico como uma *proclamação*. O objetivo da definição não é diminuir o trabalho de acadêmicos conhecidos por sua elucidação dos textos. A maioria dos estudiosos citados neste livro, se não todos, pode ser identificada como composta por teólogos bíblicos, em grande parte por causa do seu interesse na pregação, do seu cuidado pela igreja e por seu conhecimento da doutrina cristã.

[14]Charles Cousar é um terceiro teólogo do Novo Testamento cuja linha de pensamento descende diretamente de Käsemann. Cousar escreve: "A morte de Jesus tem um caráter apocalíptico e transformador do mundo, por realizar uma mudança completa na situação entre Deus e a humanidade pecadora" (*A theology of the cross: the death of Jesus in the Pauline letters*, Overtures to biblical theology [Minneapolis: Augsburg Fortress, 1990]). Cousar foi profundamente influenciado por Käsemann, mas busca ir além ao enfatizar a ética. O acadêmico enfatiza o uso de Paulo da "linguagem da crucificação" não apenas como polêmica, mas também "para alimentar nos leitores uma identificação de si mesmos como pessoas da cruz, pessoas que carregam em seus corpos a morte de Jesus" (p. 18). Além de Beker, Martyn e Cousar, outras figuras importantes não apenas na teologia bíblica, mas também na teologia sistemática, são Paul Lehmann, Paul Minear, Roy A. Harrisville, entre outros. Depois deles, vários estudiosos importantes pertencem à terceira geração acadêmica pós-Käsemann, alguns categorizados como estudiosos bíblicos e outros, sistemáticos. Na verdade, é surpreendente o fato de a lacuna geralmente intransponível entre as teologias sistemática e bíblica ter sido, até certo ponto, eliminada neste caso. Entre os companheiros de armas de ambas as disciplinas, encontram-se: Christopher Morse, Martinus C. de Boer, Douglas Harink, Philip Ziegler, Alexandra Brown, Beverly Gaventa, Joel Marcus, Douglas Campbell, Joseph Mangina, James F. Kay, Stephen Westerholm e Susan Eastman. Acadêmicos que não entram nessa classificação, mesmo assim importantes para a ética apocalíptica, são Will Campbell, James Holloway, William Stringfellow, Vernard Eller, Jacques Ellul e John Howard Yoder, entre outros. Desmond Tutu não é nem acadêmico nem teólogo bíblico, mas agiu em sintonia com a ética apocalíptica ao longo de sua vida e carreira pública.

[15]Christiaan Beker, *Paul the apostle: the triumph of God in life and thought* (Philadelphia: Fortress, 1980), p. 136-7.

'apocalíptico' significa pesadelo e mal sistêmico generalizado, Paulo, com seu impulso apocalíptico muito diferente e sua fé inabalável no Deus da fidelidade, deve inspirar-nos a uma força renovada em meio aos problemas".[16]

O trabalho de Beker é semelhante ao de J. Louis Martyn quanto à sua dívida para com Käsemann. Talvez Martyn seja o intérprete mais influente da teologia apocalíptica de Paulo na geração posterior a Käsemann.[17] É possível reunir algumas marcas identificadoras da mensagem e da cosmovisão do apóstolo a partir do ensino e dos escritos de Martyn ao longo de muitos anos, especialmente aqueles relacionados ao tema *Christus victor*.[18]

Primeiro: algo novo foi "*apocalipsado*", chamado à existência por Deus. O evento da cruz/ressurreição constitui um *novum* genuíno, uma inversão de primeira ordem de todos os arranjos anteriores — uma criação totalmente *ex nihilo*, do nada. Estamos falando do Deus que "chama à existência as coisas que não existem" (Romanos 4:17). Paulo fala da fé em Cristo não tanto como uma resposta humana à atividade de Deus, mas como a criação direta de Deus, algo que não existia antes, mas que, agora, foi chamado à existência.

Segundo: há uma ruptura entre o antigo *kosmos* e o novo. O *novum* de Deus foi prefigurado no Antigo Testamento, e o Antigo Testamento não se tornou obsoleto. No entanto, Paulo nos guia até a leitura das Escrituras hebraicas (que, afinal, são as únicas Escrituras que ele conhecia) de uma forma diferente. A mudança de *kosmos* refez radicalmente a relação entre lei e evangelho, religião e fé, imperativo e indicativo: "Na cruz de nosso Senhor Jesus Cristo [...] o mundo (*kosmos*) foi crucificado para mim, e eu para o mundo. Pois nem a circuncisão conta para alguma coisa, nem a incircuncisão, mas uma nova criação" (Gálatas 6:14,15).

---

[16]Prefácio à primeira edição em brochura de *Paul the apostle*, p. xxi. Talvez seja útil ao leitor saber algo a respeito da vida de Beker. Em 1943, quando ainda era um adolescente tenso e emocionalmente vulnerável na Holanda, Beker foi arrancado de sua família pelos nazistas e enviado, sozinho, para Berlim, a fim de trabalhar como escravo na máquina de guerra alemã. Beker contraiu tifo no campo de batalha e quase morreu. Ao seu lado, na enfermaria, estava um menino polonês que fora espancado até perder os sentidos. O menino ficou ao lado de Chris por três dias e três noites, e depois morreu. "Foi então, enquanto estava deitado ao lado do cadáver de um menino polonês, assassinado sem motivo algum, que Chris decidiu tornar-se teólogo". Ele foi até a janela, viu Berlim em chamas por causa do bombardeio aliado e lá, "doente com tifo e vendo o apocalipse, confessou: 'Só Deus é real'". (Ben C. Ollenburger, "Suffering and hope: the story behind the book", *Theology Today*, outubro de 1987, 350-9). Ollenburger emprega a palavra "apocalipse" para sugerir sua importância teológica para Beker.

[17]O trecho a seguir é extraído de ensaios de Martyn, de seu comentário sobre Gálatas e de minhas anotações de aulas ao longo das décadas de 1970 e 1980.

[18]O tema foi predito por Dêutero-Isaías. Em Isaías 40—55, o anúncio de que Deus está fazendo algo novo permeia a profecia. Ao longo desses capítulos, o único sujeito ativo é Deus, o qual age sem referência a qualquer mérito humano, preparação humana ou resposta humana.

O "apocalipse" da cruz e da ressurreição, portanto, não foi um estágio final inevitável de um processo ordenado, nem um acúmulo de passos progressivos em direção a um objetivo: foi um resgate dramático de Deus, no qual ele se lançou por completo.[19] A situação humana é tão desesperadora que não existe outra saída. O arrependimento, tão central à perspectiva tradicional, não pode mais resolver o problema. Nada menos que a crucificação do antigo *kosmos* (Gálatas 6:14) será suficiente.[20]

Terceiro: de fora do *kosmos*, Deus está agindo sobre ele. A experiência do Exílio e das amargas decepções e humilhações posteriores sinalizou para uma emergência na perspectiva teológica de Israel. À medida que o Antigo Testamento vai chegando ao fim, os modos apocalípticos de pensamento refletem a nova maneira de ver: a situação humana é tão trágica que não há resposta de dentro da história. A vinda de Cristo é, portanto, a invasão deste mundo por Outro, por Alguém que está retomando para si o mundo que criou.

Quarto: há forças hostis em cena. Alguns termos usados no parágrafo precedente, como "invasão" e "retomada", são extraídos do campo de batalha. Segundo expresso por Martyn, não há apenas dois atores no drama, Deus e a humanidade, mas três: Deus, a humanidade e os Poderes. Quando Cristo foi "apocalipsado" para o mundo, não chegou a território neutro. As forças de ocupação — figuradas como Satanás e suas hostes — tinham de ser expulsas desse campo; esse será o assunto do capítulo seguinte.

Quinto: a teologia apocalíptica tem uma dimensão universal. Em uma visão arrebatadora, particular a Paulo (aproximando-se de Dêutero-Isaías),[21] o apóstolo vê todo o *kosmos* — toda a ordem criada — "gemendo" enquanto aguarda sua redenção (Romanos 8:22).

---

[19]Trata-se de uma definição mais radical do apocalíptico do que aquela dada no capítulo 5 ("Páscoa e Êxodo") por C. K. Barrett, e difere de uma perspectiva da história da salvação, cuja visão é menos abrangente, tanto da situação cósmica como da natureza extrema da ação decisiva de Deus, que invadiu o *kosmos* na missão de Cristo. N. T. Wright é um exemplo particularmente notável de um estudioso contemporâneo do Novo Testamento cuja perspectiva está mais adequada à da história da salvação, o que o leva a ser antagônico à teologia apocalíptica (alguns diriam até mesmo desnecessariamente). Concordo com a maior parte da interpretação que Wright faz do Novo Testamento. Ele é muito empolgante em sua ênfase nas dimensões políticas do evangelho e na indissolubilidade da aliança do Antigo Testamento com Israel, entre muitas outras questões interpretativas esclarecidas por ele. A dificuldade, do ponto de vista aqui expresso, está em sua propensão em projetar discordâncias irreconciliáveis em outros estudiosos, em vez de buscar um diálogo construtivo. É particularmente decepcionante que Wright continue a enfatizar o perdão sem considerar o conceito mais amplo de retificação.

[20]Essa descontinuidade continua a ser uma das principais diferenças entre a perspectiva de Paulo e aquela encontrada em Lucas-Atos.

[21]No Antigo Testamento, esse tema é fortemente apresentado também nos livros de Sofonias, Ageu e Daniel, bem como em Zacarias 9—14, além de algumas partes do livro de Apocalipse, no Novo Testamento. As fontes principais, entretanto, são Dêutero-Isaías e as cartas de Paulo, escritos em que as dimensões universais e cósmicas são mais óbvias.

Por fim, a perspectiva apocalíptica é "bifocal". A teologia apocalíptica não é nem deste mundo nem de fora dele, mas "de ambos os mundos". Não pertence exclusivamente ao plano do "já", nem ao plano do "ainda não". Retém duas posições de uma vez: a "presente era má" de violência e crueldade, ganância e avareza, doença e morte; e a era vindoura, dada a conhecer a nós na forma de uma promessa e garantida pelo Espírito Santo.[22] Assim, interpretamos as ações altruístas não tanto como exemplos de escolhas morais humanas individuais, mas como sinalizadores do novo mundo de Deus, o mundo vindouro, conhecido por nós por revelação (*apokalypsis*) e promessa.

Quando essa perspectiva é posta em prática na teologia e na ética bíblicas, assume relevância imediata. Lesslie Newbigin (1909-1998) provou-se um dos mais importantes pensadores cristãos pós-modernos. Newbigin passou a maior parte de sua vida na Índia e é amplamente conhecido por suas contribuições à missiologia. Ele não foi treinado como um estudioso acadêmico e, em geral, não está listado entre os teólogos apocalípticos. De forma notável, porém, sem jamais cruzar as órbitas com Käsemann (ambos eram contemporâneos), Newbigin compreendeu a perspectiva apocalíptica por seu estudo do Novo Testamento: "A cruz é o lugar no qual a batalha decisiva entre Cristo e o pecado ocorreu, o lugar no qual as forças de Satanás foram todas concentradas para o ataque e foram derrotadas. É o lugar no qual o salário do pecado foi aceito em nome de toda a raça humana".[23]

Newbigin é capaz de tomar as imagens paulinas que muitas vezes são evocadas a serviço de uma perspectiva forense da expiação ("o salário do pecado é a morte") e elevá-las à esfera cósmica do apocalíptico.

O teólogo sistemático Philip Ziegler também emprega o imaginário apocalíptico de invasão ao convocar o cristão a uma nova vida em Cristo: "No evangelho de Paulo, 'revelação' (*apokalypsis*) denota a invasão redentora de Deus a uma ordem caída, de modo que a própria realidade é refeita, de forma decisiva, na encarnação de Cristo. A vinda de Deus em Cristo rompe completamente e desloca os antigos padrões de pensamento e ação, dando lugar a novos pensamentos e ações, que condizem melhor com a realidade de um mundo

---

[22] Martyn a chama de visão "bifocal". Por razões a serem explicadas, prefiro o termo "transvisão".
[23] Essa citação é de *Sin and salvation* [Pecado e salvação] (London: SCM, 1956), p. 58. Em *The gospel in a pluralist society* [O evangelho em uma sociedade pluralista], Newbigin faz uma análise mais plena do apocalíptico do Novo Testamento — uma análise realmente impressionante. O autor parte de alguns *insights* dos estudos sobre os Poderes, de Walter Wink, mas vai além deles, guiado por suas profundas convicções presbiterianas sobre a ação de Deus.

ativamente reconciliado com Deus. Isso é verdade especialmente na teologia e na ética, em sua interconexão".[24]

Em suma, Deus está agindo *no presente*. Pelo poder do Espírito Santo trabalhando pelos "mais simples dentre os homens" (Daniel 4:17), Deus, com força dinâmica, abre continuamente caminho nos territórios ocupados: "As armas da nossa guerra não são mundanas, mas têm poder divino para destruir fortalezas" (2Coríntios 10:4). A resistência contra os Poderes, portanto, é um imperativo cristão.

A ESCATOLOGIA *VERSUS* O APOCALÍPTICO E A QUESTÃO DA DESCONTINUIDADE

Embora próximas em sentido, as palavras "escatologia" e "apocalíptico" não são sinônimas.[25] Tudo o que é apocalíptico é escatológico, mas nem tudo o que é escatológico é apocalíptico. "Escatologia" deriva da palavra grega *eschaton*, cujo significado é "último". Em geral, o termo escatologia é definido para alunos de seminário como o estudo das "últimas coisas", como o Juízo Final, a segunda vinda e a ressurreição final dentre os mortos. Mas essa não é uma definição útil, visto que reduz a escatologia a alguns itens, encaixados ao final de um programa de estudos teológicos. A escatologia do Novo Testamento, propriamente dita, não corresponde a um grupo de tópicos, mas a um mundo de pensamento abrangente — apontando, portanto, para além do apocalíptico.[26] Citamos o ensaio de C. K. Barrett de 1953 sobre a escatologia do Novo Tes-

---

[24]Philip Zeigler, "Dietrich Bonhoeffer: an ethics of God's apocalypse?", *Modern Theology* 23, n. 4 (outubro de 2007).

[25]J. Christiaan Beker se esforçou para distinguir entre o apocalíptico e a escatologia em seu prefácio à edição em brochura de *Paul the apostle* [Paulo, o apóstolo], explicando, em seu estilo provocativo, a razão pela qual a diferença é tão crucial: "Questões sobre meu uso do termo 'apocalíptico' poderiam ter sido silenciadas se eu tivesse enfatizado de maneira franca o impulso polêmico do meu uso. Pensei que 'apocalíptico' não abriria espaço para o grau de multivalência [...], que, na teologia recente, adere à "escatologia" — conceito que denota tudo, desde a finalidade existencial e a realidade transcendente até a "vida após a morte". Emprego o termo "apocalíptico" não apenas por ser verdadeiro com a teologia de Paulo, mas também por seus componentes futuro-temporais, cósmico-universais e dualistas, os quais representam um desafio para a igreja e para sua teologia em nossa época. Em outras palavras, pretendo destacar o caráter ofensivo do termo, especialmente porque tanto os estudos bíblicos como os teológicos perpetuam o éthos antiapocalíptico da tradição teológica" (p. xiv).

[26]Os leitores ainda podem estar confusos sobre o significado de "apocalíptico" no Novo Testamento. Vale lembrar que o apocalíptico não pressupõe dois "caminhos" (como no ambiente religioso helenístico), mas duas eras: a era do Pecado e da Morte e o reinado de Cristo como Senhor. O conceito de dois caminhos enfatiza a escolha humana. A teologia apocalíptica enfatiza as escolhas de Deus: "Portanto, se alguém está em Cristo — nova criação! O velho se passou, e eis que o novo surgiu. *Tudo isso vem de Deus*" (2Coríntios 5:17,18, trad. para o inglês de Richard Hays, grifo na citação).

tamento no capítulo 5. Sua exposição continua útil. Podemos resumir alguns pontos seus da seguinte forma:

1. A escatologia é uma *forma de pensar*, e não uma lista de assuntos a serem estudados sob o título de "últimas coisas".
2. A escatologia bíblica remete a uma qualidade escondida, ao "ainda não" da atividade de Deus, que, no decorrer da Bíblia, chama o cristão a uma fé orientada ao futuro.
3. A escatologia *apocalíptica* difere de escatologia existencial da seguinte forma: o último termo na série é diferente de e em *descontinuidade com* aquilo que o precede.

Ao se referir ao "último termo", Barrett remete à proposição final em uma série de acontecimentos. Na pregação apostólica do evangelho, trata-se do acontecimento marcado pela cruz/ ressurreição — a virada dos séculos ou das eras. Barrett continua:

> O último termo [...] não é meramente o fim de uma série antiga, mas o início de uma nova série, que pertence a *uma ordem diferente da existência*. Marca a entrada de Deus na sequência histórica em termos sobrenaturais novos, irrepetíveis. Vemos [...] um acontecimento na fronteira entre este mundo e o outro, de modo que, portanto, *a atuação de Deus não pode ser deduzida a partir de um estudo do que o precede* [...]. O princípio básico sobre o qual o pensamento [dos escritores apocalípticos] se baseia é o das Duas Eras: a Era presente, na qual os Poderes da maldade estão em revolta contra Deus [...] e a Era Vindoura, na qual Deus fará valer sua autoridade, julgará e punirá os ímpios e reinará sobre seus santos, em um estado eterno de bem-aventurança.[27]

Nessa útil explicação de Barrett, vemos que a *descontinuidade* entre a era antiga e a era vindoura é uma das principais características do apocalíptico. A descontinuidade é prefigurada em Isaías 40—55 e em outras porções posteriores do Antigo Testamento.[28] Em jogo está a radicalidade do evangelho, um tema com consequências decisivas. Em Jesus Cristo, e particularmente em sua

---

[27] C. K. Barrett, "New Testament eschatology", *Scottish Journal of Theology* 6, n. 2-3 (1953): 135-55 e 225-43, grifo na citação. Exatamente quem são "os ímpios" e quem são os santos, isso será considerado no capítulo de conclusão.

[28] Cf., p. ex., Ageu 2:10-23, Zacarias 9—14 e todo o livro de Sofonias.

A CRUCIFICAÇÃO

cruz e ressurreição, nós vemos algo inteiramente novo? Na confissão inicial da igreja, *Jesus é Senhor*, não seria o caso de o tema *Christus victor* aparecer não apenas como uma afirmação da superioridade de Cristo, mas também como sinal de uma mudança de eras? A nova dispensação em Jesus de Nazaré segue a linha direta da aliança do Sinai ou há algum tipo de rompimento entre ambas? O evangelho de Cristo introduz algo totalmente novo? Essa questão, tão arduamente debatida, tem ramificações significativas para a teologia do Novo Testamento. Certamente, há continuidade fundamental com o Antigo Testamento na forma da aliança incondicional, feita com o patriarca Abraão (Romanos 4:1-4; também Atos 3:25; Gálatas 3:14; Hebreus 6:13-15), mas também há descontinuidade (em Lucas 3:8 e João 8:56, as referências a Abraão são mais subversivas). Essa contradição será abordada à medida que formos avançando.[29]

Paulo, em particular, parece enfatizar a descontinuidade. Em Romanos 10:5,6, o apóstolo contrasta a "justiça baseada na lei" com a "justiça baseada na fé". Em 2Coríntios 3:9, estabelece uma grande distinção entre a "dispensação da condenação" e a "dispensação da justiça". Todavia, ao mesmo tempo, Paulo cita as Escrituras hebraicas quase constantemente, e o personagem principal em seu argumento principal da justiça pela fé não é nenhum outro senão Abraão. O patriarca foi escolhido de forma incondicional, enfatiza Paulo, *antes* de ser circuncidado (Romanos 4:10-12) — defendendo o ponto de vista de que o conceito de eleição em Jesus Cristo remonta ao capítulo de abertura do relacionamento entre Deus e seu povo escolhido (Gênesis 12:1) e exemplificado pela escolha de Jacó no lugar de Esaú: "Embora ambos não tivessem ainda nascido e não tivessem feito bem ou mal, para que o propósito da eleição de Deus pudesse continuar, não por causa das obras, mas por causa do seu chamado" (Romanos 9:11). Assim, a maneira radical pela qual Paulo reformula algumas passagens do Antigo Testamento levanta a questão da continuidade e da descontinuidade; isso será examinado em vários pontos nas páginas a seguir.

---

[29] O nome de Ernst Käsemann está associado à descontinuidade, e o de N. T. Wright — por exemplo —, à continuidade. A questão é centralizada na justificação radical do ímpio e na ideia religiosa persistente de *possibilidade*. Em um artigo sobre a "Nova Perspectiva sobre Paulo", Simon Gathercole explica isso de forma útil e em termos leigos. Ele escreve que os acadêmicos da "Nova Perspectiva" (E. P. Sanders, J. D. G. Dunn, N. T. Wright etc.) estão certos em nos advertir contra caricaturizar o Judaísmo do Segundo Templo da época de Jesus como se fosse a Igreja Católica Romana da época de Lutero. Entretanto, há vários testemunhos da época de Paulo que indicam que "muitos dos contemporâneos de Paulo pareciam acreditar que a obediência era possível sem uma intervenção radical de Deus". Para Paulo, "a salvação era impossível sem os acontecimentos revolucionários da Cruz, da Ressurreição e do Pentecoste". A obediência à aliança não era possível sem os "atos poderosos de Deus". A "carne" não é apenas incapacitada a obedecer, mas também faz guerra contra Deus (Romanos 8:7). Gathercole, "What did Paul really mean?", *Christianity Today*, agosto de 2007.

O *Christus victor* de Gustav Aulén

Todo aluno de teologia conhece o livro *Christus victor*, de Gustav Aulén, cuja publicação se deu em 1931 e cuja relevância nas listas de leitura persiste até hoje. Aulén, bispo e teólogo luterano sueco, concebeu o livro para ser uma obra histórica e descritiva; contudo, o livro causou certa polêmica, uma vez que Aulén claramente favorece o que ele identifica como o tema *Christus victor*. O título latino de seu livro entrou no vocábulo teológico do mundo inteiro; além disso, em geral, a importância do argumento central da publicação é atualmente aceita, embora, como no caso de qualquer outro trabalho inovador, o livro tenha de ser lido à luz dos desenvolvimentos posteriores. Mais de oitenta anos depois, e levando diversos fatores em consideração, o tratamento que Aulén dispensa ao tema *Christus victor* se destaca de forma notável.

A tese agora conhecida do bispo Aulén é que há três relatos principais da expiação realizada na cruz e na ressurreição:

1. A perspectiva latina, forense, primeiro falada por Anselmo e levada adiante pelo escolasticismo medieval, passando pela Reforma e chegando à ortodoxia protestante de hoje.
2. A perspectiva "subjetiva" e humanista, associada a Abelardo.
3. A perspectiva "clássica", "dramática", ou *Christus victor*, do Novo Testamento, defendida pelos Pais da igreja e retomada por Martinho Lutero.

Essas divisões e identificações foram muito debatidas, e a avaliação que Aulén faz de Anselmo, em particular, sofreu muitas críticas.[30] Não precisamos nos deter em boa parte do que ele escreve a respeito da primeira e da segunda perspectivas. Para nossos propósitos, a grande importância de Aulén reside em como ele lança luz sobre o tema *Christus victor*. Sua definição do tema está estreitamente alinhada com a perspectiva apocalíptica que temos descrito: "A obra de Cristo é em primeiro lugar e sobretudo uma vitória contra os Poderes que mantêm a humanidade cativa: o pecado, a morte e o diabo [...]. A vitória de Cristo cria uma nova situação, pondo fim ao seu governo e libertando a humanidade do seu domínio".[31]

---

[30]Jaroslav Pelikan resume algumas das críticas e oferece uma em um prefácio útil e eloquente à edição de *Christus victor* de 1969 (New York: Macmillan). Em um artigo mais recente, David B. Hart defende que a perspectiva de Anselmo sobre a ação de Deus em nosso favor é muito próxima da narrativa patrística que Aulén o acusa de abandonar. O ponto é enfatizado em nosso capítulo de transição sobre Anselmo.

[31] Gustav Aulén, *Christus victor: an historical study of the three main types of the ideao f the atonement*, prefaciado por Jaroslav Pelikan (New York: Macmillan, 1969; orig. 1931), p. 106.

Aulén defende que essa perspectiva foi eclipsada durante a Idade Média e que, após um breve ressurgimento na Reforma, foi, mais uma vez, suprimida.[32] A ideia-chave a esse respeito — e, nesse ponto, a contribuição de Aulén foi enorme — é que Martinho Lutero, no cerne de sua teologia, elaborou uma robusta reafirmação do relato bíblico e patrístico do *Christus victor*, com base em sua leitura do Novo Testamento. Aulén faz uma citação extensa do comentário resumido de Lutero da carta aos Gálatas:

> Cristo, que é o poder, a justiça, a bênção, a graça e a vida de Deus, vence e leva embora estes monstros: o pecado, a morte e a maldição. Portanto, quando você olha para a pessoa [redimida], vê o pecado, a morte, a ira de Deus, o inferno, o diabo e todo o mal vencidos [...] essa não é obra de nenhum ser criado, mas do Deus Todo-Poderoso. Portanto, ele [Cristo], que venceu sozinho todos esses inimigos, é, em sua natureza, Deus. Pois, para combater Poderes tão fortes — o pecado, a morte e a maldição —, que, por si mesmos, têm domínio sobre o mundo e sobre toda a criação, outro poder, mais elevado e superior, deve aparecer; e esse Poder não é ninguém menos que o próprio Deus.[33]

O relato de Aulén sobre como Lutero lia o Novo Testamento traz muitas das características da teologia apocalíptica:[34]

- Deus como agente;
- a natureza cósmica e universal do drama apocalíptico;
- a presença de Poderes hostis que devem ser derrotados;
- a derrota conclusiva do Inimigo pelo agente messiânico de Deus;
- a chegada de algo totalmente novo.

Aulén não dá tanta importância ao elemento "já, mas ainda não" do drama, como deveria fazer, e a urgente previsão da *parousia* (segunda vinda) se encontra,

---

[32] A opinião de John Howard Yoder de que a perspectiva apocalíptica se perdeu após Constantino parece correta (*The politics of Jesus* [Grand Rapids: Eerdmans, 1972], p. 137 e *passim*).

[33] Aulén, *Christus victor*, p. 106-7. Na minha opinião, as citações de Lutero formam a melhor parte do livro de Aulén.

[34] Philip Ziegler, duas gerações depois de Aulén, escreve de modo apreciativo a seu respeito. Segundo Ziegler, Aulén, de modo semelhante a Käsemann, "recomenda o discurso apocalíptico de *Christus victor* em parte por causa de seu poder de desmistificar nossa percepção humana, segundo a qual, de modo equivocado e desesperador, nós somos os únicos agentes no campo da história" ("Christ must reign: Ernst Käsemann and soteriology in an apocalyptic key", in: Joshua B. Davis; Douglas Harink, orgs., *Apocalyptic and the future of theology* [Eugene: Cascade Books, 2012], p. 216).

em grande medida, ausente; no entanto, o autor estava no caminho certo, ainda que seu alcance apocalíptico tenha sido incompleto. Veja, por exemplo, a seguinte passagem:

> Vimos quão essencial é para o pensamento de Paulo o triunfo de Cristo sobre os Poderes hostis. Não que eles tenham sido completamente aniquilados; ele antecipa "o fim", quando todo o poder for retirado de "seus inimigos" (1Coríntios 15:24ss.), com o advento da era vindoura. Todavia, a vitória decisiva já foi ganha; Cristo assumiu seu poder e reinará até que todos os seus inimigos lhe sejam sujeitos. Sua vitória é válida para toda a humanidade; Cristo é o Cabeça de uma nova humanidade espiritual.[35]

A maioria dos elementos está presente nesse breve resumo.

A preocupação de Aulén não era substituir outros temas da Escritura. Ele fala isso de forma concreta em um artigo escrito cerca de vinte anos após a publicação de seu livro.[36] Conforme ele explica, o tema *Christus victor* não constitui uma doutrina completa em si, elaborada para se estabelecer no lugar das demais, mas, acima de tudo, é "um drama no qual o amor de Deus em Cristo luta contra os Poderes hostis e os vence". Isso sublinha a natureza do evangelho apocalíptico como um *drama* que abrange, de diversas maneiras, todos os demais temas. F. W. Dillistone, com seu toque literário, tem uma afinidade particular pelo drama de *Christus victor* e escreveu um excelente capítulo a esse respeito em seu livro *The Christian understanding of atonement* [A compreensão cristã da expiação]. Por nos voltarmos à exposição de Romanos 5 e 6, essas palavras de Dillistone são dignas de menção:

> Em nenhum outro lugar do Novo Testamento o tema da libertação pela obra redentora de Cristo é celebrado de forma tão lírica e completa quanto nos escritos paulinos. Libertação do passado, do presente e do futuro; libertação do controle sinistro de influências cósmicas malignas; libertação do fardo de uma lei de cujas injunções parece não haver escape; libertação da cadeia inquebrável de maus hábitos; libertação do poder terrível e final: a Morte — tudo isso, cria Paulo, foi alcançado pela morte e pela ressurreição do Redentor.[37]

---

[35] Aulén, *Christus victor*, p. 70-1.
[36] Aulén, "Chaos and cosmos: the drama of the atonement", *Interpretation* 4, n. 2 (abril de 1950): 156-67.
[37] F. W. Dillistone, *The Christian understanding of atonement* (Philadelphia: Westminster, 1968), p. 88.

O Senhor (*Kurios*) como *Christus victor* de Romanos 5 e 6

No contexto do drama *Christus victor*, os capítulos 5 e 6 de Romanos requerem uma ênfase especial. Romanos 6 é edificado sobre o fundamento estabelecido por Paulo em capítulos anteriores. É vital reconhecermos que o apóstolo começa sua carta com a boa notícia, e não com a má. Sua declaração de abertura (1:6) é uma proclamação ressoante do evangelho (*euanggelion*) da retidão (*dikaiosyne*) de Deus, "revelada ["*apocalipsada*"] de fé em fé" (1:16). Em seguida, segue-se uma longa seção em que Paulo mostra como a raça humana foi "entregue" por Deus ao poder de tiranos: o Pecado, a Morte e a Lei.[38] As expressões "sob o pecado" (3:9) e "sob a lei" (3:19) são sinais antecipados dessa concepção, que assume uma importância cada vez maior à medida que a carta vai progredindo. O acúmulo de julgamentos contra os judeus e os gentios nos primeiros três capítulos da carta tem um efeito avassalador quando lido de uma vez. Judeus e gentios foram aprisionados sob a Lei, cada qual à sua maneira (2:14-16; 3:19; cf. tb. Atos 13:39). Paulo prepara seus ouvintes para o impacto impressionante do anúncio de que a justiça de Deus foi revelada de modo *independente da lei* (Romanos 3:21). Simplesmente não há como enfatizar suficientemente a radicalidade dessa proclamação; é um aspecto da descontinuidade discutida há pouco. Dizer, como Paulo, que *não há distinção* (3:22) entre o justo e o ímpio, entre o religioso e o irreligioso, entre "boas" pessoas e "más" pessoas, tudo isso é afastar alguém dos próprios fundamentos de sua certeza religiosa. No lugar de uma certeza religiosa humana, Paulo traz algo incomparavelmente melhor: a mensagem da retidão de Deus "creditada", "chamada à existência" (*logizomai*), a nós pela graça, por meio da fé, e não por obras humanas (4:3-8).[39]

Movendo-nos para Romanos 5, vemos toda a raça humana personificada pelo apóstolo Paulo como "Adão" (Romanos 5:14-19). Thornton Wilder, em

---

[38] A relação entre Pecado e Lei é o assunto do influente ensaio de Paul Meyer: "The worm at the core of the apple", o qual examinaremos no capítulo de conclusão.

[39] Igualmente impressionante é a declaração de Paulo de que a manifestação da justiça de Deus *sem a Lei* (Romanos 3:21) foi testemunhada, ou afirmada, *pela Lei* (e pelos Profetas). Obviamente, a Lei desempenha papel duplo em Paulo: ela nos tiraniza e impressiona, mas também atua como parceira na revelação da verdade de Deus, sendo "santa, justa e boa" (Romanos 7:12). Em Paulo, a Lei é um assunto que exige de nós um discernimento sutil. J. Louis Martyn explica que, para Paulo, a Lei tem uma história: ela foi sequestrada e forçada pelo Pecado a entrar em uma aliança profana (Romanos 7:9-11), mas, na nova dispensação, não permanece mais cativa ao Pecado, e sim está sob o governo benevolente do Espírito de Cristo (Romanos 8:2). Martyn, "*Nomos* plus genitive noun in Paul", in: John T. Fitzgerald; Thomas H. Olbricht; L. Michael White, orgs., *Early Christianity and classical culture: comparative studies in honor of Abraham Malherbe* (Boston: Brill, 2003). O papel da Lei será mais plenamente discutido no texto principal do capítulo 11.

seu romance *The bridge of San Luis Rey* [A ponte de San Louis Rey], escreve o seguinte a respeito de Marquesa, seu personagem principal: "Ela via que as pessoas deste mundo se moviam em uma armadura de egoísmo, embriagadas de olhar para si mesmas [...] com pavor por todos os apelos capazes de interromper sua longa comunhão com seus desejos. Esses eram os filhos de Adão, da China ao Peru".[40] O trecho citado resume, de uma forma bela, a noção de "Adão" como o progenitor da raça humana aprisionada pelos "próprios desejos". Paulo leva a ideia adiante, sabendo que os "apelos" à natureza humana pecaminosa são, em última análise, inúteis, visto que os Poderes são fortes demais para nós, sem a intervenção de Deus. A última parte do capítulo 5 identifica os três Poderes e mostra como a graça os supera: "A *lei* veio para que a transgressão aumentasse; mas, onde o *pecado* aumentou, a graça abundou ainda mais, para que, como o pecado reinou na *morte*, a graça também reinasse pela justiça para a vida eterna, por meio de Jesus Cristo, nosso Senhor" (5:20,21).

Esses versículos estabelecem o quadro apocalíptico, com suas duas esferas: o reinado do Pecado e da Morte (com a arma cativa do Pecado, ou seja, a Lei) e o reinado de retidão e vida pela graça mediante Cristo. Paulo visualiza claramente os Poderes hostis e ativos que precisam ser destronados para dar lugar ao novo Adão e à esfera de poder que é governada pelo Espírito da justiça e da vida.

Paulo desenvolve alguns paralelismos impressionantes em 5:16-21, estabelecendo a era vindoura e vitoriosa em oposição à presente era má.

> Juízo → um único pecado → condenação
> Dom → muitos pecados → justificação (v. 16)
>
> Transgressão de Adão → a morte reinou
> Graça e justiça de Cristo → reino em vida (v. 17)
>
> Uma única transgressão → condenação para todos
> Um ato de justiça → justificação e vida para todos (v. 18)
>
> Desobediência de um só [Adão] → muitos foram feitos pecadores
> Obediência de um só [Cristo] → muitos serão feitos justos (v. 19)
>
> Pecado → domínio → Morte
> Graça → domínio → retidão (*dikaiosyne*) → vida eterna (v. 21)

---

[40] Thornton Wilder, *The bridge of San Luis Rey* (New York: HarperCollins, 1986), p. 17.

A CRUCIFICAÇÃO

Essas impressionantes expressões paralelas têm fundamento na concepção de duas esferas competidoras de poder. Ambos os Poderes exercem domínio (*basileia, basileuo*), palavra cujo significado é maestria, governo, controle, soberania (em geral, traduzida por "reinar"). O domínio ou reino do Pecado leva à Morte; o domínio da graça de Deus em Cristo leva à retidão e à vida. Eis aqui uma tradução literal do versículo 21:

> Como reinou [a raiz da palavra é *basileus*] o pecado pela morte [*thanatos*],
> Assim também a graça reinasse [*basileus*] pela retidão [*dikaiosyne*]
>   para a vida eterna por Jesus Cristo, Senhor [*Kurios*] nosso.

Com a apresentação dos versículos dessa maneira, mostramos como as expressões justapostas de Paulo nos oferecem uma imagem clara de dois domínios opostos. Essas oposições não são óbvias em nosso idioma. Olhemos, agora, para uma tradução mais convencional de 5:20,21: "Onde aumentou o pecado, transbordou a graça, a fim de que, assim como o pecado reinou na morte, também a graça reine pela justiça (*dikaiosyne*) para conceder vida eterna, mediante Jesus Cristo, nosso Senhor (*Kurios*)" (NVI).

Quando levamos em consideração como Paulo emprega a palavra *dikaiosyne* ao longo da carta, começando com 1:16,17 (passagem em que conecta *dikaiosyne* com *dunamis* (poder), chegamos à conclusão de que a passagem citada não faz sentido se não entendermos *dikaiosyne* como um verbo, ou seja, como um agente ativo. No trecho citado, Paulo contrasta dois Poderes. Um Poder é mais forte do que o outro, razão pela qual o apóstolo usa "transbordou" (alternativamente, "se o pecado abundou, quanto mais a graça de Deus..."). A mensagem é que a Morte é um grande Poder, mas a *dikaiosyne* (a retidão de Deus) é um Poder ainda maior — um poder "superabundante" — em ação, em sintonia com a graça de Deus, para derrotar o domínio do Pecado e da Morte, recapturando a criação e inaugurando um novo governo de retidão e vida eterna. Foi isso que aconteceu na cruz e na ressurreição.

Isso nos leva à palavra *kurios*, no último versículo do capítulo 5.[41] Paulo tem o costume de usar essa palavra para designar e identificar Jesus. Ela nos é muito próxima, mas raramente a notamos. Recitamos as palavras "por meio de Jesus Cristo, nosso Senhor" ao final das orações, sem pensar muito a respeito do que significam; ela parece não representar nada além de uma forma mais elaborada de dizermos "Jesus Cristo". Contudo, para Paulo, *kurios* tem um peso

---

[41] Os cristãos de tradição litúrgica e os amantes de música clássica reconhecerão a palavra grega *kurios* (em uma transliteração ligeiramente diferente) na oração litúrgica *Kyrie Eleison* ("Senhor, tende misericórdia").

prodigioso. O apóstolo demonstra isso de forma notável ao utilizar a palavra no capítulo 6. A palavra traduzida por "domínio" ou "controle" em várias versões deriva da raiz *kurios*, cujo significado é "senhor". Isso apresenta mais um desafio para a tradução inglesa [e portuguesa]. A conexão entre o substantivo e a construção verbal não aparece em nosso idioma, a menos que optemos por traduzir a forma verbal como "assenhorear".[42]

- Em Romanos 6:9, Paulo testifica: "A morte não se assenhora [*kurieuo*] dele [Cristo]".
- Em seguida, diz: "O pecado não se assenhorará [*kurieuo*] de vocês" (6:14).
- Por fim, o apóstolo conclui: "O salário do Pecado é a Morte, mas o dom gratuito de Deus é a vida eterna em Cristo Jesus, nosso *Kurios*" (6:23).

Com esse uso tríplice da raiz *kurios*, Paulo exibe para nós toda a sua cosmovisão: dois domínios ou duas esferas, cada qual com seu senhor.[43] Conforme vimos nas expressões justapostas de Romanos 5:17, Paulo fala de Poderes que governam. Pela transgressão de Adão, a morte reinou sobre a criação caída; agora, exulta Paulo, "quanto mais" Cristo reinará pela justiça! Para que não haja qualquer dúvida a esse respeito, Romanos 14:9 nos serve de argumento decisivo: "Para esse fim foi que Cristo morreu e ressuscitou, para ser *Kurios* de mortos e de vivos".[44]

---

[42]No sentido de "exercer prerrogativas de senhor" ou de "tornar-se senhor". (N. T.)

[43]É fácil entendermos a razão pela qual muitos leitores das cartas de Paulo deixaram passar esse ponto. Ele fala de duas esferas, ou de dois domínios, em diferentes termos e diferentes lugares. Em Gálatas 1:4, passagem na qual Paulo fala de Cristo nos libertando da "presente era má", o apóstolo se refere à esfera do Pecado e da Morte. De fato, em Gálatas (bem como em Romanos 8), Paulo usa os termos "carne" (*sarx*) e "Espírito" (*pneuma*) para identificar as duas esferas.

[44]N. T. Wright é muito bom no assunto do Senhorio do *Kurios* sobre os impérios deste mundo, com suas consequências para a geopolítica e a ação social. Alguns leitores podem questionar o porquê de eu não ter feito maior uso do seu trabalho sobre o assunto da *dikaiosis*, visto conter um ótimo material de apoio e pontos a serem admirados e celebrados em sua posição. Em particular, Wright argumenta vigorosamente contra a apresentação individualizada, espiritualizada e despolitizada da obra de Cristo na cruz, apresentação que prevaleceu nos círculos protestantes por centenas de anos (e continua a fazê-lo). Ao longo deste livro, buscamos corrigir essa perspectiva mal direcionada da expiação e da reconciliação. Entretanto, Wright afasta a radicalidade de Paulo ao excluir a narrativa do cativeiro de *toda a ordem criada* sob o governo do Pecado e da Morte. Em seu desejo de contextualizar Jesus mais uma vez no ambiente judaico do Segundo Templo (assunto aberto por E. P. Sanders), Wright subestima o grau em que Paulo proclama a crucificação de *todos* os mundos existentes, incluindo os mundos religiosos (Gálatas 6:14,15). Não desejo desvalorizar o trabalho e a influência de Wright, os quais têm sido de muita utilidade para a igreja. No entanto, o autor não trabalha na dimensão imaginativa que permitiu aos teólogos apocalípticos (cujos trabalhos ele rejeita) oferecer-nos uma compreensão ampliada da visão cósmica de Paulo. De fato, a veemência com que Wright rejeita o apocalíptico enfraquece sua posição. Para mais detalhes sobre o assunto, cf. Stephen Westerholm, *Justification reconsidered* (Grand Rapids: Eerdmans, 2013), e o *Journal for the Sstudy of Paul and his Letters*, 4, n. 1 (primavera de 2014), com contribuições de Beverly Gaventa, Martinus C. de Boer e Michael Gorman, entre outros, juntamente com uma resposta de Wright.

Aqui, então, na carta aos Romanos, vemos a ideia "dramática" de Aulén a respeito da obra de Cristo sendo explicitada em como Paulo emprega a palavra "Senhor".[45]

LIBERTAÇÃO DA ESCRAVIDÃO

Cada esfera vislumbrada por Paulo tem seus escravos:

> Vocês não sabem que, ao se entregarem a alguém como escravos obedientes, acabam tornando-se escravos daqueles a quem obedecem, seja do pecado que conduz à morte, seja da obediência que conduz à justiça? Mas graças a Deus que vocês, outrora escravos do pecado, obedeceram de coração a esse ensino que receberam e, tendo sido libertos do pecado, tornaram-se escravos da justiça (*dikaiosyne*) (Romanos 6:16-18).

Ninguém é capaz de ser "capitão de sua alma, senhor do próprio destino".[46] Cada um de nós é influenciado por impulsos inconscientes que nem percebemos, ou sobre os quais temos pouco controle.[47] Paulo, de modo diferente do americano típico, não pensa em seres humanos autônomos. O apóstolo, orgulhosamente, se identifica como "escravo de Cristo" (Gálatas 1:10). Se o cenário apocalíptico é uma figura da realidade verdadeira, então *ninguém* é "livre" da esfera deste mundo tal como ela é. Ou vivemos a vida nas garras de Poderes destruidores da alma, ou somos entregues à "obediência da fé" (Romanos 1:5; 16:26). De forma paradoxal, a nova vida em Cristo pode ser chamada *tanto* de escravidão (a serviço de Deus) *como* de liberdade.[48] Essa aparente contradição

---

[45]C. Kavin Rowe mostrou como Lucas também favorece fortemente *Kurios* como um título para Cristo. O autor argumenta contra o retrato prevalecente de Lucas, instando uma posição mais revolucionária vis-à-vis o Império Romano do que é normalmente reivindicado em relação a Lucas-Atos (*World upside down: reading Acts in the Graeco-Roman age* [New York: Oxford University Press, 2010], p. 103-16 e *passim*).

[46]É irônico o fato de Timothy McVeigh, o terrorista de Oklahoma City, desejar que o poema "Invictus" fosse sua última declaração antes de sua execução. Podemos concordar que ele não era "senhor [de sua] alma", mas um escravo do Pecado e da Morte? (Todavia, mesmo ele, conforme sugeriremos mais adiante, não está fora do alcance da justiça de Deus.)

[47]A despeito da opinião de alguém sobre Sigmund Freud, cujo brilho diminuiu grandemente na época atual, sua identificação do poder do inconsciente será sempre um dos avanços mais importantes do entendimento humano. Grandes escritores sabiam disso por intuição muito tempo antes, mas Freud o trouxe à superfície. (A psicanalista Dorothy Martyn, lendo *Middlemarch*, exclamou: "Como ela [George Eliot] conseguiu fazê-lo sem Freud para ajudá-la?". Marcel Proust é o exemplo mais marcante: ele e Freud foram contemporâneos, mas um não teve conhecimento do outro.)

[48]"A liberdade que temos em Cristo Jesus" é, sem dúvida, o tema central da carta à igreja da Galácia (2:4). Todavia, Paulo orgulhosamente se identifica como servo (*doulos*) de Cristo (1:10). O paradoxo é ainda mais destacado em 1Coríntios 7:22: "Pois aquele que foi chamado no Senhor como um escravo é liberto do Senhor. Semelhantemente, aquele que era livre quando chamado é escravo de Cristo".

entre escravidão e verdadeira liberdade, que reside no coração do evangelho, é belamente evocada no Livro Episcopal de Oração Comum nas palavras dirigidas a Cristo, "a quem servir é plena liberdade".⁴⁹ Por fim, voltamos nossa atenção a Romanos 6:20. Uma tradução literal seria: "Quando vocês eram escravos do pecado, estavam livres da justiça" (NVI). Em termos sintáticos, a oração não parece fazer sentido. Entretanto, se nos lembrarmos das duas esferas ou domínios, compreendemos o que Paulo quer dizer: que estávamos "livres do controle da justiça" (tradução literal da NIV) ou "livres com relação à justiça" (tradução literal da NRSV). O que Paulo quer dizer com isso é que, visto que éramos escravos do Pecado, a justiça não tinha lugar em nós, não havendo um ponto de apoio confiável.⁵⁰ A implicação clara aqui é que não há meios pelos quais o ser humano consiga sair do domínio do Pecado para o domínio da justiça de Deus sem que o reino do Pecado seja invadido de fora. O domínio do Pecado conduz à Morte; seu objetivo e seu propósito (*telos*) são a Morte. Não há como sair dessa espiral decadente de dissolução. Mas eis a boa notícia: "Vocês foram libertados [do domínio do] Pecado e se tornaram escravos de Deus; seu fruto é a justiça, e o *telos* é a vida eterna" (cf. Romanos 6:22).⁵¹

Ser "escravo da justiça" e "escravo da obediência" soará como algo intolerável para a maioria dos ouvidos modernos. É necessário muito trabalho mental para entrar no mundo do pensamento de Paulo e compreender que expressões desse tipo não atrelam a escravidão a um código puritano severo, imposto sobre nós por uma força tirânica externa. O apóstolo quer dizer justamente o contrário. O evangelho de Cristo significa precisamente a *libertação* de forças tirânicas externas para um reino de luz e vida, no qual a "obediência da fé" é a única maneira natural e alegre de ser. Quando, em Romanos 6:16, Paulo diz que a obediência leva à justiça, não quer dizer isso da maneira que estamos acostumados a entender — ou seja, como se a justiça fosse a recompensa por uma longa e árdua luta de nossa parte para nos tornarmos obedientes. Em vez disso, Paulo quer dizer que *a justiça de Deus é o poder, a ação recriadora, que dá forma à nova vida de obediência*. Esse é o significado de uma nova vida em Cristo.

---

⁴⁹Coleta pela Paz, Oração da Manhã, *Livro de oração comum*, 57 e 99. Trata-se de uma paráfrase de Agostinho, que escreveu que servir a Deus é governar como rei. Agostinho, sermão de Salmos 43:1.

⁵⁰Esse era o significado original da doutrina calvinista da depravação total. Em inglês, revelou-se uma escolha infeliz de palavras, mas a ideia fundamental é paulina. A Confissão Geral da Igreja Episcopal costumava ter as palavras "não há nada são em nós", o que expressa a mesma ideia: sem a intervenção divina, não há solução para nossa situação. Não temos, em nós mesmos, poder de nos autoajudar.

⁵¹Cf. tb. 2Timóteo 1:10; Hebreus 2:15; Romanos 8:38,39; 1Coríntios 15:55-57, para a mesma proclamação.

Essa ideia é tão importante que temos de buscar várias maneiras de expressá-la. Muitas pessoas veem na história de Jean Valjean, personagem de *Os miseráveis*, de Victor Hugo, uma ilustração poderosa. A ideia básica é que um homem, após embarcar em uma ladeira escorregadia em direção a uma vida de criminalidade, experimenta uma transformação em resposta à ação cristã incondicional de um bispo, uma ação de restituição.[52] Não basta falarmos do *perdão* incondicional que o bispo concede a Jean Valjean. A ação *logizomai* do bispo — creditando justiça ao homem que acabou de roubar sua prata — surpreende o policial que o colhe em flagrante; mas o efeito sobre Valjean é transformador. Não apenas Valjean é liberto da escravidão, mas também é ativamente refeito. Ele não é mais um escravo do Pecado, mas torna-se "escravo da justiça": usando uma imagem do Novo Testamento, Valjean é "revestido de justiça", "revestido de Cristo". Essa é a forma de a justiça de Deus (*dikaiosyne theou*) operar. Não se trata de uma qualidade a ser imitada, mas de um *poder ativo, invasor*. A ilustração de *Os miseráveis* é útil, até certo ponto, por retratar o bispo contra os Poderes ativos que devem ser expulsos do homem diante de si. Igualmente importante é o fato de o bispo ludibriar levemente a polícia, que, por representar a justiça convencional, não consegue compreender o ato de subversão que testemunha.[53] Quando o perdão é entendido dessa maneira, encontra seu lugar no drama apocalíptico.

O tema da libertação de uma esfera para outra — ilustrada, de forma memorável, pela história de Jean Valjean — domina essa seção de Romanos e prossegue nos capítulos 7, 8 e além. O clamor de Paulo: "Miserável homem que sou! Quem me libertará deste corpo de morte?" tem sido emblemático aos cristãos no decorrer dos séculos, que reconhecem sua condição e se regozijam ao ouvirem a resposta: "Graças a Deus por Jesus Cristo, nosso *Kurios*!" (7:24,25). O célebre final do capítulo 8 ("Nem a morte nem a vida [...] nem poderes, nem altura, nem profundidade, nem qualquer outra coisa em toda a criação será capaz de nos separar do amor de Deus em Cristo Jesus, nosso *Senhor*") não é um trecho genérico e motivacional. Paulo pode expor uma promessa assim por ter recebido uma revelação, uma notícia que deve declarar: um novo mundo veio à existência por meio de Cristo, o *Kurios*.

---

[52] Falo do romance, não do musical. Poucos hoje leram o romance inteiro, o que é uma pena. Seu impacto cumulativo é muito maior do que a versão dramatizada, já que se desdobra com uma complexidade bem maior.

[53] Durante a Guerra do Vietnã, uma fotografia amplamente circulada retratava o padre Daniel Berrigan, resistente da guerra, algemado e conduzido por dois policiais cujo tamanho era o dobro do seu. Muitas pessoas observaram o contraste entre os dois policiais corpulentos, cada qual com uma expressão facial séria, e a face de Berrigan, iluminada interiormente por uma alegria misteriosa. Uma das legendas trazia a seguinte pergunta: "Qual deles é o homem livre?".

Concluindo sua carta aos Romanos, Paulo faz uma declaração cuja segurança só o evangelho pode dar: "O Deus da paz em breve esmagará Satanás debaixo dos pés de vocês" (16:20). A cruz é o fundamento de um novo mundo, no qual a maldade, o pecado e a morte não terão domínio. Paulo explica esse ponto aos cristãos romanos no capítulo 6 de sua carta, ao falar sobre o batismo: "Vocês não sabem que todos nós que fomos batizados em Cristo Jesus fomos batizados em sua morte? Fomos, portanto, sepultados com ele na morte pelo batismo, para que, da mesma forma que Cristo ressuscitou dentre os mortos pela glória do Pai, também nós andemos em novidade de vida" (Romanos 6:3,4). Para os que foram batizados, houve uma *transferência apocalíptica de eras*.[54] A libertação para o domínio do Cristo vitorioso é conquistada por Deus — somente por Deus. Tal proclamação não é um tema que figura entre muitos; para Paulo, é o fundamento de todos os demais.

Deixemos as cartas, então, e passemos a uma figura bíblica completamente diferente para mostrar como a guerra apocalíptica de Deus é descrita em uma cena dos Evangelhos Sinóticos: Mateus, Marcos e Lucas.

A CENA DO GETSÊMANI COMO CONFLITO ARQUETÍPICO

A atmosfera de luta apocalíptica permeia muitas passagens dos Sinóticos, embora o leitor nem sempre se dê conta disso. Vejamos um exemplo específico: a cena, no jardim do Getsêmani, na noite em que Jesus foi traído e preso. Depois da Última Ceia com seus discípulos, Jesus vai direto da mesa de jantar para o monte das Oliveiras. Os discípulos o seguem até "um lugar chamado Getsêmani", onde, então, Jesus pede que vigiem enquanto ele se retira para orar.

Em seu gigantesco estudo *The death of the Messiah* [A morte do Messias], Raymond E. Brown analisa a passagem e examina a história de sua interpretação ("a diversidade incrível de opiniões acadêmicas") de forma minuciosa e detalhada.[55] Brown introduz o assunto em um parágrafo eloquente:

---

[54] Se há necessidade de mais evidências a esse respeito, a afirmação batismal de Colossenses (provavelmente uma afirmação extrapaulina) deixa isso claro: o Pai "nos libertou do domínio das trevas e nos transferiu para o reino do seu Filho amado, em que nós temos a redenção, o perdão dos pecados" (Colossenses 1:13,14).

[55] Raymond E. Brown, *The death of the Messiah: from Gethsemane to the grave: a commentary on the Passion narratives in the four Gospels* (Garden City: Doubleday, 1994), 1:305, 2 vols. O tratamento do Getsêmani dispensado por Joel Marcus em seu comentário do segundo evangelho é particularmente valioso por sua profundidade teológica (*Mark 8—16: a new translation with introduction and commentary*, Anchor Yale Bible 27A [New Haven: Yale University Press, 2009], p. 974-1000).

A CRUCIFICAÇÃO

A cena da oração de Jesus no Getsêmani ocupou lugar especial na piedade cristã [...] [A] combinação de sofrimento humano, fortalecimento divino e autoentrega solitária fez muito para tornar Jesus amado por aqueles que nele creem. A maioria dos cristãos, assim, se surpreende ao descobrir que os incrédulos consideram a cena escandalosa e ridícula. Os cristãos se irritam ao escutarem que os acadêmicos julgam ilógicas algumas partes da narrativa e como o todo é estranhamente encaixado.[56]

Por causa de tais preocupações sobre o lugar do Getsêmani no coração dos cristãos ao longo dos séculos, Brown enfrenta críticos históricos céticos para argumentar que havia uma tradição vívida, desde o princípio, de que, "antes de morrer, Jesus lutou em oração sobre o seu destino", e que essa memória já estava vitalmente operante na memória da comunidade cristã muito antes de os Evangelistas iniciarem seu trabalho.[57] Utilizando itálicos para a ênfase, Brown escreve: *"Nos últimos dias de sua vida em Jerusalém, enquanto os líderes do seu povo lhe demonstravam hostilidade incessante, [a tradição de que] Jesus teria lutado em oração com Deus sobre como sua morte irrompia o reino de Deus é, na minha opinião, extremamente plausível, a ponto de garantir sua veracidade"*. A cena, conclui ele, decorre logicamente da "perspectiva de Jesus de que a invasão do reino de Deus envolvia uma luta extraordinária contra a oposição diabólica".[58]

O *fato* da luta, então, pode ser dado como certo. Mas o que a luta significa? A referência de Brown a uma "luta extraordinária contra a oposição diabólica" nos posiciona no campo de batalha apocalíptico, apontando o caminho para uma interpretação. Depois de revisar todas as várias opções acadêmicas, Brown se concentra especialmente na palavra *peirasmos* ("prova" ou "teste"). A palavra aparece na história do Getsêmani em Mateus 26:41, Marcos 14:38 e Lucas 22:40.[59] Brown se baseia nesses usos e mostra como outras passagens em que *peirasmos* é empregado no Novo Testamento referem-se à batalha

---

[56]Brown, *Death of the Messiah*, 1:216-7. Essa sensibilidade a cristãos comuns e não acadêmicos tornou-se marca registrada da obra posterior de Raymond Brown.

[57]Brown, *Death of the Messiah*, 1:225.

[58]Brown, *Death of the Messiah*, 1:234.

[59]Mesmo que a cena do Getsêmani apareça apenas indiretamente no Evangelho de João, o Evangelista ressalta esse tema. Com a iminência da traição e do aprisionamento do Senhor, ele diz: "Agora é o julgamento deste mundo, e agora o governante deste mundo será expulso" (João 12:31). Posteriormente, Jesus declara: "O governante deste mundo é julgado" (16:11). O Quarto Evangelho é conhecido por sua forma de retratar Jesus como governante imperial ao longo de seu ministério. Do início ao fim, João é sistemático em seu retrato de Cristo como Vitorioso, talvez de forma ainda mais especial na cruz. Brown concorda que, tanto em Marcos como em João, o contexto para a prisão no Getsêmani é de "uma luta escatológica contra o mal" (*Death of the Messiah*, 1:224-5).

apocalíptica final.⁶⁰ Podemos partir das ideias de Brown para um esclarecimento adicional: o Getsêmani é o lugar no texto em que os temas se interligam. No relato sinótico, o tema do conflito cósmico está atrelado às imagens forenses. Toda a cena do Getsêmani, escreve Brown, está impregnada da "atmosfera da provação final".⁶¹ Na tradução que Brown faz de Lucas 22:40, Jesus diz aos discípulos: "Continuem orando para não entrarem em provação (*peirasmos*)". Essa palavra foi traduzida por "tentação" nas versões inglesas mais antigas da Bíblia.⁶² É verdade que, às vezes, *peirasmos* significa simplesmente as tentações comuns da vida, mas Brown, ao rever a literatura, observa que, na perspectiva da maioria esmagadora de acadêmicos, "algo mais perigoso estava em jogo" quando Jesus diz aos discípulos para "continuarem a orar, para não entrarem em *peirasmos*".⁶³ Brown se refere à grande prova ou ao julgamento apocalíptico envolvendo o juízo divino contra os Poderes (discutidos no capítulo anterior). Qualquer coisa envolvendo o juízo de Deus deve ser vista no contexto de inúmeras passagens bíblicas, incluindo o tribunal celestial, a convocação das nações e a pronunciação do veredicto, a invasão de um *kosmos* por outro e, acima de tudo, a derrota conclusiva dos Poderes, contra os quais a sentença, por fim, recai após ter sido absorvida pelo Crucificado.⁶⁴

Partindo, então, das ideias de Brown, podemos dizer que, no Getsêmani, às vésperas da crucificação, Deus inicia a confrontação apocalíptica definitiva. Trata-se da cena de abertura de um julgamento, de duas maneiras distintas: é uma provação do comprometimento do Messias — um pouco parecido com a provação do herói, que aparece por toda a parte no mundo da mitologia —, mas também um julgamento no sentido de um juízo último, final. Em certo sentido, a cena do Getsêmani é o episódio de abertura da Paixão de Cristo e, portanto, o início do primeiro dia da era vindoura. A ideia profundíssima que abordamos

---

⁶⁰Brown, *Death of the Messiah*, 1:160. Observe, p. ex., Apocalipse 3:10, com suas implicações abrangentes e universais: "A hora do *peirasmos* que virá sobre o mundo inteiro, para provar os que habitam sobre a terra". Não se trata da provação de cada indivíduo, caso a caso. A oração do Pai-nosso também contém a palavra: "Não nos deixes cair em tentação (*peirasmos*)" — que levou à interpretação moderna: "Salva-nos da hora da provação". "*Na* hora da provação" seria uma interpretação melhor, visto que somos repetidamente informados no NT de que todos compareceremos perante o tribunal de Deus (p. ex., Romanos 14:10).

⁶¹Brown, *Death of the Messiah*, 1:157.

⁶²Repare, porém, "a hora do teste" na New English Bible e o "tempo do julgamento" na NRSV.

⁶³Brown, *Death of the Messiah*, 1:159-60.

⁶⁴Membros da Igreja Episcopal se recordarão da referência ao trecho que, por mais estranho que pareça, costumava ser lido na liturgia matrimonial. No *Livro de oração comum* de 1928, noiva e noivo são lembrados do "terrível dia do juízo, quando os segredos de todos os corações serão revelados". Por incrível que pareça, ainda existem pessoas vivas que entesouram a memória dessas palavras em seus casamentos (e não somente eu!). A advertência mostra como os compromissos assumidos na terra têm consequências no céu — uma ideia essencialmente apocalíptica.

aqui é que o juízo do príncipe deste mundo — e, portanto, o juízo do próprio *kosmos* — coincide com o juízo que Jesus tomou sobre si, em nosso lugar.

Tradicionalmente, a cena do Getsêmani é chamada de Agonia no Jardim. A palavra grega *agon* ("combate", "luta", "confronto") está relacionada à palavra agonia (aflição, ansiedade), usada por Lucas (22:44) para falar de Jesus no jardim.[65] Isso nos traz um significado inesperado. Jesus se prepara para o apocalipse; ele é um *agonistikos*, um combatente. O grego *agonizesthai* significa contender, lutar.[66] A história do Getsêmani mostra como Jesus, ao deparar com a "hora" escatológica, lutou contra o medo que ela produzia. Essa é outra conexão entre a cena do julgamento e o campo de batalha apocalíptico, visto ser razoável supor que parte da situação extrema enfrentada por Jesus diz respeito ao terror do juízo de Deus. Por que o Filho impecável de Deus temeria o juízo de seu Pai? De uma perspectiva trinitária, o Filho não pode temer o Pai, da mesma forma que não pode temer a si mesmo. A única resposta possível, ao que tudo indica, é que o Filho toma sobre si o juízo que seria direcionado a outrem.

Isso nos leva a um problema notório de interpretação. Por que Jesus demonstrou tamanha angústia se outros homens e mulheres foram para a morte — em particular, Sócrates e, no contexto judaico, os mártires macabeus, por exemplo — com calma, serenidade e determinação? Muitos comentaristas, ao longo dos séculos, têm lutado com a perplexidade dessa questão. O Evangelho de Marcos, resoluto como sempre, apresenta isso de forma explícita. A palavra que o Evangelista usa (*ekthambeisthai*) para designar as emoções de Jesus é extremamente forte. É suavizada por Mateus e omitida por Lucas, mas há um eco distinto seu em Hebreus 5:7: "forte clamor e lágrimas". Raymond Brown define o *ekthambeisthai* de Marcos como "estar muito perturbado" e elabora "uma profunda desordem expressamente física antes de um evento aterrorizante: um horror estremecedor".[67]

---

[65]Brown, *Death of the Messiah*, 1:189-90.

[66]Paulo usa *agon* também no sentido derivativo, referindo-se à sua luta; ele escreve aos cristãos de Filipos que também eles devem sofrer por Cristo, tendo o mesmo *agon* que viram Paulo enfrentar (Filipenses 1:29,30).

[67]Brown, *Death of the Messiah*, 1:153. A maioria das descrições de Cristo no jardim do Getsêmani o mostra piedosamente ajoelhado em oração. No vitral da igreja que eu frequentava durante a infância, o Senhor tem uma expressão de paz e tranquilidade. Recentemente, fui surpreendida por uma pintura a óleo em um antigo livro de arte, uma pintura que parecia ser de Delacroix (não consegui encontrá-lo on-line). A imagem mostra Jesus caído no chão (Marcos 14:35), quase se contorcendo, esticando o braço, com a mão aberta em um gesto desesperado de súplica. Jesus está "engajado não apenas em um confronto pessoal com a sua morte, mas em uma guerra escatológica contra as forças cósmicas da maldade, e sua angústia é parte de uma batalha contínua pela salvação do mundo" (Marcus, *Marcos 8—16*, p. 984).

Brown faz uma rápida exposição das várias interpretações da luta do Getsêmani que são conhecidas da tradição reformada,[68] uma vez que seu foco é a *agonia* de Jesus como a cena de abertura do drama apocalíptico final. Ele enfatiza Jesus como o combatente que, no relato de Lucas, levanta-se "em sinal de vigor [...] reflexo da tensão de um atleta pronto para entrar na prova".[69] O Filho de Deus está para iniciar a batalha decisiva contra os Poderes das trevas.[70] No contexto do tema *Christus victor*, a interpretação de Brown pode ser aceita sem reservas. À medida que vamos prosseguindo, porém, uma síntese será proposta: Jesus se prepara para entrar na batalha *não apenas* como o comandante totalmente invicto dos exércitos do Senhor, *mas também* como aquele que travará sozinho a guerra na linha de frente e *em nosso lugar*, absorvendo o ataque pleno do Pecado, da Morte e do Diabo.

OUTRAS EVIDÊNCIAS BÍBLICAS

Olhamos para Romanos 5 e para a história do Getsêmani à luz do tema *Christus victor* porque nenhuma das passagens está associada, para a maioria dos leitores da Bíblia, ao campo de batalha apocalíptico. Examinamos essas duas porções aparentemente não apocalípticas do Novo Testamento com o propósito de demonstrar quão prevalente o tema realmente é. Se desejássemos listar as passagens mais óbvias, não teríamos espaço para qualquer outra coisa. Eis aqui apenas duas passagens, dentre as muitas que podemos encontrar fora das cartas de Paulo:[71]

---

[68]Brown, *Death of the Messiah*, 1:154. Repare, entretanto, que o teólogo reformado Karl Barth também enfatiza o Getsêmani, em termos especificamente apocalípticos, como uma "ocorrência mundial", a colisão de duas eras, a confrontação culminante e final com Satanás (*Church dogmatics* IV/1 [Edimburgh: T. & T. Clark, 1956], p. 266-7).

[69]Brown, *Death of the Messiah*, 1:193. No filme meticuloso de Mel Gibson, *A Paixão de Cristo*, há uma cena muito boa logo no início. Jesus se levanta no Getsêmani e se move com determinação, esmagando uma serpente sob seus pés. A referência é a Gênesis 3:14,15, interpretada em termos cristológicos.

[70]Não precisamos ir muito longe para encontrar conclusões semelhantes em diversos comentários. William L. Lane fala, por exemplo, da "linguagem cósmica" de Marcos (*Gospel of Mark*, New International Commentary on the New Testament [Grand Rapids: Eerdmans, 1974], p. 60). D. E. Nineham escreve: "A grande batalha escatológica é travada" (*Saint Mark*, Pelican New Testament Commentary [Middlesex: Penguin Books, 1963], p. 63). Joel Marcus enfatiza "o molde apocalíptico, tão importante para a compreensão da narrativa da Paixão" em Marcos. O autor se refere diversas vezes à colisão que ocorre entre a era antiga de poderes satânicos e a era vindoura. Essa batalha apocalíptica está sendo travada ao inverso, com o justo sendo "entregue nas mãos de pecadores" (Marcos 14:41), e não o contrário. Essa inversão "condiz com um evangelho irônico e paradoxal, no qual o rei ungido de Deus triunfa [...] sobre a morte vergonhosa na cruz" — mais um exemplo do caráter único do evangelho cristão (*Mark 8—16*, p. 989, 997, 1000).

[71]Sem dúvida, alguns livros do Novo Testamento contêm uma linguagem mais apocalíptica do que outros. A linguagem apocalíptica é mais evidente nos Evangelhos, nas cartas de Paulo, em Judas, 1João, 2Pedro e Apocalipse. Mesmo em Atos, várias referências a Satanás, ao Pecado e à Morte como agentes ativos (Atos 2:24; 5:3; 10:38; 13:10; 26:18) revelam a matriz apocalíptica na qual Lucas trabalha.

[Jesus disse:] "Colocarão as mãos em vocês [...] e vocês serão levados perante reis e governadores por causa do meu nome. Na mente deles, então, decidam firmemente não meditar de antemão sobre como terão de responder: eu lhes darei palavras e sabedoria, as quais nenhum dos adversários de vocês poderá resistir ou contradizer. Vocês serão entregues até mesmo por pais e mães, parentes e amigos; alguns de vocês morrerão. Todos odiarão vocês por causa do meu nome. No entanto, nenhum fio de cabelo sequer de vocês se perderá. É perseverando que vocês ganharão a vida" (Lucas 21:12-19).

Amados, não se surpreendam com a terrível provação que sobrevém a vocês para testá-los, como se algo estranho estivesse acontecendo. Mas alegrem-se à medida que partilham dos sofrimentos de Cristo, a fim de que vocês também se regozijem quando a sua glória for revelada [...]. Se alguém sofre como cristão, que não se envergonhe, mas, sob esse nome, glorifique a Deus. Pois chegou a hora de o julgamento começar pela família de Deus (1Pedro 4:12-17).

Por último, eis aqui duas passagens notáveis que combinam *Christus victor* com outros temas. A primeira, de Colossenses, mescla o tema forense ("exigências legais") com a metáfora do Cristo conquistador, desarmando os Poderes e levando-os cativos. A passagem de Hebreus combina a imagem de Cristo como vitorioso contra a Morte com a imagem do sacrifício sacerdotal.

E vocês, que estavam mortos em transgressões e na incircuncisão de sua carne, Deus vivificou juntamente com [Cristo], tendo perdoado todas as transgressões de vocês e cancelado o escrito de dívida contra nós, com suas exigências legais; isso, ele removeu, pregando-o na cruz. Jesus desarmou os principados e os poderes e fez deles um espetáculo público, triunfando deles em si mesmo (Colossenses 2:13-15).

Visto, portanto, que os filhos partilham da mesma carne e sangue, [Jesus] também partilhou da mesma natureza, para que, por sua morte, destruísse aquele que tem o poder da morte, a saber, o Diabo, e livrasse aqueles que, pelo medo da morte, estavam sujeitos à escravidão por toda a vida [...]. Ele tinha de ser semelhante aos seus irmãos em todos os aspectos, para que se tornasse um sumo sacerdote misericordioso e fiel a serviço de Deus, e para fazer expiação [purificadora] pelos pecados do povo (Hebreus 2:14-17).[72]

---

[72]Dillistone cita Ragnar Lievestad, autor de *Christ the conqueror* [Cristo, o conquistador], em Hebreus 2:14: "Ao lado de Colossenses 2:14, esse versículo representa a interpretação mais dramática da morte de Jesus no Novo Testamento" (Dillistone, *Christian understanding of atonement*, p. 88).

Os poderes

A mente que concebeu um plano para viver nunca deve perder de vista o caos contra o qual esse padrão foi concebido (RALPH ELLISON, *Invisible man* [Homem invisível]).[73]

Nossa salvação se desenvolve com o Diabo ainda à solta, um Diabo que não é simplesmente um mal generalizado, mas uma inteligência maligna determinada em sua supremacia (FLANNERY O'CONNOR, carta a um amigo).[74]

O herói sem nome de Ellison é o epítome do indivíduo que luta heroicamente para se autoafirmar perante adversidades esmagadoras. O horizonte de O'Connor é mais conscientemente cósmico. Ambos, no entanto, afirmam, em termos inequívocos, que a existência humana deve desenvolver-se em meio a uma luta vitalícia contra os inimigos cósmicos.[75] Isso nos liga à presença de Poderes hostis no drama da vitória de Cristo. Boa parte da interpretação bíblica no período moderno foi feita como se houvesse apenas duas *dramatis personae* — Deus e a humanidade —, desmistificando, assim, o Novo Testamento, que apresenta três. O teólogo croata Miroslav Volf escreveu sobre esses assuntos com uma autoridade impressionante, com base em sua experiência nos conflitos dos Bálcãs. Volf enfatiza a presença de Poderes e da criação como um território ocupado: "O ministério público de Jesus [...] não foi um drama encenado em um palco vazio [...] Especialmente em uma criação infestada de pecado, a proclamação e a promulgação do reino da verdade e da justiça nunca consistem em um ato de pura postulação, mas *sempre em uma transgressão [i.e., uma invasão] de espaços ocupados por outros*".[76]

Esses "outros" que ocupam o território são chamados de principados e poderes, notadamente em Efésios 6:10-12 e Romanos 8:38.[77] Os "outros" também

---

[73]Ralph Ellison, *Invisible man*, 2. ed. (New York: Vintage, 1995), p. 580.

[74]Flannery O'Connor, *The habit of being* (New York: Farrar, Straus and Giroux, 1979), carta a John Hawkes, 20 de novembro de 1959.

[75]De fato, a citação de Ellison é quase um eco consciente de Gênesis 1: a própria criação foi a rejeição do caos, um ato original de negação da parte de Deus.

[76]Miroslav Volf, *Exclusion and embrace: a theological exploration of identity, otherness, and reconciliation* (Nashville: Abingdon, 1996), p. 293, grifo na citação. Com respeito ao uso da palavra "transgressão" feito por Volf, embora esteja correto do ponto de vista etimológico, o termo dá a impressão errada, como se houvesse algo ilícito sobre ele. Eu preferiria o uso da palavra "invasão", como na invasão da Normandia — a campanha de abertura para recuperar o território mantido pelo Inimigo (uma analogia feita inicialmente por Oscar Cullmann).

[77]Uma análise seminal sobre o assunto é *Christ and the powers* (1953), escrito por Hendrikus Berkhof, traduzido para o inglês por ninguém menos que John Howard Yoder (1962). Tem havido muito debate sobre a natureza dos Poderes, desde a década de 1960. Uma descrição clara e acessível sobre o tema dos Poderes pode

são chamados de Satanás e suas legiões (Marcos 5:9). Embora Paulo se refira a Satanás pelo nome pelo menos dez vezes (1Coríntios 5:5; 7:5; 2Coríntios 12:7 etc.), o apóstolo não retrata Cristo, o *Kurios*, em combate direto com Satanás, como fazem os Sinóticos na história da tentação no deserto.[78] A forma predileta de Paulo de identificar o Inimigo ocupante está em suas várias manifestações como Pecado, Morte e a Lei — ou, alternativamente, como principados e poderes, como *kurioi* (senhores), tronos, autoridades e outras designações. Em uma das passagens mais impressionantes de Paulo, esses Poderes são chamados de "governantes desta era": "Entre os maduros, porém, expomos sabedoria, embora não a sabedoria dessa era ou dos poderosos desta era, fadada a desaparecer. Mas nós expomos um segredo e uma sabedoria escondida de Deus, a qual Deus decretou antes das eras para a nossa glorificação. Nenhum dos governantes desta era a compreendeu; do contrário, jamais teriam crucificado o Senhor da glória" (1Coríntios 2:6-8).

Paulo não se refere a Caifás, a Pilatos ou "aos judeus" ao falar dos "governantes desta era". Sua referência é aos Poderes cósmicos, que presidem sobre a "forma deste mundo", a qual está "fadada a desaparecer" (1Coríntios 7:31). Somos iludidos por esses governantes a pensar que tomamos as próprias

---

ser encontrada em *The gospel in a pluralist society* (London: SPCK, 1989), p. 199-210, de Lesslie Newbigin. Dois teólogos de meados do século 20, Jacques Ellul e William Stringfellow, assumiram a posição de que "principados e potestades" são instituições terrenas que foram corrompidas pelos Poderes demoníacos. A ideia pode ser estabelecida por dois exemplos. Em 2002, a exposição devastadora da ganância e da falsidade corporativa dos Estados Unidos (Enron e WorldCom, em particular) resultou em uma perda mundial de confiança nos mercados americanos. Bernard J. Ebbers, CEO da WorldCom, era membro ativo da igreja e professor de escola dominical de sua igreja batista. Ele está agora cumprindo 25 anos de prisão. Então, em 2008, empréstimos imprudentes com vistas ao impulsionamento de diversas instituições financeiras poderosas levaram à Grande Recessão. Nesse contexto, as análises de Ellul e Stringfellow são bem atuais. Uma explicação correlata dos Poderes é oferecida por Bill Wylie-Kellermann, escritor e ativista profundamente influenciado por Stringfellow. Em uma entrevista concedida em 1995, Wylie-Kellermann diz: "Os poderes são bons, os poderes são caídos, os poderes devem ser redimidos. A vocação dos principados e potestades na criação é louvar a Deus e servir à vida humana. Na Queda, porém, essa vocação é virada de cabeça para baixo; eles acreditam que são como Deus e, assim, escravizam a vida humana. Os poderes se entregam a uma ética implacável de autossobrevivência. Isso é verdade sobre todos os principados e potestades. Eles têm medo da morte e se tornam servos da morte" (extraído da revista *Living Church*, 26 de novembro de 1995).

[78]John Milton, em *Paraíso perdido*, livro 2, mostra o Pecado personificado, falando com Satanás como seu pai:

> em breve, tu me trarás
> Para este novo mundo de luz e êxtase, entre
> Os Deuses que vivem tranquilos, onde reinarei
> À tua mão direita voluptuosa, como bem cabe à
> Tua filha e tua querida, para sempre.

Milton era heterodoxo em alguns pontos, mas, a esse respeito, estava certo. O colóquio entre Satanás e o Pecado (retratado não como uma multiplicidade de "pecados", mas como um Poder) é uma paródia hedionda de um reino "para sempre".

decisões, quando, na verdade, eles nos compelem ao erro, de acordo com os propósitos decaídos do Arqui-inimigo.[79]

No último capítulo de seu livro amplamente discutido, *Exclusion and embrace* [Exclusão e aceitação], Volf, em apenas algumas passagens notáveis, esboça uma teologia do livro de Apocalipse que reitera esses pontos.[80] Um de seus parceiros de diálogo é o escritor francês Gilles Deleuze. Segundo Volf, Deleuze acusou o cristianismo, em particular o livro de Apocalipse, de "terror cósmico", descrevendo a nova Jerusalém como "totalitária" e escrevendo que João mudou o Jesus amável dos Evangelhos em uma figura vingativa, trajando vestes ensanguentadas (Apocalipse 19:15).[81] Volf respeita essa crítica, mas rejeita a dicotomia. Ele desenvolve a própria interpretação das imagens violentas em Apocalipse. Sua resposta ao desafio de Deleuze é uma frase bem elaborada: *"Pode-se ter o juízo final contra o terror sem o terror do juízo?"*.[82]

Volf continua com uma série de observações relevantes: "O drama da salvação tem início e termina com violência" (o autor se refere à matança dos inocentes e à batalha do Armagedom, respectivamente). Além do mais, a execução brutal de Jesus é "o ato central do drama do Novo Testamento".[83] O uso repetitivo, quase insistente, que Volf faz da palavra "drama" se assemelha a Aulén, porém, mais importante, remete à atmosfera do Novo Testamento. Ele prossegue com uma análise da agonia de Jesus. Se a crucificação se resumiu apenas à resistência de um sofrimento terrível, explica-nos Volf, então ela é essencialmente sem sentido, e jamais teríamos ouvido falar de Jesus de Nazaré. Não se trata apenas de uma cena de mero *pathos*: "Sem dúvida, a missão de Jesus não consistiu apenas de uma recepção passiva de violência". Refletindo sobre as várias maneiras de como a não violência é interpretada, Volf observa que uma leitura puramente passiva é "estéril, já que evita *'transgredir'* o território dominado por um sistema de terror". Essa ideia nos remete à compreensão de que uma resistência não violenta, baseada no poder da cruz, longe de ser "passiva" (*i.e.*, ineficaz), constitui uma arma naquilo que John Howard Yoder

---

[79]Curiosamente, *The Jewish annotated New Testament*, concorda neste ponto: os "governantes" são "forças malignas e demoníacas" que, "em breve, serão destruídas ou radicalmente transformadas. A morte de Cristo resgata a humanidade dessas forças" (p. 333).

[80]Volf, em uma passagem, alude à crucificação de Jesus pelos "governantes desta era" em um contexto cuja sugestão é que, enquanto Pilatos, Caifás etc. eram os perpetradores humanos, a ação real é o "drama da salvação" apocalíptico (*Exclusion and embrace*, p. 291).

[81]O resumo da crítica de Deleuze é grosseiramente simplificado; o que me interessa é a resposta de Volf.

[82]Volf, *Exclusion and embrace*, p. 290.

[83]Volf, *Exclusion and embrace*, p. 290-1.

chama de "a guerra do Cordeiro".⁸⁴ De fato, Yoder introduz o termo "subordinação revolucionária", cuja intenção é ter mais sugestões subversivas do que a expressão "resistência não violenta", com a qual estamos mais familiarizados.

Volf e Yoder, de perspectivas diferentes, entendem que os Poderes são o verdadeiro Inimigo. A teologia do século 20 desenvolveu a inclusão de instituições — governos, universidades, corporações, jornais, bancos, sindicatos etc. — na concepção de principados e poderes; essas instituições foram ordenadas para o nosso bem, mas caíram nas garras do Pecado e da Morte.⁸⁵ É isso que o Novo Testamento quer dizer com "principados e poderes". Satanás se apossa dos principados e poderes, manipulando as instituições para que atuem como seus servos.⁸⁶

Volf considera a hipótese de que o montador do cavalo branco em Apocalipse 19 seja interpretado como o triunfo da vingança contra o amor, e da violência contra a não violência. Todavia, ele defende que, se não houver juízo contra os sistemas de violência política e opressão econômica — representados pelo Império Romano em Apocalipse —, então "não pode haver um mundo de paz, deverdade e de justiça: o terror (a "besta" que devora) e a propaganda (o "falso profeta" que engana) devem ser vencidos, o mal deve ser separado do bem, as trevas devem ser divorciadas da luz. São essas as causas da violência que devem ser removidas".⁸⁷ Esse argumento de Volf no decorrer do livro condiz com a teologia neotestamentária dos Poderes. Entretanto, à vista de Deus, as causas da violência não se concentram apenas em sistemas, mas em cada indivíduo. Ninguém pode gloriar-se de inocência; cada pessoa — e cada sociedade — será julgada de acordo com o propósito de Deus. Volf parece endossar essa ideia ao declarar que Deus deseja aceitar até "mesmo os filhos e filhas do inferno" (cf.

---

⁸⁴Esse é o título do capítulo final de *Politics of Jesus* [Política de Jesus], de Yoder. Um livro póstumo de Yoder, editado por Glen Stassen e Mark Thiessen, intitula-se *The war of the Lamb* (Grand Rapids: Brazos, 2009).

⁸⁵Joseph Mangina cita uma passagem extraordinária, na qual Jonathan Edwards parece prever comunicações eletrônicas globais e a forma de serem usadas pelos poderes demoníacos (Mangina, *Revelation* [Grand Rapids: Brazos, 2010], p. 230).

⁸⁶Eis um exemplo: durante uma audiência sobre os efeitos prejudiciais do tabaco, o executivo de uma companhia de cigarros testificou, de modo descarado: "Que eu saiba, não está provado que fumar cigarros causa câncer". Essa declaração infame reapareceu alguns anos depois, quando os fabricantes de cigarros eletrônicos começaram a negar até mesmo a possibilidade de que seus produtos de sabor adocicado pudessem atrair as crianças. Em apoio à posição de sua empresa, um porta-voz cita um estudo que havia sido financiado pela própria empresa. Richard J. Durbin, senador por Illinois, declarou em uma entrevista: "Deixe-me ser o mais depreciativo possível: ao falarem sobre sua pesquisa, retruco: 'Já conheço essa história'. Ouvimos essas empresas de tabaco por décadas, enquanto seus supostos 'especialistas' tentavam desviar nossa atenção do óbvio" (*New York Times*, 16 de julho de 2014). Expor as pretensões dos Poderes é uma arma valiosa no arsenal do lutador pela liberdade.

⁸⁷ Volf, *Exclusion and embrace*, p. 296.

Mateus 23:15).⁸⁸ De fato, refletindo sobre Romanos 3:23, Volf refere-se a *todos* "nós" como "filhos do inferno" e, ao mesmo tempo, como alvos do amor de Deus. Volf é um crítico ferrenho de como os "liberais" negligenciam a ira de Deus. É verdade, escreve ele, que a ira de Deus pode ser parcialmente compreendida como o desenvolver das consequências do pecado na história (referindo-se a uma interpretação liberal de Romanos 1:16—3:18). No entanto, Volf argumenta que tal interpretação é inadequada. *O próprio Deus está ativamente engajado* na guerra: conforme vimos, ele não tem medo de usar o termo "violência" contra os Poderes. Em uma passagem especialmente relevante, Volf escreve:

> Sem uma dimensão escatológica [apocalíptica], a conversa sobre a ira de Deus se degenera em uma ideologia ingênua e totalmente inadequada. [...] Fora de um mundo idealizado, os malfeitores muitas vezes prosperam e, quando derrotados, os vencedores não são muito melhores do que os derrotados. A ira escatológica de Deus é o inverso de um Deus de amor sem poder [...] O Deus "bonzinho" não passa de uma invenção da imaginação liberal, de uma projeção no céu da incapacidade de abandonar ilusões acalentadas sobre a bondade, a liberdade e a racionalidade de atores sociais.⁸⁹

A tradição anabatista, constantemente a tradição mais pacifista na história da igreja cristã, não hesita em falar da ira e do juízo de Deus — e com boas razões. No texto bíblico, não há qualquer traço de um Deus que não sinta indignação, quer no Novo Testamento, quer no Antigo Testamento; quer em Jesus de Nazaré, quer em João de Patmos. Os malfeitores que "devoram o meu povo como se comessem pão", diz o salmista em nome de Deus, ficarão "aterrorizados" (Salmos 14:4,5). Aterrorizados por quê? Por que não apenas repreendidos? Ainda melhor: por que não tentar persuadi-los? Ou demonstrar-lhes

---

⁸⁸Neste ponto, Volf corrige Elaine Pagels (Volf, *Exclusion and embrace*, p. 85).

⁸⁹Volf nem sempre se apega a esse *insight* crucial de que os vencedores são pouco melhores que os perdedores de uma forma totalmente sistemática. Essa incoerência ilustra a dificuldade de lutarmos com esse mistério intratável e o desafio de chegarmos a qualquer conclusão definitiva. Volf oscila para frente e para trás, entre posições contraditórias; às vezes, ele indica que todas as pessoas são capazes do mal — como na declaração que acabamos de citar; outras vezes, fala como se existissem pessoas boas e más, sendo os maus distinguidos por sua "irredimibilidade". Volf parece estar convencido da irracionalidade dos "atores sociais", mas também parece acreditar que as pessoas são racionalmente responsáveis por agir de forma irracional. O autor realmente parece pensar que há aqueles que, em última análise, conseguem resistir "à atração poderosa dos braços abertos do Messias crucificado" (*Exclusion and embrace*, p. 298). De fato, ele escreve que "*nada* é poderoso o bastante para mudar aqueles que insistem em permanecer bestas e falsos profetas" (p. 297). Nada? Ninguém? Seriamente, Volf se refere ao aforismo "não sou um universalista, mas talvez Deus seja" (p. 299, n. 8). Continuaremos essa discussão no capítulo 12; por ora, trata-se de um ponto isolado. Meu foco aqui é nas contribuições impressionantes de Volf em nossa compreensão dos Poderes e da ira de Deus.

amor altruísta, longânimo? Porque os malfeitores "são corruptos" e "praticam obras abomináveis" (14:1).[90]

Volf, teólogo cuja experiência pessoal de conflito trágico é inimaginável para a maioria dos americanos de nosso tempo, é inflexível em sua rejeição de um "Deus sem ira", que leva os "homens sem pecado a um reino sem julgamento".[91] Como o próprio Volf testifica a uma posição cristã pacífica e não violenta, suas declarações ousadas sobre o "Deus indignado" e "a violência de Deus" são ainda mais impressionantes. Volf se justifica da seguinte maneira: "Comecei a trabalhar [no livro *Exclusion and embrace* (Exclusão e abraço)] para me dar conta de como eu, membro de um povo que sofreu na história recente uma agressão brutal, devo reagir".[92] Volf articula seu comprometimento com a não violência da perspectiva de sua fé nas promessas do Deus bíblico, que incluem a violência divina envolvida na derrubada dos Poderes. Seria impossível para nós, argumenta ele, buscar um curso de não violência em face de uma grande maldade se não crêssemos que Deus julgará com justiça no futuro. Assim, não está errado falarmos de um Deus de violência. Esse é o pensamento subjacente à imagem de destruição da Babilônia no Apocalipse:

> Aleluia! Salvação, glória e poder pertencem ao nosso Deus,
> pois seus julgamentos são verdadeiros e justos...
> Aleluia! Sua fumaça sobe para todo o sempre (Apocalipse 19:1-3).

A forma de Volf captar o significado essencial de Apocalipse ilumina como suas imagens da guerra apocalíptica de Deus funcionam em épocas de grande conflito e sofrimento terrenos. Volf demonstra como as palavras pictóricas do livro se abrem teologicamente a uma visão abrangente da Nova Jerusalém, governada exclusivamente por aquele que reuniu todo o sofrimento e toda a violência em si mesmo. Aquele que cavalga para conquistar em um cavalo branco como "Rei de reis e Senhor de senhores" é o mesmo que morreu em uma cruz, precisamente pelos "filhos do inferno".

Imagens da batalha como guias para o viver cristão?

A seção de Volf sobre as "imagens violentas da conquista do cavalgador" chega à seguinte conclusão:

---

[90]Volf, *Exclusion and embrace*, p. 298.
[91]A citação completa de H. Richard Niebuhr se encontra no capítulo 1.
[92]Volf, *Exclusion and embrace*, p. 100.

A coisa mais surpreendente sobre [o livro de Apocalipse] é que, no centro do trono, sustentando todo o cosmo, encontramos o *Cordeiro* sacrificial. No coração "daquele que se assenta no trono", está a cruz. O mundo vindouro é governado por aquele que, na cruz, tomou sobre si a violência para conquistar e incluir o inimigo. O governo do Cordeiro é legitimado não pela "espada", mas também por suas "feridas": o objetivo de seu governo não é sujeitar, mas, sim, levar as pessoas a reinarem "para todo o sempre" (22:5). Com o Cordeiro no centro do trono, a distância entre "trono" e "súditos" se desfaz com a aceitação do Deus Trino e Uno.[93]

O livro de Apocalipse é um alvo fácil, um livro que tem sido mal-empregado por fanáticos, sendo um exemplo particularmente terrível o suicídio em massa da seita Heaven's Gate, na Califórnia, durante a passagem do cometa Hale-Bopp (1997). O ensino da seita estava atrelado a algumas imagens de Apocalipse sobre as estrelas cadentes. Reclamações sobre Apocalipse e suas visões são inúmeras. Objeções tipicamente modernas incluem: (1) sua mensagem tende a se concentrar no "céu" e encorajar a passividade; (2) apela a líderes megalomaníacos e seguidores mentalmente instáveis; (3) encoraja as pessoas a se retirarem em enclaves sectários, evitando o envolvimento com o mundo e suas lutas. Tais objeções devem ter uma resposta. O antídoto adequado, entretanto, não é o abandono da teologia apocalíptica, mas uma defesa mais vigorosa de sua verdadeira natureza bíblica.

No século passado, muita coisa foi feita para mostrar a interseção vital da perspectiva apocalíptica com a ética cristã. O influente livro de John Howard Yoder, *The politics of Jesus* [A política de Jesus], tem seu fundamento no apocalíptico para sua defesa da "subordinação revolucionária" — resistência não violenta (ênfase em *revolução* e *resistência*) contra os Poderes. As igrejas da África do Sul foram inspiradas continuamente pelo livro de Apocalipse durante as décadas de luta contra o *apartheid*. Eis uma citação de um tipo de sermão pregado pelo arcebispo Desmond Tutu durante a década de 1970:

> Sou bispo da igreja de Deus, tenho 51 anos de idade e, ainda assim, não tenho o direito de votar. Um rapaz de 18 anos, embora seja uma maravilha da irrelevância biológica — ou seja, de cor branca —, pode votar. [...] Eles podem remover Desmond Tutu. Podem acabar com o Conselho de Igrejas Sul-Africanas. Mas

---

[93]Volf, *Exclusion and embrace*, p. 300-1.

a igreja de Deus persistirá. O governo deve saber que a igreja não se intimida com nenhum poder terreno. [...] Maiores são aqueles que estão do nosso lado do que os que estão contra nós. Uma vasta multidão, que ninguém pode contar, de cada nação e de cada tribo, em pé diante do trono e perante o Cordeiro, trajando vestes brancas e com folhas de palmeira nas mãos, clamam em uníssono: "Vitória ao nosso Deus!". Juntamo-nos aos anjos e arcanjos e a toda a companhia celestial.[94]

A linguagem de luta e combate não é incompatível com o comprometimento à não violência. Combatentes não violentos são sustentados por sua confiança em Deus, cuja promessa é que "minha é a vingança, e eu a retribuirei". Por mais severo e chocante que soe, o retrato do Senhor como "um homem de guerra" (Êxodo 15:3; Isaías 42:13) é uma fonte poderosa de coragem quando a "guerra" é entendida como o conflito apocalíptico contra os Poderes. Os casos a seguir, extraídos do conflito americano pelos direitos civis (1953-1964), ilustrarão como uma imagem militarizada semelhante à da Bíblia é usada em lutas não violentas para inspirar, encorajar e interpretar. O imaginário posiciona os lutadores pela liberdade em uma narrativa significativa, fortalecendo-os durante suas provações.

Quando Rosa Parks foi presa em Montgomery, por se recusar a ir para a parte traseira do ônibus, Clifford e Virginia Durr, pioneiros dos direitos civis, de nascimento privilegiado na sociedade branca do Alabama, foram à delegacia para pagar sua fiança. Quando, em fevereiro de 1999, Virginia Durr faleceu, Rosa Parks escreveu uma carta endereçada a ela postumamente, enviando-a aos demais membros da família Durr. A carta incluía as seguintes palavras: "Vou sentir sua falta, velha soldada!". Essas são palavras escritas por uma mulher de idade e fisicamente frágil! A senhora Parks não precisava de qualquer indivíduo politicamente correto para lhe dizer que a imagem militar não era apropriada. A senhora Parks e a senhora Durr sabiam o que era estar no campo de batalha.[95]

Em junho de 1964, a senhora Fannie Lou Hamer foi para Oxford, Ohio, para discursar aos voluntários do Freedom Summer lá reunidos para receber orientação: "Para começar, falei a eles o que tinham feito comigo em 1963 e que a mesma coisa podia acontecer com eles em 1964. A gente não falou mentira. Nós os preparamos exatamente para o que enfrentariam: um combate. A gente

---

[94]O bispo Tutu pregou essa mensagem ardente mais de uma vez, em versões um pouco diferentes. Um exemplo pode ser encontrado em *Living Church* 185, n. 16, 17 de outubro de 1982, p. 6.
[95]Eric Pace, obituário de Virginia F. Durr, *New York Times*, 25 de fevereiro de 1999.

pensa que só ouve falar de combates, mas era exatamente isso que a gente enfrentava lá".[96] Howell Raines observa: "A metáfora do Mississippi como uma zona de guerra é recorrente nessas entrevistas".[97] Em uma entrevista conduzida para a PBS, John Seigenthaler, que cobriu o Movimento pelos Direitos Civis, tinha isto a declarar: "Era como ser correspondente de guerra; estava claro que havia uma guerra em curso. Nós [jornalistas] podíamos ver que as guerras da não violência eram mais fortes do que as da violência".[98] Vez após vez, histórias do Movimento pelos Direitos Civis relatam quão profundamente abalados ficavam os repórteres ao testemunharem a coragem quase sobre-humana, a longanimidade e a capacidade de sofrimento demonstradas pelos voluntários à medida que os perigos iam escalando.[99] Após findarem os dias gloriosos do movimento e com a escalada da Guerra do Vietnã, as forças dos direitos civis se dividiram, a geração mais jovem se tornou mais rebelde e as linhas de combate se tornaram mais difíceis de discernir. A luta de King tornou-se mais intensa. Ele viu que "o 'clima amigável' de seus dias alciôneos na [Igreja Batista] Ebenézer" foram tomados pela "visão de uma batalha assustadora no centro da realidade, uma tensão no coração do universo entre o bem e o mal".[100]

Conforme vemos a partir desses exemplos e lembranças, o tema do juízo apocalíptico e da vitória no movimento não violento de direitos civis, no início da década de 1960, não se resumiu apenas a uma ilusão ou a um desejo, mas foi fortalecido, por meio de terríveis provações, pelo conhecimento de que a invasão libertadora de Deus não podia ser detida. "Ninguém vai me fazer retroceder" — conforme expresso pela canção da liberdade. Charles Marsh escreve que, por meio da música, a liderança da senhora Hamer sobre seu povo "não removeu seu sofrimento ou as particularidades de sua humilhação; antes, sua

---

[96]A senhora Hamer foi brutalmente espancada e ultrajada na prisão de Winona, Mississippi, em 1963. A citação vem de Howell Raines, *My soul is rested: movement days in the deep south remembered* (New York: Putnam, 1977), p. 275.

[97]Raines, *My soul is rested*, p. 275. O livro de Raines é uma das melhores fontes de histórias sobre o movimento. Seu título vem do boicote ao ônibus de Montgomery. Questionada se já não estava cansada de andar, uma mulher idosa respondeu, com a eloquência normalmente encontrada entre os sulistas negros e semianalfabetos, educados na versão King James: "*Meus pé tá cansado*, mas minha alma descansa".

[98]*A Force More Powerful*, série da PBS, setembro de 2000, escrita e produzida por Steve York, em uma coprodução de York Zimmerman Inc. e WETA, Washington. Narração de Sir Ben Kingsley.

[99]A história é bem contada em Gene Roberts e Hank Klibanoff, *The race beat: the press, the civil rights struggle, and the awakening of a nation* (New York: Knopf, 2006), p. 271-2, 390 e *passim*. David Halberstam conta sua história sobre o assunto em *The children* (New York: Fawcett, 1999).

[100]Richard Lischer, *The preacher king: Martin Luther King, Jr., and the word that moved America* [Oxford: Oxford University Press, 1995], p. 108. É de suma importância que, ao falarmos da batalha entre o bem e o mal, não falemos — Martin Luther King certamente não falava — de *pessoas* boas e más. Ele, como qualquer outra pessoa, reconhecia que "a linha divisória do bem e do mal passa por cada pessoa" (Havel). A referência é aos Poderes bons e maus.

liderança aceitou o sofrimento, nomeando-o e semeando-o em uma história cósmica de esperança e libertação".[101] É precisamente essa história cósmica que Paulo e outros escritores do Novo Testamento contam. A senhora Hamer a encontrou em sua Bíblia. *Tal história não é encontrada em qualquer outro lugar.* No acontecimento único que foi a crucificação de Jesus Cristo, revela-se que Deus está agindo. Na invasão divina deste mundo, os Poderes que foram autorizados a governar "na presente era má" são desarmados pelos Poderes do mundo vindouro, ou seja, pelas armas do Espírito. Cristo, o Senhor, é Vitorioso, mesmo em meio ao sofrimento de seus seguidores.

PONTOS FORTES DA PERSPECTIVA APOCALÍPTICA

Em geral, a tese de Aulén sobre a centralidade do tema *Christus victor* no Novo Testamento (especialmente nas cartas de Paulo), no período patrístico e nos escritos de Martinho Lutero, ainda é útil, embora com inúmeras modificações e correções. Consequentemente, há muitos ganhos e algumas perdas, conforme veremos, resumidamente, a seguir.

A característica mais importante do tema *Christus victor* no contexto apocalíptico é que ele dramatiza e garante Deus como agente. Como Aulén escreve na última página de seu livro: "A ideia fundamental é, acima de tudo, de um movimento de Deus em favor da humanidade, e não, em primeiro lugar, de um movimento da humanidade em direção a Deus". Ademais, já argumentamos que a metáfora da invasão de um território ocupado é indispensável por diversas razões, principalmente por mostrar que nós, os habitantes tiranizados de um território mantido por inimigos (identificados como o Pecado, a Morte e o Diabo), só podemos ser libertados por um movimento "de outro lugar" (Ester 4:14). A força libertadora pode ser suficientemente poderosa, nas palavras da parábola de Jesus, para "[amarrar] o homem forte" (Mateus 12:29; Marcos 3:27; cf. Lucas 11:21).[102] A própria encarnação foi amplamente com-

---

[101]Charles Marsh, *God's long summer: stories of faith and civil rights* (Princeton: Princeton University Press, 1997), p. 22.

[102]Mateus, Marcos e Lucas registram uma parábola na qual Jesus diz aos discípulos: "Se é pelo Espírito de Deus que expulso demônios, então o reino de Deus veio sobre vocês. Como alguém pode entrar na casa de um homem forte e saquear seus bens, a menos que primeiro amarre o homem forte? Só então, poderá, de fato, saquear sua casa". Por "homem forte", Jesus quer dizer Satanás, e a "casa" de Satanás é este mundo. Jesus chama Satanás de "príncipe deste mundo" (João 12:31). Em Efésios, ele é chamado de "príncipe do poder do ar", direcionando "o curso deste mundo", trabalhando nos "filhos da desobediência" (Efésios 2:2). Na parábola do homem forte, Jesus diz que, se Satanás não for confrontado com uma força superior à dele, jamais cederá. O Diabo está em posse do seu reino até que alguém mais forte do que ele anule sua atuação e saqueie seus bens (João Calvino, *A harmonia dos Evangelhos*, comentário de Mateus 12:29 e textos paralelos). Especificamente

preendida, durante boa parte da era cristã, como a invasão de Deus no território dominado por Satanás. Isso pode ser facilmente ilustrado por vários poemas medievais, estabelecidos como cânticos para a temporada de Natal:

> *Perdidit spolia princeps infernorum...*[103]

> Este pequeno bebê, com apenas dois anos de idade,
> Veio para despojar o rebanho de Satanás.[104]

> No tempo certo, o Pai [...] enviou de seu trono seu filho unigênito [...] para que, em sua habitação de carne, derrotasse o Diabo.[105]

E a partir da Reforma:

> Esta criança, esse menino indefeso,
> Será nossa confiança e regozijo,
> *Quebrando o poder de Satanás,*
> Fazendo nossa paz eterna.[106]

O tema continua mesmo depois do século 18:

> Lembrem-se de Cristo, nosso Salvador, nascido no dia de Natal,
> Para nos salvar do poder de Satanás, quando perdidos andávamos.[107]

Na cultura atual, as referências à arte e ao comportamento "transgressor" são elogios, e a ironia continua a ser o tom predominante de nossa época. No entanto, um dos sinais do sentimentalismo subjacente de nossa cultura é o fato de as canções natalinas com os temas que abordamos serem, hoje, impensáveis. Apesar do

---

sobre a cruz, lemos em Colossenses: "[Deus] desarmou os principados e poderes e fez deles um espetáculo público, triunfando sobre eles [em Cristo]" (Colossenses 2:15).

[103] A tradução literal desse texto antigo é: "o príncipe do Inferno perdeu seus despojos". O texto de *Personent hodie*, citado com frequência no Natal de tradição anglicana, aparece pela primeira vez em *Piae cantiones* (1582), mas parece ser uma versão de um hino de Natal latino mais antigo (1360). A ideia transmitida pelo hino se perdeu nas traduções inglesas, um pouco mais sentimentalizadas, com uma delas, aliás, feita pelo compositor Gustav Holst, cuja adaptação foi feita em 1924.

[104] O texto, por Robert Southwell (1561?-1596), nos é familiar hoje como parte da *Ceremony of carols* [Cerimônia dos cânticos natalícios], de Benjamin Britten.

[105] Moteto latino, baseado nas antífonas tradicionais do Advento.

[106] Trecho de um hino composto por Johann Rist (1607-1667).

[107] *Que Deus os faça descansar com alegria, senhores!*, hino de Natal londrino, século 18.

terror e do sofrimento ao nosso redor, exigimos imagens de paz e alegria, com temas tranquilos para nossos cartões de Natal.[108] Em contrapartida, o evangelho apocalíptico dramatiza uma luta cósmica entre o bem e o mal, a luz e as trevas, o dia e a noite, em um mundo simbólico que não ignora a maldade e alerta, de antemão, para o irrompimento de acontecimentos como ataques terroristas. "Mas fiquem atentos", diz Jesus no apocalipse sinótico, "pois eu os avisei antecipadamente de tudo" (Marcos 13:23). Um dos argumentos mais veementes em favor da perspectiva apocalíptica no Novo Testamento é que ele dá ao diabo seu devido lugar. Maldades alarmantes — dos níveis macro para o micro, do massacre de milhões à tortura e ao homicídio de uma criança — não são negadas ou lustradas. Não é de surpreender: "Isso deve acontecer", adverte Jesus aos discípulos (Marcos 13:7). Essa é a razão para o chamado do Advento a "vigiar" e "resistir".

> Disciplinem-se, estejam em alerta. Como um leão que ruge, o adversário de vocês, o Diabo, anda por toda a parte, procurando alguém para devorar. Resistam-lhe, perseverantes na fé, pois vocês sabem que irmãos e irmãs de todo o mundo passam pelos mesmos tipos de sofrimento [uma tradução mais literal é: "sabendo que as mesmas aflições *devem cumprir-se* em seus irmãos no mundo"]. Assim, depois de terem sofrido por pouco tempo, o Deus de toda a graça, que chamou vocês para a sua glória eterna em Cristo, ele próprio os restaurará, apoiará, fortalecerá e estabelecerá. A ele, seja o poder, para todo o sempre. Amém (1Pedro 5:8-11, NRSV).

Essa é uma passagem de encorajamento, como um discurso de um comandante feito às suas tropas.[109] Imagens do Novo Testamento nos *posicionam no campo de batalha*.[110] De modo paradoxal (e é aqui que a cruz desempenha seu

---

[108]O cartão de Natal mais inesquecível que meu marido e eu já recebemos foi projetado pelo Catholic Interracial Council of the Twin Cities, no final da década de 1960. A frente do cartão trazia um texto do *Benedictus* [cântico de Zacarias] sobre um fundo vermelho: "O dia raiará do alto sobre nós, para iluminar os que estão sentados nas trevas e na sombra da morte" (Lucas 1:78-79). Do lado de dentro, havia uma fotografia em preto e branco de um menino afro-americano, com a roupa rasgada, sentado, desamparado, na entrada de uma moradia desolada em uma favela. A organização continuou a produzir cartões com a mesma linha temática por mais um ou dois anos, mas, infelizmente, cedeu à realidade de consumo e passou a oferecer cartões com crianças negras e brancas sorridentes, de mãos dadas e fazendo um círculo.

[109]As extraordinárias contribuições de Fannie Lou Hammer, uma mulher negra e semianalfabeta, não foram honradas ou mesmo reconhecidas pela liderança do Movimento pelos Direitos Civis durante a sua vida. Contudo, ela nos serve de bom exemplo de tal comandante nas linhas de frente da guerra apocalíptica. Charles Marsh escreveu um tributo extraordinário a ela em *God's long summer*.

[110]Isso é verdade tanto no sentido corporativo como no individual. A guerra que acontece o tempo todo tem dois aspectos: (1) ela está ao nosso redor, na forma de uma guerra com os Poderes e principados, e (2) ocorre *dentro* de nós. Conforme expresso por Dostoiévski: "O Diabo luta com Deus, e o campo de batalha é o coração humano" (*Os irmãos Karamazov*, trecho baseado na tradução de Pevear-Volokhonsky, p. 108).

papel central), o sofrimento e a perseguição são sinais de que a igreja está sendo eficaz em sua resistência. Essas aflições devem "cumprir-se" (*epiteleisthai*) nos (e entre os) membros da família cristã ao redor do mundo, e essa notícia não é estranha aos cristãos de hoje em muitos países. Disciplina ("sejam sóbrios") e atenção ("e vigilantes") são elementos necessários, visto que o Inimigo é incansável. Observe que a atividade predatória do Diabo não é explicada nem comentada nessa passagem, pois é pressuposta: faz parte do mundo do Novo Testamento.

Essa estrutura simbólica não é descartável, dispensável; nem em 1Pedro nem na pregação de hoje ela é descartável. Antes, é parte do evangelho, visto que o evangelho é uma *mensagem de libertação* das garras da maldade e da Morte. Ainda que, em certos aspectos, seja verdade que o Diabo é um símbolo, o símbolo engloba uma realidade. O senso apocalíptico do Novo Testamento nos fornece um relato incomparável da realidade. A realidade diz respeito ao mal e ao sofrimento e, em última instância, à vitória sobre o sofrimento. O modo comum de designar essa vitória em nossa cultura é chamando-a de "triunfo do espírito humano".[111] Da perspectiva do evangelho, porém, isso é colocar a ênfase no lugar errado. O apóstolo Pedro nos proclama que, quando o espírito humano é triunfante, a misericórdia e o poder de Deus estão trabalhando por meio do espírito humano: "O Deus de toda a graça, que chamou vocês para a sua glória eterna em Cristo, ele próprio os restaurará, apoiará, fortalecerá e estabelecerá" (1Pedro 5:10).

A ênfase apocalíptica do triunfo de Deus celebra não apenas a *iniciativa* de Deus em Cristo, mas também a *vitória futura* de Deus em Cristo. Trata-se da perspectiva "já, mas ainda não" do Novo Testamento, que deve sempre ser tida em equilíbrio. Nas histórias em que Jesus expulsa demônios, por exemplo, vemos que os demônios *já* fogem dele; entretanto, eles *ainda não* foram destruídos, pois recebem autorização para atacá-lo em sua crucificação. Da mesma forma, lemos no Apocalipse que Satanás tem autorização para "fazer guerra contra os santos e vencê-los. A autoridade lhe foi dada sobre toda [...] nação" (Apocalipse 13:7). Em outras palavras, unir-se a Cristo em sua morte e ressurreição pelo batismo (Romanos 6:3-11) não significa estar livre da batalha cósmica, segundo pensavam os coríntios. A vida da igreja é vivida em um equilíbrio entre o primeiro advento de Cristo e o segundo. É uma vida de aflição por amor ao evangelho; contudo, se há uma palavra que soa

---

[111] O escritor Sebastian Junger fala da "dignidade silenciosa da luta humana", que, quer ele saiba, quer não, é muito mais fiel à perspectiva bíblica da humanidade do que "o triunfo do espírito humano" (entrevista conduzida pela National Public Radio, 18 de abril de 2013).

uma nota apocalíptica, tal palavra é "esperança" — aquela que está além da esperança humana (Romanos 4:18), visto que se fundamenta na promessa do futuro de Jesus Cristo. Abraão é o grande modelo aqui; ele estava "plenamente convencido de que *o que [Deus] tinha prometido também era capaz de cumprir*" (Romanos 4:21, KJV). Esse é o alicerce. Porque "Deus é capaz" — como as pessoas das igrejas afro-americanas costumam afirmar —, não somos prisioneiros dos Poderes; antes, somos, segundo proclamado pelo profeta Zacarias, "prisioneiros de esperança" (Zacarias 9:12).[112]

CRÍTICAS À ABORDAGEM *CHRISTUS VICTOR* E A DEFESA DA UNIFICAÇÃO DOS TEMAS

Muitos teólogos e acadêmicos bíblicos resistiram ao movimento para restaurar a perspectiva apocalíptica ao seu lugar central. Há inúmeras razões para isso.

Uma crítica sobre o tema *Christus victor* é que parece mostrar a batalha acontecendo em um cosmo afastado, sem a participação da humanidade. Tentamos mostrar, de forma preliminar, que o cristão *participa* da luta cósmica, participando com seu Senhor da sentença de morte do mundo, equipado para o conflito com a armadura da luz e revestido da justiça de Deus, portando a espada da Palavra na batalha e carregando a cruz, pois "a coroa da vida está destinada ao vencedor".[113] Ser cristão significa que estamos *envolvidos* na batalha contra os demônios. Esta é uma dignidade que Deus nos concedeu: que sejamos seu movimento de resistência. Podemos ilustrá-lo a partir da magnífica aclamação batismal da Igreja Episcopal, que dizia acerca de incontáveis bebês, de ambos os sexos, por centenas de anos: "Recebemos esta criança na congregação do rebanho de Cristo, marcando-*a* com o sinal da cruz como representação de que ela, doravante, não terá vergonha de confessar a fé do Cristo crucificado e de lutar virilmente [*sic*] sob a bandeira cristã contra o pecado, o mundo e o Diabo, continuando como fiel soldado de Cristo até o fim de *sua* vida".[114]

Uma segunda crítica importante ao tema *Christus victor* está relacionada às suas consequências éticas. Douglas John Hall, por exemplo, nos acautela quanto à tendência encontrada na teologia da libertação de colocar toda a culpa do mal em agentes externos, atribuindo, ao mesmo tempo, "muita inocência e

---

[112]Não por acaso o título de um dos livros do bispo Tutu é *Prisoner of hope*.
[113]Hino *Stand up, stand up for Jesus* [Levante-se, levante-se por Jesus].
[114]Esse trecho foi removido do *Livro de oração comum* na revisão de 1979, sem dúvida por sua imagem de batalha.

bondade" ao grupo que se enxerga como necessitado de libertação.[115] Essa é uma compreensão sábia e necessária. Fortalece a perspectiva de que, se *deixarmos todos os temas trabalharem sua ênfase particular sob o arco apocalíptico de Romanos 4:5 e 5:6 — a justificação do ímpio —*, há um corretivo bíblico automático para esse erro. Paulo advertiria, no entanto, que a carne — *sarx*, a natureza humana sob o reino do Pecado —, sendo o que é, exige constante vigilância contra a tendência geral de estabelecermos uma linha entre o merecedor e o não merecedor.[116] Apresentações modernas do tema *Christus victor* tendem a não ser tão complexas e profundas quanto as do apóstolo, que apresenta o tema do Cristo libertador e vitorioso no contexto da retificação (justificação) do *ímpio*. Esse tema recorrente é uma salvaguarda contra o perigo sempre presente de a teologia da libertação se desligar de seus fundamentos cristológicos e querigmáticos, resultando em um grupo se estabelecendo sobre o outro na igreja, de modo que um grupo é tido como correto em sua postura para com Deus e o outro, não — ou, alternativamente, como vítimas e vitimizadores, com as vítimas normalmente lançadas no papel de inocentes.

Uma terceira crítica, relacionada à segunda, é que o tema *Christus victor* proporciona certo relaxamento aos cristãos. O estudioso luterano Gerhard Forde explica isso de maneira vívida. Para entender o que Cristo fez por nós na cruz, escreve ele, temos de ser "apanhados em flagrante". Ele explica: "A obra de Cristo é, e sempre será, um ato no qual estamos *envolvidos e implicados*, um ato que não pode ser traduzido em ideias *convenientes e adormecidas*".[117] Ele argumenta contra "teorias" de todos os tipos, incluindo as de Anselmo e Aulén, por nos "desresponsabilizarem". A crucificação de Jesus, reflete Forde, é atribuída por "teorias" ora como uma necessidade no ser de Deus (Anselmo), ora por causa da hostilidade de Poderes demoníacos (Aulén), deixando-nos, assim, com o sentimento de exonerados. Nesse último caso, por exemplo, ninguém pode dizer: "O Diabo me obrigou a fazer isso".

O argumento de Forde nos é pertinente e útil, especialmente em vista do tema da substituição, que ainda abordaremos. O autor dá o devido reconhecimento a Anselmo, lembrando-nos de que, apesar de Anselmo estar ciente do tema *Christus victor*, achava-o insuficiente, por *não explicar de maneira*

---

[115]A crítica é pertinente também à obra de René Girard.
[116]Vigilância constante como característica da vida da comunidade cristã é um tema central do apocalipse sinótico e de parábolas como a das Dez Virgens; também é, por exemplo, o centro do *paraenesis* de Paulo em Romanos 13:11: "Já é tempo de vocês despertarem do sono".
[117]Gerhard O. Forde, "Caught in the act: reflections on the work of Christ", *Word and World* 3, n. 1 (inverno de 1983), p. 22-31, grifo na citação.

satisfatória o porquê de Jesus ter de sofrer uma morte tão brutal para derrotar as forças demoníacas. Forde cita Anselmo e indaga: "Por que Deus deveria 'rebaixar-se a tamanha humilhação' ou 'realizar algo tão trabalhoso', quando poderia [...] apenas com um sopro, mandar os demônios para longe?". Essa pergunta está na essência deste livro. Anteriormente, nos capítulos 2 e 4, bem como no capítulo sobre Anselmo, enfatizamos que a crucificação, em todos os seus detalhes revoltantes, corresponde precisamente ao que Anselmo chamou, de forma tão memorável, de *ponderis peccatum* (gravidade/peso do pecado). Neste capítulo sobre o tema *Christus victor*, propomos ainda que a horrível barbárie da crucificação *corresponde também* aos limites externos do mal que os Poderes são capazes de perpetrar. Podemos parafrasear Anselmo da seguinte forma: "Você ainda não considerou a enormidade dos Poderes".

Portanto, tais críticas ao tema *Christus victor* destacam alguns pontos vitais e nos remetem a uma reflexão mais profunda.

Resumindo e antecipando-se ao que está por vir: equilibrando o "complexo de ideias"[118]

No Novo Testamento, o tema *Christus victor* não pode ser descartado. Está profundamente enraizado na Escritura e na tradição, falando-nos, hoje, com ímpeto e relevância renovados por levar em conta a maldade presente no mundo. O tema enfatiza a inteligência infernal, a força aniquiladora e a fúria letal dos Poderes demoníacos. No mundo contemporâneo, conhecemos muito bem esse tipo de maldade. Enquanto o século 21 se desdobra, qualquer um que acompanhe as notícias terá a percepção de que o nosso globo está repleto de uma iniquidade verdadeiramente intolerável, e que tal impiedade está fora de controle; é algo "solto e que está batendo à porta do coração do mundo".[119] Nessa situação, os cristãos vivem e testificam com base em duas imagens que mantêm diante de si: a primeira é a da crucificação, uma cena de completo horror e aparente derrota; a outra, do *Christus Rex*, coroado, vitorioso, triunfante, ressurreto — *ho erchomenos* (aquele que há de vir). Não são imagens separadas, uma ao lado da outra; são imagens que se fundem entre si.

Qualquer tendência de interpretarmos a vitória de Cristo na cruz sem fazer referência ao Pecado como um dos Poderes terá efeito desastroso em nossa

---

[118]Conforme já observado, a expressão é extraída de *The story of atonement*, de Stephen Skye, Trinity and Truth Series (London: Darton, Longman, and Todd, 1997).

[119]Segmento de frase extraído do escrito maravilhoso de Loren Eiseley, *The firmament of time*, cit. Dick Tripp, *The biblical mandate for caring for creation* (Eugene: Wipf and Stock, 2013), p. 34.

ética. Encoraja uma separação nociva entre piedade pessoal e ação social. Permite que grupos dentro da igreja se posicionem contra outros grupos, aqueles que fazem o trabalho da libertação e aqueles que o obstruem. Quando não há senso mútuo de pecaminosidade na igreja, forma-se uma condição perigosa, com parte da igreja se considerando os verdadeiros crentes, mostrando desprezo sutil (ou não tão sutil assim) pelos "menos iluminados".[120]

Acima de tudo, Paulo se preocupa em mostrar que a vida cristã não prossegue, como se nada tivesse mudado no mundo. A igreja não é um barco redimido, flutuando em um mar não redimido — como se apenas tivéssemos recebido o perdão dos pecados e passado a crer, de forma individual, em Jesus. Em vez disso, houve uma transferência de eras, uma troca de um *kosmos* para outro. Os Poderes e os principados podem não saber disso, mas seus fundamentos foram minados e não são mais duradouros. A *própria criação* foi e continua a ser invadida pelo novo mundo, a era vindoura. "Pois a criação aguarda com grande anseio a revelação dos filhos de Deus; pois a criação foi submetida à futilidade, não por sua vontade, mas pela vontade daquele que a sujeitou em esperança; porque a própria criação será libertada de sua escravidão à decadência para receber a gloriosa liberdade dos filhos de Deus" (Romanos 8:20,21).

Identificamos alguns problemas associados à teoria *Christus victor* quando a temos em isolamento estrito em vez de lhe permitirmos interagir com outros temas do Novo Testamento. Este livro foi elaborado para destacar o *aglomerado* de imagens que circundam a morte de Cristo em meio à abrangência do *drama apocalíptico*, o qual, de modo sistemático, apresenta Deus como sujeito ativo, alistando, simultaneamente, até mesmo os mais simples dentre os cristãos (*especialmente* os mais simples) no grupo formado por lutadores de resistência ao lado de Deus.[121] O tema *Christus victor*, compreendido dessa maneira, interliga a *expiação* pelo pecado com a *retificação* dos pecadores.

Por fim, e antecipando o próximo capítulo, não há como concluirmos melhor senão citando o prefácio de Jaroslav Pelikan à edição em brochura do

---

[120] É contra esse tipo de situação que Paulo adverte severamente em Romanos e 1Coríntios, com sua exortação para que os "fortes" mostrem amor e consideração pelos "fracos" — afinal, aos olhos de Deus, somos *todos* "fracos". De modo significativo, esse cenário, no qual um grupo considera outro fraco, é o contexto para o famoso capítulo de 1Coríntios 13 sobre o amor. A carta de 1Coríntios como um todo é um chamado à igreja para retornar à mensagem da cruz.

[121] Esse é precisamente o drama que J. R. R. Tolkien desenvolve de modo extenso em *O Senhor dos anéis*. Os *hobbits* Sam e Frodo se encontram entre "os menores do grupo", mas são aqueles escolhidos para carregar o peso da batalha. Tolkien, admitindo isso em suas cartas, faz de Deus o ator invisível em todos os desdobramentos. Cf. meu livro *The battle for Middle-Earth: Tolkien's divine design in "The lord of the rings"* (Grand Rapids: Eerdmans, 2004).

livro *Christus victor*. Após analisar as inúmeras revisões propostas pelos críticos de Aulén e concordar com muitas delas, Pelikan conclui que, como um livro que continua a ser referência para a definição de termos para a discussão, "com o passar do tempo, parece ficar cada vez mais atual". Então, em palavras que soam ainda mais atemporais no século 21 do que soaram no século 20, Pelikan declara: "E se, em nossa época, experimentamos, com nova profundidade e amargura, a realidade niilista da derrota nas mãos de forças impessoais, contra as quais ninguém é capaz de lutar, devemos também aprender, novamente, sobre o poder e o domínio sutil daquele que exerce seu senhorio e vence a batalha por meio da morte — e morte de Cruz".[122]

---

[122]Jaroslav Pelikan, prefácio à edição de brochura de *Christus victor* (New York: Macmillan, 1968).

CAPÍTULO 10

A DESCIDA AO INFERNO

Esboço do capítulo

Forneço um esboço para este capítulo, bem como para o capítulo seguinte, com o objetivo de nos ajudar a desvendar os complicados temas neles abordados:

1. Por que este capítulo? Quatro objetivos
2. O que é o "inferno"
   - Contexto bíblico
     » *Sheol*
     » *Hades*
     » *Gehenna*
     » O surgimento de uma cosmologia
   - Textos do Novo Testamento relacionados à descida ao inferno
     » 1Pedro 3:17-21
     » Efésios 4:8-10
3. Temas bíblicos relacionados à descida ao inferno
   - Confrontação com a Morte, parceira do *Hades*
   - Libertação de outra esfera de poder
   - A impiedade do inferno
   - Condenação: provisória e intermediária ou definitiva e final?
4. A descida ao inferno no credo e na tradição
   - Um quê de teologia da libertação em um comentário antigo
   - Iconografia da descida ao inferno
   - Idade Média: Tomás de Aquino e a "necessidade violenta"
   - Reforma: João Calvino
   - Século 20: Karl Barth

Olhando adiante: Interpretando a descida ao inferno na "era do genocídio"
Algumas conclusões preliminares

5. A origem do mal
    - A serpente de Gênesis
    - A figura de Lúcifer
6. A natureza do mal
    - Definição clássica: o mal como ausência do bem
    - O que a tradição afirma e rejeita
7. O "argumento do mal" refuta Deus?
    - Diversos argumentos e sua ineficácia
    - Marilyn McCord Adams e os "males horrendos"
    - Teodiceia: o impacto de Lisboa, Auschwitz e o grande tsunami de 2004
8. O mal é parte do propósito de Deus?
    - *O felix culpa!*
    - Teodiceia: conclusão
9. O poder de negar: a razão pela qual "Satanás" é necessário
    - O poder estranho no discurso pós-moderno
    - A negação do ser
    - Falando de Satanás
10. O mal desmascarado
    - A falsidade da inocência
    - O fator oculto da cumplicidade
    - A ininteligibilidade moral do mal
11. "Revolta contra explicações"
    - "Clamo a ti, mas não me respondes" (Jó 30:20)
    - Do meio de um redemoinho
12. Cosmologia do Novo Testamento e o inferno dos perpetradores
    - "Deus e seu monopólio da violência"
    - Quem merece o quê?
    - O inferno dos perpetradores
    - A descida do justo em favor dos injustos
    - A Palavra irresistível
    - O futuro do inferno
13. Resumo e transição

> Mais do que nunca
>   a vida lá fora é boa, milagrosa, adorável;
> não devemos, contudo, desde Stalin e Hitler,
>   confiar em nós mesmos outra vez: sabemos que,
>   subjetivamente,
>   tudo é possível.
>
> W. H. Auden, "The cave of making"[1]

> A razão pela qual o Filho de Deus apareceu foi
> para destruir as obras do Diabo.
>
> 1João 3:8

1. Por que este capítulo? Quatro objetivos

Um leitor informado pode razoavelmente protestar que a descida de Cristo ao inferno — ou a "angústia do inferno", conforme chamada na igreja medieval — não é um tema separado e merecedor de um capítulo próprio. O tema quase não aparece nas Escrituras — certamente não com qualquer desses nomes —, e o artigo no Credo dos Apóstolos, *descendit ad inferna* ("desceu ao inferno"), tem sido, há muito, motivo de disputa.[2] Atribuir um capítulo isolado e longo a esse tema pode, portanto, parecer algo perverso. Assim como o tema proeminente da reconciliação foi discutido sob o título de *retificação*, a descida ao inferno poderia ter-se tornado um subtítulo de *Christus victor*. Isso não aconteceu, porém, por razões que ficarão claras.

Os objetivos deste capítulo podem ser apresentados da seguinte forma:

1. Olhar, sem nenhuma ambiguidade, para a presença e a potência de níveis alarmantes de maldade, com o fim de registrar o pior da natureza humana, fortalecendo-nos para resistir a isso e preparando-nos para essa resistência,

---

[1] W. H. Auden, "The cave of making (*In memoriam* Louis MacNiece)", in: Edward Mendelson, org., *Selected poems*, 2. ed. ampl. (New York: Vintage, 2007), p. 267.
[2] A expressão nem sequer aparece no Credo de Niceia.

reconhecendo que há inclinações sombrias escondidas *em todos nós* e que, em certas circunstâncias, elas podem vir à tona.
2. Questionar se males horríveis não põem em xeque todo o projeto humano e, portanto, minam qualquer fé em um propósito divino. Nós, que cremos em Deus, esperamos de Deus que, se ele não explicar esse mal alarmante e radical nesta vida, pelo menos nos fornecerá uma estrutura conceitual básica a partir da qual abordá-lo.
3. Mostrar que a expressão *descendit ad inferna*[3] sugere uma cosmologia, visto que um dos propósitos principais deste livro é mostrar que a história de Jesus Cristo tem implicações cósmicas.
4. Antecipar o capítulo seguinte, sugerindo que a descida ao inferno ilumina e combina de forma poderosa *não apenas* o tema *Christus victor*, mas também diversos outros, incluindo o tema da substituição.

A declaração do credo sobre a descida ao inferno remete-nos a essa estrutura conceitual básica e nos ajuda em nossa preparação para a resistência contra o Maligno. Tais considerações são tão centrais ao propósito deste volume que se justifica dedicar um longo caminho a elas. No entanto, caso o leitor deseje pular o material que contextualiza o tema, exposto na primeira metade deste capítulo, pode ir diretamente para a seção 6: "A natureza do mal".

2. O que é o "inferno"?

Contexto bíblico

Porque o tema da descida de Cristo ao inferno é debatido e entendido de forma muito limitada, e visto que sua origem também é complexa, este capítulo contém mais material contextual do que outros encontrados neste volume. A "história do inferno" é notoriamente difícil de ser traçada, pois envolve uma multiplicidade de conceitos que se intersectam. Selecionamos aqueles que nos parecem relevantes.

A palavra inglesa para "inferno" (*hell*) tem origem no anglo-saxão.[4] A palavra é usada pela versão King James do Antigo Testamento como

---

[3]Às vezes, *ad inferos* (de *inferus*, "mundo inferior") é usado no lugar de *ad inferna* (de infernos, "aquilo que está abaixo"). Tomás de Aquino, Calvino e Barth usam versões do Credo dos Apóstolos que empregavam *inferos*.
[4]O termo aparece como *hellae* no inglês saxônico do Credo dos Apóstolos (c. 1125), traduzido a partir do credo latino, o qual se tornara o padrão no oitavo século d.C.

tradução de *Sheol*.⁵ Versões modernas do Antigo Testamento adotam, em geral, "Sheol", sem tradução. No Novo Testamento, entretanto, a história é outra — e esse detalhe é importante. A palavra inglesa para "inferno" é empregada na NRSV — sobretudo em Mateus e Marcos — para traduzir *Hades* e *Gehenna* (e, em um único caso, *Tartaros*). As versões modernas mantiveram, em geral, "Hades" sem traduzir, mas, curiosamente, traduziram *Gehenna* como "inferno".⁶

Sheol

Sheol é a palavra hebraica que denota o mundo inferior, onde todos os mortos habitam, por assim dizer, em um estado sombrio de existência. *Não há vida significativa após a morte no mundo do Antigo Testamento.*⁷ Aqui, temos de fazer uma pausa e refletir a respeito. Hoje, poucos cristãos (ou até mesmo judeus) compreendem totalmente a renúncia total do Antigo Testamento a todas as especulações sobre a vida após a morte. Estamos tão acostumados a pensar em termos vagos, genericamente religiosos e quase helenísticos sobre a "imortalidade da alma" que mal podemos compreender o grau em que se esperava que a antiga comunidade israelita, em nome de Yahweh, *renunciasse a qualquer esperança de uma sobrevivência individual significativa após a morte*. A inexistência insubstancial no *Sheol* era o destino de todos.⁸ Essa doutrina intransigente diferencia a fé de Israel — insisto na repetição — das demais religiões do Oriente Próximo.

No *Sheol*, a vida do indivíduo com Deus chega ao fim. Salmos 88 descreve isso em termos mais sombrios, porém existem inúmeras outras passagens que podemos examinar. No *Sheol*, as sombras não louvam nem podem louvar a Deus, e Deus não se lembra mais delas (Salmos 6:5; 115:17 etc.). Elas não têm conhecimento do que se passa na terra, e todas as conexões são cortadas (Eclesiastes 9:5; Isaías 63:16 etc.). Não há retorno do *Sheol* (Jó 7:9,10); tudo é silêncio e escuridão (Salmos 94:17; 49:19 etc.). Nessas condições,

---

⁵Ser-nos-ia instrutivo investigar palavras usadas para traduzir *Sheol*, *Gehenna* e *Hades* em outras línguas — *enfer* em francês, *Hölle* em alemão etc. Isso, porém, fugiria aos propósitos deste livro.

⁶Alguns tradutores têm lutado com expressões gregas como *pulai hadou* (lit., "portas do Hades" — Mateus 16:18). Na versão King James, o segmento é traduzido por "portas do inferno"; na RSV e na REB, "poderes da morte"; na NRSV e na NIV, "portas do Hades"; na NAB, "mandíbulas da morte".

⁷As únicas exceções são passagens já no fim do período veterotestamentário: Isaías 29:19 e Daniel 11:2,3. Por serem passagens tardias, constituem uma exceção à regra.

⁸Em Salmos, tal existência era normalmente lamentada, mas nunca desafiada: tratava-se da correta disposição de um Deus justo que tinha autoridade sobre vivos e mortos.

não há conforto ou esperança na perspectiva de uma existência após a morte (Salmos 39:13; 49:20).⁹ Nos Apócrifos, uma passagem de Eclesiástico resume a ideia toda:

> Quem louvará o Altíssimo na mansão dos mortos,
>   em lugar dos vivos e de todos os que o glorificam?
> Os mortos não existem mais e já não louvam; só louva ao Senhor quem tem
>   vida e saúde (Eclesiástico 17:22,23).¹⁰

É realmente impressionante o fato de Israel ter continuado com essa crença vigorosa por tanto tempo: trata-se de um dos aspectos mais admiráveis da fé hebraica. O Deus eterno era digno em si mesmo; a recompensa individual além da morte em nada se relacionava com a adoração a Deus. A comunidade tinha a responsabilidade e o privilégio de continuar a louvar a Deus por seus atos maravilhosos em favor de seu povo *nesta vida*.

Talvez o aspecto mais revelador do *Sheol* para este capítulo em particular seja o conceito de Deus como inteiramente ausente do reino da Morte e indiferente para com todos os que nele habitam. A ideia foi transportada para um conceito de morte como algo contaminante, algo totalmente impuro. Em Marcos 5:1-20, somos informados de que o endemoninhado geraseno "vivia entre os túmulos" como alguém expulso da sociedade humana. Portanto, a vitória de Jesus sobre o "espírito impuro" do homem não é apenas uma cura milagrosa e uma vitória sobre Satanás; trata-se, antes, de um avanço inaugural para ao terrível reino da Morte.

Hades

No grego clássico, *Hades* era o nome de um deus do mundo dos mortos (como na *Ilíada*, de Homero) ou, mais comumente, o lugar de habitação dos mortos insubstanciais (como nos escritos de Hesíodo e na *Odisseia*).¹¹ De modo significativo, *Hades* e *Sheol* estão combinados no Novo Testamento; a tradução grega das Escrituras judaicas (Septuaginta) usa a palavra *Hades* para

---

⁹Um retrato particularmente comovente do *Sheol* é o salmo de Ezequias, encontrado em Isaías 38.
¹⁰Edição Pastoral, Paulus Editora. (N. T.)
¹¹Na mitologia grega, o *Hades* não era apenas o governante do reino dos mortos, mas também Plutão, deus da riqueza. A esposa de *Hades* era Perséfone, a gentil deusa da primavera, a qual também era, por sua vez, líder das Fúrias. Esse tipo de ambivalência, normalmente encontrada na mitologia do Mediterrâneo e do Oriente Próximo, não encontra embasamento algum nas Escrituras judaicas.

traduzir a palavra hebraica *Sheol*. Portanto, uma única palavra, *Hades*, denota *tanto* o reino dos mortos *como* o governante desse reino no Novo Testamento. Às vezes, é imaginado como uma fortaleza trancada com portões (Mateus 16:18), trancada com uma chave que Cristo capturou (Apocalipse 1:18). Em Apocalipse 20:14, entretanto, a Morte e o *Hades* são personificados. *Ambos* os usos — *Hades* como reino, *Hades* como governante — são válidos para a interpretação teológica.

Uma transição crucial ocorre no período apocalíptico entre os dois Testamentos. A ideia do *Hades* foi expandida para significar não apenas o domínio dos mortos, mas também o lugar de punição do ímpio, assumindo, assim, o caráter que nos é mais conhecido (e temido), como o reino não tanto dos *mortos*, mas, sim, dos *condenados*. Assim, em pinturas famosas, como a do *Juízo Final*, de Michelangelo, está claro que aqueles que estão a caminho do inferno sofrem as torturas dos condenados.

É fácil para as pessoas modernas descartarem totalmente esse conceito de inferno como condenação, uma vez que nosso senso de responsabilidade para com Deus como nosso Juiz foi enfraquecido a ponto de quase desaparecer. Entretanto, é importante lidarmos com essa ideia, até porque o simbolismo do "inferno" como destino dos condenados (compreendido metaforicamente, não literalmente) constitui um tema proeminente do Novo Testamento. Se ignorado, nosso conceito de Deus não passará de uma imitação pálida, visto que não conterá qualquer dimensão de juízo.

Gehenna

Gehenna é a palavra que mais se aproxima do conceito que temos de "inferno". É a forma grega da palavra aramaica *gêhinnãm*.[12] Por volta da época de Jesus, a palavra assumiu grande importância, pois designava o fogo consumidor que se seguiria ao Juízo Final. Isso é importante, pois mostra como o imaginário

---

[12] O desenvolvimento do termo é interessante, pois, no original, denotava uma localização geográfica. A forma hebraica da palavra, *gêhinnôm*, aparece nas traduções inglesas do Antigo Testamento como "vale dos filhos de Hinom" [vale de Ben-Hinom (cf. Josué 15:8)]. Esse vale, localizado ao sul de Jerusalém, é mencionado diversas vezes no Antigo Testamento como um lugar amaldiçoado real, no qual o sacrifício infantil era praticado. O rei Josias o desconsagrou "para que ninguém queimasse o seu filho ou sua filha como oferta a Moloque" (2Reis 23:10). Em uma passagem vívida encontrada no livro de Jeremias, o profeta é chamado por Deus a ir para Tofete, "que ficava no vale dos filhos de Hinom", para declará-lo como lugar do juízo vindouro de Deus (Jeremias 19:1-9; cf. tb. 7:30-34). Tofete, um "lugar alto", erguido para o sacrifício infantil no vale de "Gehenna" (Jeremias 7:31,32), foi usado como sinônimo para "inferno" na pregação pós-bíblica e na literatura posterior, dando continuidade, assim, à ideia de juízo.

se moveu para a esfera do cósmico. No Novo Testamento, os termos gregos *Gehenna* e *Hades* se tornaram conceitos associados, com "Gehenna" sendo mais proximamente identificado com o "inferno de fogo" escatológico que acompanharia o Juízo Final (Mateus 5:22). O uso frequente de "Gehenna" em Mateus e Marcos carrega essa conotação. O próprio Jesus se refere a ele diversas vezes, de modo implacável. Advertindo escribas e fariseus, Jesus os chama de "filhos do Gehenna", dizendo: "Serpentes, raça de víboras! Como vocês escaparão de serem sentenciados ao Gehenna [traduzido por 'inferno']?" (Mateus 23:15,33).[13]

Esses três conceitos, embora se misturem em vários pontos do Novo Testamento, permanecem como de difícil definição — e alguma familiaridade com o contexto é necessária para compreendermos o significado de "inferno".[14]

O surgimento de uma cosmologia

Vimos que duas ideias centrais estavam presentes no uso dessas três palavras bíblicas principais. No Antigo Testamento, o conceito predominante era Sheol, um domínio no qual *todos* os mortos, sem distinção, habitavam nas sombras, sem nenhum sentido ou propósito. Entretanto, após o Exílio, com o surgimento da literatura apocalíptica, essa noção indiferenciada foi sobrepujada pelo novo conceito de um juízo após a morte e uma separação final em bem-aventurança eterna com Deus para o justo, por um lado, e, por outro lado, perdição, no Gehenna, para o ímpio. Nesse período, desenvolveu-se o conceito de um Inimigo governante, que podia ser personificado como *Hades*, Morte, Belzebu (o "príncipe dos demônios" de Marcos 3:22)

---

[13]Esse tipo de linguagem ocorre com muito mais frequência nos ensinamentos de Jesus do que muitos hoje percebem ou admitem.

[14]Esse ponto é ainda mais complicado ou aprofundado pelo fato de também existirem outras designações:

Abyssos, palavra grega traduzida por "abismo", é usada diversas vezes em Eclesiástico para denotar o submundo ou o mundo dos mortos, aparecendo no Novo Testamento com um sentido praticamente semelhante (Lucas 8:31; Romanos 10:7; Apocalipse 9:11; também 20:1,3).

Abadom, uma palavra hebraica, aparece diversas vezes em Jó e Provérbios, livros nos quais o termo é sinônimo de "Sheol". Na passagem de Apocalipse 9:11, porém, o texto que acabamos de mencionar, Abadom se tornou sinônimo de "anjo do Abismo [*abyssos*]; seu nome em hebraico é Abadom e, em grego, Apoliom [Destruidor]". Assim como a palavra "Hades", "Abadom" passou a significar não apenas o submundo, mas também o governante desse mundo dos mortos.

Tártaros (cuja forma mais comum é Tártaro) é usado em 2Pedro 2:4, passagem na qual ela é sinônimo de "Gehenna". Na *Ilíada*, Tártaro é descrito como um lugar muito abaixo do Hades. Posteriormente, em um desenvolvimento que vimos ser típico, Tártaro se tornou um lugar de punição dos ímpios. O termo é empregado, nesse último sentido, pelos poetas gregos como sinônimo de *Hades*.

Zophos, cujo significado é "trevas" ou "escuridão", é usado para identificar o lugar de punição em 2Pedro 2:4, 2:17 e Judas 6.

ou Satanás, entre outros nomes.[15] *Esse era o mundo conceitual no qual Jesus de Nazaré nasceu e cresceu.*[16]

Já começamos a analisar como o apóstolo Paulo compreende o senhorio de Cristo em meio a essa estrutura cósmica. A identificação do Gehenna com a punição final do ímpio nos servirá de contexto para nossa análise posterior da seguinte questão: A condenação será realmente *final* ou parcialmente final? Será definitiva ou intermediária?

Textos do Novo Testamento relacionados à descida ao inferno (1Pedro 3:17-21 e Efésios 4:8-10)

A passagem mais proeminente que aborda nosso tema é 1Pedro 3:17-21, aqui citada em parte: "Pois Cristo [...] [foi] morto na carne, mas vivificado no espírito — no qual também foi e pregou aos espíritos em prisão, os quais, em outro tempo, foram desobedientes, quando a paciência de Deus aguardava nos dias de Noé".[17]

A atenção que essa passagem atraiu ampliou demais suas pegadas. Nela, não há nada específico sobre o "mundo inferior", mas, conforme veremos em breve, a passagem sobre Cristo pregando aos "espíritos em prisão, os quais, em outro tempo, foram desobedientes" foi identificada, desde cedo, com uma

---

[15]No Novo Testamento, encontramos diversas designações: Satanás, Diabo, Baal-Zebul (ou Belzebu, como nos Evangelhos Sinóticos), Pecado e Morte (Paulo), "o príncipe deste mundo" (João 14:30), "pai da mentira" (João 8:44), "príncipe do poder do ar" (Efésios 2:2) e Hades (Apocalipse 20:14). No plural, os poderes demoníacos são chamados de "Legião" (Marcos 5:9), "espíritos elementares do universo" (Colossenses 2:8) e "governantes mundiais desta presente escuridão" (Efésios 6:12). O ponto é que, a despeito de como o Inimigo é chamado, há um Poder maligno contra Deus.

[16]Nos Evangelhos, Jesus usa "Gehenna" e "Hades" de forma mais ou menos intercambiável, embora empregue "Gehenna" com mais frequência. Em sua conhecida promessa a Pedro de que as portas do Hades não prevalecerão contra a igreja (Mateus 16:18), as traduções têm sido, às vezes, confusas. A RSV traduz livremente a passagem como "os poderes da morte", o que certamente expressa algo do que Jesus quer dizer, mas não incorpora a ideia de punição. Os tradutores se esforçaram para separar o uso que Jesus faz de "Gehenna" de "Hades". A NRSV traduz Mateus 16:18 como "as portas do Hades", mesmo que essa versão traduza Gehenna como "inferno". Isso parece muito meticuloso. Na história do homem rico e de Lázaro, "Hades" é usado para denotar o reino no qual o homem rico está "em tormento". Parece-me que os termos "Gehenna" e "Hades" sobrepõem-se no ensino de Jesus nos Evangelhos Sinóticos, uma vez que uma sugestão de condenação e punição está sempre presente — contradizendo a noção popular de Jesus como um mestre de perpétua gentileza. É Paulo, o suposto incendiário, que nunca menciona o inferno e, especificamente, circunda suas referências à condenação com a promessa da justificação cósmica.

De qualquer maneira, argumentaria que a palavra "Hades" deve ser traduzida como "inferno" a fim de transmitir o espectro pleno das consequências que decorrem da oposição ou da separação dos propósitos de Deus.

[17]Posteriormente, ainda neste capítulo, retornaremos a essa passagem e às porções omitidas aqui.

descrição do *descensus*.¹⁸ Considera-se o capítulo 4 da mesma carta como contendo uma segunda referência ao evento: "Eles [os desobedientes] terão de prestar contas àquele que está pronto para julgar os vivos e os mortos. Pois é por isso que o evangelho foi pregado até mesmo aos mortos, para que, embora julgados na carne segundo os homens, vivam no espírito segundo Deus" (1Pedro 4:5-6).

Outra passagem bíblica que parece sugerir a vitória de Cristo contra os poderes do mundo dos mortos é Efésios 4:8-10:

> Portanto, diz-se: "Ao subir ao céu, tornou cativo o próprio cativeiro [na versão King James, "levou cativo o cativeiro"] e deu dons ao seu povo" [Salmos 68:18]. (Ao dizer: "ele ascendeu", o que isso quer dizer senão que ele também desceu às partes inferiores [*katoteros*] da terra? Aquele que desceu é o mesmo que subiu acima de todos os céus, a fim de preencher todas as coisas.) (NRSV)

Essa passagem de Efésios é debatida, visto que "descer" às "partes inferiores da terra" poderia referir-se à própria encarnação.¹⁹ Partindo, porém, do pressuposto de que se refere a algo mais, a passagem deve significar que Cristo, ao morrer, "desceu" ao reino dos mortos. E quanto à referência de Paulo sobre levar cativo o Cativeiro (o termo parece estar personificado)? Qual a ligação entre a descida ao *katoteros*, a captura do Cativeiro, a subida ao céu e a seção que une toda essa linha de pensamento?²⁰ Não parece ser um salto muito grande pensar nesse versículo como parte de um testemunho de Cristo espoliando o *Hades*.²¹ A melhor forma de compreendermos tudo isso é buscando uma interpretação fluida dessas passagens, nas quais podemos usar todas essas imagens variadas.

---

¹⁸O comentário de E. G. Selwyn em relação a 1Pedro, escrito na Inglaterra durante os dias obscuros da Segunda Guerra Mundial, faz uso pastoral e teológico de 1Pedro 3:17-21. Sua interpretação é longa demais para ser citada por completo, mas, como o restante de seu comentário maravilhoso, está repleta de amor pelo evangelho e pela igreja. O autor enfatiza o "escopo universal da obra de Cristo" e "a universalidade de sua missão redentora" ao analisar ambas as passagens. Cf. Selwyn, *The First Epistle of St. Peter* (London: Macmillan, 1964), especialmente "The relevance of I Peter 3:18ff. to modern times", p. 359-60.

¹⁹Nessa leitura, o significado é que a "captura do cativeiro" foi alcançada pelo *keinos* (esvaziamento) do Filho ao "descer", nascendo em forma humana e subindo, em sua ascensão, à direita de Deus (Filipenses 2:7-11). Mas será que Paulo denota a terra em si ao usar *katoteros*? Na LXX, a palavra grega traduz o termo hebraico *tahtôn*, usado em Salmos para denotar o reino dos mortos (63:9; 86:13; 139:8 etc.). Não há como a passagem se referir à terra e ao reino dos mortos ao mesmo tempo.

²⁰Selwyn vai tão longe a ponto de afirmar que esse texto mostra que o *descensus* já era uma doutrina plenamente aceita na igreja primitiva (*First Epistle of St. Peter*, p. 321).

²¹Intérpretes da persuasão histórico-crítica rejeitam, em grande medida, essa leitura. Trabalho com base em um método canônico mais expansivo, incluindo a história da interpretação.

3. Temas bíblicos relacionados à descida ao inferno

Nossa pesquisa das palavras bíblicas "Sheol", "Hades" e "Gehenna" sugere inúmeros temas que se sobrepõem, os quais nos ajudarão a compreender a descida de Jesus ao inferno. Conforme veremos, o *descensus* funciona de forma mais significativa para nós hoje ao ser compreendido de uma forma proléptica ou antecipatória; temos, porém, de edificar sobre o fundamento estabelecido pela Escritura e pela tradição. Identifiquemos, assim, diversas linhas que correm através da Bíblia:

Confrontação com a Morte, parceira do Hades

No Novo Testamento, todas as menções ao *Hades* o interligam (quer como "região dos mortos", quer como uma personificação como governante do mundo dos mortos) com a Morte, explícita ou implicitamente.[22] Ao lutar, portanto, contra Satanás, Jesus também luta contra a Morte. Como o *Hades*, a Morte é concebida como um Poder autônomo, capaz de aprisionar a alma humana, sem nenhuma esperança de soltura.[23]

No Novo Testamento, as referências à Morte não correspondem apenas à extinção e ao fim da vida natural, algo tido como certo (embora não celebrado, claro) pelos hebreus do Antigo Testamento. No Novo Testamento, a Morte se tornou um Poder hostil, de modo que morrer não se resume apenas a passar para o Sheol ou para uma imortalidade inerente; Paulo é explícito a esse respeito.[24] Antes, morrer é uma experiência de *condenação e derrota nas mãos do Inimigo de Deus*. Essa é uma ideia apocalíptica que apareceu com força no período intertestamentário, tornando-se parte indispensável do mundo simbólico de Jesus

---

[22] Mateus 4:6; 16:18; Atos 2:24; Romanos 5:14; 6:9; 6:13; 7:24; 2Timóteo 1:10; Hebreus 2:14,15; Apocalipse 1:18; 20:13 etc.

[23] Não devemos pensar que o inimigo está ausente do Antigo Testamento. "Jó partilha, com o livro de Salmos, a falsa premissa de que o mundo conforme o conhecemos — a natureza e a história, incluindo o destino do indivíduo — constitui diretamente a obra e a vontade de Deus. Esse não é o sentido mais profundo da Bíblia. Sem dúvida, ela reconhece a criação de Deus [...] declarando-a como "muito boa", mas também reconhece a Queda e a destruição que dela flui. Ela [a Bíblia] reconhece, até mais do que Jó, *o poder opositor*, esperando a solução do problema relacionado à justiça de Deus a partir da redenção de Cristo. A Bíblia antecipa a solução do problema pela atuação de Deus e do homem, que, seguindo o exemplo de Cristo, torna manifestas as obras de Deus por meio das lutas com o maligno e o enigma inerente a essas lutas" (Leonhard Ragaz, "God himself is the answer", in: Nahum Glatzer, org., *The dimensions of Job: a study and selected readings* [New York: Schocken Books, 1969], p. 130-1, grifo na citação).

[24] Paulo aborda isso claramente ao escrever que "carne e sangue não podem herdar o reino de Deus, nem o perecível herdar o imperecível" (1Coríntios 15:50). Em Romanos 6:9, ao dizer que "a morte não tem mais domínio sobre ele [Cristo]", o apóstolo demonstra enxergar a Morte como um Poder com um reino, um domínio.

de Nazaré e das cartas apostólicas.[25] Essa compreensão da Morte como derrota pelo grande Inimigo explica a forte reação de Jesus junto ao túmulo de Lázaro (João 11:33,35,38). Tem pouco em comum com o conceito tenaz da morte como uma passagem gentil à imortalidade.

Libertação de outra esfera de poder

No universo simbólico do Novo Testamento, "inferno" é uma prisão da qual o escape é impossível, a menos que ocorra uma libertação ativa de fora para dentro. O ensino de Jesus a esse respeito, embora contido na forma indireta de uma parábola, não poderia ser mais claro: "Se Satanás se levanta contra si mesmo e está dividido, não pode subsistir, pois está chegando ao fim. Mas ninguém pode entrar na casa do homem forte e saquear seus bens sem antes amarrá-lo; só então conseguirá saquear sua casa" (Marcos 3:26,27).

A expulsão de demônios relatada nos Evangelhos Sinóticos ilustra o que significa "amarrar o homem forte". Não é por acaso que o primeiro ato público de Jesus em Marcos é a libertação de um homem possesso por espírito maligno:

> E imediatamente estava na sinagoga um homem com um espírito imundo; e ele [o demônio, não o homem] gritou: "O que temos contigo, Jesus de Nazaré? Veio para nos destruir? Eu sei que você é: o Santo de Deus". Mas Jesus o repreendeu, dizendo: "Cala-te e sai dele!". E o espírito imundo, convulsionando-o e clamando em alta voz, saiu dele. Todos ficaram maravilhados, de modo que questionavam entre si: "O que é isto? Um novo ensinamento! Com autoridade, ele comanda até os espíritos imundos, e eles lhe obedecem!" (Marcos 1:23-27).

A mensagem de Marcos depende de nossa compreensão de que o demônio é *distinto* do homem atormentando, e que a autoridade de Jesus sobre esses demônios provém de outro reino, o qual, até a encarnação do Filho, nunca aparecera de forma plena na esfera da carne.

---

[25] O apóstolo Paulo é explícito quanto à ligação entre Pecado e Morte, compreendidos como Poderes. Menciona Satanás com menos frequência, mas, nessas menções, sugere claramente sua presença e seu poder. Retratado como um leão devorador à espreita em 1Pedro 5:8, o Diabo é descrito por Selwyn, durante a Segunda Guerra Mundial, como "uma comparação gráfica que representa a força, a presença e a destrutividade do mal" (*First Epistle of St. Peter*, p. 237), um ser que expressa "o propósito decaído e deliberado do poder do mal" (p. 238). Selwyn compara o leão à Gestapo (p. 237).

A impiedade do inferno

As duas passagens de 1Pedro (citadas acima) aparentemente se referem a incrédulos *desobedientes*. De fato, trata-se daqueles que morreram afogados por sua impiedade "nos dias de Noé". Isso certamente significaria que eles sofreram a ira de Deus e foram para o mundo dos mortos. Quer o inferno seja entendido como um lugar de sombras (como o Sheol), como o reino da Morte (como o Hades), como um lugar de punição e tormento (como o Gehenna) ou como *uma mescla de todos eles* (conforme retratado no Novo Testamento), trata-se de um lugar abismal.[26] Já vimos que, de acordo com o Antigo Testamento, os mortos "descem" ao Sheol, onde não têm quaisquer faculdades; os mortos nem sequer são capazes de louvar a Deus. Para um hebreu piedoso, não podia existir coisa pior. O autor de Efésios identifica essa condição sob a perspectiva do Novo Testamento: "estranhos às alianças da promessa, *sem esperança e sem Deus*" (Efésios 2:12) — condição na qual nada mais sombrio poderia ser imaginado.

Portanto, a imagem de uma descida ao inferno pelo Cristo crucificado significaria que ele entrou na esfera na qual *Deus não estava*. Pensamos imediatamente no clamor de abandono. Se Cristo entrou na esfera do abandono divino, e se o inferno é a ausência de Deus, então algo sem precedentes lhe aconteceu. Deus foi separado de Deus — embora ainda permanecesse Deus.[27] Em seu tratamento peculiar do Sábado Santo, Hans Urs von Balthasar argumenta de forma poderosa acerca da solidariedade de Cristo conosco em relação ao Pecado e à Morte.[28] Em particular, Balthasar argumenta que Cristo, ao morrer, afundou em um poço de escuridão tão profundo que nenhuma luz de esperança poderia alcançá-lo. Em outras palavras, no espaço simbólico entre a cruz e a ressurreição, Cristo foi totalmente excluído de seus poderes, de seu Pai

---

[26]"Na teologia judaica, a morte é tida como um monarca, ou mesmo como um reino em si. Assim, podemos dizer que a obediência do Senhor até a morte (Filipenses 2:8) é como entrar nesse reino, um tipo de *descensus ad inferos*. Essa forma de retratarmos a morte, a qual é, em algumas passagens, quase personificada como um poder demoníaco que escraviza a humanidade, está firmemente acoplada ao Novo Testamento". Ralph P. Martin, *An early Christian confession: Philippians 2:5-11*. Recent Interpretations (London: Tyndale, 1960), p. 31.

[27]Os aspectos metafísicos disso foram muito debatidos, e não estou qualificada a avaliar essa discussão particular. De modo algum desejo desvalorizar a obra de teólogos sistemáticos e filosóficos, mas, como pregadora e pastora, trabalho com imagens e sugestões das Escrituras e da tradição, as quais nem sempre são elaboradas de uma forma lógico-racional.

[28]Hans Urs von Balthasar, capítulo intitulado "Going to the dead: holy saturday", em *Mysterium paschale: the mystery of Easter* (San Francisco: Ignatius, 2000; ed. alemã orig., *Theologie der Drei Tage*, 1970). Balthasar compreende o Pecado e a Morte de modo um tanto parecido com a posição que assumi neste livro: como Poderes experimentados não apenas em seus efeitos sobre o ser humano individual ou sobre entidades corporativas, mas também em sua "realidade crua", ou seja, em seu *status* como forças independentes e em prol de interesses próprios (para usar a expressão de Lance Morrow).

e de qualquer esperança de redenção ou vitória, e precisamente nesse *kenosis* (esvaziamento), sua solidariedade conosco e com a humanidade em geral foi completa. Ele sofre, portanto, o que o livro de Apocalipse chama de "segunda morte" (Apocalipse 2:11; 20:6,14; 21:8), na condição de nosso substituto. A figura de Balthasar sobre o que Cristo sofreu é certamente a descrição mais devastadora possível do inferno, apresentando alguns problemas conceituais,[29] mas, em sua insistência quanto à solidariedade de Cristo conosco até a última fronteira da condenação e da aniquilação, não tem precedentes.[30]

Condenação: provisória e intermediária ou definitiva e final?

Já vimos que *Gehenna* incorpora a ideia de condenação à noção de inferno. O apóstolo Paulo nunca menciona o inferno; antes, fala da condenação e da ira de Deus — o que, na prática, significa a mesma coisa. Ao tratar de ira e condenação, o foco de Paulo está na retidão de Deus, a qual vence poderosamente o Pecado e livra os eleitos de Deus de condenação (Romanos 8:1,2,33,34). Manteremos em mente a concepção de Paulo com a de outros livros do Novo Testamento ao procedermos especialmente em relação à identidade dos eleitos e da finalidade (ou não) do inferno.

Em diversas passagens importantes do Novo Testamento, o "inferno" é descrito especificamente como a esfera na qual os ímpios (anjos ou humanos) são mantidos sob cativeiro *até* o Juízo Final (2Pedro 2:4, 9; Judas 6; 1Coríntios 5:5).[31] Em outras palavras, às vezes é entendido como um estado *intermediário*, em contraste com a "segunda morte" de Apocalipse — a morte definitiva, também referida como "inferno de fogo" ou "fogo eterno" (Mateus 25:41), que parece *suceder* o julgamento. Acaso o inferno deve ser compreendido de maneira literal ou metafórica? Sem dúvida, o sentido metafórico predomina no caso de Paulo, mas está claro que sua intenção é que a ira de Deus seja interpretada em um

---

[29]A pergunta que gostaríamos de fazer a Balthasar está centrada na interpretação alternativa tradicional do *descensus* ao inferno como uma invasão agressiva de Cristo ao reino de Satanás. Ela não coexiste facilmente com o conceito de um Cristo morto totalmente privado de seus poderes. Ficará claro para o leitor que sou a favor de imagens de invasão do espaço dominado pelo homem forte, de sua amarração e pilhagem; no entanto, argumentaria que Balthasar nos oferece um contrapeso importante, uma vez que devemos sempre precaver-nos contra qualquer ideia de que Jesus não estava verdadeiramente morto, ou que sua solidariedade conosco em nossa impotência não foi total. Como em grande parte da teologia cristã, podemos reter, de forma proveitosa, dois temas aparentemente contraditórios em tensão criativa e dialética.

[30]James F. Kay observa que a "teologia mitopoética" de Balthasar se presta a uma reimaginação do Sábado Santo como um tempo de "prolongamento e intensificação" da Sexta-Feira da Paixão, como a jornada de Cristo à esfera da impiedade ("He descended into hell", *Word and Wworld* 31, n. 1 [inverno de 2011]: 17-21).

[31]Também, possivelmente, 1Tessalonicenses 2:16: "Finalmente, a ira de Deus recaiu sobre eles" ou "até o fim" (*eis telos*). Em 1Coríntios 5:5, a exclusão do homem incestuoso é claramente *não* definitiva.

sentido "real", embora despida de seu imaginário "fogo e enxofre". Ressalto também que as passagens que já examinamos de 1Pedro sugerem que nem mesmo os mortos estão fora do alcance da Palavra recriadora e revivificante. Em Romanos 11, com sua evocação poderosa de "vida dentre os mortos" no versículo 15, Paulo sugere poderosamente a atividade redentora de Deus *entre os incrédulos*, mesmo no além-túmulo.

4. A DESCIDA AO INFERNO NO CREDO E NA TRADIÇÃO

Sem dúvida, de certa maneira, a declaração *descendit ad inferna* é uma interpretação e uma extensão das palavras que a precedem no Credo dos Apóstolos: "morto e sepultado". Assim, podemos compreender a descida ao inferno como um comentário sobre o significado de o Filho unigênito do Pai haver morrido e sido sepultado. Nos primeiros dias da formulação do credo e da luta contra a espiritualidade gnóstica, a palavra "sepultado" serviu para sublinhar o fato de que Jesus realmente sofrera a morte, não uma mera aparência da morte (cf. especificamente 1Coríntios 15:4 em diante, passagem em que Paulo enfatiza a ressurreição *dentre os mortos*). À medida que a proclamação da fé vai-se desdobrando nos primeiros séculos, havia ainda profundezas e mais profundezas a serem descobertas. São essas as profundezas que herdamos na declaração do Credo.

Um quê de teologia da libertação em um comentário antigo

O tema da descida ao inferno ilustra a grande importância da história da interpretação na igreja. A expressão *descendit ad inferna* aparece de forma incontroversa pela primeira vez no comentário de Rufino (fim do quarto século, início do quinto século d.C.) sobre o credo dos apóstolos.[32] Nessa referência iluminadora, Rufino conecta especificamente a afirmação do credo com a passagem de 1Pedro 3:18,19, já citada; sua ênfase é iluminadora: "Pedro nos diz: 'Cristo, morto na carne, mas vivificado no espírito, foi, em espírito, aos espíritos *confinados em prisão*, proclamando aos [que haviam sido] desobedientes [ou incrédulos] nos dias de Noé" (grifo na citação).

Uma leitura cuidadosa dessa passagem mostra que Rufino, chamando a atenção para o texto de Pedro, subitamente o amplia ao adicionar uma palavra

---

[32] Rufino (c. 345-410) era um monge de Aquileia, no norte da Itália, que viajou para Roma, para o Egito e para a Terra Santa. O comentário de Rufino sobre o Credo dos Apóstolos é de grande valor, visto nos servir de um texto antigo e contínuo do credo conforme usado na Roma do quarto século d.C.

latina ao original grego ("espíritos em prisão"). Rufino escreve: *in carcere inclusi erant spiritibus*, cujo significado é "àqueles espíritos que foram confinados (ou trancafiados) na prisão". James F. Kay pensa que a adição da palavra latina *inclusi* mostra que ele buscava pôr em destaque o tema da libertação na passagem.[33]

O conceito da descida se desenvolveu no período subapostólico, juntamente com inúmeras lendas sobre a vida de Cristo. Todavia, conforme escreve João Calvino: "Nenhum dos Pais da igreja deixa de mencionar em seus escritos a descida de Cristo ao inferno, embora as interpretações variem".[34] Esse é um ponto importante. Citando apenas um exemplo, o de Cirilo de Alexandria (m. 444): "Ao verter seu sangue por nós, Jesus Cristo destruiu a morte e a corruptibilidade [...]. Pois, se ele não tivesse morrido por nós, não teríamos sido salvos; e se ele não tivesse estado entre os mortos, o cruel império da morte jamais teria sido desfeito".[35] Repare como, em "cruel império da morte", vários conceitos importantes se fundem facilmente uns com os outros: morte como algo cruel, não benigno; morte como um governante tirano; morte como um domínio; Morte como um Poder. Cirilo não se refere apenas aos "mortos". Estamos diante de uma cosmologia aqui.

Iconografia da descida ao inferno

Nosso assunto era de intenso interesse pictorial durante os primeiros séculos da era cristã, especialmente na arte bizantina. Por toda a cristandade oriental, afrescos, murais e mosaicos retratam o Senhor quando ele invade os portões do inferno.[36] Na Inglaterra medieval, o tema veio a ser chamado de "The harrowing of hell" [O ataque ao inferno]. No inglês antigo, *herian* significava "assediar, fazer um ataque de guerra".[37] Há algo de emocionante na imagem

---

[33]James F. Kay, "He descended into hell", in: Roger Van Harn, org., *Exploring and proclaiming the Aapostles'C creed* (Grand Rapids: Eerdmans, 2004), p. 120.

[34]Calvino trata da descida ao inferno em suas *Institutas da religião cristã* 2.16.8-12.

[35]Cit. J. N. D. Kelly, *Early Christian doctrines* (New York: Harper and Row, 1959), p. 397-8 [edição em português: *Patrística* (São Paulo: Vida Nova, 1994)].

[36]Um dos maiores está em Istambul, na igreja de São Salvador, em Chora (também conhecida como Museu Kariye [Kariye Müzesi]). Cristo é retratado em um branco resplandecente, pisando os portões destruídos do inferno. Quando estive nesse museu, em 1965, o arqueólogo antiquário Stewart Perowne foi nosso guia. "Pura majestade e domínio!", exclamou ele.

[37]*Oxford English dictionary*, do inglês antigo *herian* (do inglês médio *herweng* etc.). Definição de *harrow* [como verbo]: "Saquear, assediar, roubar, arruinar — usado especialmente em 'to harrow hell' [saquear o inferno], em relação a Cristo". Eis aqui uma amável definição do século 19: "O saquear [*harrowing*] do inferno foi a *expedição triunfante de Cristo*" (Hensleigh Wedgwood, *Dictionary of English etymology* [1859], grifo na citação). Essa, ao que parece, deve ser precisamente a forma segundo a qual o cristão deve entender as referências a Deus como "homem de guerra" em textos como Êxodo 15:3 e Isaías 42:13.

de um Cristo exuberante que pisoteia os cadeados do inferno, libertando do inferno os patriarcas e as matriarcas do Antigo Testamento com seu braço forte.[38] É impressionante o fato de Adão e Eva serem normalmente retratados como os primeiros dentre os resgatados; assim, o pecado original é revertido.

Devemos tomar o *descensus* literalmente, como se ele pudesse ser retratado de forma pictórica? De fato, os artistas que retrataram Cristo despojando o inferno milhares de vezes nos períodos bizantino e medieval pensavam estar pintando uma cena real, no mesmo sentido em que retrataram as cenas do evento histórico da crucificação? Essa é uma pergunta que permanece em aberto; contudo, tais pintores não eram tão ingênuos quanto pareciam ser. Tanto quanto uma realidade literal, os pintores procuravam retratar *uma ideia*.[39] A ideia era penetrar os sentidos do espectador com a importância divina e a verdade interior do acontecimento.[40] Cenas da descida de Cristo ao inferno e de sua vitória sobre os Poderes demoníacos, na melhor das hipóteses, convocam-nos a pensar da perspectiva de um domínio do mal que precisa ser vencido por Deus caso ainda não tenha sido vencido. Mais do que isso, essas cenas nos levam a depositar nossa confiança nesse Senhor do céu e do inferno.[41]

---

[38] O grande artista renascentista Mantegna pintou o tema diversas vezes. Suas pinturas geralmente são intituladas "Cristo descendo ao Limbo". Em 2006, a Igreja Católica Romana descartou o conceito de Limbo como lugar no qual as crianças não batizadas têm uma existência sombria e não redimida. Essa, entretanto, não é a única maneira de compreendermos o Limbo. Utilizo o termo aqui no sentido de *limbus patrum* (Limbo dos Pais e Mães), referindo-me àqueles que morreram antes de Cristo, esperando, porém, a chegada de Jesus como seu libertador. Tal conceito abre espaço, ao que me parece, à visão de um Messias vitorioso, superando as portas do inferno em nome de muitos que se encontram além dos limites da comunhão cristã, conforme ela é normalmente interpretada — uma ideia fortemente sugerida neste capítulo e no capítulo de conclusão.

[39] A propósito: ícones e outras imagens da crucificação também assumiram uma qualidade mítica, de modo que a ênfase não estava tanto na forma que a cena poderia parecer, mas no que o produtor do ícone esperava transmitir sobre seu significado. Certamente, ninguém pensava que a cruz estava rodeada de folhas de ouro!

[40] De fato, o ícone na igreja Ortodoxa é tido por transmitir a realidade em si. Observo essa crença essencial da ortodoxia apenas de passagem, visto estar além do objetivo desta breve discussão fazer-lhe justiça.

[41] Nos primeiros séculos, o batismo de Jesus foi interpretado mitologicamente como uma descida ao reino da Morte e de Satanás. Por sua imersão, as águas são purificadas, e os demônios, vencidos. Assim, a história do batismo está fortemente ligada à descida ao inferno (cf. Aloys Grillmeier, *Christ in Christian tradition* [New York: Sheed and Ward, 1965], p. 79-80). Há fortes indícios bíblicos para essa interpretação em Romanos 6:1-11, passagem na qual Paulo afirma que o cristão é batizado não apenas na morte literal de Cristo, mas também em uma "morte para o pecado". Assim, segundo Agostinho, "os próprios sacramentos da sacra igreja mostram claramente que as crianças, mesmo quando recém-nascidas, são libertadas da escravidão do Diabo pela graça de Cristo" (*Sobre o pecado original*, p. 45). Uma escultura poderosa do batismo de Jesus nas portas da igreja de St. Maria im Kapitol (Colônia, c. 1050) retrata Cristo saindo das águas, ainda um pouco submerso, com a pomba do Espírito descendo sobre sua cabeça e um demônio prostrado nas águas sob seus pés. Vigen Guroian descreve poderosamente esse tema na arte litúrgica e no Rito Armênio da Epifania. Guroian cita João Crisóstomo: "Pois [Cristo], batizado e imergido, em seguida emergindo, é um símbolo de sua descida ao inferno e de seu retorno" ("O death, where is your sting?", in: Carl E. Braaten; Robert W. Jenson, orgs., *Sin, death, and the Devil* [Grand Rapids: Eerdmans, 2000], p. 122). O batismo em si é uma expulsão de demônios: pelo ritual,

Idade Média: Tomás de Aquino e a "necessidade violenta"

Em seus sermões sobre o Credo dos Apóstolos, Tomás de Aquino nos fornece quatro razões para a descida de Cristo.[42] Duas delas dizem respeito ao resgate dos mortos fiéis. Contudo, mais importante para nossos propósitos é como Tomás faz uso desses grandes temas bíblicos: (1) *Hades* (Sheol) como domínio da morte e (2) *Gehenna* como lugar de punição e condenação. Tomás não distingue com muita clareza as duas noções; nesse aspecto, ele segue a Escritura. Assim como os temas bíblicos relativos à crucificação se mesclam uns nos outros, também os temas do inferno no Novo Testamento: eles não são mantidos em compartimentos separados. Entretanto, Tomás também pode conceitualizar os temas de forma separada, embora não empregue os termos gregos. Sobre o *Hades*, ele escreve que Cristo capturou o Diabo em seu domínio e tomou posse de seu reino.[43] Sobre o Gehenna, Tomás escreve que Cristo desceu "para carregar a plena punição do pecado, expiando, assim, toda a sua culpa".

Tomás nos mostra como Cristo, em sua descida ao inferno, encontra a forma de ser *tanto* uma expiação purificadora pelo pecado como "peso subjetivo" *quanto* o conquistador do Diabo como "maleficência objetiva". Tomás enfatiza também que Cristo "desejou" (*voluit*) ter plena participação no destino dos pecadores, *não apenas* morrendo, *mas também* descendo ao lugar de condenação e punição — trazendo à tona, mais uma vez, ambos os temas.

Tomás também enfatiza que a descida de Cristo ao inferno foi *voluntária*. Ele desceu "como um homem livre", enquanto os pecadores vão para o mundo dos mortos "de forma obrigatória e violenta".[44] Tal menção à *necessidade violenta* está em consonância com a proclamação bíblica da ira de Deus e com várias declarações de Jesus, em que ele fala sobre pecadores sendo lançados nas trevas exteriores, onde a humanidade chorará e rangerá os dentes. Não devemos evitar essas passagens da Escritura. A violência sugerida na expulsão dos pecadores ressalta o lugar do juízo divino na história da salvação. O Deus

---

o novo cristão participa da vitória de Cristo sobre os Poderes demoníacos. Talvez não seja exagero vê-lo como uma forma de compreensão do dizer de Jesus em Mateus, segundo o qual ele aceita participar do batismo de João "para cumprir toda a justiça" (Mateus 3:15).

[42]Nicholas R. Ayo, C. S. C., ed. e trad. para o inglês, *The sermon-conferences of St. Thomas Aquinas on the aApostles' Ccreed* (Eugene: Wipf and Stock, 1988; publicado anteriormente pela University of Notre Dame Press), p. 77-85.

[43]Nesse trecho, Tomás cita Filipenses 2:10: "para que ao nome de Jesus se prostre todo o joelho no céu, na terra e debaixo da terra".

[44]Tomás de Aquino, em Ayo, *The sermon-conferences,* p. 79. (Nessa passagem, como frequentemente em outros trechos, Tomás separa corpo e alma da forma que era típica em sua época, não percebendo que a tradição hebraica não o faz.)

que entrega os homens à condenação é o mesmo que se entrega a uma morte violenta para salvar os mesmos seres humanos: "porque Deus consignou todos os homens à desobediência a fim de exercer misericórdia para com todos" (Romanos 11:32). Retornaremos outras vezes a esse texto profundo.

Há um senso importante segundo o qual devemos compreender o amor de Deus como "violência". Para vencer a violência do Diabo, o próprio Deus age "violentamente" ao atacar Satanás. O próprio ministério terreno de Jesus foi agressivo; foi uma declaração de guerra. Flannery O'Connor projetou suas histórias com violência especificamente para ilustrar a ação invasora de Deus ao libertar seus filhos. Não à toa a autora nomeou um de seus romances como *The violent bear it away* [Os violentos se apoderam dele].[45] Tal "violência", entretanto, em nada diz respeito ao sentido que atribuímos ao termo, pois é iniciada, levada a cabo e consumada pelo amor de Deus.[46]

A própria linguagem de Jesus nos Evangelhos dá suporte à interpretação de Tomás da descida como um ato de agressão contra um Inimigo ocupante. No retrato vívido de Tomás de Aquino, extraído de João 12:31 e Mateus 12:29 (bem como Colossenses 2:15), a cruz é o campo de batalha e a descida, o saquear do covil do Diabo, enquanto o Senhor amarra Satanás em sua casa: "Considere que alguém triunfa perfeitamente sobre outro quando não apenas o conquista em campo aberto, mas também arrebata de si o coração de seu reino [...] portanto, para triunfar completamente, Cristo queria também capturar o coração do reino do Diabo e prendê-lo em sua casa, ou seja, o inferno".[47]

Reforma: João Calvino

Em suas *Institutas*, João Calvino põe grande ênfase na descida ao inferno. Calvino reconhece que o tema nem sempre esteve no credo, porém insiste que "é de grande valia para a realização da redenção [...] de modo que, se deixado de fora, boa parte

---

[45] O ponto teológico não é enfraquecido pela confiança de O'Connor na tradução inglesa de Mateus 11:12 da Vulgata Latina. *Et violenti rapiunt illud* é traduzido como "os violentos se apoderam dele". Calvino escreve: "É necessário que Satanás seja violentamente expulso, a fim de Deus estabelecer o seu reino entre os homens" (Calvin, *Commentary on a harmony of the Gospels*, trad. para o inglês William Pringle, vol. 1 [Grand Rapids: Baker, 1984], Mateus 12:28,29 e textos paralelos). Ninguém compreende o tema de graça como um poder invasivo mais graficamente do que O'Connor. É seu tema constante, talvez mais conspícuo em sua história "Revelation" [Revelação]. Nela, é necessário que um livro seja furiosamente atirado na cabeça de Ruby Turpin, seguido por um insulto invasivo de uma jovem extremamente simples e pouco atraente (chamada, não por acaso, de Mary Grace) para tirar Ruby de sua fortaleza até então inexpugnável de autossatisfação. Episódios desse tipo são encontrados ao longo de sua obra.

[46] Infelizmente, muitos argumentam que essa linguagem de violência é transportada para os assuntos humanos com o propósito de justificar a agressão e a guerra cristãs, tanto no passado como no presente.

[47] Tomás de Aquino, em Ayo, *The sermon-conferences*, p. 80-1.

dos benefícios da morte de Cristo será perdida". O reformador reconhece que, para alguns intérpretes, "inferno" simplesmente significa "túmulo", mas, com uma paixão que lhe é característica, argumenta que isso não apenas vai contra a lógica da estrutura do credo, mas também rouba o artigo de sua afirmação-chave: *Cristo sofreu "uma luta mais árdua e mais difícil que uma morte comum"*.[48]

Como muitos pensadores cristãos de todas as épocas, Calvino evoca Isaías 53 ("ele foi ferido por nossas transgressões e machucado por nossas iniquidades") para sustentar sua convicção central de que, embora nosso pecado e nossa maldade sejam totalmente merecedores de condenação eterna, o Servo Sofredor se posicionou por nós e a suportou em nosso favor. Cristo curvou sua cabeça sob a sentença definitiva a fim de nos livrar dela. Para Calvino, então, a descida ao inferno aconteceu na cruz.

Também podemos conectar a descida com o Getsêmani. Calvino insiste que Cristo não pediu que seu Pai o livrasse da morte, nem mesmo da tortura. Segundo o reformador, ao pedir que seu cálice lhe seja tirado, Cristo não pede para escapar da morte, mas "para que não seja tragado pela [morte] como um pecador, por portar nossa natureza".[49]

O tema da substituição, ou troca, é óbvio nos famosos versículos de Isaías 53 (p. ex., "o Senhor fez cair sobre ele a iniquidade de todos nós"). Calvino destaca o tema com as seguintes palavras: "Cristo foi colocado no lugar dos malfeitores como fiador e garantidor — submetendo-se até mesmo como acusado — para suportar e sofrer todas as punições que deveriam ter sofrido". Entretanto, seria errado pensarmos em Calvino como intérprete de uma nota só. O tema *Christus victor* é associado, em geral, a Lutero; repare, porém, como, sem nenhum esforço, Calvino mescla esse tema com a substituição e a satisfação: "Se Cristo morresse apenas uma morte física, ela seria ineficaz. Não: era-lhe necessário participar da severidade da vingança de Deus para aplacar sua ira e satisfazer seu justo juízo. Por essa razão, Cristo também lutou corpo a corpo com os exércitos do inferno e o terror da morte eterna".[50]

Essa passagem demonstra o tipo de interpretação de um tema com outro, conforme esse livro procura recomendar. No entanto, devemos sempre abrir espaço para a necessidade de repensar e reinterpretar. Em passagens desse tipo, Calvino não esclarece suficientemente termos como "vingança" e "satisfação" em um contexto trinitário, e sua abordagem causa alguns problemas, por soar como se um Filho inocente sofresse a partir das intenções isoladas e vingativas de seu Pai.

---

[48]Calvino, *Institutas da religião cristã* 2.16.8, 11.
[49]Calvino, *Institutas da religião cristã* 2.16.11.
[50]Calvino, *Institutas da religião cristã* 2.16.10.

Talvez Calvino devesse antever as dificuldades que essas categorias causariam às gerações futuras, porém nenhum teólogo é capaz de pensar séculos à sua frente.

Calvino se concentra no clamor de abandono como sinal da descida figurativa do Senhor a um inferno cuja realidade não é apenas a separação de Deus (como no Sheol), mas, de modo ainda mais significativo, a experiência plena da maldição aniquiladora (uma extensão teológica do Gehenna) que deve ser pronunciada contra o Pecado. Nesse ponto, podemos encaixar 2Coríntios 5:21: "[Deus] tornou [Cristo] pecado". Devemos, de fato, tremer diante dessa imagem. É vital nos lembrarmos, entretanto, que a preocupação de Calvino em toda a sua obra é pastoral. Seu desejo é livrar-nos da ansiedade e do medo, sabendo que Cristo, em seu corpo, protegeu-nos de todo o mal.

Século 20: Karl Barth

Karl Barth interpreta a descida da mesma forma que Calvino, apenas de forma mais elaborada. Barth praticamente não se refere especificamente ao segmento de frase do credo; contudo, em várias passagens de suas muitas obras, ele expõe com tremenda energia e grande vigor a extremidade da provação de Cristo no Getsêmani e na cruz, que, como Calvino, identifica como a descida para o inferno (entendido como o Gehenna, o destino de todos os amaldiçoados). Ao mesmo tempo, Barth evita levantar qualquer suspeita de separação entre Pai e Filho: "Deus se responsabilizou por nós no nível de nossa maldição e culpa [...]. No Gólgota, esse homem crucificado carrega tudo o que deveria ser colocado sobre nós [...]. Deus vem em nosso lugar e leva sobre si nosso castigo".[51]

O que Cristo suportou em seu abandono foi verdadeira e conclusivamente um inferno, muito além das atrocidades acumuladas que a humanidade já experimentou. Nunca saberemos o que foi esse inferno, pois Cristo o afastou de nós ao se colocar em nosso lugar. Barth tem um senso aguçado do inferno como um domínio ou uma esfera do Inimigo, falando frequentemente sobre o assunto, como, por exemplo, em seu comentário do Catecismo de Heidelberg: "O homem pecador cai nas mãos de Satanás, nas mãos de um poder *estrangeiro*".[52] Em uma frase impressionante, Barth escreve: "O homem não pode seguir adiante. Ele está sujeito a um *poder histórico* e não pode fazer

---

[51]Karl Barth, *Dogmatics in outline* (New York: Harper Torchbooks, 1959), p. 118-9. Repare como Barth emprega "Deus" de modo intercambiável com "esse homem crucificado". Não se trata de um pai fazendo algo terrível a um filho. Deus e Jesus são um só.

[52]Karl Barth, *Learning Jesus Christ through the Heidelberg Catechism* (Grand Rapids: Eerdmans, 1964), p. 31. A interpretação extensa que Barth faz do Getsêmani em *Church dogmatics* [Dogmática eclesiástica] evoca a luta contra Satanás com uma intensidade impressionante, quase pessoal (*Church dogmatics* IV/1 [Edimburgh: T. & T. Clark, 1956], p. 264-73).

nada a esse respeito".⁵³ Isso destaca a atividade de Satanás, não exclusivamente em termos mitológicos, não apenas em cada vida, mas no cenário da história mundial. O tema da libertação é proeminente nessas declarações. Barth, como Calvino, trabalha facilmente com o tema *Christus victor* e o intercala sem nenhum problema com outras porções de seu material. Em sua seção sobre o tema da substituição, "The judge judged in our place" [O juiz julgado em nosso lugar], Barth parte do pressuposto da natureza do Pecado e da Morte como Poderes que devem ser vencidos. Observe o imaginário da violência divina que está em consonância com boa parte do que já vimos em relação à descida: "A Paixão de Jesus Cristo [...] tem em sua essência a vitória conquistada para nós, em nosso lugar, na batalha contra o Pecado [...] é a ação divina radical que ataca e destrói, pela raiz, a maldade fundamental do mundo".⁵⁴

Barth retrata a luta no Getsêmani como uma preparação para a entrada no inferno, elaborando, além disso, o que aconteceu naquela noite: "O que abalou [Jesus] foi o ocultamento do senhorio de Deus sob o senhorio do mal e dos homens maus. Essa foi a condição terrível na qual ele se viu [...] a própria obra de Deus destruindo tudo".⁵⁵

Em uma passagem que transmite um sentido poderoso de Cristo como conquistador, Barth escreve que o Senhor se levantou "no que podemos quase chamar de um orgulho supremo [...]. O que Jesus fez [no Getsêmani] corresponde, em essência, a um radiante 'Sim' à vontade de Deus. A cena não aborda uma retirada por parte de Jesus, mas uma *grande e irresistível marcha*".⁵⁶ Barth é conhecido por seu foco no tema da substituição, porém reconhece explicitamente a importância do tema *Christus victor*, que, conforme reiteramos, está intimamente atrelado à descida ao inferno.⁵⁷

*Olhando adiante: interpretando a descida ao inferno na "era do genocídio"*⁵⁸

Um dos argumentos deste capítulo é que a terrível história do século 20 tornou imperativos à teologia cristã o desenvolvimento e a expansão do conceito de inferno, para assim se posicionar diante de nossos tempos genocidas. A forma

---

⁵³Karl Barth, *Learning Jesus Christ*, p. 37, grifo na citação.
⁵⁴Karl Barth, *Church dogmatics* IV/1, p. 247, 254. Tomei a liberdade de usar maiúscula em "Pecado" nessa citação. (É claro que, em alemão, a palavra teria sido capitalizada! Pergunto-me se Barth não desejaria tê-la assim em inglês, caso pensasse a esse respeito.)
⁵⁵Karl Barth, *Church dogmatics* IV/1, p. 269-70.
⁵⁶Karl Barth, *Church dogmatics* IV/1, p. 271, grifo na citação.
⁵⁷Karl Barth, *Church dogmatics* IV/1, p. 274.
⁵⁸Expressão de Samantha Power.

de Calvino e de Barth interpretarem poderosamente a descida ao inferno como o abandono de Cristo no Getsêmani e na cruz é extraordinária; nós a examinaremos ainda mais no capítulo seguinte; por ora, devemos seguir adiante. Barth parece prever essa necessidade ao mostrar sinais de movimento em direção a uma compreensão do inferno, não como uma representação simbólica do juízo de Deus, mas como um domínio, uma esfera histórico-mundial do Diabo.

Todavia, há uma dimensão que falta ao quadro pintado por Barth, assim como no alegre e pessoal Catecismo de Heidelberg da tradição reformada (1562).[59] Em seu breve comentário sobre o Catecismo, Barth delimita, de forma específica, a descida ao inferno ao concluir que Cristo suportou as dores infernais "na cruz *e antes* da cruz" — é marcante o fato de não mencionar o *depois*.[60] Talvez a imagem medieval da invasão do inferno fosse literal demais para os reformadores, atrelada demais à mitologia extrabíblica do Limbo e do Purgatório. Um argumento deste capítulo é que, no século 21, temos de reivindicar parte desse imaginário. Devemos compreender o inferno, não como um *lugar*, claro, mas como um *domínio* no qual a maldade se tornou a realidade predominante — um *império* da morte, conforme Cirilo de Alexandria o chama.[61] Certamente, Barth, na Declaração Teológica de Barmen contra o Terceiro Reich, mostrou-se capaz de se posicionar contra uma usurpação demoníaca. Em nosso tempo, tornou-se essencial ao cristão a apropriação de um cenário apocalíptico que leva plenamente em conta a esfera de Satanás, bem como a invasão de Cristo a essa esfera ou a esse domínio e o chamado do povo de Deus a resistir ao mal em nome do Senhor. Uma percepção da atuação de principados e poderes é necessária para o discernimento do que o Inimigo está fazendo.[62]

Algumas conclusões preliminares

Já analisamos alguns textos e temas bíblicos que tratam da descida ao inferno e vimos brevemente a história de sua interpretação. Devemos, porém, ser cautelosos, a fim de não darmos a impressão de que a obra de Cristo não foi

---

[59]O Catecismo de Heidelberg deveria ser mais conhecido. Nasceu da ala calvinista da Reforma, porém tem sido descrito como um trabalho que contém a intimidade de Lutero, o amor de Melâncton e o fogo de Calvino.

[60] Karl Barth, *Learning Jesus Christ*, p. 71. Essa observação negativa sobre o comentário de Barth não deve impedir ninguém de ler essa obra concisa e requintada, um dos escritos mais acessíveis de Barth, ideal para a devoção pessoal.

[61]Cit. Kelly, *Early Christian doctrines*, p. 397-8.

[62]Certo humor negro também ajuda. Lutero, de forma célebre, disse que o Diabo não suporta ser zombado. O livro *Cartas de um diabo a seu aprendiz*, de C. S. Lewis, continua inigualável em sua descrição bem-humorada, mas penetrante, das maquinações de Satanás.

consumada (*tetelestai*, João 19:30) na cruz. Ao discorrermos sobre a descida ao inferno, não desejamos sugerir que Jesus morreu com um trabalho ainda inacabado diante de si. Seguindo as tradições, podemos entender a descida de duas maneiras, sem que uma necessariamente exclua a outra, reconhecendo que cada uma delas afirma uma obra completa:

- A descida ao inferno constitui uma narrativa simbólica, afirmando o que aconteceu na *cruz*.
- A derrota dos Poderes do inferno por Cristo é o acontecimento inaugural da *ressurreição*, o primeiro ato daquele que conquistou a Morte.

Kay remete a uma combinação dessas duas ideias ao escrever que "a descida ao inferno também pode ser lida como uma interpretação do que significa confessar que Jesus Cristo ressuscitou dentre os mortos".[63]

O que acontece na vida de Deus entre a Sexta-Feira da Paixão e a Páscoa? Não nos é permitido olhar para esse mistério. Nossas respostas devem permanecer na esfera da poesia, não da ciência. De um lado, descobriremos aspectos da verdade ao manobrarmos entre a imagem retratada por Balthasar sobre a atuação de Cristo no Sábado Santo — entregando-se completamente à morte em solidariedade com toda a humanidade, enfraquecido no túmulo como se estivesse no *Sheol* —, e, por outro lado, a imagem de um conquistador implacável, invadindo o reino do "homem forte", destruindo-o totalmente e saqueando seus bens. De qualquer maneira, à luz de várias combinações e permutações do tema, a confissão do credo, segundo a qual Cristo desceu ao inferno, serve-nos de fundamento para abordarmos o problema recorrente do mal. Neste ponto, devemos explorar o que queremos dizer com esfera da Morte ou o domínio chamado inferno. A seção seguinte abordará essa difícil questão, identificada como o maior problema da teologia cristã.

5. A origem do mal

Quantos escritores de ficção ousaram abordar o terrível mistério da origem do mal? Muitos deles tiveram o bom senso de nem sequer tentar.[64] Filósofos e teólogos, porém, debateram incansavelmente esse tema. Analisaremos,

---

[63]Kay, "He descended into hell", *Word and World*, p. 21, n. 10.
[64]Veja, p. ex., duas obras-primas relacionadas à monstruosidade do mal: *Moby Dick*, de Herman Melville, e *Blood meridian*, de Cormac McCarthy. O mistério do mal domina ambas, porém os escritores nem sequer

de forma sucinta, o debate, mas a posição adotada neste livro, desde já, é que *nunca houve um relato satisfatório sobre a origem do mal, e nunca haverá até que o reino de Deus seja consumado. O mal é uma vasta excrescência, uma contradição monstruosa que não pode ser explicada, mas tão somente denunciada e resistida onde quer que apareça.*[65]

A serpente de Gênesis

A Bíblia, de modo significativo, não tenta articular uma explicação. Metáforas, parábolas, narrativas e figuras de linguagem bíblicas fornecem-nos apenas uma pista, porém nada mais que isso. A história da Queda retratada em Gênesis não nos diz como a Serpente entrou no Jardim do Éden.[66] Embora seu significado continue elusivo, a narrativa, com todas as suas sutilezas, conquistou o respeito de muitos no decorrer dos séculos. Ao modelar a história, o javista[67] recorre a certos elementos da mitologia cananeia, segundo a qual a Serpente representava tudo o que havia de sinistro e estranho entre os animais. O javista

---

tentam uma explicação, deixando a questão em aberto — como a ferida aberta de Amfortas na ópera *Parsifal*, de Wagner.

[65]Essa posição se distingue fortemente da perspectiva de teólogos processuais e de outros para quem o mal surge da criação e do "risco da liberdade". O conceito é uma tentativa de fazer com que o mal sirva ao bem, posição que rejeitamos enfaticamente neste capítulo. Ademais, ela faz de Deus o autor do mal, o que, conforme veremos brevemente, a tradição rejeita. Por fim, essa perspectiva sugere que a "liberdade" para a escolha do mal corresponde, de alguma forma, a uma liberdade autêntica. É precisamente essa perspectiva que a história de Adão e Eva rejeita. Esses, conforme sugiro, são exemplos do que Christopher Morse chama de "descrenças fiéis".

[66]Pressupõe-se, aqui, que a história da Queda seja um mito — ou seja, conte uma verdade em termos narrativos, e não em termos proposicionais ou histórico-literais. Assim, Paul Ricoeur explica: "Devemos abandonar a ideia do acontecimento *como um símbolo de uma ruptura entre dois regimes ontológicos* e abandonar a ideia de um fato passado. [...] A história da Queda se enquadra na grandeza do mito" (*The symbolism of evil* [New York: Harper and Row, 1967], p. 235, n. 1, e p. 236, grifo na citação). Essa "ruptura", sem dúvida, é o que Paulo tem em mente em Romanos 5, chamando a atenção para a história de Adão com o fim de interpretar o que Cristo conquistou. Ninguém melhor do que Ricoeur para explicar como o mito da Queda funciona:

> A Serpente representa a seguinte situação: na experiência histórica do homem, cada indivíduo descobre que o mal já está lá; ninguém o inicia em termos absolutos. Se Adão não é o primeiro homem — em um sentido ingênuo, temporal —, mas, sim, o homem típico, pode simbolizar tanto a experiência do "início" da humanidade como a experiência "sucessiva" dos homens [...] [algo definitivamente elaborado por Paulo em Romanos 5].
>
> A Serpente [...] representa o aspecto do mal que não poderia ser absorvido na liberdade responsável do ser humano. [...] Os próprios judeus, embora armados contra toda a demonologia por seu monoteísmo intransigente, estavam limitados pela verdade [...] de conceber aspectos [...] dos grandes dualismos que tiveram de descobrir após o Exílio [daí o surgimento do apocalíptico]. [...] Naturalmente, Satanás nunca será outro deus; os judeus enfatizam que a Serpente faz parte da criação. Contudo, pelo menos o símbolo de Satanás lhes permite equilibrar o movimento em direção à concentração do mal no homem por um segundo movimento, atribuindo sua origem a uma realidade pré-humana e demoníaca.

[67]Nome amplamente aceito para o autor desconhecido de Gênesis 2 e 3.

retém esse caráter mitológico da serpente, afirmando, porém, que se trata de *uma mera criatura debaixo da soberania de Deus*.[68] Posteriormente, esse *insight* revolucionário revelou-se de grande valia para a tradição.

Claus Westermann resume bem as contradições de Gênesis 2 e 3: "O próprio Deus criou o ser que leva o homem à desobediência. *A força desse paradoxo não deve ser enfraquecida*. 'A deserção [...] ainda é algo completamente inexplicável em meio a todo o bem que Deus criou. *Deve ser deixada como um enigma*'. O narrador também quer dizer que *não nos é possível chegar a uma conclusão sobre a origem do mal*".[69]

A coisa impressionante sobre o papel da Serpente em Gênesis, em comparação com várias demonologias do Oriente Próximo, é que a Serpente, em si mesma, é "natural, insignificante, demitologizada".[70] Trata-se de uma criatura; diferentemente de Deus, não tem poderes para criar. A Serpente não é nem mesmo descrita como má, mas apenas como astuta. Dada a presença inexplicável da Serpente, a narrativa responsabiliza ao máximo Adão e Eva: o foco não está apenas na Serpente, mas na revolta da humanidade contra Deus.[71]

Entretanto — e isso é de primordial importância para compreendermos a estrutura apocalíptica do Novo Testamento —, a Serpente é misteriosa, e sua capacidade enigmática para a insinuação parece sugerir uma presença niilista na criação que foge a qualquer explicação, podendo ser apenas resistida. Uma explicação fabulosa a esse respeito nos é dada por Derek Kidner, em seu comentário de Gênesis, ao escrever que o Novo Testamento "desmascara" a figura de Satanás ao se posicionar por trás da Serpente.[72]

A figura de Lúcifer

Elrond, o sábio senhor elfo de *O senhor dos anéis*, de J. R. R. Tolkien, afirma: "Nada é mau desde o início. Nem mesmo Sauron [a figura satânica na história]".

---

[68]Brevard Childs, *Myth and reality in the Old Testament*, 2. ed., Studies in Biblical Theology 27 (London: SCM, 1962), p. 49.

[69]Claus Westermann, *Creation* (Philadelphia: Fortress, 1974), p. 92, grifo na citação. A citação interior é de Walther Zimmerli.

[70]Nahum Sarna, *Understanding Genesis: the heritage of biblical Israel* (New York: Schocken Books, 1970), p. 26.

[71]Gerhard von Rad, *Genesis*, ed. rev., Old Testament Library (Philadelphia: Westminster, 1972), p. 87, 92-3. Von Rad foi um acadêmico do Antigo Testamento cuja forte inclinação teológica ainda o torna empolgante e útil nos dias de hoje, tanto para pregadores como para mestres da Bíblia. O autor argumenta que a história da Serpente não se encontra em Gênesis para explicar origens, mas para cumprir um propósito mais importante: estabelecer a luta fundamental que todos nós temos contra o mal. "Obviamente, o narrador está ansioso por tirar pouca responsabilidade do homem. Trata-se apenas da questão do homem e de *sua* culpa."

[72]Derek Kidner, *Genesis: an introduction and commentary*, Tyndale Old Testament Commentaries (Downers Grove: InterVarsity, 1967), vol. 1, p. 71.

A DESCIDA AO INFERNO

O conceito bem elaborado de Tolkien a respeito do mal em sua saga forma um paralelo com a ideia que cresceu na tradição cristã, segundo a qual o Diabo se rebelou como um anjo e, consequentemente, foi expulso do céu. Mais tarde, essa entidade passou a ser chamada de Lúcifer, após a sugestão de Isaías 14:12: "Como caíste do céu, ó Lúcifer, filho da manhã!" (KJV).[73]

No dizer de Elrond, Tolkien preserva o conceito de um anjo caído.[74] Na interpretação bíblica antiga, a imagem de Lúcifer aproximava-se facilmente de Lucas 10:18, texto em que Jesus declara: "Eu vi Satanás cair do céu como um raio". Essa fusão inspirada de Satanás com Lúcifer é muito antiga, remontando pelo menos a Orígenes (c. 185-c. 254).[75] Como a imagem da serpente, a tradição de Lúcifer nos é útil por fortalecer nossa convicção de que o mal deve ser separado de Deus, enquanto afirma, ao mesmo tempo, que o Diabo foi originalmente criado por Deus e, portanto, não pode jamais ser completamente independente, muito menos coigual.[76] Esse paradoxo deve ser mantido: temos um Inimigo cuja impiedade, não criada e não intencionada pelo Criador, está, em última análise, sob sua autoridade soberana.[77]

Nem a história da Serpente nem a imagem de Lúcifer explicam como o surgimento de tamanha maldade podia ser permitida pelo Criador. Todavia,

---

[73] A locução hebraica é *helel ben-shahar*, "filho brilhante da manhã" ou "filho da alva". Na LXX, o termo é *heosphoros*, "trazedor da manhã". A palavra se tornou *lucifer* (portador da luz) na Vulgata Latina. A versão King James segue a Vulgata na tradução aqui citada, uma forma inglesa que tem sua história. Esse é um bom exemplo da indispensabilidade da versão King James na história da língua inglesa e da reflexão teológica em inglês. Repare que Satanás, nessa interpretação, transforma-se em uma paródia hedionda daquele que é a verdadeira luz do alvorecer escatológico. Cristo é identificado dessa forma em uma das grandes antífonas do Advento: "Ó vem, tu, Aurora do alto..." — passagem que segue Lucas 1:78: "pela qual na aurora lá do alto nos visitou" (KJV).

[74] As cartas de Tolkien mostram que ele passou uma vida inteira refletindo sobre o poder do mal. Sua concepção é impressionantemente erudita e sutil. Ao pôr o segmento de frase "nada é mau desde o início" na boca de Elrond, Tolkien reflete o conceito ortodoxo de que a criação era inteiramente boa.

[75] Orígenes também invocou, de forma brilhante, o príncipe de Tiro (Ezequiel 28:12-19) para criar uma figura completa e satisfatória de Satanás como um anjo caído. Jeffrey Burton Russell, *Satan: The early Christian tradition* (Ithaca: Cornell University Press, 1981), p. 130.

[76] Gregório de Nissa (c. 334-c. 395) escreve: "Agora, aquele poder angelical que gerou inveja em si mesmo, voltando-se do bem, desenvolveu uma inclinação para o mal. A partir de então, ele foi como uma rocha que, soltando-se do cume de uma montanha, atirou-se de cabeça para baixo por seu peso. Divorciado de sua afinidade natural com o bem, esse ser se tornou inclinado para o mal; e, como se por um peso, foi espontaneamente impelido e levado aos limites da iniquidade [...]. De forma astuta, ele engana o homem, persuadindo-o a atuar como seu agente assassino" ("An address on religious instruction", in: Edward Rochie Hardy; Cyril C. Richardson, orgs., *Christology of the later fathers*, Library of Christian Classics [Philadelphia: Westminster, 1954], vol. 3, p. 280).

[77] Reinhold Niebuhr comenta de forma sucinta: "Acreditar que há um Diabo é crer que existe um princípio ou uma força maligna que antecede qualquer ação humana. Antes da queda do homem, o Diabo caiu" (*The nature and destiny of man: a Christian interpretation*, 2. ed. [New York: Scribner, 1964], 1:180), 2 vols.

ambas ensinam — por imagens e por narrativa — *que o mal não era parte da criação pronunciada por Deus como boa*.[78]

Diversas contradições internas na Bíblia tornam impossível falarmos de uma única "resposta" bíblica a essas questões. Todavia, não somos deixados sem nada para dizer. A começar pelo cristianismo clássico, algumas afirmações foram feitas repetidas vezes no decorrer da história da tradição, de modo que carregam certo peso de autoridade. É a elas que nos dirigimos a seguir.

6. A NATUREZA DO MAL

Definição clássica: o mal como ausência do bem

Agostinho é normalmente considerado o promotor seminal da ideia de que o mal é um não ser. O mal não tem existência, de modo que é, portanto, a negação do ser.[79] É aqui que começamos. Conforme escreve David B. Hart: "Elevando-se entre os comprometimentos mais veneráveis e indispensáveis da tradição cristã, encontra-se a definição do mal como uma *steresis agathou* [grego] ou *privatio boni* [latim], uma privação do bem, uma corrupção puramente parasitária da realidade criada".[80] Tal conceito de *privatio boni* é indispensável porque, dito sem rodeios, afasta qualquer pensamento de que Deus, de alguma forma, é responsável pelo mal. Deus é Ser perfeito; portanto, ele não pode criar o Não Ser.

---

[78]Alguns textos bíblicos parecem contradizer a afirmação fundamental de que Deus não criou o mal. Às vezes, uma passagem de Isaías é citada:

> Eu sou o SENHOR, e não há outro;
> além de mim não há Deus.
> Eu te cingi, embora você não me conheça,
> para que os homens possam saber, do nascer do sol
> ao poente, que não há ninguém além de mim.
> Eu sou o SENHOR, e não há outro.
> Formo a luz e crio as trevas,
> faço o bem e crio o mal.
> Eu sou o SENHOR, que faço todas essas coisas (Isaías 45:5-7).

Essa passagem parece dizer que Deus "cria o mal". A principal função do texto, no entanto, é declarar a total singularidade do Deus de Israel. Muitos intérpretes concordam que foi um grande erro transformar contrastes retóricos hebraicos em princípios metafísicos inflexíveis.

[79]Entre os Pais da igreja gregos, Gregório de Nissa estabelece bem este ponto: "Toda impiedade é marcada pela ausência do bem [*steresis agathou*]. Não existe por si só, nem é observada como tendo subsistência [...]. O não ser não tem subsistência; e o Criador do que existe não é o Criador do que não tem subsistência. O Deus, portanto, do que existe não é responsável pelo mal, visto não ser o autor do que não tem existência" ("Address on religious instruction", p. 282). Gregório compara o mal à cegueira, que é a privação da luz.

[80]David B. Hart, *The doors of the sea: where was God in the tsunami?* (Grand Rapids: Eerdmans, 2005), p. 72-3.

No entanto, é difícil colocarmos esse dogma fundamental para funcionar. Às vezes, ouvimos alguns cristãos com treinamento teológico superficial lançando declarações vagas, como, por exemplo, "o mal é a ausência do bem", sem reconhecerem que isso parece negar o poder e a agência do mal.[81] Como uma *ausência* pode estar *presente* e *ativa* no mundo? A intenção de Agostinho era manter esses dois conceitos interligados. Nas palavras de um crítico literário secular, que ensina *Confissões* regularmente em uma grande universidade, Agostinho "chega mais perto que qualquer escritor da tradição cristã em *expressar o horror subjetivo do mal, negando, ao mesmo tempo, sua realidade objetiva*".[82]

Paul Ricoeur está ciente da dificuldade inerente em chamarmos o mal de ausência do bem. Ricoeur aborda o assunto ao escrever que "o mal não é nada; não é simplesmente a falta de algo, uma simples ausência de ordem. O mal é o poder das trevas e, nesse sentido, deve ser "retirado": *Eu sou o Cordeiro de Deus que tiro o pecado do mundo*".[83] O mal não tem existência, mas *não é um nada*.[84] O teólogo e eticista Paul L. Lehmann, dado a explosões figurativas ao ensinar conceitos dificílimos em suas aulas, certa vez respondeu a alguém que o desafiou: "Não sei qual é o *status* ontológico do mal, mas certamente não é algo menor". Lehmann sabia, mais do que qualquer um de seus alunos ali presentes, o que a tradição dizia em relação ao *status* ontológico do mal como algo não existente. O que ele queria registrar era a marca manifesta de sua ferocidade na vida humana.

Jeffrey Burton Russell faz uma distinção útil entre não ser *absoluto* e não ser *limitado*.[85] Se tomarmos a definição clássica do mal como *privatio boni*

---

[81] O conceito de Agostinho de *privatio boni* é, claro, muito mais sutil do que aparentemente soa. Sua preocupação não é minimizar os danos gerados pela maldade, mas negar sua existência criada. Agostinho contrasta *substância* com *acidentes*: "Um machucado ou doença não é uma *substância*, mas um *defeito* na substância carnal — sendo a carne uma *substância* e, portanto, algo bom, de que esses males — ou seja, as privações do bem a que chamamos de 'saúde' — são acidentes" (*Enchiridion* 11, grifo na citação).

[82] Andrew Delbanco, *The death of Satan: how Americans have lost the sense of evil* (New York: Farrar, Straus and Giroux, 1995), p. 48, grifo na citação.

[83] Ricoeur, *The symbolism of evil*, p. 155.

[84] A dificuldade extraordinária em falarmos dessa forma é claramente descrita pelo acadêmico da Alemanha Oriental Wolf Krötke, que sabia algo sobre o assunto por ter sido preso de forma caprichosa pela temível *Stasi* durante a Guerra Fria, acusado do "crime" de "circular propaganda perigosa ao Estado". Considero úteis as observações de Krötke, por considerar difícil escapar desse impasse. Em seu estudo ampliado da luta colossal de Karl Barth com o conceito de nada (*das Nichtige*) em sua *Church dogmatics* (III/3 [Edimburgh: T. & T. Clark, 1960], p. 289-368), Krötke escreve que a aparição de *das Nichtige* na criação "em nada diz respeito ao fato de a criação vir a existir. Mesmo assim, Barth não tem quaisquer categorias ao seu dispor para designar [...] a situação. Desse modo, Barth descreve o nada com categorias de criatura, mesmo que não pertença à realidade da criatura e não possa ser compreendida em uma analogia a ela" (*Sin and nothingness in the theology of Karl Barth*, trad. para o inglês de Philip G. Ziegler e Christina Maria Bammel, "Studies in Reformed theology and history" [Princeton: Princeton Theological Seminary, 2005], p. 29). Nessa questão do mal, devemos trabalhar no paradoxo de ser e não ser. (Sou grato a Philip G. Ziegler por me apresentar a Krötke.)

[85] Russell, *Satan*, p. 187. O autor segue Josef Huhn (traduzindo do alemão).

com o significado de não ser absoluto, ela faria do mal um princípio coigual a Deus: Ser Definitivo *versus* Não Ser Definitivo. A resistência a essa noção separava a fé apostólica de sistemas como o maniqueísmo e algumas formas de gnosticismo. Por conseguinte, talvez seja melhor pensarmos no mal como possuindo um não ser *limitado* — ele não pode participar do Ser (Deus) "real", mas sua presença e seu poder no mundo não são ilusórios; não se trata de "algo menor".[86] Outra forma de entendermos *privatio boni* nos é oferecida por Russell quando ele comenta em seções apocalípticas da Bíblia:

> A solução proposta pelas literaturas cristã e apocalíptica é dualista. Ao fim do mundo, o mal será negado. Agora, visto que nenhuma parte do divino pode ser negada, segue-se que o mal não faz parte da natureza divina. Além disso, o visto que a natureza divina é, em última análise, aquilo que realmente existe, o mal não pode ter qualquer existência real própria. O mal existe no cosmo como buracos em um queijo suíço: os buracos estão lá, mas estão lá apenas como não queijo e sem existência fora do queijo. Como não é possível comer um queijo e descartar os buracos, não se pode remover o bem e colocar o mal em outra categoria [...]. Essas suposições teológicas posteriores não são explícitas na literatura apocalíptica, porém se encontram presentes de forma implícita.[87]

A definição de mal como *privatio boni* tem, de fato, importância indispensável do ponto de vista metafísico e doutrinário; em termos retóricos, porém, soa como uma abstração. Não provoca uma reação de desgosto, repulsa. Podemos ser auxiliados na compreensão do conceito, não pensando em queijo suíço, mas imaginando o inferno na terra, como um campo de concentração nazista.

---

[86]A famosa expressão de Hannah Arendt "a banalização do mal" tem sido muito debatida. Em uma carta a Gershom Scholem, Arendt escreve: "O mal não possui qualquer profundidade ou dimensão demoníaca. Pode sobrecrescer e transformar o mundo em um deserto precisamente por se espalhar como fungo sobre a superfície" (cit. Daphne Merkin, em *New York Times Book Review*, 21 de outubro de 2007). Sua proposição está parcialmente correta e parcialmente incorreta. Arendt está certa em dizer que o mal é um parasita, sem nenhuma existência ou vida independente. Mas está errada, creio, em indicar que o mal não tem qualquer "dimensão demoníaca". Talvez Arendt desejasse proteger-se de uma glamourização perversa do mal, um fenômeno real e recorrente (a ver a popularidade de mafiosos na cultura popular). Seu conceito de "banalização do mal" foi defendido pela crítica cultural Judith Shulevitz, cujo argumento era que Arendt não queria dizer que o mal em si fosse banal, e sim que "Eichmann tinha uma alma rasa demais para compreender a enormidade de seu mal" ("There's something wrong with evil", *New York Times Magazine*, 6 de outubro de 2002). Isso significa que o grande número (a maioria, ao que tudo indica) de pessoas que, voluntariamente, se recusam a olhar para os males de nossa época ou refletir sobre eles são rasas de alma dessa maneira? Se sim, a comunidade cristã deve ser mais intencional quanto ao seu chamado de resistir a Satanás (1Pedro 5:8,9).

[87]Jeffrey Burton Russell, *The Devil: perceptions of evil from antiquity to primitive Christianity* (Ithaca: Cornell University Press, 1977), p. 205.

Esses lugares eram *esferas*, domínios, em sentido real; eram reinos do mal. Sua intenção era excluir a bondade de forma deliberada, proposital e sistemática. Seu propósito não era apenas o extermínio, mas a negação total e alarmante da humanidade de milhões de pessoas. Talvez possamos, se conseguirmos imaginar algo assim, compreender quão infernal é a ideia de *privatio boni* — ausência do bem.[88]

É particularmente difícil observar essa noção de ausência quando há tanto fascínio por coisas demoníacas. Em geral, a figura maligna dos livros e dos filmes obtém mais respeito do que os personagens principais. A cultura popular produz um fluxo interminável de personagens satânicos; atores disputam esses papéis e até mesmo ganham prêmios do Oscar por sua atuação.[89] Na alta cultura, não existe um Satanás mais glamouroso e até mesmo sexy do que o encontrado em *Paraíso perdido*, de Milton. Um contrapeso importante a essa percepção do Diabo como uma presença sedutora é a perspectiva de Simone Weil, que escreveu: "O mal imaginário é romântico e variado; o verdadeiro mal é sombrio, monótono, estéril e enfadonho".[90] Russell, comentando *A divina comédia*, de Dante, oferece a seguinte ideia sobre a *privatio boni*:

> Alguns críticos sugerem que Dante simplesmente falhou em produzir um Diabo tão impressionante quanto, posteriormente, Milton, mas essa explicação não capta a ideia central do escritor italiano. Dante tencionava especificamente que Lúcifer fosse vazio, tolo e desprezível, um contraste fútil com a energia de Deus. Dante via o mal como negação e, se visse o Diabo de Milton, talvez o considerasse ativo demais e eficaz demais [...]. [Dante concordava com] a teologia escolástica em limitar o papel do Diabo [...]. A falta de ação dramática por parte do Lúcifer de Dante é uma declaração deliberada sobre sua falta essencial de ser. O verdadeiro ser de Satanás é *sua falta de ser, sua futilidade e*

---

[88] Ao fim de *O leitor*, um filme sobre a Alemanha pós-guerra, uma sobrevivente do Holocausto em New York faz uma recomendação a Michael Berg, advogado alemão visitante em busca de absolvição. Ela instrui Berg a nunca questionar: "O que você aprendeu nos campos de concentração?", pois, segundo explica, "os campos não eram nem uma forma de terapia nem uma universidade em que se faziam pesquisas para o aprendizado". Ela prossegue, com certa aspereza: "Se você está em busca de catarse, vá ao teatro. Nada de proveitoso saiu dos campos de concentração. *Nada*". (O roteirista de *O leitor* foi o estimado dramaturgo David Hare. Na minha opinião, essa fala foi a melhor coisa no filme, que, tomado como um todo, pareceu-me eticamente confuso, sugerindo redenção onde não há qualquer fonte para ela.)

[89] Veja Heath Ledger como o Coringa em *O cavaleiro das trevas* e Christoph Waltz como oficial da SS em *Bastardos inglórios*.

[90] Simone Weil, *Gravity and grace* (Lincoln: University of Nebraska Press, 1952), p. 120.

seu vazio. Nessa condição, ele está no escuro, bem no centro da terra, onde os pecados afundaram ao seu devido lugar.[91]

A ideia do demoníaco como ausência e não presença tem consequências éticas. Primo Levi, judeu italiano reconhecido como um dos escritores mais profundos dentre os sobreviventes do Holocausto, lança a ideia de mal como não ser em um contexto especificamente ético ao escrever: "O que aconteceu [no *Shoah*, Holocausto] foi irrevogável. Nunca mais poderia ser limpo. Demonstra que nós, os homens, a espécie humana — ou seja, eu e você —, temos o potencial de construir uma enormidade infinita de dor, e que a dor é a única força *criada do nada*, sem custo e sem esforço. Basta não ver, não ouvir, não agir".[92]

O crítico Clive James, em um penetrante artigo sobre a obra de Primo Levi, escreve: "Há alguns episódios na história tão maus que nem sequer têm qualquer utilidade para definir o bem; são simplesmente um *peso morto*".[93] Uma perda, um peso morto — sugere implicações mais profundas para *privatio boni* e seu conceito correlato, o mal como não ser. O mal não é "nada" no sentido que empregamos a palavra em linguagem coloquial, como se alguém comiserasse conosco sobre um machucado e respondêssemos: "Isso não é nada". Jonathan Edwards apreendeu algo da força palpável do "não ser" como "peso morto" ao dizer que estar privado da "beleza da Divindade" seria "um mal infinito. Sem ela, seria melhor que nem sequer tivéssemos nascido; sem ela, melhor seria que nada tivesse existido".[94]

O que a tradição afirma e rejeita

Ao considerarmos a tradição cristã ortodoxa como um todo (diferenciando-a de várias formas do gnosticismo antigo e do gnosticismo moderno), conseguimos listar estas declarações, que formam um consenso em meio à grande tradição:

---

[91]Jeffrey Burton Russell, *Lucifer: the Devil in the Middle Aages* (Ithaca: Cornell University Press, 1984), p. 225, grifo na citação. Em *Perelandra*, o segundo romance de sua trilogia cósmica, C. S. Lewis quase consegue retratar a estupidez obscena e vulgar do mal. Não há nada de magnético ou atraente em seu Diabo; na verdade, o leitor experimenta não um magnetismo, mas uma repulsa. A forma de Lewis referir-se ao Diabo é memorável.

[92]Primo Levi, *The drowned and the saved* (New York: Vintage Books, 1988), p. 86, grifo na citação.

[93]Clive James, citando Jacob Burckhardt, "Writing about *Tamburlaine*", *New Yorker*, 23 de maio de 1988, grifo na citação.

[94]Jonathan Edwards, *Treatise on the religious affections*, cit. Delbanco, *The death of Satan*, p. 87.

- Deus não criou o mal e não o intenciona.[95]
- O mal não é um componente do ser de Deus.[96]
- Embora o mal tenha aparecido na criação, não possui uma existência ou um ser próprio, sendo, antes, uma negação, ou corrupção, do ser.
- Deus não é impotente diante do mal, mas, por razões que nos são inacessíveis, permite que ele opere dentro de limites preestabelecidos.[97]
- Deus está ativamente trabalhando por meio de agentes humanos para desafiar e resistir ao mal, de modo que qualquer vitória intermediária sobre o mal neste mundo é um sinal da vitória final e definitiva de Deus.
- O mal será final e conclusivamente derrotado e obliterado por Deus no juízo final.

Tendo estabelecido tudo isso, ainda deparamos com a dificuldade de designar o mal como um não ser; parece que lhe faltam força e malignidade. Como devemos proceder?

7. O "ARGUMENTO DO MAL" REFUTA DEUS?
Diversos argumentos e sua ineficácia
Uma formulação específica, denominada "argumento do mal", tem ocupado os filósofos desde a época de David Hume, o grande filósofo escocês do século 18. Mais recentemente, o celebrado ensaio de J. L. Mackie, "Evil and the problem of omnipotence" [O mal e o problema da onipotência], tornou-se tão popular que muitas pessoas sem conhecimento de filosofia absorveram uma forma simplificada do seu argumento. Ouvimos suas versões por toda a parte.[98] Sempre que há um desastre, particularmente um desastre natural que

---

[95]"O mito etiológico de Adão é a tentativa mais extrema de separar a origem do mal da origem do bem; sua intenção é estabelecer uma origem radical do mal, distinta da origem mais primordial da bondade das coisas [...]; sua função é postular um "começo" do mal, em distinção ao "começo" da criação, e postular um acontecimento pelo qual o pecado entrou no mundo [...]. O mito da queda é, portanto, o mito da primeira aparição do mal em uma criação já concluída e boa [...]. Assim, o mito tende a satisfazer a dupla confissão do judeu fiel, que reconhece, por um lado, a perfeição absoluta de Deus e, por outro lado, a maldade alarmante do homem". Ricoeur, *The symbolism of evil*, p. 233, 243.

[96]Ficará aparente, de pronto, que se trata de um caso que exige de nossa parte uma "descrença fiel" (Christopher Morse). Nem a escritura nem a tradição apoiam qualquer proposta semelhante à de Carl Jung, cuja concepção de Deus é um composto yin-yang de luz e trevas (compare com 1João 1:5; Tiago 1:17).

[97]Aqui, assumo a posição (*contra* Calvino) de que devemos distinguir entre a vontade intencional de Deus e sua vontade permissiva.

[98]J. L. Mackie, "Evil and the problem of omnipotence", in: Marilyn McCord Adams; Robert Merrihew Adams, orgs., *The problem of evil* (Oxford: Oxford University Press, 1990), p. 25-37.

mata milhares — tal como o tsunami de 2004, ocorrido no Oceano Índico —, escutamos vozes indignadas proclamando que (finalmente!) a não existência de Deus foi demonstrada de forma conclusiva.

A maioria das pessoas conhece o argumento de Mackie em sua forma mais simples: se Deus existisse, ele não permitiria o mal.[99] Todavia, como escreve David B. Hart, "não há argumento a ser refutado", visto que Deus está, por definição, acima de quaisquer categoriais que meras criaturas porventura venham a lhe atribuir.[100] A questão mais saliente diz respeito à *bondade* de Deus. Assim, o argumento de Mackie assumiu outra forma na imaginação popular:

- Se Deus fosse bom e poderoso, ele não permitiria o mal;
- portanto, ele não é nem poderoso nem bom — ou, então, é bom, mas não poderoso.

Um refinamento do "argumento do mal" de Mackie foi proposto por Nelson Pike, cuja percepção é que um Deus perfeitamente bondoso e capaz de eliminar o mal podia decidir não o fazer se tivesse "uma razão moralmente suficiente".[101] O argumento é de difícil sustentação, visto que não há concordância quanto àquilo que constituiria uma razão moralmente suficiente para um mal terrível. O teólogo John R. Schneider, em seu ensaio "Seeing God where the wild things are" [Vendo Deus onde as coisas selvagens estão], argumentou que até mesmo filósofos como Alvin Plantinga e John Hick, cujos tratamentos do problema do mal se tornaram famosos, contradizem-se ao admitir, pelo menos de forma tácita, alguns males — como o Holocausto — para os quais não há qualquer explicação e, assim, nenhuma razão moral suficiente. Plantinga

---

[99]O argumento de Mackie obedece à seguinte lógica:
    Diz-se que Deus é onisciente, onipotente e onibenevolente (todo-conhecedor, todo-poderoso, todo-bondoso).
    Portanto, ele saberia que tipo de mundo é o melhor.
    Teria poder para criar o melhor dos mundos possíveis.
    Sendo onibenevolente, Deus criaria tal mundo.
    Mas não foi isso que ele fez, conforme vemos prontamente à luz da existência de males.
    Portanto, Deus não existe.

[100]A passagem inteira, no estilo típico de Hart de atar todos os nós, diz: "Não há nenhum argumento aqui a ser refutado; o caso todo tem como premissa um antropomorfismo fútil, abstraído de qualquer sistema vivo de crenças, que reduz Deus a um agente ético finito [...] cujos propósitos são mensuráveis na mesma escala que os nossos, e cujos fins últimos para suas criaturas não transcendem o cosmo, conforme percebemos. Isso não quer dizer que se trate de um argumento desprovido de considerável força emocional e até mesmo moral; de força lógica, porém, ele não contém nada" (*Doors of the sea*, p. 13).

[101]Pike, "Hume on evil", cit. Marilyn McCord Adams, *Horrendous evils and the goodness of God* (Ithaca: Cornell University Press, 1999), p. 10.

e Hick expõem suas propostas, acreditando que sejam defensáveis em termos epistêmicos, porém inadequadas, em última análise, para explicar as atrocidades mais horríveis.[102] Muitos filósofos e teólogos de diversas estirpes concluíram que tentativas de construção de teodiceias convincentes e adequadas (explicações do mal) falharam em resistir a um escrutínio analítico rigoroso.[103]

O mal é um problema filosófico principalmente para aqueles cujo chamado é a filosofia. Isso não significa que a filosofia seja inútil; na verdade, as análises e discussões das últimas décadas auxiliaram, de forma significativa, os teólogos em sua abordagem do problema.[104] Tampouco sugiro que os filósofos não tenham qualquer experiência pessoal com o sofrimento. Entretanto, a natureza rarefeita de sua discussão os posiciona muito além do alcance de leitores, pastores, pregadores e todo o tipo de pessoas que lerão um livro como este. Ao final, as diversas abordagens filosóficas ao problema do mal oferecem pouca ajuda àqueles que lutam com males factuais horríveis, quer em sua vida, quer em sua preocupação com a vida de outras pessoas.

Marilyn McCord Adams e os "males horrendos"

Marilyn McCord Adams é uma exceção. Seu livro *Horrendous evils and the goodness of God* [Males horrendos e a bondade de Deus] abre espaço àqueles que procuram uma discussão mais relevante do problema do mal.[105] A autora revê a história de soluções filosóficas e percebe-as como insuficientes.[106] Seu uso dos termos "males horrendos" e "horrores" será adotado neste capítulo. Tais

---

[102]John R. Schneider, "Seeing God where the wild things are", in: Peter Van Inwagen, org., *Christian faith and the problem of evil* (Grand Rapids: Eerdmans, 2004).

[103]Cf., p. ex., a forma elaborada com que Alvin Plantinga desmantela o argumento de Nelson Pike em *God, freedom, and evil* (Grand Rapids: Eerdmans, 1974). Entretanto, a conhecida "defesa do livre-arbítrio" de Plantinga também se demonstrou inconclusiva. De fato, na proporção em que consigo avaliá-la, a abordagem de Plantinga surge como uma tentativa fracassada de suavizar as conclusões calvinistas mais rigorosas, sem chegar a uma conclusão sobre os males horrendos.

[104]O problema do mal foi algo que me preocupou durante toda a minha vida adulta. Prestei a devida atenção a diversos tratamentos clássicos do assunto, incluindo livros conhecidos e ensaios produzidos pelo que alguém chamou de "a firma de Mackie, McCloskey e Flew: ateus em geral" (Stephen Griffith, "The problem of pomegranates", em *Christian faith and the problem of evil*).

[105]Adams, *Horrendous evils and the goodness of God* (Ithaca: Cornell University Press, 1999). A escrita de Adams está repleta de frases gramaticalmente estranhas e forçadas, típicas de boa parte dos trabalhos acadêmicos de hoje. Se, porém, alguém conseguir contornar essa questão, encontrará valores humanos em ação.

[106]De particular interesse nos é a análise da autora sobre Alvin Plantinga, um raro filósofo de renome mundial que também professa a fé cristã. Adams é crítica da perspectiva abstrata e generalizada na qual Plantinga é forçado, a fim de possibilitar a ideia de Deus juntamente com a presença do mal, sem abandonar a existência de Deus. Como exceção a essa avaliação, ela cita uma "passagem comovente", extraída do próprio autoperfil de Plantinga, observando que ele se inspira no Catecismo de Heidelberg, um catecismo calorosamente pessoal (Adams, *Horrendous evils*, p. 22).

termos refletem a intensidade de seu engajamento com o mal, não apenas como um enigma filosófico, mas, de maneira mais urgente, como um desafio existencial à razão, à fé e à vida.

Tamanha intensidade de engajamento é óbvia em inúmeras passagens nas quais a autora define "males horrendos". Por exemplo: "Males horrendos oprimem as capacidades humanas de criação de significado [...] dando fortes razões para acreditarmos que vidas marcadas por horrores nunca mais poderão ser unificadas e integradas em um todo de significado positivo". Males horrendos "arruínam a vida pessoal"; são horrendos por terem o "poder de degradar", destruindo o "significado pessoal". Adams explica: "O que faz de males horrendos algo tão pernicioso é seu potencial de arruinar a vida", já que seu poder destruidor da alma devora "em instantes a possibilidade de um significado pessoal positivo".[107]

Tal conjunto de definições nos dá grandes vantagens conceituais. Faz avançar nosso conceito sobre o mal e confronta nossa ideia de um Deus benéfico. A ideia de que "males horrendos" podem realmente destruir o *ser* de alguém, a despeito de tal destruição envolver o corpo, apresenta um desafio particularmente grande para a fé em um Deus de misericórdia.

Teodiceia: o impacto de Lisboa, Auschwitz e o grande tsunami de 2004

Em 26 de dezembro de 2004, uma série de tsunamis colossais devastou comunidades costeiras do Oceano Índico, em um dos maiores desastres naturais já registrados. Estimativas oficiais do número total de mortos variam entre 227 mil e 280 mil pessoas. Após esse acontecimento, surgiu uma tempestade perfeita de ensaios e artigos que questionavam: "De onde vem o mal?", "Onde estava Deus?" e "Que tipo de Deus permitiria algo assim?". Todos os "especialistas" sobre o assunto do mal foram chamados, e inúmeras resenhas foram publicadas sobre "o problema da teodiceia".[108] A voz que se ergueu acima de

---

[107]Adams, *Horrendous evils*, p. 26-7, 107, 166.

[108]Evocou-se, inúmeras vezes, Gottfried Leibniz, filósofo alemão do século 18 que cunhou o termo "teodiceia" para denotar a tentativa de reconciliar a existência do mal com a de um Criador bondoso. Leibniz está associado à teodiceia do tipo "melhor-de-todos-os-mundos-possíveis", tão memoravelmente rejeitado por Voltaire em *Cândido* após o terremoto de Lisboa, em 1755. O ataque selvagem de Voltaire a Leibniz foi repetidamente reciclado por ocasião do tsunami de 2004 (e, mais uma vez, após o furacão Katrina, em 2005). Susan Neiman, filósofa kantiana e autora de *Evil in modern thought* [O mal no pensamento moderno], foi citada diversas vezes; ela identifica o terremoto de Lisboa como um ponto de virada decisivo na história intelectual europeia, argumentando que o Holocausto definiu, de maneira semelhante, a questão do mal desde a Segunda Guerra Mundial ("The moral cataclysm", *New York Times Magazine*, 16 de janeiro de 2005). Edward Rothstein, crítico cultural do *New York Times*, trouxe à tona o tema da teodiceia em relação aos ataques de

todas as demais foi a de David B. Hart, teólogo ortodoxo oriental cujo artigo extraordinário, "Tremors of doubt" [Tremores de dúvida], publicado no *Wall Street Journal*, despertou muita atenção.[109] A convite da Eerdmans Publishing, Hart expandiu suas ideias no livro *The doors of the sea: where was God in the tsunami?* [As portas do mar: onde estava Deus no tsunami?]. Seu projeto é um desmantelamento total da própria noção de uma teodiceia "bem-sucedida". Sua influência ficará evidente no relato a seguir.

Antes do grande terremoto de Lisboa de 1755, acreditava-se amplamente que os desastres naturais poderiam ser atribuídos ao atuar providencial de Deus. Após Lisboa, a perspectiva de que a natureza é moralmente neutra tomou força e ainda prevalece em nosso tempo. Um desenvolvimento ainda mais significativo aconteceu em relação aos campos de concentração nazistas. Antes do Holocausto, era possível argumentar que a natureza humana é essencialmente passível de aperfeiçoamento, sendo até mesmo realmente boa, de modo que podíamos esperar por progresso. É impressionante o fato de muitas pessoas — especialmente os americanos, com seu otimismo congênito — ainda não terem absorvido a mensagem de que essa perspectiva do Iluminismo está morta.[110]

Sérios esforços para a criação de teodiceias foram empreendidos nos séculos após o evento em Lisboa; quanto mais ocorrem catástrofes, mais e melhores teodiceias são exigidas para substituir as teodiceias antigas. Contudo, estamos argumentando aqui sobre um conceito alheio à filosofia moderna. A posição assumida neste capítulo é que as teodiceias são, quase por definição, insatisfatórias, por se tratarem de constructos a partir de *noções humanas* de Deus, negando, assim, o *teo-* na teodiceia. Se realmente há um Deus, conforme as Escrituras hebraicas proclamam, então Deus não pode ser descoberto pela lógica humana. "Meus pensamentos não são os pensamentos de vocês [...] diz o Senhor" (Isaías 55:8).

A teodiceia exige que questionemos se o "argumento do mal" refuta Deus ou o coloca em situação de descrédito. O cristão fiel terá poucos problemas a esse respeito, pelas razões citadas por Hart: a fé no Deus revelado na Bíblia envolve a confiança em um Deus cujos propósitos não podem ser pesados na mesma balança que os nossos, visto que ele é Deus, e nós, criaturas. A questão

---

11 de setembro de 2001 e, mais uma vez, após o furacão Katrina (5 de outubro de 2002; 8 de setembro de 2005). Ron Rosenbaum, do *New York Observer* (10 de janeiro de 2005), conhecido por suas pesquisas sobre Hitler, zombou do livro *When bad things happen to good people*, de Harold Kushner ("a desculpa de Kushner").

[109]Hart, "Tremors of doubt", *Wall Street Journal*, 31 de dezembro de 2004.

[110]Lance Morrow escreve: "Após Auschwitz e Hiroshima, a ideia de progresso nunca mais foi a mesma. Esses acontecimentos levaram a Serpente para o jardim do Iluminismo [...]. Agora, o progresso sugere o perigo de um entenebrecer simultâneo" (*Evil: an investigation* [New York: Basic Books, 2003], p. 213).

da *existência* de Deus não é a "questão mais profunda" levantada pelo problema do mal. O que está em jogo é a *bondade* de Deus.

8. O MAL É PARTE DO PROPÓSITO DE DEUS?

O felix culpa!

Acoplada à tradição cristã, está a noção de *felix culpa* (culpa feliz ou bem-aventurada).[111] A ideia é, na melhor das hipóteses, complexa, porém exige de nós questionarmos se o pecado e o sofrimento podem, de alguma forma, ser justificados por um bem maior que deles emerge.[112] O filósofo Alvin Plantinga defende a noção de *felix culpa*, sugerindo que pode ter um "significado salvífico".[113] O que falta em tais exposições bem conhecidas é o desafio proposto pelo personagem Ivan Karamazov. Em *Os irmãos Karamazov*, de Fiódor Dostoiévski, há uma seção justamente celebrada, na qual Ivan desafia seu devoto irmão Alyosha. O desafio é de extrema relevância aqui: "Imagine que você esteja criando uma trama do destino humano com o objetivo de tornar os homens felizes no final [...], mas que seria essencial e inevitável torturar apenas uma minúscula criatura [um bebê ou uma criança] [...] você consentiria em ser o arquiteto nessas condições?". A resposta de Ayosha: "Não, não consentiria".

Muitos cristãos de hoje continuam a se fundamentar em uma versão simplificada da *felix culpa*.[114] "Tudo acontece por uma razão", dizem. Trata-se mais

---

[111]A liturgia da vigília pascal latina contém as seguintes palavras: *O felix culpa, quae talem ac tantum meruit habere Redemptorem*. A tradução inglesa da Igreja Católica Romana é a seguinte: "Ó, culpa feliz, que nos rendeu tão grande e glorioso Redentor".

[112]Uma variação disso é a ideia de "formação de alma", o argumento de que o sofrimento leva as pessoas a atingirem níveis maiores de desenvolvimento espiritual, que, do contrário, não seriam possíveis. Paulo parece sugerir isso em Romanos 5:1-5 e em outras passagens; contudo, há um mundo de diferenças. Paulo não é um apologeta. Não oferece explicações para o sofrimento ou justificativas para ele. O apóstolo mostra como o amor de Deus e o derramamento do Espírito sustentam o cristão em meio ao sofrimento.

[113]Plantinga, "Supralapsarianism, or *O felix culpa!*", in: *Christian faith and the problem of evil*, p. 25. Cabe-nos fazer justiça a Plantinga, ressaltando que ele trabalha muito para evitar a sugestão de que o sofrimento é uma coisa boa no final. Ainda assim, seu argumento é filosófico e, portanto, conforme sustento, é inútil do ponto de vista teológico e pastoral — sendo até mesmo positivamente prejudicial. Plantinga consegue introduzir Satanás em suas ruminações filosóficas tortuosas em favor da "defesa do livre-arbítrio". A meu ver, porém, sua justaposição é muito estranha — como se, no processo, Satanás tivesse simplesmente engolido o argumento.

[114]A noção de *felix culpa* é expressa em um hino popularizado por Benjamin Britten, "Adão jaz aprisionado", com base em uma composição medieval e ouvida na época do Natal: "Se aquela maçã ele não comesse, se dela não comesse, Nossa Senhora não se teria tornado rainha do céu". Em outras palavras, estamos melhores por causa da rebelião de Adão do que estaríamos se não tivesse acontecido. Esse é um mar extremamente difícil de navegar. No sistema de Calvino, *felix culpa* serve como uma garantia da soberania absoluta de Deus sobre todas as contingências — uma afirmação muito importante. A dificuldade, no entanto, é que *felix culpa* parece sugerir que o plano original de Deus faria algo que, então, foi proporcionado pela ocorrência do Pecado.

de uma declaração de fé do que de uma declaração racional, e não devemos privar as pessoas do consolo que encontram nesse pensamento; no entanto, ele não é suficiente para explicar os horrores que discutimos aqui. Marilyn Adams escreve que males horrendos "constituem uma razão para duvidarmos se a vida dos que deles participam é digna de ser vivida no futuro".[115] A declaração pode soar extrema, mas é aplicável a muitos que experimentaram o demoníaco. Aplica-se, por exemplo, às mulheres refugiadas que, após o genocídio do Camboja, tornaram-se cegas, embora não houvesse qualquer causa física.[116] Primo Levi tirou a própria vida quatro décadas após Auschwitz ter sido abandonada pelos alemães em retirada, fato que abalou seus admiradores, por ter sido interpretado como um sinal de nulidade em relação a tudo o que Levi conquistara em sua escrita.[117] De modo semelhante, Iris Chang, a jovem mulher que enfrentou corajosamente o pior para escrever *The rape of Nanking* [O estupro de Nanquim], cometeu suicídio não muito tempo depois de seu livro amplamente aclamado, incessantemente horrível em seus detalhes, ter sido publicado.[118] A situação terrível da irmã Dianna Ortiz, antes citada, resultou na perda da memória de sua vida após a tortura sofrida; ela teve de ser reintroduzida na própria família. Posteriormente, Ortiz testificou que algo irreparável atingira seu interior.[119]

O mal é um "peso morto", de modo que seria uma forma de engano dizer o contrário. No decorrer de seu pequeno livro, Hart demonstra um motivo profundamente pastoral: ele sempre se preocupa com o que realmente diria a um sofredor. Hart se irrita com a insensibilidade e a falta de empatia daqueles que desejam dar uma explicação: "É obsceno tentarmos mitigar o escândalo do sofrimento, permitindo que a confiança se degenere em uma confiança banal no 'grande plano de Deus' [...] tal confiança facilmente nos cega para o universo espiritual do Novo Testamento [...], mesmo que, por economia, Deus extraia o bem do mal, de forma alguma isso pode suprir qualquer deficiência

---

[115] Adams, *Horrendous evils*, p. 26.

[116] Alexandra Smith, "Long beach journal: eyes that saw horrors now see only shadows", *New York Times*, 8 de setembro de 1989. Detalhes desse fenômeno podem ser encontrados on-line.

[117] "[Primo] Levi tenta nos fazer enxergar algo que não aconteceu conosco [...] mas nem ele próprio foi bem-sucedido nessa tarefa. Não podemos viver com suas memórias e, no longo prazo, parece que nem mesmo ele conseguiu". Clive James, resenha de *The drowned and the saved*, por Primo Levi, *New Yorker*, 23 de maio de 1988. (Uma pequena minoria daqueles que estudaram a queda de Levi de uma sacada argumentam que se tratou de um acidente, mas a maioria aceitou o acontecimento como um suicídio.)

[118] Iris Chang, *The rape of Nanking: the forgotten holocaust of World War II* (New York: Penguin Books, 1998). Houve certos protestos, talvez justificáveis, contra o uso de "holocausto" no subtítulo. De fato, não parece algo cabível. Não se pode negar, porém, a magnitude das atrocidades cometidas.

[119] *Theology Today* 63 (outubro de 2006): 344-8.

imaginária na bondade de Deus ou da criação; *tal defesa não tem qualquer 'contribuição' a dar*".[120]

Aqui, Hart contrasta a genuína esperança cristã (o "esperar contra a esperança" de que Paulo fala em Romanos 4:18) com uma "confiança banal" e um otimismo raso (ou "pensamento positivo"). Hart crê que tais atitudes impedem nossa compreensão do Novo Testamento.

Teodiceia: conclusão

O empreendimento todo da teodiceia é inepto. É um criador de defesas "filosóficas". As tentativas de explicação nos distraem da situação da vida real dos sofredores e dos perpetradores. O mal não é, *de modo algum*, parte do bom propósito de Deus — e nem mesmo pode ser, visto não ter existência como um bem criado. O mal não pode ser inteligível do ponto de vista racional ou moral, mas tão somente detestado e repelido. O início da resistência não está na *explicação*, mas na *observação*. Ver é, por si só, uma forma de ação — ver o mal pelo que realmente é, não como parte do plano de Deus, mas como uma variável na criação, uma contradição monstruosa, uma negação prodigiosa que deve ser identificada, denunciada e contraposta onde quer que ocorra.

9. O PODER DE NEGAR: A RAZÃO PELA QUAL "SATANÁS" É NECESSÁRIO

O poder estranho no discurso pós-moderno

A referência de David Hart ao "universo espiritual do Novo Testamento" nos remete ao assunto de um agente obscuro operando no mundo. A fim de entendermos o panorama conceitual do Novo Testamento — quer acreditemos nele, quer não —, é essencial reconhecermos a presença pressuposta de um terceiro poder, um Inimigo, identificado por seus vários nomes. Sem dúvida, essa imagem apresenta muitas dificuldades, mas tem o grande mérito de ser não apenas bíblica, mas também profundamente séria em atribuir grande importância ao problema alarmante do mal e do sofrimento do mundo.

Jeffrey Burton Russell, em sua obra magistral de cinco volumes sobre o Diabo, propõe o seguinte argumento:

> O Diabo do Novo Testamento não é tangencial à mensagem fundamental, nem um mero símbolo. A missão salvadora de Cristo só pode ser compreendida

---

[120] Hart, *Doors of the sea*, p. 69-70, 74, grifo na citação.

plenamente da perspectiva da oposição ao Diabo. Esse é o objetivo todo do Novo Testamento: o mundo é cheio de tristeza e sofrimento, mas, para além do poder de Satanás, jaz um poder maior. [...] [No Novo Testamento] há total consistência neste ponto essencial: que o novo tempo inaugurado por Cristo está em guerra contra o presente século mau, dominado por Satanás.[121]

Russell não é o único pensador que fala sobre o Diabo. Andrew Delbanco, em seu livro *The death of Satan* [A morte de Satanás], lançado em 1995, defende que precisamos dessa imagem. Os horrores da Segunda Guerra Mundial forçaram muitos à busca de um simbolismo mais forte. Os ataques de 11 de setembro de 2001 tiveram efeito semelhante nos Estados Unidos. Fenômenos desse tipo parecem empurrar-nos para além das categorias conhecidas e administráveis de certo e errado. O ensaísta Lance Morrow escreve sobre a diferença entre o "mal" e o mero "erro". O autor teria dificuldade, segundo alega, de chamar a "solução final" nazista ou a tortura e a morte de uma criança apenas de um "erro":

> Uma diferença crucial entre o erro e o mal é que as pessoas estão implicitamente sob o controle de um universo no qual certos e errados são discutidos; as pessoas têm sistemas de leis para certos e errados. Contudo, *o mal sugere um universo diferente*, controlado por forças extra-humanas. "Errado" corresponde a uma ofensa humana, sugerindo uma possível e devida reparação. O "errado" não é misterioso. O *mal, por sua vez, sugere uma força misteriosa, trabalhando em prol de si mesma*, explorando agentes humanos como parte de um *conflito cósmico mais amplo* — entre o bem e o mal, entre Deus e Satanás.[122]

Essa última expressão se assemelha tanto à perspectiva neotestamentária apocalíptica que pode bem encaixar-se como uma abordagem do tema em uma obra de academicismo bíblico.

Outros escritores e críticos culturais bateram na mesma tecla. Robert Coles, por exemplo, ao rever a abrangente obra de Russell sobre o Diabo, conclui: "Este século [o século 20] não tratou [o otimismo dos séculos 18 e 19] com bondade. Em certo sentido, o Diabo retornou — nossa luta, hoje em dia, é encontrar uma forma de pensar sobre os males alarmantes que vivem confortavelmente

---

[121]Jeffrey Burton Russell, *The prince of darkness: radical evil and the power of good in history* (Ithaca: Cornell University Press, 1988), p. 51, 48.
[122]Morrow, *Evil*, p. 51, grifo na citação.

em nossas comunidades [...] [pois] nossas 'piedades seculares' comuns não se encaixam em nosso passado recente sombrio".[123]

Quando os volumes de Russell e a resenha de Cole foram escritos, na década de 1980, a crise que se apresentava e que exigia um diagnóstico era o fato de que os nazistas quase foram bem-sucedidos no extermínio dos judeus na Europa, à vista de todos. Ernst Cassirer, filósofo judaico-alemão que cria na "autolibertação progressiva da humanidade", reconhece, após a guerra, que fora completamente enganado acerca do Holocausto: "Dificilmente poderíamos ser persuadidos a levá-los a sério", lamentou ele sobre os mitos raciais nazistas. "Ao final da guerra, porém, ficou claro para todos nós que [essa descrença] fora um grande erro [...]. *Os monstros míticos não foram totalmente destruídos*; foram usados para a criação de um novo universo e *ainda sobrevivem nesse universo*".[124]

A negação do ser

Em nosso tempo, o termo "maniqueísta" ganhou novo ímpeto entre aqueles que se opõem à tendência de dividir o mundo em mal absoluto e bem absoluto.[125] Quando Agostinho de Hipona renunciou ao maniqueísmo de sua época, transformou o conceito de *privatio boni* em uma forma de negar ao mal (não

---

[123]Robert Coles, "Eternally evil and never out of work", resenha de *Mephistopheles: the Devil in the modern world*, por Jeffrey Burton Russell, *New York Times Book Review*, 8 de março de 1987.

[124]Cit. Delbanco, *The death of Satan*, p. 189, grifo na citação. Delbanco prossegue: "Acredito que nossa cultura esteja em crise porque o mal continua sendo uma experiência inevitável para todos nós [...] embora não tenhamos mais uma linguagem simbólica para descrevê-lo". Delbanco é um liberal secular autoproclamado. Não entende a fé cristã e, às vezes, mostra desprezo por ela. No entanto, o autor reconhece que muitas pessoas estão "despojadas" sem as velhas verdades (p. 223). Mark Lilla, professor de ciências humanas e historiador de ideias na Universidade de Columbia, escreve com uma conotação semelhante: "A filosofia moderna não tem por que confiar em mitos religiosos, mas ignora o estudo desses mitos sob o risco de estreitar sua perspectiva de certas questões fundamentais. Uma das razões pelas quais a mensagem de Agostinho aos cristãos romanos [após o devastador saque de Roma pelos godos] pode ter oferecido mais consolo do que os europeus modernos receberam após o terremoto de Lisboa — e certamente mais do que recebemos após Auschwitz — foi que sua fé bíblica lhe proporcionava respostas às perguntas mais profundas sobre as fontes definitivas do mal, perguntas às quais talvez tenhamos ficado desatentos" ("The big E", *New York Review of Books*, 12 de junho de 2003).

[125]Na primeira década do século XXI, surgiu um debate sobre o maniqueísmo porque certos comentaristas culturais e políticos, procurando um termo que definisse os neoconservadores que apoiaram a invasão americana do Iraque, recorreram à explicação de Agostinho em suas *Confissões* sobre os maniqueus. O sistema maniqueu foi simplificado para esses propósitos; o que os analistas políticos acharam útil a respeito desse sistema de crenças foi a sugestão de que o mundo e seus habitantes podem ser divididos em bons e maus. Em particular, o presidente George W. Bush foi constantemente chamado de maniqueu pela forma em que ele e seus conselheiros mais próximos falavam de seus supostos adversários como maus, recusando-se, ao mesmo tempo, a reconhecer qualquer potencial de maldade perpetrado por eles e seus aliados. (Em contraste, Abraham Lincoln, quando a Guerra Civil estava terminando, por um poderoso esforço intelectual e teológico, privou a si e aos estados do Norte o luxo de demonizar o Sul [Segundo Discurso Inaugural].)

ser) o mesmo *status* de Deus (Ser).[126] Todavia, conforme já vimos, se falarmos do mal apenas como uma *ausência*, corremos o risco de abstrair em relação aos seus efeitos malignos ou de nos distanciar deles. Uma maneira melhor de o definirmos é pela *negação* do ser ou pela *negação* do bem. Tal expressão tem força. "Satanás" é a personificação da *vontade de negar*. Estamos falando metaforicamente, mas o argumento de todo este livro é que a metáfora chega mais perto de expressar a verdade bíblica do que conceitos e princípios puros. A personificação do mal como o Diabo — a despeito de como escolhemos chamá-lo — incorpora a ideia de que o mal age "em prol de si mesmo", buscando ativamente desfazer o propósito de Deus para a criação.

Em 1899, o grande escritor Joseph Conrad antecipou uma impiedade sem precedentes no século seguinte. Em *Heart of darkness* [Coração das trevas], o narrador de Conrad, Marlow, fala de subir ao rio Congo em busca do misterioso sr. Kurtz, "chefe da Estação do Interior", "bem lá no centro". À medida que o navio a vapor vai se embrenhando cada vez mais para o Interior, ele descreve sua percepção do mal como "a calma de uma força implacável meditando sobre uma intenção inescrutável. Olhava para você com um aspecto vingativo". Isso capta um pouco da vontade pessoal de negar que investe os símbolos satânicos de seus significados.[127]

Falando de Satanás

Assim, descobrimos que há um apoio considerável nos círculos da elite intelectual para falarmos de Satanás. Mesmo assim, ao falarmos do Diabo, deparamos com um complexo desafio intelectual e moral. Podemos identificar três imperativos:

---

[126] O problema com o maniqueísmo não era em si a crença de bem e mal absolutos, com uma divisão clara entre os dois. Os maniqueístas do quarto século d.C. eram dualistas meticulosos; ensinavam que o mal tinha um *status* coigual ao de Deus. O maior problema para a teologia cristã era que o sistema maniqueísta atribuía *existência* ao poder das trevas. Agostinho viu que isso era errado e escreve que, enquanto ainda era jovem e adepto do maniqueísmo, "cria no mal [...] como um tipo de substância, com seu corpo asqueroso e hediondo" (*Confissões* 5.10.20). Daí sua insistência em *privatio boni*, negando a existência do mal.

[127] De modo significativo, Marlow modela sua narrativa traçando uma distinção supremamente irônica entre os glamourosos "diabos" coloniais europeus, com suas motivações supostamente "elevadas e justas", e o "demônio flácido, fingido e olhos fracos" do Interior. Quanto mais se vai para o Interior, menos glamourosos são os diabos, mais "insidiosos" e mais "vorazes e impiedosos". Trata-se, naturalmente, de um relato da condição humana. Quanto mais para dentro da natureza humana, maior a probabilidade de encontrar "o horror". (O ilustre romancista nigeriano Chinua Achebe, em um ensaio muito citado, denuncia Conrad como um "racista radical" e seu clássico romance como "ofensivo e deplorável" ["An image of Africa: racism in Conrad's 'heart of darkness'", *Massachusetts Review* 18 (1977)]. O ensaio é importante, e sua perspectiva, instrutiva. Como todas as obras de arte, porém, *Coração das Trevas* tem dimensões que eludem e transcendem todas as tentativas de capturá-la ou reduzi-la.)

Em primeiro lugar, devemos evitar falar de Satanás com o fim de tirarmos a culpa de nós mesmos ("o Diabo me fez fazer isso"). Ao falarmos do demoníaco, devemos fazê-lo em consonância com nossa capacidade *humana* universal de causar ativamente o mal — ou de pelo menos cooperar passivamente com ele.

Em segundo lugar, devemos evitar nos prendermos à figura de Satanás para projetar o mal fora do nosso grupo, sobre os outros. É comum que essa propensão humana universal alimente conflitos ao redor do globo.[128]

Em terceiro lugar, devemos ter em mente dois conceitos aparentemente contraditórios:

- Satanás é uma inteligência ativa que contende com Deus pelo domínio mundial.
- Satanás não tem *status* ontológico independente e próprio; ele "existe" apenas como a vontade de negar.

O argumento aqui é que a cosmologia do Novo Testamento torna possível, e até mesmo essencial, cada um desses três imperativos. Não devemos demonizar outros grupos humanos, embora, algumas vezes, nos seja necessário demonizar *alguma coisa*. A abrangência mundial e maligna do poder do mal, em níveis tanto individuais como coletivos, exige que falemos de um poder muito mais monstruoso do que a mera soma de transgressões individuais. É nesse contexto que a figura de Satanás se encaixa.[129]

Desde o século passado, o século do genocídio, temos diversos testemunhos a partir de experiências pessoais. Durante o genocídio em Ruanda, a revista *Time* rompeu com uma de suas práticas ao colocar uma citação em sua capa, e não uma fotografia. Era a declaração de um missionário servindo naquela nação durante aqueles meses indizíveis: "Não há demônios no Inferno; eles estão todos em Ruanda".[130] Outra referência a Satanás no mesmo contexto

---

[128] A igreja cristã corre mais uma vez o risco de "demonizar a oposição" com relação aos muçulmanos, conforme já acontece na Nigéria e em outros lugares. Isso exige vigilância constante contra futuras repetições.

[129] No romance *No country for old men* [*Onde os fracos não têm vez*], de Cormac McCarthy, o xerife Bell descreve o seguinte (a falta de pontuação é característica de McCarthy): "Acho que se você fosse Satã e estivesse sentado pensando em de alguma forma de colocar a humanidade de joelhos você talvez se decidiria pelos narcóticos. Talvez ele tenha feito isso. Falei isso a alguém outro dia no café da manhã e me perguntaram se eu acreditava em Satã. Respondi: "Bem [...] a questão não é essa". Então, o sujeito tornou a me perguntar: "Eu sei, mas você acredita?". Tive que pensar a respeito. Acho que, quando eu era garoto, acreditava. Já na meia-idade, penso que minha crença diminuiu um pouco. Agora, estou começando a pender de novo no mesmo sentido. A existência de Satã explica uma porção de coisas que, de outro modo, não têm explicação. Pelo menos para mim não têm" (*No country for old men* [New York: Knopf, 2005], p. 218).

[130] Capa da revista *Time*, 16 de maio de 1994.

pode ser encontrada no livro de memórias angustiante de Roméo Dallaire, general franco-canadense responsável pelas forças das Nações Unidas durante o genocídio de Ruanda. Dallair escreve: "Depois de uma de minhas apresentações, após o meu retorno de Ruanda, um padre das forças armadas canadenses me perguntou se, depois de tudo o que eu experimentei, ainda cria em Deus. Respondi: Eu sei que Deus existe porque, em Ruanda, apertei a mão do Diabo. Eu o vi, senti seu cheiro e o toquei. Sei que o Diabo existe; por isso, sei que há um Deus".[131]

Essa citação impressionante ilustra a capacidade de um homem extraordinário de captar a cosmologia do Novo Testamento. Precisamos nutrir essa imaginação na igreja.

10. O MAL DESMASCARADO

A falsidade da inocência

Susan Sontag escreve sobre aqueles que ficam perenemente surpresos ou indiferentes quando os horrores ocorrem: "Após certa idade, ninguém tem direito a esse tipo de inocência, de superficialidade, desse nível de ignorância e amnésia".[132] Para entendermos, em parte, o que está envolvido na descida de Cristo ao inferno, devemos tentar olhar diretamente para os males horríveis.

Por que deveríamos sujeitar-nos a essa busca, afinal? Muitas pessoas não têm estômago para isso; outras questionam o fascínio mórbido e semipornográfico que temos de ouvir sobre as atrocidades. Todavia, devemos nos perguntar, juntamente com Sontag, se aqueles que não refletem sobre os horrores são mais propensos a tapar os olhos para eles. Segundo observado por John Updike: "Talvez a essência do mal seja o fato de ele não conhecer a si mesmo".[133] A necessidade fundamental da teologia cristã nesse assunto, bem como de qualquer existência moral no mundo, reside na renúncia à ideia de inocência. O novelista sul-africano e ganhador do prêmio Nobel J. M. Coetzee fala sobre isso da seguinte maneira: "Há certas crueldades [...] de ordem tão degradante que não lhes podemos fechar os olhos. Há coisas que precisamos saber se

---

[131]Roméo Dallaire, *Shake hands with the Devil: the failure of humanity in Rwanda* (Toronto: Random House Canada, 2003), p. xviii (prefácio).

[132]Susan Sontag, *Regarding the pain of others* (New York: Farrar, Straus and Giroux, 2003). A obra de Sontag como um todo tem muito a nos ensinar, embora devamos notar, parenteticamente, que seu breve artigo no *New Yorker*, imediatamente após os atentados do 11 de Setembro, foi ampla e corretamente criticado por ser politicamente ingênuo — precisamente a culpa que ela deplora nos outros.

[133]John Updike, "Elusive evil", *New Yorker*, 22 de julho de 1996.

quisermos conhecer o pior sobre nós mesmos; desse modo, estaremos sempre vigilantes contra esse pior".[134]

O fator oculto da cumplicidade

Com o século 20 chegando ao fim, tornava-se claro que o extermínio de seis milhões de judeus e milhões de eslavos, ciganos, homossexuais, pessoas com deficiência mental, líderes de resistência e outros nas mãos dos nazistas não constituiria o último genocídio do nosso tempo, a despeito dos clamores piedosos e desafiadores de "nunca mais". O fracasso comprovado da igreja cristã durante a captura dos judeus da Europa seria superado — se isso fosse possível — em 1994, com a participação, às vezes até entusiástica, de lideranças e instituições cristãs durante o genocídio de Ruanda. Perguntas insistentes que tais acontecimentos levantam, vez após vez, é se a fé cristã realmente faz qualquer diferença quando indivíduos que identificam a si mesmos como cristãos participam da realização de males extremos. Stephen R. Haynes, escrevendo em *The Christian century* [O século cristão], observa que Ruanda era o país mais cristianizado da África (cerca de 90% da população); contudo, inúmeras vítimas foram mortas em igrejas nas quais tentaram buscar refúgio. "Como a Alemanha nazista, a Ruanda genocida constitui um local pouquíssimo atraente para o autoexame cristão. Evidências demonstram que o "sangue" mostrou-se mais espesso que a água batismal e que a fé era impotente para superar os interesses de classe ou etnia [...]. *Os cristãos devem perguntar o que esses e outros episódios de matança em massa revelam sobre a essência e a extensão de nossa natureza caída*".[135]

As atrocidades de Ruanda nos forçam a reexaminar nossa compreensão da natureza humana. A forma em que os homicídios foram cometidos causam particular espanto, visto que centenas de milhares foram atacados com facões, queimados em igrejas e baleados à queima-roupa e face a face. Não se tratava de

---

[134]Citado em uma resenha de *Chile: death in the south*, por Jacobo Timerman, *New York Times Book Review* (1987). Timerman continua relevante. O autor ficou conhecido por sua oposição aberta à "Guerra Suja" argentina, o que resultou em seu longo aprisionamento e tortura pela junta daquele país. Timerman escreveu sobre essas experiências em suas premiadas memórias (1981), *Prisoner without a name, cell without a number* [Prisioneiro sem nome, cela sem número]. Posteriormente, tornar-se-ia um dos primeiros cidadãos israelenses com um histórico sionista impecável a criticar Israel pela invasão ao Líbano (*The longest war: Israel's invasion of Lebanon* [1982]) e pela forma que os palestinos eram tratados por Israel. Em 2000, Timerman foi postumamente nomeado pelo International Press Institute um dos cinquenta "Heróis da liberdade de imprensa mundial".

[135]Stephen R. Haynes, "Never again: perpetrators and bystanders in Rwanda", *Christian Century*, 27 de fevereiro-6 de março de 2002, grifo na citação.

uma operação industrializada e anônima, efetuada em localidades remotas por alguns oficiais fanáticos "apenas fazendo seu trabalho"; antes, foi um massacre de indivíduo para indivíduo, levado a cabo por pessoas que, em muitos casos, conheciam suas vítimas, sendo até mesmo colegas nas equipes dos hospitais e membros das mesmas igrejas locais. Qualquer um que se importe com o testemunho cristão deve ser assombrado pela seguinte pergunta: o que eu teria feito?

A ininteligibilidade moral do mal

Muitos identificam o ataque cometido por Ivan Karamazov à piedade de seu irmão Alyosha, no livro *Os irmãos Karamazov*, de Dostoiévski, como o mais profundo e doloroso desafio já escrito sobre o assunto de Deus e o mal. Exemplos horríveis apresentados por Ivan em relação à tortura de crianças foram extraídos por Dostoiévski a partir de artigos de jornais. Ivan taca essas atrocidades em Alyosha para mostrar que nenhum relato de salvação pode coexistir com tais horrores. A brilhante percepção de Hart em relação a Ivan Karamazov é que, enquanto Voltaire vê apenas "a verdade terrível de que a história do sofrimento e da morte não é moralmente ininteligível", Karamazov vê "que seria muito mais terrível se ela fosse". A *ininteligibilidade moral do mal* é o grande tema de Hart.[136] Correndo o risco de sobrecarregar o leitor, cito mais dois exemplos de épocas recentes, precisamente para esclarecer esse ponto da ininteligibilidade.

Extraio o primeiro do que ocorreu na cidade de Coeur d'Alene, Idaho. Em 2005, Joseph E. Duncan III assassinou três membros de uma família, incluindo um garoto de 13 anos, e então sequestrou as duas crianças mais novas — um menino de nove anos e sua irmã, de oito. Ele torturou e abusou sexualmente de ambas as crianças por sete semanas, matando, depois, o menino (a menina foi finalmente resgatada). O juiz declarou que o crime "excede os limites da compreensão humana".[137]

O segundo exemplo de males horríveis é contado no livro de Samantha Power sobre genocídio: *A problem from hell* [Um problema do inferno]. Ela relata essa história do conflito na Bósnia, em meados da década de 1990:

> [Um jovem analista da inteligência americana] aprendera a receber relatórios com algum ceticismo — e as histórias que surgiam da Bósnia certamente

---

[136] Hart, *Doors of the sea*, p. 44.
[137] *New York Times*, National Briefing: Associated Press, 4 de novembro de 2008.

pareciam justificar a descrença. Uma mensagem telegráfica descrevia como uma menina mulçumana de nove anos fora estuprada por milicianos sérvios [cristãos ortodoxos] e largada em uma poça de sangue por dois dias, enquanto seus pais assistiam, atrás de uma cerca, à sua morte. O jovem analista não acreditou na história [...] mas os refugiados continuaram contando, fazendo valer sua voz. O mesmo relato sobre a garota mulçumana cruzou sua mesa uma segunda vez, quando um grupo isolado de testemunhas o confirmou de forma independente a investigadores americanos.[138]

A segunda história é uma ponte entre as duas categorias. Não se trata apenas de uma reação a uma atrocidade inefável em relação a uma criança e seus pais, mas também de *uma ação impulsionada por uma política preestabelecida*. Ações dos sérvios no conflito da Bósnia, como aqueles de regimes militares na América Latina; da campanha de Anfal, liderada por Saddam Hussein contra os curdos; da conduta de *génocidaires* em Ruanda; das políticas deliberadas de estupro em massa no Congo — todos esses exemplos e muitos outros ilustram *instrumentos premeditados de um programa específico de repressão ou extermínio*. A segunda ilustração de males horríveis é ainda mais ameaçadora que a primeira, visto que não surge da criminalidade psicopática de um indivíduo, mas de uma estratégia governamental deliberada ou articulada por um grupo.[139]

Além desses dois tipos de maldade, podemos também dizer que há dois tipos inescrutáveis de mal*feitores*. O *primeiro* é o psicopata, como o *serial killer* H. H. Howell, cuja carreira é descrita no best-seller *Devil in the white city* [Diabo na cidade branca]. Uma pessoa assim parece ser apenas o simulacro de um ser humano.[140] É relativamente fácil nos distanciarmos de alguém assim; nós a vemos como o "mal personificado", um indivíduo maldoso que pratica ações malignas. Muito mais desafiador à imaginação é o *segundo* tipo, a "boa" pessoa que se sente atraída para o mal. Compreender atrocidades grupais exige

---

[138]Samantha Power, *"A problem from hell": America in the age of genocide* (New York: Basic Books, 2002), p. 265.
[139]O uso calculado do estupro por milícias *janjaweed* em Darfur, na primeira década do novo século, seria um exemplo de estratégia governamental; o reino de terror do Ku Klux Klan, na região sul dos Estados Unidos, uma ilustração de articulação grupal.
[140]O proeminente psiquiatra Otto Kernberg usou o rótulo "narcisismo maligno" para atribuir uma forma extrema de transtorno de personalidade a figuras que foram monstruosas em suas ações, mas não loucas — particularmente Hitler e Stalin. Essas pessoas são hábeis em encantar e manipular aqueles que estão ao seu redor, mas totalmente incapazes de sentir a dor alheia. A total ausência de empatia em sua personalidade é acompanhada por uma grandiosidade sem limites, por uma confiança em si e pela certeza de que, acima de tudo, sabem o que deve ser feito. Kernberg não estudou Saddam Hussein, mas os pesquisadores em psiquiatria Jerrold M. Post (Universidade George Washington) e Amatzia Baram (Universidade de Haifa, Israel) concluem que a mesma condição se aplica a ele (Erica Goode, "Stalin to Saddam: so much for the madman theory", *New York Times*, 4 de maio de 2003).

muito mais de nós, pois somos forçados a ver como todos nós somos capazes de tais feitos em certas condições.

Richard W. Sonnenfeldt, principal intérprete nos julgamentos de Nuremberg, foi entrevistado ao completar 83 anos. Suas memórias dos principais nazistas ainda eram vívidas. Sonnenfeldt se recordava da normalidade terrível de suas personalidades: "Eles eram, sem dúvida, os maiores criminosos vivos do mundo, mas suas mãos estavam limpas e suas expressões eram normais; eles bem que podiam se passar por alguém com quem topamos na rua. Você pensa: 'Que tipo de homem é capaz de fazer algo assim, servindo a alguém como Hitler?'. E então você percebe: é muito simples — um bajulador. Alguém que faz as coisas por posto, uniforme, dinheiro ou glória [...] As pessoas têm de perceber que *o poder e a maldade correm no mesmo trilho*".[141] Não conseguimos ver nossa alma possivelmente na mesma situação?

Entretanto, nada disso nos ajuda a explicar de onde surgem essas tendências. Em *Explaining Hitler* [Explicando Hitler], Ron Rosenbaum examina teorias contraditórias sobre como Hitler pôde ter-se tornado um matador genocida sem ser louco. Ao final, Rosenbaum conclui: "Explicações, por mais meticulosas que sejam, [são] um escudo contra ter de deparar com um horror inexplicável: a inaplicabilidade do horror".[142] Sua conclusão está correta: *não há explicação*.

11. "Revolta contra explicações"
"Clamo a ti, mas não me respondes" (Jó 30:20)
No início deste capítulo sobre o tema da descida ao inferno, identificamos quatro objetivos. O primeiro foi olhar de modo inconfundível para a radicalidade do mal e seu poder na vida até mesmo de pessoas "boas". O segundo foi importunar Deus com a presença e o poder do mal e do sofrimento injusto no mundo, mesmo exigindo dele alguma resposta — como os salmistas normalmente fazem, como faz Ivan Karamazov e, no exemplo arquetípico, Jó:

> "Ó, se alguém me escutasse!
> Eis aqui defesa assinada! Que o Todo-poderoso me responda!" (Jó 31:35)

---

[141] Peter Applebome, "Veteran of the Nuremberg trials can't forget dialogue with infamy", *New York Times*, 14 de março de 2007, grifo na citação.

[142] Ron Rosenbaum, "Explaining Hitler", *New Yorker*, 1.º de maio de 1995. John Gross, resenhando o livro *Explaining Hitler: the search for the origins of his evil* (New York: Macmillan, 1998), de Rosenbaum, destaca o ponto: "O mal é um conceito teologicamente carregado [...]. Ao tentar explicar Hitler, cedo ou tarde acabamos por entrar na esfera do inexplicável" (*New York Review of Books*, 17 de dezembro de 1998, grifo na citação).

Todos os melhores intérpretes teológicos de Jó concordam que o livro não constitui uma teodiceia; de fato, é uma grande antiteodiceia. A questão da punição do pecado e da recompensa pela justiça é posta de lado. A questão da *existência* de Deus nem sequer surge; como ocorre ao longo de todo o Antigo Testamento, a existência de Deus é simplesmente pressuposta. Na verdade, Deus é o ator principal. O "argumento do mal" para descreditar a existência de Deus está totalmente ausente do livro de Jó.[143] O que devemos notar em relação ao caso unicamente poderoso de Ivan Karamazov é que ele não questiona a existência de Deus da mesma forma que Jó. O desafio de Dostoiévski está no fato de o mundo criado por Deus ser *intolerável em termos morais*.[144] Essa é a acusação de Ivan contra Deus, e é a única que realmente conta, visto que não há lógica em dizermos que a existência do mal prova a não existência de Deus. De fato, tais tentativas, formuladas ao longo dos anos por algumas das melhores mentes cristãs, são, em última análise, ofensivas, pois nos pedem para acreditar que há algum significado ou propósito em tal sofrimento. *Pode não haver qualquer explicação para males horrendos*.[145] As tentativas de dar uma explicação inteligível para a presença do mal não são apenas intelectualmente inadequadas, mas também moralmente ofensivas.[146]

Que outro tipo de "explicação" pode provocar outra coisa senão raiva em face de tamanhos males que temos descrito? Ademais, como podemos considerar Deus senão um monstro se ele permite coisas assim como parte de

---

[143]Conforme já vimos, o "argumento do mal" contra a existência de Deus está associado a David Hume (século 18) e J. L. Mackie (século 20).

[144]A lógica subjacente a essa acusação é reproduzida por C. S. Lewis em *Perelandra* [trad. Carlos Caldas (Rio de Janeiro: Thomas Nelson Brasil, 2019)]. Quando o professor de Oxford, Ransom, descobre que o cientista Weston (figura demoníaca da história) abre rãs com as unhas e as deixa morrer lentamente por puro sadismo, Ransom percebe que o mal é "uma obscenidade intolerável que o aflige a ponto de sentir vergonha. Teria sido melhor, pensou, naquele momento, que todo o universo nunca tivesse existido do que uma coisa daquelas ter acontecido" (p. 150).

[145]Adams escreve: "Concordo com Anselmo, no sentido de que as razões [pelas quais Deus permite o mal] que porventura descubramos são apenas parciais" (*Horrendous evils*, p. 54).

[146]Um exemplo impressionante de "revolta contra explicações" foi dado em um artigo de opinião escrito por Lea Evans Ash, chutada na coluna vertebral por três adolescentes enquanto se curvava sobre o carrinho de seu bebê em um metrô de New York, em 1973. Ash sofreu danos neurais extremos e artrite traumática, dos quais não se esperava que viesse a se recuperar. Ela foi a "um padre no seminário em Chelsea, onde meu marido era estudante", que, "aparentemente, reivindicou o direito moral de me dizer 'a razão pela qual isso aconteceu'". O padre falou sobre a privação econômica dos adolescentes (cujas identidades nunca foram descobertas), do isolamento social, da fúria negra etc. Doze anos depois, a senhora Ash ainda estava enfurecida com essa tentativa de ter uma explicação "racional". Além disso, e de forma surpreendente, Ash escreve sobre o "mal ameaçador" que viu nos rostos daqueles que testemunharam o ataque, ou que a viram lutando para retornar à sua casa e não ofereceram qualquer ajuda. Lea Evans Ash, "The Goetz incident and mine", *New York Times*, 16 de dezembro de 1985.

seu desígnio? Concluímos que, em face de uma criança torturada que clama a Deus, não há uma "resposta" adequada.[147]

O que buscamos, portanto, é o que Jó buscava: "Que o Todo-poderoso me responda!". Não desejamos uma "resposta plena", pois nunca a obteremos nesta vida.[148] Aquilo pelo qual nós, assim como Jó, clamamos é algum tipo de *resposta parcial, uma reação* diante da dor, para que vivamos pela fé em um mundo no qual a ordem moral está sob alarmante ameaça. Passemos, agora, a essa resposta parcial ou reação, o segundo propósito deste capítulo.

Do meio de um redemoinho

Deus responde a Jó, aparecendo-lhe do meio de um redemoinho. Com voz poderosa, o Senhor o convoca a contemplar a criação.[149] Nada nos é dito sobre o sofrimento de Jó. De modo semelhante, o padre Zossima responde a Ivan Karamazov com um discurso, e Alyosha, o "herói" de Dostoiévski (se é que há algum na história), faz um discurso apaixonado ao seu irmão mais velho em "resposta" à sua indignação. Muitos acreditam que nem a resposta de Alyosha nem a do livro de Jó são satisfatórias. Na verdade, houve muita reclamação sobre a inadequação e a irrelevância de ambas e, em vista de nossos comentários anteriores sobre a importância do silêncio, há algo de válido nessas objeções.[150] De que podemos chamar a "resposta" de Deus (se é que podemos chamá-la assim) a Jó?

Uma conexão significativa ocorre entre Jó 25:6 ("o homem [...] é larva,/e o filho do homem [...] um verme") e 38:1-3 ("Então o Senhor respondeu a Jó do meio de um redemoinho/[...] 'Cinge os lombos *como um homem,*/pois vou lhe perguntar e você me declarará'"). Parece que a fala estupefaciente de Deus a Jó, embora pareça irrelevante ao extremo, confere grande dignidade a Jó. Ele não é uma larva ou um verme, mas alguém convocado por Deus e posto de

---

[147]Há apenas uma alternativa honrosa, na minha opinião, ao ângulo cristão sobre o mal, conforme apresentamos aqui. É o estoicismo, uma posição ateísta, intelectualmente rigorosa e que muitas pessoas estão dispostas a sustentar. O estoico está resignado a um mundo essencialmente aleatório e sem sentido, no qual nenhum mal jamais será devidamente reparado. Em termos intelectuais, parece-me, essa é a única alternativa honrosa à fé em um Deus que julgará a terra. Esperanças piedosas, indiferenciadas e genericamente religiosas de uma vida futura melhor não são suficientes para compensar o sofrimento que tentamos evocar neste capítulo.

[148] Dorothy Day escreveu sobre a experiência de haver visitado uma pessoa afligida por dores terríveis: "Há pouco que se pode fazer, exceto estar lá e não fazer nada [...]. Eu disse isso a ela [...] que só podemos nos manter em silêncio diante do sofrimento" (Robert Ellsberg, org., *The duty of delight: the diaries of Dorothy Day* [Milwaukee: Marquette University Press, 2008], p. 279).

[149]Quando a palavra traduzida como "Veja!" aparece no Antigo e no Novo Testamentos, não denota apenas o imperativo para que alguém observe ou repare em alguma coisa, conforme sugerem algumas traduções recentes. Antes, denota uma revelação poderosa, levando à compreensão, a novos *insights* e à fé.

[150]A resposta de Alyosha Karamazov a seu irmão Ivan nunca me pareceu satisfatória. O protesto de Ivan prevalece. A resposta de Deus, no entanto, não pode ser ignorada.

pé, mesmo coberto de chagas; Jó também é chamado a "declarar", a dar uma resposta a Deus. Sem dúvida, seria fácil vermos essa convocação como um gesto de *bullying*, visto que as únicas "declarações" de Jó variam de "coloco minha mão na boca" a "derreto; arrependo-me no pó e nas cinzas"; no universo conceitual do Antigo Testamento, porém, tal conclusão seria um erro. A maravilha está no fato de Jó ser abordado por Deus, "de homem para homem", por assim dizer. Ele não é uma vítima digna de pena, mas alguém que, feito à imagem de Deus, corresponde a Deus e recebe de Deus sua revelação — uma honra que devemos reconhecer como extraordinária. Devemos realmente falar em uma teofania, uma autorrevelação do *próprio Deus*. Jó parece percebê-la, o que parece não apenas satisfazê-lo, mas também reorientá-lo. A determinação de Jó de se autojustificar (exibida mais claramente em 27:5, trecho no qual Jó declara: "Até que eu morra, não deixarei de defender minha integridade./Apego-me à minha justiça; não a largarei") simplesmente desaparece à luz da justiça revelada de Deus.

O livro de Jó sempre será debatido; trouxemos Jó a essa discussão para mostrar como a fala do meio do redemoinho aponta para *longe* de "respostas" e "explicações". Em vez disso, leva-nos para a própria presença de Deus. A fala final de Jó confirma isso:

> Sei que podes fazer todas as coisas,
>   e nenhum dos teus propósitos pode ser impedido [...]
> Proferi o que não entendia,
>   coisas maravilhosas demais para mim, que não conhecia [...]
> Ouvira falar de ti com os ouvidos;
>   mas agora os meus olhos te veem.[151]
> Portanto, desprezo-me,[152]
>   arrependo-me no pó e nas cinzas" (Jó 42:1-6).

Trata-se de uma nova epistemologia, de uma nova forma de saber. Quando Deus se autorrevela, arranjos e interpretações antigos se tornam obsoletos. A característica distintiva de Jó, em última análise, é seu desejo ardente por receber uma resposta de Deus. Ele a obtém. Não foi a resposta que ele esperava, mas, de uma forma totalmente estranha, Deus foi gracioso para com Jó. A pista da qual

---

[151] Devemos observar aqui que o "olho" é, na verdade, o ouvido. Jó não "vê" Deus no sentido comum; ele o escuta e crê nele, o que constitui o verdadeiro significado de "ver" (João 9:35-41). Essa declaração condiz inteiramente com a doutrina bíblica da Palavra de Deus. Na Escritura, a autorrevelação de Deus é auditiva, não visual. É por sua Palavra que Deus se torna conhecido (João 1:1-18).

[152] A palavra traduzida como "desprezo-me" significa, na verdade, algo mais como "derreto-me em nada" (Samuel Terrien, *Job*, The interpreter's Bible [New York/ Nashville: Abingdon, 1957], vol. 3, p. 1193).

precisamos é esta: desatrelar a questão do sofrimento da autorrevelação de Deus. A pergunta "por quê?" não é a pergunta certa, e nunca produzirá a "explicação" certa.[153]

David Hart, escrevendo sobre *Os Irmãos Karamazov*, descreve a postura de Ivan como uma "revolta contra explicações".[154] Hart argumenta que não devemos ser persuadidos a uma posição que exige de nós compreensão de tudo o que acontece. É prematuro dizer a um sofredor: "Deve haver uma razão para isso". Com o tempo, o sofredor pode (ou não) chegar a essa conclusão por si só, *no* sofrimento *e por meio dele*; no entanto, uma das primeiras regras do ministério pastoral é que o conselheiro nunca deve colocar tais palavras na boca do sofredor. Em muitas situações, a melhor regra para o "consolador" pode muito bem ser o silêncio. Infelizmente, o fato é que, em muitos casos, as "explicações" oferecidas servem de consolo apenas para o "consolador", e não para o sofredor. Existem apenas duas respostas possíveis ao sofrimento horrendo. A primeira é compartilhar a dor do sofredor, em silêncio.[155] A segunda, conforme conclui Hart, é "detestar [o mal horrendo] com o ódio consumado".[156]

12. Cosmologia do Novo Testamento
e o inferno dos perpetradores

"Deus e seu monopólio da violência"[157]

Chegamos, agora, ao terceiro de nossos quatro objetivos, estabelecidos no início deste capítulo: argumentar que a confissão *descendit ad inferna* implica

---

[153]Em um Domingo de Ramos, 27 de março de 1994, um tornado atingiu a igreja metodista Goshen United, localizada em Piedmont, Alabama. Vinte pessoas morreram, incluindo a filha mais nova do pastor. Naquela manhã, ninguém presente no culto ouvira a advertência urgente de que um tornado se aproximava. Kelly Clem, o pastor, questionado por um repórter, respondeu: "Não sabemos 'o porquê'. Não penso que 'por quê?' seja a pergunta certa nesse momento. Apenas devemos ajudar uns aos outros a enfrentar esta situação" (*Atlanta Constitution*, 29 de março de 1994). Em um artigo de Rick Bragg sobre o funeral da criança, o pregador é citado dizendo: "Pessoas questionaram o porquê de isso ter acontecido. Não há uma razão. Nossa fé é sustentada por uma esperança que desafia a razão" (*New York Times*, 3 de abril de 1994). Marilyn McCord Adams endossou essas ideias em uma entrevista com Peter Steinfelds (Coluna "Beliefs", *New York Times*, 13 de outubro de 2001). Um relato comovente dessa congregação, vinte anos depois do acontecimento, pode ser encontrado em: https://www.al.com/living/2014/03/goshen_tornado_memorial.html.

[154] Hart, *Doors of the sea*, p. 44.

[155]No livro de Jó, quando os amigos de Jó chegam para visitá-lo, seu comportamento é exemplar. Eles se assentam no chão com Jó por sete dias, sem dizer nada. Essa é a origem do costume judaico do *shiva* ("sete dias de luto"). A dor de Jó aumenta grandemente quando os amigos rompem o silêncio e começam a falar — razão por trás da expressão irônica "consoladores de Jó", cujo significado é que uma pessoa bem-intencionada pode fazer o sofredor se sentir ainda pior.

[156]Hart, *Doors of the sea*, p. 101 (a expressão "ódio consumado" é encontrada em Salmos 139:22, ARA).

[157]Miroslav Volf, *Exclusion and embrace: a theological exploration of identity, otherness, and reconciliation* (Nashville: Abingdon, 1996), p. 302.

uma cosmologia. Nenhum intérprete de nossa época entende isso melhor que Miroslav Volf. O anúncio de que o reino do Deus encarnado na pessoa de Jesus — uma proclamação central nos três Evangelhos Sinóticos — não é apenas boa notícia, por mais histórica que seja, da entrada de uma figura messiânica em território neutro. Pelo contrário: é a invasão do Senhor de um reino dominado por outro: "*Oposição ativa ao reino de Satanás* [...] é, portanto, inseparável da proclamação do Reino de Deus. É essa oposição que levou Jesus Cristo à cruz [...]. A redenção não pode, portanto, ser um ato passivo, envolvendo negociação e luta, até mesmo violência".[158]

O leitor é instado a não chegar a conclusões precipitadas; a linguagem é metafórica. O ponto é que Paulo não proclama um Deus "persuasivo", mas um Deus que causa *ruptura*. Essa é a intenção de um versículo como: "Nosso antigo eu foi crucificado com ele, para que o corpo de pecado seja destruído" (Romanos 6:6). A linguagem apostólica não é uma linguagem de persuasão. Em Gálatas 6:14, o apóstolo fala da "cruz de nosso Senhor Jesus Cristo, pela qual o mundo está crucificado para mim, e eu para o mundo". Na proporção em que a crucificação de Cristo é "violenta", é a violência necessária para vencer o mundo (*kosmos*) em que o Pecado e a Morte estão infernalmente determinados a manter sua soberania.[159]

A segunda questão a ser levantada diz respeito ao contraste entre violência e persuasão. Nossa reação a ela dependerá do que queremos dizer por violência. Podemos lembrar-nos da história de Jacó, que foi atacado no escuro e passou a mancar pelo resto da vida (Gênesis 32:22-32) — dificilmente um método "persuasivo" de corrigir o curso de um homem que, até aquele momento, fora amplamente indiferente ao Deus de seu pai e de seu avô. O exemplo mais óbvio, no entanto, é o do próprio Paulo. Sua conversão na estrada de Damasco não foi, em sentido algum, uma persuasão. Ele mesmo descreve sua conversão como algo não natural — "como alguém nascido fora de tempo" (1Coríntios 15:8).

---

[158]Volf, *Exclusion and embrace*, p. 293, grifo na citação.

[159]Aprenderemos mais com o grande teólogo do segundo século d.C., Ireneu, no capítulo sobre recapitulação. Ireneu, porém, não acertou em tudo. Sobre o assunto da "persuasão gentil", ele escreve que Cristo "deu a si mesmo como redenção pelos que foram levados ao cativeiro. E já que a apostasia nos tiranizou injustamente, a palavra de Deus, poderosa em todas as coisas, e não deficiente com respeito à sua justiça, voltou-se justamente contra essa apostasia e redimiu dela aquilo que lhe pertencia — não por meios *violentos*, como a apostasia nos dominara no início, arrebatando, de modo insaciável, o que não era seu —, mas, por meio de *persuasão*, como é devido a um Deus de conselho, que não usa meios violentos para obter o que deseja. Assim, nem a justiça de Deus é infringida, nem a obra de Deus [o ser humano] vai para a destruição" (*Adversus haereses* 5.1.1., grifo na citação). Sob a perspectiva de Paulo, Martinho Lutero, Miroslav Volf e Flannery O'Connor, diríamos que a persuasão é fraca demais para resistir ao "cativeiro" e à "tirania" do Inimigo.

O uso frequente que o apóstolo faz de metáforas militares reforça o tema bíblico do poder invasivo de Deus.

O assunto da violência na história do evangelho foi introduzido na seção que aborda Tomás de Aquino. Aqui, a ideia é ampliada pela ideia de Volf, segundo o qual *Deus* tem o monopólio da violência. Os cristãos podem engajar-se em uma resistência *não violenta* precisamente porque a ira do Deus vivo não é nem direcionada a nós *per se*, nem aos nossos adversários, e sim à esfera do Maligno. Se nos irritamos com a injustiça que vemos, acaso esse não é um sinal da ira justa de Deus? Contudo, somos incapazes de conquistar os Poderes das trevas. Sem a ira de Deus, que, em última análise está do nosso lado, não temos vitória.

Volf admite que a ideia de uma invasão violenta por Deus é "impopular entre muitos cristãos". A ideia de que a redenção pode ser alcançada sem a misericórdia violenta de Deus é algo a que ele astutamente se refere como um dos "cativeiros agradáveis da mente liberal".[160] Stanley Hauerwas estabelece o mesmo ponto. Em uma retórica implacável, Hauerwas escreve que o cristianismo liberal enganou a igreja, levando-a a acreditar que ela não deve ter inimigos: "O cristianismo é ininteligível sem inimigos [...] ser cristão é fazer parte de um exército contra exércitos". O cristão está "em guerra", e "é melhor se preparar para uma contraofensiva feroz e para sofrer algumas baixas".[161]

A cosmologia do Novo Testamento — segundo Volf e Hauerwas evocam em seus escritos — é fundamental à obra de inúmeros acadêmicos do Novo Testamento, teólogos bíblicos citados ao longo destas páginas. Quando essa ideia ficar mais patente para os cristãos que frequentam os cultos, a igreja estará mais bem preparada para discernir seu papel nos conflitos e nos desafios da nossa época. Nesse contexto, a linguagem da resistência contra o inimigo assumirá a forma devida como boa notícia, não apenas para todo ser humano que foi vitimizado, *mas também* para aqueles que vitimizam os outros. A *dikaiosyne* (justiça) de Deus é poderosa para retificar cada um de nós individualmente e todos nós coletivamente.

Quem merece o quê?

O quarto e último ponto concernente à afirmação do credo em relação à descida de Cristo ao inferno é que ela ilumina poderosamente não apenas o tema

---

[160] Volf, *Exclusion and embrace*, p. 304.
[161] Stanley Hauerwas, "No enemy, no Christianity: theology and preaching between 'Worlds', in: Miroslav Volf; Carmen Krieg; Thomas Kucharz, orgs., *The future of theology: essays in honor of Jürgen Moltmann* (Grand Rapids: Eerdmans, 1996), p. 26-34. Volf, insuperável, continuou a expor esses temas em *The end of memory: remembering rightly in a violent World* (Grand Rapids: Eerdmans, 2006).

Christus victor, mas *também* diversos outros, incluindo o tema da substituição, o qual examinaremos no próximo capítulo. Como isso acontece?

Podemos fazer uma distinção entre males *impessoais* e *aleatórios*, como tsunamis e câncer, por um lado, e males *morais*, por outro lado. A diferença essencial é que, enquanto os males morais envolvem vítimas e perpetradores, catástrofes como inundações, terremotos e epidemias resultam apenas em vítimas; não há perpetradores envolvidos.[162] É o *problema dos perpetradores* que nos oferece o maior desafio a respeito de nossas ideias sobre o inferno. A maior parte dos temas que estudamos a partir do Novo Testamento não parecem exigir que pensemos acerca dos perpetradores. Tome, por exemplo, a imagem de resgate e de sacrifício; temos pouca ou nenhuma dificuldade em aprovar a ideia do pagamento de um resgate ou a oferta de um sacrifício em nome de alguém de valor. Se imaginarmos o grande veredicto, não temos problema algum em nos regozijar ao ver Deus julgando os grandes malfeitores. Consideramos temas como os da Páscoa e do Êxodo, bem o de *Christus victor*, fáceis de aceitar quando eles são compreendidos como o resgate dos oprimidos, dos aprisionados e dos escravizados.

Mas e quanto aos opressores em si, os carcereiros, os senhores de escravos?

Na época da invasão americana do Iraque, em 2003, o governo americano embarcou em um programa de centros de detenção secretos no exterior, nos quais algumas formas de tortura eram praticadas — embora provavelmente leve muito tempo até que toda a verdade apareça sobre o assunto.[163] Soube-se que, após os ataques terroristas do 11 de Setembro, elaborou-se um plano privado para a Casa Branca que foi mantido em sigilo pelo Departamento de Estado. Falando acerca desse plano, Dick Cheney declarou: "Pensamos que ele garante que teremos [ao nosso dispor] o tipo de tratamento para esses indivíduos que, segundo pensamos, eles merecem".[164] Isso levanta, de forma incisiva, a questão dos perpetradores e a questão do *merecimento*.

---

[162]Certamente há muitos que diriam que o furacão Katrina, ao esvaziar a cidade de Nova Orleans, contou com a ajuda do Corpo de Engenheiros do Exército, que não conseguiu manter os diques em seu devido funcionamento. Da mesma forma, se há incêndios florestais causados naturalmente nos desfiladeiros do sul da Califórnia, pode-se dizer que as pessoas nunca deveriam ter construído casas lá, para início de conversa. Alguns tipos de câncer são causados pelo fumo. O fator humano nem sempre é tão facilmente separado do impessoal. Tampouco a mãozinha de Satanás está de fora da desordem do mundo natural. Entretanto, o ponto que buscamos estabelecer acerca dos perpetradores é amplamente válido.

[163]Cf. o *exposé* de Jane Mayer no *New Yorker* ("The Black Sites", 13 de agosto de 2007). O então presidente, George W. Bush, ainda insistia, em 2008, que "os Estados Unidos não torturam". Bush parecia acreditar nisso. O relatório jurídico redigido por John Yoo (os chamados "Memorandos de Tortura") foi elaborado para expandir as opções de "interrogatórios intensificados" nas operações da CIA, redefinindo o conceito de tortura. Sabe-se que o *éminence grise* de Bush, o vice-presidente Richard Cheney, também apoiou a ideia. Parte da linguagem usada por Cheney e pelo secretário de Defesa Rumsfeld continua a ser citada: "Vamos cerrar os punhos"; "algumas mãos vão se sujar"; os Estados Unidos teriam de "passar para o lado negro". Veja também o ensaio de cinco partes de Mark Danner sobre Cheney e Rumsfeld no *New York Review of Books* (2013-14).

[164]"After terror, a secret rewriting of military law", *New York Times*, 24 de outubro de 2004.

Não há nada mais característico do ser humano do que sua tendência universal de julgar uma porção da humanidade como merecedora e a outra porção como desmerecedora. Nada é mais fundamental na fé cristã do que o reconhecimento de que nunca podemos ser justificados dessa maneira. Falar de "mérito" é dividir o mundo de uma forma totalmente estranha ao evangelho. Cristo veio para morrer expressamente por pecadores, por *des*merecedores, por *im*piedosos (Romanos 5:6). Calvino, com sua típica preocupação com o consolo pastoral, escreve: "A promessa da salvação é oferecida de modo livre e voluntário a nós pelo Senhor, *em consideração à nossa miséria, e não ao nosso mérito*".¹⁶⁵ O grande hino da Semana Santa *Ah, Santo Jesus* conclui com uma oração ao Senhor crucificado: "Pensai em vosso amor leal, *não em nosso mérito*".

Philip G. Zimbardo foi o *designer* do famoso experimento prisional de Stanford.¹⁶⁶ Muitas décadas depois, Zimbardo publicou um livro intitulado justamente *The Lucifer effect: understanding how good people turn evil* [O efeito Lúcifer: entendendo como pessoas boas se tornam más].¹⁶⁷ Estava claro, conforme mostrado em uma entrevista que o autor concedeu na época da publicação, que ele ainda estava profundamente incomodado com sua perda de perspectiva moral com o prosseguimento do experimento. À medida que os "guardas" voluntários iam caindo cada vez mais em um comportamento desumano e brutal, Zimbardo e sua equipe se viram tão absortos pelo estudo do tema que também perderam o rumo. Apenas quando sua namorada o visitou na "prisão" simulada e ameaçou romper o relacionamento com ele foi que Zimbardo percebeu plenamente o que estava fazendo.¹⁶⁸ Suas conclusões são preocupantes para os "melhores" de nós.¹⁶⁹

---

¹⁶⁵Calvino, *Institutas* 3.2.29.

¹⁶⁶Os famosos experimentos de Stanley Milgram e Philip G. Zimbardo nas décadas de 1960 e 1970 continuam a ser citados até hoje. O experimento de Zimbardo é tão conhecido dos cientistas sociais que eles se referem a ele apenas como o SPE (Standford Prison Experiment [Experimento prisional de Stanford]). Ambos os experimentos mostraram que, em casos de abuso flagrante por grupos estudantis, é raro o indivíduo que se recusa a obedecer ou a seguir ordens (documentário televisivo, "The human behavior experiments", Court TV e Sundance Channels, 2006). Cf. tb. a resenha de Alessandra Stanley, "The darkest behaviors, in the name of obedience", *New York Times*, 1.º de junho de 2006). Uma resenha das descobertas de Milgram por Steven Marcus, membro do Advanced Study in the Behavioral Sciences de Stanford, embora critique o método, reconhece a relevância dos experimentos. Segundo ele: "Éé importante que não nos esqueçamos dessas características que manifestamos" (resenha de *Obedience to authority*, por Stanley Milgram, *New York Times Book Review*, 13 de janeiro de 1974).

¹⁶⁷New York: Random House, 2007. O leitor observará o uso do simbolismo de um anjo caído no título.

¹⁶⁸Claudia Dreifus, "Finding hope in knowing the universal capacity for evil", *New York Times*, 3 de abril de 2007. Posteriormente, Zimbardo testemunhou que as condições na prisão de Abu Ghraib, no Iraque, onde militares americanos foram autorizados a agir impune e brutalmente, eram tais que até mesmo os jovens americanos mais bem preparados teriam sido constrangidos a participar.

¹⁶⁹Em uma resenha do filme *City of life and death* [O massacre de Nanquim] (o massacre se refere aos estupros ocorridos em Nanquim), o excepcional escritor e intelectual Ian Buruma observa que o diretor

Marilyn McCord Adams emprega, de forma sistemática, a expressão *"participantes de* horrores" ao se referir à monstruosidade das ações malignas.[170] Sua escolha de "participantes" é impressionante. Ela quer que a palavra inclua não apenas vítimas de horrores, mas também perpetradores, colaboradores e espectadores "inocentes". Conforme argumentamos aqui, traçar uma linha entre aqueles que participam de horrores e aqueles que não o fazem é um empreendimento duvidoso; todos nós, de uma forma ou de outra, somos perpetradores em potencial, participantes em potencial ou (muito provavelmente) pessoas que permitem, por causa da passividade, a ocorrência dos horrores.[171] W. H. Auden embutiu essa convicção em seu poema ao escrever: "Não devemos, contudo, desde Stalin e Hitler, confiar em nós mesmos outra vez". Se isso é verdade, então o evangelho tem de ser boa notícia *não apenas* para as vítimas, *mas também* para os perpetradores. Se alegamos que Jesus Cristo desceu ao inferno, talvez queiramos dizer, acima de tudo, o *inferno dos perpetradores* — não apenas dos que estão no Sheol por terem morrido, não apenas dos que estão no Limbo aguardando um Conquistador, mas também daqueles que se encontram no Gehenna sob uma sentença de condenação eterna.

O inferno dos perpetradores

A maioria das pessoas admite a possibilidade de redenção de alguns tipos de malfeitores, mas não de todos. Esse é um assunto complexo. Sem dúvida, não é errado vermos a face de Satanás nas faces de torturadores.[172] De quem é a face que vemos,

---

"mostra como rapazes comuns podem ser aterrorizantes ao exercerem seu poder sobre os que não o têm. [...] É como se o desamparo das vítimas só provocasse uma agressão ainda maior". Esse traço humano, sob o poder do Pecado, é o que a crucificação, como método, explorava. O título do artigo de Buruma é: "From tenderness to savagery in seconds", *New York Review of Books*, 13 de outubro de 2011. (Por seu trabalho humanitário, Ian Buruma foi condecorado com o prêmio Abraham Kuyper no Princeton Theological Seminary em 2012.)

[170] Adams, *Horrendous evils*, p. 105 e *passim*.

[171] Não quero ser mal interpretada. É moralmente repreensível tratar vítimas e perpetradores da mesma forma, atitude implícita em declarações como "somos todos vítimas" e outras do tipo. Clive James escreveu o seguinte a respeito de Primo Levi: "Levi está pronto para *entender* [os perseguidores], desde que não lhe peçam para *exonerá*-los. Sua paciência apenas se esgota quando se trata daqueles que exibem sua compaixão sem perceber que estão pisoteando a memória de mortos inocentes". Citando Levi, James também escreve: "Confundir assassinos com suas vítimas é 'uma doença moral, uma distorção estética ou um gesto sinistro de cumplicidade'" (Clive James, "Last will and testament", *New Yorker*, 23 de maio de 1988, grifo na citação; escrito logo após a morte de Levi). Conforme sugerimos no capítulo 3, tal confusão deve ser respondida com a seguinte pergunta: "Onde está a indignação?".

[172] Klaus, irmão de Dietrich Bonhoeffer, poucos dias antes de ter sido executado pelos nazistas, escreveu em um pedaço de papel: "Não estou com medo de ser enforcado, mas prefiro morrer a ver aquelas faces [dos torturadores] outra vez. Eu vi o Diabo, e não consigo esquecê-lo" (Eberhard Bethge, *Dietrich Bonhoeffer: man of vision, man of courage* [New York: Harper and Row, 1970], p. 803, 832).

então, no caso de agentes da CIA, que se sentem à vontade para exercer brutalidade contra os "detidos" após o 11 de Setembro?[173] Eis aqui o testemunho de um deles. Um ex-oficial da CIA descreve o que a condução de um interrogatório prolongado fez com um de seus colegas: "[Ele] tem pesadelos horríveis. Quando você cruza essa linha de escuridão, é difícil voltar. *Você perde a sua alma*. Pode fazer o seu melhor para justificar a própria ação, mas não consegue. Você não consegue ir para esse lugar escuro sem que isso o mude. Ele é um cara legal. Isso realmente o assombra. A gente inflige algo realmente mau e horrível a alguém".[174]

Parece que não são apenas as vítimas de tortura que perdem a alma. Esse "cara legal" é um "perpetrador"? Em determinadas condições, os seres humanos comuns farão "coisas horríveis, terríveis". Na ocasião do quinquagésimo aniversário de Dia V-J [Dia da Vitória sobre o Japão], Richard J. Harwood, correspondente aposentado do *Washington Post*, que servira no Pacífico durante a Segunda Guerra Mundial, escreveu sobre ter visto seus colegas serem horrivelmente mutilados pelos japoneses. Posteriormente, em Iwo Jima, ele e seus companheiros fuzileiros navais depararam com um soldado japonês "carbonizado por um lança-chamas. Ele queria água. Em vez disso, o soldado japonês recebeu a ponta acesa de um cigarro na boca, cortesia de um rapaz do Brooklyn. Uma das fotos favoritas de nossa unidade em Saipan era a de cerca de doze fuzileiros navais sorridentes segurando cabeças japonesas em postes de bambu".[175] Ou seja, brutalidade gera brutalidade, e aspereza suscita aspereza. Naqueles dias, todo o povo americano estava contra os japoneses.[176]

Quem, exatamente, é um perpetrador? Livros sobre o Holocausto com títulos como *Neighbors* [Vizinhos] e *Ordinary men* [Homens comuns] documentam como comunidades inteiras de pessoas "comuns" podem ser tomadas por um frenesi assassino que dura semanas ou meses.[177] Podemos categorizá-las

---

[173]Após o 11 de Setembro, o uso generalizado da palavra "detido" em lugar de "prisioneiro" sugere que os prisioneiros não eram tidos como prisioneiros de guerra legítimos e, portanto, não mereciam o que fora acordado na Convenção de Genebra.

[174]Cit. Jane Mayer, "The black sites", grifo na citação. O "alguém" se tratava de Khalid Sheik Mohammed, o orquestrador dos ataques do 11 de Setembro.

[175]Richard L. Harwood, "Americans and Japanese haunted by horrors of the Pacific War", *Washington Post* Service, *International Herald Tribune*, 1.º de agosto de 1995. De 1943 a 1946, o sr. Harwood serviu no Pacífico com o quinto batalhão de infantaria naval e participou de muitas batalhas.

[176]Após a detenção de cento e dez mil nipo-americanos, presos durante a Segunda Guerra Mundial a pretexto de segurança nacional, foi apenas um passo para a adoção americana de políticas como propagandas letais, retratando os "japas" como sub-humanos, merecedores de um destino pior que a morte. Assim, pouquíssimas vozes se levantaram contra os bombardeios de Hiroshima e Nagasaki até a publicação de *Hiroshima*, de John Hersey, considerada a obra jornalística mais importante do século 20 por um painel de juízes. Esse relato monumental deu um rosto humano às vítimas até então invisíveis e desconhecidas da explosão atômica de 6 de agosto de 1945.

[177]*Neighbors*, de Jan T. Gross, e *Ordinary men*, de Christopher R. Browning, são ambos relatos de episódios extremos como estes.

como perpetradoras? Em que ponto um espectador passivo, ou mesmo um espectador horrorizado que não faz nada, torna-se um participante ou facilitador? Em muitos casos de atrocidade, uma lista de espectadores incluiria quase todos nós. As linhas inimigas mudam, dependendo de quem é vulnerável e de quem é livre para agir com impunidade. Primo Levi escreveu: "Compaixão e brutalidade podem coexistir no mesmo indivíduo e no mesmo momento, embora isso desafie toda a lógica".[178]

A descida do justo em favor dos injustos

Nosso texto de 1Pedro deve ser estudado em sua totalidade (apenas parte dele aparece acima). Ei-lo por completo:

> Cristo também morreu pelos pecados, de uma vez por todas, o justo pelos injustos, a fim de conduzir-nos a Deus. Morto na carne, mas vivificado no espírito — no qual também foi e pregou aos espíritos em prisão, *os quais, em outro tempo, foram desobedientes* (1Pedro 3:18-20).

Se essa passagem for definida em conexão com *a descida ao inferno dos perpetradores*, suas implicações são profundas. As conexões aqui não foram suficientemente expostas. Referências à pregação de Cristo a espíritos aprisionados e que *foram desobedientes* ocorrem em um contexto muito específico: a morte do justo Filho de Deus "pelos *in*justos". Mais uma vez, podemos seguir a linha de pensamento do escritor. Após declarar que o Cristo justo morreu *em substituição* pelos *in*justos — pensamento que, por si só, já é surpreendente —, o escritor considera lógico falar não apenas dos injustos *vivos*, mas também de injustos que havia muito estavam mortos, abrangendo, assim, todos que já viveram.

A expressão "o justo pelos injustos" sugere o tema de substituição ou troca — o assunto do nosso próximo capítulo. Notamos aqui, porém, que nada faz sentido no texto de Pedro se não admitirmos que Deus obteve soberania absoluta e irrestrita sobre os Poderes — o Pecado, a Morte e Satanás. O significado é multifacetado, sem dúvida, mas pelo menos isto está claro: Cristo é o Justo que nos "conduz a Deus" ao morrer "pelos pecados, de uma vez por todas", em favor e no lugar dos *injustos*.[179] A sugestão é que a troca é feita em favor de todos

---

[178] Levi, *The drowned and the saved*, p. 56.
[179] No capítulo seguinte, tomaremos a posição de que *huper* significa as duas coisas.

os injustos que já viveram. Jesus o faz ao "ser morto na carne, mas vivificado no Espírito", pelo poder de Deus. O poder de Deus sobre o Pecado e a Morte com o propósito de atrair os *in*justos a si mesmo é figurado de forma dramática como a pregação do Cristo vitorioso aos espíritos *desobedientes*, encarcerados no além.[180] A passagem de 1Pedro 3:18-20 é um dos lugares na Escritura em que a Palavra de Deus demonstra ser capaz de ressuscitar os mortos e chamar à existência aquilo que não existe (Romanos 4:17).

A Palavra irresistível

Em 1Pedro 4:3-6, parece que somos levados para mais longe ainda nesta estrada radical:

> Basta o tempo em que vocês, no passado, faziam o que os gentios gostam de fazer, vivendo em licenciosidade, sensualidade, bebedices, orgias, farras e idolatria desfreada. Os pagãos se surpreendem de vocês não se juntarem a eles na mesma extravagância selvagem, de modo que os insultam. No entanto, eles terão de prestar contas àquele que está pronto para julgar os vivos e os mortos. Pois é por isso que o evangelho foi pregado *até mesmo aos mortos, para que, embora julgados na carne como os homens, vivam no espírito segundo Deus.*

Cristo pregou o evangelho da vida "até mesmo aos mortos", que, de fato, serão julgados "como homens"; o resultado final, porém, será a vida divina no Espírito (1Pedro 4:6). O conteúdo da pregação de Cristo aos mortos não é plenamente revelado no texto, mas dificilmente corresponde a outra coisa além da ressurreição dos mortos pela Palavra vivificadora. Vimos que Rufino, já no quarto século, chamava a atenção para a total incapacidade de espíritos que "foram desobedientes" ao adicionar a palavra *inclusi*, "trancafiados" (*in carcere inclusi*, "trancafiados na prisão"), à sua tradução latina. Qualquer um que seja trancafiado na prisão é incapaz de escapar sem um libertador; a porta está trancada do lado de fora e deve ser destrancada por alguém, independentemente do carcereiro — alguém que opere a partir de uma esfera

---

[180] Repare também no qualificador "*em outro tempo*, foram desobedientes". Pedro quer dizer "em outro tempo" no sentido de "antes de Cristo"? Ou "em outro tempo" independe de cronologia, podendo significar "antes de se encontrarem com Cristo", a qualquer momento? Seria o caso de o poder de Cristo estar limitado a uma ação específica durante seu sepultamento? Ou se trata de uma forma simbólica de dizer que Cristo pode soltar amarras onde e quando aparecer como o nosso Libertador? Não podemos ter certeza, mas há essa sugestão no texto.

transcendente, a despeito de qualquer carcereiro, prisão ou prisioneiro.[181] Isto é o que Pedro declara: o advento de Cristo mudou tudo. A Palavra de Deus — declarada aos que, *em outro tempo, foram desobedientes* e, por isso, aprisionados pela Morte — vem de uma esfera, domínio ou reino de maior poder, vivificando-os "no espírito segundo Deus".

O autor apostólico escreve a partir da grande concepção hebraica da Palavra de Deus. A voz do Filho de Deus é capaz de chamar à vida no lugar onde houve morte, obediência onde houve desobediência, fé onde houve incredulidade. O poder de Deus de *chamar à existência as coisas que não existem* é uma das verdades mais fundamentais sobre Deus. Tal verdade pode ser prontamente ilustrada pela Escritura, a partir da história da criação, no primeiro capítulo de Gênesis. Em um compasso majestoso, as palavras "e disse Deus [...] e houve" são repetidas nove vezes em Gênesis 1, uma repetição que produz uma impressão poderosa no ouvinte atento. A passagem proclama a eficácia instantânea da voz de Deus, que chama à existência as coisas que não existem: trata-se da doutrina da criação *ex nihilo*, a criação do nada, pela Palavra de Deus.

Portanto, o evangelho pregado aos mortos que, "em outro tempo, foram desobedientes" não corresponde a uma transmissão de informação, a uma exortação ou até mesmo a um convite a eles. Se fosse apenas um convite, os "espíritos em prisão" permaneceriam forçosamente no mesmo lugar, incapacitados pelas cadeias da Morte e do inferno. Ao afirmar que Cristo pregou aos espíritos em prisão, Pedro não quer dizer que o Senhor lhes tenha feito um sermão ou um discurso. A pregação de Cristo aos "espíritos em prisão" é análoga à forma que Deus diz: "Haja luz!" — *e houve luz* em consequência direto da Palavra falada.

A Palavra falada na prisão do inferno pode efetivamente destruir o *zophos*, levando a luz de Cristo. No decorrer dos séculos, artistas pintaram centenas de imagens de Cristo conduzindo os fiéis para fora do *Hades*; no entanto, nosso texto petrino vai além. Não se trata dos fiéis; a passagem se refere aos *não regenerados*, que deixaram de se arrepender "nos dias de Noé". Seria o caso de esses "espíritos trancafiados na prisão" continuarem lá após a pregação do Filho de Deus? E quanto aos "gentios", a quem Pedro condena de modo tão incisivo? Também eles "terão de prestar contas àquele que está pronto para julgar os vivos e os mortos". Como podemos nós, mortais, fazer uma distinção final

---

[181] Tertuliano deu origem à imagem vívida de Cristo quebrando os ferrolhos e pisoteando os portões do inferno (*quae portas adamantinas mortis at aeneas seras infererorum infregit*). Tertuliano: *De resurrectione carnis* 44, cit. Russell, *Satan*, p. 121, n. 39.

entre nós e aqueles que serão julgados conosco? 1Pedro continua: "Pois chegou a hora de o julgamento começar pela família de Deus" (1Pedro 4:17).[182]

Tudo depende de como "julgamento" é construído. No capítulo 3 ("A Questão da Justiça"), vimos que o julgamento de Deus é totalmente diferente de como o ser humano administra a justiça, visto que sempre procede de sua perfeita misericórdia e pode, assim, ser confiável de uma forma incondicional. Se a "família de Deus" entende isso, participará do Juízo Final com a confiança cuja origem depende apenas da promessa de Deus.

Mas e quanto a essa Palavra, esse evangelho, esse Cristo pregado aos mortos que, "em outro tempo, foram desobedientes"? Essa mesma pergunta foi formulada como outra pergunta: seria possível a Lázaro recusar a ordem do Filho de Deus no túmulo, quando Jesus clamou: "Lázaro, vem para fora"?[183] Aquele que é ele próprio a Palavra encarnada (João 1:1,14) dá um mero comando: "e disse Deus [...] e houve".

John Donne pregou:

> Os mortos não ouvem trovões, nem sentem um terremoto. Se o Canhão golpeia as paredes da igreja na qual estão enterrados, mesmo assim eles não são despertados, nem abalados, nem afetados [...]. Todavia, há uma voz que os mortos ouvirão: os mortos ouvirão a voz do Filho de Deus e os que a ouvirem viverão. É um clamor, uma vociferação, um grito; carrega um poder, um comando. Desde que a voz na Criação disse: *haja mundo!*, nunca se ouviu: *levantai-vos, ó mortos!*[184]

Somente esse evangelho da ressurreição dos mortos pode abordar de forma adequada o problema dos perpetradores.

O futuro do inferno

James Nachtwey e Sebastião Salgado são fotógrafos que retrataram os horrores da guerra, da pobreza, da fome e da doença. Em uma revisão de seu trabalho,

---

[182]Devemos admitir que o contexto apresenta um quadro mais complicado. A comunidade cristã é chamada a comparecer primeiro no julgamento, mas as sugestões feitas com relação à restituição dos mortos que "foram desobedientes" são contrabalanceadas por versículos como 4:17-18: "e se [o julgamento] começa conosco, qual será o fim daqueles que não obedecem ao evangelho de Deus? E 'se com dificuldade o justo é salvo, onde comparecerá o ímpio e o pecador?'". Aqui, o apóstolo parece sugerir que a salvação de "ímpios e pecadores" é quase inconcebível. Sugiro, porém, que *quase* inconcebível não é o mesmo que *totalmente* inconcebível na perspectiva do Novo Testamento.

[183]Cf. João 11:43.

[184]John Donne, sermão pregado na Páscoa de 1622, em 1Tessalonicenses 4:17.

A CRUCIFICAÇÃO

Henry Allen, crítico e ganhador do prêmio Pulitzer, tinha o seguinte a dizer: "Estas fotografias parecem questionar *se o Holocausto não é, na verdade, a regra*, e se a noção descartada da depravação inerente do ser humano não sobrepuja o otimismo liberal em explicar a loucura humana dos últimos cem anos — ou seja lá de quantos anos ainda tivermos pela frente".[185] Neste capítulo, o que está em jogo é uma concepção do inferno adequada aos horrores do século 20, bem como os terrores iminentes do século 21. O argumento aqui é que é necessário postular a existência de um inferno metafórico para reconhecer a realidade e o poder de um mal alarmante — um mal que não cede à educação, à razão ou às boas intenções. O mal tem uma existência independente da soma total dos crimes humanos. O conceito de inferno leva a sério a natureza e a escala do mal. Sem um conceito do inferno, a fé cristã não passa de algo sentimental e evasivo, incapaz de se posicionar diante da realidade deste mundo.[186] Sem uma compreensão inflexível da natureza radical do mal, a fé cristã constitui pouco mais do que pensamento positivo.

O inferno é um *domínio*. É o domínio do mal, da Morte, da esfera em que a impiedade governa. Males alarmantes têm vida própria, razão pela qual os personificamos por Satanás, seu governante.[187] É o domínio da impiedade, da estupidez, do desespero. Em seu livro emocionante *A lista de Schindler* (não o filme), Thomas Keneally se refere a Auschwitz como um "ducado", um "reino" e até mesmo como o "planeta Auschwitz". Keneally quer que compreendamos o mal — quase literalmente — como uma *esfera* que cria sua realidade a partir de mentiras que ninguém contradiz, práticas que ninguém questiona, autoridade contra a qual ninguém se rebela. Se isso não é inferno, o que é, então?

Qual é, enfim, o destino final desse reino?

---

[185]Henry Allen, "Seasons in hell", *New Yorker*, 12 de junho de 2000, grifo na citação. Salgado teve uma espécie de colapso nervoso depois de fotografar cenas dos dias que se seguiram ao genocídio em Ruanda. O fotógrafo perdeu qualquer fé na possibilidade de salvação para a humanidade — a mesma coisa que notamos em outros observadores da situação em Ruanda. No filme *O sal da terra*, Salgado nos conta como conseguiu recuperar-se através de um projeto, Instituto Terra, desenvolvido por ele em sua fazenda maltratada pela seca no Brasil.

[186]Essa preocupação é bem ilustrada pela observação da mulher citada no capítulo 3, que se afirmou capaz de suportar a inexistência do céu, mas não a inexistência do inferno; do contrário, "para onde iriam Hitler e Pol Pot?". (Ela fala como se o inferno fosse um lugar, mas isso em termos metonímicos, sugerindo um *telos*, uma disposição final.)

[187]"O comandante da atmosfera é descrito em [Efésios] 2:2 como um monarca, e seu reino, como uma monarquia absoluta". Markus Barth: *Ephesians: introduction, translation, and commentary on chapters 1—3* [Efésios: introdução, tradução e comentário dos caps. 1—3], Anchor Bible 34 (Garden City: Doubleday, 1974), p. 228. De modo relevante, M. Barth qualifica sua declaração com uma nota de rodapé na mesma página: "Segundo Lucas 4:6, o príncipe desse reino está ciente de que o seu poder não é absoluto, mas derivado: 'a mim foi entregue [por Deus]'".

A DESCIDA AO INFERNO

De modo provocativo, J. Christiaan Beker escreve: "O triunfo final e apocalíptico de Deus não abre espaço a um pedaço de maldade ou de resistência a Deus em sua criação".[188] Caso Beker esteja certo a esse respeito, nem o Diabo nem o inferno terão permissão para continuar indefinidamente como um domínio paralelo (ou até mesmo subordinado). O reino de Satanás não terá permissão para manter seu território ao lado do reino de Deus. Ele deverá ser final e completamente obliterado, até mesmo esquecido.[189] É para essa conclusão que nosso estudo tem remetido desde o início.[190] Quer isso signifique a *redenção* dos "Hitlers" e dos "Pol Pots" ou sua *aniquilação*, não há como saber. O que podemos certamente antecipar, pela fé, é que "o reino do mundo se tornou o reino do nosso Senhor e do seu Cristo, e ele reinará para todo o sempre [*eis tous aionas ton aionon*; literalmente: 'nas eras das eras']".[191]

A descida ao inferno e o triunfo de Cristo foram prefigurados em sua encarnação. Já aludimos à maneira que a ideia de inferno se aproxima do nascimento de Jesus na música medieval. Vez após vez, encontramos o seguinte: o significado da encarnação é que Deus invade o território dominado pelo Príncipe das Trevas. O encerramento definitivo dessa invasão cósmica, o "Dia D",

---

[188]J. Christiaan Beker, *Paul the apostle: the triumph of God in life and thought* (Philadelphia: Fortress, 1980), p. 194. Esse argumento teológico para o "aniquilacionismo" é mais forte do que simplesmente desejar que os assassinos em massa desta era de genocídio sofram para sempre. Tal desejo é terno demais, não rigoroso o suficiente para competir com a imagem de um inferno contínuo de "choro e ranger de dentes", imagem que a maioria de nós, em momentos de descuido, desejou a alguém em algum momento de nossa vida. Essa imagem é tão forte no Novo Testamento, incluindo o ensino do próprio Jesus, que não podemos simplesmente ignorá-la. Em Mateus 25:46, Jesus fala de "punição eterna". A questão é: partindo do pressuposto de que não devemos tomar essa passagem literalmente, até onde estamos dispostos a levá-la? Continuaremos a lutar com essa questão até o capítulo conclusivo deste livro.

[189]A importância do apagamento, não apenas do mal perpetrado, mas da memória do mal perpetrado, é o tema do livro *The end of memory*, de Miroslav Volf. O autor se baseia nos cantos finais de Dante em *Purgatório* e *Paraíso*: "O esquecimento não é uma fuga do defeituoso ou do insuportável [...]. O esquecimento do mal está a serviço da lembrança do bem, e a lembrança do bem é o resultado de estarmos absortos em Deus, 'o fim de todos os desejos'" (*The end of memory*, p. 141, citando Canto 33.47).

[190]Está além dos propósitos deste livro fazer um estudo ampliado do livro de Apocalipse; contudo, defendo que a visão de João apoia, em última análise, esta conclusão: "sua fumaça sobe para todo o sempre" (19:3) poderia simbolicamente referir-se à aniquilação final e decisiva da Babilônia, e não apenas seu fogo contínuo.

Um desafio sério a essa perspectiva se encontra em 20:10. O que João quer dizer com o tormento da besta e do falso profeta *eis tous aionas ton aionon*, "para todo o sempre" (expressão usada muitas vezes em Apocalipse, incluindo em 11:15)? Trata-se apenas de uma expressão retórica? Em Apocalipse, existem apenas dois lugares em que podemos argumentar que o escritor deseja equacionar o "para todo o sempre" do reino de Deus com o "todo sempre" do tormento da besta e do falso profeta (20:10). O outro se encontra em 14:11 ("não têm descanso, nem de dia nem de noite"). Podemos ler isso como uma linguagem figurada, cujo significado é que o mal terá um destino, para nós inimaginável, compatível com todos os horrores da história humana.

Para uma investigação mais profunda, recomendo a resenha de George Hunsinger quanto ao panorama teológico e bíblico do assunto em "Hell and damnation" [Inferno e condenação], encontrado em seu *Disruptive grace: studies in the theology of Karl Barth* (Grand Rapids: Eerdmans, 2000).

[191]Apocalipse 11:15. E podemos certamente dizer que "nisto está a paciência e a fé dos santos" (13:10).

será definitivamente o Dia de Deus.[192] Nesse último dia, haverá apenas um Governante, um único Senhor. A Escritura é totalmente clara a esse respeito. O Juiz de todo o cosmo não será Satanás. O mal radical não terá qualquer *status* no dia do juízo, ou no dia da reconciliação final, conforme Volf o chama.[193] "A morte não terá domínio" (cf. Romanos 6:9). Se o mal é a ausência do bem, então a vitória do nosso Senhor e do seu Cristo será a ausência do mal, "para todo o sempre".

13. Resumo e transição

O tema da descida de Cristo ao inferno significa a impossibilidade de qualquer resposta humana adequada ao poder do mal. Os horrores são grandes demais, e o sofrimento é terrível demais, o "coração das trevas", irascível demais para qualquer resposta "religiosa" ser considerada. A despeito do que qualquer religião ofereça, apenas a história do Deus crucificado pode posicionar-se contra o desafio da longa história da impiedade humana. O cristianismo é único. Essa é a reivindicação com que começamos, e é essa a reivindicação que repetimos ao nos aproximarmos dos próximos dois capítulos e do ponto culminante deste livro.

A proclamação autêntica das Escrituras é que a morte e a ressurreição de Cristo constituem o ponto central da história. São o acontecimento único da reviravolta e da reconstituição de um novo mundo, colocando em xeque *cada* projeto humano — incluindo, especialmente, os projetos religiosos. O conceito da descida ao inferno e as pistas que nos são dadas em Dêutero-Isaías, 1Pedro 3:18-22 e Romanos 11:32 nos remetem a uma visão do propósito e do poder finais de Deus, a qual não podíamos ter imaginado de qualquer perspectiva que divide as pessoas em justas e injustas, piedosas e impiedosas, boas e más. A descida de Cristo ao inferno significa que não há esfera alguma no universo, incluindo os domínios da Morte e do Diabo, em que qualquer um possa ir para se exilar do poder salvador de Deus.

Fechamos este capítulo com uma passagem que aborda uma análise feita por Karl Barth sobre a descida de Jesus ao inferno, palavras que nos ajudam a fazer a transição para o capítulo seguinte, cujo tema é o da substituição:

---

[192] A analogia do "Dia D", extraída da Segunda Guerra Mundial, provém de Oscar Cullman em seu livro *Christ and time* (1964).

[193] Volf, *The end of memory*, p. 179.

O próprio Deus por meio de Jesus Cristo, seu Filho, ao mesmo tempo verdadeiro Deus e verdadeiro homem, toma o lugar do condenado. O juízo de Deus é executado, e sua lei segue seu curso normal — mas isso de forma tal que aquilo que a humanidade tinha de sofrer é sofrido por um único Homem, o qual, como Filho de Deus, representa todo ser humano. Tal é o senhorio de Jesus Cristo que se coloca diante de Deus por nós, assumindo em si mesmo o que nos é devido. Nele, Deus se responsabiliza por nós, justamente em nossa condição de amaldiçoados, culpados e perdidos. Em seu Filho, na pessoa desse Homem crucificado, Deus carrega, no Gólgota, aquilo que deveria ser lançado sobre nós. É dessa forma que Deus põe um fim à maldição.

CAPÍTULO 11

A SUBSTITUIÇÃO

Esboço do capítulo

Introdução ao tema
1. Esboçando a história do tema da substituição
   - A substituição no Novo Testamento
     » *Por nós* ou *em nosso lugar*?
     » A Carta de Paulo aos Romanos
     » Gálatas 3:10-14: o homem pendurado em um madeiro
     » Isaías 53 no Novo Testamento
   - O período patrístico
   - A Idade Média
   - Conclusão preliminar
   - O tema da substituição desde Anselmo
     » Martinho Lutero
     » João Calvino
     » Substituição penal no fim do escolasticismo reformado
2. Objeções ao modelo de substituição penal
   - O modelo é "rudimentar"
   - O modelo está em má companhia
   - O modelo é culturalmente condicionado
   - O modelo enxerga a morte desvinculada da ressurreição
   - O modelo é incoerente: uma pessoa inocente não pode assumir a culpa de outra
   - O modelo glorifica o sofrimento e encoraja o comportamento masoquista
   - O modelo é "teórico", escolástico e abstrato demais
   - O modelo retrata um Deus vingativo
   - O modelo é essencialmente violento
   - O modelo é moralmente reprovável

- O modelo não desenvolve o caráter cristão
- O modelo é individualista demais
- O modelo é orientado a uma ênfase na punição
- Uma última objeção: o imaginário forense exclui a perspectiva apocalíptica do Novo Testamento
- Resumo das críticas
3. Karl Barth e "o Juiz julgado em nosso lugar"
    - Uma abordagem narrativa
    - A narrativa bíblica da salvação
    - A encarnação como substituição original
    - Deus como sujeito ativo
    - Barth, o tema *Christus victor* e o plano deste livro
    - A participação involuntária do ímpio
    - Estabelecido o tema da substituição
    - O significado de "por nós"
    - Colocando o tema penal em seu lugar de direito
    - O tema do deslocamento
    - A decisão eterna executada na terra: transvisão apocalíptica
    - Conclusões sobre o ensino de Barth acerca da substituição
4. A questão da agência
5. Substituição e agência em um sermão de Lancelot Andrewes
    - Deus como sujeito ativo em Andrewes
    - O tema da substituição em Andrewes
    - Nosso envolvimento pessoal na substituição
6. Algumas conclusões
    - Substituição e *Christus victor*
7. Resumo

Introdução ao tema

O rabino Michael Goldberg é um intérprete excepcionalmente talentoso da história bíblica. Em seu livro *Jews and Christians: getting our stories straight* [Judeus e cristãos: esclarecendo nossas histórias], sua forma de recontar a versão de Mateus sobre a Paixão e a crucificação de Cristo excede a de muitos cristãos em sua apreciação perspicaz do que os primeiros Evangelistas desejam que vejamos. Repare, por exemplo, na seguinte pergunta: "Por que Jesus não desce da cruz e deixa Deus colocar nela, *em seu lugar*, aqueles que *realmente merecem morrer*: judeus, romanos — em suma, *toda a humanidade*, a qual, de uma forma ou de outra, tomou parte em um crime tão hediondo?".[1] Aqui, em uma única frase, esse comentarista judeu estabelece dois pontos críticos de forma fácil e graciosa, como se o tema da substituição e da culpa de toda a humanidade estivesse manifesto e claro a qualquer um que lesse Mateus. "Judeus" e "romanos" se transformam em algo muito maior do que os habitantes de Jerusalém e de Roma no primeiro século d.C., visto que representam todos os tipos de pessoas, em todos os séculos.

O rabino Goldberg não está ciente de — ou escolhe ignorar — uma controvérsia cujo debate acontece já há algum tempo na igreja. Goldberg não vê problema algum na ideia de Jesus ser crucificado no lugar daqueles que "realmente devem morrer", a saber, "toda a humanidade". Entretanto, esse conceito de substituição (ou troca), aplicado à cruz de Cristo, incita desconforto e até mesmo hostilidade em muitos círculos de hoje. De fato, esse antagonismo generalizado está em processo de ascensão: seu desenvolvimento tem escapado dos círculos acadêmicos e chegado às igrejas tradicionais há mais de

---

[1] Michael Goldberg, *Jews and Christians: getting our stories straight* (Valley Forge: Trinity, 1991), p. 193-4, grifo na citação.

um século.² O fato de que boa parte disso venha de acadêmicos de destaque e líderes eclesiásticos aumenta o desconforto e a angústia daqueles que sempre acreditaram, sem questionar, naquilo que tem sido chamado de "expiação substitutiva".³ Não é exagero dizer que, em alguns círculos, há uma espécie de campanha de intimidação, de modo que aqueles cuja fé é que Jesus se ofereceu *em nosso lugar* são tratados como novos cruzados, inclinados à violência, opressores de mulheres e facilitadores de abuso infantil.⁴

Em meados da primeira década do Novo Milênio, ataques ao tema da substituição ganharam tanta força que o recuo estava ressoando até mesmo nos redutos mais "calvinistas". Nesse contexto, alguns leitores podem ver com suspeita o presente capítulo, tratando-o como retrógrado. Pelo contrário: o tema da substituição não precisa ser — de fato, não deve ser — o resultado de versões racionalistas exageradas ou esquemáticas da substituição penal, conforme encontramos no escolasticismo reformado. Este capítulo, em diálogo *tanto* com os que *atacam* como *com* os que *recuam*, é uma defesa da importância central do *tema* da substituição (não da "teoria"), conforme ele aparece em inúmeros textos bíblicos e na tradição. A intenção, no entanto, é apresentar esse argumento mantendo, ao mesmo tempo, a centralidade de outras imagens bíblicas que examinamos — em especial aquelas que mais obviamente nos colocam na linha de frente da guerra apocalíptica de Deus: *Christus victor* e a descida ao inferno.

Na primeira seção deste capítulo, traçaremos a história do tema da substituição. Na segunda seção, tentaremos identificar as razões para a retirada generalizada de sua aprovação, bem como os ataques que lhe foram direcionados. Na terceira seção, responderemos a alguns pontos levantados na segunda seção e, na

---

²Hans Urs von Balthasar escreveu: "A ideia de que, em seu sofrimento, Jesus carregou os pecados do mundo é um tema abandonado quase por completo no mundo moderno" (cit. George Hunsinger, *Disruptive grace: studies in the theology of Karl Barth* [Grand Rapids: Eerdmans, 2000], p. 361).

³A expressão complexa "expiação substitutiva" não aparecerá novamente neste livro. Soa acadêmico, teórico e pouco atraente, despertando suspeitas em muitas pessoas. Em vez disso, refiro-me mais simplesmente ao "tema da substituição" ou ao "tema da troca".

⁴A coletânea de ensaios mais útil destinada a abordar essas acusações e corrigir as falhas da "substituição penal", conforme desenvolvida no escolasticismo reformado, pode ser encontrada em Brad Jersak; Michael Hardin, orgs., *Stricken by God? Nonviolent identification and the victory of Christ* (Grand Rapids: Eerdmans, 2007). Particularmente valiosos são os ensaios de Miroslav Volf, C. F. D. Moule, N. T. Wright e Mark D. Baker. Tomada como um todo, porém, a coletânea (exceto pelos autores já citados), tendo sido reunida sob os auspícios girardiano e anabatista, dá a impressão de existir inteiramente para mostrar que a não violência se equipara à soma e à substância do evangelho — um problema que um dos ensaístas (Andrew P. Klager), para seu crédito, reconhece. O coeditor Brad Jersak, em seu ensaio introdutório, mostra toda a paixão indiscriminada do convertido que podou tanto a planta que a matou. Educado com a substituição penal em sua forma mais flagrante — que ele corretamente rejeita —, agora Jersak apresenta os argumentos contra o tema da substituição com o mesmo zelo nada sutil, formulado como seus defensores contemporâneos costumam fazer na defesa do tema.

quarta, proporemos uma forma mais abrangente de compreender a substituição, ou troca, juntamente com todas as demais imagens que temos examinado.

O prestígio crescente do tema *Christus victor* em nosso tempo está parcialmente relacionado à eficácia que apresenta como uma alternativa à outrora difusa, e agora muito criticada, "teoria da substituição penal". A esse respeito, o mais importante para nosso argumento é que a forte preferência de hoje para o tema *Christus victor*, geralmente excluindo outros, está relacionada ao desgosto das igrejas tradicionais e da teologia liberal quanto a conceitos como a gravidade e o poder do Pecado e o juízo de Deus contra ele — uma das principais características dos modelos baseados em sacrifício, "satisfação" (Anselmo) e substituição. Por existir uma grande sobreposição entre os modelos bíblico, pós-bíblico e não bíblico da expiação, muitos intérpretes, ao longo dos anos, foram introduzidos ao erro de pensar que o tema da morte de Jesus por nós e *em nosso lugar*, repetidamente atestado no Novo Testamento, está, de modo inseparável, associado a conceitos penais, esquemas abstratos de compensação, sistemas diagramáticos de transferência de mérito e assim por diante.

Tal confusão da simples declaração bíblica de que Cristo não morreu apenas por nós, mas também *em nosso lugar*, não deve ser confundida com várias elaborações a ela atreladas. Tentaremos mostrar como o tema da substituição, corretamente entendido, está presente em todos os demais temas. Ademais, o tema apresenta características indispensáveis. Há algo profundo na psique humana que responde à ideia de substituição — alguém que morre em meu lugar para que eu viva —, de modo que sua perda na pregação e no ensino da igreja seria desastrosa.[5]

1. Esboçando a história do tema da substituição

Houve algumas ocasiões notáveis na história da doutrina cristã em que algo novo foi adicionado ao que se acreditava *quod semper, quod ubique, quod ab omnibus*.[6] Disputas continuam sobre algumas dessas adições. Já argumentamos em favor de um segmento de frase que foi adicionado posteriormente ao Credo dos Apóstolos: "ele desceu ao inferno". Outro exemplo clássico é a fórmula *filioque* (sexto século d.C.), que subsiste como um fator contencioso entre o

---

[5] O apelo universal da noção de substituição é ilustrado pela imensa popularidade do livro e da série de filmes intitulados de *Jogos vorazes*. Quando uma menina é escolhida por sorteio para lutar até à morte, sua irmã mais velha se adianta e se oferece para tomar seu lugar. Trata-se de um elemento de enredo mais simples e mais reconhecível que se possa imaginar; quem não consegue entendê-lo?

[6] Cânon vicentino: "Sempre, em todos os lugares e por todos".

A SUBSTITUIÇÃO

Oriente e o Ocidente.⁷ Passando à nossa época, a reinterpretação completa do testemunho bíblico sobre a escravidão e o lugar da mulher na igreja não poderia ser desfeita agora, mesmo que quiséssemos desfazê-la.⁸ Quanto a Anselmo, na virada do primeiro milênio, quando ele fez a conexão entre encarnação e expiação como elementos centrais ao seu argumento, o panorama foi permanentemente mudado. A ideia sempre esteve ali, mas não foi destacada nos Pais da igreja; Anselmo a pôs em pauta.⁹ A ligação demonstrou ser um tema tão poderoso para a pregação e a fé que parece perverso tentar extirpar isso do pensamento e da devoção cristã.

Em geral, os opositores da substituição chamam a atenção para o fato de que os Pais da igreja não elaboraram uma doutrina oficial da expiação para a igreja.¹⁰ Mesmo um pensador tão abrangente e católico como Jaroslav Pelikan sugere que os Pais da igreja, incluindo Agostinho, não elaboraram uma "doutrina da redenção e do plano da salvação", dando a entender que Anselmo, apesar de todas as acusações contra ele, foi bem-sucedido em preencher esse quadro.¹¹

Conforme sugerimos em capítulos anteriores, a oposição ao tema da substituição deriva, pelo menos em parte, do desejo contemporâneo de evitar os

---

⁷O notável acadêmico patrístico Richard Norris reconhece o problema da aparição tardia (sexto século d.C.) do termo *filioque*, mas acredita que, uma vez encontrado seu lugar, não poderia ser removido sem sérias consequências doutrinárias, mesmo que sua remoção fosse uma tentativa de curar uma disputa entre a igreja Oriental e a Ocidental (extraído de minhas notas pessoais, General Theological Seminary, 1975).

⁸Não se pode dizer, no momento desta escrita, se as tentativas de reinterpretar o ensino das Escrituras sobre a homossexualidade serão igualmente bem-sucedidas, prevalecendo em todas as igrejas cristãs, como aconteceu com a prática da escravidão. No que diz respeito à igualdade das mulheres na igreja, até o Vaticano está sentindo a pressão. Defensores de ambos os lados da discussão sobre a homossexualidade concordam que um argumento bíblico para a reinterpretação da tradição é mais difícil de ser estabelecido do que os debates sobre a escravidão e o papel da mulher; afinal, os poucos textos que abordam o comportamento homossexual não parecem denotar qualquer ambiguidade sobre o assunto. De qualquer maneira, o debate sobre o casamento entre pessoas do mesmo sexo deve ocorrer a partir de uma visão geral do cânone como um todo, sem referências a passagens específicas.

⁹Conforme vimos, a ideia central de Anselmo é a da morte de Cristo como satisfação, ao passo que a ideia de substituição é intrínseca ao seu argumento e ele é frequentemente citado como alguém que introduziu o tema.

¹⁰Na opinião de T. F. Torrance, "a característica mais estonteante [dos pais apostólicos] foi a falha de compreender a importância da morte de Cristo" (*The doctrine of grace in the apostolic fathers* [Edimburgh: Oliver and Boyd, 1948], p. 137).

¹¹Jaroslav Pelikan, *The Christian tradition: a history of the development of doctrine* (Chicago: University of Chicago Press, 1975-1991), 5 vols.; aqui, vol. 4: *Reformation of church and dogma (1300-1700)* (Chicago: University of Chicago Press, 1983), p. 22-3; e vol. 1: *The emergence of the Catholic tradition (100-600)* (Chicago: University of Chicago Press, 1975), p. 141-55. De modo significativo, Pelikan distingue "a imagem de Cristo" do "dogma de Cristo" ao discutir a obra salvadora do Senhor (*Emergence*, p. 142, grifo na citação). Essa é uma boa maneira de se referir ao *modus operandi* do livro em questão. Enfatizo figuras — imagens, metáforas, temas — e não *doutrinas*.

temas de pecado e julgamento — movimento típico da atmosfera na cultura e nas igrejas de hoje. O pecado não está configurado em muitos relatos contemporâneos da crucificação. Em vez disso, ouvimos um diálogo assim:

> Pergunta: Por que Jesus morreu?
> Resposta: Para nos mostrar quanto Deus nos ama.

Embora essa resposta sobre o amor de Deus seja realmente verdadeira, não servirá como explicação adequada ao que aconteceu no Gólgota. Pelo menos três fatores estão ausentes dessa explicação:

1. o horror, a degradação e a vergonha da crucificação;
2. a declaração repetida do Novo Testamento de que Cristo morreu "pelos pecados";
3. a condição do mundo, o sofrimento infernal de muitos e a situação caótica da humanidade.

Fazer as conexões entre esses três fatores é essencial se quisermos sondar as profundezas da crucificação de Cristo. Boa parte do que já dissemos trata desses assuntos, mas só agora estamos chegando a um complexo mais desafiador de ideias.

A substituição no Novo Testamento

Discussões sobre a substituição no Novo Testamento geralmente estão concentradas em textos curtos e bem conhecidos, como 1Pedro 3:18 e 2Coríntios 5:21. Esses versículos importantes são discutidos em outras porções deste livro. Entretanto, como são citados com tanta frequência, às vezes até mesmo de modo tendencioso no contexto da substituição, não os examinaremos de forma mais detalhada aqui. Antes, as passagens a seguir demonstrarão como a noção de substituição reside por trás não apenas de versículos individuais espalhados pela Bíblia, mas também de grandes porções da Escritura.

Por nós *ou* em nosso lugar?

Discussões sobre o significado da morte de Cristo sempre envolvem as preposições gregas *huper* e *peri*. Essas palavras são traduzidas como "por" ou "pelo", como em "Jesus Cristo morreu *por* nós" ou "Jesus Cristo morreu pelos pecados". "As palavras *huper* e *peri* são geralmente usadas pelos escritores do Novo

Testamento para transmitir o significado da cruz".[12] O que significa dizer que Jesus Cristo morreu *por nós*? O debate sobre essas palavras não diz respeito à sua frequência, que é indisputável, mas ao seu significado e à sua relevância.

Às vezes, essas palavras parecem significar "por amor de nós" e, outras vezes, "para o nosso benefício" e "em nosso lugar", como um representativo ou substituto. Parece desafiar a credibilidade e o senso comum insistir que as palavras *nunca* significam "em nosso lugar". Insistir que elas *nunca* têm esse significado é uma atitude ainda mais tendenciosa que insistir que elas *sempre* o têm, uma vez que assumir uma posição tão fixa demonstra uma antipatia não razoável pelo conceito da substituição, assim como a posição oposta de defender teimosamente que a substituição é a *única* ideia que conta.

Alguns acadêmicos bíblicos que escreveram extensivamente sobre a expiação — entre os quais o preeminente e formidável Vincent Taylor, da geração anterior — demonstraram uma indisposição e uma antipatia tão grandes pela ideia de que Jesus estava, de alguma forma, se substituindo por nós que não conseguiam sequer usar a palavra "substituição". Mais recentemente, porém, Charles Cousar, mesmo reconhecendo a dificuldade de atribuir um significado preciso à preposição (*huper*), que ora tem um sentido, ora outro, declara, mesmo assim, que, em alguns versículos, *huper* "claramente denota 'em lugar de', uma substituição de uma parte em prol de outra (segundo se observa em Gálatas 3:13, 2Coríntios 5:21; provavelmente 2Coríntios 5:14, entre outros) e, assim, uma morte vicária".[13]

Sem limitar as citações a Paulo, seríamos rápidos em incluir não apenas 1Pedro 3:18, mas também outro texto que claramente estabelece a ideia de substituição ou troca (sem o uso de *huper*), 1Pedro 2:24: "Ele mesmo carregou os nossos pecados em seu corpo no madeiro, para que nós, mortos para o pecado, vivamos para a justiça; por suas feridas fomos sarados". Essa última

---

[12]A palavra grega *anti* também é usada muitas vezes para significar "em lugar de" ou simplesmente "para", mas não em conexão com a morte de Cristo. Eis aqui outros exemplos de *huper* (e um de *peri*) a partir das cartas de Paulo:

Cristo morreu *pelos* (*huper*) ímpios (Romanos 5:6).
Cristo morreu *por* (*huper*) nós (Romanos 5:8).
Aquele *por* (*huper*) quem Cristo morreu (Romanos 14:15).
[Cristo] morreu *por* (*huper*) todos (2Coríntios 5:14).
Senhor Jesus Cristo, que se entregou *pelos* (*huper*) nossos pecados (Gálatas 1:4).
O Filho de Deus, que me amou e se entregou *por* (*huper*) mim (Gálatas 2:20).
Cristo [...] se tornou uma maldição *por* (*huper*) nós (Gálatas 3:13).
Nosso Senhor Jesus Cristo, que morreu *por* (*huper*) nós (1Tessalonicenses 5:9-10).

[13]Charles B. Cousar, *A theology of the cross: the death of Jesus in the Pauline letters, overtures to biblical theology* (Minneapolis: Augsburg Fortress, 1990), p. 56.

frase é relativamente rara, porém constitui uma citação inequívoca de Isaías 53: é o uso mais desambíguo desse capítulo no Novo Testamento para dar suporte à ideia de Cristo como nosso substituto. Todavia, a substituição não é a única palavra que se encaixa nesse contexto, conforme veremos.

A Carta de Paulo aos Romanos

Na narrativa central da libertação articulada por Paulo em Romanos 5:12-21, o apóstolo traça todo o arco da história humana, desde a criação (ideia pressuposta em Romanos 1:20) e a queda de "Adão" até a redenção em Jesus Cristo. Não há nada explícito na passagem sobre uma "teoria substitutiva da expiação"; grande parte da ênfase em Romanos se encontra no tema *Christus victor*. Entretanto, há um tema nos versículos 15-21, levado a cabo com força repetitiva, que pode ser resumido da seguinte maneira:

- Jesus Cristo, "*um só homem*", reverteu, em sua história, o curso autodestrutivo de "*muitos*", significando toda a raça humana.
- "Adão", o "homem do pecado", é o ser humano representativo.
- Não menos do que sete vezes, de sete maneiras distintas, Paulo afirma que, enquanto o ato de desobediência de "Adão" levou à *condenação de toda a humanidade*, o ato de retidão de Cristo leva *à absolvição e à vida de todos os seres humanos*.

Se esse é um resumo justo do argumento de Paulo, não seria o caso de Cristo, ao reencenar "Adão", pôr-se no lugar de Adão?[14] Mesmo que, conforme veremos no capítulo 12, a representação e a recapitulação fossem ideias-chave aqui, não seria lógico pensarmos no argumento de Paulo da perspectiva da substituição?[15] Não estamos argumentando a favor de uma *versão* específica do tema da substituição; apenas observamos que os temas estão presentes. Paulo

---

[14]Mais uma vez, "Adão" deve ser entendido como o ser humano representativo. Como um símbolo, "Adão" representa toda a linha de desenvolvimento da história humana, a começar pelo afastamento teimoso da boa governança do Criador (cf. Romanos 1:25) e no estabelecimento da criatura como árbitro. Não temos certeza se o próprio Paulo se importava com a ideia de Adão ser uma pessoa histórica; de qualquer maneira, não se exige tal crença para a compreensão da passagem.

[15]Ireneu, em sua típica doutrina da recapitulação (que examinaremos mais para frente no próximo capítulo), destaca o relato que Paulo faz de Adão e Cristo. Ele escreve que Cristo se manifestou em carne a fim de "superar, por meio de Adão, o que por meio de Adão nos feriu" (*Demonstration of the apostolic preaching*, p. 31). Isso não enfatiza especificamente o tema da substituição, mas também não o exclui. Karl Barth, em sua discussão que leva ao tema do capítulo sobre substituição (*Church dogmatics* [doravante *CD*] IV/1 [Edimburgh: T. & T. Clark, 1956], p. 192ss.), enfatiza a obediência de Cristo "até a morte e morte de Cruz" (Filipenses 2:8) na mesma

diz explicitamente que a *condenação* era o resultado lógico da desobediência de "Adão". Demonstramos, em capítulos anteriores, que Jesus, na cruz, teve a morte de um *homem condenado*. Aqui, Paulo declara que, em vez de condenação para todos, a absolvição e a vida são conquistadas em favor de todos. Isso não leva facilmente à noção de que Cristo leva sobre si a condenação que nos era devida? O que é isso senão uma substituição ou uma troca? Além do mais, a repetição de "todos", com sua sugestão universal, enfatiza o posicionamento de Cristo por toda a raça humana. É difícil vermos o porquê de essa leitura ofender alguém quando não forçada a um modelo abstrato complicado que exclui todas as demais leituras.

O texto de Romanos 8:3,4 é ainda mais central como resumo da compreensão apostólica de como nossa libertação da catástrofe primordial foi levada a cabo: "Pois Deus fez o que a lei, enfraquecida pela carne (*sarx*), não poderia fazer: enviando o seu Filho em semelhança de carne pecaminosa e para o pecado, condenou o pecado na carne, a fim de que a justa exigência da lei se cumprisse em nós, que não andamos segundo a carne, mas segundo o Espírito".

A principal ideia aqui é que o Pecado (*hamartia* é repetido três vezes) tinha de ser condenado na *sarx* humana (repetido quatro vezes). *Sarx*, comumente traduzida de forma equivocada como "carne", é um conceito central para Paulo. Em suas cartas, o apóstolo raramente usa *sarx* como referência à carne palpável, material (incluindo a atividade sexual). Seu significado principal é este: toda a existência do ser humano sob o governo do Pecado.[16] Quando Paulo, portanto, diz que, ao enviar seu Filho "na *sarx* e para o *hamartia*, Deus condenou o *hamartia* na *sarx*", compacta sua afirmação de forma densa, com diversas camadas de significado. A repetição enfática das palavras "pecado" e "carne" tem o efeito de enfatizar a gravidade da situação humana, aprisionada, por assim dizer, na órbita dos Poderes.

Nossa redenção não acontece em um plano "espiritual". Ela é "carnal", de modo que a unidade psicossomática da pessoa humana é enfatizada. Nenhuma fuga gnóstica para o espiritual é considerada aqui; a obra do Espírito Santo é com a humanidade em sua existência material — uma existência na qual a Lei

---

vertente de Ireneu, cuja escrita é que a desobediência do Primeiro Adão foi vencida pela obediência do Segundo Adão, mais especificamente em sua Paixão e morte (*Adversus haereses* [Contra as heresias] 3.18.7; 5.16.3).

[16] A palavra "carne" em nosso idioma é enganosa como tradução de *sarx* porque sugere carnalidade (como em "pecados da carne"). Para Paulo, a palavra *sarx* significa toda a esfera do Pecado e da Morte operando no ser humano. A primeira versão da NVI deu um passo em direção a uma tradução melhor com "natureza pecaminosa", tradução que traz pontos positivos, porém foi abandonada na NVI revisada.

foi espetacularmente ineficaz, e isso em razão da fraqueza da *sarx* humana.[17] O verdadeiro choque é que o Deus Trino e Uno, na pessoa de seu Filho, entra precisamente nessa *sarx*, em todas as suas dimensões, e morre a morte daquele que é condenado pelo Pecado. Acaso isso não contém a ideia, entre outras, de que a *sarx* do Salvador, na qual o pecado foi condenado, serviu de substituta da nossa *sarx* — sua troca de nossa vida pela dele? E, se Jesus foi condenado na carne como homem representativo do pecado, o lugar de quem ele tomou? De quem senão de toda a humanidade?

Dois versículos de Romanos 6 estabelecem o mesmo ponto: "Vocês não sabem que todos nós que fomos batizados em Cristo Jesus fomos batizados em sua morte? [...] Sabemos que nosso velho 'eu' foi crucificado com ele, para que o corpo de pecado seja destruído e não mais sejamos escravizados pelo pecado" (Romanos 6:3,6).

O principal tema aqui é o da assimilação em Cristo no batismo; no entanto, se fomos realmente "crucificados com ele", não é óbvio (visto que a única crucificação que ocorreu foi a dele) que, em algum sentido, Jesus se interpôs em nosso lugar, recebendo, apenas ele, o pleno impacto do Pecado e de suas consequências, protegendo-nos, assim, delas?

Esses textos de Romanos não são aqueles tipicamente citados pelos proponentes da substituição. Eles são particularmente relevantes ao tema da recapitulação, conforme veremos no capítulo seguinte. Aqui, trazemo-los à tona para mostrar que o conceito de substituição está presente, mesmo quando não predomina. O tema emerge de forma orgânica a partir do quadro geral do que foi conquistado na morte de Cristo.

Gálatas 3:10-14: o homem pendurado em um madeiro

Um texto paulino citado com frequência pelos Pais da igreja é Gálatas 3:10-14. Talvez se trate da declaração mais objetiva do tema da substituição nos escritos de Paulo. Tratamos da passagem no capítulo 2; aqui, porém, nós o avaliaremos da perspectiva de "estatutos e ordenanças" em Deuteronômio 12—26. É dessa seção que Paulo extrai suas ideias sobre o homem amaldiçoado em um madeiro. Enquanto boa parte da seção de Deuteronômio é notável por sua generosidade e humanidade — cuidado com o pobre, alforria de escravos, remissão

---

[17] O fato central da encarnação é certamente sugerido aqui. Paulo não diz que "a Palavra se fez carne (*sarx*)" explicitamente, como João (João 1:14): o apóstolo diz que Jesus foi enviado "em semelhança de carne pecaminosa" e que Deus condenou o Pecado "na carne". Há, porém, uma afinidade entre a declaração de Paulo e a de João.

sabática de dívidas, temas relacionados ao dízimo e à hospitalidade —, outra parte soa chocante para nós hoje. Intercaladas com instruções sobre generosidade e compaixão, encontram-se repetidas injunções de que os infratores devem ser impiedosamente apedrejados até a morte. Entre os que serão eliminados da comunidade por este ou aquele meio de execução, estão os decadentes rebeldes, os falsos profetas, qualquer um que desrespeite a decisão de um sacerdote ou juiz e, em especial, os idólatras — aqueles que "buscam e adoram outros deuses".

Os versículos citados por Paulo em Gálatas 3 ("maldito todo aquele que for pendurado em um madeiro") são extraídos de uma seção de Deuteronômio na qual encontramos coisas como a ordem de massacrar habitantes de cidades idólatras (Deuteronômio 13:15), uma passagem dura sobre a execução de assassinos (19:13), a *lex talionis* ("olho por olho" — 19:21), a permissão para saquear cidades conquistadas e capturar seus habitantes (20:14-17) e o apedrejamento de um filho desobediente (21:21). Imediatamente após o apedrejamento, temos o versículo usado por Paulo. A passagem de Deuteronômio o expressa da seguinte maneira:

> Se um homem tem um filho teimoso e rebelde, que não obedece à voz de seu pai ou à voz de sua mãe [...] todos os homens da cidade o apedrejarão até a morte; assim, você limpará o mal de seu meio, e todo o Israel o ouvirá e temerá. E se um homem cometeu um crime punível de morte e for condenado à morte, e você o pendurar em um madeiro, seu corpo não ficará a noite toda sobre a árvore: você o enterrará no mesmo dia, pois *um homem pendurado é amaldiçoado por Deus*. Não contaminareis a vossa terra que o SENHOR, o vosso Deus, vos dá por herança.

Quando o versículo que Paulo cita em Gálatas é lido *em seu contexto deuteronômico* (contexto que o apóstolo conhecia intimamente), o impacto é imenso. Repare que a menção à contaminação da terra se encaixa nas circunstâncias da crucificação, método entendido por judeus e romanos como de extrema degradação, razão pela qual as vítimas eram executadas fora dos muros da cidade (cf. cap. 2: "A impiedade da cruz"). Paulo conclui: "Cristo nos redimiu da maldição da lei, *tornando-se maldição por nós* — pois está escrito: 'Maldito todo aquele que está pendurado em um madeiro'" (Gálatas 3:13).

Nesse contexto, o efeito extraordinário do versículo de Deuteronômio sobre o homem pendurado é que Cristo *toma o lugar de* todos os apedrejados, massacrados, escravizados e profanados, bem como de todos os idólatras decapitados, dos rebeldes, dos apóstatas e dos assassinos (e de todos os demais) que sofreram sob a Lei. Cristo sofre a maldição e a profanação que recairiam sobre eles — ou seja, sobre *nós*. Compreender o versículo de Gálatas de qualquer outra forma é desviar-se de forma não convincente de seu sentido óbvio.

Sem dúvida, Gálatas 3:10-14 é uma passagem difícil de entender, pois não menos do que *quatro* citações do Antigo Testamento (um versículo de Habacuque, um versículo de Levítico, dois versículos de Deuteronômio) estão atreladas por uma lógica cuja coerência nem sempre pode ser captada com facilidade. No contexto deste capítulo, podemos imaginar Paulo, o fariseu, refletindo sobre a passagem do homem pendurado em um madeiro, regurgitando-o em sua mente. Isso o confunde e o ofende. Como pode ser aceitável um Messias crucificado, "pendurado em um madeiro" e amaldiçoado por Deus, como objeto de adoração? Sua conclusão — e há um momento *aha!* aqui — é que Cristo se fez maldição *por nós* (*huper hemon*) precisamente para golpear todas as versões condicionais possíveis da aliança. Nenhuma das categorias de pecadores amaldiçoados pela Lei e listados em Deuteronômio está além do alcance do ato salvador e único de Deus. O evangelho de Paulo é radicalmente expansivo, sugerindo, de forma clara, que Cristo substituiu todos nós, justos e injustos, judeus e gentios (3:28), sob a maldição do Pecado. Outros significados podem ser encontrados em Gálatas 3:10-14, mas a substituição certamente predomina nessa passagem.

Paulo foi tido por elaborar uma doutrina rebuscada de substituição penal quando, na verdade, ela não pode ser encontrada em lugar algum de seu pensamento. Argumentamos, no entanto, que o conceito de Jesus "em nosso lugar", *bem como* ou "em nosso favor/por nós", subjaz tudo o que Paulo diz.

Isaías 53 no Novo Testamento

O papel de Isaías 53 em relação ao quadro estabelecido do Novo Testamento sobre a morte de Cristo é muito debatido. A passagem tem sido associada à Sexta-Feira da Paixão nas liturgias bizantina e latina, por razões que são óbvias até mesmo em uma leitura superficial, e os Pais da igreja citaram o texto de forma profusa.[18] O mistério de seu significado original apenas acrescenta ao seu poder como uma declaração profética. Sua relevância às circunstâncias da morte de Cristo é tão aparente quanto surpreendente:

---

[18] Em particular Atanásio, Cirilo de Alexandria e João Crisóstomo (cf. respectivas seções neste capítulo). Brevard Childs escreve que Cirilo "lia o capítulo inteiro, como que por instinto, como uma reflexão da Paixão de Cristo" (*The struggle to understand Isaiah as Christian Scripture* [Grand Rapids: Eerdmans, 2004], p. 124).

Era desprezado e rejeitado pelos homens,
  um homem de dores, experimentado no sofrimento;
e como um de quem os homens escondem o rosto [...].
Certamente, ele suportou as nossas dores
  e carregou as nossas angústias;
contudo, nós o reputávamos como ferido,
  abatido por Deus e afligido.
Mas ele foi ferido pelas nossas transgressões,
  machucado pelas nossas iniquidades;
o castigo que nos cura estava sobre ele,
  e por suas feridas fomos sarados.
Todos nós, como ovelhas, nos perdemos;
  cada um seguia o seu caminho.
Mas o Senhor colocou sobre ele
  a iniquidade de todos nós.
Ele foi oprimido e humilhado,
  mas não abriu a boca;
como um cordeiro levado ao matadouro
  e como uma ovelha muda diante de seus tosquiadores,
  ele não abriu a boca. [...]
Foi cortado da terra dos viventes,
  ferido pelas transgressões do meu povo [...]
Fizeram a sua sepultura com os ímpios
  e com o rico esteve em sua morte,
embora ele não tivesse feito violência
  e não se achasse engano em sua boca.
Ainda assim, foi da vontade do Senhor feri-lo; [...]
  ele se fez uma oferta pelo pecado.

Em vista do papel que essa passagem desempenhou na tradição, bem como do efeito poderoso que ela produziu na hinologia, na pregação, no *Messias* de Handel e na piedade popular, parece extraordinário o fato de haver deixado uma impressão tão discreta no Novo Testamento.[19] É difícil sabermos o que essa relativa negligência em relação a uma passagem tão impressionante

---

[19]Há outra citação direta do capítulo na história de Filipe e o eunuco (Atos 8:26-39), em que o versículo sobre o silêncio do Servo, como uma ovelha perante os tosquiadores, é citado; em linha, porém, com a abordagem característica de Lucas, nenhuma conexão explícita é feita à crucificação.

significaria. Talvez devamos ao menos concordar que um cuidado especial deve ser tido na utilização de uma passagem de forma acrítica para interpretar o significado da cruz, e isso pelo menos por duas razões:

1. Em vista do silêncio do Novo Testamento, não devemos usar Isaías 53 para construir um modelo expiatório completo de substituição penal com base em "castigo".[20]
2. Devemos guardar-nos com diligência contra qualquer divisão entre as pessoas da Trindade, usando uma expressão como "abatido por Deus" para separar o Pai do Filho.[21]

Entretanto, desde que trabalhemos assiduamente para evitar ambas as armadilhas, encontraremos ouro teológico em Isaías 53, riquezas tanto para nossa devoção pessoal do Crucificado como para o aumento de nossa compreensão teológica. A posição aqui assumida é que a passagem serve de guia ou de subestrutura parcial do Novo Testamento como um todo. Isaías 53 dá um forte apoio à afirmação de que o sofrimento do Messias faz parte do plano de Deus para a salvação, revelado de forma antecipada ao antigo Israel. Observemos também que, no último versículo citado, existem dois sujeitos distintos atuando: "Foi da vontade do SENHOR feri-lo" e "ele se fez uma oferta pelo pecado". No espaço de apenas algumas palavras, o versículo combina dois arcos narrativos: o Pai como agente ativo e o Filho como agente em atuação.

Na verdade, é um tanto surpreendente que o único uso inequívoco de Isaías 53 pelo Novo Testamento para a interpretação da morte de Cristo seja 1Pedro 2:21-24.[22] O contexto insta os servos para que se sujeitem aos seus senhores, até mesmo aos senhores "autoritários":

> Se você faz o que é certo e sofre por isso, então tem a aprovação de Deus. Para isso vocês foram chamados, porque Cristo também sofreu por vocês,

---

[20] Embora muitos dos Pais o tenham feito! A seguir, cf. Atanásio e Cirilo de Alexandria. Observe, porém, que Anselmo não a utiliza para fazer da punição uma parte de sua interpretação em *Cur Deus homo?* [Por que Deus se fez homem?], embora acredite-se popularmente que sim.

[21] Uma declaração simples desse erro nos é fornecida por Arthur Lyttleton: "A verdade sobre a ira de Deus contra o pecado e sobre o amor de Cristo (através do qual essa ira é removida) foi pervertida em uma crença na divergência de vontades entre Deus Pai e Deus Filho, como se fosse a vontade do Pai que os pecadores perecessem e a vontade do Filho que os pecadores fossem salvos" ("The atonement", in: Charles Gore, org., *Lux mundi* [London: John Murray, 1889], p. 307). Tal declaração estabelece bem o ponto.

[22] O eunuco que Filipe encontra em Atos 8:26-29 lê um trecho de Isaías 53, mas Lucas não o utiliza para interpretar a cruz. Filipe o emprega para proclamar "a boa-nova de Jesus" em geral.

A SUBSTITUIÇÃO

deixando-vos o exemplo [...]. Pois ele, quando injuriado, não revidava com injúrias; quando maltratado, não fazia ameaças, mas confiava naquele que julga com justiça. Ele mesmo carregou os nossos pecados em seu corpo no madeiro, para que morrêssemos para o pecado e vivêssemos para a justiça. Por suas feridas vocês foram curados (1Pedro 2:20-24).

O último segmento de frase: "por suas feridas [palavra também traduzida para o inglês por "marcas de açoite"] vocês foram sarados" é uma citação direta de Isaías 53:5. No entanto, oferece apenas de relance uma imagem para interpretar o significado profundo do drama apocalíptico da cruz. A passagem parece recomendar uma abordagem "exemplar" ou de "influência moral" para o significado da cruz, algo que está associado a Pedro Abelardo, um quase contemporâneo de Anselmo. Se isolada, a ideia da cruz apenas como modelo exemplar tem um tom pelagiano e uma cristologia inadequada.[23] Entretanto, quando combinado com outros modelos, especialmente o da substituição (como em 1Pedro 2:24), o modelo exemplar encontra seu devido lugar: "É melhor sofrer por fazer o que é certo, se essa for a vontade de Deus, do que sofrer pela prática do mal. Pois Cristo também morreu pelos pecados, de uma vez por todas, *o justo pelos injustos*, para nos conduzir a Deus" (1Pedro 3:17,18).[24]

O período patrístico

Geralmente se declara, às vezes de forma axiomática, que o tema da substituição, ou troca, se encontra ausente da teologia dos primeiros mil anos — ou seja, do período anterior a Anselmo. Isso, porém, não é verdade. Sem dúvida,

---

[23] Eamon Duffy acerta ao identificar o "otimismo alegre" de Abelardo, o qual reflete "uma forma particular de liberalismo cristão, repudiada nos versos de W. H. Auden: 'Nada é possível que nos salve; nós, que devemos morrer, precisamos de um milagre'" (*New York Review of Books*, 5 de julho de 2001). Um bom resumo do problema com a teoria "exemplar" ou da "influência moral" é encontrado em Green e Baker: "O pecado aparece como uma barreira relativa e superável em contraste com uma barreira absoluta e intransponível nas outras explicações" (Joel B. Green e Mark D. Baker, *Recovering the scandal of the cross: atonement in New Testament and contemporary contexts* [Downers Grove: InterVarsity, 2000], p. 139).

[24] Alguns podem objetar que o texto soa como uma apologia ao sofrimento masoquista. Entretanto, mesmo que isso fosse (erroneamente) interpretado dessa forma, deveria ser aparente para o leitor atento que o texto não recomenda o sofrimento em sentido generalizado, mas especificamente como imitação do comportamento de Cristo durante a Paixão. Esse sofrimento surgiria a partir de um ponto de força interior, não de fraqueza masoquista. O texto de 1Pedro 3:18 certamente sugere uma espécie de substituição na expressão "o justo pelos injustos", mas essas palavras não devem ser colocadas a serviço de um contexto superdesenvolvido de "expiação substitutiva" ou de "satisfação" anselmiana. De modo semelhante, a passagem de Efésios 5:22-24, que ordena a subordinação de esposas aos maridos — passagem empregada erroneamente em apoio à subjugação das mulheres —, deve ser entendida no contexto da liderança de Cristo na igreja, e não como uma noção programática de "expiação substitutiva". É a ordem aos maridos que parte da atitude de Jesus na cruz: "Maridos, amai vossas mulheres, como Cristo amou a igreja e se entregou por ela" (Efésios 5:25).

a substituição não predomina, nem mesmo é elaborada doutrinariamente até Anselmo; o tema, porém, está presente na era patrística, tanto nos Pais gregos como nos latinos. De fato, e isso é digno de menção, a doutrina aparece sem nenhuma ênfase particular, como se simplesmente fosse tida como certa, conforme argumentamos em referência a Romanos.[25]

Atanásio está corretamente associado ao tema da incorporação a Cristo pela encarnação, mas a cruz ocupa uma grande porção em seu tratado *Sobre a encarnação*. Atanásio questiona explicitamente o porquê de Jesus ter morrido, e o porquê de haver morrido *especificamente daquela maneira*. Sua resposta a esses questionamentos está centrada na natureza *pública* da morte de Cristo, que ele interpreta como necessária para demonstrar o poder da ressurreição.[26] Atanásio expõe a ideia de troca ("em lugar de") como se fosse óbvia, usando a expressão diversas vezes. Escreve sobre a morte de Cristo de uma forma fluida e intercambiável, que surge a partir da própria Escritura. O tema *principal* de Atanásio não é a substituição, sem dúvida, mas a concepção está presente e não parece causar-lhe problema algum: "Assumindo um corpo como o nosso, visto que todos estávamos sujeitos à corrupção da morte, Jesus entregou seu corpo à morte *em lugar de todas as pessoas*, oferecendo-se ao Pai [...]. Conforme já expus, visto que era impossível que a Palavra morresse, ela tomou para si um corpo passível de morte, oferecendo-o *em lugar de todos*".[27]

Falar de Atanásio deve lembrar-nos de que a teologia da cruz (*theologia crucis*) nunca deve ser desassociada da encarnação. A auto-oferta de Jesus não ocorreu acidentalmente após ele ter sido preso. Toda a sua vida foi uma oferta, um assumir de nossa natureza humana para que fôssemos libertados para a

---

[25] J. N. D. Kelly, em sua clássica obra *Early Christian doctrines* (New York: Harper and Row, 1959) [edição em português: *Patrística* (São Paulo: Vida Nova, 1994)], mostra que Eusébio de Cesareia, Cirilo de Jerusalém, Basílio, Gregório de Nazianzo e João Crisóstomo falam de "substituição baseada na humanidade partilhada do Salvador como o novo Adão" (p. 380-6). Repare, porém, na nuance: esse conceito de substituição não é o mesmo que a doutrina exagerada que se tornou na ortodoxia protestante do século 19.

[26] O ponto de Atanásio sugere que a intensidade da fé pessoal de Paulo na ressurreição (1Coríntios 15:1-9) corresponde à sua ênfase na cruz como maldição (Gálatas 3:10-13). Em outras palavras, a ressurreição foi ainda mais impressionante por ter sido o destino de um homem crucificado. Os sermões de Pedro em Atos também enfatizam (da maneira peculiar de Lucas) o contraste entre a crucificação e a ressurreição (Atos 2:23; 4:10).

[27] *De incarnatione*, p. 8, grifo na citação. Em 21, Anselmo declara uma terceira vez: "em lugar de todos". De modo semelhante, em *Orations against the Arians* (3.31), Anselmo emprega a imagem da substituição e da troca de maneira natural, citando Isaías 53, embora o seu foco principal seja a cristologia *Logos-sarx*. Atanásio é incomum entre os Pais da igreja por sua ênfase na natureza "pavorosa e vergonhosa" da crucificação, interligando-a explicitamente com Gálatas 3:13: "Convinha ao Senhor sofrer essas coisas por amor de nós. Pois se ele veio para carregar em si mesmo a maldição que nos fora imposta, de que outra forma poderíamos ter 'nos tornado uma maldição' senão quando ele próprio recebeu sua punição, a saber, a morte? Afinal, é exatamente isto o que está escrito: 'Maldito aquele que for pendurado em um madeiro'" (*De incarnatione*, p. 24-5).

justiça e para a vida.²⁸ Sempre que falamos dessa maneira, a ideia de troca está presente; "Adão" é deslocado de seu lugar sob o governo do Pecado e da Morte porque o Segundo Adão se moveu em seu lugar como Vitorioso.

Hilário de Poitiers, para dar mais um exemplo dos Pais latinos, usa a linguagem da recapitulação (cf. capítulo seguinte), a qual era comum no período patrístico, porém a combina sem nenhum problema com a linguagem da substituição, emprestando de Gálatas 3:13: "Jesus se ofereceu à morte de alguém amaldiçoado a fim de abolir a maldição da Lei".²⁹ Hilário usa "satisfação" como sinônimo de "sacrifício" e foi visto como um precursor de Anselmo.³⁰ De modo semelhante, *Victorinus*, contemporâneo de Hilário, fala de substituição em lugar de sacrifício.³¹

Ambrósio, de modo impressionante, ecoa o tema de Gálatas, combinando-o com a ênfase na encarnação "física": "Jesus assumiu um corpo humano para que abolisse a maldição da carne pecaminosa, tornando-se maldição *em nosso lugar* para que a maldição fosse tragada por uma bênção [...]. Também tomou sobre si a morte, deixando que sua sentença fosse levada a cabo, a fim de satisfazer o juízo segundo o qual a carne pecaminosa deveria ser amaldiçoada com a morte".³² Kelly observa que, em Ambrósio, o tema patrístico da recapitulação é combinado com o da substituição, mesmo com referência a uma penalidade sofrida: "por partilhar da natureza humana, Cristo pode assumir o lugar de homens pecadores e suportar a punição que lhes é devida".³³

Cirilo de Alexandria talvez seja o mais explícito de todos. Cirilo escreveu que Cristo "foi ferido por causa das nossas transgressões (Isaías 53) [...] esse

---

²⁸A ligação entre encarnação e crucificação é explicada de forma agradável por Arthur Lyttleton. O autor cita as palavras de Paulo: "[Deus] tornou pecado aquele que não conheceu o pecado" (2Coríntios 5:21), questionando como esse ato seria possível. Em seguida, responde: "A solução para a dificuldade pode ser apenas encontrada na verdade da Encarnação. A fim de que o sacrifício seja representativo, ele [Cristo] tomou sobre si a natureza humana em sua integralidade [...]. Não é apenas em sua morte que o contemplamos como aquele que carrega o pecado, mas em toda a sua vida [...]. A crucificação não surge como o fim inesperado e vergonhoso de uma vida gloriosa e tranquila, embora, sem dúvida, tenha sido, em um sentido especial, a "maldição" sobre a qual ele se colocou [observe a referência a Gálatas 3:11-13 e a escolha ativa de Segunda Pessoa na [crucificação]. Não podemos dizer que, em determinado momento de sua vida [...] Jesus começou a carregar a iniquidade, pois a própria natureza que ele assumiu era, em si mesma, por suas necessárias relações humanas, passível de carregar o pecado". Lyttleton, como muitos anglicanos, enfatiza a cruz como o sacrifício vicário de Jesus. Lyttleton, "The atonement", p. 296.

²⁹Hilary, *Tractatus super Psalmos* 68, p. 23, em Kelly, *Early Christian doctrines*, p. 388.

³⁰Pelikan, *Emergence of the Catholic tradition*, p. 147; cf. tb. Kelly, *Early Christian doctrines*, p. 388.

³¹Kelly, *Early Christian doctrines*, p. 388.

³²Ambrósio, *De fuga saeculi*, p. 44, em Kelly, *Early Christian doctrines,* p. 389, grifo na citação. A lista continua. Jerônimo escreveu que Cristo "suportou em nosso lugar a penalidade que deveríamos ter sofrido por nossos crimes" (cit. Kelly, p. 390). Kelly demonstra que Ambrósio propõe uma explicação protoanselmiana da morte de Cristo como um sacrifício que satisfaz as exigências da justiça de Deus (389).

³³Kelly, *Early Christian doctrines*, p. 389.

castigo, que todos os pecadores deveriam suportar [...], foi suportado por Jesus". Kelly vai além (talvez até demais), a ponto de dizer que a "ideia orientadora" de Cirilo é a "substituição penal".[34]

Melito de Sardes combinou pelo menos cinco temas em sua extraordinária homilia de Páscoa:

> O Senhor [...] sofreu por amor do sofredor, foi manietado por amor dos encarcerados, julgado por amor dos condenados, sepultado por amor dos sepultados. Vinde, então, vós, famílias humanas contaminadas pelo pecado, e recebei a remissão de pecados. Pois eu sou a vossa remissão, a Páscoa da vossa salvação. Eu sou o Cordeiro sacrificado por amor de vós. Eu sou o vosso resgate; a vossa vida; a vossa ressurreição; a vossa salvação. Eu sou o vosso rei. Guio-vos para as alturas dos céus. Eu vos mostrarei o Pai eterno. Exaltar-vos-ei à minha destra.[35]

Karl Barth encontrava nesse testemunho de Melito evidências convincentes de que o tema do "Juiz julgado em nosso lugar" estava presente já no segundo século d.C.[36]

Gregório de Nazianzo dificilmente poderia ser mais específico: Cristo nos salva por "nos libertar do poder do pecado ao oferecer a si mesmo como resgate *em nosso lugar* para purificar o mundo inteiro".[37]

João Crisóstomo é o mais claro de todos. Kelly resume o ensino relevante: "Cristo nos salvou [...] ao se substituir em nosso lugar. Embora ele próprio fosse justo, Deus permitiu que Jesus fosse condenado como um pecador e morresse como se estivesse sob maldição, transferindo-lhe não apenas a morte que nos era devida, mas também a culpa".[38]

Tais exemplos devem mostrar-nos que o argumento, tantas vezes ouvido, de que o tema da substituição era desconhecido nos primeiros mil anos da igreja é insustentável. O tema da substituição se fez presente desde o início. Não se trata de uma *idée fixe* da ortodoxia protestante. Nos Pais, surgiu organicamente

---

[34]Cit. Kelly, *Early Christian doctrines*, p. 398.

[35]Melito de Sardes, homília pascoal (ou sermão da Páscoa). Disponível on-line, em kerux.com. Essa deslumbrante peça literária e retórica só foi descoberta na década de 1930 (papiro Michigan-Beatty) e publicada em 1940. Melito foi bispo de Sardes e morreu por volta do ano 190.

[36]Barth, *CD* IV/1, 211. Um testemunho pessoal: ouvi pela primeira vez trechos da homilia de Melito quando ela foi lida em voz alta em um culto de Páscoa na Basílica de S. Paulo Intramuros, em Roma, e me senti prontamente cativada por ele.

[37]Gregório de Nazianzo, *Oratio in laudem Basilii*, 30.20, em Kelly, *Early Christian doctrines*, p. 384.

[38]João Crisóstomo, *Homiliae in Eepistulam ad Hebraeos*, 15.2, em Kelly, *Early Christian doctrines*, p. 386. (Devemos observar, porém, a tendência atípica nessa passagem da sugestão de uma divisão entre o Pai e o Filho, inaceitável tanto para os Pais da igreja como para a crença cristã popular de hoje.)

de sua imersão na Escritura e estava interligada a eles por meio de outros temas em seus escritos.

A Idade Média

Além do período patrístico, observamos o seguinte a partir de séculos posteriores (já tratamos de Anselmo anteriormente):

Ricardo de São Vitor (m. 1173), uma geração após Anselmo, escreveu de maneira independente de Anselmo: "Eles estavam cativos pela dívida de condenação eterna, a qual era [*fuisset*, 'teria sido'] deles se a morte de Cristo não absolvesse".[39] Isso ecoa fortemente o tema da troca ou da substituição, da mesma forma que Gálatas 3 e Romanos 5; a sentença de "condenação eterna" sob a Lei pertencia a "Adão", mas foi removida pela morte de Cristo. Como também no período patrístico, não se insiste no tema da substituição, pois ela é simplesmente assumida.[40]

Tomás de Aquino (c. 1225-1274) também pode ser citado em passagens como esta: "Para suportar a nossa culpa, como era apropriado que ele morresse para nos redimir da morte, também convinha que ele descesse ao Hades para nos redimir do Hades". Tomás, então, como tantos antes dele, cita Isaías 53: "Segundo a palavra de Isaías: 'Verdadeiramente, ele tomou sobre si as nossas enfermidades e suportou as nossas dores'".[41] No capítulo 10, vimos como Tomás enfatiza a participação plena de Cristo na condição e no destino dos pecadores. O tema da substituição não é explícito, mas a ideia está lá, ao fundo, especialmente quando Isaías 53 é citado.

Conclusão preliminar

Não é correto afirmar que o tema da substituição emergiu com Anselmo, assim como não é seguro sugerir que podemos escapar da substituição e nos concentrar apenas no tema *Christus victor*. Em todas as suas formas — no Novo Testamento,

---

[39]Cit. Hans Urs von Balthasar, *Mysterium Paschale: the mystery of Easter* (San Francisco: Ignatius, 2000), p. 166.

[40]A explicação da encarnação nos meios de salvação partilha destaque nos Pais gregos com o tema *Christus victor*. Na verdade, a encarnação poderia ser ecoada sem nenhuma referência explícita à cruz — uma escolha que muitos fariam hoje, em grande detrimento do evangelho. Os Pais devem ser lidos com sutileza e cuidado. A predominância do tema *Christus victor*, tanto nos Pais gregos como nos Pais latinos, foi pressuposta por muitos desde Aulén, de modo que pode ser uma surpresa saber que "a principal corrente da soteriologia grega no quarto século d.C." não era a encarnação ou *Christus victor*, mas "doutrinas que interpretavam a obra de Cristo da perspectiva de um sacrifício oferecido ao Pai" (Kelly, *Early Christian doctrines*, p. 384).

[41]*Summa theologiae*, IIIa, q. 52, a. I, c.

no período patrístico, no período escolástico/medieval e, posteriormente, com Lutero —, as imagens de *Christus victor* carregam consigo a profunda convicção de que a humanidade está aprisionada no pecado e precisa de libertação. Tais convicções são idênticas aos pressupostos que fundamentam o tema da substituição. Essas duas formas de falarmos sobre a cruz coexistem criativamente nas Escrituras e interpretam uma à outra, como faziam nos escritos dos Pais, muito antes de Anselmo, e como fizeram nos escritos dos reformadores.

O tema da substituição desde Anselmo

Tentamos dar a Anselmo seu devido lugar no capítulo de "transição". Ao usar "satisfação" como sua ideia norteadora, a palavra "substituição" não encapsula precisamente seu tema. Entretanto, sua posição cuidadosamente argumentada passou a ser associada — não de forma imprecisa — a uma forma *dominante* de falar sobre a cruz no protestantismo. A forma racionalista e escolástica de Anselmo de defender sua posição teve grande influência, abrindo caminho para tendências posteriores na interpretação da cruz, as quais, com o tempo, conduziram a consequências desastrosas. Isso, contudo, não aconteceu de uma vez. Calvino, em particular, lidou com o tema da substituição com grande autoridade, demonstrando profundo conhecimento das Escrituras e dos escritos dos Pais da igreja.

Martinho Lutero

Em boa parte do protestantismo, o tema *Christus victor*, tão proeminente em Lutero, reduziu-se em importância, com a ênfase maior sendo colocada na justificação pela fé e na justiça imputada. Aulén conseguiu redirecionar a atenção para as robustas proclamações de Lutero: "Vitória de Cristo [...] a superação da Lei, do Pecado, da nossa carne, do mundo, do Diabo, da morte, do inferno e de todos os males; e esta vitória Cristo nos deu".[42] Em seu prefácio às cartas do Novo Testamento, Lutero escreve: "Nestes livros [João, 1Pedro e cartas de Paulo], você encontrará um relato magistral de como a fé em Cristo conquista o Pecado, a Morte e o Inferno, concedendo-nos vida, justiça e salvação. *Essa é a essência do evangelho*".[43]

Esses são apenas dois exemplos entre milhares em que Lutero defende o evangelho do Cristo vitorioso. Ninguém jamais fez isso com maior convicção

---

[42]Martinho Lutero, *Commentary on the Epistle to the Galatians* (1535) (Wheaton: Crossway, 1998), 1:1.
[43]Extraído da primeira edição (1522) do *Prefácio ao Novo Testamento*.

pessoal. No entanto, é um erro limitar Lutero a esse único tema. Usando seu comentário de Gálatas como nosso texto ilustrativo, encontramos uma gama surpreendentemente ampla de imagens. Em apenas algumas páginas que abordam Gálatas 1:4 e 3:13, encontramos referências a resgate, redenção, preço, bode expiatório, satisfação, sacrifício, Satanás, ira de Deus, justificação do ímpio, Cristo como mediador, pecados pregados na cruz (como em Colossenses 2:14), cordeiro pascal, substituição (com Isaías 53 especificamente citado) e, claro, o proeminente tema *Christus victor*.[44] Aulén faz uma longa citação de uma passagem do comentário de Gálatas escrito por Lutero, no qual o reformador expõe o trecho de 3:13 ("Cristo se tornou maldição por nós") — certamente uma declaração retumbante do tema *Christus victor* ao estilo mais vigoroso de Lutero. É do estilo do reformador referir-se ao "combate" empreendido por Cristo contra o Pecado, a Lei, a Morte e o Diabo. Entretanto, as reflexões de Lutero sobre esse "combate" sugerem que *a forma pela qual Cristo se tornou Vitorioso foi por sua morte em nosso favor e em nosso lugar*. A colisão desses dois antagonistas chegou ao seu ponto culminante na cruz.

Lutero enfatiza repetidas vezes a submissão de Cristo à acusação da Lei, a fim de que fôssemos livres de acusação. "A Lei [...] era contra nós, pecadores amaldiçoados e condenados", porém ela se posicionou, acima de tudo, contra Cristo: "Ela o fez culpado perante Deus em relação aos pecados do mundo inteiro, condenando-o à morte e morte de Cruz".[45] A palavra "substituto" não é usada, mas a ideia está claramente presente. Em outra passagem típica dessa seção, Lutero escreve que Cristo "se revestiu de nós, sujeitando-se à Lei". É um desafio à lógica argumentar que ele não fez isso "em nosso lugar". Uma passagem de Gálatas 3:13 deve estabelecer esse ponto:

> Pois [Cristo], fazendo-se sacrifício pelos pecados do mundo todo, não é agora [na cruz] uma pessoa tratada como inocente e sem pecado [...] mas um pecador, o qual carrega os pecados de Paulo, um blasfemo, opressor e perseguidor; os de Pedro, negador de Cristo; de Davi, um adúltero e assassino, levando os gentios a blasfemarem do nome do Senhor. Por um breve tempo, Jesus carregou todos

---

[44] Jaroslav Pelikan observa a "heterogeneidade das figuras de Lutero sobre a obra redentora de Cristo", advertindo que o caminho adiante na interpretação dessa multiplicidade é precisamente "*não* reduzir cada linguagem mutuamente contraditória a uma única teoria, nem mesmo à 'ideia clássica' [o tema *Christus victor* é chamado de 'clássico' por Aulén, em razão de sua proeminência nos primeiros mil anos da igreja]" (Prefácio à edição em brochura de *Christus victor: an historical study of the three main types of the idea of the atonement* [New York: Macmillan, 1969], p. xvi). A constatação de Pelikan declara precisamente o objetivo deste volume.

[45] Lutero, *Galatians*, comentário de Gálatas 4:4.

os pecados de todos os homens em seu corpo, fazendo satisfação por eles com o seu sangue.[46]

Por todo o seu comentário de Gálatas, Lutero ressoa nuances desse tema: o Filho de Deus se oferece como Adão, o homem do pecado, condenado sob a Lei. Esse é o tema da recapitulação, que examinaremos no capítulo 12. Nesse sentido, Jesus substituiu a si mesmo pelo Adão original — ou seja, por todos nós.

João Calvino

Calvino é conhecido por sua ênfase no tema da substituição. Visto que Calvino adquiriu má reputação imerecida entre muitos nas igrejas, a ligação entre ele e o tema contribuiu para uma antipatia generalizada contra o tema da substituição em alguns círculos. Seus inúmeros detratores falham em compreender quão profundamente pastorais são suas preocupações. Calvino faz sua abordagem a "consciências temerosas". Todo o seu trabalho é repleto do desejo de que os cristãos se vejam livres de ansiedade quanto à sua posição perante Deus. Cristo foi designado para "cuidar da consciência das pessoas", levando-nos a viver livres "de uma expectativa atribulada de juízo".[47] Tudo o que Calvino diz a respeito de Cristo deve ser visto à luz dessa abordagem.

Embora Calvino e Anselmo possam ser vistos como parceiros próximos, seus métodos não podiam ser mais diferentes. Até mesmo os que mais apreciam Anselmo estão propensos a admitir que sua apresentação, embora com intenções pastorais como as de Calvino, sofre de excesso de racionalismo esquemático. Comparado a Anselmo, Calvino é mais um pregador e contador de histórias. Aqui, por exemplo, ele capta a ideia geral de substituição, sem insistir nela de forma literal e rígida: "Assim, percebemos Cristo representando o caráter de um pecador e de um criminoso, enquanto, ao mesmo tempo, sua inocência brilha, tornando-se manifesto o fato de que ele sofre pelos crimes dos outros, e não por seus crimes" (2.16.5).

Para entendermos ainda mais Calvino no tema da substituição, temos de retornar brevemente ao tema bíblico da ira de Deus.[48] Devemos tentar entender

---

[46] Lutero, *Galatians*, comentário de Gálatas 3:13.

[47] Todas as citações de Calvino nesse parágrafo se encontram na seção 2.16.5 de suas *Institutas* (*Institutes of the Christian religion*, ed. John T. McNeill, trad. Ford Lewis Battles, Library of Christian Classics (Philadelphia: Westminster, 1960).

[48] Há, sem dúvida, muitas dificuldades para o leitor de hoje. A linguagem de Calvino mexe com as sensibilidades modernas. Por exemplo: Calvino fala de "ira e vingança de Deus" e de "ira e hostilidade de Deus". O reformador faz menção a tópicos como apaziguamento, satisfação, julgamento, punição e vingança (2.26.1). O

que Calvino não se refere a um homem velho, enraivecido e vingativo no céu (ou na terra, como se Zeus ou Odin caminhassem pelo globo). É essencial lermos a "ira de Deus" como *linguagem simbólica*. Trata-se de uma forma figurada de expressão quanto à oposição eterna de Deus a tudo o que possa ferir ou destruir sua boa criação.[49]

Um dos maiores problemas com a substituição é como se presta facilmente a uma interpretação grosseira. Um leitor que der uma olhada nos principais trechos das *Institutas* identificará rapidamente expressões e sentenças que parecem apoiar os erros teológicos que queremos evitar. Por exemplo: na passagem a seguir, Calvino fala de apaziguamento: "Ninguém pode avaliar a si mesmo com seriedade sem sentir a ira e a hostilidade de Deus. Por isso, tal pessoa deve buscar ansiosamente maneiras e meios de apaziguar a Deus — e isso exige uma satisfação [pelo pecado]" (2.16.1).

Calvino quer entender quão fatalmente séria é a brecha entre a humanidade e Deus. A descrição feita por Paulo sobre a ira de Deus em Romanos 1:18—3:19 é pertinente aqui: "Deus, que é a justiça mais elevada, não pode amar a injustiça que vê em todos nós" (2.16.3). Essa ideia de que Deus não pode amar-nos "como somos" soa profundamente ofensiva a muitos cristãos de hoje, acostumados a se nutrir de mensagens sobre "autoestima". Ainda assim, "porque o Senhor não deseja perder o que é seu em nós [ou seja, sua imagem], por sua bondade ele encontra em nós algo para amar" (2.16.3). Vale a pena o esforço extra para entendermos a linguagem de Calvino sobre o abismo entre a humanidade pecadora e o Deus justo como um corretivo para nosso narcisismo.

"A ira e a hostilidade" de Deus causam ansiedade para a alma conscienciosa, porém Calvino quer que entendamos que os "meios de apaziguamento" não estão dentro de nós, assim como é perda de tempo buscá-los sozinhos ou em

---

ser humano é "herdeiro da ira, sujeito à maldição da morte eterna [...] escravo de Satanás, cativo sob o jugo do pecado, destinado à destruição terrível". O Filho "tomou sobre si" a "justa vingança" de Deus (2.16.5). Alguns ficam tão desconcertados com essa linguagem que acham difícil entender o significado subjacente de Calvino: não compreendem que essa ira e essa vingança são dirigidas essencialmente contra o pecado, o qual é visto como um poder destruidor, não contra indivíduos indefesos — e muito menos contra seu Filho.

[49]Calvino sabe que muito do que ele escreve é antropomórfico e rudimentar. O reformador usa os sacrifícios do Antigo Testamento como figuras para a expiação realizada por Cristo. Uma leitura cuidadosa mostra que sua forma de falar não é literal. Os sacrifícios do Antigo Testamento eram "como" seu arquétipo em Cristo. Não devemos ser enganados pelo tom dogmático e assertivo de Calvino: ele procura a maneira certa de dizer todas essas coisas e reconhece a inadequação de sua linguagem. Daí o seu uso de "por assim dizer" e "de algum modo" (como quando escreve que nosso pecado é, "de algum modo" transferido para o Filho). Calvino até se refere à cruz como um "símbolo", embora se trate, obviamente, de um objeto material (2.16, 6-7). Dessas várias maneiras, o reformador indica que "as velhas figuras" (2.17.4) só podem apontar para além de si mesmas, remetendo a um complexo infinitamente maior de significados.

A CRUCIFICAÇÃO

nós mesmos. Calvino quer que retornemos a Deus para esse fim. O que Deus ama em nós não é nosso ser não redimido (que, hoje, somos constantemente instados a tratar com "estima"). O que Deus ama em nós é *aquilo no qual nos transformaremos quando ele levar a cabo em nós sua obra de regeneração*. Começando em 2.16.1, Calvino lança um argumento que cria considerável suspense a qualquer um que se preocupe com o significado da crucificação. Em 2.16.2, o reformador cita Romanos 5:10, Gálatas 3:10 e Colossenses 1:21,22. Cada um desses versículos contém um "até" que soa como se o Pai estivesse disposto a nos condenar "até" a interposição de Cristo. Podemos supor com segurança que a maioria das pessoas, lendo isso, estaria inclinada a compreender que algo aconteceu no tempo, resultando em uma alteração na mente do Pai. Calvino, no entanto, com seu modo intelectualmente sofisticado, explica que esses tipos de expressão não devem ser interpretados literalmente: "Expressões desse tipo foram acomodadas à nossa capacidade de compreensão para que pudéssemos entender melhor quão miserável e ruinosa é a nossa condição quando estamos distantes de Cristo. Pois, se a Escritura não declarasse abertamente que a ira, a vingança de Deus e a morte eterna repousam sobre nós, dificilmente reconheceríamos quão miseráveis somos sem a misericórdia divina, o que nos levaria a subestimar o benefício de sua libertação" (2.16.2).

Calvino também nos acautela de que "expressões desse tipo" sobre o que aconteceu em Cristo devem ser "temperadas [pelo Espírito] à nossa fraca compreensão".[50] Hoje, os teólogos teriam cautela em evitar até mesmo a sugestão dessas imagens. Acaso fomos levados por Calvino a uma armadilha? Essa é uma parte do suspense, à medida que avançamos na leitura. Se estivermos atentos, porém, observaremos que Calvino sugere o rumo que tomará ao abordar outra passagem "até": "Devemos perceber [...] como conveio a Deus, que se antecipa à nossa condição por sua misericórdia, tornar-se o nosso inimigo até que se reconciliasse conosco por meio de Cristo. Afinal, como ele poderia ter dado em seu Filho unigênito um sinal de seu amor para conosco se não nos tivesse abraçado de antemão com seu favor gratuito?" (2.16.2).

Esses dois segmentos de frase contêm o paradoxo. O leitor pode ficar confuso, mas Calvino é um pensador astuto demais para não perceber o que está

---

[50] Alguns podem protestar que as "expressões" de Calvino não eram suficientemente moderadas! É preciso um esforço considerável para entendermos como Calvino realmente quer que compreendamos suas expressões. Muitos leitores de hoje serão tentados a concluir que as caricaturas de Calvino são verdadeiras, que o sofrimento do Filho foi necessário para "apaziguar" a "ira e a vingança" do Pai. Se Calvino estivesse escrevendo hoje, teria de usar palavras diferentes para apresentar seus pontos de vista. Em breve, veremos que o revisionista mais importante de Calvino, Karl Barth, abandona esse tipo de linguagem.

fazendo. Em primeiro lugar, ele diz que o Pai era nosso inimigo "até" que o Filho *se reconciliasse conosco* (linguagem da propiciação); em seguida, procura sinalizar-nos a direção para a qual está indo, fazendo uma pergunta retórica: como a vida e a morte do Filho nos serviriam de sinal do amor de Deus (e não de sua inimizade) se o Pai não tivesse *primeiro* "nos abraçado com seu favor gratuito" e *só então* nos desse seu Filho? Como esse paradoxo "convém" a Deus?

Agora, chegamos a um ponto alto da teologia cristã nas *Institutas* (2.16.1-4). O leitor atento talvez esteja se perguntando se Calvino não se encurralou ao parecer alegar que o Pai teve de se reconciliar conosco pelo evento histórico da crucificação. Ambos os erros que definimos parecem agrupar-se aqui: Pai e filho parecem estar separados e, além disso, parece que vemos uma alteração no Pai. Sentimos que há algo fundamentalmente errado no argumento de Calvino quando lemos: "Conveio a Deus, que se antecipa à nossa condição por sua misericórdia, tornar-se o nosso inimigo até que se reconciliasse conosco por meio de Cristo".[51] O leitor quase certamente presumirá que houve uma mudança temporal em Deus.

Entretanto, Calvino se antecipa a tudo isso. Em um golpe de tirar o fôlego, no parágrafo 4, abordando o problema que parece resultar de sua comparação de João 3:16 e Romanos 5:10, Calvino dissipa todos os mal-entendidos, citando Efésios 1:4,5 para demonstrar que o propósito amoroso de Deus teve origem "antes da fundação do mundo". Então, de modo um tanto elegante, o reformador escreve: "Mas para tornar essas coisas mais certas entre aqueles que querem o testemunho da igreja antiga, citarei uma passagem de Agostinho, trecho no qual esse mesmo assunto é ensinado". Eis a citação, de Agostinho de Hipona (quinto século d.C.), via João Calvino (século 16 d.C.):

> O amor de Deus é incompreensível e imutável. Não foi *após* ele ter sido reconciliado conosco pelo sangue de seu Filho que começou a nos amar. Pelo contrário: ele nos amou antes de o mundo ter sido criado [...]. O fato de que fomos reconciliados pela morte de Cristo não deve ser compreendido como se [o Pai] passasse a amar aqueles aos quais outrora odiava. Na verdade, fomos reconciliados com aquele que já nos amava, com o Deus de quem éramos inimigos por causa do pecado. O apóstolo testifica a esse respeito: "Deus prova o seu amor para conosco em que Cristo morreu por nós quando ainda éramos pecadores" [Romanos 5:8].

---

[51] O leitor médio de hoje provavelmente ignoraria o segmento de frase elidido aqui: "que se antecipa à nossa condição por sua misericórdia".

Portanto, ele nos amou até mesmo quando praticávamos inimizade contra ele e cometíamos impiedade. Assim, de uma maneira maravilhosa e divina, Deus nos amava mesmo quando nos odiava. Pois ele nos odiava pelas coisas que éramos e que ele não havia criado em nós; todavia, porque nossa impiedade não consumira por completo sua obra, Deus sabia como, ao mesmo tempo, odiar em cada um de nós o que *nós* tínhamos feito e o que *ele* tinha feito.[52]

Com isso, talvez, estejamos em melhor condição de receber a doutrina calvinista da substituição, transmitida nesse simples resumo de Gálatas 3:13,14: "A cruz era amaldiçoada, não apenas da perspectiva humana, mas da lei de Deus (Deuteronômio 21:23). Assim, quando Cristo é pendurado na cruz, torna-se sujeito à maldição. Tinha de acontecer dessa forma para que toda a maldição — que, por causa dos nossos pecados [...] estava sobre nós — fosse tirada de nós, tendo sido transferida a ele" (2.16.6).

Substituição penal no fim do escolasticismo reformado

Após Calvino, o academicismo protestante tomou um novo rumo. O modelo da substituição evoluiu para uma apresentação mais programática do que qualquer outra coisa presente nos escritos de Calvino, quanto mais no Novo Testamento! O modelo, conforme desenvolvido especialmente na tradição reformada, pode ser resumido da seguinte forma:

- Em decorrência do pecado original de Adão, toda a raça humana foi enlameada pelo pecado e provocou a ira de Deus.
- Deus não pode fazer vista grossa ao pecado, como se ele não tivesse ocorrido. O pecado deve ser castigado.
- Jesus, o Filho unigênito de Deus, entrou no lugar dos pecadores e tomou sobre si a punição.
- Na cruz, particularmente em seu clamor de abandono, Jesus se submeteu à maldição decorrente do pecado e sofreu o juízo de Deus.
- Ao desviar a ira de Deus sobre si mesmo, Jesus a afastou da humanidade.

Esse modelo desenvolvido da chamada expiação substitutiva está associado especialmente aos círculos protestantes e evangélicos do século 19, em particular

---

[52] Agostinho, *O Evangelho de João* (110.6), citado nas *Institutas* de Calvino (2.16.5), grifo na citação. Quando Agostinho usa a palavra "ódio", quer dizer algo como "implacavelmente contra". Certamente ele não quer dizer "ódio" no sentido de emoção humana.

na tradição reformada. Foi poderosamente disseminado por Charles Hodge (1797-1878) durante seus cinquenta anos no Princeton Theological Seminary, e ainda é o padrão em alguns círculos evangélicos conservadores (embora tenha perdido terreno ultimamente). Hoje, entretanto, surge um consenso, mesmo dentro de alguns círculos protestantes conservadores dos Estados Unidos, do Canadá e da Grã-Bretanha, de que o modelo de substituição penal, conforme amplamente ensinado nos séculos 19 e 20, deve ser repensado e revisado.

De fato, há bons motivos para questionarmos o caráter bíblico do modelo. Por exemplo: Hodge usa expressões como "satisfação penal forense", que não soa nem remotamente com qualquer coisa que encontramos na Escritura.[53] Pregadores e mestres da substituição penal forçaram a tessitura bíblica de temas a uma versão estreitamente definida, esquemática, racionalista — e altamente individualista — do tema da substituição, derivado, em parte, de Anselmo, cuja abordagem racionalista, devemos admitir, teve um efeito ruim. Tal uso insensível de Anselmo foi em grande parte, embora não inteiramente, responsável pelo desprezo acumulado sobre sua obra por aqueles que se afastaram do modelo "penal forense". É uma pena que essa apropriação injusta de Anselmo tenha sido superestimada, visto que, por conseguinte, foi mais difícil de as pessoas se interessarem em lê-lo diretamente. Entretanto, Anselmo *nunca* usa uma linguagem como esta: "Quando o Senhor sofreu, a Ira de Deus foi derramada de tal maneira sobre ele que o Pai se sentiu satisfeito".[54] Tais declarações levam facilmente aos erros que identificamos, separando o Pai do Filho e sugerindo uma mudança no Pai (sem contar com a perspectiva distorcida do Pai). Uma versão mais sofisticada dessas leituras indevidas de Anselmo apresenta um Deus violentamente dividido em si mesmo — sua ira contra a sua misericórdia —, destruindo, assim, sua unidade. Não é de admirar que haja tanta indignação contra essas distorções.[55]

2. Objeções ao modelo de substituição penal

Na seção sobre Calvino, observamos os erros mais importantes no modelo da substituição da forma que, eventualmente, é apresentado. A seguir, exploraremos

---

[53]Charles Hodge, *Systematic theology* (Grand Rapids: Eerdmans, 1981), vol. 2, p. 488.
[54]David Clark, "Why did Christ have to die?", *New England Reformed Journal* 1 (1996): 35-6.
[55]Cf., p. ex., J. Denny Weaver, *The nonviolent atonement* (Grand Rapids: Eerdmans, 2001). Cf. tb. um ensaio de David Eagle, outro teólogo menonita: "Anthony Bartlett's concept of abyssal compassion and the possibility of a truly nonviolent atonement", *Conrad Grebel Review* 24, n. 1 (inverno de 2006), p. 66. Às vezes, o comprometimento menonita com a não violência conduz a uma tendência de enxergar violência onde não existe.

algumas outras críticas ao tema, algumas mais reveladoras do que outras. Nenhuma dessas objeções teria sido forte sem o foco único na "substituição penal forense", a qual prevaleceu no escolasticismo protestante. Elas são listadas mais ou menos em ordem ascendente de importância.

O modelo é "rudimentar"

Uma palavra normalmente usada para designar a substituição penal é "rudimentar".[56] O termo vem do latim, *crudus*, cujo significado é "cru". Tem diversos significados em nosso idioma: primitivo, sem acabamento, não refinado, imaturo, carente de graça e sabor. Seria esse um julgamento estético, ou mesmo uma distinção sutil de classe? Às vezes, parece que sim. O uso generalizado da palavra "rudimentar" no contexto da doutrina da expiação sugere aversão não apenas ao conteúdo, mas também a um *estilo* de proclamar a cruz associado a um apelo a grupos de pessoas mais crédulas e menos educadas, encontradas nas igrejas do interior. É tentador concluirmos (especialmente no caso dos anglicanos)[57] que os críticos opõem objeção tanto à forma quanto ao conteúdo.[58] Quer seja um julgamento justo, quer não, defendemos extensivamente no capítulo 2 que nada na história religiosa pode aproximar-se da *crucificação*, por sua *grosseria e crueza*.

Entretanto, certamente há amplas evidências, a partir das pregações populares dos séculos 19 e 20, de que a substituição, quando fortemente identificada com um sistema de "mérito" e de transferência do mérito de Cristo para nós, pode transformar-se em uma "ideia crua e transacional de expiação".[59] Não é incomum, mesmo hoje, escutarmos apresentações da expiação que são surpreendentemente literais, como se Deus tivesse uma balança em sua mão ou fizesse duas colunas de listas, pesando nossos méritos contra nossos deméritos,

---

[56]Bryan Green, celebrado evangelista anglicano (1901-93), chegou a fazer a seguinte declaração: "Teorias cruas de expiação não me atraem". Ele estava conscientemente se diferenciando dos evangélicos da Igreja Anglicana, que, até recentemente, faziam de um ensino particular de "expiação substitutiva" um teste crucial de "ortodoxia" teológica.

[57]Os anglicanos costumam ser satirizados por sua ênfase no bom gosto. Se alguém está à procura de outra pessoa para satirizá-la por esse motivo, confesso que estou perto de encabeçar a fila.

[58]A crítica mais conhecida por duas gerações de seminaristas episcopais foi a de John Macquarrie, cujo livro *Principles of Christian theology* [Princípios de teologia cristã] era regularmente recomendado para pesquisas. Devemos destacar suas objeções: "Esta perspectiva da expiação [...] mesmo que pudesse reivindicar o apoio da Bíblia ou da história da teologia, teria de ser rejeitada por causa da afronta que apresenta à razão e à consciência". Observe que Macquarrie (em cuja aula tínhamos de ler Hegel) faz da razão e da consciência, não das Escrituras ou da tradição, sua norma e, nesse sentido, fala de uma perspectiva muito diferente da adotada neste livro.

[59]C. F. D. Moule, "The energy of God: rethinking New Testament atonement doctrines" (Sprigg Lectures, Virginia Theological Seminary, Alexandria, Virginia, 1-2 de março de 1983, fita de áudio).

com maus resultados para nós.⁶⁰ Tratamentos reducionistas desse tipo deram ao conceito de satisfação ensejo para que fosse difamado; e, visto que a satisfação foi atrelada à substituição, ambos os temas sofreram. Hoje, a reação contra essas versões da *theologia crucis* é tão difundida que continua a provocar rejeição, mesmo nos contextos evangélicos de base, como nos cultos de avivamento.

O modelo está em má companhia

Ao longo dos anos, muitos adeptos da substituição penal parecem apreciar a ideia do sofrimento dos não redimidos. É possível argumentar que existe certo "temperamento calvinista", excessivamente focado no aspecto "penal".⁶¹ Trata-se de uma crítica válida e que deve ser levada a sério, embora, obviamente, nem sempre proceda.

O modelo é culturalmente condicionado

Esse argumento comum é típico do nosso tempo, visto que correntes intelectuais nos ensinaram que os textos refletem conflitos de poder e devem ser lidos em seu contexto social e cultural. Assim, alega-se que Anselmo está obsoleto por causa de sua configuração no feudalismo, e a substituição penal não pode ser viável hoje, por basear-se em conceitos de justiça do século 19. Sem dúvida, há algum mérito em tentarmos compreender o contexto sociocultural, mas até que ponto devemos permitir que ele guie nossa avaliação de um texto ou de uma doutrina teológica? É possível exagerarmos a influência do contexto cultural. A *Ilíada* ainda fala a soldados no campo de batalha; *Madame Bovary* tem seus homólogos entre as "Desperate Housewives" de hoje; Marcel Proust compreende Freud sem o auxílio de Freud [...] e assim por diante. Além do mais, julgamentos negativos sobre o condicionamento cultural normalmente se originam de uma "tolerância" culturalmente indiscriminada, sem referência ao

---

⁶⁰O uso do termo "mérito" nem sempre é enganoso. Existem, por exemplo, diversas maneiras distintas de entender as palavras eucarísticas de Thomas Cranmer (*Livro de oração comum* [1928], p. 81), segundo as quais o adorador pede a Deus para que nos receba na Ceia do Senhor "não pesando os nossos méritos, mas perdoando nossas ofensas". Esse extenso segmento de frase foi eliminado na revisão de 1979, sem dúvida porque os revisores não queriam falar de "méritos", com sua sugestão da descreditada abordagem de pesos e medidas à expiação. Entretanto, aqueles que lamentam a ausência dessas palavras entendem-nas como o fundamento da esperança humana — não em um sentido literal, transacional, mas na confiança de que a justiça de Cristo se tornou nossa única justiça segura. Paulo declara isso sem nenhuma ambiguidade em Romanos 5:19 e 10:3-4.

⁶¹Os cameronianos ou *covenanters* [pactuantes] da Escócia do século 17 seriam um exemplo de calvinismo em seu aspecto mais feroz (ainda que tenhamos muito a admirar de seu conhecimento profundo e de seu amor pela Escritura). Os romances de Walter Scott sobre os cameronianos, *The heart of Midlothian* e *Old mortality*, fornecem-nos um retrato vívido.

que de fato está acontecendo. Aprendemos que o multiculturalismo traz consigo seus problemas, e nem todos os costumes culturais são iguais.[62]

Um argumento constante contra o tema da expiação e da substituição é que as pessoas em outras culturas ao redor do mundo não se enxergam nas categorias que temos discutido: culpa, incapacidade, escravidão, vergonha, falha, derrota.[63] Todavia, quanto mais escutamos isso, mais essas categorias parecem surgir. Eis um exemplo originado da cultura HQ americana e difundido ao redor do mundo.[64]

Em uma crítica ao aclamado filme *O espetacular homem-aranha* (2002), Geoffrey O'Brien, editor-chefe da Library of America, retorna aos quadrinhos originais de 1962:

> No episódio original, o ponto crucial da trama é a explosão inicial de arrogância incomum de Peter Parker ao receber seus poderes de aranha [...] até a morte de seu amado tio Ben. *A noção de um lapso moral* (sua arrogância momentânea), *que jamais poderia ser realmente expiado*, dava ao gibi seu ar de insatisfação perpétua: ser o Homem-Aranha era uma lembrança perpétua ao herói de suas deficiências, *uma espécie de penitência*. Sempre havia a possibilidade de que ele voltasse a falhar e, por isso, o herói estava *condenado a um monitoramento vigilante de suas reações e impulsos*. Em tal situação, um sentimento absoluto de triunfo seria, por definição, impossível. À sua maneira desastrosa, *O espetacular homem-aranha* reconhece o *senso trágico da vida*.[65]

Esse parágrafo memorável de um jornal secular incorpora boa parte do que estamos dizendo desde o início. Além do mais, espelha, de forma quase misteriosa, a luta de Martinho Lutero para monitorar seu comportamento e sua consequente descoberta de que um "senso de triunfo irrestrito" é, "por definição, impossível", podendo apenas ser experimentado por meio da vitória de Cristo. É certamente verdade que, sob a influência de Lutero, "a consciência introspectiva do Ocidente" foi artificialmente sobreposta à narrativa bíblica com uma

---

[62] Os casos mais óbvios em questão são os costumes de mutilação genital feminina e dos "crimes de honra" cometidos contra as mulheres.

[63] A ideia é, até certo ponto, bem apresentada em Green e Baker, *Recovering the scandal of the cross*.

[64] No aclamado filme *Syriana: a indústria do petróleo* (2005), jovens paquistaneses trabalhando nos campos petrolíferos do Oriente Médio conversam sobre o *Homem-Aranha* quando não estão estudando o Alcorão.

[65] Geoffrey O'Brien, "Popcorn Park", *New York Review of Books*, 13 de junho de 2002, grifo na citação. O'Brien pensa que o filme aborda esses temas de uma forma muito pesada, mas não restam dúvidas de sua convicção de que os temas permanecem totalmente contemporâneos.

correspondente ênfase exagerada na situação de pecadores individuais.[66] Em sua referência ao "senso trágico da vida", porém, O'Brien deseja atribuir a culpa de um único indivíduo ao seu contexto, ou seja, ao contexto da falha humana universal. Em grandes romances de importância universal, como, por exemplo, nos escritos de Joseph Conrad, a mesma dinâmica é revelada. Marlow, narrador de Conrad, conta histórias mostrando que a culpa e a vergonha de um único homem (*Lord Jim*) pertencem a todos nós, e que a culpa do Império Britânico (*Coração das trevas*) é arrastada para uma saga maior, não apenas da alma individual, mas também da armadilha cósmica do "riacho infernal, das trevas".

Se essa é uma característica "ocidental", explore-a ao máximo.

O modelo enxerga a morte desvinculada da ressurreição

Nenhum relato da substituição deve ser dado sem a "esperança segura e firme" da ressurreição.[67] Os benefícios atrelados à substituição de Cristo por nós, colocando-se em nosso lugar, não podem ser apreciados, quanto mais pregados, sem a vitória de Cristo sobre os Poderes do Pecado e da Morte. Essa é uma ligação indispensável entre o tema *Christus victor* e o tema da substituição. Ao trocar de lugar conosco, Jesus nos traz da morte para a vida, do pecado para a justiça. A ressurreição são as "primícias" da era vindoura, o sinal em *meio à história* dos propósitos *trans*-históricos de Deus. Apenas por esse poder é que somos capazes de confessar a fé do Cristo crucificado em nosso favor e em nosso lugar.

Devemos afirmar, portanto, sem nenhuma ambivalência ou ambiguidade: temos fé na ressurreição. Um dos defeitos do filme mundialmente famoso *A Paixão de Cristo*, de Mel Gibson, é seu foco exclusivo nos detalhes do sofrimento e da morte de Jesus. A ressurreição de Cristo aparece de forma tão passageira e obscura que nem sequer precisava figurar no filme. Nunca é demais enfatizarmos: se Cristo não ressuscitasse dentre os mortos, jamais ouviríamos falar dele. Dezenas de milhares foram crucificados na era romana; de todos eles, o nome de Jesus de Nazaré é o único que conhecemos. Embora relegado ao esquecimento da crucificação por Roma, poucas semanas após sua morte, o nome de Jesus foi proclamado como o nome acima todos os nomes (Atos 4:12). "Se Cristo não ressuscitou, a fé que vocês têm é inútil, e vocês ainda permanecem nos seus pecados" (1Coríntios 15:17).

---

[66]A referência é a um ensaio famoso de Krister Stendahl, "The apostle Paul and the introspective conscience of the Wwest".

[67]"Esperança segura e firme": Cerimônia fúnebre, Enterro dos Mortos, *Livro de oração comum* (1979), p. 485, 501.

Entretanto, na interpretação da cruz e da ressurreição para a igreja, é importante entendermos que a ressurreição dos mortos não *cancelou* a crucificação; ela *vindicou* a crucificação. A ressurreição levou os primeiros discípulos a compreender o que a morte de Jesus havia conquistado, e a pregação de Paulo sobre a cruz tem fundamento nessa conexão nova e reveladora.[68]

O modelo é incoerente: uma pessoa inocente não pode assumir a culpa de outra

Essa é uma objeção racionalista; ou, dito de outra forma, é uma objeção estreita e literal. Cristo não assume nossa culpa de nenhuma maneira que possa ser apresentada em termos humanos comuns; não é lógico nesse sentido, e as analogias estão fadadas à inadequação. Como grande parte das Escrituras, a ideia em Isaías 53 de que "o SENHOR fez cair sobre ele a iniquidade de todos nós" é uma verdade *poética*, a ser recebida pela fé; não se trata de uma declaração que podemos explicar racionalmente.[69] Quando Paulo escreve que "[Deus] tornou pecado aquele [Jesus] que não conheceu o pecado", não podemos apreender tal declaração como se fosse uma proposição filosófica. Ela nos fala de uma realidade, mas de outra maneira e de uma perspectiva diferente. Deus, em três Pessoas, está agindo aqui; também essa é uma concepção que vai além das categorias da religião humana.

O modelo glorifica o sofrimento e encoraja o comportamento masoquista

Nas décadas de 1980 e 1990, algumas teólogas feministas levantaram essas objeções de inúmeras formas.[70] Sua defesa era que a narrativa da substituição glorifica o sofrimento passivo, causando danos incalculáveis às mulheres no decorrer dos séculos.[71] As autoras se referem a modelos da cruz fundamentados na subs-

---

[68]Vemos aqui, mais uma vez, a importância central de Paulo, cuja "palavra da cruz" nos dá o que poderia ser esquecido se tivéssemos apenas a pregação contida no livro de Atos.

[69]Em *O Messias*, Handel contextualiza esse versículo de forma eloquente, criando um clima confessional no qual a declaração misteriosa atinge o coração do ouvinte — não com coerência lógica, mas com sua verdade essencialmente querigmática.

[70]Cf. espec. a coletânea de ensaios em Joanna Carlson Brown; Carole R. Bohn, orgs., *Christianity, patriarchy, and abuse: a feminist critique* (New York: Pilgrim Press, 1989).

[71]De uma perspectiva feminista, Kathleen Ray escreve: "O modelo implícito de relacionamento baseado no poder unilateral de um sobre o outro não apenas espelha situações de violência sistêmica e de abuso pessoal, mas também lhes oferece uma sanção divina" (*Deceiving the Devil: atonement, abuse, and ransom* [Cleveland: Pilgrim Press, 1998], p. 35). A autora não é totalmente contrária a alguma forma de expiação. Seu foco em "relações políticas injustas" é um tema que torna a interpretação apocalíptica atraente

tituição como "abuso infantil divino", expressão que ganhou muita aceitação. Se a atenção devotada a essa crítica serve de qualquer critério, então foi muito bem-sucedida; alguns intérpretes recentes sentiram-se obrigados a responder. Entretanto, parece que essa objeção particular já está em declínio, tamanha a reação contrária que provocou — mesmo as reações de outras teólogas. Seu grande sucesso, portanto, constitui-se em um corretivo.

Não é a doutrina "anselmiana", ou mesmo a substituição penal, que subjaz ao sofrimento da mulher nas mãos de uma sociedade patriarcal. Outras passagens bíblicas estão por trás da ideia de que o destino da mulher é suportar injustiças sem reclamar. Por exemplo: a maldição que recai sobre Eva antes de ser expulsa do Éden, ou as "regras do lar" de algumas passagens (Efésios 5:21-33; Colossenses 3:18—4:1; 1Pedro 3:1-7), ou a conhecida passagem de 1Pedro, que urge obediência ao exemplo de Cristo ("Cristo também sofreu por vocês, deixando-vos o exemplo para seguirem em seus passos" [2:21]).[72] Inúmeras passagens dessa natureza certamente estão mais atreladas à subjugação e ao sofrimento de mulheres, escravos e crianças do que qualquer teoria de expiação.[73]

---

para aqueles que desejam ir além de indivíduos e observar estruturas e sistemas — posição defendida neste livro. Entretanto, ela vê "os problemas da ortodoxia da expiação de hoje" (entendidos de maneira bastante restrita e antipática) como uma "violência teológica" (p. 130). A autora identifica o "modelo patrístico" (*Christus victor*) como aquele ao qual aderir. Há muito do que podemos aproveitar dos argumentos de Ray. O que defendemos nestas páginas, no entanto, é que se trata de um erro grave isolar um modelo e excluir todos os demais. Foi exatamente isso que os devotos da substituição penal fizeram por muito tempo; se o modelo *Christus victor* excluísse os demais, isso seria empobrecedor. Há muita riqueza na combinação de temas. "Encontramos, aqui, uma evidência extraordinária do amor de Deus para conosco: Jesus lutou contra um medo terrível e, em meio a tormentos cruéis, lançou fora sua preocupação consigo mesmo e se entregou por nós" (Calvino, *Institutas* 2.16.5).

[72]De fato, se essa passagem de 1Pedro for examinada em seu contexto, porá em xeque o modelo de Abelardo, o modelo "exemplar", não o da substituição.

[73]O ponto levantado pela teóloga humanista-feminista Delores Williams de que o conceito de Jesus como substituto é ofensivo para as mulheres afro-americanas é mais persuasivo para mim do que qualquer uma das objeções feministas brancas à substituição (*Sisters in the wilderness: the challenge of womanist God-talk* [Maryknoll: Orbis, 1993], p. 162-5). No entanto, pela minha experiência não desprezível com mulheres cristãs negras, esse problema um tanto rarefeito de interpretação não parece incomodar a típica mulher afro-americana que vai à igreja. Ademais, Williams insiste que o agente divino na morte de Jesus foi a maldade humana. Há um sentido importante em que isso é verdadeiro: muitas reclamações sobre a violência no tema da substituição culpam exclusivamente Deus pela crucificação, ignorando o papel humano (e demoníaco). O problema está na outra metade da proposta de Williams: ela quer manter Deus completamente fora da morte de Jesus. Isso significa que Jesus morreu *puramente* como uma vítima, nada realizando com sua morte. (Do lado positivo, a insistência de Williams no valor da *vida* de Jesus preserva a conexão entre encarnação e propiciação, que é omitida em tantos relatos da substituição penal. Sobre a unidade entre encarnação e expiação, cf. T. F. Torrance, *The mediation of Christ*, ed. rev. [Colorado Springs: Helmers and Howard, 1992; orig. 1983], p. 40-1; cf. tb. Christopher Morse, *Not every spirit*, no qual ele fala de modo sistemático da "vida inteira" de Jesus, não de sua morte de forma isolada.)

O tópico do "abuso infantil divino" já foi exaustivamente contestado.[74] O resultado salutar dessa reconsideração é que nunca mais leremos certas declarações encontradas na tradição da mesma forma. Todos nós, em todo o espectro da opinião teológica, fomos bem lembrados de que devemos ser muito mais cuidadosos no futuro, para evitar uma linguagem que parece separar o Pai do Filho.[75]

O modelo é "teórico", escolástico e abstrato demais

Argumenta-se que a linguagem da necessidade lógica (como em Anselmo) parece furtar a graça de seu caráter incondicional. Gustav Aulén se opôs a uma perspectiva de expiação derivada de Anselmo ou a ele relacionada por "dar uma explicação racional demais para a expiação [...]. A satisfação é tratada como uma necessidade racional, o único método possível por meio do qual pode ser efetuada".[76]

A noção de "necessidade" pode ser empregada de diversas maneiras, algumas mais úteis do que outras do ponto de vista teológico.[77] Calvino usa a palavra negativamente para enfatizar a voluntariedade do Filho: "Ele não foi compelido por violência ou *necessidade*, mas induzido puramente por seu amor

---

[74]J. Denny Weaver faz um bom trabalho ao analisar a discussão em *The nonviolent atonement* [A expiação não violenta]. Sua proposta de uma "narrativa *Christus victor*" está em linha com boa parte do que defendo neste livro. De modo algum, porém, concordo com sua rejeição do projeto de Anselmo (que ele chama de "expiação satisfatória"). Uma objeção ainda mais séria é que o seu deslocamento de Deus como agente nos move completamente para fora da cosmovisão bíblica.

[75]Por exemplo: um segmento de frase de Herman N. Ridderbos, que fala do "juízo divino executado *sobre* ele [Jesus]", seria mais bem redigida como "*através* dele". É quase certo que Ridderbos não tinha a intenção de estabelecer uma divisão entre Pai e Filho, mas a preposição "sobre" pode ser interpretada de uma forma que ele não previu ("The earliest confession of the atonement in Paul", in: Robert Banks, org., *Reconciliation and hope: New Testament essays on atonement and eschatology* [Grand Rapids: Eerdmans, 1974]).

[76]Gustav Aulén, *Christus victor: an historical study of the three main types of the idea of the atonement* [New York: Macmillan, 1969]; orig. 1931), prefácio à edição em brochura; cf. tb. p. 128. A acusação de mecanização ou abstração está particularmente associada a Vincent Taylor, cujo pensamento era que a substituição representava uma transferência automática, independentemente da união de fé entre o cristão e Cristo, resultando em uma nova vida. (Como isso seria verdadeiro para o modelo de substituição penal, e não para o modelo *Christus victor*, não está claro, uma vez que esse último modelo pode ser interpretado como tendo acontecido, por assim dizer, de modo independente do cristão.) Jaroslav Pelikan, por sua vez, combina a acusação de abstração com a de crueza; falando da abordagem dos séculos 19 e 20, Pelikan a chama de "a mecanização da redenção por uma ortodoxia vulgarizada" (introdução à edição em brochura de *Christus victor*).

[77]Karl Barth é um excelente guia nesse terreno inóspito, mostrando-nos como o conceito de "necessidade" pode ser empregado de duas maneiras. De forma repetida, Barth afirma que Deus não age por necessidade: "Não podemos estabelecer, em tese, que [a encarnação] deveria acontecer, que Deus tinha de [vir em nosso auxílio]". Mas, então, Barth, falando como se tentasse ajudar Anselmo a sair de uma dificuldade, escreve que, "se podemos falar de uma necessidade de qualquer tipo aqui, é apenas de uma necessidade derivada de Deus e postulada por Deus" (*CD* IV/1, 213). Em outras palavras, não podemos falar de nenhuma força lógica abstrata atuando "de fora" sobre Deus. Se há alguma necessidade, é a necessidade de Deus ser Deus, ou seja, de ele fiel à sua natureza divina. Esse é um argumento clássico de Barth: a necessidade metafísica não pode em nada estar relacionada a Deus, cuja essência é a liberdade; também não pode ser apreendida por nenhuma construção humana, lógica ou racional.

para conosco e por sua misericórdia".[78] A dificuldade com a "necessidade" no contexto da cruz é a ideia de que Deus está sujeito a uma lógica externa, e não ao seu amor pela criação caída.[79] Quando apresentado de forma *narrativa*, o tema da substituição tem um valor incomparável. No entanto, é verdade que algumas apresentações da substituição penal parecem dever mais à lógica do que à narrativa bíblica, e a intenção aqui é voltar-nos para a direção oposta.[80]

O modelo retrata um Deus vingativo

Um escritor contemporâneo francês, Antoine Vergote, questiona: "Alguém consegue imaginar um fantasma mais obsessivo do que um Deus que exige a tortura de seu filho até a morte como satisfação de sua ira?".[81] Essa é uma acusação de forma extrema; infelizmente, muitas distorções das apresentações dos séculos 19 e 20 do evangelho provocaram esse tipo de crítica. Anteriormente, neste livro, essa versão da expiação foi repudiada, não apenas como uma interpretação literal demais de Anselmo e da ira de Deus, porém, mais especificamente, também como um erro indiscriminado da doutrina da Trindade. Nessa objeção de Vergote e em inúmeras outras semelhantes, não há qualquer sugestão de que Pai e Filho agem em unidade.[82] Todavia, essa caricatura é amplamente oferecida, como se fosse uma crítica responsável, com a intenção de proteger as pessoas sensíveis das atrocidades dos teólogos

---

[78]Calvino, *Institutas* 2.16.12, grifo na citação.

[79]*Cur Deus homo?* [Por que Deus se fez homem?] pode ser facilmente mal interpretado dessa forma, mas ninguém que lê as orações de Anselmo poderia imaginá-lo ter em mente tal erro.

[80]Eis aqui um exemplo do século 19 sobre a substituição penal: "Se Deus deseja curar-nos, tudo o que tem a fazer é dizer: 'Seja curado!'. A benevolência, portanto, não pode ser o único motivo por trás de sua punição. A razão pela qual Deus pune não pode ser meramente corretiva, mas retributiva [...]. Por trás de todas as ações benevolentes de Deus, está seu julgamento fundamental, segundo o qual o pecado deve ser punido porque merece ser punido; afinal, a justiça imparcial requer a devida penalidade, assim como exige a recompensa pela virtude" (Robert L. Dabney, *Christ our penal substitute* [Richmond, Va.: Presbyterian Committee of Publication, 1898], p. 43-6). Lendo-o hoje, percebe-se, de pronto, sua forma excessivamente racionalista, caracterizada por palavras e segmentos de frase como "não pode ser" e "deve ser", "exige" e "requer". Anselmo, com toda a sua escolástica, nunca soa assim. Também suspeitamos de que o relato de Dabney talvez seja motivado por preocupações que não se encontram primordialmente na narrativa bíblica, em especial seu gosto pela noção de punição (Emily Dickinson estava certa ao reclamar de pregadores que pareciam gostar do assunto da perdição eterna).

[81]Cit. Anthony W. Bartlett, *Cross purposes: the violent grammar of Christian atonement* (Harrisburg, Pa.: Trinity, 2001), p. 4, n. 4.

[82]Particularmente observável na construção da substituição como ação de um Pai sádico é a ausência de qualquer percepção de que a morte torturante do Filho unigênito esteja relacionada com a queda de Adão. Nessas críticas, não há qualquer sugestão de que as *próprias torturas* podem desempenhar um papel aqui, ainda que as pessoas "não saibam o que fazem" (Lucas 23:34). Qualquer um que busque caricaturar a crucificação como a ação odiosa de um pai vingativo não compreende o que está acontecendo, a saber, a justificação do *ímpio* (Romanos 4:5; 5:6-9). Nessas críticas, há sempre a sugestão de que o crítico não se inclui entre os perpetradores. Isso será examinado mais adiante, no capítulo conclusivo.

escolásticos. Teólogos e pregadores cristãos têm muito a explicar a esse respeito, visto que os perigos do modelo da "substituição penal" foram ignorados por muito tempo.

O modelo é essencialmente violento

Essa é uma objeção particularmente interessante. Em anos recentes, muitas reclamações sobre o modelo da substituição enfatizaram a "violência".[83] Nem sempre é clara a razão pela qual a cruz é interpretada precisamente dessa maneira. Obviamente, uma pessoa crucificada sofreu violência, mas a violência não constitui a única coisa por ela sofrida; tampouco a violência é o aspecto da morte de Cristo mais figurado no Novo Testamento. Na verdade, o Novo Testamento dispensa pouca atenção aos aspectos físicos da crucificação. Em vez disso, seu foco está na vergonha (Hebreus 12:2), no desprezo e na zombaria (Lucas 23:11), no escândalo e na tolice (1Coríntios 1 e 2), na inocência de Jesus (Lucas 23:13-25, 39), em seu clamor de abandono por Deus (Mateus 27:46; Marcos 15:34; 2Coríntios 5:21) — em tudo isso, menos nos detalhes físicos.

Em interpretações recentes, teólogos menonitas, discípulos de René Girard, feministas e outros se concentraram na "gramática não violenta da expiação".[84] Tal crítica assume duas formas:

1. O tema da substituição fornece a lógica, até mesmo o encorajamento, para que o cristão cometa violência.
2. O tema da substituição e da satisfação, especialmente como exposto por Anselmo e elaborado posteriormente em modelos de substituição penal, introduz um elemento de violência ao ser de Deus.

A primeira objeção é a mais fácil de refutar. Não faz sentido destacar o tema da substituição como se ele fosse exclusivamente responsável por incitar violência. Sem dúvida, o tema *Christus victor* fornece tanto combustível para a agressão — se não ainda mais — quanto o tema da substituição, dada a natureza humana, sempre pronta a explodir em violência; o conceito de Cristo como um

---

[83]Livros influenciados por essas correntes ou que abordam essas questões têm títulos ou subtítulos como *The violent grammar of Christian atonement* [A gramática violenta da expiação cristã] (Bartlett), *The nonviolent atonement* [Expiação não violenta] (Weaver), *Violence, hospitality, and the cross* [Violência, hospitalidade e a cruz] (Boersma), mas, segundo apontado por Joseph Mangina, no trabalho de todos esses autores "a temática da 'violência' tende a obstruir todo o resto" (Mangina, resenha de *Violence, hospitality, and the cross*, por Hans Boersma, *Scottish Journal of Theology* 61, n. 4 [2008]: 494-502).

[84]Bartlett, *Cross purposes: the violent grammar of Christian atonement.*

herói conquistador se presta muito facilmente a uma mentalidade de cruzado.[85] O lema de Constantino, *in hoc signo vinces*, teve uma história sangrenta.[86] Quando os cristãos empunham a cruz como arma ou sinal de conquista, não se trata de uma "teoria da expiação" que eles carregam consigo em batalhas violentas.[87] Apoio às suas ações seria mais provavelmente encontrado em passagens como a história das conquistas de Josué, nas façanhas de Davi ou na narrativa de Gideão e os midianitas.[88] A cruz de Constantino *per se* não tem qualquer conteúdo teológico. Nesse aspecto, em nada difere do martelo e da foice ou de

---

[85] Hans Boersma faz as mesmas observações sobre *Christus victor* e a dispensação constantiniana (Boersma, *Violence, hospitality, and the cross: reappropriating the atonement tradition* [Grand Rapids: Baker Academic, 2006], p. 154-8).

[86] Segundo a lenda, o imperador Constantino teve uma visão de uma cruz e do moto *in hoc signo vinces* — "com este sinal vencerás". Constantino adotou-o como seu estandarte militar. Sob Constantino, a perseguição ao cristianismo cessou, e a fé se tornou "estabelecida". A questão de quão genuína foi a conversão de Constantino nunca foi resolvida de forma satisfatória; dificilmente ele entendeu o verdadeiro significado da morte de Cristo, visto que adotou o desenho da cruz como sua bandeira pessoal de batalha. Em nossa era "pós-Constantino", as conquistas da cristandade sob Constantino parecem muito menos gloriosas do que já foram. O popularíssimo hino *Lift high the cross*, com suas palavras "guiados em seu caminho por este sinal triunfante/ com fileiras conquistadoras as hostes de Deus combinam", soa para mim como um hino "constantiniano" ou "cruzado", especialmente na versão utilizada no hinário episcopal (em que alguns dos versos originais são omitidos). Da forma que o hino é cantado atualmente, não há sensação de tensão ou de luta. Outro problema do hino é que a cruz é exaltada como um "sinal triunfante". Isso não está errado. Já vimos, nos capítulos sobre a Páscoa e sobre o tema *Christus victor*, que o triunfo é um aspecto importante da obra de Cristo. No hino, porém, não há sugestão correspondente de preço ou de custo, nem mesmo qualquer sugestão do que significaria "erguer bem alto a cruz", exceto carregando-a em uma procissão triunfal, o que, em geral, é o que acontece quando o hino é cantado.

[87] Em *Cross purposes*, Anthony W. Bartlett argumenta longamente (de uma perspectiva girardiana) que a "violência" inerente à interpretação substitutiva da crucificação produziu uma tendência violenta no cristianismo e forneceu uma justificativa para a guerra santa. Bartlett acredita que a linha de pensamento anselmiana levou diretamente às cruzadas e a um entusiasmo geral pelas causas militares "justas" na cultura cristã. Acho essa perspectiva forçada e tendenciosa. Episódios da história recente servem de contrapeso a essa perspectiva. Grupos propensos à violência se apoderam de *slogans* religiosos em situações que nada correspondem à teoria da expiação. Os terroristas do 11 de Setembro gritaram "Allahu Akbar" (Deus é grande) antes de lançar os aviões contra as Torres Gêmeas. Em 2013, grupos budistas fanáticos, armados de espadas, começaram a atacar bairros de muçulmanos *rohingya* em Mianmar (alguém observou que falar de "budista violento" era um oxímoro). Em 2011, manifestantes cristãos nigerianos escreveram "Jesus é o Senhor" sobre as ruínas de uma mesquita queimada (Adam Nossiter, "Election fuels deadly clashes in Nigeria", *New York Times*, 24 de abril de 2011). Em casos assim, sinais e palavras religiosos não têm conteúdo; foram impensada e fanaticamente apropriados como símbolos culturais com pouca referência ao seu significado mais profundo do que se fossem suásticas.

[88] Em uma seção interessantíssima sobre a "germanização" do cristianismo no início do período medieval (*Cross purposes*, p. 95-139), Bartlett cita um sermão dos cruzados e o *Heliand*, antigo épico saxão do nono século. Essas passagens apoiam de forma impressionante a tese de que o cristianismo foi cooptado pela cultura guerreira germânica, levando à mentalidade dos cruzados (Bartlett cita G. Roland Murphy, *The Ssaxon saviour*, e James C. Russell, *The Germanization of early Medieval Christianity*). Acho seu argumento persuasivo, e há muito que admirar na crítica de Bartlett ao culto do guerreiro cristão, o qual se encontra assustadoramente vivo em nossa época. No entanto, embora o sermão dos cruzados por ele citado busque incitar os cavaleiros com as imagens do Cristo crucificado, essa tática é materialmente diferente do papel desempenhado pelo "martirológio" em outras situações nas quais a morte de um herói é evocada para inflamar paixões marciais. Em toda a discussão de Bartlett, nenhuma conexão consequente é feita com o tema da substituição. Bartlett chega perto de culpar Anselmo pelas Cruzadas, por motivos que considero fatalmente insensíveis ao espírito de Anselmo.

qualquer outra imagem. Significa o grupo e sua missão, seja ela qual for. Sendo a natureza humana o que é, a grosseria e a incongruência da cruz, usada dessa forma, não ocorre aos seus portadores. Quando os ortodoxos sérvios erguiam cruzes durante o conflito na Bósnia para representar suas "vitórias" sobre as comunidades mulçumanas, não pensavam na "violenta gramática da expiação", mas simplesmente — e de forma bárbara — gloriavam-se de sua supremacia.[89] Tais exemplos devem levar qualquer cristão a chorar de vergonha, mas não há qualquer razão para atribuir culpa a outro modelo de expiação.

A segunda objeção sobre a violência na Divindade exige mais atenção e foco. Buscamos repetidamente explicar que qualquer modelo que exija de nós uma divisão entre Pai e Filho viola uma teologia trinitária fundamental de Deus, a qual deve ser renunciada. Igualmente central é a assertiva de que Deus não muda — pelo menos não em decorrência do autossacrifício do Filho.[90] Essa é uma afirmação central. O acontecimento da cruz é o desdobramento *na história* de uma decisão *eterna* em meio ao ser de Deus. Deus não é mudado pelo acontecimento histórico, mas sempre se entregou em amor sacrificial. O ser de Deus também inclui sua oposição ("ira") contra tudo o que se posiciona contra seu amor. A "ira" de Deus — sua "violência", por assim dizer — não deve ser compreendida de forma literal, como se ele escolhesse momentos específicos para liberar sua raiva e outros momentos específicos para retirá--la. O julgamento de Deus contra o Pecado e a Morte — encarnado na vida, morte e ressurreição de Jesus — está em seu devido lugar, em seu ser, desde a eternidade. Deus se opõe a tudo o que não é parte do seu propósito; esse é o significado de "ira".

Parece perverso argumentar que o tema da substituição atribui violência ao ser de Deus. Se o Filho de Deus se submete a uma morte violenta "pelas mãos de pecadores" (Mateus 26:45), como essa violência se encontra no ser de Deus? Não é Deus quem comete a violência. Deus, na pessoa do seu Filho encarnado, se posiciona, de modo intencional e proposital, no lugar da vítima da violência que entrou na criação em decorrência da queda de Adão. Como isso é sinal de violência em Deus? A violência que vemos na crucificação é obra do Inimigo.

---

[89]Roger Cohen, "In a town 'cleansed' of Muslims, Serb church will crown the deed", *New York Times*, 7 de março de 1994.
[90]Anthony Bartlett tenta arduamente demonstrar que a crucificação marca a virada das eras em termos especificamente neotestamentários, porém desfaz seu argumento ao dizer, no final, que "a entrega final de Cristo teve um efeito determinativo na história de Deus" (*Cross purposes*, p. 227-8). J. C. Beker e Ernst Käsemann não se autorreconheceriam na forma que aparecem no livro.

O modelo é moralmente reprovável

Essa crítica depende da convicção de que o tema da substituição exige de nós foco na punição e na retribuição. Na proporção em que interpretações "grosseiras" enfatizam detalhes dos sofrimentos de Cristo como se fossem especificamente infligidos pelo Pai (como parte de uma transação), tal crítica é justa.[91] Entretanto, há mais de uma maneira de interpretarmos o tema. À medida que avançarmos, dois pontos aparentemente contraditórios serão defendidos:

1. Olharemos para o conceito de *impunidade* a fim de mostrar como a ideia de penalidade não pode ser totalmente excluída em uma ordem moral.
2. Veremos o relato feito por Karl Barth sobre a substituição, relato que, embora não exclua a penalidade, opera em outro marco referencial, no qual a punição e a retribuição se tornam irrelevantes.

O modelo não desenvolve o caráter cristão

Esse ponto de vista é proposto por vários críticos contemporâneos do tema da substituição. J. Denny Weaver, por exemplo, defende que, enquanto o tema *Christus victor* leva os cristãos a resistirem ao mal social, modelos supostamente derivados de Anselmo (de acordo com essa perspectiva) encorajam a passividade.[92] Se essa noção fosse aplicada exclusivamente à chamada Direita Cristã dos Estados Unidos, poderíamos ser tentados a concordar; no entanto, não podemos sustentá-la quando teólogos e acadêmicos bíblicos de outros países são incluídos. Há um forte impulso em direção à resistência e à justiça social em muitos círculos reformados nos quais a substituição é um tema proeminente.[93]

---

[91] Um exemplo pode ser visto no ótimo filme *O apóstolo*, de Robert Duvall, em que o pregador Pentecostal levanta a mão de uma criança para dramatizar o Pai perfurando a mão do Filho com pregos.

[92] Cf. tb. Green e Baker, que escrevem: "Essa forma particular de retratar o significado da morte de Jesus teve pouca voz na forma de nos relacionarmos uns com os outros dentro e fora da igreja, ou então em questões mais amplas, de âmbito ético-social" (*Recovering the scandal*, p. 31). Seria possível mostrar, porém, que o modelo *Christus victor* (ou qualquer outro modelo) é mais eficaz a esse respeito? Por que não desejaríamos seguir o padrão de sacrifício do pecado estabelecido para nós pelo Filho de Deus? Isso não nos levaria a pensar em carregar os fardos de outras pessoas, em seu lugar, se necessário? Não estou convencida nem um pouco desse argumento.

[93] A tradição reformada, derivada de Calvino, produziu muitos cristãos corajosos e autossacrificiais. Por exemplo: diversos membros da devota família ten Boom (uma família calvinista da cidade do Haarlem, na Holanda), perderam a vida em campos nazistas por esconderem os judeus (*O refúgio secreto*, escrito por Corrie ten Boom, conta a história). Protestantes franceses de Cevenas esconderam muitos judeus durante a Segunda Guerra Mundial (*Lest innocent blood be shed*, por Philip Hallie). Karl Barth, comprometido com o tema da substituição, foi autor da Declaração Teológica de Barmen contra Hitler. O calvinismo holandês se prestou ao *apartheid* na África do Sul, mas — e esse é o ponto — também continha em si mesmo os recursos para resistir ao *apartheid*, declarando-o uma heresia teológica na incrível Declaração de Belhar, em 1986 (que deveria ser

Até mesmo em igrejas conservadoras, a paixão de muitos evangélicos em resistir ao mal é notável, ainda que, sem dúvida, os males aos quais eles resistem não sejam os males que seus críticos têm em mente![94]

É tentador vermos essa crítica particular como interesseira, em um sentido sutil. O argumento modela uma versão de "meu segmento da igreja agiu melhor e de maneira mais justa do que o seu". Tal atitude, por si só, mina a radicalidade da cruz, na qual todas essas distinções se tornam sem sentido (Romanos 3:23) e a linha entre o bem e o mal parece correr por cada indivíduo. Seria possível mostrar que abandonar o tema da substituição resulta em mais resistência e em maiores gestos caridosos? Se alguém acredita que a própria essência de Deus é demonstrada na morte do seu Filho em favor de nós *e em nosso lugar*, então a consequência lógica dessa fé seria um estilo de vida em torno de outros, mesmo assumindo seu lugar, se necessário. Como o tema da substituição *não* ensina algo assim?[95]

O modelo é individualista demais

Essa é uma das críticas mais relevantes a como o tema da substituição tem sido utilizado na igreja, e deve ser incorporada a qualquer exposição revista do tema. Em Cristo, Deus chamou e está chamando para si *um povo*, não indivíduos separados, um a um. O *telos* (objetivo, finalidade) do propósito de Deus na encarnação, vida, morte, ressurreição e ascensão de Jesus Cristo foi a libertação do seu povo (como na Páscoa e no Êxodo), mas seu desígnio não acabou por aí. A libertação tinha um propósito: a criação de um povo santo, um sacerdócio real (Êxodo 19:6; 1Pedro 2:9). Jesus é aquele "que nos ama, e, pelo seu sangue, nos libertou dos nossos pecados, e nos constituiu reino, sacerdotes para o seu Deus e Pai" (Apocalipse 1:5,6). Os cristãos que sabem que foram libertados em Cristo também entenderão que não são indivíduos isolados, mas parte de

---

mais conhecida). O etnicista reformado Paul L. Lehman (*Ethics in a Christian context*), para quem o engajamento sociopolítico era um tema dominante, era um crente declarado no tema da substituição. O teólogo reformado George Hunsinger, defensor da substituição/troca, foi fundador e líder do Comitê Religioso Nacional contra a Tortura (NRCAT, sigla em inglês). Poderíamos continuar com a lista.

[94] Estou pensando em casos como tráfico humano, fome, Ebola, refugiados e cristãos perseguidos ao redor do mundo.

[95] Ephraim Radner, em seu comentário teológico de Levítico, escreve: "A substituição como teoria da expiação tenta descrever o mecanismo pelo qual Cristo nos redime, porém não explica, muito menos estabelece, o fato do nosso destino concreto em Cristo" [*Leviticus*, Brazos Theological Commentary on the Bible [Grand Rapids: Brazos, 2008], p. 171, n. 10]. Por que não? Se o Filho de Deus faz uma troca conosco (uma forma de substituição), acaso isso não remete à nossa incorporação em Cristo pelo poder da ressurreição dos mortos (Romanos 6:1-4)? E por que não desejaríamos imitar o Senhor a partir de nossa simples gratidão?

uma "nuvem de testemunhas" (Hebreus 12:1). A nova comunidade, chamada à existência pelo Espírito, compreende que vive *coletivamente* no mundo como imagem do amor encarnado de Cristo pelo mundo.

A maneira que o tema da substituição foi utilizado para se concentrar na salvação de indivíduos isoladamente, com a resultante negligência da comunidade cristã e de sua vocação, foi um grande erro. Em nossa época, há um grande movimento de ambas as extremidades do espectro eclesiológico para corrigir esse erro. Entretanto, o tema da substituição não pode levar a culpa exclusiva pela ênfase exagerada no indivíduo. Nos séculos 18 e 19, houve mudanças gigantescas no pensamento e na cultura ocidentais que facilitaram o deslocamento da ideia de comunidade do centro da periferia da proclamação cristã, suplantada por um foco na suposta autonomia do indivíduo. Isso foi amplamente observado em inúmeros estudos sociológicos. A história e a cultura americana, em particular, fomentam o individualismo de um modo difícil de desatrelar da maneira que os cristãos americanos interpretam sua redenção.

O modelo é orientado à ênfase na punição

Essa crítica surge de um tema em nossa cultura atual que rejeita a noção de um Deus punitivo. A ideia toda de punição evoca a imagem de um pai colérico do século 19, arregaçando as mangas e estendendo a mão para pegar uma vara. O arquétipo do pai zangado está, de modo permanente e assustador, alojado na psique humana e não pode ser desalojado nesta vida. De fato, feliz é aquele cuja criação familiar teve um pai emocionalmente presente a cada um de seus filhos, de modo tal que seu castigo era recebido como uma faceta — apenas uma faceta — de seu amor (como em Provérbios 3:11,12 e Hebreus 12:6).

Seria um erro, entretanto, construir um conceito *teológico* de punição apenas de acordo com essa imagem irascível. Temos de olhar, uma vez mais, para o conceito de *impunidade*, o qual discutimos no capítulo 3.[96] Isso nos ajudará a compreender a necessidade de reter a punição, ou a penalidade, em nossa constelação de ideias sobre Deus e a cruz de Cristo. "Impunidade" (do latim *impunis*) significa isenção de punição.

Uma palavra mais comumente usada para designar a condição de impunidade é "ilicitude". O "Oeste Selvagem" americano foi popularmente chamado

---

[96] No testemunho fascinante da irmã Dianna Ortiz, que sofreu torturas terríveis na Guatemala, ela destacou a importância do conceito de impunidade. Onde há impunidade, como no caso dela, a crueldade só pode florescer. O SPE (Standford Prison Experiment), conduzido por Philip G. Zimbardo em uma atmosfera de impunidade, já foi discutido no capítulo 10.

A CRUCIFICAÇÃO

de "ilícito" e "anárquico"; no entanto, como os filmes ocidentais da era clássica conferem uma estatura mítica à figura heroica que "faz uma limpeza", o conceito de impunidade anárquica não se materializa para nós por esse meio informativo. Para entendermos a impunidade, temos de olhar ao nosso redor no mundo de hoje. Um bom exemplo seria a atmosfera difusa da Amazônia no início do século 21. Atrocidades terríveis são cometidas por grandes interesses monetários, sem consequências para os perpetradores: homens castrados, freiras assassinadas, trabalhadores "desaparecidos". Um organizador da comunidade local, em desespero, testemunhou o que chama de "cultura de impunidade".[97] Em 2011, um depoimento sobre a brigada Stryker do Exército dos Estados Unidos durante a guerra do Afeganistão retratou uma cultura dentro da unidade, envolvendo não apenas os homens alistados, mas também a estrutura de comando, resultando na matança de civis a sangue frio, por pura diversão.[98] De fato, nos últimos anos, tem-se a impressão de que a palavra "impunidade" aparece no noticiário com mais frequência do que antes. Conflitos e hostilidades em todo o globo — do Congo ao Turcomenistão e à conquista do Tibete pelos chineses — obrigam-nos a pensar com mais intencionalidade sobre esse fator.

A ideia de punição não pode ser inteiramente eliminada; de fato, nem mesmo deve ser.[99] Isso está por trás de passagens importantes do Novo Testamento, tais como "[Deus] tornou pecado aquele que não conheceu o pecado" (2Coríntios 5:21); "ele mesmo carregou os nossos pecados em seu corpo no madeiro" (1Pedro 2:24); "Cristo se tornou maldição por nós" (Gálatas 3:13); e "Meu Deus! Meu Deus! Por que me abandonaste?" (Mateus 27:46 e Marcos 15:34) — sem mencionar a passagem "o castigo que nos cura estava sobre ele, e por suas feridas fomos sarados" (Isaías 53:5). Talvez a melhor forma de construirmos a ideia de punição em nosso tempo seja da perspectiva da exclusão e da rejeição. Se Deus excluirá a violência e a injustiça de seu reino vindouro, algo deve ser feito sobre a violência, a injustiça e qualquer outra forma de inimizade que busca subverter os propósitos de Deus. Essas coisas são manifestações do

---

[97] Julie McCarthy, "Reporter's notebook: violence in the Amazon", entrevista NPR com o bispo Dom Earwin, 7 de junho de 2008.

[98] William Yardley, "Soldier is given 24 years in civilian Afghan deaths", *New York Times*, 24 de março de 2011.

[99] Qualquer cultura que *exclua a punição*, se é que tal cultura é possível de existir, produzirá inúmeras vítimas sem nenhuma reparação. Stanley Hauerwas, que nunca se esquiva de controvérsias, defendeu que a punição desempenha um papel importante na própria igreja (*Performing the faith: Bonhoeffer and the practice of nonviolence* [Grand Rapids: Brazos, 2004], p. 189-200). O desafio de discutirmos o castigo no contexto da cruz é inseri-lo no anúncio de que uma nova realidade invadiu o mundo da impunidade e o corrigiu — de modo proléptico, claro, mas de forma definitiva. Deus fez isso ao abolir o reinado dos Poderes (Romanos 6:9-14) e a tirania da Lei (Gálatas 3:19-26).

reinado do Pecado e da Morte, e não podem ser negligenciadas ou ignoradas — embora muitas interpretações da salvação tentem fazê-lo. Mais uma vez, a palavra *dikaiosyne* (mais comumente conhecida como "justificação", porém mais bem traduzida por "retificação") é central, pois abrange *tanto* justiça *como* julgamento. É a ação de Deus de corrigir o que está errado, e isso significa que alguma forma de rejeição final deve acontecer.

Na crucificação e em sua vindicação na ressurreição, vemos como cada Poder que guerreia contra Deus foi e ainda será definitivamente aniquilado. Não precisamos dar um salto imaginativo para compreendermos como isso pode estar atrelado ao clamor de abandono. Nesse sentido, podemos dizer que Jesus Cristo absorve em si mesmo a sentença divina contra o Pecado e a Morte. Ao explicar que "[Deus] tornou pecado aquele [Jesus] que não conheceu o pecado", Paulo pode ser entendido como dizendo que, no corpo atormentado e crucificado do Filho, o universo inteiro do Pecado e cada forma de maldade foram concentrados e julgados — não apenas *perdoados*, mas *julgados e separados* de Deus e de sua criação de modo definitivo, final e permanente.[100]

Uma última objeção: o imaginário forense exclui a perspectiva apocalíptica do Novo Testamento

Muitas versões do tema da substituição dependem, para sua força, do imaginário forense.[101] Assim, essa, a mais bíblica das objeções, é feita de uma perspectiva apocalíptica. Esse argumento ainda não afastou a antipatia em relação à substituição nas denominações tradicionais, principalmente porque a recuperação da perspectiva apocalíptica do Novo Testamento ainda não se infiltrou nas igrejas locais.

Nessa importante crítica à substituição, os temas forenses *não* são considerados insuficientes por seu foco na punição, por "incitarem" ao masoquismo ou por encorajarem a violência. Essas preocupações são periféricas à objeção *principal*, que é a seguinte: o cenário forense não é apenas focalizado demais em indivíduos, mas, o que é mais pertinente, não descreve uma batalha cósmica contra um Inimigo ativo. A perspectiva determinante do Novo Testamento em geral e do apóstolo Paulo em particular depende de vislumbrarmos um conflito

---

[100] Christopher Morse escreve sobre como Deus "sujeitou eternamente" o Inimigo, que foi "derrotado e rejeitado definitivamente" por Deus (*Not every spirit: a dogmatics of Christian disbelief* [New York: Trinity, 1994], p. 340).

[101] Cf. capítulo 8: "O grande veredicto".

tripartido envolvendo não apenas Deus e sua criação rebelde, mas também os Poderes de ocupação ativamente hostis.[102]

Entretanto, o tema forense — tão comum em tantos círculos evangélicos — e a cosmovisão apocalíptica do Novo Testamento não são mutuamente excludentes; essa ideia é central ao argumento deste livro. Ambos se permitem enriquecer um ao outro. O problema surge quando a imagem forense recebe *precedência* sobre outras imagens, especialmente *Christus victor*, podendo, assim, obscurecê-las. Quando isso acontece, o indivíduo e sua culpa solitária pairam sobre a paisagem conceitual, não deixando espaço para o drama da luta cósmica em que o novo organismo vivo, chamado "corpo de Cristo", une forças com as hostes celestiais invisíveis na fronteira em que o velho *aeon*, condenado e moribundo, depara com a era vindoura de Deus. Se deixarmos que a imagem forense predomine, conforme acontece na maioria dos cenários substitutivos, podemos encontrar-nos atolados em um mundo de "discursos binários" e de "ajuste de contas", levando a muitos dos abusos já citados.[103] Especialmente em nossa época, forjada por forças globais inter-relacionadas, é essencial que não compreendamos a substituição em termos puramente (ou mesmo primordialmente) individualistas.

Resumo das críticas

O modelo de substituição penal, conforme ensinado na suposta ortodoxia protestante, demanda uma revisão completa. No entanto, *repensar* o tema da substituição não significa *eliminá*-lo.

A razão essencial e subjacente para a presente hostilidade em relação ao tema da substituição talvez não se encontre na maioria das críticas descritas. Se as críticas fossem amigáveis, seriam acompanhadas por propostas de reelaboração da substituição. Em vez disso, as críticas têm, em geral, sido acompanhadas — embora nem sempre — por uma rejeição total ao tema. É difícil evitarmos a seguinte conclusão: boa parte da oposição ao tema da substituição está enraizada em uma aversão ao seu reconhecimento fundamental do reino do Pecado e do juízo de Deus contra esse reino.

Agora, portanto, voltamo-nos para a melhor reelaboração moderna do tema da substituição, o qual permanece insuperável: a reelaboração feita por Karl Barth.

---

[102] A ideia também foi discutida anteriormente na seção sobre o apocalíptico forense *versus* o apocalíptico cosmológico (cap. 8).

[103] Martinus C. de Boer, especialmente em seu recente comentário sobre Gálatas, distingue-se de Martyn em relação ao tema forense. Martyn se desvia dele, mas de Boer deseja incluí-lo na questão, desde que o cenário apocalíptico continue em primeiro plano.

3. Karl Barth e "o Juiz julgado em nosso lugar"

A deficiência mais séria no debate atual sobre o tema da substituição e o conceito de expiação em geral é a falta de engajamento com Karl Barth acerca do assunto. O cristianismo americano nunca teve um período "barthiano". Em muitos seminários que preparam ministros, especialmente (mas não exclusivamente) os "evangélicos", os alunos não são desafiados a se engajar com essa figura imponente. É impressionante o fato de tantos livros sobre o tema da crucificação nem sequer mencionarem Barth e, quando isso acontece, é apenas de passagem. Nenhuma crítica duradoura da substituição pode ser sustentada sem que se chegue a um acordo sobre sua apresentação, e é estranho que tantos intérpretes tenham falhado em fazê-lo.[104]

O tratamento de Barth é encontrado no volume IV/1 de *Church dogmatics* [Dogmática eclesiástica], na longa seção intitulada de "O Juiz julgado em nosso lugar". Ao lado de outras seções igualmente longas ("O caminho do filho de Deus para o país distante" e "O veredicto do Pai"), "O Juiz julgado em nosso lugar" constitui o tratamento mais abrangente, bíblico e equilibrado que temos, particularmente em contraste com muitos da tradição "ortodoxa protestante".[105] A apresentação de Karl Barth não poderia ser mais diferente.[106] Embora seu texto seja difícil por sua densidade, sua escrita é calorosa,

---

[104]Entre os estudos recentes, os livros *Violence, hospitality, and the cross*, de Hans Boersma, e *Recovering the scandal of the cross*, por Green e Baker, são exemplos conspícuos de obras excelentes nas quais Barth é ignorado, o que, a meu ver, enfraquece consideravelmente seus argumentos. Não tenho certeza se Scot McKnight compreende, de forma plena, a importância da substituição em seu esplêndido manifesto: *A community called atonement*. McKnight estabelece muitos dos mesmos pontos que levanto aqui, mas, como tantos outros críticos da substituição, parece não ter lidado com ela em sua forma mais profunda e menos tendenciosa. Não quero dizer que Barth não tenha *tendenz* (tendência ou "plano ideológico"); nenhum teólogo, porém, lutou com maior afinco, no espaço de décadas, para sujeitar suas tendências pessoais à pregação da Palavra.

[105]Ao fazer as pesquisas para este livro, achei o material patrístico e reformado surpreendentemente revigorante. Todavia, algumas das distinções sutis que emergem dos relatos proliferados da morte expiatória de Cristo nos séculos 19 e 20 são literalmente estupefacientes para o não especialista. Após anos examinando alguns desses relatos e com pouquíssimo resultado, deparei com a entrada "expiação" na celebrada décima primeira edição da *Enciclopédia britânica*, escrita pelo acadêmico professor dr. W. H. Bennett (M.A., D.D., D. Litt. [Universidade de Cambridge]). Foi nesse ponto que desisti e decidi seguir adiante com a abordagem narrativa de Barth.

[106]Barth é cuidadoso em declarar que sua posição, "em contraste com certos elementos unilaterais de concepções dogmáticas", baseia-se no testemunho do Novo Testamento como um todo, e não apenas em porções seletas (CD IV/ 1, 231). A cruz não deve ser isolada da encarnação; vida e morte são vistas como um todo integrado. Muitos dos abusos atrelados ao tema da substituição surgiram porque sua versão excessivamente racionalizada oprimiu a paisagem interpretativa. Aqui, os alvos de Barth são os escolásticos reformados que identificamos anteriormente. (Lembro-me de ter ficado surpresa quando fui a um culto de adoração no primeiro domingo após a Páscoa, em uma igreja "linha-dura" em relação ao tema da substituição, e o sermão ter sido a respeito da cruz, e não da ressurreição!)

revitalizante e isenta de jargões acadêmicos, o que, juntamente com sua revisão completa de Calvino, eleva-o acima de quaisquer outras discussões atreladas ao tema da substituição.

Uma boa maneira de apresentar Barth nesse assunto é olhar para um breve resumo que ele mesmo faz em seu pequeno livro *Dogmatics in outline* [Dogmática resumida], uma exposição do credo dos apóstolos. Barth escreve: "A reconciliação do homem com Deus acontece assim: Deus se posiciona no lugar do homem e o homem é posicionado no lugar de Deus, e isso por um puro gesto de graça. Nossa reconciliação é esse milagre inconcebível".[107]

Uma abordagem narrativa

Para Karl Barth, a história inteira de Jesus Cristo, do seu nascimento à sua morte e ressurreição, é uma expiação. Barth expõe Cristo como nosso representante e substituto, usando as duas palavras de modo intercambiável.[108] Como um verdadeiro herdeiro dos Pais da igreja gregos, Barth o faz no contexto da encarnação e das três pessoas da Trindade, sem a menor sugestão a uma "teoria". Em sua descrição da obra redentora de Cristo, Barth evita abstrações e se concentra nas próprias narrativas da Paixão. *Church dogmatics* [Dogmática eclesiástica], uma obra dividida em vários volumes, não é de fácil leitura; mas ajuda, de início, a entender que sua abordagem da morte de Cristo se encontra na forma *narrativa*.[109] Embora a complexidade de sua apresentação normalmente se esconda em seu método, Barth, em essência, *conta a história* da salvação. A Paixão de Cristo

---

[107] Karl Barth, *Dogmatics in outline* (New York: Harper Torchbooks, 1959), p. 115.

[108] Alguns argumentaram que representação e substituição são dois temas distintos. Esse tem sido um tema presente na teologia anglo-saxã; Horace Bushnell, P. T. Forsyth e F. D. Maurice argumentam que não se trata da mesma coisa. Bushnell prefere falar de sofrimento "vicário", que tem sido visto por alguns como uma alternativa à substituição. F. D. Maurice evita a palavra "vicário", querendo livrar a expiação de qualquer sugestão de que haja uma transferência de culpa e punição para Cristo na cruz — uma objeção com a qual podemos até certo ponto concordar; Maurice desejava deslocar a ideia de substituição da categoria penal para o contexto da encarnação. Maurice pensou que rejeitava o tema da substituição ao escrever: "Cristo realmente carregou em nosso lugar o que nós não poderíamos suportar — mas não por uma transferência de penalidade para ele, como uma substituição, e sim por sua entrada em nossa condição humana, que jaz sob a ira divina e, a partir dela, experimenta de forma perfeita essa ira como o nosso representante" (*The doctrine of sacrifice deduced from the Scriptures* [London: Macmillan, 1893], p. 179). Por mais que Maurice deseje renunciar à ideia de substituição em favor da representação, trata-se, segundo Barth parece dizer, de uma "distinção sem nenhuma diferença".

[109] De fato, Barth se refere a ela como *Sage* (termo alemão para "saga") em vários lugares em sua *Dogmática*. Sua distinção cuidadosa entre "mito, saga, fábula, lenda e anedota" (III/1 [Edimburgh: T. & T. Clark, 1958], p. 81-94) contribui para a discussão sobre "mito", especialmente em Gênesis 1—3. A preferência de Barth por "saga" em lugar de "mito" se baseia em sua concepção da história da criação como uma "figura intuitiva e poética de uma realidade pré-histórica da narrativa que é encenada, de uma vez por todas, nos limites do tempo e do espaço" (p. 81).

é um *acontecimento*, e o devido método de sua comunicação é a *narrativa*; assim, Barth, como sempre, demonstra seu comprometimento com a tarefa da pregação e do ensino na igreja. "Servirá para a edificação?", essa é a pergunta que ele sempre parece fazer a si mesmo à medida que vai desenvolvendo seu trabalho. É curioso e paradoxalmente apropriado que esse teólogo menos "subjetivo" retrate a Paixão de Cristo de forma tão emocional e comovente, como faria um pregador. Somos convidados a contemplar a cruz e a tremer. O retábulo de Isenheim é a ilustração, e o clamor de abandono, a trilha sonora.[110]

A narrativa bíblica da salvação

É significativo que Barth não comece seu trabalho de teologia dogmática com a queda no jardim do Éden. O teólogo começa com a doutrina da Palavra de Deus e seu poder, e então aborda as doutrinas de Deus e da criação. Somente no volume IV ele faz uma exposição completa da cruz. Em outras palavras, o julgamento de Deus é precedido pela graça de Deus. A carta aos Romanos segue o mesmo padrão: Paulo prega o evangelho (Romanos 1:1-17) *antes* de começar sua longa seção sobre a ira de Deus.

Barth usa imagens da parábola do filho pródigo, o qual deixou a casa de seu pai em direção a uma "terra distante" (Lucas 15:13). Barth faz desse trecho da história o molde para a jornada realizada pelo Filho de Deus por sua encarnação em um mundo de pecado e morte. O drama do Antigo Testamento estabelece o rompimento que ocorreu entre Deus e suas criaturas. Barth o chama de "a antítese" entre o Deus justo e o sofrimento que resulta da queda da humanidade. Apenas quando entendermos o abismo entre nós e nosso Criador, poderemos assimilar por completo a declaração do evangelho: "No Novo Testamento, na narrativa da Paixão, essa antítese é desfeita. O próprio Deus *toma o lugar* dos sofredores e permite que a amargura do seu sofrimento recaia *sobre si mesmo*".[111]

Assim que Barth faz essa clara referência à substituição, move-se para a linguagem apocalíptica, não vislumbrando a "terra distante" como uma localização geográfica ou mesmo mítica, mas como uma localização apocalíptica:

---

[110] Por toda a sua vida, Barth manteve uma reprodução do retábulo de Isenheim, de Matthias Grünewald, em seu escritório. De todos os mestres antigos, Grünewald oferece a ilustração mais aterrorizante do corpo crucificado de Cristo. Barth se identificava com o grande dedo indicador de João Batista, apontando para o Crucificado, com a inscrição: "Convém que ele cresça e eu diminua".

[111] Barth, *CD* IV/1, 171, grifo na citação. Repare em quão prontamente Barth demonstra que Pai e Filho são um ao escrever "em si mesmo". As referências que se seguirão ao texto correspondem a *CD* IV/1.

"Deus se entrega à mais assombrosa de todas as esferas estrangeiras" (p. 175). Implícita aqui, está a noção de um reino competidor, governado por um Inimigo "estrangeiro" — característica indispensável da teologia apocalíptica do Novo Testamento.[112]

Então, com a abrangência de vários temas bíblicos que tipificam sua obra, Barth acopla Israel à narrativa para mostrar como a graça e o amor *precederam* o juízo de Deus e *permaneceram operativos*, embora ocultos, por trás de seu juízo contra a apostasia dos judeus: "O que aconteceu na cruz do Gólgota foi a última palavra de uma velha história e a primeira de uma nova. Deus sempre foi aquele cuja aproximação em nossa direção se mostrou ilimitada no sofrimento e na morte do homem Jesus. Ele é o mesmo Deus que foi verdadeiramente gracioso com Israel na ocultação de seu amor por trás de sua ira justa" (p. 176).

Uma das grandes contribuições de Barth para a tradição reformada, a qual enfatiza a ira de Deus contra o pecado, é seu esclarecimento a esse respeito. Por toda a sua *Church dogmatics* [Dogmática eclesiástica], Barth insiste que o juízo de Deus está completamente envolto em sua misericórdia.

A encarnação como substituição original

Nenhuma característica da discussão de Barth é mais importante do que a consistência de sua perspectiva sobre a cruz a partir da totalidade da encarnação: "O Todo-Poderoso existe, age e fala na forma daquele que é fraco e impotente, o Eterno que é temporal e perecível, o Altíssimo na mais profunda humilhação. O Santo toma o lugar do pecador e, com outros pecadores, é acusado de pecado. O Glorioso é coberto de vergonha. Aquele que vive para sempre cai nas garras da morte" (p. 176).

Em passagens como essa, o método de Barth é pura narrativa. Não há nada teórico aqui, nada "lógico" ou proposicional. Pelo contrário, Barth estabelece plenamente os contrastes impressionantes que vemos no nascimento, na vida e na morte do Filho. Barth não fala apenas da crucificação, mas de todo o espaço da vida de Jesus, que "toma o lugar do pecador e, com outros pecadores, é acusado de pecado". Cristo "cai nas garras da morte" assim que é concebido no ventre de sua mãe humana.

---

[112]Isso não significa que Barth estivesse consciente do que se tornaria um movimento autointitulado como "apocalíptico". Entretanto, esse teólogo bíblico foi reconhecido por praticamente todos os que se interessam pela teologia apocalíptica, a começar por Käsemann, como uma figura importante nessa forma de pensamento e de perspectiva.

Deus como sujeito ativo

Na passagem a seguir, encontramos a questão crucial da *atuação* ou da *agência*. De modo sistemático, Barth defende que Deus é o sujeito ativo em tudo o que acontece com seu Filho. Trata-se de uma das afirmações mais importantes neste livro também: *Deus* é quem efetua a ação.

> Mesmo em forma de um servo, que é a forma de sua presença e ação em Jesus Cristo, o que observamos é Deus em sua verdadeira deidade [...] A humildade com a qual ele habita e age em Jesus Cristo corresponde [...] à sua essência, com a profundidade mais íntima de sua Divindade [...] A verdade e a realidade de nossa expiação dependem desse fato. Aquele que reconcilia o mundo com Deus é necessariamente o próprio Deus; do contrário, o mundo não seria reconciliado com Deus (p. 193).

Nas páginas seguintes, Barth defende uma contradição: Jesus não é menos Deus na encarnação e na cruz do que é na Divindade eterna. *Deus deve ser visto como realizando ele mesmo a expiação*: "Ele age como Senhor nessa contradição [i.e., sofrendo seu juízo], sujeitando-se a ela. Deus não é falso para consigo mesmo, mas verdadeiro ao se dignar deslocar-se para esta 'terra distante'" (p. 273). Repare como Barth não se desvia de sua estrutura narrativa, ampliando sua identificação do Filho de Deus com o filho pródigo, que foi para uma "terra distante".

Para que não haja dúvida quanto a quem é o sujeito ativo na narrativa da vida e da morte de Cristo, eis um trecho que afugenta todas as ambiguidades:

> Trata-se de identificar o sujeito ativo da reconciliação do mundo com Deus [...] quando vemos diante de Jesus Cristo, estamos lidando com o Autor e Consumador dessa obra, com [...] Aquele que tomou sobre si a inimizade do mundo contra Deus, afastando-a do mundo, bem como a maldição que sobre ele repousa; estamos lidando também com Aquele que cumpre o inelutável juízo do mundo de tal maneira que ele mesmo o carrega para afastá-lo [...] *Tudo depende de enxergarmos e compreendermos, como faz o Novo Testamento, que ele é o sujeito ativo dessa obra* (p. 197, grifo na citação).

Barth, o tema *Christus victor* e o plano deste livro

Barth está bem ciente do tema *Christus victor* e o articula com facilidade e sem esforço em sua apresentação geral. O teólogo fala de "esferas", indicando sua compreensão da cosmologia do Novo Testamento, e vê o Pecado e a Morte como Poderes, talvez não da forma detalhada que muitos acadêmicos paulinos fariam hoje, mas, mesmo assim, como poderes reconhecíveis, escrevendo que Cristo faz "a oferta de sua vida aos poderes da morte" (p. 252). Em sua rica apresentação, Barth combina um linguajar bélico, *Christus victor*, com o tema da substituição ao falar da "vitória que ele obteve por nós, em nosso lugar, na batalha contra o pecado" (p. 254).

Na narrativa de Barth, Cristo foi capaz de assumir nosso lugar como o Impecável porque "ele estava livre da base de todos os pecados" (p. 258). Observe a forma incomum de Barth se expressar. Em vez de dizer que Jesus estava livre de todo pecado, Barth fala da *base de todos os pecados*. Em outras palavras, Jesus chegou ao mundo a partir da esfera do governo de Deus, a qual não apenas reside fora do governo do Pecado, mas também exerce soberania sobre ele. O lócus de poder do Messias é o único ponto do qual uma arma poderia ser empunhada para desalojar o Pecado e reverter a usurpação de Satanás. Se havia quaisquer dúvidas sobre as implicações do pensamento de Barth quanto à dimensão demoníaca, elas são desfeitas pelo longo relato da tentação, poucas páginas depois. Se Cristo tivesse feito um acordo com o Diabo, então o mundo teria sido "ostensivamente governado por Cristo, mas secretamente por Satanás". "Jesus teve de lidar continuamente com o reino das trevas." De maneira explícita, Barth explica o Getsêmani da perspectiva do demoníaco. Ele explica que o mundo constitui a "esfera de influência" de Satanás. Com vívido poder narrativo, Barth nos demonstra como Cristo, no jardim, viu que não apenas estaria *sozinho* ao morrer, mas que também seria *entregue ao poder de Satanás*, trabalhando por seus instrumentos humanos. "A convulsão daquela hora" no Getsêmani nos mostra algo sobre o horror de ver Satanás como triunfante (p. 258-66).[113]

Ao fim de "O Juiz julgado em nosso lugar", Barth conclui com uma longa seção de letras miúdas, argumentando que o tema da substituição — especialmente sua importância "por nós" e "pelo pecado" — engloba todos os demais. Seria um erro, entretanto, desconsiderarmos Barth por ele conferir tamanho destaque à "expiação substitutiva". Sua análise de outros temas é minuciosa. O teólogo busca dar à imagem do resgate seu lugar no todo, embora a considere secundária. Barth deseja reavivar o tema da "satisfação" segundo os moldes bíblicos.[114] Refere-se a *Christus victor* como um tema "militar", insistindo espe-

---

[113]Existem semelhanças importantes entre o tratamento que Barth dispensa ao Getsêmani e a interpretação apocalíptica de Raymond E. Brow (cf. Capítulo 9: "A Guerra Apocalíptica").

[114]Na longa análise de Barth sobre as imagens "cúlticas" (discutidas no cap. 6 deste livro, "Sacrifício de Sangue"), o autor enfeita da melhor maneira possível o termo "satisfação" usado por Anselmo, dizendo apenas que, na cruz, a "satisfação — *aquilo que é suficiente* para a reconciliação do mundo com Deus — foi feita (*satis fecit*)". Barth considera as imagens de sangue muito importantes e mostra como se encaixam na categoria geral

cificamente em que a imagem proposta por *Christus victor* representa "uma verdade particular", à qual cabe seu devido lugar.[115] O argumento deste livro é que, assim como Barth não despreza outros temas, observando que "diferentes grupos de termos se cruzam com muita frequência", a busca constante — especialmente por parte dos pregadores — de um tipo de interpretação e exposição que permite esse tipo de corte transversal é essencial (*CD* IV/ 1, 274). Os pregadores do passado, que conheciam de cor vastas porções do Antigo e do Novo Testamento, faziam esse corte transversal de maneira instintiva e automática, uma vez que a Escritura interpreta a si mesma (*Scriptura sui interpres*).

A participação involuntária do ímpio

No início da seção que lida diretamente com a crucificação ("O Juiz julgado em nosso lugar"), Barth retorna à narrativa das ações de Deus para com Israel a fim de abrir a história aos gentios:

> Deus [...] se entregou completamente [...] como o Deus do povo necessitado e rebelde de Israel. O Senhor nasceu como um filho desse povo, deixando que a iniquidade desse povo recaísse sobre ele e aperfeiçoando-se no sofrimento [cf. Hebreus 2:10]; e, no lugar desse povo e para o perdão dos seus pecados, entregou-se à morte pelas mãos dos gentios. Além do mais, em virtude da cooperação decisiva dos gentios na rejeição e na humilhação de Jesus, o Senhor permitiu que os próprios gentios fossem participantes do que ele estava realizando, sofrendo rejeição em seu lugar para o perdão dos seus pecados (p. 214).

Nesse trecho, Barth é explícito quanto à "cooperação decisiva" dos gentios na execução do Filho. O teólogo se move em direção a uma clara declaração sobre o papel dos perpetradores no drama da morte de Cristo, que morre também "em seu lugar". Assim, a substituição ocorre "por nós" não apenas no sentido

---

da substituição: "Este Sacerdote [como na Carta aos Hebreus] não é Aquele que oferece sacrifícios, e sim o próprio sacrifício — assim como Ele é o Juiz e o réu. Jesus não oferece outra coisa [...] além de si mesmo. Não derrama o sangue alheio, ou seja, de touros e de bodes, para ir ao Santo dos Santos com sua oferta. A oferta é seu sangue, a dádiva de sua vida à morte" (*CD* IV/1, p. 276-7, grifo na citação). Repare na abordagem profundamente bíblica de Barth, particularmente característica nessa seção de *Dogmática*.

[115]Barth usa representação e substituição de forma intercambiável. O acadêmico do Novo Testamento J. D. G. Dunn argumenta que a substituição não preserva a atuação do Pai. (Como não? Certamente, isso não é verdade sobre a análise de Barth, na qual Pai e Filho agem juntos.) Dunn prefere o termo "representação". Entretanto, ele diz: "o animal deve ser santo e totalmente limpo precisamente para que o sacerdote e o pecador saibam que ele não morre por causa de si mesmo, por causa de alguma impureza sua". Se a morte não acontece por causa do animal, ela acontece por causa de quem? Essa ideia não sugere uma substituição? Dunn, "Paul's understanding of the death of Jesus", em *Reconciliation and hope*, p. 136.

de "para o nosso benefício", mas também no sentido de "no lugar" dos próprios algozes. Cada cristão é convocado a se enxergar entre os perpetradores em favor dos quais Cristo assumiu o lugar: "Jesus tomou o nosso lugar quando éramos pecadores, quando éramos inimigos, quando estávamos sob a sua acusação e maldição, quando trazíamos sobre nós mesmos nossa destruição" (p. 216). Até hoje, ao olharmos ao nosso redor para as tendências autodestrutivas do mundo, o qual destrói as coisas boas e promissoras — de diques quebrados a projetos habitacionais abandonados, das operações de auxílio malsucedidas à reconstrução fracassada de nações —, vemos o Senhor no lugar em que os fiascos acontecem — não só no lugar das vítimas que sofrem, mas também, e de forma mais radical, no lugar dos delinquentes, dos colaboradores, dos transgressores e dos perpetradores. Isso, em parte, é o que significa dizer, juntamente com o apóstolo Paulo, que Deus *justifica o ímpio*. Essas palavras sobre como Cristo toma nosso lugar não apenas são direcionadas a todas as pessoas, em todos os lugares: também atingem o coração de cada indivíduo, enchendo-nos de alegria quando reconhecemos a nós mesmos como aqueles pecadores e inimigos que, sem a sua intervenção, acabariam "trazendo sobre si mesmos a própria destruição".

Estabelecido o tema da substituição

Quando Barth, algumas páginas depois, faz a pergunta: "O que aconteceu?", não se refere apenas ao Gólgota, mas a toda a história da jornada descendente do Filho em direção à "terra distante". Barth, então, estabelece o tema da substituição da forma mais direta e básica possível: "Neste ponto, podemos e devemos fazer a declaração decisiva: o que aconteceu foi que o Filho de Deus cumpriu o justo juízo contra homens [*sic*], tomando ele próprio nosso lugar como homem e sofrendo o juízo sob o qual havíamos passado. Foi por isso que Jesus veio e habitou entre nós. Dessa maneira, nesse "por nós", Jesus se tornou o Juiz contra nós" (p. 222).[116]

Nada aqui soa como as apresentações exageradas da substituição penal presentes na "ortodoxia protestante". A ênfase está sempre no "por nós [*pro nobis*]". Mesmo sendo Juiz, Jesus é "por nós" do início ao fim. Ele era por nós *antes* de ser contra nós, e por nós mesmo quando era contra nós — *pro nobis* primeiro, por último e sempre.

Em seguida, Bath nos conduz pela narrativa do Novo Testamento. Todos os Sinóticos apresentam Cristo como o Juiz vindouro na pregação de João

---

[116] O uso habitual que Barth faz de "homens" de forma genérica foi aceitável em nosso idioma por centenas de anos. O leitor moderno deve superá-lo para apreciar Barth. Essa é a única vez que usarei *sic*.

Batista, e nós o vemos como um mestre e um líder assertivo e ativo durante o seu ministério. Então, quando as narrativas da Paixão se iniciam, de repente

> Jesus não mais parece ser o sujeito, e sim o objeto do que acontece. Na verdade, acontece uma inversão completa, uma *troca de papéis*. Aqueles que deveriam ser julgados recebem espaço, liberdade e poder para julgar. O Juiz se permite ser julgado. [...] A acusação, a condenação e a punição recaem sobre aquele que não as merecia, enquanto aqueles sobre quem deveriam recair saem ilesos. A expressão mais contundente desse contraste escandaloso jaz no episódio envolvendo Barrabás, no qual um assassino é completamente absolvido em lugar de Jesus, enquanto Jesus é condenado a ser crucificado *em seu lugar* [...]. Jesus não morre a morte de um herói, mas a morte de um criminoso (p. 226, grifo na citação).

A dicção e a sintaxe de Barth são complexas e um tanto antiquadas, pois empregam boa parte do que pode parecer uma repetição desnecessária; assim, é fácil perdermos a simplicidade essencial do que ele está dizendo. Nenhum outro teólogo de sua estatura escreve dessa maneira. Por trás de orações mirabolantes, há uma confiança no Espírito como aquele que guiou a narrativa bíblica e nos evangelistas e apóstolos, cuja única motivação era sua fé naquele Homem extraordinário e seu desejo de torná-lo conhecido. Barth não conta a história para nos convencer racionalmente, mas para nos convencer a nos enxergar nela.

O significado de "por nós"

Para Barth, a declaração central é *pro nobis*, "por nós". "Toda a nossa teologia depende da *theologia crucis*, e isso sob o aspecto particular [da] doutrina da substituição". Barth não poderia ser mais enfático ao declarar: "Este é o lugar para um ponto-final" (p. 273). Tudo o que o Filho de Deus fez no decorrer de toda a sua vida, da encarnação à crucificação, foi feito *por nós*. Ninguém na criação fora capaz de ser "por nós" da mesma forma que Jesus, pois ele é o unigênito do Pai, não um ser criado. Mais uma vez, lembre-se de que o tema da substituição é elaborado por Barth nos termos de toda a história do Encarnado:

> Jesus Cristo "por nós" significa que [...] o homem Jesus Cristo assumiu o nosso lugar, o lugar do homem [...] representando-nos sem nenhuma cooperação de nossa parte.[117]

---

[117] O que Barth deseja enfatizar é a implicação de toda a humanidade na execução de Jesus. Outra forma de dizê-lo é que, visto que cada ser humano vive sob o domínio do Pecado e da Morte, somos incapazes de "cooperar" com o nosso Redentor sem que ele antes nos liberte.

A CRUCIFICAÇÃO

> Ressaltamos o fato de que este Homem agiu como verdadeiro homem e verdadeiro Filho de Deus; que agiu como o nosso representativo e em nosso nome; que, de forma definitiva, atuou em sua encarnação e obediência como o nosso Representante e Substituto (p. 230).

Barth amplia o significado da substituição de uma forma muito diferente do estilo esquemático de "concepções dogmáticas anteriores". Barth nem sequer a "conceitualiza": antes, busca relatar o grande intercâmbio envolvendo também nossa atenção pessoal:

> No Novo Testamento, as palavras *anti*, *huper* e *peri* são usadas para ressaltar o significado dessa atividade de Jesus Cristo [como Representante e Substituto] [...]. Essas preposições falam de um lugar que deveria ser nosso; de um lugar que deveríamos ter assumido, mas que acabou ocupado por outro; que esse "outro" age nesse lugar, em nosso favor, segundo a capacidade que só ele tem, de modo que não podemos adicionar qualquer outra coisa ao que ele já fez. Essas preposições também nos demonstram que qualquer outra coisa que porventura nos beneficie resultará apenas do que já foi feito por ele em nosso lugar e por nossa causa (p. 230).

Colocando o tema penal em seu lugar de direito

Barth continua a diferenciar seu tratamento da substituição de "apresentações mais antigas da doutrina da expiação" (p. 273).[118] O teólogo suíço viu, antes de muitos outros em sua tradição, que essas "apresentações mais antigas", extraídas da tradição escolástica reformada, levavam um conceito rigidamente esquemático da substituição penal a se tornar uma *idée fixe*, excluindo todos os demais modelos bíblicos. Barth enxergou o erro nessa posição, não apenas por sua insensibilidade à riqueza do imaginário bíblico, mas também por se concentrar na punição de uma forma prejudicial. Barth não deseja acabar de vez com a ideia de punição, mas movê-la do centro para a periferia:

> O conceito de punição se deriva [...] de Isaías 53. No Novo Testamento, ele não ocorre nessa conexão, mas nem por isso pode ser completamente rejeitado. Ao

---

[118]Barth se refere principalmente aos calvinistas do século 17. Ele os define ainda mais, acrescentando: "especialmente aqueles que seguem Anselmo da Cantuária". Barth, normalmente um defensor de Anselmo, procura distanciar-se dessa (má) interpretação de Anselmo. O próprio Anselmo propõe satisfação em lugar de punição (cf. "Capítulo de transição", espec. nota 28).

me desviar de Deus, Deus se desvia de mim, com consequências aniquiladoras. Quando resistido, o amor de Deus se manifesta como ira mortal. Se Jesus Cristo percorreu até o fim o caminho que nós, pecadores, deveríamos trilhar, chegando às trevas exteriores, então podemos dizer, juntamente com Isaías 53, que ele sofreu o castigo que nos era devido. Mas não devemos fazer do castigo a ideia principal (p. 253).

A forma de Barth trabalhar com o conceito de "ira mortal" é, ao mesmo tempo, abstrata e narrativa. Ele *pensa* na ideia da ira de Deus como a forma na qual o amor de Deus é sentido quando resistido, mas a expressa em termos dramáticos, com a calidez e o talento literário que muitas vezes faltam nas "apresentações mais antigas". Nesse parágrafo, a imagem assustadora do afastamento "aniquilador" de Deus é incorporada à imagem de Jesus entrando nas trevas em nosso lugar. Há muito mais nessa imagem do que a mera "punição". O "não" de Deus ao Pecado é castigo suficiente. O Filho, agindo em unidade com o Pai, absorve essa negação até as últimas consequências.

Acompanhando a passagem acima, que é a letra miúda de Barth, encontram-se as linhas que formam a essência de sua apresentação:

O próprio cerne da expiação é a superação do pecado: o pecado em seu caráter como rebelião do homem contra Deus, o pecado como a base do destino desesperador do homem na morte. Foi para cumprir esse juízo sobre o pecado que o Filho de Deus, como homem, tomou o nosso lugar como pecadores. Ele cumpre [o juízo] como homem em nosso lugar, trilhando o caminho dos pecadores até o seu amargo fim na morte, na destruição, na angústia ilimitada da separação de Deus [...]. Na verdade, podemos dizer que ele cumpre esse juízo ao sofrer a punição que todos nós trouxemos sobre nós mesmos (p. 253).

"O ponto decisivo", escreve Barth, não é que somos poupados do castigo, embora "isso seja verdade, claro". O ponto decisivo é que, em Jesus Cristo, o próprio Deus pôs fim ao Pecado e ao nosso aprisionamento sob o reinado do Pecado. Barth, segundo lhe é característico, insiste na ideia de que Jesus *tomou o lugar do* homem do pecado ("Adão", como em Romanos 5), mas a ênfase não está na punição sofrida. Certamente, ela *foi* sofrida — não há disputas aqui —, porém Barth lança todo o peso sobre o desfazer do Pecado. Essa seção toda reforça a importância da cristologia, pois nada disso funciona sem que o Crucificado seja a segunda pessoa da Trindade encarnada. Na cruz, vemos o Filho unigênito de Deus entregando a humanidade pecadora ("Adão") para a destruição na *própria pessoa de Deus*, na medida em que o Filho se submete à maldição que jaz sobre nós por causa do Pecado, da Morte e da Lei. Assim, o tema da substituição liberta-se de sua prisão doutrinária, completamente reelaborada e grandemente expandida da perspectiva do *Christus victor* e da recapitulação.[119] Em última análise, embora Barth seja um exponente entusiástico do tema da substituição, reformulou o modelo com grande originalidade. Embora Barth não fale do Pecado como um Poder apocalíptico precisamente nessas palavras, sua escrita deixa claro que é assim que ele pensa a respeito.

O tema do deslocamento

A originalidade de Barth também é demonstrada em seu conceito de "deslocamento" ou "deposição". Conforme a história do casal primordial em Gênesis 2—3 deixa claro, nosso "pecado original" foi o de nos colocar como juízes, ou seja, como capazes de determinar por nós mesmos o bem e o mal. Nessa nossa presunção, estamos radicalmente errados. A usurpação do papel que pertence somente a Deus levou à escravidão de toda a criação (Romanos 8:20-23). Portanto, a invasão da criação por Deus em Cristo significa que fomos radicalmente deslocados, depostos do nosso trono autopromovido ou do banco no qual nos sentávamos como juízes de outras pessoas, com o fim de sustentar nossa necessidade incansável de provar nossa justiça. Queremos nos "declarar livres e justos, e os outros, mais ou menos culpados". Gostamos desse papel. Na cruz, porém, vemos que fomos "deslocados" por aquele que é o verdadeiro Juiz e, ao mesmo tempo, "radical e totalmente por nós, em nosso lugar" (p. 231-2): "Para onde nosso julgamento sempre leva? Para o lugar no qual nos declaramos inocentes [...] é assim que vivemos. É assim que não conseguimos viver no poder humilhante do que aconteceu em Jesus Cristo. Somos ameaçados por esse poder porque há nele uma completa reviravolta. Aquele que ali atuou como Juiz também me julgará, e ele, não eu, julgará as outras pessoas" (p. 233).

É possível argumentarmos que um terceiro grupo, o grupo demoníaco, tão crucial ao cenário *Christus victor*, não esteja em foco aqui. Todavia, a imagem de deslocamento/desalojamento/deposição sugere um golpe militar. A fim de deslocar a humanidade de seu tribunal autoerigido, Deus deve agir agressivamente, com "poder humilhante".

---

[119]"O homem do pecado foi tomado, morto e sepultado com Jesus na cruz [...] reabrindo [*deste modo*] a estrada bloqueada do homem para Deus" (p. 254). Essa é uma interpretação da história de Adão e de Cristo em Romanos 5 e, como tal, está intimamente atrelada ao tema da recapitulação — conforme veremos em breve, no capítulo seguinte.

A SUBSTITUIÇÃO

Trata-se de um diagnóstico convincente da condição humana e de nossa resistência a todo o conceito de substituição. Não queremos renunciar ao nosso lugar de juiz. Barth define especificamente o pecado humano primordial como tornar-nos juízes com o objetivo de nos desculpar e condenar os outros. Tal ideia é retratada na resposta instantânea de Adão e Eva, que, depois de comer o fruto proibido do conhecimento do bem e do mal, começaram a culpar um ao outro e à Serpente para se agarrarem à ilusão de inocência — uma inocência irreparavelmente perdida. Usurpamos o lugar de Deus como o único Juiz; portanto, a substituição deve acontecer exatamente naquele momento. Um movimento invasivo e deslocador da parte de Deus está claramente indicado, mas, paradoxalmente, trata-se de uma invasão que liberta ao mesmo tempo em que humilha. Barth escreve a esse respeito com o regozijo que normalmente caracteriza seu trabalho:

> O segundo efeito da ação de Cristo (a primeira sendo a deposição e a derrubada do homem) são incomensuráveis como fonte de libertação e esperança [...] um fardo pesado e opressor é retirado de nós quando Jesus Cristo se torna o nosso Juiz [...]. É um problema termos sempre de nos convencer de que somos inocentes, de que estamos certos [e que] outros estão, de uma forma ou de outra, errados.
>
> Estamos todos no processo de morrer desse ofício de Juiz que atribuímos a nós mesmos. É, portanto, uma libertação o fato de que [em Cristo] somos depostos e despedidos desse ofício, o qual ele exerce *em nosso lugar*...
>
> Não sou o Juiz. Jesus Cristo é o Juiz. A questão é tirada das minhas mãos; e isso significa liberação. Uma grande ansiedade é dissipada, a maior de todas. Posso envolver-me em outras atividades mais importantes, mais proveitosas e frutíferas. Tenho espaço e liberdade para elas em vista do que aconteceu em Jesus Cristo (p. 233-4, grifo na citação).

Barth, então, fala de esperança no Juízo Final. Aquele que é o verdadeiro Juiz já decidiu *por nós*, e ainda decidirá por nós no último dia. Barth o interliga com a encarnação ao declarar que a ação de Deus em Cristo "já foi decidida quando a Palavra se tornou carne". Portanto, podemos olhar para frente, para a decisão final do Juiz, "com exultação e tremor".

O *efeito* dessa atividade substitutiva e deslocadora de Cristo é ainda descrito por Barth em seu livro na seção "O Ato da Fé": "Eu mesmo, o homem do pecado, incapaz de vencê-lo, descubro que tal homem é vencido nele. Meu coração orgulhoso é derrotado. Meus pensamentos, palavras e obras, os quais fluem desse coração orgulhoso, são derrotados. O homem do pecado é vencido, removido, destruído, condenado à morte. Essa é a essência da atividade substitutiva de Jesus Cristo [...]. Foi isso que ele fez por mim em sua morte e ressurreição" (p. 770).

A decisão eterna executada na terra: transvisão apocalíptica

Se fizermos algumas conexões entre Barth e o tema do capítulo 9, "A Guerra Apocalíptica", podemos identificar outra característica original da análise de Barth sobre o significado da vida e da morte de Cristo "por nós". Essa investigação segue as linhas da exposição de Barth sobre a agonia do Getsêmani como o ponto de virada da vida e da missão de Jesus. Na parte pré-paixão das narrativas dos quatro Evangelhos, Cristo é o "*sujeito* divino do juízo do homem", pois, em seu ministério, Jesus fala e age como aquele que tem o poder para julgar e depor. A partir do Getsêmani, porém, Jesus se torna o *objeto* desse juízo, aquele que é, ele próprio, deposto: o Juiz julgado em nosso lugar: "Se o juízo [de Deus contra o pecado] se cumpre de alguma forma, então é com essa reversão. Jesus representa os homens no lugar que lhes pertence segundo o juízo divino, e representa os homens no lugar que lhes pertence segundo a injustiça humana" (p. 238).

Em seguida, Barth nos traz mais uma de suas formulações características, a qual, nesse caso em particular, nos ajuda a compreender a relação misteriosa entre o que está acontecendo na terra e o que está acontecendo no "céu", ou seja, na esfera do poder divino. No âmbito da questão persistente quanto a Jesus ter realmente sido abandonado por Deus em sua morte, Barth explica que a angústia sofrida pelo Filho no Getsêmani, ao implorar que o "cálice" lhe fosse tirado — "mas que seja feita a tua vontade, não a minha" —, é uma reprise, na história, da *decisão eterna tomada pelas três pessoas da Divindade* (p. 238-9).[120] Se o Pai abandona o Filho, é com o desejo e a permissão do Filho, uma vez que os dois são um.

Eis aqui o tipo de visão na qual o teólogo enxerga uma realidade em dois níveis de uma vez. Isso pode ser chamado de "transvisão", ou seja, enxergar

---

[120] Barth preenche essa perspectiva ao afirmar, com imagens notavelmente antropomórficas, que essa decisão eterna foi tomada apenas com imensa dificuldade e esforço. Alguns anos depois, Hans Urs von Balthasar expressa algo dessa ideia de maneira semelhante: "A experiência de ser abandonado por Deus, na qual Jesus suporá a condição de pecador diante do Pai, emana, em sua inescrutabilidade [...] de uma transação trinitária de consentimento *em meio à história* entre o Pai, o Filho e o Espírito Santo" (cit. George Hunsinger, *Disruptive grace*, p. 30).

através dos acontecimentos do presente o propósito transcendente de Deus. Onde há "transvisão" do tipo que encontramos na Bíblia,[121] podemos ver um indício da interação perpétua entre liberdade e predestinação, terra e céu, o "já" e o "ainda não", doutrina e ética — elementos que subjazem boa parte da mensagem bíblica sobre a responsabilidade humana.

Conclusões sobre o ensino de Barth acerca da substituição

Quase desde o início deste livro, fomos guiados pela figura bíblica da natureza humana, tão bem compreendida pelos grandes escritores literários e tão resistida pelos provedores de autoajuda. A figura bíblica de "Adão" personifica a fixação universal humana na ideia de sua inocência e a recusa do direito de Deus de ser nosso Juiz. Por consequência, vivemos com a seguinte ilusão, insaciável em suas demandas e comprovadamente falsa: a de que conseguimos viver livres do poder profundamente alojado do Pecado em nossa vida. Trata-se menos de uma falha da *antropo*logia e mais de uma falha da *teo*logia, resultado de uma compreensão tragicamente insuficiente de quem *theos* (Deus) é em relação à criação. Já vimos que, onde não há conhecimento de Deus, não há conhecimento do Pecado.[122] No registro bíblico, a resposta dos seres humanos à aparição de Deus (na forma de um anjo, na sarça ardente, em um redemoinho) é sempre a mesma: medo e terror. Quando Simão Pedro vê a pesca maravilhosa, em vez de exclamar a respeito do milagre, o apóstolo cai de joelhos e diz: "Afasta-te de mim, Senhor, pois sou um homem pecador" (Lucas 5:8). A enorme captura de peixes serve de ocasião para uma teofania. A resposta graciosa do Senhor é exatamente a mesma dos anjos bíblicos que vêm diretamente da presença de Deus: "Não tenha medo".[123] Sem essa garantia misericordiosa, o ser humano seria aniquilado pela ardente santidade de Deus. Esse senso de *distanciamento* entre Deus e sua criação deve ser sempre *mantido em tensão* com a *proximidade* íntima do Deus pessoal, o qual se aproxima de nós em graça; do

---

[121]Os profetas operam via transvisão durante a maior parte do tempo (cf., p. ex., Isaías 40:3-8), mas uma narrativa particularmente dramática de transvisão é 2Reis 6:8-17, a história do cerco de Dotã pelos sírios.

[122]Robert Oppenheimer, famoso físico e um dos principais inventores da bomba atômica, deu uma palestra para seus colegas cientistas na qual disse as seguintes palavras: "Em algum sentido rudimentar, que nenhuma vulgaridade, nenhum humor e nenhum exagero podem extinguir por completo, *os físicos conheceram o pecado*; e esse é um conhecimento que eles não podem perder" (*Time*, 29 de julho de 1985, grifo na citação). Oppenheimer (um judeu extremamente conflituoso) claramente tinha alguma percepção de Deus, embora não reconhecida; do contrário, não teria dito algo assim.

[123]Durante a luta pela libertação do stalinismo na Polônia, o papa polonês João Paulo II costumava saudar o povo polonês, membros do movimento Solidariedade, padres e outros resistentes com as seguintes palavras: "Não tenham medo!".

contrário, corremos o risco de não ter nenhum deus, exceto aquele que moldamos para se adequar a nós mesmos.

Parece provável que a popularidade corrente do modelo *Christus victor* em sua forma mais simplificada se baseie em uma crença de que ele oferece, no lugar do Pecado, uma perspectiva mais palatável do Mal (e/ ou Morte) como uma força impessoal que ameaça a humanidade. Tal movimento não é apenas biblicamente impossível, mas também pastoralmente irresponsável, visto que encoraja as pessoas a viverem em negação quanto à responsabilidade da humanidade em relação às origens do Pecado. Não se trata apenas de uma questão de ser resgatado de forças impessoais; foi justamente o Pecado que desencadeou essas forças.[124] Enquanto é essencial afirmarmos a força do modelo *Christus victor* em sua retratação dos Poderes com identidade e existência próprias, é igualmente necessário entender que nós, seres humanos, somos *responsáveis* por todos esses males, mesmo sendo *cativos* por eles.

Talvez esse seja um ponto sutil. Temos de reter duas proposições igualmente contraditórias em nossa mente de uma vez, ao falarmos sobre nossa relação com o Pecado. Podemos declará-lo de maneira coloquial: *em primeiro lugar*, "o Diabo me levou a fazer isso"; *em segundo lugar*, mesmo assim, sou culpado. Somos vítimas de poderes malignos cósmicos; contudo, como pecadores individuais, carregamos um fardo de responsabilidade. Como ambas as coisas podem ser verdade? Freud nos é útil aqui. Não podemos ajudar a nós mesmos, ensinava Freud; estamos à mercê de vários impulsos e ímpetos que foram postos em movimento por padrões familiares, antes mesmo de nascermos. Esse aspecto do sistema de Freud é suficientemente conhecido para ser caricaturado. O que é menos compreendido é o fato de Freud nunca buscar *exonerar* o paciente; antes, ele buscava *compreender* a fim de ajudar a libertar o paciente de seu comportamento irracional.[125] Há muito a ser aprendido com Freud acerca do inconsciente e de seu papel no que pensamos serem nossas "escolhas". Reconhecer essa paralisia em nós mesmos é um passo adiante em nossa compreensão das dimensões de nosso antigo cativeiro e de nossa nova liberdade em Cristo.

---

[124]No capítulo sobre a descida de Jesus ao inferno, tentamos elucidar a presença da Serpente no jardim como uma metáfora que nos permite fazer assertivas aparentemente contraditórias. (1) Embora Deus não tenha criado o mal, de modo que ele não tem existência própria, o mal apareceu no jardim antes da decisão humana de desobedecer. (2) "Adão" e "Eva", representando a totalidade humana e cada um de nós, são seres responsáveis cuja culpa original levou toda a raça humana à escravidão (conforme Paulo explica em Romanos 5:12-21).

[125]Reconheço aqui uma dívida com as palestras proferidas por Cyril C. Richardson e as conversas com Dorothy Martyn.

Barth restaurou o tema da substituição de uma "teoria" — e o restaurou para nós em forma de narrativa bíblica. No resumo a seguir, podemos ver a própria essência da concepção de Barth:

> A Paixão de Jesus Cristo representa o juízo de Deus, no qual o Juiz mesmo foi julgado. Como tal, constitui, em sua essência, a vitória conquistada por nós, em nosso lugar, na batalha contra o pecado. A esta altura, deve estar clara a razão pela qual é tão importante entendermos nessa Paixão *a ação divina desde o início* [...] a ação divina radical que ataca e destrói em sua raiz a maldade principal do mundo; a atividade do Segundo Adão, tomando o lugar do primeiro, revertendo e destruindo a atividade do Primeiro Adão no mundo — trazendo, assim, o novo homem, fundando um novo mundo e inaugurando um novo *aeon* [o que é para sempre].[126]

Barth está correto ao insistir que devemos entender "nessa Paixão a *ação divina desde o início*"? Ao considerarmos o Crucificado, quem é o ator principal?

4. A QUESTÃO DA AGÊNCIA

A esta altura, deve estar óbvio que uma das principais teses deste livro é a agência divina. Barth a expõe na citação há pouco registrada. Se a Bíblia deve ser entendida em seus termos, não pode ser corretamente compreendida de nenhuma outra maneira. Do início ao fim, o principal sujeito ativo é Deus. Portanto, não há como recuarmos da seguinte declaração fundamental: "Em Cristo, Deus estava reconciliando consigo o mundo" (2Coríntios 5:19). Mas isso quer dizer, então, que a crucificação em si foi um ato de Deus? Ou foi um ato de Satanás? Ou foi resultado da maldade humana? Trata-se de três agências no Novo Testamento, em ordem decrescente de poder.

As quatro narrativas da Paixão nos Evangelhos são projetadas, pelo extensivo uso de citações do Antigo Testamento, para mostrar que Deus trabalha passo a passo para executar seu plano. Paulo explicita a narrativa: "Se alguém está em Cristo, é uma nova criação; o velho se passou, e eis que o novo chegou. *Tudo isso vem de Deus*, que nos reconciliou consigo mesmo por meio de Cristo, [...] isto é, em Cristo, Deus estava reconciliando consigo o mundo, não impondo à humanidade suas transgressões" (2Coríntios 5:17-19).

---

[126]Barth, *CD* IV/1, p. 253-4, grifo na citação.

Um argumento persuasivo pode ser o de que "tudo isso vem de Deus" é o tema de toda a carta aos Coríntios.[127] De fato, há um senso de que essa tenha sido a mensagem de Paulo no decorrer de todo o seu ministério. Seu evangelho é profundamente *teo*lógico, *teo*cêntrico, na mesma proporção em que é cristocêntrico.[128] Em passagens como essa que acabamos de citar, a doutrina da Trindade está implícita, com cada uma das três pessoas trabalhando ativamente.[129] Além do mais, assim como Deus estava em Cristo, Paulo pode dizer — e é exatamente isso que ele faz — que Deus também opera poderosamente nele, o mensageiro apostólico.

A questão da agência[130] é de importância primária para a teologia e a prática cristãs. É vital para os propósitos deste estudo que esclareçamos o assunto. Quem age no mundo para reconciliar a humanidade com Deus e reconciliar os seres humanos uns com os outros, e quem foi o agente ativo na crucificação de Jesus? Ambas as questões estão relacionadas. Aqui, no contexto do tema da substituição, a questão da agência é crucial. No Gólgota, quem está no comando? Ainda mais direto ao ponto: quem está no controle no jardim do Getsêmani?

Diversas respostas foram dadas. Para começar, "nós" — significando todos os seres humanos, não apenas "os judeus" ou "os romanos" — podemos ser vistos como agentes. Alguns hinos famosos incorporam essa ideia, de modo que a pessoa que canta confessa sua cumplicidade na crucificação: "Fui eu, Jesus, que neguei o Senhor; eu crucifiquei o Senhor"; "Morto por mim, quem lhe causou sua dor? Por minha causa, quem o perseguiu até a morte?".[131]

Por outro lado, teólogos anabatistas recentes, juntamente com críticos da teoria da expiação a partir de perspectivas feministas e humanistas, buscaram remover por completo a agência de Deus, entregando-a a poderes demoníacos.[132] Por óbvio, a abordagem não está completamente errada; J. Louis Martyn

---

[127] A congregação dos coríntios tinha em alta consideração a si mesma e sua vitalidade espiritual.

[128] Nas cartas cuja autoria paulina é indiscutível, o apóstolo se refere a "Deus" quase com a mesma frequência que "Cristo" ou "Jesus". O Espírito também é citado mais de cem vezes.

[129] A teologia paulina do Espírito Santo é tão poderosa quanto a de João ou a de Lucas; Romanos 8 constitui o *locus classicus*.

[130] Para a autora, "a questão da agência é primordial. Por 'agência', quero dizer: a quem pertence o poder em operação? De quem é a iniciativa? Quem inicia a obra da salvação? Quem leva a cabo a obra da salvação? Quem direciona a culminação e a conclusão da salvação? Na teologia cristã, a resposta a todas essas perguntas é: Deus". (Citação extraída de uma entrevista com Fleming Rutledge, "The Christian life: sin, grace and redemption", disponível em: https://www.youtube.com/watch?v=MkIvMXUnzRU. Acesso em: 8 de dezembro de 2021.)

[131] Johann Heermann (1585-1647), "Ah, holy Jesus, how hast thou offended?"; Charles Wesley (1707-88), "And can it be that I should gain?".

[132] Weaver, *The nonviolent atonement*, resume essas posições.

argumenta de forma persuasiva, a partir de Gálatas 3:13, de que a Lei é o agente secundário:

> A bênção promissória de Deus, a qual estava pronta para ser derramada, deparou com a maldição da Lei, pela primeira vez, na cruz. Ouvindo Deuteronômio 21:23 (Gálatas 3:13), Paulo percebeu que foi a Lei, e não Deus, que pronunciou sua maldição sobre o Crucificado; de fato, o amaldiçoado pela Lei foi o Cristo de Deus.[133] Foi na cruz que o apóstolo percebeu um fato importante sobre a Lei: a voz de maldição da Lei não é a voz de Deus. Mas o apóstolo também se deu conta de que aquela voz foi privada de poder quando Cristo, aprovado por Deus em sua morte amaldiçoada pela Lei, *incorporou* a maldição da Lei; pois, nessa *incorporação*, Cristo derrotou a maldição, libertando de seu poder toda a humanidade.[134]

Em última análise, porém, os Evangelhos e o testemunho de Paulo testificam de forma esmagadora quanto à atuação de *Deus* na crucificação de Cristo. Para concluirmos este capítulo, voltamo-nos para um sermão de Lancelot Andrewes (1555-1626), o qual nos oferece uma perspectiva clara, não apenas da questão da agência, mas também do tema da substituição.

5. Substituição e agência em um sermão de Lancelot Andrewes

Os sermões dos grandes teólogos anglicanos do século 17 podem inspirar admiração e fascínio apenas nos atuais estudantes de linguagem e história da igreja. Infelizmente, a sintaxe de Shakespeare e da versão King James, de John Donne e de Lancelot Andrewes, tornou-se difícil para o leitor médio de hoje. Ademais, os sermões de Donne e Andrewes são *bíblicos* em um sentido que os pregadores de hoje não podem esperar imitar, pois as congregações ficariam inquietas diante das reflexões eruditas e intrincadas desses intelectos poderosos, embora seus sermões sejam admiravelmente atrelados ao *ministerium Verbi divini* (ministério da Palavra divina).

Entretanto, é ao mesmo tempo humilhante e instrutivo que façamos o esforço necessário para ler algumas dessas obras-primas. Em um sermão de

---

[133] Gálatas 3:13: "Cristo nos redimiu da maldição da lei, tornando-se maldição por nós — pois está escrito: 'Maldito todo aquele que for pendurado em um madeiro' [Deuteronômio 21:23]".
[134] J. Louis Martyn, *Galatians*, Anchor Bible 33A (New York: Doubleday, 1997), p. 326, grifo na citação. Sua referência à *incorporação* pode ser prontamente atrelada a algumas passagens de Barth que citamos. Observe que Martyn usa maiúsculas para Lei, para indicar seu *status* como um dos Poderes.

A CRUCIFICAÇÃO

Sexta-Feira da Paixão intitulado "Never the like was" [Nunca houve sofrimento igual], o bispo Andrewes expõe um versículo de Lamentações: "Considerem e vejam se alguma vez houve sofrimento como o que me foi imposto, sofrimento com o qual o SENHOR me afligiu no dia de sua ira".[135] Em seu longo sermão sobre a Paixão de Cristo, Andrewes intercala todas as imagens bíblicas que examinamos, e muito mais. De particular interesse é como ele desenvolve o tema da substituição sem remontar a Anselmo, muito menos se desviando para uma versão penal esquemática. O bispo declara seu assunto tecendo temas de resgate, preço e sacrifício de sangue: "No dia de sua Paixão, Cristo derramou seu Sangue precioso como o único preço suficiente para a compra caríssima de toda a nossa redenção". Quando lemos uma declaração assim, parece perverso reclamarmos de possíveis erros em sua mescla de imagens.

Deus como sujeito ativo em Andrewes

Particularmente notável é a elucidação de Andrewes sobre *agência* na crucificação de Cristo. Acabamos de considerar a sugestão de Martyn de que a maldição que recaiu sobre Jesus (Gálatas 3:13) proveio da Lei.[136] Se ampliarmos um pouco essa ideia, interligando a Lei ao Pecado (conforme Paulo faz em Romanos 7:8-11), poderemos dizer que Andrewes, em algum sentido, apoia essa atribuição de agência à Lei, mesmo quando a estabelece em um cenário triplo. Andrewes fala de três causas em ação no sofrimento *único* ("*Nunca houve sofrimento igual*") de Cristo.

Com maestria, Andrewes dá início à mensagem sugerindo à congregação que a primeira causa da crucificação foi "o poder das trevas [...] o ímpio Pilatos, o sanguinário Caifás, os sacerdotes invejosos e os soldados bárbaros" (observe que ele especificamente evita culpar "os judeus"). Então, o bispo se move para declarar que esse cenário é *teo*logicamente deficiente: "Erraremos muito ao pensarmos que [a causa] se encontra entre os homens. *Quae fecit Mihi Deus*:

---

[135]Sermão de Lamentações 1:12 (1604), extraído de *Ninety-six sermons by the right honourable and reverend Father in God, Lancelot Andrewes* (Oxford e London: James Parker and Co., 1832), p. 139-58; citações são extraídas dessa edição). Os números das páginas do sermão (edição de 1841) são 138-57. A capitalização na tradução de Lamentações (usada por Andrewes) nos é sugestiva do movimento cristológico que ele está fazendo (não por acaso, diga-se, já que Andrewes dominava não só a língua hebraica, mas também uma dúzia de outras línguas). Andrewes é tudo menos ingênuo em sua capitalização. O bispo cita especificamente a tipologia do Novo Testamento e os Pais da igreja para argumentar que Cristo tomou as palavras e tipos do Antigo Testamento para si mesmo. Sou grata a Ellen Davis por trazer esse sermão à minha atenção.

[136]Já enfatizamos que a Lei não pode ser desatrelada do Legislador. Essa dialética exige destreza conceitual e uma disposição de conviver com o paradoxo — como no caso de o mal depender de Deus, mas não ser parte da criação, conforme analisamos no capítulo 10.

A SUBSTITUIÇÃO

'Foi Deus quem fez isso'. Uma hora daquele dia pertenceu ao "poder das trevas"; todavia, o dia em si, o dia inteiro, foi declarado como o dia da ira de Deus".[137]

Observe como Andrewes distingue cuidadosamente entre o poder de Satanás,[138] que tem seu momento ("uma hora daquele dia"), e o plano dominante e global de Deus ("o dia em si, o dia inteiro"). Em meio ao grande drama escatológico, Satanás desempenha um papel estritamente delimitado. Satanás e o Pecado são agentes secundários, e devem operar dentro dos limites que Deus permite.

Andrewes procura mostrar que o poder do Pecado (com seu servo cooptado, ou seja, a Lei) inclui particularmente a congregação escutando a pregação. O bispo cita Paulo: "*Cum inimici essemus*, declarou o Apóstolo; *nós* éramos inimigos de Deus" (Romanos 5:8). Andrewes evita fazer do Pecado a primeira causa da ação de Deus, dando precedência, em vez disso, à ira de Deus. O Pecado, a causa secundária, provocou a ira de Deus, a causa primária. Muito mais forte, porém, foi o amor de Deus, a terceira agência, que causou o sofrimento de Cristo por amor de nós: "Assim, deparamos com as causas, todas as três":

1. Ira em Deus.
2. Pecado trabalhando em nós.
3. Amor em Deus.

Isso mostra belamente como podemos estabelecer distinções entre as causas da crucificação, certificando-nos de que "nós" somos vistos como perpetradores, não removendo Deus, porém, como a primeira causa, particularmente o amor de Deus. Apesar de toda a sua atenção ao papel do Pecado e do "poder das trevas", Andrewes nunca ignora Deus como sujeito ativo.

O tema da substituição em Andrewes

O mais impressionante, para os propósitos deste capítulo, é o uso declarado de Andrewes do tema da substituição.[139] Ele o expõe como se fosse a coisa mais natural do mundo, sem forçá-lo, sem insistir nele ou incorporá-lo a uma "teoria":

---

[137]Embora não possamos citar o sermão inteiro aqui, Andrewes se esforça muito para manter as três pessoas da Trindade juntas, para que não pensemos do Filho como vítima do Pai.

[138]O poder das trevas e o poder de Satanás são essencialmente a mesma coisa nos Evangelhos.

[139]Andrewes é, em geral, considerado anticalvinista, em comparação com alguns de seus contemporâneos anglicanos — o arcebispo da Cantuária, John Whitgift (c. 1530-1604), por exemplo. Essa é mais uma razão pela qual devemos prestar atenção em sua apresentação do tema da substituição.

> Não há como preservarmos a justiça de Deus e a inocência de Cristo ao mesmo tempo sem que afirmemos a seu respeito, como fez o Anjo ao falar com o Profeta Daniel: "O Messias será cortado, mas não por si mesmo".[140] Não por si mesmo? Por quem, então? Por outros. Ele tomou o lugar de outras pessoas.
>
> É trágico vermos alguém pagar [pelo que] nunca roubou; mas Jesus se tornou o nosso fiador, de forma que assumiu sobre si a pessoa do devedor [...] Assim, Cristo, embora sem pecado em si mesmo, tendo-se tornado o nosso fiador, sacrificou-se, sofrendo justamente em favor de outros, tomando-os sobre si.

Em seguida, Andrewes cita Isaías 53, sem se preocupar com qualquer desapropriação indevida, preocupação que teríamos hoje. Ele quer que saibamos que Isaías repete sua mensagem sete vezes, de sete maneiras distintas, nos versículos 4-6, a fim de não perdermos de vista a ideia central: *O Senhor fez cair sobre ele a iniquidade de todos nós.* Andrewes enfatiza a palavra "todos" e inclui até mesmo aqueles que "passam por ali" e não "consideram" o acontecimento mundialmente transformador. Esse sofrimento também é para eles. Jesus também toma sobre si essas pessoas, quer elas o considerem, quer não.

Andrewes dá seguimento a esse argumento com uma passagem que evoca o tema da substituição da maneira mais vívida possível, em um apelo passional à congregação para que escute e responda pessoalmente à Palavra viva:

> Em suma, foi por nós, por incontáveis e gravíssimos pecados [...] que o Senhor suou gotas de sangue e bradou com forte clamor. Nós é que deveríamos ter sido feridos com essas tristezas pela ira arrasadora de Deus, caso Jesus não se interpusesse e levasse os golpes que nos eram devidos. Em seu corpo e em sua alma, Cristo suportou a força e a ferocidade da Ira de Deus [...] Essa é a razão pela qual entesouramos esse texto, guardando-o em nosso peito. Sua eficácia depende de o aplicarmos a nós, a começar de mim, que escuto, juntamente convosco, as palavras do profeta Natã: *Tu es homo*, "Tu és o homem".[141]

Nosso envolvimento pessoal na substituição

O tema *Christus victor* foi criticado por "passar acima da nossa cabeça", por assim dizer, sem o nosso envolvimento. Em um sentido importante, isso

---

[140] Daniel 9:26. Andrewes atribui à passagem sua interpretação messiânica tradicional.
[141] O texto elidido, o qual afirma claramente a responsabilidade *de cristãos* na morte de Cristo, é relevante para o assunto de cristãos e judeus.

também é verdadeiro sobre a substituição e outros temas. *Deus fez isso por nós sem a nossa assistência ou cooperação.* As imagens atreladas ao tema expressam isso de diversas maneiras: fomos arrastados para fora do Egito e levados à força ao deserto; éramos reféns, incapazes de nos libertar; éramos culpados e sentenciados à morte. Paulo destaca precisamente essa ideia: enquanto ainda éramos *fracos*, "Cristo morreu pelos ímpios" (Romanos 5:6). Temos de parar e refletir sobre essa questão da agência. Nossa salvação e nossa reconciliação foram conquistadas *pela atuação de Deus como sujeito ativo*, do início ao fim. "Enquanto estávamos mortos por nossas transgressões, [Deus] nos vivificou juntamente com Cristo" (Efésios 2:5).

Entretanto, estamos tanto *envolvidos* como *implicados* na obra de Cristo.[142] Embora Deus traga à existência uma nova *comunidade*, a ideia de substituição tem o poder único de nos envolver *pessoal* e emocionalmente, no nível mais profundo. Já enfatizamos a natureza comunal do povo redimido de Deus em oposição a interpretações hiperindividualizadas da cruz; no entanto, não devemos perder de vista a convocação para a conversão e o discipulado de indivíduos. Uma das características mais marcantes de Jesus no decorrer do seu ministério foi sua abordagem pessoal a homens e mulheres individuais — chamando-os pelo nome, falando às circunstâncias íntimas de sua vida, endereçando cada um em sua singularidade. De todos os temas, a substituição é o que mais diretamente lida com o envolvimento individual, segundo expressa o hino de Heermann: *Eu crucifiquei a ti.*

O tema da substituição nos permite compreender a profundidade e a integridade do envolvimento de Cristo na condição humana. Dessa perspectiva, é realmente difícil entendermos a razão pela qual ele provoca tanta resistência. Como tornamos o autossacrifício de Cristo mais palatável ao dizer que ele se entregou apenas *em nosso benefício*, e não *em nosso lugar?* Mesmo que o tema seja interpretado apenas como uma vitória sobre os Poderes — como em *Christus victor* —, acaso isso explica o porquê de o Filho de Deus ter sofrido uma *crucificação* para derrotar o Pecado, a Morte e o Diabo? Essa ideia não desafia nossa fé do mesmo jeito? Por que deveríamos resistir ao sentido mais óbvio das palavras "por nós" e "por mim" no caso de Jesus na cruz? Visto que ele claramente não merecia o que lhe aconteceu, por que não é certo concluirmos que deveríamos ter estado lá no lugar dele? Não é esse o tipo mais básico de

---

[142] Gerhard O. Forde, "Caught in the act: reflections on the work of Christ", *Word and World* 3, n. 1 (inverno de 1983), p. 22-31.

reação humana? Já ouvimos pessoas dizerem: "Devia ter sido eu, não ele". Por que deveríamos desejar implacavelmente eliminar tais pensamentos a respeito de Cristo na cruz? O sentido claro do Novo Testamento como um todo dá a forte impressão de que Jesus se entregou à vergonha, à zombaria, aos açoites e à degradação de uma morte pública aos olhos do mundo inteiro — não apenas *em nosso favor*, mas também *em nosso lugar*.[143]

Essa mensagem do evangelho tem efeitos pastorais incomparáveis, oferecendo não apenas consolo e paz, mas também liberdade e vida. Quando a mensagem apostólica é pessoalmente apropriada, desperta fé ativa. Mais do que qualquer outro tema, mesmo o do sacrifício (do qual ele não pode ser dissociado), essa notícia particular evoca um senso de gratidão pessoal e de comprometimento emocional. Esse *evangel* tem um resultado específico: demonstra que Cristo *assumiu o peso* do pecado e da culpa que estão sobre o espírito humano precisamente no momento em que *esse peso é tirado*, provocando poderosamente em nós um senso de ação de graças tão profundo que não mais evitamos fugir de uma prestação de contas, aceitando-a, sim, de bom grado. Conforme expresso por Colin Gunton, citando a *Carta a Diogneto* (segundo século d.C.): "Oh, doce troca! [...] A pecaminosidade de muitos se esconde no Justo, enquanto a justiça de Um só justifica muitos pecadores'. [...] Veja: não se trata aqui de um balanço de contas sombrio, mas do regozijo de uma libertação. O Filho de Deus partilhou de nossa condição para que pudéssemos nos beneficiar da vida de Deus".[144]

6. Algumas conclusões

Substituição e *Christus victor*

Em vista de nossa afirmação anterior e decisiva, segundo a qual a confissão cristã mais antiga nos serve de estrela-guia ("Jesus é Senhor" — *Kurios Iesous*

---

[143]Todas as quatro narrativas da Paixão dão grande ênfase em como Pedro nega três vezes o mestre que o amou de forma incondicional. Diante desse comportamento terrível, como Pedro não poderia pensar em Jesus como alguém que sofreu em seu lugar? "Deveria ter sido eu, não ele." Quando Pedro "chorou amargamente" (Lucas 22:62), foi apenas porque o olhar perscrutador de Jesus no cantar do galo revelou ao apóstolo que ele era um covarde e um mentiroso deliberado? Não se trata também de sua compreensão de que ele foi um traidor um pouco melhor do que Judas e que, por isso, era merecedor de condenação — apesar de seu Mestre inocente estar sendo condenado? Podemos querer evitar o termo "substituição", mas é difícil ver o que ganhamos ao suprimir a ideia inequívoca de que o Jesus inocente sofre enquanto o Pedro culpado é libertado.

[144] Colin Gunton, *The actuality of atonement: a study of metaphor, rationality, and the Christian tradition* (Grand Rapids: Eerdmans, 1989), p. 140. Se é necessário abrir mão do termo "substituição" em favor de algum outro (como "troca"), segundo Gunton faz aqui, ou "representação vicária", para que essa notícia incomparável possa mais uma vez ressoar em nossos púlpitos, então que assim seja! O que argumentamos aqui é que o poder da palavra "substituição" não deve ser abandonado em decorrência de seu mau uso.

[1Coríntios 12:3]) — e em vista também do tema *Christus victor* como o tema todo-abrangente —, parece-nos contraditório dizer, neste capítulo, que a *substituição* é um tema indispensável. Certa elasticidade conceitual nos é necessária aqui; a intenção é interligar os dois temas em vez de torná-los concorrentes ou mutuamente exclusivos. Ao fazermos isso, há diversas vantagens.

Primeiro: o drama apocalíptico é o contexto inegociável do modelo da substituição e de todos os demais. Constitui o mundo conceptual a partir do qual o Novo Testamento foi escrito. O Filho encarnado chegou não a um território neutro, mas a uma esfera ocupada por um poder Inimigo.

Segundo: a forma na qual Cristo se tornou o vencedor apocalíptico foi *por meio da substituição*.[145] O *Kurios* poderia ter alcançado essa vitória de alguma outra forma, mas Deus escolheu *essa* forma. O Encarnado trocou sua glória pela vergonha da cruz (Hebreus 12:2), desde o início de sua vida, nascendo em circunstâncias vergonhosas, teve sua infância ameaçada mortalmente por um tirano, foi rotulado como impostor pelas autoridades religiosas desde o início (Lucas 4:27-29), sem um lugar no qual reclinar a cabeça por todo o seu ministério (Mateus 8:20; Lucas 9:58), e deparou com hostilidade por todos os lugares pelos quais passou. A vergonha que Cristo suportou é normalmente expressa da perspectiva do *intercâmbio*, relacionada de perto com a substituição: encontrando-se na forma de Deus, Jesus trocou sua glória pela forma de um escravo, trocando suas riquezas por nossa pobreza, sua justiça por nossa injustiça, até sua morte na cruz. Essa foi a maneira pela qual ele obteve vitória: "portanto, Deus o exaltou sobremaneira" (Filipenses 2:9; cf. 2Coríntios 8:9; 1Pedro 3:18).

Terceiro: há uma *correspondência* entre a morte de Cristo, a Lei (a Torá ou "o mandamento") e a condição humana sob a Lei. Já vimos anteriormente que a Lei, embora originária de Deus, sendo "santa, justa e boa" (Romanos 7:12), foi apropriada pelo Pecado, distorcida e usada como arma de destruição (7:5, 8-11). Cristo sofre e morre sob o ataque combinado desses Poderes aniquiladores. Ele é condenado e sentenciado à morte sob a Lei.

A morte amaldiçoada e ímpia sofrida por Jesus era, em um sentido que não podemos articular por completo, uma morte sob a voz amaldiçoadora da Lei, empunhada como arma pelo Poder do Pecado.[146] O Filho encarnado tomou nosso lugar sob a sentença da Morte, o terceiro Poder da trindade profana.

---

[145] Ao afirmar isso, não tenho a intenção de negligenciar outros temas, como o sacrifício de sangue, porém os leio como temas subsidiários e de suporte.

[146] J. L. Martyn distingue entre as "duas vozes" da Lei: uma amaldiçoando e a outra prometendo ("A formula for communal discord!" em seu *Theological issues in the letters of Paul* [Edimburgh: T. & T. Clark,

William Blake, em seu poema "Jerusalém", capta isso perfeitamente:

> Quando Satanás pela primeira vez o arco preto dobrou
> E a Lei Moral do Evangelho rasgou,
> Forjou a Lei em uma espada,
> Derramando o sangue do Senhor da Misericórdia.[147]

Repare que Blake, como Paulo, retrata Satanás como o agente que separou a Lei do evangelho.[148] Conforme vimos no capítulo 10, essa é uma forma pictórica de afirmar a bondade do mandamento, mantendo, ao mesmo tempo, sua perversão separada da vontade direta de Deus. Paulo descreve a consequência: "O próprio mandamento que me prometia vida demonstrou-se morte para mim" (Romanos 7:10). Paulo diz "mim" (e é bem possível que ele esteja pensando de forma autobiográfica aqui), porém usa "meu" e "mim" como um substituto para toda a humanidade sob "Adão". Visto que a Lei foi sequestrada pelo Pecado, o ser humano desamparado não pode fazer o mandamento funcionar adequadamente; a invocada "lei das consequências não intencionais" é um testemunho disso: "Não faço o bem que prefiro, mas o mal que não quero é o que eu faço" (Romanos 7:19).[149]

O propósito de enfatizarmos o papel mortal da Lei é mostrar como o caráter obsceno e amaldiçoado da cruz está ligado à perversão demoníaca da graciosa Lei de Deus. *Essa foi a morte que Satanás designou para todos nós*. O foco exclusivo no tema *Christus victor* nos encorajaria a evitar o tema da substituição

---

1997], p. 267-78, e *Galatians*, p. 506-12). A "voz de maldição da Lei" é serva do Pecado. A "voz promissora da Lei", por outro lado, era pregada — conforme explicado por Paulo em um de seus *insights* mais audaciosos — de antemão, antes do Sinai, a Abraão — o "pai de todos nós" (Romanos 4:11; Gálatas 3:8,14-16). A voz amaldiçoadora é de escravidão; a voz promissora é aquela que gera "filhos da promessa", filhos livres (Gálatas 4:21-31; 5:6-14). Foi a voz amaldiçoadora e condenatória da Lei que foi definitivamente derrotada na cruz. Marilyn McCord Adams escreve: "Se Deus, no Cristo crucificado, torna-se em maldição, o poder da maldição é cancelado: a maldição não pode exilar-nos mais de Deus. De modo semelhante, se Cristo se fez pecado por nós, o pecado perde o poder de nos separar do amor de Deus" (*Horrendous evils and the goodness of God* [Ithaca: Cornell University Press, 1999], p. 99).

[147]Não me lembro quem primeiro chamou minha atenção para a quadra de Blake, porém sua encapsulação impressionante de Romanos foi observada não só por mim, mas também por outras pessoas.

[148]Calvino, ensinando "a terceira função da Lei [...] sendo essa a sua principal função e a mais conectada com seu devido fim", mostra-nos como a obra do Inimigo é desfeita pelo Espírito quando a Lei e o Evangelho se unem em um novo relacionamento em decorrência da obra de Cristo (*Institutas* 2.7.6-17). "Se vocês são guiados pelo Espírito, não estão debaixo de lei" (Gálatas 5:18).

[149]De 2010 a 2020, alguns estudos particularmente deprimentes mostraram que o auxílio estrangeiro a países afetados por desastres naturais, guerra, fome, o vírus Ebola e outros males era contraproducente por causa de desperdício, incompetência, corrupção e falha na compreensão de outras culturas. Às vezes, as boas intenções realmente parecem pavimentar o caminho do inferno. Eis o porquê da máxima: "Nenhuma boa obra sai impune".

com sua ligação clara e intimamente pessoal com o Pecado e a Morte. O Filho poderia ter-se oferecido a enfrentar algum outro tipo de morte, como, por exemplo, a decapitação, mas, conforme vimos, essa era uma morte de um *cidadão* romano, não a morte de um *escravo*. Cristo sofreu como escravo *em nosso lugar*, pois éramos nós, não ele, os escravos do Pecado.

Quarto: o "grande intercâmbio" realizado por Cristo na cruz como nosso substituto foi uma descida à perdição para ele, mas uma libertação da condenação para nós. Daí a importância especial do clamor de abandono: "Meu Deus! Meu Deus! Por que me abandonaste?".[150] Não conseguimos sondar as profundezas desse clamor — que se assemelhou mais a um grito ou gemido abismal —, pois, de fato, ele surge quando Cristo desce ao inferno do qual nos livra. Nesse clamor, porém, escutamos algo do que significou para o nosso Senhor se tonar "pecado". A declaração misteriosa de Paulo em 2Coríntios 5:21, "[Deus] tornou pecado aquele que não conheceu o pecado", nunca foi plenamente entendida, mas muitos comentaristas observaram sua relação com o clamor de abandono. Deus fez de Jesus pecado, embora ele jamais tivesse pecado; e ,nessa transação indescritivelmente terrível e única, Jesus, aparentemente, sentiu a força plena de uma total separação do Pai. Foi isso que ele passou para refazer nossa natureza humana — não para melhorá-la, não para aceitá-la, nem mesmo para aperfeiçoá-la, mas para recriá-la por completo. Ele se tornou "pecado"; nós nos tornamos "justiça de Deus".[151]

Esses quatro pontos objetivam mostrar-nos *como* os dois temas predominantes estão interligados.

7. Resumo

O tema da substituição:

- surge devidamente *da narrativa bíblica*, na qual aparece em vários contextos como parte de um todo orgânico.[152] Aparece como um tema sempre que as palavras grega *huper* (por) e *peri* (por causa de) são usadas para declarar o significado da morte de Cristo.

---

[150]Barth devota grande atenção a essa "palavra da cruz" em *CD* IV/1. Apenas João 1:14 recebe mais atenção ("A Palavra se fez carne e habitou entre nós"). A ênfase especial nesses dois versículos é um sinal da ênfase de Barth *não apenas* na cruz, *mas também* na encarnação.

[151]Por causa da troca que Cristo fez conosco, agora participamos de sua justiça.

[152]Cf. tb. Hans Urs von Balthasar, *Theo-Drama: theological dramatic theory* (San Francisco: Ignatius, 1994), vol. 4, para um ângulo semelhante sobre a cruz de Cristo.

- é mais bem compreendido como um *tema subjacente*, um tema que dá suporte a outros temas, iluminando-os e sendo iluminado por eles, não em isolamento da narrativa bíblica em geral ou em competição com outros temas.[153]
- deve ser interpretado no contexto de *toda a vida encarnada* do Filho de Deus, uma vida que, desde o início, foi encaminhada para a cruz.
- está mais relacionado ao ensino bíblico *praticamente onipresente sobre o juízo de Deus contra o Pecado* do que qualquer outro tema, a despeito de quanto nossa cultura deseje evitar essa desagradável verdade sobre si mesma.
- esteve sutilmente presente, juntamente com "o sangue", na exposição homilética dos círculos não somente evangélicos, mas também no anglicanismo "católico" (usado como ilustração).
- presta-se mais particularmente à proclamação da *justificação dos ímpios*, assunto do último capítulo deste livro.

Mas, enfim, que diferença faz para nós o fato de Cristo haver morrido em nosso lugar? Essa fé provoca pouco mais do que lágrimas de arrependimento que só nos fazem sentir bem mas não nos transformam de fato? Não nos revela algo que preferiríamos não contemplar? Não vemos, no Gólgota, algo totalmente novo sobre quem é a vítima e quem são os perpetradores, algo sobre a natureza inclusiva da depravação humana? Essa revelação não "cria em mim um coração puro, ó Deus, e renova dentro de mim um espírito novo", como implora o salmista?[154]

A morte de Jesus na cruz é Deus em três pessoas agindo *em conjunto*, com uma única vontade e com um único propósito: libertar a humanidade da maldição do Pecado e de sua "arma não tanto secreta": a Lei. Jesus, o homem representativo, nosso substituto, não apenas *nos mostra como* a vontade humana

---

[153] A passagem seguinte, extraída de *Biblical theology of the Old and New Testaments: theological reflection on the Christian Bible* (Minneapolis: Fortress, 1993), de Brevard Childs, é relevante para nós pelo fato de o autor argumentar em favor da primazia do tema da substituição a despeito da predominância do tema *Christus victor* na maior parte dos comentários de hoje: "Restam-nos poucas dúvidas de que ambos os testamentos usam a imagem de combate e libertação para retratar a obra de Deus e de Cristo em libertar a humanidade dos poderes do pecado e do mal. Entretanto, a questão teológica ainda precisa ser discutida: até que ponto tais imagens podem ser consideradas para apoiar uma teologia independente e autocontida de Cristo, comparável aos temas da justificação e da expiação sacrificial? Será que a importância dessas imagens jaz em uma dimensão para a qual essa linguagem aponta, uma dimensão em *meio ao foco mais central* do Novo Testamento em torno da justificação, da expiação e da reconciliação, o qual está mais firmemente fundamentado em uma afirmação cristológica?" (p. 518, grifo na citação).

[154] De modo significativo, o salmo 51 é designado para ser lido na Quarta-Feira de Cinzas.

pode alinhar-se com a vontade de Deus, *mas também faz isso acontecer, em sua pessoa encarnada*; e então, no maior ato de amor que já aconteceu, ele devolve sua pessoa para nós, crucificado e ressuscitado dentre os mortos, as primícias de todos aqueles que lhe pertencem. Afinal, "vocês morreram, e a vida de vocês está escondida com Cristo, em Deus. Quando Cristo, que é a nossa vida, aparecer, então vocês também aparecerão com ele em glória" (Colossenses 3:3,4).

O hino de Johann Heermann, *Ah, holy Jesus, how hast thou offended?* [Ah, santo Jesus, como foste ofendido?], é tipicamente cantado no Domingo de Ramos e na Sexta-Feira da Paixão na Igreja Episcopal. As palavras indicam da forma mais clara possível que Jesus, na cruz, está lá em nosso lugar. Em sua extraordinária eficácia devocional, as palavras carregam poder vitorioso, além de qualquer crítica. É como se o hino, cantado em resposta à leitura da narrativa da Paixão, fizesse cessar toda discussão:

> Eis que o Bom Pastor pelas ovelhas é oferecido
> O escravo pecou, mas o Filho sofreu;
> Por nossa expiação, enquanto nem dávamos atenção,
> Deus intercedeu.

CAPÍTULO 12

RECAPITULAÇÃO

> Pensamos que Paraíso e Calvário,
> A Cruz de Cristo e a árvore de Adão, ficavam no mesmo lugar.
> Veja, Senhor, os dois Adãos em mim;
> Se o suor do Primeiro Adão cerca a minha face;
> Que o sangue do Último minha alma abrace.
>
> JOHN DONNE[1]

O TEMA DA *substituição* se alinha bem de perto com a noção de *representação*, embora ambos não sejam precisamente a mesma coisa.[2] Também é compatível com o modelo incontestável da *recapitulação*. Voltamo-nos agora a esse tema final de nossa lista de modelos do Novo Testamento.

O modelo é apresentado por último na sequência. Há pouca controvérsia em torno do tema. Ele surge da apresentação extraordinária de Cristo pelo apóstolo Paulo como o novo Adão (Romanos 5) e, portanto, apresenta todas as vantagens de uma narrativa em oposição a uma "teoria". Ademais, o tema da

---

[1] John Donne, *Hymn to God, my God, in my sickness*, disponível no website da Poetry Foundation (www.poetryfoundation.org).

[2] A noção central da substituição, segundo a qual Cristo sofreu o que nós deveríamos ter sofrido, não é um conceito tão aparente se a ideia de representação estiver em primeiro plano. Sobre a recapitulação, Morna Hooker propõe um ponto que mencionamos de forma implícita ao longo do capítulo anterior: "Não é [...] o caso de Cristo e o cristão *mudando de lugar*, mas do cristão *partilhando da vida de Cristo*" (*Not ashamed of the gospel: New Testament interpretations of the death of Christ* [Grand Rapids: Eerdmans, 1994], p. 33). Esse é um redirecionamento útil de alguns dos usos mais distorcidos do tema da substituição. Ao deslocar a ênfase da substituição para a participação, a autora quer mostrar como não somos tanto absolvidos da culpa pela cruz (ênfase de tantos modelos de substituição penal) como incorporados à vida do Cristo crucificado. Embora essa ênfase seja de grande importância e não deva ser negligenciada, não leva plenamente em consideração a morte pública brutal, obscena e vergonhosa de Jesus. Não é nem necessário nem desejável escolhermos um tema de forma exclusiva e rejeitarmos os demais, conforme argumento neste livro.

recapitulação pode ser compreendido como incorporando todos os outros. No capítulo anterior sobre substituição, discutimos como, ao reencenar a história de "Adão", Cristo se põe no lugar de Adão — ou seja, no lugar de toda a humanidade, individual e coletivamente.

Existe alguém vivo com mais de cinquenta anos que não gostaria de viver sua vida novamente para corrigir erros, evitar caminhos enganosos, desfazer danos, maximizar oportunidades, recuperar o tempo perdido, reparar relacionamentos rompidos ou restaurar o futuro jogado fora? Mais importante ainda: acaso não desejaríamos ver grandes erros eliminados — assassinatos em massa, abuso infantil, destruição de culturas e populações, espoliação da natureza e todas as outras misérias e atrocidades da história retificadas, e sua memória, apagada? Paulo nos ensina que, em Cristo, tudo isso não apenas acontecerá na era escatológica, mas também que o poder do que Jesus conquistou por nós e por toda a criação está ativo em nossa vida neste exato instante, à medida que depositamos nossa confiança em sua humanidade refeita.

A recapitulação é o tema bíblico mais antigo e presente nos Pais da igreja. Esse trecho de *Early Christian doctrines*, de Kelly explica seu conteúdo e sua importância:

> Percorrendo quase todas as tentativas patrísticas de explicar a redenção, está um grande tema, o qual nos fornece uma pista a respeito do entendimento que os Pais tinham da obra de Cristo. Trata-se da antiga ideia de *recapitulação*, que Ireneu extraiu do apóstolo Paulo, apresentando Cristo como o *representante* de toda a raça humana. Da mesma maneira que todos os homens estavam, de alguma forma, presentes em Adão, também estão presentes no Segundo Adão, o Homem do céu. Assim como estavam envolvidos no pecado do Primeiro, com todas as suas consequências terríveis, também *participam da* morte do último Adão e de seu triunfo sobre o pecado, as forças do mal e a própria morte. Visto que, apesar de ser Deus, Jesus se identificou com a raça humana, foi capaz de agir em favor da humanidade e em seu lugar; e a vitória que ele obteve também é a vitória de todos os que lhe pertencem.[3]

---

[3]J. N. D. Kelly, *Early Christian doctrines* (New York: Harper and Row, 1959), p. 376-7, grifo na citação [edição em português: *Patrística* (São Paulo: Vida Nova, 1994)]. Palavras elididas em Kelly são "ou pode ser" e "pode". Isso vai contra o pensamento de Paulo, que não usa esse tipo de linguagem de "possibilidade". Todos os homens estão presentes no Segundo Adão, ponto-final. Seu destino final está nas mãos de Deus. Quando Paulo está em seu modo mais expansivo, como, por exemplo, em "Assim como em Adão todos morrem, também todos serão vivificados em Cristo" (1Coríntios 15:22), o apóstolo não quantifica *pantes*, "todos". Paulo não diz "*podem ser* vivificados". Cf. tb. Romanos 11:26 ("todo o Israel será salvo") e especialmente 11:32. ("Deus consignou todos os homens à desobediência a fim de exercer misericórdia para com todos.")

Em uma passagem curta, Kelly faz uso de três conceitos: *representação*, *recapitulação* e *participação*. Repare também no tema da substituição nas palavras "em seu lugar". Em seguida, Kelly acrescenta: "Todos os Pais, a despeito de sua escola de pensamento, reproduziram o tema".[4] Não é de admirar que, nos atuais tempos de respeito crescente pelo período patrístico, a recapitulação esteja ganhando força.[5] Tem a vantagem de ser muito antiga, fazendo sua aparição na polêmica antignóstica do primeiro grande teólogo da igreja pós-apostólica, Ireneu, cuja abordagem extraiu muito da fonte de Romanos 5:15-21 para sua doutrina da recapitulação.[6]

Ireneu (c. 130-c. 200), bispo de Lyon, é uma figura impressionante na história cristã. Mesmo que não tenhamos suas obras no original grego, apenas em uma tradução para o latim, suas qualidades essenciais claramente se manifestam. Ireneu não escreve como um acadêmico, mas como um pastor com amor por seu rebanho, desejando, acima de tudo, fortalecê-lo na verdadeira fé e afastar a atração sempre presente da espiritualidade gnóstica (a qual ele satiriza de forma divertida). Ireneu apresenta os aspectos essenciais da fé em afirmações poderosamente simples, antecipando o Credo de Niceia e estabelecendo os termos segundo os quais a doutrina cristã seria analisada e discutida durante muitos séculos. É impressionante como ela soa nova ainda hoje.[7] O ensino de Ireneu sobre a recapitulação foi retomado de forma entusiástica por muitos que têm repensado o significado da morte de Cristo no contexto de encarnação, ministério e ressurreição.

---

[4]Agostinho, por exemplo, cita Ambrósio: "Caí em Adão, em Adão fui expulso do Paraíso, em Adão eu morri; e [Deus] não me considera de forma isolada de Adão [...]. A carne de Cristo, porém, condenou o pecado [...] o qual, ao morrer, ele crucificou, para que em nossa carne, onde antes havia impureza pelo pecado, houvesse justificação pela graça". Agostinho, *Sobre a graça de Cristo e o pecado original*, 2.47.

[5]Quase mil anos depois de Ireneu, Anselmo redeclara seu tema básico: "Da mesma forma que a morte sobreveio a toda a raça humana pela desobediência do homem, convinha que pela obediência do homem ela fosse restaurada" (*Cur Deus homo?* [Por que Deus se fez homem?] 1.3). Ainda outros mil anos separam Anselmo dos teólogos modernos; contudo, o tema é tão novo quanto sempre foi: "A perfeita obediência de Jesus [...] incorpora uma inversão de todas as demais narrativas ou histórias de vida humanas" (Stephen W. Sykes, *The story of atonement*, Trinity and Truth Series [London: Darton, Longman, and Todd, 1997], p. 16).

[6]O termo *anakephalaiosis*, empregado por Ireneu, é geralmente traduzido como "recapitulação" (do latim), mas também pode ser compreendido como uma "convocação" ou um "reagrupamento", já não significa simplesmente "repetição". Em seu comentário sobre Levítico, Ephraim Radner escreve: "Jesus contém em si toda a história e todas as suas formas [...]. Tudo isso, em Cristo, é traduzido à sua ordem reconciliada sob e em unidade com Deus" (*Leviticus*, Brazos Theological Commentary on the Bible [Grand Rapids: Brazos, 2008], p. 288-9). Essa é uma boa definição de recapitulação, conforme Ireneu a vê.

[7]Uma ressalva para os não especialistas: Ireneu é mais bem lido de modo seletivo. Seu editor, Edward Rochie Hardy, refere-se a "ilhas de brilhantismo em uma obra que segue o seu caminho túrgido" por meio de refutações retóricas às vezes tediosas de fantásticas construções gnósticas (introdução à seção sobre Ireneu em Cyril C. Richardson, org. *Early Christian fathers*, Library of Christian Classics [Philadelphia: Westminster, 1953], p. 344). Mesmo assim, há muitas passagens acessíveis, e as observações estritas de Ireneu direcionadas aos gnósticos são particularmente pertinentes para nós hoje.

Ireneu foi capaz de extrair as implicações de Romanos 5:12-21 bem cedo na vida da igreja, com um *insight* que raramente foi superado na história da igreja. Toda a raça humana, vista *via* Romanos 5, está envolvida no ato original de desobediência descrito no grande mito de Gênesis 2 e 3.[8] A importância de "Adão", conforme já vimos, é metafórica: o nome reúne em si mesmo a solidariedade de todos os seres humanos sob o governo do Pecado.[9] "Nós" somos "Adão", e "em Adão todos morrem" (1Coríntios 15:22). Segue-se, então, que Cristo entra em batalha contra os Poderes e, na expressão abrangente de Ireneu, "vence, por meio de Adão, aquilo que nos afligira por meio de Adão".[10]

A história de Paulo sobre os dois Adões (reprise)

Examinamos Romanos 5:12-21 em profundidade no capítulo 9, e o leitor poderá consultar a seção no capítulo intitulada "O Senhor (*Kurios*) como *Christus victor* em Romanos 5 e 6" em conjunto com esta. Ricoeur lança luz à originalidade de Paulo ao analisar Gênesis 2 e 3: "Adão [...] continuou uma figura muda em quase todos os escritores do Antigo Testamento [...] [o mito de Adão] permaneceu em um estado de animação suspensa, por assim dizer, até que o apóstolo Paulo o revitalizasse ao torná-lo paralelo ao Segundo Adão, Jesus Cristo".[11] Em Romanos 5, a importância cósmica esquecida da história de Adão é redescoberta e revertida pelo evento apocalíptico de Jesus Cristo.

Já observamos anteriormente os paralelos de Paulo, mas em um contexto diferente. No capítulo 9, enfatizamos Cristo como conquistador na virada das eras. Aqui, ressaltamos os paralelos por uma perspectiva diferente ao traçarmos a história do Segundo Adão:

> Juízo → um único pecado → condenação
>
> *em contraste com*
>
> Dádiva → muitos pecados → justificação

---

[8] Pode ser que nem mesmo Paulo acreditasse na existência de pessoas reais cujos nomes fossem Adão e Eva. Em todo caso, tal crença não é de forma alguma necessária.

[9] Em Efésios 1:10, a palavra grega *anakephalaioo* é estranhamente traduzida como "encabeçar" (*ana*, "em cima"; *kephale*, "cabeça"). Em Ireneu, a ideia parece ser que, enquanto Adão serve de cabeça (*kephale*) da linhagem humana não regenerada, Cristo é o cabeça da humanidade redimida.

[10] Irenaeus, *On the apostolic preaching*, 16.68.

[11] Paul Ricoeur, *The symbolism of evil* (Boston: Beacon Press, 1967), p. 6. O mito tomou vida quando Paulo o apropriou.

Em 5:17:

> Transgressão de Adão → Morte reinou
> *em contraste com*
> A graça de Cristo e a justiça → reinam em vida

Em 5:18, Paulo reafirma e resume:

> Uma transgressão → condenação para todos
> *em contraste com*
> Um ato de justiça → justificação e vida para todos

Paulo repete esses paralelos de contraste inúmeras vezes, conforme vimos no capítulo 9, ao expor seu argumento, usando a típica estrutura "muito mais" para mostrar que a ação de Deus em Cristo é infinitamente maior do que todas as calamidades que acompanharam a desobediência de Adão.

Ireneu expressa isso da seguinte maneira:

> [Cristo], ao encarnar e se tornar ser humano, recomeçou a longa linhagem de seres humanos, fornecendo-nos, de maneira abrangente [*in compendio*], a salvação. Desse modo, o que perdemos em Adão — a saber, a [perfeita] imagem e semelhança de Deus — recuperamos em Cristo Jesus (*Adversus haereses* [Contra as heresias] 3.18.1).

> Deus recapitulou em si mesmo [*in seipso recapitulavit*, "reunisse em si mesmo"] a formulação antiga do homem, e isso com o fim de matar o pecado, privar a morte de seu poder e vivificar o homem (3.18.7).

> Aquele que era a Palavra, recapitulando Adão em si mesmo, nasceu de forma legítima, capacitando-o a reunir Adão [em si mesmo], para que a mesma formação fosse reunida [recapitulada] em Cristo (3.21.10).

Como praticamente todos os pensadores cristãos importantes que precederam o meio pós-iluminista e modernista que dominou os estudos bíblicos até a segunda metade do século 20, Ireneu se movia facilmente entre várias imagens do que Cristo realizou. Por conseguir apropriar-se do mundo conceitual do Novo Testamento sem escrúpulos "científicos" (que reinaram até recentemente), Ireneu adotou boa parte da cosmologia do Novo Testamento:

"Ele [Cristo], portanto, renovou completamente todas as coisas, assumindo a batalha contra o nosso inimigo e esmagando aquele que nos levara, no início, cativos em Adão" (5.21.1).

Há muito a observarmos nessa declaração. A recapitulação não é compreendida apenas como Cristo revivendo a história humana e tomando decisões certas e não erradas.[12] Diferentemente da maioria dos intérpretes modernos, Ireneu fala com naturalidade da terceira parte, o Inimigo, que quase desapareceu das interpretações tradicionais do Novo Testamento até o século 20. Ireneu também chega perto de personificar o Pecado e a Morte, da mesma forma que Paulo: o pecado tinha de ser destruído, e a morte, privada de seu poder. Entendida dessa forma, sua doutrina da recapitulação, florescendo a partir de Romanos 5, está interligada com o tema *Christus victor* em seu contexto mais pleno: o contexto da guerra apocalíptica de Deus contra "aquele que nos levara, no início, cativos em Adão".

No último versículo da passagem Adão-Cristo (Romanos 5:21), Paulo evoca a colisão entre dois reinos e dois senhores. Ele faz isso estabelecendo mais dois contrastes paralelos. Repare como a palavra traduzida por reino (*basileia*) aparece na forma de um *verbo*, mostrando que, aqui, estamos falando de dois agentes ativos com domínios rivais:

Assim como o Pecado reinou [verbo *basileuo*] na Morte,
Também a graça reinasse [verbo *basileuo*] pela justiça.

Para que não haja dúvida de quem foi o vencedor nesse conflito, em um belo movimento retórico, Paulo se distancia de seu paralelismo exato e adiciona um segmento, levando essa série de contrastes a uma conclusão retumbante: "Para que [...] a graça também reinasse pela justiça para a vida eterna *por meio de Jesus Cristo, nosso Senhor (Kurios)*".

---

[12] Digo-o de forma polêmica. O uso diário de termos como "escolhas boas/certas" *versus* "escolhas ruins/erradas. Essa ênfase na escolha soa suspeitamente pelagiana; não se encaixa bem com a perspectiva paulina/agostiniana de que nossa vontade foi escravizada. Muito trabalho foi feito nas ciências sociais para minar a noção de "livre" escolha (Gary Gutting, professor de filosofia em Notre Dame, faz uma análise panorâmica nas páginas de opinião do *New York Times*, "What makes free will free?", 19 de outubro de 2011). Falando bíblica e teologicamente, é apenas pela graça de Deus que somos capacitados a fazer as tais "boas escolhas" que alguns indivíduos sem nenhuma formação cristã insistem em que façamos. Quando a talentosa cantora e compositora Amy Winehouse morreu, muitos disseram que ela "fez más escolhas". A história não é bem essa: ela estava sob o controle do poder demoníaco das drogas. Quando alguém sugere que outra pessoa fez escolhas erradas, tal sugestão soa paternalista e distanciadora, como se o falante não pudesse imaginar a si mesmo tendo tais problemas. Curiosamente, não me lembro de ninguém dizendo que o ator Philip Seymour Hoffman fez "escolhas erradas". Todos parecem reconhecer que ele foi impelido, dominado, por um poder além do seu controle.

O alcance abrangente de Romanos 5:12-21 é singularmente poderoso — singularmente inclusivo, se você preferir. *Essa é a nossa história*. Como Käsemann escreve: "A pessoa encurvada, forçada a experimentar o destino de Adão, existe por toda parte".[13] Se há qualquer dúvida sobre nossa incapacidade diante do Pecado, temos de pensar no reino da Morte e tentar imaginar a nós mesmos *vencendo* essa batalha. A morte é, de fato, um domínio — uma *basileia* —, e nenhuma esperança religiosa ofereceu uma declaração tão definitiva de vitória plena sobre o domínio da morte como aquela encontrada na história bíblica. Se Jesus é Senhor, o desafio para nós é participar de sua vitória neste exato momento, no presente "século mal" (Gálatas 1:4). O tema da *participação*, tão relacionado ao da recapitulação, segue a história de Adão e Cristo, conforme Paulo a desenvolve em Romanos 6 e em outras passagens. A conexão inseparável entre a *theologia crucis* — a teologia da cruz — e a vida cruciforme da comunidade cristã torna-se aparente nessa conexão. "Temos a mente de Cristo", declara Paulo aos coríntios, logo em seguida à exposição mais apaixonada que fez da *theologia crucis* (1Coríntios 2:16).

O BATISMO EM ROMANOS 6

Seguindo imediatamente a passagem Adão-Cristo em Romanos 5, Paulo desloca toda a conversa sobre o Segundo Adão para a esfera do batismo. A palavra "reino" (*basileia*) reflete o texto deuteropaulino de Colossenses, o qual é consensualmente tido como um fragmento de um hino batismal primitivo: "... dando graças ao Pai, que [...] nos libertou do domínio das trevas e nos transferiu para o reino [*basileia*] do seu Filho amado" (Colossenses 1:11-13). Qualquer um que tenha seguido a discussão até aqui reconhecerá essa transferência de *basileia* — essa tradução do novo cristão batizado de um domínio para o outro, pelo poder de Deus. Isso é o que podemos chamar de o puro apocalíptico do Novo Testamento. O batismo não é a simples concessão de uma bênção. Significa, antes, uma mudança radical de eras, um arrebatamento do indivíduo batizado das garras do Inimigo e sua transferência desta era para a era vindoura.[14]

Romanos 6 começa com Paulo antecipando a pergunta: "Como, então, devemos viver?". Se é verdade, como Paulo proclama, que nossa salvação foi

---

[13]Ernst Käsemann, *Commentary on Romans* (Grand Rapids: Eerdmans, 1980), p. 209.
[14]Em Colossenses, a linguagem apocalíptica de transferência não é como o conceito de uma "jornada", conforme muitos imaginam. A ação do Espírito Santo no batismo é imediata e não depende do progresso do batizado em direção a um objetivo espiritual.

inteiramente ganha pelo Segundo Adão, então que diferença faz o batismo? Por que não continuar a viver como pecadores entusiasmados? Essa é a oportunidade de Paulo explicar que "morremos para o pecado": "Vocês não sabem que todos nós que fomos batizados em Cristo Jesus fomos batizados em sua morte? Fomos, portanto, sepultados com ele pelo batismo na morte, para que, como Cristo ressuscitou dos mortos pela glória do Pai, também nós andemos em novidade de vida" (Romanos 6:3,4).

Há uma "objetividade" acerca disso que, de fato, caracteriza cada um dos modelos de expiação que temos analisado.[15] Seguindo Romanos 6, aprendemos que o *fato objetivo* de nossa redenção é a força motriz de toda *resposta subjetiva a Cristo* e *da imitação que resulta dessa resposta*. Se fomos objetivamente sepultados pelo batismo na morte de Cristo, então há uma reorientação objetiva de nossa vida e de nossa vontade como aqueles que "foram trazidos da morte para a vida" (6:13). Nosso velho Adão, declara Paulo efetivamente, foi crucificado com Cristo (6:6).[16] De fato, o apóstolo fala explicitamente a seu respeito nesses termos, usando uma linguagem incomumente pessoal, em Gálatas 2:20: "Fui crucificado com Cristo. Não sou mais eu quem vive, mas Cristo vive em mim ...".[17]

A obediência da fé em Romanos 5 e 6

Obediência é o componente central do modelo de recapitulação de Ireneu. É a obediência de Cristo que produz e modela nossa obediência e nossa fé. Em vista do domínio mortal do pecado sobre o ser humano, porém, como isso deve ser apropriado? É tentador passarmos rapidamente da presença dos Poderes para a ideia de imitação. Visto que a história de Paulo sobre o primeiro e o Segundo Adão forma a semente para toda a ideia de recapitulação de Ireneu, temos de compreender a linha de raciocínio de Paulo.

No evento primordial, "Adão" foi desobediente. O caráter dessa desobediência é desenhado da forma mais ampla possível em Gênesis 2 e 3: rebelião

---

[15]Isso pode ser verdadeiro até em relação ao modelo "subjetivo" associado a Abelardo. Deve existir algum tipo de momento objetivo na história da cruz que evoca o amor do cristão e sua motivação de querer imitar Cristo.

[16]Romanos 6:6 declara a ideia nos termos mais paulinos possíveis: "Sabemos que o nosso velho 'eu' foi crucificado com ele, para que o corpo de pecado seja destruído e não mais sejamos escravizados pelo pecado".

[17]É importante continuarmos a leitura do que Paulo declara aqui. O apóstolo mostra como a vida de Cristo não é uma "imitação", mas o resultado da recapitulação de Cristo na vida de "Adão" — em sua vida encarnada e, de forma suprema, em sua morte: "Fui crucificado com Cristo. Não sou mais eu quem vive, mas Cristo vive em mim. A vida que eu agora vivo na carne, vivo-a pela [fidelidade do] Filho de Deus, que me amou e se entregou por mim".

contra o bom propósito de Deus. Por causa daquele evento primordial catastrófico, toda a história posterior da humanidade tem sido uma saga de separação e tolice. Não há uma área sequer da personalidade humana que não tenha sido infectada pelo Pecado.[18] O Pecado penetrou o DNA humano, por assim dizer. Foi precisamente em *meio a essa condição humana* que o Filho de Deus foi encarnado. Paulo refere-se a essa situação humana pelo menos cinco vezes em cinco versículos: "Muitos morreram pela transgressão de um só homem [...] o juízo que seguiu uma transgressão trouxe condenação [...] por causa da transgressão de um só homem, a morte reinou por meio de um só homem [...] a transgressão de um só homem levou todos os homens à condenação [...] pela desobediência de um só, muitos foram feitos pecadores" (Romanos 5:15-19). Repare a sequência de referências a juízo, condenação e o reino da Morte; essa é a condição humana não redimida. A redenção, portanto, envolve a reconstituição completa da natureza humana.[19]

Em Romanos 5, esse refazer completo foi conquistado pelo Cristo encarnado, que reescreveu a história de Adão ao ser obediente ao Pai em cada estágio de sua vida terrena.[20] O Evangelho de Paulo não é modelado na *possibilidade e no potencial* humano, mas no *poder de Deus*. Essa afirmação é o fundamento

---

[18]Obviamente, não se trata de um fato biológico. É uma metáfora, usada para sugerir aquilo que o incompreendido conceito de Calvino sobre "depravação total" queria dizer. Nenhum componente da existência humana permanece intocável pela Queda. Ao contrário de muitos ensinamentos religiosos e "espirituais" desvinculados da tradição judaico-cristã, não existe um cerne "espiritual" puro e intocado, impenetrável ao Pecado, no centro da personalidade humana. Devemos ser refeitos de dentro para fora — como Cristo assumiu a humanidade plena na encarnação.

[19]O tema da recapitulação não é encontrado apenas em Romanos. O evangelho de Mateus, por exemplo, sugere a recapitulação em diversos pontos. Por volta do capítulo 4, Mateus já apresentou Jesus de forma plena como o Filho de Deus e o Messias de Israel. Jesus salva seu povo dos pecados deles (significado do nome de Jesus, "Deus salva" [Mateus 1:21]), e ele o faz sendo perfeitamente obediente a Deus, revertendo a desobediência de Israel — a começar por seu batismo para "cumprir toda a justiça" (Mateus 3:15). J. D. Kingsbury, em seu comentário de Mateus, escreve: "Visto que essas tentações são antitípicas às experimentadas pelos israelitas em suas peregrinações no Egito e em Canaã, Jesus é retratado como aquele que recapitula em sua pessoa a história de Israel, nação que também foi designada por Deus como seu 'filho' (Êxodo 4:22-23). Mas enquanto Israel, filho de Deus, rompeu sua fé em Deus, Jesus, Filho de Deus, rendeu-lhe perfeita obediência" (*Matthew*, Proclamation Series [Philadelphia: Fortress, 1977], p. 40).

[20]Por causa dessa ênfase na conformidade ao longo da vida com a vontade de Deus, o modelo de recapitulação de Ireneu foi ligado ao tema da influência moral de Abelardo. Sem dúvida, se encaixa bem com o tema da "imitação" de Cristo em sua obediência vitalícia. Entretanto, mover-nos a uma ênfase na recapitulação como um "feito exemplar", imediatamente após a exposição de Romanos 5:12-21, seria interpretar erroneamente Paulo. Um exemplo disso é Jaroslav Pelikan, *The Christian tradition: a history of the development of doctrine, The emergence of the Ccatholic tradition (100-600)* (Chicago: University of Chicago Press, 1975), vol. 1, p. 144-6: "Cristo se tornou um exemplo para o homem, assim como Adão fora o exemplo para Cristo". Pelikan parece identificar a insuficiência de sua declaração, pois prossegue: "Cristo não foi apenas o exemplo, mas a imagem exemplar e prototípica de Deus, segundo a qual o ser humano fora criado". Para o autor, "exemplo" parece ser um termo fraco demais, de modo que ele acrescenta "prototípico", mais em linha com Romanos 5, por carregar consigo o sentido da interposição de Cristo ao deslocar "Adão".

essencial para toda a linha agostiniana de desenvolvimento da teologia cristã. O fato de as igrejas negligenciarem Paulo — em igrejas tradicionais e evangélicas — resulta de nossa resistência humana arraigada em relação a esse ponto fundamental. A história de Adão e de Cristo diz respeito à *incapacidade* por parte de Adão e à *potência* por parte de Deus.

O conceito paulino da "obediência da fé" constitui um tema notável, o qual abre e fecha a carta aos Romanos, mas Paulo não exorta seus leitores a "imitar" a obediência de Cristo da forma que, em geral, a compreendemos. Paulo usa a expressão "obediência da fé" apenas duas vezes, porém como ele a emprega tem o propósito de fixar nossa atenção.[21] De forma impressionante, a expressão parece colocar entre parênteses seu longo argumento, começando no início da carta (1:5) e reaparecendo ao final (16:26). O mais importante é a construção da frase. Em ambos os casos, a "obediência da fé" deve ser "produzida". Não se trata de uma sintaxe de *exortação* ou *imitação*; trata-se da sintaxe de *proclamação* e *promessa*.

O conceito de "dois caminhos" era amplamente aceito em todo o mundo helenístico e profundamente acoplado ao judaísmo helenístico.[22] Em qualquer doutrina dos dois caminhos, o ser humano é apresentado com uma escolha. Boa parte do Antigo Testamento parece ser construída nesse formato. Deuteronômio 11:26-28 apresenta, por assim dizer, dois caminhos que o ser humano deve escolher. O versículo tão conhecido de Josué 24:15 encapsula essa ideia: "Escolham, hoje, a quem vocês servirão". Esse é um tema forte logo no início do Antigo Testamento e, dada a tendência do ser humano de acreditar em seu poder de escolha, representa a posição padrão para a maioria de nós. Entretanto, a narrativa geral e predominante dos dois Testamentos, tomados em conjunto, é a abraâmica, segundo a qual Israel — e, por extensão, a igreja — é escolhida e garantida pela promessa incondicional e preveniente de Deus. É a aliança abraâmica, e não a aliança do monte Sinai (a aliança mosaica), que predomina no Novo Testamento. Isso exige de nós uma leitura diferente do Antigo Testamento, pelo olhar de Dêutero-Isaías e de outros profetas pós-exílicos, nos quais a ênfase é quase exclusivamente *no que Deus fará*, quer seu povo faça as escolhas certas, quer não. Da perspectiva de Paulo, isso remonta

---

[21] A monografia de Paul Minear, *The obedience of faith*, estabelece esse ponto desde cedo, com o fim de enfatizar a importância do tema para Paulo à luz do que ele pode ter ouvido sobre a situação da igreja de Roma.

[22] Sobre a doutrina dos dois caminhos, cf. J. Louis Martyn, "The apocalyptic gospel in Galatians", *Interpretation* 54, n. 3 (julho de 2000), p. 247-52.

retroativamente a porções anteriores do Antigo Testamento, de modo que ele cita livremente o Pentateuco sem nenhum senso de tensão.[23]

A cosmologia do Novo Testamento, demonstrada mais claramente nas cartas de Paulo (mas também presente em um e outro nível nos Evangelhos e nas demais cartas do Novo Testamento), não nos apresenta *dois caminhos* para a vida, mas *dois reinos* — duas esferas de poder. Paulo retrata "Adão" sob a tirania da "carne" (*sarx*, o domínio do Pecado e da Morte) e, portanto, incapaz de exercer boas inclinações em liberdade, mesmo quando elas são ardentemente desejadas (Romanos 7:15-24).[24] É a entrada plena do Filho encarnado na vida de "Adão" que inaugura a nova vida de perfeita obediência. Quando isso é entendido como recapitulação, torna-se claro que, enquanto a vida em Cristo resulta em obediência, essa "obediência da fé" (Romanos 1:5; 16:26) não é cumprida por uma escolha humana de um dos dois caminhos.[25] Há uma diferença decisiva entre um chamado para obedecer e uma transferência para uma nova ordem mundial. Na cosmologia do Novo Testamento, a vida de Jesus cul-

---

[23]De fato, a ênfase na ação preveniente de Deus já se encontra presente em Deuteronômio para aqueles que a procuram: "O Senhor, teu Deus, circuncidará o teu coração e o coração de tua descendência, para amares o Senhor, teu Deus, de todo o coração e de toda a tua alma, para que vivas" (Deuteronômio 30:6). Paulo a enxergou aqui. Ignorando passagens sobre a escolha humana ("justiça baseada na lei") e os "dois caminhos" expostos em Deuteronômio, o apóstolo se apropria de 30:11-14 e cita o trecho inteiro em Romanos 10:5-13 para expor a "justiça que procede da fé".

[24]Posteriormente, os rabinos se moveram em outra direção, semelhante à dos "dois caminhos" do helenismo, com o ensino das duas inclinações: a *yetser ha-ra* (má inclinação) e a *yetser ha-tov* (boa inclinação). O *Jewish annotated New Testament* [Novo Testamento judaico anotado], expondo Romanos 7:15, usa o conceito das duas inclinações para lançar luz à declaração de Paulo: "Não faço o bem que prefiro, mas o mal que não quero". Até aqui, tudo bem. Isso certamente poderia ser interpretado como uma descrição da inclinação má fazendo guerra contra a boa. No entanto, a semelhança se encerra nesse ponto. Os rabinos ensinavam — e ainda ensinam — que a Lei foi dada para que, pela *yetser ha-tov*, pudéssemos vencer a *yetser ha-ra*. O argumento inteiro de Paulo é que esse não pode ser o caso, visto que até mesmo nossas boas inclinações foram cativas pela lei do Pecado (Isaías 64:6). Desse modo, talvez Romanos 7:9-11 seja a reflexão de Paulo sobre seu *bar mitzvah*, quando ele se tornara um "filho do mandamento". A partir de sua nova perspectiva como "escravo de Cristo", Paulo vê que o "mandamento que me prometia vida revelou-se morte para mim". No momento em que ele faz essa confissão, o cristão já está dizendo: "Graças a Deus por Jesus Cristo, nosso Senhor!" (Romanos 7:24-25). De fato, a confissão seria impossível sem tal agradecimento revigorador.

[25]Rowan Williams, em uma discussão do martírio cristão, reflete sobre a natureza da obediência cristã. A disposição de Policarpo de ser lançado à mercê da turba (156 d.C.) tem fundamento em seu autoconhecimento como "receptor de uma salvação livre e gratuita". Sua obediência a Jesus como rei, escreve Williams, "está enraizada em sua confiança de que Jesus o salvara, de que se transformara no dom de sua vida [de Policarpo]. O poder que conta para o mártir é o poder que *concede vida*, e não o poder que *simplesmente ordena* [...]. O mártir pode manter sua lealdade a Jesus sob as ameaças mais terríveis, visto que algo lhe foi *transmitido*, não ordenado (*Christ on trial: how the gospel unsettles our judgement* [Grand Rapids: Eerdmans, 2000], p. 99-100, grifo na citação; também adicionei uma mudança mínima na pontuação). A obediência cristã surge da liberdade, a liberdade que vem do dom incondicional da vida dada por Cristo — dada, conforme exposto no texto principal, por meio de sua autossubjugação em perfeita obediência ao Pai em sua recapitulação da história do desobediente Adão. Lida através dessas lentes, a carta de 1João transmite a mesma mensagem: o mandamento (amar) e a incorporação do cristão em Cristo são uma coisa só.

mina em sua crucificação, e a ressurreição é o evento inaugural da era vindoura, o reino de Deus ao qual todo cristão recém-batizado pertence por adoção e graça. É somente a partir desse arranjo completamente novo que a obediência é gerada, pelo poder do Espírito Santo. Foi esse tipo de obediência que Abraão foi capaz de buscar "de antemão" (ou "antecipadamente", Gálatas 3:8), segundo a promessa de Deus (Romanos 4:1-22). Essa é a obediência que se torna nossa pelo crédito (*logizomai*) que Deus nos faz (Romanos 7:23-25). Isso é totalmente comparável ao ensino de Ireneu sobre recapitulação.

Obediência na vida de Cristo, o Senhor

O tema da obediência surge a partir da confissão de Cristo como *Kurios* — "Senhor".[26] No grego, há uma conexão poderosa relacionada a essa palavra, uma conexão que o leitor familiarizado com a língua helenista capta com facilidade. Cada uma das duas esferas de poder tem seu *kurios* ou *kurioi*.[27] A forma verbal *kurieuo*, "ter domínio", é usada em Romanos 6:9, passagem em que Paulo declara que a Morte "não tem mais domínio" sobre Cristo; também é usada em 6:14, quando o apóstolo declara a verdade correspondente de que o Pecado não mais "domina" o cristão batizado. Só podemos entender o verdadeiro significado de "domínio" quando compreendemos quem o "Senhor" é. É o Senhor Jesus quem nos tira da órbita dos Poderes e nos conduz à órbita de sua obediência. Nossa condição universal, como nascidos em "Adão", significa que estamos debaixo do senhorio do Pecado e da Morte; em Cristo, porém, o Pecado e a Morte não podem mais nos "dominar". Seu governo foi substituído pela justiça de Deus em Jesus Cristo, o *Kurios*. Ser "dominado" por Jesus Cristo é estar realmente livre, pela primeira vez.[28]

Eis aqui uma passagem relevante, começando com 6:16, com certas palavras destacadas para ênfase:

> Vocês não sabem que, quando se oferecem a alguém como *escravos obedientes*, tornam-se *escravos* daquele a quem *obedecem*, seja do pecado que leva à morte ou

---

[26] Sobre a obediência, Anselmo diz quase a mesma coisa que Ireneu: "Como a morte sobreveio à raça humana pela desobediência de um homem [Adão], convinha que pela obediência de um homem [Cristo] a obediência fosse restaurada" (*Cur Deus homo?* 1.3).

[27] Ricoeur as chama de "dois regimes ontológicos" (*The symbolism of evil*, p. 235, n. 1).

[28] Como Paulo, o evangelho de João emprega livremente essa linguagem: "Jesus lhes respondeu: 'Em verdade, em verdade eu digo a vocês: todo aquele que comete pecado é escravo do pecado. O escravo não fica para sempre na casa; o filho sim, para sempre. Se, pois, o Filho os libertar, vocês realmente serão livres'" (João 8:34-36).

da *obediência* que leva à justiça? Mas graças a Deus que, embora outrora *escravos* do pecado, vocês *obedeceram de coração* ao padrão de doutrina com o qual se comprometeram e, tendo sido *libertados* do pecado, tornaram-se *escravos da justiça*.

A linguagem de Paulo em Romanos 6, que parece ser sobre escravidão e obediência, na verdade diz respeito a libertação e liberdade. Isso não é fácil de ilustrar, visto que toda a nossa cultura é orientada à liberdade individual e à celebração de descartar quaisquer restrições impostas. Contudo, a coisa não é tão simples assim; devemos olhar mais de perto para como compreendemos essa liberdade. Uma liberdade que envolve uma luta intensa contra os impulsos malignos nem sempre se encaixa em nossa definição cultural de liberdade. Em tese, o alcoólatra é livre para beber ou não beber, mas nenhum alcoólatra em recuperação pensa dessa maneira. Ele sabe que está escravizado por impulsos que levam à morte. Seu homólogo, o não alcoólatra, é uma pessoa que sabe não estar aprisionada por essa forma particular de escravidão. Isso significa que o homem sóbrio fez "boas escolhas"? Não. Tal indivíduo não se atrai nem um pouco pela bebida alcoólica, teve fortes influências e modelos de comportamento em sua vida ou tem pouca tolerância ao álcool, o qual não lhe apresenta qualquer tentação. O alcoólatra não tem tal liberdade nessa área de sua vida; ele entende o que Martinho Lutero chamou, em seu tratado clássico, de "escravidão da vontade".

Nossa cultura, com seu amor pela transgressão, confunde um tipo de liberdade com outro. "A liberdade que temos em Cristo Jesus" (Gálatas) não é como a liberdade de cruzarmos as fronteiras culturais e nos apropriarmos do que quisermos; "liberdades" dessa natureza são simplesmente trocas de um tipo de escravidão por outro. Ainda somos movidos por nossos desejos. "Liberdade em Cristo" é ser liberto de um conflito interno perpétuo para a "liberdade gloriosa dos filhos de Deus" (Romanos 8:21), na qual somos capacitados a viver não por nossos desejos tirânicos, mas por amor aos outros. A verdadeira obediência a Deus se assemelha a isso. É um dom que nos é dado *de fora para dentro da nossa natureza humana*, pela incorporação do cristão à vida do Segundo Adão. Ireneu escreve: "Assim, dessa forma, ele gloriosamente cumpriu a nossa salvação e [...] *dissolveu a velha desobediência* [...] [ao] recapitular essas coisas em si mesmo a fim de obter vida para nós".[29]

A expressão "lei da liberdade", que Tiago emprega duas vezes (Tiago 1:25; 2:12), dá-nos outra pista. "Lei" e "liberdade" soam como se uma palavra

---

[29]Ireneu, *On the apostolic preaching*, 1.37, grifo na citação.

cancelasse a outra, mas, em Cristo, elas são a mesma coisa. Ser perfeitamente livre não significa ter a oportunidade de fazer escolhas, sejam elas de rebelião ou de obediência. Antes, significa ser dispensado da necessidade de fazer qualquer escolha, uma vez que o indivíduo foi entregue a um reino no qual não há obstáculo algum para a completude do florescimento humano, tampouco a possibilidade de alguém invadir a esfera de outra pessoa. Ser escravo de Cristo, o *Kurios*, deve ser algo assim, embora esteja muito além do que pode ser sugerido por meras analogias humanas.

Ligação entre encarnação e crucificação em Romanos 8

Na teologia da cruz, o tema da recapitulação ranqueia alto em valor. Entretanto, há um problema: sozinha, a recapitulação não pode explicar a natureza da crucificação. Apesar do relato convincente de Ireneu, a recapitulação não incorpora nem explica o fator atrelado à horrível morte de Cristo. Essa é a lacuna — o espaço em branco, implorando para ser preenchido — em boa parte do que foi escrito na história da igreja sobre a cruz. O escândalo, a hediondez, a obscenidade e, acima de tudo, a vergonha e o abandono inerentes à forma que Jesus morreu foram, na maioria das vezes, deixados de lado.

Ireneu não deixa de falar do sofrimento de Cristo nem do derramamento de seu sangue, alinhando-se, dessa forma, com o Novo Testamento; no entanto, esses temas não lhe são centrais. A natureza particular do sofrimento não recebe o foco devido nos modelos que ressaltam a encarnação ou mesmo a "morte" de Jesus, se o *método* de sua morte não é especificado.[30] Algumas vezes, a recapitulação é chamada de modelo "físico" da expiação porque, conforme ressaltado por Ireneu, foi a própria encarnação que trouxe a redenção. De acordo com essa interpretação da recapitulação, parece que a crucificação de Cristo foi acidental em sua vida encarnada, essencial apenas para abrir caminho para a ressurreição.[31] Isso deixa o problema da crucificação, como método terrível, sem solução.

Romanos 8:3 oferece uma pista para o problema, embora seja um texto difícil de traduzir: "A Lei era incapaz por causa da fraqueza da natureza pecaminosa [*sarx*]; assim Deus, enviando o seu Filho em semelhança de natureza

---

[30]Conforme já vimos, quando Paulo se apropria do testemunho já existente sobre Cristo em Filipenses 2:5-11, adiciona a expressão "e morte *de cruz*" para fixar a atenção nesse *método* particular de morte.

[31]P. ex., Hastings Rashdall, *The idea of the atonement in Christian theology* (London: Macmillan, 1919), p. 238.

pecaminosa [*sarx*], de pecado e concernente ao pecado, condenou o pecado na carne [*sarx*]".³²

Repare na forma audaciosa como Paulo confere duplo significado a *sarx*: o termo se refere metaforicamente à natureza humana em geral e também à carne literal, material, de Jesus.³³ A passagem é complicada e muito difícil de traduzir, mas a ideia básica pode ser explicada da seguinte forma: Jesus, começando com sua encarnação, fez o que era impossível via Lei: assumiu a natureza humana pecaminosa ("Adão") precisamente em sua "fraqueza" — em sua inabilidade de cumprir as justas exigências da Lei — e, por sua obediência, anulou os efeitos punitivos e condenatórios da Lei. Isso foi feito precisamente na carne encarnada do Filho.³⁴

O domínio do Pecado sobre a natureza humana foi decisivamente condenado e conclusivamente rejeitado por Deus.³⁵ A esse respeito, dois textos cruciais constituem a conexão paulina mais óbvia — 2Coríntios 5:21 e Gálatas 3:13:

---

³²Tradução parafraseada da autora. Eis o grego de forma mais detalhada: "A Lei era incapaz [*adunatos*, significando também 'impossível'] pela fraqueza da natureza pecaminosa [*sarx*, geralmente — e de forma um tanto imprecisa —, traduzida por 'carne']; assim Deus, enviando seu Filho em semelhança [*homoioma*] de carne pecaminosa [*sarx*], de pecado e concernente ao pecado [*hamartias kai peri hamartias*], condenou o pecado [*katekrinen ten hamartian*] na carne [*sarx*]". Nenhuma das traduções inglesas é inteiramente satisfatória. A NRSV chega perto na tentativa de traduzir a passagem: "Deus fez o que a lei, enfraquecida pela carne, não podia fazer: ao enviar o seu Filho em semelhança de carne pecaminosa, a fim de lidar com o pecado, ele condenou o pecado na carne". O maior problema é como traduzir *hamartias kai peri hamartias*. Em vez de "para o pecado" ou "concernente ao pecado", Käsemann, em seu comentário de Romanos, traduz: "como um sacrifício expiatório". Parece um exagero, mas a tradução de Käsemann segue quase a mesma linha da tradução semelhante, embora menos contundente, "como uma oferta pelo pecado", tradução que também é apresentada na versão King James e na NRSV como alternativa. *Peri hamartias* era uma expressão regularmente usada na LXX como equivalente para a palavra hebraica que ora significava "pecado", ora "oferta pelo pecado".

³³C. K. Barrett faz a útil tradução de *sarx* nesse contexto como "a forma da carne que passou para o domínio do pecado" (*A commentary on the Epistle to the Romans*, Harper's New Testament Commentaries [New York: Harper and Row, 1957], p. 153).

³⁴A palavra *homoioma* (semelhança) é sugestiva e, com sua possível indicação de docetismo, foi muito debatida. A doutrina da encarnação está em jogo aqui. Manifestou-se Jesus apenas em "semelhança" de *sarx*? Visto que, em Filipenses 2:6-7, Paulo fala explicitamente que o Filho se esvaziou e assumiu a forma de um ser humano, tal ideia é improvável. J. D. G. Dunn analisa o panorama crítico e conclui: "Deus alcançou o seu propósito para a humanidade [...] trabalhando por meio do homem em sua queda, deixando o pecado e a morte se exaurirem na carne desse homem [Jesus] e refazendo-o, além da morte, como um progenitor e capacitador de uma vida segundo o Espírito. Portanto, qualquer que seja a força precisa de *homoioma*, a palavra deve incluir a ideia de que Jesus se identificou completamente com a "carne pecaminosa" [...]. Uma interpretação docética não pode reivindicar suporte algum no texto" (*Romans 1—8*, Word Biblical Commentary 38A [Dallas: Word, 1988], p. 421). Em um capítulo sobre a cristologia calcedônia, Marilyn McCord Adams escreve: "Esse valor [a retificação de horrores] não pode ser obtido por [Deus] enviando alguma outra pessoa, por mais exaltada que ela seja. Foi o fato de *Deus* se tornar ser humano, experimentar a natureza humana em sua totalidade, de uma perspectiva de consciência finita" que derrotou o mal (*Horrendous evils and the goodness of God* [Ithaca: Cornell University Press, 1999], p. 168). A conexão com a recapitulação é esclarecida quando a autora destaca a identificação de Deus com o ser humano e a participação divina nos horrores como fatores cruciais na derrota de males horríveis. "O evangelho demonstra que essa identificação de Deus era necessária para a libertação humana."

³⁵Repare que ele não toma a natureza humana *não caída*, mas a natureza humana *pecaminosa*. "Aquilo que não é apropriado [por Cristo] não é curado" (Gregório de Nazianzo, *Epistle*, 101.32).

Recapitulação

- Por amor de nós (*huper hemon*), [Deus] tornou pecado (*hamartian epoiesen*) aquele [Jesus] que não conheceu o pecado.
- Cristo nos redimiu da maldição da Lei, tornando-se maldição por nós (*huper hemon*).

Deus "tornou [Jesus] pecado". A sintaxe é estranha. O que exatamente Paulo quer dizer com isso? Não podemos ter certeza, mas deve ser algo análogo a "tornando-se maldição por nós". Jesus "tornou-se pecado" e "maldição" por toda a sua vida? Sua vida *sem* pecado é um aspecto cardinal de seu ser; todavia, ele foi "[enviado] em semelhança de carne pecaminosa [referência à encarnação]".[36] Esse é um enigma que, em última análise, podemos afirmar apenas pela fé.[37] Entretanto, toda a nossa discussão correlata até aqui nos conduz à seguinte conclusão: não há forma sensata de compreendermos quando ou como essa *maldição* e essa *condenação* aconteceram se não pensarmos a seu respeito tendo uma trajetória particular em mente — começando da agonia do Getsêmani e culminando no clamor de abandono na cruz, uma morte amaldiçoada. Como o pecado teria sido "condenado na carne" senão nessa ocasião?[38]

Levamos o assunto para além de Ireneu, para mostrar que há uma forma de entendermos a recapitulação não só à luz de Romanos 5, mas também, especificamente, com referência à impiedade da cruz.[39] As ideias de substituição, representação e troca também estão presentes nessas passagens adicionais das cartas de Paulo. Os temas se sobrepõem, conforme, em geral, vemos acontecer no Novo Testamento. Quanto às narrativas dos Evangelhos, não nos levam a pensar que o pecado está sendo condenado na carne de Jesus no decorrer de toda a sua vida — durante a qual ele é retratado como alguém que se opõe ao pecado e o perdoa, curando e restaurando os pecadores —, de modo que não

---

[36]Outro problema diz respeito à aparente contradição entre dois pares de versículos. No primeiro par, Deus Pai parece ser o sujeito ativo: "enviando (*pempsas*) seu Filho em semelhança de *sarx* humana" (Romanos 8:3) e "[Deus] tornou pecado" (2Coríntios 5:21). No segundo par, o agente ativo parece ser o Filho: em Filipenses 2:7-8, Cristo "se esvaziou, assumindo a forma de um escravo" e, em uma passagem um pouco mais ambígua, Cristo se tornou "maldição por nós" (Gálatas 3:13). Essas aparentes contradições devem ser apresentadas na vocação sempre desafiadora da proclamação da Trindade em sua plena unidade.

[37]Dietrich Bonhoeffer o chamou de "o problema central da cristologia" (*Christ the center* [New York: Harper and Row, 1960], p. 107).

[38]É precisamente a natureza humana pecaminosa (*sarx*) assumida pelo Filho encarnado que é condenada na cruz. Acaso isso significa que a natureza humana de Cristo estaria separada de sua natureza divina (heresia nestoriana)? Não podemos fornecer uma análise plena das questões cristológicas que estão em jogo aqui, porém arriscamos a seguinte afirmação: em seu ser eterno, o Filho não é condenado. Quando o assunto é exposto dessa forma, evitamos o problema de separarmos o Pai do Filho.

[39]A questão da Impiedade, que foi abordada no capítulo 2, não surgiu com Ireneu. Como no caso de outros Pais da igreja, Ireneu não abordou todos os aspectos da morte de Cristo.

há um ponto específico em seu ministério sobre o qual possamos dizer "eis aí!" — até que chegamos ao Getsêmani. Descritos nos Evangelhos, a vida e o ministério de Jesus *apontam para adiante*, para o fato de que ele assumirá esse fardo único; nesse sentido, constituem um prólogo necessário. A solenidade formal das três predições da Paixão nos Evangelhos Sinóticos (e muitas outras no Quarto Evangelho), bem como as próprias extensão e gravidade das quatro narrativas da Paixão, são elementos que nos levam a entender que a cruz constitui o ápice da missão do Messias. O trajeto da história, considerado com o horror da crucificação, conduz-nos à conclusão de que a execução pública horrível e ímpia de Cristo *corresponde à* natureza destruidora do Pecado em seu maior alcance, mesmo quando Deus renuncia ao Pecado e executa o juízo final sobre ele.

Jesus Cristo assumiu nossa humanidade em sua plenitude, até as últimas consequências. Cristo se tornou *o* ser humano "representativo". Todavia, devemos compreender o que se entende por "representativo". O Filho de Deus não nos representou como um congressista representa o povo de seu distrito. Além do mais, embora seja verdade que Jesus nos "representa" perante o tribunal do Juízo Final — sendo, portanto, chamado de nosso Advogado (*parakletos*) —, até mesmo essa importante metáfora forense do Quarto Evangelho não é capaz de transmitir a totalidade da representação de Jesus por nós na cruz. Morna Hooker argumenta que o tema da substituição, *tomado de forma isolada*, não vai suficientemente longe, por não explicar a maneira pela qual Cristo nos traz consigo da morte para a vida, do domínio do Inimigo para a era vindoura de Deus.[40] Remontando a Ireneu — ou indo mais longe ainda e remontando a Paulo e João —, os pensadores cristãos entenderam que Deus, em Cristo, de alguma forma incorporou toda a história da raça humana e sua autêntica humanidade (*vere homo*) e, ao fazer isso, tornou-nos participantes de sua vitória eterna.[41]

Ademais, é no fato de o Filho de Deus assumir as consequências da desobediência de Adão que Deus é mais distintamente Deus, e não um ser *como nós*. *Não faríamos algo assim, nem sequer poderíamos fazer.* É crucial compreendermos que a transação em curso enquanto o Messias sofre e morre estava — e ainda está — *além de nossa capacidade*. Não podemos "imitar" essa ação singular. Nesse sentido, sim, estávamos passivos quando a ação aconteceu. Éramos prisioneiros de guerra, em território inimigo. A cruz foi a invasão divina desse território, de

---

[40]Hooker, *Not ashamed*, p. 36.
[41]Paulo não foi o único a enxergar essa incorporação. De sua maneira peculiar, o Quarto Evangelho usa a imagem da vinha e dos ramos para expressar algo semelhante sobre nossa incorporação em Cristo (João 15:1-11). A carta de 1João enfatiza essa participação e essa incorporação (4:12,13,15,16).

uma vez por todas. Essa é uma extensão de Ireneu; seja lá qual for o significado que atribuímos à recapitulação, ela deve incluir essa cosmologia se quiser ser incorporada ao quadro geral do Novo Testamento. Todos os escritores do Novo Testamento, sem exceção, partem desse pressuposto, embora em graus variados de aprofundamento.

O poder da vida no Espírito

Romanos 8 está diretamente relacionado ao tema da recapitulação, pois expõe o assunto da vida no Espírito. Observe, em especial, a consequência que Paulo extrai do versículo já citado (8:3): "Deus condenou o pecado na carne (*sarx*)". O versículo 4 continua: "*a fim de que* as justas exigências da Lei fossem plenamente satisfeitas em nós, que não vivemos segundo a carne, mas segundo o Espírito" (NVI).[42]

Essa é a consequência, podemos dizer com confiança, da reconstituição da história humana (Adão) por Jesus Cristo. As justas exigências da Lei foram plenamente satisfeitas *nele* para que as justas exigências da Lei fossem plenamente satisfeitas *em nós*. Essa declaração de Paulo é de tirar o fôlego em sua correspondência precisa com a ideia da recapitulação e seus resultados. Mas tem mais. Enfatizamos que o evangelho pregado por Paulo não diz respeito ao *potencial humano* ou à *possibilidade humana*, mas ao *poder de Deus*. Aqui, em Romanos 8:4, temos uma clara ilustração disso. Nossa "recapitulação", a nova vida em Cristo, é *possível* apenas pelo *poder* da terceira pessoa da Trindade, o Espírito Santo. Os próximos vinte e três versículos expõem o poder do Espírito, e a seção chega ao seu ponto culminante com o Espírito intercedendo pelos santos de acordo com a vontade de Deus (Romanos 8:27).

Em outras palavras, o poder da obediência do Senhor (o *Kurios*) corresponde ao poder do Espírito operando em nós. Isso é enfatizado, de forma notável, em 8:11, passagem em que Paulo coloca as três pessoas da Trindade *em um único versículo* — não uma vez, mas *duas vezes* —, dizendo, em essência, que o *Espírito* do *Pai*, que ressuscitou o *Filho* dentre os mortos, agora habita naquele que crê e "também vivificará os vossos corpos mortais pelo [mesmo]

---

[42]Essa tradução da NVI deixa particularmente claro que o Espírito é o agente ativo que satisfaz em nós as justas exigências da lei. Entretanto, nos v. 5-17, a NVI se perde ao traduzir *sarx* por "*sua* natureza pecaminosa" e "a natureza pecaminosa *deles*" em vez de apenas "a carne" ou "a natureza pecaminosa". Faz soar como se o problema fosse individual, e não um Poder. A menos que alguém seja realmente um mestre em grego (o que eu não sou!), é importante trabalhar com várias traduções, juntamente com o original.

Espírito" (KJV). Em uma leitura apressada, é fácil perdermos de vista a repetição com a qual Paulo pretende transmitir a ação poderosa de *Deus*, ação que, em *Cristo* e pelo *Espírito*, faz nascer um novo Adão, uma nova humanidade. Esse é o grande conjunto de acontecimentos que nos transmite nada menos do que a própria retidão de Deus para o nosso viver.

RECAPITULAÇÃO COMO "ASSUMIR O CONTROLE"

O cristão batizado não tem uma retidão que seja sua; ao mesmo tempo, porém, a retidão de Deus já pertence ao cristão, não pelo que ele conquistou ou conquistará sozinho, mas porque ele agora está "em Cristo". "Estar em Cristo" (expressão usada nesse sentido cerca de quarenta vezes nas cartas incontestáveis de Paulo) certamente se relaciona à ideia de recapitulação. Pode ter um sentido temporal, como no contexto em que Paulo reconhece que Andrônico e Júnia (ou Júnias) "estavam em Cristo antes de mim" (Romanos 16:7)[43] e, às vezes, um sentido ético (Filipenses 2:1,5; Romanos 12:5; Filemon 8,20). Todavia, de maneira mais fundamental, e também mais frequente, "em Cristo" se refere à *condição* escatológica do cristão, que foi *incorporado em Cristo* pela graça, por meio da fé.[44]

---

[43]Esses apóstolos, infelizmente, nos são desconhecidos. Hoje, muitos defendem que Júnia(s) pode ter sido uma mulher, mas isso ainda é alvo de debate. Um exame equilibrado do assunto pode ser encontrado em https://bible.org/article/junia-among-apostles-double-identification-problem-romans-167.

[44]Um breve resumo do conceito de *theosis* (deificação) nos é apropriado aqui. A ideia prevalece na Ortodoxia Oriental e, nos últimos anos, tem sido adotada por algumas igrejas ocidentais com muito entusiasmo, mas sem a devida compreensão. Sem dúvida, o conceito *theosis* é facilmente mal interpretado. Sua principal fonte na Escritura é 2Pedro 1:4, que fala do cristão escapando da corrupção do mundo e se tornando "participante da natureza divina". Essa referência, encontrada na relativamente obscura Segunda Epístola Petrina, acaba assumindo um peso desproporcional. Uma ideia mais proeminente é a de Paulo, que fala com frequência sobre alguém estar "em Cristo". O que isso significa? Não é incomum ouvirmos pessoas definindo *theosis* como "Deus se fez homem para que o homem se tornasse Deus" (Atanásio, *De incarnatione* 54.3; Patrologia Grega 25:192B), e essa declaração se encontra no Catecismo Católico Romano (460.79); mas isso pode encorajar uma apropriação descuidada da ideia. Em seu comentário de 2Pedro, Douglas Harink fez uma revisão completa do material relevante de fontes orientais e ocidentais. Embora muitos ortodoxos insistam que a deificação não significa "o homem se torna Deus", um exame atento de Máximo, o Confessor, sugere que ele exagera e eleva a natureza humana "além de seus devidos limites" (Doug Harink, *1 and 2 Peter*, Brazos Theological Commentary on the Bible [Grand Rapids: Brazos, 2009], p. 141-5). Também John Meyendorff, embora escreva que "não pode haver qualquer participação na essência divina pelo homem" (*Byzantine theology: historical trends and doctrinal themes* [New York: Fordham University Press, 1974], p. 164), não é tão escrupuloso sobre a defesa desse ponto quanto muitos teólogos protestantes seriam, especialmente da forma solta como *theosis* é definida em alguns círculos de hoje que se inclinam ao gnosticismo. Harink elogia o ensaio de Bruce McCormack: "Participation in God, yes; deification, no", em um *Festschrift* de 2004, em homenagem a Eberhard Jüngel (em alemão). *Theosis*, mesmo quando interpretada da forma cuidadosa, como acabamos de indicar, não é a forma mais útil para compreendermos o quadro mais amplo da *incorporação* em Cristo, segundo encontramos em João 15 e em Paulo. A melhor forma de pensarmos a esse respeito a partir da perspectiva de Paulo é que os filhos de Deus serão "glorificados" — "herdeiros de Deus e coerdeiros com Cristo, desde que soframos com ele para que também com ele sejamos glorificados" (Romanos 8:17; cf. tb. 8:30). (Meus agradecimentos a George Hunsinger por esse *insight*.)

Recapitulação

A vida cristã de obediência, portanto, não é uma peregrinação na direção de um alvo, segundo normalmente se acredita. Antes, é um testemunho ou um sinalizador de que esse *telos* (fim, objetivo) já foi alcançado por Cristo, o *Kurios*, e será consumado no último dia pela ação de Deus (a *parousia*, ou segunda vinda). A ação reta e justificadora de Deus, bem como a fé que nos é engendrada por sua poderosa atividade, são dois agentes efetivos que evocam a obediência. A passagem a seguir ilustra o "torne-se em quem você já é" de Paulo: "Não entreguem seus membros ao pecado como instrumentos de maldade, mas sujeitem-se a Deus como pessoas trazidas da morte para a vida; e ofereçam seus membros a Deus como instrumentos de justiça. Pois o pecado [não exercerá senhorio] sobre (*kurieusei*) vocês, pois vocês não estão debaixo da lei, mas da graça" (Romanos 6:13,14).

Repare na transferência de um *kurios* (Pecado) para outro. Em geral, "graça" e "fé" servem nas cartas de Paulo como sinônimos de Cristo, de modo que a palavra *hupo*, "debaixo de" ("não estão debaixo da lei, mas da graça"), significa a tradução dos cristãos da esfera do Pecado e da Morte para a esfera do verdadeiro *Kurios*. Em seu gracioso *basileia* (domínio), não pode existir qualquer outro *kurios* que "exerça senhorio sobre nós" como um senhor de escravos. Cada um de nossos "membros" (*melos*, cada parte que nos constitui) *já foi trazido* da morte para a vida pelo batismo.

Morna Hooker entendeu bem o ensino de Paulo sobre morrer para o pecado e ressuscitar para uma nova vida da perspectiva da recapitulação. Ela cita Gálatas 2:20: "Não sou mais eu quem vive, mas Cristo vive em mim; e a vida que hoje vivo na carne, vivo-a pela fé no Filho de Deus ...", e então explica o texto da seguinte maneira: "Parece ser o caso de Cristo assumir o controle de nossa vida e viver em nosso lugar".[45] Em outras palavras, o sujeito ativo é Cristo, não o indivíduo fiel *per se*. Hooker, em sua elaboração, repete o tema do "assumir o controle" de forma vívida: "Em algum sentido misterioso, toda a humanidade morreu no Calvário [...]. Jesus morre por nós, mas isso significa que nós morremos com ele. Jesus foi ressuscitado, e ressuscitado com tamanho poder que, agora, nossa vida é assumida por ele".[46]

Isso certamente encontra ressonância no que Paulo descreve em Romanos 8. Hooker enfatiza a *participação*, outra palavra útil para nós, na medida em que continuamos a pensar sobre termos sido ressuscitados ("incorporados", "tomados"), para a vida de retidão.

---

[45] Hooker, *Not ashamed*, p. 30.
[46] Hooker, *Not ashamed*, p. 36.

Indicativo e imperativo: sendo transformados

Em Romanos 12, Paulo começa com: "*Portanto*, apelo a vocês, irmãos". Sempre que vemos a palavra "portanto", devemos retroceder e olhar para aquilo que a precede. A passagem precedente a Romanos 12:1,2 é a doxologia que conclui as ruminações de Paulo sobre os judeus e a proclamação mais (quase) universal que ele já fez. A ênfase na agência divina não poderia ser mais inequívoca: "Dele [de Deus], por meio dele e para ele são todas as coisas. A ele a glória para sempre. Amém".

Esse trecho precede imediatamente o "portanto": "*Portanto*, apelo a vocês [irmãos e irmãs], pelas misericórdias de Deus, que apresentem os corpos de vocês como um sacrifício vivo, santo e aceitável a Deus, que é a sua adoração espiritual".

Romanos 12, repleto de imperativos, é um texto mal compreendido por ser comumente descontextualizado; de modo errôneo, ignoramos o "portanto". Escrevendo sobre a nova vida em Cristo, Paulo contrasta duas palavras em suas formas passivas, indicando que há um poder operando na natureza humana redimida que está além da possibilidade humana. As palavras são "conformação" (*suschematizo*) e "transformação" (*metamorphoo*): "Não se *conformem* com este mundo, mas sejam *transformados* pela renovação da vossa mente, para que vocês provem a vontade de Deus, isto é, o que é bom, aceitável e perfeito" (Romanos 12:2).

O versículo é tipicamente pregado como se anunciasse uma ruptura no pensamento de Paulo, sendo popularmente interpretado como a mudança do apóstolo de *kerygma* (proclamação) para *didache* (instrução ou exortação). Isso não faz justiça à natureza alarmante do evangelho pregado por Paulo, além de drenar boa parte do impacto do que o precedeu; de fato, tal argumento mina o que foi exposto anteriormente. O capítulo 12 é tão fortemente fundamentado na exposição prévia que não pode, nem deve, ser separado das seções precedentes. Repare na palavra "metamorfose" (*trans*formado). *Con*formação está sendo contrastado com *trans*formação. *Con*formidade sugere ser *formado com* ou *formado por* esta era de Pecado e Morte — ser moldado por ela e, por isso, não ter liberdade —, situação personificada no capítulo 5 como "Adão". Como escapamos de tal cativeiro? Uma resposta típica a essa pergunta seria o incentivo a um maior esforço religioso ou moral; mas esse não é o evangelho. Como, então, devemos compreender a fonte da transformação?

A palavra grega traduzida por "renovação" significa algo muito mais drástico do que o sentido a que estamos acostumados em nossa língua. A palavra usada por Paulo, *anakainosis*, não é empregada na passagem com o significado apenas de "refrigério" ou "rejuvenescimento". Significa ser completamente tomado. Significa *"tornar-se justiça de Deus"* — uma transformação que apenas Deus pode gerar —, como em 2Coríntios 5:21 ("Por amor de nós, [Deus] tornou pecado aquele que não conheceu o pecado, para que nele nos tornássemos justiça de Deus"). Não se trata de um processo que Deus começa em nós, seguido por seu afastamento para ver como vamos responder. Deus está *nisso* do início ao fim, porque estar "em Cristo" significa ser continuamente renovado pelo poder do Espírito. Por essa razão, a palavra normalmente usada nos séculos 18 e 19, "regeneração", é mais precisa e eficaz do que "renovação".[47]

Dito de outra forma, a palavra renovação, no evangelho pregado por Paulo, pode ser definida também da perspectiva de *dikaiosyne* — não apenas ser *declarado* reto (como na interpretação comum de *dikaiosyne*, traduzido por "retidão"), mas ser realmente *feito* reto pelo poder retificador de Deus. Deve estar claro por ora que esse conserto, ou retificação, não é um *processo*. *Já é verdade*, em Cristo; mas é verdade *em termos escatológicos*, sob a perspectiva do Fim. A dinâmica "já, mas ainda não" está em curso aqui, como sempre. Ainda não vemos a nós mesmos ou o mundo retificados. Todavia, porque o fim dos tempos já está presente pelo poder do Espírito, há uma qualidade de "agora" sobre essa proclamação de nos tornarmos "justiça de Deus". É bem verdade afirmar que o evangelho nos diz: "torne-se o que você já é". A carta de 1João expressa bem isso: "Amados, agora somos filhos de Deus, e ainda não se manifestou o que seremos. Contudo, sabemos que, quando ele aparecer, seremos como ele" (1João 3:2). A palavra "sabemos" é nossa certeza na promessa, embora vivamos no "ainda não".

Reitero: o que soa para nós hoje como um imperativo ("sejam transformados") é, na verdade, um tipo de descrição de algo que já aconteceu em Cristo. Romanos 12 é precedido não apenas no sentido literal pelos capítulos anteriores, mas pela história de Jesus Cristo, o Segundo Adão, e por nossa "incorporação" em seu reino por meio da "retomada do controle" pelo batismo. O imperativo não apenas *depende*, mas também é *organicamente produzido* pela proclamação

---

[47]"Gerar do alto" ou "regenerar do alto" é a melhor forma de traduzirmos *gennethe anothen*, traduzido comumente por "nascer de novo" (João 3:3). Embora a forma de o quarto Evangelista contar a história seja diferente da de Paulo, "gerar do alto" é essencialmente a mesma ação de Deus da qual Paulo fala ao se referir à *metamorfose* — estar "em Cristo" e ter a "mente de Cristo". É a forma que nos tornamos "justiça de Deus". Recebemos essas bênçãos da nova vida pela ação graciosa de Deus, cuja ação ocorre em uma esfera transcendente de poder e derruba o "príncipe deste mundo" (João 12:31; 14:30; 16:11). Assim, no prólogo do evangelho de João, lemos que a Palavra encarnada "deu-lhes o poder de serem feitos filhos de Deus, a saber, aos que creem em seu nome, os quais não nasceram do sangue, nem da vontade da carne, nem da vontade do homem, mas de Deus" (João 1:12,13, ARA). É nesse contexto que Jesus fala da vinha e de seus ramos em João 15. Seu conceito de "permanecer" em Cristo não é diferente do "em Cristo" usado por Paulo. Ambas as vozes apostólicas nos ensinam que somos tomados pela vida de Deus (cf. a nota anterior sobre o conceito de *theosis*).

indicativa, declarativa: você morreu com Cristo; você foi transferido para uma nova soberania (*basileia*), com sua garantia de participação na retidão de Deus.

Recapitulação, substituição e encarnação na pregação do evangelho

Ninguém mostrou a relação da recapitulação e da substituição melhor que T. F. Torrance em seu pequeno livro voltado a pastores e líderes leigos: *The mediation of Christ* [A mediação de Cristo]. Torrance insiste que *substituição* e *representação* (praticamente sinônima, em seu tratamento, de *recapitulação*) devem ser mantidas juntas, e então passa a demonstrar como isso é feito. Seu argumento depende da verdade de que Cristo age "em nosso lugar, por nós, em nosso favor", interpretando-o como recapitulação — como Cristo revivendo a história de Adão "a partir das profundezas ontológicas da nossa humanidade".[48] Essa é a razão da necessidade absoluta da doutrina da encarnação. O Filho de Deus não assegura nossa salvação como um ser divino distante de nós, mas restaurando nossa natureza humana à retidão de Deus *de dentro* das profundezas de nossa injustiça. Assim, ele nos restaura à retidão não a partir de nossas conquistas religiosas (fé, oração, espiritualidade, compromisso pessoal, boas obras), mas pelo "meio encarnado" de sua retidão.[49] Outra forma de expressarmos isso é dizendo que não somos salvos por qualquer vontade ou decisão nossa. Nossa vontade humana rebelde, egocêntrica e desleal foi estabelecida "em uma base totalmente diferente, sendo substituída, naquele momento crucial, pelo próprio Jesus Cristo".[50] Mais uma vez, deparamos com o tema "assumir o controle".

Em uma passagem dirigida a pregadores, Torrance desafia seus leitores a enfrentarem a verdadeira proclamação do evangelho, rejeitando suas falsificações. Ele distingue entre a pregação "não evangélica", que enfatiza a ação e a decisão humana, e a verdadeira pregação "evangélica". O autor usa esses termos de uma forma bem diferente daquela à qual os americanos estão acostumados, porém o faz diretamente em relação à natureza incondicional do que Deus fez pela humanidade. Em seu resumo da mensagem do evangelho, Torrance descreve ainda a relação entre recapitulação e substituição, falando diretamente

---

[48] "A partir [...] de nossa humanidade" também poderia ser definido como "a partir de nossa carne [*sarx*, natureza humana pecaminosa]". De qualquer maneira, trata-se de uma expressão intensamente relacionada à encarnação.

[49] T. F. Torrance, *The mediation of Christ*, ed. rev. (Colorado Springs: Helmers and Howard, 1992; orig. 1983), p. 94.

[50] Torrance, *The mediation of Christ*, p. 93.

não apenas a indivíduos que creem, mas, ao mesmo tempo, a todo o povo de Deus — e, de fato, a toda a ordem criada:

> Do começo ao fim, o que Jesus Cristo fez por você, ele o fez não apenas como Deus, mas como homem. Jesus agiu em seu lugar em toda a diversidade da vida humana, incluindo suas decisões pessoais, sua resposta ao amor de Deus e até mesmo seus atos de fé. Jesus creu por você, cumpriu sua resposta humana a Deus e até mesmo tomou decisão pessoal em seu lugar, de modo que ele o reconhece perante Deus como alguém que já lhe respondeu de forma correta, que já creu em Deus por meio dele, e cuja decisão pessoal já foi implicada na auto-oferta de Cristo ao Pai, a qual foi plena e completamente aceita pelo Pai, para que, em Cristo Jesus, você fosse aceito pelo Pai.[51]

> Não é em minha fé, em minha fidelidade, em meu comprometimento pessoal que eu confio, mas apenas no que foi feito por mim, *em meu lugar* e *em meu favor*, e naquilo que ele é e sempre será enquanto *me representa* perante o Pai.[52]

INVASÃO NO TERRITÓRIO DO INIMIGO

Há algo faltando na excelente apresentação que Torrance faz da mensagem do evangelho. O autor não menciona o Inimigo, que é a terceira parte no drama apocalíptico do Novo Testamento.[53] Ao recapitular a vida de "Adão", conforme Torrance apresenta o tema, Cristo trabalhou de dentro da natureza humana (encarnação) "para que nele nos tornássemos justiça de Deus" (2Coríntios 5:21). A imagem bíblica completa, no entanto, exige que vejamos que essa reconstituição (recapitulação) da *dikaiosyne theou* não poderia ser conquistada sem que Cristo se engajasse na luta contra os Poderes hostis de ocupação, os quais retêm aprisionados Adão e toda a ordem criada. Neste ponto, recordamos a história

---

[51]Torrance, *The mediation of Christ*, p. 94. O método de apresentação de Torrance em *The mediation of Christ* é expor o evangelho sem citar qualquer passagem bíblica específica. Mesmo assim, ficamos surpresos pelo fato de ele não se referir, de forma específica, à história Adão-Cristo, visto que ele parece certo de que ela está por trás de tudo o que ele diz sobre Cristo nos redimindo a partir do próprio centro ontológico de nossa humanidade. De qualquer maneira, sua exposição da substituição deve ser distinguida do escolasticismo reformado no seguinte ponto crucial: nessa teologia protestante, a substituição forense tornou-se tão dominante que não deixou espaço para outros modelos importantes. É precisamente no argumento deste livro que a substituição deve ocupar seu lugar no âmbito de toda a trama temática em vez de excluir outros temas.

[52]Torrance, *The mediation of Christ*, p. 94-5. Dá-se ênfase a mostrar quão prontamente ele incorpora as imagens de substituição, recapitulação, participação e incorporação.

[53]Fui advertida de que Torrance não se move nessa direção em algumas de suas palestras, publicadas postumamente.

da tentação no deserto, as expulsões de demônios (que desempenham um papel tão importante nos Evangelhos Sinóticos) e a ênfase repetida no "príncipe deste mundo", encontrada no Quarto Evangelho. Todos os autores do Novo Testamento supõem a presença e o poder ocupados por um Antagonista, uma "inteligência maligna" — para usarmos o termo de Flannery O'Connor —, determinada a manter suas garras escravizantes sobre o *kosmos* e sobre cada criatura dentro dele.[54] Uma compreensão bíblica do tema da recapitulação exige que não percamos de vista esse cenário.

Na versão de Mateus do batismo de Jesus, João Batista inicialmente protesta por não ser digno de batizar aquele que é "mais poderoso" do que ele; Jesus, porém, supera os escrúpulos de João ao explicar que ele foi ao Jordão para "cumprir toda justiça" (Mateus 3:15). A declaração de Jesus foi muito debatida, mas certamente confere significado ao tema da recapitulação e à sua conexão com *dikaiosyne theou*. Essa justiça de Deus é o que o Filho de Davi (termo messiânico comumente empregado por Mateus) traz livremente à injusta raça humana, escravizada pelos Poderes. O batismo de Jesus é a forma simbólica de ele assumir nossa natureza pecaminosa, com o fim de agir de dentro da natureza humana para "levar muitos filhos [e filhas] à glória" (Hebreus 2:10).[55]

Algo ainda mais relevante para nós, porém, é que podemos ver o batismo de Jesus como a primeira indicação pública de que ele entrou nessa recapitulação da história de Adão.[56] O Senhor se sujeita ao batismo que todos os seus seguidores posteriores receberão, colocando em movimento a oferta de sua vida não apenas *em nosso favor*, mas também *em nosso lugar*. Nos três Sinóticos, o evento que se segue imediatamente ao batismo de Jesus é sua confrontação face a face com Satanás, no deserto. Já vimos anteriormente que o batismo é, entre outras coisas, a expulsão dos poderes demoníacos de seu domínio sobre os batizados; aqui, o Jesus batizado se interpõe entre Satanás e sua presa para confrontar o

---

[54]O uso do pronome pessoal "ele" em lugar de "isto" (sem contar "ela") para denotar Satanás ou "o Maligno" (1João 2:13,14) é importante por indicar a natureza pessoal da "inteligência maligna", determinada a frustrar os propósitos de Deus. Cf. cap. 10 (O'Connor descreve Satanás como uma "inteligência maligna" em uma carta enviada a John Hawkes; *The habit of being* [New York: Farrar, Straus and Giroux, 1979], 20 de novembro de 1959).

[55]Convém-nos ressaltar que Hebreus continua com outra sugestão de incorporação: "Porque tanto o que santifica quanto os que são santificados têm todos a mesma origem. É por isso que ele não se envergonha de lhes chamar de irmãos" (Hebreus 2:11).

[56]Alguém cuja mentalidade é ultraliteral pode protestar que Adão nunca foi batizado! Todavia, como Paulo demonstra em Romanos 6, o próprio batismo é a iniciação na história que o novo Adão escreve em sua carne humana: "sujeitem-se a Deus como pessoas trazidas da morte para a vida; e ofereçam seus membros a Deus como instrumentos de justiça (*dikaiosyne*)" (6:13). Isso só pode ser verdadeiro em relação a nós porque o Filho de Deus foi nosso pioneiro (Hebreus 2:10; 12:2); ele abriu o caminho, por assim dizer. Jesus "fez dos lugares ásperos planos" (Isaías 40:4, KJV), trilhando-o antes de nós.

Inimigo, passando, como seu representante, por todas as tentações que as pessoas passam e emergindo como vencedor em seu lugar — embora, como bem sabemos, a vitória seja apenas provisória nesse ponto.

É altamente relevante o fato de Satanás, na tentação do deserto, ser o primeiro a chamar Jesus pelo título "Filho de Deus" no Evangelho de Mateus (4:6), um movimento deliberado pelo Evangelista ao desdobrar sua poderosa apresentação cristológica. Os três Sinóticos enfatizam a presença de Satanás como o grande Antagonista que sabe exatamente quem Jesus é e a razão pela qual veio. Em Marcos, a confrontação com Satanás na primeira expulsão de demônios (Marcos 1:21-28) é uma cena de reconhecimento: "O que temos nós contigo, Jesus de Nazaré?", clamam os demônios. "Veio nos destruir? Eu sei quem você é: o Santo de Deus." A agressão de Jesus no território do Inimigo é delineada claramente pelo uso especial que o segundo Evangelista faz da palavra "imediatamente" (*euthus*). Marcos mostra Jesus em poderoso movimento e dá a impressão de uma grande força quando os demônios são banidos pela mera palavra de Jesus. Os observadores murmuram: "O que é isto? Um novo ensino! Com autoridade ele dá ordens até aos espíritos imundos, e eles lhe obedecem" (Marcos 1:27). Apenas Lucas traz o detalhe altamente sugestivo de que Satanás, após falhar no deserto, aparta-se de Jesus "até o tempo oportuno" (Lucas 4:13). O "Segundo Adão" será (literalmente) cercado pelo Diabo por toda a sua vida humana, assim como nós; mas isso acontecerá de forma única no Getsêmani, o "tempo oportuno" de confrontação e decisão.[57] R. E. Brown escreve que, no Getsêmani, "o irrompimento do reino de Deus envolveu uma luta imensa contra a oposição diabólica".[58] A história da recapitulação não está completa sem esse componente bíblico essencial.

George Herbert (1593-1633) não foi apenas um poeta proeminente, mas também um verdadeiro teólogo bíblico. "O Pecado me pôs na queda de Adão", escreveu, falando em nome de todos nós.[59] Seu poema "Assurance" [Garantia] consegue contar a história da recapitulação da perspectiva do conflito individual com a oposição demoníaca. Herbert evoca sua luta interna contra

---

[57] Ninguém sabe se os detalhes sobre o anjo e o suor sangrento de Lucas 22:43,44 são originais, mas, mesmo que não sejam, parece claro que Lucas quer dizer que a agonia do Getsêmani constitui o "tempo oportuno" em que Satanás retornará para atacar Jesus em plena força. Nesse contexto, o uso de Lucas da palavra escatológica *peirasmos* é a chave. Traduções comuns de "tentação" e "provação" (como na oração do Pai-Nosso) não transmitem de forma suficiente a força apocalíptica de *peirasmos* no Getsêmani — a confrontação definitiva entre o poder do "presente século mal" (Gálatas 1:4) e o poder da era vindoura. Cf. Raymond E. Brown, *The death of the Messiah: from Gethsemane to the grave; a commentary on the Passion narratives in the four Gospels* [Garden City: Doubleday, 1994], 1:186, 2 vols.

[58] Brown, *Death of the Messiah*, 1:234.

[59] "Faith", in: John Tobin, org., *The complete English poems* (London: Penguin Books, 1991), p. 44.

"pensamentos rancorosos e amargos" e seu medo do juízo. O poeta é incapaz de evitar esses ataques por meio da escrita. Diante de "frígidos desesperos", Herbert resolve ir até o Pai com sua "melancolia corrosiva", a qual ameaça "despertar ataques de demônios":

> Ó Senhor muito gracioso,
> Se toda esperança e consolo que tenho
> Procedessem de mim, eu não teria meia-palavra,
> Nem sequer meia-letra para me opor
> Ao que os meus inimigos objetam contra mim.
>
> Mas tu és o meu mérito:
> E nessa esfera que agora meus inimigos invadem,
> *Tu não desempenhas apenas tua parte,*
> *Mas também a minha...*[60]

Está tudo aqui: a escravidão do ser humano a seus pensamentos incongruentes, a intromissão de demônios acusadores, a fraqueza da oposição humana a essa invasão, a presença do medo e do desespero, o recorrer ao Pai, a confissão de insuficiência própria nessa luta, a declaração confiante de que "tu és o meu mérito"[61] e, por último, a declaração de tirar o fôlego de que Jesus Cristo não apenas desempenha seu papel como Redentor, "*mas também o meu*". Dessa maneira, o poeta afirma que Cristo, em seu "papel" como Filho de Deus, assume o papel adicional de toda carne (Adão) e, portanto, vence o Inimigo de dentro da esfera humana. Jesus faz isso não apenas em favor do poeta individual George Herbert, mas também, segundo o poema continua, em prol da libertação de todo o *kosmos*, até mesmo as coisas mais ínfimas, "quando rochas e tudo mais que existe se dissolverem". O mais maravilhoso disso tudo é que Jesus capacita Adão (nós mesmos) a participar da vitória: "O que para si o amor outrora começou/ Em amor e verdade no homem culminou".[62]

---

[60]George Herbert, "Assurance", em *The complete Eenglish poems*, grifo na citação. Sentido arcaico de "objetar": opor-se ou interpor-se. O poeta procura livrar-se de seus "pensamentos rancorosos e amargos", resultado de interferência demoníaca "objetiva" (não subjetiva).

[61]Nesse contexto, "mérito" não significa "aquilo que é merecido", mas algo mais, como "excelência" ou "dignidade", incluindo a ideia de que Cristo é o seu destino.

[62]No poema, "culminou" tem o sentido de *telos* (fim ou objetivo). Assim, o amor e a verdade serão aperfeiçoados na humanidade segundo os propósitos de Deus. Essa pequena análise nem sequer começa a abordar as sutilezas e as complexidades do poema de Herbert, mas quer mostrar como o poema combina a vitória contra Satanás com o tema da recapitulação.

A LIGAÇÃO COM A NATUREZA DA CRUCIFICAÇÃO

Da mesma forma que Ireneu não põe ênfase no grande Inimigo, característica que observamos há pouco, esse Pai da igreja também falha em enfatizar a forma horrível e amaldiçoada como o Filho de Deus morreu. De fato, esse segundo fator está completamente ausente nos escritos dos Pais. É tentador sugerirmos que apenas em nossa época esse elemento veio à tona. Em estudos dos conceitos modernos a respeito do mal, tornou-se aparente que os genocídios do século 20 mudaram a paisagem moral. Hoje, pensamos no mal de uma nova maneira, não apenas como a soma de episódios individuais, mas como uma força que tem vida própria. Males alarmantes passaram a ser vistos em um contexto mais amplo, além de a nova mídia chamar nossa atenção para as atrocidades de uma forma antes impensável. É possível, então, que esse aspecto negligenciado da morte de Cristo esteja pela primeira vez se tornando parte integral do confronto com o que agora sabemos sobre a capacidade humana de praticar males alarmantes? Caso Jesus tivesse morrido deliberadamente de uma forma mais misericordiosa, menos desumanizadora, não seria possível ver em sua morte a soma de todos os horrores.

Não quero dizer com isso que a natureza extrema da crucificação não possa ser compreendida em cada vida. Na verdade, é exatamente o contrário disso. Um homem cuja esposa morreu de câncer após um período prolongado e agonizante — período que pareceu ser um sofrimento desnecessário e cruel — manteve um diário da tribulação pela qual ambos, por dois anos, passaram. Ao procurarem por algum resquício de significado redentor, ajudou-os o fato de perceber que Jesus não apenas fora crucificado, mas também, segundo o costume romano, açoitado pouco antes do término de sua vida. Essa maldade aparentemente desnecessária e excessiva foi, para esse casal, uma indicação de que o Senhor também passou por múltiplos sofrimentos aparentemente desnecessários como os que eles estavam passando.

Corrie ten Boom, a primeira relojoeira de uma família de relojoeiros do Haarlem, na Holanda, perdeu toda a sua família nos campos de concentração nazistas quando se descobriu que a família estava escondendo judeus. Em suas memórias, *The hiding place* [O refúgio secreto], Corrie retrata como, em Ravensbrück, exigia-se dos prisioneiros que se despissem todas as sextas-feiras para a "recorrente humilhação" de "inspeções médicas", prática na qual prisioneiros nus, em pé e enfileirados, não podiam utilizar as mãos para se cobrir, mas tinham de ficar parados com as mãos nas laterais do corpo. Certa ocasião, enquanto Corrie estava em fila com sua Betsie, enfraquecida e prestes a morrer, o seguinte pensamento lhe ocorreu: "Ele foi pendurado nu na cruz". Corrie sussurrou para Betsie, que estava logo à frente: "Eles também tiraram a roupa de Jesus". Betsie recebeu consolo e fortalecimento com essas palavras.[63] Os detalhes da degradação de Jesus fazem a diferença, sim. "A ofensa causada por Jesus Cristo não é a sua encarnação — a qual é, de fato, sua revelação —, mas sua humilhação".[64]

É impressionante, portanto, que essa característica única da morte de Cristo seja tão raramente incluída na pregação e no ensino, como se realmente temêssemos ir até onde Jesus foi. O aspecto repugnante, brutal e desumanizador da crucificação deve ser incluído em qualquer estudo do significado da cruz de Cristo. Não é fácil fazer isso sem cruzarmos a linha do que é puramente sensacionalista e lascivo, mas, com cuidado e sensibilidade, podemos estabelecer o ponto de que há uma *correspondência* entre os horrores da crucificação e a natureza do Pecado que está sendo desencadeado nesses horrores, precisamente quando o Pecado é vencido nos tormentos do Salvador. Para que Deus pudesse vencer o pior, o Filho teve de passar pelo pior. "O que não é enfrentado não é vencido."[65]

Recapitulação e ética: incorporação na retidão de Deus

Enfatizar a recapitulação como "assumir o controle" exige de nós a afirmação de que tal libertação da humanidade do cativeiro do Pecado, da Morte e da Lei efetua uma transformação ontológica genuína naquele que crê, uma realidade dinâmica que não se trata apenas de uma anistia geral ou de uma ficção legal. Trata-se de uma questão ética. A história de Adão e de Cristo não pode ser compreendida em sua dimensão plena sem uma compreensão do que o apóstolo quer dizer com retidão de Deus (*dikaiosyne theou*). Ao longo destas páginas, vimos que a retidão de Deus não corresponde apenas a um aspecto do caráter de Deus, nem diz respeito a um termo exclusivamente relacional; a retidão de Deus é um *Poder*. Argumentamos que a palavra "retificação" como

---

[63]Corrie ten Boom nos fornece o contexto em suas memórias: "Não sabia, não tinha pensado [...] que as pinturas, os crucifixos esculpidos, mostravam pelo menos uma cobertura, uma pequena peça de roupa. Mas essa retratação, de repente me dei conta, era feita por respeito e reverência do artista. Contudo, naquela manhã de sexta-feira, não houve reverência alguma — da mesma forma que, agora, não via nos rostos ao nosso redor [em Ravensbrück]. (*The hiding place* [Old Tappan: Revell, 1971], p. 195-6.)

[64]Bonhoeffer, *Christ the center*, p. 46.

[65]Esta é minha paráfrase do verso muito citado de Gregório de Nazianzo em relação à plena humanidade de Cristo: "O que não é apropriado [por Cristo] não é curado" (alternativamente: "o que não foi assumido não foi curado"). *Epistle*, 101.32. Cf. tb. p. 551, n. 35.

tradução de *dikaiosyne* é melhor do que a palavra "justificação". Desde Lutero, justificação tem sido interpretada entre protestantes como "justiça imputada"; o conceito, porém, não transmite de modo suficiente o *poder factual de Deus em tornar certo o que estava errado* por toda a história triste de "Adão".[66] É esse *poder retificador* da *dikaiosyne theou* que constitui a esperança cristã escatológica.[67] Não se trata apenas da restauração de cristãos individuais, e sim de uma recapitulação e uma recriação de toda a história e de toda a ordem criada, de modo que, no último dia, até mesmo a memória de seu cativeiro será obliterada para sempre na glória da Cidade de Deus que há de surgir (Apocalipse 21:1-5).

A palavra "incorporação" acompanha o tema da recapitulação, visto que identifica o que a recapitulação conquistou na história humana. Incorporação constitui uma palavra valiosa de usar, visto que faz de Deus o agente ativo. Na auto-oferta de Deus por meio de seu Filho, os servos de Deus são incorporados (do latim, *in* — "para dentro de"; *corpore* — "um corpo") ao corpo de Cristo. "Incorporação" é uma palavra muito mais gentil do que "invasão", mas muitos estudantes do pensamento de Paulo usaram o imaginário da invasão para deixar claro que a ação de Deus na retificação envolve nada menos que nossa morte e ressurreição. A recapitulação da história humana feita por Cristo não apenas *nos convida* à vida divina. Há uma *realidade objetiva* a esse respeito: ela "passa por cima de nossos cadáveres", por assim dizer. No trecho de Romanos que segue a exposição de Paulo sobre Adão e Cristo, Paulo explica que "todos nós que fomos batizados em Cristo Jesus fomos [...] sepultados com ele na morte pelo batismo". A forte linguagem de "assumir o controle" é cabível aqui: "Sabemos que o nosso velho 'eu' foi crucificado com ele, para que o corpo de pecado seja destruído e não mais sejamos escravizados pelo pecado [...]. Pois sabemos que, tendo sido ressuscitado dos mortos, Cristo não pode morrer outra vez; a morte

---

[66]Douglas Campbell, em *The deliverance of God*, busca demolir o que chama de "teoria da justificação" e, ao fazê-lo, monta uma reelaboração completa da perspectiva "luterana" a partir da perspectiva apocalíptica.

[67]Juliana de Norwich, de forma célebre, escreve que "tudo ficará bem, todas as coisas acabarão bem" (*Revelations of divine love*, p. 27). Essa frase muito apreciada é uma verdadeira expressão da esperança cristã — até certo ponto. Tirada de contexto, ela fica aquém de uma declaração totalmente articulada do futuro que Deus nos prometeu, visto que "todas as coisas" pode ser interpretado como sujeito ativo (não que Juliana quisesse expressá-lo dessa forma). Romanos 8:28 apresenta uma escolha semelhante. A passagem pode ser (e frequentemente é) traduzida como "sabemos que todas as coisas contribuem para o bem daqueles que amam a Deus". No entanto, tradutores que respeitam a trajetória da pregação de Paulo traduzem o trecho como: "Sabemos que em todas as coisas Deus trabalha para o bem com aqueles que o amam" (RSV; a NRSV oferece essa tradução como alternativa). Nessa versão, Deus é o sujeito ativo, não "todas as coisas". Não são "todas as coisas" que cooperam para "o bem": é Deus quem fará com que tudo fique bem. Essa distinção é crucial e se encontra no cerne da justiça e da recapitulação; em ambas, Deus é o agente essencial. [Na NVI em português, a tradução principal também traz Deus como o sujeito ativo.]

não tem mais domínio sobre ele [...]. Da mesma forma, considerem-se mortos para o pecado, mas vivos para Deus em Cristo Jesus" (Romanos 6:6, 9-11).

O tema da recapitulação é expandido e aprofundado de forma impressionante por Paulo nessa passagem sobre o batismo. O fato de Cristo "assumir o controle" de "Adão" em sua carne humana significa que ele é capaz de trazer "Adão" para fora do túmulo do modo tão poderoso e decisivo como é retratado nas pinturas antigas: como o *Kurios* ressuscitado, aquele que invade os portões do inferno. A morte não tem mais domínio sobre o nosso Senhor ressurreto; a Morte não tem mais domínio sobre aquele a quem o Senhor livra.

Fomos incorporados à crucificação e à ressurreição de Cristo — igualmente incorporados a ambas.[68] Há ocasiões em que a linguagem de Paulo é surpreendentemente participativa, como em Gálatas 2:20: "Fui crucificado com Cristo. Não sou mais eu quem vive, mas Cristo vive em mim". Em vista do número minúsculo de pessoas cuja vida pode ser referida como "semelhante à de Jesus", porém, devemos analisar melhor a declaração paulina. Que tipo de transformação ontológica ocorre na vida daquele em quem Cristo supostamente vive?

Colin Gunton expande esse assunto em relação à "teologia de Ireneu, cujo conceito de recapitulação permitiu-lhe estabelecer um elo entre a forma que Jesus viveu vitoriosamente a história humana e a continuação de sua vitória na vida da igreja. Ireneu é fiel à compreensão do Novo Testamento de que o ensino de uma vitória passada *não deve ser isolado de questões práticas do presente*".[69]

Aqueles que, de acordo com Paulo, estão "em Cristo" são chamados a um estilo de vida particular que demonstra o poder de seu nome, as riquezas ilimitadas de seu amor, os méritos de sua morte e a esperança segura e certa que temos em sua ressurreição. Esse estilo de vida é cruciforme — ou seja, leva as marcas da crucificação de Cristo ("No demais, que ninguém me moleste; porque eu levo no corpo as marcas de Jesus" — Gálatas 6:17). A vida cristã envolve sofrimento — não o sofrimento comum que sobrevém a todas as pessoas, mas a aflição particular que acompanha aqueles que dão testemunho da morte do Senhor. "Por amor de Cristo, então, me contento com fraquezas, insultos, adversidades, perseguições e calamidades; pois, quando sou fraco, aí é que sou forte" (2Coríntios 12:10). Nesse contexto, o pensamento transformador é a justaposição das palavras "fraco" e "forte". O sofrimento suportado pelo

---

[68]Fato repetido em Colossenses 2:12: "Vocês foram sepultados com ele no batismo, no qual também foram ressuscitados com ele pela fé no poder de Deus, que o ressuscitou dentre os mortos".

[69]Colin Gunton, *The actuality of atonement: a study of metaphor, rationality, and the Christian tradition* [Grand Rapids: Eerdmans, 1989], p. 57.

RECAPITULAÇÃO

testemunho cristão não surge de um lugar de fraqueza, mas de um lugar de força. Essa é a diferença entre sofrimento cristão e masoquismo.

A injunção de Pedro à igreja ilumina a natureza do sofrimento "sob o nome" que está acima de todo nome em poder e em glória (Atos 4:5-12): "Alegrem-se à medida que partilham dos sofrimentos de Cristo, a fim de que vocês também se regozijem quando a sua glória for revelada [...]. Se alguém sofre como cristão, que não se envergonhe, mas, sob esse nome, glorifique a Deus. Pois chegou a hora de o julgamento começar pela família de Deus" (1Pedro 4:13,16,17).

No texto, os sofrimentos de Cristo estão explicitamente atrelados ao julgamento. Quando a igreja ("a família de Deus") desempenha o papel que lhe é devido, ela voluntariamente se sujeita ao mesmo juízo que seu Noivo sofreu ao passar por uma morte amaldiçoada (Gálatas 3:10-13). O cristão, no entanto, jamais terá uma morte verdadeiramente ímpia, a despeito das circunstâncias, uma vez que Cristo sofreu essa morte em nosso lugar. Ele viveu — recapitulou — o destino da humanidade condenada até as últimas fronteiras de um *kosmos* assombrado por demônios e, ao fazer isso, trouxe-nos para fora da escravidão e da condenação eternas para o reino eterno da retidão de Deus.

Dessa forma, porque estamos confiantes no triunfo de Cristo sobre os Poderes destruidores, podemos dizer, com Paulo, que "Deus não nos destinou para a ira, mas para obter a salvação por meio do nosso Senhor Jesus Cristo" (1Tessalonicenses 5:9). A salvação não vem pelo esforço humano, muito menos pelo esforço religioso, mas pelo poder de Deus operando em nós pela "palavra implantada" (Tiago 1:21) e pelo Espírito que derrama o amor de Deus em nosso coração (Romanos 5:5). O conceito mal compreendido de "predestinação" encontra aqui seu devido lugar: "Aqueles aos quais [Deus] conheceu de antemão, também os predestinou para serem conformados à imagem de seu Filho" (Romanos 8:29).[70] Esse conceito de ser conformado a Cristo é central, não apenas para a história da recapitulação, mas também para a ética cristã.[71] Estamos todos sendo "transformados à imagem [de Cristo]", pois "isso vem do Senhor, o Espírito"

---

[70] Há uma forte nota dessa conformidade predestinada em Efésios e Colossenses. Cf. Efésios 1:3-5: "Bendito seja o Deus e Pai de nosso Senhor Jesus Cristo, que [...] nos escolheu nele antes da fundação do mundo, a fim de que fôssemos santos e irrepreensíveis diante dele. Em amor nos destinou para sermos seus filhos, por meio de Jesus Cristo, de acordo com o propósito da sua vontade". A predestinação (ou eleição) leva a uma convocação para que nos tornemos aquilo que já somos: "Cresçamos em tudo naquele que é o cabeça: Cristo" (Efésios 4:15). O autor de Colossenses relembra os membros de sua congregação de que eles já tinham morrido, em Cristo, para os poderes demoníacos; "por que, então, vocês vivem como se isso não tivesse acontecido?" (paráfrase de Colossenses 2:20). "Vocês morreram, e a vida de vocês está escondida com Cristo, em Deus" (Colossenses 3:3). Há uma certeza em tudo isso que incita à coragem moral.

[71] Nessa passagem, Paulo fala de "conformidade com Cristo". Em Romanos 12:2, ele usa "conformidade" como conformidade ao *mundo*, contrastando-a com o sentido de sermos transformados pela mente de Cristo.

(2Coríntios 3:18), e "quando ele se manifestar, seremos como ele" (1João 3:2). Podemos verdadeiramente dizer que nos "tornaremos em quem já somos", pois o fruto do Espírito já está sendo trabalhado em nós (Gálatas 5:22-23).

O segmento de frase gramaticalmente desafiador de Paulo ("Por amor de nós, [Deus] tornou pecado aquele que não conheceu o pecado, para que nele nos tornássemos justiça de Deus" [2Coríntios 5:21]) nos interliga *ontologicamente* com a *dikaiosyne theou*. Isso não acontece por alguma obra nossa (a esta altura, já não nos é mais necessário enfatizar isso), mas "nele". Os benefícios da crucificação de Cristo já estão trabalhando na comunidade de cristãos para moldar seu comportamento — não por mera imitação, mas pelo poder de Deus, que nos preserva para nossa herança na era vindoura (1Pedro 1:5). São os sofrimentos da igreja por amor de Cristo que a conectam com a morte do Senhor. É o Espírito que lhe permite "partilhar dos sofrimentos de Cristo" (1Pedro 4:13) e viver "não mais por paixões humanas, mas pela vontade de Deus" (1Pedro 4:2).

Nas igrejas tradicionais de nossa época, não há falta de exortação a uma vida "digna do [nosso] chamado" (Efésios 4:1). Incontáveis pregações são formuladas ao redor do segmento de frase: "somos chamados a [ser mais inclusivos, dar de maneira mais generosa, aceitar o Outro, trabalhar pela paz, ministrar ao necessitado, alimentar o pobre, cultivar a tolerância, buscar justiça, mostrar hospitalidade etc.]". O que normalmente falta nessas exortações é a proclamação poderosa daquele que faz o chamado, ratifica nosso chamado com seu sangue e entra na vida de "Adão" a fim de derrotar, *de dentro da natureza humana*, a obra do Inimigo. Essa é a mensagem ressoante e fundamental do evangelho, segundo a qual a vida da igreja é edificada e proclamada em inúmeras mensagens bíblicas:

> Vocês foram sepultados com ele no batismo, no qual também foram ressuscitados com ele pela fé *no poder de Deus*, que o ressuscitou dentre os mortos (Colossenses 2:12).

> Vocês morreram, e a vida de vocês está escondida com Cristo, em Deus. Quando Cristo, que é a nossa vida, aparecer, então vocês também aparecerão com ele em glória (Colossenses 3:3).

> Nós vimos e testificamos que o Pai enviou o seu Filho como o Salvador do mundo. Qualquer que confessa que Jesus é o Filho de Deus, Deus permanece nele, e ele em Deus. Assim conhecemos o amor que Deus tem por nós e cremos nesse amor. Deus é amor; aquele que permanece no amor permanece em Deus, e Deus permanece nele. Nisso o amor é aperfeiçoado em nós, para

que, no dia do juízo, tenhamos confiança, *porque como ele é nós somos neste mundo* (1João 4:14-17).

Essas passagens falam de recapitulação nas vozes distintas de seus diferentes autores. Eles expõem sua versão da história de Adão e Cristo, história que é apresentada de forma mais completa por Paulo. Falam de nossa assimilação à vida de Cristo, não por qualquer ação nossa — muito menos por qualquer piedade nossa —, mas pelo "trabalhar de Deus".

Não ouvimos o suficiente sobre a obra de Deus hoje em dia, embora ouçamos muito sobre nosso trabalho, especialmente nosso trabalho religioso. A mensagem do evangelho, porém, não é a de que edificamos o reino como se fôssemos subempreiteiros ou agentes livres. O Novo Testamento conta uma história diferente. Somos capazes de participar da obra de Deus apenas por sua autoimolação em nosso favor e em nosso lugar. Não é a nossa jornada espiritual que se encontra no centro de nossa fé, e sim a "jornada do Filho de Deus a uma terra distante", conforme expresso por Barth, reivindicando a linguagem da parábola de Jesus em Lucas 15:13. É a jornada do Encarnado que nos capacita a participar da obra redentora de Deus. Se essa história é deixada de lado enquanto o povo de Deus se mantém ocupado, então não estamos mais ouvindo o evangelho.

João escreve que o amor é aperfeiçoado em nós "porque, como [Cristo] é, assim nós somos neste mundo" (1João 4:17). Não significa apenas sermos "Cristo uns para os outros". Essa ideia bem difundida não está tão errada, mas sugere um moralismo simples e imitativo, sem nenhum senso de nossa incapacidade ou das forças demoníacas que guerreiam contra nós.[72] João assegura a seus leitores que eles não precisam temer o juízo vindouro. A sugestão é que a condenação era nosso destino certo, até que Cristo recapitulou nossa história e tomou o juízo sobre si. Sem a história completa do Filho de Deus e sua morte ímpia, não há boa notícia, mas apenas mais um "caminho" a ser escolhido, tal como a *Didache* recomendou quase dois mil anos atrás. A *Didache* não foi incluída no Novo Testamento, e isso por boas razões: ela não conta a história de Adão e Cristo; não tem atmosfera apocalíptica; sua oferta do Caminho da Vida e do Caminho da Morte supõe um mundo ainda não invadido pelo poder da era vindoura. Sem a história de Cristo e Adão reforçando o ensinamento da igreja em todos os pontos, os apelos a sermos "Cristo uns para os outros"

---

[72]"Vejam, as hostes do mal ao nosso redor/Zombam do nosso Cristo, atacam o seu caminho", escreveu Harry Emerson Fosdick (um pregador "liberal", não comumente associado à teologia apocalíptica) — "Dos pecados que há muito nos prenderam/Livra o nosso coração para que possamos temê-lo".

não são materialmente distintos de uma exortação moral. A mensagem apostólica fala de termos "a mente de Cristo" (1Coríntios 2:16), sermos "como ele" (1João 3:2) e "transformados à imagem [de Cristo]" (2Coríntios 3:18), mas isso é verdade *apenas* à medida que que Jesus entrou na vida de sua criação — uma criação total e irremediavelmente perdida — e reescreveu a história de miséria do *kosmos* em sua carne e em seu sangue. Nesse ponto, nunca foi tão necessário confessarmos *sola gratia* — somente pela graça.

O que a igreja precisa ouvir é a mensagem alarmante da boa-nova, a qual é dirigida não apenas aos bem-intencionados, mas também àqueles que planejam causar o mal, entregam-se ao mal ou levam outros a causarem o mal. E isso, em última análise, inclui cada um de nós. Éramos filhos da ira, estávamos mortos em nossos pecados (Efésios 2:1-3). O Filho de Deus não veio para melhorar as pessoas boas, e sim para dar vida aos mortos.

A artista Laurie Anderson escreveu uma música chamada *My eyes* [Meus olhos], que diz:

> Se eu fosse rainha por um dia
> Daria aos feios todo o dinheiro
> Reescreveria o livro do amor
> Torná-lo-ia engraçado.[73]

Foi isso que Jesus fez. Ele reescreveu o livro do amor. Nós somos os "feios" que colocaram Jesus na cruz, mas, mesmo assim, ele nos dará toda a sua riqueza. Paulo disse exatamente a mesma coisa de uma maneira diferente: "Vocês conhecem a graça do nosso Senhor Jesus Cristo, que, embora rico, tornou-se pobre por amor de vocês, para que, por sua pobreza, vocês se tornassem ricos" (2Coríntios 8:9). O que Paulo quer que nos lembremos é que, agora, temos em nós a mente de Cristo Jesus (Filipenses 2:5). Porque *ele reescreveu a história*, não somos mais prisioneiros de nossa personalidade distorcida, nem dos poderes malignos que desejam nos destruir. A qualquer momento em nossa vida, Deus pode nos surpreender com mais um milagre de reescrita. Então, o riso ressoará dos recantos mais distantes do universo criado: "Regozijem-se sempre no Senhor; outra vez digo: regozijem-se!" (Filipenses 4:4).

---

[73]*My eyes*, do álbum *Strange angel* (1989). A senhorita Anderson ainda estava trabalhando com essa mesma ideia ao ser entrevistada, vinte anos depois: "Quero contar uma história melhor", explicou ela, "uma história mais verdadeira". O crítico cultural Edward Rothstein expande essa fala: "Ela inverte uma história para contar outra". *Mutatis mutandis*: esse é um bom *riff* na passagem de Adão de Romanos 5. Ademais, o Inimigo não está de todo ausente dessa narrativa. Em 2008, a história que senhorita Anderson estava "invertendo" é a invasão do Iraque e o "caos e a destruição" resultantes dessa invasão. *New York Times*, 29 de julho de 2008.

CONCLUSÃO

CONDENADO À REDENÇÃO: A RETIFICAÇÃO DO ÍMPIO

> Ergue-te, coração; o teu Senhor ressuscitou.
>   Canta louvores sem demora,
> Àquele que te toma pela mão, para que com ele
>   Também ressuscites;
> Para que, como sua morte te reduziu ao pó,
> Sua vida te transforme em ouro — ou ainda melhor: em justo.
>
> George Herbert, *Easter* [Páscoa][1]

O CAPÍTULO FINAL começa como o primeiro: com a afirmação de que o cristianismo é único.

O primeiro elemento dessa singularidade é que a fé cristã glorifica como Filho de Deus um homem que foi degradado e desumanizado ao extremo por outros seres humanos, por um decreto da igreja e do Estado, e morreu de uma forma destinada a sujeitá-lo ao maior nível de desprezo possível e, por último, apagá-lo da memória humana.

A segunda característica singular do evangelho cristão, assunto deste capítulo, é a mensagem central da *justificação do ímpio* (Romanos 4:5; 5:6). Nesse aspecto, a história bíblica difere radicalmente de qualquer outro sistema religioso, filosófico e ético que já existiu. Qualquer outro sistema, incluindo o judaísmo rabínico e

---

[1] George Herbert, "Easter", in: *The complete English poems*, ed. John Tobin (London: Penguin Books, 1991).

algumas variantes do ensino gnóstico que partem do próprio cristianismo, supõe uma espécie de distinção entre piedoso e ímpio, justo e injusto, espiritual e não espiritual. Em sua forma mais radical, o evangelho cristão declara: "Está escrito: 'Não há um justo, nem um sequer;/Não há quem entenda ou quem busque a Deus'" (Paulo está citando o Antigo Testamento) e "não há distinção; visto que todos pecaram e carecem da glória de Deus" (Romanos 3:10,11,22,23).

Essa ideia vai contra a essência de todo o pensamento moral e religioso. Quando o *kerygma* — a mensagem apostólica — é entendido da forma aqui apresentada, em seus termos bíblicos mais radicais, não pode ser mais chamado de "religião". As reivindicações da religião são, em certo sentido, semelhantes à reivindicação da tentação mais antiga: "Vocês serão como Deus" (Gênesis 3:5). A religião, em suas formas multifacetadas e quase infinitas, instrui-nos no desenvolvimento espiritual, oferece meios para nos aproximarmos do divino, ensina-nos como nos tornarmos piedosos e promete bênçãos aos que forem bem-sucedidos. Na religião, a única provisão para o *in*justo é voltar-se à religião. Na religião, não há boas-novas para aqueles que não se voltaram para ela, nem para aqueles que não conseguem se voltar. Um aspecto crucial da novidade alarmante do evangelho cristão é a palavra que ele fala precisamente àqueles "sem Deus no mundo" (Efésios 2:12).

A religião é reconhecidamente "religiosa". Em contrapartida, se o evangelho pudesse ser explicado em termos comumente "religiosos", então não mais seria *moros* ("loucura", "tolice", 1Coríntios 1:18,23), *skandalon* ("pedra de tropeço", Gálatas 5:11) ou *proskomma* ("obstáculo", Romanos 14:13,20). A história do aprisionamento, do julgamento, da Paixão e da crucificação de Jesus não tem natureza "religiosa". Uma expressão conhecida de gerações de alunos seminaristas — "o escândalo da particularidade" — é especialmente pertinente aqui. O ponto culminante da história do evangelho contém particularidades demais para ser "espiritual": acontece em meio à vida política e socioeconômica; é chocante e violento; ameaça e aliena as autoridades religiosas estabelecidas; revela a importância da eleição inexplicável dos judeus como povo de Deus; seu personagem central faz afirmações enervantes sobre si mesmo e sobre sua relação com o próprio meio religioso.

Qualquer um que busque entender a cruz de Cristo deve deparar com certas frustrações. As narrativas, as imagens e os temas usados pelos escritores do Novo Testamento nem sempre se encaixam de modo confortável. As variantes nos Evangelhos e nas cartas, por darem testemunho da morte e da ressurreição de Cristo, mostram que é necessário o uso de múltiplas perspectivas para a transmissão desse evento singular. Como nos mostra a trama de imagens e temas, sua riqueza é humanamente insondável, de modo que não há um método único de entendê-la. Todavia, nossa fé nos conclama ao entendimento e à proclamação, e isso só pode ser feito quando damos plena atenção a como os autores do material bíblico fizeram uso de uma variedade extraordinária de temas.

Distinções religiosas *versus* evangelho universal

Tudo neste livro foi orientado em direção a este capítulo final. O problema "do ímpio" tem pairado sobre esses muitos capítulos desde o início. Fizemos referências repetidas ao problema dos perpetradores, colaboradores do mal, espectadores passivos e todos os outros que participaram do domínio do Pecado. Qualquer perspectiva de libertação, expiação, redenção, salvação ou reconciliação que não leve em conta os perpetradores deve, em última análise, ficar aquém de um evangelho "inclusivo". Afinal, qual de nós pode ter a certeza de que, sob certas circunstâncias além do nosso controle, não nos enquadraremos nessa categoria?

Neste capítulo final, portanto, abordaremos seriamente o tema da retificação do ímpio.[2] Um tratamento pleno foi retido até agora, como estratégia de o enfatizarmos como o *telos* (objetivo, consumação) em direção ao qual Deus move o universo. Nesse aspecto, há algo de novo na teologia bíblica.[3] A novidade se relaciona com a dificuldade encontrada pelo grande Tomás de Aquino, que, em seu poderoso sistema, ficou perplexo pelo problema de crianças não batizadas e adultos incrédulos. Nicolas R. Ayo, tradutor e editor dos sermões de Tomás, ergue as mãos ao alto em sinal de desistência, por assim dizer, e escreve: "A Idade Média simplesmente não sabia o que fazer com o incrédulo". Então, em um comentário aparentemente improvisado, mas grandemente sugestivo, Ayo conclui que a lógica de Tomás não levou em consideração de modo suficiente a *"infinita capacidade do Deus cuja vontade é salvar a todos"*.[4]

---

[2] O assunto foi parcialmente abordado na seção intitulada "Sacrifício em favor do ímpio", no capítulo 6. O leitor é remetido à discussão ali apresentada.
[3] Embora o tópico tenha sido esboçado por Orígenes e por outros, desde os dias de Paulo, porém, a retificação dos ímpios não recebeu tanta atenção quanto agora.
[4] Nicholas R. Ayo, em *The sermon-conferences of St. Thomas Aquinas on the Aapostles' Ccreed*, ed. e trad. para o inglês Nicholas R. Ayo, C. S. C. (Eugene: Wipf and Stock, 1988), p. 77. Bernardo de Claraval pode ser uma exceção à regra. Em *Paraíso*, Dante põe na boca de Bernardo a fala de que crianças não batizadas devem permanecer no Limbo. Contudo, o próprio Bernardo escreveu a Hugo de São Vitor: "Devemos supor que os antigos sacramentos eram eficazes, desde que se possa demonstrar que não eram proibidos. E quanto aos que não tomaram parte nos sacramentos? Está nas mãos de Deus. Não cabe a mim estabelecer limites" (Carta de Bernardo de Claraval a Hugo de São Vitor, cit. Mark Jay Mirsky, *Dante, Eros, and Kabbalah* [Syracuse: Syracuse University Press, 2003], p. 180, n. 17). Paul Rorem observa que a citação parece ser uma paráfrase solta de um sentimento associado a Bernardo e usado por Hugo. Rorem comenta a respeito da correspondência entre Bernardo e Hugo em seu livro *Hugh of St. Victor* (Oxford: Oxford University Press, 2009), na seção *De sacramentis*, de Hugo (p. 82-5). O autor fornece reverências extensas na bibliografia.

A CRUCIFICAÇÃO

É precisamente a capacidade infinita de Deus que está por trás da retificação do ímpio. Em Romanos 11, o apóstolo Paulo proclama de antemão que Deus sabe de coisas que nem a Idade Média nem a nossa época sabem, exceto por revelação; também declara que os incrédulos fazem parte dos propósitos de Deus. Se levarmos isso em conta, a observação de Ayo nos remete a uma visão semelhante à de Paulo, segundo a qual o Messias vitorioso oblitera o reinado do Inimigo em nome de muitos que se encontram além dos limites da comunhão cristã, conforme ela é normalmente entendida. Jesus sabia que isso apresentaria problemas não apenas para Tomás de Aquino, mas também para seus discípulos; esse é o contexto para a parábola dos trabalhadores na vinha. Trabalhadores que suaram no campo o dia inteiro recebem a mesma coisa que aqueles que chegaram ao fim do expediente. Ao receberem seu salário, os primeiros trabalhadores "resmungaram com o proprietário da vinha, dizendo: 'Estes últimos trabalharam apenas uma hora, e o senhor os igualou a nós, que suportamos o fardo do dia e o calor escaldante'. Mas ele respondeu a um deles: 'Amigo, não te faço injustiça; você não concordou comigo trabalhar por um denário? [...]. Escolho dar a este último o que dei a você. Não posso fazer o que quiser com o que me pertence? Ou acaso você vê com maus olhos a minha generosidade?'" (Mateus 20:11-15).

Em Mateus, é significativo o fato de essa parábola ser seguida imediatamente pela seguinte passagem: "Enquanto subiam a Jerusalém, Jesus chamou os doze discípulos à parte e lhes disse: 'Vejam, estamos subindo para Jerusalém, e o Filho do homem será entregue aos principais sacerdotes e escribas; e eles o condenarão à morte e o entregarão aos gentios para ser zombado, açoitado e crucificado. Mas ao terceiro dia ele ressuscitará'" (Mateus 20:17-19).

A conexão entre a humilhação do Messias e a aparente distribuição injusta de salários na parábola certamente foi feita por Mateus para desafiar os limites daqueles que têm ouvidos para ouvir. A generosidade do proprietário, que, como Deus, "não faz acepção de pessoas" (Atos 10:34, KJV), suscita reações humanas universais

---

Retornando ao período patrístico, devemos observar a famosa concepção de Orígenes com respeito à restauração de todas as coisas (*apokatastasis ton panton* no texto grego de *De principiis* 2.10). A imagem de um fogo refinador ou purificador exerce um grande papel em sua concepção. Orígenes cita Malaquias 3:2,3 (o fogo do ourives), que certamente é um texto-chave para a nossa consideração sobre o futuro dos pecadores (i.e., todos nós). Gregório de Nissa parece atraído pela ideia de Orígenes, citando 1Coríntios 15:28: "Quando todas as coisas lhe forem sujeitas, então o próprio Filho também se sujeitará àquele que lhe sujeitou todas as coisas, *para que Deus seja tudo em todos*". Uma grande diferença entre a *apokatastasis* de Orígenes e o movimento extremo de Paulo em Romanos 11:32 está no contexto apocalíptico muito mais alarmante do mundo conceptual de Paulo. A concepção de Orígenes tem uma tonalidade platônica (sem mencionar um matiz pelagiano), enquanto, em Paulo, a questão de uma alma ou um espírito recuperável não existe. Em sua integralidade, o ser humano entregue à carne (*sarx*) é transfigurado pelo Espírito (*pneuma*) inteiramente pela justiça de Deus. "Deus consignou todos os homens à desobediência a fim de exercer misericórdia para com todos."

— ressentimento, ciúme, falta de generosidade —, aspectos que, segundo devemos entender, fazem parte da condição humana que Jesus carrega em seu corpo ao enfrentar julgamento, condenação e morte por tortura. Essa ligação entre a parábola e a cruz é vital. A generosidade de Deus significa a crucificação do Filho. A justificação do ímpio envolve o juízo sobre aqueles que não participam, não querem participar ou não podem participar da generosidade escandalosa de Deus. Todavia, esse não é o fim de sua história; ela continua em aberto, como na parábola em que o irmão mais velho do filho pródigo está enlameado em autopiedade, mas não além do alcance da retidão de Deus (Lucas 15:25-32).[5]

Os leitores que acompanharam a discussão até aqui se recordarão do tratamento extensivo de *dikaiosis*, traduzido comumente por "justificação", e sua relação com a retidão (*dikaiosyne*) de Deus no Antigo Testamento. Diversos teólogos bíblicos remeteram às referências de Paulo acerca da justificação do ímpio (Romanos 4:5 e 5:6) como o coração e a alma do evangelho cristão.[6] Há um pressuposto subjacente a isso. A revelação de Deus na Bíblia é simultânea à revelação de nós mesmos como criaturas caídas, separadas do nosso amável Criador, incapazes em nosso cativeiro do Pecado e da Morte. Conforme vimos, o conhecimento do Pecado é *consequência* do conhecimento da graça de Deus, e não sua *precondição*. Portanto, em um desses paradoxos que abundam no cristianismo, falar do "ímpio" já é referir-se a nós mesmos sob o reino da graça. Isaías e Simão Pedro, para mencionar apenas alguns dos muitos personagens bíblicos, não sabiam que estavam entre os ímpios até *já se encontrarem seguros no* chamado e no propósito de Deus (Isaías 6:5; Lucas 5:8).

A "religião" não define todos os seres humanos no mesmo nível de necessidade perante Deus. Sim, a religião pode enquadrar todas as pessoas no mesmo nível de

---

[5] Robert Farrer Capon, em seu estilo tipicamente ultrajante, escreve que o problema do irmão mais velho é que ele não está morto. O pai sai para falar carinhosamente com ele, mas, "visto que a graça só funciona nos que estão mortos, esse é um falso começo. O problema desse jovem está precisamente no fato de ele se recusar a morrer, de se agarrar freneticamente à sua vida" (*The parables of grace* [Grand Rapids: Eerdmans, 1988], p. 142-3).

[6] Próximo do fim de sua vida, o notório acadêmico britânico F. F. Bruce foi entrevistado sobre a relação entre o estudo acadêmico e a fé evangélica, bem como a respeito do significado central do evangelho. Bruce, sem dúvida uma figura imponente na teologia bíblica, nunca foi fácil de categorizar, visto que, diferentemente de muitos evangélicos, ele era respeitado por outros teólogos bíblicos de diversos pontos de vista nos espectros eclesiológico e teológico. Quando Bruce foi questionado pelo entrevistado do porquê de ele objetar ser chamado de "evangélico conservador", sua resposta foi: "O conservadorismo não é a essência da minha posição". "O que você quer dizer por 'evangélico'?", perguntou o entrevistador. Bruce lhe respondeu: "Evangélico é alguém que crê no Deus que *justifica o ímpio*" [Romanos 4:5]. "Crer apenas nele, nada mais nada menos, é ser evangélico." Bruce continuou: "Qualquer coisa que permite um elemento de mérito humano ou de alcance humano na obra da salvação é, nesse sentido, não evangélico". Não é assim que o cristianismo evangélico é definido nos Estados Unidos, mas Bruce (escocês e membro vitalício dos Irmãos de Plymouth) não forneceu uma definição sociológica. Seu foco era exclusivamente *teológico*. Bruce identificou a essência do *evangelho*, o *kerygma* que define a relação entre Deus e a humanidade (*St. Mark's Review*, primavera de 1989).

potencial espiritual; mas isso é precisamente o que o evangelho não faz, visto que o evangelho não diz respeito ao potencial humano. A figura de Abraão em Romanos 4 é arquetípica aqui. O patriarca não foi um prodígio religioso; muito pelo contrário! A importância de Abraão, conforme escreveu Douglas Harink, em nada diz respeito ao que gostamos de pensar como "potencial humano". Como portador da promessa de que ele terá descendentes tão numerosos quanto as estrelas, Abraão — um homem idoso com uma esposa estéril — *não tem nenhum potencial humano*.[7] Paulo enfatiza que Abraão foi escolhido *antes* de ser circuncidado (Romanos 4:10,11), que é a forma de Paulo de dizer que Abraão não tinha nada com que barganhar; sua eleição por Deus foi *ex nihilo* (do nada).[8] Esse anúncio impressionante reside no cerne do retrato bíblico de Deus. Constitui o fundamento de tudo o que Paulo diz sobre a justificação; reforça o que o apóstolo quer dizer com "não há distinção" (Romanos 3:22,23).

Na religião, como em qualquer outro empreendimento humano, existe sempre uma distinção subjacente. Por causa dessa tendência universal de dividir, as igrejas tradicionais tentaram opor-se a essa ideia de distinção ao falar sobre inclusão e hospitalidade radicais. Diversas décadas dessa ênfase nos ensinaram, e com razão, a rejeitar qualquer tipo de discriminação ou separação por raça, classe, credo, nacionalidade, gênero, habilidades, preferência sexual[9] etc. No entanto, deparamos com uma dificuldade sutil. As congregações reivindicam para os seres humanos aquilo que só é possível para Deus. Nenhuma congregação pode incluir todas as pessoas. Nenhuma igreja que se autointitule "inclusiva" e "receptiva" corresponde a essa avaliação de si mesma. Muitas pessoas que frequentaram igrejas anunciando hospitalidade radical entraram e saíram nos momentos de comunhão antes ou depois do culto sem serem cumprimentadas por ninguém. Existem muitas categorias de pessoas que não são bem-vindas nas igrejas. As congregações que dão lugar a portadores da tocha olímpica com síndrome de Down podem

---

[7] Essa expressão, "nenhum potencial humano", vem de uma pregação não publicada de Douglas Harink, pregada na Primeira Igreja Batista de Edmonton, Alberta, em 27 de agosto de 2006. Abraão e Sara, casal incapaz de ter filhos, não é "escolhido" por Deus por seu "potencial humano escondido", mas "precisamente por não ter potencial". Isaque não é concebido até que Sarai/Sara esteja décadas além da idade de poder gerar filhos.

[8] É de grande importância para nós o fato de a aliança de Deus com Abraão ser estabelecida apenas por Deus, sem a participação do patriarca. Paulo não se refere à história antiga e misteriosa do fogareiro esfumaçante de Gênesis 15:17-21, mas ela serve de ilustração dramática de como Deus inicia e ratifica unilateralmente sua aliança com Abraão, desempenhando o papel de ambos os parceiros na aliança — tanto o do mais fraco como o do mais forte.

[9] A autora não vê embasamento bíblico para a união homossexual. Sua ênfase está em como as congregações locais devem acolher e trabalhar com homossexuais, e não rejeitá-los. Cf. Rutledge, Fleming, "Thoughts for a congregation divided as it faces the homosexuality issue", disponível em: https://generousorthodoxy.org/discourses/thoughts-for-a-congregation-divided-as-it-faces-the-homosexuality-issue/. Cf. tb. sua posição no capítulo 11, nota 8.

deixar de aceitar o mendigo sujo, doente e causador de problemas nas ruas. A igreja que recebe o transgênero pode desistir da mulher com transtorno de personalidade narcisista. Os membros de uma congregação que não sustentam todos os pontos de vista atualmente designados como "corretos" se veem marginalizados e até mesmo insultados. Apesar das boas intenções das congregações que se autoproclamam como diversificadas, acolhedoras e inclusivas, continua a ser verdade o fato de que nenhum indivíduo ou grupo pode ser, nesta vida, completamente acolhedor. Sempre haverá aquele para quem o cartaz "A Igreja Episcopal te dá as boas-vindas" não passa de zombaria. Sempre existirão aqueles que, apesar da afirmação da Igreja Metodista Unida de ter "corações abertos, mentes abertas, portas abertas", encontrarão uma recepção menos calorosa.[10] Algumas vezes, isso será provocado por personalidades irritantes; outras vezes, por aqueles que vão contra a ortodoxia dominante.[11] Assim, novos tipos de exclusão substituem os antigos e mais óbvios, com base em raça ou classe. É parte da natureza humana pecaminosa.

A crucificação de Jesus Cristo põe um fim a todas as categorias religiosas que separam as pessoas umas das outras. Não há ninguém que não seja culpado de perpetrar alguma coisa contra alguém em determinado momento de sua vida.[12] Gastamos muita energia psíquica, geralmente de maneira inconsciente, para manter um tipo de folha de balanço mental, de modo que a falha de alguém em um relacionamento pessoal não é vista como igual à ação violenta e cruel de outra pessoa. Contudo, nas palavras de Paulo: "Não há distinção" (Romanos 3:22). Temos de encontrar uma forma teológica de falar sobre justos *e* injustos, espirituais *e* não espirituais, religiosos *e* irreligiosos — e talvez especialmente sobre aqueles que desperdiçaram seu "potencial humano". Acima de tudo, devemos levar em consideração vítimas e perpetradores. Se não pudermos fazer isso, então não se trata do *evangel*.

Pecado não intencional *versus* Pecado "com a mão levantada"[13] no Antigo Testamento

Os leitores reflexivos da Bíblia repararão, logo de início, que o Antigo Testamento está repleto de referências ao terrível destino dos ímpios (também

---

[10]Todos os exemplos foram extraídos de situações reais, envolvendo pessoas reais e igrejas reais.
[11]Durante décadas, os evangélicos (mesmo evangélicos "liberais") têm experimentado discriminação, desdém e até mesmo exclusão em igrejas tradicionais.
[12]No romance de Robert Penn Warren *All the king's men*, o político Willie Stark dá ordens a um ex-repórter, agora recebendo propina, para "obter alguma coisa" capaz de intimidar um juiz. O repórter protesta, dizendo que o juiz é um modelo de integridade tal que não se pode obter nada dele. Stark responde: "Todo mundo esconde alguma coisa".
[13]De forma desafiadora, atrevida. (N. T.)

chamados de "injustos"). Dois exemplos dentre centenas de outros ilustrarão esse ponto:

> Deus espalhará os ossos dos ímpios;
> eles serão envergonhados, pois Deus os rejeitou (Salmos 53:5).

> "Profeta e sacerdote são ímpios; mesmo em minha casa encontrei impiedade",
> diz o Senhor.
> "Portanto [...] trarei o mal sobre eles
> no ano de sua punição", diz o Senhor (Jeremias 23:11,12).

No código sacerdotal do Pentateuco, não há provisões para o indivíduo que comete pecado "com a mão levantada; sua iniquidade recairá sobre ele" (Números 15:30,31). Sacrifícios levíticos eram providos àqueles cujo pecado era "não intencional" (NRSV). Isso põe em foco o problema dos perpetradores. Se, de fato, Cristo morreu "pelo pecado", como o Novo Testamento proclama, e se essa morte tem importância universal "de uma vez por todas", segundo a carta aos Hebreus nos declara, então deve haver alguma provisão para os que pecam "com a mão levantada".

A definição de um perpetrador de "mão levantada" mudou desde os tempos bíblicos. Hoje, nossa noção de "ímpio" ou "injusto" difere muito daquela do Antigo Testamento, ou mesmo do judaísmo dos dias de Jesus. Ao pensarmos em alguém que julgamos ser injusto, tendemos a imaginar não tanto aqueles que violam de maneira habitual a aliança de Deus, e sim de figuras arquetípicas como Pol Pot ou, em uma escala menor, assassinos em série impenitentes e desafiadores. Sugerimos anteriormente que pode haver alguns psicopatas cuja própria humanidade é questionável, de modo que nos é humanamente impossível imaginar o destino que lhes cabe.[14] Algo muito mais desafiador e significativo diz respeito às questões relacionadas a pessoas "comuns", pessoas que se envolvem em uma rede de pecado e maldade: jovens americanos, membros de unidades militares com fraca liderança, que acabam se transformando em estupradores e assassinos; jogadores de futebol americano do ensino médio que são flagrados em um ataque brutal a uma jovem em processo de formação; executivos de empresas

---

[14]Embora Will Campbell, em seu livro *And also with you*, tenha tentado, nenhuma pessoa branca esteve mais ciente dos horrores da violência racista no sudeste americano ou mais envolvida no Movimento pelos Direitos Civis, correndo risco de vida, mas Campbell consegue imaginar a redenção do endemoninhado Sam Bowers (líder do Ku Klux Klan) e até mesmo de Hitler, em uma cena meio-mas-não-tanto-fantástica no final do livro, na qual Golda Meir (interpretando o papel de um cão de caça celestial) persegue Hitler pelos "pináculos do céu" e, após eras perseguindo-o, consegue colocar nele uma estrela amarela.

que encorajam e depois encobrem práticas de negócio vorazes que levam a consequências desastrosas para toda a economia. Acontecimentos como esses, com enfrentamos quase diariamente, são, na maioria das vezes, ignorados, visto que estamos dispostos a fazer concessão às circunstâncias, à cultura e à tribo a que pertencemos (pelotão, time esportivo, parceiro de negócios). Existe alguma linha traçada por Deus em algum lugar entre justos e injustos, piedosos e ímpios? Como podemos saber de que lado dessa linha estamos — se é que ela existe? Como devemos julgar os outros? Hoje, tornou-se norma renunciar ao "julgamentalismo" (palavra desconhecida até recentemente), mas, ainda assim, fazemos julgamentos em algum ponto, quer reconheçamos, quer não — mesmo que seja apenas contra aqueles a quem julgamos como "julgadores".[15]

Torna-se, assim, problemático, até mesmo para os padrões do Antigo Testamento, traçar uma linha entre justo e injusto. *Essa dificuldade é observada no próprio Antigo Testamento.* Trata-se de uma regra indispensável na interpretação bíblica o fato de que a Escritura, quando estudada exaustiva e canonicamente, é repleta de autocorreções. Certas passagens do Antigo Testamento antecipam o apagamento radical de distinções. Já observamos Isaías 64:5-7. O apóstolo Paulo viu *na própria Bíblia hebraica* o fundamento para sua declaração verdadeiramente inclusiva de que todos os seres humanos estão debaixo do poder do Pecado. Em Romanos 3:9-12, o apóstolo escreve, citando Salmos 14:1-3:

> Já demonstramos que todos os homens, judeus e gregos, estão sob o poder do pecado, conforme está escrito:
>
> "Não há um justo, nem um sequer;
> Não há quem entenda ou quem busque a Deus.
> Todos se extraviaram, e juntamente se corromperam.
> Não há ninguém que faça o bem, ninguém".[16]

Os grandes escritores literários de nossa época são nossos melhores mestres quando o assunto é a natureza humana. O romancista turco Orhan Pamuk ganhou o prêmio Nobel de 2006. Naquele mesmo ano, Pamuk foi convidado a palestrar em um evento promovido por uma organização americana em prol da liberdade de expressão e dos direitos humanos. Eis uma parte do que ele disse:

---

[15]Os capítulos 3 ("A questão da justiça") e 10 ("A descida ao inferno") examinam amplamente essas questões.
[16]Cf. tb. Salmos 53:1-3; 143:2.

"Sou, afinal, um romancista, o tipo de romancista cujo trabalho é identificar-se com todos os personagens, especialmente os 'maus' [...] visto que vivo em um mundo no qual, em pouco tempo, alguém que foi vítima de tirania e opressão pode repentinamente transformar-se em um dos opressores".[17]

Se isso é o que o escritor de ficção literária é capaz de fazer com os personagens que cria, o que dizer do nosso amável Criador? Não foi exatamente o que nosso Senhor Jesus fez, identificando-se com — ou melhor, colocando-se no lugar de — "todos os personagens, principalmente os 'maus'"? Observe que Pamuk não escreve sobre pecados cometidos distraidamente e de forma não intencional — aqueles do tipo que são cobertos nos sacrifícios levíticos. O autor tem em mente não apenas colaboradores passivos, mas também perpetradores "com a mão levantada", os piores dentre nós, precisamente aqueles que, em outras circunstâncias, foram contados como os melhores dentre nós.

Entretanto, até mesmo os maiores romancistas podem apenas nos convidar a entender — e possivelmente perdoar — o perpetrador arrogante e desafiador. Nenhum romancista pode corrigir o que está errado. Só Deus pode executar uma mudança de regime na qual os Poderes tirânicos são deslocados e derrubados. Essa é a história do propósito de Deus, "que ele estabeleceu em Cristo como um plano a ser executado na plenitude do tempo: fazer convergir nele todas as coisas, nos céus e na terra" (Efésios 1:9,10).

Retificação como mudança de regime

O termo "mudança de regime" emergiu de um contexto político desagradável; no entanto, podemos usá-lo como expressão aproximada do que a retidão de Deus é capaz de fazer, empregando-a a serviço do drama apocalíptico.[18] O antigo regime, no qual os Poderes do Pecado e da Morte dominam a raça humana, será vencido de forma definitiva, e a "própria criação será libertada de sua escravidão à decadência" (Romanos 8:21). Isso significa que há um

---

[17]Orhan Pamuk, "Freedom to write", *New York Review of Books*, 25 de maio de 2006. Seguindo um pensamento semelhante, Jonathan Franzen, escrevendo com admiração sobre Alice Munro, ganhadora do Nobel, tinha o seguinte a dizer: "Se você se encontra infeliz com o ódio desencadeado em seu coração, tente imaginar como é ser a pessoa que o odeia. De fato, considere a possibilidade de ser até mesmo o Maligno; e, se isso for difícil demais para você, tente passar algumas noites com [Alice Munro]" (Jonathan Franzen, *New York Times Sunday Book Review*, 14 de novembro de 2004).

[18]A administração de George W. Bush empregou o termo para se referir aos objetivos da guerra preemptiva contra Saddam Hussein, no Iraque. Pensei ter sido a primeira a me apropriar do termo, mas, repassando minhas notas de uma conferência sobre Romanos (Princeton, maio de 2012), vejo que o extraí de uma palestra ministrada por Susan Eastman.

novo futuro no qual as coisas que só são possíveis com Deus se tornarão a realidade definitiva.

Paulo fala de mudança de regime em muitos lugares de suas cartas. Um dos mais importantes é Romanos 13:12-14: "A noite está quase no fim, o dia se aproxima; abandonemos, portanto, as obras das trevas e nos revistamos da armadura da luz. Andemos de forma apropriada, como de dia [...] Revistam-se do Senhor Jesus Cristo, e não façam provisão para a carne, para gratificar seus desejos". Em Romanos 13 e 14, o uso que Paulo faz de *Kurios* (Senhor) é a chave para todo o seu evangelho de mudança de regime, mas isso não será óbvio se não observarmos o texto com cuidado. Considere, por exemplo, o versículo 4, capítulo 14: "Quem é você para julgar o servo alheio? É para o seu *kurios* (senhor) que ele está em pé ou cai. E ficará em pé, pois o *Kurios* (Senhor) *é capaz* de o sustentar" (NVI).

Essa é uma clássica pregação paulina. O apóstolo parece fazer uma crítica peremptória a um indivíduo "julgador" quando, na verdade, está pregando um evangelho de mudança de regime. Toda a seção seguinte parece ser uma instrução sobre comportamento ético, e muitas vezes tem sido caracterizada dessa forma (como *paraenesis*), mas seria um erro interpretá-la assim sem perceber que a seção tem relação o mais estreita possível com a mudança de *kosmos*. A ênfase do apóstolo na mudança de regime torna-se aparente quando vemos o uso repetido que Paulo faz da palavra *kurios* em 14:4-14. Aqui está o ponto central: *a mudança de regime que Paulo descreve como noite e dia em Romanos 13:12 foi efetuada por Cristo*. Toda a estrutura do evangelho está fundamentada e é edificada sob o senhorio do Cristo crucificado, ressurreto e vitorioso, capaz de fazer seus servos ficarem de pé e não caírem.[19]

Verdadeira inclusão

Quando a palavra *dikaiosis* é traduzida por "retificação", a radicalidade da pregação do tema *Christus victor* torna-se clara. Qualquer leitor deste livro estará ciente do forte apoio dado, até certo ponto, ao "evangelho social", que, em décadas recentes, foi adotado quase sem reservas pelas denominações tradicionais. Entretanto, conforme observamos repetidas vezes, há algo faltando no evangelho social e em seu primo, a teologia da libertação. Apesar de suas ressonâncias

---

[19]Em relação a ficar de pé, uma das passagens mais belas (embora misteriosas) das Escrituras é a visão inaugural de Ezequiel. Ela conclui da seguinte forma: "Este era o aspecto da semelhança da glória do Senhor; e, vendo isso, caí sobre o meu rosto e ouvi a voz de quem falava. E disse-me: Filho do homem, põe-te em pé, e falarei contigo. Então, entrou em mim o Espírito, quando falava comigo, e me pôs em pé, e ouvi o que me falava" (Ezequiel 1:28—2:2, ARC). É o Espírito do Senhor que faz o homem ficar de pé.

bíblicas, eles não são suficientemente inclusivos. As várias versões da teologia da libertação tendem a encorajar uma distinção entre o culpado e o inocente. Aqui, mais uma vez, é necessário que o cristão reflexivo retenha duas posições contraditórias de uma só vez. De qualquer maneira, é bem possível defendermos a "opção preferencial de Deus pelo pobre" e, ao mesmo tempo, concordar com Flannery O'Connor, no sentido de que *todos nós* somos *o* pobre".[20] Hans Küng faz isso de maneira habilidosa ao escrever: "Em nenhum outro lugar ficou mais evidente do que na Cruz que Deus é, de fato, um Deus que se posiciona ao lado do fraco, do enfermo, do pobre, do desprivilegiado, do oprimido e *até mesmo do irreligioso, do imoral e do ímpio*".[21]

Em geral, as avaliações inclusivas da humanidade são encontradas nos relatos daqueles que sofreram sob regimes totalitários. Primo Levi cunhou a expressão "zona cinzenta" para designar as circunstâncias extremas em que se torna impossível separar o justo do injusto.[22] Jan T. Gross, em seu livro influente sobre uma atrocidade particularmente terrível na Polônia durante a era nazista, escreveu: "É possível que um indivíduo ou um grupo com uma identidade coletiva distinta seja *vítima e perpetrador ao mesmo tempo*? É possível sofrer e infligir sofrimento ao mesmo tempo? No mundo pós-moderno, a resposta a essas questões é muito simples: é claro que sim!".[23]

A relutância em atentarmos firmemente para essa realidade — que se manifesta na maneira em que as igrejas de hoje tentam afirmar cada vez mais sua tolerância e inclusão — apenas exacerbou as separações destrutivas e as divisões entre nós. Várias congregações tradicionais disputam entre si sobre quem levará o título de mais diversificada, inclusiva ou menos parecida com a chamada direita cristã — enquanto a direita faz a mesma coisa, com questões diferentes, a partir de sua perspectiva. Entretanto, uma interpretação apocalíptica da Bíblia, quando se mostra verdadeira em relação às sugestões internas feitas pela própria Bíblia,

---

[20]Flannery O'Connor, Letter to "A", 15 de setembro de 1955, in: *The habit of being* (New York: Farrar, Straus and Giroux, 1979), p. 103, grifo na citação.

[21]Hans Küng, *On being a Christian* (New York: Doubleday, Image Books, 1984), p. 435, grifo na citação.

[22]Primo Levi, *The drowned and the saved* (New York: Vintage Books, 1988), título do cap. 2 (p. 36-69).

[23]Jan T. Gross, *Neighbors: the destruction of the Jewish community in Jedwabne, Poland* (Princeton: Princeton University Press, 2001), p. 144, grifo na citação. O livro descreve um massacre ocorrido na Polônia no início da Segunda Guerra Mundial. A metade judaica da população local de uma cidade da Polônia foi assassinada pela outra metade. Gross mostrou que não foram os alemães, mas a população polonesa local, que encurralou com entusiasmo seus vizinhos judeus em celeiros e os queimou vivos, amarrando crianças em pequenos grupos e lançando-as em chamas. Gross cita o filósofo Eric Voegelin, que escreve que regimes malignos conseguem recrutar "o homem simples, que age como um homem decente enquanto a sociedade como um todo está em ordem, mas que então, com a chegada da desordem, enlouquece, *sem saber o que está fazendo* em meio ao desequilíbrio da sociedade" (Gross, p. 156-7, grifo na citação).

enfatizará a situação partilhada por toda a humanidade, pois é a única coisa que nos une.[24] Escritores do Novo Testamento estavam sintonizados com essas pistas e sugestões bíblicas internas (é fácil nos esquecermos de que as Escrituras hebraicas eram a única Bíblia que os cristãos do Novo Testamento tinham). A fala de Paulo sobre a "justificação [retificação] do *ímpio*" parece contradizer versículos em Salmos como este: "Saibam que o SENHOR separou o *piedoso* para si" (Salmos 4:3). Todavia, foi precisamente em Salmos que Paulo encontrou a confirmação para a compreensão central de que "não há um justo, nem um sequer".[25] É essencial lermos as Escrituras de maneira atenta a essas referências cruzadas, com base no princípio de que a Bíblia se autointerpreta; do contrário, certamente cairemos na característica humana universal de buscar demonstrar nossa inocência:

> Há aqueles que são puros aos próprios olhos,
> mas que não estão purificados de sua imundícia (Provérbios 30:12).

> Todos os caminhos do homem são puros aos seus olhos,
> mas o SENHOR pesa o espírito (Provérbios 16:2).

A justiça de Deus aborda precisamente esta situação: o problema da natureza humana presa à teia do Pecado, mas universalmente preocupada em se justificar.

A RETIDÃO DE DEUS NOS SALMOS

A leitura das Escrituras a partir do irrompimento do apocalíptico de Deus pode ser ilustrada em passagens do Antigo Testamento como o salmo 25 (*Ad te, Domine, levavi*: "a ti, Senhor, elevo a minha alma"). Como em muitos salmos, a fidelidade de Deus é exaltada:

---

[24] Às vezes, parece que aqueles que fazem grande esforço para entender a ala cristã da extrema-direita não são os cristãos "liberais", e sim os jornalistas e escritores. Jeff Chu, em seu livro sobre ser um cristão gay, *Does Jesus really love me?*, faz de tudo para retratar de forma amigável os membros da infame igreja Westboro Baptist Church, com seu posicionamento linha-dura contra os gays. "What God wants", resenha do livro de Chu's, *New York Times*, 11 de abril de 2013.

[25] Nos Estados Unidos, por duzentos anos ou mais, o uso de uma Confissão Geral na liturgia cristã contrabalanceou essa característica humana universal. A Confissão Geral, empregada durante a Oração da Manhã na Igreja Episcopal, era parte do discurso comum ("Erramos e nos desviamos dos Teus caminhos como ovelhas perdidas [...] Temos seguido os ardis e desejos do nosso coração"). A oração encorajava os fiéis a se enxergarem como parte de uma comunidade humana no Pecado. A versão mais fraca da Confissão Geral no Livro de oração comum revisado não tem o mesmo impacto e, desde que a Oração da Manhã caiu em desuso nos cultos de domingo, a Confissão Geral não tem exercido na igreja a proeminência e a autoridade de antes. As novas orações de confissão utilizadas nas igrejas tradicionais carecem do poder de expressão e da universalidade incondicional que distinguiam as versões mais antigas.

Todos os caminhos do S<small>ENHOR</small> são amor e fidelidade
>   para os que guardam sua aliança e os seus testemunhos (Salmos 25:10).

A declaração do salmista, por sua vez, suscita a seguinte pergunta: quem se encaixa na descrição daqueles que "guardam a sua aliança e os seus testemunhos"? Quem pode reivindicar algo assim? Quem pode estar certo de que sua vida foi caracterizada pela fidelidade à aliança? No judaísmo da época de Jesus, conforme observamos diversas vezes, parecia um pressuposto comum a ideia de que a fidelidade à aliança estava ao alcance de seres humanos, mesmo sem uma incursão radical do poder retificador de Deus. Sem dúvida, o fariseu Paulo pensava assim, antes de sua conversão (Filipenses 3:4-6). Esse foi um ponto de vista posteriormente associado a Pelágio, de quem Agostinho zombou por "acreditar que os poderes da nossa natureza são tão grandes que podemos — com certa dificuldade, mas até certo ponto — resistir aos espíritos malignos sem a ajuda do Espírito Santo".[26] Embora, em tese, Agostinho tenha "ganhado" o debate, ele não conseguiu eliminar a perspectiva de Pelágio; desde então, ela persiste como a postura-padrão dos cristãos.[27] O maior problema dessa postura é que, quanto mais "pelagiano" for o cristão, maior é a tentação de se iludir com seu progresso moral e ético. Observe como o salmista expressa desconforto com a ideia de sua fidelidade à aliança:

> Por amor do teu nome, S<small>ENHOR</small>,
>   perdoa a minha culpa, que é grande (Salmos 25:11).

O pedido é seguido pela afirmação consoladora de que Deus instruirá e guiará seus servos:

> A amizade do S<small>ENHOR</small> é para aqueles que o temem,
>   e ele os leva a conhecer sua aliança.
> Os meus olhos se elevam continuamente ao S<small>ENHOR</small>,
>   porque ele tirará os meus pés da armadilha (v. 14,15).

Mesmo assim, o salmista se sente seguro, de modo que implora ao Senhor por ajuda:

---

[26]Agostinho, *Treatise on the grace of Christ*, 28.27-28.

[27]Não apenas a postura-padrão, mas também, em anos recentes, a postura escolhida. Atualmente, existe um movimento para restabelecer Pelágio e o pelagianismo como a opção preferida, particularmente entre os cristãos com inclinações "célticas". John Philip Newell apoia essa mudança em inúmeros livros populares, especialmente em seu *Listening to the heartbeat of God* (Mahwah: Paulist, 1997).

> Volta-te para mim e sê gracioso para comigo,
> pois estou sozinho e aflito. [...]
> Considera a minha aflição e a minha tribulação,
> e perdoa todos os meus pecados (v. 16-18).

Esse salmo, como a Bíblia toda, pode ser lido de duas maneiras distintas. Deus ajuda os que ajudam a si mesmos? Ou Deus ajuda o que não consegue se ajudar? Dito de outra maneira, *a justiça de quem* tem poder salvador? *Deus* é o agente ativo por todo o salmo, o sujeito de praticamente todos os verbos: Deus "leva a conhecer", "tira os pés da armadilha", "volta-se" para o aflito, "considera a aflição" e "perdoa todos os pecados". O salmo termina da seguinte forma:

> Guarda a minha vida e me livra;
> que eu não seja envergonhado, porque em ti me refugio.
> Que a integridade e a retidão me preservem,
> pois em ti espero.
> Redime Israel, ó Deus,
> de todas as suas tribulações (v. 20-22).[28]

Na passagem, o salmista não se refere à sua "integridade e retidão", mas à integridade e à retidão de Deus. A retidão de Deus — um forte tema nos profetas hebraicos — não apenas fundamenta, mas também *dá existência* à integridade e à retidão entre os seres humanos. Paulo enxerga esse fato como o fundamento para tudo o que ele lê nas Escrituras.[29] A redenção de Israel "de todas suas tribulações" foi precisamente o que Deus fez em Cristo. Qualquer integridade ou qualquer retidão que sejam operativas em Deus, são operativas na condição de retidão de Deus.[30] O salmista deve viver em meio a inimigos e perigos, mas aguarda os atos salvadores de Deus.

---

[28]No Novo Testamento, às vezes Israel significa "os judeus" — como, p. ex., em Romanos 9:3-5 e 11:25. Mais frequentemente, porém, para Paulo, Israel tem uma aplicação universal como todo o povo de Deus, formado por judeus e gentios ("o Israel de Deus", como Paulo o chama, a "nova criação" de Deus — Gálatas 6:15-16). Assim, a redenção do epônimo "Israel [...] de todas as suas tribulações", como no salmo citado, tem tanto um significado particular como um sentido universal.

[29]Käsemann, em seu ensaio inovador "The righteousness of God in Paul" [A justiça de Deus em Paulo], ajudou-nos a ver que *dikaiosyne theou,* "a justiça de Deus", é qualitativamente diferente de uma virtude ou de um atributo de Deus. A justiça de Deus é *o poder de Deus para a salvação* (Romanos 1:16-17).

[30]Segundo expresso por Simon Gathercole: "Deus é o único operador na salvação [...]. Não que tenhamos cumprido de forma bem-sucedida alguma observância da lei, como se Deus precisasse completar a nossa cota para nós [...]. Deus age de forma óbvia, para que fique claro que somente ele efetua a obra salvadora" (Romanos 11:6). ("What did Paul really mean?", *Christianity Today*, agosto de 2007.)

A CRUCIFICAÇÃO

O texto do salmo 69 (*Salvum me fac*: "Salva-me, ó Deus") segue trajetória semelhante. O salmo (NVI) começa com um indivíduo *in extremis* e se expande para uma visão da redenção prometida. Por causa dos versículos 20 e 21, o salmo está associado à Sexta-Feira da Paixão:

> A zombaria partiu-me o coração;
>   estou em desespero!
> Supliquei por socorro, nada recebi;
>   por consoladores, e a ninguém encontrei.
> Puseram fel na minha comida
>   e para matar-me a sede deram-me vinagre.

Ainda assim, esses versículos são seguidos imediatamente por imprecações:

> Que a mesa deles se lhes transforme em laço [...]
> Despeja sobre eles a tua ira;
>   que o teu furor ardente os alcance [...]
> Acrescenta-lhes pecado sobre pecado;
>   não os deixes alcançar a tua justiça [...]
> Não sejam incluídos no rol dos justos (v. 22-28).

As palavras do salmista expõem a questão das vítimas e dos perpetradores de maneira bastante direta. É a vítima que fala no salmo, mas, diferentemente de Jesus, que orou pelo perdão de seus atormentadores, a vítima ora pela condenação e pela exclusão dos perpetradores. A vítima apela para a justiça de Deus e exige uma sentença forense. Como devemos interpretar a imprecação?

Uma leitura canônica, orientada pela apocalíptica do Novo Testamento, verá que os versículos finais do Salmo 69 são determinativos em relação ao todo. Inimizade, retribuição e condenação não são a última palavra. O salmo termina com um louvor, colocando tudo nas mãos de Deus, abrangendo todas aqueles a quem Deus escolherá abençoar, confiando em sua justiça inalienável. Assim, o Antigo Testamento, quando lido à luz do Novo, está repleto do testemunho da vitória de Deus contra tudo aquilo que obscurece o coração humano.

> Louvem-no os céus e a terra [...]
> pois Deus salvará Sião
>   e reconstruirá as cidades de Judá.
> Então o povo ali viverá e tomará posse da terra;
>   a descendência dos seus servos a herdará,
>   e nela habitarão os que amam o seu nome (v. 34-36).

A PROFUNDIDADE DA CRISE HUMANA E A *DIKAIOSYNE* DE DEUS

Essa fé na retidão de Deus exige de nós uma nova perspectiva acerca da natureza humana, segundo a qual nos recusamos a fazer julgamentos decisivos sobre quem é piedoso ou não. Na obra-prima de Herman Melville, *Moby Dick*, o navio *Pequod* é um microcosmo da humanidade. O conto épico está repleto de referências à situação crítica e universal do ser humano. Logo no início, Ishmael diz: "Na balança do Novo Testamento [...] quem não é escravo?". O famoso sermão do padre Mapple, proferido de um púlpito modelado em forma da proa de um navio, é endereçado aos "amados companheiros do mar", enfatizando a solidariedade do ministro e dos marinheiros no perigo. Posteriormente, o "selvagem" Queequeg diz: "É um mundo ligado, mútuo. Nós, os canibais, devemos ajudar esses cristãos". Ishmael declara: "Que os céus tenham misericórdia de todos nós, presbiterianos e pagãos; é triste, mas, de um jeito ou de outro, todos nós temos uma rachadura na cabeça e precisamos de conserto".

O romance misterioso de Melville é muitas coisas, mas podemos dizer com segurança que está absorvido por temas teocêntricos da Nova Inglaterra calvinista, mesmo que o autor lute contra o Deus calvinista e contra a fé de seus antepassados. João Calvino escreveu, de forma célebre, sobre a depravação "total" e universal da vontade humana.[31] Hoje, conseguiríamos uma audiência melhor para Calvino se escolhêssemos, em vez disso, as palavras de Ishmael para designar a situação crítica da humanidade, que precisa "de algum remendo". Observe: não necessitada apenas de *perdão*, mas de *conserto* — de retificação. De nenhuma outra forma a justiça de Deus pode ser trabalhada em um plano universal.

Já ressaltamos a resistência arraigada à ideia de julgamento que predominou nas igrejas tradicionais por muitas décadas. O conceito de juízo foi amplamente editado nos lecionários e se encontra ausente na maioria das pregações. No entanto, apesar do apelo por uma "tolerância" vagamente concebida, tão típica de nossa época, paira um sentimento profundo em nossas comunidades quanto à necessidade de julgamento nos casos que ofendem profundamente a sensibilidade

---

[31]Calvino nunca teve em mente "total" no sentido de impiedade generalizada. O reformador quis dizer que não há componente no humano, nenhum canto do "eu", ao qual possamos recorrer, confiando que tal aspecto da personalidade deixou de ser tocado pelo poder do pecado. "Parte alguma é imune ao pecado" (*Institutas* 2.1.9). Compare com a tendência gnóstica de buscar uma essência pura, interior e espiritual na qual descansar.

das pessoas. Não há como destruir o apelo à justiça e à retidão que se encontra enraizado na tradição judaico-cristã, fato que pode ser mais claramente visto quando essa identidade é abalada por exemplos de depravação humana. Como ilustração, fornecerei dois exemplos da comunidade judaica.

Um jornalista do *New York Times* escreveu o seguinte:

> A comunidade judaica americana incorreu em um grande exame de consciência quando soube que Bernard Madoff, um judeu, cometera uma das maiores fraudes financeiras de todos os tempos — se não a maior de todas. "O roubo", lamentou o rabino David Wolpe, do Sinai Temple de Los Angeles, "ocorreu em escala global".
>
> O rabino Wolpe disse que o caso de Madoff estava além de qualquer reparação. "Não lhe é possível fazer expiação por todos os males que causou", declarou o rabino, "e não acho que exista uma punição comensurável para o crime e para a devastação de vidas que ele deixou para trás. A única coisa que ele poderia fazer, pelo resto da vida, é trabalhar por uma redenção que jamais alcançaria".[32]

A avaliação do rabino é impressionante por três razões:

1. O conceito de um crime em escala global.
2. A necessidade de "punição comensurável para o crime".
3. A impossibilidade de expiação em um caso como este.

Apesar dos protestos contínuos em muitas igrejas que dizem que expiação é um conceito obsoleto, a palavra ainda é consagrada no judaísmo como *Yom Kippur*, o Dia da Expiação. Mas Bernie Madoff, um perpetrador particularmente infame, foi tão longe em sua impiedade que o rabino o classificou como alguém que não tem esperança de "alcançar" redenção. Cada pessoa que lê estas linhas terá sua ideia do que possa ser um crime imperdoável, porém o pensamento-chave é que *o estrago feito nunca pode ser consertado*. O "alcançar" da redenção só é possível a pequenos ofensores — segundo nos sugere o rabino —, mas não a um crime nessa escala. Mas como os pesos nessa balança podem ser medidos? O investimento de quantas pessoas deve ser destruído para que a balança chegue ao limite — cem? Mil?

---

[32]Robin Pogrebin, "In Madoff scandal, Jews feel an acute betrayal", *New York Times*, 24 de dezembro de 2008.

A comunidade judaica tem todo o direito de manifestar sua preocupação arraigada e divinamente concebida com a ética e a compaixão. O problema entre judeus e gentios, porém, está nisto: aqueles que observam e comentam a respeito das transgressões dos outros tendem a se separar da categoria de perpetradores ímpios. Essa tendência humana é universal. É a forma que encontramos de sustentar nossa convicção protegida de que nós, os piedosos, estamos em uma posição diferente da dos ímpios. Essa postura autoprotetora foi ilustrada em uma parábola de Jesus, na qual o fariseu ora: "Deus, eu te agradeço por não ser como os demais homens", em contraste com o publicano, que clama: "Deus, tem misericórdia de mim, pecador!" (Lucas 18:9-14). O ímpeto da parábola de Lucas sobre a justificação é estendido *ad infinitum* pela concepção cósmica de Paulo sobre o que a *dikaiosyne* de Deus pode cumprir.[33]

O segundo exemplo de um contexto judaico ilustra, de maneira diferente, nossa dificuldade de entender como, debaixo da superfície, estamos tão perto de cometer injustiças e grandes impiedades, e quão universal é nossa tentação de isolar o perpetrador como alguém diferente de nós. Um artigo na primeira página do *New York Times* conta como diversos adolescentes israelitas foram presos sob a acusação de tentar linchar diversos jovens palestinos. Um dos suspeitos era uma menina de 13 anos. Ouviu-se um suspeito de 15 anos dizer: "Por mim, ele morria; ele é árabe. Se dependesse de mim, ele estaria morto". Em um dos jornais israelenses, um comentarista perguntou: "Onde já se viu uma criança em idade de *bar-mitzvah* demonstrar tamanha maldade dentro de si?".[34]

A pergunta resume boa parte do argumento deste capítulo, ilustrando a cegueira obstinada do ser humano — *gentios e judeus* — à enormidade e à universalidade do Pecado. Não devemos nos surpreender de que haja maldade "em" qualquer ser humano. Não devemos esperar ver uma grande adesão à justiça ocorrendo no *bar-mitzvah* ou em qualquer outro "chamado ao mandamento". Não devemos continuar perpetuamente surpresos ao encontrarmos "tamanha maldade" em nós mesmos e nos outros. Jamais devemos cessar de nos alarmar, entristecer ou até mesmo enraivecer — mas nunca devemos ficar surpresos, uma vez que "todos os homens, judeus e gregos, estão sob o poder do pecado" (Romanos 3:9).[35]

---

[33]A palavra de Lucas é *dedikaiomenos* — mesmo grupo lexical de *dikaiosyne*. Muitos concordam que esse uso único que Lucas faz da palavra não carrega o mesmo peso que aquele encontrado no mundo conceitual de Paulo.
[34]Isabel Kershner, "Young israelis held in attack on arab youths", *New York Times*, 21 de agosto de 2012.
[35]Martin Luther King é um herói moderno, homenageado por toda parte, mas também esteve entre aqueles que entendiam a escravidão ao Pecado; suas lutas interiores minavam qualquer tendência sua de autoglorificação: "King estava profundamente ciente do poder do mal, e nunca sugeriu que se tratasse de algo

Essas duas ilustrações nos mostram como até mesmo o judaísmo, pela graça de Deus a mais indestrutível de todas as culturas, nascido a partir da ação direta de Deus ao eleger Israel, escolhe uma forma de ler suas Escrituras que é comum também aos cristãos: pelas lentes pelagianas, a suposição de que a justiça está ao alcance da vontade humana.[36] Retornamos ao salmista, que estabelece perante nós uma visão multidimensional do ser humano, esbofeteado por uma variedade de forças internas e externas, sempre alheio à justiça de Deus. A Bíblia não se esquiva de nos apresentar nossos pensamentos menos atraentes — e, no entanto, inteiramente compreensíveis. O salmista não esconde sua raiva contra aqueles que o perseguem. Evidentemente, ele pensa de si como um dentre os justos:

> Sejam eles tirados do livro da vida
> e não sejam incluídos no rol dos justos (Salmos 69:28).

À medida, porém, que o salmo vai-se aproximando da conclusão, o cantor parece acalmar-se, reconhecendo-se entre aqueles cuja dependência encontra-se na misericórdia de Deus:

> O Senhor ouve o pobre
> e não despreza *o seu povo aprisionado* (69:33).

Da perspectiva do "poder de Deus para a salvação" (Romanos 1:16), a referência ao "seu povo aprisionado" representa um distanciamento da divisão entre justos e injustos, piedosos e ímpios. O salmista deixa de pedir que os inimigos sejam eliminados do livro dos justos e passa a reconhecer que todos nós, até mesmo o "povo" de Deus, estamos escravizados pelo Pecado, necessitando de um Poder libertador maior. Dessa forma, o Antigo Testamento prefigura e dá testemunho do Novo.

---

primordialmente institucional ou encontrado no acampamento inimigo. King sabia que a escuridão acampava no coração humano, em ambos os lados da linha de combate" (Tim Stafford, resenha de *Parting the waters*, por Taylor Branch, *Christianity Today*, 16 de junho de 1989).

[36]Em um encontro realizado no Union Theological Seminary, ocorrido no final da década de 1970, a passagem de Romanos 7 estava sendo analisada e discutida. Para o espanto genuíno de alguns dos acadêmicos cristãos presentes, Shaye J. D. Cohen (então reitor e professor de história judaica do Jewish Theological Seminary, mais tarde professor de Harvard) expressou incompreensão. Ele afirmou genuinamente não reconhecer a referência de Paulo sobre o ser humano debaixo do cativeiro do Pecado e da Lei. Muitos dos que estavam presentes naquela noite se lembram disso. A situação ilustra o ponto que temos levantado repetidamente sobre a diferença entre judeus e cristãos que acreditam que a obediência à Lei é realmente possível e aqueles que, lendo as Escrituras com o olhar de Paulo (e de Agostinho e de seus descendentes espirituais), acreditam que isso é humanamente impossível (ao passo que "para Deus tudo é possível").

A melhor definição da retidão de Deus é também a mais simples: seu poder de corrigir o que está errado. E o que tem estado errado desde "Adão" é o cativeiro de toda a raça humana no Pecado, na Morte e na voz julgadora e condenadora da Lei. Não nos é possível captar o significado pleno da retificação (*dikaiosis*) sem um entendimento de como o Pecado sequestrou a Torá. Sem se dar conta, pessoas que citam o ditado popular "Nenhuma boa ação sai impune" reconhecem — de forma bem-humorada, mas triste — o poder que o Pecado tem de perverter a Lei. Paul Meyer, em um influente ensaio cujo título sugestivo é "The worm at the core of the apple" [O verme no centro da maçã], expressa isso de forma clara:

> A experiência do poder demoníaco do Pecado de usar a lei mosaica para efetuar o oposto do que seus devotos adeptos esperam, *até mesmo (ou especialmente) quando há obediência*, manifesta não apenas a natureza sinistra do próprio pecado (Romanos 7:13), mas também quão profundamente o eu religioso é "vendido" ou até mesmo possuído pelo pecado (Romanos 7:14-20). A própria lei de Deus assume uma qualidade e um caráter opostos àquilo que a pessoa sabe ser verdade, de modo que o eu religioso se expõe à miserável posição de servir o Pecado enquanto procura servir ao próprio Deus. Dois mil anos de história cristã demonstraram que, na presença desse poder, não há distinção entre o "justo" e o "injusto". [Romanos 7] é parte da explicação de Paulo sobre a razão pela qual Deus enviou seu Filho em favor de todas as pessoas para lidar com o Pecado de uma forma que a lei era incapaz de fazer (Romanos 8:3,4).[37]

Não é possível ver como isso é verdade em uma conversão radical, ou seja, sem a derrubada da pretensão humana que acompanha a adesão incondicional da graça. O escritor Mark Richard presta homenagem a Flannery O'Connor em suas memórias *House of prayer no. 2* [Casa de oração n.º 2], mostrando como é conveniente projetarmos nossas iniquidades nas outras pessoas (ao escrever "você", o autor refere-se a si mesmo): "As pessoas que você conheceu até agora [em Hollywood] se interessam mais por programas de televisão e filmes nos quais pessoas de fé protegem almas lutando contra agentes de Satanás, dragões cuspidores de foto, hordas de muçulmanos e células supersecretas dentro do governo.

---

[37]Paul W. Meyer, "The worm at the core of the apple", in: *The conversation continues: studies in Paul and John in honor of J. Louis Martyn*, ed. Robert T. Fortna; Beverly R. Gaventa (Nashville: Abingdon, 1990), p. 80, grifo na citação.

O problema é que, assim como seu escritor favorito, Flannery O'Connor, você acredita que a maior ameaça à sua alma é *você*.[38]

Quão diferente é essa postura daquela popularizada pela frase: "Deus aceita você exatamente como é"!

Hospitalidade radical ou reforma completa?

"Deus aceita (ou ama) você exatamente como é" tornou-se um dos slogans mais utilizados pela igreja de hoje. O slogan é tão citado que quase se qualifica como Escritura, sendo até mesmo oferecido como a essência do evangelho.[39] Mas o que se quer dizer, exatamente, por aceitação?[40] O que constitui o amor de Deus em sua dimensão plena?

No século 20, a linguagem do "como estou" foi fortemente reforçada pelo poderoso hino *Tal qual estou*, de Billy Graham, que sempre o usava em seu chamado para que as pessoas fossem ao altar. Contudo, as palavras do hino contêm algo mais do que normalmente se entende pela frase da qual, hoje, passamos a fazer uso de modo generalizado:

> Assim como sou, sem nenhuma defesa
> Senão que o teu sangue me foi derramado
> E que ordenaste: "Vinde a mim..."
> Ó Cordeiro de Deus, achego-me a ti...[41]

---

[38]Mark Richard, *House of prayer no. 2: a writer's journey home* (New York: Nan A. Talese, 2011), p. 190.

[39]O célebre sermão de Paul Tillich, "You are accepted", in: *The shaking of the foundations*, certamente contribuiu para a popularidade dessa versão do evangelho.

[40]A Declaração Conjunta da Doutrina da Justificação (JDCC [sigla em inglês]), emitida e assinada pela Lutheran World Federation [Federação luterana mundial] e pela Igreja Católica Apostólica Romana, em 1999, foi uma conquista impressionante, mas não vai longe o suficiente. Tome, por exemplo, a seguinte declaração: "Confessamos juntos: somente pela graça, pela fé na obra salvadora de Cristo e não por algum mérito de nossa parte somos aceitos por Deus e recebemos o Espírito Santo, que renova o nosso coração e, ao mesmo tempo, nos equipa e nos chama para as boas obras". Por mais acolhedora que seja, a declaração tem dois grandes problemas teológicos e interpretativos: as palavras "aceitos" e "chamados". "Aceitos", mesmo com as qualificações na última parte da declaração, é uma palavra fraca demais para transmitir a força de *dikaiosis* (justificação/retificação). A palavra "equipa" é forte (seu precedente bíblico é *katartismos*: Efésios 4:12), mas a sequência deve ser invertida para "chamando e equipando", com o fim de mostrar que Deus não é somente aquele que faz o chamado, mas também aquele que equipa. A palavra "chama" (*klesis* — Efésios 4:1) é tipicamente usada na pregação contemporânea como sinônima de "convite". Assim, a agência poderosa de Deus na dikaiosis é — talvez de forma não intencional, mas com consequências teológicas sérias — muda para a agência e para a escolha humana. Se as pregações terminam, como geralmente acontece, com palavras como: "Somos chamados a [preencha a lacuna]", a qualidade incondicional do anúncio do evangelho é perdida e o apelo para a decisão humana, substituído. Se Deus realmente está no controle do seu plano de redenção, então qualquer sugestão de que a agência humana é determinativa é teologicamente fatal a todo o empreendimento.

[41]Hino *Just as I am*, de Charlotte Elliott (1835).

Essa referência específica ao sangue coloca as palavras "assim como eu sou" em um contexto mais desafiador. No hino, a hospitalidade — a receptividade — de Deus é estendida ao "pobre, miserável, cego" pecador, consciente de "lutas e temores por dentro e por fora", mas *sempre no âmbito da confissão do Cristo crucificado*. Assim, as boas-vindas divinas já carregam consigo a presença implícita de um justo juízo. A crucificação de Cristo é incompreensível se não a entendermos no contexto da justiça divina. Ao sermos lembrados — segundo aconteceu repetidamente nestas páginas — que a retidão de Deus e a justiça de Deus são a mesma coisa (*dikaiosyne*), podemos ver que há algo mais envolvido aqui do que mera aceitação — ou, conforme diríamos hoje, "tolerância". Se, mesmo entre os seres humanos falhos, há um limite do que pode ser aceito e tolerado, quanto mais com Deus! Por isso, algo deve ser corrigido, justificado e *retificado* (*dikaiosis*).

Uma declaração de anistia não resolve o problema da culpa. Algo deve ser feito para retificar a situação, para que a justiça seja feita, e a redenção, alcançada — algo "comensurável com o crime". A partir dessa ideia, podemos cogitar algo não muito diferente do que Anselmo entende por "satisfação" — não em seus termos escolásticos e esquemáticos, mas lançando o holofote sobre a correspondência entre o *ponderis peccatum* (peso ou gravidade do pecado) e a natureza horrível da morte de Cristo.

Muito mais do que uma tolerância, a promessa de Deus é de uma transformação completa da natureza humana pela vitória de Cristo contra o Poder do Pecado. É muito mais do que uma "aceitação". Qualquer leitura séria do Antigo Testamento deve remeter a uma compreensão de Deus cuja natureza não pode coexistir benignamente conosco em nossa condição sob o Pecado. O ilustre escritor Julian Green, o primeiro americano a ser eleito para a *Académie Française*, era um católico devoto. Aos noventa anos, Green falou de aspectos de sua juventude como uma espécie de crucificação, declarando a um entrevistador que "agora ele podia, após uma grande luta, aguardar a morte com serenidade". O escritor afirmou estar ansioso "para comparecer perante Deus [...] saber finalmente quem eu sou, livre de todas as ilusões, das pequenas mentiras, sabendo que vou para o purgatório e sabendo que serei muito feliz".[42] Não precisamos crer em uma versão medieval detalhada do purgatório para respondermos a isso.[43] A ideia essencial se encontra

---

[42] Richard E. Nicholls, obituário de Julian Green, *New York Times*, 18 de agosto de 1998.
[43] A autora não defende, mas também não descarta, a possibilidade de que Deus, em Cristo, salve não somente os que creem, mas também toda a raça humana no dia do Juízo. Segundo Rutledge (parafraseando Karl Barth): "Se [haverá uma salvação] universal ou não, isso não sabemos — embora nos seja permitido ter essa esperança". (N. T.)

A CRUCIFICAÇÃO

no livro final e culminante do Antigo Testamento: como os filhos corruptos de Levi, passaremos pelo fogo refinador: "Mas quem pode suportar o dia da sua vinda? Quem ficará de pé quando ele aparecer? Porque ele é como o fogo refinador [...] Ele purificará os filhos de Levi e os refinará como ouro e prata, até que eles tragam ao SENHOR ofertas justas. Então as ofertas de Judá e de Jerusalém serão agradáveis ao SENHOR, como nos dias passados, como antigamente" (Malaquias 3:2-4).

O posicionamento de Malaquias ao fim do Antigo Testamento cristão foi um movimento inspirado pela igreja cristã primitiva. O *Tanakh* (Escrituras hebraicas) fecha com a literatura de Sabedoria (os Escritos), mas o Antigo Testamento foi moldado em uma direção apocalíptica, de modo que termina não com os Escritos, mas com os Profetas, e, nos últimos dois versículos, com "o grande e terrível dia do Senhor" (Malaquias 4:5). As palavras finais do Antigo Testamento estão em forma de promessa, embora não sem uma lembrança poderosa de maldição que recai sobre o povo de Deus. Esses versículos anulam qualquer noção de que a situação crítica do ser humano pode ser resolvida por mera "aceitação". Em vez disso, eles falam de uma criação *ex nihilo*: a ressurreição dos mortos.

A retidão de Deus, a *dikaiosyne theou*, eclodiu do túmulo no dia da ressurreição do Redentor. "Como em Adão todos morrem, assim também todos serão vivificados em Cristo." A raça humana é redimida, não por "aceitação", mas pela morte e pela ressurreição. Essa é a plenitude da mensagem do dia da Ressurreição.

A RETIFICAÇÃO DE HORRORES

Se a doxologia de Romanos 11:33-36 for tirada do contexto, não poderá ser plenamente compreendida. Paulo acabou de submeter a si e aos seus leitores e ouvintes a uma intensa investigação concernente à divisão mais séria que a igreja enfrentava em sua época. Sua luta, amplamente negligenciada pelos leitores da Bíblia por dois mil anos, aguardava seu momento, a saber, o fracasso das igrejas cristãs em proteger os judeus da Europa, o coração da cristandade. Por essa falha, não podemos falar de nada redentor sob uma perspectiva estritamente humana. Não podemos fazer compensação nem mesmo por um judeu que pereceu, quanto mais por seis milhões!

Voltamos, portanto, ao tema da descida do inferno por Cristo e ao termo "males horrendos", de Marilyn McCord Adams. É intolerável que até mesmo uma família seja destruída em circunstâncias horríveis, enquanto a igreja simplesmente cruza os braços ou até mesmo coopera com essa destruição. Contudo, que milhões de famílias sejam exterminadas em plena luz do dia é impensável; no entanto, devemos refletir sobre isso. Se a justificação do ímpio está no cerne do evangelho cristão, temos de admitir que essa salvação — essa correção de Deus pelos males cometidos pela humanidade — deve significar algo muito mais do que perdão de indivíduos por ofensas individuais.

O ensaísta austríaco Jean Améry, que sobreviveu à tortura nazista a um custo terrível, escreveu sobre um culto religioso do qual participou após o fim da guerra: "Os judeus que já tremiam com o *páthos* do perdão e da reconciliação, fossem seus nomes victor Gollancz ou Martin Buber, soavam [...] repugnantes para mim [...] jorrando conversas sobre reconciliação".[44]

Conforme instamos repetidas vezes nestas páginas, a reconciliação pode ser prematura, e o perdão, insuficiente.[45] Segundo também discutimos no capítulo sobre a descida de Cristo ao inferno, há males que não podem ser corrigidos por nenhum meio oferecido por este mundo. *Devemos pensar em meios que se encontram além deste mundo.*

Durante a primeira década do ano 2000, surgiu uma intensa controvérsia do que poderíamos chamar de "as fotos do bebê Hitler". A imagem de Hitler que prevaleceu durante cinquenta anos após a Segunda Guerra Mundial foi essencialmente a de um monstro, um demônio, uma encarnação do mal. No início do século 21, porém, apareceu uma enxurrada de livros e documentários que examinam, ou cuja intenção é examinar, a infância de Hitler: seus esforços artísticos fracassados, seu cachorro Blondie, sua sobrinha Geli, sua aparente criptorquidia, a possibilidade de ele ser um homossexual reprimido (o "Führer rosa") e assim por diante, tudo isso a fim de "explicá-lo". Ron Rosenbaum, cuja "revolta contra as explicações" de Hitler começou em 1995, continua a levantar a *"possibilidade proibida de ter de perdoar Hitler"*.[46]

---

[44]Jean Améry, *At the mind's limits: contemplations by a survivor of Auschwitz and its realities*, trad. para o inglês Sidney Rosenfeld e Stella P. Rosenfeld (Bloomington: Indiana University Press, 1980), p. 94. Jean Améry, registrado em seu nascimento como Hanns Chaim Mayer, era filho de pai judeu e mãe católica. Criado como católico romano, o autor se considerava cristão, mas também judeu, visto que carregava o número de Auschwitz no braço. Améry foi detido por algum tempo no Forte Breendonk, uma das prisões nazistas menos conhecidas, mas reconhecidamente uma das piores, por suas torturas. A primeira vez que aprendi sobre Breendonk foi no romance *Austerlitz* (New York: Modern Library, 2001, p. 19-27), do escritor W. G. Sebald. O livro de Jean Améry sobre o Terceiro Reich e seus horrores é amplamente considerado um dos melhores a respeito dessa época. Muito do que Améry escreve ilustra os temas apresentados neste livro. Por exemplo: o autor relata que o regime nazista era sádico — motivado pelo desejo de "anular o mundo". No original, seu livro é intitulado *Jenseits von Schuld und Sühne* ("Além de culpa e expiação"), menos impressionante do que o título *At the mind's limits* [Nos limites da mente], em inglês.

[45]O assunto foi introduzido no capítulo 3 ("A questão da justiça").

[46]Julie Salamon, "Is a demon humanized no longer a demon?", *New York Times*, 2 de fevereiro de 2003. O Dalai Lama segue uma linha semelhante, cujas reflexões da infância de Stalin parecem sugerir que, se tão somente ele fosse persuadido a se lembrar do amor de sua mãe, não teria sido tão cruel (Dalai Lama, com Howard C. Cutler, *The art of happiness: a handbook for living* [New York: Riverhead Books, 1998], p. 123). A "revolta contra as explicações", de Ron Rosenbaum, é explorada em seu livro *Explaining Hitler: the search for the origins of his evil* (Philadelphia: Da Capo Press, 1998), com o prefácio e o posfácio do próprio autor, 2014.

Tornamos a ressaltar precisamente essas implicações neste capítulo final. Pode ter havido alguns monstros na história que não são, ou não eram, realmente humanos. Talvez devêssemos cogitar a possibilidade de eles terem sido puramente agentes de Satanás. Nesse caso, seguindo a lógica do argumento deste livro, não apenas eles serão aniquilados, mas também, e mais importante, até a lembrança deles será aniquilada. Nenhuma recordação deles ou de suas obras permanecerá; será como se eles e seus atos monstruosos nunca tivessem existido. Fechamos, assim, a afirmação doutrinária sobre o mal absoluto: no Fim, veremos que ele nunca teve uma existência ontológica.

Mary Bell, cuja história é contada pela jornalista Gitta Sereny em seu livro *Cries unheard* [Clamores inauditos] (um título altamente sugestivo),[47] tinha 11 anos quando matou um menino de 10 anos e outro de três.[48] *Cries unheard* [Clamores inauditos] examina o contexto de vida de Mary Bell, reconstruído arduamente a partir de conversas entre Sereny e a autora do crime, trinta anos após o acontecimento. Juntas, elas apresentam uma história de responsabilidade moral com uma esperança de redenção. A insistência inabalável de Mary em sua culpa é extraordinária; Mary se recusa a se desculpar, referindo-se aos próprios "clamores inauditos" durante as atrocidades perpetradas contra ela por sua mãe. "*Nada pode justificar* [observe a palavra] *o que eu fiz*", lamenta ela à jornalista. "*Nada.*"

Sereny observa: "Nada pode remover [sua culpa] e a tristeza pelo que ela fez [...]. Mary não se permite consolar e, apesar de seu desespero por uma explicação, disse repetidamente: 'Existem muitas crianças infelizes e perturbadas que, apesar disso, não privam as famílias de seus filhos'".

A colaboração de Gitta Sereny e Mary Bell nos serve de propósito resumido ao nos aproximarmos do fim deste livro: "Nada pode justificar o que eu fiz. Nada". Observe o uso da palavra "justificar" — *dikaioo*. Não há nada que possa ser feito a partir de nossa esfera de realidade capaz de vencer horrores e retificar — corrigir — o que está errado. Todavia, é precisamente isso que nos é prometido pela *dikaiosyne theou*, a retidão e a justiça de Deus.

Juízo intermediário ou retificação definitiva?

O fio temático da condenação dos ímpios corre por todo o Novo Testamento, sem dúvida; dificilmente conseguiríamos ignorá-lo.[49] Evidentemente, devemos

---

[47] Gitta Sereny, *Cries unheard: why children kill: the story of Mary Bell* (New York: Metropolitan Books, 1999), p. 339.

[48] A carreira respeitada, embora polêmica, de Sereny foi marcada por sua análise não sentimental da vida de malfeitores.

[49] Infelizmente, porém, esse tema da Escritura foi tão suprimido nas igrejas tradicionais de hoje que apenas aqueles que realmente leem a Bíblia é que deparam com ele.

levá-lo a sério. Muitas vezes ignorado, porém, é o contratema, aquele que sugere que o número dos que herdarão a redenção de Cristo é igual ao número daqueles que herdaram a queda de Adão (1Coríntios 15:21,22; 2Coríntios 5:14,15; Romanos 5:15-19). Ao longo das cartas autênticas de Paulo, há uma dialética entre o juízo sobre o pecado obstinado e uma redenção maior que, em certas passagens-chave (especialmente Romanos 11:32), parece empurrar os limites para algum tipo de visão universal. Joel Marcus encontrou algo nessa linha até mesmo nas Cartas Pastorais, ampliando uma sugestão feita no comentário de Martin Dibelius sobre essa seção do Novo Testamento.[50]

Em 2Timóteo 2:11-13, temos o seguinte hino-poema, com quatro dísticos:

> Se com ele morremos, com ele também viveremos;
> se perseverarmos, com ele reinaremos;
> se o negarmos, ele nos negará;
> se formos infiéis, ele permanece fiel, pois não pode negar a si mesmo.

Essa passagem incomum reverte os três primeiros dísticos de estilo "se-então" por um dístico final, incondicional, do tipo "porque-portanto". Encontramos a sugestão de um juízo intermediário envolto na fidelidade definitiva de Deus — um juízo intermediário a serviço de uma última e definitiva redenção.[51] O conceito se encontra claramente presente no caso do homem incestuoso de 1Coríntios 5:5, o qual deve ser entregue a Satanás para que seja salvo no dia de Cristo Jesus.[52]

---

[50]Martin Dibelius e Hans Conzelmann, *The Pastoral Epistles*, Hermeneia (Philadelphia: Fortress, 1972), p. 109. Marcus comenta sobre a passagem-hino de 2Timóteo 2:11: "[O autor] não quer dizer nada que diminua a seriedade do pecado, mas também está convencido da vitória final de Deus sobre a perversidade humana, uma vitória que ele já começou a exibir na justificação dos ímpios" (Joel Marcus, artigo não publicado em minha posse, do "The Paul group", do Union Theological Seminary, c. 1977). Citado com permissão.

[51]Dibelius interpreta isso da perspectiva da "recompensa formal" ou de "retaliação formal" (o justo e merecido juízo de Deus sobre o pecado) coexistindo com a "supressão" de Deus dessa retaliação formal. Ele ressalta sua exposição citando uma passagem dos manuscritos de Qumran muito usada no contexto da justiça de Deus: "Quanto a mim, se eu cambalear, as misericórdias de Deus serão a minha salvação, para sempre; se eu tropeçar por causa do pecado da carne, a minha justificação está na justiça de Deus, o Deus cuja existência é eterna" (extraído da *Regra da comunidade* de Qumran, antes conhecida como *The manual of discipline* [1QS 11:11-12]). Ernst Käsemann também cita esse texto em seu famoso ensaio "The righteousness of God in Paul", com o fim de mostrar que *dikaiosyne theou* já estava presente antes de Paulo se apoderar da expressão. Käsemann acrescenta: "Em grande medida, o significado dessa declaração passa despercebido [...]" — o que é um eufemismo; é uma surpresa, porém, bem como um encorajamento, encontrar tal declaração nos escritos legalistas e perfeccionistas da seita apocalíptica judaica de Qumran.

[52]O uso de "carne" e "espírito" em 1Coríntios 5:5 não se refere a "corpo" e "alma", mas a *sarx* e *pneuma* no sentido especial de Paulo sobre os dois domínios (Pecado e Morte em contraste com o Senhorio de Cristo).

Um poder de outro lugar

"Para o homem é impossível, mas para Deus todas as coisas são possíveis" [NVI]. Essa declaração de Jesus, que aparece em todos os Evangelhos Sinóticos (Mateus 19:26; Marcos 10:27; Lucas 18:27), remete-nos enfaticamente para além da justiça humana e do perdão humano. O perdão é uma ação divina da qual o ser humano pode participar; entretanto, a recriação total do *kosmos* é uma ação que só pode ser executada por Deus. É comum ouvirmos, em materiais motivacionais, sobre indivíduos que "mudam o mundo". Certamente é verdade que alguns indivíduos ajudaram a mudar o mundo — Martin Luther King seria um exemplo particularmente relevante. Mesmo assim, nunca houve alguém que instasse de forma tão veemente que ele não passava de um instrumento dos propósitos invencíveis de Deus. Aqueles que marchavam e participavam de manifestações com Martin Luther King, arriscando a vida, também estavam cientes de participar do plano de Deus. Agentes humanos podem administrar justiça, até certo ponto, e o perdão humano sem dúvida pode carregar consigo — e, de fato, carrega — o poder de Deus. Mas a *retificação* em si — *o consertar tudo o que está errado, de forma que o errado deixe de existir* — *é impossível aos seres humanos*. O Dia do Senhor (Antigo Testamento), a nova criação (Segundo Isaías e Paulo), o reino de Deus (Evangelhos Sinóticos), a vida eterna (João) e a nova Jerusalém (Apocalipse) não acontecerão por meios humanos, mas apenas pelo atuar de Deus.

O versículo-chave a ser lembrado quando começamos a desenvolver nosso tema final se encontra em Romanos 4, passagem em que Paulo expõe Abraão como "o pai de todos nós". O versículo que se destaca por sua radicalidade intransigente é 4:17, no qual Abraão é chamado à "presença do Deus em quem creu, que dá vida aos mortos e *chama à existência as coisas que não existem*".

A importância desse versículo não pode ser exagerada. As igrejas afro-americanas gostam de dizer que Deus abre caminho onde o caminho nem sequer existe. Não se trata apenas de uma figura de linguagem. O Deus que cria "do nada" já estava lá, antes de pensarmos nele. O cético questiona se Deus existe, mas as Escrituras testificam do Deus que estava presente antes mesmo do nascimento da "existência". Temos de escutar mais sobre a *asseidade* ("o ser autoexistente") de Deus em nossas igrejas.[53] O que a igreja precisa é de uma renovação de fé em Deus, o Deus que não é um produto descartável dos desejos, anseios e medos humanos,

---

[53] A *asseidade* de Deus significa que Deus deriva sua existência apenas de si mesmo. Na doutrina cristã clássica, isso o distingue de todos os seres criados, os quais derivam sua existência dele.

mas um ser que já existia em três pessoas antes que qualquer ser humano indagasse acerca da existência da divindade.

> Assim diz o Senhor [...]:
> "Eu sou o primeiro e o último;
>   além de mim, não há deus;
> Quem é como eu? Que ele o anuncie,
>   que ele declare e exponha perante mim...
> Não tema, não tenha medo;
>   Não o predisse há muito tempo e não o declarei?" (Isaías 44:6-8).

Portanto, nosso argumento se fundamenta na seguinte dedução: o Deus que é capaz de criar "do nada" é capaz de criar fé onde não há fé, retidão onde não há retidão, vida onde só existe a finalidade da morte. A esta altura, o leitor verá prontamente a conexão entre essas afirmações e a crucificação. *Na cruz, a fé dos discípulos foi destruída*. A retidão perfeita foi reduzida a nada por um conluio profano entre os "piedosos" (o *establishment* religioso) e os "ímpios" (autoridades gentílicas). O Doador da vida eterna foi morto e consignado ao inferno.

> Mas Cristo é ressuscitado dos mortos [...] Porque assim como em Adão todos morrem, igualmente também em Cristo todos serão vivificados (1Coríntios 15:20, 22, KJV).

> Porque tu não deixarás a minha alma no inferno, nem permitirás que o teu Santo veja a corrupção (Atos 2:27, KJV).

Um maravilhoso poema de Christopher Smart, cuja vida na Londres do século 18 foi um naufrágio triste por causa de dívidas e de uma suposta doença mental, evoca com emoção e originalidade insuperáveis a ressurreição do Crucificado como criação *ex nihilo*. Eis as duas estrofes finais:

> Seus inimigos selaram a rocha
> Com a permissão de Pilatos,
> Para que mesmo morto, abandonado e sozinho,
> Não enganasse as habilidades deles.

> Ó Morto, ressuscita! Ó Abandonado, põe-te de pé!
> Por serafins seja adorado!

Ó Solidão, ordena do céu
A restauração do teu exército![54]

A CORREÇÃO DE TODOS OS ERROS

Em setembro de 2013, para marcar o quadragésimo aniversário do golpe militar chileno que inaugurou o regime brutal do general Pinochet, o *New York Times* publicou um artigo sobre o assassinato político de Victor Jara, diretor e compositor chileno, um homem querido em seu país. Esquerdista com uma preocupação especial pelo oprimido, Jara foi vítima do golpe de 11 de setembro de 1973. Espancado e torturado, seu corpo foi encontrado com 44 ferimentos de bala. Hoje, a arena na qual milhares foram detidos após o golpe se chama Estádio Victor Jara, mas o oficial acusado de assassiná-lo vive como cidadão americano em Deltona, Flórida. Durante quarenta anos, a esposa de Jara lutou por justiça, buscando indenização por inúmeros crimes, incluindo homicídio e tratamento cruel, desumano e degradante. Ela deixa claro que não está atrás de dinheiro: "Não há dinheiro que possa curar os danos sofridos". Após 1973, sua vida foi totalmente revirada, tomada pela busca por uma justiça que nunca, nesta vida, será totalmente feita.[55]

Em seu estudo sobre a retificação de maldades, Miroslav Volf é capaz de manter a tensão entre testemunho humano imperfeito nesta "presente era má" (Gálatas 1:4) e a finalização do propósito final de Deus no último dia. Ao fazê-lo, Volf combina aspectos relacionais e jurídicos da *dikaiosis* (retificação) de uma maneira notável. Por exemplo: "O Juízo Final é um acontecimento social; sucede não apenas a indivíduos, mas entre pessoas. Seres humanos estão ligados por muitos laços a indivíduos próximos e distantes, tanto no espaço quanto no tempo. Prejudicamos uns aos outros e temos queixas legítimas uns contra os outros. No Juízo Final, Deus resolverá todas essas 'queixas', as quais também envolvem todas as ofensas contra o próprio Deus, uma vez que ofender o próximo é ofender a Deus. Ao final, *Deus corrigirá todos os erros*".[56]

---

[54]*Awake, arise, lift up your voice* [Despertai, levantai, erguei a voz], hino de Christopher Smart (1722-71), *Hinário episcopal* # 212. Não está claro se Smart estava mentalmente doente ou não. Apesar de suas conexões nos círculos literários de London, Smart foi miseravelmente mantido em asilos mentais e aprisionado por dívidas.

[55]Pascale Bonnefoy, "Chilean's family files suit in US over his torture and death in '73", *New York Times*, 5 de setembro de 2013. Em 1987, o U2 gravou uma música chamada "One Tree Hill". A canção tem uma nota bíblica, apocalíptica. Os versos relevantes são: "Jara sang his song, a weapon in the hands of love/You know his blood still cries from the ground" [Jara cantou sua música, uma arma nas mãos do amor/Você sabe que o seu sangue ainda clama do solo] (The Joshua Tree, Island Records, 1987). Agradeço a Robert Dean por essa referência.

[56]Miroslav Volf, *The end of memory: remembering rightly in a violent World* (Grand Rapids: Eerdmans, 2006), p. 180, grifo na citação.

A vida cristã é vivida na expectativa dessa promessa, que é exponencialmente mais regeneradora do que uma declaração de perdão ou uma anistia geral. A Bíblia começa com a Palavra de Deus trazendo o mundo à existência ("e Disse Deus: 'Haja luz!'; e houve luz" — Gênesis 1:3), e tudo o que segue de Gênesis a Apocalipse procede desse poder criador. Somente a Palavra de Deus, encarnada em Cristo, consegue "corrigir todos os erros" em uma nova criação. Apenas pelo juízo final de Deus sobre o Pecado e a Morte eles podem ser aniquilados como se nunca tivessem existido. Conforme esboçado no capítulo anterior, essa vitória é alcançada por Deus por meio da recapitulação, à medida que Jesus Cristo, experimentando a vida de Adão em sua plenitude (Romanos 5:12-21), carregou a humanidade "pelas águas do mar Vermelho".[57] E, conforme Paulo resume um de seus temas principais: "Tudo procede de Deus" (2Coríntios 5:18). Em outras palavras, a libertação da criação de seu cativeiro (Romanos 8:19-22) por meio de Cristo não resulta de nenhum atuar da capacidade humana. Por causa da condição do velho Adão no cativeiro universal, a salvação tem de ser cumprida somente por Deus; e foi exatamente isso que ele fez. Lesslie Newbigin, em uma frase simples, mas poderosa, ecoa Paulo: "O autor de nossa salvação é Deus".[58]

O papel da fé e da retidão humana

Pairando sobre tudo o que foi dito sobre o poder de Deus para a salvação, estão duas questões: o que significa crer em Cristo como salvador do mundo, aquele cujos nascimento, vida, crucificação e ressurreição inauguraram a era vindoura? E quanto àqueles que o rejeitam?

No Novo Testamento, há ampla evidência de que o próprio Jesus exige comprometimento pessoal de todos aqueles que experimentam sua salvação; um universo inteiro de esforços missionários se baseia na Grande Comissão (Mateus 28:19) e no fato de que não há salvação sem Cristo. A dedução mais óbvia desse

---

[57]Do hino pascal *Come, ye faithful, raise the strain*. Texto original de João Damasceno, oitavo século d.C. Dietrich Bonhoeffer, em sua prisão nazista durante o Advento, tirava sua força das palavras de hinos que havia memorizado. Um hino de Natal composto por Paul Gerhardt traz as seguintes palavras: "Calm your hearts, dear friends;/whatever plagues you,/whatever fails you,/I will restore it all" [Aquietai o coração, queridos amigos;/tudo o que vos atormenta,/tudo o que vos decepciona,/restituir-vos-ei]. Bonhoeffer escreve: "O que isso significa: 'Restituir-vos-ei'? Nada está perdido. Em Cristo, todas as coisas são mantidas, preservadas, embora de forma transfigurada [...]. Cristo traz tudo de volta, conforme Deus intencionara, sem a distorção do pecado. A doutrina que se originou em Efésios 1:10, concernente à restauração de todas as coisas, *anakephalaiosis* — *recapitulatio* (Ireneu), é um pensamento magnífico e consolador [...]. Ninguém conseguiu explicá-lo com a simplicidade de uma criança mais do que P. Gerhardt, colocando estas palavras nos lábios do menino Jesus: 'Restituir-vos-ei'" (*Letters and papers from prison*, ed. ampl., ed. Eberhard Bethge [New York: Macmillan, 1972], p. 229-30).

[58]Lesslie Newbigin, *Sin and salvation* (London: SCM, 1956), p. 56.

posicionamento está na declaração de que o ser humano deve confiar em Cristo para ser salvo. Se a maravilha e o milagre da fé em Cristo forem descartados como desnecessários e sem importância, então a pulsação dinâmica, expansiva e evangelística do evangelho será negada, e o cristianismo se transformará em uma sombra frágil de si mesmo. Há, no entanto, outra questão. Como as pessoas passam a crer em Cristo? E o que pode impedi-las de se achegarem a Jesus? Seria a fé uma "obra" que, no final, salva o cristão? Essa é a luta que Paulo tem em Romanos 9—11, quando se torna aparentemente claro para o apóstolo que seus "compatriotas segundo a carne", os judeus, não abraçarão a fé em números significativos (Romanos 9:3). Nesses capítulos de Romanos, vemos Paulo passando por um conflito interior gigantesco. Os temas que entrelaçam toda a carta são aqueles relacionados à justiça de Deus e ao Senhorio de Cristo. Na providência e no propósito de Deus, até mesmo a incredulidade pode desempenhar um papel.

Esse conceito da justiça de Deus, com seu poder de retificar todas as coisas incondicionalmente, depende de um fundamento que pode ser suprido por diversas passagens importantes do Antigo Testamento. A história de Noé (Gênesis 6—9), as visões de Ezequiel (11:16-20 e 34:11-31) e a passagem acerca da nova aliança em Jeremias (31:31-34) podem ser vistas como se apontassem para um caminho adiante. Em cada uma dessas fontes, a ira de Deus está presente em terror, em juízo e em devastação; contudo, elas demonstram de forma transcendentemente clara que as ações punitivas de Deus estão *a serviço de sua salvação*. A aliança de Deus com Noé precede as alianças abraâmica e mosaica, com sua promessa abrangente a "todos os seres vivos e toda a carne que está sobre a terra" (Gênesis 9:16). Ainda que "a imaginação do coração do homem [seja] má desde a sua juventude" (8:21), Deus, mesmo assim, faz sua "aliança eterna", tendo como sinal o arco-íris (9:16).[59] Jeremias também sabe que o povo de Deus:

> não tem entendimento.
> São habilidosos para fazer o mal,
>   mas não sabem como fazer o bem (Jeremias 4:22).

Todavia, sua profecia é incondicional na promessa divina de uma nova aliança, "não segundo a aliança que fiz com seus pais [...] pois eles violaram a minha aliança". A nova aliança será escrita no coração (Jeremias 31:31,32).

Ezequiel, em particular, embora pouco lido ou estudado nas igrejas tradicionais, é um livro impressionante. Sem dúvida, suas cenas mais pálidas são duras

---

[59] A aliança abraâmica se encontra em Gênesis 12:2,3; a aliança mosaica, em Deuteronômio 5 e 29.

se lidas em termos literais. Entretanto, o aspecto pictórico e as imagens literárias do livro, apesar de severos, expõem a seguinte mensagem teológica essencial, uma mensagem de tirar o fôlego em sua amplitude e em seu compromisso total com a justiça de Deus e seu poder de renovar todas as coisas: o povo de Deus está "condenado à redenção".[60] A passagem dos ossos secos (Ezequiel 37:1-14) é a mais conhecida, mas perde boa parte de seu impacto quando lida fora de contexto. Apenas em seu contexto de total juízo sobre o povo por sua apostasia e incredulidade a ressurreição dos ossos secos demonstra plenamente o poder do Espírito de Deus; afinal, esses ossos não estão apenas mortos, mas *mortos no pecado*. Intercalado com as profecias de Ezequiel sobre a vingança de Deus, o refrão é ouvido: "Dar-vos-ei coração novo e porei dentro de vós espírito novo; tirarei de vós o coração de pedra e darei coração de carne. Porei dentro de vós o meu Espírito e farei que andeis nos meus estatutos, guardeis os meus juízos e os observeis [...] vós sereis o meu povo, e eu serei o vosso Deus" (Ezequiel 36:26-28, ARA). Ao longo dos 48 capítulos de Ezequiel, ressoa-se a seguinte nota: o próprio Deus é poderoso para refazer o coração do seu povo, e ele promete fazê-lo incondicionalmente, a despeito de sua (detalhada e abundantemente descrita) apostasia.

Isso não quer dizer que Deus simplesmente "perdoa e esquece" o pecado. O que Deus diz em Jeremias 31:34 — "perdoarei suas iniquidades e não me lembrarei mais de seus pecados" — deve ser compreendido à luz da forma pela qual o Antigo Testamento define o conceito de "lembrar-se". "Não se lembrar" não significa "tirar da memória", algo que está além da possibilidade humana. Lembrança, em termos bíblicos, é uma ação de Deus. Quando, em oração, roga-se que Deus se "lembre" de alguém, o pedido é para que Deus aja em favor dessa pessoa. Ler Jeremias 31:34 com as lentes de Paulo significa que Deus agirá para retificar as violações maciças feitas por seu povo, rompendo os laços do pecado e obliterando não apenas as consequências do mal, mas também a memória dele, consignando a atividade dos Poderes malignos permanentemente ao seu status de inexistência. Monstros impenitentes da História que, como Pol Pot, morreram pacificamente em seus leitos serão completamente transfigurados ou aniquilados, pois ninguém está além do alcance do poder de Deus.

> Não se lembrem das coisas passadas,
>   Nem considerem as antigas.
> Eis que faço algo novo (Isaías 43:18,19).

---

[60] William Shakespeare, *Muito barulho por nada*.

Isto é retificação: Deus, em sua justiça, corrigirá todas as coisas erradas. Essa é a promessa de Deus de que as "coisas passadas" serão obliteradas, e não se terá nenhuma recordação delas. E aqui está a surpreendente ironia: tudo isso foi cumprido na morte de Jesus Cristo por crucificação, método especialmente designado para apagar da memória suas vítimas, como se elas nunca tivessem existido.

Tal é o poder de Deus, que ressuscita mortos.

JACÓ E ESAÚ COMO ARQUÉTIPOS DOS PROPÓSITOS DE DEUS EM ROMANOS 9—11

No início deste livro, sinalizamos a história dos irmãos Jacó e Esaú para uma referência futura.[61] No contexto anterior, o tema se relacionou ao amor e ao cuidado de Deus por um homem (Esaú) a quem havia, provisoriamente, rejeitado. Como leitores, agradamo-nos do cuidado de Deus para com Esaú, visto ter sido ele tratado de forma abominável, sem motivo algum, por sua mãe e por Jacó. Entretanto, em Romanos 9, a referência de Paulo a Jacó e Esaú leva a história de ambos para uma direção mais radical e desafiadora. A fim de entendermos as plenas ramificações da *dikaiosis* (justificação/ retificação), devemos lidar com a parte mais audaciosa do evangelho pregado por Paulo.

Em Romanos 9—11, o apóstolo luta intensamente com a questão da resistência da comunidade judaica. Acaso o Messias de Israel não estava destinado a aparecer entre o seu povo? Não estavam os israelitas preparados para recebê-lo? Como, então, explicar sua renúncia ao ungido de Deus? Paulo — ele mesmo parte da elite judaica, cujo encontro fatídico foi comissionado pelo Senhor — sofre angústias genuínas pelo fato de seus companheiros judeus não se converterem ao evangelho. Tamanha é sua agonia que, como Moisés antes dele (Êxodo 32:32), o apóstolo está pronto para colocar sua salvação em jogo (Romanos 9:3).

De modo notável, porém, Paulo mal suspira quando, tomando novo fôlego, despoja-se de sua angústia ao contemplar os propósitos ilimitados de Deus. Logo ao pensar nos judeus e em sua obstinação, o apóstolo é levado do desespero ao louvor deslumbrado: "São eles israelitas, a quem pertence a adoção de filhos, a glória, as alianças, a entrega da lei, a adoração e as promessas; a eles pertencem os

---

[61]A história essencial de Jacó e Esaú é encontrada em duas partes: Gênesis 25:19—28:22 e 32:6—33:17. Paulo trabalha com a narrativa de forma tipológica. Sob uma perspectiva puramente literária e humana, a angústia de Esaú ao ser privado da bênção de seu amado pai é uma das porções mais emotivas do Antigo Testamento. No capítulo 32, a narrativa do reencontro dos dois irmãos também é comovente.

patriarcas e, segundo a carne, deles procede Cristo. Deus, que está acima de todos, seja bendito eternamente. Amém" (Romanos 9:4).[62]

Tendo voltado o coração à onipotência de Deus, Paulo continua a enfrentar o desafio da descrença judaica, mas de outra perspectiva. O apóstolo demonstra como a promessa a Abraão foi ampliada para incluir aqueles que outrora haviam sido excluídos. Em Romanos 9, os "filhos da carne" são os descendentes legítimos de Abraão, e os "filhos da promessa" são os gentios ilegítimos: "Mas não pensemos que a palavra de Deus tenha falhado [...]. Não são os filhos da carne que são filhos de Deus, mas os filhos da promessa é que são considerados como descendentes" (Romanos 9:6,8).

Então, deparamos mais uma vez com Jacó e Esaú. Além de citar Gênesis, livro no qual os irmãos originalmente aparecem, Paulo também cita ninguém menos do que nosso amigo Malaquias, que fala da condenação de Deus sobre Esaú, exilado "para além das fronteiras de Israel" (Malaquias 1:5). Sem dúvida, o uso "midráshico" que Paulo faz de Malaquias 1:2,3 é considerado espontâneo para os padrões interpretativos de hoje. O apóstolo toma a passagem do profeta e a transforma em uma declaração escatológica que pouco diz respeito a como Malaquias a emprega. No entanto, apesar dessa aparente liberdade interpretativa, o fato de Paulo localizar Jacó e Esaú no cenário apocalíptico não é totalmente estranho ao espírito do livro de Malaquias, que projeta uma imagem distintamente transnacional do reino de Deus (Malaquias 1:11,14b) e, como observado há pouco, fecha o Antigo Testamento canônico com uma evocação do "dia em que eu [o SENHOR] agirei".

O cerne do que Paulo procura abordar aqui é a noção de uma divisão acentuada entre justos e injustos, escolhidos (Jacó) e rejeitados (Esaú). Por trás dessa

---

[62]Na perspectiva teológica de Paulo, qual é o papel da aliança de Deus com Israel? O grupo de acadêmicos que, de forma conveniente (embora um tanto imprecisa), defende a "nova perspectiva sobre Paulo" tende a colocar grande ênfase na continuidade pactual de Deus com Israel. Entretanto, é notável constatar quão raramente Paulo se refere a essa aliança em termos específicos. É comum que se argumente que o pacto de Deus com Israel está o tempo todo por trás do pensamento de Paulo; se é esse o caso, por que, então, ele claramente evita falar sobre a aliança? A passagem de Romanos 9—11 sugere, em particular, o lugar que Paulo atribui à aliança em sua apresentação geral. Ele reconhece "as alianças" (*diatheki*, plural) e outros dons preciosos de Deus a Israel, mas, ao incluir na lista "a entrega da lei", sugere sua relação ambígua com essa lista. (Uma de suas pouquíssimas referências à "aliança" é nas palavras instituídas por Cristo ["este é o cálice da 'nova' aliança no meu sangue"], em 1Coríntios 11:25, palavras que, sem dúvida, já se haviam consagrado por seu uso nas primeiras congregações. A própria linguagem de "nova aliança", distinguida diametralmente da antiga aliança, se deriva da passagem escatológica importantíssima de Jeremias 31:31-34.) Paulo, tipicamente, refere-se à *promessa* feita a Abraão, e não à *aliança* com Abraão. É notável tal uso de *promessa* em Romanos 4 e Gálatas 3:18. Parece provável que Paulo tenha escolhido, deliberadamente, "desenfatizar" o conceito de *aliança* em favor de *promessa*, com o fim de acentuar a novidade e, ainda mais, a descontinuidade do que Deus fez ao trazer à existência a ordem mundial anterior, incluindo a ordem religiosa, da crucificação para a ressurreição. Embora Paulo reivindique extensivamente a história do Antigo Testamento, ele a sujeita a serviço do "novo acontecimento", ou seja, à vinda de Cristo — como em Romanos 4 e 5 (e Gálatas 3:6-18; 4:21-31). A apresentação em Romanos 5, que analisamos de forma exaustiva em dois lugares deste livro, é uma característica exclusiva de Paulo.

linguagem de eleição, está a convicção de Paulo de que não existe essa divisão definitiva entre pessoas ou grupos de pessoas. É certo que o final de Malaquias parece sugerir uma separação clara desse tipo, pois o Senhor diz: "No dia em que eu agir [...] vocês distinguirão entre o justo e o ímpio" (Malaquias 3:17,18). Mais uma vez, ainda que Paulo cite Malaquias, sua declaração tem como fundamento aquilo que ele já explicitou em Romanos 3:10, passagem segundo a qual "todos os homens, judeus e gregos, estão sob o poder do pecado". Paulo aceita a categoria de justo e injusto, piedoso e ímpio, porém insiste — e aqui está o ponto — que, como vimos repetidamente neste livro, *a linha divisória passa por cada pessoa*.

"Amei Jacó, mas rejeitei Esaú." Paulo cita o texto de Malaquias 1:2,3. No profeta, o contexto parece sugerir que Deus rejeita o povo de Esaú permanentemente e que sua rejeição mostra, de forma conclusiva, que o Senhor é grande "além das fronteiras de Israel" (Malaquias 1:5). Paulo, entretanto, toma essa passagem e a gira de ponta-cabeça. De fato, o Senhor é grande para além das fronteiras de Israel, conforme Paulo e sua missão aos gentios provam de forma dramática; agora, porém, o apóstolo precisa mostrar que o Senhor também é grande *dentro* das fronteiras de Israel, declarando de forma direta que esse é precisamente o caso: "Pergunto, então: acaso Deus rejeitou o seu povo? De maneira nenhuma! [...] Deus não rejeitou o seu povo, o qual conheceu de antemão" (Romanos 11:1,2).

As escolhas ofensivas de Deus

É no contexto da eleição irreversível dos judeus, então, que a dinâmica Jacó-Esaú se desenrola. Paulo luta para compreender como pode haver um propósito divino no comportamento aparentemente inexplicável dos judeus. Por mais estranho e contraditório que pareça ser, a incredulidade aparentemente desempenha um papel no plano da redenção. É nesse ponto que Paulo, com a audácia que lhe é característica, retira de seu repertório inúmeras passagens estonteantes do Antigo Testamento que falam sobre a *resistência teimosa que ocorre precisamente em meio ao propósito definitivo de Deus*. Palavras tiradas de Isaías nos dão a ideia:

> Deus lhes deu um espírito de estupor,
> olhos que não devem ver e ouvidos que não devem ouvir,
> até o dia de hoje (Romanos 11:8, extraído de Isaías 29:10).[63]

---

[63] A comissão de Isaías (cap. 6) é ainda mais explícita do que 29:10:
"Vá e diga a este povo:
'Estejam sempre ouvindo,
mas nunca entendam;

Romanos 9—11, passagem outrora ignorada, agora está sendo reconsiderada como próxima do coração e do cerne do evangelho pregado por Paulo. Em vista da negligência generalizada desses capítulos na história cristã, seu novo desenvolvimento interpretativo tem sido extraordinário (é doloroso pensar na força por trás dessa retomada, uma vez que foi a destruição dos judeus da Europa que trouxe esses capítulos de volta à proeminência). A investigação totalmente original de Paulo sobre a relação entre cristãos e judeus nos é essencial para preenchermos o quadro do propósito de Deus para os *ímpios*. Para começar, *os piedosos* seriam, no contexto de Paulo, precisamente os judeus; os gentios caracterizariam os *ímpios*, os *não* espirituais e os *in*justos. Emitindo um alerta de *spoiler*, podemos declarar que, à medida que a linha de raciocínio de Paulo vai-se desdobrando até seu ponto culminante, o termo "ímpio" passa a abranger toda a humanidade. A dicotomia Jacó-Esaú, portanto, se transforma em uma não dicotomia: transforma-se no resumo de como Deus lida com toda a humanidade com sua identidade gêmea — simultaneamente, ambas réproba *e* eleita.

Paulo continua a desenvolver sua linha de raciocínio. Se ninguém é justo, qual o significado da arbitrariedade por trás da escolha de uma pessoa (Jacó) em vez de outra (Esaú), quando não há uma razão clara para tal? A conclusão do apóstolo, tão relevante para o problema de cristãos e judeus, tem sido muitas vezes negligenciada, apesar de sua importância crucial: "para que o propósito de Deus na eleição continuasse, *não por causa de obras* [visto que nenhum dos dois tinha praticado o bem ou o mal], *mas por causa do seu chamado*" (Romanos 9:11).

Paulo se move na direção da seguinte questão: Deus escolheu deliberadamente os gentios para "suplantar" Israel.[64] Sua linha de raciocínio prossegue da seguinte forma: "Quando Rebeca concebeu filhos de um só homem, nosso antepassado Isaque, embora os gêmeos não tivessem ainda nascido, nem praticado o bem ou

---

    estejam sempre vendo,
        e jamais percebam.
    Torne insensível o coração deste povo;
        torne surdos os seus ouvidos [...]
    Que eles não vejam com os olhos [e]
        não ouçam com os ouvidos'" (Isaías 6:9,10 [NVI]).

Essa passagem é citada no Novo Testamento cinco vezes, mais do que qualquer outro texto do Antigo Testamento (uma vez em cada Evangelho e uma vez em Atos). Apesar da frequência, as palavras da comissão raramente são lidas em sua totalidade durante a exposição pública da famosa visão do profeta Isaías, no templo de Jerusalém. A ideia de que Deus elege alguns, mas não todos, para a fé sempre foi uma pílula difícil de engolir. No entanto, muitos pregadores e pregadoras podem testificar que, passado o momento transcendental do "Eis-me aqui. Envia-me!", devem lutar, pelo resto de sua vida como pregadores, com o fato de que as boas-novas de Jesus Cristo normalmente enfrentam ouvidos moucos.

[64] O nome Jacó quer dizer "aquele que suplanta".

o mal [...] foi-lhe dito: 'O mais velho servirá ao mais novo', segundo está escrito: 'Amei Jacó, mas rejeitei Esaú'" (Romanos 9:10-13).

Sem dúvida, a explicação de Paulo parecerá ultrajante a qualquer leitor moderno — mas não somente ao leitor moderno! O apóstolo antecipou os protestos:

> Que diremos, então? Há injustiça da parte de Deus? De jeito nenhum! Pois ele declara a Moisés: "Terei misericórdia de quem tiver misericórdia, e me compadecerei de quem me compadecer". *Assim, não depende do querer humano ou do esforço humano, mas da misericórdia de Deus.* Pois a Escritura fala com respeito a faraó: "Eu o levantei exatamente a fim de mostrar meu poder em você, para que o meu nome seja proclamado em toda a terra". Portanto, Deus tem misericórdia de quem quer, e endurece a quem quer (Romanos 9:14-18).

É instrutivo observarmos quão difícil e desafiador — de fato, quão ofensivo — esse evangelho pregado por Paulo tem sido ao longo dos séculos. Muitos pregadores expositivos e intérpretes pularam os capítulos 9—11 de Romanos como se não existissem.[65] Ademais, muitos cristãos erroneamente tentam separar o "Deus do Novo Testamento" do suposto rude e insensível "Deus do Antigo Testamento". Em contrapartida, Paulo se esforça ao máximo para mostrar que é precisamente o Deus do povo hebreu que age em Jesus Cristo. O Pai de Jesus é o mesmo Deus que elegeu Abraão; que demonstrou seu poder no faraó; que favoreceu Jacó no lugar de Esaú; que escolheu Israel de todos os povos da terra; que, na plenitude do tempo, estendeu essa eleição e escolha *aos ímpios*.[66]

Paulo sabe que essa proclamação alarmante de Deus será resistida: os americanos não são os primeiros a acreditar na autonomia do ser humano! Sem titubear, o apóstolo continua:

> Quem é você, homem, para retrucar a Deus? O que é moldado pode dizer ao moldador: "Por que você me fez assim?". O oleiro não tem direito sobre o barro, para fazer do barro um vaso para beleza e outro para uso comum? E se Deus, desejando mostrar sua ira e dar a conhecer o seu poder, suportou com muita

---

[65] Alexander McLaren, o grande pregador do século 19 (escocês cuja vida de pregação se concentrou na Inglaterra), é um exemplo. Sua coletânea de diversos volumes de sermões expositivos da Bíblia inteira não inclui uma mensagem sequer de Romanos 9—11.

[66] É impressionante que Paulo nunca mencione Moisés em conexão com a aliança (de fato, conforme vimos, Paulo raramente menciona a aliança). Na análise da história em que Isaque é amarrado, começamos a ver a forma que Paulo remete a Abraão para tornar claro que a promessa de Deus era incondicional e não ligada às falhas sob a Lei.

paciência os vasos de ira, preparados para a destruição, a fim de também dar a conhecer as riquezas da sua glória para os vasos de misericórdia, os quais ele preparou de antemão para a sua glória — ou seja, nós, a quem ele chamou não somente dentre os judeus, mas também dentre os gentios? (Romanos 9:20-24).

Em toda essa seção, Paulo adverte repetidas vezes contra a justiça própria. Ele diz coisas como: "não se gabe contra os ramos"; "não fique orgulhoso, mas tema"; "para que vocês não se julguem sábios aos próprios olhos" (11:18,20,25). O nivelamento radical do qual ele falou em Romanos, começando com 1:16 e chegando ao ponto culminante em 3:22 ("não há distinção"), passa a se tornar o cerne de uma visão de todo o *kosmos* transformado pela retidão de Deus, a *dikaiosyne theou*.[67]

Paulo no cume do monte

Talvez seja preciso um pouco de imaginação para vermos como Paulo, nos capítulos 9—11 de Romanos, começa a alçar a alturas ainda não alcançadas. Por gerações, os cristãos se acostumaram a pensar na grande passagem do final de Romanos 8 como o ápice da carta inteira, sem perceber que Paulo escala alturas ainda maiores ao desafiar o problema da incredulidade. Em suas cartas, muitas passagens mostram sua Paixão pelas revelações que estão se desenrolando — e isso não é mais verdadeiro do que aqui. Seu argumento se ergue em um *crescendo* até a conclusão do capítulo 11, possivelmente a afirmação mais universal de toda a Bíblia.

O que Paulo vê e proclama em todas as suas cartas é o "poder de Deus para a salvação". Ele evoca esse poder ao estabelecer o seu tema em Romanos 1:16,17. Contudo, é em Romanos 9—11 que esse tema encontra a expressão mais universal. Nas cartas de Paulo, Salvação (*soteria*) não deve ser entendida apenas de acordo com a maneira em que é empregada no cristianismo americano — como o resgate de indivíduos, um a um, à medida que vão depositando sua fé em Cristo. Quando

---

[67]Devemos abordar essas passagens nas cartas de Paulo (espec. Romanos 11) com certa cautela. Às vezes, o apóstolo realmente parece irromper em uma visão universal de que, no final, "todos" serão conduzidos à vida da era eterna: "Como em Adão todos morrem, assim também todos serão vivificados em Cristo" (1Coríntios 15:22). Se isso significa salvação universal ou não, não sabemos — embora nos seja permitido ter essa esperança (Karl Barth, *Church dogmatics* IV/3, 477-8). O certo é que haverá um dia conclusivo de julgamento contra Satanás e todas as suas obras, assim como uma separação final e definitiva entre o bem e o mal na Cidade de Deus: "Eis o tabernáculo de Deus com os homens. Deus habitará com eles. Eles serão povos de Deus, e Deus mesmo estará com eles. E lhes enxugará dos olhos toda a lágrima, e a morte já não existirá, já não haverá luto, nem pranto, nem dor, porque as primeiras coisas passaram" (Apocalipse 21:3,4, ARA).

o indivíduo é enfatizado de forma exclusiva, surgem sérios erros teológicos, eclesiológicos e até mesmo geopolíticos. À medida que Paulo vai desenvolvendo sua mensagem em Romanos, o cristão individual não perde sua preciosidade, mas é acoplado à nova família dos que creem e, por fim, ao plano cósmico de Deus. O versículo 32 do capítulo 11 de Romanos é a declaração mais radicalmente "inclusiva" contida na Bíblia: "Deus consignou todos os homens à desobediência a fim de exercer misericórdia para com todos".

Após essa declaração — que, para Paulo, depois do esforço empreendido em seu argumento, parece ter soado como uma palavra proveniente diretamente do Criador —, o apóstolo parece ter sido tomado por uma visão muito superior à capacidade humana. Talvez ele estivesse ciente disso, visto irromper em uma doxologia como a única resposta possível ao que acabara de ser levado a proferir:

> Ó profundidade da riqueza da sabedoria e do conhecimento de Deus!
> Quão insondáveis são os seus juízos e inescrutáveis os seus caminhos!
>
> "Quem conheceu a mente do Senhor?
>   Ou quem foi seu conselheiro?"
> "Quem primeiro lhe deu,
>   para que ele o recompense?"
>
> Pois dele, por ele e para ele são todas as coisas.
> A ele seja a glória para sempre! Amém (Romanos 11:33-36, NVI).

Resumo

O perdão não é suficiente. A crença na redenção não é suficiente. O pensamento positivo sobre a bondade intrínseca de cada ser humano não é suficiente. A mensagem de inclusão não é suficientemente inclusiva, nem efetua uma justiça real. Há coisas — muitas coisas — que devem ser condenadas e corrigidas se quisermos proclamar um Deus tanto de justiça como de misericórdia. Somente um Poder cuja existência independe dessa ordem mundial pode superar as garras que o Inimigo cravou sobre a criação para frustrar os propósitos de Deus.

Condenado e rejeitado, Jesus Cristo, o "herdeiro de todas as coisas" (Hebreus 1:2), ofereceu-se como o Justo. Entregando-se, após o Getsêmani, em plena consciência do que lhe sobreviria e em perfeita união com o seu Pai, Jesus se dirigiu ao Gólgota carregando a própria cruz, na qual foi pregado, sendo "desprezado e rejeitado pelos homens" (Isaías 53:3). No lugar e no tempo históricos dessa crucificação desumana e ímpia, todos os Poderes demoníacos do mundo convergiram para Jerusalém, concentrando suas forças sobre o Filho encarnado de Deus. Abandonado, rejeitado e desamparado, Jesus foi encravado na cruz como o representante de todos, sofrendo a condenação no lugar de cada ser humano para romper o Poder do Pecado e da Morte sobre a humanidade.

Nada disso teria qualquer proveito contra as maldades do mundo se não fosse pela retidão de Deus, a *dikaiosyne theou*. O poder de Deus de retificar o erro é o que vemos, pela fé, na ressurreição de Jesus Cristo ao terceiro dia. Se Deus não for aquele que ressuscita mortos e chama à existência as coisas que não existem, não pode haver qualquer conversa séria sobre perdão para os piores dentre os piores — assassinos em massa, torturadores e *serial killers* — ou mesmo para os melhores dentre os piores — para as ofensas cotidianas contra nossa humanidade comum, as quais levam ao rompimento de casamentos, ao término de amizades, ao colapso de empresas e à miséria silenciosa, destinos partilhados por muitos. "Se as minhas lágrimas derramassem para sempre, se meu zelo fosse tal que nunca esmorecesse, ainda assim meu pecado não seria expiado. Tu somente salvas, tu somente." É essa salvação que acontece no Gólgota. Todas as múltiplas imagens bíblicas, com sua riqueza, complexidade e profundidade, unem-se para dizer isto: a justiça de Deus é revelada na cruz de Cristo. O "precioso sangue" do Filho de Deus é o sacrifício perfeito pelo pecado; o resgate é pago para a libertação dos cativos; as portas do inferno são derrubadas; o mar Vermelho é atravessado, e o inimigo, afogado; o juízo de Deus contra o Pecado é executado; a desobediência de Adão é recapitulada na obediência de Cristo; surge uma nova criação; os que confiam em Cristo são incorporados à sua vida; os reinos do "presente século mau" vão-se reduzindo a nada, enquanto o reino prometido de Deus se manifesta, não em cruzadas triunfalistas, mas no testemunho cruciforme de igreja. De dentro de nossa carne humana, "Adão", o Filho encarnado de Deus, lutou e foi vitorioso contra Satanás — em nosso favor e em nosso lugar. Somente esse poder, essa vitória transcendente conquistada pelo Filho de Deus, é capaz de reorientar o *kosmos* ao seu legítimo Criador. Foi isso que a justiça de Deus conquistou por meio da morte e da ressurreição do Filho, que está conquistando pelo poder do Espírito e que completará no dia de Cristo Jesus.

Por último...

Boa parte das análises e discussões neste livro ressalta a importância comunal, coletiva e cósmica da cruz de Jesus Cristo. Entretanto, que nenhum leitor pense

A CRUCIFICAÇÃO

que as dimensões apocalípticas e universais da mensagem do evangelho não abrem espaço para a fé e a confiança do cristão individual. Diversas vezes neste livro, o leitor deparou com um testemunho intimamente pessoal do apóstolo Paulo em sua carta à igreja da Galácia. Para mim, como escritora, e para vocês, os leitores, as palavras do apóstolo podem ser o consolo e a alegria do nosso coração, hoje e sempre, a despeito do que nos sobrevenha: "Fui crucificado com Cristo. Não sou mais eu quem vive, mas Cristo vive em mim. A vida que eu agora vivo na carne, vivo-a pela fé no Filho de Deus, que me amou e se entregou por mim" (Gálatas 2:20).

Juntamente com Christopher Smart, a autora deste livro conclui com a seguinte confissão:

> Despertai, levantai-vos, erguei a voz;
> De Páscoa, a música cantai
> Regozijai-vos, pois, regozijai-vos,
> A Cristo, o Senhor, adorai.
>
> Com que alegria e surpresa
> Saudamos o nosso Pastor;
> Em nós nunca mais nos fiamos,
> Mas nas mãos e nos pés do Senhor.
> Suas mãos são de amor generoso,
> de graça abundante e sem-fim,
> Seus pés sangrando se movem
>
> *por milhões,*
>
> *e por mim.*[68]

Amém.

---

[68]Hino de Christopher Smart (1722-1771). Os versos finais foram destacados e italicizados para ênfase.

BIBLIOGRAFIA

Para comentários de livros específicos da Bíblia, cf. p. 667-72.

ACHEBE, Chinua. "An image of Africa: racism in Conrad's 'Heart of darkness'". *Massachusetts Review* 18 (1977).

ACHTEMEIER, Elizabeth. "Righteousness in the Old Testament". In: *The interpreter's dictionary of the Bible* (New York: Abingdon, 1962).

ACHTEMEIER, Paul. "Righteousness of God in the New Testament". In: *The interpreter's dictionary of the Bible* (New York: Abingdon, 1962).

ADAMS, James Rowe, org. *The essential reference book for biblical metaphors: from literal to literary*. 2. ed. (Dallas: Word, 2008).

ADAMS, Marilyn McCord. *Horrendous evils and the goodness of God* (Ithaca: Cornell University Press, 1999).

_____; ADAMS, Robert Merrihew, orgs. *The problem of evil* (Oxford: Oxford University Press, 1990).

ALISON, James. *Knowing Jesus* (Springfield: Templegate, 1994).

_____. *The joy of being wrong: original sin through Easter eyes* (New York: Crossroad, 1998).

_____. *Raising Abel: the recovery of the eschatological imagination* (New York: Crossroad, 2000).

ALLISON, Dale. *The end of the ages has come: an early interpretation of the Passion and resurrection of Jesus* (Philadelphia: Fortress, 1985).

_____. *Studies in Matthew: interpretation past and present* (Grand Rapids: Baker Academic, 2005).

_____. *Reconstructing Jesus: memory, imagination, and history* (Grand Rapids: Baker, 2010).

ALLISON, FitzSimons. *The rise of moralism* (London: SPCK, 1966).

AMÉRY, Jean. *At the mind's limits: contemplations by a survivor on Auschwitz and its realities* (Bloomington: Indiana University Press, 1980).

ANDREWES, Lancelot. *Ninety-six sermons of the right honourable and reverend Father in God, Lancelot Andrewes* (Oxford/ London: James Parker and Co., 1832). Disponível em: https://archive .org/details/ninetysixsermon0202andrgoog.

Anselmo da Cantuária. *The prayers and meditations of saint Anselm with the Proslogion* (London: Penguin Books, 1973).

_____. *St. Anselm, basic writings*. Trad. para o inglês S. N. Deane (La Salle: Open Court, 1974).

Antwi, Daniel J. "Did Jesus consider his death to be an atoning sacrifice?". *Interpretation* 45 (Jan., 1991).

Aquinas, Thomas. *The sermon-conferences of st. Thomas Aquinas on the Apostles' Creed*. Ed. e trad. para o inglês Nicholas R. Ayo, C. S. C. (Eugene: Wipf and Stock, 1988).

Ash, Timothy Garton. "The truth about dictatorship". *New York Review of Books*, Feb. 19, 1998.

Atanásio. *On the incarnation* (Crestwood: St. Vladimir's Orthodox Theological Seminary, 1953-1978).

_____. *Orations against the Arians*. Cambridge Library Collection (Cambridge: Cambridge University Press, 2014).

Auden, W. S. *Selected poems*. Ed. Edward Mendelson. 2. ed. ampl. (New York: Vintage, 2007).

Agostinho. *Confessions; Enchiridion*. Ed. Albert Cook Outler. Library of Christian Classics (Philadelphia: Westminster, 1955).

_____. *On grace and free will, on forgiveness of sins and baptism*. Select Library of the Nicene and Post-Nicene Fathers of the Christian Church. Ed. Philip Schaff (Grand Rapids: Eerdmans, 1971), series 1, vol. 5

_____. *The city of God; On Christian doctrine*. Select Library of the Nicene and Post-Nicene Fathers of the Christian Church; Ed. Philip Schaff (Grand Rapids: Eerdmans, 1973), series 1, vol. 2.

Aulén, Gustav. *Christus Victor: an historical study of the three main types of the idea of the atonement*. Pref. Jaroslav Pelikan (New York: Macmillan, 1969; orig. 1931).

Balthasar, Hans Urs von. *Dare we hope "that all men be saved"? With a short discourse on hell* (San Francisco: Ignatius, 1988).

_____. *Theo-Drama: theological dramatic theory* (San Francisco: Ignatius, 1994).

_____. *Mysterium paschale: the mystery of Easter* (San Francisco: Ignatius, 2000; ed. alemã orig., *Theologie der drei tage*, 1970).

Banks, Robert, org. *Reconciliation and hope: New Testament essays on atonement and eschatology* (Grand Rapids: Eerdmans, 1974).

Barmen theological declaration (1934): the book of confessions. Ed. de estudo (Louisville: Geneva, 1999).

Barrett, C. K. "New Testament eschatology". *Scottish Journal of Theology* 6 (1953): 136-55, 225-43.

Barth, Karl. *Church dogmatics* (Edimburgh: T. & T. Clark, 1956-1975), 13 vols.

_____. *Dogmatics in outline* (New York: Harper Torchbooks, 1959).

_____. *Fides quaerens intellectum: Anselm's proof of the existence of God in the context of his theological scheme* (London: SCM, 1960; ed. alemã orig. 1930).

_____. *Learning Jesus Christ through the Heidelberg Catechism* (Grand Rapids: Eerdmans, 1964).

_____. *Deliverance to the captives*. 1. ed. (New York: Harper and Row, 1978).

BARTH, Markus. *Justification* (Grand Rapids: Eerdmans, 1971).

BARTLETT, Anthony W. *Cross purposes: the violent grammar of Christian atonement* (Harrisburg: Trinity, 2001).

BEKER, J. Christiaan. *Paul the apostle: the triumph of God in life and thought* (Philadelphia: Fortress, 1980).

_____. *Paul's apocalyptic gospel: the coming triumph of God* (Philadelphia: Fortress, 1982).

_____. *Suffering and hope: the biblical vision and the human predicament* (Philadelphia: Fortress, 1987).

BELHAR DECLARATION OF 1986. Disponível em: www.pcusa.org/resource/belhar-confession/.

BELL, Daniel. *The economy of desire: Christianity and capitalism in a postmodern world* (Grand Rapids: Baker Academic, 2012).

BERKHOF, Hendrikus. *Christ and the powers*. Trad. para o inglês John Howard Yoder (Scottdale: Herald, 1962).

BERKHOF, Louis. *Systematic theology* (Grand Rapids: Eerdmans, 1996).

BERKOUWER, G. C. *Sin* (Grand Rapids: Eerdmans, 1971).

_____. *The work of Christ* (Grand Rapids: Eerdmans, 1980).

BERNARDO DE CLARAVAL. *Life and works of saint Bernard, Abbot of Clairvaux*. Trad. e ed. Samuel J. Eales (London: John Hodges, 1896).

BETHGE, Eberhard. *Dietrich Bonhoeffer: man of vision, man of courage* (New York: Harper and Row, 1970).

BLACK, C. Clifton. "The persistence of the wounds". In: *Lament: reclaiming practices in pulpit, pew, and public square* (Louisville: Westminster John Knox, 2005).

BLOESCH, Donald G. *Essentials of evangelical theology* (Peabody: Hendrickson, 1978), 2 vols.

_____. *Jesus Christ: Savior and Lord* (Carlisle: Paternoster, 1997).

BLUMHARDT, Johann Christoph; BLUMHARDT, Christoph. *Thy kingdom come: a Blumhardt reader*. Ed. Vernard Eller (Grand Rapids: Eerdmans, 1980).

BOCKMUEHL, Markus, org. *The Cambridge companion to Jesus* (Cambridge: Cambridge University Press, 2001).

BOFF, Leonardo. *Passion of Christ, passion of the world* (Maryknoll: Orbis, 1987).

BONHOEFFER, Dietrich. *Life together* (New York: Harper and Row, 1954).

_____. *Ethics*. Ed. Eberhard Bethge (New York: Macmillan, 1955).

_____. *Christ the center* (New York: Harper and Row, 1960).

_____. *The communion of saints: a dogmatic inquiry into the sociology of the church* (New York: Harper and Row, 1963).

_____. *The cost of discipleship* (New York: Macmillan, 1963).

_____. *No rusty swords*. Fontana Library (New York: Harper and Row, 1970).

_____. *Letters and papers from prison*. Ed. Eberhard Bethge. Ed. ampl. (New York: Macmillan, 1972).

BORNKAMM, Günther. *Jesus of Nazareth* (New York: Harper and Row, 1960).

_____. *Early Christian experience* (New York: Harper and Row, 1969).

_____. *Paul* (New York: Harper and Row, 1971).

BRAATEN, Carl E.; JENSON, Robert W., orgs. *Sin, death, and the Devil* (Grand Rapids: Eerdmans, 2000).

BRANCH, Taylor. *Parting the waters: America in the King years, 1954-63* (New York: Simon and Schuster, 1988).

_____. *Pillar of fire: America in the King years, 1963-65* (New York: Simon and Schuster, 1998).

_____. *At Canaan's edge: America in the King years, 1965-68* (New York: Simon and Schuster, 2006).

BRIGHT, John. *A history of Israel* (Philadelphia: Westminster, 1972).

BROCK, Rita Nakashima; PARKER, Rebecca Ann. *Proverbs of ashes: violence, redemptive suffering, and the search for what saves us* (Boston: Beacon Press, 2001).

BROWN, Alexandra R. *The cross and human transformation: Paul's apocalyptic word in I Corinthians* (Minneapolis: Fortress, 1995).

BROWN, Joanna Carlson; BOHN, Carole R. Bohn, orgs. *Christianity, patriarchy, and abuse: a feminist critique* (New York: Pilgrim, 1989).

BROWN, Peter. *Augustine of Hippo: a biography*. Nova ed., com epílogo (Berkeley: University of California Press, 2000).

BROWN, Raymond E. *The birth of the Messiah: a commentary on the infancy narratives in the Gospels of Matthew and Luke* (Garden City: Doubleday, 1977).

_____. *The death of the Messiah: from Gethsemane to the grave — a commentary on the Passion narratives in the four Gospels* (Garden City: Doubleday, 1994). 2 vols.

_____. *Introduction to the New Testament* (New York: Doubleday, 1997).

BROWN, Robert McAfee. *Making peace in the global village* (Philadelphia: Westminster, 1981).

BROWN, Sally A.; MILLER, Patrick D., orgs. *Lament: reclaiming practices in pulpit, pew, and public square* (Louisville: Westminster John Knox, 2005).

BRUCE, F. F. "Justification by faith in the non-Pauline writings of the New Testament". *Evangelical Quarterly* 24 (1952): 66-77.

BROWNING, Christopher R. *Ordinary men: reserve police battalion 101 and the final solution in Poland*. 2. ed. (New York: HarperPerennial, 1998). Brochura, com posfácio.

BULTMANN, Rudolf. *Theology of the New Testament* (New York: Scribner, 1951, 1955). 2 vols.

BURUMA, Ian. "Who did not collaborate?". *New York Review of Books*, Feb. 24, 2011.

———. "From tenderness to savagery in seconds". *New York Review of Books*, Oct. 13, 2011.

———. "The hell of victory". *New York Review of Books*, Nov. 24, 2011.

CALVINO, João. *Institutes of the Christian religion*. Ed. John T. McNeill. Trad. para o inglês Ford Lewis Battles. Library of Christian Classics (Philadelphia: Westminster, 1960).

———. *Calvin's commentaries*. Ed. David W. Torrance; Thomas F. Torrance. Trad. para o inglês William B. Johnston (Grand Rapids: Eerdmans, 1963).

CAMERON, J. M. "A good read". *New York Review of Books*, Apr. 15, 1982.

CAMPBELL, Douglas. *The deliverance of God: an Apocalyptic rereading of justification in Paul* (Grand Rapids: Eerdmans, 2009).

CAMPBELL, Will D. *And also with you: Duncan Gray and the American dilemma* (Franklin: Providence House Publishers/ Tennessee Heritage Library, 1997).

———; HOLLOWAY, James Y. *Up to our steeples in politics* (New York: Paulist, 1970).

CAMUS, Albert. *The fall*. Trad. para o inglês Justin O'Brien (New York: Knopf, 1956).

CAPON, Robert Farrer. *The parables of grace* (Grand Rapids: Eerdmans, 1988).

CHANG, Iris. *The rape of Nanking: the forgotten holocaust of World War II* (New York: Penguin, 1998).

CHARRY, Ellen. *By the renewing of your minds: the pastoral function of Christian doctrine* (New York: Oxford University Press, 1997).

CHARTRES, Caroline, org. *Why I am still an Anglican* (London: Continuum, 2006).

CHILDS, Brevard. *Introduction to the Old Testament as Scripture* (Philadelphia: Fortress, 1979).

———. *The New Testament as canon: an introduction* (Philadelphia: Fortress, 1984).

———. *Biblical theology of the Old and New Testaments: theological reflection on the Christian Bible* (Minneapolis: Fortress, 1993).

———. *The struggle to understand Isaiah as Christian Scripture* (Grand Rapids: Eerdmans, 2004).

CHOPP, Rebecca S. *The praxis of suffering: an interpretation of liberation and political theologies* (Maryknoll: Orbis, 1986).

COLLINS, John J. *The apocalyptic imagination: an introduction to Jewish apocalyptic literature*. 2. ed. (Grand Rapids: Eerdmans, 1998).

COUSAR, Charles B. *A theology of the cross: the death of Jesus in the Pauline letters*. Overtures to Biblical Theology (Minneapolis: Augsburg Fortress, 1990).

CULPEPER, Robert H. *Interpreting the atonement* (Grand Rapids: Eerdmans, 1966).

DABNEY, Robert L. *Christ our penal substitute* (Richmond: Presbyterian Committee of Publication, 1898).

DALAI LAMA [Tenzin Gyatso]. *The transformed mind: reflections on truth, love, and happiness* (London: Hodder and Stoughton, 2000).

_____. *The essential Dalai Lama: his important teachings*. Ed. Rajiv Mehrotra (New York: Viking, 2005).

_____. *Essential writings*. Ed. Thomas A. Forster. Modern Spiritual Masters Series (Maryknoll: Orbis, 2008).

_____. *Becoming enlightened*. Ed. e trad. para o inglês Jeffrey Hopkins (New York: Atria Books, 2009).

DALAI LAMA; CUTLER, Howard C. *The art of happiness: a handbook for living* (New York: Riverhead, 1998).

DALE, R. W. *The atonement*. 7. ed (London: Congregational Union of England and Wales, 1875/1878).

DALLAIRE, Roméo. *Shake hands with the Devil: the failure of humanity in Rwanda* (Toronto: Random House Canada, 2003).

DANNER, Mark. *The massacre at El Mozote: a parable of the Cold War* (New York: Vintage, 1994). Constituindo originalmente uma edição inteira do *New Yorker*, Dec. 6, 1993, como "The truth of El Mozote".

_____. "Rumsfeld's war and its consequences now". *New York Review of Books*, Dec. 19, 2013.

_____. "Rumsfeld: why we live in his ruins". *New York Review of Books*, Feb. 6, 2014.

_____. "In the darkness of Dick Cheney". *New York Review of Books*, Mar. 6, 2014.

_____. "Cheney: 'the more ruthless the better'". *New York Review of Books*, May 8, 2014.

DAVIS, Ellen F. "Reading Leviticus in the church". *Virginia Seminary Journal* (Winter, 1996-1997).

DAVIS, Joshua B.; HARINK, Douglas, orgs. *Apocalyptic and the future of theology: with and beyond J. Louis Martyn* (Eugene: Cascade, 2012).

DAY, Dorothy. *The duty of delight: the diaries of Dorothy Day*. Ed. Robert Ellsberg (Milwaukee: Marquette University Press, 2008).

DE BOER, Martinus C. "Paul and Jewish Apocalyptic eschatology". In: *Apocalyptic and the New Testament: essays in honor of J. Louis Martyn*. Ed. Joel Marcus; M. L. Soards (Sheffield: *JSOT*, 1989, p. 169-90).

_____. "Paul, theologian of God's apocalypse". *Interpretation*, Jan., 2002.

DELBANCO, Andrew. *The death of Satan: how Americans have lost the sense of evil* (New York: Farrar, Straus and Giroux, 1995).

DENNEY, James. *The death of Christ*. Ed. R. V. Tasker (London: Tyndale, 1951; orig. 1902).

DILLISTONE, F. W. *The Christian understanding of atonement* (Philadelphia: Westminster, 1968).

DONNE, John. *The sermons of John Donne*. Ed. George R. Potter; Evelyn M. Simpson (Berkeley: University of California Press, 1953-1962), 10 vols.

DOSTOEVSKY, Fyodor. *The brothers Karamazov*. Trad. para o inglês Richard Pevear; Larissa Volokhonsky (New York: Farrar, Straus and Giroux, 1990).

Douglas, Ann. *The feminization of American culture* (New York: Noonday Press/ Farrar, Straus and Giroux, 1998; orig. 1977).
Duff, Nancy J. "Pauline apocalyptic and theological ethics". In: Marcus, Joel; Soards, Marion L. org. *Apocalyptic and the New Testament*. (Sheffield: Sheffield Academic Press, 1989).
_____. "Atonement and the Christian life: Reformed doctrine from a feminist perspective". *Interpretation* 53, n. 1, Jan. 1999.
Duffy, Eamon. "A deadly misunderstanding". *New York Review of Books*, July 5, 2001.
Dunn, J. D. G. "Paul's understanding of the death of Jesus". In: Banks, Robert, org. *Reconciliation and hope: New Testament essays on atonement and eschatology* (Grand Rapids: Eerdmans, 1974).
_____. "The new perspective on Paul: Paul and the law". In: Donfried, Karl P., org. *The Romans debate*. Ed. rev. e ampl. (Peabody: Hendrickson, 1991).
_____. *The theology of Paul the apostle* (Grand Rapids: Eerdmans, 1998).
Elliott, Neil. "The anti-imperial message of the cross". In: Horsley, Richard, org. *Paul and empire: religion and power in Roman imperial society* (Harrisburg: Trinity, 2000), p. 167-83.
_____. *The arrogance of nations: reading Romans in the shadow of empire* (Minneapolis: Fortress, 2008).
Ellis, Peter F. *Seven Pauline letters* (Collegeville: Liturgical Press, 1982).
Epistle to Diognetus. In: *Early Christian fathers*. Ed. Cyril C. Richardson. Library of Christian Classics (Philadelphia: Westminster, 1953).
Fairweather, Eugene, org. *A Scholastic miscellany: Anselm to Ockham* (New York: Macmillan, 1970).
Farrer, Austin. *Saving belief* (New York: Morehouse-Barlow, 1964).
Fenn, Richard K. *Beyond idols: the shape of a secular society* (New York: Oxford University Press, 2001).
French-Beytagh, Gonville Aubie. *Encountering darkness* (London: William Collins Sons and Co., 1973).
Fiddes, Paul S. *Past event and present salvation: the Christian idea of atonement* (Louisville: Westminster John Knox, 1989).
Flew, Antony; MacIntyre, Alasdair, orgs. *New essays in philosophical theology*. Ed. amer., brochura (New York: Macmillan, 1964).
Forde, Gerhard O. *On being a theologian of the cross: reflections on Luther's Heidelberg Disputation, 1518* (Grand Rapids: Eerdmans, 1997).
_____. "Caught in the act: reflections on the work of Christ". *Word and World*, n. 1, Winter, 1983: 22-31.
Forsyth, P. T. *The work of Christ* (Eugene: Wipf and Stock, 1996).
Fortna, Robert; Gaventa, Beverly R., orgs. *The conversation continues: studies in Paul and John in honor of J. Louis Martyn* (Nashville: Abingdon, 1990).

FRETHEIM, Terence E. *The suffering of God: an Old Testament perspective*. Overtures to Biblical Theology (Philadelphia: Fortress, 1984).

FRYE, Northrop. *The great code: the Bible and literature* (New York: Harcourt Brace Jovanovich, 1982).

FULLER, Reginald H. *The mission and achievement of Jesus: an examination of the presuppositions of New Testament theology* (London: SCM, 1954).

_____. *Interpreting the miracles* (London: SCM, 1963).

_____. *A critical introduction to the New Testament* (London: Duckworth, 1966).

FURNISH, Victor. *Theology and ethics in Paul* (Nashville: Abingdon, 1968).

GATHERCOLE, Simon. "What did Paul really mean?". *Christianity Today*, Aug. 2007. Disponível em: http://www.Christianitytoday.com/ct/2007/august/13.22.html.

GAVENTA, Beverly R. "You proclaim the Lord's death: I Corinthians 11:26 and Paul's understanding of worship". *Review and Expositor* 80 (1983): 380.

_____. "Is Galatians just a 'guy thing'?". *Interpretation* 54, n. 3, Jul., 2000.

_____. *Our mother saint Paul* (Louisville: Westminster John Knox, 2007).

_____, org. *Apocalyptic Paul: cosmos and anthropos in Romans* (Waco: Baylor University Press, 2013).

GAYLIN, Willard. *The killing of Bonnie Garland: a question of justice* (New York: Simon and Schuster, 1982).

GIRARD, René. *The scapegoat* (Baltimore: Johns Hopkins University Press, 1989).

_____. *Violence and the sacred* (New York: Continuum, 2005).

GOLDBERG, Michael. *Jews and Christians: getting our stories straight* (Valley Forge: Trinity, 1991).

GOUREVITCH, Philip. *We wish to inform you that tomorrow we will be killed with our families: stories from Rwanda* (New York: Farrar, Straus and Giroux, 1998).

_____; MORRIS, Errol. "Exposure: the woman behind the camera at Abu Ghraib". *New Yorker*, Mar. 24, 2008.

GREEN, Joel B. "Crucifixion". In: BOCKMUEHL, Markus, org. *The Cambridge companion to Jesus* (Cambridge: (Cambridge University Press, 2001).

_____; BAKER, Mark D. *Recovering the scandal of the cross: atonement in New Testament and contemporary contexts* (Downers Grove: InterVarsity, 2000).

GREGÓRIO DE NYSSA. "An address on religious instruction". In: HARDY, Edward Rochie; RICHARDSON, Cyril C., orgs., *Christology of the later fathers*. Library of Christian Classics (Philadelphia: Westminster, 1954). vol. 3.

GRIEB, A. Katherine. *The story of Romans: a narrative defense of God's righteousness* (Louisville: Westminster John Knox, 2002).

GRILLMEIER, Aloys. *Christ in Christian tradition* (New York: Sheed and Ward, 1965).

GROSS, Jan T. *Neighbors: the destruction of the Jewish community in Jedwabne, Poland* (Princeton: Princeton University Press, 2001).

Gundry-Volf, Judith. "Expiation, propitiation, mercy seat". In: Hawthorne, Gerald F.; Martin, Ralph P.; Reid, Daniel G., orgs. *Dictionary of Paul's letters* (Downers Grove: InterVarsity, 1993).

Gunton, Colin. *The actuality of atonement: a study of metaphor, rationality, and the Christian tradition* (Grand Rapids: Eerdmans, 1989).

Hall, Douglas John. *Lighten our darkness: toward an indigenous theology of the cross* (Philadelphia: Westminster, 1976), p. 115-37.

_____. *God and human suffering: an exercise in the theology of the cross* (Minneapolis: Augsburg, 1989).

Hallie, Philip P. *Lest innocent blood be shed: the story of the village of Le Chambon and how goodness happened there* (New York: Harper and Row, 1979).

Harink, Douglas. *Paul among the postliberals: Pauline theology beyond Christendom and modernity* (Grand Rapids: Brazos, 2003).

_____. "Setting it right: doing justice to justification". *Christian Century*, Jul. 14, 2005.

_____, org. *Paul, philosophy, and the theopolitical vision: critical engagements with Agamben, Badiou, Žižek, and others* (Eugene: Cascade, 2010).

Hart, David B. "A gift exceeding every debt: an Eastern Orthodox appreciation of Anselm's *Cur Deus Homo*". *Pro Ecclesia* 7, n. 3, Summer, 1998: 330-49.

_____. *The doors of the sea: where was God in the tsunami?* (Grand Rapids: Eerdmans, 2005).

Hauerwas, Stanley. "No enemy, no Christianity: theology and preaching between 'worlds'". In: Volf, Miroslav; Krieg, Carmen; Kucharz, Thomas, orgs. *The future of theology: essays in honor of Jürgen Moltmann* (Grand Rapids: Eerdmans, 1996).

_____. *With the grain of the universe: the church's witness and natural theology* (Grand Rapids: Brazos, 2001).

_____. *Performing the faith: Bonhoeffer and the practice of nonviolence* (Grand Rapids: Brazos, 2004).

_____; Willimon, William H. *Resident aliens: life in the Christian colony* (Nashville: Abingdon, 1989).

Havel, Václav. *Open letters: selected writings* (New York: Knopf, 1991).

Hays, Richard B. *The faith of Jesus Christ: the narrative substructure of Galatians 3:1—4:11*. 2. ed (Grand Rapids: Eerdmans, 2002).

_____. *The conversion of the imagination: Paul as interpreter of Israel's Scripture* (Grand Rapids: Eerdmans, 2005).

Hengel, Martin. *Crucifixion* (Philadelphia: Fortress, 1977).

_____. *Acts and the history of earliest Christianity* (Philadelphia: Fortress, 1979).

_____. *The atonement: the origins of the doctrine in the New Testament* (Philadelphia: Fortress, 1981).

Herbert, George. *The complete English poems*. Ed. John Tobin (London: Penguin Books, 1991).

HERSEY, John. *Hiroshima* (New York: Vintage Books, 1989). Publicado integralmente no *New Yorker*, Aug. 31, 1946.
HODGE, Charles. *Systematic theology* (Grand Rapids: Eerdmans, 1981). vol. 2.
HOOKER, Morna D. *Jesus and the servant: the influence of the servant concept of Deutero-Isaiah in the New Testament* (London: SPCK, 1959).
_____. "Interchange in Christ". *Journal of Theological Studies* 22, 1971: 349-61.
_____. "Interchange and atonement". *Bulletin of the John Rylands University Library of Manchester* 60, 1978: 462-81.
_____. *Not ashamed of the gospel: New Testament interpretations of the death of Christ* (Grand Rapids: Eerdmans, 1994).
HULTGREN, Arland J. *Paul's gospel and mission: the outlook from the Letter to the Romans* (Philadelphia: Fortress, 1985).
_____. *Christ and his benefits: Christology and redemption in the New Testament* (Philadelphia: Fortress, 1987).
HUNSINGER, George. *Disruptive grace: studies in the theology of Karl Barth* (Grand Rapids: Eerdmans, 2000).
HURTADO, Larry W. *Lord Jesus Christ: devotion to Jesus in earliest Christianity* (Grand Rapids: Eerdmans, 2003).
_____. *How on earth did Jesus become a God? Historical questions about earliest devotion to Jesus* (Grand Rapids: Eerdmans, 2005).
HUSBANDS, Mark; TREIER, Daniel J., orgs. *Justification: what's at stake in the current debates?* (Downers Grove: InterVarsity, 2004).
IRINEU. *Against heresies*. Ante-Nicene Fathers (Grand Rapids: Eerdmans, 1987). vol. 1.
_____. *On the apostolic preaching*. Popular Patristics Series (Crestwood: St. Vladimir's Seminary Press, 1997).
JENSON, Robert. *Systematic theology. The Triune God* (New York: Oxford University Press, 1997), vol. 1.
_____. *Systematic theology* (New York: Oxford University Press, 1999). vol. 2: *The works of God*.
JERSAK, Brad; HARDIN, Michael, orgs. *Stricken by God? Nonviolent identification and the victory of Christ* (Grand Rapids: Eerdmans, 2007).
JERVIS, L. Ann. *At the heart of the gospel: suffering in the earliest Christian message* (Grand Rapids: Eerdmans, 2007).
JOÃO DE DAMASCO. *Exposition of the orthodox faith*. Select Library of Nicene and Post-Nicene Fathers. Ed. Philip Schaff; Henry Wace (Grand Rapids: Eerdmans, 1973), series 2, vol. 9.
JUDT, Tony. "The 'problem of evil' in postwar Europe". *New York Review of Books*, Feb. 14, 2008.
JULIANA DE NORWICH. *Revelations of divine love* (London: Penguin Books, 1998).

JÜNGEL, Eberhard. *God as the mystery of the world: on the foundation of the theology of the crucified one in the dispute between theism and atheism* (Grand Rapids: Eerdmans, 1983).

KÄHLER, Martin. *The so-called historical Jesus and the historic, biblical Christ* (Philadelphia: Fortress, 1964).

KÄSEMANN, Ernst. *Jesus means freedom* (Philadelphia: Fortress, 1968).

_____. *New Testament questions of today*. Trad. para o inglês W. J. Montague (London: SCM, 1969).

_____. *Perspectives on Paul* (Philadelphia: Fortress, 1971).

_____. *On being a disciple of the crucified Nazarene* (Grand Rapids: Eerdmans, 2011).

KAY, James F. "The word of the cross at the turn of the ages". *Interpretation* 53, 1999: 44-56.

_____. "He descended into hell". In: VAN HARN, Roger, org. *Exploring and proclaiming the Apostles' Creed* (Grand Rapids: Eerdmans, 2004). p. 117-29.

_____. "He descended into hell". *Word and World* 31, n. 1, Winter, 2011, p. 17-21.

KECK, Leander. *Paul and his letters* (Philadelphia: Fortress, 1979).

_____. "Paul and apocalyptic theology". *Interpretation* 38, n. 3, Jul., 1984, p. 238.

_____. *The church confident: Christianity can repent but it must not whimper* (Nashville: Abingdon, 1993).

KELLY, J. N. D. *Early Christian doctrines* (New York: Harper and Row, 1959).

KIERKEGAARD, Søren. *"Fear and trembling" and "The sickness unto death"* (Garden City: Doubleday Anchor Book, 1941, 1954; reimpr. Princeton University Press).

KINGSBURY, Jack Dean. *Matthew: structure, Christology, kingdom* (Minneapolis: Fortress, 1991; orig. 1975).

KITTEL, G.; FRIEDRICH, Gerhard, orgs. *Theological dictionary of the New Testament*. Trad. e ed. Geoffrey W. Bromiley (Grand Rapids: Eerdmans, 1965-1976). 10 vols.

KOCH, Klaus. *The rediscovery of apocalyptic: a polemical work on a neglected area of biblical studies and its damaging effects on theology and philosophy* (London: SCM, 1972).

KOVÁLY, Heda Margolius. *Under a cruel star: a life in Prague, 1941-1968* (New York: Holmes and Meier, 1997).

KOYAMA, Kosuke. *Mount Fuji and Mount Sinai: a critique of idols* (London: SCM, 1984).

KRÖTKE, Wolf. *Sin and nothingness in the theology of Karl Barth*. Trad. para o inglês Philip G. Ziegler; Christina-Maria Bammel. Studies in Reformed theology and history (Princeton: Princeton Theological Seminary, 2005).

KÜNG, Hans. *Justification: the doctrine of Karl Barth and a Catholic reflection* (New York: Nelson, 1964).

_____. *On being a Christian* (New York: Doubleday, Image Books, 1984).

LaCugna, Catherine Mowry. *God for us: the Trinity and Christian life* (San Francisco: HarperSanFrancisco, 1993).

Leech, Kenneth. *The eye of the storm: spiritual resources for the pursuit of justice* (London: Darton, Longman, and Todd, 1992).

_____. *We preach Christ crucified* (New York: Church Publishing, 1994).

Lehmann, Paul L. *The transfiguration of politics* (New York: Harper and Row, 1975).

_____. *The decalogue and a human future: the meaning of the commandments for making and keeping human life human*. Intr. Nancy J. Duff (Grand Rapids: Eerdmans, 1994).

_____. *Ethics in a Christian context*. Library of Theological Ethics (Louisville: Westminster John Knox, 2006; orig. 1963).

Lelyveld, Joseph. *Move your shadow: South Africa, black and white* (New York: Times Books, 1985).

Levi, Primo. *The drowned and the saved* (New York: Vintage, 1988).

_____. *Survival in Auschwitz* (New York: Simon and Schuster, Touchstone, 1966). Edição italiana: *Se questo è un uomo* ("Se for um homem"; tb. traduzido: "Se é um homem").

Lischer, Richard. *The preacher King: Martin Luther King, Jr., and the word that moved America* (Oxford: Oxford University Press, 1995).

Lochman, Jan. *The faith we confess: an ecumenical dogmatics* (Philadelphia: Fortress, 1984).

Longenecker, Bruce. *Narrative dynamics in Paul: a critical assessment* (Louisville: Westminster John Knox, 2002).

Lose, David. *Confessing Jesus Christ: preaching in a postmodern world* (Grand Rapids: Eerdmans, 2003).

Luther, Martin. "The bondage of the will"; "The freedom of the Christian"; "Preface to the New Testament". In: *Martin Luther: selections from his writings*. Ed. John Dillenberger (Garden City: Anchor Books, 1961).

Lyttleton, Arthur. "The atonement". In: Gore, Charles, org. *Lux mundi* (London: John Murray, 1889).

Mackintosh, H. R. *The Christian experience of forgiveness* (London: Nisbet, 1927).

Macleod, Donald. *Christ crucified: understanding the atonement*. Downers Grove: InterVarsity, 2014.

Macquarrie, John. *Principles of Christian theology* (New York: Scribner, 1966).

Magill-Cobbler, Thelma. "A feminist rethinking of punishment imagery in atonement". *Dialog* 35, n. 1 (Winter, 1996).

Mangina, Joseph. "Hans Boersma's violence, hospitality, and the cross". *Scottish Journal of Theology* 61, n. 4, 2008, p. 494-502.

MANNERMAA, Tuomo. *Christ present in faith: Luther's view of justification* (Minneapolis: Augsburg Fortress, 2005.
MANSON, T. W. "Hilasterion". *Journal of Theological Studies* 46, 1945, p. 1-10.
MARCUS, Joel; M. L. Soards, orgs. *Apocalyptic and the New Testament: essays in honour of J. Louis Martyn.* Sheffield: Sheffield Academic Press, 1989.
MARGOLIUS, Ivan. *Reflections of Prague: journeys through the 20th century.* Chichester: John Wiley and Sons, 2006.
MARSH, Charles. *God's long summer: stories of faith and civil rights.* Princeton: Princeton University Press, 1997.
_____; John Perkins. *Welcoming justice: God's movement toward beloved community.* Downers Grove: IVP, 2009.
MARSHALL, I. Howard. "The meaning of reconciliation". In: *Unity and diversity in New Testament theology.* Ed. Robert Allison Guelich (Grand Rapids: Eerdmans,1978.
MARTIN, Ralph P. *An early Christian confession: Philippians 2:5-11 in recent interpretations* (London: Tyndale, 1960.
_____. *Reconciliation: a study of Paul's theology* (Atlanta: John Knox, 1981.
MARTYN, Dorothy. "Compulsion and liberation: a theological view". *Union Seminary Quarterly Review* 36, n. 2-3, inverno/primavera de 1981, p. 119-29.
_____. *The man in the yellow hat: theology and psychoanalysis in child therapy* (Atlanta: Scholars Press, 1992.
_____. *Beyond deserving: children, parents, and responsibility revisited* (Grand Rapids: Eerdmans, 2007.
MARTYN, J. Louis. "Epistemology at the turn of the Ages: II Corinthians 5:16". In: *Christian history and interpretation: studies presented to John Knox.* Ed. W. R. Farmer; C. F. D. Moule; R. R. Niebuhr (Cambridge: (Cambridge University Press, 1967.
_____. *Theological issues in the letters of Paul* (Nashville: Abingdon, 1997.
_____. "The apocalyptic gospel in Galatians". *Interpretation* 54, n. 3, julho de 2000, p. 246-66.
_____. "De-apocalypticizing Paul: an essay focused on *Paul and the stoics* by Troels Engberg-Pedersen". *Journal for the Study of the New Testament* 86, 2002, p. 61-102.
_____. "*Nomos* plus genitive noun in Paul". In: *Early Christianity and classical culture: comparative studies in honor of Abraham Malherbe.* Ed. John T. Fitzgerald, Thomas H. Olbricht e L. Michael White. Boston: Brill, 2003.
_____. "World without end or twice-invaded world?". In: *Shaking heaven and earth: essays in honor of Walter Brueggemann and Charles Cousar.* Ed. Christine Roy Yoder et al (Louisville: Westminster John Knox, 2005).
MATHEWES-GREEN, Frederica. "The meaning of his suffering". Disponível em: http://www.frederica.com/orthodox/meaning of his suffering .html.

MAURICE, F. D. "On the atonement". In: *Theological essays* (London: Macmillan, 1853).

_____. *The doctrine of sacrifice deduced from the Scriptures* (London: Macmillan, 1893).

MAYER, Jane. "The black sites". (*New Yorker*, 13 de agosto de 2007.

McCARTHY, Cormac. *Blood meridian* (New York: Vintage International, 1992.

_____. *The border trilogy: the crossing* (New York: Knopf, Everyman's Library, 1999.

McCORMACK, Bruce L. "For us and our salvation". In: *Studies in Reformed theology and history*. Princeton: Princeton Theological Seminary, 1993, p. 28-9.

_____. "What's at stake in current debates over justification? The crisis of protestantism in the Wwest". In: *Justification: what's at stake in the current debates?* Ed. Mark Husbands e Daniel J. Treier. Downers Grove: InterVarsity, 2004.

McDONALD, H. D. *The atonement of the death of Christ: in faith, revelation, and history* (Grand Rapids: Baker, 1985.

McFAGUE, Sallie. *Metaphorical theology: models of God in religious language* (Philadelphia: Fortress, 1982.

McGRATH, Alister. *Iustitia Dei: a history of the Christian doctrine of justification*. 2. ed (Cambridge: (Cambridge University Press, 1998.

McKNIGHT, Scot. *A community called atonement* (Nashville: Abingdon, 2007.

MEEKS, Wayne. *The first urban Christians: The social world of the apostle Paul* (New Haven: Yale University Press, 1983.

_____. "On trusting an unpredictable God: a hermeneutical meditation on Romans 9–11". In: *Faith and history: essays in honor of Paul W. Meyer*. Ed. J. T. Carroll et al (Atlanta: Scholars Press, 1990), p. 105-24.

MEYENDORFF, John. *Byzantine theology: historical trends and doctrinal themes* (New York: Fordham University Press, 1974.

MEYER, Paul W. "The worm at the core of the apple". In: *The conversation continues: studies in Paul and John in honor of J. Louis Martyn*. Ed. Robert T. Fortna e Beverly K. Gaventa (Nashville: Abingdon, 1990.

MICHNIK, Adam. "Letter from the Gdansk Prison". *New York Review of Books*, 18 de julho de 1985.

_____. *Letters from prison and other essays*. Berkeley: University of California Press, 1987.

MINEAR, Paul S. "The time of hope in the New Testament". *Scottish Journal of Theology* 6, 1953, p. 337-61.

_____. *The Golgotha earthquake: three witnesses* (Cleveland: Pilgrim Press, 1995).

MOBERLY, R. C. *Atonement and personality* (London: John Murray, 1901).

MOLTMANN, Jürgen. *The crucified God: the cross of Christ as the foundation and criticism of Christian theology* (New York: Harper and Row, 1973).

MORRIS, Leon. *The apostolic preaching of the cross* (Grand Rapids: Eerdmans, 1955).

_____. "The meaning of *hilasterion* in Romans 3:25". *New Testament Studies* 2, 1955, p. 33-43.
Morrow, Lance. *Evil: an investigation* (New York: Basic Books, 2003).
Morse, Christopher. *Not every spirit: a dogmatics of Christian disbelief* (New York: Trinity, 1994).
_____. *The difference heaven makes: rehearing the gospel as news* (London: T. & T. Clark/Continuum, 2010).
Moule, C. F. D. "The energy of God: rethinking New Testament atonement doctrines". Sprigg Lectures, Virginia Theological Seminary, Alexandria, Virginia, 1-2 de março 1983. Fita em áudio.
_____. "Punishment and retribution: delimiting their scope in New Testament interpretation". In: *Stricken by God? Nonviolent identification and the victory of Christ*. Ed. Brad Jersak e Michael Hardin (Grand Rapids: Eerdmans, 2007).
Nessan, Craig L. "Violence and atonement". *Dialog* 35, n. 1, Winter, 1996.
Neuhaus, Richard John. *Death on a Friday afternoon: meditations on the last words of Jesus from the cross* (New York: Basic Books, 2000).
Newbigin, Lesslie. *Sin and salvation* (London: SCM, 1956).
_____. *The finality of Christ* (London: SCM, 1969).
_____. *The gospel in a pluralist society* (London: SPCK, 1989).
_____. *Lesslie Newbigin, missionary theologian: a reader*. Ed. Paul Weston (Grand Rapids: Eerdmans, 2006).
Niebuhr, H. Richard. *The kingdom of God in America* (New York: Harper Torchbooks, 1959; orig. 1937).
Niebuhr, Reinhold. *The nature and destiny of man: a Christian interpretation*. 2. ed (New York: Scribner, 1964, 2 vols.).
Norris, Richard A. *Understanding the faith of the church* (New York: Seabury Press, 1979).
_____, ed. *The christological controversy*. Sources of Early Christian Thought (Philadelphia: Fortress, 1980).
O'Brien, Niall. *Revolution from the heart* (New York: (Oxford University Press, 1987).
O'Connor, Flannery. *Wise blood* (New York: Farrar, Straus and Giroux, 1949).
_____. *The violent bear it away* (New York: Farrar, Straus and Giroux, 1955).
_____. *Mystery and manners* (New York: Farrar, Straus and Giroux, 1969).
_____. *The collected short stories* (New York: Farrar, Straus and Giroux, 1971).
_____. *The habit of being* (New York: Farrar, Straus and Giroux, 1979).
Orígenes. *De principis*. Torchbook Edition. Gloucester, Mass.: Peter Smith, 1973).
Ortiz, Irmã Dianna, O.S.U. *The blindfold's eyes: a journey from torture to truth* (Maryknoll: Orbis, 2002).
_____. "Theology, international law and torture: a survivor's view". *Theology Today* 63, n. 3, outubro de 2006.

Pelikan, Jaroslav. *The Christian tradition: a history of the development of doctrine.* Chicago: University of Chicago Press, 1975-91. 5 vols.

_____. *Bach among the theologians* (Philadelphia: Fortress, 1986).

Piper, John. *The passion of Christ: fifty reasons why Jesus came to die.* Wheaton: Crossway, 2006.

Placher, William C. *The domestication of transcendence: how modern thinking about God went wrong* (Louisville: Westminster John Knox, 1996).

_____. "Christ takes our place: rethinking atonement". *Interpretation* 53, n. 1, Jan. 1999, p. 5-20.

Plantinga, Alvin. *God, freedom, and evil* (Grand Rapids: Eerdmans, 1974).

Power, Samantha. *"A problem from hell": America in the age of genocide* (New York: Basic Books, 2002).

Procksch, Otto. "The *lutron* word-group in the Old Testament". In: *Theological dictionary of the New Testament.* Ed. G. Kittel e G. Friedrich, Trad. para o inglês G. W. Bromiley (Grand Rapids: Eerdmans, 1964-76).

Ragaz, Leonhard. "God himself is the answer". In: *The dimensions of job: a study and selected readings.* Ed. Nahum Glatzer (New York: Schocken Books, 1969, p. 130-1).

Raines, Howell. *My soul is rested: movement days in the deep south remembered* (New York: Putnam, 1977).

Rancour-Laferrier, Daniel. "The moral masochism at the heart of Christianity: evidence from Russian orthodox iconography and icon veneration". *Journal for the Psychoanalysis of Culture and Society* 8, n. 1, primavera de 2003, p. 12-22.

Rashdall, Hastings. *The idea of the atonement in Christian theology* (London: Macmillan, 1919).

Ray, Darby Kathleen. *Deceiving the Devil: atonement, abuse, and ransom* (Cleveland: Pilgrim Press, 1998).

Rhinelander, Philip J. *The faith of the cross.* Paddock Lectures, General Theological Seminary, 1914 (New York: Longmans, Green and Co., 1916).

Richard, Mark. *House of prayer no. 2: a writer's journey home* (New York: Nan A. Talese, 2011).

Ridderbos, Herman N. "The earliest confession of the atonement in Paul". In: *Reconciliation and hope: New Testament essays on atonement and eschatology.* Ed. Robert Banks (Grand Rapids: Eerdmans, 1974).

Riesenfeld, Harald. "Uper". In: *Theological dictionary of the New Testament.* Ed. G. Kittel e G. Friedrich, Trad. para o inglês G. W. Bromiley (Grand Rapids: Eerdmans, 1964-76). p. 507-16.

Rorem, Paul. *Hugh of st. Victor.* Great Medieval Thinkers Series (Oxford: (Oxford University Press, 2009).

Rosenbaum, Ron. "Staring into the heart of the heart of darkness" (*New York Times Magazine,* 6 de junho de 1995).

_____. *Explaining Hitler: the search for the origins of his evil* (New York: HarperPerennial, 1999).

Rowe, C. Kavin. *World upside down: reading Acts in the graeco-Roman age* (New York: (Oxford University Press, 2010).

Russell, Jeffrey Burton. *The Devil: perceptions of evil from antiquity to primitive Christianity* (Ithaca: Cornell University Press, 1977).

_____. *Satan: the early Christian tradition* (Ithaca: Cornell University Press, 1981).

_____. *Lucifer: the Devil in the Middle ages* (Ithaca: Cornell University Press, 1984).

_____. *Mephistopheles: the Devil in the modern world* (Ithaca: Cornell University Press, 1986).

_____. *The prince of darkness: radical evil and the power of good in history* (Ithaca: Cornell University Press, 1988).

Sanders, E. P. *Paul and palestinian judaism: a comparison of patterns of religion* (Philadelphia: Fortress, 1977).

Schell, Orville. *Virtual Tibet: searching for Shangri-La from the Himalayas to Hollywood* (New York: Metropolitan Books, 2000).

Schnackenburg, Rudolf. *The church in the New Testament* (New York: Herder and Herder, 1965).

Schneider, John R. "Seeing God where the wild things are". In: *Christian faith and the problem of evil*. Ed. Peter Van Inwagen (Grand Rapids: Eerdmans, 2004).

Schütz, John Howard. *Paul and the anatomy of apostolic authority*. Society for New Testament Studies Monograph Series 26 (Cambridge: Cambridge University Press, 1975).

Schweizer, Eduard. *Jesus the parable of God: what do we really know about Jesus?* Princeton Theological Monograph Series (Allison Park: Pickwick, 1994).

Seitz, Christopher R. *Word without end: the Old Testament as abiding theological witness* (Grand Rapids: Eerdmans, 1998).

_____. *The character of Christian Scripture: the significance of a two-Testament Bible* (Grand Rapids: Baker Academic, 2011).

Sereny, Gitta. *Cries unheard: why children kill: the story of Mary Bell* (New York: Metropolitan Books, 1999).

Smail, Thomas A. *Reflected glory: the spirit in Christ and Christians* (Grand Rapids: Eerdmans, 1975).

Smit, Dirk J. *Essays on being Reformed* (Stellenbosch, South Africa: SUN MeDIA, 2009).

Smith, C. Ryder. *The Bible doctrine of salvation: a study of the atonement* (Eugene: Wipf and Stock, 2009).

Smith, Huston. *The religions of man* (New York: Harper, 1958).

Snyder, Timothy. *Bloodlands: Europe between Hitler and Stalin* (New York: Basic Books, 2010).

Sobrino, Jon. *Jesus in Latin America* (Maryknoll: Orbis, 1987).

_____. *Jesus the liberator: a historical-theological reading of Jesus of Nazareth* (Maryknoll: Orbis, 1993).

Solzhenitsyn, Alexsandr. *The Gulag archipelago* (New York: Harper and Row, 1973), 3 vols.

Sonderegger, Katherine. "The doctrine of justification and the cure of souls". In: *The gospel of justification in Christ: where does the church stand today?* Ed. Wayne C. Stumme (Grand Rapids: Eerdmans, 2006).

Sontag, Susan. *Illness as metaphor* (New York: Farrar, Straus and Giroux, 1977).

Soulen, Kendall. *The God of Israel and Christian theology* (Minneapolis: Augsburg Fortress, 1996).

Southern, R. W. *Saint Anselm: a portrait in a landscape* (Cambridge: Cambridge University Press, 1990).

Stendahl, Krister. "The apostle Paul and the introspective conscience of the West". *Harvard Theological Review* 56, n. 3, p. 199-215. Reimpresso em Stendahl, *Paul among the gentiles* (Philadelphia: Fortress, 1976).

Stott, John R. W. *The cross of Christ.* (Downers Grove: InterVarsity, 1986).

Stringfellow, William. *A private and public faith* (Grand Rapids: Eerdmans, 1962).

_____. *Count it all joy* (Grand Rapids: Eerdmans, 1967).

_____. *An ethic for Christians and other aliens in a strange land* (Waco: Word, 1973).

_____. *Conscience and obedience: the politics of Romans 13 and Revelation 13 in light of the second coming* (Waco: Word, 1977).

Stuhlmacher, Peter. "Eighteen theses on Paul's theology of the cross". In: Stuhlmacher, *Reconciliation, law, and righteousness: essays in biblical theology* (Philadelphia: Fortress, 1986).

_____. "Recent exegesis on Romans 3:24". In: Stuhlmacher, *Reconciliation, law, and righteousness: essays in biblical theology* (Philadelphia: Fortress, 1986).

Sykes, Stephen W. *The story of atonement.* Trinity and Truth Series (London: Darton, Longman, and Todd, 1997).

Taylor, Vincent. *Jesus and his sacrifice* (London: Macmillan, 1937).

_____. *Forgiveness and reconciliation: a study in New Testament theology* (London: Macmillan, 1946).

_____. *The atonement in New Testament teaching* (London: Epworth Press, 1963).

Ten Boom, Corrie, com John e Elizabeth Sherrill. *The hiding place.* Old Tappan: Revell, 1971.

Terrien, Samuel. *The elusive presence: toward a new biblical theology.* Religious Perspectives Series (San Francisco: Harper and Row, 1978).

Tillich, Paul. *The shaking of the foundations* (New York: Scribner, 1948).

_____. *The courage to be.* 2. ed (New Haven: Yale University Press, Yale Nota Bene), 2000.

TILLING, Chris, ed. *Beyond old and new perspectives: reflections on the work of Douglas Campbell* (Eugene: Cascade Books, 2014).
TORRANCE, David W., org. *The witness of the Jews to God* (Edimburgh: Handsel Press, 1982).
TORRANCE, T. F. *The doctrine of grace in the apostolic fathers* (Edimburgh: Oliver and Boyd, 1948).
_____. *The mediation of Christ*. Ed. revisada. (Colorado Springs: Helmers and Howard, 1992; orig. 1983).
_____. *Atonement: the person and work of Christ*. Ed. Robert T. Walker. (Downers Grove: InterVarsity, 2009).
TUTU, Desmond. *No future without forgiveness* (New York: Image Books, 1999).
VAN DYK, Leanne. "Do theories of atonement foster abuse?". *Dialog* 35, n. 1, Winter, 1996.
_____. "The three offices of Christ: the *Munus Triplex* as expansive resources in atonement". *Catalyst* 25, n. 2, 1999.
VAN INWAGEN, Peter, ed. *Christian faith and the problem of evil* (Grand Rapids: Eerdmans, 2004).
VOLF, Miroslav. *Exclusion and embrace: a theological exploration of identity, otherness, and reconciliation* (Nashville: Abingdon, 1996).
_____. "Theology, meaning, and power". In: *The future of theology: essays in honor of Jürgen Moltmann*. Ed. Miroslav Volf, Carmen Krieg e Thomas Kucharz (Grand Rapids: Eerdmans, 1996).
_____. *The end of memory: remembering rightly in a violent world* (Grand Rapids: Eerdmans, 2006).
VON RAD, Gerhard. *Old Testament theology*, 2 vols (New York: Harper and Row, 1962; Louisville: Westminster John Knox, 1965).
WATSON, Francis. "The quest for the real Jesus". In: *The Cambridge Companion to Jesus*. Ed. Markus Bockmuehl (Cambridge: Cambridge University Press, 2001).
WEAVER, J. Denny. *The nonviolent atonement* (Grand Rapids: Eerdmans, 2001).
WEIL, Simone. *Waiting for God* (New York: Putnam, 1951).
_____. *Gravity and grace* (Lincoln: University of Nebraska Press, 1952).
WEST, Rebecca. *Black lamb and grey falcon* (New York: Penguin Books, 1994; orig. 1941).
WESTERHOLM, Stephen. *Justification reconsidered* (Grand Rapids, Eerdmans, 2013).
_____. "Righteousness, Cosmic and Microcosmic". In: *Apocalyptic Paul: Cosmos and Anthropos in Romans*, Ed. Beverly R. Gaventa (Waco: Baylor University Press, 2013).
_____, ed. *The Blackwell Companion to Paul*. Malden, Mass.: Wiley-Blackwell, 2011.
WESTERMANN, Claus. *Creation* (Philadelphia: Fortress, 1974).
WHALE, J. S. *Christian doctrine* (Cambridge: (Cambridge University Press, 1956).

_____. *Victor and victim: the Christian doctrine of redemption* (Cambridge: Cambridge University Press, 1960; orig. 1927).

WHITE, Ronald C., Jr. *Lincoln's greatest speech: the second inaugural* (New York: Simon and Schuster, 2002).

WILDER, Amos. *Early Christian rhetoric* (Cambridge: Harvard University Press, 1971).

WILDER, Thornton. *The bridge of San Luis Rey* (New York: HarperCollins, Perennial Edition, 1986).

WILKEN, Robert Louis. *The Christians as the Romans saw them*. 2. ed (New Haven: Yale University Press, 2003).

_____. *The first thousand years* (New Haven: Yale University Press, 2012).

WILLIAMS, Daniel Day. *The spirit and the forms of love* (New York: Harper and Row, 1968).

WILLIAMS, Delores S. *Sisters in the wilderness: the challenge of womanist God-talk* (Maryknoll: Orbis, 1993).

WILLIAMS, Rowan. *Christ on trial: how the gospel unsettles our judgement* (Grand Rapids: Eerdmans, 2000).

WILLIAMS, Sam K. *Jesus' death as saving event: the background and origin of a concept* (Missoula, Mont.: Scholars Press, 1975).

WINK, Walter. *Naming the powers: the language of power in the New Testament* (Philadelphia: Fortress, 1984).

_____. *Unmasking the powers: the invisible forces that determine human existence* (Philadelphia: Fortress, 1986).

_____. *Engaging the powers: discernment and resistance in a world of domination* (Minneapolis: Fortress, 1992).

WRIGHT, N. T. *Jesus and the victory of God* (Minneapolis: Fortress, 1996).

_____. *The Scriptures, the cross, and the power of God: reflections for holy week* (Louisville: Westminster John Knox, 2006).

_____. *Paul and the faithfulness of God* (Minneapolis: Augsburg Fortress, 2013).

_____. *Pauline perspectives: essays on Paul, 1978-2013* (Minneapolis: Fortress, 2013).

_____. *Paul and his recent interpreters* (Minneapolis: Augsburg Fortress, 2014.

YODER, John Howard. *The politics of Jesus: vicit Agnus noster* (Grand Rapids: Eerdmans, 1972).

YOUNG, Andrew. *An easy burden: the civil rights movement and the transformation of America* (New York: HarperCollins, 1996).

ZAHL, Paul F. M. *The protestant face of Anglicanism* (Grand Rapids: Eerdmans, 1998).

ZIEGLER, Philip. "Dietrich Bonhoeffer: an ethics of God's apocalypse?". *Modern Theology* 23, n. 4, outubro de 2007.

_____. "Christ must reign: Ernst Käsemann and soteriology in an apocalyptic key". In: *Apocalyptic and the future of theology*. Ed. Joshua B. Davis e Douglas Harink (Eugene: Cascade Books, 2012).

Comentários de livros da Bíblia

As obras aqui listadas são separadas da bibliografia geral como forma de destacá-las como comentários teológicos; todas foram particularmente úteis na preparação deste livro e são altamente recomendadas para os pregadores. Trata-se de uma lista peculiar, sem a pretensão de ser exaustiva. Os comentários são organizados na ordem dos livros bíblicos.

Gênesis
KIDNER, Derek. *Genesis: An introduction and commentary*. Tyndale Old Testament commentaries, vol. 1 (Downers Grove: InterVarsity, 1967).
SARNA, Nahum. *Understanding Genesis: the heritage of biblical Israel* (New York: Schocken Books, 1970).
VON RAD, Gerhard. *Genesis*. Ed. rev. Old Testament Library (Philadelphia: Westminster, 1972).

Êxodo
CHILDS, Brevard. *The Book of Exodus: a critical, theological commentary*. Old Testament Library (Philadelphia: Westminster, 1974).
SARNA, Nahum. *Exploring Exodus: the origins of biblical Israel* (New York: Schocken Books, 1986).

Levítico
RADNER, Ephraim. *Leviticus*. Brazos Theological Commentary on the Bible (Grand Rapids: Brazos, 2008).

Deuteronômio
MILLER, Patrick D. *Deuteronomy*. Interpretation Series (Louisville: John Knox, 1990).

1 e 2Reis
ELLUL, Jacques. *The politics of God and the politics of man* (Grand Rapids: Eerdmans, 1972).

Jó
McKIBBEN, Bill. *The comforting whirlwind* (Grand Rapids: Eerdmans, 1994).
TERRIEN, Samuel. *Job*. The Interpreter's Bible (New York e Nashville: Abingdon, 1957, vol. 3, p. 877-1198).

Salmos

Mays, James L. *Psalms*. Interpretation Series (Louisville: Westminster John Knox, 2011).

Terrien, Samuel. *The Psalms and their meaning for today: their original purpose, contents, religious truth, poetic beauty, and significance* (Indianapolis: Bobbs-Merrill, 1952).

_____. *The Psalms: strophic structure and theological commentary* (Grand Rapids: Eerdmans, 2002).

Provérbios

Davis, Ellen F. *Proverbs, Ecclesiastes, and the Song of Songs*. Westminster Bible Companion (Louisville: Westminster John Knox, 2000).

Eclesiastes

Davis, Ellen F. *Proverbs, Ecclesiastes, and the Song of Songs*. Westminster Bible Companion (Louisville: Westminster John Knox, 2000)).

Cântico dos Cânticos

Davis, Ellen F. *Proverbs, Ecclesiastes, and the Song of Songs*. Westminster Bible Companion (Louisville: Westminster John Knox, 2000).

Jenson, Robert. *Song of Songs*. Interpretation Series (Louisville: Westminster John Knox, 2012).

Norris, Richard A. *Song of Songs: interpreted by early Christians and Mmedieval commentators*. Church's Bible Series (Grand Rapids: Eerdmans, 2003).

Isaías

Muilenburg, James. *Isaiah 40–66*. The interpreter's Bible (Nashville: Abingdon, 1956, vol. 5).

Seitz, Christopher. *Isaiah 1–39*. Interpretation Series (Louisville: Westminster John Knox, 2011).

Westermann, Claus. *Isaiah 40–66* (Philadelphia: Westminster, 1977).

Wilken, Robert Louis. *Isaiah: interpreted by early Christians and Medieval commentators*. Church's Bible Series (Grand Rapids: Eerdmans, 2007).

Jeremias

Bright, John. *Jeremiah*. Anchor Bible 21 (New York: Doubleday, 1965).

Daniel

Porteous, Norman. *Daniel: a commentary*. Old Testament Library (Philadelphia: Westminster, 1965).

Profetas Menores

BIRCH, Bruce C. *Hosea, Joel, and Amos*. Westminster Bible Companion (Louisville: Westminster John Knox, 1997).

MAYS, James Luther. *Amos: a commentary*. Old Testament Library (Philadelphia: Westminster, 1969).

_____. *Hosea: a commentary*. Old Testament Library (Philadelphia: Westminster, 1969).

Mateus

ALLISON, Dale. *Matthew: a shorter commentary* (Grand Rapids: Baker Academic, 2005).

GUNDRY, Robert H. *Matthew: a commentary on his literary and theological art* (Grand Rapids: Eerdmans, 1982).

KINGSBURY, Jack Dean. *Matthew*. Proclamation Series (Philadelphia: Fortress, 1977).

SCHWEIZER, Eduard. *The good news according to Matthew* (Atlanta: John Knox, 1975).

Marcos

MARCUS, Joel. *Mark 1–7: a new translation with introduction and commentary*. Anchor Bible 27 (New York: Doubleday, 2000).

_____. *Mark 8–16: a new translation with introduction and commentary*. Anchor Yale Bible 27A (New Haven: Yale University Press, 2009).

NINEHAM, D. E. *Saint Mark*. Pelican New Testament Commentary (Middlesex: Penguin Books, 1963).

SCHWEIZER, Eduard. *The good news according to Mark* (Atlanta: John Knox, 1966).

Lucas

CAIRD, G. B. *Saint Luke*. Pelican New Testament Commentary. (Middlesex: Penguin Books, 1973).

MARSHALL, I. Howard. *The Gospel of Luke*. New International Greek Testament Commentary (Grand Rapids: Eerdmans, 1978).

João

BULTMANN, Rudolf. *The Gospel of John* (Philadelphia: Westminster, 1971).

DODD, C. H. *The interpretation of the Fourth Gospel* (Cambridge: (Cambridge University Press, 1965).

HOSKYNS, Edwyn Clement. *The Fourth Gospel*. Ed. Francis Noel Davy (London: Faber and Faber, 1947).

SCHNACKENBURG, Rudolf. *The Gospel according to St. John*. 3 vols (New York: Crossroad, 1982).

Atos dos Apóstolos

Bruce, F. F. *Commentary on the Book of the Acts*. New International Commentary on the New Testament (Grand Rapids: Eerdmans, 1977).

Fitzmyer, Joseph A. *The Acts of the Apostles*. Anchor Bible 31 (New York: Doubleday, 1998).

Pelikan, Jaroslav. *Acts*. Brazos Theological Commentary (Grand Rapids: Brazos, 2005).

Romanos

Barrett, C. K. *A commentary on the Epistle to the Romans*. Harper's New Testament Commentaries (New York: Harper and Row, 1957).

Barth, Karl. *The Epistle to the Romans*. 6. ed (Oxford: Oxford University Press, 1968).

Byrne, Brendan. *Reckoning with Romans: a contemporary reading of Paul's gospel* (Wilmington, Del.: Michael Glazier, 1986).

Cranfield, C. E. B. *A critical and exegetical commentary on the Epistle to the Romans*. International Critical Commentary (Edimburgh: T. & T. Clark, 1975).

Dunn, J. D. G. *Romans 1–8*. Word Biblical Ccommentary 38A (Dallas: Word, 1988).

_____. *Romans 9–16*. Word Biblical Commentary 38B (Dallas: Word, 1988).

Grieb, A. Katherine. *The story of Romans: a narrative defense of God's righteousness* (Louisville: Westminster John Knox, 2002).

Käsemann, Ernst. *Commentary on Romans* (Grand Rapids: Eerdmans, 1980).

Minear, Paul. *The obedience of faith: the purposes of Paul in the Eepistle to the Romans* (Naperville: Alec R. Allenson, 1971).

Smart, James D. *Doorway to a new age* (Philadelphia: Westminster, 1972).

1Coríntios

Barrett, C. K. *A commentary on the first Epistle to the Corinthians*. Harper's New Testament Commentaries (New York: Harper and Row, 1967).

Fee, Gordon D. *The first Eepistle to the Corinthians*. New International Commentary on the New Testament (Grand Rapids: Eerdmans, 1987).

Hays, Richard B. *First Corinthians*. Interpretation Series (Louisville: John Knox, 1997.

2Coríntios

Furnish, Victor. *II Corinthians*. Anchor Bible 32A (Garden City: Doubleday, 1984).

Hays, Richard B. *A commentary on the second Epistle to the Corinthians*. Harper's New Testament Commentaries (New York: Harper and Row, 1973).

Hughes, Philip Edgcumbe. *Paul's Second Epistle to the Corinthians* (Grand Rapids: Eerdmans, 1962).

Gálatas

LUTHER, Martin. *Commentary on the Epistle to the Galatians* (Wheaton: Crossway, 1998; orig. 1535).

MARTYN, J. Louis. *Galatians*. Anchor Bible 33A (New York: Doubleday, 1997).

Efésios

BARTH, Markus. *Ephesians: introduction, translation, and commentary on chapters 1–3*. Anchor Bible 34 (Garden City: Doubleday, 1974).

_____. *Ephesians: translation and commentary on chapters 4–6*. Anchor Bible 34A (Garden City: Doubleday, 1974).

1 e 2 Tessalonicenses

GAVENTA, Beverly Roberts. *First and second Thessalonians*. Interpretation series (Louisville: John Knox, 1998).

Hebreus

BRUCE, F. F. *The Epistle to the Hebrews*. 2. ed. New International Commentary on the New Testament (Grand Rapids: Eerdmans, 1997).

HUGHES, Philip Edgcumbe. *A commentary on the Epistle to the Hebrews* (Grand Rapids: Eerdmans, 1977).

WESTCOTT, B. F. *The Epistle to the Hebrews*. 1889. Reimp., (Grand Rapids: Eerdmans, 1967).

Tiago

STRINGFELLOW, William. *Count it all joy: reflections on faith, doubt, and temptation* (Grand Rapids: Eerdmans, 1967).

Cartas de João

BRUCE, F. F. *The epistles of John: introduction, exposition, and notes* (Grand Rapids: Eerdmans, 1970).

MARSHALL, I. Howard. *The epistles of John*. New International Commentary on the New Testament (Grand Rapids: Eerdmans, 1978).

SMITH, D. Moody. *First, second, and third John*. Interpretation series (Louisville: John Knox, 1991).

Cartas de Pedro

HARINK, Douglas. *1 and 2 Peter*. Brazos theological commentary on the Bible (Grand Rapids: Brazos, 2009).

SELWYN, E. G. *The First Epistle of st. Peter* (London: Macmillan, 1964).

Apocalipse

CAIRD, G. B. *A commentary on the Revelation of st. John the Divine* (New York: Harper and Row, 1966).

MANGINA, Joseph L. *Revelation*. Brazos theological commentary on the Bible (Grand Rapids: Brazos, 2010).

MINEAR, Paul. *I saw a new warth: an introduction to the visions of the Apocalypse.* (Washington, D.C.: Corpus Publications, 1968).

SCHÜSSLER-FIORENZA, Elisabeth. *Revelation: vision of a just world.* Proclamation commentaries (Minneapolis: Fortress, 1991).

STRINGFELLOW, William. *An ethic for Christians and other aliens in a strange land* (Waco: Word, 1973).

Índice de passagens bíblicas e obras literárias antigas

Antigo Testamento

Gênesis
1—3 *452*
1 *411*
1:3 *49, 367, 635*
1:31 *233*
2 e 3 *185, 210, 217, 453-54, 552, 573, 577*
2—3 *518*
3:5 *606*
3:12,13 *340*
3:14,15 *409*
4—11 *233*
6—9 *636*
8:21 *636*
9:4 *271*
9:16 *636*
12:1 *297, 394*
12:1-3 *280*
12:2,3 *636*
15:6 *366*
15:17-21 *610*
17:1-27 *280*
18:9-15 *297*
18:25 *155*
22:1-3 *297*
22:1-14 *293, 296*
22:2 *297*
22:7 *300*
25:19—28:22 *638*
32:6—33:17 *638*
32:22-32 *482*
35:25-26 *41*

Êxodo
2:23-25 *252*
3:6 *41*
4:22,23 *578*
12:14 *251*
12:17 *251*
12:46 *292*
14:10-14 *265*
14:10—15:1 *261*
15:3 *418, 444*
15:21 *259*
19:5 *258*
19:6 *536*
23:6 *140*
29:35-37 *279*
32:14 *357*
32:32 *638*

Levítico
1:3 *278*
1:3,4 *278*
4 *279*
5:2-4 *338*
5:14 *279*
5:14—6:7 *234*
14 *292*
15 *227*
16 *281-2, 302*
16:6-10 *281*
16:11-28 *281*
16:15,16 *281*
16:20-22 *281-83*
16:27 *247*
17:11 *271*
18:1-5 *276*
18:5 *129-30*
19:34 *277*
23:12 *292*
25 *275*
26:44,45 *280*

Números
8:21 *227*
15:30,31 *279, 612*
19:12 *227*

Deuteronômio
2:3-6 *139*
5 *636*
10:17-19 *141*
12—26 *506*

12:23 *271*
12:26-28 *169*
13:15 *507*
14:2 KJV *258*
18:20 *132*
19:13 *507*
19:21 *507*
20:14-17 *507*
21:21 *507*
21:23 *106-7, 130, 132, 522, 559*
21:23b *130*
24:17 *140*
24:17,18 *334*
25:3 *109*
26:5 *141*
26:5-10 *250*
27:26 *129*
29 *636*
30:6 *580*
30:11-14 *580*

Josué
24:15 *579*

Juízes
6:11,12 *368*
6:14 *369*
6:15 *369*
6:16 *369*

Rute
2:19-29 *324*
3:12,13 *324*
4:1-10 *324*

1Samuel
2:1 *144*
2:1-10 *144, 362*
2:8 *144*
15:11 *200*
15:29 *200*

2Reis
6:8-17 *555*
23:10 *435*

2Crônicas
19:4-7 *139*

Ester
4:14 *420*

Jó
7:9,10 *434*
19:25 *320*
25:6 *479*
27:5 *480*
30:20 *430, 477*
31:35 *477*
38:1-3 *479*
42:1-6 *480*

Salmos
4:3 *617*
6:5 *434*
13:1 *237*
14:1 *415*
14:1-3 *613*
14:3 *379*
14:4,5 *415*
19:1-6 *172*
19:9 *379*
19:14 *320*
25 *617*
25:10 *618*
25:11 *618*
25:14,15 *618*
25:16-18 *619*
25:20-22 *619*
31:5 *320*
32 *366*
32:1,2 *366*
34:21 *169*

35:17 *237*
37:28,29 *170*
39:13 *434*
43:1 *403*
49:7,8 *318*
49:19 *434*
49:20 *434*
51 *205, 214, 568*
51:2-4 *205*
51:9 *205*
51:15 *216*
53:1-3 *613*
53:5 *612*
63:9 *438*
68:18 *438*
69 *620*
69:22-28 *620*
69:28 *624*
69:33 *624*
69:34-36 *620-21*
77:15 *324*
78:52-54 *324*
79:5 *237*
86:13 *438*
94:3 *237*
94:17 *434*
115:17 *434*
139:8 *438*
143 *168*
143:2 *613*
146:5 *142*
146:7 *142*
146:7-10 *142*

Provérbios
2:22 *343*
3:11,12 *537*
3:33 *343*
16:2 *617*
23:10,11 *333*
30:12 *617*

Eclesiastes
1:9 *169*
5:1 *229*
9:3 *155*
9:5 *434*
12:14 *434*

Isaías
1:11-13 *140*
1:11-27 *139*
1:16-17 *140*
1:24-27 *168*
3:13-15 *344*
5:16 *139*
6:5 *344, 609*
6:9-10 *641*
6:11 *237*
9:6-7 *143*
10:1,2 NVI *163*
10:22 *137*
13:11-13 *356*
14:12 KJV *455*
26:21 *343*
29:10 *640*
29:19 *433*
38 *434*
40—66 *324*
40—55 *115, 121, 139, 165, 171, 255, 383, 389, 393*
40:1,2 *170*
40:4 KJV *594*
40:28 KJV *170*
42:9 *175*
42:10 *121*
42:13 *418, 444*
43:18,19 *637*
43:19 *121, 175, 255*
44:6-8 *633*
45:5-7 *456*
48:6,7 *171*
51:10,11 *255*
52:13—53:12 *255*
52:14 *112*
53 *114, 121, 243, 254, 291-92, 448, 496, 504, 508-10, 513, 515, 528, 562*
53:2,3 *112*
53:3 *106, 121, 645*
53:4-6 *177, 562*
53:5 *291, 511, 538*
53:6 *121*
53:7 *291*
54:8 *195*
55:8 *465*
60:15-19 *335*
61:1,2 *335*
63:16 *434*
64:5-7 *613*
64:6 *215, 225, 580*
64:6 ARA *172*

Jeremias
2:22 *208*
2:34,35 *345*
4:22 *155, 636*
5:27-29 *141*
7:30-34 *435*
7:31,32 *435*
12:4 *237*
17:9 *155*
19:1-9 *435*
23:5 *143*
23:11,12 *612*
31:11 *318*
31:20 *167*
31:31 *41*
31:31,32 *636*
31:31-34 *286, 636, 639*
31:34 *637*
33:3 ARA *51*

Lamentações
1:12 *122, 236, 560*
1:12-13 *236*
3:58-59 *334*

Ezequiel
1:28—2:2 *615*
11:16-20 *636*
20:33-36 *254*
28:12-19 *455*
34:11-31 *636*
36:26-28 *637*
37:1-14 *637*
37:9,10 *49*
37:11 *169*
45:9 *140*

Daniel
1—3 *276*
4:17 *392*
7:13,14 *325*
9:26 *562*
11:2,3 *433*

Oseias
7:13,14 *324*
11:1-9 *167, 200*

Joel
2:11 *343*

Amós
2:6 *251*
2:10 *251*
3:2 *345*
3:15 *209*
4:1 *153, 209*
5:18-20 *343*
5:21-24 ARA *142*
5:24 *361*
5:24b *142*
6:1 *275*

Miqueias
2:1-3 *141*
3:9-12 *141*
6:2 s. *344*
6:8 *145*

Naum
3:5-7 *114-15*

Habacuque
1:2 *237*
1:2-4 *169*
2:4 *129, 130*

Ageu
2:10-23 *393*

Zacarias
9—14 *384, 390, 393*
9:12 *424*
14:1 *343*
14:9 *384*
14:11 *384*

Malaquias
1 *288*
1:2-3 *171, 639, 640*
1:5 *639, 640*
1:6—3:4 *301*
1:11 *639*
1:14b *639*
3:1-4 *358*
3:2,3 *608*
3:2-4 *628*
3:17,18 *640*
4:1 *375*
4:5 *628*
4:5,6 *380*
4:5,6 ARA *375*

Novo Testamento

Mateus
1:20,21 *218*
1:21 *217, 578*
3:15 *446, 578, 594*
4:6 *439, 595*
5:9 *181*
5:10 *80*
5:11,12 *68*
5:22 *436*
7:2 *340*
7:22,23 *347*
8:3 *227*
8:17 *110*
8:20 *565*
9:1-8 *224, 360*
9:13 *58*
10:26,27 *76*
10:34 *145, 374*
10:38 *138*
11:12 *447*
12:6 *385*
12:28,29 *447*
12:29 *420, 447*
13:24-30 *172*
13:54 *72*
13:57 *72*
15:11 *227*
16:3 *75*
16:18 *433, 435, 437, 439*
16:21 *73*
19:26 *632*
19:30 *58*
20:11-15 *608*
20:15 *352*
20:16 *97*
20:17-19 *608*
20:28 *319, 325*
22:29 *61*

22:31 *41*
23 *163*
23:15 *415, 436*
23:33 *436*
24 *387*
25 *379*
25:31 *348*
25:40 *16*
25:41 *340, 442*
25:46 *493*
26:28 *217*
26:41 *406*
26:45 *534*
27:46 *93, 134, 532, 538*
27:51 *304*
28:18,19 *176*
28:19 *635*

Marcos
1:1 *326*
1:12 *282*
1:15 *91, 143*
1:21-28 *595*
1:23-27 *440*
1:27 *51, 595*
2:1-4 *72*
2:1-12 *224*
2:5-12 *360*
2:10 *217, 218*
3:22 *437*
3:26,27 *440*
3:27 *420*
5:1-20 *434*
5:9 *412, 437*
8:35 *68*
9 *365*
9:21-24 *365*
9:23 *624*
9:24 *22*
10:2-9 *56*
10:27 *632*

ÍNDICE DE PASSAGENS BÍBLICAS E OBRAS LITERÁRIAS ANTIGAS

10:45 *319, 325, 330*
12:24 *61*
13 *387*
13:7 *422*
13:23 *422*
13:26,27 *379*
14:24 *270*
14:35 *408*
14:36 *624*
14:38 *406*
14:41 *409*
14:50 *120, 327*
15:31 *163*
15:34 *93, 532, 538*
15:37,38 *301*
15:39 *73*

Lucas
1:46-48a *144*
1:46-55 *362*
1:51b-53 *144*
1:52 *362*
1:52,53 *346*
1:76-77 *218*
1:77 *217*
1:78 KJV *455*
1:78,79 *422*
3:8 *394*
4:6 *492*
4:13 *595*
4:16-21 *91, 143*
4:18,19 *335, 385*
4:27-29 *565*
5:8 *340, 555, 609*
5:17-26 *224*
5:22-25 *360*
5:32 *58*
7:47-49 *217*
8:31 *436*
9:44 *72*
9:58 *565*

10:18 *455*
11 *163*
11:21 *420*
13:27 *340*
13:34 *153*
15:13 *543, 603*
15:25-32 *206, 609*
18:9-14 *623*
18:11 *212*
18:27 *632*
21 *387*
21:12-19 *410*
21:25-28 *379*
22 *98*
22:1 *98*
22:2-6 *98*
22:7 *98*
22:9-13 *98*
22:40 *406-7*
22:43,44 *595*
22:44 *408*
22:62 *564*
23:11 *532*
23:13-25 *532*
23:34 *531*
23:39 *532*
23:46 *135*
24:46,47 *219*

João
1:1 *491*
1:1-18 *480*
1:3 *49*
1:12,13 *591*
1:14 *491, 506, 567*
1:29 *73, 217, 219, 253, 290*
1:35 *290*
1:36 *73*
2:19-21 *304*
3:1-8 *54*

3:3 *591*
3:5-7 *49*
3:6 *81*
3:14 *73*
3:16 *521*
3:19 *94*
4:12,13 *586*
4:15,16 *586*
6:55,56 *81*
6:56 *99*
6:63 *81*
6:66 *81*
7:30 *73*
8:24 *217, 219*
8:28 *73*
8:31-36 *133*
8:34 *213, 224*
8:34-36 *581*
8:44 *437*
8:56 *394*
9 *72*
9:35-41 *480*
10:18 *193*
11:9,10 *223*
11:33 *440*
11:35 *440*
11:38 *440*
11:49-52 *159*
12 *73*
12:31 *94, 340, 406, 420, 447, 591*
12:32-34 *73*
12:47,48 *379*
13:1 *98*
14:7 *316*
14:16 *365*
14:26 *54, 365*
14:30 *340, 437, 591*
15:1-11 *586*
15:3 *311*
15:5 *97*

15:13 *38, 310*
15:26 *365*
16:7 *365*
16:11 *340, 406, 591*
16:13 *54*
16:13,14 *54*
16:15 *54*
17 *316*
17:20 *57*
18:4,5 *73*
19:30 *55, 73, 91, 452*
19:36 *292*
20:22 *90*
20:25 *95*
21:15-19 *311*
21:17 *369*

Atos
2:23 *333, 512*
2:24 *409, 439*
2:27 KJV *633*
2:38 *217, 219*
3:19 *217*
3:25 *394*
4:5-12 *601*
4:10 *512*
4:12 *527*
4:31 *49*
5:3 *409*
5:31 *217*
8:26-39 *509, 510*
10:15 *227*
10:34 KJV *608*
10:38 *409*
10:43 *217*
13:10 *409*
13:38 *217*
13:39 *398*
17:22-31 *56*
20:28 NVI *267*
26:18 *217, 409*
26:26 *103*

Romanos
1—3 *222*
1:1-17 *543*
1:5 *402, 579, 580*
1:16 *45, 415, 624, 643*
1:16,17 *21, 400, 619, 643*
1:16—3:18 *415*
1:17 *52, 61, 361*
1:18—3:19 *519*
1:20 *504*
1:24 *186*
1:24-28 *185*
1:25 *504*
1:26 *186*
1:28 *186*
2:4 *225*
2:10 *578*
2:14-16 *398*
3 *168, 221, 314, 363*
3:9 *213, 221, 327, 398, 623*
3:9,10 *59*
3:9-12 *613*
3:10 *379, 640*
3:10,11 *606*
3:10-18 *217*
3:19 *398*
3:21 *398*
3:21,22 *91, 361*
3:22 *398, 611, 643*
3:22,23 *606, 610*
3:22-26 *315*
3:23 *221, 415, 536*
3:23-35 *327*
3:24,25 *328*
3:24b,25a *367*
3:25 *284, 312, 313, 380*
3:25,26 *363*
4 *366, 632, 639*
4:1-22 *481*

4:1-24 *394*
4:1-25 *224*
4:3-8 *366, 398*
4:5 *85, 354, 380, 425, 531, 605, 609*
4:7 *360*
4:9-11 *366*
4:10,11 *610*
4:10-12 *394*
4:11 *566*
4:16,17 *295*
4:17 *44, 389, 489, 632*
4:18 *359, 424, 468*
4:20-25 *295*
4:21 KJV *424*
4:25 I
5 *233, 397-98, 453, 515, 578, 639*
5:1-5 *466*
5:2 *205*
5:5 *601*
5:6 *277, 310, 380, 425, 485, 503, 563, 605, 609*
5:6-8 *310*
5:6-9 *531*
5:8 *503, 561*
5:8-10 *357*
5:9 *284*
5:9,10 *270*
5:10 *520, 521*
5:12 *210, 222, 227*
5:12-19 *221*
5:12-21 *177, 210, 217, 504, 556, 573, 576, 578, 635*
5:14 *439*
5:14-19 *398*
5:15-19 *578, 631*
5:15-21 *504, 572*
5:16 *217, 399*

5:16-21 *399*
5:17 *399, 401, 574*
5:18 *399*
5:19 *399, 525*
5:20,21 *399, 400*
5:21 *222, 399, 575*
6 *397, 398, 506, 582, 594*
6:1-4 *536*
6:1-10 *217*
6:1-11 *445*
6:3 *309, 506*
6:3,4 *195, 405, 577*
6:3-11 *423*
6:4 *352*
6:5 *174*
6:6 *482, 506, 577, 600*
6:9 *401, 439, 494, 581*
6:9-11 *600*
6:9-11 KJV *225*
6:9-14 *538*
6:13 *439, 577, 594*
6:13,14 *589*
6:14 *401, 581*
6:16 *403*
6:16-18 *133, 223, 402*
6:20 *403*
6:22 *403*
6:23 *133, 227, 401*
7 *216, 624, 625*
7:5 *565*
7:5-25 *132*
7:7-25 *192*
7:8-11 *133, 560, 565*
7:9-11 *398, 580*
7:10 *566*
7:10,11 *222, 341*
7:11 *132, 134*
7:12 *398, 565*
7:13 *625*
7:14-20 *625*

7:15 *580*
7:15-24 *580*
7:19 *566*
7:23,24 *236*
7:23-25 *581*
7:24 *341, 439*
7:24,25 *404, 580*
8 *56, 90, 401, 587*
8:1 *355*
8:1,2 *442*
8:2 *398*
8:2-4 *217*
8:3 *315, 583, 585*
8:3,4 *177, 505, 625*
8:4 *587*
8:5-17 NVI *587*
8:7 *394*
8:11 *587*
8:17 *588*
8:19-22 *635*
8:20-23 *552*
8:21 *225, 582, 614*
8:21,22 *326*
8:22 *195, 390*
8:23 *327*
8:27 *587*
8:28 *599*
8:29 *601*
8:30 *588*
8:31,32 *296, 300*
8:33-34 *442*
8:38 *411*
8:38,39 *403*
9—11 *171, 636, 638-39, 641-43*
9:3 *636, 638*
9:3-5 *619*
9:4 *258, 639*
9:6 *639*
9:8 *639*
9:10-13 *642*

9:11 *171, 394, 641*
9:13 *139, 171*
9:14-18 *642*
9:20-24 *643*
9:29 *383*
9:30,31 *130*
9:33 *97*
10:3 *130*
10:3,4 *525*
10:5,6 *130, 394*
10:5-13 *580*
10:7 *436*
10:16,17 *383*
11 *608*
11:1,2 *640*
11:6 *619*
11:8 *640*
11:18 *643*
11:20 *643*
11:25 *619, 643*
11:26 *571*
11:32 *176, 447, 494, 608, 631*
11:33-36 *628, 644*
11:36 *85*
12 *590, 591*
12:1,2 *590*
12:2 *362, 590, 601*
12:5 *588*
13 *615*
13:11 *425*
13:12 *75, 615*
13:12-14 *615*
14 *615*
14:4 *615*
14:4-14 *615*
14:9 *401*
14:10 *407*
14:13 *606*
14:15 *503*
14:20 *606*

16:7 *588*
16:20 *405*
16:26 *402, 580*

1Coríntios
1 e 2 *532*
1:17 *43*
1:18 *21, 32, 68, 606*
1:18-25 *46, 115*
1:21 *33*
1:21-25 *21*
1:23 *33, 52, 62, 91, 606*
1:25 *33*
1:26 *117*
1:26,27 *47*
1:26-28 *97*
1:27-31 *117*
1:28 *119*
1:30 *327*
2:1-5 I
2:2 *19, 25, 43, 47, 58, 64, 95*
2:6-8 *412*
2:15 *75*
2:16 *138, 368, 576, 604*
3:18 *77*
4:8,9 *100*
4:8-13 *46*
4:10 *33, 77*
4:13 *106*
5:5 *412, 442, 631*
5:7 *270, 284, 292*
5:7,8 *253*
6:5 *77*
6:15-19 *82*
6:19,20 *320*
7:5 *412*
7:22 *402*
7:23 *320*
7:29 *380*
7:31 *367, 380, 412*

8:1-3 *77*
8:5 KJV *275*
8:5,6 KJV *277*
8:7 *77*
10:11 *380*
10:16 *270*
10:17 *99*
11 *79, 96*
11:17 *96*
11:20 *96*
11:22 *96*
11:23-26 *99*
11:24 *97*
11:25 *639*
11:26 *96, 99*
11:29 *96*
12—14 *119*
12 *78*
12:3 *565*
12:24,25 *79*
13 *56, 77, 364*
13:2 *77*
13:7 *75*
13:8-9 *77*
13:12 KJV *44*
13:12,13 *77*
14:13-18 *119*
14:18 *118*
14:37 *75*
15 *62*
15:1-9 *512*
15:3 *217*
15:3,4 *207*
15:4 ss. *443*
15:8 *482*
15:13,14 *62*
15:17 *62, 527*
15:20 *633*
15:21,22 *631*
15:22 *210, 571, 573, 643*

15:22 KJV *633*
15:24 ss. *397*
15:26 *223*
15:28 *608*
15:30,31 *75*
15:49 *44*
15:50 *439*
15:50-56 *96*
15:52 *195*
15:55-57 *403*
15:58 *44*

2Coríntios
1:8-10 *46*
2:4-11 *360*
2:7-8 *360*
2:10 *360*
2:16,17 *52*
3:9 *394*
3:18 *602, 604*
4:8-12 *46, 86, 311*
5 *225, 331*
5:14 *503*
5:14,15 *631*
5:17 *350, 372*
5:17,18 *367, 392*
5:17-19 *557*
5:17-21 *372*
5:18 *131, 367, 636*
5:18,19 *380*
5:19 *368, 557*
5:20 *377*
5:21 *131, 177, 217, 287, 361, 449, 502, 503, 513, 532, 538, 567, 584, 585, 591, 593, 602*
6:4-10 *46*
7:10 *225*
8:9 *565, 604*
10:3,4 *380*

ÍNDICE DE PASSAGENS BÍBLICAS E OBRAS LITERÁRIAS ANTIGAS

10:4 *392*
11:23-29 *46*
12:1-4 *118*
12:7 *412*
12:10 *600*
12:11 *75*
12:13 *360*

Gálatas
1:4 *158, 217, 380, 401, 503, 517, 576, 595, 634*
1:10 *402*
1:12 *245*
2:4 *402*
2:11-14 *58*
2:11-16 *57*
2:20 *503, 577, 589, 600, 646*
3 *515*
3:1 *49*
3:6-18 *639*
3:8 *566, 581*
3:10 *520*
3:10-13 *512, 601*
3:10-14 *129, 130, 131, 177, 496, 506, 508*
3:13 *107, 131, 133, 134, 328, 330, 503, 507, 512, 513, 517, 518, 538, 559, 560, 584, 585*
3:13-14 *522*
3:14 *394*
3:14-16 *566*
3:18 *639*
3:19-26 *538*
3:22 *364*
3:23-26 *304, 364*
3:28 *312, 325, 355*
4:4 *517*

4:21-31 *566, 639*
5:6-14 *566*
5:11 *102, 606*
5:18 *566*
5:22,23 *602*
6:14 *48, 61, 309, 390, 482*
6:14,15 *389*
6:14-17 *311*
6:15 *175*
6:15,16 *619*
6:17 *61, 311, 600*

Efésios
1 e 2 *90*
1:3-5 *601*
1:4-5 *521*
1:7 *327*
1:7—2:7 *376*
1:9-40 *614*
1:10 *573*
2:1-3 *604*
2:2 *383, 420, 437, 492*
2:3 *160*
2:5 *376, 563*
2:8 *203*
2:8-10 *376*
2:11-13 *91*
2:11-16 *372*
2:12 *134, 441, 606*
2:13-16 *377, 380*
4:1 *602, 626*
4:8-10 *429, 437-38*
4:12 *626*
4:15 *601*
4:30 *327*
5:2 *38*
5:21-33 *529*
5:22-24 *511*
5:22-33 *56*
5:25 *511*

6:10-12 *411*
6:11-17 *383*
6:12 *373, 437*

Filipenses
1:29,30 *408*
2:1 *588*
2:5 *376, 588, 604*
2:5-7 *188*
2:5-8 *368*
2:5-11 *583*
2:6-7 *584*
2:7 *49, 134*
2:7,8 *47, 585*
2:7-11 *438*
2:8 *103, 441, 504*
2:9 *565*
2:10 *446*
3:4 *47*
3:4-6 *618*
3:5 *46*
3:6-8 *215*
3:7-9 *47*
4:4 *604*

Colossenses
1:5,6 *51*
1:11-13 *576*
1:13 *225*
1:13,14 *405*
1:14 *217, 327*
1:19,20 *267*
1:21,22 *520*
2:8 *437*
2:12 *600, 602*
2:13-15 *217, 410*
2:14 *352, 517*
2:15 *421, 447*
2:20 *601*
3:3 *601, 602*
3:3-4 *569*
3:18—4:1 *529*

1Tessaloniscenses
2:16 *442*
3:13 *216*
4:17 *491*
5:9 *601*
5:9,10 *503*

1Timóteo
2:5,6 *327*
2:6 *327*
6:20 *79*

2Timóteo
1:10 *403, 439*
2:11 *631*
2:11-13 *631*
4:6-8 *90*

Filemon
8 *588*
20 *588*

Hebreus
1 *284*
1:2 *49, 645*
1:2,3 *285, 288*
1:3 *217, 219*
2:7 *220*
2:9 *287*
2:10 *287, 288, 547, 594*
2:11 *594*
2:14 *410*
2:14,15 *308, 329, 439*
2:14-17 *410*
2:15 *287, 403*
2:17 *217, 287, 312*
2:17,18 *285*
2:18 *287*
4:15 *285, 287*
5:7 *408*
5:7,8 *287*

5:8 *287*
6:13-15 *394*
6:19,20 *287, 303*
7:11 *281*
7:16 *285*
7:23-25 *285*
7:24 *288*
7:27 *274, 286*
8:2 *289*
8:6,7 *286*
9:2-5 *302*
9:5 *312*
9:12 *274, 286*
9:12-14 *286*
9:22 *270, 279*
9:24 *286*
9:25,26 *286*
9:26 *274, 286, 289*
9:26-28 *217*
10:1 *286*
10:3,4 *286*
10:6 *288*
10:6-10 *287*
10:10 *274, 286*
10:11,12 *286*
10:12 *217, 286*
10:19 *288*
10:19-22 *287, 303*
12:1 *537*
12:2 *277, 287, 532, 565, 594*
12:3 *287*
12:6 *537*
13:11,12 *217, 267*
13:12,13 *118, 277*
13:13 *282, 309*

Tiago
1:17 *461*
1:21 *601*
1:25 *582*

2:2-8 *153*
2:12 *582*
5:4 *383*

1Pedro
1:5 *602*
1:12 *90*
1:18,19 *267, 322*
1:19 *254*
1:19,20 *333*
2:8 *97*
2:9 *536*
2:10 *91*
2:20-24 *511*
2:21 *529*
2:21-24 *510*
2:23-24 *254, 291*
2:24 *177, 217, 254, 282, 503, 511, 538*
2:25 *91*
3:1-7 *529*
3:17,18 *511*
3:17-21 *429, 437-38*
3:18 *177, 179, 217, 310, 329, 502, 503, 511, 565*
3:18,19 *443*
3:18-20 *488-89*
3:18-22 *494*
4:2 *602*
4:3-6 *489*
4:5,6 *438*
4:6 *489*
4:12-17 *410*
4:12-19 *176*
4:13 *601, 602*
4:16,17 *601*
4:17 *345, 491*
4:17,18 *491*
5:8 *440*
5:8-9 *458*

5:8-11 NRSV *422*
5:10 *423*

2Pedro
1:4 *588*
2:4 *436, 442*
2:9 *442*
2:17 *436*
3:16 *56*

1João
1:1 *100*
1:1,2 *79*
1:5 *200, 461*
1:5-7 *223*
1:7 *217, 220*
2:1 *365*
2:1,2 *217*
2:2 *220, 312, 316*
2:4,5 *79*
2:9 *79*
2:13 *594*
2:14 *594*
3:2 *591, 602, 604*
3:5 *217*
3:8 *431*
4:2 *101*
4:10 *217, 220, 312*
4:14-17 *603*
4:16 *43*

4:17 *603*

Judas
6 *436, 442*
24 *202*

Apocalipse
1:5 *217*
1:5,6 *220, 536*
1:8 *61, 384*
1:18 *435, 439*
2:11 *442*
3:10 *407*
5:6 *174*
5:6,7 *95*
6:10 *237*
9:11 *436*
11:15 *493*
13:7 *423*
13:8 *333*
13:8 KJV *333*
13:10 *493*
14:11 *493*
17:14 *291*
19 *414*
19:1-3 *416*
19:3 *493*
19:15 *413*
20:1 *436*
20:3 *436*

20:6 *442*
20:10 *493*
20:13 *439*
20:14 *435, 437, 442*
21:1-5 *599*
21:3,4 *159, 643*
21:5 *175*
21:8 *442*
21:22 *304*
21:24-26 *165*
22:5 *417*

Apócrifos

Eclesiástico
17:27,28 *434*

Textos de Qumran

Regra da Comunidade
1QS 11:11,12 *631*

**Literatura
apocalíptica judaica**

1Enoque
90:38 *290*

Testamento de José
19:8 *290*

Índice remissivo

A

Abelardo, Pedro 105, 194, 242, 395, 511, 529, 577, 578
Abraão
    aliança abraâmica, primazia da 579, 636
    atrelado ao nome de Deus 41
    e a obediência da fé 295, 299, 300
    e a promessa aos gentios 130
    esperança de 424
    falta de potencial humano 610
    justiça creditada a 366
    promessa incondicional a 224, 277, 394
absolvição 370, 504
    insuficiência da 350, 363, 384, 570
ação preveniente (ato de adiantar-se) 199, 200, 201, 205, 579, 580
aceitação
    insuficiência teológica da 626
Achebe, Chinua 471
Achtemeier, Elizabeth 362
Adams, James Rowe 271
Adams, Marilyn McCord 110, 111, 430, 461, 462, 463, 481, 486, 566, 584, 628
Adams, Robert Merrihew 461
Adão
    como figura arquetípica 44, 51, 215, 220, 221, 371, 453, 461, 556, 572
    como figura central na recapitulação 44, 504, 571, 592, 593
    como figura histórica 216, 453, 504, 573
    designação universal 44, 210, 216, 233, 260, 399, 504, 522, 551, 555, 566, 571, 573, 576, 595
    e Eva 210, 212, 216, 228, 340, 371, 445, 453, 454, 553, 573
    em George Herbert 595
    em Romanos 5 233, 391, 504
    história de, em John Donne 570
    Segundo Adão 216, 505, 513, 557, 571, 573, 576, 577, 582, 591, 595
    sob a escravidão do pecado 210, 216, 233, 236, 515, 518, 522, 551, 553, 595
    Velho Adão 175, 577, 635
Addison, Joseph 172
advento 75, 347, 348, 421, 422, 455, 635
agência 634
    como ideia indispensável na Apocalíptica 169, 255, 420
    como questão central 530, 557, 593, 599
    da Escritura como Palavra de Deus 50, 490, 635. *Veja tb.* poderes.

divina 171, 194, 213, 252, 300, 314, 316, 359, 361, 420, 545, 547, 569, 589, 593, 610, 615, 635
   na ceia do Senhor 96
   na crucificação 163, 283, 396, 420, 449, 495, 545, 557, 560, 563
   na recapitulação 635
   na retificação (*dikaiosyne*) 330
   na ceia de Páscoa 251
   papel do ser humano 256, 364, 376, 396

Agnus Dei. *Veja* Cordeiro de Deus

Agostinho de Hipona 131, 370, 403, 445, 456, 457, 470, 471, 501, 521, 522, 572, 618, 624

Albee, Edward 217

Albright, W. F. 53

alcoolismo 375, 582

Alexander, Cecil Frances 319

aliança
   agência de Deus na 41, 168
   como unilateral e incondicional 508, 579, 610
   continuidade e descontinuidade na 249, 255, 394
   crucificação como exclusão do escopo da 99, 134, 508
   indissolúvel com Israel 390
   mosaica 579, 636, 642
   na "emergência" teológica 168
   nas cartas de Paulo 639, 642
   nova aliança 286, 636
   nova aliança no sangue de Cristo 99, 270, 372
   no Antigo Testamento 41, 165, 166, 168, 169, 255, 280, 361, 610, 636

Alison, James 173, 283

Allen, Henry 492

Allison, Dale 65, 301

Allison, FitzSimons 25, 369

Ambrósio de Milão 177, 513, 572

Améry, Jean 629

amor 561, 582, 602
   como agência na recapitulação 603
   como vontade eterna de Deus 357, 569
   como preveniente e incondicional 199
   como Trino e Uno 194
   de Deus/Cristo na encarnação 79, 167, 174, 206, 357, 397, 404, 415, 447, 466, 502, 521, 529, 551, 561, 566, 593, 601, 626
   juízo como subserviente ao 195
   na congregação dos coríntios 75

Anatolios, Khaled 62

Anderson, Gary A. 204

Anderson, Laurie 604

Andrewes, Lancelot 497, 559, 560, 561, 562

aniquilação 493, 637

Anselmo da Cantuária 19, 39, 40, 65, 66, 109, 177, 178, 179, 180, 181, 182, 183, 184, 185, 186, 187, 188, 189, 190, 191, 192, 193, 194, 195, 196, 197, 198, 200, 213, 224, 226, 233, 234, 242, 245, 246, 268, 280, 307, 329, 330, 384, 395, 425, 426, 478, 496, 500, 501, 510, 511, 512, 513, 515, 516, 518, 523, 525, 530, 531, 532, 533, 535, 546, 550, 560, 572, 581, 627

ansiedade 167, 212, 337, 339, 341, 350, 352, 408, 449, 518, 519, 553

antropologia
   como posição-padrão 57
   como religião 88, 214
   diferente da teologia 212, 555

ÍNDICE REMISSIVO

Appelfeld, Aharon 234
Applebome, Peter 477
Aquino, Tomás de 429, 432, 446, 447, 483, 515, 607, 608
Arendt, Hannah 458
Arifaj, Ardian 146, 147
Arquimedes 340
Ash, Lea Evans 478
Ash, Timothy Garton 148, 150, 173
Atanásio 28, 192, 508, 510, 512, 588
Auden, W. H. 227, 339, 431, 486, 511
Aulén, Gustav 39, 242, 246, 395, 396, 397, 402, 413, 420, 425, 428, 515, 516, 517, 530
Austin, Victor 202
Ayo, Nicholas R., C. S. C. 446, 447, 607, 608

B

Bach, J. S. 113, 114, 128, 129, 201, 202, 215, 293
Baker, Mark D. 35, 48, 499, 511, 526, 535, 541
Balthasar, Hans Urs von 39, 441, 442, 452, 499, 515, 554, 567
Bammel, Christina-Maria 457
Banks, Robers 330
Baram, Amatzia 476
Barclay, John M. G. 245
Barrett, C. K. 254, 315, 316, 328, 390, 392, 393, 584
Barstow, David 209
Barthelme, Donald 31
Barth, Karl 26, 49, 106, 116, 134, 180, 203, 204, 340, 371, 376, 409, 429, 432, 449, 450, 451, 457, 494, 497, 504, 514, 520, 530, 535, 540, 541, 542, 543, 544, 545, 546, 547, 548, 549, 550, 551, 552, 553, 554, 555, 557, 559, 567, 603, 627, 643
Barth, Markus 255, 315, 346, 372, 492

Bartlett, Anthony W. 178, 191, 200, 523, 531, 532, 533, 534
Basílio de Cesareia 512
batismo
  como incorporação 195, 505, 592, 594, 600
  como libertação 445
  como transferência de domínios 225, 404, 576, 589
  de Jesus para "cumprir toda a justiça" 594
  de Jesus como invasão do domínio de Satanás 494
  de Jesus na recapitulação 578, 594
  e a capacitação para a batalha 423
  na morte e na ressurreição de Cristo 174, 405, 577, 599, 602
Battles, Ford Lewis 133, 518
Behr, John 62
Beker, J. Christiaan 88, 105, 112, 213, 354, 388, 389, 392, 493, 534
Bell, Daniel 190
Bell, Mary 630
Benjamin, Walter 106, 232, 421, 466
Bennett, W. H. 541
Bergman, Lowell 209
Bergoglio, Jorge Mario 329
Berkhof, Hendrikus 411
Berkouwer, G. C. 215
Bernardo de Claraval 607
Bernstein, Nina 349
Berrigan, Daniel 404
Bethge, Eberhard 32, 83, 110, 350, 486, 635
Biehl, Amy 156
Biko, Stephen 149, 156
Bird, Thomas E. 191
Birney, David 147
Black, Clifton 96, 129
Blake, William 566

Bockmuehl, Markus 109
Boersma, Hans 532, 533, 541
Boesak, Allan 348
Bohn, Carole R. 331, 528
Bonhoeffer, Dietrich 31, 32, 34, 74, 83, 84, 88, 103, 109, 110, 350, 392, 486, 538, 585, 598, 635
Bonhoeffer, Klaus 486
Bonnefoy, Pascale 634
Borg, Marcus 60, 89
Bornkamm, Günther 89, 96
Braaten, Carl E. 204, 329, 445
Bradford, John 156
Bragg, Rick 481
Branch, Taylor 262, 273, 624
Brashears, David 338
Bridges, Robert Seymour 293
Bright, John 169
Britten, Benjamin 421, 466
Bromiley, G. W. 312, 320
Brooke, James 111
Brown, Alexandra 354, 388
Brown, Betsy 126
Browning, Christopher R. 487
Brown, Joanna Carlson 331, 528
Brown, Peter 106, 126, 149
Brown, Raymond E. 53, 54, 55, 106, 124, 129, 244, 245, 290, 292, 301, 303, 387, 405, 406, 407, 408, 409, 595
Brown, Sally A. 96, 129
Bruce, F. F. 216, 277, 288, 609
Brueggemann, Walter 200
Buber, Martin 629
Bucer, Martin 63
Büchsel, Friedrich 314, 330
budismo 41, 76, 80, 84, 88, 155, 533
Bultmann, Rudolf 89, 290
Burckhardt, Jacob 460
Buruma, Ian 147, 485, 486
Bush, George H. W. 162

Bush, George W. 470, 484, 614
Bushnell, Horoce 542

C
Cahill, Thomas 127
Caird, G. B. 333, 348
Calderone, Mary 351
Calvino, João 32, 55, 59, 62, 133, 134, 296, 297, 300, 420, 429, 432, 444, 447, 448, 449, 450, 451, 461, 466, 485, 496, 516, 518, 519, 520, 521, 522, 523, 529, 530, 535, 542, 578, 621
Cameron, J. M. 246, 247
Campbell, Douglas 66, 178, 353, 388, 599
Campbell, Robert 259
Campbell, Will 229, 371, 388, 612
Camus, Albert 128, 339
Capon, Robert Farrer 609
carismáticos, fenômenos
    polêmicos 78, 84
    contexto sociopolítico dos 86
    sob o sinal da cruz 119
Carnegie, Andrew 231, 232, 233
carne (*sarx*)
    como sinônimo de incapacidade no Quarto Evangelho 81
    em Paulo, como natureza humana sob o governo do Pecado 81, 425
Carroll, James 178, 188
Cassirer, Ernst 470
Chaney, James 142
Chang, Iris 467
Chaplin, Dora P. 20
Charry, Dana 224
Charry, Ellen 190, 224
Cheney, Richard 484
Childs, Brevard 121, 165, 257, 258, 292, 454, 508, 568
Christus victor 195, 382

como drama 397, 420, 529
como tema apocalíptico 64, 387, 389, 394, 396, 426, 450, 575
como tema todo-abrangente 397, 565
como vitória sobre os poderes 213, 242, 243
críticas contra 395, 424, 532, 562
em Barth 449, 545, 552
em Lutero 516
em Romanos 380, 402, 504
e outros temas 186, 213, 260, 410, 424, 425, 427, 428, 448, 484, 499, 500, 517, 529, 545, 552
exposto por Aulén como perspectiva "clássica" 242, 395
garante a agência de Deus 420
orientado ao futuro 243
prestígio contemporâneo do tema do 500, 556
relação do, com o tema da substituição 515, 564
relação do, com a recapitulação 575
Chu, Jeff 617
Cícero 47, 106, 124
Cirilo de Alexandria 331, 444, 451, 508, 510, 513
Cirilo de Jerusalém 512
Clark, David 523
classes inferiores
    crucificação reservada para as 106
    distinções socioeconômicas das 68, 137, 144
    e a opção preferencial pelos pobres 141, 144, 153, 163, 343, 362, 616
    e a desigualdade econômica 260, 306, 344
    empatia ou falta dela em relação às 138, 208, 231, 260
    Jesus como alguém dentre as 163, 174, 283, 604
    na congregação de Corinto 47, 96
    no Êxodo 250, 261, 265
    os oprimidos dentre as 160, 163, 283
    prestação de contas pelos privilegiados sobre as 209, 344
    serviço às 175, 309
Clinton, Bill 162
Coatzee, Jaco 374
Coetzee, J. M. 201, 473
Cohen, Roger 534
Cohen, Shaye J. D. 624
Coles, Robert 469, 470
Collins, John J. 387
comunidade cristã
    aceitação de juízo pela 345
    anulando divisões na 136, 150
    chamada à existência pela Palavra 364
    como comunidade cruciforme 47, 75, 88, 95, 100, 116, 136, 311
    como comunidade de resistência 75, 427, 458
    como corpo de Cristo 97, 303, 599
    como figura da nova humanidade 98, 175
    como peregrinos e forasteiros 141, 275
    como resgatada por Cristo 322, 327
    divisões na 77, 244, 425, 427
    ensino de Jesus sobre a 326
    e o Êxodo 261, 264
    gnosticismo na 81, 86, 92, 588
    incapacidade humana para apagar divisões na, a não ser *sola gratia* 603, 610, 618
    localização no advento da 75, 422, 425

membros mais fracos da 96, 333, 427
natureza escatológica da 417
santidade como diferenciação da 276
sob o senhorio de Cristo 61
vocação de sofrimento da 87, 176, 309, 600, 602
condenação 59, 137, 164, 174, 193, 347, 355, 357, 380, 394, 435, 437, 442, 446, 486, 493, 505, 515, 549, 573, 578, 585, 601, 609, 620, 639
   ansiedade sobre a 339, 341, 347
   condenando outros 341, 347
   de perpetradores 486, 620
   humanidade como merecedora de 179, 448, 564, 578, 603
   no ensino de Jesus 347, 437
   pela Lei 518
   primazia da misericórdia sobre a 133
   saindo da, pela redenção 137, 174, 179, 216, 221, 447, 504, 514, 515, 567, 574
   sinal do domínio do pecado e da morte 399, 439
   sofrida por Jesus na cruz 179, 441, 446, 549, 567, 585, 601, 608, 645
   intermediária ou definitiva? 437, 442, 630
condição humana 87, 128, 180, 211, 212, 218, 219, 221, 230, 231, 380, 471, 542, 553, 563, 565, 578, 609
   em escravidão ao pecado 207, 221, 321, 341, 419, 432, 527, 611, 615, 625
   incapacidade essencial da 172, 578, 621, 625, 635
   natureza dividida da 172, 181, 354, 488, 639
Connelly, Marc 332
Conrad, Joseph 471, 527
Constantino 49, 113, 188, 396, 533
Conzelmann, Hans 631
Cordeiro de Deus (*Agnus Dei, Pascha*) 73, 219, 225, 243, 253, 287, 289, 290, 291, 293, 457, 626
coríntios, congregação dos
   abuso da ceia do Senhor na 96
   características da 33, 119, 309, 367, 372, 423
   congregações "coríntias" hoje 115, 118
   deficiência do amor na 75, 77
   distorções "carismáticas" na 78, 97, 118
   gnosticismo na 79, 82, 84, 367
   mal-entendidos sobre a ressurreição na 75, 98, 443
   posição em relação à cruz na 43, 75, 86, 95, 97, 100, 115, 119, 136, 427
   sabedoria na 46, 77, 115
cosmologia do Novo Testamento 430, 472, 473, 481, 483, 545, 574, 580
Cousar, Charles B. 221, 245, 246, 270, 284, 316, 327, 373, 388, 503
Cowper, William 268
Crampton, Stuart 242
Cranmer, Thomas 63, 94, 156, 525
Crasso 47
Creach, Jerome F. D. 200
Crews, Frederick 82
Crews, Harry 231
criação 64, 172, 191, 542
   caída 36, 62, 92, 157, 227, 236, 401, 411, 531, 552
   como teatro da atividade de Deus 356, 362, 427

ex nihilo 370, 490, 628, 633
Filho como Palavra e agente da 49, 135, 367, 549
inteiramente boa "no princípio" 455, 461, 519
invasão da, pelo Filho 552
ocupada pelo Inimigo 396, 411, 427, 439, 540
recapturada pela *dikaiosyne theou* 400, 519, 614, 635
cristianismo
  natureza irreligiosa do 84, 104, 494, 605
  singularidade do 31, 42, 49, 52, 74, 104, 271, 277, 409, 494, 605
cristologia 86, 545, 551
  de 1João 100
  definição de 40
  de Hebreus 285
  de Marcos 73
  de Mateus 65, 301, 595
  dos quatro Evangelhos 54
  em meio à Trindade 40, 49
  e o reino 64
  Niceia e Calcedônia 63, 92
Crossan, John Dominic 89
Crossman, Samuel 72
Crouch, Andy 109
crucificação
  como espetáculo público 124
  como mensagem 39, 356
  como método de execução 33, 102, 106
  como penalidade suprema (*summum supplicium*). *Veja* escândalo
  entre os judeus 107
  entre os romanos 107, 122
  ofensividade da 33
crucificação, controvérsias relacionadas à interpretação da 243
  antagonismo entre os proponentes de temas das 498
  divisão em grupos. *Veja* congregação dos coríntios
  evitar e não se sentir à vontade para falar da 89, 90
crucificação, horrores da
  como algo completamente vil (*mors turpissima crucis*). *Veja* maldição; impiedade
  como humilhação 123, 234
  como oportunidade para o sadismo 124
  como tortura 33, 108, 123
  comparada à cadeira elétrica 121
  degradação e desumanização da 105, 109, 123
  distinguindo as características na 33
  natureza bestial da (*damnatio ad bestias*) 133
  natureza única da, como característica central de uma religião 292
  vergonha e desonra na 75, 109, 126
crucificação, interpretação teológica da 174
  amor como o maior ato da 569
  centralidade da, no evangelho cristão 95, 113
  como lugar de misericórdia 389
  como abuso infantil 193, 331, 529
  como a morte de Jesus pelo Pecado 216
  como dupla indenização 163
  como escândalo (*skandalon*) 20, 32, 43, 44, 47, 52, 97, 100, 101, 102, 117, 606
  como evento apocalíptico 171
  como invasão do território inimigo 406

como multifacetada 39
como propiciatório 303
como poder de Deus 43
como preço pago *pro nobis* (por nós) 317
como virada da história 301, 393
como vitória. *Veja* agência; distinções; apagamento radical; imagens
correspondência com a maldade dos Poderes 627
correspondência com a morte terrível para o Pecado 234
Deus Trino e Uno agindo na 136, 137
natureza irreligiosa da 104
singularidade da 33
como símbolo 104, 241
desapropriação da 562
Cullmann, Oscar 411
culpa 192, 193, 203, 205, 213, 243, 337, 338, 379, 380, 526, 527, 528, 540, 563, 564, 611, 618, 627, 630
custo. *Veja* redenção
Cutler, Howard C. 155, 629

D

Dabney, Robert L. 351, 531
Dalai Lama 80, 154, 155, 629
Dallaire, Roméo 473
Daniel, Jonathan 142
Danner, Mark 484
Dante Alighieri 332, 352, 459, 493, 607
Davis, Ellen F. 277
Davis, Joshua B. 211, 396
Day, Dorothy 309, 479
Deane, S. N. 180
Dean, Robert 190

De Boer, Martinus C. 133, 353, 355, 388, 401, 540
decisão. *Veja* escolha
Declaração Teológica de Barmen 451
defesa do livre-arbítrio. *Veja* escolha
Delbanco, Andrew 457, 460, 469, 470
Deleuze, Gilles 413
demônios. *Veja* Inimigo
Denney, James 272
depravação 230, 326, 492, 568, 622
como "noção descartada" 230, 492
depravação total. *Veja* condição humana
inerente 230
na crucificação 326
natureza inclusiva da 568

descida ao inferno 432, 441, 443, 448, 452
batismo de Jesus como 600
em Calvino 449
em Tomás de Aquino. *Veja* mal; inferno; violência
iconografia da 444
interpretação dupla da 452
no período patrístico 444
"o ataque ao inferno" como "expedição triunfante" 444
papel na luta antignóstica da 443
passagens do Novo Testamento relacionadas à 593
temas bíblicos que sugerem a 451
descontinuidade como tema apocalíptico 393
desfecho 178
desigualdade. *Veja* classes inferiores; distinções de classe socioeconômicas
desobediência
aprisionamento da humanidade na 233

destruída pela obediência de
Cristo. *Veja* obediência,
pecado original de "Adão" como
210, 574, 586, 645
qualidade relacional da 199
de uma vez por todas. *Veja ephapax*
Deus *absconditus* (o Deus
ausente). *Veja* abandono,
clamor de
Deus (*theos*) 40, 555
   apocalipse de 170
   asseidade de 632
   como justo 209, 250, 433, 519, 543
   como sujeito ativo 427, 545, 557
   como Trino e Uno 42, 194, 329, 506
   de amor eterno 194, 195
   graça e misericórdia prevenientes 22, 109, 205, 206
   honra de 189
   na crucificação 38, 129, 196, 350
   na encarnação 493, 545
   poder de 21, 61, 369, 489, 602, 643
   santidade exclusiva de. *Veja* agência; *dikaiosis, dikaiosyne*; impiedade
   vontade indivisível de 357
Diabo. *Veja* Inimigo
dia de Deus (dia de Yahweh). *Veja* juízo, dia do
dia do juízo 494, 603
   como absolvição 354, 505
   como cena de abertura do Getsêmani 407
   como corletivo 385
   como dia de Jesus Cristo 645
   como dia do Senhor no Antigo Testamento 141, 343
   no ensino de Jesus 347
dialética
   contrastada com *via media* 64
   exemplos de 156, 372, 377, 631
   para iluminar a ética cristã 44
   uso paulino de 372, 377
   valor da, como forma de pensar do cristão. *Veja* dialética do "já/ainda não"
dialética do "já/ainda não" 86, 99, 195, 225, 377, 378, 379, 380, 383, 396, 423, 591
Diana, princesa de Gales 34, 338
Dibelius, Martin 631
Dickinson, Emily 531
didache
   em sua relação com *kerygma* 590
dikaiosis, dikaiosyne (retidão, justiça) 85, 164, 609, 627
   agência divina na 168, 175, 367, 599
   como poder 361
   como realidade escatológica 370, 588, 591
   como verbo; grupo lexical, abrangendo a natureza de 367, 369. *Veja tb. logizomai*; ímpio
   em hebraico (*tsedaqa* e *mishpat*) 164, 361
   em Salmos 366
   logizomai (chamar à existência de ou creditar a alguém), relação com 366, 369, 377
   na cruz de Cristo 65
   natureza apocalíptica da 385, 398
   no batismo de Jesus 594
   recapitulação em 594, 598
   relação de, com perdão 157
   retidão e justiça como idênticas 137
   traduzidas como "retificar, retificação" 166
Dillistone, F. W. 50, 252, 275, 380, 397, 410
Direitos Civis, Movimento pelos 159, 262, 264, 378, 419

distinções, apagamento radical
  na literatura 613
Dodd, C. H. 290, 293, 314
Dois Caminhos, doutrina dos 579
domínio de Cristo 223, 405
  dos Poderes do Pecado e da Morte 363
  ganho por meio da crucificação. *Veja* reino de Deus; Senhor (*Kurios*)
  sobre o domínio dos Poderes 223, 232
Donne, John 62, 268, 491, 559, 570
Dostoiévski, Fiódor 23, 92, 185, 422, 466, 475, 478, 479
Douglas, Ann 351
Dove, Rita 227
Dreifus, Claudia 485
Dryden, John 185
duas eras (*aeons*). *Veja* teologia apocalíptica
Duff, Nancy J. 213
Duffy, Eamon 178, 188, 511
Duncan, Joseph E., III 475
Dunn, James D. G. 312, 394, 547, 584
Durbin, Richard J. 414
Durr, Clifford e Virginia 418
Duvall, Robert 535
E
Eagle, David 200, 523
Earwin, Dom 538
Eastman, Susan 66, 388, 614
Eastwood, Clint 318
Ebbers, Bernard J. 412
Edwards, Jonathan 414, 460
Edwards, William D. 124
Eiseley, Loren 426
Eisenhower, Dwight D. 237
eleição
  como predestinação/incorporação 640
  de Abraão 42, 295, 610
  de Israel 394, 606
  de Jacó sobre Esaú 394
  dos ímpios como imerecida 641, 642
Eliot, George 402
Eliot, T. S. 157, 232, 332, 340, 341, 365
Eller, Vernard 388
Elliott, Charlotte 626
Elliott, Neil 47, 116
Ellison, Ralph 411
Ellis, Peter F. 134
Ellsberg, Robert 309, 479
Ellul, Jacques 388, 412
encarnação
  como doutrina essencial 76, 592
  como doutrina gnóstica 92
  como invasão do território de Satanás 440, 493
  como substituição 549
  e *Christus victor* 493
  e sua relação com o tema da descida ao inferno 438
  inseparável da crucificação 63, 101, 157
  ligada à crucificação na ortodoxia oriental 588
  no anglicanismo 62
  versões sentimentais da 93, 101
Engberg-Pedersen, Troels 353
ephapax (de uma vez por todas)
  em Hebreus e em 1Pedro 274, 286, 304
Erickson, John H. 191
escândalo (*skandalon*)
  da particularidade 606
  Escrituras como 52
  palavra da cruz como. *Veja* crucificação como método de execução

escatologia 65, 254, 256, 392, 393
    como perspectiva do fim. *Veja*
        esperança; *novum*; dialética do
    definição de 254
    distinta do apocalíptico 256
    Espírito Santo como garantidor 370
    Jesus como libertador escatológico
        335
    nova aliança como dom
        escatológico 375
    reconciliação como dom
        escatológico 372
    retidão (*dikaiosyne*) e 65
escolha 223, 235, 354, 391, 392, 413,
        556, 575, 579, 592, 626
    fé não é uma escolha 365
escravidão
    escravidão universal ao Pecado e à
        Morte. *Veja* escolha; libertação;
        pecado
    escravos da justiça 223, 582
    na história do Êxodo 260, 261
    no cenário apocalíptico 172
Escritura. *Veja* Palavra de Deus
esperança
    como cruciforme 600
    contra qualquer esperança 297,
        360
    dikaiosyne como fundamento da
        157, 599
    em Cristo como Juiz 61, 155, 553
    na perspectiva apocalíptica 377,
        384, 387, 388
    no grande Sumo Sacerdote 287,
        289, 303
Espírito Santo 42, 50, 82
    como agente de incorporação 537
    como agente na transformação
        601
    como autor e intérprete da
        Escritura 50, 54

    como garantidor do futuro
        escatológico 370, 380, 591
    como terceira pessoa da Trindade
        370, 587
    como teste da doutrina. *Veja*
        pregação; Palavra de Deus
    na crucificação 136, 194
    na obediência da fé 581, 602
    na pregação 49, 54, 58
    no campo de batalha apocalíptico
        391
    no Evangelho de João 58
    poder do 50, 131, 392, 587, 637
espiritualidade
    amor espiritualizado 75
    como individualista 41, 353
    como moda atual 41, 118, 201
    como "religião" 32, 136, 609
    diferenciada do *kerygma* apostólico
        90, 91
    distinções espirituais 611, 641
    falta de, na eleição 42
    falta de, na *theologia crucis* 55,
        525
    faz as perguntas erradas 51
    hierarquia espiritual 85, 96, 606
    tendências gnósticas da 80, 443,
        572
Estados Unidos
    escravizados pelo *marketing* 223
    otimismo e pensamento positivo
        nos 67, 74, 76, 87, 100, 153,
        230, 235
    religiosidade eclética dos 41, 79,
        118
estoicismo 76, 479
ética 162, 388, 623
    ética "autoescolhida" 351
Eusébio de Cesareia 512
Evangelhos
    diferenças entre os 71, 326

evangelhos gnósticos e os 77, 85, 86
perspectiva de Lucas-Atos. *Veja* narrativas da Paixão
semelhanças entre os 48, 73, 98, 107
teologia de Marcos 51, 73, 325, 408
teologia de Mateus 65, 578, 595
evangelho social
Will Campbell acerca do 299. *Veja tb.* classes inferiores; teologia da libertação
Evers, Medgar 142
Ê/êxodo
como acontecimento vivo 250
como antídoto contra o antissemitismo 258
como paradigma 256
importância escatológica do 254
na liturgia pascal 260
novo êxodo na pessoa de Jesus 253, 260
ressurreição como antítipo do. *Veja* libertação
expiação purificadora (*hilasmos, hilasterion*)
debate em relação à propiciação 313
em Hebreus 302
o próprio Deus como 315
expulsão de demônios 374, 423, 440, 445, 594, 595

F
Farmer, James 378
Farmer, Paul 153
Farrer, Austin 154, 203, 321, 322, 361, 609
fé
aspecto visionário único da. *Veja* obediência; obras

como *novum* apocalíptico 389
como poder de Deus em Jesus 117, 365
como puro dom 51, 130, 203, 376
Cristo como sinônimo de 364
"Cristo da fé" 59
crucificação como pedra angular da 67
de Abraão 295, 298, 367
e a encarnação 101
em busca de entendimento (*fides quaerens intellectum*) 197
e o problema da incredulidade 643
e o problema do Mal 23, 462, 463, 466
Escrituras escritas pela e para a 528
ex nihilo 389, 610
justificação/retificação pela 365, 516
obediência da 402, 403, 577, 579
ressurreição e 62
Fee, Gordon D. 45, 97
Feligueras, João 265
Fenn, Richard K. 83
Ferris, Theodore Parker 93
Feuerbach, Ludwig 32, 88
French-Beytagh, Gonville 358
filioque, locução 501
Filo de Alexandria 303
Fitzgerald, John T. 398
Fitzmyer, Joseph A. 267
Forde, Gerhard 283, 425, 426, 563
Forsyth, P. T. 542
Fortna, Robert T. 625
Fosdick, Harry Emerson 603
Frank, Anne 154
Frankel, Max 133
Franzen, Jonathan 614
Freedman, Samuel G. 52, 361

Freud, Sigmund 32, 88, 171, 402, 525, 556
Friedrich, G. 312, 320
Frye, Northrop 50, 212, 382
Fuller, Reginald H. 157
Funk, Robert 89

G
Garcia Márquez, Gabriel 201
Gates, Henry Louis 355
Gathercole, Simon 394, 619
Gaventa, Beverly R. 66, 98, 233, 388, 401, 625
Gay, Peter 88
genocídio 111, 147, 153, 429, 450, 467, 472, 474, 475, 492, 493
Getsêmani. *Veja* guerra apocalíptica
Gibson, Mel 113, 409, 527
Gill, Brendan 217
Gilligan, Vince 157
Girard, René 173, 194, 283, 425, 532
Glatzer, Nahum 439
gnosticismo
    antimaterialidade do 79, 100
    asseidade de Deus desprotegida no 81, 458, 589
    atitude do, em relação ao sofrimento 80
    como forma de autoajuda 82
    como principal rival do cristianismo 76
    conhecimento esotérico do 78
    distinto do cristianismo apostólico 77
    distorções "carismáticas" e "espirituais" no 77
    em Ireneu 572
    hierarquia espiritual no 606
    natureza anti-histórica do 87
    omissão da crucificação no 83
    religião como 79
    sexualidade no 82

Goetz, Ronald 216
Goldberg, Michael 251, 256, 257, 498
Golding, William 230, 231
Goldman, Daniel 260
Gollancz, Victor 629
Goode, Erica 476
Goodman, Andrew 142
Gorman, Michael 401
Gough, Neil 345
Gourevitch, Philip 108
graça 29, 59, 186, 201, 202
    como primária, preveniente e última 205
    e Abraão 295
    e a cruz 109
    e Cristo 220
    e juízo 543
    e justificação 59, 349
    em Flannery O'Connor 625
    em Romanos 5 398
    e o reino de Deus 581
    e o Pecado 238, 609
    e Pedro 369
    e a salvação 186, 202
    "graça surpreendente" 109, 201
    incondicional 59, 530
    irresistível 203, 370
    meios de 201
    posição de Agostinho sobre a 572
    preciosa ou barata 350
    sola gratia 604
Graham, Billy 626
Greenberg, Paul 146
Green, Bryan 524
Greene, Graham 158
Green, Joel B. 35, 48, 109, 511, 526, 535, 541
Green, Julian 627
Gregório de Nazianzo 512, 514, 584, 598
Gregório de Nissa 192, 455, 456, 608

Grieb, A. Katherine 40
Griffin, Jasper 281
Griffith, Stephen 463
Grillmeier, Aloys 445
Grócio, Hugo 183
Gross, Jan T. 487, 616
Gross, John 477
Grünewald, Matthias 106, 108, 111, 271, 543
guerra apocalíptica 134, 382, 391, 395, 409, 422, 447, 499, 575
    ética e 308, 379, 416, 422
    Getsêmani como arquétipo de 405, 451, 546, 554
    "homem de guerra" 418, 444
    imagens militares, problema das 382
Gundry-Volf, Judith 313
Gunton, Colin 174, 196, 351, 564, 600
Guroian, Vigen 445
Gutting, Gary 575

H
Halberstam, David 419
Haley, Alex 235
Hall, Brian 307
Hall, Douglas John 87, 88, 199, 225, 226, 424
Hallie, Philip 535
Hamer, Fannie Lou 418, 419, 420
Handel, George Frideric 114, 320, 347, 358, 509, 528
Hanson, P. D. 387
Hardin, Michael 35, 161, 499
Hardy, Edward Rochie 330, 455, 572
Hare, David 459
Harink, Douglas 211, 388, 396, 588, 610
Harris, Eric 145
Harrisville, Roy A. 31, 83, 106, 249, 388

Hart, David Bentley 190, 191, 192, 194, 195, 395, 456, 462, 465, 467, 468, 475, 481
Harwood, Richard J. 487
Hatchett, Marion 260
Hauerwas, Stanley 22, 180, 275, 483, 538
Haussleiter, J. 364
Havel, Václav 173, 182, 363, 419
Hawkes, John 411, 594
Hawthorne, Gerald F. 313
Hawthorne, Nathaniel 338
Haynes, Stephen R. 474
Hays, Richard 168, 249, 364, 371, 392
Heermann, Johann 293, 558, 563, 569
Hengel, Martin 31, 54, 89, 105, 106, 112, 113, 122, 124, 135, 163, 313
Herbert, George 198, 266, 268, 595, 596, 605
Hersey, John 487
Heston, Charlton 258
Hick, John 462, 463
Hilário de Poitiers 177, 513
história da interpretação 53, 242, 438, 443
Hitchens, Christopher 223
Hitler, Adolf 110, 305, 342, 431, 465, 476, 477, 486, 492, 535, 612, 629
    como representativo do mal absoluto 431, 477
    como possivelmente não humano 630
Hodge, Charles 523
Hoffman, Philip Seymour 575
Hollis, Brenda 164
Holloway, James Y. 371, 388
holocausto (*Shoah*) 59, 114, 232, 234, 345, 459, 460, 462, 464, 465, 470, 487, 492
Holst, Gustav 421

ÍNDICE REMISSIVO

homossexualidade 501, 610, 629
honra 78, 110, 112, 126, 144, 183, 187, 188, 190, 248, 338, 480, 526
Hooker, Morna 109, 128, 282, 570, 586, 589
Howell, H. H. 476
Hughes, Philip Edgcumbe 277, 304
Hugo de São Vítor 607
Hugo, Victor 404
Hume, David 461, 462, 478
Hunsinger, George 266, 283, 289, 317, 347, 493, 499, 536, 554, 588

I
Ibrahim, Youssef M. 345
idolatria 60, 153, 276, 277, 288, 489
  nas propagandas 305
Ignatieff, Michael 148, 151, 152
igrejas afro-americanas 45, 87, 118, 146, 197, 261, 271, 424, 529, 632
imagem de Deus 81, 105, 233, 480
imagem forense (tribunal de justiça) 349, 356, 540
  críticas da 540
  devido lugar da 356
  mudando fatores culturais em relação à 350
  o tema *Christus victor* e a 540
imaginário
  em Ezequiel 637
  em Oseias 167
  explicação de Austin Farrer sobre 321
impiedade
  como categoria mais inclusiva 85, 136
  como característica teológica principal da crucificação 102, 111
  como identificação ao extremo com a humanidade pecadora. *Veja* abandono, clamor de; ímpio
ímpio
  auto-oferta de Cristo em favor do 63, 253, 281
  como consignado ao mundo dos mortos 446
  e a inclusão definitiva. *Veja* condição humana; distinções, Apagamento radical na literatura; *logizomai*; perpetradores; salvação universal
  retificação do, como fundamento do evangelho 58, 59, 354, 380, 425, 517, 531, 605, 609, 628
  no lugar do 448, 488, 522, 548
  unidade da humanidade na impiedade 229
impunidade
  no Experimento Prisional de Stanford (SPE). *Veja* punição
imputação 168, 311, 367, 369, 516, 599
Inácio de Antioquia 331
inclinação
  boa (*yetser ha-tov*) 580
  incapacidade humana em relação à. *Veja* dois caminhos, doutrina dos
  má (*yetser ha-ra*) 580
incorporação
  "assumir o controle" na 598, 599
  "em Cristo" (uso de Paulo) 600
  no batismo 195
individualismo, insuficiência do 537
inferno
  agência do 557
  como amaldiçoado 449

como domínio ou esfera 440, 447, 451
como metonímia/metáfora 492
como "necessidade inconsolável" 185
como parte do mundo conceitual de Jesus 435
como possibilidade intermediária 440
como resultado de nossas cobiças 202
conceito neotestamentário do *Gehenna* 433, 436
conceito neotestamentário do *Hades* 433, 435
contexto veterotestamentário do *Sheol* 433, 435
derrota final do 493
impiedade e desesperança do 441
importância apocalíptica/cosmológica do 436
importância contemporânea do 472, 475, 491
perpetradores no 481, 484. *Veja tb.* Christus victor

Inimigo
agência do 206, 423
combate de Jesus contra o 98, 134, 308, 439
como força de ocupação 390
como Lúcifer 455
como parte de uma trindade profana 329
como personificação da vontade de negar 471, 472
como terceiro ator 390, 451
desde a Segunda Guerra Mundial 464
destino do 346, 405
em C. S. Lewis 358
em Dante 459
em *Paraíso perdido* 332, 412, 459
encarnação como invasão do território de Satanás 421
na cosmologia do Novo Testamento 172, 385, 391
no jardim do Éden 453
Satanás e outros nomes para 437
Veja tb. Christus victor; mal; expulsão de demônios

inocência
ansiedade relacionada à 340
falsidade da 473
insegurança. *Veja* ansiedade
invasão
apocalíptica 64, 351
do Limbo. *Veja* cosmologia do Novo Testamento; violência
ira de Deus
absorvida por Deus em Jesus Cristo 160
misericórdia de Deus a serviço da 174
necessidade da 174, 523
ira humana. *Veja* ódio
Ireneu 221, 330, 482, 505, 571, 572, 573, 574, 575, 577, 578, 581, 582, 583, 585, 586, 587, 597, 600, 635
Isaque, santo, o Sírio 185
islã 80, 88, 251, 306, 307, 342, 345, 382, 472, 476, 533, 534, 625
Israel. *Veja* judeus; judaísmo

J

Jacó e Esaú. *Veja* eleição
James, Clive 460, 467, 486
Jara, Victor 634
Jefferson, Thomas 60
Jenson, Robert W. 28, 32, 40, 41, 95, 193, 204, 314, 329, 445
Jerônimo 513
Jersak, Brad 35, 161, 499

Jerusalém
  como Sião no Antigo Testamento
    141, 169, 175
  escatológica 170, 305, 385, 416
Jesus Cristo
  amor de 78
  autoapresentação ao longo das
    Escrituras 138
  como agente da própria morte 130,
    155, 316
  como agente na proclamação 49,
    592
  como bode expiatório 281
  como Sumo Sacerdote 285, 287
  como vencedor apocalíptico 134,
    434, 445
  e vida de auto-oferta 62, 98
  "Jesus histórico" e "Cristo da fé"
    59, 89
  juízo e 58, 94, 347
  ministério e ensino de 57, 62, 72
  predições da Paixão de 71
Jesus Seminar. *Veja* Jesus Cristo,
  "Jesushistórico" e "Cristo da fé"
João Crisóstomo 445, 508, 512, 514
João Damasceno 192, 259, 635
João Paulo II, papa 555
Johnson, Luke Timothy 60, 85, 86, 90
Johnston, William B. 297
Jones, L. Gregory 151
jornada espiritual
  erro teológico da 51, 76, 589
judaísmo
  como indestrutível 624
  como mantenedor de valores do
    Antigo Testamento 80, 251
  pontos de divergência do
    cristianismo 132, 224, 248
judeus
  antissemitismo 258
  eleição dos 638
  e o Êxodo 256
  e o jantar cerimonial de Páscoa
    251
  herança ética dos 80, 623
  Paulo e os 636
  preservação material dos 258
juiz
  Deus como 155, 334, 346
  Jesus Cristo como 61, 379
  Jesus Cristo como "o Juiz julgado"
    497, 541
  usurpação humana do papel de
    341, 351
juízo, julgamento 95, 142, 174
  absorvido pelo próprio Filho de
    Deus 115, 163
  a serviço da misericórdia de Deus
    150
  como boa notícia 168, 254
  como intermediário 630
  como tema presente em toda a
    Escritura 347
  medo do 339, 341
  na situação crítica universal da
    humanidade (Romanos 5) 621
  necessidade de 93, 356
  no advento 347
  Veja tb. ira de Deus
Juliana de Norwich 599
Junger, Sebastian 423
justiça 158, 159, 164, 167
  como promessa escatológica 155,
    159
  como sinal messiânico 143, 176
  e a crucificação 174, 178

  misericórdia e 145, 174
  necessidade de 147
  no Antigo Testamento 138, 334
  proporcional 158
  social e econômica 80, 162

Veja tb. dikaiosis, dikaiosyne; juízo, julgamento; impunidade; inadequação da justiça humana

K
Kähler, Martin 71
Käsemann, Elisabeth 89, 329
Käsemann, Ernst 66, 89, 105, 168, 170, 210, 211, 222, 297, 312, 353, 362, 364, 369, 370, 373, 387, 388, 389, 391, 394, 396, 534, 544, 576, 584, 619, 631
Kay, James F. 58, 388, 442, 444, 452
Keller, Bill 149
Kelly, J. N. D. 177, 319, 444, 451, 481, 512, 513, 514, 515, 571, 572
Kelly, Walt 230
Keneally, Thomas 492
Kennedy, Edward M. 201
Kennedy, Jacqueline 270
Kennedy, John F., Jr 201
Kennedy, Moorhead (Mike) 210
Kernberg, Otto 476
Kershner, Isabel 623
kerygma. *Veja* mensagem do evangelho
Kidner, Derek 454
Kierkegaard, Søren 293, 294, 295
King, Martin Luther, Jr. 80, 103, 142, 261, 262, 263, 264, 273, 361, 377, 378, 419, 623, 624, 632
Kingsbury, Jack Dean 65, 301, 578
Kinzer, Stephen 41
Kittel, G. 312, 320
Klager, Andrew P. 499
Klebold, Dylan 145
Klibanoff, Hank 419
Koch, Klaus 170
Kovály, Heda Margolius 173
Koyama, Kosuke 89
Krieg, Carmen 483
Krötke, Wolf 457

Krueger, Joacham I. 83
Kucharz, Thomas 483
Kundera, Milan 295
Küng, Hans 616
Kurios. *Veja* Senhor (*Kurios*)
Kushner, Harold 465

L
LaCugna, Catherine 43
Lane, William L. 322, 409
Lantos, Thomas P. 345
Lapsley, Jacqueline 165
Latimer, Hugh 156
Laud, William 63
Leech, Kenneth 93, 94, 102, 269, 373, 374, 375, 378, 379
Lehmann, Paul L. 63, 135, 264, 340, 388, 457
Leibniz, Gottfried 464
Leithauser, Brad 230
lei (Torá)
    como agente subsidiário na crucificação 560
    como arma empunhada pelo pecado 132
    como maldição 129, 130, 132, 133, 134, 513, 559, 566, 585
lembrança, Deus ativo na 252
Levi, Primo 114, 173, 358, 359, 460, 467, 486, 488, 616, 628
Lewis, C. S. 203, 212, 358, 451, 460, 478
liberdade. *Veja* escolha
libertação
    Cordeiro de Deus como símbolo da 290
    da escravidão 243, 261, 275, 292, 308, 327, 336
    de outra esfera de poder 237, 328
    dos Poderes do Pecado, da Morte e da Lei 363

justiça econômica e 275
narrativa da, em Êxodo 250
narrativa da, em Romanos 582
necessidade humana universal de 173
no Antigo Testamento 250, 624
por Deus em Cristo 335
Lievestad, Ragnar 410
Lilla, Mark 470
Lincoln, Abraham 230, 380, 470
Lin, Maya 142
Linton, Adam 26, 185
Lischer, Richard 261, 262, 264, 378, 419
literatura de sabedoria 169, 217, 343, 628
   Jó 255
liturgia 21, 92, 94, 96, 99, 203, 223, 224, 253, 258, 261, 267, 320, 337, 375, 384, 407, 466, 617
   Hagadá da Páscoa 251, 253, 262
   do Yom Kippur 223
   Semana Santa (*Triduum*) 95. *Veja tb.* ceia do Senhor
Liuzzo, Viola 142
Lochman, Jan 87
logizomai (chamar à existência de ou creditar a alguém)
   como palavra performativa 366, 377
   dificuldade de tradução 369
Longenecker, Bruce 40, 245
Lossky, Vladimir 191
Lúcifer, figura de. *Veja* mal
Lutero, Martinho 71, 88, 202, 242, 283, 296, 367, 394, 395, 396, 420, 448, 451, 482, 496, 516, 517, 518, 526, 582, 599
Luwum, Janani 103
Lyttleton, Arthur 510, 513

M
Mackie, J. L. 461, 462, 463, 478
MacLeod, Donald 242
Macquarrie, John 524
Madison, James 210
Madoff, Bernard 622
mal
   afastamento apocalíptico do 385
   "argumento do mal" 429, 461, 462, 465, 478
   batalha cósmica contra o 419
   como poder governante cósmico 388, 411, 472
   como *privatio boni* 211, 456, 457, 458, 459, 460, 470, 471
   cumplicidade com o 473

   domínio do 445, 492
   e *felix culpa* 430, 466
   em Gênesis 454
   fascinação com o 458, 473
   incapacidade de recursos humanos contra o 492
   ininteligibilidade moral do 475
   "males horrendos" 430, 463, 464, 628
   malignidade proposital e "maleficência objetiva" do 213, 446
   na perspectiva apocalíptica 422, 468
   na tradição cristã 455
   natureza radical do 492
   negação como vontade intencional do 471
   presente em todos os seres humanos 432, 473, 477
   problema de Deus e o 432
   reconciliação e, no século 21 426, 428

"revolta contra explicações" 478, 481. *Veja tb. Christus victor*; Inimigo; teodiceia
Malcolm X 234, 235
maldição
   Cristo assume nosso lugar sob a 596
   e a crucificação de Jesus 129, 134, 174
   e a Lei. *Veja* impiedade
   e Gálatas 3.10-13 601
   Gehenna como lugar de 446
Mandela, Nelson 148, 150, 308
Mandela, Winnie 148
Mandelbaum, Allen 332
Mangina, Joseph 26, 28, 62, 348, 388, 414, 532
Manson, T. W. 312
Mantegna 445
Mao Tse-Tung 342
Marcus, Joel 27, 28, 60, 89, 269, 353, 387, 388, 405, 408, 409, 631
Marcus, Steven 485
Margalit, Avishai 229, 295
Marissen, Michael 114
Marshall, I. Howard 330
Marsh, Charles 419, 420, 422
Martin, Ralph P. 313, 373, 441
Martyn, Dorothy 224, 355, 402, 556
Martyn, J. Louis 66, 79, 129, 130, 132, 134, 166, 192, 211, 312, 315, 322, 353, 354, 355, 364, 365, 387, 388, 389, 390, 398, 540, 558, 559, 560, 565, 579, 625
masoquismo 496, 511, 528, 539, 601
Maurice, F. D. 542
Mayer, Jane 484, 487
Mays, James Luther 361
McCarthy, Cormac 158, 235, 236, 237, 452, 472
McCarthy, Julie 538

McCormack, Bruce L. 357
McCullough, Charles 123
McFague, Sallie 245
McKnight, Scot 37, 541
McLaren, Alexander 55, 642
McNeill, John T. 133, 518
McVeigh, Timothy 402
Mead, Rebecca 342
Meir, Golda 612
Melito de Sardes 109, 514
Melville, Herman 452, 621
Mendelson, Edward 431
mensagem do evangelho (*kerygma*)
   como irreligiosa 116
   como proclamação apostólica 60, 131
   como revelação. *Veja* pregação
   contrastada com exortação 590
   essência da 135
   no contexto apocalíptico 170
mentalidade ultraliteral. *Veja* metáfora
mérito
   como separação 483
   rompimento da categoria do 300, 448. *Veja* distinções, apagamento radical na literatura; ímpio
Merkin, Daphne 458
Messias 31, 40, 45, 59, 61, 85, 105, 113, 114, 121, 130, 135, 143, 144, 145, 158, 176, 218, 246, 261, 271, 277, 278, 290, 293, 301, 315, 320, 325, 328, 358, 375, 405, 407, 415, 445, 508, 509, 510, 528, 546, 562, 578, 586, 608, 638
metáfora
   Calvino e a 519
   crucificação precisamente não como 246
   descida ao inferno como 452

imagem de resgate como. *Veja* imagens
    pecado original como 210
    "poder generativo de" 246
método histórico-crítico 23, 53, 274, 292
Mettinger, Tryggve N. D. 42
Metzger, Bruce 285
Meyendorff, John 588
Meyer, Paul 398, 625
Michelangelo 435, 625
Michnik, Adam 173
Migliore, Daniel L. 40
Milgram, Stanley 485
Miller, Patrick D. 26, 27, 28, 96, 129, 250
Milton, John 221, 332, 412, 459
Minear, Paul 235, 333, 348, 388, 579
Mirsky, Mark Jay 607
Mitchell, Joseph 37, 278
modelo de Abelardo. *Veja* tema subjetivo
Moltmann, Jürgen 71, 74, 88, 89, 107, 120, 121, 134, 135, 331, 483
Montague, W. J. 170, 362
More, Thomas 104
Morris, Errol 108
Morris, Leon 314, 322
Morrow, Lance 441, 465, 469
Morse, Christopher 26, 28, 131, 167, 330, 388, 453, 461, 529, 539
morte
    batismo na morte de Cristo 577
    como *Hades* 435, 437, 439
    como parte de uma "trindade profana" 329
    como resultado da Queda 534
    conquistada por Deus em Cristo 232, 243
Moser, Barry 268

Moule, C. F. D. 161, 359, 373, 381, 499, 524
Mounce, Robert H. 333
Mounsey, Kaye 158
Movimento pelos Direitos Civis 229. *Veja tb.* igrejas afro-americanas
Munro, Alice 614
Murphy, G. Roland 533
música
    de Bach 201
    de Handel 320, 347
    de Purcell 347
Mydans, Seth 264, 265

N
Nachtwey, James 491
narrativa
    como "histórias mestras" 257
    da Akedah 296
    de Abraão 579
    em Anselmo 190
    em Barth 546
    em Marcos 326
    em Mateus 301
    falta de, nos evangelhos gnósticos 85
    no Movimento pelos Direitos Civis 419
narrativas da Paixão 54, 86, 270
Neale, John Mason 259
Neiman, Susan 464
Neuhaus, Richard John 76
Newbigin, Lesslie 160, 391, 412, 635
    como teólogo pós-moderno 391

Newell, John Philip 618
Newman, John Henry 217
Nicholls, Richard E. 627
Niebuhr, Gustav 80
Niebuhr, H. Richard 95, 416

Niebuhr, Reinhold 198, 199, 455
Nineham, D. E. 409
Norris, Richard A. 26, 27, 77, 132, 349, 353, 501
Nossiter, Adam 533
nova criação
    como "Israel de Deus" 619
    como *logizomai*
    como realidade escatológica 335, 380
    como redenção cósmica 389
    Deus como único agente na 225, 557. *Veja tb. ex nihilo*; *novum* (algo novo)
    fé como o *novum* apocalíptico 91

O

obediência
    como dádiva apocalíptica 490, 581
    de Cristo 577, 579, 645
    diferente de imitação 577
    gerada pelo dom batismal 582
    liberdade paradoxal. *Veja* desobediência; liberdade; escravidão
obras
    e a relação com a agência divina 364, 376, 592
O'Brien, Geoffrey 526, 527
O'Brien, Justin 339
O'Brien, Niall 208
O'Connor, Flannery 158, 227, 228, 321, 365, 411, 447, 482, 594, 616, 625, 626
ódio
    uso devido do 358
Olbricht, Thomas H. 398
Ollenburger, Ben C. 389
opção preferencial pelo pobre. *Veja* classes inferiores; evangelho social
Oppenheimer, Robert 555

Orígenes 59, 124, 225, 275, 330, 455, 607, 608
Ortiz, irmã Dianna 161, 162, 467, 537
Ozick, Cynthia 154

P

Pace, Eric 418
pacifismo. *Veja* resistência não violenta
padrão pelagiano 49, 511, 575, 608, 618, 624
Pagels, Elaine 77, 415
"Palavra da cruz" (1Coríntios 1:18)
    apaga todas as distinções 85
    como escandalosa 49, 50
    como *novum* (algo novo) apocalíptico 121
    como poder (*dunamis*) de Deus 400
    como poder que fala hoje 323
    como pregação exigida para a interpretação 48
    como testemunha humana 52
    Deus trino e uno como agente ativo na 49
    e o gnosticismo 100
    escassez da, nas igrejas de hoje 44
    exclusividade da 49
    ímpeto ético na 68
    resistência à 45, 100
    Veja tb. ex nihilo, escândalo
Palavra de Deus
    autointerpreta-se (*Scriptura sui interpres*) 547
    molde canônico da 613
Pamuk, Orhan 613, 614
Parks, Rosa 418
Pascal, Blaise 128, 275
Páscoa. *Veja* Êxodo; ceia do Senhor
Paulo, apóstolo
    como teólogo apocalíptico 295, 304

Cristo como Segundo Adão em
573, 576
e a cruz como centro do
kerygma apostólico 118,
131, 134
e a cruz como juízo final 635
e "a liberdade que temos em Cristo
Jesus" 582
em Atos 103, 398
e o tema da tolice 33, 43, 530
evangelho interpretado por 57
"Jesus histórico" e 59
linguagem cúltica em 308
radicalidade de 284, 401
sobre a ceia do Senhor 96
sobre a cruz como escândalo
(*skandalon*) 47, 52
vida cruciforme em 86. *Veja
tb. dikaiosis, dikaiosyne*;
descontinuidade, como tema
apocalíptico; domínio, de
Cristo; *logizomai*; obediência;
poderes; recapitulação
pecado
aspecto duplo do 213
"com a mão levantada" 611, 612,
614
como condição universal 581
como cumplicidade ativa 211
condenado na carne de Jesus 506,
585
gravidade do (*ponderis peccatum*)
189, 198, 224, 233, 329, 384,
426, 627
morte de Cristo pelo 19, 173, 179,
286
Veja tb. crucificação,
interpretação teológica da;
lei; escravidão
pecado original 443, 520, 550. *Veja tb.*
pecado

Pelikan, Jaroslav 39, 113, 128, 183,
202, 395, 427, 428, 501, 513,
517, 530, 578
Pentecostalismo 118
Percy, Walker 84, 154, 158, 275
perdão
custo do 279
em Lucas-Atos 360
insuficiência do 157, 226, 621
no modelo apocalíptico 381
prematuro 629
trabalho árduo do 146
Veja tb. dikaiosis, dikaiosyne;
reconciliação
perpetradores
dupla indenização de Jesus 163
evangelho para 163, 179
inferno dos 430, 486, 488
problema dos 484, 491, 607, 612
Veja tb. ímpio
Perrin, Norman 387
persuasão 232, 331, 351, 438, 482
Peterson, Eugene 245
Pike, Nelson 462, 463
Pinker, Steven 342
Pinochet, Augusto 184, 330, 634
Placher, William C. 36, 283
Plantinga, Alvin 462, 463, 466
pobres
como poder 362
Veja tb. classes inferiores; *dikaiosis,
dikaiosyne* (retidão, justiça)
Pogrebin, Robin 622
Policarpo 580
Pol Pot 492, 493, 612, 637
Pôncio Pilatos 87
Pontecorvo, Gilles 204
ponto arquimediano 340
Pool, Bob 158
pós-modernismo
como algo importante para a
interpretação da Escritura 53

    como perspectiva revisionista da
        natureza humana 616
possibilidade humana
    contrastada com o poder divino
        587
    nas cartas de Paulo 590
    negativa 637
Post, Jerrold M. 476
Power, Samantha 450, 475, 476
Prager, Dennis 146
pregação
    como escândalo 33, 62, 67
    como novo ato de Deus 49
    como terapêutica 351
    corte transversal em temas de 547
    lutron (resgate) como *kerygma*
        319
    no século 17 559
    poder do evangelho na 44
Price, Richard 178
Pringle, William 447
Pritchard, Gretchen Wolff 296
Procksch, Otto 295, 320, 324
promessa
    aos gentios 130, 304, 639
    aos judeus 41, 293, 636
    assegurada pela justiça de Deus
        (*dikaiosyne theou*) 630
    como garantia da consumação
        apocalíptica 379
    como garantia escatológica 44, 68
    filhos da 566, 639
    fundamentos da, em Deus 159,
        232, 491, 581, 627, 638, 642
propiciação (*hilasterion*). *Veja* expiação
        purificadora
Proust, Marcel 402, 525
punição
    como "construtiva e restaurativa"
        185
    crucificação como, em Aquino
        446

crucificação como, em Barth 535,
    550
crucificação como, em Calvino 449
crucificação como, no
    protestantismo do século 19
    537
de pecados "com a mão levantada"
em Levítico 612
em Ambrósio 513
em Anselmo 185, 280
em Cirilo de Alexandria 513
em Salmos 620
inferno construído como lugar de
    441
necessidade de 622
Purcell, Henry 347
purgatório 451, 493
purificação 176, 219, 222, 227, 251,
    275, 278, 285

Q

Queda (Gênesis 2 e 3)
    como catástrofe primordial 185
    como mito fundamental 216, 453
    historicidade, questão da 220

R

Radner, Ephraim 203, 275, 536, 572
Ragaz, Leonhard 439
Raines, Howell 377, 419
Rashdall, Hastings 330, 583
Rashi 275
Ray, Darby Kathleen 528, 529
Reasoner, Mark 26
recapitulação
    como ato de "assumir o controle"
        588
    como tema mais antigo no período
        patrístico 513
    compatibilidade da, com o *Christus
        victor* 552, 575
    em George Herbert 595

em Ireneu 571, 572, 581
em Mateus 594
em Romanos 577, 580, 583
perspectiva apocalíptica na 180, 353
relação da, com a encarnação e a substituição 592
reconciliação
 como luta 373
 como subtema dentro da justificação/retificação 370
 ligação com a crucificação 146, 372
 prematura 629
redenção
 alcance imaginativo da 539
 como libertação por compra 328
regenerado, regeneração
 gennethe anothen [como (nascido do alto)] 591
Reid, Daniel G. 313
reino (basileia) de Deus
 conquistado à força 400
 crucificação e 576
 encarnado na pessoa de Jesus
 natureza escatológica 576
religião
 como barreira ao entendimento 214
 como incapaz 105
 concebida pelo ser humano 88
 definição de 214
 eficácia duvidosa da 342
 evangelho cristão diferente de 42, 74, 105
 questionável à luz da crucificação 109, 136
 relação da, com o gnosticismo. *Veja tb.* crucificação, interpretação teológica da; distinções, apagamento radical na literatura; ímpio
Remnick, David 234
representação 272, 504, 542, 547, 564, 570, 585, 586, 592
resgate (*lutron*)
 ideia central do 319, 325
 redentor (*go'el*) 333
resistência
 como chamado cristão. *Veja* resistência não violenta
resistência não violenta
 defeitos na interpretação passiva 413
 no ensino anabatista 415
 Veja tb. guerra apocalíptica
ressurreição de Cristo
 como inseparável da cruz 114, 356
 como acontecimento trans-histórico 527, 606
retificação (justificação). *Veja dikaiosis, dikaiosyne*
Rhinelander, Philip J. 78, 101
Ricardo de São Vítor 515
Richard, Mark 119, 625, 626
Richardson, Cyril C. 26, 27, 330, 455, 556, 572
Ricoeur, Paul 27, 185, 208, 210, 213, 221, 227, 246, 296, 338, 453, 457, 461, 573
Ridderbos, Herman N. 130, 530
Ridley, Nicholas 156
riso
 o ridículo como resistência efetiva 137. *Veja tb.* alegria
Rist, Johann 421
Roberts, Cokie 178
Roberts, Gene 419
Robinson, James M. 89
Robinson, Marilynne 228
Roddy, Joseph 77

Rohr, Richard 76
Rohter, Larry 149
Romero, Oscar 103, 153
Rooney, Andrew A. (Andy) 223
Rorem, Paul 27, 607
Rose, Frederick P. 251
Rosenbaum, Ron 465, 477, 629
Rosenfeld, Alvin 154
Rosenfeld, Sidney 629
Rosenfeld, Stella P. 629
Roth, Philip 341
Rothstein, Edward 154, 464, 604
Roussel, P. 313
Rowe, C. Kavin 402
Rufino 443, 489
Rumsfeld, Donald 484
Russell, James C. 533
Russell, Jeffrey Burton 455, 457, 458, 459, 460, 468, 469, 470, 490
Rustin, Bayard 377, 378

S
sabedoria
   no gnosticismo 77
   versus poder de Deus 45
Sachs, Albie 151
sacramentos. *Veja* batismo; ceia do Senhor
sacrifício
   conceito essencial de 273, 274
   de Isaque (*Akedah*) 295
   em Levítico 274
   e o livro de Hebreus 284
   na cultura de hoje 305
   resistência ao, por mulheres 306
Saddam Hussein 476, 614
Safer, Jeanne 146
Sahdona de Halmon 225
Salamon, Julie 629
Salgado, Sebastião 491, 492
salvação universal
   abrangência da 85, 414
   textos sugestivos de, na Escritura 442. *Veja tb.* teologia apocalíptica; perpetradores; ímpio
Sanders, E. P. 89, 394, 401
sangue
   debate relacionado à vida ou à morte 271
   de Cristo, como metáfora 268, 316
Sarna, Nahum 256, 271, 296, 454
Sartre, Jean-Paul 339
satisfação
   como pagamento suficiente da dívida 260
   críticas contra a 500
   e a gravidade do Pecado 500, 527
   em Ambrósio 513
   em Anselmo 39, 177, 183
   em Calvino 448
   em Hilário de Poitiers 513
   em Lutero 517
   nenhuma possibilidade humana de 234
Sayers, Dorothy L. 227, 332
Schell, Orville 155
Scherer, Dorothy 60
Scherer, Paul 60
Schlesinger, Arthur 64
Schnackenburg, Rudolf 96, 290, 293
Schneider, John R. 462, 463
Scholem, Gershom 458
Schüssler-Fiorenza, Elisabeth 291, 348
Schweitzer, Albert 89
Schwerner, Michael 142
Scott, A. O. 232
Scott, Walter 525
Scotus, John Duns 331
Sebald, W. G. 629
secularidade

crucificação como acontecimento
   secular 34, 48, 105
e redenção 318
fontes da, o senso trágico da vida
   526
paradoxo da, nos Estados Unidos
   116
"piedades seculares" e o demoníaco
   470
possibilitada pelo cristianismo 83
Segundo, Juan Luis 153
Seigenthaler, John 419
Seitz, Christopher 171, 249
Selwyn, E. G. 282, 438, 440
sentimentalismo
   ausência de, nas Escrituras 229
   como covardia moral 228, 229
   como sacrifício de tolos 228
   como segundo nível. *Veja*
      inocência
   definição de 229
   e o Messias, de Handel 358
   na cultura americana 229, 306, 351
   perigo do 100
   sobre Anne Frank 154
Sereny, Gitta 630
serpente em Gênesis. *Veja* mal
Servo Sofredor em Isaías 53 243, 254,
   291, 292, 448
Shakespeare, William 137, 172, 174,
   559, 637
Sheol. Veja inferno
Shepard, Matthew 110, 111
Shi Tao 345
Shurtleff, Ernest Warburton 309
Silva Henriquez, Raul 330
Simpson, O. J. 122, 337, 355
Smail, Thomas A. 119
Smart, Christopher 172, 633, 634, 646
Smart, James D. 167
Smith, Alexandra 467
Smith, Huston 76

Smith, Jeffrey 153
Soards, M. L. 353, 387
Sobrino, Jon 331
sofrimento
   aspecto antirreligioso do 88, 105
   como degradação 105
   da igreja 175, 377
   de Cristo 31, 73, 561, 583
   do redentor 106, 120, 176
   e a *theologia crucis* 55
   e o Diabo 468
   "moralmente ininteligível" 475
   na congregação dos coríntios 75,
      118
   nas narrativas da Paixão 72, 107
   no budismo 80
   no cerne da história cristã 86
   no gnosticismo 79
   Veja tb. crucificação
Solzhenitsyn, Alexandre 127, 173
Sonnenfeldt, Richard W. 477
Sontag, Susan 108, 109, 111, 112, 122,
   473
Soulen, Kendall 249
Southwell, Robert 421
Spike, Robert 262
Spong, John Shelby 89
Stalin, Joseph 93, 127, 173, 342, 431,
   476, 486, 629
Stanley, Alessandra 485
Stassen, Glen 414
Steely, John E. 295
Steffen, Therese 227
Steinfels, Peter 123, 154
Stendahl, Krister 527
Stott, John 34, 88
Stringfellow, William 51, 86, 222, 275,
   348, 388, 412
substituição, histórico da
   em Anselmo 501
   em Isaías 53 504
   em Lancelot Andrewes 559

desenvolvimento na 522
na Idade Média 515
na Reforma 448
no Antigo Testamento 278, 323
no Novo Testamento 502
no período patrístico 501
substituição, em Karl Barth
centralidade da, na expiação 546
como deslocamento 552
como reelaboração moderna 540
como teólogo apocalíptico 552, 553, 554
distinta da 548
encarnação 549
forma narrativa
pro nobis 548, 549
punição como tema subordinado à 550
substituição, objeções à
associação da, com pecado e juízo 280
como culturalmente condicionada 525
como excessivamente racionalista 530
como individualista demais 536
como moralmente questionável 535
encoraja o masoquismo 539
enfatiza a punição 537
está em má companhia 525
exclui o cenário apocalíptico 539
incoerência da 528
não desenvolve o caráter cristão 535
retrata um Deus vingativo 531
rudeza da 524
violência como aspecto essencial da 532
substituição penal

problemas e críticas relacionados à 35, 500
Sullivan, Andrew 342
Suu Kyi, Aung San 308
Sykes, Stephen W. 40, 242, 260, 305, 349, 350, 572

T

Tanakh 248, 375, 628
Tasker, R. V. 272
Taylor, Charles 164
Taylor, Vincent 271, 322, 503, 530
telos 62, 403, 442, 492, 536, 589, 596, 607
temas bíblicos
categorias de 243, 245
combinados por Melito de Sardes 514
como "complexos de ideias" 242
drama apocalíptico abrangendo todos os 397, 407
em relação à história 301
enriquecimento mútuo dos 197
fluidez imaginativa dos 36
na pregação 241
parcialidade prejudicial em relação aos 217
variedades de
verdade unitária subjacente a 217. *Veja tb.* metáfora; imaginação
tema subjetivo (de Abelardo, exemplar ou de influência moral)
elemento objetivo em 395, 511
problemas com 395
e o devido lugar 511
templo, véu (cortina) do 286, 300, 302, 303
Ten Boom, Corrie 535, 597, 598
teodiceia
história da 464
inutilidade da 465

teologia apocalíptica
 academicismo, história do 168, 387
 agência como ideia central da 256, 420
 autoentendimento de Jesus como Messias apocalíptico 65, 335, 379
 caráter cósmico-universal da 172, 176, 346, 353, 354, 384, 385, 389, 422, 639
 como drama 356, 396, 404, 409, 413, 427, 511, 565, 593, 614
 como gênero 386
 definição de 172, 383
 dimensões éticas da 388, 390, 616
 dois *aeons* (eras) 301, 358, 392, 393, 394, 405, 409, 412, 427, 493, 534, 540, 557, 573, 576, 612
 dois reinos opostos 401, 575, 580, 631
 emergência da, após o Exílio 168, 280
 em Isaías 121, 139, 165, 170, 225, 255, 335, 383, 389, 390, 393, 494, 579, 640
 fontes veterotestamentárias da 169, 232, 301, 304, 375, 383, 405, 436, 613, 628, 639
 imagens forenses e 353, 379, 385, 391
 importância contemporânea da 450
 ligação com a crucificação 174, 258, 422
 mal-entendidos e críticas à 424
 mudança de regime na 390, 399, 576, 614
 na recapitulação 573, 575
 os Poderes na 354, 359, 411, 552
 radicalidade da 172, 493, 607
 três agências na 383, 396, 472, 557

teologia da cruz (*theologia crucis*)
 nas cartas de Paulo 55
teologia da libertação
 não suficientemente inclusiva 615
 indícios da, em Rufino 443
 tendência a idealizar o pobre na. *Veja* evangelho social
teorias da expiação
 comparadas de modo desfavorável com narrativas 40, 322
 desvantagens das 244, 427
 em competição umas com as outras 35, 39
Terrien, Samuel 26, 204, 480
Tertuliano 490
theosis (deificação) 588, 591
Thich Nhat Hanh 80
Thiessen, Mark 414
Thrall, James H. 147
Tickle, Phyllis 57
Tillich, Paul 337, 626
Timerman, Jacobo 474
Tobin, John 198, 266, 605
Tóibín, Colm 125
Tolkien, J. R. R. 427, 454, 455
Toplady, Augustus Montague 213
Torá. *Veja* Lei
Torrance, David 297
Torrance, T. F. 62, 131, 282, 288, 289, 297, 314, 347, 501, 529, 592, 593
tortura. *Veja* crucificação
Tracy, David 26, 232, 233
transvisão
 como perspectiva apocalíptica 391, 554
 como perspectiva "bifocal" 391
 na cruz de Cristo 134
Trindade, Santa 39, 49, 131, 244, 288

como essencial ao entendimento da crucificação 131, 300
como não dividida 523
Tripp, Dick 426
Tucker, F. Bland 98
Tutu, Desmond 146, 148, 150, 151, 152, 155, 156, 160, 167, 184, 388, 417, 418, 424

U

universalidade. *Veja* Adão; distinções, apagamento radical na literatura; inclusão; pecado; escravidão
Updike, John 341, 473
uso de maiúsculas
em "Pecado" e "Morte" como "Poderes" 66
não em "mal" 67

V

Van Dyk, Leanne 193, 244
Van Harn, Roger 444
Van Inwagen, Peter 463
Vawter, Bruce 348
vergonha
como fator cultural 126, 526
crucificação como ritual de 107
em Auschwitz 114
encarnação e vida de Jesus como portadoras de vergonha 544, 565
nas cartas de Paulo 32, 117
palavra da cruz como vergonhosa 75, 97
Vergote, Antoine 531
Victorinus 513
vida cruciforme. *Veja* ética
violência
como guerra apocalíptica 134, 309
como invasão divina 380, 450
como obra do Inimigo 534
como obra do pecado 231
concernente à crucificação 482
contrastada com a persuasão 482
em Apocalipse 413
em Deus 416, 447
emprego errôneo da 532
libertação de 335, 342
"monopólio de Deus da" 481
no ensino anabatista 415, 532
Veja tb. guerra apocalíptica; invasão; reino de Deus; resistência não violenta
vítimas
e reparações em favor das. *Veja* perpetradores
identificação cristã com as 151, 283
identificação de Jesus com as 283, 508
vindicação divina das 362
vitimologia 283, 425
Voegelin, Eric 616
Volf, Miroslav 151, 152, 157, 163, 282, 283, 411, 413, 414, 415, 416, 481, 482, 483, 493, 494, 499, 634
Voltaire 464, 475
Von Rad, Gerhard 454

W

Wade, John Francis 92
Wagner, Richard 72, 453
Waldron, Jeremy 342
Wang, Jim 158
Warren, Robert Penn 128, 611
Watterson, Bill 211
Weaver, J. Denny 523, 530, 532, 535, 558
Wedgwood, Hensleigh 444

Weightman, John 128, 339
Weil, Simone 232, 459
Weldon, Fay 56
Wesley, Charles 92, 95, 304, 558
Westcott, B. F. 271, 272, 286, 325
Westerholm, Stephen 233, 388, 401
Westermann, Claus 127, 454
West, Rebecca 306, 307
Wheeler, David L. 270
White, E. B. 133
White, L. Michael 398
Whitgift, John 561
Wilder, Amos N. 50, 247
Wilder, Thornton 398, 399
Wilken, Robert L. 106, 116, 225
Williams, Delores 207, 529
Williams, Hosea 262
Williams, Rowan 580
Willimon, Will 22, 275
Winehouse, Amy 575

Wink, Walter 391
Wolpe, David 622
Woodward, Kenneth L. 159
Wright, N. T. 390, 394, 401, 499
Wylie-Kellermann, Bill 412

Y

Yang, Jerry 345
Yardley, William 538
Yoder, John Howard 308, 388, 396, 411, 413, 414, 417
York, Steve 419
Young, Andrew 262, 263

Z

Zahl, Paul F. M. 25, 63, 352
Ziegler, Philip 210, 211, 388, 391, 396, 457
Zimbardo, Philip G. 485, 537
Zósimo, papa 260

Este livro foi impresso pela Leograf
para a Thomas Nelson Brasil.
A fonte usada no miolo é Adobe Garamond Pro
O papel do miolo é pólen natural 70g/m².